渝中年鉴

2019

重庆市渝中区地方志编纂委员会办公室 编纂

西南师范大学出版社
国家一级出版社 全国百佳图书出版单位

图书在版编目（CIP）数据

渝中年鉴. 2019 / 重庆市渝中区地方志编纂委员会办公室编纂. -- 重庆 : 西南师范大学出版社, 2019.12

ISBN 978-7-5697-0025-1

Ⅰ. ①渝… Ⅱ. ①重… Ⅲ. ①渝中区－2019－年鉴 Ⅳ. ①Z527.193

中国版本图书馆CIP数据核字(2019)第271624号

渝中年鉴（2019）

YUZHONG NIANJIAN（2019）

重庆市渝中区地方志编纂委员会办公室　编纂

责任编辑：王传佳

装帧设计：重庆渝鉴商务信息咨询中心

照　　排：重庆渝鉴商务信息咨询中心

出版发行：西南师范大学出版社

网　址：http://www.xscbs.com

地　址：重庆市北碚区天生路1号

邮　编：400715

电　话：023-68868624

经　　销：新华书店

印　　刷：中雅（重庆）彩色印刷有限公司

幅面尺寸：210mm×285mm

印　　张：33.25

插　　页：45

字　　数：1180千字

版　　次：2019年12月第1版

印　　次：2019年12月第1次印刷

书　　号：ISBN 978-7-5697-0025-1

定　　价：268.00元

10月31日，区委书记黄玉林到区法院执行指挥中心调研

（区法院供稿）

3月20日上午，区长商奎率队实地查看老鼓楼衙署遗址及巴县衙门修缮工程建设情况

（区城投供稿）

4月9日，区人大常委会主任米绍林调研巴蜀幼儿园学前教育工作

（区人大供稿）

10月23日，区政协主席陈大奎调研区内市、区级重点基础设施建设情况

（区政协供稿）

2月8日，国际货币基金组织代表团莅临区行政服务中心考察

（区行管办供稿）

7月2日，摩尔多瓦共和国共产党中央委员、费列什蒂区委第一书记瓦列里•穆杜科率团到大溪沟街道人和街社区考察“重庆第一支部”光荣传统和人和街社区党建工作

（大溪沟街道供稿）

11月6日，2018“汉语桥——美国校长访华之旅”代表团参观访问重庆市人民小学

（区教委供稿）

5月18日，“与世界握手”——解放碑国际文化交流节暨留学生企业活动周开幕

（区侨联供稿）

5月11日，2018重庆渝中国际咖啡文化节暨夏日消费季启动仪式在解放碑步行街举行

（区地志办供稿）

10月25日—11月3日，2018中国西部（重庆）钟表博览会在解放碑步行街举行

（区地志办供稿）

5月27日，第21届中国西部国际投资贸易洽谈会渝中区展台

（区地志办供稿）

9月7日，重庆市第七届文化产业博览会渝中区展台

（区旅发委供稿）

7月5日上午，区委书记黄玉林，国家税务总局重庆市税务局局长蓝庆华为国家税务总局重庆市渝中区税务局揭牌

（区税务局供稿）

10月1日，渝中区法院旅游巡回审判点在白象街历史文化旅游区正式运行，实行旅游纠纷“快立、快调、快审、快结、快执”，零距离、高效率为旅游者和旅游经营者提供高质量司法服务

（区法院供稿）

5月18日，渝中区“5.18国际博物馆日” 暨“文化遗产宣传月”活动在解放碑步行街举行

（区文化委供稿）

2月1日，渝中区总工会开展新春慰问建筑工程一线职工活动

（区总工会供稿）

1月31日，重庆市急救医疗中心、重庆市第九人民医院、金汇通航重庆分公司联合开展重庆市首例高速公路直升机救援

（人保财险重庆市分公司供稿）

12月27日，国内一次性投运变电容量最大的110千伏变电站在朝天门正式投入运行

（国网重庆市区供电公司供稿）

6月21日，渝中区图书馆与重庆揽江文化传播有限公司签订共建“幸福书屋•24小时城市书房”合作协议，并在鹅岭贰厂的米民宿建立渝中区图书馆首个24小时城市书房

（区文化委、区地志办供稿）

1月25日，当当网线下书店全国首家旗舰店（重庆国泰店）在解放碑PARK108国泰优活城市广场B2层开业

（区地志办供稿）

11月2日，渝中区人和街小学教育集团“和之声”合唱团与奥地利维也纳莫扎特男童合唱团，携手在重庆大剧院上演专场音乐会

（区教委供稿）

6月3日，重庆市巴蜀中学在2018年全国中等城市青少年女子排球比赛中，获甲组第一名

（区教委供稿）

4月28日，曾家岩19号“重庆图书馆（罗斯福图书馆）曾家岩书院”开院，该院是全国唯一一家以民国文化为主题的图书馆

（区地志办供稿）

5月3日，位于渝中区枇杷山公园内的王陵基旧居修缮竣工

（区地志办供稿）

2月15日，东水门老街区正式开街

（区地志办供稿）

8月15日，位于解放碑民权路3号的解放碑主题邮局正式开业，为市民和游客提供集邮收藏品品鉴、重庆旅游导购、旅游文创纪念品展售等多项服务

（区地志办供稿）

5月18日，重庆中国三峡博物馆在上海举办的2018年“5•18国际博物馆日”活动中荣获“2018年全国最具创新力博物馆”称号

（区地志办供稿）

11月15日，区政府在嘉陵江水域曾家岩大桥段组织突发环境污染事故综合应急演练

（区地志办供稿）

《渝中年鉴》编辑部

主　　编：潘　静　刁　涛

副 主 编：胡　萍　向秋月

编　　辑：王　静　吴　炎　张　辉　宋蜀山　高君姗

版式设计：王　静

图片设计：张志洪

摄　　影：王　静等

编辑说明

一、《渝中年鉴》于1995年创刊，是在中共重庆市渝中区委和重庆市渝中区人民政府领导下，由重庆市渝中区地方志办公室主持编纂的一部综合性地情资料工具书。其全面、真实、系统地记载和反映渝中区自然、政治、经济、文化、社会等方面的基本情况、重大事件和最新成果，旨在为决策服务、为经济导航、为民众提供信息、为修志积累史料。

二、《渝中年鉴》以马克思列宁主义、毛泽东思想、邓小平理论、“三个代表”重要思想、科学发展观和习近平新时代中国特色社会主义思想为指导，实事求是地记述渝中区从自然到社会各方面的历史和现状，突出区域特色和时代及年度特点，是具有存史、资治、教育功能的综合性、资料性著述。

三、《渝中年鉴（2019）》是渝中区第十五部综合年鉴，记述的是2018年渝中区自然、社会、经济、政治、文化等各方面的内容，设大事记、渝中概况、政治、法治与军事、经济、城市建设管理、社会事业、街道、人物 光荣榜、统计资料、附录、索引12个大部类。

四、《渝中年鉴》采用分类编辑法，由类目、分目、子分目、条目组成。为了便于查阅，条目标题均用黑体字加【】表示。

五、《人物 光荣榜》类目的《人物简历》分目，介绍了2018年中共渝中区委、区人大常委会、区人民政府、区政协主要领导干部的简历。《人物简介》分目记载了2018年区域内获全国“五一劳动奖章”、世界冠军的人物。

六、为免累赘，凡直书月、日而未写年份，即为2018年；数据增加或减少多少未说明与某一年份比较，即为年鉴记载当年（2018年）与上年（2017年）比较。

七、大事记中，如同一天有两条以上的大事，采取在首条写时间，以后各条用“△”符号标示。

八、《渝中年鉴》具备双重检索系统，即书前目录和书后索引。

九、图片分两部分。年鉴图片即本年鉴时限内的纪实性图片专辑。成就图片即出版时段宣传部分党政机关和企事业单位的建设成就。

十、本年鉴所用资料，由区级各部门和区内有关单位专人撰写提供，并经供稿单位负责人审核。编辑部负责指导撰稿，审查修改并编辑成书。年鉴中的统计公报由区统计局提供，因统计口径等原因，正文中的数据与统计公报不尽一致，采用时请予注意。

十一、撰稿人署名于条目后右下角，加括号表示；若同一分目中有两个以上条目为同一人撰写，则在其末一条目后署名。

十二、本年鉴的编辑出版，得到区级各部门和有关单位的热情支持和帮助，对此我们深表谢意。由于编辑水平有限，疏漏与不足在所难免，恳请广大读者批评指正。

二〇一九年八月

数字渝中

◎区域面积	23.24平方千米
◎年末户籍人口	50.4万人
◎地区生产总值	1203.9亿元
◎公共财政预算收入	46.4亿元
◎公共财政预算支出	71.3亿元
◎工业增加值	6.0亿元
◎固定资产投资总额	218.9亿元
◎社会消费品零售总额	659.5亿元
◎年末银行存款余额	4801.7亿元
◎年末银行贷款余额	4225.6亿元
◎进出口贸易总额	103.9亿元
◎旅游业总收入	383.5亿元
◎绿化覆盖率	40.3%
◎新标准空气质量二级以上天数	306天
◎人均体育场地面积	1平方米
◎执业（助理）医师	6705人
◎城镇常住居民人均可支配收入	40484元

目　　录

大　事　记

渝中概况

政　治

法治与军事

经　济

城市建设管理

社会事业

街道

人物 光荣榜

统计资料

附　录

索　引

大事记

1 月

1日 重庆人民广场举行升国旗仪式庆祝2018年元旦。近千名本地市民和外地游客来到人民广场参加升国旗仪式。

2日 渝中区邹容小学入选教育部第二批全国中小学中华优秀文化艺术传承学校名单。

△ 储奇门下河公路区域综合整治工作正式启动。

3—31日 渝中区开展2017年度星级和谐社区和2017年度优秀社区工作者评选，共评选出五星社区23个、四星社区39个、三星社区15个、优秀社区工作者263人。

4日 区政协主席陈大奎，副主席彭洪森、赵元政走访政协七星岗街道联络委、上清寺街道联络委、朝天门街道联络委并参加相关活动。

△ 区委书记黄玉林一行到区检察院调研，了解各项工作开展情况。

△ 区委书记黄玉林到区公安分局指挥中心指导公安工作，并主持召开座谈会。

5—7日 “电商赶大集•扶贫爱心购”活动在解放碑商圈步行街举行，14个国家级贫困区县的粮油米面、饮料酒水、腊肉等特色农副产品展出。活动由市商务委主办。

7日 重庆市第二届文化惠民消费季暨第二届“天翼杯”网吧黄金锦标赛年度总决赛在两路口重庆市劳动人民文化宫大剧院举行，共有300支队伍参赛，RF战队获得年度总冠军、XY战队获得亚军、FOD战队获得季军、RVG战队获得殿军。

8日 长江索道推出都市旅游新品——长江索道观光巴士。

9日 2017年渝中区“科技嘉年华”暨“科技创新教育”汇报活动在大坪区青少年活动中心举行。

10日“道本同源——徐里•田黎明•赵建成•尹毅•刘万鸣•徐青峰作品展重庆巡展”在重庆美术馆开幕，共展出6位国内著名艺术家的79件绘画作品。

△ 渝中区召开深化国家监察体制改革试点工作干部转隶会，贯彻落实中央关于深化国家监察体制改革试点的决策部署和市委、区委要求，推动改革试点工作平稳有序进行。

△ 渝中区旅游局更名为渝中区旅游发展委员会。

△ “110，守护新时代美好生活”主题集中宣传活动在解放碑步行街举行。副市长、市公安局局长邓恢林，市政府应急办主任张邦平，区委书记黄玉林，区长商奎等参加活动。

10—13日 重庆市政协渝中区第十四届委员会第二次会议在区级机关综合办公大楼礼堂举行。大会应到委员236名，实到委员220名。会议审议并批准政协主席陈大奎代表政协重庆市渝中区第十四届委员会常务委员会所作的工作报告和副主席彭洪森代表政协重庆市渝中区第十四届委员会常务委员会所作的提案工作报告；听取并协商讨论区人民政府区长商奎所作的政府工作报告，协商讨论计划报告、财政报告和区人民法院工作报告、区人民检察院工作报告。

11日 长江一路（鹰冠小区段）下穿道整治工程顺利完成竣工验收。

11—28日 重庆2018白俄罗斯文化节开幕。此次文化节主要内容包含白俄罗斯国家音乐厅“库帕林卡”民族艺术团访渝演出以及“镜头下的白俄罗斯”当代摄影展。

12日 重庆云威科技有限公司“CHOT大数据智能分析服务平台”项目获“吴文俊人工智能科技进步奖（企业技术创新工程项目）”，系西部地区唯一获此荣誉的科技项目。

12—15日 渝中区第十八届人民代表大会第三次会议在巴蜀中学礼堂和区级机关综合办公大楼召开。大会应到代表234人，实到代表227人，列席人员101名，特邀列席人员58名。会议听取并审议区人大常委会、区人民政府、区人民法院、区人民检察院的工作报告；审查和通过渝中区2017年国民经济和社会发展计划执行情况及2018年计划草案的报告、渝中区2017年财政预算执行情况和2018年财政预算草案的报告；审议通过渝中区人民代表大会议事规则（修正案草案）；选举产生重庆市第五届人民代表大会代表24名；选举张刚为渝中区监察委员会主任、熊德全为渝中区人民法院院长并举行宪法宣誓仪式。各代表团代表在人代会及闭会期间提出建议、批评和意见450件（其中包含10人以上联名提出议案转为代表建议、批评和意见6件）。

13日 “北欧生活艺术节——来自极冷世界的温暖”在鹅岭贰厂文创园举行。活动分为北欧设计生活月、北欧电影展映、北欧艺术交流营等部分。

14日 重庆市第二十九中学女子足球队在“中国体彩杯”2017年重庆市青少年足球锦标赛女子乙组比赛中获得冠军。

△ 国家河长制工作检查组到渝中区朝天门广场180平台，对河长制界碑、河长公示牌以及长江干流河岸情况进行现场查看，并对朝天门街道、社区两级河长办运行机制、工作记录等相关情况进行资料查阅。

△ 渝中区召开深入推进“全域旅游”建设新闻发布会。区长商奎参加发布会并回答记者提问，副区长邓光怀做新闻发布。

16日 全国创建“平安医院”活动工作小组办公室（设在国家卫生计生委医政医管局）公示《2013—2017年度全国创建“平安医院”活动表现突出地区、集体和个人拟通报表扬名单》，渝中区获得“全国创建‘平安医院’活动表现突出地区”称号。

△ “2017年国际足联Live Your Goals（追梦）女孩足球节”（重庆站）在重庆市大坪中学举行。活动由国际足球联合会、中国足球协会、中国青少年校园足球工作领导小组办公室主办，市教委体卫艺处协办，重庆市大坪中学承办。

18日 中华全国总工会书记处书记石岱率领全国总工会慰问团到渝中区华福巷社区户外劳动者爱心驿站开展慰问活动。

△ 渝中区监察委员会挂牌成立，区委书记黄玉林，区纪委书记、区监察委员会主任张刚参加揭牌仪式。渝中区监察局撤销。

△ 渝中区开展环境安全隐患排查整治专项行动，对全区重点医疗机构、工业企业、放辐射单位和饮用水源地等的环境风险隐患进行大排查，进一步深化环境安全风险防范工作，消除环境安全隐患。重庆市妇幼保健院、大溪沟饮用水水源地、化龙湖等全区60多个单位和区域被列入此次行动监管名单。

19—23日 台湾云林县私立义峰高级中学参访团一行27人到渝中区职业教育中心参观学校物联网、护理、学前教育、高星级饭店运营与管理、美发与形象设计、计算机等专业的实训室。

21日 第五届“重庆居民生活服务业稳增长促消费活动暨重庆市迎春宴席展活动”启动仪式在解放碑举行。近30家市、区重点餐饮企业集中展示渝中美食文化、美食形象，参展餐饮企业预定宴席桌数超过5000桌，宴席销售收入超过500万元，拉动全年餐饮消费近2千万元。活动由市商务委和区政府共同举办。

22日 渝中区合唱曲目《船到码头把酒喝》和舞蹈《闺秀》在第九届全国残疾人艺术汇演中被评为优秀节目，区残联理事长王力军被评为优秀组织工作者。

23日 区委书记黄玉林主持召开渝中区经济工作会议。会议学习贯彻党的十九大精神及中央、全市经济工作会议精神，总结2017年经济工作，部署2018年经济工作任务。

25日 位于解放碑步行街的青年优活购物中心——PARK108开业。开业首日，商场销售额超过120万元、人流量超过2万人次，其中当当网线下书店、永辉超级物种等主力店单日销售额超过20万元，创下国内单店单日销售新高。

△ 当当书店重庆国泰店在解放碑PARK108优活城市广场B2层开业，这既是重庆首家当当书店，也是当当网线下书店全国首家旗舰店。

△ “落纸云烟——何鲁诗书艺术展”在中山四路王琦美术博物馆开展。

△ 区法院邀请辖区19家律所负责人来院参加“法院开放日”活动，通报区法院为便利

律师执业采取的新举措，并就拟出台的《依法便利律师执业的措施》征求意见建议。

26日 重庆医科大学附属第一医院骨科为89岁高龄老人做重庆首台微创骨盆骨折手术，创下全国最大年龄的微创手术记录。

28日 渝中区2018年第一批创业种子投资基金支持项目名单公示，共有6家企业获得创业种子投资基金提供的36个月免息信用贷款支持，支持总额达220万元。

29日 渝中区车管所智能服务区自助缴费终端正式启用。

31日 区总工会召开第六届委员会第七次全体（扩大）会。会议调整选举区总工会第六届委员会常委、委员以及经审委员；通报2017年区总工会项目管理工作推进情况；总结2017年的工作成果，布置2018年工作任务，并为获评2017年“渝中区职工书屋示范点”和“渝中区职工书屋”的16家单位授牌。

△ 长江索道通过重庆市景评委的景区质量评定，正式成为国家4A级旅游景区。

△ 重庆市急救医疗中心、重庆市第九人民医院、金汇通航重庆分公司联合展开重庆市首例高速公路直升机救援。

△ “我们的中国梦”——2018年文化进万家活动在较场口日月光中心广场举行，百余名书法家为广大市民写春联送“文化年货”。

△ 渝中区图书馆与重庆华迅地产发展有限公司签订协议，共建WFC渝中区楼宇统战工作站漂书站。

△ 位于解放碑街道民权路55号的打铜街临时公交站场项目正式完工。

1月 渝中区汽车电子健康档案系统正式启动建设。

△ 重庆大地建筑实业总公司由市第五中级人民法院宣告破产。

2月

1日 渝中区公安分局出入境管理支队在区行政服务大厅和鹅岭受理点施行办证免费照相便利措施，免费为申请人拍摄证件照。

△ 位于轻轨1号线大坪站的2号出入口投入使用，2号出入口通往长江二路、大坪中学、陆军军医大学大坪医院。

△ 渝中区出版物协会换届选举大会在解放碑新华酒店举行，选举产生以余涛为会长的新一届协会负责人成员。

1—14日 区委书记黄玉林、区长商奎、区人大常委会主任米绍林、区政协主席陈大奎等区级领导，分成6个慰问团，看望慰问21支驻区部队官兵和重点优抚对象，为他们送去新春祝福。

2日 全市律师行业首家“涉军法律服务中心”在渝中区挂牌成立。

△ 重庆首个“沉浸式游乐园”解放碑×QQ新年青春游乐园在解放碑步行街举行。

△ 区委、区政府召开会议，传达学习习近平总书记以及市委、市政府关于城市管理工作的有关精神和要求，专题研究部署全区城市管理工作。

3日 中共中央政治局委员、国务院副总理刘延东到渝中区大溪沟街道社区卫生服务中心，对分级诊疗、家庭医生签约服务、远程医疗、中医药服务等基层医疗卫生改革发展情况进行调研。国务院副秘书长江小涓，国家卫生计生委副主任、国家中医药管理局局长王国强，重庆市政府副市长屈谦，渝中区委书记黄玉林等领导陪同考察。

4日 区委书记黄玉林到解放东、西路调研改造项目。

5日 位于朝天门湖广会馆停车场的3台10千伏岸电箱式变电站全部完成与码头岸电设备联合调试并正式投用，标志着朝天门港口十至十四码头“以电代油”船舶岸电扩建工程完工。

△ 2018年外国驻渝领事机构新春工作联谊会举行。市政协副主席张玲，区长商奎出席活动并讲话，区人大常委会主任米绍林，区政协

主席陈大奎出席活动。

△ 区长商奎主持召开区政府第45次常务会议，研究部署渝中区2018年一般建设项目政府投资计划安排情况，听取《2017年我区法治政府建设工作情况的报告（送审稿）》，听取区安监局关于全区安全生产工作的汇报。

6日 “翰逸神飞——重庆市书法家协会草书专业委员会委员首届书法作品展”在渝澳国际文化艺术中心开展。

△ 华记黄埔大数据产业园首批入园企业签约仪式在区级机关综合办公大楼三楼大礼堂举行，共有30家企业现场签订园区入驻协议，另有100多家意向入驻企业参加签约活动。渝中区人民政府、中国电信重庆公司与华记黄埔科技控股有限公司签署三方战略合作协议，共同推动渝中区智慧城市建设与大数据产业发展。

△ 渝中区咖啡烘焙商会成立大会在白象街销售中心时尚发布厅召开，优创公司董事长王渝红当选会长。

△ 菜园坝竹木市场52号发生火灾。此次火灾，共出动32辆消防车、184名消防官兵。现场明火于2时42分左右被扑灭，过火面积约210平方米，无人员伤亡。

7日 2018年渝中区新春文化惠民季文化大礼包发放仪式暨“我们的中国梦”——文化进万家文艺汇演活动在两路口文图大厦举行。

8日 渝中区消防支队、菜园坝街道办事处、菜园坝派出所联合组成检查组，对菜园坝竹木市场、水果市场、塑料市场开展消防安全专项检查整治。此次联合检查共发现火灾隐患300余处，查封“三合一”住人场所和聚氨酯泡沫违章建筑22处，实施三停（停产停业、停止使用、停止施工）1家。

△ 国际货币基金组织代表团到渝中区行政服务中心参观调研。

9日 渝中区召开宣传学习道德典型座谈会，对全区国家级、市级、区级的道德模范、感动人物、身边好人、最美志愿者、最美家庭等道德典型代表进行慰问，并就下一步如何深化道德典型宣传学习作出部署。区文明办通报渝中区宣传学习道德典型工作情况，区级有关部门、道德典型代表进行交流发言。

△ 数据渝中App正式上线。

10日 渝中区2018年春节燃放烟花爆竹安全管理工作集中宣传咨询日活动在大都会广场举行。现场通过多种形式向广大市民宣传春节期间安全燃放烟花爆竹，制作、印发宣传资料6万份。

11—12日 渝中区开展2018年春节“送温暖”暨拥军优属走访慰问活动。区委书记黄玉林、区长商奎、区人大常委会主任米绍林、区政协主席陈大奎等区级领导，分别率队慰问驻渝驻区部队、一线职工和困难群众，送上新春祝福。

△ 渝中区第十二届纪律检查委员会第三次全体会议举行。出席会议的区纪委委员18人，列席395人。会议学习贯彻习近平新时代中国特色社会主义思想，贯彻落实党的十九大和十九届二中全会精神，认真落实十九届中央纪委二次全会和市纪委五届二次全会部署，总结2017年全区纪检监察工作，研究部署2018年任务，审议通过张刚代表区纪委常委会（解放碑CBD管委会）所作的《重整行装再出发，以永远在路上的执着把渝中全面从严治党引向深入》工作报告。

12日 渝中区旅游警察巡逻队启动仪式在解放碑举行，成为全市首支旅游警察巡逻队，旅游警察巡逻队共20人，负责在渝中辖区内游客集中的景区景点、热点地区开展巡逻检查工作。

13日 区长商奎率区政府办、区商务局、重庆解放碑中央商务区管委会等部门主要负责人，先后前往辖区商场、工地、超市等地，走访检查渝中区节前安全工作及节日市场供应。

15日 东水门老街区开街，并举办“箭楼重现”迎春灯会、古法迎财神、龙狮闹新春、戏曲大联唱、民族舞蹈表演、非遗展演、新春游园、书法名家送春联等8大经典民俗活动。

16日 “新时代 新气象 新作为”我们的中国梦——文化进万家2018渝中区新春精品节目展演在较场口日月光广场举行。

19日 渝中区重点推进项目“魁星楼团场建设项目”二期工程开工。

20日 中央电视台（CCTV-13）直播重庆湖广会馆禹王庙会。

22日 渝中区开展2018年义务植树活动，以集中植树和分散植树同步进行的方式共栽种玉兰、桂花、水杉等乔木148株，杜鹃、南天竺等灌木26800株，补植兰草、扁竹根、麦冬等地被植物3069平方米。

25日 重庆市求精中学学生王仕戌在2018年全国国际象棋青少年锦标赛（个人）暨第26届“李成智杯”全国少年儿童冠军赛中获男子青年组第三名，并获得运动健将称号（国家大师称号）。

26日 中国（重庆）自由贸易试验区现场观摩会在渝中区召开，副市长刘桂平率队观摩自贸区渝中板块建设情况，走访自贸区渝中板块2017年新增金融机构重庆鈊渝金融租赁股份有限公司、PARK108贸易新业态集聚中心代表企业超级物种和当当书店、区行政服务中心自贸服务窗口等地。市政府副秘书长李谦、区长商奎等参加座谈。

△ 副市长潘毅琴到上清寺嘉陵江大桥、黄花园嘉陵江大桥、菜园坝长江大桥和石板坡长江大桥调研轻轨立柱立体绿化、地面绿化、小游园改造、道路护栏、轨道立柱及隧道涂装等城市管理工作，并对下一步绿化提质等城市管理工作提出要求。

△ 光控朝天门项目一期工程正式完工。

27日 区委书记黄玉林任职渝中区人武部党委第一书记宣布命令大会召开，市委常委、警备区司令员韩志凯宣读任职命令。

△ 区委书记黄玉林主持召开区委常委会会议，学习贯彻习近平总书记在中共中央国务院举行春节团拜会、打好精准脱贫攻坚战座谈会上的重要讲话精神，以及《中共中央关于加强和改进党的新闻舆论工作的意见》等中央文件和《重庆市防止干部“带病提拔”实施办法》等市委文件精神。

△ 副市长、市公安局局长邓恢林到李子坝警务室调研渝中区智能化社区防控体系建设。

△ 渝中区图书馆古籍文献数字化项目验收会在两路口文图大厦八楼会议室召开。重庆市古籍保护专家袁佳红、王志昆对按照国家古籍保护中心有关古籍扫描标准加工的五千拍古籍数字化图片进行验收并确认通过，同时出具验收报告，标志着渝中区图书馆古籍文献数字化项目验收工作完成。

△ 区人大常委会主任米绍林率队调研区规划分局、区城市管理局工作。

31日 市道路运输管理局局长梅永康率市交委安全督查第八组对渝中区春运工作进行检查督导。

3 月

1日 区人大常委会主任米绍林率区人大城环委到区建交委调研渝中区建设与交通工作，听取区建交委2017年工作汇报和2018年工作思路。

△ 区法院邀请重庆日报、重庆电视台、凤凰网、重庆晚报等10家媒体记者参加区法院开展的“今天我当班”体验采访活动，零距离探访法院干警的工作常态。

△ 重庆解放碑中央商务区区域内的瑞皇（重庆）钟表有限公司、重庆苏宁云商销售有限公司解放碑步行街店、龙庆物业发展（重庆）有限公司（时代广场）、重庆大都会广场太平洋百货有限公司4家企业入选全市首批10家境外旅客购物离境退税商店。

△ 第十三届全国人大代表、区委书记黄玉林到上清寺街道嘉西村社区，收集老百姓对党委政府工作的意见建议。

△ 副市长陆克华到十八梯传统风貌区、南宋衙署、中航湖广会馆等地调研，并对项目建设工作进行指导。

1—16日 渝中区开展优化全区机构设置和盘活用好编制资源专题调研，召开座谈会5场，听取40多个区级部门和事业单位意见，收集问题80多个、意见建议120多条。

2日 “青春践行十九大•非公组织志愿行”重庆市非公经济和社会组织团员青年主题实践市级示范活动在解放碑国泰广场举行。来自全市27支非公经济组织和社会组织志愿服务队的120余名青年志愿者，现场提供家电维修、法律咨询、心理健康咨询等20多项志愿服务。

3—17日 “守望乡愁”——中国非遗年画大展暨重庆传统村落摄影展在七星岗渝中区后街影视城开展。展览展出重庆梁平、天津杨柳青、河南朱仙镇、山东杨家埠、苏州桃花坞、广东佛山、湖南滩头、福建漳州、河北武强以及四川绵竹与夹江等地的年画作品。

5日 区长商奎主持召开区政府第47次常务会议，听取《区政府关于第三期学前教育行动计划的实施意见（送审稿）》及渝中区“城市双修”工作试点实施方案的情况汇报，并安排部署相关工作。

△ 渝中区政府发布《关于开展渝中区第三次土地调查的通知》，成立副区长黄孝明任组长的渝中区第三次土地调查领导小组，正式启动渝中区第三次土地调查工作。

6日 市委第十巡视组巡视渝中区工作动员会召开。市委巡视办副主任袁华权就配合巡视工作提出要求，市委第十巡视组组长戴希就即将开展的巡视工作作讲话。区长商奎主持会议并作表态发言。

△ 区政府调整取消一批行政审批等管理事项，其中取消行政审批事项3项，规范清理行政审批中介服务事项1项。

7日 国家质检总局特种设备局局长贾国栋一行到大坪长城小区、大坪龙湖时代天街、高九路CNG加气站，实地调研渝中区既有住宅加装电梯工作及特种设备使用情况。

△ 区人大常委会主任米绍林带队到化龙桥重庆企业天地调研阳光人寿重庆分公司和重庆世联行房地产顾问有限公司工作。

△ 渝中区举行“三八”国际劳动妇女节108周年纪念大会。大会表彰为全区经济社会发展作出突出贡献的35个“巾帼文明岗”、30名“巾帼建功标兵”、15名“优秀巾帼志愿者”、11个“优秀巾帼志愿服务项目”、7个“先进巾帼志愿服务组织”和11个“先进巾帼志愿服务社区”。

8日 位于渝中区望龙门的区级文物保护单位巴县衙门旧址修缮工程正式启动。

△ 区长商奎到大溪沟街道专题调研城市管理提升工作。

9日 重庆市首个食品安全快速检测实验室在西三街水产市场成立。

△ 中外合资合作医院重庆适达口腔医院、重庆瑞力医疗美容医院经市卫计委批复同意在渝中区八一路大都会设置，为渝中区首次引入中外合资合作医院。医院由韩国STAR28牙科医院、韩国GATE整形外科医院与韩国RB集团株式会社、香港心雅医疗健康控股有限公司、上海威晟国际贸易公司合资合作举办，共设置床位（牙椅）85张，投资总额4000万元人民币。

△ 盛世乐居（重庆）科技有限公司入驻重庆总部城。该公司为中国智能家装龙头企业，并已在纳斯达克上市，预计年销售额达5000万元。

△ 区妇联、区法院联合召开家事纠纷新闻发布会，出台《关于建立家事纠纷联合调处机制的意见》《渝中区家庭暴力告诫制度实施办法》《保护妇女儿童权益十大典型案例》。

10日 渝中区举行2018年“体彩杯”春季登山比赛，辖区机关干部、社会单位职工和社区群众组成的139支代表队参加比赛。上清寺街道办事处等10支代表队荣获一等奖，巴蜀幼儿园等20支代表队荣获二等奖，团区委等30支代表队荣获三等奖。

△ 连接渝中半岛与沙坪坝区磁器口的T002路特需公交开通。

△ 渝中区籍运动员施廷懋在2018年国际泳联跳水系列赛北京站女子三米板决赛中以总成绩392.10分夺得女子三米板冠军，这也是施廷懋2018年获得的首个冠军。

11日 区委常委会召开扩大会议，学习讨论习近平总书记参加十三届全国人大一次会议重庆代表团审议时的重要讲话精神以及重庆代表团传达学习贯彻习近平总书记重要讲话全体会议精神。

12日 市政协副主席周克勤一行调研渝中区手机产业发展情况。

△ 渝中区较场口夜市被重庆市级夜市街区评审委员会命名为重庆市级品牌夜市街区。

△ 位于渝中区人民路121号的市级文物保护单位中法学校旧址修缮工程通过专家组验收。

△ 区人大常委会主任米绍林率队到区财政局调研税收工作。

12—20日 渝中区开展戏曲进校园活动，市川剧院在渝中区11所中小学举办11场川剧演出，涵盖剧目展演、戏曲知识讲解、现场体验等活动。

13日 市纪委驻市高法院纪检组组长、市高法院党组成员邓承玉带队到区法院调研监督执纪工作。

14日 重庆市重点工程"渝中连接隧道左线"顺利贯通，标志着连接东水门大桥和千厮门大桥的重要枢纽工程取得重大进展。

15日 市人大常委会副主任、市总工会主席郑洪率队到重庆狂草科技有限公司、重庆五斗米饮食文化有限公司、重庆小滨楼餐饮文化有限公司调研渝中区以餐饮、商贸为重点的服务行业工会建设情况。

△ 位于渝中区李子坝嘉陵新村73号的徐远举公馆旧址修缮工程正式启动。

△ 渝中区消费者权益保护委员会、渝中区个体劳动者协会、渝中区民营企业协会在全区经营户中开展2017年度"消费维权诚信个体工商户"和"消费维权诚信单位"认定公示活动，认定"消费维权诚信个体工商户"120户，认定"消费维权诚信单位"36户；在解放碑商圈新认定30家"百家诚信名店"。

△ 在2018年国际泳联跳水系列赛第二站日本站中，渝中区籍运动员施廷懋搭档昌雅妮以319.80分的总成绩夺得女子双人三米板冠军。

△ 区人大常委会主任米绍林率队到重庆市级院团、后街影视城、靶点影视文化传媒有限公司等文化重点项目企业，调研国际村社区、李子坝传统风貌区等建设情况。

17日 区政协主席陈大奎、副主席赵元政率20多位政协医药卫生界委员到解放碑、七星岗街道社区卫生服务中心参加"服务健康、服务群众"义诊活动。

19日 区长商奎到华一新村幼儿园、区级机关幼儿园、红岩小学、重庆市人民小学、重庆市第五十七中学调研并检查工作。

△ 2018年香港国际影视展在香港金紫荆广场会展中心开展，渝中区文化委携带城市宣传片、文化产业推广资料，随重庆市文化委代表团参加展会。

20日 国家统计局贸经司首席统计师严先溥、市统计局副巡视员邹德传等一行5人到渝中区调研城市商业综合体统计工作。

△ 区长商奎、区委常委张焕伦调研渝中区重点建设项目老鼓楼衙署遗址公园项目，实地查看老鼓楼衙署遗址及巴县衙门修缮工程建设情况。

21日 王大同油画展在解放碑重庆美术馆开幕，展览由重庆美术家协会、四川美术学院、重庆美术馆共同举办。

△ 全国工商联副秘书长郭孟谦带队到渝中区调研工商联工作、商会发展和民营企业参与长江经济带开发与保护等工作。

△ 全国总工会法律工作部劳动争议处理处处长龚小玲，市总工会副主席、经审委主任王平一行调研渝中工会劳动争议纠纷调解工作。

22日 重庆市2018年暨渝中区第八届残疾人就业专场招聘会在中山一路渝中区人力资源市场大厅举行，55家用人单位向残障人士提供产品设计、文员、客服、档案管理员及保洁员等900余个工作岗位。

△ 副市长潘毅琴率市城管委主任谢礼国及相关负责人到渝中区中山四路、上清寺转盘、嘉陵江大桥桥头实地查勘街旁绿地、建筑立体绿化、桥头边坡绿化建设情况，了解渝中区园林绿化品质提升工作推进情况，检查指导渝中区园林绿化品质提升工作。

△ 区政协主席陈大奎及部分政协委员考察大溪沟街道张家花园社区、红球坝社区相关整

治项目。

23日 渝中区精神文明建设委员会召开工作会议，传达学习中央和全市文明办主任会议精神，审议渝中区深化全国文明城区建设实施意见、2018年精神文明建设工作要点和区级文明单位（标兵）复查验收情况，通报渝中区和区内7个单位获得中央文明委表彰情况并颁奖。

△ 区委书记黄玉林、区委宣传部部长张焕伦到区新闻信息中心，看望慰问新闻采编一线工作者，了解新闻宣传工作开展情况和全媒体融合发展情况，并召开专题会议，研究渝中区新闻宣传工作。

△ 全国小学教育治理能力现代化研讨会在化龙桥重庆天地人和街小学召开，会议以“聚焦关键能力评估·推进学校治理现代化”为题，分别对“基于学生关键能力评估的课堂教学变革”“基于学生关键能力发展的课程建设研究”“基于大数据的学校治理能力提升”等主题进行集中研讨。中国教育学会会长钟秉林，中国教育学会副会长、重庆市教育学会会长钟燕，市政府副秘书长游贤勇，市教委专职督学邓沁泉，区长商奎等全国近150名教育专家及领导参加会议。

△ 柬埔寨王国教育、青年与体育部副国务秘书布宗斯雷，柬埔寨王国教育、青年与体育部小学事务处处长詹索披等一行到重庆市巴蜀小学进行教育合作调研。

△ 重庆青苹文化有限责任公司正式签约化龙桥重庆企业天地8号楼，面积超2000平方米。该公司是一家由重庆广电集团与重庆财信企业集团合资成立的全国性大型文化创意公司。

△ 渝中区开展康复服务需求“集中筛查”活动。筛查各类残疾人1867人次，其中残疾儿童100人次，有训练需求的16人；白内障患者933人次，有手术指征的140人；听力患者187人次，有适配助听器需求的59人；肢体残疾人22人，上肢假肢需求4人、大腿假肢需求1人、小腿假肢需求1人；残疾人各类辅助器具需求筛查625件。

24日 “好山·好水·好重庆”万人扮靓重庆志愿服务活动暨城市公共艺术展在大坪龙湖时代天街举行，来自马家堡小学的100多名小朋友共同为长25米、宽1米的“文明在行动 渝中更洁净”主题巨幅画作填色。

25日 区委书记黄玉林率相关单位负责人到中山三路、中山四路、两路口环道、嘉陵江大桥桥头、长江大桥桥头等区域，对绿化提质工作开展“马路办公”，围绕如何提升边坡绿化、打造精品节点、丰富桥头绿化景观等问题进行调研，就绿化提质工作的一些具体事项进行现场交办。

26日 区人大常委会主任米绍林主持召开渝中区步行系统示范段项目规划征求意见会。

△ 渝中区完成两江沿岸24块河长公示牌安装工作。

27日 渝中区政府与北京市文化投资发展集团、重庆旅游投资集团正式签订三方战略框架合作协议，三方将资源共享、优势互补，共同推进渝中文化旅游业发展。

△ 区长商奎主持召开区政府第48次常务会议，听取关于迎接市级环保集中督察及《中国（重庆）自贸试验区渝中板块“证照分离”改革试点实施方案》情况的汇报，安排部署有关工作。

△ 区人大常委会主任米绍林率队调研区民政局工作。

28日 全市首个女性主题时尚商场——朝天门大融汇正式开业。大融汇对传统服装批发市场进行升级，利用互联网与大数据重点拓展西南市场，成为全国范围内“产＋销”仓储一体化的时尚服饰专业市场。

△ 区十八届人大常委会第十一次会议在区人大常委会议事厅举行。区委书记黄玉林传达十三届全国人大一次会议精神并讲话。会议听取并审议区政府关于渝中区步行系统规划工作情况的报告、区政府2017年法治政府建设情况的报告；会议听取区文化委、区统计局2017年工作情况报告，并开展测评；会议审议通过人事任免事项并举行宪法宣誓仪式。

△ 由星展银行重庆分行与中国银行重庆分

行作为境内银团贷款联合牵头行，重庆银行、平安银行、中信银行、马来亚银行等共同参与承办的重庆企业房地产投资信托（Sasseur REIT）于新加坡交易所上市。

29日 区长商奎到重庆市中医骨科医院、朝天门街道社区卫生服务中心、重庆全景红岭医学影像诊断中心调研卫生健康工作。

△ 区法院召开金融审判工作新闻发布会，通报2017年金融审判工作情况，并发布《2017年重庆市渝中区人民法院金融审判白皮书》。重庆日报、重庆电视台等11家媒体，重庆银行、瀚华小贷等15家金融机构参加发布会。

△ 市政协主席王炯、副主席谭家玲一行调研渝中区“两江四岸”规划建设情况。

30日 中国西部规模最大的都市型旅游节庆会展活动——第22届重庆都市旅游节暨城际旅游交易会在解放碑步行街开幕，英国、意大利、匈牙利、日本等国家和地区以及国内众多省市的旅游区参展。渝中区文化委组织蜀绣、葫芦烙画、重庆周氏古船模型制作技艺、烙画等具有代表性的四个非遗项目参展。

△ 区委书记黄玉林主持召开区委常委会会议，听取各位区委常委开展兴调研转作风促落实行动情况的汇报，听取区环保局关于迎接市级环保集中督察有关情况的汇报，研究城市管理提升及改造工作。

△ 渝中区2018年健身气功站、点联赛在重庆市劳动人民文化宫举行，全区20家气功站点的近700名健身气功爱好者参加比赛。

△ 市人大常委会副主任刘学普到渝中区石油路街道金银湾社区居委会调研人大工委工作开展情况。

△ 渝中区201个事业单位法人年度报告通过区政府网站向社会进行公示。

31日 重庆首家智能美妆店——“Wow!智能美妆店”在解放碑都市广场开业。该店是丰趣海淘在解放碑布局的全市第二个无人便利店，主营跨境美妆品，涵盖全球60多个美妆护肤品牌，2000多种美妆商品。

△ 渝中区第三届电子商务人才预约式专场招聘会在解放碑平安金融中心举行，41家电商企业组团招聘人才，来自全国各地的700余名电子商务人才前来应聘。

3月 渝万铁路有限责任公司总经理王明慧荣获2018年全国“五一劳动奖章”。

3—4月 区政协开展“兴调研转作风促落实”行动，先后走访联系部门21个、政协街道联络委11个、政协委员单位30个、对口联系企业56家，收集意见建议47条。

4月

1日 区委书记黄玉林调研区城投公司，深入了解区城投公司生产经营情况。

△ 重庆市人民小学教育集团迎接来访的美国西雅图笔架山国际学校代表团，开展访学交流活动。

△ 区公安分局推进打击整治枪爆违法犯罪专项行动，破获“7•26”通过寄递物流渠道非法寄运枪支案件，抓获嫌疑人28人，公安部专项办公室贺电表扬。

2日 区地税局在区行政服务大厅为重庆商社强力汽车贸易有限公司开出环境保护税税票，这也是渝中区开出的首张环境保护税税票。

△ 区委书记黄玉林主持召开区委专题会议，研究部署全面深化改革工作，审议渝中区2018年全面深化改革工作要点、落实党的十九大改革部署的实施细则以及关于调整区委全面深化改革领导小组及专项小组部分成员的建议。

△ 重庆金融资产交易所有限责任公司正式入驻渝中区，地址位于解放碑五一路平安国际金融中心39楼。该公司成立于2010年12月，注册资本10亿元，是首批通过国务院验收并予以备案的交易所。

△ 位于渝中区经纬大道772号的重庆市首个三级耳鼻喉专科医院——重庆仁品耳鼻喉医院

正式运营。

△ 第12届巴蔓子将军公祭活动在七星岗街道莲花池社区巴将军墓前举行，社会各界人士和市民代表800余人参加。

△ 渝中区召开全区环保督察工作动员部署会。区委书记黄玉林、区长商奎作动员讲话。

3日 渝中商旅文消费服务平台——“玩味渝中”在民国印钞厂当代艺术中心正式启动。

△ 位于渝中区四方街的太平门城门修缮工程正式启动。

3—4日 区委书记黄玉林分别走访调研区委组织部、区委统战部、区委政法委等党委部门，了解各部门工作开展情况，研究渝中区组织、统战、政法工作。

4日 区长商奎主持召开区政府第49次常务会议，听取《重庆市渝中区人民政府关于促进儿童事业持续健康发展若干政策的意见（送审稿）》及2017年度区级文明单位标兵验收工作情况的汇报。

△ 渝中区在南区路160号邹容公园邹容烈士纪念碑前举行“铭记•2018清明祭英烈”暨邹容逝世113周年纪念日宣传教育活动，近百名机关干部和各界群众以及邹容烈士亲属参加公祭烈士活动。

△ 市检察院第五分院政治部主任孙亚一行到区检察院围绕市院“一点两面”的工作部署，开展“充分发挥重庆基层检察人才作用”专题调研。

△ 区人大常委会主任米绍林率队到南纪门街道解放西路社区民情联络室开展接待选民活动。

5日 巴蜀小学老师徐颖获得2017—2018年度全国小学语文“十大青年名师”称号。

△ 市人大法制委副主任委员、常委会法制工委主任张晓涛率队到渝中区调研《重庆市物业管理条例》实施情况。

8日 区委书记黄玉林走访调研渝中商业公司。

9—11日 区人大常委会主任米绍林率队到红岩幼儿园、巴蜀幼儿园、蓓蕾幼儿园、望龙门幼儿园、新东方心巢幼儿园、锦城小金星幼儿园开展学前教育工作专题调研。

10日 渝中区开展第96次“社区工作日”暨“提升城市精细化管理水平”主题活动。区级各部门机关干部分成11个小组，分别前往11个街道辖区的旅游景点周边、居民楼栋、背街小巷开展环境卫生志愿服务。

△ 渝中区举行第十批名师工作室和第二批特级教师工作室挂牌仪式，9个名师工作室和2个特级教师工作室正式成立。

△ 区委书记黄玉林主持召开区委常委会会议，传达学习市委五届四次全会精神，研究贯彻落实意见。

△ 渝中区社会组织综合委员会召开全体党员选举大会，选举产生第一届中共渝中区社会组织综合委员会领导班子，委员由7名同志组成，其中李剑功担任党委书记。

11日 渝中区2018年综治防邪工作现场会在石油路街道召开，传达全市综治办主任会议、防邪工作会议精神，学习石油路街道“四联防控”工作经验，总结部署全区综治防邪工作。

△ 重庆市第一环境保护督察组正式进驻渝中区开展督察并召开工作动员会，督察组组长刘学琼通报督察任务、总体安排和要求，副组长、市环保局副局长余国东对渝中区配合做好督察工作提出要求。

△ 渝中区大黄路停车库项目通过风险评估评审。

12日 位于渝中区的重庆云威科技有限公司“互联网＋智能制造”项目在人民日报全国党媒信息公共平台主办的2018年中国“互联网＋”数字经济峰会上，入选2017年度中国“互联网＋”优秀案例。

△ 位于渝中区解放西路14号的重庆行营旧址布展工程竣工验收。

13日 重庆医科大学附属儿童医院与中国社会福利基金会达成合作，成为基金会“919大病救助工程”在重庆地区首家授牌合作医院。同时，中国社会福利基金会设立100万元专项基金，用于救助该院贫困重症患儿。

△ 写字楼专业运营商——MFG正式签约入驻化龙桥重庆企业天地2号楼阳光金融中心，

面积超2万平方米，创重庆写字楼租赁市场史上最大单笔交易。

15日 第33届重庆市青少年科技创新大赛在重庆市第八中学渝北校区落幕。渝中区代表队获得一等奖37个、二等奖40个、三等奖21个。

△ 成渝客运专线项目新红岩隧道临时弃渣场除渣工作顺利完成。

16日 市环保局局长辛世杰率队到市第一环境保护督察组渝中区工作驻地，实地了解环保督察工作开展情况。市第一环境保护督察组组长刘学琼就督察有关工作进行汇报。

△ 渝中启动2018年度“双随机一公开”事业单位法人公示信息抽查工作。

17日 渝中区第十二届委员会第三次全体会议召开。会议学习贯彻党的十九大精神和习近平总书记重要讲话精神，落实市委五届四次全会工作部署，坚决肃清孙政才恶劣影响和薄熙来、王立军流毒，加强法治和德治工作，着力营造良好的政治生态，推动渝中各项事业健康发展。

△ 渝中区两江沿岸24块河长公示牌通过区河长办、沿江各街道验收。

18日 区长商奎主持召开区政府第50次常务会议，听取区级有关部门关于一季度经济运行情况的汇报及一季度全区安全生产工作情况的汇报，安排部署有关工作。

△ 中华全国总工会联络部社会组织处处长徐海珊、副调研员李孝海到渝中区职工服务类社会组织促进会及D5空间，就工会联系引导社会组织工作进行调研座谈。

△ 区政协主席陈大奎带队到长滨路全民健身活动中心和区体校场馆调研场馆改造建设情况以及射击馆训练开展等情况。

△ 区人大常委会主任米绍林、副主任孔新军，部分区人大常委会委员、人大代表一行考察渝中区养老服务工作。

19日 重庆市公安局“服务学校29条”之“平安课堂”校园直通车主题活动启动仪式在中山四路重庆市人民小学举行。副市长、市公安局局长邓恢林，区长商奎等参加启动仪式。

△ 世界五百强企业绿地集团重庆置业有限公司签约化龙桥重庆企业天地7号楼。

△ 2018年渝中区商务领域安全生产暨高温汛期大排查大整治大执法工作部署会召开。全区各街道办事处，各商场、超市、市场、加油站、液化气、餐饮等商务行业重点企业140余家单位参加会议。

20日 中国农业银行重庆分行打造的国内首家DIY智慧银行在解放碑正式开业。

△ 区委、区政府召开2018年一季度工作座谈会，总结分析一季度渝中区经济社会发展情况，安排部署二季度及下一阶段工作。

△ 区检察院、区法院、区公安分局、区司法局、团区委联合出台《关于共同加强未成年人社区矫正工作意见》并成功开展未成年人矫正工作2件。

21日 牛角沱嘉陵江大桥开始为期400天的桥面维修整治。

23日 区长商奎主持召开区政府第51次常务会议，听取《2018年渝中区“美丽半岛人文渝中”系列节庆会展活动方案》《2018年渝中区法治政府建设工作要点（送审稿）》的情况汇报，安排部署有关工作。

△ 市规划局副局长张睿率队调研指导重庆湖广会馆协调区、十八梯传统风貌区保护修缮工作，并就山城巷、燕子岩、飞机码头等老街区的规划建设工作进行专题研究。

△ “4•23世界读书日”暨第十一届重庆读书月主会场活动在解放碑商圈步行街举行。

23—26日 知名导演樊跃到渝中区燕子岩、飞机码头、鹅岭贰厂、印制一厂、十八梯、长江索道等区域考察，拟打造一个创新型的都市文化旅游项目。

24日 市人大常委会主任张轩、副主任沈金强，市人大常委会秘书长、办公厅主任龙华一行到人民小学附属幼儿园、金色前程水木幼儿园、巴蜀幼儿园调研学前教育工作，并在渝中区召开主城部分区学前教育工作评议座谈会。渝中、江北、南岸、渝北、大渡口、北碚、巴南等区人大常委会主要负责人和相关负责人参加调研座谈。

△ 区委、区政府召开会议，专题研究城市综合管理工作，会议通报渝中区加强城市综合管理有关工作情况，提出下一步工作意见。区委书记黄玉林出席会议并讲话，区长商奎主持会议并传达市政府城市综合管理专题会议精神。

25日 纪念中共中央“五一口号”发布七十周年暨民革成立七十周年书画展在中山四路王琦美术博物馆开展。全国政协常委、民革中央副主席李惠东，市委统战部部长李静，区委书记黄玉林，区政协主席陈大奎等出席书画展开幕式。

△ 第五届重庆科普讲解大赛决赛在沙坪坝区圣荷酒店举行，渝中区获一等奖1名、二等奖2名、三等奖3名，3名选手获得“第五届重庆十佳科普使者”称号。

△ 区政协主席陈大奎、副主席赵元政到渝中区上清寺V营“互联网+文创”产业园，调研渝中区科技企业发展前景、存在的困难及诉求。

△ 重庆市巴蜀中学Unipress小队在哈佛大学举行的2017—2018年度中国大智汇创新研究挑战赛中获得银牌。

△ “川流不息 版权保护 文化魅力——2018年四川美术学院油画艺术名家邀请展”在重庆美术馆开展。

△ 位于渝中区民族路与沧白路交叉口的罗汉寺天桥通过竣工验收，全面对外开放通行。

26日 2018年全国知识产权宣传周重庆渝中分会场暨渝中区版权登记工作站启动仪式在中山四路“U创空间”产业园举行，渝中区版权登记工作站作为重庆市文化委员会（版权局）在重庆授牌的第一家区县级版权登记工作站正式挂牌运行。

△ 重庆市第一环境保护督察组组长刘学琼带队对渝中区菜园坝垃圾中转站废气处理设施（抽风除臭系统）和医学院路餐饮一条街油烟污染问题整改情况进行督察。

△ 区委、区政府召开会议，专题研究重庆解放碑中央商务区品质提升工作。

△ 首届重庆市公民科学素质大赛主城片区复赛在江北区举行，由街道社区科普工作者、退休干部、学生组成的渝中区代表队荣获三等奖。

△ 渝中区残疾人运动员廖克力在2018年全国残疾人乒乓球锦标赛上获得1金2铜。

△ 区人大常委会主任米绍林率队到区大石化新区管委会调研区块链发展情况。

△ 于2018年1月16日成立的渝中区建筑业人民调解委员会（以下简称“区建调委”）正式挂牌。区建调委是在渝中区司法局、渝中区人民法院、渝中区建设和交通委员会指导下，由渝中区建筑业协会依法设立、调解本辖区内建筑行业纠纷的群众性自治组织，主要负责渝中区建筑企业和员工之间发生的劳动争议、建筑企业之间发生的经济纠纷等。

27日 重庆公交集团于高峰时段在两路口公交站和上清寺公交站分别增开到观音桥和轨道嘉州站的“嘉陵江大桥快线”公交车。

28日 渝中区试运行的首班网红景点观光巴士T001发车，线路全长9.3公里，将朝天门、洪崖洞、长江索道等网红景点串联起来，运行方向为洪崖洞下口—重庆湖广会馆—朝天门九码头—长江索道—洪崖洞下口。沿途设置洪崖洞下口（嘉滨路洪崖洞）、朝天门九码头、长江索道三个站点。该观光巴士每天15点开班，23点收班，票价为单次10元。

△ 位于中山四路的曾家岩19号靶点影视文化创意产业园正式开园，并挂牌“重庆图书馆（罗斯福图书馆）曾家岩书院”，该院系全国目前唯一一家以民国文化为主题的图书馆，有红色文献、抗战文化、民国大师等方面的图书和影像文献6000多册。

△ 渝中区举行“创新促发展·建功新时代”2018年劳模创新发布会暨“五一”国际劳动节纪念活动。会议对获评渝中区2017年度“工人先锋号”和“建功立业标兵”的单位和个人进行表彰；对新命名的区级劳模（高技能人才）创新工作室进行授牌，五个劳模工作室进行专题展示。

29日 区委书记黄玉林到中山四路曾家岩书院调研书院重建及运营情况。

30日 位于渝中区公园路1号的人民公园改造项目全部竣工验收。

△ 重庆市第一环境保护督察组4月11日进驻渝中区，开展环保集中督察。至30日，共受理群众来电来信投诉115件，通过督察发现问题6件，合计交办案件121件，其中督办案件3件，信访案件118件（重点案件7件）。案件涉及环境相关问题135个，其中大气污染类41个、噪声污染类41个、水污染类3个、市容环境类37个、其他类13个，督察组交办的案件均在规定时限内全部办结，并按要求将案件办理情况在渝中区电视台、渝中报等新闻媒体及区政府门户网站上进行公示，依法接受群众监督，实现按时办结率和公开公示率“两个100%”。

5月

1日 渝中区开出税率调整后首张税率为16%的增值税发票，标志着增值税改革政策顺利完成。

△ 渝中区太极拳比赛在两路口重庆市劳动人民文化宫举行，来自全区20余家太极拳站点的800余名太极拳健身爱好者参加比赛。

3日 区委、区政府召开招商引资专题工作会，就贯彻落实市委、市政府对招商引资工作的部署要求，渝中区全年招商引资工作再动员、再安排。

△ 区政协主席陈大奎、副主席戴伶一行到曾家岩书院调研书院运营情况。

△ 位于渝中区枇杷山公园内的王陵基旧居修缮工程正式竣工。

△ 区公安分局、重庆医科大学附属第二医院举行民警因公负伤紧急救治“绿色通道”合作协议签约仪式。副区长、区公安分局局长鲁荣锋，重庆医科大学附属第二医院党委书记王大刚参加签约仪式。

4日 市委书记陈敏尔，市长唐良智到鹅岭贰厂文创园、朝天门洪崖洞民俗风貌区和轨道交通二号线李子坝站等地调研渝中区都市旅游。

5日 “马克思画传”图片展在重庆中国三峡博物馆开展。图片展按照马克思的人生轨迹，设置117块展板，共出展“体悟马克思的人生境界（序言）”“童年和学生时代”“为创立新世界观和无产阶级政党而斗争”等10个版块，434幅图片。

7日 共青团重庆市渝中区第十八次代表大会召开，大会共出席代表250名，选举产生共青团重庆市渝中区第十八届委员会（委员31名，候补委员13名，常务委员11名）。

△ 重庆市第二十九中学校被教育部评选为首批基础教育信息化应用典型示范案例单位。

△ 区长商奎主持召开区政府第52次常务会议，听取渝中区开展2018年规划编制项目的情况汇报、关于贯彻落实《重庆市统计局关于国家统计局对我市三县区统计违法案件约谈情况的通报》文件精神的情况汇报、关于开展餐饮船舶专项整治工作的情况汇报，安排部署有关工作。

△ 2018“听见重庆——全国省级广播融媒体重庆行”采访活动在渝中区启动。

△ 市台办主任胡奕，区委统战部部长章琳一行到关岳庙、曾家岩书院等地调研。

8日 渝中区召开律师代表大会，辖区131家律师事务所推选的136名律师代表，通过民主程序选举产生重庆市律师协会渝中区律师工作委员会组成人员，成为全市首个建立律协工作委员会的区县，标志着渝中区律师行业自律管理组织的进一步完善。

△ 国家文化和旅游部发布第五批国家级非物质文化遗产代表性项目代表性传承人名单，渝中区黄敏作为传统美术类别蜀绣项目传承人成功入选，系渝中区第三位国家级代表性传承人。

△ 副市长潘毅琴带领渝中区和相关部门负责人到朝天门洪崖洞查看景区管理情况并听取景区提档升级的汇报。

△ 柬埔寨驻重庆总领事馆入驻渝中区解放碑环球金融中心 WFC，并在洲际酒店举办乔迁庆典。

8—9 日 区委书记黄玉林、区长商奎、区委副书记何家利分别组织有关部门召开专题会议，研究洪崖洞等网红景点旅游品质提档升级的具体措施。

9 日 区委书记黄玉林到山城巷传统风貌区建设现场、南纪门街道办事处、解放西路社区等地检查工作或看望慰问工作人员。

△ 中华全国总工会《中国工会章程》修改小组赴渝中开展调研，参观走访国贸中心党群服务中心。

△ 第十一届重庆市青少年科技创新市长奖颁奖仪式在重庆市巴蜀中学举行，巴蜀中学学生曹瑛典获重庆市青少年科技创新市长奖、高楚桐获重庆市青少年科技创新市长奖提名奖。市长唐良智，中国工程院院士、市科协主席潘复生等出席颁奖仪式。

10 日 渝中区政府、市规划局启动大坪商圈、解放东西路沿街界面两项品质提升专项城市设计方案征集工作。

△ 在市公安局、团市委联合举办的“学英模见行动•首届重庆公安十佳青年”颁奖仪式上，渝中区消防支队较场口中队杜东荣获“首届重庆公安十佳青年”称号。

△ 区检察院、区法院、区妇联联合出台《渝中区审理涉未家事案件工作意见》，探索建立“诉前调解介入、诉中权益保护、诉后联合回访”的“1+3”全程监督维权工作机制。

△ 区司法局在重庆铁路运输法院、重庆铁路运输检察院设立法律援助工作站，由区法律援助中心指派律师值班，开展刑事案件认罪认罚从宽制度试点工作，为符合条件的犯罪嫌疑人提供法律帮助。

11 日 区委书记黄玉林主持召开区委常委会会议，深入学习习近平总书记在纪念马克思诞辰 200 周年大会上的重要讲话精神、在北京大学考察时的重要讲话精神、在湖北考察时的重要讲话精神；研究渝中区贯彻落实市委、市政府主要领导调研渝中工作时指示要求的措施；听取 2018 年一季度安全生产工作、平安建设和社会稳定工作的情况汇报。

△ 区长商奎主持召开解放碑商圈环境综合品质提升城市设计项目布置会，听取关于解放碑商圈环境综合品质提升城市设计项目情况的汇报，安排部署项目推进工作。

△ 位于解放碑的重庆•韩国美丽产业园（1089 艺术美丽中心）举行揭幕仪式。

△ 生态环境部“清废行动 2018-116 组”对渝中区开展打击固体废物环境违法行为专项检查，督查组由于彦组长带队，重点对嘉滨路、大溪沟饮用水水源地周边及朝天门码头沿线开展现场检查。

11—13 日 2018 年渝中国际咖啡文化节暨夏日消费季启动仪式在解放碑步行街举行。40 余家咖啡、烘焙、花艺及文创行业的品牌企业带来 DIY 互动体验、烘焙知识分享、免费花艺体验课等活动。

13 日 《九开八闭重庆城》出版发行分享会在中山四路曾家岩书院举行。

14 日 区委书记黄玉林率队到滨江公园、大溪沟码头、大溪沟饮用水水源保护区、上清寺空气质量自动监测站等地调研河流水质、河道卫生、沿江建筑等情况，专题研究渝中区河长制和环保工作。

△ 渝中区首个警企共建示范点在大坪龙湖时代天街成立。

△《重庆古城》连环画正式出版发行。

15 日 区委书记黄玉林率队到渝中区中华路小学、渝中区区级机关幼儿园、重庆市第二十九中学、重庆市求精中学、重庆市人民小学、渝中区人和街小学和重庆市巴蜀小学等学校了解渝中区校点布局、校园建设、师资配备、教育质量等情况。

△ 区政协主席陈大奎率区政协评议组委员对化龙桥街道城管工作开展民主评议，助推化龙桥打造高品质国际社区。

16 日 区人大常委会主任米绍林组织部分常委会组成人员和区人大代表到朝天门交运三码

头、大溪沟饮用水水源保护区、化龙桥、中石油长江加油站等地，检查趸船垃圾污水环保收运情况、饮用水水源环境保护工作情况、嘉陵江排污口整治情况以及地下油罐防渗改造情况，并听取区环保局关于2017年环境状况和环保目标完成情况的汇报。

△ 区政协主席陈大奎率区政协部分委员对朝天门地区历史文化保护重点项目开展专项助推活动，查看东水门老街建筑改造、商户经营、设施配套等情况。

△ 区政协召开重点提案督办工作会，专题听取区发改委关于2018年度政协提案办理工作的情况通报，并围绕区发改委主办的重点提案《关于全面融入国家“一带一路”建设和长江经济带发展战略，推动渝中提档升级的相关建议》开展办理协商。

△ 中华全国总工会宣传教育部部长王晓峰、综合处处长张金亮、宣传理论处副调研员何紫凌一行到上清寺环球互联网产业园党群服务中心、渝中区中山文化产业园等地考察督查渝中区工会工作。

17日 “筑梦善行 和谐渝中”——渝中区第二十八次全国助残日主题宣传活动在区级机关综合办公大楼礼堂举行。关心和支持残疾人事业的社会各界人士、助残志愿者和残疾人朋友及其家属共300余人参加活动。

△ 渝中区第七届邻居节暨志愿服务活动周在大坪龙湖时代天街中央广场启动，新评选出的82名“最美好邻居”、9家2017年度“渝中区文明单位标兵”、232个渝中区“好邻居学雷锋互助点”等代表获得授牌。

△ 自然资源部地调局航遥中心主任韩子夜、副主任方洪宾一行调研渝中区地质灾害防治工作，现场查看化龙桥街道嘉陵新路不稳定斜坡治理工程。

△ 区历史文化街区管委会联合渝中区商业联合会举办十八梯首开区项目招商推介会，60多家餐饮美食、精品零售、文化创意、休闲娱乐等行业的企业代表参会。

△ 渝中区遭遇强对流天气，导致多处行道树倒伏、倾斜和断枝，影响交通正常通行及市民生命财产安全。渝中区绿化维护管理处对影响交通出行和行人安全的断枝、倒伏树木及倒塌的施工挡板进行清理和恢复，排危工作持续到18日凌晨结束，并组织人员进行全线巡查，重点排除安全隐患，帮助恢复交通。

△ 区政协主席陈大奎率队到区交巡警指挥中心、石油路街道金银湾社区，调研渝中区智慧城市建设情况。

17—18日 区委召开区委常委会（扩大）会议暨理论学习中心组（扩大）学习会，深入学习《中华人民共和国宪法》《中华人民共和国监察法》和习近平总书记在庆祝海南建省办经济特区30周年大会、深入推动长江经济带发展座谈会、纪念马克思诞辰200周年大会、中共中央政治局第五次集体学习时的重要讲话精神；传达学习全市网络安全和信息化工作会议、全市旅游发展大会主要精神。

18日 重庆中国三峡博物馆在上海举办的2018年“5•18国际博物馆日”中国主会场活动中荣获“2018年全国最具创新力博物馆”称号。

△ 副市长屈谦调研渝中教育集团化改革试点工作。

△ 渝中区开通居民医保微信缴费，实现居民医保在线缴费，打通社保服务“最后一公里”。

△ “重庆6•18电商日”活动启动仪式在解放碑洲际酒店顺利举行。“重庆6•18电商日”以“智慧商务，品质生活”为主题，开展了组织成立重庆京东品牌联盟、上线重庆老字号京东旗舰店、开展京东线上扶贫重庆专场促销、打造10个全国知名农产品品牌等系列活动。

18—20日 “5•18”国际博物馆日暨文化遗产宣传月活动在解放碑举行。活动以“母城文脉在传承”为主题，共设“母城”文化遗迹保护图片展、非遗项目展和“母城”图书展等3个展区。

△ “与世界握手——解放碑国际文化交流节暨留学生企业活动周”在解放碑十字金街举行，近30家优秀留学生企业和2家外国驻渝领事馆、3家外国商会参与，共设涉外留学生项目

展示区、国际文化风情展示区、企业及留学生服务区、涉外政策宣传区和国际青少年文化活动互动区等多个主题展区。

19日 重庆市第二十届外经贸人才交流大会暨解放碑CBD第三届人才交流会在国泰广场举行，60家企业提供700余个中高端职位。

△ 渝中区第七届老年人运动会开幕仪式在重庆市人民小学运动场举行。

21日 区委书记黄玉林率队到重庆市中医骨科医院新院建设项目工地、重庆华美整形美容医院、上清寺街道社区卫生服务中心、渝中区疾控中心等地调研重点建设项目进展、健康产业发展、医疗领域放管服改革、家庭医生签约服务、分级诊疗制度、基层卫生队伍建设以及疾病监测等情况。

△ 区长商奎主持召开区政府第53次常务会议，听取朝天门片区品质提升工作方案、学前教育工作情况的汇报，听取2018年生态环保重点任务分解（审议稿）有关情况、2017年环境状况和环保目标完成情况的汇报。

22日 重庆广电集团（总台）副总裁（副总台长）、电视新闻中心主任张庆岗一行到渝中区调研新闻宣传工作，就进一步加强渝中重点新闻选题策划进行交流。

△ 渝中区召开巡察工作会，传达学习中央巡视巡察新精神和市委工作要求，对渝中区巡察工作五年规划进行安排部署。

△ 区委书记黄玉林，区长商奎会见星河集团董事长黄楚龙一行、华讯方舟集团创始合伙人董事冯军正一行，并就加深合作、推进智慧渝中建设等事宜进行沟通交流。

23日 区委书记黄玉林主持召开渝中区文化旅游业发展工作座谈会，听取文旅企业对渝中文化旅游产业发展的意见建议。

△ 区政协主席陈大奎率城环委部分政协委员到老鼓楼衙署遗址公园项目现场，实地了解项目推进情况及存在的困难；听取区文化委关于相关文物保护情况的通报，并围绕方案完善、联动打造、文化保护等提出意见建议。

△ 渝中区召开扫黑除恶专项斗争推进会，分析总结渝中区扫黑除恶专项斗争工作开展情况，安排部署全区扫黑除恶专项斗争宣传发动工作。

△ “公证参与司法辅助事务”试点启动仪式在市司法局举办。区法院与区公证处签订合作协议，成为全市首批公证参与人民法院司法辅助事务试点法院之一。

24日 渝中区召开大数据智能化产业发展座谈会，听取专家、企业对渝中大数据智能化产业发展的意见建议，助推渝中区以大数据智能化为引领的创新驱动发展。

△ 渝中区2018年应急管理工作会暨突发事件桌面推演在区级机关综合办公大楼召开，学习贯彻全市应急管理工作会精神，安排部署2018年应急管理工作重点，并开展突发事件无脚本桌面推演。

25日 区委书记黄玉林主持召开渝中区朝天门片区环境综合整治暨品质提升工作动员部署会，全面启动朝天门片区环境综合整治暨品质提升工作。

△ 深圳智联云网科技有限公司与区政府签署战略合作协议，将入驻大石化新区并投资5亿元打造工业互联网领域的龙头服务商。

△ 第二十一届中国西部国际投资贸易洽谈会在重庆国际博览中心开幕，67个国家和地区的7300多家企业参展。渝中区共签约落地10余个项目，项目总投资44.6亿元，其中外资1亿美元，涉及金融、高新科技、环保节能、新能源汽车等领域。

26日 “回望百年——大足石刻历史影像展”在重庆中国三峡博物馆开展，展览以20世纪30年代至60年代历史老照片为主，共计200余幅，辅以石质文物、20世纪70年代摄制的《大足石刻》电影等。

△ 渝中区非公组织党组织学习贯彻十九大精神和新党章知识竞赛决赛在渝中区解放小学举行。非公企业党组织负责人、党员代表共100余人参加活动。500余名党员参加十九大精神和新党章知识的学习，20多个基层党组织参与初赛，6个基层党组织进入决赛，渝中区青年企业

家商会党支部在决赛中获一等奖。

28日 “国学•母城文化行舟”系列活动首场展演活动在重庆湖广会馆开展。重庆市作家协会驻会副主席辛华，重庆市台办主任胡奕，重庆出版集团党委书记陈兴芜，区委书记黄玉林等参加活动并观看演出。

△ 全国集中式饮用水水源地环境保护专项行动第一督查组深入大溪沟饮用水水源地，实地督查有关工作。区委常委张远洪陪同督查并介绍渝中区大溪沟饮用水水源地环境保护工作基本情况及2017年船舶搬迁整治情况。

△ 区长商奎率区旅发委等部门到上清寺街道李子坝轻轨站周边开展实地调研。

29日 “绵延•致远——四川美术学院版画艺术展览”在解放碑重庆美术馆开展，展览展出四川美术学院不同时期的版画代表作品200余件。

△ 区委书记黄玉林，区长商奎，区政协主席陈大奎，区委副书记何家利等分别前往渝中区各小学、幼儿园，与孩子们一起欢庆六一儿童节，向全区少年儿童致以节日的祝福，向广大少儿工作者致以崇高的敬意。

△ 区政协主席陈大奎一行到石油路街道调研智慧社区建设工作。

△ “相约渝中母城，丈量街巷风韵”活动正式举行。活动以全民健步走的方式，从七星岗通远门城墙出发，途经鼓楼巷、老水厂、打枪坝，穿过兴隆街，漫步石板坡山城第三步道后结束。

29—31日 由市安监局局长冉进红带队的重庆市安委会综合督查组对渝中区安全生产大排查大整治大执法工作开展综合督查。督查组重点检查党政领导履职、规范执法、严格执法、事故调查等方面，并抽查石油路街道办事处管控措施制定情况，现场核查洪崖洞景区、汇东船务公司、罗宾森项目工地、渝中财信城三期项目工地、龙湖时代天街、健康养老院重点专项整治情况以及“日周月”制度建立和落实情况等。

30日 区长商奎率区政府办、区发改委、区文化委等有关部门负责人，就枇杷山公园改造（一期）、人民公园改造、戴家巷崖壁公园改造、解放东西路改造、融创白象街片区文物修复等重点项目推进情况开展调研。

△ 渝中区召开城市基层党建工作重点任务推进会，交流社区党建、非公党建的经验做法，进一步明确思路、细化措施、压实责任，推进全区社区党建、非公党建各项任务落实到位。

△ 市委书记陈敏尔，市长唐良智到重庆市人民小学、巴蜀小学和巴蜀幼儿园，代表市委、市政府祝全市少年儿童节日快乐。

△ 市政府安委会督查组检查渝中区健康养老院，区民政、安监、消防、两路口街道办事处等部门负责人陪同检查，对检查中发现的消防通道不畅、电气线路搭接不规范等问题提出限期整改。

△ 渝中区召开经济责任审计联席会议。会议全面总结2017年全区经济责任审计工作，研究部署2018年经济责任审计任务；审议联席会议成员调整名单；审议通过《渝中区经济责任审计联席会议成员调整名单》《2017年经济责任审计工作报告》《2018年经济责任审计计划》。

31日 以“家庭•让城市更美好”为主题的庆祝六一国际儿童节暨“城市提升巴渝巾帼行动”启动活动在重庆市人民广场举行，300名少年儿童代表、50个家庭代表、300名巾帼志愿者代表参加活动。副市长、市妇女儿童工作委员会主任潘毅琴宣布活动启动，市妇联副主席谢晓曦主持活动，区长商奎致辞。

△ 区长商奎主持召开“网红景点”品质提档升级工作推进会，就洪崖洞、长江索道、重庆湖广会馆等“网红景点”品质提档升级工作进行专项部署。

△ 区政府与重庆工商大学就合作共建重庆市区块链创新基地签署合作框架协议。

△ 渝中区召开2018年“六•五”环境保护工作新闻通报会。区委常委张远洪通报2017年度渝中区环境质量状况、2017年全区重点环保工作开展情况及2018年生态环保重点工作安排。重庆日报、重庆晚报、重庆晨报、区新闻信息中心等14家新闻媒体参加通报会。

△ 市委政法委书记刘强一行调研区法院审判法庭建设情况，区委书记黄玉林陪同调研。

5月 重庆两江游电子联网售票平台于5月起正式上线运营。

6 月

1日 区政府与中国人民财产保险股份有限公司重庆市分公司签订战略合作框架协议。

△ 重庆市渝中区总商会乐清商会成立，为加强两地经贸科技合作、开展企业间的交流与合作提供学习交流平台。

△ 大溪沟环线457路正式开通，弥补枣子岚垭正街多年无公交通行的空白。

△ 全市首家以儿童阅读成长为主题的体验式新概念书店——“萌想+”儿童阅读成长体验馆在大坪英利大融城开业。

4日 区长商奎主持召开区政府第54次常务会议，听取区安监局关于市安委会综合督查情况的汇报，传达学习《地方党政领导干部安全生产责任制规定》电视电话会议精神，研究审议《渝中区坚决打好防范化解重大风险攻坚战实施方案》有关工作。

△ 区政府召开渝中区居民出行调查工作动员会，启动全区居民出行调查。

5日 区委书记黄玉林率队到解放碑街道沧白路社区、重庆解放碑中央商务区、大坪街道大坪正街等区域，实地察看城市综合管理“五长制”落实情况。

△ 重庆市2018年“6•5”防空警报试鸣放暨防空防灾知识宣传活动在解放碑举行，活动通过播放纪录片、摆放宣传展板、发放宣传资料等方式，普及人民防空知识和防灾减灾技巧。

△ 区政协主席陈大奎，副主席彭洪森、赵元政率队参加政协大溪沟街道联络委联合经科委开展的嘉陵江创意滨江走廊建设情况考察活动。

△ 国家文化和旅游部发布《关于表彰全国非物质文化遗产保护工作先进集体和先进个人的决定》，渝中区国家级非物质文化遗产代表性项目代表性传承人刘光瑞成功入选，被授予“全国非物质文化遗产保护工作先进个人”称号。

6日 区长商奎率队到大溪沟街道人和街社区，石油路街道民乐村社区、新影村社区，就社区建设管理和城市综合管理“五长制”工作开展现场调研。

△ 副市长、市公安局局长邓恢林一行到求精中学检查2018全国普通高校招生考试考务准备工作。

8日 区委书记黄玉林主持召开区委常委会会议，深入学习贯彻习近平总书记近期重要讲话精神，中共中央政治局会议研究部署乡村振兴和脱贫攻坚工作的有关精神，中央、市委相关文件精神以及五届市委全面深化改革领导小组第七次会议、市委统一战线工作领导小组全体会议精神。

△ 渝中区召开文化旅游发展大会，深入贯彻落实习近平总书记“两点”定位、“两地”“两高”目标和“四个扎实”要求，认真学习贯彻全市旅游发展大会精神，全面落实市委、市政府主要领导调研渝中时对文化旅游发展作出的重要指示，安排部署渝中区文化旅游高品质高质量发展工作。

△ 全市首家全球跨境综合门店——丰趣海淘“Wow哇噢”全球精选店在解放碑国泰广场开业。

△ 重庆解放碑中央商务区在杭州召开的第四届中国楼宇经济峰会上被评为“2017中国最具活力中央商务区”，成为全国获此殊荣的四个中央商务区之一，重庆环球金融中心荣获“2017中国最具活力商务楼宇”称号。

△ 2018年“文化和自然遗产日——第三届重庆非物质文化遗产暨老字号博览会”在磁器口沙磁文化广场举行，渝中区蜀绣、刘氏刺熨疗法、葫芦烙画、花丝镶嵌、手工羽毛毽传统制作技艺、赵氏雷火灸等项目组团参展。

9日 重庆市第四届国际登楼大赛暨2018国际垂直登高大奖赛——重庆WFC站第十一届解

放碑CBD城市登高楼大赛举行，800余名中外选手参加比赛。来自马来西亚的选手苏为庆和中国选手蹇穆华分别以10分55秒和12分18秒的成绩分别摘得男女个人组冠军，团体组和亲子组前两名均打破之前纪录。

△ 渝中区档案局以“爱护档案，人人有责”为主题，联合区司法局、区普法办制作法治公益广告，此公益广告自6月15日起在重庆电视台影视、都市、公共、科教、时尚等频道滚动播出约400次。

10日 上海刘海粟美术馆2017年全国美术馆馆藏精品展出季项目“润物无声——陈盛铎艺术展”在中山四路王琦美术博物馆开展，共展出作品168件，主要为陈盛铎在20世纪20年代至70年代的艺术创作，涵盖素描、水彩、油画等不同种类，内容以风景、人物为主。

△ 解放碑周末音乐会之儿童动漫铜管乐专场在大坪龙湖时代天街举行。

11日 区委、区政府召开网络安全工作会和防范化解重大风险攻坚战工作部署会，深入学习贯彻习近平网络强国战略思想，贯彻落实市委、市政府关于打好防范化解重大风险攻坚战的相关部署和要求，以及全市网络安全和信息化工作会议精神，对下一步工作进行安排部署。

△ 国家应急管理部消防局总工程师周天率督导组到渝中区对区消防支队春夏火灾防控及部队管理工作进行督导检查。

△ 朝天门片区市容环境综合整治工作启动。整治范围东起朝天门180平台门洞，西至西三街水产农贸市场，南起重庆湖广会馆，北至洪崖洞景区，以及朝天门街道区域内的主次干道、高架桥、护坡、河岸、楼栋。

11—12日 市第五核查组对渝中区进行清查阶段污染源普查质量核查。根据第二次全国污染源普查质量核查评估标准，渝中区污染源普查工作评估结果为“优”。

12日 渝中区以“相约渝之中 聚焦下半城”为主题的历史文化街区文商旅招商推介会在成都举行，近百家来自成都餐饮、零售、文创、金融等行业的企业代表参会。此次共签约4个项目，签约意向投资金额达5000万元。

△ 区司法局、区普法办创新普法形式，在渝中电视台开办《渝中法治微课堂》栏目，该栏目每月1期，每周四滚动播出。

△ 市长唐良智、副市长屈谦调研渝中区民生项目——虎头岩公园。

△ 渝中区2018年全民禁毒月宣传活动“感恩生命•健康生活——我向毒品say no”在较场口日月光中心广场启动，区禁毒委员会各成员单位代表、禁毒工作志愿者代表、学生代表、市民400余人参加启动活动。

△ 区政协主席陈大奎、副主席戴伶率部分区政协委员赴南岸区学习考察龙门浩历史文化街区和弹子石老街建设情况。

13日 区长、区总河长商奎率区政府办、区网信办、区应急办、解放碑街道办事处、朝天门街道办事处等单位的负责人到南纪门长江轨道专用桥项目施工现场、长江菜园坝竹木市场、嘉陵江化龙桥应急抢险码头工地、嘉陵江大溪沟渔湾码头、嘉陵江洪崖洞段等地开展巡河工作，实地检查沿江河道管理、水生态建设、防汛安全等情况。

△ 市政协第四片区政协会在渝中区召开，渝中、南岸、巴南、南川、綦江五区政协的相关负责人到石油路街道金银湾社区、解放碑地下环道、区交巡警指挥中心等地调研智慧城市建设。

△ 渝中区首届全域旅游导游服务技能大赛决赛举行，采取随车现场导游讲解的方式进行，共评选出金奖3名、银奖5名、铜奖11名。

△ 中国云谷科技集团副总经理李健一行到重庆渝欧跨境电子商务楼宇产业园、重庆村1号商务大厦、重庆3W空间、重庆文创互联网楼宇产业园、鹅岭贰厂文创公园等地，调研区域产业发展情况。副区长邓光怀与集团负责人就渝中区文化旅游方向合作事宜进行洽谈。

15日 区长商奎主持召开区政府第55次常务会议，会议研究审议《中国（重庆）自由贸易试验区渝中板块第一批并联审批服务事项清单》，听取《渝中区以大数据智能化为引领的创新驱动发展战略行动计划实施方案》的情况汇报，研究审议《2018 年渝中区公共服务事项目录清单》。

△ 重庆苏宁云店全新升级改造后在解放碑开业。

△ 重庆首家酒吧风格星巴克店在解放碑协信星光广场开业。

△ 副市长陆克华调研渝中区十八梯、朝天门广场、两江消落带朝储段等的“两江四岸”品质提升工作。

△ 区房管局与中国铁路成都局集团有限公司重庆建筑段签订在渝铁路家属区住宅物业管理分离移交实施方案协议，涉及住户 1469 户，面积 8.52 万平方米。

△ 区公安分局、区政府办、区发改委、区城管局联队在 2018 年重庆市职工羽毛球比赛中获得男、女团体奖第一名。

17—18 日 副市长刘桂平到渝中区洪崖洞、长江索道和李子坝轻轨站检查热门景区旅游环境、市场秩序及安全工作。

19 日 区委书记黄玉林主持召开区委常委会（扩大）会议暨区委中心组（扩大）学习会。会议深入学习贯彻习近平生态文明思想和全国生态环境保护大会精神、全市深入推动长江经济带发展动员大会暨生态环境保护大会精神。

△ 区法院民一庭被国家卫生健康委员会办公厅、中央政法委办公室、最高人民法院办公厅等 9 部门联合授予 2013—2017 年度全国创建“平安医院”活动表现突出集体荣誉称号，是重庆市法院系统唯一获此殊荣的集体。

20 日 区委书记黄玉林、副区长黄孝明到区建交委调研城市重点项目建设工作并提出要求。

△ 中国纺织工业联合会副会长、流通分会会长夏令敏带领国内部分专业市场负责人调研朝天门市场转型升级工作，实地参观圣名国际时装城、港渝广场和光控大融汇。

21 日 区委书记黄玉林率队到重庆索通律师事务所、上清寺街道环球互联网党群服务中心、上清寺街道曾家岩社区，了解非公党建、楼宇党建以及社区党建工作情况。

△ 区长商奎主持召开区政府第 56 次常务会议，听取《重庆市渝中区深入推动长江经济带发展加快建设山清水秀美丽之地实施方案（送审稿）》《重庆市渝中区污染防治攻坚战实施方案（2018—2020 年）（送审稿）》《重庆市渝中区实施生态优先绿色发展行动计划（2018—2020 年）（送审稿）》《渝中区国土绿化提升行动实施方案（2018—2020 年）（送审稿）》的情况汇报。

△ 全国科普讲解大赛在广州举行，渝中区推荐的吴晗获得二等奖，刘雯雯、佘咏曦获得三等奖。

△ 《人民法院报》头版头条刊载文章《全员攻坚 顾近看远——重庆渝中法院决胜“基本解决执行难”工作》。

△ 渝中区图书馆与重庆揽江文化传播有限公司签订共建渝中区图书馆“幸福书屋•24 小时城市书房”合作协议，并在鹅岭贰厂的米民宿建立渝中区图书馆首个 24 小时城市书房。

△ 区人大常委会主任米绍林率队开展《重庆市志愿服务条例》执法检查。

22 日 渝中区召开推进信息化发展大会，回顾总结近年来渝中区大数据智能化产业发展的成绩，发布《渝中区以大数据智能化为引领的创新驱动发展战略行动计划实施方案（2018—2020）》，贯彻落实中央和市委、市政府关于推进信息化发展相关要求，安排部署渝中区信息化发展工作。

△ 区委书记黄玉林到上清寺街道环球互联网党群服务中心及曾家岩社区调研党建工作。

23 日 区政协主席陈大奎、副主席刘恩梅率领 10 多位政协医药卫生界委员到两路口、朝天门街道社区卫生服务中心开展“服务健康、服务群众”义诊活动。

25 日 十二届区委第六轮巡察工作动员部署会召开，会议深入学习贯彻习近平新时代中国特色社会主义思想特别是习近平巡视工作思想，贯彻落实中央巡视工作规划推进会和全市区县巡察工作座谈会精神，安排部署十二届区委第六轮巡察工作。

△ 重庆市旅发委发布《关于认定重庆市研学旅行目的地和示范基地的通知》，位于渝中区的重庆中国三峡博物馆、宋庆龄旧居陈列馆、鹅岭贰厂文创公园获批“重庆市研学旅行示范基地”。

26日 区委书记黄玉林率队到人民公园、枇杷山公园、鹅岭公园检查渝中区公园建设发展情况。

△ 市规划局组织召开渝中区城市设计方案评选会，启动大坪商圈品质提升城市设计项目和解放东西路沿街界面城市设计项目。

△ 沪江教育科技（上海）股份有限公司正式签约落户渝中，该公司是辐射1.3亿用户的大型“互联网＋教育”企业。

△ 区政协主席陈大奎、副区长蔚传忠到上清寺街道春森路社区和新都巷社区，看望慰问辖区困难党员。

△ 区人大常委会主任米绍林调研归元寺、解放西路社区。

26—27日 中央军委国防动员部人防局副局长杨青山率军委国防动员部工作组到化龙桥街道红岩村社区国防教育点、上清寺街道曾家岩社区征兵工作站等地开展渝中区国防动员“十三五”中期评估工作，对渝中区民防工作平战结合、重点单位防护情况进行调研。

27日 区长商奎率队到国贸党群服务中心、自力巷社区，实地检查解放碑街道非公党建、楼宇党建、社区党建等工作情况。

△ 首届周永健书法艺术奖作品展在解放碑重庆美术馆开展，主要展出42名重庆市中青年书法创作者的优秀作品。

△ 区政协主席陈大奎率区政协法律服务团在大坪龙湖时代天街开展宪法宣讲及法律服务咨询活动。

△ 区委书记黄玉林带队走访慰问原红岩电影院退休困难党员张明英。

28日 渝中区纪念建党97周年总结表彰大会暨“清风半岛•廉洁渝中”诗歌朗诵演唱会在重庆市巴蜀中学礼堂举行，会上表彰在各条战线上涌现出的先进集体和优秀个人。

△ 渝中召开首批“渝中英才”表彰大会，授予汤伦华等27人首批“渝中英才”称号。

△ “国学•母城文化行舟”系列活动第二场在中山四路曾家岩书院举行。副市长潘毅琴、区委书记黄玉林、区长商奎等参加活动并观看演出。

△ 国务院地名普查督查组来重庆市检查指导第二次全国地名普查工作，渝中区代表重庆市接受检查。督查组查看市民政局和渝中区开展第二次地名普查工作过程档案以及普查成果转化资料，并召开督查会议。

29日 渝中区第七届邻居节暨志愿服务活动周“发现母城之美”摄影比赛获奖名单公布，共评出一等奖3名，二等奖10名，三等奖15名以及优秀奖25名。

△ 第二届重庆避暑旅游文化节在解放碑举行，重庆及周边百余个避暑旅游目的地携带旅游产品参加活动。

△ 区委书记黄玉林主持召开区委常委会会议，审议通过《重庆市渝中区实施生态优先绿色发展行动计划（2018—2020年）》《重庆市渝中区污染防治攻坚战实施方案（2018—2020年）》。

△ 渝中区推进盐业体制改革，明确区经信委为盐业主管机构，增加负责盐行业管理和监督职责，在中小企业指导科加挂盐业管理科牌子。

△ 渝中区设立留置管理中心，保障监察留置调查工作顺利进行。

30日 《中国特色小（城）镇2018年发展指数报告》发布，渝中区化龙桥特色街区上榜全国最美特色小镇50强。

6月 位于渝中区人民路121号的渝中区公共法律服务中心建成并投入运行。

△ 渝中区首部地方党史宣传视频《铭记——重庆三三一惨案》制作完成。

7 月

1日 重庆市渝中职业教育中心的周凯鹏、黄孝龙2名学生获2018全国中职院校汽车运用与维修技术——新能源汽车服务技能邀请赛一等奖。

2日 区长商奎主持召开区政府第57次常务会，听取《重庆市渝中区人民政府关于开展第四次全国经济普查的通知（送审稿）》《渝中区公共投资建设项目审计办法》的情况报告，部署有关工作。

△ 区委书记黄玉林率队到重庆金窝窝网络科技有限公司、重庆印链科技有限公司、布比（重庆）区块链技术有限公司、帮帮链智能科技有限公司、迪肯区块链科技（重庆）有限公司等地，考察渝中区区块链产业创新基地建设情况。

△ 摩尔多瓦共产党中央委员、费列什蒂区委第一书记瓦列里•穆杜科率团到大溪沟街道人和街社区考察“重庆第一支部”光荣传统和人和街社区党建工作。中共中央对外联络部六局处长张振坤、区委组织部部长王志宏等陪同考察。

3日 渝中区召开深入推动长江经济带发展动员大会暨生态环境保护大会，安排部署渝中区加强生态环境保护、深入推动长江经济带发展、加快建设山清水秀美丽渝中各项工作。

△ 区公安分局破获一起从云南边境向重庆贩卖运输毒品案，抓获犯罪嫌疑人3名，缴获麻古约13千克，斩断一条从云南到重庆的运输毒品通道。

4日 渝中区“网红”景点文明旅游网络宣传推广志愿服务活动在鹅岭贰厂文创园启动。

△ 下半城陕西路管网改造项目开工建设。

△ “第八届重庆市乡村文艺会演”在江津区四面山镇举行。区文化委获“组织工作奖”，区文化馆原创表演唱《山城盖碗茶》获音乐类一等奖和“音乐网络人气奖”，原创舞蹈《巴渝情韵》获舞蹈类三等奖和“舞蹈网络人气奖”。

△ 重庆市渝中区人民政府第四次全国经济普查领导小组成立，副区长蔚传忠任组长。

△ 新加坡副总理张志贤一行到渝中区参观重庆规划展览馆，考察凯德集团重庆项目。

4—5日 2018年入汛以来首次最大过境洪水通过渝中区。

5日 国家税务总局重庆市渝中区税务局正式挂牌成立，标志着原重庆市渝中区国家税务局、原重庆市渝中区地方税务局完成合并。

△ 在国家司法部、国家互联网信息办公室、全国普法办公室联合举办的“第十四届全国法治动漫微电影征集展播（映）活动”中，渝中区司法局选送的《关注〈民法总则〉关注您一生的权益》荣获“动画类三等奖”。

5—6日 “新时代•新平台•新机遇”——“一带一路”大型网络主题活动走进渝中区，由中央、地方新闻网站和商业网站近30家网络媒体代表组成的采访团实地探访渝中区大数据智能化产业、电子商务产业及旅游产业发展情况。

6日 渝中区“践行新思想 永远跟党走”知识竞赛决赛在渝中区中华路小学礼堂举行。区委副书记何家利观看比赛并为获奖代表队颁奖。区人大常委会机关代表队获得一等奖，区国资委、区委宣传部等单位分别获得二、三等奖。

△ 中国科协公布2017年科普中国•百城千校万村行动工作评审结果，渝中区科协获“2017年科普中国•百城千校万村行动地市级优秀组织单位”，大溪沟街道人和街社区e站、人和街小学校园e站两个案例入选科普中国优秀典型案例。

9日 位于大溪沟街道人和街社区的中法学校旧址修缮工程竣工并通过验收。

10日 渝中区召开落实管党治党主体责任推进党风廉政建设和反腐败斗争专题会议，总结分析上半年全区落实管党治党主体责任、推进党风廉政建设和反腐败斗争工作情况，研究部署下半年党风廉政建设重点工作。

△ 由市委宣传部组织的“在行动”大型系列报道集中采访报道活动走进渝中。中新社、重庆日报、重庆之声、华龙网等十余家中央、市级媒体深入渝中区，通过座谈交流与实地采

访相结合的方式，就渝中城市综合管理“五长制”工作等进行报道。区委书记黄玉林参加座谈会，介绍渝中区经济社会发展情况，并就有关工作回答记者提问。区委常委、区城管局党委书记张远洪介绍渝中区城市综合管理“五长制”工作相关情况。

△ 区政协主席陈大奎到大坪正街社区调研大坪街道落实城市综合管理“五长制”的有关情况。

11 日 区委书记黄玉林率队到市歌剧院（重庆交响乐团）、市杂技艺术团、市民乐团、市话剧院、市京剧团、市歌舞团、市曲艺团等驻区市级文艺院团，调研各院团运营发展情况。

△ 副市长李明清来渝中实地检查防汛工作开展情况，常务副区长王勇陪同检查。

11—12 日 区人大常委会主任米绍林率队到区税务局、区财政局和区发改委，分别调研全区财税工作，“十三五”规划中期评估工作，2018 年上半年国民经济和社会发展计划及重点项目执行情况。

11—29 日 “桃花盛开•2018 首届中国版画作品展（重庆巡展）”在解放碑重庆美术馆开展，86 位中国版画艺术家的作品展出。

12 日 区委书记黄玉林、区长商奎一行到朝天门码头、菜园坝竹木市场、嘉陵江大溪沟渔湾码头，检查长江、嘉陵江渝中段防汛工作，实地察看水情，检查应急物资储备情况，详细了解汛期安全预案制定、人员值班值守等情况，听取有关部门、街道负责人关于河岸巡查、汛期安全防范等工作情况汇报。

△ 区长商奎主持召开区政府第 58 次常务会。会议听取区防汛办关于强化应急处置全力应对“7•14”洪峰过境的情况汇报、区商务局关于《渝中区内陆开放高地建设实施方案（2018—2020 年）（送审稿）》的汇报、区政府法制办关于 2018 年上半年法治政府建设工作的情况汇报、区发改委关于渝中区 2018 年上半年重点项目和民生实事总体推进情况的汇报。

△ “周恩来与文化名人展”在朝东路的重庆历史名人馆开幕。200 多张珍贵的历史图片讲述周恩来与文化工作者的故事，图片涉及周恩来与郭沫若、老舍、齐白石、曹禺、徐悲鸿等 26 位文化名人之间工作、生活的经典片断。展览由重庆历史名人馆与周恩来纪念馆联合举办。

△ 区人大常委会主任米绍林率队调研区民防工程开发利用情况。

△ 国家司法部副部长袁曙宏来渝中调研政府法治和依法行政工作开展情况，副区长邓光怀陪同调研。

13 日 区委书记黄玉林主持召开区委常委会会议，深入学习贯彻习近平总书记近期重要讲话精神，听取区人大常委会、区政府、区政协、区法院、区检察院党组半年工作汇报；听取 2018 年上半年党风廉政建设和反腐倡廉建设、组织工作、意识形态工作、统战工作的情况汇报。

△ 区委书记黄玉林，区长商奎，区委副书记何家利分别率队到解放碑街道较场口社区、大阳沟派出所等地，通过实地检查与听取汇报相结合的方式，检查督导全区扫黑除恶专项斗争工作。

△ 国家民政部社会福利和慈善事业促进司副司长徐建中率国家级评估组一行代表国家六部委到渝中区精神卫生中心、七星岗街道社区卫生服务中心等区级医疗机构对重庆市精神卫生综合管理试点工作进行抽查评估，渝中区代表重庆市接受考评。

△ 区委书记黄玉林、区长商奎到大溪沟码头检查防汛工作。

14 日 渝中区举行“外交官游母城”活动，来自埃塞俄比亚、意大利、日本、柬埔寨、菲律宾等国的驻渝领事机构外交官及亲属参加活动。

16 日 渝中区启动环境消杀工作，以确保嘉陵江、长江两江洪峰过境后的环境卫生安全，此次环境消杀工作重点针对朝天门、菜园坝、南纪门、大溪沟、上清寺、化龙桥等街道的受淹区域，对各受淹区域逐一喷洒消毒药物，进行消毒消杀，减少病原体，降低受淹地区蚊虫、苍蝇、老鼠等病媒的密度，防止疾病传播。

△ 位于天官府 8 号的国民政府军事委员会政治部第三厅暨文化工作委员会旧址（郭沫若

旧居）安防、防雷工程竣工。

17日 区人大常委会主任米绍林、副主任戴启常，区人大城环委负责人及部分人大代表一行到南区路民防纳凉点、李子坝、肖家湾酒类一条街、611金库人防工程、081指挥所，调研渝中区2018年民防纳凉点、人防工程平战结合工作和基本指挥所建设维管情况。

18日 渝中区召开宣布中央军委国防动员部命令大会，重庆警备区副政委程洪宣读中央军委国防动员部命令和党内任职通知，任命喻海权为渝中区人民武装部部长。

△ 重庆国际商务区全球IPO（首次公开募股）服务平台揭牌仪式在化龙桥重庆企业天地举行，中国首家全球IPO服务平台落户渝中。

△ 全国政协副主席卢展工到上清寺街道嘉西村社区调研社区志愿服务工作，区委书记黄玉林陪同调研。

19日 今日头条“城就”中国行“了不起的城市 • 重庆母城 美丽渝中”启动仪式在渝中区举行，来自全国的自媒体大V、机构媒体、市民及游客代表、嘉宾共200余人参加启动仪式。

△ 重庆市第一环境保护督察组（简称“第一督察组”）向渝中区反馈督察意见。第一督查组组长刘学琼通报督察意见，区委书记黄玉林作表态发言。

△ 国家自然资源部部长陆昊调研渝中区地质灾害防治、绿色发展、生态修复等工作，查看渝中区佛图关、李子坝沿线十余个地灾治理工程现状。

20日 区委书记黄玉林主持召开区委常委会会议，深入学习贯彻习近平总书记在中央财经委员会第二次会议上的重要讲话精神、对推进中央和国家机关党的政治建设作出的重要指示精神、对防汛抢险救灾工作作出的重要指示精神，传达学习市委常委会分析上半年经济形势部署下半年经济工作时的有关精神。会议听取区委常委会上半年工作情况的通报以及渝中区上半年经济运行、重点项目和民生实事推进情况的汇报。

△ 市人大常委会办公厅新闻处副处长李韩带领重庆日报、重庆公民报、重庆法制报、重庆电视台等五家市级媒体到化龙桥街道红岩村社区宣传报道化龙桥代表组创新“3+1”代表激励约束机制。

△ 在由市残联主办的第二届“渝创渝新”创新创业大赛残疾人专项比赛决赛中，化龙桥街道红岩村社区推荐的“一起文创”公众公益平台获得优胜奖和5000元创业扶持。

21日 民建渝中区委举行成立三十周年庆典及表彰大会，民建渝中区委主委孔新军总结回顾民建渝中区委三十年来的工作成绩，大会表彰41名优秀民建会员、32名优秀会务工作者、20名参政议政先进个人、19名社会服务先进个人以及12个先进支部和3个优秀支部，并为卢晓钟颁发特别贡献奖。

22日 重庆市巴蜀中学在奥地利维也纳举行的2018年第六届世界乐团艺术节中获金奖。

24日 区人大常委会主任米绍林率队对渝中区部分志愿服务组织开展《重庆市志愿服务条例》执法检查。

△ 区长商奎主持召开区政府第59次常务会，会议听取区财政局关于2018年上半年财政预算收支执行情况报告（送审稿）的情况汇报；听取并原则同意区财政局关于2018年预算调整暨新增债券资金和置换债券资金分配情况的汇报；听取并原则同意区财政局关于2017年财政决算（草案）报告的情况汇报；听取区发改委关于2018年国民经济和社会发展计划上半年执行情况的汇报；听取并原则同意区人社局关于杨峰等27名同志职务任免事项的汇报。

26日 区长商奎主持召开区政府第60次常务会，贯彻落实全市深化“放管服”改革转变政府职能电视电话会议精神，安排部署下阶段工作。会议听取上半年全区安全生产、平安建设和社会稳定工作的情况汇报，听取并审议《渝中区城市日常管理工作考评实施方案（试行）》《重庆市渝中区贯彻落实重庆市环境保护集中督察反馈意见整改实施方案（送审稿）》。

△ 渝中区“践行新思想 永远跟党走——学习贯彻习近平新时代中国特色社会主义思想”微宣讲决赛在渝中区中华路小学举行。

△ 渝中区首个价格争议调解处理工作站在朝天门洪崖洞景区成立。

△ 渝中区启音听力语言康复中心“凯源爱心食堂”挂牌开张。康复中心由中国听力医学发展基金会、爱乐融聆听计划、王俊凯和王源粉丝的捐赠和支持，共获赠儿童餐具25套、儿童餐桌5个、儿童餐椅20把、标牌1个。

△ 区检察院提起公诉的一起暴力索债恶势力犯罪案件在区法院公开宣判。该案是2018年开展扫黑除恶专项活动以来，重庆市检察机关提起公诉的首例获法院有罪判决的涉恶犯罪案件。

△ 市长唐良智到国网重庆市区供电公司，看望慰问战斗在高温一线的电力员工。副市长李殿勋等陪同慰问。

27日 区人大常委会主任米绍林率队在渝中区开展《重庆市河道管理条例》执法检查。

28日 重庆首家大型室内动物主题乐园在临江门都市广场开园。该园总投资1500万元，占地约2500平方米，是集珍稀物种饲养培育、展示展览、动物知识普及等于一体的室内休闲娱乐场所。

31日 渝中区召开“以案说纪、以案说法、以案说德、以案说责”警示教育推进会，推动全区党风廉政警示教育经常化规范化。

△ 区委书记黄玉林与中国人寿保险股份有限公司重庆市分公司总经理刘月进进行交流座谈，商讨深化战略合作、支持地方经济发展以及政策性业务承保等事宜。

△ “回望归鸿——徐悲鸿抗战时期绘画作品展”在重庆中国三峡博物馆开展，展出徐悲鸿抗战时期绘画作品75件（套），其中包括国家一级文物4件。

△ 区妇联培育的社会组织奇恩少儿关爱服务中心的“春雨护苗”项目荣获首届全国卫生健康行业青年志愿服务项目大赛重庆赛区金奖。

7月 西南地区首家“可口可乐科幻体验馆”在解放碑大都会东方广场开馆。

△ 由区地方志办公室主持编撰的《渝中年鉴》（2017）首次公开出版发行。这是渝中区第十三部综合年鉴，也是渝中区第一部公开出版发行的综合年鉴。

△ 在重庆日报报业集团等单位主办的“山水之城·美丽之地——寻找2018重庆新网红目的地”活动中，重庆环球金融中心会仙楼观景台获评“2018年重庆新网红目的地”。

8月

1日 副市长潘毅琴率队到山城步道、东水门老街、后街影视产业园、燕子岩、李子坝观景平台、中山文化产业园等地调研文化旅游产业发展情况。

△ 区长商奎主持召开区政府第61次常务会，研究审议《重庆市渝中区基础设施建设提升战略行动计划（2018—2020年）（送审稿）》等内容，听取审议《重庆市渝中区对口帮扶·城市解困攻坚战实施方案（2018—2020年）（送审稿）》。

△ 区委书记黄玉林到平安银行重庆分行调研，听取平安银行关于智慧城市、交通、存贷款业务等相关意见和建议。

△ 区检察院被确定为全市首批未成年人检察工作创新实践基地单位。

2日 区委书记黄玉林主持召开区委常委会会议，深入学习贯彻习近平总书记在全国组织工作会上的重要讲话精神、中共中央政治局会议分析研究当前经济形势和经济工作会议有关精神，传达学习全市民营经济发展大会精神以及市委办公厅《关于进一步激励广大干部新时代新担当新作为的实施意见》。

△ 重庆天弘熙延晟鑫股权投资基金合伙企业（有限合伙）落户美专校街广发大厦，该基金由排名全国第一的公募基金天弘基金投资设立。

△ 渝中区召开深化“放管服”改革转变政府职能工作推进会，传达学习全国、全市深化“放管服”改革转变政府职能电视电话会议精神，

对全区深化“放管服”改革转变政府职能工作再动员、再布置、再安排。

△ 渝中区开展“扫黑除恶黄赌集中清查行动”。此次清查行动共计出动民警、辅警600余人，出动各类警车40余台，盘查可疑人员100余人，检查场所30余家，检查宾馆旅店50余家，打掉1个组织卖淫团伙，刑事拘留3名介绍卖淫嫌疑人，抓获3名散发色情卡人员，缴获色情卡片2000余张，捉获卖淫嫖娼人员11人，铲除2个聚赌窝点，捉获聚赌人员20人。

△ 重庆市“书香润万家”家庭阅读活动颁奖仪式举行，该活动共评出10户重庆十大最美书香家庭、100户重庆最美书香家庭。其中区妇联推选的刘新生家庭、田定文家庭、余成蓉家庭三户荣获重庆最美书香家庭。

2—12日 “潮涌两江——纪念改革开放四十周年重庆市首届群众书法大赛作品展”在解放碑重庆美术馆开幕。评选出参展作品196件，其中获奖作品56件，老年组和中青年组各28件作品。

3—7日 渝中区“较场口夜市文化节”举行，活动以“美食打CALL，熬夜发抖”为主题，利用网络火爆的歌曲、舞蹈、游戏等元素联动夜市街区，打造重庆夜生活网红打卡地标。

5日 2018年“全民健身日”全国棋牌项目万人同赛重庆市分会场活动在市体育馆举行，多名职业选手现场与全市百余名青少年棋类运动爱好者进行车轮应众赛较量。

6日 渝中区召开学习宣传贯彻全市民营经济发展大会精神暨民营企业家座谈会，学习贯彻全市民营经济发展大会精神。

7日 区检察院举行“12309检察服务中心”揭牌仪式暨“12309，检察牵你手”检察开放日活动，标志着渝中区12309检察服务中心正式挂牌成立，群众今后可通过该平台，享受检察机关的“一站式”服务。

△ 渝中区召开贯彻落实市环境保护集中督察反馈意见整改工作动员部署会，对市环保督察整改工作进行动员部署。

△ 渝中区2018“全民健身日”暨渝中区“全民健身周”——“体彩杯”全民健身·百姓赛场活动启动仪式在大坪英利大融城举行。

8日 渝中区大数据智能化招商推介暨项目集中签约活动在中山四路雾都宾馆举行。区政府与中国电信重庆分公司、中国移动重庆公司、中国联通重庆分公司和中国铁塔重庆分公司签署《战略合作协议》，42家智能产业相关企业与渝中区签署入驻意向协议。区委书记黄玉林为“渝中区大数据智能化专家智库”专家代表颁发聘书，区长商奎作渝中区大数据智能化产业发展推介。

△ 解放碑周末音乐会“百姓大舞台 唱响新时代”第六届社区大家乐总汇演在两路口重庆市劳动人民文化宫举行。

9日 渝中区大数据智能化发展新闻发布会在市政府新闻发布厅举行。区长商奎介绍渝中区大数据智能化发展工作情况。人民日报、新华社、重庆日报、重庆卫视、区新闻信息中心等20多家中央、市、区级媒体现场采写报道渝中区有关工作情况。

△ 市工商局组织新华社、重庆日报、重庆电视台、华龙网等10余家中央、市级媒体到渝中区行政服务大厅工商登记区，就渝中区贯彻落实市工商行政管理局服务民营经济高质量新发展33项措施情况进行采访报道。

10日 解放碑CBD区域内的重庆商社（集团）有限公司和重庆医药（集团）股份有限公司入选国务院国企改革领导小组办公室下发的国企改革“双百行动”名单。

13日 2018年星火论坛暨渝中区海归创业协会授牌仪式在解放碑环球金融中心楼宇统战工作站举行。

15日 “聚焦母城·投资渝中”2018年渝中区招商引资项目签约仪式举行，渝中区与天弘基金、深圳华讯方舟、上海鑫凯投资、成都创享家众创空间、深圳万润科技、兰风传媒、越界影业等企业签订78个招商项目合作协议，项目投资额达350亿元。副市长刘桂平、区委书记黄玉林、区长商奎等出席签约活动。

△ 2018重庆（国际）影像文化节在解放碑

重庆美术馆开幕。作为影像文化节的首个展览，“见证重庆——大型影像文献展”随之开展，展出40年来重庆政治、经济、都市、文化、生活等各个方面的文献与影像，呈现改革开放以来重庆及“母城”渝中的变化与成就。中国摄影家协会副主席潘朝阳，市委宣传部副部长、市文明办主任马岱良，重庆日报总编辑张永才，区委书记黄玉林，区长商奎，日本驻重庆总领事馆总领事，埃塞俄比亚驻重庆总领事馆总领事，荷兰驻重庆总领事馆总领事，意大利驻重庆总领事馆副总领事等出席开幕活动。

△ 渝中区在人民广场、南区路、储奇门、重庆钢铁设计院、嘉陵新村等5个人防工程纳凉点同时启动“扫黑除恶专项斗争微宣传——走进人防纳凉点”活动。

△ 位于解放碑民权路3号的解放碑主题邮局正式开业，为市民和游客提供集邮收藏品品鉴、重庆旅游导购、旅游文创纪念品展售等多项服务。

△ 位于较场口八一路的重庆名小吃城开业，恢复德元、高豆花、四象村等3个老字号品牌，成为展示“母城”饮食文化的窗口。

16日 团中央书记处书记徐晓到上清寺街道调研街道基础团建工作。

17日 区委书记黄玉林主持召开区委常委会会议，深入学习中共中央政治局常务委员会会议精神、市委书记陈敏尔在市委党的建设工作领导小组会议上和在调研公共文化服务时的重要讲话精神。

△ 渝中区民营经济发展工作推进大会召开。会议深入贯彻习近平总书记对重庆提出的“两点”定位、“两地”“两高”目标和“四个扎实”要求，全面落实全市民营经济发展大会精神，研究部署渝中区民营经济发展的各项工作。

△ 渝中区开展2018年度地理国情数据动态更新工作动员会，制定渝中区2018年度地理国情数据动态更新需收集的行业专题资料目录。

△ 区图书馆参加重庆市图书馆举办的“常青e路 幸福夕阳”——老年人数字阅读系列培训，荣获第二期优秀组织单位奖。

△ 渝中区开展庆祝8•19首个“中国医师节”活动，评选表彰20名“渝中区优秀医师”，4名优秀代表在表彰大会上讲述先进事迹，30名新入职医师代表进行集中宣誓，辖区医院20名医疗专家开展“名医服务基层行”义诊活动。

18日 渝中区图书馆“的米”24小时城市书房开馆暨“阅读之星”重庆市民诵读大赛海选启动仪式在鹅岭贰厂文创园举行。该书房是渝中区首家24小时不打烊城市书房，由渝中区图书馆与“的米城市人文民宿”联合打造，位于鹅岭贰厂的米民宿一楼大厅，内设2000余册图书、自助借阅办证设备及寻声朗读亭，享受全市主城区公共图书馆一卡通借通还服务，向市民读者免费开放。

20日 第五届重庆律师论坛在渝中区JW万豪酒店举行。

△ 区长商奎主持召开区政府第63次常务会，听取关于扫黑除恶专项斗争工作的情况汇报。

△ 经渝中区政府第62次常务会审议通过，重庆渝中高级职业学校并入重庆市渝中职业教育中心。

21日 区委书记黄玉林率队到石油路街道、大坪街道，通过实地走访、听取汇报、座谈交流等形式，检查渝中区扫黑除恶专项斗争暨安保维稳工作。

△ 渝中区增值税申报“一表集成”新模式入选重庆自贸试验区第一批向全市复制推广的21项改革试点经验和创新典型案例，在全市范围内复制推广。

△ 李子坝观景平台正式对外开放，为前来观看轻轨穿楼的游客提供了一个安全的拍摄和观赏点。

22日 渝中区“生态文明传播”青年志愿服务队成立仪式暨生活垃圾分类志愿服务集中示范活动在华宇•渝州新都广场举行。

23日 “重庆链岛 链接未来”中国国际智能产业博览会——区块链创新发展论坛在民生路JW万豪酒店举行。市政协副主席周克勤出席活动并致辞，市政协经济委员会主任刘宝亚、区委书记黄玉林、区长商奎、区人大常委会主任米绍林、区政协主席陈大奎、中国工程院院士李京文，国家中组部“千人计划”特聘专家、北京航空航天大学博导、清华长江讲座教授蔡维德出席活动。

△ 位于上清寺四新路的全国重点文物保护单位：国共重庆谈判旧址——宋子文官邸（怡园）完成修缮并向公众免费开放。

23—25 日 首届中国国际智能产业博览会在重庆国际博览中心举行，500 余家单位进驻其中展示智能产业发展成果。渝中推荐重庆汇集源科技有限公司、重庆云威科技有限公司、重庆市盐业（集团）有限公司、重庆红蜻蜓油脂有限责任公司参加，展示内容涵盖 VR 体验、区块链应用、人工智能等多个方面。

24 日 智博会分论坛“智能化应用与高品质生活智能物流高端论坛”在中山四路雾都宾馆举行。

26 日 “2018 重庆—中东欧国家文化季”暨渝中区·解放碑周末音乐会仲夏专场在解放碑重庆国泰艺术中心正式启幕，捷克国宝级院团捷克童声合唱团演唱《圣母颂》《黄河劳工号子》《我心永恒》《莫斯科郊外的晚上》等中外经典音乐。

27 日 市民防办主任郑平一行到洪崖洞、神仙洞、611 金库、卡福厂等人防工程调研渝中区各人防工程升级改造情况及使用管理情况，并听取渝中区民防工作情况的汇报。

△ 区文联与区委宣传部联合出品“渝州唱晚·母城传奇”专题诵读节目在喜马拉雅 App 醇色电台正式开播，共播出 48 期。

△ 区长商奎主持召开区政府第 64 次常务会，会议听取并原则同意区政府法制办关于证明事项清理工作情况报告（送审稿）的情况汇报；听取并原则同意区发改委关于 2018 年渝中区重点项目中期调整的情况汇报；听取并原则同意区建交委关于两江消落区环境综合整治工程（朝天门至化龙桥段）前期工作的情况汇报；听取并原则同意区人社局关于杨琼霞等 8 名同志职务任免事项的汇报。

28 日 渝中区在 77 个社区同时开展第 97 次“社区工作日”暨“人人参与扫黑除恶，人人共享平安渝中”主题活动，通过开展院坝会、座谈会，走访社区重点场所等形式，收集扫黑除恶线索，通过入户宣传、现场咨询等形式，进一步宣传扫黑除恶专项斗争工作。

29 日 重庆青年艺术家、重庆出版集团编辑孙峻峰书画展“白岩青云”在中山四路王琦美术博物馆开展。展览展出孙峻峰近 3 年创作的 115 件书画作品。

△ 在第 18 届亚运会跳水女子双人 3 米跳板决赛中，渝中区籍运动员施廷懋搭档昌雅妮以 335.70 分的总成绩夺冠。

30 日 区委书记黄玉林率队到老古楼公园、十八梯传统风貌区及基础设施建设现场、雷家坡立交以及解放碑地下环道项目现场，了解渝中区重点项目推进情况及环境整治工作。

△ 位于邹容路的韩国光复军总司令部旧址修缮工程启动。

9 月

1 日 渝中区籍运动员施廷懋在第 18 届亚运会跳水女子 3 米板决赛中以 389.40 分获得冠军。

△ 第十次全国归侨侨眷代表大会在北京召开，渝中区侨联主席罗艳当选为中国侨联委员，渝中区侨联青委会荣获“全国侨联系统先进集体”称号，归侨郭亮荣获“全国归侨侨眷先进个人”称号。

△ 渝中区启动社会保险业务档案数字化工作。

1—16 日 “吞吐大荒——许钦松山水画展”在解放碑重庆美术馆开展，展出著名国画家许钦松 10 余年来创作的 90 余幅巨幅山水和写生小品。

2 日 “海外侨领重庆行”活动走进渝中。140 余名海外侨领前往重庆中国三峡博物馆、朝天门码头等地，感受渝中独特的魅力。

△ 在 2018 中国 500 强企业高峰论坛上，

中国企业联合会、中国企业家协会发布“2018中国企业500强榜单”，重庆商社（集团）有限公司上榜。

3日 区委书记黄玉林率队到上清寺、解放碑、两路口等地，看望慰问高温天气下坚守一线岗位的环卫工人。

△ 化龙桥红岩革命纪念馆基本陈列“千秋红岩——中共中央南方局历史陈列展览”以全新面貌对外开放。展厅面积2400平方米，展出600多张珍贵历史照片和300多件重要历史文物。展览分“共赴国难——抗日民族统一战线形成”“雾都明灯——中共中央南方局驻足红岩”等10个部分。

△ 在中国指数研究院发布的《重庆商业地产新常态：租金分化加剧，五大商圈抢七成人气》上，解放碑商圈多项数据位居榜首。

△ 罗马尼亚国家电视台的节目主持人玛丽娜•阿尔马善和摄像师一行到渝中区湖广会馆、李子坝、长江索道、洪崖洞、WFC等多个著名景点进行深入采访拍摄。此次拍摄题材将制作成以中国重庆为主题的城市纪录片，在中罗建交70周年之际通过罗马尼亚国家电视台播出。

4日 市科协公布2018年中央和市级“基层科普行动计划”奖补单位，上清寺街道曾家岩社区获国家级“科普示范社区”称号。

5日 区委召开首届法律顾问第一次会议，并举行法律专家聘书颁发仪式，标志渝中区委法律顾问工作制度正式运行，郑国洪、秦鹏、赵学刚、张涌、李理、齐飞6名专家、律师为区委首届法律顾问。区委副书记何家利为区委首届法律顾问颁发聘书。

△ 重庆市渝中区家事纠纷调处中心正式挂牌。至此，区法院致力打造的“一墙一庭、两室一区一中心”的家事审判功能区全部完成。该中心是由区妇联、区法院等7部门通过资源整合联合设立，标志着渝中区家事纠纷联合调处机制形成。

△ 渝中区召开历史文化保护传承专项工作联席会。会议研究讨论重庆历史人文核心区保护传承实施方案，听取洪崖洞—朝天门—湖广会馆沿岸治理提升设计方案和老鼓楼遗址公园方案汇报，并对湖广会馆、白象街、十八梯、鲁祖庙、飞机码头、燕子岩等传统风貌项目，以及解放碑、十八梯、较场口片区轨道交通枢纽地下空间规划等事项进行沟通和探讨。

△ 重庆古城墙遗址传统风貌综合环境整治工程（定远门至临江门段）通过竣工验收。

6日 区委书记黄玉林，区长商奎，区人大常委会主任米绍林，区政协主席陈大奎分别率队前往渝中区各中小学、幼儿园，看望慰问优秀教师、困难教师代表，并向全区广大教师和教育工作者致以节日的问候。

△ 渝中区较场口夜市获评全市唯一市级品牌夜市街区。

7日 渝中区“浓浓尊师意 款款爱生情”2018年教师节庆祝大会在重庆市巴蜀中学礼堂举行。

△ 渝中区举行首届“渝中工匠”杯建设行业职业技能大赛。来自区建筑企业及在建项目施工单位的12支参赛队伍、30余名参赛选手参赛。重庆建工第三建设有限责任公司获团体一等奖，聂学均、曹兰书、王建民三位选手分别获建筑电工、抹灰工、镶贴工三个工种比赛的第一名。

△ 区委书记黄玉林主持召开区委常委会会议，传达学习贯彻习近平总书记在全国宣传思想工作会议上的重要讲话精神、在中央全面依法治国委员会第一次会议上的重要讲话精神、在推进“一带一路”建设工作5周年座谈会上的重要讲话精神。

7—9日 第七届重庆（国际）文化产业博览会在重庆国际博览中心举行，渝中区以“母城记忆•重庆时光”为主题参展，组织造物空间、云威科技、重庆杰夫与友文化创意有限公司3家企业携文创伴手礼、“飞越解放碑VR”体验项目、智能软装案例前往参展，集中展示渝中区文创产业发展成果，推荐文商旅城融合发展理念。

8日 解放碑周末音乐会第544场演出——北京管乐交响乐团“一带一路”主题音乐会《丝路画语》在国泰艺术中心举行。

10日 渝中区2018年新兵欢送大会在化龙

桥红岩广场举行，为80余名新兵送行。

10—17日 区委书记黄玉林率团赴俄罗斯弗拉基米尔市、匈牙利布达佩斯市进行友好交流、招商推介和文商旅项目合作考察，并与弗拉基米尔市签订《深化经贸文化往来合作备忘录》。

11日 区长商奎主持召开区政府第65次常务会，研究审议《渝中区住宅老旧电梯安全隐患整治实施方案》，研究2018渝中商圈秋季消费购物嘉年华相关工作。

12日 国家民政部地名地址库试点创建评估组组长、国家民政部地名研究所编写室副主任、副研究员阮文斌对重庆市地名地址库试点创建工作开展评估，渝中区作为试点区县，代表重庆市接受评估。

△ 市长唐良智调研朝天门片区治理提升工作并讲话，副市长陆克华陪同，区委书记黄玉林，区长商奎等参加调研和座谈。

12—26日 “橘风——傅吉鸿中国画作品展”在中山四路王琦美术博物馆开展，展出西南大学美术学院副教授傅吉鸿先生近10年的176件作品。

13日 中央扫黑除恶第9督导组副组长张力带队到渝中区开展第二轮下沉区县工作督导。督导组以召开专题座谈会的形式，听取和研究渝中区扫黑除恶专项斗争重难点工作，并观看渝中区扫黑除恶专项斗争工作专题片。区长商奎介绍全区扫黑除恶专项斗争开展以来各项工作推进情况、当前面临的形势和下一步工作重点。

△ 2018渝中创新商业大会在解放碑国泰艺术中心启幕。

△ 上清寺街道总工会被中华全国总工会表彰为全国“模范职工之家”。

△ 区环保局被生态环境部评为全国生态环保系统档案管理工作表现突出单位。

14日 渝中区籍女子手枪运动员陈琳与另外两名队员代表中国队参加在韩国昌原举行的第52届世界射击锦标赛女子青年组25米手枪项目，以1717环的总成绩取得团体赛第二名。

△ 区人大常委会主任米绍林率队调研鲁祖庙老街区、解放西路老社区、金汤街老社区建设情况。

△ 建设银行重庆市分行入选全市自贸试验区实体展示平台样本企业，将重点展示重庆自贸试验区在开展跨国公司人民币与外汇资金集中运营、跨境保理、电子口岸＋跨境结算等跨境金融业务方面的建设成效，提高自贸试验区建设成果的可感知度。

15日 区政协组织近20位医药卫生界委员，分别前往菜园坝、化龙桥街道社区卫生服务中心，开展“你健康 我服务”——渝中区政协医药卫生界委员“服务健康•服务群众”义诊活动。

△ 在重庆市市长国际经济顾问团会议第十三届年会上，区政府与重庆燃气集团、ENGIE中国投资有限公司签订区域能源供应合作项目协议。

16日 渝中区蜀绣区级传承人刁娟在“第五届中国非物质文化遗产博览会传统工艺比赛决赛”中（刺绣类）荣获第二名，重庆仅一人进入决赛。

17日 区长商奎率队到合景大厦、大都会东方广场、重庆合景投资有限公司、重庆新英航信息技术有限公司、重庆华兴咨询有限公司、中豪律师事务所等楼宇、企业等地实地调研渝中区经济普查清查阶段工作。

18日 区长商奎、区委统战部部长章琳率区工商联、区商务局、重庆解放碑中央商务区管委会主要负责人等一行调研温州商会和浙商联合会，宣传贯彻市区民营经济发展工作推进大会精神，扎实开展以商引商、精准招商工作。

19日 市五届人大常委会开展第六次主任接待日活动。市人大常委会副主任杜黎明率队来到渝中区热门旅游景点以及市人大代表所在企业，了解文商旅融合发展情况，并面对面听取代表建议。市人大常委会副秘书长但彦铮，市人大代表、区委书记黄玉林，市人大代表、区人大常委会主任米绍林参加活动。

△ 区长商奎主持召开区政府第66次常务会，研究开展全区博物馆和文物建筑消防安全大检查工作有关情况。会议听取区文化委关于开展全区博物馆和文物建筑消防安全大检查工作的汇报。

△ 2018长安福特新蒙迪欧中国重庆国际时尚周重点活动之一“十字金街超级闪秀”在解放碑步行街举行，300多位模特和演员身着旗袍、创意服饰，通过“快闪”的形式现场走秀。

△ 国家商务部配额许可证事务局受理处处长顾战清一行6人到渝中区调研政务大厅的现场管理与服务职能、大厅人员编制和机构情况、网上政务大厅建设情况。

20日 “渝中区文化产业培训基地”正式挂牌成立，标志着渝中区拥有首个文化产业培训基地，这也是全市首个区级文化产业培训基地。

△ 2018第二届中国城市更新论坛“十大城市更新案例”评选结果揭晓，鹅岭贰厂荣获“老城复兴”栏目第二名，成为西南地区唯一进入前十名的项目。

△ 区政协主席陈大奎、副主席赵元政带领相关委员到历史文化街区管委会专项助推十八梯基础设施建设等下半城重点项目建设。

21—23日 2018重庆体育产业博览会在重庆（南坪）国际会展中心举行，这是重庆市首次举办的体育产业大型综合展会。区文化委（体育局）共组织8家体育企业、3个体育项目参会，集中展示渝中区体育产业发展成果。

22日 2018年全国跳水锦标赛在重庆举行，渝中区籍选手施廷懋以421.20分的成绩夺冠。

22—24日 解放碑中央商务区专场民乐演奏会在国泰广场举行，活动的主题是“渝音华韵民乐中秋”，来自大同国乐团的70位民乐艺术家为市民及游客表演。

25日 副市长潘毅琴调研大田湾体育场和文化宫周边区域环境整治工作。

26日 重庆市银行业协会举办首届“重庆市银行业2018年安全防范技能大赛”，光大银行重庆分行荣获知识竞赛二等奖及组织奖。

△ 区政协主席陈大奎、副主席赵元政一行到大溪沟街道巴教村调研环境综合整治情况。

27日 解放碑周末音乐会第545场“重庆母城 美丽渝中”——庆祝改革开放40周年暨新中国成立69周年主题音乐会在解放碑广场举行。

△ 2018亚太地区酒店合作论坛在渝中区举行，这是该论坛首次在重庆举办。区政府与金茂集团、科大讯飞等企业签订6项合作协议，总投资超过1000亿元，涉及文旅酒店、智慧新城等领域。

△ 区长商奎主持召开区政府第67次常务会，听取渝中区1至8月重点民生实事推进落实情况、主城区建设施工现场品质提升及渝中区建筑围挡品质提升标准相关事宜的情况汇报。

△ 区长商奎主持召开渝中区旅游市场秩序整治工作专题会，研究部署旅游市场秩序整治有关工作。会议听取区旅发委关于全区旅游市场秩序整治及设立旅游综合执法检查站相关事宜；听取相关部门、单位、街道关于旅游市场秩序整治工作推进情况、存在的问题及下一步打算的汇报。

△ 在2018世界绿色设计论坛布鲁塞尔峰会上，渝中区获评“中欧绿色旅游城市大奖”。

28日 区政协主席陈大奎到上清寺街道嘉西村社区实地调研社区协商工作。

△ “坚持热爱心中有光——致敬母城匠心共迎国庆佳节”活动在重庆环球金融中心举行。首批35组匠人、首批记录写手代表、各行业及协会代表、外籍友人参加。

28—30日 区委书记黄玉林，区长商奎分别率队到区公安分局指挥中心、区政府总值班室、解放碑中央商务区、洪崖洞景区，李子坝轻轨站观景平台、龙湖时代天街、大坪支路19号、鹅岭贰厂文创园检查渝中区节日安全稳定工作部署情况、安全应急预案及安保维稳工作情况。

29日 渝中区召开组织工作会议，深入贯彻落实全国、全市组织工作会议精神，安排部署渝中区党的建设和组织工作。会议通报2018年巡察工作情况，表扬2017年度考核“特等奖单位”“一等奖单位”。

△ 区检察院荣获“全国检察宣传先进单位”称号。

30日 渝中区2018年烈士公祭活动在佛图关公园杨闇公烈士铜像前举行。

△ 国家税务总局重庆市渝中区税务局17个派出机构顺利挂牌。

△ 渝中区1号（桂花园）社区体育文化公园开工建设。

△ 区人大常委会主任米绍林调研中兴路熊猫公馆和十八梯新天地建筑工地消防安全工作。

9月 渝中区顺利通过中央扫黑除恶专项斗争督导组检查。

10 月

1日 “改革开放共成长 国旗伴我共成长”迎国庆共升国旗“红色之旅”主题教育活动在重庆人民广场举行，400多名小学生代表和千余名市民现场观礼升国旗仪式，共祝祖国繁荣昌盛。

△ 渝中法院旅游巡回审判点在白象街历史文化旅游区正式运行，实行旅游纠纷“快立、快调、快审、快结、快执”，零距离、高效率为旅游者和旅游经营者提供高质量司法服务。

1—7日 国庆期间，渝中区共接待游客913.8万人次，同比增长17.6%，实现旅游收入25.05亿元，同比增长20.1%，创历史新高。

8日 区委书记黄玉林主持召开区委常委会会议，传达学习贯彻习近平总书记在9月21日中共中央政治局会议和中共中央政治局第八次集体学习时的重要讲话精神、在中央全面深化改革委员会第四次会议上的重要讲话精神以及中共中央办公厅、国务院办公厅《关于加强和改进生活无着的流浪乞讨人员救助管理工作的意见》等。

△ 渝中区开展军转干部数据采集工作。

9日 区长商奎主持召开区政府第68次常务会，研究审议《重庆市渝中区贯彻军民融合发展战略行动计划实施方案（2018—2020）》等相关工作。

△ 区政协主席陈大奎到上清寺街道上大田湾社区调研社区协商工作。

10日 重庆市首届青年大数据智能化创新创业大赛正式启动。

△ “重庆市急救医疗中心‘3226’急救知识及技能培训志愿服务行动项目”与“中国科学院大学重庆医院•重庆市人民医院‘结爱童心’先心病关怀志愿服务项目”在首届全国卫生健康行业青年志愿服务项目大赛全国总决赛上获金奖。

△ 区图书馆在2018年重庆市区县“三馆”免费开放绩效评价中荣获一等馆称号。

△ 区政协主席陈大奎、副主席赵元政带领相关委员对石油路街道、两路口街道城市管理工作开展民主评议，实地考察煤建新村社区、中山二路社区市容秩序整治和老旧住宅物业管理工作。

10—29日 “心绘城市•最美重庆”第三届最美童画国际巡展暨“城市小代表”出访研学汇报展在重庆美术馆展出，94件作品展出。

11日 渝中区首届“渝中工匠”杯交通行业职业技能大赛开赛，辖区5家客运企业的60名参赛选手参加比赛，评选出“十佳驾驶员”和十名“优秀驾驶员”。

△ 区人大常委会主任米绍林率队调研虎头岩公园、李子坝观景平台、来福士项目和十八梯项目的建设情况。

12日 区监委派出监察室挂牌暨工作推进会举行。区委书记黄玉林，区纪委书记、区监委主任张刚为区监委派出第一监察室揭牌。

△ 全国政协文化文史和学习委员会调研组考察天官府10号郭沫若旧居保护情况，区政协主席陈大奎陪同考察。

14日 由中央网信办、人民日报社联合制作，渝中区委宣传部参与配合的《重庆一分钟》微视频在人民日报客户端、微信公众号、微博等主流的新媒体平台成功发布，该视频展示渝中区的湖广会馆、长江索道、来福士广场、棉花街大梯坎、洪崖洞等地标。

15日 渝中区人民政府与中国建设银行重庆市分行签署合作协议。建设银行重庆市分行行长王新立，区委书记黄玉林，区长商奎出席签约仪式。

△ 区长商奎主持召开区政府第69次常务

会，审议《重庆市渝中区区级党政机关和事业单位所属企业集中统一监管实施方案（送审稿）》《关于2018年渝中区财政预算调整（草案）的报告》，部署有关工作。

△ 渝中区首批重庆老字号品牌——小滨楼、吴抄手签约入驻新加坡樟宜机场“星耀樟宜”。

16日 市人大城环委主任委员张宗清率市人大执法检查组到渝中区，对渝中区贯彻落实《重庆市城乡规划条例》情况开展执法检查。

17日 第六届中国西部匈牙利文化节•布达佩斯之秋暨匈牙利当代艺术展在解放碑重庆美术馆开幕。活动由匈牙利驻华大使馆、渝中区政府、北京匈牙利文化中心和匈牙利驻重庆总领事馆共同举办。

△ 嘉陵江牛角沱大桥车行道整治施工完毕，经市政府批准同意，开放全桥交通。

18日 复旦大学教育培训基地在化龙桥重庆红岩革命历史博物馆揭牌落户。市委宣传部副部长、市文明办主任马岱良主持揭牌仪式，复旦大学党委书记焦扬、重庆红岩革命历史博物馆党委书记朱军为复旦大学教育培训基地揭牌。

△ 市政协副主席吴刚率部分市政协常委调研渝中区老鼓楼衙署遗址。

19日 区委书记黄玉林主持召开区委常委会会议，传达学习贯彻习近平总书记在中央财经委员会第三次会议、在中央军民融合发展委员会第二次会议上的重要讲话精神以及中央办公厅、国务院办公厅《关于加强文物保护利用改革的若干意见》，中央纪委办公厅《关于贯彻落实习近平总书记重要指示精神集中整治形式主义、官僚主义的工作意见》等文件精神。会议审议《关于坚持以党的执政建设为统领 进一步加强和改进机关党的建设的实施意见》《重庆市渝中区贯彻落实〈重庆市中长期青年发展规划（2018—2025年）〉实施方案》《重庆市渝中区基础设施建设提升战略行动计划（2018—2020年）》《重庆市渝中区保障和改善民生行动计划（2018—2020年）》《重庆市渝中区贯彻军民融合发展战略行动计划实施方案（2018—2020年）》。

△ 全球知名国际卡通形象品牌LINE FRIENDS重庆首店暨西南旗舰店在解放碑PARK108国泰优活城市广场L1层开业。

△ “由内致外——拉斯洛•安德莱与托特•久尔吉重庆个展”在解放碑环球购物中心维岸画廊举行。

△ 全区首个安全文化长廊在朝天门街道棉花街社区建成。

△ 重庆市渝中区好体育人志愿服务大联动——2018年全国百城千村健身气功交流展示系列活动•重庆渝中区大会在两路口重庆市劳动人民文化宫举行，渝中区1000余名健身气功爱好者展示健身魅力，交流运动心得。

△ 区政府发布《渝中区审批服务事项马上办网上办就近办一次办清单（第一批）》，包含区级行政许可事项326项，区级、街道、社区公共服务事项103项、4项、3项。

19—22日 第六届中国（重庆）商品展示交易会在重庆国际博览中心开幕，渝中区以“时尚新生活”为主题设馆参展，为市民带来智慧零售、时尚服饰折扣等特色项目。

20日 2018年“体彩杯”区级机关运动会在市体育馆开幕，由乒乓球、羽毛球、篮球、足球和广播体操5个大项13个小项比赛组成，全区30支代表队2000余名运动员参加运动会。

△ 渝中区完成全国首次“国家统一法律职业资格考试”渝中考点组织工作，2000余名考生参考。

21日 2018中国城市规划学会城市更新学术委员会代表团赴上清寺街道嘉西村、中山四路参观调研。

22日 区委书记黄玉林率队到洪崖洞景区、国泰广场、人民公园，实地了解清扫保洁、秩序维护等城市管理工作情况。

△ 渝中区籍运动员谭中怡在河北邢台沙河红石沟休闲生态农场举行的2018上合组织国家国际象棋国际公开赛上获女子特别奖第一名。

23日 区政协主席陈大奎率主席会成员就渝中区内市、区重点基础设施建设情况进行调研。先后前往曾家岩嘉陵江大桥项目、雷家坡立交项目、南纪门长江轨道专用桥项目工地，实地了解项目进展及推进中存在的困难，并听取区建交委、区发改委通报市在区重点基础设施建设情况。

△ 长江二路调头车道位置调整项目竣工验收会召开，长江二路新设调头车道正式投用。

△ 台湾社区治理参访团一行到上清寺街道嘉西村社区参观交流。

24—26日 渝中区召开2018年危险化学品安全管理及事故应急培训，区安监局、街道安监办、社区安监员、加油站安全管理人员近60人参加培训。

25日 美丽母城 幸福渝中——纪念改革开放40周年暨渝中区第三届书画摄影作品展在中山四路王琦美术博物馆开展，196幅作品展出。

△ 区政协主席陈大奎率区政协常委会成员就渝中区部分传统风貌区、山城老街区及特色老社区的建设情况进行考察，先后到马鞍山传统风貌区、李子坝观景平台、徐远举公馆和李子坝传统风貌区，实地了解项目进展情况。

△ 渝中区召开机关党建工作推进会，印发《关于坚持以党的政治建设为统领 进一步加强和改进机关党的建设的实施意见》，安排部署全区机关党建工作。

△ “守护花季 相伴成长”防性侵教育活动在渝中区启动。

26日 区委书记黄玉林主持召开区委常委会会议，深入学习习近平总书记在广东考察时重要讲话精神、对自由贸易试验区建设作出的重要指示精神、对脱贫攻坚工作作出的重要指示精神等以及中央第四巡视组对重庆市开展脱贫攻坚专项巡视工作动员会精神、中央扫黑除恶第9督导组向重庆市反馈督导情况精神、陈敏尔书记在全市机构改革动员部署会上的重要讲话精神等。

△ 渝中区区级融媒体平台正式改版上线，新改版的渝中区区级融媒体平台是一个以融媒体中心为统领，以《渝中报》、“渝中电视60分”、“渝中新闻网”、“在渝中”App、“微渝中”微信公众号、《渝中手机报》、“渝中手机台”、“全域重庆—母城渝中”8个区级媒体平台为核心，多个区级部门、社会单位资源为辅助的全媒体矩阵平台。

△ 渝中区推荐的作家谭小乔的作品《农家屋檐挂秋天》在2018年全国第七届优秀童谣征集推广活动中荣获一等奖。

△ 全球首家凤凰艺术酒店在朝天门大融汇正式开业。

△ 渝中区召开校园安全工作紧急会议，通报10•26巴南区新世纪幼儿园突发伤人事件，布置安全工作。

27日 在市商务委主办的“重庆人气商圈”评选活动中，解放碑商圈获评“重庆最具人气商圈”。

△ 渝中区第三届民办幼儿园教师基本功大赛在渝中区中华路小学举行，评选出一等奖9个、二等奖18个、三等奖27个。

28日 区委书记黄玉林主持召开全区安全稳定工作专题会议，贯彻落实全市安全稳定工作电视电话会议和陈敏尔书记重要讲话精神，对进一步做好全区安全稳定工作进行再安排、再部署、再落实。

△ “渝中工匠”杯2018年渝中区物业服务技能大赛举行，设置保安、物管员、电工三个职业技能竞赛项目，全区26家物业企业的276名物业从业人员参赛。

△ 重庆市巴蜀小学合唱团、重庆市巴蜀中学合唱团在中国教育学会主办的第九届“中华文化小大使”文化艺术展示活动中获得最高奖项——“九州奖”。

29日 渝中区施工工地安全隐患有奖举报平台正式上线运行，举报方式为微信扫描二维码进入“渝中区在建工地安全隐患有奖举报平台”。

30日 区长商奎主持召开区政府第71次常务会，会议听取全区三季度平安建设工作情况、全区三季度安全生产情况暨开展安全隐患拉网式排查工作的汇报，研究审议《重庆市渝中区生态环境损害赔偿制度改革实施方案（送审稿）》。

△ 渝中区召开十二届区委第七轮巡察工作动员部署会，安排部署新一轮巡察工作。

△ 渝中区开展全区加油站安全大排查大整

治，检查组先后到中石油黄花园油气合建站、重庆市渝中区石油有限责任公司嘉滨路加油站等加油站，查阅加油站审核检查表、隐患排查台账、培训记录等资料，进一步推动安全生产形势持续稳定。

△ 副市长屈谦到渝中区小青青幼儿园、渝中利奥幼儿园、渝中区两路口小学调研安全工作。

31日 话剧《红岩魂》渝中区专场演出在重庆群星剧院上演。

△ “轻轨建设者”手印纪念墙广场完成修缮并正式对外开放。该广场落成于2005年，位于轨道交通2号线佛图关站附近，纪念所有为轨道建设给予技术支持的建设者。

△ 区委书记黄玉林到区法院调研诉讼服务中心、家事审判庭、司法服务大局保障民生工作办公室、执行指挥中心、党建活动室，调研法院审执工作、司法改革、党建工作、队伍建设情况。

△ 渝中区石油路街道金银湾都市工业楼宇党支部副书记朱登礼被评为2018年度全国“基层理论宣讲先进个人”。

11 月

1日 在江苏省南京市举办的2018腾讯全球合作伙伴大会上，渝中区获评“2018全国最受欢迎全域旅游目的地”。

△ 渝中区成立朝天门、洪崖洞、解放碑三个旅游联合执法检查站，设立现场办公场地并挂牌。

△ 重庆金融资产交易所成功落地“渝新通•金安小贷”项目，重庆金安小额贷款公司实现5000万美元债券发行，开启渝新两地交易场所合作的新篇章。

△ 在中国化学会化学教育委员会2018年（暨第十三届）全国基础教育化学新课程实施成果评选活动中，重庆市第四十二中学校化学教研组被评为2017年度全国基础教育化学新课程实施“优秀教学团队”。

2日 解放碑周末音乐会第547场——“母城脉动”流行音乐节在解放碑中心广场举行。

2—6日 第四届中国民歌合唱节在广西桂林举行，来自全国各地的70余个合唱团体参加，渝中区教师合唱团获A类成人组混声合唱金奖。

3日 “新科幻 出东方”2018科幻高峰论坛暨第九届全球华语科幻星云奖颁奖典礼在中山四路雾都宾馆举行，区委宣传部部长张焕伦及相关专家学者为获奖者颁奖。

4日 渝中区大同实验学校、人和街小学、红岩幼儿园获2018—2019年全国啦啦操联赛冠军。

5日 区委书记黄玉林主持召开区委常委会（扩大）会议，传达学习习近平总书记在民营企业座谈会上的重要讲话精神，学习贯彻习近平总书记在中央政治局第九次集体学习时的重要讲话精神、在中央政治局会议研究当前经济形势和经济工作时的重要讲话精神。

△ 由市人口和计划生育科学技术研究院、区妇幼保健计划生育服务中心联合举办的“中央彩票公益金资助——遗传代谢病、智力发育异常与罕见病儿童家庭基因检测公益性项目”启动会在区妇幼保健院举行，该院正式成为中央彩票公益金资助项目定点机构。

△ 位于朝天门的凯德来福士项目入围2018年国际零售商业房地产全球峰会MAPIC“最佳未来购物中心”四强名单。

5—10日 首届中国国际进口博览会在上海举行，区长商奎带队的渝中区交易分团共组织30家企业及相关单位围绕大宗商品、医疗设备、农产品、旅游等重点领域进行采购，达成采购意向协议7个，成交金额37亿余元。渝中区还落地高原商业管理公司、智慧纵横科技有限公司等重点外资招商签约项目4个，签约金额12.1亿元。

6日 瑞幸咖啡重庆首家悠享店在解放碑大都会东方广场开业。悠享店面积超过200平方米，能为消费者提供堂食、外卖、自提、知识讲解等多种服务。

6—8日　中国文物学会会馆专业委员会2018年年会暨第十届学术研讨会在朝天门重庆湖广会馆举行，“根固缘远 传世复新”全国会馆联展同时举行。中国文物学会副会长兼秘书长黄元、中国文物学会副会长吴加安以及来自全国30多家会馆机构和文博单位的80多位代表参加研讨。

7日　渝中区图书馆第一批50部智能听书机投入使用。视障人士可凭残疾人证件前往图书馆免费借阅该机器60天。

7—12日　首届长江上游城市花卉艺术博览会在江北区举行，渝中区以“美丽半岛 山水渝中”为主题，展现渝中处于两江交汇得天独厚的山水城市景观及生态建设成果。

9日　渝中公安“学习时代楷模杨雪峰，展现渝中公安新形象——第二届‘我心中的人民警察’”评选活动颁奖典礼在两路口重庆市劳动人民文化宫举行。

△ 在重庆市第八届全民健身运动会上，渝中区代表团以806分的总成绩获得本次运动会区县组团体总分第二名，并获得运动会优秀组织奖。

△ 渝中区2号（肖家湾）社区体育文化公园开工建设。

10—25日　国家艺术基金2018年度艺术人才培养资助项目“光艺术创新设计人才培养”成果展在鹅岭贰厂文创园开展，17组光艺术作品展出。

11日　以“‘智’行力”为主题的2018重庆市人工智能与大数据院士论坛暨签约仪式在渝中区举行。副市长刘桂平，区长商奎，星河控股集团副董事长兼总裁姚惠琼等出席论坛。来自中国工程院的徐扬生、费爱国、范滇元、陈鲸、杨小牛、丁文华、樊邦奎7名院士，以及国内风险投资机构、民营航天企业代表等百余人参加论坛。

12日　区长商奎主持召开区政府第72次常务会，听取关于办理区十八届人大三次会议人大代表建议、批评和意见的情况报告，关于实施渝中区公共区域免费无线局域网建设的情况汇报。

△ 渝中区第二次全国地名普查成果顺利通过国家民政部验收。

△ 米其林二星餐厅唐阁在解放碑环球金融中心开业。

△ 渝中区劳动保障监察大队被国家人社部办公厅、市场监管总局办公厅联合授予“2018年全国清理整顿人力资源市场秩序专项行动取得突出成绩单位”称号。区劳动保障监察大队已连续6年获得该称号。

14—15日　区政协主席陈大奎率住区市政协委员调研考察两路口重庆市劳动人民文化宫、大田湾体育场改造项目及菜园坝重庆火车站改造项目，对重点项目的建设提出建议。

15日　2018年突发环境污染事故综合应急演练在曾家岩大桥施工工地举行，出动消防船、应急救援船、冲锋舟、环境应急指挥车、环境应急监测车、救护车等各类大型装备20余台。

△ 区委书记黄玉林率队前往区商务局、石油路街道煤建新村社区，通过实地走访、查阅资料、听取汇报、座谈交流等方式，调研渝中区“把监督挺在前面 修复净化政治生态”试点工作。

△ 渝中高九路人行道提档升级工程竣工，铺装人行道17200余平方米。

△ 渝中区临江路小学“临江‘礼’好”小学礼仪教育品牌成功入选第四届中国教育创新成果公益博览会。

△ 区人大常委会主任米绍林、副主任孔新军率人大代表一行到区行政服务中心，就全区推进政府职能转变、优化营商环境等方面的工作开展调研。

16日　区委书记黄玉林主持召开区委常委会会议，学习贯彻习近平总书记在首届中国国际进口博览会开幕式上主旨演讲精神，在中央全面深化改革委员会第五次会议上的重要讲话精神和同全国总工会、全国妇联新一届领导班子成员集体谈话时的重要讲话精神。会议审议《渝中区内陆开放高地建设实施方案（2018—2020年）》《重庆市渝中区生态环境损害赔偿制度改革实施方案》，听取关于2018年三季度全区安全生产、平安建设和社会稳定工作的情况汇报。

△ 渝中区民营企业座谈会暨走访服务民营企业动员会召开。会议深入学习习近平总书记在民营企业座谈会上的重要讲话精神，传达学习全市民营企业座谈会暨走访服务民营企业动员会精神，对渝中区走访服务民营企业有关工作进行动员部署，全区22家金融机构为100家民营企业推介70余款融资产品。

△ 渝中区出台《渝中区金融业支持实体经济发展的若干措施》，整合1.5亿元民营企业融资担保及扶持资金，建立风险分担机制，缓解民营企业融资难题。

△ 渝中区召开银企对接活动，22家金融机构、近100家民营企业参加，为缓解民营企业融资难搭建有效沟通平台。

△ 以“山城扎包”为主题的“2018首届重庆文创礼品展”在鹅岭贰厂文创园开展，这是重庆市首个大型文创旅游伴手礼品展，60余家文创礼品企业及1000多款文创旅游展品参展。

△ 区委书记黄玉林率队调研重庆市区块链产业创新基地，走访金窝窝科技、印链科技、创敏科技和帮帮链智能科技等公司，并召开四大功能区管委会工作座谈会。

△ 由重庆市科委、渝中区政府、重庆医科大学三方共同发起的“环重医创新创业生态圈”项目建设正式开始实施。

17日 2018首届重庆文创产业创新发展大会暨招商签约活动在中山四路雾都宾馆举行，30家文创企业现场与区电子商务和创意产业园签订上百亿元项目，助推重庆文创产业发展。

17—23日 “中正平和——马维衡汉风古琴艺术展”在重庆中国三峡博物馆开展，国家级古琴艺术（广陵学派）传承人马维衡精心收藏的51件古琴艺术品展出。

18日 重庆市急救医疗中心（重庆大学附属中心医院）院士引进签约暨院士专家工作站揭牌仪式举行，标志着重庆市急救医疗中心院士专家工作站正式挂牌成立。

△ 三级眼科专科医院重庆眼视光眼科医院在大坪开业。

19日 区长商奎主持召开区政府第73次常务会，研究渝中区城市提升行动计划实施方案、开展重庆历史人文核心区保护传承专项规划和重庆历史人文核心区保护传承项目规划实施导则编制有关情况，审议渝中区“十三五”规划纲要中期评估报告，听取审议《重庆市渝中区贯彻落实全市深入推动长江经济带发展实施方案（送审稿）》《重庆市渝中区贯彻落实中央经济工作决策部署和市委要求重要举措及任务分解方案（送审稿）》《重庆市渝中区贯彻落实深化川渝合作深入推动长江经济带发展行动计划（2018—2022年）的任务分工（送审稿）》。

△ 第六届“请您加盟”互联网和创意产业渝中区专场双选会在重庆邮电大学举行，重庆云威科技有限公司、重庆环游者网络有限公司等40家大型互联网及文创企业为应届毕业生提供767个工作岗位。

△ 2018年“文东杯”重庆市跆拳道冠军赛在长寿举行，渝中区代表队六十六中获甲组、乙组两个团体第一名，丙组团体第二名。

20日 区长商奎率队集中走访区商业联合会、建筑业协会、民营企业协会、咖啡烘焙商会、朝天门商会、解放碑中央商务区企业协会，听取各商（协）会、企业代表在商（协）会建设、企业发展、政策扶持、环境营造等方面的意见建议。

△ 区长商奎带队调研下半城聚兴诚银行、巴县衙门等文物修复情况及融创白象街、十八梯传统风貌区、七星岗街道特色老社区等项目建设情况。

△ 渝中区开展2018年秋季校园及周边治安综合整治专项行动，抓好校园周边无照经营、不良广告、流通领域产品质量监管，做好涉黑涉恶线索排查、扫黄打非、未成年人消费维权、打击传销和“黑职介”等工作，净化校园及周边治安环境。

△ 解放碑民生路道路环境改造（大同路段）改造完成。

21 日 区人大常委会主任米绍林带队到鹅岭贰厂文创园、美国大使馆旧址、国民政府军事委员会重庆行营旧址、淳辉阁等调研全区文化产业及博物馆群发展情况。

△ 区委书记黄玉林带队专题调研十八梯传统风貌区项目建设进度情况。

△ 2018年香港上市融资研讨会（重庆专场）在渝中区举行。

△ 区人大常委会主任米绍林率队调研渝中区地质灾害防治工作，实地查看化龙桥江山华庭不稳定斜坡、关岳庙主园路嘉华隧道出口段不稳定斜坡治理工程现场。

22 日 渝中区人民政府与北京四季大通投资集团（以下简称“四季大通集团”）就“四季大通农业区块链西区总部基地”合作项目签订战略合作协议。区委书记黄玉林，四季大通集团董事局主席任杰峰等出席签约仪式。

△ 由智慧纵横（中国）科技发展有限公司推出的智慧农贸“买点菜”产业互联网平台正式启动，该系统在石灰市等渝中区22家农贸市场铺设使用，智慧农贸“买点菜”产业互联网平台由收银系统、采购系统、监管系统、金融系统四大系统构成。

△ 首届中国区块链技术产业生态大会在渝中区国贸格兰维酒店举行，会上中国区块链生态联盟、赛迪区块链研究院联合发布2018年中国区块链优秀企业名录，重庆大石化新区三家企业上榜全国优秀区块链企业名录。国家工业和信息化部信息软件司司长谢少锋、中国电子信息产业发展研究院院长卢山、市大数据应用发展管理局副局长李斌、副区长黄孝明等出席大会。

△ 国家艺术基金2017年度大型资助项目、由重庆市话剧院打造的原创话剧《其香居茶馆》在重庆国泰艺术中心首演。

△ “自然之光——法国勒苏艺术中心收藏展”在中山四路王琦美术博物馆开展，70件作品展出。

△ 国家融资基金担保体系——重庆银担合首批签约仪式在中山四路雾都宾馆举行。国家融资担保基金以缓解小微及“三农”融资难、融资贵问题为目标，与重庆市小微企业融资担保有限公司共同搭建合作平台。光大银行重庆分行成功入围首批10家签约银行。

22—23 日 2018中国（重庆）国际高端医疗服务峰会暨展示会在解放碑举行。

23 日 以国家卫健委疾控局副巡视员孙新华为组长的国家慢性病综合防控示范区复评专家组一行到渝中区，通过资料评审与现场评审相结合的方式，对渝中区国家慢性病综合防控示范区建设进行复审评估。

△ 渝中区招商推介会在上海举行，招商推介会以“魅力渝中•电创未来”为主题，涵盖互联网、物联网、大数据、云计算、智能制造、数字内容、文化创意等新兴产业。

△ “日本手工作业的形态”巡回展在重庆中国三峡博物馆开展，90件工艺品展出。

△ 位于中山一路的中苏文协旧址修缮工程完成。

26 日 由新华社《瞭望东方周刊》、瞭望智库主办的“2018中国幸福城市论坛”在广州举行，渝中区城市管理“五长制”实践入选2018中国最具幸福感城市•城市管理创新范例。

27 日 区委书记黄玉林率队到西三街水产市场、巴县衙门开放式小区、二府衙封闭式小区、筷子街开放式小区调研渝中区老旧小区环境及物业管理工作。

△ 区长商奎主持召开区政府第74次常务会，研究部署2018年解放碑平安、圣诞、新年夜群众自发性听钟声活动安全保卫工作，审议《重庆市渝中区打赢蓝天保卫战三年行动计划实施方案（送审稿）》。

△ 2018年重庆（国际）影像文化节城市空间户外影像展活动之一的十八梯户外影像展开展，影像展分为老照片展示和《老重庆十八梯万象》拼接长卷两部分。

28 日 区委书记黄玉林到七星岗街道调研社区建设和基层党建工作。

△ 国家市场监督管理总局食品安全抽检监测司司长段永升带队，对渝中区西山街农贸市

场农产品快检工作进行检查。

△ 渝中区玫瑰湾人行天桥至鹅岭正街步道改造完成。

△ 重庆云直达科技有限公司的大数据智能化VR智慧旅游解决方案——“飞越解放碑VR”在共青团中央、教育部、人社部、中国科协等共同主办的2018年“创青春”全国大学生创业大赛总决赛中荣获全国金奖。

29日 区委书记黄玉林主持召开区委常委会会议，学习贯彻习近平总书记在中共中央政治局第十次集体学习时的重要讲话精神，在纪念刘少奇同志诞辰120周年座谈会上的重要讲话精神，学习习近平总书记关于巡视工作的重要论述及中央、市委巡视工作部署会精神。会议审议通过《渝中区城市提升行动计划实施方案》《渝中区党务公开试点工作实施方案》。

29—30日 区十八届人大常委会第十五次（扩大）会议召开。区长商奎代表区政府作关于“十三五”规划实施情况的中期评估报告。会议听取并审议区人大法制委关于渝中区贯彻实施《中华人民共和国道路交通安全法》的执法检查情况报告；听取区政府、区法院、区检察院及区人大常委会主任会议关于区十八届人大三次会议代表建议办理情况的报告，并对区政府、区法院、区检察院办理工作开展测评；审议《重庆市渝中区人民代表大会代表述职评议办法（草案）》的议案；区人大常委会社工委书面报告渝中区贯彻实施《重庆市食品生产加工小作坊和食品摊贩管理条例》的视察情况。

30日 渝中区召开“以案说纪、以案说法、以案说德、以案说责”警示教育会暨学习贯彻《中国共产党纪律处分条例》动员部署会。

△ 渝中区正式出台《重庆市渝中区生态环境损害赔偿制度改革实施方案》，在全区范围内试行生态环境损害赔偿制度。

11月 渝中区获“全国老年远程教育示范区”称号。

12月

3日 市人大代表渝中联系组开展走访代表单位和“两江游”旅游市场发展情况考察活动。

4日 渝中区2018年“12•4”国家宪法日集中宣传活动在大坪龙湖时代天街举行，正式拉开渝中区“宪法宣传周”活动序幕。

5日 “聚集重庆母城 共建商贸中心”解放碑—下半城高端商贸业招商推介暨品牌恳谈会在成都首座万豪举行。来自广州、西安、成都等地的30余家时尚零售、文化创意、特色餐饮等行业全国知名品牌企业代表参加会议。

△ 渝中区开展第98次社区工作日暨“向十大不文明行为说不”志愿服务主题活动，区领导，各部门、管委会、街道、社区的干部职工及志愿者，深入各街道、社区的开展志愿服务活动。

6日 重庆中心全球发布盛典在石油路渝州宾馆举行。发布仪式上，重庆中心项目与钓鱼台美高梅集团签署战略合作协议。

△ 区长商奎主持召开2019年《政府工作报告》征求意见座谈会，听取区人大代表、区政协委员和党外代表人士意见建议。

△ 渝中区召开党务公开试点工作专题会议，对全区开展党务公开试点工作进行动员部署。

△ 由国家体育总局体操运动管理中心主办的“2018年全国啦啦操冠军赛”在深圳市龙岗区举行。渝中区红岩幼儿园、重庆市聋哑学校、二十九中学均获得冠军。

7日 区委书记黄玉林主持召开区委常委会会议，学习贯彻习近平主席在出席二十国集团领导人第十三次峰会上的重要讲话精神，学习《中共重庆市委办公厅印发〈关于开展贯彻落实习近平总书记对重庆所作重要讲话和系列重要指示精神“回头看”工作方案〉的通知》《中共重庆市委关于深化落实全面从严治党主体责任的意见》主要精神，传达关于贯彻落实“枫桥经验”重庆实践行动现场会精神。

△ 由澎湃新闻主办的“2018政务传播大会”

在上海举行，渝中区政府新闻办澎湃问政官方账号“微渝中”获得“2018最佳政务传播——阳光政务奖”。

△ 重庆市科技局公示2018年重庆市创新创业示范团队培育计划立项名单。渝中区途作林杰科技有限公司、中机高科（重庆）环保工程有限公司两家企业获评重庆市创新创业示范团队。

△ 重庆市科技局公示2018年重庆市“三百”科技领军人才支持计划人选名单，渝中区重庆知行宏图科技有限公司邓仕虎获评科技创业领军人才。

△ 渝中区文化市场行政执法大队办理的《重庆庆华建设工程有限公司擅自在市级文物保护单位海关公署旧址保护范围内进行工程案》获评2018年度全国文物行政处罚案卷评查优秀案卷。

8日 重庆市首届青年大数据智能化创新创业大赛决赛在解放碑平安国际金融中心举行。中冶赛迪重庆信息技术有限公司团队“西格马大数据处理与决策平台”项目荣获一等奖；重庆文理学院卜凡团队和重庆科技学院众创之家警锋团队分获二等奖；重庆大学CQU Dream Builder团队、重庆邮电大学Hado&Rich团队和重庆汇集源科技有限公司团队获得三等奖；其余六支参赛队伍获得优胜奖。

△ 2018年渝中区“体彩杯”第五届城市定向越野赛在两路口重庆市劳动人民文化宫中心广场等处开赛，比赛采取团体积分制，共设置宋庆龄故居、国泰艺术中心、鹅岭公园等检查点12个，近600名选手参加。

△ 步道系统示范段改造工程——渝中区桂花园步道改造工程完成。

9日 位于渝中区中山一路的抗建堂完成修缮，重新对外开放。

10日 区长商奎主持召开区政府第75次常务会，听取并审议区教委关于《集团化办学实施情况的报告》，审议通过《重庆市渝中区党政领导干部安全生产责任实施办法》。

△ 记载渝中半岛历史、经济、文化状况的旧志《巴县志》（乾隆版）影印版样书校对工作完成。

11日 区委书记黄玉林率队到菜园坝竹木市场，朝储段沿江河道，朝天门2、3码头等地检查渝中区河长制工作。

△ 央视纪录片《记住乡愁》栏目组走进朝天门重庆湖广会馆，对禹王祭祀典礼进行全方位拍摄，聚焦母城历史文化。《记住乡愁》是由中央宣传部、住房和城乡建设部、国家新闻出版广电总局、国家文物局联合发起，中央电视台中文国际频道组织拍摄的大型纪录片。

△ 渝中区协信星光广场、解放碑英利大融城被国家商务部评为全国绿色商场创建单位。

11—12日 市人大常委会副主任刘学普到重庆百事达汽车有限公司、重庆市康德实业（集团）有限公司、德勤华庆商务服务有限公司、重庆五斗米饮食文化有限公司、重庆新大正物业集团股份有限公司、重庆千叶眼镜连锁有限公司等民营企业调研。

12日 “重庆史研究的回顾与前瞻：纪念改革开放40周年”学术研讨会在重庆中国三峡博物馆举行。

△ 副市长邓恢林先后到辖区重庆索通律师事务所、中豪律师事务所调研律师工作。

13日 2018年重庆市公民科学素质调查结果新闻发布会举行。根据中国科普研究所《2018年重庆市及各区县公民科学素质状况》显示，重庆市公民具备科学素质的比例为8.01%；主城片区（渝中、大渡口、江北、沙坪坝、九龙坡、南岸、北碚、渝北、巴南）平均水平为11.9%；渝中区为13.9%。

△ 副市长潘毅琴到渝中区合展至善养老服务公司调研。

14日 中国共产党重庆市渝中区第十二届委员会第四次全体会议召开。会议审议通过《重庆市渝中区机构改革方案（送审稿）》和全会决议，同意将《方案》报请市委审批。

△ 区委书记黄玉林主持召开区委常委会会议，学习贯彻中共中央政治局会议分析研究2019年经济工作，研究部署党风廉政建设和反腐败工作有关精神，深入学习习近平在会见出席“2018从都国际论坛”外方嘉宾时的重要讲

话精神和致纪念《世界人权宣言》发表70周年座谈会贺信精神。会议审议《重庆市渝中区党政领导干部安全生产责任实施办法（送审稿）》，研究渝中区贯彻落实全市教育大会精神的措施。

△ 为庆祝改革开放40周年推出的《100秒看重庆•渝中》微视频作品正式上线，人民网重庆频道、新华网重庆频道、视界网、华龙网等200家媒体同步推送。

△ 全市首个民革法律援助工作站在渝中区正式挂牌成立，工作站由区司法局与民革渝中区委共同打造。

16日 2018年度国际泳联年度最佳颁奖典礼在杭州国际博览中心举行，渝中区籍运动员、奥运冠军施廷懋获最佳女子跳水运动员奖杯。

△ 区文化馆半岛舞蹈团原创广场舞作品《渝中拾遗•旦》在“舞韵东方 聚首明珠”2018东方明珠全国广场舞电视大赛总决赛上获得银奖。

17日 区法院公开宣判全市首例“套路贷”恶势力犯罪集团案件，6名被告人被依法判处一年三个月至八年六个月不等的有期徒刑，并处罚金。

17—26日 为纪念徐悲鸿先生诞辰123周年、重庆磐溪书画院成立25周年的“磐溪书画展”在重庆市人民大礼堂（北厅）举行，磐溪书画院70余位书画家的90件书画作品展出。

18日 区委理论学习中心组举行（扩大）学习会，集中收看庆祝改革开放40周年大会实况，聆听中共中央总书记、国家主席、中央军委主席习近平发表的重要讲话。

△ 区人大常委会主任米绍林一行调研上清寺街道辖区重点企业。

19日 渝中区召开干部大会暨警示教育专题会，深入贯彻落实习近平总书记参加重庆代表团审议时的重要讲话精神，认真落实中央部署和市委、市纪委监委要求，深入开展警示教育活动，着力建设忠诚干净担当的干部队伍，营造风清气正的政治生态。

△ 陆军军医大学第三附属医院更名为陆军特色医学中心，以陆军军医大学第三附属医院（野战外科研究所）为基础调整组建，由陆军军医大学领导管理，对外仍称“大坪医院”和“陆军军医大学第三临床医学院”。

20日 436路公交线开通。该线路从轨道七星岗站始发，经中山一路、中山二路、文化宫、中山支路、中山三路、三院住院部，再由枇杷山正街返回轨道七星岗站，结束枇杷山正街不通公交的历史，开收班时间为7:00—20:00。

21日 解放碑（朝天门）现代金融商务集聚区招商推介暨签约活动举行。凯德来福士、复星国际中心、WFC等商业综合体现场进行招商推介。人保财险、雅诗阁等27家企业与渝中签约，其中10家与政府合作签约，17家为企业落户签约。

△ 区长商奎一行调研化龙桥辖区“河长制”工作。

△ 重庆市巴蜀小学和重庆市巴蜀中学分别荣获教育部2018年国家级教学成果奖特等奖和二等奖。

22日 2018年“中华魂”（腾飞的祖国——改革开放四十周年）演讲比赛决赛在市老干部活动中心举行，渝中区8名选手参加，其中小学组获一等奖2名，中学组获一等奖1名。

24日 区委书记黄玉林，区长商奎一行检查渝中区元旦等重要节点安保工作，看望慰问值班值守人员。

△ 区长商奎主持召开区政府第77次常务会，听取审议《2019年区政府工作报告（征求意见稿）》有关情况。会议听取《重庆市渝中区2018年国民经济和社会发展计划执行情况及2019年计划草案的报告（征求意见稿）》情况汇报，听取《重庆市渝中区2018年财政预算执行情况和2019年财政预算执行草案的报告（征求意见稿）》情况汇报。

25日 区长商奎主持召开区政府第三次全体会议，审议通过《2019年区政府工作报告（征求意见稿）》。

△ 渝中区成立新的社会阶层人士专业联合会（简称“新专联”）。

△ 区卫生计生委和区人力社保局命名刘渝松、郭亮、李咏梅、叶承莉、马善治、梁丽华、申开琴、王为、郭明钧、白新文10名人员为第

三批“重庆市渝中区名中医”。

26日 “在地与间离”——首届重庆油画双年展在重庆美术馆举行，180余件作品参展。

△ 渝中区1号(桂花园)社区体育文化公园、渝中区2号（肖家湾）社区体育文化公园完工并投入营运。

△ 经国家中医药管理局对命名满5年的全国基层中医药工作先进单位复审，渝中区被确认继续为全国基层中医药工作先进单位。

27日 位于朝天门码头的110千伏朝天门输变电工程正式投入运行，这是国内一次性投运变电容量最大的110千伏变电站。变电站由国网重庆市区供电公司与新加坡凯德集团联建。

△ 渝中区“朝天门地区首届民营经济发展论坛暨服务民营企业联席会成立仪式”在渝中区望龙门小学礼堂举行，辖区180余名民营经济人士代表参加活动。

△ 渝中区中华路小学在2018年中国学生艺术体操锦标赛中获小学组一金三银的优异成绩。

28日 区长商奎主持召开区政府第78次常务会，听取审议贯彻全市城市综合管理会议精神、提升全区城市品质的意见有关情况，听取审议《重庆市渝中区人民政府关于加强质量认证体系建设促进全面质量管理的实施方案（送审稿）》，听取审议贯彻落实重庆市粮食安全行政首长责任制有关事项的情况。

△ 瑞士艺术家安东尼奥•威利重庆个展在解放碑环球购物中心维岸画廊举行。

△ 经市委、市政府批准，市委办公厅、市政府办公厅印发《重庆市渝中区机构改革方案》。

29日 区委书记黄玉林主持召开区委常委会会议，学习贯彻中央经济工作会议精神、中央政治局民主生活会精神和中央政治局会议精神，研究贯彻全市城市综合管理工作会议精神有关措施。

△ 渝澳大桥至两路口南北分流道（上行线）项目正式通车。

△ 重庆市庆祝改革开放40周年优秀群众文艺展演暨全国第十八届群星奖重庆选拔活动评选结果公布。由渝中区文化委、渝中区文化馆选送的表演唱《踩着辣椒爬梯坎》获音乐类一等奖、群舞《宝贝》获舞蹈类一等奖，并同时入选全国第十八届群星奖总决赛，小品《先叫后叫都是爸》获戏剧类三等奖。

△ 解放碑步行街入选国家商务部首批11条步行街改造提升试点项目，培育具有国际国内领先水平的高品位步行街，这是重庆唯一入选该试点项目的步行街。

△ 市纪委监委研究室主任傅兵军、市纪委监委第五纪检监察室主任贾爱珍，调研渝中区“把监督挺在前面，修复净化政治生态”在石油路街道的试点工作。

31日 位于七星岗地区的全新高端人才公寓龙湖“冠寓”正式开业。

△ 2018年渝中区区级一般公共预算收入完成46.39亿元，其中税收收入完成37.82亿元，非税收入完成8.57亿元。

△ 渝中区完成市政设施品质提升——城市隧道容貌整治，完成11座隧道、7座车行下穿道、13座人行下穿道整治，整治面积23.8万平方米。

△ 渝中区完成虎头岩公园建设、戴家巷崖壁公园建设、青鸟大厦屋顶绿化、蒋家院子等游园建设、菜园坝立交周边景观提升、渝州宾馆旁绿带改造工程、袁家岗立交景观提升工程建设。

△ 渝中区实现全年空气质量优良天数306天，同比增加35天，空气质量优良天数创历史新高。

△ 由中央电视台、市委宣传部等主办的“赏两江璀璨夜景 记者水陆空带你重庆跨年”活动举行。央视记者分别从空中、地上、江中直播解放碑、洪崖洞、千厮门大桥、长江索道、朝天门码头等渝中跨年夜夜景。央视新媒体直播吸引257万网友观看，3.1万人点赞。

△ 市委副书记任学锋，市委政法委书记刘强，副市长邓恢林到解放碑现场指挥元旦等重要节点安全值守工作。

12月 渝中区推进商务楼宇物业服务标准化的贯标和创建工作，对商务楼宇物业服务标准化进行现场评定，全年达到甲级95分及以上的共有18栋，达到乙级85分～95分的共有4栋。

重庆城的十七门

储奇门（开）储奇门，药材帮，医治百病

储奇门是重庆城的正南门，与临江门遥相呼应。正南门从来都应是一座城池的要塞，这储奇门也是重庆交通的重要连接点，上半城和下半城正是在此处交连。储奇，寓有富足昌盛之意。自古这储奇门就是重庆城药材集散之地，以前，西南各地进贡给皇帝的奇珍异宝都要在这里停留后再转运进京。

人和门（闭）人和门，火炮响，总爷出巡

太平门与储奇门之间，出双巷子南口对面的堡坎，那就是人和门旧址。人和门面向长江，门宽近三米，呈圆形拱卷。人和门不高大不险峻，一向名气不大，但在其他城墙的庇护下，世道平安，天地佑护，百姓祥和，这才是守城据险的根本，因此得名“人和”。人和门旁有县衙、府署，每当知府大人或县大老爷出巡，门内也锣鼓喧天。

金紫门（开）金紫门，恰对着，镇台衙门

金紫门紧靠储奇门，方位也在城的正南方，城门对着江面。重庆十七个老城门，只有金紫门和储奇门这两个开门之间无闭门。这里曾有古庙金紫寺，因而得名。此门是因重庆官府衙门集中此地而专门兴建的。金紫门城门对面，就是重庆镇署衙门，衙门四周有轿铺、饭馆、茶馆、酒肆，繁华热闹。

渝中概况

概 述

【区域概况】 渝中区位于北纬29°31′50″～29°34′20″，东经106°28′50″～106°35′10″，四川盆地东部平行岭谷间向斜台地区，长江、嘉陵江汇流而形成的两江相夹的半岛上；地处重庆市西南部，东、南濒临长江与南岸区水域相邻，北面濒临嘉陵江与江北区水域连界，西面通陆与沙坪坝区、九龙坡区接壤。全区总面积23.24平方千米，其中陆地面积20.08平方千米。区境地势，佛图关最高海拔394米，分别向西部和东部的南、北、中倾斜起伏，至东北角两江汇合最低处朝天门沙嘴以167米计，相对高差227米，坡降很大，比高悬殊。因山水相连，山水城融为一体，历以壮丽的“山城”“江城”著称于世。区境属中亚热带湿润季风气候区，受山城地貌、两江水域影响，热岛效应显著，具冬暖夏热、气温高、日照少、雨季长、湿度大、霜雪少、风速小等气候特点。近年来，年雾日较历年减少，年极端最高气温较历年下降，淡化了著称于世的“雾都”“火炉”形象。

区境为重庆的母城，有3000多年悠久的历史和人民革命斗争的光荣传统。早在战国、秦、汉时期，即以具有浓郁地方特色的巴渝文化而著称。1986年12月，国务院批准重庆为“历史文化名城”，而作为重庆的母城，渝中区是重庆历史文化资源积淀最丰富的区域。区境积淀了巴渝文化、抗战文化、红岩精神等厚重的人文底蕴，孕育了重庆的“根”和“源”，展示着现代都市、“山城”、“江城”、“不夜城”的神韵和红色旅游、全域旅游、城际旅游的风采，历来是重庆的核心。在抗日战争、世界反法西斯战争期间，驻区境红岩村的中共中央南方局、八路军重庆办事处，团结和领导人民同反动势力展开不屈不挠的斗争，形成和培育以救亡图存的爱国精神、不畏艰险的奋斗精神、和衷共济的团结精神、勇于牺牲的奉献精神为标志的“红岩精神”；国民政府西迁重庆并定重庆为战时首都，同盟国中国战区统帅部驻区境国府路（今人民路）。为赢得抗日战争和世界反法西斯战争的伟大胜利，渝中人民做出巨大牺牲和贡献。

渝中区是重庆市的行政中心、文化中心、金融中心、商贸中心、总部经济基地、都市旅游目的地，是国家服务业综合改革试点区，获评全国十大全域旅游目的地，荣获全国文明城区、国家首批公共文化服务体系示范区，全国和谐社区建设示范城区、全国科技进步示范城区、全国双拥模范城、全国老年远程教育示范区等称号。渝中区人民政府驻管家巷9号，下辖解放碑、朝天门、七星岗、南纪门、菜园坝、大溪沟、两路口、上清寺、大坪、石油路、化龙桥11个街道办事处，77个居民委员会，1个社区工作站。

【政区建置沿革】 国都和郡、州、路、府、省、市、县治所。公元前1027年建巴子国，区境为巴子国属地，较长时间为巴子国国都。公元前316年秦灭巴，两年后以巴国地置巴郡，以江州城为首府，置江州县。区境为巴郡、江州县属地及其治所所在地。此后，历为郡、州、路、府、省、市、县治所所在地；曾为大夏国国都和抗日战争时期中华民国战时首都、陪都。1949年11月30日，重庆解放，区境曾为中共中央西南局、西南军政（行政）委员会、西南军区驻地，并一直是重庆市党、政、军领导机关驻地。

区级政区沿革。区境建立区级政区始于民国二十四年（1935年），建立重庆市第一区至第三区3个区署，区署是重庆市政府的派出机构，曾经几次调整。建立区级政府始于1950年6月1日，合并原重庆市第一区至第七区7个区公所，成立第一区人民政府（地厅级）。1955年11月，重庆市第一区人民政府改称重庆市市中区人民委员会，市中区由此得名。1968年10月18日，在“文化大革命”中，重庆市市中区革命委员会成立。1980年12月，召开重庆市市中区第九届人民代表大会第一次会议，产生重庆市市中区人民政府。1995年3月，重庆市行政区划调整，市中区更名为渝中区，至2018年未变。

街道区划。区境在县、区以下的政区划分，明、清至民国二十四年（1935年）8月，设坊、厢（城内曰坊，近城曰厢）。民国二十四年9月，改坊、厢为联保。民国二十八年（1939年）5月，改联保为镇。

1949年11月30日，重庆解放。重庆市军事管制委员会接管区境第一区至第七区7个区公所和7个警察分局及其25个派出所。1950年6月1日，重庆市第一区人民政府成立，派出若干行政干事驻各公安派出所承办政府工作。1952年10月7日，从重庆市第四区（九龙坡区）划入李子坝、遗爱祠、黄沙溪3地后，公安派出所增加到40个。

1954年初，第一区人民政府陆续设立上清寺等21个街道办事处作为区政府的派出机构，办理政府工作。之后区内街道办事处几经调整，1954年11月调整为王爷石堡等37个。1958年3月调整为曾家岩等28个。1958年9月，28个街道办事处合并组建为朝天门等9个街道人民委员会和七星岗人民公社。1960年3月，在人民公社化高潮中，区内相继转为七星岗等10个街道人民公社，同时保留街道人民委员会牌子。1962年7月，10个街道人民公社相继撤销，恢复成立黄沙溪等26个街道办事处。1963年7月，调整为黄沙溪等25个街道办事处。1964年4月，调整为七星岗等21个街道办事处。1968年10月，成立人民路等21个街道革命委员会。1978年6月，21个街道革命委员会一律改称街道办事处。1986—1987年，21个街道办事处相继调整为七星岗等11个街道办事处。1995年3月，从沙坪坝区划入大坪、化龙桥两个街道办事处，全区共有七星岗等13个街道办事处。2006年6月调整为七星岗等12个街道办事处。2015年1月调整为七星岗等11个街道办事处。

【人口】 2018年末户籍人口总户数204835户，总人口504380人，均为非农业人口。

人口性别构成，男性246853人，女性257527人，性别比例，以女性为100%，男性为95.9%；人口自然变动情况，全年出生3963人，死亡2817人，人口自然增长率为2.3‰。人口计划生育出生政策符合率（按常住人口统计）为99.6%，其中一孩率66.3%，二孩率31.6%，多孩率2.2%。

人口密度，按户籍人口计，全区陆地面积20.08平方千米，户籍人口504380人，平均每平方千米25119人，其中人口密度最大的是七星岗街道，平均每平方千米66479人，人口密度最小的是菜园坝街道，平均每平方千米5947人。

民族人口。据2010年第六次人口普查资料显示，全区汉族人口624092人，少数民族39个、人口5998人，占全区常住人口的0.95%，百人以上的少数民族有回族、土家族、苗族、满族、壮族、蒙古族、布依族、侗族、彝族，渝中区是以汉族人口占绝大多数的多民族杂散居城市。

老年人口。1990年第四次人口普查时，区内人口年龄结构类型已进入老年型；2000年第五次人口普查时，人口老年化程度进一步提高，呈现高龄化趋势。2018年户籍人口人均期望寿命79.88岁。

残疾人口，按2006年第二次全国残疾人口抽样调查重庆市抽样比例，区内残疾人数为全区总人数的5.57%。至2018年年底，经申请由渝中区残疾人联合会核发残疾人证数，累计为11653人，其中，肢体残疾5049人，视力残疾2436人，精神残疾1632人，听力残疾1299人，言语残疾118人，智力残疾776人，多重残疾343人。

全区常住人口在2018年年末总数为66.0万人。

（刘红 兰宗庸 杨茂莉）

自然环境

【气候】 渝中区属中亚热带湿润季风气候区，受特殊地形、地貌影响，具有冬暖夏热的气候特点；雨量充沛，但时空分布不均，降水多集中在5—9月，热量资源丰富，且光、热、水同季；还具有气温高、日照少、湿度大、霜雪少、风速小等局地气候特点。

气温。2018 年平均气温为 19.3℃，较常年偏高 0.9℃; 年极端最高气温为 41.6℃(7 月 21 日)，较历史最高值 43℃(2006 年 8 月 15 日)偏低 1.4℃; 年极端最低气温为 2℃（1 月 9 日），较历史最低值 -1.8℃（1955 年 1 月 11 日）偏高 3.8℃。年内气温以偏高为主，春季和夏季均偏高 2.1℃，冬季持平，秋季偏低 0.8℃。7 月为年内最热月份，平均气温达 31.5℃；1 月平均气温为 7.7℃，为年内最冷月份。全年 35℃以上高温天数为 62 天，比常年偏多 32.3 天，为当地有气象记录以来第二多，仅次于 2011 年（67 天）；全年 40℃以上高温天数为 7 天，比常年偏多 5.8 天。

降水。年降水总量为 1185.4 毫米，接近常年；降水随时间分布不均，其中 2 月、6 月、7 月和 11 月降水量偏少 2 ～ 6 成，1 月、3—5 月、9 月和 12 月则偏多 2 成至 1.3 倍，特别是 3 月显著偏多 1.3 倍。4 月 5 日出现年内首场大雨以上量级降水，雨量为 63.6 毫米，初日较常年偏早 20 天。4 月 5 日、5 月 20 日、9 月 24 日出现暴雨，暴雨日数接近常年。全年降水日数为 165 天，其中 3 天暴雨、6 天大雨，总降水日数较常年偏多 13.2 天。

日照。年日照时数为 1189.4 小时，较常年偏多约 2 成。年日照百分率为 26.8%。9—10 月和 12 月日照时数分别较常年同期偏少 2 ～ 6 成，1—4 月、6—8 月和 11 月则偏多 2 ～ 7 成，5 月接近常年同期。

气压。年平均气压为 982.8hPa，接近常年。年平均相对湿度为 74.8%，年最小相对湿度为 37.3%。全年雾日 23 天，较常年同期偏少 13 天。全年无霜期是 328 天。

备注：所用资料为沙坪坝气象站气象资料。

（刘川）

【河流】 区内有长江、嘉陵江两大过境河流，分别从区境西南、西北环绕区境南、北流经区境，于东北朝天门处汇合（集水面积 86.6559 万平方千米，为寸滩水文站集水面积）出境，形成属区境的水域面积 5.17 平方千米（含珊瑚坝滩涂面积），河道弯曲，河谷开阔，水量丰富。由于两江交汇，三面环水使渝中区成为著名的半岛“江城”。

区境两江江岸线长 19.1 千米（其中：长江 8.8 千米，嘉陵江 10.3 千米），两江水域面积 3.86 平方千米。区境水情：2018 年汛期，渝中区共发生 7 次以上较大降雨和 4 次较大涨水过程。7 月，受上游强降雨及来水影响，先后 2 次发生超警戒水位和保证水位。渝中区防汛指挥部自 7 月 12 日 15 时启动防汛Ⅲ级应急响应。特别是“7•14”过境洪峰水位，这是继“7•5”过境洪水后第一次最高过境洪峰水位，也是自 2012 年以来的最高过境洪峰水位。朝天门于 7 月 14 日 5 时出现最高水位 185.85 米（吴淞水位），历时上涨 7.99 米，超警戒水位线（182.00 米）3.85 米，超保证水位线（185.00 米）0.85 米。菜园坝 7 月 14 日凌晨 1 时出现洪峰水位 186.10 米，涨幅达到 8.49 米，超警戒水位线（182.00 米）4.10 米，超保证水位线（185.00 米）1.1 米。

长江、嘉陵江渝中区段水域，不仅为区境提供丰富的水资源和水产资源，也为上溯宜宾以至乐山、合川以至南充等地，下航涪陵、万州、宜昌、武汉、南京、上海以至出海，提供水运交通的必要条件。三峡水库蓄水后，万吨级轮船可从上海直达重庆，是著名的水运黄金通道。

（付财红）

【资源】 土地资源。经第二次全国土地调查，全区总面积 23.24 平方千米，其中陆地面积 20.08 平方千米。渝中区下辖解放碑、朝天门、七星岗、南纪门、菜园坝、大溪沟、两路口、上清寺、大坪、石油路、化龙桥 11 个街道办事处。其中，解放碑街道辖区面积 1.24 平方千米，朝天门街道辖区面积 1.99 平方千米，七星岗街道辖区面积 0.78 平方千米，南纪门街道辖区面积 1.45 平方千米，菜园坝街道辖区面积 4.21 平方千米，大溪沟街道辖区面积 1.37 平方千米，两路口街道辖区面积 1.76 平方千米，上清寺街道辖区面积 2.61 平方千米，大坪街道辖区面积 2.04 平方千米，石油路街道辖区面积 2.90 平方千米，化龙桥街道辖区面积 2.89 平方千米。全区共有商服用地 2.42 平方千米，工矿仓储用地 0.44 平方千米，城镇住宅用地 5.72 平方千米，公共管理与公共服务用地 3.43 平方千米，特殊用地 0.75 平方千米，交通运输用地 7.32 平方千米。渝中区属于城市建设完成区，全区无农用地，城市化进程达到 100%。

天然建筑材料资源。区境出露地层以上沙溪庙组砂、泥岩为主，有丰富的砂岩石，可开采加工为砂岩条石。在长江河漫滩地带有丰富的砂卵石和中、粗砂等，可作建筑材料。

动物资源。由于城市发展，天空中飞翔、陆地上奔驰的野生动物虽少发现，但尚有人工饲养的猴子、鹦鹉、画眉等观赏动物，以及以鼠类为代表的生态动物群。长江、嘉陵江两江水域中，有中华鲟（又称大腊子）、圆口铜鱼（又称水密子）等天然鱼类百余种。

植物资源。全区共有园林植物 105 科，181 属，240 个品种。其中，乔木 89 个品种（常绿乔木 47 种，落叶乔木 42 种），灌木 75 个品种（常绿灌木 68 种，落叶灌木 7 种），常用花卉 46 个品种（宿根花卉 25 种，一、二年生草花 21 种），地被植物 9 个品种，竹类 5 个品种，蕨类 1 个品种，藤本及攀缘植物 14 个品种，水生植物 1 个品种。区内有树龄在 100 年以上、胸径在 1 米以上的古树名木、稀有树种共计 213 株，其中，黄葛树 129 株、小叶榕 10 株、银杏 13 株、苏铁 2 株、罗汉松 32 株、印度榕 2 株、中国梧桐 1 株、红豆木 1 株、粗糠 1 株、香樟 1 株、油橄榄 3 株、蓝花楹 3 株、九重葛 2 株、鱼木 14 株、日本五针松 1 株、桂花 1 株、乌柿 2 株、重阳木古桩 8 株、红花天鸟木 2 株、菩提树 2 株、红继木桩头 1 株。市街常用开花植物有：紫薇、黄花槐、红叶桃、紫荆、美人梅、紫玉兰、广玉兰、锦叶白兰、羊蹄甲、木槿、红叶李、九重葛、照寿桃、碧桃、樱花、红继木、茶花、黄桷兰、白玉兰、桂花、北美海棠。行道树有：黄葛树、小叶榕、法国梧桐、银杏、桂花、香樟、天竺桂、榉树、朴树、栾树、刺桐、苦楝、重阳木。护坡堡坎常用藤蔓植物有：血藤、油麻藤、藤本月季、迎春、九重葛、七姐妹、爬山虎。

水资源。年降水量丰富，多集中在 5—9 月。区内长江、嘉陵江过境，水资源丰富，渝中段嘉陵江水域现有 2 个取水口（重庆瑞安天地房地产发展有限公司、渝中区水厂），化龙桥片区瑞安公司取水口主要用于水源热泵、环境绿化用水；渝中区水厂取水口主要用于居民生活用水及工、商、企、事业等其他日常用水。渝中区段长江水域现有 1 个取水口，中国铁路成都局集团有限公司重庆供电段，取水口位于长江左岸黄沙溪，主要用于列车加水。

（周霞 付财红）

【灾异灾害】 气象灾异。2018 年主要天气气候事件及气象灾异包括连晴高温、暴雨、连阴雨、低温、强降温等。年内有 5 段明显的连晴高温天气，依次是 6 月 24—29 日、7 月 13—29 日、8 月 1—14 日、8 月 18—21 日、8 月 24 日—9 月 5 日。共出现 3 次暴雨天气过程，9 月 24 日为年内最强过程日，降水量为 70.6 毫米。共出现 7 段连阴雨，分别是 1 月 1—7 日、1 月 17—30 日、5 月 26 日—6 月 2 日、6 月 14—21 日、7 月 3—8 日、9 月 24 日—10 月 9 日、12 月 21—31 日。共出现 1 场低温天气，为 9 月 6—15 日。共出现 3 场强降温天气，分别是 4 月 4—6 日、4 月 11—14 日、12 月 4—8 日，降温幅度在 7.8℃～12.1℃。

备注：

1. 所用资料为沙坪坝气象站气象资料。

2. 相关事件及灾异标准：

（1）35℃≤轻度高温＜37℃，37℃≤中度高温＜40℃，40℃≤严重高温。

（2）暴雨：日降水量≥ 50.0 毫米。

（3）一般连阴雨：连续≥ 6 天、＜ 10 天无日照，其中任意 4 天白天雨量≥ 0.1mm；

严重连阴雨：连续≥ 10 天无日照，其中任意 7 天白天雨量≥ 0.1mm。

（4）一般低温：连续 2 候平均气温低于多年同期候平均气温 2℃以上。

严重低温：连续≥ 3 候平均气温低于多年同期候平均气温 2℃以上。

（5）强降温：冬季（12月—次年2月）72小时内日平均气温下降≥6.0℃，春季（3—4月）和秋季（10—11月）72小时内日平均气温下降≥8.0℃；

特强降温：冬季（12月—次年2月）72小时内日平均气温下降≥8.0℃，春季（3—4月）和秋季（10—11月）72小时内日平均气温下降≥10.0℃。

地震。2018年1月1日—12月31日，重庆地震台网无渝中区辖区内（北纬29°31′50″～29°34′20″，东经106°28′50″～106°35′10″）的地震记录。

地质灾害。中区为相对高差在50～100米左右的丘陵地貌，地质构造不发育，岩层产状（弯曲度）平缓，几乎无大的断裂。辖区地质灾害类型以土溜、小型滑坡、危岩崩落为主。2018年发生地质灾害险情3起，为“3•14”东方花苑后侧高边坡土溜、“6•22”七星岗和信大厦后侧高切坡岩石崩塌、“9•7”大坪医院北侧边坡岩石垮塌险情。区国土分局果断处置，有关部门全力协助，未造成人员伤亡和财产损失。

洪水灾害。“7•14”过境洪峰造成菜园坝片区水果市场与竹木市场、储奇门滨江沿线、朝天门规划馆、洪崖洞、大溪沟地下车库、化龙桥李子坝等低洼区域进水。据不完全统计，淹没面积27余万平方米，疏散居民群众7239人，转移物资15281.3吨，出动应急人员2756人次，出动应急车辆2054台次，直接经济损失约1300万元。

（刘川 吴彬 周霞 付财红）

【生态环境质量】 2018年，渝中区坚持以习近平生态文明思想为指导，认真贯彻落实全国生态环境保护大会和全市、全区深入推动长江经济带发展动员大会暨生态环境保护大会精神，聚焦打好碧水保卫战、打赢蓝天保卫战、推进净土保卫战，扎实做好全国第二次污染源普查、强力整治油烟扰民和噪声污染等群众关心的突出环境问题，生态环境质量总体向好。

空气环境质量。2018年，渝中区空气质量优良天数为306天，同比增加35天，重度污染天数为3天，同比减少2天，空气中PM_{10}（可吸入颗粒物）、二氧化硫、二氧化氮、$PM_{2.5}$（细颗粒物）、臭氧和一氧化碳年均浓度分别为63微克/立方米、10微克/立方米、51微克/立方米、39微克/立方米、155微克/立方米、1.5毫克/立方米。

水环境质量。市控大溪沟断面地表水水质总体达到Ⅱ类标准；饮用水水源水质主要指标达标率为100%；化龙湖水质总体达到地表水Ⅴ类标准，满足景观水功能要求。

声环境质量。区域环境噪声平均值52.2分贝、道路交通噪声平均值65.3分贝，均实现同比下降。

生态绿地状况。全区公园总数21个，城市绿化覆盖率为40.3%。开展土壤污染状况详查和土壤环境风险评估，全区污染地块安全利用率稳定达到100%。

（冯黎黎）

国民经济和社会发展

【概况】 2018年，在市委、市政府和区委的坚强领导下，全区紧紧围绕习近平总书记对重庆提出的“两点”定位、“两地”“两高”目标，坚持稳中求进工作总基调，认真践行新发展理念，以“一稳三抓五促”工作方法统揽各项工作，全区呈现经济运行稳中有进、城市品质不断提升、民生福祉持续改善、社会大局和谐稳定的良好局面。

【区域经济】 综合实力。初步核算，2018年地区生产总值（GDP）1203.9亿元，按可比价格计算，比上年增长0.9%。地均GDP产出60.0亿元/平方千米；按常住人口计算，人均GDP为182540元。

产业结构。全年二、三产业增加值分别为38.4亿元、1165.5亿元，分别增长13.0%、0.5%。二、三产业比例为3.2∶96.8，第三产业对GDP的贡献率为59.4%。

财税收入。全年区域税收收入208.0亿元，下降1.4%，占GDP的比重为17.3%。一般公共预算收入46.4亿元，下降6.7%，其中税收收入37.8亿元，下降4.6%，税收收入占一般公共预算收入的比重为81.5%；一般公共预算支出71.3亿元，下降15.4%。

固定资产投资。固定资产投资218.9亿元，增长2.8%，投资强度10.9亿元/平方千米；固定资产投资占GDP的比重为18.2%。其中建设改造和房地产开发投资分别为63.3亿元、155.6亿元。

对外开放。全年区域实际利用外资4.7亿美元，下降9.6%。进出口贸易总额实现103.9亿元，下降26.7%，进口总额与出口总额分别为77.2亿元和26.7亿元，分别下降21.1%、39.1%。

【功能区发展】 解放碑中央商务区2018年实现增加值604.1亿元，增长0.4%，占全区GDP的50.2%；完成固定资产投资22.6亿元，下降36.3%，占全区的10.3%。

电子商务和创意产业园区2018年全年实现增加值261.5亿元，增长1.7%，占全区GDP的21.7%；完成固定资产投资41.8亿元，下降12.2%，占全区的19.1%。

大石化新区2018年全年实现增加值176.3亿元，增长2.1%，占全区GDP的14.6%；完成固定资产投资61.0亿元，增长22.7%，占全区的27.9%。

历史文化街区2018年全年实现增加值162.0亿元，增长0.1%，占全区的13.5%；完成固定资产投资93.5亿元，增长16.6%，占全区的42.7%。

重庆中央商务区（渝中区区域）2018年全年实现增加值717.3亿元，增长0.3%，占全区的59.6%；完成固定资产投资63.4亿元，下降18.6%，占全区的29.0%。

【产业发展】 金融业。2018年末，银行存款余额4801.7亿元，下降7.4%，其中：居民储蓄存款余额为601.4亿元，增长2.9%；银行贷款余额为4225.6亿元，增长10.2%。股票成交额、基金成交额、期货成交额、要素市场成交额分别为4509亿元、217亿元、34678亿元、5747.2亿元。

商贸业。批发和零售业销售额增长10.4%；住宿和餐饮业营业额增长14.3%。社会消费品零售总额增长6.8%。限额以上批发零售法人企业零售额中，金银珠宝类增长8.8%，化妆品类增长7.6%，服装、鞋帽、针纺织品类增长4.6%，家用电器和音像器材类增长5.7%。

房地产业。商品房施工面积552.2万平方米，其中住宅202.1万平方米、办公楼90.5万平方米、商业营业用房121.6万平方米。商品房销售面积74.1万平方米，其中住宅51.4万平方米、办公楼12.2万平方米、商业营业用房3.3万平方米。商品房销售额138.0亿元，其中住宅销售额108.2亿元。

旅游业。全年旅游业总收入383.5亿元，增长20.3%，其中国内旅游收入328.9亿元，增长22.4%，旅游外汇收入8.1亿美元，增长3.8%。接待旅游者人数6374.9万人次，增长16.2%，其中国内旅游者6219.7万人次，增长16.4%，其中入境旅游者155.2万人次，增长8.5%。旅行社190家，其中国际旅行社39家；4A、3A、2A景区分别为9个、2个、2个，游船10艘。

【重点产业及集聚区发展】 六大重点产业。2018年，现代金融业增加值310.8亿元，下降5.1%；高端商贸业增加值280.7亿元，增长5.3%；专业服务业增加值222.6亿元，增长8.9%；文化旅游业增加值125.2亿元，增长3.7%；互联网服务业增加值87.7亿元，增长16.6%；健康医疗服务业增加值96.4亿元，增长0.6%。

八大服务业集聚区。2018年，八大服务业集聚区规模以上企业1278家，占全区的比重为90.8%，共实现营业收入（或产值）3419.0亿元，占全区的比重为95.5%，增长9.4%。解放碑中央商务区规模以上企业营业收入1648.0亿元，占全区的比重为46.0%。朝天门中新合作示范区、下半城历史文化风貌带、化龙桥国际商务区、大坪商圈、大溪沟文化创意区、上清寺互联网产业园、菜园坝滨江新城区域内规模以上企业分别实现营业收入（或产值）61.1 亿元、68.6 亿元、74.2 亿元、385.0 亿元、206.5 亿元、965.3 亿元和 10.3 亿元，占全区规模以上企业营业收入(或产值)的比重分别为1.7%、1.9%、2.1%、10.8%、5.8%、27.0% 和 0.3%。

【城市建设】 基础设施。改造城市道路面积 4.0 万平方米，实有道路长度达到 294.8 千米；2018 年末排水管道总长度为 256.8 千米；新建基站 241 个，通信基站数量达到 3627 个；年末公共厕所总数 155 座；停车场总数为 604 个，其中室内停车场数 364 个；停车泊位数 89944 个。

城市管理。2018 年年末，市容环卫专用设备有 189 台。全年清扫保洁道路总面积 774.9 万平方米。拆除违法建筑面积 5.8 万平方米，整治摊群摊点 8396 个，拆除户外广告 2056 块，整治门楣店招 400 块。

环境质量。新标准空气质量二级以上天数为 306 天。$PM_{2.5}$ 年日均值、二氧化硫年日均值、二氧化氮年日均值、臭氧年日均值、一氧化碳年日均值、PM_{10} 年日均值分别为 0.039 毫克 / 立方米、0.010 毫克 / 立方米、0.051 毫克 / 立方米、0.155 毫克 / 立方米、0.0015 毫克 / 立方米、0.063 毫克 / 立方米。区域环境噪声平均值、道路交通噪声平均值分别为 52.2 分贝、65.3 分贝。

园林绿化。公园数量为 21 个，公园面积 127.9 公顷；园林绿地面积 657.5 公顷，其中公园绿地面积 383.1 公顷；绿化覆盖率、绿地率分别为 40.3%、37.8%，城市人均公园绿地面积 6.8 平方米。

【社会事业】 科技。2018 年举办科普讲座 984 场次，参加人数达到 29520 人次；举办科普展览 2 次，参观人数达到 14500 人次。

教育。截至 2018 年末，渝中区有普通中学 13 所，职业中学 2 所，小学 31 所。全年学校招收学生数：普通中学 7117 人，职业中学 1061 人，小学 5460 人。在校学生数：普通中学 20996 人，职业中学 2956 人，小学 29293 人。毕业生数：普通中学 6558 人，职业中学 1041 人，小学 4889 人。幼儿园教师 990 人，在园幼儿 13981 人。

文化。艺术表演团体 12 个，全年演出 986 场次；艺术表演场馆 8 个，全年演出 639 场，观众 30.5 万人次。非物质文化遗产 46 项，重点文物保护单位 65 个，其中国家级 18 个。

卫生。全年诊疗人次 1203 万人次，出院 42.9 万人次，实际占用总床日数 384.9 万日。

体育。全年体育彩票销售收入 15036 万元。全民健身路径 350 处，登山步道 2 条。体育场地面积 55.7 万平方米，人均体育场地面积 1 平方米，社会体育指导员 1791 名。市民体质抽样合格率为 95%。

【民生保障】 人口。2018 年末户籍人口 50.4 万人，年末常住人口 66.0 万人；城镇化率 100%。

居民生活。城镇常住居民人均可支配收入 40484 元，增长 8.9%，其中：工资性收入 24163 元，增长 10.1%；转移净收入 9568 元，增长 3.1%。人均消费性支出 29110 元，增长 11.7%，其中：食品类支出 8751 元，增长 5.4%；教育文化娱乐类支出 3746 元，增长 15.8%。

社会保障与救助体系。基本养老保险参保人数为 73.9 万人，失业保险参保人数为 58.0 万人，城镇基本医疗保险参保人数为 73.3 万人，工伤保险参保人数为 54.4 万人，生育保险参保人数为 48.8 万人。享受城市居民最低生活保障人数为 11012 人，下降 3.6%；全年发放最低生活保障金 7653 万元，增长 7.5%。城镇登记失业人数 6416 人，城镇登记失业率为 2.68%。“人生关怀”工程投入 2.0 亿元，受益居民 58.0 万人次。

消费价格。全年城市居民消费价格指数上涨 2.0%，其中食品烟酒增长 1.4%、衣着上涨 1.5%、居住上涨 2.8%、生活用品及服务上涨 1.7%、交通和通信上涨 0.1%、教育文化和娱乐上涨 3.0%、医疗保健上涨 5.7%、其他用品和服务上涨 0.9%。

（刘红）

精神文明建设

【概况】 渝中区精神文明创建工作领导机构为渝中区精神文明建设委员会（简称“区文明委”），有成员39名。2018年，下设办公室（简称“区文明办”）负责处理日常事务。区文明办的主要职责是：制订全区精神文明建设总体规划、年度计划和各项创建活动实施方案，并抓好督查、考核和落实；开展精神文明建设调查研究；组织开展市民文明素质教育；协调有关部门加强精神文明建设的社会宣传；组织、协调和指导全区群众性精神文明创建活动；负责全区文明单位管理工作；总结推广精神文明建设先进典型和经验，评选表彰先进；承办市文明办、区文明委交办的工作。

2018年，渝中区精神文明建设工作以培育和践行社会主义核心价值观为主线，以巩固和深化全国文明城区创建为抓手，不断细化“志愿之区”建设，深化群众性精神文明创建活动，促进城区文明程度和市民文明素质不断提升，为渝中区全面发展提供强大精神动力和思想保证。

【全国文明城区建设】 坚持文明城区建设工作常态长效，顺利通过全国文明城区年度复查。组织召开区文明委会议，下发全年工作要点和深化全国文明城区建设重点任务。实施“渝中更洁净”专项行动，整改重难点项目76个，助推城市品质提升。加强文明公益广告宣传，营造浓厚的文明氛围。加强文明细胞日常管理，表彰命名年度区级文明单位9个、标兵14个，复查验收189个；推荐市级文明单位5个、文明校园6个、文明家庭4个。

【文明旅游工作】 开展“满意在渝中”工作，牵头组织网红景点综合整治，常态化开展文明劝导，于端午、中秋、国庆等节日和智博会期间，组织14次48人次开展文明旅游工作督查，文明旅游成效获《重庆精神文明建设》专题刊载，获市委常委、宣传部部长张鸣和市文明办肯定批示。开展文明旅游志愿服务，6家志愿服务组织常驻网红景点，1家志愿服务组织开展网络推广志愿服务。常态化开展志愿服务，投入志愿者过万人，服务人次500万余人次，中央电视台、新华社等10余家市级以上媒体对此报道45条次。在景点内打造首批文明餐桌示范店5家，在全区打造60家，文明餐桌工作有序推进。

【志愿服务工作】 加强志愿服务组织日常管理，新培育志愿服务组织2家，完成所属12家志愿服务组织标识工作，举办项目大赛1次。举办“3•5”学雷锋日主题志愿服务活动、“3•24”时代天街“好山好水好重庆志愿服务活动”、“山水之城·美丽之地”志愿服务活动等，近3000人次参与。开展文明劝导，洪崖洞景区劝导时间延长至“朝十晚十一”，劝导员从4人增加到38人。办理人大建议和政协提案，更新劝导员装备，做好意外保险购买和日常慰问工作。完善渝中区志愿服务指导中心、嘉西村志愿服务站建设，承接各级调研考察7次。推评志愿服务“四个一百”先进典型，获国家级2人（个），向市推荐4人（个）次。

【未成年人思想道德建设】 多途径布局，以多款品牌化活动推进未成年人思想道德建设，建设向上向善文明校园。开展“扣好人生第一粒扣子”的“传承红色基因”主题实践活动2场。开展“最美教师”评选，获评全市最美校长3名、最美教师4名、最美班主任2名。开展“新时代好少年”学习宣传，承办全市首场发布活动，获评市级“新时代好少年”3人，表彰区级“新时代好少年”25人。承办全市优秀童谣征集评选活动，获评市级优秀童谣11篇，渝中区推荐的由谭小乔创作的童谣《农家屋檐挂秋天》获全国一等奖。开展“读万卷书、行万里路、做文明人”德育品牌建设暨文明校园创建活动，44所学校约5万名师生参与，3个学校经验获评全国优秀案例，约占全市获奖数量的2成。未成年人思想道德建设工作经验在中央文明办调研座谈会上交流，德育品牌建设经验获市文明办肯定批示，并向全市推广。

【群众性精神文明建设活动】 深化“我们的节日”活动，开展春节、元宵、清明、端午、中秋等活动400余场，清明期间，举办了邹容烈士祭奠活动，中央电视台给予报道。打造湖广会馆为区级传统文化活动示范基地。举办第七届邻居节，开展活动近100场，参与群众20余万人次，互联网线上宣传2250余万条次。开展“发现母城之美”摄影大赛，评选优秀作品53幅。承办“做礼所能及的重庆人”活动，推广“讲文明爱卫生”理念，近4万人参与互动，推介宣传视频213万人次，微博宣传780万人次。发掘礼遇道德典型，慰问200余人次，推选各级模范、好人14人次，叶鑫入围“重庆好人”，高万禄入选“重庆好人”并入围“中国好人”。

【社会文明风尚建设】 坚持“政府统筹指导、部门街道共同负责、媒体参与运营、社会单位协作”的工作机制，扩大公益广告覆盖面。区属大型广告牌、LED显示屏、人行天桥、Wi-Fi电话亭、建筑工地围挡等公共设施公益广告登载率达100%，主次干道、背街小巷、网红景点及景点周边等重点区域实现全覆盖。启动录制“文明渝中”“志愿渝中”宣传片，展现渝中好形象。编制发放《做一个文明有礼的渝中人》宣传册100万册，做到居民户、窗口柜台、景区景点等全覆盖，引导广大市民养成讲文明、懂礼貌、守秩序的行为习惯。组织社区干部有针对性走进居民家中进行实地入户问卷调查，发放文明大礼包，了解市民对文明创建的建议和期望，鼓励市民参与文明创建。用好腾讯QQ、大渝网、微信客户端策划开展线上问卷调查，利用渝中有线直接投放到住户家中，实现全区住户精准全覆盖。

【区文明委负责人】
主　任：何家利
副主任：张焕伦　戴启常
　　　　乔　宏（2018年4月外出挂职）
　　　　邓光怀（2018年4月代管）
　　　　戴　伶

【区文明办负责人】
主　任：蒋学荣
副主任：蔡　放

（邓芝　蒋雪影）

政　　治

中共渝中区委员会

概 述

【概况】 2016年12月27日—29日，中共渝中区第十二次党代会召开，选举产生第十二届区委。选出区委委员40人，候补委员8人，区纪委委员21人。在随后召开的渝中区第十二届委员会第一次全体会议上，陶长海、扈万泰、何家利、何积光、商奎、张焕伦、章琳、王勇、张刚、文明维当选区委常务委员会委员，陶长海当选为区委书记，扈万泰、何家利当选为区委副书记。

中共重庆市渝中区委办公室（简称“区委办公室”）是负责协助区委领导处理日常工作的区委工作部门，办公地址位于渝中区和平路管家巷9号。2018年，区委办公室设置8个职能机构，分别是区委督查室、秘书科、信息科、调研科、综合科、法规文档科、区委保密委员会办公室（区国家保密局）、区委机要局，行政编制24名。主要职责是协助区委抓好党的路线、方针、政策和区委重大决策、重要工作部署在全区的贯彻落实。围绕全区中心工作，开展调查研究。负责收集和处理本区各系统、各部门有关改革开放、经济社会发展、精神文明建设和党的建设等方面的重要信息；处理突发事件，及时、准确地向区委和市委报告。负责中央、市委、区委重大决策和重要工作部署在渝中区落实的督促检查；负责市委、区委领导批示、交办事项的督办落实；负责对区委各部门工作的年度考核。负责区委全委会、工作会、常委会、区委书记办公会等会议的会务组织、记录整理工作。负责区委公文、领导讲话等文字材料的起草、处理、印制、文件刊物发送及档案管理等工作，承担区级党政领导机关与市委、市政府机关之间机要文件的传递任务。负责区委的公务接洽工作，安排区委领导同志的有关内事和外事活动，承办区委安排的接待工作。协助区委协调区人大、区政府、区政协的有关活动和有关事务工作。对全区保密工作进行指导和日常管理，负责对印制、复印行业的管理，处理失泄密事件，按规定销毁各类保密材料。负责确保渝中区党政机要密码安全和党政机要密码通信畅通。完成区委交办的其他工作。

2018年，区委办公室深学笃用习近平新时代中国特色社会主义思想和党的十九大精神，以习近平总书记对全国党委办公厅（室）提出的“五个坚持”为根本遵循，紧贴全区发展大局和区委中心工作，紧扣“两优一流”工作目标，着力在参谋有为、协调有方、督查有效、保障有力上下功夫，推动办公室“三服务”工作再上新台阶。全年先后获得全区基层党建工作先进单位等集体、个人荣誉30余项。

【党的建设】 区委常委会认真贯彻落实市委五届三次全会精神，坚持在学懂弄通做实上狠下功夫，把理论学习作为常委会会议固定议题。2018年，常委班子开展集中学习35次，区委理论学习中心组组织集中学习14次。区委常委带头深入一线开展学习宣讲，区委宣讲团开展各类主题宣讲700余场，分层分级对600余名处级干部、2100余名支部书记开展集中培训，推动习近平新时代中国特色社会主义思想和党的十九大精神深入基层、深入人心。营造风清气正的良好政治生态。认真贯彻落实习近平总书记视察重庆和参加重庆代表团审议时重要讲话精神，深入贯彻市委五届四次全会精神，及时召开区委十二届三次全会，对标对表制定出台“两意见一通知”，对修复政治生态，加强德治和法治建设等作出具体安排，要求广大领导干部带头明大德、守公德、严私德，坚决从思想上行动上全面彻底肃清孙政才恶劣影响和薄熙来、王立军流毒。区委常委会对照市委“十破十立”“五个结合”要求，带头召开专题民主生活会，组建13个督导组，全覆盖列席72

个区管班子民主生活会，组织全区1800余个支部深刻剖析、深入反思，坚决防止“七个有之”，坚决做到“三个确保”，全区政治生态持续向好。抓好市委巡视整改工作。深入学习贯彻习近平总书记关于巡视工作的重要论述和市委巡视工作要求，扎实做好巡视“后半篇文章”。聚焦巡视反馈7大类47项具体问题，制定“1+3”整改方案，召开常委会、书记专题会、巡视整改工作领导小组会19次，完成整改40项，形成相关工作长效机制60余项，巡视整改工作取得阶段性成效。落实管党治党责任，全面从严治党纵深推进。层层压实党建工作责任。严格落实“3+6”党建责任清单，出台《渝中区基层党建问责办法》，区委每季度听取1次基层党建工作汇报，区委常委每人联系指导1个街道和2～3个社区，负责整顿1个后进基层党组织。分类推进各领域基层党建工作。全面落实全国、全市组织工作会议精神，制定《加强基层组织体系建设实施方案》，分领域制定党建工作意见90余条，非公企业和社会组织党组织覆盖率分别达87.3%和85.1%。着力培养忠诚干净担当的高素质干部队伍。全面落实新时期好干部标准和选人用人主体责任，严格落实“凡提四必”等要求，建立全程纪实机制，选拔任用区管领导干部78名。出台《关于进一步激励广大干部新时代新担当新作为的实施意见》，组织各类干部培训4600余人次。深入推进党风廉政和反腐败工作。制定《关于区委常委会及其成员接受区纪委监督的暂行办法》，做实同级监督。坚决执行中央八项规定精神和市委实施意见，用好“渝中廉情大数据平台”，整治“四风”“三多一懒”等问题。精准运用监督执纪“四种形态”，持续保持惩治腐败高压态势，立案53件53人，查处群众身边微腐败和作风问题46件62人。开展3轮对12个区管党组织巡察监督，开展“以案四说”警示教育，引导全区广大党员干部切实敬畏法纪、知责知止。

【全面深化改革】　供给侧结构性改革。推进“三去一降一补”重点任务，充分激活社会投资活力，商业商务载体招商去化50万平方米。降成本减负担，落实企业社保缴费优惠等政策，符合条件企业受惠面100%。各领域重点改革。深化行政审批制度改革，清理规范行政许可、审批、服务事项368项，审批效率平均提高22.5%。出台深化国资国企改革的意见等“1+4”配套文件，企业法人治理、监管考核等体制机制进一步完善。开放发展。以自贸试验区和中新合作项目建设作为对外开放的主抓手，引进中新合作项目5个、外资企业70个；推行“区领导＋产业部门＋管委会”招商模式，实际到位内外资210亿元，新引进世界500强、中国100强企业5家。

【经济发展】　全年地区生产总值突破1203.9亿元，增长0.9%；社会消费品零售总额增长6.8%；区级一般公共预算收入46.4亿元；固定资产投资218.9亿元，增长2.8%；城镇居民人均可支配收入40484元，增长8.9%。（1）稳住基本盘。聚焦发展现代服务业，巩固提升金融商贸等传统支柱产业，金融业增加值占地区生产总值的26%；创新智慧商业新业态，加快“线上＋线下”“零售＋体验”融合，商贸业增加值占地区生产总值的24%。（2）打造新增点。明确文化旅游业为战略性支柱产业，分解实施9大类200余个文旅项目，全年完成文化旅游投资50亿元；在“十二字”旅游要素上下功夫，全年接待游客6374.9万人次，增长16.2%，实现旅游收入383.5亿元，增长20.3%。（3）培育新动能。实施以大数据智能化为引领的创新驱动发展行动计划，全市首家区块链创新产业基地建设有序推进，成功举办智博会区块链创新发展论坛，入驻区块链企业28家，“云上渝中”综合数据库、“数字城管”、“民心天网”、5G建设等加快推进。（4）巩固新集群。大力发展楼宇经济，加快打造总部集群，来福士、重庆塔等商务楼宇项目加快建设，新增规上企业150家、总部及重点企业50家、税收“亿元楼宇”3栋。

全面优化营商环境，民营经济发展态势良好。（1）开展集中走访行动。区级领导带队对全区

1400余家重点企业提供“保姆式”服务，各级党员干部全覆盖走访服务辖区企业。（2）落实精准服务措施。持续深化“放管服”改革，设立绿色通道，抓好全渝通办，基本实现“就近办”“马上办”“一次结”，发放“多证合一”营业执照3.4万户。（3）推进银政企合作。出台《金融业支持实体经济发展若干措施》，组织辖区金融机构面对面解决企业融资问题，累计服务中小企业和个体工商户800余户；出台优化营商环境、促进民营经济发展的系列政策措施，共计降低企业成本33.1亿元，全年新增市场主体注册量1.2万户。

【城市管理】（1）高水平加强城市规划。高标准编制《“城市双修”总体规划》，7大专项行动266个项目有序实施；严格落实“两江四岸”打造要求，加强传统风貌区保护，进一步优化城市功能布局和岸线功能。（2）高品质实施城市更新和基础设施建设。复地金融中心、重庆中心、曾家岩大桥、长江轨道专用桥和轨道5、9、10号线等重点项目顺利推进，十八梯、湖广会馆等“母城”文化保护项目有序实施。（3）高标准推进城市管理。创新推行城市综合管理“五长制”，获评“2018中国最具幸福感城市·管理创新范例”并在全市推广。聚焦脏、乱、差三大问题，常态化实施窗口地区、主次干道等精细管理，标本兼治旅游环境秩序，城市环境更加干净整洁有序。（4）高质量抓好城市生态环境保护。全面践行习近平总书记在推动长江经济带发展座谈会上的重要讲话精神，深入实施环保五大行动，抓实抓牢中央、市级环保督察，坚决打好污染防治攻坚战，空气优良天数同比增加35天。

【民生改善】（1）民生实事。推进15件民生实事，完成棚户区改造10万平方米，解决19.8万平方米房屋“两证”遗留问题，改造居民供水“一户一表”1000户，老旧住宅加装电梯21部。（2）社会保障。坚决打好对口帮扶·城市解困攻坚战，重点群体关爱帮扶投入1.6亿元、惠及50万人次，新增就业4.5万人，城市调查失业率在3.5%以内。（3）社会事业。全面落实《科教兴区和人才强区战略行动计划》，优化校点布局，公办幼儿园占比达40%，普惠性幼儿园覆盖率超过71%；深化医疗、医保、医药“三医”联动改革，做实做细家庭医生签约服务，签约率达25%；开展“文化大礼包”“双百双送”等文化惠民活动，国家公共文化服务体系示范区创建成果巩固提升。

【社会治理】（1）重大风险防控。围绕“五个不让”“七个坚决防止”工作目标，打好防范化解重大风险攻坚战；深化领导干部接访下访、牵头包案，化解市区信访积案13件。（2）安全生产。落实“党政同责、一岗双责、齐抓共管、失职追责”要求，深入开展安全生产大排查大整治大执法，安全生产指标实现“双下降”。（3）平安渝中建设。深入贯彻总体国家安全观，推进智能化、网格化社会治安综合防控体系建设，全区刑事案件、侵财案件发案率连续三年下降。（4）基层社会治理。深化“三社联动”模式，发挥专业性调解组织作用，调解纠纷1024件，“互联网+社区警务”经验在全国推广。同时，统筹推进全面依法治区，探索建立区委法律顾问制度，聚焦依法行政、公正司法、全民守法，推动全区社会治理法治化水平不断提高。

【意识形态工作】学习贯彻习近平总书记关于宣传思想工作的重要论述精神，牢牢把握正确政治方向、舆论导向、价值取向，加强对全区意识形态工作的领导，健全“1+2+N”制度体系，建立完善意识形态工作分析研判等6项工作制度。推进意识形态巡视反馈问题专项整改，加强意识形态阵地管理，全区意识形态领域无责任事故、无负面影响。深化文明城区建设，弘扬社会主义核心价值观，顺利通过全国文明城区复查迎检。

【统一战线工作】坚持大团结大联合主题，建立健全常委联谊交友制度，加强与党外人士联络联谊，民主党派参政议政、履职尽责成果突出。做深做实非公经济领域统战工作，全面优化营商环境，弘扬优秀企业家精神，促进民营经济发展。加强宗教场所规范管理，做好重大民族节日期间安全工作，民族宗教领域和谐稳定。贯彻落实重庆惠台58条，推进渝台经贸文化交流，支持渝台海峡青创空间发展。推进新的社会阶层人士统战工作，加强留学归国人员、新媒体人员的团结引导，凝聚最广泛的爱国统一战线力量。

【主要领导调整】 1月3日，在机关3楼礼堂召开全区干部大会，市委组织部副部长、市委老干局局长郑平宣布市委关于渝中区委书记调整的决定，陶长海不再担任中共重庆市渝中区委书记、常委、委员职务，另有任用；黄玉林任中共重庆市渝中区委委员、常委、书记。区委副书记、区长商奎出席会议并讲话。

【区委全委会】 4月17日，中国共产党重庆市渝中区第十二届委员会第三次全体会议召开。全会的主要任务是深入学习贯彻党的十九大精神和习近平总书记重要讲话精神，全面落实市委五届四次全会工作部署，坚决肃清孙政才恶劣影响和薄熙来、王立军流毒，加强法治和德治工作，着力营造良好的政治生态，推动渝中各项事业健康发展。全体区委委员、候补委员参会，不是区委委员、候补委员的区领导同志，各部门、管委会、街道和有关单位、企业、学校主要负责同志以及老干部代表列席会议。12月14日，中国共产党重庆市渝中区第十二届委员会第四次全体会议召开。全会的主要任务是深入学习贯彻习近平总书记关于深化党和国家机构改革的重要论述，全面落实党的十九大和十九届三中全会精神以及市委五届五次全会部署要求，研究部署全区机构改革工作。会议由区委常委会主持。区委书记黄玉林讲话。区委委员、候补委员出席会议。部分不是区委委员、候补委员的区领导同志，区纪委副书记等列席会议。

重大活动

【监察委员会挂牌成立】 1月18日，渝中区监察委员会挂牌成立。区委书记黄玉林，区纪委书记、区监察委员会主任张刚揭牌。

【全区新春团拜会召开】 2月9日，渝中区举行2018年新春团拜会。在家全体区级领导出席会议，全区各级各部门、社会各族各界人士260余人参会。

【招商引资】 2018年，渝中区共举行了六次招商引资签约及相关活动。8月8日，渝中区举行大数据智能化招商推介暨项目集中签约活动。区委书记黄玉林为“渝中区大数据智能化专家智库”专家代表颁发聘书，区长商奎作渝中区大数据智能化产业发展推介，区政协主席陈大奎出席活动，常务副区长王勇主持活动。8月15日，2018年渝中区招商引资项目签约仪式举行。副市长刘桂平，市政府副秘书长汪夔万，市商务委主任张智奎，区委书记黄玉林，区长商奎，市旅发委副主任王定国，市金融办副主任金勇杰，市文化委副巡视员李昌学，区委副书记何家利出席签约活动。常务副区长王勇主持活动。9月10日—17日，区委书记黄玉林率团赴俄罗斯弗拉基米尔市、匈牙利布达佩斯市进行友好交流、招商推介和文商旅项目合作考察。10月11日，召开三季度招商引资领导小组会议，听取前三季度招商引资工作情况汇报，安排下一阶段招商引资工作。区委书记黄玉林出席会议并讲话，区长商奎，副区长邓光怀、蔚传忠参加会议。11月17日，2018首届重庆文创产业创新发展大会暨招商签约活动在雾都宾馆举行。区委书记黄玉林、市委宣传部副部长张洪斌出席大会。市文化和旅游发展委员会副主任朱茂，统战部部长章琳，副区长黄孝明参加大会。12月21日，解放碑（朝天门）现代金融商务集聚区招商推介暨签约活动举行。推介会上，凯德来福士、复星国际中心、WFC等商业综合体现场进行了招商推介。人保财险、雅诗阁等27家企业与渝中签约，其中10家与政府合作签约，17家为企业落户签约。区委书记黄玉林、区委副书记何家利出席活动。

【上级巡视督导】 3月6日，市委第十巡视组巡视渝中区工作动员会召开。市委第十巡视组全体成员，在家全体区级领导参会。此次巡视工作为期3个月。4月11日，重庆市第一环境保护督察组正式进驻渝中区开展督察并召开工作动员会。重庆市第一环境保护督察组成员，在家全体区级领导参会。7月17日，市扫黑除恶专项斗争第四检查指导组检查指导渝中区工作动员会在渝中区级机关综合办公大楼召开。市第四检查指导组全体成员，区委书记黄玉林，区长商奎陪同，区领导何积光、张焕伦、张刚、王志宏、孔新军、鲁荣锋、赵元政、熊德全、夏阳参加会议。9月13日，中央扫黑除恶第9督导组副组长张力带队赴渝中区开展第二轮下沉区县工作督导。市政府副市长、市公安局局长邓恢林，市委政法委副书记文天平，区长商奎，区领导何积光、张刚、王志宏、鲁荣锋、熊德全、夏阳参加会议。

【领导调研】 2月13日，市长唐良智到渝中区看望慰问部分劳模、困难职工和坚守一线岗位的干部职工。市领导邓恢林、潘毅琴参加，区委书记黄玉林陪同。3月29日，市政协主席王炯调研渝中“两江四岸”规划建设情况，区委书记黄玉林、区政协主席陈大奎陪同。5月4日，市委书记陈敏尔，市长唐良智到渝中区轨道交通二号线李子坝站、民国印钞厂文创园、洪崖洞民俗风貌区、长江索道、湖广会馆调研都市旅游。市领导王赋、张鸣、潘毅琴参加，区委书记黄玉林、区长商奎陪同。5月16日，万州区委书记莫恭明率万州党政代表团一行到渝中区民国印钞厂文创园、龙湖时代天街、解放碑中央商务区、上清寺街道嘉西村社区考察城市管理、商贸流通业发展等工作情况。区委书记黄玉林，区领导王勇、张远洪、邓光怀陪同。5月30日，市委书记陈敏尔，市长唐良智一行前往渝中区人民小学、巴蜀小学和巴蜀幼儿园，看望孩子、慰问教师。市领导王赋、胡文容、屈谦，区委书记黄玉林，区长商奎陪同。6月20日，市委书记陈敏尔，市长唐良智调研渝中区菜园坝片区环境综合整治及功能提升，市领导王赋、陆克华，区委书记黄玉林，区长商奎，区政府常务副区长王勇陪同。7月26日，市纪委书记、市监委主任陈雍赴渝中区调研指导党风廉政警示教育工作，并全程观摩解放碑街道党工委召开的“以案说纪、以案说法、以案说德、以案说责”警示教育会。8月9日，市委书记陈敏尔一行到渝中区调研重庆美术馆、重庆中国三峡博物馆公共文化服务工作。市领导王赋、张鸣，区委书记黄玉林，区长商奎陪同。10月25日，全国政协常委、民建中央专职副主席吴晓青来渝中区考察调研，并与民建渝中区委部分会员进行座谈。市人大常委会副主任、民建重庆市委主委沈金强，民建重庆市委专职副主委杨亚丽参加调研。

【十二届区委负责人】
书　记：陶长海（2018年1月离任）
　　　　黄玉林（2018年1月任职）
副书记：商　奎　何家利
常　委：何积光　张焕伦　章　琳
　　　　王　勇　张　刚　王志宏
　　　　张远洪

【区委办公室负责人】
主　任：梁　栋
副主任：雷国新　万　霞
　　　　赵意伦（2018年9月离任）
派驻纪检组长：刘　牧（2017年10月任职）

【区委督查室负责人】
主　任：雷国新

（王一琛）

组织工作

【概况】 中共重庆市渝中区委组织部（简称“区委组织部”）是主管全区组织工作、干部工作和人才工作的区委工作部门。办公地址位于渝中区和平路管家巷9号区级机关综合办公大楼20楼。2018年，内设办公室（信息调研科）、干部一科、干部二科（考核办）、干部监督科、人才干训科、组织一科（区委党代表联络工作办公室）、组织二科（非公党建工作科）等7个科室，下属参公事业单位渝中区党员电化教育中心1个。有人员编制28名，其中行政编制21名（不含区委常委、纪检组长编制）、财政全额拨款参公事业编制7名。至2018年年底，实有行政人员21人，全额拨款事业人员2人，机关退休人员4人。区委组织部的主要职责是：负责指导全区基层党建工作；负责指导全区非公领域党建工作；负责全区领导班子和干部队伍建设的宏观统筹；负责统筹全区干部的调整配备工作；牵头负责区管领导班子和领导干部考核工作；负责干部监督工作；负责全区干部教育培训工作；负责全区人才工作的指导、协调和宏观管理工作；负责对全区老干部工作的宏观管理，参与制定老干部工作的有关政策；承办区委交办的其他事项。

2018年，区委组织部认真践行新时代党的建设总要求和党的组织路线，全面贯彻落实全国和市、区组织工作会议精神，以组织体系建设为重点，着力培养忠诚干净担当的高素质干部队伍，大力集聚表彰各方面优秀人才，相关工作得到中组部和市委组织部的充分肯定。渝中区委组织工作在当年主城九区考核中排名第一，区委组织部干部科被共青团重庆市委授予“2016—2017年度重庆市青年文明号”称号。

【政治建设】 坚持强化政治教育，把政治建设贯穿到组织工作方方面面，分层分类对全区300余名处级干部、2100余名支部书记、3万余名党员进行全覆盖轮训，推动十九大精神入脑入心。出台《关于营造良好政治生态的实施意见》，坚决肃清孙政才恶劣影响和薄熙来、王立军流毒，推动全区政治生态持续向好。围绕市委巡视反馈问题，组织召开全覆盖专题民主生活会和基层组织生活会，组成13个督导组全程列席指导，制定3大方面45项具体举措，出台制度机制7项，各项整改任务全面完成。

【干部队伍建设】 健全日常研判、全程把关干部选用机制，建立区管后备干部信息库等“1+3”工作清单，制定政治表现负面清单，完善干部选拔任用工作流程、全程纪实办法和风险评估等机制。健全干部培养机制，举办各类培训班50期，开办“新时代渝中学习讲堂”10期、“干部自主选学课堂”14期，选派40余名干部到街道社区、信访棚改一线锻炼，帮助干部拓宽眼界、增长才干。健全干部严管厚爱机制，完善区管干部提醒、函询和诫勉操作细则，制定《关于进一步激励广大干部新时代新担当新作为的实施意见》，及时开展处级非领导职务晋升，健全干部保健委员会制度。修订完善考核办法，制定经济工作单项考核办法，完善非经济部门平时考核机制，形成“街道吹哨，部门报到”的齐抓共管工作格局。

【基层党组织建设】 出台《加强街道工作领导的意见》《渝中区党建联席会议制度》，实现区、街道、社区三级党建联席会议全覆盖。大力推行扁平化管理，加大街道对部门的考核权重，强化街道自主经费保障，形成“向下负责”的工作导向。制定《加强基层组织体系建设实施方案》，分领域召开7个党建推进会，出台“机关党建29条”“医院党建28条”“学校党建10条”，逐个领域补齐短板。分领域制定《党支部规范化操作手册》，建设示范支部67个，使基层支部做有标杆、学有榜样。开发“渝中智慧党建”平台，实现组织生活、缴纳党费、党员教育线上线下同步开展。健全完善“3+6”党建责任清单，制定《基层党建工作问责办法》，组织三级党组织书记述职评议考核，每季度常态化开展基层党建督查，推动基层党建工作责任落实落地。

【人才工作】 坚持规划引领，制定出台《科教兴区和人才强区战略行动计划》，开展《渝中区人才发展“十三五”规划》中期评估。抓实人才项目，命名表彰27名首批“渝中英才”，策划实施17个区级人才项目，引进160余名高层次人才。组织实施“创新型企业家”“名师强教工程”“名医培养”等培养计划，累计培训各类人才1.6万人次。优化服务环境，加大创新创业扶持力度，区级种子基金规模达到1000万元，累计支持创新项目（企业）12个。启动区级人才“一站式”服务平台建设，优化服务流程，让人才“最多跑一次”。做好高端人才进修疗休、就医体检、子女入学等服务工作，为人才换发车辆通行证、医疗就诊证200余件，协调解决高管子女入学、办公场地拓展等问题20余件次。

【区委组织部负责人】
部　　长：王志宏
常务副部长：邹晓宇
副 部 长：张道建　包海燕（兼）
杨　沁（2018年7月任职）
非公工委副书记：杨　沁（2018年7月离任）
邓统文（2018年7月任职）
派驻纪检组长：范贺强

（龙友渔）

宣传工作

概　述

【概况】 中共重庆市渝中区委宣传部（简称“区委宣传部”）是主管全区意识形态的区委工作部门。2018年，内设办公室、理论科、宣教科、区委外宣办（区政府新闻办）、网络舆情应急科、未成年人思想道德建设科6个职能科室及区文明办；区委网信办（区网信办）设在区委宣传部。有行政编制20人，单列管理的行政编制1人。另有财政全额拨款的直属事业单位1个：渝中区新闻信息中心（渝中区互联网新闻研究中心）。区委宣传部的主要职责是：指导全区的理论研究、理论学习、理论宣传工作，负责对全区宣传干部的培训工作；对全区新闻、出版、网络宣传进行管理，协调全区的政治、经济、社会等对外宣传工作和有关部门的综合宣传工作，指导管理渝中区新闻信息中心对外宣传事务；负责规划、部署全局性思想政治工作，领导区思想政治工作研究会；会同有关部门研究和改进群众思想教育工作；负责统筹指导全区的精神文明建设工作；负责提出全区宣传思想文化事业发展的指导方针，协调宣传系统各部门之间的关系，在政治方向和方针、政策方面实施领导；参与管理宣传系统领导班子和领导干部，按区委的规定要求，对宣传系统机关中层干部和基层领导干部实施管理；完成区委和市委宣传部、市文明办、市委外宣办交办的其他任务。办公地址位于渝中区和平路管家巷9号。

2018年，渝中区宣传工作坚持围绕中心、服务大局，创新思路、积极作为，各项工作获市级以上荣誉30余项。制定中心组学习制度，举办区委中心组学习。开展意识形态巡视整改，全面加强制度建设、机制建设和阵地管理，制定场所巡查走访等制度，稳妥处置突发敏感活动。围绕改革开放40周年等重大主题，策划举办专场周末音乐会、梦想系列活动，联合推出《红岩魂》等红色精品剧目。建立公益广告审批备案制度，发布十九大、“行千里 致广大”等公益广告8800余条（幅）。召开新闻发布会50余场，中央电视台、新华社等中央媒体报道400余篇，市级媒体报道2000余篇。区级融媒体中心全面建成，区级媒体改版提质，区属新媒体有效覆盖人群达50余万人。推进“文明在行动•满意在渝中”“文明在行动•渝中更洁净”工作及“十大不文明行为”专项整治，创新开展网红景点志愿服务，获全国最佳志愿服务项目、最美志愿服务社区奖项。巩固深化国家公共文化服务体系示范区建设，提档升级解放碑CBD广场周末音乐会，深化“读书月”“双百双送”等惠民活动。实施37项文物修缮工程，制定《渝中区文艺创作精品奖励扶持办法》。

【理论武装工作】　抓好首要政治任务，推动学习贯彻习近平新时代中国特色社会主义思想和党的十九大精神有声势、见实效。组织学习教育。区委中心组集中学习16次，举办渝中大讲堂3讲。邀请姚树洁、张新华、张震、张建华、温泽彬等多位领导干部、专家学者到渝中授课讲学，专题解读《中华人民共和国宪法》《中华人民共和国监察法》等重要法律法规和重要会议、文件精神。完善党委中心组学习制度，编发《学习参考》12期，区属党委（党组）集中学习720余次，征订发放《习近平新时代中国特色社会主义思想三十讲》等重点理论读物1.2万余本，加强通报、督查，实现学习常态化、制度化、规范化。开展理论宣讲。举办习近平新时代中国特色社会主义思想微宣讲比赛，开展基层宣讲700余场，编发“理论微课堂”180余期。社区宣讲团被评为全市宣讲先进集体，朱登礼获评全国基层理论宣讲先进个人。做好学习成果转化工作，《重庆宣传》《重庆学习论坛》等市级刊物采用文章8篇，编印区级理论刊物《渝中宣传》4期，全区各级党委（党组）理论学习中心组成员撰写理论文章、心得体会等240余篇。

【思想政治工作】　夯实理想信念教育。编印《形势政策学习宣传要点》；开展“渝中区廉政文化教育宣传月”系列活动，积极营造风清气正的良好政治生态。深化主题教育实践。“三峡大讲坛·渝中讲台”举办“梦想课堂”56场；“梦想沙龙”品牌“U创周四”项目开设创业沙龙38场；菜园坝火车站“梦想驿站”主题活动设立10余个惠民项目推动社会主义核心价值观融入市民生活，服务1.5万人次；开展“家风润万家”“孝善立德”“点赞公民”主题教育实践活动280余场；加强爱国主义教育，开展“千万市民升国旗”“我与国旗合个影”等爱国主义教育主题实践活动30余场，参与人数1.2万人次。强化主题公益宣传。加强公益广告审批备案机制和载体数据库建设，新建中华广场LED屏1块，利用10余类载体集中发布社会主义核心价值观主题公益广告累计1.8万余条（幅）；智博会期间7块商业LED屏进行直播，观看人数6.5万余人次，13个单位获评“智博会社会宣传工作先进集体”，15人获评“智博会社会宣传工作先进个人”；公益宣传经验在全市户外公益广告宣传工作现场推进会上作交流发言。培育时代新人。上清寺派出所民警高万禄被评为“感动重庆十大人物”，重庆高博公司出租车驾驶员曾云君获评“重庆市岗位学雷锋标兵”；组织干部职工观看“时代楷模”报告会2场，开展形式多样的学习宣传先进典型活动30余场。

【文化文艺工作】　培育文化创作。出台《渝中区文艺精品创作扶持奖励办法（试行）》，扶持奖励文艺精品创作项目15个；组建渝中区文化文艺人才专业队伍资源库；大力弘扬红岩精神，与市委宣传部、市文化旅游委、市话剧院联合出品话剧《红岩魂》，举办渝中区专场演出；利用文化专项资金支持驻区市级院团打造京剧《秦良玉》、方言喜剧《十八梯》、杂技剧《大禹》等一批精品文艺剧作；出品《渝州唱晚·母城传奇》醇色电台线上专题诵读节目，播出48期，5千人次收听；谭小乔的童谣作品《农家屋檐挂秋天》获“全国第七届优秀童谣推荐作品”一等奖。开展文化惠民活动。举办“我们的中国梦”——文化进万家活动，举办文化惠民活动64场次，赠送文化精品礼包300份；区属媒体开设专栏展播“中国梦”主题歌曲和优秀剧目，做好新时代“红色文艺轻骑兵”；联合重庆书城举办“金秋读书月”书展。创新升级文化品牌。解放碑CBD广场周末音乐会全面提档升级，举办7场主题演出，为群众提供普惠性精神文化产品；参与开展“第九届全球华语科幻星云奖颁奖典礼暨科幻嘉年华”活动、中央电视台纪录片《记住乡愁》渝中湖广会馆专辑摄制等，提升渝中对外文化影响力。推动传统文化传承发展。创作出版《重庆古城》等体现重庆优秀传统文化的书籍，实施“非遗进校园”工程，开展“戏曲进校园”活动20场，举办首届“小小戏剧节”活动；加强非遗保护传承，黄敏获评第五批国家级非遗传承人。推进文化体制改革。严格对标对表，圆满完成文化文产、融媒体建设、文商旅发展等重点改革事项，出台区文联改革实施方案，推进文化体制改革发展各项工作任务落到实处。

【学习型城区建设】拓展学习型城区建设，渝中区社区教育学院获“全国优秀成人继续教育院校”荣誉称号，渝中市民大讲堂获“全国终身学习活动品牌”，赵焕鼎获“全国百姓学习之星”荣誉称号，1门课程获评“重庆市社区教育特色课程”，4门课程获评“重庆市社区教育微课程大赛”一等奖。开展渝中区全民终身学习活动周、社区教育成果展示活动，全方位直观展现渝中区在学习型城区建设、社区教育、全民终身学习等方面取得的成绩，吹响学习型社会建设的号角。

【新闻报道及对外宣传】 全面及时宣传中央和市委、区委重要精神，多层面讲好渝中故事，传播渝中声音。全年召开新闻发布会50余场，在市政府新闻发布厅举办新闻发布会1场，中央电视台、新华社等中央媒体报道400余篇，市级媒体报道2000余篇。中央电视台直播本区元旦、春节、五一、十一期间热点景区旅游及庙会，在央视各平台阅读总量达600余万人次。进一步完善工作体制机制，成立渝中区新闻报道领导小组，坚持每周召开新闻报道联席会，围绕区委、区政府中心工作，印发每月宣传报道意见、制定重大选题策划方案等，精准推进新闻宣传工作。办好《把党的十九大精神全面落实在重庆大地上·渝中篇》《在习近平新时代中国特色社会主义思想指引下——新时代 新作为 新篇章》《推动重庆各项事业沿着习近平总书记指引的方向奋力前行》等主题采访报道，办好《在行动·大型系列报道》《看效果·大型系列报道》等专栏；做好庆祝改革开放40周年宣传；联合重庆日报、新华网、人民网、中新网、华龙网等中央、市级媒体开展“聚焦渝中现代服务业”系列报道；落实区委“唱响渝中、唱响消费”要求，策划实施“吃住行游购娱 商养学闲情奇”系列主题宣传，国际在线、上游新闻、今日头条等多家新闻媒体、商业平台以及区级八大媒体平台共发布报道、帖文、信息500余条，浏览及曝光总量达7000余万次，网民评论达11100余条，有效推动渝中消费落地，入境渝中的旅游人数屡创新高；围绕“母城文化”策划实施“了不起的城市·重庆母城 美丽渝中”主题外宣活动，邀请网络名人、自媒体大V、摄影达人、抖音红人等到渝中实地探访，感受渝中深厚的“母城”文化底蕴，今日头条及旗下抖音、悟空问答、西瓜视频等各平台以及国际在线、上游新闻等中央、市级媒体联合推送相关信息，网上传播量近3亿人次，转发跟帖量超3万条次，向世界传播渝中独特的“母城”文化IP，带动区内以“母城文化”为主题的“母城匠心”“母城文化行舟”等系列宣传活动。积极参与市委宣传部赴比利时、丹麦举办的“2018感知重庆·中欧旅游年‘行千里致广大’”城市推介系列活动，展示重庆“母城”渝中的历史文化以及绿色旅游发展，渝中获得“中欧绿色旅游城市大奖”，“渝中区文化旅游推广工作站”在比利时挂牌。依托国际在线开展多语种跨境外宣，以“母城文化”为主题，运用英、俄、德、法、日、韩、泰等7种外语对渝中区文化、商业、旅游、城市进行多角度、多层次的主题报道，影响人群覆盖美国、英国、法国、俄罗斯、澳大利亚、日本、韩国等美洲、欧洲、大洋洲及亚洲国家，稿件浏览量超1200万次，向世界传播重庆声音，扩大渝中的国际知名度和影响力。

【区级融媒体建设】 区级融媒体建设进一步加强，区级媒体改版提质，形成“1+8+N”媒体矩阵，区属新媒体有效覆盖人群达50余万人，渝中媒体影响力明显提升。《渝中报》出刊147期，刊发稿件4200余篇；《渝中新闻60分》共播出电视稿件近3045条，在重庆电视台各栏目用稿395条，中央电视台用稿7条；新媒体各平台共发稿2.3万余条，在华龙网刊发30余条，在“重庆发布”刊发4条，在今日头条、一点资讯、上游新闻、澎湃新闻刊发1362条。“在渝中”App下载注册用户达15.8万人，《渝中手机报》用户达16.3万人，“渝中手机台”浏览量突破1000万次大关，“微渝中”微信公众号粉丝数稳定保持在3.3万人左右。区新闻信息中心创作生产的《新春走基层：追忆青春岁月 梦想温暖开花》等4条电视新闻作品分获第四届重庆市区县广播电视好新闻二、三等奖；《解放碑地下环道部分开通首日 市民大赞方便快捷》等10件报纸新闻作品分获第七届重庆市区县报好新闻二、三等奖；电视新闻作品《毛笔打造“时光机” 72岁老人手绘老重庆》获得第二十一届重庆新闻奖三等奖；区新闻信息中心代表渝中参加全市第五届“好记者讲好故事”活动，获得总决赛三等奖。

【党建工作】　以党的政治建设为统领，全面加强宣传思想战线的政治建设和党风廉政建设，严格落实中央八项规定精神，推进“两学一做”常态化制度化。开展“兴调研转作风促落实”行动，开展集中学习33次，组织全区业务培训7次，不断增强脚力、眼力、脑力、笔力。

【区委宣传部负责人】
部　　长：张焕伦
常务副部长：蒋学荣
副 部 长：李　勇　陈　婷

【区委外宣办负责人】
主　任：陈华秋

（谭军伟　简明月　付可珊）

网络安全和信息化工作

【概况】　区委网络安全和信息化领导小组办公室（简称“区委网信办”），设在区委宣传部，具有政府行政管理职能，区委网信办主任按正处级配置，增设舆情应急科。区委网信办为议事协调机构，具体工作由区互联网新闻研究中心执行。区互联网新闻研究中心内设网络宣传科、网络安全协调科、网络社会工作科3个科室。区委网信办的主要职责是：处理区委网络安全和信息化委员会日常事务工作；督促落实本地网络安全重大事项，协调处理本地网络安全重大突发事件与有关应急工作；负责本地互联网信息内容管理，维护互联网意识形态安全；指导协调本地网络舆情信息工作，组织开展网络舆情信息收集分析研判工作；负责统筹管理涉及渝中的网络宣传与舆论引导；推动本地阵地建设，会同有关部门推动传统媒体与新兴媒体融合发展；推动本地网络社会工作和网络文化、网络文明建设；指导、检查、推动渝中区党政群机关、街道网络安全工作等。

2018年，区委网信办准确把握工作要求，不断改革创新工作手段，全面健全完善工作机制，积极做好网络宣传引导、网络安全管理、网络舆情应急等重点工作，提升网信工作水平，确保全区网络秩序、网络舆论生态持续向好。

【学习及队伍建设】　区委、区政府通过区委常委会、区委理论学习中心组学习会、区政府党组理论学习中心组学习会等形式，传达学习习近平总书记在全国网络安全和信息化工作会议上的重要讲话精神、陈敏尔书记在全市网络安全和信息化工作会议上的重要讲话精神和相关文件。先后召开区委网信领导小组2018年第一次会议、全区网络安全工作会和防范化解重大风险攻坚战工作部署会、全区大数据智能化大会，召开全区宣传思想工作会媒体负责人座谈会，提高网络工作认识，强化网信工作。实施区委网信办、区网研中心人才引进方案，协调区委组织部、区编办、区人社局采取公招方式，引进3名优秀网信人才，进一步壮大网信工作力量。

【网络管理】　对市委意识形态工作责任制专项检查反馈的问题和意见进行整改落实、查漏补缺，制定相关制度规范性文件，进一步健全完善区属新媒体管理、舆情信息、网络评论等方面的工作机制。先后开展多项网络治理专项行动，严格查删辖区网站平台谣言、庸俗低俗文章等有害信息。集中开展网络意识形态责任落实情况的专项督查。

【网络宣传】 办好《把党的十九大精神全面落实在重庆大地上·渝中篇》《推动重庆各项事业沿着习近平总书记指引的方向奋力前行》等专题，建好《党的十九大精神“网上宣讲堂”》常设阵地。结合中央环保督察、国务院大督查、扫黑除恶专项斗争、智博会、生态环境保护、八大服务业集聚区等市、区两级重点工作，协调中央驻渝、市级重点网络媒体编发宣传报道。开展“吃住行游购娱 商养学闲情奇”“了不起的城市·重庆母城 美丽渝中”等各类网上主题宣传活动。推进区级融媒体中心建设，加强《渝中报》、渝中电视台、《渝中手机报》、渝中新闻网、“微渝中”微信公众号、“微渝中”官方微博、“在渝中”App和“渝中手机台”八位一体的融媒体建设力度，建设渝中区融媒体中心，推动媒体业态的转型升级。组织落实中央和市委重要决策部署、重大活动、重要工作的网络宣传和舆论引导任务。完成网络中国节春节、元宵、清明、端午、中秋网络文化活动主题宣传。

【网络安全工作】 加强网络安全防护。先后多次组织开展各类网络安全检查和督查，形成相关工作报告，发出相关整改函、通知书。联合相关部门分别开展校园日、电信日、法治日、金融日、青少年日、个人信息保护日主题活动，聘请全区中小学网络安全顾问。开展2018年关键信息基础设施网络安全检查和网络安全应急演练。加快构建关键信息基础设施安全保障体系，切实做好关键信息基础设施安全防护；组织专业团队研究测评全区网络安全整体情况，探索建设全区网络安全态势感知系统，逐步提升重大风险防范能力。

【网络应急工作】 抓住舆情信息工作“第一时间”与“持续关注”两个环节，为区委、区政府提供及时高效的预警和服务。建立“分时定岗”监测机制，实行专项工作24小时网络监看轮班制度、重大突发敏感舆情每小时零报告制度。通过多种即时通信方式，强化与区级各部门联动，破解舆情处置力量分散问题。重视网民诉求，将办理网络留言作为网络工作考核的“硬”指标，按照“有问必答”“有件必办”的原则，要求涉事部门2小时内回应，24小时内调查核实，72小时内正面回复。全年区内各部门在重庆网络问政平台、阳光重庆平台、大渝网报料台等问政平台办理网民留言500余条，规定时限内答办率达到80%以上。做好热点话题以及重大活动、重大敏感节点、重点舆情领域的舆情导控，先后有效稳妥处置多起较大负面舆情。定期分析研判涉区舆情动向，撰写舆情分析专报，及时报送区委领导和区网信领导小组成员单位。

【舆情信息工作】 在构建覆盖各部门、街道、社区舆情信息员队伍的基础上，采取“项目制”管理方式，成立舆情工作小组，采取轮班制度，确保完成任务。全年先后多次参与中央、市级重大舆情专项工作，舆情信息工作位于全市前列。积极与驻区运营商及专业舆情服务机构合作，加强舆情分析，构建涉区舆情特征和预测模型。

【网络社会工作】 筹备渝中区互联网界联合会，会员涵盖网络安全、新媒体、大数据、智能制造等领域的重点企业和优秀人才。通过联合会强化行业自律监督管理，推动全区互联网行业健康有效发展。加强对辖区互联网企业的沟通与服务，先后走访调研10余家重点互联网企业，协助解决企业发展难题。

【区委网信办负责人】
主　任：李　勇
副主任：张海波

周　川（兼，2018年4月任职）
黄雪萍（兼，2018年3月离任）
郭伟祥（兼，2018年3月任职）
（董晓丽）

新闻工作

【概况】 渝中区新闻事业起源于市中区有线广播站，其于1972年成立，1982年撤销。1991年5月30日，成立市中区广播电视办公室，同年7月1日成立市中区有线电视台，并正式开播有线电视，有频道2个，设《市中区新闻》《法制之窗》等栏目。1997年年底，有主干线3.5千米，延续二级干线30多千米，用户突破10万余户，网络覆盖面达85%。

1998年8月31日，渝中区有线电视台（1995年随市区规划更为此名）成建制移交市有线电视台，区有线电视随即停播，原有108名电视工作人员逐步分流，渝中区的电视节目从1个台2个频道压缩至60分钟的播出时段。9月1日，渝中区广播电视新闻中心成立，归属区广播电视局管理。2001年7月，区广播电视局与区文化局合并为区文化广电新闻出版局，区广播电视新闻中心为该局下属科级事业单位。区广播电视新闻中心坚持在传统栏目《渝中新闻》上下功夫的同时，开设《法在身边》《科技与生活》《创业女人》《快乐成长》等新栏目。2010年9月，区广播电视新闻中心进行重建，成立渝中区新闻信息中心（简称区新闻信息中心），由过去单一的电视节目机构转型为“报、网、台”合一的综合性区属新闻机构，为正处级财政全额拨款事业单位，直属于区委宣传部，由区文化广播电视新闻出版局行使行政管理职能。2016年1月，区新闻信息中心与新成立的区互联网新闻研究中心合署办公，一个机构、两块牌子；2017年11月，区编委会研究规范为区互联网新闻研究中心在区新闻信息中心挂牌成立。2017年8月，区新闻信息中心着力推动传统媒体与新兴媒体的融合发展，倾力打造全媒体矩阵，建立适应发展需要的现代传播体系，重新设置内设机构，即总编室（文化传媒部）、全媒体采访部、电视新闻编辑部、渝中报编辑部、新媒体编辑部。

区新闻信息中心（区互联网新闻研究中心）共有编制48人，其中区新闻信息中心有编制35人，区互联网新闻研究中心有编制13人。区新闻信息中心实有51人，在编20人，合同聘用人员31人。办公地址位于渝中区金汤街74号。区新闻信息中心的主要职责是：全面准确地宣传党的路线方针政策，围绕区委、区政府中心工作，进行新闻宣传报道，为地区经济、政治、文化和社会建设营造良好的舆论环境；坚持贴近实际、贴近生活、贴近群众，倾听群众呼声，反映群众意见，发挥党和政府与群众之间的桥梁和纽带作用；负责拟定和实施新闻信息工作发展规划；负责全区电视新闻及专题节目的采编、制作、播出；负责《渝中报》的采、编、印发等工作；负责“渝中手机台”“渝中新闻网”、《渝中手机报》、“在渝中”App、“微渝中”微信公众号等新媒体平台的制作与发布。区互联网新闻研究中心的主要职责是：负责全区互联网信息内容管理，研究起草全区网络安全和信息化发展规划、重大政策等工作。

2018年，渝中区新闻信息中心围绕做优“传统媒体”，做强“两微一端”，做大“媒体矩阵”的发展思路，抓好融媒体中心建设，推进媒体融合工作向纵深发展，服务渝中经济社会发展，宣传渝中新形象。当年，区新闻信息中心获重庆市第五届“好记者讲好故事”活动总决赛三等奖、区直机关党工委开展的“不忘初心 牢记使命”微党课竞赛活动二等奖；选送的作品《重庆女孩手绘旅游地图给外地游客“导航”》《新春走基层：追忆青春岁月 梦想温暖开花》《触摸祖国边陲》《解放碑地下环道》分别获第四届重庆市区县广播电视好新闻奖二、三等奖；选送的《12月6日〈渝中报〉1版》《趣味活动迎“双节”》《解放碑地下环道部分开通首日 市民大赞方便快捷》《渝中发布寻找公厕攻略》等作品分获第七届重庆市区县报好新闻奖二、三等奖。新媒体平台6条原创稿件分别获重庆客户端集群联盟评选的“优秀稿件奖”“优秀网络爆品奖”“优秀直播报道奖”，微视频《了不起的城市·重庆母城 美丽渝中》获全市短视频大赛三等奖，“在渝中”客户端被华龙网评为“最具突破创新客户端”，“微渝中”被澎湃新闻评为2018最佳政务传播——阳光政务奖。

【平台改版提质】 3月23日，区委书记黄玉林来到区新闻信息中心调研新闻宣传工作和媒体融合发展情况，提出要加强新闻信息中心建设，加快推进区属媒体融合工作，按照建设“区县一流媒体”的要求，着手做好区属媒体改版工作。经过前期调研、专家论证、座谈讨论、方案优化，对“报、网、台、微、端”八个区属融媒体矩阵平台的版面设计、内容安排等进行相应调整、完善。10月，各平台全面改版，准确定位平台特色，实现平台功能差异化，形成以融媒体中心为统领，以八个区级媒体平台为核心，多个区级部门、社会单位资源为辅助的“1+8+N”全媒体矩阵平台，为将区新闻信息中心打造成为渝中新闻首发平台、渝中新闻集散中心打下坚实基础。

【融媒体中心建设】 2018年，区新闻信息中心全面启用新的业务办公用房，建成并投用“采编中心”，机房、高清数字音视频系统，全媒体高清数字演播室全面投入使用，电视节目生产全面实现高清采编，媒体矩阵平台实现由“加”到“融”转型升级。目前，渝中媒体融合工作已初步实现由“采编中心”统一指挥调度，“一次采集、多次生成、多元传播”采、编、制、播、发联动模式和“报、网、台、微、端”互动的业务格局，切实提升区媒形象。融媒体中心的工作经验和做法、效果引起媒体同行的关注，先后迎来市内九龙坡、沙坪坝、渝北、巫溪以及贵州桐梓等区县交流媒体建设工作经验。

【主题宣传报道】 严格按照中央、市、区宣传工作要求，在各平台统一策划开设《把党的十九大精神全面落实在重庆大地上·渝中篇》《推动重庆各项事业沿着习近平总书记指引的方向奋力前行》《贯彻落实市委市政府重要指示精神渝中行动快推进实》等专栏，彰显区域主流媒体的政治意识、大局意识、核心意识、看齐意识。为确保党的十九大精神在渝中落地生根，围绕习近平总书记提出的“建设内陆开放高地，成为山清水秀美丽之地；努力推动高质量发展、创造高品质生活”的目标，区新闻信息中心各平台推出《走过2017•八大服务业集聚区》栏目，宣传渝中在聚力发展服务业集聚区中的新举措、新成就，为渝中开创高质量发展新道路营造浓厚的舆论氛围。为纪念改革开放40周年，区新闻信息中心推出《渝中40》专栏，从生活中找素材，从老百姓的角度讲故事，展现改革开放40年来渝中经济社会发生的翻天覆地的变化和当今发展的新活力、新方向、新目标。中心各媒体平台在不同时段，结合全区的亮点工作先后推出《绿水青山就是金山银山》《渝中党建》《智能化：为经济赋能 为经济添彩》《渝中英才》《精细城市管理 提升城市品质》《渝中安监》《曝光台》《回音壁》等专题栏目20余个，更好地凸显宣传主题，展示工作进展和成果，提升媒体品质和形象。在做好正面宣传的同时，中心还充分发挥媒体监督职能，在各平台开设《曝光台》《回音壁》专栏，先后完成1个暗访专题片和1个暗访视频的摄制工作，形象反映渝中区城市环境和市容秩序存在的问题，服务和推动全区市容环境整治和文明城区建设工作。十一长假期间，中心发布权威消息，大力宣传渝中，新闻报道工作分别得到区委、区政府主要领导批示肯定。以“在渝中”App为首发平台，联合其他平台共同发力，全面、即时发布节日期间的管控信息、旅游资讯等消息，还为国际在线、今日头条等平台提供稿件，受到其他网络媒体和市民游客的积极关注和转发。“渝中手机台”还结合刊播视频的特点，开设《这一刻·渝中》栏目，烘托节日气氛。

【《渝中新闻》电视节目】 2018年共播发稿件3000余条，重点对学习宣传贯彻党的十九大精神、全区“两会”、重点项目建设、深化全国文明城区建设、扎实推进环境整治、扫黑除恶、改革开放40周年等全区重点工作和重要主题活动进行宣传报道。推出《渝中法治微课堂》《新闻聚焦》《渝中好吃狗》《渝中漫生活》《母城故事》等多个电视栏目，提升节目质量和平台影响力。拍摄、制作专题片、短片《扫黑除恶挥利剑 渝中治理开新篇》《我们》《改革开放40年渝中纪实》。

【《渝中报》宣传】 2018年出刊147期，刊发稿件4200余条，刊发“智博会”特别报道以及《国庆七天乐 乐游在渝中》《三天假期外地游客最爱渝中这几个地方》《智能化：为经济赋能 为生活添彩》《元旦来渝中畅游》等专版报道，展现渝中文化旅游经济欣欣向荣的景象，深刻践行“文商旅城融合发展”的理念。刊发《走过2017• 八大服务业集聚区》《支持民营企业发展 渝中在行动》《保稳促升再出发 转型升级新征程》《聚焦渝中现代服务业》《实干树形象 实绩惠民生 “两学一做”特别报道》等大型系列报道，大力宣传报道渝中经济社会发展新成果。

【新媒体各平台宣传】 新媒体各平台共刊发稿件22000余条。其中“渝中新闻网”刊发稿件4069条；“在渝中”App刊发稿件3210条；《渝中手机报》刊发稿件3587条；“微渝中”微信公众号刊发稿件962条；“渝中手机台”刊发稿件10184条，其中23条稿件在华龙网刊发，1500余条稿件在今日头条、一点资讯、上游新闻、澎湃新闻刊发。还开展线上活动9次、手机直播17次，制作H5 29个，制作长图10余张，开设专栏30余个，推出全新新闻类音频节目《渝听渝说》和文学类音频节目《巴山夜雨》，创新宣传方式，扩大媒体影响力，塑造媒体新形象。

【队伍建设】 坚持把“学习、服务、勤奋、团结、奉献”作为团队建设的基本理念，努力打造一支政治立场坚定、综合素质优秀、凝聚力和战斗力强的新闻宣传队伍。在班子建设上，大力倡导民主、团结、坦诚、协作之风，注重民主决策，坚持民主集中制，严格实行集体领导和个人分工负责制，进一步规范决策程序，重大事项都由班子集体研究，确保决定的权威性、科学性、合理性，推动工作有效开展。注重协调配合，班子成员既各负其责，又相互配合、相互补台。通过“请进来”“走出去”相结合，组织一线骨干业务人员参加人民日报、国家新闻出版广电总局、华龙网等国家、市级单位举办的系列专题培训，针对媒体融合路径、新媒体技术、新媒体运营、“中央厨房”指挥系统建设等进行专题学习。中心先后与重庆工商大学新闻传播学院、重庆大学美视电影学院、西南政法大学全球新闻传播学院建立实习基地，并面向社会公开招录4名优秀专业人才充实采编及后勤工作队伍。

【党建工作】 中心党支部坚持围绕中心工作抓党建，抓好党建促发展，利用“三会一课”组织党员学习新修订的《中国共产党纪律处分条例》等法律法规，推进“两学一做”学习教育常态化制度化。2018年共开展支部主题党日活动15次，开展“迈步新征程 建设新渝中”诗歌朗诵比赛，开展“以案四说”警示教育活动，促使党员干部知敬畏、存戒惧、守底线。为增添支部活力，当年按程序通过两名职工为入党积极分子培养对象。落实中央八项规定精神，以抓铁有痕、踏石留印、切实有效的态度，扎实推进党风廉政建设和反腐败工作。将党风廉政建设工作细化分解，一一明确分管领导及相关科室责任，要求业务工作与廉政建设“两手抓、两手硬”，形成“人人肩上有担子、个个身上有责任”的工作格局。

【区新闻信息中心负责人】
主　任：陈　茜（2018年8月离任）
　　　　丁政义（2018年9月任职）
副主任：丁政义（2018年8月离任）
　　　　尹　文

（吴宇）

统战工作

【概况】 中国共产党重庆市渝中区委员会统一战线工作部（简称“区委统战部”）成立于1974年4月16日。2018年，内设办公室、党派科和联络科，有行政编制8人。下设事业单位统战服务中心，有事业编制7人。全区统战系统有民主党派区委7个，人民团体2个。统战部具有“了解情况，掌握政策，调整关系，安排人事”的基本职能。区委统战部主要职能是：贯彻执行党的统一战线方针政策，联系各民主党派、无党派代表人士，贯彻执行党领导的多党合作和政治协商制度，做好党外干部工作，联系港、澳、台、侨，开展海外统战工作，联系海内外工商界社团及代表人士和全区非公有制经济代表人士推进事业发展，联系少数民族和宗教界代表人物，做好统战宣传、调研工作。办公地址位于渝中区管家巷9号。

2018年，全区统战工作认真贯彻全国和全市统战部长会议精神，围绕中心工作，切实发挥统一战线职能作用和独特优势，广泛调动各方面积极因素，推动全区经济建设和社会各项事业发展取得一定成效。

【理论学习】开展“学讲做”活动，创新“同心课堂”“母城匠心”等品牌，强化政治引领、聚才引资、联谊交友等工作，深入统战系统学习宣讲30余场。组织政治理论培训，分别赴中山大学、上海交通大学、中国人民大学开展党外代表人士骨干、非公经济企业家、统战专兼职干部、非公经济年轻一代培训班。抓好巡视整改工作，做好巡视“后半篇文章”。贯彻落实中央八项规定和实施细则精神，持之以恒正风肃纪，落实好新时代党的建设总要求。

【党派工作】 各民主党派区委参政议政抓住关键、民主监督有效到位，形成社情民意720余篇。深入开展“不忘合作初心，继续携手前进”主题教育活动。完成2018年政党协商计划任务，开展暑期谈心会、重要人事安排协商、建言建议沟通反馈、党风廉政建设情况通报等政党协商事项20余次。建立健全常委联系交友机制。充分发挥统一战线智力密集优势，坚持各民主党派区委每季度围绕中心工作向区委报送建言建议。纪念中共中央发布“五一口号”70周年，开展系列活动。认真落实市委统战部关于建立民主党派实践基地工作要求，开展对口联系工作，形成7个党派区委与7个部门、11个街道对口联系服务工作机制，联合开展咨询援助、社区义诊、工作调研、社会帮扶等活动60余场。

【非公经济工作】 贯彻习总书记关于民营经济系列重要讲话精神和全市民营经济发展大会精神，完成《渝中区民营经济发展研究报告》。区委召开全区民营经济发展工作推进大会及民营企业家座谈会，出台《全面优化营商环境促进民营经济发展的实施方案》《关于进一步营造企业家健康成长环境弘扬优秀企业家精神更好发挥企业家作用的实施方案》。以青年商会、八零后渝商协会为载体，抓实非公经济年轻一代队伍建设。

【党外代表人士工作】 举办区党外知识分子联谊会“同心共创智美渝中”读书会、爱心捐赠走进渝中区培智学校等活动。更新党外实职领导干部，民主党派、无党派人士后备人才等信息数据库。做好市级党外代表人士实践锻炼渝中基地工作，接收第八批党外挂职干部12人，为党外人士挂职锻炼创造条件。

【新的社会阶层人士工作】开展摸底调查，建立200余人的人员信息数据库。12月25日成立渝中区新的社会阶层人士联合会。推进“U创空间”实践创新基地建设，探索“党委＋群团＋社会组织”三方联动工作模式，开展活动100余场。开展新的社会阶层人士挂职锻炼、教育培训等工作。主城片区新的社会阶层人士统战工作在渝中召开。

【民族宗教工作】 学习宣传贯彻新修订的《宗教事务条例》。完成中央宗教工作督查，对12项重点督查内容进行“拉网式”排查。按照市委巡视整改要求，依法取缔江都怡园、佛图关公园等4个场外烧香拜佛点。推动东华观陈列布展，重点打造关岳庙美化提升工程，有序推进寺观教堂建设。做好市管宗教场所下放工作，加强宗教场所规范管理。做好穆斯林斋月、古尔邦节等重大节日期间的管理工作。加强与新疆、青海等地民族宗教事务部门和在渝机构的对接，开展民族团结进步宣传和创建活动。

【对台工作】 贯彻落实重庆惠台58条，向区31个职能部门细化分解具体任务，组织相关部门与台商零距离宣讲政策。深入走访台资企业，帮助破解发展难题。举办第二届海峡两岸岳飞文化夏令营、情聚中秋联谊活动。不断推进关岳庙海峡两岸交流基地建设，支持拍摄的关岳庙宣传片《共同记忆》获得中国电视艺术家协会“人文中国第七季——变迁”好作品奖，重点打造曾家岩小学两岸文化交流点。支持渝台海峡青创空间发展。组织结对街道、社区、单位负责人赴台湾彰化县彰化市开展首次对口交流回访，促成区妇联与彰化市妇联结为姊妹协会。全年接待台湾商业总会参访团等来渝参访18批次540余人次。参与第十届“重庆•台湾周”活动，促成台湾跨境电商、海峡书院、文化艺术进出口平台等5个项目现场签约，总投资额910万美元。

【区委统战部负责人】

部　　长：章　琳

常务副部长：杨　琳（兼区民宗委主任，2018年7月任职）

副 部 长：李晓峰（兼区台办主任）

李　锐（兼区工商联党组书记）

吴　辉（兼区民宗委主任，2018年7月离任）

（李漪）

机构编制

【概况】渝中区机构编制委员会办公室（简称“区委编办”）是渝中区机构编制委员会的常设办事机构，是区委、区政府的工作部门，列入区委机构序列。办公地址位于渝中区和平路管家巷9号。2018年，区委编办行政编制5名，在职4人，其中处级领导干部1人，副处级领导干部1人。内设综合科（督查科）、机构编制管理科2个科室。下设渝中区事业单位登记管理局，为参公管理事业单位，事业编制3名，在职人员2人。区委编办的主要职责是：拟定全区行政管理体制与机构改革、事业单位改革的总体方案和专题方案；牵头推进行政审批制度改革；审核区党政群部门及副处级以上事业单位的”三定”规定；负责全区党政群机关和事业单位机构编制日常管理和机构编制实名制管理；负责机构编制督查工作；协调部门职责分工；负责区党政群机关、事业单位法人统一社会信用代码赋码工作；事业单位法人登记、年度报告公示工作；负责机构编制统计等工作。

2018年，区委编办以谋划机构改革、持续推进行政审批制度改革、优化完善事业单位登记管理服务、统筹使用机构编制资源为重点，深入推进简政放权，放管结合，优化服务，加快政府职能转变，不断优化机构编制资源配置，有序推进机构编制各项工作。荣获“2017年度全区综合目标考核特等奖单位”“重庆市尊医重卫先进集体”光荣称号，继续保持“区级文明单位”称号。

【党政机构改革】做好机构改革前期准备。深入学习领会中央和市委、市政府机构改革精神，逐个梳理部门、管委会和街道职责，提早思考改革方案，并结合中央机关“三定”方案和重庆市机构改革方案不断优化调整。坚持将优化完善街道机构设置、综合行政执法体制改革、行政审批制度改革、承担行政职能事业单位改革、理顺管委会与部门和街道关系、临时机构调整等工作与机构改革统筹考虑，同步推进。根据渝中区发展特点和街道特色，提出优化完善街道机构设置建议；对全区行政执法职能和事业单位承担的行政职能进行清理，提请区法制办进行专业性审查，研究提出综合行政执法体制改革和承担行政职能事业单位改革初步方案；通过走访调研，对管委会与街道、部门的职责关系和工作机制进行研究并形成建议方案；对全区临时机构的职责等情况进行了解并提出调整建议。对标对表推进上级改革部署。继续做好国家监察体制改革后续工作，提请区编委会撤销区监察局，并设立区留置管理中心，保障监察留置调查工作顺利进行。明确区委巡察机构的内设机构、人员编制和领导职数等事项，进一步加强渝中区巡察工作。按照盐业体制改革要求，为区经信委增加“负责盐行业管理和监督”职责，并在中小企业指导科加挂盐业管理科牌子。

【行政审批制度改革】 巩固审批服务标准化建设。（1）根据法律法规“立改废”和市政府关于简政放权的决定，依法做好区级行政审批事项和中介服务事项动态调整，并指导审批部门制定承接事项的服务指南、审查细则等标准化文本，逐项明确取消事项的监管措施，确保下放事项接得住、取消事项管得好。(2)与区政府督查室、区行管办、区政府法制办、区质监局建立常态化抽查机制，每季度对大厅各窗口标准化制度执行情况进行抽查，以问题整改促进标准落实，促使一次性告知、出具受理单或不予受理单等制度执行情况得到有效改善，窗口审批行为日趋规范。（3）借助全市统一的网审平台，指导审批部门认领区级审批事项，编制完善标准化的网上办事指南，推进网上标准化审批大厅建设，实现86%的区级审批事项网上能办。

落实审批服务便民化措施。（1）按照“合法合规事项马上办”“积极推行网上办”“面向个人事项就近办”“复杂事项一次办”的要求，以为企业和群众办好“一件事”为标准，编制发布《渝中区区级行政许可事项马上办网上办就近办一次办清单（第一批）》，对外公开承诺马上办事项64项、网上办事项281项、就近办事项7项、一次办事项228项，倒逼审批部门转变作风、优化服务、提升效能。(2)结合政务服务“一次办结”改革试点，对审批事项进行全面梳理，按照因事制宜、分类实施的原则，督促审批部门拿出“一次不跑”“只跑一次”事项，形成涵盖21项“一次不跑”和83项“只跑一次”审批事项的“一次办结”清单，并以“网上申请、快递送达”“现场申请、快递送达”等形式在审批大厅陆续实施，进一步减少企业和群众跑腿次数，缩短跑腿距离。

探索审批服务新模式。（1）以自贸区渝中板块“证照分离”改革为契机，积极推进告知承诺改革，对照市政府确定的事项范围，逐项制定配套实施方案和监管措施，以申请人书面承诺和审批部门事中事后监管相结合的模式，完成公共场所卫生许可、旅馆业特种行业许可证核发、从事出版物零售业务许可等8个审批事项的告知承诺改革，最大限度简化办事流程，方便企业和群众当场取得审批决定。（2）在自贸板块内试点并联审批改革，会同区自贸办制定出台《中国（重庆）自由贸易试验区渝中板块并联审批工作方案》，公布首批34项并联审批服务事项清单，并在审批大厅设立自贸专窗，一窗受理自贸板块并联审批事项，为企业办事进一步压缩时限。（3）持续深化“四亮三减”行动，组织审批部门纵向对照市级网审平台，横向对比主城其他区，结合渝中实际，对审批要件、审批环节、承诺时限进行再精减。在上年“四亮三减”的基础上，平均承诺时限再缩减0.23个工作日，降低至9.37个工作日。

配合做好工程建设项目审批制度改革。(1)聚焦工程建设项目审批制度改革试点情况，对标市级网审平台，协助审批部门配套更新行政许可标准化文本，对服务指南中“其他材料”“有关材料”等兜底性申请要件进行全面清理，消除模糊性条款，压减审批部门的自由裁量权。(2)对照市级《工程建设项目行政许可告知承诺事项清单》，督促审批部门逐项制定告知承诺实施方案和监管措施，推进全区工程建设项目审批服务提质增效。

【事业单位登记管理】 加强事业单位法人监管。（1）坚持依法登记。严格按照《事业单位登记管理暂行条例》及其实施细则办理事业单位设立、变更、注销等登记事项；查漏补缺，做好完善区属公益类事业单位宗旨和职责任务的前期工作，为后续办理事业单位法人证书变更登记打好基础；主动清理历史遗留问题，配合事业单位对涉及撤并整合、转企改制的，按照相关政策规定推行简易注销。（2）推动“双随机一公开”监管全覆盖、常态化。对全区65家事业单位进行法人公示信息抽查，建立健全抽查长效机制，加强对安监、教育、卫生计生等重点领域重点行业的事业单位日常监管。

规范优化事业单位登记管理服务。（1）做好年度报告公示工作。完成渝中区201个事业单位法人2017年度报告的网上申报、受理和复核工作，实现“互联网+登记管理”服务。（2）推动登记管理服务标准化。按照市事业单位登记管理局关于登记管理服务标准化要求，推进渝中区登记事项、场所、服务行为等方面的标准化建设，加强服务“窗口”规范化，制定并简化登记办理流程，推行“容缺办理”，逐步实现“最多跑一次”和不见面登记。

做好社会统一信用代码相关管理工作。继续推进机关群团、事业单位社会统一信用代码赋码工作，配合市事业单位登记管理局在第一时间完成区税务局的赋码办理。

【机构编制管理】 严格执行机构编制管理制度。坚持机构编制集中统一管理和“一支笔”审批制度，凡涉及机构编制的事宜，严格按程序和审批权限提请区编委会审定。2018年提请召开编委日常会3次，审议用编补员及机构编制事项12个；提请召开区编委会3次，进行集中学习，审议机构编制事项7个。严格规范用编补员工作。发挥机构编制服务大局作用，为全区经济社会发展提供编制保障。在核定的编制总量内，按照保证急需、留有余地的原则，报经区编委会审定，为渝中区第三期学前教育行动计划中11所新建公办幼儿园增加事业编制66名并同意2018年再用编18名，确保公办幼儿园教职工编制需求。按照程序为6名非领导职务人员和9名调入街道解决职级待遇人员办理调动用编手续，促进人才合理流动，保障干部利益。为34名公招公务员及参公人员、126名教育系统引进及招聘教师、31名卫计系统引进及招聘专业技术人员、74名其他事业单位人员办理入编手续，为机关事业单位提供人才保障。会同区委组织部和区人力社保局，做好面向社区招录公务员、安置市委组织部选调生和军队转业干部等工作。做好机构编制实名制管理。及时在实名制管理系统办理人员出编入编，健全机构编制台账动态管理。完善与区委组织部、区财政局、区人社局之间的配合约束机制，确保实名制管理系统数据及时、准确、有效，为区委、区政府、区编委会决策提供依据。加强机构编制督查和法制宣传。对事业单位的机构设置、人员编制等机构编制执行情况进行督查，实现一次抽查、全面“体检”。拟订《机构编制核查暂行办法》，推动机构编制督查制度化规范化建设。编印《机构编制法律法规选编》900册，向全区机关事业单位广泛宣传机构编制领域的政策法规，不断增强全区各级领导干部和工作人员的机构编制法规意识。

【自身建设】 强化思想建设，狠抓理论武装。严格执行《关于新形势下党内政治生活的若干准则》，用好批评和自我批评的有力武器，开好2次民主生活会，达到红脸出汗的效果，起到统一思想、凝聚力量、增进团结的作用。认真落实“三会一课”制度，2018年共组织集中学习19次。坚持党对意识形态工作的领导，全面落实意识形态工作责任制。强化组织建设，激发工作活力。选举产生首届支部委员会，配备组织委员、纪检宣传委员，强化党建工作力量。对照《党建标准化规范化建设操作手册》，开展支部标准化建设，完善对学习记录、档案整理、党务公开等工作的规范化管理。按照《渝中区科级领导干部选拔任用管理办法》等规定，先后提拔2名年轻科级干部，优化干部梯队。强化作风建设，提升服务水平。围绕优化机构设置和盘活用好编制资源两个主题，召开座谈会5场，听取40多个区级部门和事业单位的意见，收集到问题80多个、意见建议120多条，形成专题报告。主动到区纪委监委、区发改委等7个单位了解情况，倾听意见，解决问题。到重庆市第五十中学、红岩小学等4所中小学开展专题调研，了解各学校机构编制情况、存在问题和意见建议。对4个管委会、6个街道和2个部门进行走访调研，形成了理顺管委会与街道、部门职责关系和工作机制专题报告。强化纪律建设，确保忠诚履职。对照市委第十巡视组反馈的意见，主动认领11个问题，逐项制定整改措施，并建立长效机制，以铁的纪律持续巩固巡视整改成果。按照“抓在日常、严在经常”的工作要求，结合机构编制系统的违纪案件开展以案“四说”警示教育。强化制度建设，完善内部管理。研究制定中心组学习、财务管理、固定资产管理、印章管理、信息发布、保密工作等制度，并按照《中国共产党机关工作条例（试行）》，对室务会、主任办公会制度进行修订完善，逐步形成用制度管权、按制度办事、靠制度管人的有效机制。

【党建工作】 强化责任意识，加强党建工作。党支部委员会于2018年3月经区委直属机关工作委员会批准成立，以后坚持每月至少召开1次支委会，全年共召开支委会10次，研究部署支部工作，制定支部年度工作要点、全年学习计划、党课计划，每半年对支部工作进行1次总结。夯实政治理论学习，提高政治站位。积极推进“两学一做”学习教育常态化制度化，抓实每月1次支部主题党日等制度。围绕党的十九大，十九届二中、三中全会精神，习近平总书记系列重要讲话精神，特别是总书记视察重庆和参加重庆代表团审议时的重要讲话精神，组织集中学习21次。认真履行意识形态工作责任，把意识形态工作纳入支部年度工作要点，每半年定期研究一次。严肃党内政治生活，全面肃清恶劣影响。严格执行《关于新形势下党内政治生活的若干准则》，组织全办党员干部认真开展2018年度组织生活会和巡视整改专题支部主题党日，把坚决肃清孙政才恶劣影响和“薄、王”思想遗毒作为对照检查的重要内容，组织党员干部联系思想工作实际认真查摆问题。加强支部组织建设，提升党建工作质量。按照党章等有关规定，选举产生首届党支部委员会，配齐支部书记、组织委员和宣传纪检委员，强化党建工作力量。根据每季度党建工作例会上机关党工委反馈的意见，按照《党建标准化规范化建设操作手册》，进一步规范学习记录、档案整理等工作，提升党建工作质量。按照《中国共产党党务公开条例（试行）》要求，公开支部工作要点、每月支部主题党日计划、党费收缴情况等内容，发扬党内民主，强化党内监督，使全办党员更好了解和参与支部事务。组织党员参观长寿廉政教育基地、民主党派历史陈列馆、桂园、周公馆，进一步丰富主题党日的活动形式。突出党建引领作用，服务中心工作。建立健全“三会一课”签到制度，规范落实领导干部双重组织生活制度。

【区委编办负责人】
主　任：陆　伟
副主任：何俊杰

（郑军）

老干部工作

【概况】 中共渝中区委老干部局（简称“区委老干局”）成立于1985年3月，是主管全区离休干部和区级机关县（处）级以上退休干部的职能部门。办公地址位于渝中区和平路211号。2018年，机关内设秘书科、离退休干部科、关工委办公室3个科室。核定行政编制7人，实有7人。下属事业单位2个，其中，渝中区老干部活动中心为纳入参照公务员管理的正科级、公益一类、财政全额拨款事业单位，渝中区山城老年大学为正科级、公益二类、财政差额拨款事业单位。区委老干局的主要职责是：落实老干部的政治待遇，贯彻落实中央、市委关于老干部工作的方针、政策；协助组织部门抓好离退休干部党支部建设；落实老干部的生活待遇，牵头制定贯彻中央、市委有关老干部生活待遇方针、政策的实施方案，加强宏观管理，督促检查区属各单位对老干部生活待遇的落实。

2018年，区委老干局在市委老干部局和区委组织部的精心指导下，做好新时代老干部工作，推动全区老干部工作取得新成绩。截至2018年年底，区委老干局共管理离休干部102人，副处以上退休干部1292人。2018年，区委老干局获2017年度全区综合目标考核特等奖，被评为“全区基层党建工作先进单位”，获“全市老干部工作部门优秀调研成果奖”及“全市老干部工作部门信息工作先进单位”等称号。

【思想政治建设】　完善和落实与老同志阅读文件、听报告、参加重要会议和活动、通报情况、参观学习、订阅党报党刊和老年报刊等相关的制度。2018年邀请老同志参加、列席区委、区政府重要会议和重大活动15次，参加重要工作意见征求会7次、情况通报会4次，组织参观考察工农业生产3次，参加全市专题报告会3次。全年组织离退休干部学习党的十九大和习近平总书记系列重要讲话精神座谈会、讨论会、宣讲会、知识竞赛10余次，参加学习900余人次。做好全区1300余名副处以上离退休干部的《老同志生活》《渝中报》的赠阅工作。

【党组织建设】　举办全区离退休党支部书记全覆盖培训班2期，邀请市委党校、区宣讲团成员就党的十九大精神等进行专题辅导，组织参观考察渝中重点项目建设情况；组织新任离退休党支部书记参加市老干部党校离退休支部书记集中培训；加大党费对离退休干部党组织活动的支持力度，全额下拨离退休干部党支部收缴的党费；全面落实离退休干部党组织书记和委员的工作补贴；进一步强化社区离退休干部党组织建设；建党97周年全区优秀党组织评选表彰活动中，表彰离退休党组织和优秀个人3名。

【生活待遇落实】　2018年走访慰问区属离退休干部、新中国成立初期干部以及居住在辖区的代管市属破产企业离休干部328人次；按时足额发放离退休干部健康休养费、节日慰问费和生活补贴；做好区属破产企业、易地安置离休干部服务工作，督促责任单位落实企业离休干部专项经费及破产企业离休干部津补贴；各项政策兑现到位。

【工作方式拓展】　利用社区资源做好离退休干部服务工作试点，目前形成1个市级重点示范社区、15个市级试点社区的点状布局。拓展学习活动形式，举办寒暑假短训班及春秋科普班等特色培训6场，参加培训700余人次；因地制宜组织各类文体活动23次，参加2000余人次；开展安全讲座、健康知识讲座10余场，义诊120余人次。

【老干部作用发挥】　聚焦“八项行动计划”“三大攻坚战”，围绕区委、区政府中心工作，组织引导广大老同志在自觉自愿、量力而行的前提下，开展“增添正能量•共筑中国梦”主题活动。围绕庆祝改革开放40周年，举办全区离退休干部征文活动并收集优秀征文42篇；举办主题书画摄影展以及文艺汇演；组织引导老同志忆往昔、说发展、谈变化、献良策，组织召开座谈交流、专题学习等大小型会议7次；访谈部分厅、处级离休干部，渝中文学社成员，社区老干部等不同层级、不同领域老同志近100人次。组织引导离退休干部为渝中发展建言献策，在厅级老同志暑期理论学习班上，老同志提出关于渝中区经济、社会、城市发展等多方面的意见建议27条，区督查室分解到相关部门责成落实办理。组织老同志开展社区青少年暑期特色教育，全区11个街道开展暑期青少年教育实践活动200余场次。

【宣传工作】 充分运用内外刊报、门户网站、微信微博等平台宣传老干部工作，积极传播正能量。2018年，共在省部级媒体刊发宣传稿件24篇，区级媒体刊发稿件75篇，本单位网站发布信息408篇。指导老同志渝中文学博客建设，至年底发表文章486篇，点击量达11万余次。印制《渝中文学》《渝中老干》《渝中关心下一代》《山城老年大学》等报刊共计6期，全方位展示渝中老干部的精神风貌和文化生活。

【活动阵地建设】 区老干部活动中心继续发挥好“一中心两分点”作用，加强硬件建设，新增LED宣传屏，更换全楼层的开水器并配套净水器装置。2018年接待老干部2000余人次。山城老年大学深化教育教学改革，在全市老年教育中做好示范引领。名仕城校区于秋季学期投入使用。全年共开设专业13类、班级346个，年在校学员1.3万余人次。整合渝中区教育资源，继续完善远程教育平台建设，开通网上免费教育教学，现有注册学员6000余人。推出学习课程资源9600多个，年访问量10万余人次，成功创建“全国老年远程教育示范区”。2018年，山城老年大学荣获“中国老年教育发展三十年贡献奖”。

【区委老干局负责人】
局　长：包海燕
副局长：罗晓路
　　　　岳洪燕（2018年7月离任）
　　　　况　倩（2018年7月任职）

（郑超）

关心下一代工作

【概况】 渝中区关心下一代工作委员会（简称“区关工委”）成立于1990年5月，是以离退休老同志为主体，党政有关部门和群团组织负责人参加，以关心、教育、培养青少年健康成长为目的的群众性工作组织。主要职责是：动员和组织离退休老同志参与关心下一代工作，开展青少年思想品德教育工作，帮助青少年提高思想道德素质、科学文化素质和身心健康素质；坚持为青少年办实事、做好事、解难事，发动社会各方面力量，帮助青少年解决学习、工作、生活遇到的实际困难；开展调查研究，提出加强青少年教育的建议和意见，当好区委、区政府助手和参谋，完成区委、区政府和上级关工委交办的任务。2018年，区关工委有班子成员9人，成员单位21个。办公地址位于渝中区和平路211号。

2018年，区关工委充分发挥“五老”的优势和作用，组织开展多种形式的关心教育青少年活动，坚持服务青少年的正确方向，增强新时代做好关心下一代工作的使命感和责任感，推动关心下一代事业更好发展。当年，区关工委荣获全国“中华魂”读书活动优秀组织单位、重庆市“中华魂”读书活动优秀组织单位、“渝中区暑期青少年教育活动优秀支持单位”等称号，“梦想课堂”项目被评为“渝中区社区教育示范项目”“渝中区优秀巾帼志愿服务项目”。

【“中华魂”读书活动】 在全区青少年中开展“中华魂”（腾飞的祖国）主题读书活动，发放读本3.8万余册。开展“师生同读、亲子同读、老少同读”，邀请市级专家开展全区“中华魂”读书活动专题培训，组织报告团老同志到各个学校、街道、社区开展专题辅导讲座。与区教委关工委、各街道关工委联合开展征文、演讲初赛，581篇征文作品、34名演讲选手获区级一、二、三等奖。在全市比赛中，38名选手分别参加演讲、征文比赛，11名选手获一等奖，4名演讲选手获全国青少年演讲能力等级认定。2018年7月，人和街小学刘耀明同学代表重庆市在北京参加演讲比赛并荣获全国特等奖。

【“五老”作用发挥】 引领青少年传承红色基因，听中国故事，组织“五老”报告团深入学校、社区开展党史国史教育、思想道德和心理健康教育，开展报告38场，其中暑期“五老”进社区专题讲座12场。开展“净网”护苗专项活动，“五老”网吧监督工作团采取联合巡查与个别回访相结合的方式，坚持在寒暑假、节假日、周末等重要时点，对辖区网吧进行巡查，2018年共计巡查400余次。

【中小学生特色夏令营活动】　围绕科技创新、法治建设、红色基因传承等主题，开展中小学生特色夏令营活动。举办“引领创新未来 做美丽新重庆建设者”高中生夏令营，组织全区120余名优秀高中生走进重庆交通大学，感受交通科技发展，激发青少年的科技创新兴趣。开展“远离毒品 健康成长”初中生法治夏令营，组织100余名初中生走进嘉陵教育矫治所，通过观看禁毒讲座和实地参观，增强青少年自觉防范毒品、拒绝毒品的意识。开展“传承红色基因 争做时代新人”主题教育活动，组织170余名小学生代表参观红岩革命纪念馆，聆听革命故事，接受爱国主义教育。

【暑期青少年教育活动】　全区11个街道以学习宣传社会主义核心价值观为主线，认真开展暑期青少年教育实践活动200余场次，吸引3000多名青少年参与，让广大青少年快乐过暑假，离校不离教。

【“梦想课堂”公益项目拓展】　整合各部门教育资源，帮助城市流动儿童、困境儿童圆艺术之梦。拓宽项目覆盖面，除原有钢琴、古筝、舞蹈课程外，依托区青少年活动中心开办“梦想课堂”之百灵鸟童声合唱团，招募40余名困境家庭儿童，为他们提供全免费声乐培训。开设寒暑假短期班，新增装饰画、形体、陶笛等课程，全方位培养小学员的艺术才能。特邀“渝中名师”开办作文公益课堂，讲授写作技巧，提升小学员们的写作能力。先后组织学员到重庆科技馆、渝北五谷地度假农场进行社会实践活动，让他们拓宽视野、增强本领。举办“成长感恩 梦想腾飞”六一汇报演出，市关工委主任肖祖修等领导莅临指导。

【青少年法治教育宣传】　坚持以学校为主阵地，发挥相关职能部门的作用，组织开展主题宣讲、法律课堂等普法教育活动。区教委联合市第五中级人民法院在各中小学开展“校园防欺凌法制小课堂”活动，增强青少年的法律意识，提高其防范和应对能力。区司法局以“法律伴我成长、做遵纪守法小公民”为主题的小公民法律课堂走进社区、学校，倡导青少年做讲法治守秩序的小公民、好学生。团区委在南纪门街道邮政局巷社区、石油路街道煤建新村社区建立未成年人观护基地，积极探索“社区专员＋专业社工＋志愿者＋专家督导”模式，个案帮扶重点为青少年群体，成功帮教转化6名附条件不起诉和涉罪未成年人。

【公益性家庭教育服务】　举办“动能正心”感恩教育报告会，为青少年健康成长提供有力保障。在全区中小学范围内开展9场大型感恩励志报告会，9场父母课堂专题讲座，受益学生及家长1.5万人，引导家长教会孩子学会感恩，陪伴孩子健康成长。

【慈善助学行动】　联合区慈善总会继续开展“学海扬帆”慈善公益活动，解决青少年成长过程中面临的实际问题。共计捐助辖区贫困学生200人，总金额达10万元，其中街道社区151人，特殊学校学生25人，梦想课堂学员24人。

【区关工委负责人】
主　　任：何家利
常务副主任：曾君岳
副 主 任：蒋怀德　李国生　戴信根
　　　　　包海燕　唐点权　阳　玮
秘 书 长：岳洪燕

（孟沈阳）

保密工作

【概况】　渝中区国家保密局（简称“区保

密局”）成立于1989年8月。区委保密委员会办公室与区保密局实行“一套班子，两块牌子”，独立建制，归口区委办公室管理。2018年，区保密局编制4人，实有2人，局长（主任）1人，专职保密干部1人。区保密局的主要职责是：开展保密知识宣传教育，举办保密知识培训，审查机关单位定密工作，审批复制国家秘密载体定点单位，开展保密检查，查处泄密事件，等。办公地址位于重庆市渝中区和平路管家巷9号。

2018年，区保密局先后开展重点骨干网络检查、保密法治宣传教育活动和保密工作重点检查等一系列工作。

【保密工作会议】 5月11日，渝中区召开区委常委会专题学习贯彻全市保密工作会议精神，会议由区委书记黄玉林主持。会上，区委保密办、区保密局负责人传达中保委《2017年全国窃密泄密案件情况通报》和全市保密工作会议精神，汇报2017年全区保密工作情况，提出做好2018年保密工作的思路和措施。黄玉林就做好保密工作提出要求。6月1日，渝中区召开十二届区委保密委员会第一次会议，区委保密委委员共计22人参加。会议传达学习全市保密工作会议精神，研究部署渝中区2018年保密工作任务。区委副书记、区委保密委主任何家利就做好2018年保密工作提出具体要求。

【保密工作自查自评】 4月，根据市委保密委《关于组织开展2018年度机关、单位保密自查自评工作的通知》工作部署，区委保密委制定了保密自查自评工作方案，并向全区下发《关于组织开展2018年度机关、单位保密自查自评工作的通知》，要求全区各部门、单位对照《机关、单位保密自查自评工作规则（试行）》的具体要求，按照自查自评标准逐项完成自查自评工作。区委保密办成立专项小组，对区委宣传部、区民防办、区委编办、区妇联、区总工会等5家部门自查自评情况开展实地督查，及时发现问题、整改问题，促进各部门、单位建立自查自评常态长效机制。

【保密工作检查】 6月，按照市委保密办《关于组织开展“七五”保密法治宣传教育中期检查督导的通知》工作要求，对“七五”时期各部门、单位开展保密宣传教育情况进行自查自评，推动全区保密宣教多样化、经常化、制度化。7月，按照市委保密办《关于开展〈“十三五”时期重庆市保密事业发展规划〉贯彻实施情况中期检查的通知》要求，区委保密办向全区下发了《关于开展〈“十三五”时期重庆市保密事业发展规划〉贯彻实施情况中期检查的通知》，要求全区各部门、单位对照《“十三五”时期重庆市保密事业发展规划》部署任务落实情况开展自查。区委保密办组织力量对区建交委、区法院、区检察院等单位进行抽查。8月23日，市国家保密局局长杨林带队对渝中区“十三五”时期保密事业发展规划贯彻实施情况进行实地检查，并提出7个方面的工作要求。渝中区对照要求内容制定整改方案，明确整改时限和责任单位，已逐项整改到位。10月，按照市国家保密局《关于开展非涉密计算机、非涉密存储设备专项保密检查的通知》工作部署，区委保密办向全区各部门、单位下发专门通知，要求全区各部门、单位对本部门、单位的非涉密计算机等设备进行全面细致的保密检查，还协调有涉密资质的技术公司积极配合此次检查，确保检查不留死角。

【各类涉密考试保密工作】 2018年，区保密局先后服务高考、司法考试、公务员招录等多次涉密考试。与区教委、区公安分局等部门组成督查小组，分别对区招办高考试卷保密室和巴蜀中学、求精中学等4个考点的试卷临时存放点进行保密安全检查，还全程参与试卷运送、保管、发放、回收等环节的保密监督。

【区保密局负责人】
局　长：王卫东

（徐卓远）

直属机关党务工作

【概况】 渝中区直属机关党工委(简称“区直机关党工委”)成立于1990年7月。2018年，有行政编制7人，设书记1人，副书记1人，正副科长2～3人。内设办公室（挂机关计生办牌子）、组宣科（挂机关党校牌子），同时挂区直机关纪律检查工作委员会、区直机关工会工作委员会、区直机关共青团工作委员会、区直机关妇女工作委员会等5个独立牌子，办公地址位于渝中区管家巷9号。区直机关党工委的主要职责是：领导区直机关党的建设和思想政治工作，制定党建规划，推进机关党的政治建设、思想建设、组织建设、作风建设、纪律建设，把制度建设贯穿其中，深入推进反腐败斗争；领导区直机关工、青、妇等群团组织，开展文化、体育活动，丰富机关文化生活。

2018年，区直机关党工委贯彻全区机关党建工作推进会议精神，履行管党治党政治责任，全面提升机关党建工作质量。当年获重庆市渝中区基层党建工作先进单位、重庆市渝中区2017年度考核“一等奖单位”等称号。

【政治建设】 压实政治责任。2月，按规定召开2017年度机关基层党组织书记抓机关党建工作述职评议会，区委分管领导逐一点评并开展现场评议，促使各机关党组织书记牢固树立“主业”意识。10月，召开全区机关党建工作推进会，区委主要领导亲自对抓好当前和今后一个时期机关党建工作明方向、提要求，督促各机关党组织书记认真落实全面从严治党政治责任。完善制度机制。以区委名义制定出台《关于坚持以党的政治建设为统领进一步加强和改进机关党的建设的实施意见》，进一步明确机关党建工作管理体制，促进机关党组织和党员干部不断增强“四个意识”、坚定“四个自信”、落实“两个坚决维护”、做到“三个确保”。严肃党内政治生活。指导机关基层党组织将全面彻底干净肃清孙政才恶劣影响和薄熙来、王立军流毒作为对照检查的重要内容，开好组织生活会，做好民主评议党员工作；以适当方式督促党员领导干部参加双重组织生活，引领机关党员干部严格落实“三会一课”等组织生活制度。做好巡视整改工作。及时成立巡视整改领导和工作机构，认真传达学习巡视整改有关文件精神，按要求制定整改方案，牵头推进机关党建“形式化”、与业务工作“两张皮”等问题的整改，统筹指导各机关基层党组织按规定开展巡视整改专题支部主题党日，对照补学清单完成补学任务。开展巡视整改集中督查，及时反馈存在问题，指导整改落实。

【思想建设】 加强理论武装。为机关党员干部订阅发放《党的十九大文件汇编》《党的十九大报告辅导读本》等学习资料，编发《习近平新时代中国特色社会主义思想机关党员干部应知应会100题》小册子，举办学习十九大精神专题辅导培训，推动各机关党组织深入理解、抓好落实。组织机关党员干部参加《中华人民共和国宪法》《中华人民共和国监察法》专题辅导，引导机关党员干部认真学习贯彻习近平总书记关于宪法、深化国家监察体制改革重要论述精神，自觉学法尊法、守法、用法。加强教育引导。组织机关党员干部到歌乐山爱国主义教育基地开展“学红岩精神•做合格党员”党性教育活动，承办“践行新思想 永远跟党走”知识竞赛，促进党员干部坚定理想信念。加强宣传调研。坚持兴调研转作风促落实，调研形成《新时代加强机关思想政治工作的实践与思考》，并在全市机关党建工作片区会交流。编印《机关党讯》12期，信息被《渝中要情》采用2条、《渝中组工信息》采用1条、市直机关党建刊物采用1条、《渝中报》采用7条。

【组织建设】 打造“双日双课”品牌。全覆盖对区直机关党员干部进行政治生日慰问，组织开展区直机关“不忘初心 牢记使命”微党课竞赛，开展“不忘初心强担当 牢记使命敢作为”

系列主题党日活动，引导机关党员干部牢记党员身份和责任使命。推进机关党建标准化规范化建设。承办全区机关事业单位党组织书记培训班2期，举办机关党建“业务课堂”2期，对机关事业单位党组织负责人、机关党务干部全覆盖培训，参与制定并下发《渝中区机关企事业单位党建标准化规范化建设操作手册》，推进标准化规范化建设。抓好各项基础工作。共指导机关党组织发展党员7名；规范落实机关党组织换届要求，建立完善机关党组织换届工作台账，指导新成立党组织5个，督促指导15个党组织按期换届。开展庆祝纪念建党97周年系列活动，对110名优秀共产党员、15名优秀党务工作者、13个先进基层党组织进行表彰。做好党员关怀帮扶工作，在重要节点上门慰问新中国成立前入党的老党员、困难生病党员19人，及时为3名党龄40年及以上的党员颁发纪念章。在机关推行渝中智慧党建平台，推进组织生活纪实、党员学习等线上线下同步开展。建立机关党建协作组工作机制，协调指导四个机关党建协作组开展活动12次。

【党风廉政建设】 落实“两个责任”。班子坚持从自身做起，利用办公会、中心组学习会、支部主题党日等加强党章党规党纪学习教育，完善党工委领导班子议事决策规则，执行“三重一大”事项集体决策制度，实行审议决策一把手末位发言制，修订完善机关党风廉政建设“5张责任清单”，做到严守政治纪律和政治规矩。加强警示教育。贯彻执行中央、市委和区委各项纪律规定，研究制定区直机关党工委《关于加强党风廉政警示教育工作的实施方案》，指导机关党组织每月开展一次警示教育。加强日常教育。组织机关党员干部参加专题廉政党课、观看监察法宣传漫画展览，结合“廉政文化教育宣传月”开展廉政专题支部主题党日活动，推动机关党员干部自觉廉政勤政。

【精神文明建设】 组织开展社会公德、职业道德、家庭美德、个人品德“四德”教育。按要求开展社会主义核心价值观进家庭优秀案例征集活动和“赠亲情寄语•树清廉家风”征集活动等。组织区直机关干部参与“拥抱新时代、践行新思想、实现新作为”人生规划大赛和习近平新时代中国特色社会主义思想微宣讲比赛。深入开展创建文明单位、学习型党组织、模范职工之家等群众性精神文明创建工作，坚持对申报创建、复查验收的部门进行重点培育、指导。区审计局、区委老干局老干部活动中心成功创建成为区级文明单位（标兵）。指导区委党校、区信访办、区行服办申报市级文明单位。组织各机关党组织利用“社区工作日”“3•5学雷锋”等，开展政策咨询、文明劝导、清扫保洁、慰问困难群众等志愿活动。

【群团工作】 坚持服务干部职工。机关工会牵头举办机关拔河比赛，组织机关单位为职工购买互助保险、为重病职工申请帮扶基金，举办“做自己的保健医生”——脊柱病防治健康讲座，加大对机关干部健康的关怀力度；开展“安康杯”安全知识竞赛，不断提升机关干部综合素质；举办高考志愿填报培训讲座，开设机关职工子女暑期成长营，有效解决机关干部后顾之忧。服务青年成长成才。机关团工委组织学习贯彻习近平总书记同团中央新一届领导班子成员集体谈话时的重要讲话精神和团的十八大精神，组织机关团员青年开展“播种梦想小树苗”的志愿服务活动，为机关青年干部举办“浅谈青年干部成才观”专题讲座，引领机关青年健康成长。坚持关心关爱妇女干部。机关妇工委坚持需求导向，策划开展机关妇女干部趣味运动会、妇女干部“精彩体验日”等活动，提升机关妇女干部的人文素质。

【区直机关党工委负责人】
书　记：朱　红
副书记：赵　云（2018年7月任职）

（林滟）

政策研究

【概况】 2014年12月，渝中区政府职能转变和机构改革时单独设立中共重庆市渝中区委研究室（简称“区委研究室”，正处级）。区委研究室是中共渝中区委办公室管理的对全区经济和社会发展重大问题进行综合性研究的区委职能部门，并承担中共渝中区委全面深化改革领导小组办公室、中共渝中区委全面推进依法治区领导小组办公室、渝中区社会建设工作领导小组办公室的日常工作。2018年，内设综合科、经济发展科和社会建设科，核定行政编制13名，在职10人。区委研究室的主要职责是：研究谋划经济社会发展和改革中的重大问题，为区委决策提供参考建议；统筹规划，协调推进，督促落实全面深化改革、全面依法治区、社会建设工作，协调跨部门、跨区域的重大工作事项；组织重大问题研究，总结推广典型经验和做法，为区委决策提供意见和建议；参与全区经济发展、城市规划建设管理、深化改革、社会建设、法治建设等领域重要政策措施的制定；根据区委指示，组织或参与区委有关重要会议报告、文件和其他重要文稿的起草工作；调研、总结在执行上级工作部署和贯彻区委重要决策中出现的新情况、新问题、新经验，提出意见和建议；统筹全区各类智库建设，并做好相关联络协调工作；收集整理区内外有重要参考价值的经济、社会发展信息，为区委决策提供及时、准确、全面的服务；承办区委交办的其他有关事项。

2018年，区委研究室围绕全区工作大局，充分发挥“一室三办”职能作用，积极服务区委决策，统筹推进全面深化改革、全面依法治区、社会建设各项工作，完成领导讲话、汇报材料、文件报告、调查研究等各类文稿26篇，成稿15万字。

【重要文稿起草】 起草完成区委十二届三次全会主题讲话，将中央、市委关于坚决肃清孙政才恶劣影响和薄熙来、王立军流毒，加强法治和德治工作，营造良好的政治生态的有关部署及时转化为区委的具体措施；起草完成区委主要领导在全区经济工作会议上的讲话，部署渝中全年经济工作各项安排；全面梳理区委常委会2017年工作情况，起草完成区委常委会2017年度民主生活会对照检查材料及民主生活会整改方案；深入调研渝中区民营经济和民营企业发展情况，起草完成区委主要领导在全区民营经济发展大会上的讲话；为渝中实现高质量发展提供坚强组织保证，起草完成区委主要领导在全区组织工作会议上的讲话。全年还先后起草完成区委主要领导在区人代会闭幕式、政协会闭幕式、区委中心组专题学习会、区委人大工作会议及全区政法、公安、文化旅游发展、推进信息化发展等会议上的讲话18篇。

【重大课题调研及思想智库建设】 牵头开展全区兴调研转作风促落实行动。围绕推动渝中实现高质量发展、创造高品质生活目标要求，面向全区各级各部门广泛征求意见，确立了“母城文化挖掘保护利用研究”等12个全区性重点调研课题、“关于新时代开展人大代表履职考核评价机制研究”等25个重点工作性调研课题、“工商注册经济发展对策建议”等32个重点项目性调研课题。为及时将全区各级各部门调研成果转化为推动渝中高质量发展的实际举措，编印《渝中研究》供区领导参阅，全年共出刊17期、刊发调研成果（情况）报告80篇。全年共有20人次参与民营经济发展、进一步纠正“四风”加强作风建设、城市综合管理、民宿行业发展、高素质专业化干部队伍建设、推进“一助二优三转”优化营商环境等专题调研。

【改革对接协调】 对接落实《党的十九大对改革工作的部署及我市贯彻落实建议》《重庆市2018年全面深化改革工作要点》，结合渝中实际，制定全区2018年改革工作要点，按照项目化、清单化要求，分类建立任务清单，明确全区性重点改革专项12项、具体改革78项，构建起责任明晰、全程跟踪、压力逐级传导的改革推进格局。全年筹备召开区委全面深化改革领导小组会议3次，向市委改革办专题汇报1次，渝中改革经验被市委办公厅、市委改革办刊发交流3篇次。统筹协调各专项小组推进供给侧结构性改革、国资国企改革、创新驱动发展体制机制改革、城市提升体制机制改革、文商旅融合发展机制改革、历史文化名城保护开发利用改革、行政审批制度改革、医疗卫生体制改革、司法体制改革、生态优先绿色发展体制机制改革等重点领域改革事项。

【全面依法治区】 协调推动各专项小组聚焦依法行政、公正司法、全民守法三大重点任务，深化平安渝中建设，推动形成以依法执政、依法行政为重点，公正司法为保障，基层依法治理为基础，全民普法守法为先导的全面依法治区格局。筹备做好中央宪法学习宣传实施专项督察全面自查以及迎检准备工作，宪法学习宣传的浓厚氛围进一步形成。把全面依法治区各项任务纳入年度目标综合考核，牵头研究制定法治建设评价体系和考核标准，实行重大法治事件、工作过失“倒扣分”机制，严格追责问责，督促依法治区各项工作落实落地。

【社会建设】 坚持以网格化管理、社会化服务为方向，强化社区基层基础建设，在前期开展的社会治理网格化管理、社会化服务专题调研基础上，与区委政法委合作起草渝中区社会治理网格化智慧化调研报告和工作方案。推进以社区为平台、社会组织为载体、社会工作专业人才为支撑的“三社联动”，撰写的《渝中区大力推进“三社联动”有效创新基层社会治理》被市委改革办（法治办）《改革工作简报》（第27期）刊用，推广渝中经验。参与“十三五”规划公共服务、社会治理中期评估等工作。会同区民政局开展社区治理专题调研，起草加强和完善社区治理实施意见，促进社区治理体系和治理能力现代化。

【基层党建工作】 按照区委要求，制定区委研究室年度学习计划，分别建立领导干部和普通党员学习清单，认真落实“一日两报”（《人民日报》和《重庆日报》）学习制度。严格落实党支部专题学习制度，全年共学习习近平总书记系列重要讲话精神及中央、市委重大决策部署13次、40余篇。各党支部开展支部主题党日活动11次，组织生活会1次，市委巡视整改专题民主生活会1次，注重从源头营造良好政治生态。党员干部“四个意识”进一步增强，“四个自信”进一步坚定，做到“两个坚决维护”和“三个始终确保”。严格落实中央八项规定精神，注重“八小时外”监督，让廉洁成为生活习惯，确保党员干部心中有责、心中有戒。

【区委研究室负责人】
主　任：黎安原
副主任：马　明　杨建清

（刘丹）

党史研究

【概况】 中共渝中区委党史研究室（简称“区委党史研究室”）是主管全区中共党史征编、研究、教育、宣传的区委直属事业单位，纳入参公管理。办公地址位于渝中区和平路管家巷9号。2018年，核定财政全额拨款事业编制3名，在职2人。党支部为在职和退休党员联合支部，党员共5人。区委党史研究室的主要职责是征集整理重要党史资料，开展党史研究编写，编辑出版党史书刊，推动党史宣传纪念活动，实施党史审读审查等业务指导，协助相关部门推进党史遗址保护和场馆建设等，完成市委党史研究室和区委交办的工作任务。

2018年，区委党史研究室以党的十九大精神和习近平同志关于党的历史、党史工作重要讲话精神为指引，贯彻落实中央和市委党史研究室工作部署，履行“以史鉴今、资政育人”职能，围绕中心，服务大局，推进党史研究、资料征编、宣传教育、遗址保护、纪念活动等工作，推动党史工作科学化发展。

【党史资料征集】 按照《中共重庆市渝中区委办公室关于加强党史资料征编工作的通知》要求，及时跟踪记录区委重大决策部署和重大事件，搜集并整理重大党史事件。完成2007至2010年党史大事记的初稿编写工作；搜集2017年区委、区政府、区人大、区政协等大事、要事。启动党史资料电子库建设升级工作，保证存储、展示功能更完备，查阅、利用功能更便捷。

【党史宣传教育】 自5月起，在《渝中报》开辟《红色记忆》专栏，结合中共中央南方局革命历史活动，坚持每周刊发1篇专题文章，已推出系列宣传29期，共计6万字。推动党史宣传进机关、进基层、进学校。向全区各部门、街道社区、中小学赠送2018年正式出版的《中国共产党重庆历史大事记·渝中区卷（1922—2006）》和《红色旗帜 巴渝丰碑》党史宣传画册。推动街道图书室发挥党史教育功能，向各街道赠送精品党史书籍。撰写《弘扬红色文化 传承红色基因》党史宣传教育理论文章，探索推动党史宣传教育进校园，受到市委党史研究室领导及区县同行好评。收集早期党的事件、人物活动，拓宽党史宣传教育广度，探索打造渝中党史宣传品牌，制定社区党史宣传方案。在解放碑街道自力巷社区试点打造社区党史宣传阅览室，在大溪沟街道张家花园社区试点打造党史宣传教育综合阵地。

【革命遗址保护利用】 按照公共文化示范标准，利用中共重庆地委旧址（杨闇公旧居）党史遗址，对外举办“红色旗帜 巴渝丰碑”——纪念中共重庆地委成立九十周年图片展，发挥党史以史鉴今、资政育人的重要作用。累计接待市内外游客10000余人，并接待时任市纪委书记、市监察委员会主任陈雍及市纪委监委机关支部全体党员，杨闇公同志的妹妹杨白林等参观者，提供免费宣讲达12次。完善展览导识、展陈实物，增加实景感，丰富视觉体验，进一步强化展览展示效应。充分发挥展览的教育功能。支持区委党校设立党史现场教学点，开展体验式理想信念和廉政教育；配合区历史文化街区管委会、区卫计委机关支部开展主题党日党员教育活动。

【党史视频制作及党史审读】 联合江北区委党史研究室，委托重庆靶点影视文化传媒有限公司拍摄完成渝中区首部地方党史宣传视频《铭记——重庆三三一惨案》，邀请市内专家精彩讲述，再现历史事件。支持大溪沟街道开展党史宣传，对中法学校历史事件宣传展板文字，进行重新勘误和校正，确保党史宣传严肃性和准确性。

【区委党史研究室负责人】
主　任：刁　涛

（李泽娟）

党校工作

【概况】 中国共产党重庆市渝中区委员会党校（简称“区委党校”）成立于1959年4月21日，是渝中区委直接领导的全额拨款事业单位，2007年整体参公，与社会主义学院、区行政学校实行“一套班子、三块牌子”。内设办公室、教务科、教研室和行政科，在编17人。2017年，区编委同意区委党校、区行政学校核定校务委员职数2名（按副处级配备）。至此，学校领导职数调整为：校长2名（由区委、区政府领导兼任）、副校长2名（其中1名可按正处级配备）、专职校务委员2名（按副处级配备）。2017年，区编委明确区委党校实施分类管理体制，从事党务或行政管理岗位的人员列入参照公务员法管理范围，教学、科研等岗位人员未参照《〈中华人民共和国公务员法〉实施方案》登记的按照事业单位的专业技术人员进行管理。学校25名财政全额拨款事业编制中，17名编制用于党务或行政管理和工勤岗位，8名编制用于专业技术岗位。区委党校是区委重要部门，是区委培养党员领导干部、理论干部、公务员、公共管理人员、政策研究人员及民主党派、无党派人士的学校。区委党校的主要职责是：加强党政干部理论教育，培训轮训党政干部；承办专题研讨班；开展科研资政；开展党的路线、方针、政策和理论宣传等。办公地址位于渝中区金汤街79号。

2018年，区委党校贯彻落实《中国共产党党校工作条例》《行政学院工作条例》坚持党校姓党、行政学院姓党根本原则，发挥“三个阵地、一个熔炉”作用，推动新时期党校工作上新台阶。学校被评为渝中区2017年度考核“一等奖单位”、渝中区纪念建党97周年基层党建工作先进单位，获重庆市党校行政院校系统2017年度办学考评二等奖。

【干部培训】 2018年，举办培训班35期，培训干部近6000人次。其中，处级干部培训班2期、科级干部培训班1期、初任公务员培训班2期、新招聘事业单位人员培训班1期、创新型企业家（清华）研修班1期、全覆盖党组织书记培训班10期、发展对象培训班4期；协同区委组织部、区委宣传部、区直机关党工委等有关部门，举办新时代渝中学习讲堂10期、区党务干部培训班1期、区2018年宣传思想文化系统干部培训班1期、区干部人事工作专题培训班1期，努力服务全区高素质专业化干部队伍建设。

【理论宣传】 围绕习近平新时代中国特色社会主义思想和中央、市、区重要会议、文件精神开展宣传宣讲工作，组织专兼职教师进部门、进街道、进社区、进企业、进学校开展宣讲35场。强化信息宣传报道，围绕学校中心工作、特色亮点，撰写信息简报39篇，被探索网、渝中区政府网、《渝中要情》、《机关党讯》等采用42篇次。

【意识形态工作】坚持党管意识形态原则，严格意识形态工作要求。严格讲坛纪律，与授课教师签订意识形态责任书，落实班主任跟班听课制度，课件讲稿审核把关，课程内容全程录音；严格学术纪律，教育引导教研人员模范遵守学术道德，自觉加强学术修养，实事求是地开展学术研究、学术交流和学术评价；严格场所管理，与承租方签订意识形态责任书，对在校举办的各类讲座、论坛等严格把关、及时报备。

【科研资政】 开展兴调研转作风促落实行动，围绕全区经济社会发展中的热、难点问题，加大市内外走访调研，促进科研增量提质。新修订《教学科研成果管理办法》，推进“教研咨”一体化建设。2018年公开发表理论文章33篇，入选川渝蓉学会、重庆市行政管理学会、重庆市党校系统第四片区协作组理论研讨会文章8篇；成功申报市委党校、市社科院课题6项；高质量完成市委党校、市社科院课题，部门合作课题，科委软科学课题等14项；资政报告获区领导签批3人次；编印《渝中党校信息》《学习参考》《资政参考》13期。

【队伍建设】 选拔任用1名正科级领导干部，晋升副调研员1人，通过选调、公招引进专业技术人员2名，选派教职工到中央党校、市委党校、清华大学、复旦大学、杨善洲干部学院等学校学习培训42人次。选派年轻干部到市委组织部、区委办、区巡察组、市委党校锻炼4人次。组织开展听课评课竞课、教学练兵24人次。组织教师参加教学比赛、理论研讨会，2名教师分获全市党校、全市社会主义学院系统教学类比赛二等奖，5名教师的理论文章分别入选川渝蓉两地三方党校（行政学院）系统、市行管学会理论研讨会征文。组织教师参加区内微党课、微宣讲比赛3人次，均获二等奖。

【基层党建】 11月，区委组织部同意成立中国共产党重庆市渝中区委党校委员会（简称区委党校党委），设委员3人，其中书记一人，由黄嘉玮担任。区委党校党委隶属于渝中区委，下设3个党支部，其中1个机关在职党支部、1个离退休党支部、1个学员党支部。完成机关在职党支部换届改选。其中机关在职党支部书记1人，副书记1人，委员3人，党员16人；离退休党支部书记1人，副书记1人，党员8人。校党委贯彻落实党建责任制和全面从严治党主体责任制，认真落实“三会一课”制度、支部主题党日等制度，开展集中学习30次，推进巡视整改。深化“全员党课行动”，围绕“学‘习’小站2018”“追寻渝中记忆 传承红色基因”主题，开展“讲好红色故事”“追寻红色记忆”“弘扬红色家风”等主题活动，激发党员参与热情，增强党组织生机活力。参与街道社区志愿服务，共创基层党建互联互动、和谐发展的新局面。加强党建标准化规范化建设，规范阵地建设、党员管理、档案资料管理等工作，不断提升党建工作水平，被区委表彰为“基层党建工作先进单位”。坚持党建带群建，增补工会委员，创建市级文明单位，丰富工会活动，引导教职工积极向上、乐观自信，增强队伍凝聚力。

【区委党校负责人】
校　　　长：何家利
常务副校长：黄嘉玮
副　校　长：向中华
校 务 委 员：袁茂琳

【区行政学校负责人】
校　　　长：王　勇（2017年8月任职）
常务副校长：黄嘉玮
副　校　长：向中华

【区社会主义学院负责人】
院　长：章　琳
副院长：杨　琳　黄嘉玮

（姜媛媛）

渝中区人大常委会

【概况】 渝中区人大常委会（简称“区人大常委会”）是渝中区人民代表大会的常设机关，办公地址位于渝中区和平路管家巷9号。2018年，区人大常委会组成人员33人，其中主任1人，副主任5人。渝中区人民代表大会设专门委员会3个，即区人大法制委员会、财政经济委员会、城市建设环境保护委员会。设工作机构3委2室，即区人大常委会办公室、预算工作委员会、社会事业工作委员会、人事代表工作委员会、信访办公室。核定行政编制26名，机关工勤1名。区人大常委会下设宣传信息中心，核定为财政全额拨款事业单位，事业编制4名。现实有行政在职在编25人，事业编制4人，机关工勤1人。2018年，共召开区人民代表大会会议1次、常委会会议7次、主任会议18次，听取并审议“一府一委两院”工作报告29项，作出决议决定10项，开展执法检查4次，开展视察调研35次，组织专题询问和工作评议4次，备案审查规范性文件4件，依法任免国家机关工作人员49人次，依法终止区人大代表资格5名，补选区人大代表4名。

【区十八届人大三次会议】 会议于1月11日至15日在巴蜀中学礼堂、区级机关综合办公大楼举行。会议应到代表234名，实到代表229名，列席人员101名，特邀列席人员58名。会议听取并审议了区人大常委会、区人民政府、区人民法院、区人民检察院的工作报告。审查和通过了区2017年国民经济和社会发展计划执行情况与2018年计划草案的报告、区2017年财政预算执行情况和2018年财政预算草案的报告，通过了相应决议。修订了渝中区人民代表大会议事规则。选举产生了重庆市第五届人民代表大会代表，区监察委员会主任、区人民法院院长。各代表团在人代会期间提出建议、批评和意见440件。

【服务经济发展】 听取区政府“十三五”规划纲要中期评估报告，督促区政府优化调整部分指标、坚持既定发展思路、壮大重点产业，推动经济高质量发展。关注全区经济运行，听取审议区政府2018年上半年计划执行情况的报告，提出加强经济运行调度、优化营商环境、加快重点项目建设等审议意见。贯彻落实中央、市委关于建立国有资产管理情况报告制度的新要求，听取审议区政府国有资产管理情况的综合报告，督促区政府摸清国有资产“家底”，提高国有资产经营管理绩效。开展旅游产业发展工作专题询问和工作评议，督促区政府加快专项规划的编制实施，统筹推进文商旅城融合发展。视察大坪商圈建设情况，关注大健康、区块链、新金融等新兴产业发展。听取审议区政府2018年上半年财政预算执行情况的报告，审查批准2017年财政决算。监督区政府全面开展预算公开评审，做好预算联网监督的准备工作。加强审计查出问题整改工作和财政预算绩效管理工作的监督，分别对审计查出问题整改工作和部分项目的预算绩效管理工作开展测评。

【推动高品质生活】 促进城市环境改善。听取审议区政府2017年环境状况和环保目标完成情况的报告，开展水污染防治工作专题询问，督促区政府全面完成餐饮船舶整治，推进地下排水管网普查，进一步加强两江水体保护。听取海绵城市建设情况汇报，视察人防工程开发利用情况，调研地质灾害防治工作，促进城市环境安全进一步提升。听取审议区政府关于步行系统规划工作的情况报告，推动完成专项规划编制。开展步行系统建设情况视察，督促区政府加强统筹、加快进度、提升品质。开展《重庆市城乡规划条例》执法检查，提出强化建筑风貌控制，加强基础管网更新，推进屋顶景观整治等建议。继续关注传统风貌区、山城老街区、特色老社区建设，调研文化产业和博物馆群建设情况，推动“母城”历史文化风貌区决议全面贯彻落实。听取区政府智慧城市建设情况汇报，开展“网约房”管理情况调研，督促区政府充分发挥大数据智能化的引领作用，积极探索管理新方式。促进民生事业发展。针对老百姓反映强烈的“入园难”“入园贵”“入园不放心”问题，开展学前教育专项工作评议。督促区政府加大学前教育投入、加快公办幼儿园规划建设、逐年提高普惠性民办园生均补贴标准，推动学前教育优质发展。开展校点布局重点项目推进情况视察和约见，督促区政府优化项目审批流程，确保项目有序推进。围绕《重庆市食品生产加工小作坊和食品摊贩管理条例》实施、医保基金管理、养老服务工作开展视察调研，推动区政府改进相关工作。

【依法治区全面推进】 听取审议区政府2017年法治政府建设情况报告，督促区政府继续深化“放管服”改革，努力建设职能科学、权责法定、执法严明、公开公正、廉洁高效、守法诚信的法治政府。对《中华人民共和国道路交通安全法》《重庆市志愿服务条例》等4部法律法规开展执法检查，促进相关法律法规在全区全面贯彻实施。严格规范性文件备案审查，督促区政府做好规范性文件专项清理和公开工作，全年备案审查区政府规范性文件4件。重视法治宣传教育，开展宪法宣传周活动，督促相关部门落实普法责任。开展人大协商，协助市人大开展《重庆市全民健身条例》《重庆市物业管理条例》《重庆市公共汽车客运条例》等5部地方性法规的立法修法调研。听取审议区法院执行工作情况报告，要求区法院强化执行能力建设、加大强制惩戒措施运用，切实维护当事人合法权益。听取区检察院诉讼监督工作情况报告，督促区检察院进一步强化监督意识，提高诉讼监督能力，不断增强司法公信力。助推监察体制改革，依法任命首届区监察委组成人员，支持区监察委依法开展监察工作。坚持把人大信访工作作为知民情、察民意、解民忧的重要渠道和强化监督的重要内容，全年共受理群众来信来访216件次，做好转办督办工作，推动涉法涉诉信访纳入法治轨道解决，保障人民群众合法权益。

【代表主体作用发挥】 建立市、区两级人大代表联动履职工作机制，完善代表联系人民群众制度。组织开展“聚焦解放碑CBD，推动渝中新发展”代表主题活动，形成高质量调研报告，为推动解放碑CBD转型升级、高质量发展贡献力量。各代表组围绕辖区百姓关心的发展和民生问题，听取街道办事处、辖区派出所专项工作报告，依法开展视察、调研、约见等活动。2018年各代表组开展代表活动126次，市、区代表参加达1021人次；接待走访选民4021人次，推动解决民情事项2781件，形成视察、调研报告27篇，提交市人大代表闭会建议2件、区人大代表闭会建议38件。部分履职成果得到区级有关领导批示，推动解决了涉及市政管理、文旅发展、交通安全等群众关心的热点问题。进一步健全和完善“四督两评一保障”代表建议督办机制。区级领导牵头督办重点建议198件，数量创历年之最。召开代表建议“积案”督办会，对近三年代表反复提出而未办理落实的10类37件建议进行专项督办。试行代表建议办理“两次评价”和代表建议网上办理，督促承办单位落实对代表的答复承诺。全年478件代表建议全部办结，满意率和基本满意率达98.3%，落实率达68.8%。

【党建工作】　强化常委会党组的政治领导责任，在召开人代会、常委会会议，决定重大事项，推动工作创新等方面，严格执行请示报告制度。区人大常委会党组2018年向区委请示报告工作22次，确保党的领导始终贯穿人大工作的各方面和全过程。自觉落实党委决策。围绕中央、市委决策部署和全区中心工作安排常委会年度工作计划，自觉把人大工作放在全区发展大局中来谋划推进。按照区委“兴调研转作风促落实”行动要求，开展营商环境专题调研和集中走访精准服务民营企业活动，走访区内重点企业和代表单位140余家，倡导全体代表积极参与招商引资工作。协助区委筹备召开人大工作会议。依法做好选举任免工作。坚持党管干部原则和人大依法任免相统一。做好代表资格审查工作，依法终止区人大代表资格5名，补选区人大代表4名；依法任免国家机关工作人员49人次，组织宪法宣誓33人次。积极探索对常委会任命干部的监督，分别听取区文化委、区统计局、区安监局等部门工作情况报告，并开展测评，进一步增强相关部门负责人为民履职的责任意识。

【区十八届人大常委会组成人员】

主　任：米绍林

副主任：谭彬奇　吕　椿　戴启常
杨　竹　孔新军

委　员：王　植　王俊杰　王彭果
石安宇　史晓军　冯心怡
刘群利　杨云平　杨蕴华
李志辉　李裕权　吴拥军
何祖光　邹晓宇　汪　源
张　涌　张世合　张春光
陈大章　陈全顺　易　军
庞美莹　倪小华　康洪英
商元毅　赖　涛　操晓强

【区十八届人民代表大会专门委员会组成人员】

法制委员会

主任委员：张世合

副主任委员：商元毅　张　雄

委　　员：王　樵　叶　欢　李盛祥
曹晓刚

办公室主任：商元毅

办公室副主任：李村夫（2018年9月任职）

财政经济委员会

主任委员：王　植

副主任委员：李裕权　郑　静

委　　员：王晋航　刘小娟　罗　异
操晓强

办公室主任：曾　晖

副　主　任：王晋航

城市建设环境保护委员会

主任委员：刘群利

副主任委员：陈大章　苏本奎

委　　员：王承柯　李　红　胡明健
殷亚民

办公室副主任：黄俊生（2018年7月任职）

【区十八届人大常委会办事机构负责人】

办公室

主　任：杨云平

副主任：康洪英　陈　婵

预算工作委员会

主　任：李裕权

副主任：操晓强

社会事业工作委员会

主　任：王俊杰

人事代表工作委员会

主　任：庞美莹

副主任：史晓军

信访办

主　任：康洪英（2018 年 9 月任职）

宣传信息中心

副主任：李雪念

（胡晓峰）

渝中区人民政府

概　述

【概况】 2018 年，渝中区人民政府有区长 1 人，副区长 6 人。依照《中华人民共和国地方各级人民代表大会和地方各级人民政府组织法》的规定和工作需要，设置政府工作部门 27 个，设 11 个街道办事处、4 个功能区管委会、1 个行政服务中心管理办公室等 16 个区政府派出机构。区政府办设置 7 个职能机构，分别是综合科、秘书科、信息科、调研科、外侨科、区政府督查室、区政府应急办，行政编制 36 名。下属事业单位 1 个，为区党政信息中心。区政府办的主要职责是：负责区政府会议工作，协助区政府领导组织实施会议决定事项；组织起草或审核以区政府、区政府办名义发布的文件；督促检查区政府决定事项及区政府领导批示落实情况；调查研究，服务科学决策；负责外事侨务工作；负责区政府值班、区长公开电话、区长电子信箱及应急值守工作；指导、监督政务公开和电子政务工作；办理区政府和区政府领导交办的其他事项。办公地址位于渝中区和平路管家巷 9 号。

2018 年，区政府紧紧围绕习近平总书记对重庆提出的“两点”定位、“两地”“两高”目标和营造良好政治生态、做到“四个扎实”的重要指示要求，坚持稳中求进工作总基调，认真践行新发展理念，坚决打好“三大攻坚战”、大力实施“八项行动计划”，坚决肃清孙政才恶劣影响和薄熙来、王立军流毒，以“一稳三抓五促”工作方法统揽各项工作，全区呈现经济运行稳中有进、城市品质不断提升、民生福祉持续改善、社会大局和谐稳定的良好局面。全年地区生产总值 1203.9 亿元，增长 0.9%；区级一般公共预算收入 46.4 亿元，下降 6.7%；社会消费品零售总额增长 6.8%；固定资产投资总额完成 218.9 亿元，增长 2.8%；城镇居民人均可支配收入 40484 元，增长 8.9%。

【现代服务业发展】 下决心摆脱速度情结、换挡焦虑，沉心静气抓转型升级，经济发展质量和效益进一步提高。着力稳住金融、商贸“基本盘”，新引进天弘基金、国融证券等市级金融机构 4 家，金融机构人民币存贷款余额超过 9000 亿元，金融业增加值占地区生产总值的 26%。当当实体书店、无人便利店等新业态新模式新零售加速集聚，迦达、蔻蕊等 10 个国际知名品牌相继入驻，37 个全新品牌首入重庆并落地解放碑和大坪商圈，两大商圈社会消费品零售总额分别达到 570 亿元、160 亿元，全区商品销售总额 3500 亿元，增长 10%，商贸业增加值占地区生产总值的 24%。文化旅游活力迸发。整治提升李子坝轻轨站等热门景点品质，以洪崖洞、长江索道为代表的旅游景区持续火爆，以红色经典、老街老巷为代表的历史文化旅游加速升温，国家全域旅游示范区创建有序推进，获评全国“首批国民休闲旅游胜地”、“全国最受欢迎全域旅游目的地”，解放碑商圈荣获“全市最具人气商圈”称号；新增重点文旅企业25家，规模以上文化旅游业营业收入1000亿元，增长12%，全年旅游收入达到383.5亿元，增长20.3%。数字产业迅速发展。大力实施以大数据智能化为引领的创新驱动发展行动计划，成功承办智博会区块链分论坛，举办重庆市人工智能与大数据院士论坛，全力建设重庆“链岛”智能产业集聚区，重庆市区块链产业创新基地入驻企业28家，规模以上信息产业营业收入28亿元，增长15%。专业服务业、健康医疗业亮点纷呈。菲斯克、中冶赛迪、索通律师事务所等龙头企业引擎作用凸显，带动人力资源、工程管理、法律服务等行业持续增长，规模以上专业服务业营业收入162亿元，增长25%；启动“环重医创新创业生态圈”建设，新引入重庆适达口腔、瑞力医疗美容等中外合资医院及机构，仁品耳鼻喉等民营专科医院开业投用，规模以上健康医疗服务业营业收入300亿元，增长10%。楼宇经济、总部经济不断壮大。现代服务业集聚区建设提速增效，凯德来福士、重庆中心项目等一批高端载体加快推进，光控朝天门中心项目等一批商务楼宇开放运营，推动商社大厦、创意大厦、民生大厦等30栋老旧楼宇完成改造；新增酷狗科技、港力环保等总部及重点企业50余家，新增税收亿元楼宇3栋，总数达37栋。

【城市品质提升】　实施城市提升行动计划，渝中半岛更具内涵、更有质感、更富魅力。稳步推进城市有机更新和历史风貌保护，“城市双修”7大专项行动266个项目有序实施，山城巷、马鞍山、李子坝等传统风貌区和鲁祖庙、戴家巷等山城老街区建设提速提质，十八梯传统风貌区首开区、湖广会馆及东水门历史文化街区首开区完工，白象街传统风貌区一期开街运营，金汤街等8个特色老社区改造完工，保护修缮中苏文协旧址、中法学校旧址等15处文物，提档升级怡园、巴蔓子墓综合环境，顺利启动韩国光复军总司令部旧址、朝天门城墙等22项文物保护项目，城市人文“气质”不断彰显。开展基础设施建设提升行动计划，坚决保障市在区项目建设用地需求和施工组织。曾家岩大桥和轨道9号线、10号线等重点项目推进顺利，渝澳大桥两路口分流道等道路建成投用；继续完善路网系统，解放碑地下环道三期、雷家坡立交等重点项目稳步实施，解放碑、朝天门品质提升项目有序推进，山城步道加快建设、佛图关公园步道和古城墙定远门—临江门段步道顺利完工，完成渝州路、菜袁路等主次干道隔离设施改造102千米，新建公共停车场9个、新增停车位900个；强化管网、能源、通信等基础配套，改造排水管网4.5千米、老旧燃气管道50千米，完工朝天门110千伏输变电站工程，新增4G基站325个，重点公共场所免费Wi-Fi全覆盖，城市功能价值有效提升。以“绣花”功夫狠抓城市精细化管理。坚持大城细管、大城智管、大城众管，定人定岗定责常态化开展“马路办公”，率先实施城市综合管理“五长制”、在全市推广并入选2018中国最具幸福感城市·城市管理创新范例；标本兼治旅游顽疾，创新设立解放碑、朝天门、洪崖洞旅游综合执法检查站，全面试行“两江游”实名制购票、长江索道等重要景点联网售票，旅游市场秩序明显改观；下大力气推动朝天门等重点区域提档升级，拆除违法建筑5.3万平方米，涂装桥梁26万平方米、隧道下穿道20万平方米、隔离栏杆10万米，新改建公厕8座，清理僵尸车546台，精心摆放鲜花800万盆、精细提升绿地15万平方米、精致改造楼宇灯饰21栋，城市“颜值”更加靓丽。打好污染防治攻坚战。大力推进生态优先绿色发展行动计划，深入实施“五大环保行动”，全面落实河长制，圆满完成两江沿线餐饮船舶整治工作；全力抓好中央和市级环保督察反馈问题整改，饮用水水源地水质达标率达到100%，实现空气质量优良天数306天、同比增加35天，$PM_{2.5}$等6种主要污染物浓度首次实现“全下降”，城市人居品质持续改善。

【改革开放创新】 主动对接重庆市内陆开放高地建设行动计划，深化改革开放创新，城市知名度和对外影响力不断提升。深入落实区委12项全区性重点改革专项、78项具体改革项目，持续推进供给侧结构性改革，切实抓好“三去一降一补”，商品房销售面积74.1万平方米、商业商务楼宇招商去化50万平方米，处置“四久工程”3个、“僵尸企业”285家。推动区级党政机关和事业单位所属企业纳入集中统一监管，坚持市场化方向、推进国企投资方式变革。“放管服”改革持续深化，“全渝通办”行政审批和公共服务事项上线运行，行政审批事项平均要件减少15%，新增市场主体1.2万户；深入推进重庆自贸区和中新合作示范项目建设，落实自贸区改革试点任务112项，在全市率先出台34项自贸区并联审批服务清单，增值税一表集成工作经验在全国推广；新增外资企业及分支机构36家，落地项目10余个、签约金额167.3亿元。解放碑、化龙桥服务贸易产业园服务贸易额分列全市前两名。全区进出口总额103.9亿元，实际利用内外资210亿元，利用外资结构进一步优化。搭建“1+11+N”招商工作体系，区领导带队赴俄罗斯、匈牙利、波兰、捷克、日本、韩国、新加坡等国家以及中国北京、上海、广州、深圳、香港等城市积极开展招商推介，新增世界500强、中国100强企业5家，签约项目和企业1000余个、涉及投资总额超过2000亿元。大力实施军民融合发展战略行动计划，统筹军地基础设施、老旧人防工程共建共用。创新发展活力不断释放，新增国家高新技术企业30家、科技型企业100家、牛羚企业13家、瞪羚企业1家，支持科技计划项目106个，有效发明专利增长10%，建成智慧景区8个、智慧社区23个。

【民生改善】 实施以需求为导向的保障和改善民生行动计划，群众福祉不断增强。用心用情办好15件民生实事，完成棚户区改造10万平方米、房屋“两证”遗留问题化解19.8万平方米、老旧住宅加装电梯21台，一批群众关切的问题加快解决，连续两年在市考核中取得佳绩。打好对口帮扶•城市解困攻坚战，重点群体关爱帮扶投入1.6亿元、惠及50万人次，城镇新增就业4.5万人，社会保障水平稳步提高，继续做好对口帮扶巫溪工作。公共服务优质均衡发展。全面落实科教兴区和人才强区行动计划，3篇德育案例入选全国德育工作典型经验，名师、特级教师工作室达到28个，优化大坪石油路片区校点布局，加快中华路小学外国语学校等10个项目建设，推动回购原武警一支队营房用地支持办学，中小学幼儿园集团化办学覆盖率达66%，公办园在园幼儿占比达40%，普惠性幼儿园覆盖率超过71%；国家公共文化服务体系示范区创建成果不断巩固，创新引入社会资本打造曾家岩书院、的米24小时城市书房等公益图书馆，精心组织文化惠民活动600场、惠及20万人次，荣获市级及以上文艺奖项17个；综合医药卫生体制改革取得新进展，重庆市中医骨科医院迁建项目土石方基本完成，新增家庭医生工作室15个，签约率达25%，在国家慢性病综合防控示范区复评中获得先进称号，圆满完成全国精神卫生综合管理试点工作评估；广泛开展全民健身活动，建成新都巷、上肖家湾社区体育文化公园；保障6677户城市住房困难家庭居住需求；持续扩大养老服务供给，新增社区养老服务中心（站）5个，提供政府购买居家养老服务、惠及8000余人次，获批全国第三批居家和社区养老服务改革试点区。

【和谐社会建设】 始终牢记渝中区特殊区位赋予的特殊责任，时刻把握“渝中出不得事、出不起事、不能出事”的特殊要求，打好防范化解重大风险攻坚战，社会大局保持和谐稳定。持续深化社区治理“三社联动”模式，建成社区便民服务中心9个，充分发挥劳务纠纷、建筑行业纠纷等10个专业性调解组织作用，成功化解矛盾纠纷3500余件，完成市交办积案13件。重要景点节日期间，增派机关干部、安保人员、城管力量，加强应急值守、巡逻防控、市容秩序维护，全力防控“旅游热”带来的安全风险。

落实安全责任，强化“三个必须”，推进安全生产大排查大整治大督查大执法，拉网式排查整治校园安全、道路交通、地质灾害等重点行业领域安全隐患563个，全区安全生产形势平稳向好。加强经济领域风险防控，严厉打击违法违规金融活动，政府性债务绿色可控。推进扫黑除恶专项斗争，打掉恶势力犯罪集团和组织3个，抓获涉黑涉恶犯罪嫌疑人301人，刑事案件、侵财案件发案率连续三年下降。

【政府自身建设】 认真履行区政府党组全面从严治党主体责任，推进“两学一做”学习教育常态化制度化，持之以恒纠正“四风”，做好市委巡视反馈意见整改。推进科学决策、民主决策，严格落实向区委请示报告制度，定期向区人大报告工作、向区政协通报情况，办结人大代表建议和政协提案722件，满意率和基本满意率达98.8%。推进法治政府建设，加大政务公开力度，加强规范性文件备案管理，动态更新权力清单、责任清单、公共服务事项清单，让群众看得到、能监督。优化政府系统运行机制，行政机构改革平稳实施，预算绩效管理全面深化，审计全覆盖持续推进，调整完善政府投资项目管理和经济指标考核，针对重大项目、重点任务严督实查，完成“十三五”规划中期评估，全面开展全国第四次经济普查工作。持续优化营商环境，着力构建“亲”“清”新型政商关系，深化区领导带头联系重点企业制度，实施“一助二优三转”行动，集中走访企业1800余家，协调解决企业反映共性问题900余件。鼓励民营企业做大做强，严格落实企业减负三十条，用好用活产业扶持政策和发展引导基金，实现税费政策兑现“全覆盖”，累计为企业和个人减负33.1亿元。

【外事侨务工作】 对外交流进一步增强。协助完成“2018年中非合作论坛北京峰会”乍得总统一行访渝等重要外事接待6次，牵头推进韩国光复军总司令部旧址复建工作，配合完成新加坡、菲律宾等14个国家政要团接待工作；组织60余家企业、涉外机构参加亚太地区酒店合作论坛、重庆改革开放四十周年影像展等8场次重要涉外经济文化交流合作活动；开展外交官“母城文化”专线旅游推介、意大利经商与投资机会研讨会等系列商贸文化交流合作活动；牵头制定出台区委外事工作领导小组成员单位及其工作职责制度以及加强渝中区外国人服务管理工作办法，修订因公临时出国（境）管理实施意见，严格规范出访秩序，全年审核办理因公出访人员55人次，自组团组5批27人次。

2018年驻区领事机构名录

领事机构	地址	联系方式
英国驻渝总领事馆	渝中区邹容路68号大都会商厦28楼	电话：023-63691500　传真：023-63691525
柬埔寨驻渝总领事馆	渝中区民族路188号环球金融中心29-4	电话：023-63113666　传真：023-63113666
日本驻渝总领事馆	渝中区邹容路68号大都会商厦37楼	电话：023-63733585　传真：023-63733589
菲律宾驻渝总领事馆	渝中区民族路188号环球金融中心22楼	电话：023-63810832　传真：023-63729809
匈牙利驻渝总领事馆	渝中区民生路海航保利国际中心36-A	电话：023-63997099　传真：023-63997077
埃塞俄比亚驻渝总领事馆	渝中区民权路27号新华国际2204	电话：023-63734732　传真：023-63734735
加拿大驻渝总领事馆	渝中区邹容路68号大都会商厦17楼	电话：023-63738007　传真：023-63738026
丹麦驻渝总领事馆	渝中区邹容路68号大都会商厦31楼	电话：023-63726200　传真：023-63725284
荷兰驻渝总领事馆	渝中区民权路28号英利国际5404	电话：023-63997000　传真：023-63997049
意大利驻渝总领事馆	渝中区民族路188号环球金融中心49楼	电话：023-63822511　传真：023-63832544

【第十三届区政府区长、副区长】
区　长：商　奎
副区长：王　勇　黄孝明　邓光怀
　　　　鲁荣锋　蔚传忠　乔　宏

【区政府办负责人】
主　任：罗　毅
副主任：张明功　阳坤华
　　　　高　盈（2018年7月任职）
派驻纪检组长：颜　方

【区政府督查室负责人】
主　任：田　野

（李路遥）

法制工作

【概况】 重庆市渝中区人民政府法制办公室（简称“区政府法制办”）于1990年7月设立，是区政府工作部门。办公地址位于渝中区和平路192号。核定行政编制10人，2018年在岗8人。其中主任1名、副主任2名，科级领导职数3名。内设综合科和行政复议监督科2个科室。区政府法制办的主要职责是：全面推进依法行政和法治政府建设工作，不断提高全区依法行政工作水平。

2018年，区政府法制办围绕渝中区发展工作大局，推进《法治政府建设实施纲要（2015—2020年）》和《重庆市法治政府建设实施方案（2016—2020年）》提出的目标任务，严格重大合同、规范性文件审查备案，规范公正文明执法，加强行政复议和应诉工作，加强法治政府建设宣传，注重政府法律顾问团作用发挥，不断促进行政决策科学化、民主化、法治化，不断加快法治政府建设，为全区经济和社会发展提供法治保障。当年，区政府法制办被区委办、区政府办评为维稳安保工作突出集体。

【工作部署及动态管理】 制定《2018年渝中区法治政府建设工作要点》，全面部署2018年渝中区法治政府建设工作，明确5大方面的36项具体目标任务，并分解落实到区政府各部门、街道和管委会，为渝中区法治政府建设提供指引。组织各单位根据2017年9月以来相关法律、法规、规章调整的情况和国务院、市政府印发的取消调整相关行政权力的决定等文件，结合本单位“三定”规定，对现有的行政权力责任清单进行清理和动态管理。会同区政府法律顾问核定共调整56项，其中新增行政权力及责任21项，减少行政权力及责任35项，切实推进行政权力规范公开透明运行。

【政务服务事项编制】 按照全市统一部署，开展渝中区级公共服务事项目录清单及办事指南编制工作，形成2018年渝中区区级公共服务事项目录清单（共490项）。根据全市“三级四同”推进会和全区公共服务事项规范清理专项会议要求，对标对表认领公共服务事项三级通用清单共199项。

【证明事项清理】 为全面贯彻落实党中央、国务院关于减证便民、优化服务的部署要求，根据《国务院办公厅关于做好证明事项清理工作的通知》《重庆市人民政府办公厅关于印发证明事项清理工作方案的通知》要求，对在办理政务服务事项时，要求自然人、法人和非法人组织提供的各类证明进行全面清理，共梳理出证明事项108项，其中，保留98项，取消10项，做到没有法律法规规定的证明事项一律取消。证明事项取消后，不得以其他形式变相要求办事群众和企业提供相应证明材料。

【“双随机一公开”监管工作】 2018年，渝中区共开展“双随机一公开”抽查3913次，抽查事项1529项，已检查对象13253个。结合社会公共信息资源整合与应用工作，依托工商部门法人数据库和征信系统建立统一的市场监管信息平台，整合各执法监督检查部门随机抽查信息、行政许可信息、企业违法信息、企业信用状况等数据，初步建立市场主体诚信档案、失信联合惩戒机制、经营异常名录和黑名单等制度，基本实现市场主体监管信息部门间实时传递和无障碍交换，消除监管盲点，提高监管效能。

【重大合同审查备案】 2018年，审查合同68份，提出实质性审查意见400余条，既有效降低合同签订中的法律风险，又最大限度地维护公共利益。

【规范性文件管理及清理】 重点对规范性文件的合法性、适当性、必要性进行全面审查，坚决杜绝在规范性文件中擅自设立行政审批、行政处罚、行政强制、收费项目等内容，保证规范性文件的合法有效。2018年，区政府法制办审查区政府（办）规范性文件12件，提出审查修改意见60余条。加强规范性文件公开平台管理，及时更新区政府规范性文件目录库并进行动态管理。未列入继续有效规范性文件目录管理的，不得作为行政管理的依据。认真履行报备程序，区政府（办）全年共制发行政规范性文件9件，均已分别向区人大常委会和市政府报备。按照全市统一部署，做好涉及环境保护、商标管理、知识产权、军民融合发展、民营经济发展等几类规范性文件的专项清理工作。对全区行政规范性文件也再次进行了全面清理，梳理出全区现行有效的行政规范性文件共84件，其中区政府（办）50件，部门34件。废止28件。

【决策合法性审查】 区政府法制办对重大行政行为开展法制审查，对政府治理中的重大法律问题、突发事件、维稳事项以及重大合同等涉法事务提出各类处置建议1000余条，使一批涉及改革发展稳定的重大事项均在法治轨道上运行。区政府法制办主任固定列席区政府常务会议，参与区政府重大行政决策、提出合法性审查意见。

【法律顾问团辅助决策】 区政府法律顾问团围绕全区工作大局，为区政府及各部门、街道提供法律服务100余人次，深度参与渝中区拆迁纠纷、重大项目法律论证、重大合同审查、重大信访事项处理、行政权责清单清理、规范性文件审查清理、法制宣传等工作，为依法科学决策提供了高质量资政意见，减少政府决策的法律风险。同时，区政府建立法律顾问列席区政府常务会机制，进一步畅通专家和律师参与政府工作的渠道，增强行政决策的科学性和民主性。

【行政执法人员培训】 对全区780余名拟从事行政执法工作的人员开展网络执法培训考核，考核通过率为93.7%。针对渝中区执法队伍的现状和实际需要，培训内容主要为依法行政与规范行政执法、行政执法与行政应诉、法治思维与依法行政等，进一步提高渝中区执法人员行政执法水平、对行政纠纷及行政执法风险的化解能力。

【行政执法指导和监督】 全面实行行政执法人员持证上岗和资格管理制度，未经执法资格考试合格，不得授予执法资格，不得从事执法活动。2018年，新办执法证件79人次，换发执法证件22人次。指导各部门运用协商、调解的办法解决行政争议，监督相关部门主动纠正错误或违法行为，对矛盾纠纷做到早发现、早控制、早化解。通过执法案卷评查、全面推行“双随机一公开”等方式加强事中事后监管。

【行政处罚案卷评查】 采取部门自查和集中评查相结合的方式开展案卷评查工作，各执法单位共自查行政处罚案卷4649卷，由区政府法制办、区人大法工委、区政协社法委、政府督查室以及区政府法律顾问组成评查组，对区教委、区建交委、区卫计委等18个单位的37份行政处罚案卷进行重点抽查、集中评查。对评查出的问题，及时制发评查通报，督促有关单位进行整改，进一步规范行政执法程序和文书。

【行政复议应诉工作】 开展行政复议规范

化工作，从程序和实体方面规范行政复议文书，增强行政复议文书的说理性，提高行政复议案件办理质量，增强行政复议的权威性和公信力。全年共接受行政复议申请50件，已审结45件，其中维持25件，驳回2件，确认违法2件，撤销1件，申请人撤回申请5件，作出不予受理决定10件。共参与行政诉讼庭审案件168件（涉及区政府111件，部门57件），区政府及各部门积极应诉，按期提交答辩，配合法院做好行政诉讼案件的审理工作，避免矛盾激化和持续化。在房屋征收、劳动保障等重点领域推出主要负责人出庭应诉，全年区政府行政负责人出庭应诉率达33.8%。与渝中区人民法院共同印发《关于进一步加强行政机关负责人出庭应诉工作的实施意见》，增强渝中区各级领导干部的法治观念，提高行政机关依法行政能力，全面推进法治政府建设。

【法治宣传教育活动】 区政府法制办参加重庆人民广播电台新闻频道的《阳光重庆走进区县》栏目，以“在十九大精神引领下 迈出法治政府建设新步伐”为主题，宣传渝中区法治政府建设取得的进展，就社会各界关注的法治政府建设相关问题与群众面对面探讨交流。通过制作宣传展板、印制宣传资料、汇编法治政府建设工作报告、汇编典型案例等多种形式，全面开展法治政府建设宣传工作，提高干部群众的法治理念和依法行政工作水平。

【庭审旁听活动】 认真执行《中华人民共和国行政诉讼法》，推动干部投身法治实践。组织新提任领导干部旁听行政诉讼案件和职务犯罪案件法庭审判，2018年共组织各级领导干部旁听法庭审判220余人次。

【党建工作】 区政府法制办党支部围绕学习党的十九大精神、廉政教育、巡视整改等主题开展活动14次，集中讨论4次，撰写调研文章2篇。严肃开展党内政治生活，结合巡视整改和巡察整改工作主持召开专题民主生活会2次，对照“十破十立”要求，坚决肃清孙政才恶劣影响和薄熙来、王立军流毒。集中学习严格按照领读—重点发言—交流讨论—总结讲话的程序进行，确保学习规范有序。开展党旗、入党誓词、党员权利和义务“四上墙”，丰富党建阵地建设。开展优秀党员和优秀党务工作者选拔推荐，提升党员干部荣誉感，1名预备党员按期转正。2018年，区政府法制办党建工作成效明显，被区直机关党工委评为纪念建党97周年先进基层党组织。

【区政府法制办负责人】
主　任：霍　卫
副主任：喻　彦　李　峰

（王朝营）

人 事 工 作

概　述

【概况】 重庆市渝中区人力资源和社会保障局（简称“区人力社保局”）于2009年12月设立，为重庆市渝中区人民政府工作部门。2018年，内设党政办公室、公务员管理科、事业单位管理科（渝中区职称改革办公室）、人力资源科（渝中区军队转业干部安置办公室）、就业管理科、社会保险科（渝中区公费医疗管理办公室）、劳动保障监察科、劳动关系和仲裁管理科、机关事业单位工资福利科等9个科室。局机关有行政编制35名、工勤编制2名，在职公务员32人、工勤人员2人。下辖重庆市渝中区社会保险局、就业和人才服务局、劳动保障监察大队、劳动人事争议仲裁院4个参照公务员法管理的财政全额拨款事业单位和重庆市渝中区人事考试中心、人事和社会保障档案服务中心、军队转业干部管理服务中心等3个公益一类事业单位。区人力社保局的主要职责：全区就业再就业及相关优惠政策落实工作，社会保险参保、缴费及待遇支付工作，公务员、事业单位工作人员招录及日常管理工作，劳动争议、劳动纠纷案件处理及劳动者合法权益维护工作等。

2018年，区人力社保局立足自身职能职责，加强干部人才队伍建设，组织公务员（参公人员）公开招录考试1次，招录公务员（参公人员）34人。为区属事业单位招聘工作人员259人，为区教育系统、卫生系统分别引进优秀专业技术人才11人、5人。保持就业形势总体稳定，2018年城镇新增就业人员4.8万人，新增创业人员1.3万人。发放创业担保贷款3896万元，支出就业专项资金5632.2万元。“零就业家庭”保持动态为“零”。社会保障能力持续提升，推行全民参保计划，2018年，城镇企业职工基本养老保险、城乡居民基本养老保险、城镇职工基本医疗保险、生育保险、城乡居民合作医疗保险、工伤保险、失业保险参保人数分别为73.47万人、4237人、73.34万人、48.8万人、13.81万人、54.37万人、58.05万人。保障劳动者合法权益，维护劳动关系和谐稳定，组织各类普法宣传活动6次，接待现场咨询2000余次。开展清理整顿人力资源市场秩序等专项执法检查2次，检查用人单位743户。2018年，区人力社保局获区委、区政府“全区维稳安保工作集体嘉奖”表彰，下属参公单位区劳动保障监察大队获国家人力社保部办公厅、国家市场监管总局办公厅“2018年全国清理整顿人力资源市场秩序专项行动取得突出成绩单位”联合表彰。

【基层党建】 区人力社保局党委为区委所属基层党委，共管理2个党总支、19个党支部，258名党员。2018年召开党委中心组学习18次，领导干部讲授党课7次；举办学习习近平新时代中国特色社会主义思想微宣讲比赛；督促局属党组织全年开展支部主题党日活动200余次；全年发放各类助学书籍700余本，制作宣传展板10余块，张贴党的十九大、扫黑除恶等宣传海报100余张，编辑并推送“应知应会”知识点500余条。开展“纪念建党97周年”党内表彰工作，授予4个基层党组织“先进基层党组织”称号，授予22名优秀党员干部“优秀共产党员”或“党务工作者”称号。全年慰问老党员20余人次。督促局属各科室（单位）梳理岗位廉政风险点220项，开展亲属涉权事项排查，健全党员干部廉政档案。

【群团建设】 区人力社保局工会联合会于2011年3月成立，为渝中区总工会所属基层工会，有工会会员152人。2018年，开展了“巾帼建功标兵”“工人先锋号”“最美家庭”“五一巾帼标兵”等创建活动。共青团渝中区人力资源和社会保障局委员会于2011年3月设立，为共青团渝中区委所属基层团组织，现有在职团员15人。

【依法行政】 按规定开展行政审批，全年网审平台受理行政审批申请498件，较上年增加29.1%。梳理行政权力事项58项，公共服务事项29项。办理骗保、移交拒绝稽核等13件行政执法案件，处理19件行政复议案件、42件行政案件应诉。

【窗口服务】 对就业创业、社会保险、职称办理、劳动维权等实行窗口服务。局机关有职业资格证书办理、职称办理、劳动监察、劳动仲裁等8个接待窗口，2018年接待办事群众2万余人次。渝中区社会保险局、就业和人才服务局均入驻渝中区劳动就业社会保障服务大厅，共有办事场所面积2万余平方米，设立108个办事窗口，全年现场接待办事群众55万余人次。

【区人力社保局负责人】

局　　长：刘　路（党委书记）

党委副书记：田　野

副 局 长：米　佳　李昌隆　刘建国

人事人才工作

【概况】 2018年组织公务员（参公人员）公开招录考试1次，招录公务员16人，参公人员18人。从社区招录公务员1名。审核批复区教委、区卫计委等12个单位科级领导干部选拔任用工作方案，27名干部被选拔为科级领导干部。为区属事业单位招聘工作人员259人，为区教育系统、卫生系统分别引进优秀专业技术人才11人、5人。

【公务员管理】 完成2018年上半年公务员招录工作，经笔试、面试、资格审查、体检、考察、经市公务员局审批，全区共录用公务员16人，参公人员18人。从社区招录公务员1名。完成全区处级以下公务员2017年年度考核，86名区管干部、305名非区管干部被确定为优秀等次。根据考核结果给予330余名同志嘉奖、50余名同志记三等功奖励。会同区相关部门实施奖励，涉及三等功、嘉奖集体15个，记三等功1名、嘉奖65名。渝中区交通运输管理所、渝中区旅游监察执法队被列入参照管理，11名过渡人员进行参公登记。办理2名公务员辞职。审核批复区教委、区卫计委等12个单位科级领导干部选拔任用工作方案，27名干部被选拔为科级领导干部。

【事业单位与工作人员管理】 至2018年年底，管理177家事业单位、7988名事业单位工作人员，其中有1146名职员（含双肩挑人员225人）、6485名专业技术人员、551名工勤人员。组织14次区属事业单位公开招聘，招聘259名工作人员，为区教育系统引进高级职称人才1名、中级职称人才10名，为区卫生计生系统引进高级职称人才1名、中级职称人才4名。完成区属事业单位2017年度岗位聘用认定备案统计；完成区属事业单位岗位设置聘任事业单位人员共583人次。完成2017年度事业单位工作人员年度考核工作，将签订聘用合同情况等纳入年度考核依据。办理机关事业单位人员报到、调动手续333人次。

【人事教育培训】 组织全区除市管干部以外的处级及其以下公务员（参公人员）参加“以大数据智能化引领创新驱动发展”公需科目培训。组织新录用公务员、新任职公务员共计117人开展宪法宣誓活动。举办初任公务员培训班2期，共计84人参训；举办科级领导干部培训班1期，共计24人参训。组织渝中区事业单位工作人员6000余人（次）参加重庆市专业技术人员公需科目培训学习。举办新招聘事业单位人员岗位培训班，全区2017年公开招聘的50名事业单位新招聘人员参加培训。

【人事制度改革】 坚持事业单位解聘、辞聘制度，共办理区属11家事业单位解聘2人、辞聘26人。完成区普通中小学教师职称评审委员会、工程技术职称评审委员会换届工作。组织完成职教渝中片区职称评审，参评125人。组织完成渝中区普通中小学教师职称评审，参评110人。召开工程技术渝中区职称评审会，参评132人。全年确定专业技术职称144人次。

【人才服务】 推荐人力资源服务机构人才参与市级评选表彰，其中3家获奖。会同区委组织部、区委统战部、团区委、区商务局、解放碑CBD管委会、区侨联等部门开展电子商务人才预约式专场招聘会、外经贸人才交流大会暨解放碑CBD第三届人才交流会、海归人才招聘会。接收2438份社会流动人员人事档案，保管2.1万份档案。协助重庆市重点信息产业企业招工6825人。启动第八批第二期援藏干部推荐选拔工作，4人确定为援藏人选，并于2018年3月进藏开展对口支援。组织实施全区享受政府特殊津贴人选和重庆市学术技术带头人及后备人选的推荐选拔工作，命名刘渝松等10名同志为第三批重庆市渝中区名中医。

【人事考试】 组织区属教育事业单位公开招聘6次、卫生事业单位公开招聘7次、区属其他事业单位公开招聘1次，聘用259人。其中，通过公开考核招聘及选聘，为区教育系统引进高级职称人才1名、中级职称人才10名，为区卫生计生系统引进高级职称人才1名、中级职称人才4名。完成全国二级建造师及事业单位公招考试共计6场，约4万余人参加考试。

【津、补贴（绩效工资）规范】 会同区财政局和区总工会对区属机关和参公管理事业单位津补贴和奖金发放开展专项检查，全区违规发放加班费、将工作经费和集体奖励发放给个人、自立名目发放补贴等问题得到严肃整改和纠正。会同区财政局认真梳理津补贴、奖金发放正面、负面清单，要求各单位对标国家和市里文件，进行清理整改。通过专项检查清理，渝中区工资津补贴和奖金发放工作进一步规范。

【薪酬调整】 按照全市工作要求，完成全区机关事业单位2018年调整机关事业单位工作人员基本工资标准和离休人员离休费兑现工作，为全市区县中落实政策最快的工作单位。1.2万名在职职工月人均增加基本工资300元，90余名离休干部基本离休费月人均增加500元。

【工资审批发放】 审批全区机关事业单位职工各类工资变动26774人次。其中公务员按年度考核结果晋升级别工资685人次、晋升级别工资档次3311人次，事业单位工作人员晋升薪级工资8236人次。完成全区1.2万名机关事业单位在职职工统发工资7.6亿元。

【退休人员及军转干部管理服务】 审批退休人员一次性退休补贴52人次105万元；审批52人次科级以下职工退休，其中提前退休2人。审批35人次死亡一次性抚恤金620万元。发放263人次退休女职工“三八”妇女节慰问品（含部分直属事业单位退休女职工）。接收团职以下计划安置军转干部33人，随调家属3人。为新接收71名自主择业军转干部核算退役金、参加医疗保险；为自主择业军转干部发放243.9万元地方补贴，支出117.8万元医疗垫底资金，缴纳424.9万元医疗保险，发放36.4万元春节和“八一”慰问金。为企业军转干部发放207.4万元生活困难补贴、2.2万元特困救助费、6.4万元体检费、56.3万元春节和“八一”慰问金；为辖区内随单位参保的企业退休军转干部缴纳医疗保险费119.7万元。

【人力资源市场管理】 规范行政审批。2018年新审批设立人力资源服务机构22家，区管机构总数达到76家。推荐先进。渝中区3家人力资源服务机构获评2016—2017年度“人力资源服务机构十强（综合业务类）”；4家人力资源服务机构获评2016—2017年度“人力资源服务机构十强（派遣外包类）”；1家获评2016—2017年度“人力资源服务优秀成长机构”。

【高校毕业生就业见习】 新备案130家就业见习基地，全区高校毕业生就业见习基地增至441家，为3434名高校毕业生提供就业见习岗位，支付财政补贴382.2万元。

（谢均妮）

民族 宗教

【概况】 渝中区民族宗教事务委员会（简称“区民宗委”），为渝中区政府工作部门。办公地址位于渝中区和平路管家巷9号。2018年，行政编制3人，其中主任1名，副主任1名。区民宗委的主要职责是：贯彻执行民族宗教工作法律法规和方针政策，协调处理民族宗教方面的突发事件和影响社会稳定的问题；履行民族宗教事务管理职责，依法保护宗教信仰自由和正常宗教活动；依法维护民族、宗教界同胞的合法权益；等等。

2018年，区民宗委围绕民族工作主题和宗教工作基本方针，不断夯实渝中民族宗教工作基础，圆满完成各项工作任务，确保全区民族宗教领域祥和稳定，被区安全生产委员会办公室评为“全区安全生产工作先进单位”。

【管理服务机制建设】 开展辖区少数民族流动人口调研工作，建立流动少数民族人口数据库。建立党委领导、社区民警、社区干部、辖区企事业单位及少数民族居民代表多方参与的社区民族工作协调会议制度。加强与少数民族来源地联系，主动对接新疆、青海等驻重庆工作组，全面了解新疆、青海籍少数民族在辖区的人员情况。强化与社会组织协作，建立与重庆市新疆商会、重庆市甘肃商会等的沟通联系机制，不断汇聚做好民族工作力量。

【民族团结进步和创建活动】 结合渝中实际情况，围绕“共同团结奋斗，共同繁荣发展”的活动主题，开展第八个民族团结进步宣传周活动，全区各部门、各街道、各单位召开会议座谈50余次，发放宣传品6000余份，进一步筑牢中华民族共同体意识，民族团结进步宣传取得实效。

【少数民族合法权益维护】 向市级部门争取少数民族教育专项补助资金20万元，开展民族团结示范学校创建。加强少数民族代表人士培养与储备。争取教委支持，协调解决2起少数民族子女入学，及时做好2018年普通高校招生少数民族变更考生申报审核。对全区清真食品生产经营企业进行集中检查，指导相关部门、街道加强清真食品生产经营活动监督管理。

【《宗教事务条例》学习宣传】 以新修订的《宗教事务条例》为重点，分层次在各级干部培训中加入条例内容，在全区宗教活动场所举办学习培训活动20余场。开展宗教政策法规宣传月活动，多形式宣传新修订的《宗教事务条例》，积极推进宗教工作法治化。按照区委书记批示，及时编印《宗教工作知识读本》和宗教工作测试题，供各级领导干部学习参阅。对全区佛教、道教教职人员备案号和戒牒证进行梳理登记，规范区管场所教职人员请假备案手续。

【宗教工作自查整改】 按照全市迎接中央宗教工作专项督查实施方案要求，成立渝中区督查工作领导小组，及时召开区委统一战线工作领导小组会和民族宗教工作领导小组会进行安排部署。对照督查内容开展拉网式排查，对标对表查找问题。针对查找出的10项问题，建立问题台账，制定整改措施，逐一进行整改，解决一批宗教领域重难点问题，并顺利通过11月由中央统战部常务副部长张裔炯带队的中央宗教工作专项督查组的检查。

【宗教场所规范管理】 对接市管宗教场所下放工作，加强宗教场所规范管理。对区域内的11个宗教活动场所，开展定期与不定期的走访，检查场所安全、工程建设、制度建设等情况，及时做好沟通协调工作。坚持宗教中国化方向，引导宗教与社会主义社会相适应，鼓励圣爱堂、若瑟堂、清真寺等有条件的宗教场所悬挂国旗。引导宗教活动场所不断加强自身建设，在能仁寺启动以推行文明崇拜、去商业化为重点，以财务管理制度、宗教活动事前备案制度、人员动向备案制度为关键的试点工作，带动区域佛教、道教宗教活动场所管理规范化。

【寺观教堂建设】 高度重视区域内的寺观教堂项目建设，多次协调相关部门研究区域内寺观教堂的修建工作，重点打造关岳庙美化提升工程、东华观装修及陈列布展工程、圣爱堂迁建工程等项目。

【非法宗教场所及活动整治】 加强对非法宗教活动信息的掌握，加大摸排力度，建立非法宗教活动及场外非法宗教活动点定期排查报送制度。按照市委巡视整改要求，在相关部门、街道支持下，牵头开展场外烧香拜佛点专项整治取缔行动，完成江都怡园、牛角沱、九坑子、佛图关公园4个场外烧香拜佛点整治取缔工作；依法取缔鹅岭公园内基督教场外非法传教点。

【安全监督检查】 贯彻落实党政同责、一岗双责安全责任制，切实抓好安全防范工作，定期到宗教活动场所开展安全检查，与各宗教团体签订安全生产责任书。及时召开宗教活动场所安全稳定工作会，传达落实全市安全稳定电视电话会议、全区安全稳定工作安排部署会议精神，并在有条件的场所内开展消防演练。切实抓好安全防范工作，抓好春节、圣诞节、开斋节、古尔邦节等重要时间节点的安全管理工作，维护安全稳定。向市民宗委争取30万元的寺观教堂专项维护补助经费，用于相关宗教场所整体排危项目建设。

【意识形态阵地管理】 加强宗教及宗教思想传播管理，开展宗教政策法规学习月活动，引导广大群众正确认识宗教和理性对待宗教，自觉抵制非法宗教活动。全面抵御意识形态领域渗透工作，对临时聘请外地宗教教职人员主持宗教活动的，严格执行备案审批制度。加大宗教界代表人士队伍建设，推荐综合素质高的中青年教职人员担任人大代表和政协委员等职务，为他们表达宗教界合理诉求、为经济社会发展出谋划策搭建平台。努力建设一支政治上靠得住、宗教上有造诣、品德上能服众、关键时起作用的宗教界代表人士队伍。

【区民宗委负责人】

主 任：吴 辉（2018年8月离任）

杨 琳（2018年8月任职）

副主任：刘 庆

（练君）

信访维稳

【概况】 重庆市渝中区信访办公室（简称“区信访办”），是区政府主管信访工作的职能部门。2018年，内设综合科、群工科、督查科、办信科4个科室，核定行政编制13名，实有11名。下属渝中区群众工作服务中心，为区信访办所属正科级、公益一类、财政全额拨款事业单位，核定事业编制12名，实有11名。区信访办的主要职责是：受理、交办、转送群众提出的信访事项，承办上级国家机关交办和领导批示的信访事项，对信访事项进行复查复核；协调事权单位处理疑难复杂信访问题，组织协调责任单位群众上访和群体性事件；负责矛盾纠纷排查调处，督促各单位开展稳定风险评估，对群众反映强烈的信访问题进行调查研究；承担全区信访干部业务培训，组织实施信访工作目标管理考核，健全完善信访稳定工作机制；贯彻执行《信访条例》等法律法规。

2018年，群众到区上访766批次、2021人次，同比批次下降13.64%、人次下降13.26%。群众到市走访705批次、1161人次，批次下降13.07%、人次下降22.29%。群众到区非接待场所上访15批次、151人次，批次下降51.61%、人次下降77.33%。群众到市非接待场所上访1批次、2人次，批次下降90.00%、人次下降86.70%。群众进京非接待场所上访16人次，上升33.30%。办理群众来信共计515件、上升5.32%，受理网上投诉576件、上升186.57%。全区有重大影响的群体性事件继续保持“零发生”。全区主要信访数据指标呈现“两上升、六下降”的总体趋势。群众来信、网上投诉信件数据指标呈上升趋势，分别上升5.32%、186.57%，反映出通过近年来信访制度改革、信访代理工作的有序推进，依法分类处理信访诉求的透明公开，群众已逐渐接受通过来信和网上信访投诉方式表达诉求，由访转信的比例逐年增加。同时，群众到区上访总量、到区集访、到区非访、到市上访总量、到市集访、到市越级访的批次、人次数据指标均呈下降趋势，反映出通过全区信访突出问题专项治理、矛盾纠纷排查调处、领导干部接访下访、重点人员教育管控和相关工作的持续开展，多数信访问题得到解决，矛盾纠纷得到化解，信访秩序有一定程度好转。

【领导重视及制度等建设】 2018年，区委常委会、政府常务会先后5次听取信访维稳工作专题汇报，研究部署重大工作事项。主要领导先后到区信访办实地开展调研，为全区信访稳定工作把关定向。分管区领导先后10余次主持召开专题会议，对阶段性工作进行安排部署。在每季度的全区政法工作例会、平安渝中建设工作会上，区信访办主动汇报相关工作，各级领导高度重视，全力贯彻落实中央和市委关于信访稳定的一系列决策部署。结合“社区工作日”等工作，区信访办广泛开展人民建议征集宣传，加强人民建议征集工作，全年共登记人民建议35件，其中本级登记32件，市信访办转送网上建议3件。深入推进社会稳定风险评估，年初起草《稳评专家库管理办法》《第三方稳评机构管理办法》等规章制度，通过一系列措施强化稳评主体责任，筑牢社会稳定“防火墙”。健全完善稳评专家信息系统，形成具有26名专家的专家库名单。梳理并交办13项审查性备案项目和13项程序性备案项目，完成审查性备案项目2件、程序性备案项目2件，已完成审查正在完善备案手续2件。

【干部接访下访】 年初印发《关于干部接访下访群众工作的通知》，从“坚持六个制度”和“强化一个保障”等7个方面，明确接访下访工作的具体要求。每季度召开一次群众工作例会，集中听取全区干部接访下访工作推进情况。坚持每天邀请一名区级领导到接待中心接访，在街道办事处，继续推行领导干部公开轮流接待群众，在社区居委会，坚持社区工作者每日走访群众。区级领导全年专题约访、带案下访群众123批次、161人次，参加社区工作日、企业服务日公开接访下访253批次、405人次，研究解决376件矛盾问题，化解率达100%。区级各部门、各街道、各管委会处级领导在本单位、本辖区、本系统约访1736批次、2220人次，研究解决1736件矛盾问题，化解率达100%。成功教育稳控、现场处置军队退役人员群体、上访老户群体、国企退休人员群体、各类非法集资群体等的各类集访非访86次，确保全区社会大局持续平稳。

【党建工作】 区信访办党组结合信访工作实际，先后召开8次党组会专题研究部署，举办10次中心组学习讨论，组织6次全办集中学习，将落实管党治党主体责任作为区信访办党组的一项重要政治责任和重大政治任务来部署、落实，全力推进基层服务型党组织建设。通过主题党日活动、领导干部上党课、党建专题知识竞赛等多种形式，强化理论学习，增强党性观念，严明政治纪律、政治规矩，强化责任担当，推进区信访办党风廉政建设和反腐败工作深入开展。通过多种类型的学习教育，全体干部加强党性修养，争做优秀共产党员在区信访办蔚然成风。

【矛盾纠纷排查】 年初印发《关于进一步加强矛盾纠纷排查调处工作的通知》，强化对部门和街道的业务指导。每月定期召开全区矛盾纠纷排查会议，在特殊敏感时期更是坚持“日排查”“日研判”“日点名”“日交办”“日报告”五个每日制度，将绝大多数矛盾纠纷发现在初始，化解在萌芽。全区各责任单位对涉及社会稳定、意识形态、金融产业、体制改革、房地产开发建设等11大类45个重点群体进行具体攻坚。针对摸排出的重点群体，区级领导带头专题研究部署、牵头攻坚克难。强化源头预防，严格落实矛盾纠纷“三级联排联调”机制，确保矛盾纠纷排查率达到100%，排查出的48件重点矛盾，已化解46件，化解率达95.83%。对群众初次来访、初次来信、初次网上投诉等信访案件，穷尽法律、政策、经济等手段，千方百计予以化解，防止矛盾拖大拖炸。全年“三初”信访件办结率、群众满意率均达100%。

【信访积案化解】 2018年，对市信访办交办的16件信访积案，按照“五个一”要求（一个问题、一名领导、一套班子、一个方案、一抓到底），全面落实区级领导包案制度，明确责任主体、承办人员、化解措施和办结时限。各包案区领导高度重视，亲自听取案件情况，亲自研究化解方案，亲自督促落实措施，推动解决信访积案重点、难点问题。全年化解12件，化解率达75%。对市级交办28名重点人员，逐一梳理诉求，逐案分析研究，在重大活动及敏感时期落实24小时稳控措施。全年化解4人，教育转化14.3%，重要时段稳控率达92.8%。完成市里"到市上访不超3次且没有到非接待场所、无进京上访和息访息诉的人员总数比例不低于30%"的目标。对全区现有97名重点人员严格实行"日点名"制度，督促稳控责任单位落实24小时稳控措施，实现敏感特殊时段无一人进京到非接待场所滞留，未发生一起群体性事件的工作目标。

【信访突出问题治理】 在危改拆迁遗留问题，房地产开发建设，非法集资，物业管理，环境保护领域，违法上访、非法维权6个方面持续开展"3+3"信访突出问题专项整治工作。（1）危改拆迁遗留问题。主要就紫薇北苑安置房产权证办理和接房、龙蟠凤逸安置房接房、可乐小镇安置房产权证办理等3个突出问题开展专项治理，其中紫薇北苑安置房1～7幢目前已接房1597户、已交资料1416户、已出证867户、已发证806户，还剩下30户未接房。区相关单位已督促德威公司按期完成460户的划拨转出让手续，龙蟠凤逸安置房问题已由德威公司安置拆迁81户，可乐小镇为3704户安置户直接办理安置房产权证，矛盾已基本平息。（2）房地产开发建设问题。区建交委牵头处理工程款纠纷案件17起，涉及农民工460余名，协助发放农民工工资917万元，促使建设单位支付工程款90万元。（3）非法集资问题。区金融办牵头排查金融风险信息56条，责成风险信息涉及的企业搬离6家、整改12家，现已完成整改3家。新立非法集资案件4件，化解积案1件。（4）物业管理问题。区房管局牵头接待咨询和化解物业矛盾35件，处理群众信访投诉103件，累计检查项目140余次。基本化解新东福小区物业更换纠纷、财信渝中城"民宿热"纠纷、名流公馆小区公共区域临时占用纠纷等3个突出矛盾；有效控制钱塘玫瑰湾小区消防设施改造、嘉华鑫城小区屋面和外墙防水改造、帝都广场业主要求更换物业、轻轨名店更换物业、巴渝世家车库改造和停车费涨费等5个突出矛盾。（5）环境保护问题。区环保局牵头推进城市生活垃圾治理，控制城市扬尘污染，共受理突出问题64件，办理64件，办理率达100%，目前正在推进雍江御庭瑞灶老火锅油烟扰民问题、鹅岭公园附近餐饮一条街油烟扰民问题、大杨石组团华宇土石方工地施工噪声扰民等6项工作整治工作。（6）违法上访、非法维权治理问题。区维稳办牵头梳理形成2018年重点人员名单和工作方案，公安机关对经警告训诫后仍一意孤行的人员严格依法予以打击，全年共打击处置违法上访、非法维权人员33人次，其中警告1人次、罚款1人次、行政拘留违法上访人员31人次，对重点治理的8名上访老户名单提交区委、区政府审阅研究。

【重点时段攻坚】 针对全国、市、区"两会""五一"期间、博鳌亚洲论坛年会、上海合作组织成员国元首理事会、改革开放40周年等重要敏感节点，全面启动"战时维稳机制"，严格落实"五个每日"工作机制。年内全区共组织公安干警、党政干部2.9万余人次参与68次重要会议和重大活动现场维稳值守，处置148次应急突发事件，圆满完成12次重大外事活动现场信访维稳工作，顺利完成中央扫黑除恶督导组、国务院经济巡查督察组、中央第四扶贫攻坚专项工作督导组、中央组织部专项检查组、市委巡视组、市委环境保护督察组等上级督导单位驻地宾馆现场周边信访维稳任务，确保全区社会政治大局稳定。

【信访工作公信力提升】 收集汇编全区21家事权部门依法分类处理信访诉求清单。深入推进"阳光信访""责任信访""法治信访"建设，健全覆盖全区62个部门、11个街道、78个社区信访代理站（点）的三级信访信息网络建设。选配205名信访代理员完成代理各类信访诉求和事项215件。群众诉求受理率、办结率、应用率、参评率均达100%，群众满意率达95%以上。落实《重庆市信访工作责任制实施细则》，履行“三项建议权”，树立失责必问、问责必严的目标导向。

【突发事件处置】 2018年，区信访办与各事权单位、街道一起，妥善处置讨薪事件60余起，为500多名民工追讨工资600余万元；及时处置龙湖时代天街和恒大名都小区业主聚众维权、瑞安天地业主聚众等矛盾纠纷50余件；快速处置群益百货、天线厂、朝天门市场业态调整等重点信访问题40余件；参与并接待臻纪公司非法集资案、泛亚非访集资案等群体到市、集访活动30余起。

【业务培训及队伍建设】 组织召开信访稳定培训会，对全区各重点部门、各街道全员进行培训，确保各单位严格按照国家信访局和市信访办要求办理群众信访事项。每月组织各科室进行业务培训，强化区信访办全体职工的业务工作能力。强化队伍建设培养力度，以能力建设为主线，采取实践锻炼、在职学习等多种方式，形成多层次、多渠道的教育培训格局，增强干部培训的针对性和实效性。通过多种形式的学习、培训，切实提高干部的业务能力和综合素质。

【区信访办负责人】

主　　任：赵　彪（党组书记）

副 主 任：李洪其（2018年8月离任）

鞠　影（2018年5月离任）

苏晓兵（2018年8月任职）

赖国权（2018年8月任职）

孔　晟（2018年2月任职）

钟华锋（2018年8月任职）

督查专员：孔　晟（2018年2月离任）

王　旭（2018年8月离任）

（韦樵）

应急管理工作

【概况】 渝中区人民政府应急管理办公室（简称“区应急办”）成立于2008年8月，为区政府办公室内设副处级机构，有行政编制6人。区应急办挂渝中区人民政府总值班室、渝中区人民政府救灾办公室牌子。区应急办的主要职责是：承担重大突发事件的应急管理和处置工作；负责区政府政务值班工作、区长公开电话及应急值守工作；指导全区政府系统值守和处置工作。

2018年，渝中区应急管理工作适应新形势，落实新要求，应急管理各项工作稳步提升，为推动全区高质量发展、创造高品质生活提供了有力保障。

【应急应战指挥平台建设】 为提升区应急应战指挥平台功能，最大化地发挥其统筹调度、灵活处置功能，实施并完成区应急应战指挥平台扩容工程建设，新建覆盖区城管局、区安监局、区民政局等21个主要单位共26个点位的视频会议系统，基本形成上连市政府应急指挥中心，下接区级各相关单位、各个街道办事处的布局，实现即时视频通信、召开视频会议、会商处理突发事件、统筹调度各方资源的功能。

【节日值班值守】 针对渝中区成为网红热门旅游城市，游客骤增的情况，切实加大力量投入、强化措施，全力确保节日期间平稳有序。区政府主要领导在“端午”“中秋”“国庆”“元旦”等重要节点前主持召开值班工作专题会，提前对节日期间面临的形势进行分析研判，制定应对措施，对值班值守相关工作进行统筹部署。

【风险防控一体化试点打造】 按照市政府关于防范化解重大风险攻坚战工作要求，市政府应急办将辖区中山四路34号小区作为风险防控一体化建设试点，经区应急办、上清寺街道、曾家岩社区、小区物业等单位精心打造，投入经费10余万元，开展小区管网改造、添置消防设施设备、设计疏散路线并制作指示牌、设置宣传栏等，小区抵御风险、应对突发事件能力显著提高。

【应急宣传】 利用报纸、网站、微博、QQ等媒介抓好应急法律法规和常识知识宣传，全年累计举办应急宣教活动200余次，印发各类应急管理知识宣传手册15万余份，悬挂宣传横幅1000余幅，制作宣传黑板报500余期，提升全民抵御风险、自救互救能力，营造全社会共同参与应急的良好氛围。其中，5月11日在七星岗城墙公园广场处举行第十个“防灾减灾日”宣传活动，现场播放应急知识宣传视频、演示消防设备、开展医疗救急体验、安全常识解疑等活动，得到社会各界广泛关注。

【突发事件处置及管理】 严格规范各单位信息报送的规章制度。通过“应急快讯”快速传递突发事件信息和领导批示；加强信息研判，编写《每日情况综报》，全年累计发送信息1.2万余条。进一步规范突发事件处置流程，坚持属地管理、分级负责、教育疏导、果断及时、依法办事等原则，有效应对突发事件，尽可能减轻和规避突发事件带来的危害，全区各类突发事件同比下降近10%。全年区政府值班室共接听电话27396个，列全市各部门、各区县第3位；上报值班信息234件，其中市政府领导在渝中区报送的值班信息上批示9件；办理市政府领导批示34件，办理市长公开电话（信箱）交办件508件，均按时按质办结。在积极打造突发事件风险管理示范点的同时，“条块结合”落实工作责任，初步分级分类建成风险管理体系。全年共排查一般隐患26176项，已整改25644项，整改率达97.97%，无重大隐患。风险管理系统累计录入风险隐患772条，已完成729条，78条已消除，动态更新276条。坚持“管行业必须管风险”和“属地管理”原则，督促各行业部门、街道落实责任，积极协调各相关单位共同做好工作。

【应急预案编制管理】 2月，区政府第四十五次常务会审议通过《渝中区突发事件应急预案管理办法》，共八章三十条，应急预案从体系、编制、审批、印发、备案、实施等各环节进行标准化要求。全年共组织编制桥梁隧道等各类专项应急预案10个。

【应急演练培训】 拓展应急演练形式。5月24日以加油站泄漏燃烧事故为演练背景组织开展综合性盲演，区公安分局、区消防支队、区安监局等8个单位根据场景的设置和本单位职能职责提出了应对处置的工作建议和具体举措，取得较好效果。11月15日，开展跨部门、跨行业的突发环境污染事故综合应急演练，市消防总队、区环保局、区建设交通委等16家单位共计100余人参演，出动消防船、应急救援船、冲锋舟、环境应急指挥车、环境应急监测车、救护车等各类大型装备20余台，开展水上事故处置、油污拦截、伤员转移救治等多个演练科目，进一步提高在突发事件情况下的综合指挥、快速反应、救援处置能力。此外，区级相关部门、各街道及有关单位针对区内多发易发的突发事件开展了形式多样、内容丰富的应急演练200余次。

【应急避难场所建设管理】 按照《重庆市渝中区应急避难场所专项规划（2015—2020）》开展对已建成的应急避难场所的清查工作，11月更换枇杷山公园、东水门小学、健康路游园等应急避难场所标识，对各类应急避难场所进行有效管理并组织开展疏散演练。

【区应急办负责人】
主　任：喻才峰

（王庭伟 谷流）

行政服务

【概况】 渝中区行政服务中心管理办公室（简称“区行管办”）于2014年12月成立，为区政府派出机构（正处级），办公地址位于渝中区和平路1号星河商务大厦。2018年，内设综合科、业务管理科、协调督查科3个科室，核定行政编制8名，在职7人。下设正科级、公益一类、财政全额拨款事业单位——重庆市渝中区群众工作基层服务中心，核定事业编制5名，在职4人。区行管办代区政府管理事业单位1个：渝中区公共资源市场化配置中心，为副处级、财政全额拨款事业单位，核定事业编制10名，在职9人。区行管办合同派遣人员11人。区行管办的主要职责是：负责组织、协调、指导、规范区政府各部门及有关单位行政审批服务工作，参与行政审批制度改革工作。行政服务中心办事大厅已入驻工商、出入境、税务局等30个审批服务部门，开设126个办事窗口，可受理560项行政许可、审批及服务事项，有窗口工作人员216人。

2018年，区行管办围绕全区工作大局，以“建设人民满意的服务型政府”为总目标，以深化“放管服”改革为切入点，以优化政务环境为落脚点，扎实开展各项工作，在推动改革落实落地、服务辖区企业群众、转变队伍作风等各方面取得优异成绩。全年共办理各类许可、审批和服务事项187.47万件，人均办件量8679件，办结率达100%。区行管办先后获得2017年度全区综合目标考核特等奖、全区基层党建工作先进单位以及“践行新思想、永远跟党走”主题知识竞赛“组织奖”等多项荣誉。

【“两集中两到位”改革】 行政审批职能向一个内设机构相对集中的部门总数由20个升至22个，集中率从73.3%提高到81.5%。内设机构向行政服务中心集中的部门总数从4个升至13个，集中率从13.3%提高到48.1%。部门对窗口工作人员授权到位从4个升至15个，授权到位率和事项办理到位率均提高到55.6%。共计30个审批服务部门入驻行政服务中心，承担受理各类审批及服务事项560项，审批事项集中受理率达94%。

【行政审批效率提高】 开展新一轮“四亮三减”（亮名称、亮要件、亮环节、亮时限，减要件、减环节、减时限）工作，全区行政审批事项要件平均减少15%，环节平均简化5%，承诺时间平均缩短至9.37个工作日，承诺时限压缩率达54%。在税务窗口推行增值税申报“一表集成”改革，将营改增一般纳税人申报表的“一主表、九附表”汇总简化为一张“基础数据表”，填写项目由原来的530项直接减少到91项，精简率达83%。

【试点推进并联审批】 协调相关部门开展三大行业（旅店、餐饮、娱乐）“一窗受理”工作，梳理并联审批工作流程，协调旅店业开业登记总时限由40个工作日压缩至30个工作日，餐饮业开业登记总时限由50个工作日压缩至36个工作日，娱乐行业开业登记总时限由59个工作日压缩至38个工作日，开业登记总时限压缩率分别达25%、28%、35.6%。开辟工程建设项目审批服务大厅，实行“一家牵头、并联审批、限时办结”，一般社会投资工程建设项目审批时限为50个工作日，小型社会投资工程建设项目审批时限为35个工作日，带方案出让土地工程建设项目审批时限为20个工作日，一般工业建设项目从取得土地到开工15个工作日，政府投资工程建设项目审批时限为80个工作日，其中一般政府投资房屋建筑和市政工程建设项目审批时限为70个工作日，大幅度压缩审批时限。

【行政审批事项全部上网运行】 推进全区28个审批服务部门的583项行政审批在网审平台上线运行，月均办件量达一万件以上；推进全区33个部门、11个街道417项公共服务事项成功上线网审平台。在三级服务中心设立91个网上行政审批自助服务专区，打通区—街—社区三级网上直办行政审批通道，畅通服务群众的“最后一公里”。

【行政审批事项清理】 坚持开展行政审批事项清理工作，依法做好行政审批事项的承接、取消，动态调整行政审批事项清单，动态管理区级行政审批事项清单，依法承接行政审批事项1项，取消7项，目前区级网上行政审批系统上线行政许可事项583项。

【大厅管理体系完善】 修订完善《投诉处理办法》《窗口人员服务规范》等制度章程并在此基础上制定出台《窗口单位及窗口工作人员月度考核办法》《先进集体和先进个人评选办法》；严格执行领导干部定期带队巡查、网格组长周例会、窗口人员每周集中学习等各项管理制度。6月底全面实施窗口月度考核工作，按照“统一评价、分类考核”方式，将中心全部窗口单位和全体干部职工纳入考核范围，初步实现管理有手段。深入开展“转作风、树新风”作风建设专项行动，加强对各类突出作风问题的督导检查和处理力度，窗口队伍作风面貌焕然一新。经第三方评估机构调查显示，服务对象对区政务服务水平的满意度从年初的78%提高到88%。

【党建工作】 依托中心组学习、“三会一课”、支部主题党日等渠道，深入学习宣传习近平新时代中国特色社会主义思想和党的十九大精神，充分发挥党组把方向、管大局、保落实的核心领导作用，引导全体党员干部牢固树立“四个意识”、坚定“四个自信”，做到“两个维护”。2018年共开展中心组学习25次、支部集中学习15次、党课学习7次；利用微信群、QQ群等网络学习平台，推送学习资料25次。

进驻渝中区行政服务中心窗口单位

序号	入驻单位	联系电话	序号	入驻单位	联系电话
1	区财政局	023-63703137	16	区税务局	023-63806914
2	区卫计委	023-63819808	17	区工商分局	023-63813978
3	区文化委	023-63816718	18	区城市管理局	023-63809096
4	区司法局	023-63600277	19	区食药监分局	023-63819236
5	区公安分局	023-63849400	20	区发改委	023-63509596
6	区民政局	023-63853237	21	区教委	023-63819958
7	区规划分局	023-63818868	22	区安监局	023-63819958
8	区经信委	023-63819958	23	区民宗委	023-63819958
9	区科委	023-63819958	24	区烟草专卖局	023-63819958
10	区房管局	023-63819958	25	区交通局	023-63537110
11	区档案局	023-63819958	26	区旅游局	023-63819958
12	区侨办	023-63819958	27	区环保局	023-63850251
13	消防支队	023-63699289	28	区建交委	023-63531639
14	区民防办	023-63819957	29	区商务局	023-63819958
15	区人社局	023-63819958	30	区质监局	023-63816778

注：区经信委、区房管局、区档案局、区侨办、区人社局、区教委、区科委、区安监局、区民宗委、区旅游局、区烟草专卖局属于统一受理窗口，故咨询电话统一为：023-63819958

【区行管办负责人】
主　任：李　林
副主任：罗红英（2018年7月任职）
灵　乐（2018年7月离任）
张　雨

（张欣）

公共资源配置

【概况】 渝中区公共资源市场化配置中心（简称“区配置中心”）成立于2010年12月16日，是渝中区政务服务管理办公室代管的副处级全额拨款事业单位。办公地址位于渝中区和平路192号办公楼2楼。2018年，内设综合科、业务一科（工程建设招投标）、业务二科（政府采购招投标）。有事业编制10人，在职9人，其中党员8人。区配置中心的主要职责是：负责按照公共资源交易办法和全区公共资源项目目录承接各类资源交易活动，保证必要的见证服务，对交易资料进行备案；负责全区公共资源交易系统的建设、管理、运营、维护；维护招投标现场秩序，制止公共资源交易活动中的违法违规行为，协调、配合有关职能部门开展调查工作；负责政府采购集中采购代理工作；配合有关职能部门及时处理投诉等。

2018年，区配置中心共完成交易项目472宗，完成交易总额43.41亿元，节约（增收）财政资金1.97亿元，节约率达4.34%，溢价率为13.94%。其中，工程建设完成项目179宗，交易金额24.85亿元，节约资金1.52亿元，节约率达5.76%；政府采购完成项目220宗，交易金额18.33亿元，节约资金0.42亿元，节约率达2.24%；产权交易完成项目73宗，交易金额2228.66万元，增收资金272.7万元，溢价率为13.94%。2018年，区配置中心《严肃党内政治生活增强党组织内部活力》报告荣获区纪检监察学会2017年度优秀调研报告二等奖。

【招标、采购新规实施】 6月1日，中华人民共和国国家发展和改革委员会令第16号《必须招标的工程项目规定》正式施行，根据该规定，从即日起，达到下列标准之一的必须招标：施工单项合同估算价在400万元人民币以上；重要设备、材料等货物的采购，单项合同估算价在200万元人民币以上；勘察、设计、监理等服务的采购，单项合同估算价在100万元人民币以上。

【交易服务费停收】 8月3日，区配置中心收到《重庆市渝中区发展和改革委员会关于停止征收交易服务费的通知》，要求贯彻落实重庆市物价局《关于调整重庆市公共资源交易中心交易服务费试行收费标准的通知》，从当年1月1日起停止征收交易服务费，并按要求对已收取的费用进行退返。此工作已于2018年年底完成，全年为企业减负约450万元。

【党建工作】 区配置中心2018年共组织开展12次主题党日活动，组织党员学习党的知识、十九大精神和习近平总书记一系列重要讲话，增强党员干部的党性观念，提高党员干部的党性修养。先后组织“传承弘扬五四精神，不忘初心永跟党走”主题活动。组织党员前往金汤街社区慰问单亲母亲、春蕾女童，参加区行服办党组组织的参观长寿区预防犯罪法治教育基地活动。组织观看“庆祝改革开放40周年大会”直播，组织参观重庆自然博物馆。

【业务用房及交易系统升级改造】 11月13日，召开区配置中心业务用房及交易系统升级改造项目（一期）竣工验收会，由5名专家组成验收小组，对本项目进行竣工验收。验收小组分别对施工内容及移交资料进行验收，相关参会单位分别就该项目内容提出相关意见及建议，最终该项目顺利通过竣工验收。区发改委、区财政局、区行服办、区党政信息中心等相关部门应邀参会。

【保证金清退】 8月至12月，区配置中心开展历史遗留投标保证金的集中清退工作，成立保证金清退工作小组，争取项目业主、代理机构配合。通过挂网、电联、发送公函等方式通知涉及的134家投标企业退回233.2万元的保证金，减轻了投标企业经营成本。

【交流学习】 2018年，先后有山东省青岛市李沧区政务服务和公共资源交易中心、重庆市北碚区公共资源综合交易中心、河南省周口市公共资源交易中心、重庆市荣昌区公共资源交易中心、深圳市坪山区公共资源交易中心、重庆市江北区公共资源交易中心、江苏省无锡市滨湖区公共资源交易中心等单位相关人员赴区公共资源市场化配置中心进行学习交流。6月区配置中心相关同志前往浙江大学参加公共资源交易系统人员综合素质能力提升研修班学习。

【区配置中心负责人】

主　任：宋云溱

（王忠琴）

机关事务管理

【概况】 重庆市渝中区区级机关事务管理局（简称“区机关事务管理局”）成立于1988年，为区政府工作部门。办公地址位于渝中区和平路管家巷9号。2018年，内设综合科（政府接待办公室）、计划财务科、保卫科、节能工作科4个科室，下设后勤服务中心。全局在职干部职工15人，其中：机关公务员9人（编制9人），工勤人员2人，事业编制人员2人。此外，还有合同聘用员工22人。区机关事务管理局的主要职责是：负责区级机关事务的管理、保障、服务工作；拟订区级机关事务工作办法并组织实施；根据区委、区人大、区政府、区政协及上级主管部门安排，协助开展政务接待和公务接待；会同有关部门对本级党政机关办公用房实行统一权属登记，统一调配，统一处置，负责部分部、委、办、局固定资产清理登记工作，研究制定管理制度和办法并组织实施，承担清查登记、资产处置工作；负责区级机关办公用房及环境设施的管理维护；负责制定全区公务车辆管理办法并组织实施；负责区级行政和企事业单位的车辆编制计划、编制核定、配备、更新、维修、处置工作；负责管理区级机关部分部、委、办、局的行政经费和预算外经费；会同有关部门制定全区公共机构节能管理规划及相关制度并组织实施，负责区级公共机构节能指导、监督、管理、考核工作；负责区级机关办公楼（院）的安全保卫、消防及社会治安综合治理工作；负责区级机关干部职工的医疗保健和全区处级及处级以下干部职工的体检工作；负责区级机关部分部、委、办、局的医保工作；负责区级机关集中办公区域的行政事务及机关后勤服务等工作；指导机关后勤事务工作，推动后勤服务改革和发展；协同有关部门组织实施机关及事业单位内勤人员业务培训工作。

2018年，区机关事务管理局贯彻落实市委、区委关于机关事务工作部署要求，立足实际，创新载体，力求机关事务工作上台阶、上水平。当年，区机关事务管理局获市机关事务局表彰的“2017年度各区县公共机构节约能源资源工作优秀区县”、区委表彰的“2017年度全区综合目标考核‘一等奖单位’”、区妇联表彰的“2017年度渝中区巾帼文明岗”、区直机关党工委表彰的“2017年区直机关党建信息工作先进党组织”。

【财务资产管理及安全工作】 2018年，区机关事务管理局负责31个部门的行政经费及固定资产、工资统发、住房公积金、住房补贴、保险、餐卡、停车卡管理。与12家租赁户签订安全责任书。全年联合开展安全检查12次，保卫科安全检查24次，安全培训18次，安全应急处置演练8次，处置5人以上群访26起。

【节能工作】 接收编制164个公共机构能源资源消费统计报表及分析报告，撰写《渝中区机关综合办公楼节能示范案例》并参加全国公共机构节能示范案例经验交流会，完成区政府实绩考核节能工作指标加分材料及拟定《2018年度实绩考核指标》报告。渝中区公共机构节约能源资源工作考核为优秀单位。组织开展2018年节能宣传周及“低碳日”系列活动，指导区政务服务管理办公室成功创建全国节约型公共机构示范单位，按要求配置236个分类垃圾桶，有序推进渝中区机关生活垃圾强制分类工作。完成区环保局的“三大攻坚战”和“八项行动计划”及生态文明建设工作推进任务，完成市机关事务管理局对渝中区下达的20家食堂油烟治理工作任务等。

【机关医疗服务】 2018年机关卫生所门诊治疗7027人次，查血糖231人次，肌肉注射390人次，完成2018年全区处级及以下干部职工近2万人的健康体检工作。通过重庆市药品交易平台采购药品。

【公务用车及办公用房管理】 按规定将公务用车纳入“重庆市公务用车信息化管理平台”，平台接入率为98.72%。开展五一、端午期间作风建设监督检查工作，要求节日期间公务用车一律封存停驶，车辆钥匙统一集中保管，对公车停驶情况进行检查。全年报废处置车辆11辆，配备更新14辆。开展事业单位、国有企业公务用车制度改革工作。办公用房严格执行八项规定，2018年，在市机关事务管理局的指导下，对机关各部门的办公用房进行清理。

【服务保障及队伍建设】 健全场所巡查、会议服务规范等制度，全年顺利完成区“两会”、区委十二届三次全会等重大会议的服务工作，为607次会议提供细致、周到的会议服务。严把食材质量关，加强食品加工流程管理，全力保障区人大代表、政协委员在“两会”期间的用餐，全年承接公务接待餐110余次，为13余万人次提供餐饮服务，全年无食品安全事故发生。完善局党组会、局长办公会、科长碰头会等议事规则，群策群议重点工作，总结以往好的工作方法和经验，提前谋划思考全年工作，明确工作职责、狠抓工作落实，形成各司其职、相互协作、心齐气顺、想干事能干事会干事的良好工作氛围。

【党建工作】 始终把加强党风廉政建设和反腐败工作作为重大政治任务，把落实主体责任作为重要举措，党建领航，落实全面从严治党主体责任，营造干部清正、单位清廉的政治生态。2018年开展主题党日活动25次，支部集中学习18次，集中收看会议直播2次，邀请区委党校校务委员作党的十九大报告精神专题宣讲1次，组织开展党的十九大精神和智博会知识竞答2次，局党组书记带头讲党课3次。

【区机关事务管理局负责人】
局　长：杜鹏武
副局长：刘　静　张　毅

（陈璞）

渝中区政协委员会

【概况】 政协渝中区第十四届委员会（简称“区政协”）于2017年1月换届产生，由中共渝中区委与渝中区各民主党派、各人民团体、无党派、工业、商业、科技、教育、体育、卫生、民族宗教等24个界别的各族各界代表人士协商组成。办公地址位于渝中区和平路管家巷9号。其主要职能是政治协商、民主监督和参政议政。至2018年年底，有区政协委员236人，其中常务委员44人，正副主席9人，秘书长1人，任期5年（换届之年开始计算）。区政协下设2室7委，即办公室、政协委员联络办公室、提案委员会、文教卫体委员会、社会法制委员会、学习文史委员会、经济科技委员会、城建环保委员会、民宗海联委员会，为委员履行职能、助推发展、联系群众服务。

2018年，区政协常委会团结和带领全体委员，以习近平新时代中国特色社会主义思想为指引，深入学习贯彻习近平总书记关于加强和改进人民政协工作的重要思想，不忘初心、跟党前行，发挥优势、履职尽责，为渝中经济社会发展稳中求进、转型升级作出积极的贡献。获得市政协“新闻宣传先进集体”，区委、区政府 2017 年度考核“特等奖单位”，区委、区政府表彰的全区维稳安保工作突出集体、先进基层党组织等荣誉。

【第二次全体会议】 1 月 10 日—13 日，区政协第十四届委员会第二次全体会议召开。会议期间举行全体会议 3 次，7 个委员小组进行分组讨论 4 次，来自各界别的 13 位委员代表作大会发言。会议取得 3 项重要成果。（1）政治协商效果好。会议集中协商讨论渝中区政府工作报告、法院工作报告、检察院工作报告、财政报告、计划报告，协商讨论意见被区政府和有关部门充分吸纳。（2）大会发言观点精。各专门委员会、参加单位和部分政协委员围绕促进渝中民营经济发展、智慧城市建设、新媒体产业培育、“母婴室”项目完善、“住改非”隐患整治、文商旅融合发展等重大课题、民生问题、发展问题，提出有分析见解和具体政策建议的发言材料 33 篇。（3）委员提案质量高。共收到提案 436 件，经审查，立案 384 件，并案 98 件，交办 286 件。

【第十四届党组会议】 2018 年，共召开区政协第十四届党组会议 16 次。2 月 5 日，召开第一次会议，研究推荐后备干部事宜。2 月 23 日，召开第二次会议，学习传达关于深入开展兴调研转作风促落实行动的通知、关于印发陈敏尔同志在市委常委会 2017 年度民主生活会上讲话的通知、关于市委常委会 2017 年度民主生活会情况的通报、《坚决肃清孙政才恶劣影响和“薄、王”思想遗毒 大力营造良好政治生态 全力推进重庆各项事业健康发展》、区委政法工作会精神、全区 2018 年党建工作会精神，研究机关党建工作、党组理论学习中心组学习计划、机关自身建设工作、主席会常委会召开事宜。3 月 2 日，召开第三次会议，学习传达中共中央办公厅印发的《关于市县党委建立巡察制度的意见》《中央巡视工作规划（2018—2022 年）》，中共重庆市委关于加强区县党委巡察工作的意见，中共重庆市渝中区委关于印发《中共渝中区委巡察工作实施办法》的通知、《关于被巡察党组织配合区委巡察工作规定》的通知，学习习近平总书记在中共中央国务院春节团拜会上的讲话精神，习近平总书记在打好精准脱贫攻坚战座谈会上的讲话精神等相关内容。4 月 3 日，召开第四次会议，研究区政协党组《关于深入开展兴调研转作风促落实行动的情况汇报》和嘉陵江书画院秘书长、副秘书长调整事宜。4 月 18 日，召开第五次会议，传达学习区委十二届三次全体会议精神。5 月 23 日，召开第六次会议，学习习近平总书记在中共中央政治局第五次集体学习时的讲话，《共产党宣言》第一、二部分，习近平总书记在纪念马克思诞辰 200 周年大会上的讲话。6 月 7 日，召开第七次会议，研究国学•母城文化行舟系列活动资金使用事宜；听取机关党组关于在政协机关开展兴调研转作风促落实活动、关于进一步加强机关干部请假审批报备工作的备案汇报；学习中共中央办公厅关于印发《党委（党组）国家安全责任制规定》的通知、中共重庆市委办公厅印发《关于向市委请示报告制度执行情况的通报》的通知、陈敏尔在五届市委全面深化改革领导小组第七次会议上的讲话、陈敏尔在市委统一战线领导小组全体会议上的讲话。6 月 27 日，召开第八次会议，学习全国政协系统党的建设工作座谈会会议精神，《共产党宣言》第三、四部分，《习近平新时代中国特色社会主义思想三十讲》第一讲，习近平、李克强、韩正同志在全国生态环境保护大会上的讲话。7 月 9 日，召开第九次会议，研究区政协党组《关于 2018 年上半年工作及下半年工作思路的情况汇报》、区政协下半年重点工作安排、区政协委员活动专项经费使用事宜、会议室改造事宜。7 月 24 日，召开第十次会议，学习习近平总书记在中央政治局第六次集体学习时的讲话、《习近平新时代中国特色社会主义思想三十讲》第三十讲《坚持用习近平新时代中国特色社会主义思想武装全党》、《习近平总书记关于加强和改进人民政协工作的重要思想专题摘编》第一部分。8 月 9 日，召开第十一次会议，学习市委第十巡视组《关于巡视渝中区的反馈意见》、陈敏尔同志在听取五届市委第二轮巡视情况汇报时的讲话精神、陈杰同志在市委第十巡视组巡视渝中区情况反馈会上的讲话；研究《区政协党组关于市委第十巡视组巡视渝中区反馈意见涉及区政协问题的整改方案》（送审稿）、区政协委员活动经费使用的有关事宜、《政协重庆市渝中区委员会关于开展深入推动长江经济带发展 加快建设山清水秀美丽之地委员履职尽责实践活动的实施意见》（送审稿）。8月9日，召开第十二次会议，听取政协机关党组关于基层党组织调整的情况报告、理论研讨会筹备相关情况的汇报；研究《关于进一步严肃渝中区政协主席会议会风会纪的决定》（送审稿）、《关于进一步严肃渝中区政协常委会议会风会纪的决定》（送审稿）、召开区政协党组巡视整改民主生活会事宜、国学•母城文化行舟活动有关事宜、区政协会议室改造有关事宜。9月19日，召开第十三次会议，听取政协机关党组关于加强机关党建工作等事宜的汇报、会议室改造有关事宜的汇报；研究区政协党组《关于加强政协党建工作的方案》（送审稿）；学习陈敏尔等同志在中央扫黑除恶第9督导组督导重庆市工作动员会上的讲话，陈敏尔、胡文容同志在全市组织工作会议上的讲话。11月1日，召开第十四次会议，传达学习全区宣传思想工作会议精神，研究政协文史资料出版印刷相关事宜、拍摄母城文化纪录片相关事宜，听取区政协采购电子办公设备推进机关无纸化办公事宜的汇报、区政协机关会议室改造进度相关事宜的汇报。11月26日，召开第十五次会议，传达学习市委第五次政协工作会议精神。12月10日，召开第十六次会议，听取区政协第十四届三次全体会议工作方案的汇报，研究区政协委员调整相关事宜、新年茶话会筹备工作相关事宜、国学•母城文化行舟活动相关经费安排，研究部署进一步加强区政协系统党建工作。

【区政协第十四届主席会议】 2018年共召开区政协第十四届委员会主席会议10次。1月3日，召开第八次主席会，会议审议区政协委员、常务委员调整有关事宜，区政协第十四届委员会常务委员会工作报告（送审稿），区政协第十四届一次会议以来提案工作情况的报告（送审稿），区政协第十四届二次会议有关事项；审定区政协2017年度履职工作突出的政协委员名单、区政协2017年度建言献策成效突出的提案、在反映社情民意信息工作中表现突出的单位和个人名单。1月12日，召开第九次主席会议，会议讨论区政协第十四届常委会工作报告的决议（草案），区政协第十四届二次会议决议（草案）并决定提请区政协八次常委会审议，区政协第十四届二次会议提案审查情况的报告（草案）并决定提请区政协八次常委会审议通过。2月28日，召开第十次主席会，会议通报区政协2018年度协商计划；审定区政协2018年度主席会议议题及常委会会议议题（草案）、区政协主席班子成员部分分工调整事宜；审议区政协2018年度工作要点（草案），相关街道联络委主任、界别组组长（兼）调整名单。3月27日，召开第十一次主席会，会议传达学习全国两会精神、习近平总书记全国两会期间系列重要讲话精神会议，听取侨联工作情况、区政府关于审计工作情况的通报，审定区政协十四届二次会议重点提案。5月22日，召开第十二次主席会议，会议听取区政府关于金融办工作情况、安防体系建设情况、推进安全生产领域改革发展的实施意见贯彻落实情况的通报。8月28日，召开第十三次主席会议，会议听取区政府关于商务局工作情况和文物保护利用情况的通报；审定《关于深入推动长江经济带发展加快建设山清水秀美丽之地委员履职尽责实践活动的实施意见》（草案）和《关于进一步严肃渝中区政协主席会议会风会纪的决定》（草案）。10月25日，召开第十四次主席会议，听取2018年度民主评议提案办理工作的情况汇报。11月20日，召开第十五次主席会议，会议听取区政府关于渝中区重点基础设施建设情况的通报、区政协提案工作情况的汇报。11月26日，召开第十六次主席会，传达学习市委第五次政协工作会议精神。12月25日，召开第十七次主席会，会议审议委员调整有关事宜、区政协第十四届委员会常务委员会工作报告（送审稿）、区政协第十四届二次会议以来提案工作情况的报告（送审稿）、区政协第十四届三次会议有关事项，审定区政协2018年度履职工作突出的政协委员名单、区政协2018年度建言献策成效突出的提案、在反映社情民意信息工作中表现突出的单位和个人名单。

【区政协第十四届委员会常委会议】 2018年共召开区政协第十四届委员会常委会议6次。1月3日，召开第七次常委会议，会议审议并通过区政协委员、常务委员调整有关事宜，区政协第十四届委员会常务委员会工作报告（草案），区政协第十四届一次会议以来提案工作情况的报告（草案），区政协第十四届二次会议有关事项。1月13日，召开第八次常委会议，会议听取各委员小组讨论区政协第十四届常委会工作报告、提案工作报告，区政府工作报告、计划报告、财政报告、法院工作报告、检察院工作报告，区政协第十四届常委会工作报告的决议（草案）、区政协第十四届二次会议决议（草案）、区政协第十四届二次会议提案审查情况的报告（草案）的综合情况汇报，审议区政协第十四届常委会工作报告的决议（草案）、区政协第十四届二次会议决议（草案）并决定提交大会通过，审议通过区政协第十四届二次会议提案审查情况的报告等。2月28日，召开第九次常委会，会议通报区政协2018年度协商计划；审定区政协2018年度常委会议议题、区政协2018年度工作要点，相关街道联络委主任、界别组组长（兼）调整名单；书面传达市“两会”相关精神。4月24日，召开第十次常委会议，会议听取工会组织作用发挥情况通报和传统风貌区、山城老街区、特色老社区项目总体建设情况的通报。7月19日，召开第十一次常委会议，会议听取区政府关于创建国家食品安全示范城市、上半年经济社会发展及财政预算执行情况的通报。9月18日，召开第十二次常委会议暨“普惠性学前教育的优质发展”专题协商会议，会议听取区政府关于普惠性学前教育的优质发展情况、关于公立医院改革综合效果评价情况的通报，并围绕“普惠性学前教育的优质发展”进行深入协商；还研究并审定《政协重庆市渝中区委员会关于进一步严肃常务委员会会议会风会纪的决定》。12月25日，召开第十三次常委会议，会议审议通过委员调整有关事宜、区政协第十四届三次会议有关事项；审议区政协第十四届委员会常务委员会工作报告（草案）、区政协第十四届二次会议以来提案工作情况的报告（草案）；听取区纪委关于党风廉政建设工作情况、区委办关于区政协第十四届二次会议以来提案办理情况、区政府办关于区政协第十四届二次会议以来提案办理情况、区法制办关于法治政府建设情况的通报。

【专题协商】 2018年共召开专题协商会3次。6月26日，召开“优化营商环境，服务企业发展”专题协商会，听取渝中区总部企业（经济）和楼宇经济工作、招商工作、“放管服”改革工作情况通报，并围绕城市品牌打造、城市文化展示、城市知名度提升、政务信息公开、行政审批服务优化等方面提出意见建议。9月18日，召开“普惠性学前教育的优质发展”专题协商会议，听取普惠性学前教育的优质发展情况通报，学前教育机构代表、区政协委员分别围绕有关议题交流发言，并提出意见建议。11月13日，召开“全区人才工作”专题协商会议，听取近年来全区人才工作总体情况的通报，并围绕人才政策完善、人才项目优化、人才吸引培育等方面建言献策。

【学习活动】 始终把思想政治建设摆在首位，组织开展主题鲜明、内容丰富、形式多样的学习活动，2018年共开展党组理论学习中心组学习18次，系统学习党的十九大报告、《共产党宣言》、新修订的《中华人民政治协商会议章程》、《习近平新时代中国特色社会主义思想三十讲》等，组织开展习近平总书记关于加强和改进人民政协工作的重要思想系列学习研讨活动，邀请全国政协知名专家作专题辅导讲座，印发学习资料750余份，收到学习心得体会100余篇。组织50名政协委员赴深圳脱产培训，举办4次季度专题学习讲座，围绕学习主题开展4期“政协委员大学谈活动”，支持各专委会、各界别组、各街道联络委组织开展各类专题学习，教育引导广大委员提高政治站位。

【调研视察】 选择全区“河长制”落实推进情况、“重庆自贸试验区渝中片区”建设情况、“医养融合，助推区养老产业发展”、全区大数据智能化发展情况、重点基础设施建设情况、社会救助体系建设情况、嘉滨路创意走廊建设情况、农贸市场提档升级情况、老旧住宅电梯加装工作情况等事关渝中改革发展中的热点、难点问题开展各类调研视察活动106次，形成《关于整合资源 促进医养结合 助推渝中养老服务业发展的调研报告》《承载母城文脉 彰显渝中文化——将白象街打造成重庆有影响力 国内有知名度传统风貌区的建议》等9篇有价值的调研报告。

【提案督办及民主评议】 4月至9月，区委、区政府、区政协领导牵头督办重点提案38件，充分发挥重点提案办理的示范带动作用。对2017年度的9件B类提案开展办理工作回头看，跟踪B类提案办理落实成效。6月至10月，区政协对区文化委等20个承办单位的政协提案办理工作开展民主评议。3月至10月，区政协开展民主评议城市管理工作，评议组成员深入全区11个街道，实地察看，座谈交流，总结经验，查找问题，帮助政府部门出主意、想办法。

【母城文化研究、专项助推行动】 开展“促进母城文化保护利用”课题调研，聚焦“母城文化”“统战文化”“移民文化”形成系列调研报告，着重就文化强区、母城文化遗产保护利用、下半城历史文化街区和传统风貌区建设、文化产业发展等提出意见建议。组织开展国学•母城文化行舟活动4期，展示渝中历史文化、山水文化、开埠文化、统战文化。开展专项助推朝天门地区历史文化保护，紧扣十八梯、东水驿老街、山城巷等9个下半城重点项目开展工作，建立发现问题、提出建议、办理落实、反馈评价的工作机制，有效助推项目周边的文物保护工作。

【“双走进”、“双服务”、法律服务团活动】 2018年共组织开展“双走进”活动82次，接待群众2580人次；开展“双服务”义诊活动4次，惠及群众1600余人次，培训基层医生320人次；区政协法律服务团在街道建立律师工作室，完成法制宣传30余场次，接待群众咨询3400余人次，参与调解矛盾纠纷100余件，受理法律援助案件25件。开展“深入推动长江经济带发展，加快建设山清水秀美丽之地”委员履职尽责实践活动，为渝中区优化生态宜居环境建言献策。

【文史书画联谊活动】 公开发行《工商渝中》（下辑），编辑出版《渝中政协》4期。组织区政协嘉陵江书画院书画家开展系列采风创作交流活动。2月1日，区政协举行迎春茶话会。住区市政协委员和全体区政协委员以及区级有关部门负责人、区政协各界别组和街道联络委有关同志欢聚一堂，喜迎新春，畅叙友情，展望未来。9月10日，区政协召开庆祝第34个教师节座谈会，实地视察求精中学新校区、大坪小学改扩建项目，听取2018年度区内新校区建设情况的介绍，并围绕项目建设、教育资源整合等方面提出意见建议，助推渝中教育事业发展。9月20日，区政协举办“月满中秋 心系母城”各界人士中秋联谊会，各界人士欢聚一堂，共庆团圆佳节。

【区第十四届政协负责人】

主　　席：陈大奎

副 主 席：戴　伶　彭洪森　赵元政
　　　　　卢朝康　李　虹　谭小兵
　　　　　张　健　刘恩梅

秘 书 长：李少华

常务委员：丁红娟　马　佳　马荣辉
　　　　　王　普　王家荣　文　艺
　　　　　孔令福　左　中　龙平莉
　　　　　向秋月　刘　静　刘东方

齐　飞　孙　俊　严甄明
李　昭　李新明　李嘉婧
杨　琳　吴佩轩　张　军
张珍容　张道建　陆国民
陈　萍　胡开河　翁　俊
高　琳　唐德翔　黄元丁
廖建云　谭建旗　魏　宁
魏文锋

【区第十四届政协内设机构负责人】

办公室
　主　任：李少华（兼）
　副主任：肖　靖
政协委员联络办公室
　主　　　　任：张珍容
　提案委主任：孔令福
　文教卫体委主任：王家荣
　社会法制委主任：严甄明
　学习文史委主任：孙　俊
　经济科技委主任：张珍容
　城建环保委主任：胡开河
　民宗海联委主任：文　艺

（覃西）

纪检监察

【概况】 中国共产党重庆市渝中区第十二届纪律检查委员会（简称“区纪委”）于2016年12月由中国共产党重庆市渝中区第十二次代表大会换届选举产生，有委员21人（含书记1人、副书记3人）。1月15日，重庆市渝中区第十八届人民代表大会第三次会议选举张刚为重庆市渝中区监察委员会主任，1月18日，渝中区监察委员会挂牌成立。区纪委与区监委合署办公，办公地址位于渝中区和平路管家巷9号22楼和金汤街74号负一楼。区纪委监委机关内设办公室、组织部、宣传部、法规政研室、党风政风监督室、信访室、案件监督管理室、第一纪检监察室、第二纪检监察室、第三纪检监察室、第四纪检监察室、第五纪检监察室、第六纪检监察室、第七纪检监察室、第八纪检监察室、案件审理室、纪检监察干部监督室、区委巡察工作联络办公室18个部室，有行政编制76名。区纪委监委的主要职责是：维护党的章程和其他党内法规，检查党的路线、方针、政策和决议的执行情况，开展廉政教育，监督检查公职人员依法履职、秉公用权、廉洁从政从业及道德操守情况，协助区委推进全面从严治党、加强党风建设和反腐败工作。区纪委派驻机构调整为10个，分别是：驻区委办公室纪检监察组、驻区人大机关纪检监察组、驻区政府办公室纪检监察组、驻区政协机关纪检监察组、驻区委组织部纪检监察组、驻区发改委纪检监察组、驻区教委纪检监察组、驻区建交委纪检监察组、驻区环保局纪检监察组、驻区市政园林管理局纪检监察组。

2018年，渝中区纪委监委忠诚履行监督执纪问责和监督调查处置职责，高质量开展纪检监察工作，推动渝中全面从严治党、党风廉政建设和反腐败斗争取得新成效。

【理论学习与宣传】 召开区纪委常委会议学习总书记重要讲话精神和党中央新部署新要求，开展专题学习31次。区纪委监委班子成员分别到派驻机构、区委党校主体班和部门、街道、社区开展理论宣讲37次。召开区纪委十二届三次全会和18次全区纪检监察干部会，开展“大学习、大培训、大讨论”活动和“兴调研转作风促落实”行动。

【政治生态建设】 全覆盖列席监督专题民主生活会。协助区委召开专题民主生活会，区委书记黄玉林带头“红脸出汗”，形成“头雁效应”。成立13个督导组，对72个区管领导班子专题民主生活会全程督导，督促领导干部自觉担当领导和示范责任，以“关键少数”引领带动“大多数”。

落实习近平总书记参加重庆代表团审议时重要讲话精神，营造良好政治生态、加强法治和德治工作，坚决肃清孙政才恶劣影响和薄熙来、王立军流毒，及时发现问题、纠正偏差。紧扣肃清工作，向143个区级部门和社区发放2300份调查问卷，研判渝中政治生态现状。督促各级党组织对报刊、官方微信公众号等媒体平台上的孙政才、薄熙来、王立军考察、讲话等新闻报道内容进行全面彻底清理，全面消除政治生态“污染源”。

【监察体制改革】 不折不扣落实中央决策部署和市委、市纪委要求，扛起改革试点主体责任。全面完成监委组建和人员转隶，以及检察机关移交的涉嫌职务犯罪案件线索交接建档工作。开展双月1次“学思悟践在渝中”学习交流活动，推动纪委监委全面融合和战略性重塑。采取归口方式派出3个监察室，在社区设立78名监察监督员，打通监察监督“最后一公里”。全面落实合署办公要求，加强对所有行使公权力公职人员实施监察。全面深化派驻机构改革，完成派驻纪检组全部更名为派驻纪检监察组并授予部分监察权限，完善管理监督和考核评价机制。建立执纪监督、审查调查、案件监督管理、案件审理相互协调、相互制约的工作机制。及时召开区委反腐败协调小组例会，形成纪委监委主导主推、相关单位各司其职的反腐败合力。制定区纪委监委机关审查调查措施使用须知，严格审查调查措施使用监管。全年依法留置9人，移送检察机关审查起诉10人，无退回补充调查情况。成功办结重庆市和区县两级监察机关第一例移送起诉并宣判的国家公职人员职务犯罪案件“3•30”专案。专案试用讯问、调取、留置等8项调查措施，探索实践“五个一”机制，即明确每办理一起较为重大的复杂疑难或有典型意义的案件，参办人员须一人写一篇心得体会、召开一次案件研析会、形成一份案件总结报告、集体发表一篇有较高质量的文章、对发案单位发出一份纪律建议或监察建议，做实做细“后半篇文章”。中央纪委案件审理工作调研组来渝中区座谈调研，给予充分肯定。《中国纪检监察》杂志刊载了“五个一”相关做法。

【正风肃纪反腐惩恶】 对“四风”问题一严到底。开展违规公款吃喝、违规发放津补贴等专项整治，全区共查处违反中央八项规定精神问题15件21人。严肃整治领导干部利用名贵特产类特殊资源谋取私利问题，71个单位开展自查自纠。在全市率先建设廉情大数据平台，比对数据15万余条，筛查疑似“四风”问题325条，对38件予以直接核查、交办或函询，立案4件，对10人进行处理，4次为全市面上监督提供及时有力服务。精准有力惩治腐败。全年共受理检控类举报331件次，处置问题线索312件，立案53件53人，严肃查处区房管局原党委书记、局长江洋等典型案件。统筹建立涉黑涉恶腐败问题线索与黑恶势力违法犯罪线索双向移送制度和查办结果反馈机制，对涉黑涉恶腐败问题线索优先处置，严肃查处。开展党员干部亲属涉权事项公开工作，持续推进“两公开两承诺一评议”，查处群众身边的腐败和作风问题46件62人。一体推进不敢腐、不能腐、不想腐。认真落实市委《关于进一步加强党风廉政警示教育工作的意见》和区委实施意见，以解放碑街道罗汉寺社区原党委书记、居委会主任何寄瑞挪用公款案件为反面教材，在全市率先召开“以案四说”警示教育会。用好江洋案这个身边案、最近案、典型案，召开警示教育会，起到较强震慑和警醒作用。统筹全区党风廉政警示教材，全面梳理党的十八大以来全区查处的党员、干部严重违纪违法典型案例，首批纳入93件典型案例。全区31个区管党组织开展“以案四说”警示教育会，55个党组织以其他形式开展警示教育活动。区委明确每年7月为全区“廉政文化教育宣传月”，持续深化“清风半岛•廉洁渝中”品牌建设，会同市纪委监委宣传部开展学习宣传监察法图说图解漫画展，开展党章、党规和宪法、监察法专题学习宣传，举办纪念建党97周年暨“清风半岛•廉洁渝中”诗歌朗诵演唱会、党的纪律检查机关恢复重建40周年展和渝中区纪检监察工作开放日等活动，大力营造遵纪、守法、立德、尽责的良好氛围。

【监督首要职责履行】 深入学习贯彻新修订的《中国共产党纪律处分条例》。区委常委会研究贯彻落实措施，区委理论中心组带头进行专题学习，深刻把握新时代纪律建设新要求。将党纪处分条例纳入区委党校学习，认真开展全区“党纪处分条例学习月”活动，形成学条例、明底线、知敬畏、守纪律的浓厚氛围。建立党风政风监督室牵头抓总，监督检查室和派出监察室具体实施，派驻纪检监察组、派出纪工委配合监督的协同监督体系。将全区10个纪检监察组和65个区属单位分成4组，由4个监督检查室分片联系，指导开展监督工作，提升监督效能。11个街道纪工委有10个实现办案“零的突破”。区属各纪检监察组织参与或直接办案30件，发现问题68个。运用监督执纪“四种形态”处理199人次，运用第一种形态处理144人次，第二种形态处理26人次，第三、四种形态处理29人次。认真开展纪律处分执行情况监督检查，及时发现和纠正处分决定“打白条”“打折扣”“搞变通”等问题，加大对受处分党员干部跟踪回访，有针对性地做好思想政治教育工作。指导区商务委员会、石油路街道党工委开展“把监督挺在前面，修复和净化政治生态”试点工作，强化党组织的全面监督、纪检监察组织的专责监督、党的工作部门的职能监督、党的基层组织的日常监督、党员的民主监督，切实做到监督常在、形成常态，促进党员干部习惯在监督和制约中学习和工作。

【主体责任履行】 协助区委制定全区党风廉政建设和反腐败斗争暨“廉洁渝中”建设实施方案，细化7个方面59项任务，19名区领导逐项牵头抓落实。协助出台《中共重庆市渝中区委关于区委常委会及其成员接受区纪委监督的暂行办法》，细化8个方面12条措施，推动主体责任落实。利用廉情大数据平台，为631名区管干部、2622名党员干部动态更新领导干部廉政档案。回复党风廉政意见842人次，对拟提拔重用和表彰奖励的60人次依据规定反馈问题或予以否决。区纪委书记直接约谈2017年党风廉政建设和反腐败工作考核排名靠后的3个部门、1个街道7名党政主要负责人及纪检监察组织负责人。召开10个重点部门和街道集体约谈会，层层传导压实责任。依托“两个责任”监管平台，对2个党组织和15名党员领导干部实施问责处理。巩固深化巡察工作。开展3轮对12个区管党组织的巡察，对1个区管党组织“回头看”，延伸巡察社区9个，高质量推进巡察全覆盖。采取常规巡察与专项巡察相结合、“一托二”和“回头看”开展监督检查，精准发现问题178个，移交问题线索17件，立案查处2件3人，诫勉谈话3人，提醒约谈27人次。做好巡察“后半篇文章”，认真落实巡察“双反馈”制度，建立完善“双通报”机制，既向分管区领导和有关主管部门通报巡察情况，又向党内公开和社会公开，确保整改落实见真招、动真格、求实效。配合市委第十巡视组对渝中区开展巡视带巡察，探索建立巡视巡察上下联动监督网，实现同向发力、同频共振。

【队伍建设】 加强思想政治建设。坚持政治机关定位，旗帜鲜明讲政治，带头维护以习近平同志为核心的党中央权威和集中统一领导。严明政治纪律和政治规矩，带头执行党内政治生活准则，严格落实“三会一课”、主题党日、党员领导干部双重组织生活等制度，认真落实重大问题请示报告等制度，广泛开展谈心谈话，掌握干部思想动向。成立机关党委，健全基层党组织，增强政治功能和组织力。专案组成立临时党支部，充分发挥战斗堡垒作用，推动查办案件顺利进展。提升履职本领。举办党的十九大精神和宪法、监察法、党纪处分条例等培训和专题讲座，邀请中央纪委、市纪委相关领导授课；“学思践悟在渝中”学习交流活动实行“一训一讨论”“一训一总结”，累计参训1419人次。2018年全区纪检监察干部提拔23人次，重用交流5人次。开展破解日常监督难、构建“四个监督全覆盖”权力监督格局、构建巡视巡察上下联动监督网等7个课题调研，已创办《渝中纪检监察》季刊4期。强化自我监督约束。加强日常教育管理监督，为93名纪检监察干部建立动态廉情档案，开展廉政审查60人次。定期排查反映纪检监察干部的问题线索，谈心谈话300人次，谈话提醒15人次，诫勉1人。严格执行重庆市纪检监察干部“八条禁令”等制度，出台加强纪检监察干部监督工作意见，开展纪检监察干部家属座谈会和家访活动，建立家访活页夹。完善内控机制，开展执纪监督、审查调查权力运行风险防控工作，严密程序规范，严格审慎用权。

【机关党建工作】 把政治建设摆在首位。全年召开5次党员大会、2次党委会、12次支部会，组织党员原原本本、逐字逐句学习党的十九大报告、《中国共产党章程》、《中国共产党纪律处分条例》、中央纪委工作报告等，提高党员干部的政治站位和政治觉悟。加强党组织建设。根据机关人员变化等情况，10月11日召开区纪委监委机关党员大会，成立机关党委，选举产生首届机关党委。11月2日，机关党委第一支部和第二支部分别召开支部党员大会选举支部委员。机关党委严格执行民主集中制，加强团结、沟通、协调，对机关党委事宜进行集体研究。严格区纪委监委机关党内政治生活。严格执行民主集中制、“三会一课”、组织生活会、党员民主评议、领导干部双重组织生活等制度，坚持党员联系群众、党员承诺、谈心谈话、主题党日等制度。各支部分别召开专题组织生活会，区纪委监委领导班子成员以普通党员身份参加所在支部的组织生活会。夯实党建基础工作。严把发展党员质量关，2018年转为正式党员1名、发展预备党员1名；坚持问题导向，着力解决基层党建存在的突出问题，建立问题台账，明确整改任务，逐项抓好落实。扎实开展组织关系集中排查、基层党组织按期换届专项检查、党费收缴工作专项检查，从规范党费收缴、严格组织关系接转、规范《党支部工作手册》记录等细小环节抓起，提高党建工作规范化水平，促进基层党建工作真正严起来、实起来。认真落实《关于中国共产党党费收缴、使用和管理的规定》，指定专人负责党费的收缴和管理。2018年共上缴党费26437元。

【区第十二届纪委书记、副书记、常委】
书　记：张　刚
副书记：汪　涛　彭丽娟　刘吉彦
常　委：汤洪杰　钟　黎　王勇强
王艺政　张　渝（2018年8月离任）

【区监委负责人】
主　任：张　刚（2018年1月任职）
副主任：汪　涛（2018年1月任职）
彭丽娟（2018年1月任职）
刘吉彦（2018年1月任职）
委　员：钟　黎（2018年1月任职）
顾　龙（2018年1月任职）
王勇强（2018年1月任职）
张　渝（2018年1月任职，2018年9月离任）

【区监察局负责人】
局　长：汪　涛（2018年1月离任）
副局长：汤洪杰（2018年1月离任）
曾　伟（2018年1月离任）

【区纪委监委各室负责人】
办公室
主　任：邓金林（2018年4月离任）
组织部
部　长：王　薇
宣传部
部　长：何　瑛
法规政研室
主　任：王战鸣
党风政风监督室
主　任：傅嘉仕（2018年7月离任）
张　健（2018年7月任职）

信访室

主　任：周长生

案件监督管理室

主　任：肖其林（2018 年 7 月离任）

谭丹东（2018 年 7 月任职）

第一纪检监察室

主　任：沈　燕

第二纪检监察室

主　任：蒲燕舞

第三纪检监察室

主　任：杜新武

第四纪检监察室

主　任：李　峰

第五纪检监察室

主　任：（空缺）

第六纪检监察室

主　任：（空缺）

第七纪检监察室

主　任：傅嘉仕（2018 年 7 月任职）

第八纪检监察室

主　任：（空缺）

案件审理室

主　任：明　华

纪检监察干部监督室

主　任：邹晓卫

区委巡察工作联络办公室

主　任：易利华

（艾民）

民主党派　工商联

【概况】 2018 年，渝中区民主党派有民革区委、民盟区委、民建区委、民进区委、农工党区委、致公党区委、九三学社区委和渝中区工商业联合会（渝中区总商会）。

民革渝中区委

【概况】 中国国民党革命委员会重庆市渝中区委员会（简称“民革区委”）成立于 1990 年 12 月 26 日。民革渝中区第七届委员会于 2016 年 6 月 26 日产生，有委员 21 人，市人大代表 2 人（含常委 1 人），市政协委员 5 人（含常委 1 人），区人大代表 4 人（含常委 1 人），区政协委员 14 人（含常委 4 人），各类特约监察员 7 人。至 2018 年 12 月底，民革区委有党员 746 人，基层支部 19 个，总支 1 个。办公地址位于重庆市渝中区和平路 192 号 5 楼。民革区委下设办公室及学习与宣传工作委员会、参政议政工作委员会、祖统工作委员会、社会服务及经济工作委员会、青年工作委员会、妇女工作委员会六个专委会。其主要职责是：参政议政、民主监督、社会服务、参加中国共产党领导的政治协商。

2018 年，民革区委加强思想建设，组织开展纪念“庆祝民革成立 70 周年”系列活动和“不忘合作初心、继续携手前进”主题教育活动，继续开展“观故居、走多党合作之路”活动，深入推进坚持和发展中国特色社会主义学习实践活动扎实开展。共向市、区两级人大、政协提交议案、建议及提案 120 余件，提交社情民意 60 余件。获得民革重庆市委和中共重庆市委统战部奖励。

【思想建设】 组织党员参加民革重庆市委以及中共渝中区委统战部举办的纪念“五一口号”发布 70 周年、民革成立 70 周年演讲和征文比赛，荣获三等奖；向民革重庆市委报送“纪念改革开放 40 周年”征文 4 篇。承办民革重庆市委暨中共渝中区委统战部共同举办的“纪念中共中央‘五一口号’发布七十周年暨民革成立七十周年书画展”，全国政协常委、民革中央副主席李惠东，中共重庆市委常委、统战部部长李静，重庆市政协副主席、民革重庆市委主委王新强，中共渝中区委书记黄玉林出席开幕式。接待吉林四平、辽宁沈阳、广东惠州等地民革组织，共同开展参政议政主题交流及调研活动。通过向民革中央网站、《团结报》投稿，利用“渝中民革”微信公众号，2018年撰写宣传报道60余篇，主动适应新媒体时代传播特性，利用民革“E”家平台，收集反馈支部理论学习、参政议政情况。

【组织建设】 领导班子深入各基层支部、各专委会领学中共十九大精神，开展各类学习活动20余次，参加市、区两级各类培训10余次。全区各基层支部平均开展支部生活8次以上，参会率达60%以上。2018年民革中央办公厅就基层支部建设工作来民革渝中区委开展专题调研，听取关于机关制度建设和信息化建设有关工作情况的汇报，民革渝中区委工作得到一致好评。全年共发展新党员27名，平均年龄38.2岁，其中研究生及以上9人，高级职称4人，党员总数达到746名。召开实职干部座谈会，调研区内实职干部发展情况，发展高层次人才4名，推荐提拔优秀人才2名。推荐民革党员担任“重庆市人民监督员”和“重庆市交通巡逻警察总队警风监督员”。

【参政议政】 2018年开展调研活动11次，参政议政专项培训5次，参政议政专题工作会议4次。承接的民革市委重点课题“强化城市设计及城市生态修复，提升重庆市城市品质对策与研究”及区科委重点课题“新兴服务业发展潜力研究报告”圆满结题，形成民革市委集体提案5件，调研报告2篇。民革区委撰写的《新时代下深化党外干部培养机制探索》《有效整合渝台青创资源配置助推渝台青创基地发展》和《重庆市公立机构医养结合模式探讨》课题成果均获区委统战部理论及工作调研文章二等奖。全年共向市、区两级人大、政协提交议案、建议及提案120余件，立案95件，重点督办建议、提案28件。其中《关于以区块链技术为基础打造大数据智能化的建议》等19件提案被市政协采用，《关于加快制订〈重庆行政程序条例〉的议案》等8件议案、建议被市人大采用。在区政协会议上，民革区委集体提案立案12件，并案13件，个人提案立案15件，并案2件，其中大会口头发言1篇，书面发言2件；《关于加快社会信用体系建立信用信息共享平台的建议》等12件被区政协列为重点督办提案。在区人大会议中，提交议案24篇，其中《优化829路公交线路》等8件建议被区人大列为重点督办建议。全年共提交社情民意60余件，其中《关于完善民间文物托管制度的建议》被中共中央办公厅单篇采用并得到李克强总理批示，《建议多措并举打破原料药生产垄断》被中央统战部《零讯》采用，《监察委员会监察民主党派机关公务员的理解和思考》被民革中央采用，《建议我市医药零售领域加快启动“电子处方”试点工作》《我市学生校服陷入“逢会必买怪圈”》2篇社情民意被市政协采用。

【祖国统一工作】 全面贯彻中共中央对台工作大政方针，助推促进祖国和平统一工作。组织“三胞”党员召开台海形势报告会，邀请市台办宣传处处长陈磊，中共渝中区委统战部副部长、区台办主任李晓峰解读习近平总书记对台重要讲话精神及当前台海形势，进一步提高涉台工作理论水平；参与民革重庆市委涉台课题“渝台文化交流”“两岸青年交流”“抗战文化保护”等撰写工作。组织全区祖统骨干参加民革市委组织的赴厦门大学祖统工作专题培训，学习“中央惠台31条”和“重庆惠台58条”；组织代表性人士参加市台办、民革市委联合举办的第七届“寻找抗战足迹、共谋和平发展”座谈会，参与民革中央第十七届“台湾高校杰出青年大陆参访团”来渝进行体验式交流活动，接待美国著名侨领、张治中将军女儿张素久一行。

【社会服务】 打造“博爱”品牌。（1）持续开展“博爱牵手，关爱党员”活动11年，帮扶困难党员70余人次，探索建立党内关怀及长效帮扶机制。（2）借助书画人才优势，连续10年在涪陵大顺乡开展“博爱牵手，送文化下乡”活动，推动大顺乡成立全市第一个乡村文化工作室。（3）发动医卫界、法律界专业人才服务基层群众，在大坪街道、北滨路、大石坝地区开展义诊及免费法律咨询活动，受益群众300余人次。（4）开展“博爱民生，牵手困难群众”活动，2018年基层党员共捐助西藏及重庆涪陵、巫山、永川等地200余名贫困群众，安排百余名农民工、残疾人就业，资助湖北武汉，四川苍溪，重庆合川、南川大观、武隆、垫江等地的希望小学和贫困学生12万余元，帮扶困难群众100余人次，捐款捐物达50余万元，并针对当地的贫困群众开展失业人员、农民工转移培训一万余人次。深化与对口部门联系。分别与两路口街道办事处、七星岗街道办事处携手深化对口联系机制，开展“博爱牵手 情系社区”义诊暨法律服务活动；与对口联系单位区经济信息委就渝中区信息化产业发展开展多次现场调研及座谈会。发挥法律人才优势。与渝中区司法局共同打造法律援助民革工作站，并在区司法局指导监督下，承办区法律援助中心指派的各类案件，参与区内各类法律宣传活动。服务党员企业。民革区委领导班子开展走进党员企业活动，深入调研民营经济发展情况，组织学习传达全市民营经济大会精神，围绕全市民营经济发展积极建言献策。

【民革区委负责人】

主任委员：乔　宏

副主任委员：杨　勇　马荣辉　吴　怡
　　黄　晋（2018年9月离任）
　　兰　曼

（孙艺嘉）

民盟渝中区委

【概况】 中国民主同盟重庆市渝中区委员会（简称“民盟区委”）第六届委员会产生于2016年6月23日，有委员19人，其中，主任委员1人，副主任委员6人。至2018年年底，民盟区委有盟员893人，基层支部18个，总支2个。盟员中有中高级职称的754人，占84%。平均年龄59.2岁。盟员界别为：教育界602人、医卫界88人、机关41人、新社会阶层人士72人、科技界27人、文化艺术传媒界24人、公有制经济界39人。民盟区委有全国人大代表1名，市人大代表1人，市政协委员3人（含常委1人），区人大代表3人（含常委1人），区政协委员15人（含副主席1人，常委2人）。有区特邀监督员、区公共资源市场化配置工作社会监督员、行风政风评议员、人民陪审员、儿童医院社会监督员各1人。办公地址位于渝中区和平路192号新民花园5楼。民盟区委的主要职责是民主监督、参政议政。民盟区委下设办公室、青年工作委员会、提案委员会、社情民意委员会、妇女工作委员会、《渝中民盟》编委会、新盟员临时支部。2018年发展新盟员23人，其中具有中高级职称的11人，平均年龄36.7岁。

2018年，民盟区委发挥好盟员“围绕中心、服务大局”作用，切实履行参政党职能，为渝中区经济社会发展作出了新贡献。民盟区委被民盟中央评为“思想宣传工作先进集体”，“特园•盟员之家”被民盟中央评为全国优秀盟员之家。被民盟市委评为“2018年参政议政先进集体”“社区服务工作先进集体”。被区政协评为“2018年度建言献策成效突出单位”。

【思想建设】 通过各类会议、宣传平台加强思想建设，动员支部等以不同形式认真开展“学讲做”活动，有针对性地重点学习“习近平在看望参加政协会议的民盟致公党无党派人士侨联界委员时的重要讲话精神”“习近平总书记在参加重庆代表团审议时的重要讲话精神”以及习近平总书记关于加强和改进人民政协工作的重要思想、习近平总书记关于加强和改进统一战线工作的重要思想。营造良好政治生态，凝心聚力，全力推进渝中各项事业健康发展。全国两会后，民盟区委主副委参加民盟市委、区委组织部等组织的多层级全国“两会”精神传达会；民盟区委于3月底邀请全国人大代表、民盟市委副主委李秋为全区盟员进行全国“两会”精神传达，参加盟员60多人。重庆新闻广播《重庆之声》栏目的记者现场对李秋副主委和部分盟员进行采访并报道。为纪念“五一口号”发布70周年，民盟区委在中国民主党派历史陈列馆会议室举办“让历史告诉未来——从‘五一口号’到新型政党制度”专题讲座。邀请民盟重庆市委盟史与理论研究会专职副主任李朝林为全区各基层组织骨干盟员、新盟员临时支部盟员近40人作辅导报告。组织盟员参加各级单位组织的征文和演讲比赛，盟员刘会兰、刘莉参加区委统战部举办的纪念“五一口号”发布70周年征文比赛分别获得一等奖和二等奖、演讲比赛分别获得二等奖和三等奖的好成绩。刘会兰参加民盟重庆市委纪念“五一口号”发布70周年征文比赛获三等奖。民盟区委领导班子和盟员骨干接受多种时事政治培训。主委刘恩梅参加重庆市委统战部在上海交通大学进行的智库人才培训；专职副主委黄云飞参加在中央社会主义学院为期一周的统战思想理论学习；副主委倪小华、丁红娟，专干张靓等参加中共渝中区委统战部组织的在中山大学进行的为期一周的渝中区党外代表人士骨干培训；副主委李伟作为区政协委员参加渝中区政协在深圳进行的参政议政能力提升培训。

【组织建设】 坚持“人才兴盟”理念，2018年发展新盟员23名。年内，民盟区委组织近两年发展的30名新盟员参加民盟重庆市委的培训；配合中共渝中区委统战部在曾家岩小学打造统战教育基地，恢复民盟组织在该学校的发展；民盟区委小教支部同曾家岩小学联合召开“肝胆相照 共话教育”畅谈会，民盟区委将协助学校党政做好人才培养推荐工作。加强后备队伍建设。重庆医科大学总支主委严波于9月挂职重庆市渝北区卫生和计划生育委员会副主任；新盟员临时支部主委张靓、副主委经维川参加区委统战部组织在中山大学为期一周的渝中区党外代表人士骨干培训；隆准、王舒等区政协委员参加渝中区政协在深圳进行的参政议政能力提升培训。7月5日，重庆民盟“盟员之家”在渝中区正式挂牌，渝中区“特园•盟员之家”正式命名并成为全市盟员共同开展学习、工作、联谊之家。民盟区委新盟员临时支部相继主办盟史教育讲座、组织新盟员到全国民盟教育基地——陶行知纪念馆（合川育才学校）接受盟史教育。注重发挥民盟区委统领作用，注重人才发现和后备干部培养，7月14—15日，民盟区委在长寿湖山庄举行2018年暑期干部培训会。民盟区委全体委员，市、区人大代表和政协委员、各支部班子及骨干盟员、《渝中民盟》编委会及全体特邀通讯员、新盟员代表等70余人参加培训。11月，新盟员临时支部开展参政议政培训暨调研活动，邀请民盟重庆市委调研室副主任屈景河为新盟员开展社情民意专题讲座，并组织新盟员到渝中区文化委、鹅岭贰厂片场世界等地调研“渝中区影视文化产业发展”和“渝中区文创产业发展”。民盟区委青委会进行届中调整，班子成员增补三位副主委和一位秘书长，并对委员进行充实。五四青年节，民盟区委青委会与致公党区委青委会联合开展纪念“五一口号”发布70周年教育活动，近20人参观中国民主党派历史陈列馆，到民盟区委的“特园•盟员之家”交流座谈。8月，青委会由民盟区委专职副主委黄云飞带队，到奉节县平安乡文昌村开展精准扶贫专题调研活动，并看望驻村扶贫盟员干部兰辉。10月，民盟区委提案委员会、社情民意委员会两个专委会前往李庄中国民主同盟传统教育基地，学习民盟先贤于抗战时期在这里的革命事迹，并召开民盟区委参政议政工作会。“三八”节，民盟区委妇委会举行“春风摇曳女人节”，依托盟员特长进行葡萄酒文化讲座。直属三支部与江北直属支部多次联合开展活动，重医总支、重庆科技学院支部与重庆交通大学支部多次联合开展组织生活。

【参政议政】 全国“两会”上，全国人大代表李秋主委提交9件建议；市“两会”，市人大代表丁红娟主委提交2件建议，三位市政协委员共提交8件提案；区“两会”上，三位区人大代表提交建议9件，其中，倪小华副主委有

4件建议被区领导批示督办；区政协会上，民盟区委提交大会发言两篇、集体提案23件被立案、个人提案17件被立案，其中11件提案被区领导批示督办。积极关注民生。民盟区委2018年共向民盟市委、渝中区政协提交社情民意共40余条，其中，民盟中央采用1条、重庆市政协采用2条、民盟重庆市委采用10条。民盟区委重点就马鞍山历史风貌区救国会历史名人居住群、特园（嘉西村）、巴蔓子将军墓三个焦点，开展深入调研并提出建议。5月，由民盟重庆市委专职副主委黄燕苹带队实地调研马鞍山项目的进展情况。民盟区委委员隆准牵头与渝中区政协学习文史委组成“关于进一步加强特园文化挖掘利用的建议”课题组，调研上清寺特园。通过调研，民盟区委向渝中区委、区政府提交《关于将渝中区马鞍山沈钧儒旧居历史风貌建筑群建成中国人民救国会历史陈列馆的建议》《关于进一步加强特园文化挖掘利用的建议》《改进巴将军公园及地下车库项目规划建设的建议》《关于立即启动建设“巴蔓子将军纪念馆”的建议》四个课题成果，建议得到渝中区领导重视并分别得到不同程度落实。民盟区委全年向民盟重庆市委申报4个合作调研课题，其中“重庆市校园暴力中未成年人权益保护现状及对策分析”“新医改背景下公立医院药师的现状与对策研究”“‘互联网+政务服务’工作中存在的问题及对策研究”等3个课题获得立项并顺利结题；向中共渝中区委统战部申请并立项4个理论课题，已结题；配合渝中区政协，完成渝中区政协民盟界别组织构架建设，编制年度活动计划，开展政协委员进社区等界别活动，完成民盟界别政协委员述职。

【社会服务】 7月，民盟区委首个“心理辅导工作站”在大溪沟街道华福巷社区正式挂牌成立。根据社区居民需求，借助“心理辅导工作站”量身定做“快乐暑假 健康成长”暑期儿童成长系列活动8次。在对口联系大溪沟街道开展社会服务工作中，对社区贫困学生吴俊昊家庭进行帮扶，盟员、心理咨询师马海新平均两周到孩子家里同小俊昊及亲人以谈心方式开展心理辅导，带领孩子家人清洁居住环境，有计划地改善孩子的生活环境，支持孩子参加课业辅导班及课外兴趣班，民盟重医儿童医院支部副主委黄曦经常性走访看望，和小俊昊结下深厚友谊。持续开展“关爱进校园”活动。11月，在重庆第三十中学开展题为“用心灵启迪心灵”的教师论坛主题活动，邀请巴蜀中学名师李桂兰主讲当前教育教学工作中的热点问题，为盟员教师们解答实际问题。充分发挥盟员、心理咨询师郭英的企业优势，为重庆第三十中学20位女学生申请“春蕾陪伴计划一对一”助学金。民盟区委委派郭英参与重庆角落慈善基金组织的重庆市留守儿童发展现状调研，到石柱县中益乡官田小学等地调研留守儿童的生活、学习、思想现状，为后期帮扶这些留守儿童提供科学依据和切实有效的建议。民盟区委获民盟重庆市委授予“2018年社区服务工作先进集体”称号，青年盟员郭英、黄曦、王舒荣获“社区服务先进个人”称号。

【宣传工作】 2018年，《渝中民盟》提高办刊质量，更新版面、充实内容，向全国35个省、市、区及区内相关职能部门交流《渝中民盟》办刊经验。向《重庆民盟》《重庆政协报》《渝中统战信息》《渝中报》投稿40余篇（次），刊出30余篇。民盟区委在“盟员之家”举行通讯员队伍暨宣传工作座谈会，13位宣传骨干针对微信公众号平台宣传、代表性盟员专访等提出新的工作计划。为提升“渝中民盟”微信公众号的编排能力，民盟区委特别增加一名盟员志愿者编辑，加大“渝中民盟”微信公众号适时信息的推送数量及质量，提升宣传效果。年内，民盟区委同重庆轩辕文化研究会、重庆巴将军集团在巴将军墓联合举办巴蔓子将军公祭活动，弘扬爱国、忠诚、守信的巴渝人文精神。

【对外交流】 2018年，民盟广东省佛山市、广东省广州市黄埔区、陕西省西安市、浙江省嘉兴市、浙江省台州市等10余个民盟组织来到

“特园•盟员之家”交流学习。渝中区政协也将“特园•盟员之家”作为区政协委员的固定活动场所，每月组织相关学习交流活动。

【民盟区委负责人】
主 任 委 员：刘恩梅
副主任委员：黄云飞（专职）
唐德翔　倪小华　丁红娟
向　葵　李　伟

（张靓）

民建渝中区委

【概况】 中国民主建国会重庆市渝中区委员会（简称“民建区委”），成立于1988年，2016年7月换届，组成民建渝中区第七届委员会。到2018年年底，民建区委有支部15个，会员813人，平均年龄49.8岁。其中女会员305人，占37.5%。大专以上学历者616人，占75.8%。担任市、区两级人大代表14人，政协委员27人。办公地址位于渝中区和平路192号新民花园5楼。民建区委下设6个专门委员会，包括参政议政委员会、学习宣传委员会、经济科技委员会、青年工作委员会、妇女委员会和老龄委员会。民建区委的主要职责是参政议政、民主监督、社会服务、参加中国共产党领导的政治协商。

2018年，民建区委开展参政议政和宣传工作培训，开展对口联系街道部门工作，在区“两会”上提交政协提案且立案39件，向民建重庆市委、区政协和区委统战部提交社情民意和党外人士建言共165篇。获民建重庆市委2018年度会务工作综合考核评比一等奖。

【民建中央领导来渝中调研】 10月25日，全国政协常委、民建中央专职副主席吴晓青来渝中区考察调研，并与民建区委部分会员进行座谈。吴晓青一行还前往渝中民建会员企业——重庆灯玛特灯饰（集团）有限公司、重庆千叶眼镜连锁有限公司、重庆金夫人实业有限公司参观考察，了解当前经济形势、民营企业发展现状及存在的困难。同时鼓励企业家会员要增强信心、克服困难，抓住机遇、转型升级，不断将企业做大做强，为地区经济和社会发展作出贡献。

【自身建设】 召开专题会议学习传达全国“两会”精神和习近平总书记在“两会”期间部分代表团、政协联组的重要讲话精神、民建中央十一大会议精神等。多次把相关学习资料印发各基层支部，以民建区委主委会议，民建区委全委扩大会议，骨干会员培训，各支部、各专委会分组学习等多种方式，教育引导会员不断增强“四个意识”，坚定“四个自信”。充分利用市、区丰富的统战历史资源，组织广大会员开展统战优良传统教育。要求各支部、各专委会坚持组织会员学习多党合作历史、民建会史、民建先贤优良作风等，组织会员参加民建重庆市委和区委统战部开展的纪念“五一口号”发布70周年征文及主题演讲比赛等系列活动，推荐5名会员参加统战系统骨干专题培训班，筑牢多党合作的思想政治基础。举办“‘新时代’我国经济发展的特征及应对”专题讲座，邀请国家二级教授、原重庆工商大学校长王崇举就“新时代”的背景、内涵，国内外经济形势和发展环境，以及国家新的发展战略等方面进行详细的讲解。王教授对当前的民营企业发展形势、投资方向进行多方面分析，为各位会员创新投资思维，启发发展思路。严把会员发展政治关、质量关，全年发展会员29人（其中女会员10人），本科及以上学历者25人（其中研究生6人），平均年龄39.6岁。进一步完善民建区委系列工作制度，确保民建区委工作的制度化、程序化和规范化。修订完善《民建渝中区委支部工作考核办法》，进一步推进各支部积极有效地开展工作。制定《民建渝中区委基层支部对外交流工作管理暂行办法》，加强支部对外交流工作管理，提高对外交流活动质量，树立和展示组织对外交流形象。

【庆典活动】 2018年是民建渝中区委成立30周年。民建区委在国泰艺术中心音乐厅举行成立30周年庆典及表彰大会，总结回顾民建区委30年来的工作成绩。大会共表彰41名优秀民建会员、32名优秀会务工作者、20名参政议政先进个人、19名社会服务先进个人以及12个先进支部和3个优秀支部，并为卢晓钟颁发特别贡献奖。组织采访报道渝中民建老会员，挖掘和保留历史资料，收集整理民建区委成立以来的相关文史、图片资料。

【参政议政】 在区“两会”上提交政协提案39件，其中19件集体提案，大会发言3篇，重点提案3件。2018年向民建重庆市委、区政协和区委统战部提交社情民意和党外人士建言共165篇，其中，《关于完善我国船舶优先权的建议》被全国政协采用，《车辆购置税绿色税收政策存在四点问题及建议》等4篇被民建中央采用，《关于修订中华人民共和国收养法的建议》等3篇被中央统战部采用。此外，市委统战部采用10篇，市政协采用8篇，市领导批示1篇，民建重庆市委采用33篇，区政协采用15篇。开展理论调研，完成民建市委重点调研课题1个，普通课题10个，向区委统战部报送调研报告4篇，分别荣获2018年度统战系统理论调研优秀成果一等奖2篇、二等奖2篇。召开2018年参政议政暨宣传工作培训会，组织各支部骨干会员就如何撰写社情民意的基本要求和技巧等进行详细讲解，并对近期参政议政重点工作任务进行部署。邀请民建江北区委参政议政专委会主任张长荣、国家一级文学编辑赖永勤给会员作党派新闻写作交流专题培训，提升会员撰写提案、社情民意、宣传稿件的写作水平。全年民建区委有2篇提案被评为渝中区政协2018年度建言献策成效突出提案，7名会员被评为渝中区2018年度履职工作突出的政协委员。邓智勇、齐飞、徐苗苗被民建市委评为2018年度“反映社情民意信息工作先进个人”。民建区委获民建市委2018年度“反映社情民意信息工作先进集体”称号、获渝中区政协“2018年度反映社情民意信息工作表现突出单位”称号。

【社会服务】 开展对口联系街道部门工作。按照中共渝中区委统战部关于各民主党派对口联系街道、部门工作的统一安排，加强与解放碑街道、上清寺街道和区商务局的沟通联系，通过建立制度、通报情况、列席会议、走访调研、社会服务等形式，取得一定工作成效。主动与对口街道联系。民建区委四支部、十支部、十二支部与解放碑街道罗汉寺社区、莲花池社区、民生路社区进行对接。民建区委六支部、十一支部、十五支部与上清寺街道曾家岩社区、学田湾社区、春森路社区进行对接。对接后，各基层支部与对应的社区共同开展学习交流、普法宣传、帮困慰问及清明节、端午节节日庆祝等活动十余次。组织开展母城历史文化探寻活动。通过母城历史文化讲座和实地参观白象街老鼓楼衙署遗址的方式，从理论和实践两方面详细调研重庆母城历史文化发展情况，并结合实际，交流探讨如何弘扬母城优秀传统文化，打造渝中城市名片，助推渝中区文商旅融合发展。组织民建界别政协委员，参加对口联系街道、部门开展的调研活动。先后参与上清寺街道考察调研上清寺V营“互联网+文创”产业园活动、区商务局针对渝中区菜市场情况的摸底检查活动等。引导支部、专委会及会员个人，多渠道开展社会服务活动。5月26日，民建区委二支部协助渝中区大坪街道马家堡社区举行“迎六一•我与爸妈同学法”主题普法活动。5月29日，民建区委五支部组织会员到北碚第二养老院慰问孤寡老人。5月31日，民建区委六支部组织会员到渝中区金宏幼儿园，为孩子们送去书包、图书和节日慰问。7月6日，民建区委五支部和十三支部联合组织会员到重庆杰康儿童康复训练中心，开展“关爱特殊儿童，携手与爱同行”捐赠慰问活动。7月19日，民建区委四支部联合罗汉寺社区党委看望慰问辖区在40℃高温下仍坚守岗位的一线工作者。8月9日，民建区委八支部联合重庆市出租汽车暨汽车租赁协会、重庆友联出租汽车服务股份公司共同开展慰问出租车驾驶员活动，向他们发放藿香正气液、板蓝根、人丹等防暑药品。10月17日，民建区委十三支部组织会员到渝中区兴隆街社区开展“走进社区、重阳慰问”活动，给社区老人送去大米、食用油等生活用品，并与兴隆街社区结为友好对子。

【民建区委负责人】

主 任 委 员：孔新军

副主任委员：代晓伟　齐　飞　叶静涛

陈成宽　王晓颖

（郭洁）

民进渝中区委

【概况】 中国民主促进会重庆市渝中区委员会（简称“民进区委”）第六届委员会成立于2016年6月28日，有区委委员19人。会员中有市政协委员6人，其中常委1人；有区政协委员12人，其中副主席1人、常委3人；有区人大代表4人，其中常委1人。至2018年12月底，有基层支部20个、总支1个，会员547人，平均年龄58.4岁，其中有中、高级职称的480人。民进区委的主要职责为参政议政、民主监督、参加中国共产党领导的政治协商。办公地址位于渝中区和平路192号5楼。

2018年，民进区委秉持“为执政党助力、为国家尽责、为人民服务”的使命担当，坚持“有思有行、集智聚力、顺势而为、开拓创新”的工作方针，立足新时代新方位，准确把握建设中国特色社会主义参政党的新要求，不忘合作初心，牢记历史使命，不断推进自身建设和履职能力迈上新台阶。2018年被民进重庆市委评为2018年度社情民意、新闻宣传、社会服务先进单位，被民进中央表彰为民进全国宣传思想工作先进集体。

【思想建设】 2018年是民进中央确定的思想政治教育主题年。民进区委把开展主题教育活动和“加强思想政治教育”作为2018年度重点工作来抓，建立健全学习制度，深化学习内容，创新学习方式，深入学习贯彻习近平新时代中国特色社会主义思想、中共十九大精神，贯彻落实民进十二大部署，扎实抓好思想建设工作。民进区委组织全区会员积极参与“不忘合作初心，继续携手前进”主题教育活动。以纪念中共中央发布“五一口号”70周年为契机，民进区委举办以“重温历史 不忘初心 坚定信念”为主题的宣讲活动，组织开展纪念“五一口号”发布70周年征文、演讲活动等系列纪念活动，6人次在民进重庆市委和区委统战部开展的征文活动中获奖，会员李茜参加区委统战部举办的演讲比赛并荣获二等奖。举办以“民进人•教师爱•渝中情”为主题的教师节、中秋节、国庆节“三节”庆祝活动。各基层支部通过学习民进新章程、新章程学习读本，参加“民进章程网上学习问答”活动等，深入领会民进的政治主张，继承和发扬民进老一辈的优良传统。围绕中心工作做好宣传报道，加强对参政议政、社会服务、工作成果经验和先进人物的宣传。全年出版《渝中民进》两期，登载各类稿件88篇，图片82张。据不完全统计，全年在中央级媒体发稿12篇，在市级媒体发稿81篇。

【组织建设】 坚持注重质量和结构的合理性，规范组织发展程序，把好质量关，稳步推进组织发展。民进区委领导班子深入考察走访拟发展对象，先后到巴蜀中学、求精中学、第二十九中学、渝中区卫生计生委、平安银行重庆分行、重庆市少年宫等单位走访，了解拟发展对象的基本情况。全年共发展民进会员8人，至2018年12月底，渝中区民进会员总数为547人。加强领导班子和后备干部队伍建设，民进区委领导班子成员参加市委统战部在北京中央社会主义学院举办的专题培训，选派5名会员参加中共渝中区委统战部在中山大学举办的统战系统党外代表人士骨干培训班。会员任志刚被推荐为第七批市级新的社会阶层党外代表人士挂职实践锻炼的候选人，10月起到北碚区挂职半年，任蔡家管委会副主任。组织骨干会员参加民进中央、民进重庆市委会，市、区政协和市委、区委统战部举办的专题学习教育。4月，民进区委在武汉大学举办2018年度干部培训班，进一步提升会员整体素质。组织新会员参加市委会培训及新会员支部活动，如召开学习会、观看专题纪录片、现场调研等形式，提升新会员思想认识、政治素质和履职水平，增强新会员对民进组织的归属感、使命感和责任感。把基层支部规范化建设作为组织建设中的重点工作，该项工作从2017年开展以来，试点支部的整体活力、号召力和影响力均有所提升。年底，各基层支部负责人分别就本支部全年工作开展情况进行述职。民进区委与民进湖北省荆门市委把民进重庆复旦中学支部和民进荆门龙泉支部结成友好共建支部，增强基层支部活力。

【参政议政】 在2018年区政协十四届二次会议上，民进区委提交集体提案15件，民进界别政协委员提交个人提案8件，其中1件集体提案、2件个人提案被列为2018年区政协重点督办提案。大会发言《关于打造“鹅岭江山”文商旅城融合示范项目 推进国际知名都市旅游目的地建设的建议》获得一致好评。全年定期召开参政议政智库会议，就2018年调研课题方向和选题收集相关意见和建议，征集社情民意金点子。智库成员周密反映的《良法善治，修宪成为时代选择》和王志坚反映的《关于加强新闻类作品知识产权保护》均被中共重庆市委统战部采用。安排智库成员到对口联系的南纪门街道山城巷传统风貌区项目建设现场调研，组织民进界别区政协委员开展各类专题调研，为委员们密切联系群众、知情参政提供保障。坚持定期通过电话、走访等形式与对口联系部门和街道建立沟通联系。主动邀请区教委和南纪门街道的党政领导参加民进区委的大型活动，组织会员到南纪门街道社区服务中心参观。通过对渝中区南纪门街道凉亭子社区的山城巷传统风貌区建设现场进行调研，对该项目建设提出相关意见和建议。通过实地了解渝中区行政服务体制机制现状，多次到南纪门街道三级社区服务中心开展调研，提交《关于优化我区行政服务机制提高行政服务效能》的专题调研报告。2018年民进区委申报各级参政议政课题、统战理论课题共5篇，其中参政议政课题“重庆未来五年人口变动情况与学前教育供给研究”“重庆市文化产业政策评估”，理论研究课题“新时代提升多党合作制度效能研究”均被民进市委立项，理论调研课题“民主党派内部监督与中共党内监督比较研究”“渝中区民主党派基层组织负责人履职问题调查研究”被区委统战部立项。民进区委申报工作调研课题5个，《塑造母城文化魅力 提升渝中美誉度》和《关于对洪崖洞与湖广会馆进行连接整合的建议》2篇工作调研报告受到区领导高度重视，并得到中共渝中区委书记黄玉林的批示及相关部门回复。发动会员积极撰写关于全国“两会”的信息，被市委统战部采用2篇。全年提交的社情民意被区政协采用3篇，民进重庆市委采用17篇，《我市高中学生综合素质评价方式亟待改进》等3条建议被市政协采用，《关于完善银行业债委会机制以更好防范化解信贷风险的建议》被民进中央采用。

2018年，民进区委和会员周密分别被渝中区政协评为2017年度反映社情民意信息工作表现突出单位和个人；民进会员宋春梅、罗诗权、周密被评为2017年度履职工作突出的政协委员；民进区委提交的《关于创新文化产业体制机制打造渝中文化（创意）支柱产业的建议》获评2017年度建言献策成效突出提案。民进区委副主委李志辉被民进重庆市委评为2017年度信息工作先进个人，由他任课题组长的民进中央理论研究课题“新时期民进基层组织负责人履职困境及突破路径”成功过审，顺利结题。民进区委主委谭小兵执笔的民进市委参政议政课题调研《重庆市文化产业政策评估》顺利结题并通过评审。民进区委主委谭小兵执笔的《重庆非物质文化遗产保护与文化产业发展研究》获第六届重庆发展研究奖二等奖。

【社会服务】 1月，民进区委组织会员周庶民等8位书法家到渝中区大溪沟街道胜利路社区开展“春联万家”活动，现场为市民书写近400余幅对联和200余个福字，受到群众热烈欢迎。4月下旬，民进区委文艺总支到武隆区赵家乡中心学校开展送教活动，会员涂琼、欧娅莉等为该校近200名各年级小学生送去精心准备的艺术和文体课程。5月，“非遗”进校园活动在重庆复旦中学和中华路小学黄沙溪分部举办，民进区委青委会和渝中区非物质文化中心精心组织安排剪纸、烙画、面塑、黄杨木雕、重庆漆器髹饰技艺、蜀绣等14个国家级、市级非物质文化遗产项目体验和精致的非遗作品展览活动，让该校师生亲身体验多项手工艺，感受非物质文化的艺术魅力。该项活动至2012年开展以来，已在渝中辖区内的11所中小学校深入开展。按照民进中央开明慈善基金会的要求收集整理上报受助学生各类材料，及时发放爱心助学金。2018年“春梅爱心帮扶活动”基金共捐助贫困学子9名，活动开展七年来共帮扶在校学子73人次，帮扶资金达36.5万元。7月，参与民进重庆市委“同心•逐梦——艺术教育进乡村”活动。文艺总支参加民进市委在大足区石马镇开展的“情系乡村大足行”送医送文化活动，为当地群众献上一场精彩的文艺演出。参加“领导干部社区工作日”活动、“提升城市精细化管理水平”社区工作日活动等，民进区委机关干部到李子坝社区动手保洁，专项整治小区卫生问题。9月，民进区委和渝中区教委在重庆市渝中区培智学校联合开展“尊师重教•情暖特教”慰问活动，表达对培智学校特殊教育一线教职工的节日问候和祝福。

【民进区委负责人】
主任委员：谭小兵
副主任委员：邓湘渝（专职）
刘　英　李嘉婧　李志辉
郭　莉

（陈伟萍）

农工党渝中区委

【概况】 中国农工民主党重庆市渝中区委员会（简称“农工党区委”）成立于1983年12月，下设支部3个，有党员64人。1994年1月，农工党市中区第一次代表大会召开，选举成立农工党市中区第一届委员会。农工党区委第四届委员会产生于2011年8月26日，有委员18人。2013年11月，根据农工党重庆市委决定，农工党重庆市卫生总支部委员会、农工党重庆医科大学委员会划转渝中区委。调整后，农工党区委现有30个基层支部，2个总支，1个基层委员会，区委委员增加到20人。2016年6月，农工党渝中区第五届委员会成立，选举产生区委委员21名。2017年8月，根据农工党重庆市委规定，按照属地化管理原则，农工党重庆市委机关支部划转到江北区委。至2018年年底，农工党渝中区委有党员839人。其中，在职424人，退休415人；男382人，女457人；平均年龄约62岁；具有中、高级职称的815名，占97%；博士43人，硕士88人，大学565人。党员界别为：医卫界523人，占62%；教育出版界37人，科技界15人，文化艺术界88人，公有制经济144人，其他界别32人。农工党区委有市人大代表2人，市政协委员11人（含常委1人），区人大代表1人（含常委1人），区政协委员13人（含常委2人，其中副主席1人），区政府实职安排1人。农工党区委下设办公室、参政议政小组、妇女工作委员会、青年工作委员会、老年工作委员会和社会服务工作小组。农工党区委的主要职责是参政议政、民主监督、社会服务。办公地址位于渝中区和平路192号5楼。

2018年，农工党区委团结和带领全区农工党员认真履行参政议政、民主监督职能，积极参加中国共产党领导的政治协商，持续抓好自身建设，努力实现参政党地方组织新作为，为全区经济社会发展作出新贡献，较好地完成各项工作任务。农工党区委被农工党重庆市委授予“参政议政工作先进集体”“社会服务工作先进集体”“思想宣传工作先进集体”等多项称号。

【思想教育】 2018年，农工党区委通过区委全委会、扩大会、专题座谈会等多种形式，组织党员干部认真学习中共十九大会议精神和农工党十六大精神、全国和重庆市“两会”精神、中共中央统战部部长尤权视察重庆讲话精神、中共重庆市委书记陈敏尔关于统战工作的讲话精神、中共重庆市委五届三次四次五次全会精神等。结合一年一度的暑期干部教育活动，开展“不忘合作初心，继续携手前进”主题教育和年度“三学一讲”活动，对区委委员和30个基层支部干部进行专题培训。围绕纪念中共中央发布“五一口号”70周年开展系列纪念活动，组织党员到中国民主党派历史陈列馆参观纪念“五一口号”发布70周年专题展览，并号召全区基层组织以支部为单位，全覆盖开展参观中国民主党派历史陈列馆和农工党中央机关旧址陈列馆活动。农工党区委还举行纪念中共中央“五一口号”发布70周年座谈会，深入学习贯彻习近平总书记关于中国新型政党制度的重要讲话精神，重温多党合作历史，弘扬优良传统。参加区委统战部组织的纪念“五一口号”发布70周年征文和演讲比赛，并在征文比赛中获一等奖。

【参政议政】　2018年在重庆市“两会”期间，农工党区委共提交1件集体提案，20件个人提案，6条社情民意。在渝中区“两会”期间，区政协委员共提交并立案集体提案20件，大会发言1件，书面发言2件，农工党委员个人提案立案8件，区级领导重点督办提案10件。闭会期间，农工党区委及时组织调研，围绕全市经济社会发展重点热点和市民最关心、最直接、最现实的问题反映社情民意。至12月20日，共被市政协采用1条，被农工党重庆市委采用13条，被渝中区政协采用6条。农工党区委主动承担市委两个理论建设项目研究和区委统战部2篇理论调研文章、1篇工作调研报告，其中《建立民主党派民主生活会制度研究》荣获农工党中央理论成果二等奖，并向区科委申报成功2个重点调研课题。

【组织建设】　按照组织发展规程稳步有序发展党员。2018年发展新党员31名，其中，博士3人、硕士7人，有高级职称的8人，新党员平均年龄38岁，为区农工党党员队伍输入新鲜血液。到12月底，渝中区有农工党员839人，约占全市农工党员总数的五分之一。制定组织工作规划、骨干人才培养与发展工作实施方案，对组织建设工作做到年初有计划、年底有总结、年终有表彰，增强各基层组织工作的计划性和规范性。发挥界别优势，多次召开医卫界党员座谈会，加强党内医卫人才培养发展。开展新党员交流座谈会，通过交流谈心，增强新党员的归属感和凝聚力。各专委会根据自身特点和中心工作任务，积极组织各类活动，深入推进自身建设，做好参政议政和社会服务工作。青委会、妇委会和参政议政委员会等专委会全年共开展10余次主题特色活动。重视基层组织建设，定期召开农工党渝中区委扩大会，组织区委委员及支部主任学习时事政治，及时研究部署工作，并对各支部的工作进行分类检查。

【社会服务】　在“环境健康周”和“国际科学与和平周”期间，分别组织市、区医卫界专家教授、名老中医及其他界别的知名律师在菜园坝街道开展大型义诊及法律咨询活动，受到周边广大居民的欢迎和好评。联合朝天门街道组织开展“服务健康，服务群众”专项活动，为街道群众提供义诊服务和健康咨询。由农工党区委主导，联合农工党重庆市委农业农村专委会和农工党潼南区委在潼南区太安镇建立社会服务实践基地。重医附一院支部参加由重庆市委统战部主办的“同心•星火”帮扶服务团，深入国家级贫困县深度贫困乡镇——巫溪县天元乡，为当地群众开展送健康义诊活动。重庆中医校支部参加由重庆市针灸学会主办的精准扶贫进广安活动，对近2000名乡村医生进行推拿按摩的中医技术培训。重庆市口腔医院支部组织党员在九龙坡区实验幼儿园对幼儿家长进行名为“健康从齿开始”的口腔科普知识讲座。开展扶贫助学慈善捐赠活动，组织党员为贵州省毕节市大方县安乐乡小学购置价值20000元的电脑10台。加强和对口街道、社区的联系，竹园社区是农工党渝中区委开展便民服务献爱心的定点基地，农工党区委为该社区提供义诊、捐赠、帮扶工作已有6年。2018年，农工党区委在竹园福利院举行捐赠活动，慰问该院90多名孤寡老人。响应“文化下乡”号召，农工党文艺总支的农工党员参加各种公益慰问演出60余场，先后到彭水、长寿、黔江等10余个区县的贫困乡镇送戏下乡，得到各乡镇党委及扶贫组织的一致好评。开展“送戏进高校”活动，先后到重庆市传媒职业学院、重庆邮电大学、重庆理工大学等高校参加公益演出40多场。

【建功立业】 党员罗诗樵获“全国援外医疗工作先进个人”称号；李虹获2018年度全国渔业科技服务创新领军人才称号；梅霞、苟景跃在重庆市首个“中国医师节”庆祝表彰大会上被评为中国重庆市优秀医师；杨缙获“重庆名医”称号，被评为第二届“白求恩式好医生”；农工党区委罗诗樵等5名党员被评为“2017年度党务工作先进个人”；张艳荣获“中国生态健康论坛贡献奖”。

【农工党区委负责人】

主 任 委 员：李　虹

副主任委员：王　红　吴庆琛　王月婷

王　珏　李　彤　张　军

（张艳）

致公党渝中区委

【概况】 中国致公党重庆市渝中区委员会（简称“致公党区委”）是以归侨、侨眷的中上层人士和其他有海外关系的代表人士为主组成的、具有政治联盟特点的政党，是中国共产党领导的多党合作和政治协商制度中的中国特色社会主义参政党。1997年11月成立中国致公党重庆市渝中区第一届委员会。办公地址位于渝中区和平路192号新民花园5楼。2016年6月换届，成立中国致公党重庆市渝中区第五届委员会，总支部1个、基层支部10个，区委委员19人。2018年发展党员4人，全区党员总人数281人。其中，获国务院特殊津贴2人，学科带头人3人；有高级职称的132人、有中级职称的106人，分别占全区致公党员人数的47%、37.7%；博士生导师4人，博士33人，硕士51人。任市、区实职领导的党员10人。有全国人大代表1人，市人大代表3人，区人大代表2人，市政协委员3人，区政协委员16人。致公党区委的主要职责是坚持和完善中国共产党领导的多党合作和政治协商制度，秉承“致力为公、侨海报国”的宗旨，围绕中心，服务大局，加强自身建设，积极履行参政议政、民主监督职能，积极开展社会服务和海外联谊活动，贴近群众，反映民意，维护归侨、侨眷及海外侨胞的合法权益，广交朋友，牵线搭桥等。

2018年，致公党区委围绕市、区经济社会发展，切实履行参政党职能，努力进取，奋发有为，各项工作迈出坚实步伐，被致公党重庆市委评为组织建设先进集体，获参政议政先进集体三等奖。

【思想建设】 4月8日，召开会议，组织致公党党员学习全国“两会”精神；4月12日，致公党区委专职干部参加市委统战部组织的学习习近平总书记全国“两会”期间系列重要讲话精神宣讲报告会，进一步领会习近平新时代中国特色社会主义思想；4月23日，致公党区委专职干部参加区委统战部组织的统战系统理论学习会；7月8日至10日，5名新党员参加致公党重庆市委新党员培训；7月26日，致公党区委专职干部及党员参加区政协组织的学习习近平总书记关于加强和改进人民政协工作的重要思想专题讲座。通过上述培训学习，进一步增进政治共识，坚定“同心”思想，确保优良传统发扬光大。

【组织建设】 致公党区委主委张健当选十三届全国人大代表，杨斌、周德凯、杨蕴华3人当选市人大代表，刘东方、喻开渝、冯建国3

人当选市政协委员，喻开渝当选重庆市第三届新专联常委理事。6月30日至7月1日，致公党区委举办暑期干部培训会，致公党重庆市委专职副主委谭净、区委主委张健、副主委喻开渝围绕“如何履行参政议政职能”分别为致公党区委委员、支部委员及骨干党员作讲座。11月，召开致公党界别政协委员述职大会，6名政协委员汇报两年政协履职、工作情况，接受党员监督测评。注重与基层支部中共党组织联系，2月13日，市经济信息委副主任周青，计算机通信产业处处长匡建到致公党渝中区委就支部建设、民主监督、统一战线发展、参政议政等方面开展交流。分别与中冶赛迪支部、急救中心支部党委交流，沟通支部建设情况，听取支部党委对支部发展的建议，进一步做好支部建设发展工作，12月完成对致公党中冶赛迪支部届中调研，王爱萍当选支部主委。12月，致公党区委副主委杨蕴华受聘担任国网重庆市电力公司建议献策工作室主任，实现民主党派与企业间的优势互补。

【参政议政】　参与政治协商。按照市、区政协工作会精神要求，撰写《提高五种能力为新时代渝中协商民主中心工作致力奋斗》，其中许多意见建议得到肯定和采纳。履行议政职能。2018年向全国人大提交《关于对建筑行业以审计结果作为工程竣工结算依据的地方法规进行立法审查的建议》等4篇建议；向市人大提交《关于改进适龄儿童小学入学年龄界定试行柔性入学的建议》等7篇建议；向市政协提交《关于优化我市高速铁路客运枢纽和轨道交通车站相接驳的建议》等6篇提案；向区人大提交5篇建议；向区政协提交20篇提案，其中集体提案7篇，曹粒撰写的《解读母城文化，创新发展模式》在区政协做大会发言。开展科学调研。开展区科委软科学调研《关于对重庆渝中区社区居民老年痴呆患者生活和接受诊疗现状调研及对策》；向区委、区政府报送《关于渝中区推进企业赴港上市与招商引资相结合的建议》等4篇重点调研课题，其中罗思雨撰写的《致公党渝中区委关于加强重庆站高铁枢纽功能的建议》得到区委书记批示；完成区委统战部《关于新时代统战工作扩大群众基础的问题和对策研究》等3篇课题调研，其中《关于重庆站综合交通枢纽和轨道接驳的四个问题和建议》获工作调研类一等奖，《关于新时代统战工作扩大群众基础全面提升参政议政水平的问题和对策研究》获理论研究文章三等奖；完成致公党重庆市委调研1篇。杨斌完成重庆市技术预见与制度创新项目“创新驱动发展战略下商业银行开展投资联动业务的模式与路径研究”调研课题，陶继仲完成市科委调研课题“城市大型地下环道安全系统工程成套技术研究”。社情民意有序开展。致公党区委组织参政议政骨干参加致公党重庆市委举办的参政议政培训，提高撰写社情民意信息水平，致公党区委共提交社情民意20篇。

【基层干部培训】　3月9日至15日，致公党区委专职干部参加致公党重庆市委组织的专职干部培训，赴海南交流学习；6月4日至8日，致公党区委专干参加致公党中央组工干部培训；6月24日至30日，组织4名党员参加区委统战部组织的2018年统战骨干培训班培训，提高党员政治素质和履职能力；7月8日至10日，5名新党员参加致公党重庆市委新党员培训。9月14日，组织党员参加致公党重庆市委“如何提高社情民意质量”理论研讨会，交流学习社情民意撰写技巧方法等，提高党员参政议政能力。致公党区委专职副主委于5月、10月分别参加致公党中央组织的地市级专职副主委培训和2018年统一战线专兼职干部培训。通过学习培训，增强了党员干部的“四个意识”，提高了“五种能力”。12月，涂艳玲、马佳、王妍被致公党市委评为优秀党员。

【实践教育活动】　4月26日，组织党员参加致公党重庆市委庆祝“五一口号”发布70周年座谈会，致公党区委副主委马佳代表致公党区委发言。参加区委统战部组织的重温“五一”演讲比赛，讲述多党合作故事，致公党区委荣获三等奖；参加书画、摄影展，邓海东、况平2位党员的书画作品获奖；广泛征集纪念文章，《论五一口号反映的中国传统知识分子之精神传承》等5篇文章分获致公党重庆市委和区委统战部表彰。5月5日，致公党区委青年委与民盟区委青年委开展纪念“五一口号”发布70周年暨庆祝五四青年节活动，参观渝中名人故居，重温党外人士与中国共产党风雨同舟的历史，感受渝中统战文化。8月6日至8日，致公党区委专职干部参加致公党重庆市委组织的“不忘初心、重走红色路”教育实践活动，赴遵义交流学习。举办金融讲座，共同学习新时代下的金融制度。12月20日，致公党区委青年委召开庆祝改革开放40周年“青年精神”座谈会，共同学习习近平总书记在庆祝改革开放40周年大会上的重要讲话，回顾改革开放40年来祖国发展给自己工作生活带来的巨大变化，为市、区经济社会发展建言献策。

【活动开展】 3月5日，承办致公党重庆市委“花舞致公，传承传统文化”的插花活动，致公党各区级组织共80余人参加，共同庆祝三八妇女节。10月22日，组织致公党区委退休老党员游览璧山万木源，赏秋色庆重阳，共话改革开放40周年。11月19日，组织致公党党员参加在中国民主党派历史陈列馆举行的致公党中央党员学习教育基地揭牌活动，听取致公党中央主席万钢讲话。举办亲子教育系列课堂，参观燕京八绝展览，丰富活动内容形式，增强党派凝聚力。开展走进中国民主党派历史陈列馆、红岩村等地的支部活动，学习优良传统，弘扬爱国精神。组织党员走进南岸南山、璧山、合川，加强支部内党员之间的交流，调动党员干部参与热情。

【社会服务】 发挥党内医生资源，在渝中解放碑、巴南区、南岸区茶园等地开展大型义诊和送医上门活动，参加重庆周边区县医院或当地卫计委组织的继续教育活动，传授常见病知识。致公党儿童医院支部数名专家到贵州茅台镇和习水县为数名贫困儿童义诊治疗血管瘤。致公党重医二支部组织科技下乡活动，义务为重庆各大区县医院送去临床技能和临床知识。重庆医科大学4名致公党员作为侨界医疗专家深入三峡库区重庆奉节县开展义诊，与当地医院医务人员开展业务交流，并深入贫困户家中送医送药送温暖。致公党重医一院支部牵头为“致西合作”项目设计医疗扶贫具体方案，创新打造“远程医疗服务”帮扶项目。组织开展国际乳腺癌“粉红丝带周”系列公益活动，为广大群众提供全面的防癌抗癌知识。发挥法律服务团作用，律师专家做客《重庆之声》，以案释法，宣传法治。法律服务团成员参加宪法宣传日活动，现场为群众答疑解惑。开展环保公益活动，宣传垃圾分类，对洪灾后的合川、磁器口等地投放环保酵素治理沟渠，减少污染。致公党重庆医科大学支部参加与重庆市特殊教育中心联合开展的公益活动，为特殊教育学校的学生讲述人体骨骼、器官的基本知识；开办孤独症儿童专题讲座，关爱孤独症儿童身心健康。捐助甘肃渭源北寨镇手工编织扶贫车间、高原蔬菜灌溉水井18万元，助力当地脱贫。杨蕴华、杨斌、李新明、周德凯、张黔渝等党员个人坚持爱心帮扶，长期资助贫困学生，帮助其完成学业。12月20日，医疗专家刘胜春在渝中区公共法律服务中心为50名女律师做如何预防乳腺癌专题讲座。

【对外联系工作】 与致公党菏泽市委、致公党遵义市委就组织建设、参政议政等内容开展座谈交流，学习新方法，拓展机关工作新思路。在致公党中央“学习十九大，弘扬好传统”致公讲堂上，党员李易以“中国人如何做到文化自信——中西哲学体系的统一场论”为题为贵州、重庆市致公党员作专题讲座，增强党员对中国文化的认同感，使其树立文化自信。李曦作为受邀的全国八位专家之一参加“2018年海外赤子为国服务行动计划•重庆行活动”，前往两江新区互联网产业园，走进创新企业并作“创新创业与供给侧结构性改革结合”的专题分享，指导帮助企业提高创新创业能力。曹粒参加新加坡义安理工学院交流论坛，在论坛上分享海外留学和工作以及回渝创业的经历，并现场展示重庆的历史风貌；参加解放碑国际文化交流节（留学生企业活动周），设展展示渝中母城的自然历史风貌，交流国际先进研学模式。

【致公党区委负责人】

主 任 委 员：张　健

副主任委员：涂艳玲　刘东方　马　佳

喻开渝　杨蕴华

（涂艳玲 彭婧烨）

九三学社区委

【概况】 九三学社重庆市渝中区委（简称“九三学社区委”）成立于1997年10月29日。2018年，有基层委员会、支社、小组17个，社员596人，平均年龄57岁，其中有高级职称的占68%。社员中有实职领导干部11人，全国政协委员2人，重庆市人大代表2人，重庆市政协委员5人（其中常委1人），渝中区人大代表4人（其中副主任1人，常委1人），渝中区政协委员10人（其中常委2人），市、区特邀监督员3人、人民陪审员1人。办公地址在重庆市渝中区和平路192号。下设参政议政专委会、青年工作委员会、医疗卫生专委会、老年工作专委会、妇女工作委员会、文化创意专委会6个专委会。九三学社区委的主要职责是参政议政、民主监督等。

2018年，九三学社区委以抓“新思想学习”为重点，团结带领全区社员，贯彻落实中共十九大精神，开展“学讲做”活动，围绕中共渝中区委的中心工作，加强自身建设，提升社组织动员能力，履行参政党职能，完成各项工作。全区社员获省部级以上科技奖励和荣誉称号17人次。九三学社区委获九三学社全国组织建设先进集体，九三学社重庆市坚持和发展中国特色社会主义学习实践活动先进集体，九三学社重庆市思想建设和宣传工作、参政议政工作、社情民意信息工作、社会服务工作、组织建设工作、机关建设工作共六项先进集体奖。

【思想建设】 领导班子带头学。把深入学习贯彻习近平新时代中国特色社会主义思想作为领导班子政治学习的重中之重，作为每次主委会议的第一项议程。骨干队伍重点学。把深入学习贯彻习近平新时代中国特色社会主义思想作为“薪火计划”培训的重要学习内容，邀请全国人大代表传达习近平总书记重要讲话精神，邀请西南政法大学宪法学教授举办“宪法迈进新时代”专题讲座，组织青年骨干社员开展“不忘初心与党同心”教育活动。基层社员广泛学。把深入学习贯彻习近平新时代中国特色社会主义思想作为社员思想理论建设的重点，以“学讲做”活动为载体，先后组织召开十余次报告会、宣讲会、讨论会、调研会等社员学习活动。九三学社区委领导班子成员走进基层组织进行宣讲，教育引导全区社员切实提高政治站位，增进“四个认同”，增强“四个意识”，坚定“四个自信”，坚决做到“两个维护”，不断夯实团结奋斗的共同思想政治基础。

【组织建设】 推进“人才强社”战略。2018年共发展社员25名，社员平均年龄为38岁，研究生及以上学历比例达76%。加强人才队伍培养，5人次参加渝中区统战系统党外代表人士骨干培训班，16人次参加九三学社重庆市委新社员培训班，230人次参加九三学社区委“薪火计划”培训。8名界别政协委员完成2017—2018年度述职测评，满意度为100%。强化基层组织规范化建设。班子成员先后到九三学社重医大附一院、重医大附二院、重医大校本部、中煤科工重庆设计院等支社开展调研，了解基层组织在规范化建设中存在的问题，为基层工作的开展鼓干劲、出主意。九三学社重医大儿童医院支社响应中共重庆市委统战部在全市统一战线开展“学讲做”活动的号召，组织社员分批前往重庆中国民主党派历史陈列馆参观学习。九三学社科技联合支社召开传达学习全国“两会”精神和中共重庆市委五届四次全会精神会议，让社员谈心得说体会。九三学社综合支社与中煤科工重庆设计院支社联合开展西安文化之旅活动，共同感受祖国博大精深的历史文化，增强文化自信。重医大校本部支社到重庆市儿童爱心庄园开展调研和集体学习活动，达成帮扶意向。九三学社中冶赛迪支社以迁院60周年为契机，开展以“老社员讲故事”为主题的组织活动，邀请见证赛迪发展历程的老社员们给年轻社员讲故事，进一步激励社员爱岗敬业、砥砺奋进；支社主委廖建云作为全市唯一的基层组织代表列席了九三学社第十四届中央委员会第二次全体会议。规范有序开展专（工）委活动。九三学社区委青工委举办常青藤沙龙活动，就重庆历史文化物质遗产保护问题进行研究，形成《关于母城历史文化遗产保护开发的调研报告》提交中共渝中区委；青工委委员参与重庆九三青年论坛，围绕乡村振兴主题开展调查研究，赵伟、石玉撰写的《关于激发贫困户脱贫致富内生动力的相关思考》，朱进、孙琳撰写的《重庆农村老人医疗健康现状探讨》两篇论文分别获一、三等奖；青年社员积极参加主题纪念活动，何小松、黄元丁撰写纪念“五一口号”发布70周年论文，分获区委统战部二、三等奖，黄元丁参加纪念“五一口号”发布70周年演讲比赛，荣获九三学社重庆市委二等奖和区委统战部一等奖。老年工委组织开展安全用药知识讲座和重阳节庆祝活动，关心关爱老年社员。妇工委举办庆祝“三八”节活动，组织女社员参观重庆抗战遗址博物馆，回望艰苦岁月，缅怀英烈先驱。文创专委会组织委员参观中苏文协旧址，邀请专家讲述九三学社的发展历程以及与中苏文协的重要历史渊源。加强机关正规化建设。九三学社区委机关修订完善管理制度，规范社内办文和社内用语，整理资料档案，严格机关运行管理，通过九三学社中央机关正规化交叉检查验收，得到检查组肯定。接待九三学社河南省、淮安市洪泽区、天津市和平区、贵州省铜仁市等地区兄弟组织，就机关建设、基层组织建设、履行职能等方面进行深入探讨和交流，汲取各地区的先进工作经验。

【参政议政】 认真参与政党协商。参与区委、区政府、区政协等重大人事事项的民主协商。在中共渝中区委“双月座谈会”上，提出的关于渝中城市形象与内在品质升级发展的建议被列为中共渝中区委交办事项，部分建议被相关部门采纳。开展重点课题调研。围绕党委政府中心工作和社会热点难点问题，聚焦城市品质提升、改善民生民利、文化保护利用等方面，跨支社跨界别成立10个重点课题组，扎实开展调查研究，认真分析论证，在课题中期、后期先后召开6次调研和研讨会，确保课题按质保量顺利结题。主动作为建言献策。2018年共提交市、区政协提案、社情民意77篇。其中，杨竹课题组撰写的《关于推进重庆文商旅产业融合发展的建议》作为九三学社重庆市委集体提案提交市政协。汪源撰写的《建设智慧商业街区稳定渝中传统商贸》在区政协十四届二次会议上作大会口头发言，廖建云撰写的《借力智能制造进一步推进渝中区经济发展》、黄元丁撰写的《关于保护朝天门历史文化的建议》和居梁撰写的《关于推进渝中区建设施工扬尘控制智能化监管的建议》作为区政协重点督办提案。全年共有10篇社情民意被采用。许秀飞撰写的《引入环保税应税污染物第三方审计机制》被中央统战部采用，是全国“两会”期间渝中区唯一一条被中央统战部采用的建议。廖建云撰写的《适时推进无人驾驶汽车上路试点工作》被九三学社中央采用。许秀飞、税荣贵、廖建云撰写的《关于对影视作品主要演职人员遵纪守法情况进行审查的建议》《关于制定地条钢界定国家标准的建议》《建议多管齐下去除钢铁劣质产能》《乡村振兴要抓基层带头人能力素质提升》《关于加强专利实用性审查的建议》被市委统战部采用。赵伟撰写的《关于统筹协调生态保护与乡村产业振兴关系的建议》被市政协采用。廖建云、史羡撰写的《关于建议政府加强对自闭症儿童关注关爱的建议》《关于重视并防范“药驾”带来的危害的建议》被区政协采用。

【社会服务】 （1）助力脱贫攻坚。将扶贫工作重点放在留守儿童身上，连续五年开展

“童”聚九三活动，发动社内和社会力量共同关注留守儿童的性格教育。2018年，开州区20名留守儿童在渝中与父母团聚一周，并与志愿者一起体验了丰富多彩的暑期参观实践活动。走进忠县石宝镇中心小学校开展“送健康进校园”活动，为全校师生送去800册爱心书籍，建立“九三学社爱心书屋”；为170名留守儿童送去儿童急救和口腔保健知识讲座，呵护留守儿童健康成长。（2）关爱学校师生。通过“我为老师选新衣”活动为綦江区隆盛镇新场中心小学的女教师们送去由国内著名服装品牌“播”所捐赠的全新服饰；九三学社重医大校本部支社依托高级知识分子和专家密集的优势，为渝中区中小学生开展“九三科学课”科普活动。（3）送医下乡。九三学社重医大儿童医院支社赴黔江开展“送医下乡活动”，为100余位基层医务人员带去多场内容丰富、实用性强的学术讲座，还为当地中心医院儿科发展积极出谋划策，促进学科共同发展；九三学社重医大口腔医院支社为忠县石宝镇中心小学校的留守儿童赠送牙膏牙刷，鼓励孩子们保护口腔健康。

【对口联系工作】　九三学社区委与对口联系的区科委和石油路街道建立信息沟通机制，相互通报工作动态，适时座谈共商共议。在“双创活动周”期间，开展九三学社与科技界别政协委员交流活动，为激发渝中区创新创业活力提出建议。组织社员走进街道社区开展实地走访调研，深入了解辖区发展、居民关切、社会热点等问题，积极商讨志愿服务、科教宣传等活动计划，提出科学合理建议。利用社内丰富的医疗卫生资源，在街道建立“九三学社志愿者服务队”，定期走访问诊辖区孤老、特困、失独等困难群体。

【九三学社区委负责人】

主 任 委 员：杨　竹

副主任委员：汪　源　王晓莉　罗华艳　汪德强　沈学华　黄元丁

（赵莲）

区工商业联合会（总商会）

【概况】　渝中区工商业联合会（渝中区总商会）（简称“区工商联”）前身是重庆市工商业联合会第一区分会，成立于1952年12月，是中国共产党领导的面向工商界、以非公有制企业和人士为主体的人民团体和商会组织。办公地址位于渝中区和平路192号5楼。2018年，区工商联内设办公室、组织会员部、经济联络部，核定行政编制人员8名，在职6人。下设渝中区商会服务中心，为财政差额拨款事业单位，核定编制人员4名，在职2人，接收西部志愿者1名。区工商联的主要职责是：团结、服务、引导、教育非公有制经济人士爱国、敬业、诚信、守法、贡献，培养拥护党的领导、走中国特色社会主义道路的非公有制经济人士队伍；做好非公有制经济代表人士政治安排的推荐工作；参与政治协商，参政议政；参与政府相关的经济活动，联系各地工商界人士，开展民间外交，推动经贸交流和协作，促进经济社会发展；参与协调劳动关系，促进和谐社会建设；指导本会直属商会工作，参与社会组织建设工作，促进行业协会商会改革发展；反映非公有制企业和非公有制经济人士利益诉求，维护其合法权益；为会员提供政策信息、人才交流培训等服务；组织会员企业参加各类经贸活动，外出参观考察，帮助会员企业拓展市场；配合有关部门开展非公有制会员企业党建工作；引导非公有制企业及其非公有制经济人士承担社会责任，支持慈善公益事业发展，投身光彩事业。

2018年，区工商联积极学习贯彻十九大精神、习总书记系列重要讲话及市、区民营经济发展大会精神，围绕区委、区政府中心工作，服务非公经济发展，为全区非公经济“两个健康”顺利推进作出了积极贡献。

【非公党建】　2018年，区工商联党组管辖直属机关支部1个，非公组织党组织33个，其中党委5个、总支2个，党支部60个，中共党员546人。为不断深化对十九大精神和习近平新时代中国特色社会主义思想丰富内涵的理解，共组织18次集中学习、16次党组中心学习、6次专题讨论、6次党课讲授，组织100余名党员参加党建知识竞赛。召开基层党组织书记述职大会，基层党组织负责人、党员代表共20余人参加会议。坚持和每名党员开展日常谈心谈话，组织参观廉政教育基地等主题党日活动，组织26名非公党务工作者参加全区基层党组织书记全覆盖培训。邀请非公工委专题培训党组织书记队伍，组织非公党建现场观摩、交流学习。建立健全“党员集中活动日”“党费统一缴纳日”制度。新组建党组织2个、新接收管理党组织1个、新发展党员10名、新打造区级党建示范点2个。指导龙华、斌鑫等企业党委按期换届。2个基层党组织被渝中区委评为“先进基层党组织”、2名党员分别被评为“优秀共产党员”“优秀党务工作者”。

【参政议政】 撰写提案《关于进一步发挥好“旅游观光巴士”作用的建议》《关于抢救性保护利用渝中老地名的建议》《关于大力弘扬渝中企业家精神的建议》等。其中，《关于培育和弘扬企业家精神的建议》被区委、区政府确定为重点提案。《关于进一步加强流通领域农产品安全检测的建议》被评为区政协2018年度建言献策成效突出提案。3名委员获得区政协2018年度履职工作突出委员表彰。《渝中区民营经济发展研究》客观阐述渝中区民营经济当下所呈现出的态势及特征，指出民营经济发展存在的问题和制约因素并给出相应的对策及建议，得到区委书记黄玉林的肯定。针对近年重庆旅游热度暴增，撰写提案《对网红重庆“旅游热”的“冷思考”》，获得区长商奎和副区长邓光怀的肯定性批示。牵头撰写《全区民营经济发展研究报告》，参与撰写以区委、区政府名义制发的《中共渝中区委 渝中区人民政府关于进一步营造企业家健康成长环境弘扬优秀企业家精神更好发挥企业家作用的实施方案》。配合区委政法委、区发改委出台《关于营造公平正义法治环境服务民营经济发展的实施方案》《重庆市渝中区全面优化营商环境促进民营经济发展的实施方案》。

【基层组织建设】 至12月底，区工商联会员总数32536个，其中直属会员3260人。执委队伍203名，包括主席（会长）班子40名、常委42名、执委121名；市、区人大代表、政协委员、党代表85名；11个地区商会、2个青年商会、9个行业商会、1个社区商会、3个异地商会、3个综合类商会、11个区级团体会员、4个市级团体会员。当年新成立基层商会（渝中区总商会乐清商会）1家，新增团体会员（渝中区建筑业协会、市女企业家协会渝中分会、渝中区税务学会）3家。为规范商协会治理工作，指导44家商协会打造“一会一特色”“一街一亮点”，按10%的增长比例发展涉及全区六大重点产业的企业入会，指导大坪商会、化龙桥商会换届，引导朝天门商会完成法人登记，指导咖啡商会成立。表彰2017年度先进地区商会及优秀商（协）会共14家、先进个人3人。

【走访服务】 2月5—8日，区政协副主席、区工商联主席卢朝康带领驻会班子、轮值副主席一起走访慰问困难企业、困难职工、困难党员、新中国成立前老党员、原工商业者共180余人。每月安排一名兼职副主席（副会长）轮流担任区工商联执行主席，在轮值期间，参与工作例会、走访会员企业、策划交流活动、协调解决问题。全年走访调研商协会、会员企业46家，收集问题和建议52件，解决企业难题27件。

【法律服务】 组织100余家企业参加“劳动合同法法律法规讲解及实例分析会”。聘请3名专职律师作为总商会常年法律顾问，将40个基层商协会分成3个片区，每名律师对接一个片区。与区公、检、法、司和劳动监察等部门建立联系机制，认真落实市公安局30条举措、市检察院18条意见和市高院16条意见，形成保护非公经济合法权益的司法合力。指派律师为西南商标完善内部劳动规章制度，先后为普瑞眼科、雪纶科技、奇火锅等企业协调涉法涉诉案件 12 起。

【经济服务】 5 月，区工商联与建行渝中支行建立战略合作关系，开展“金融启蒙”课堂和“金融惠商”融资沙龙活动，为 314 户企业和 830 位个体工商户提供贷款 1.6 亿元。推进“银税互动”“助保贷”“助创贷”“种子基金”“知识价值信用融资担保贷款”等融资政策落地，向企业发放贷款 1725 万元，570 户民营企业因“银税互动”受惠，获得银行贷款 2.16 亿元。“知识价值信用融资担保贷款”设立 1 亿元规模的信用担保基金，目前首期到账 1000 万元。与区金融办定期开展企业融资需求调研，组织辖区 30 余家金融机构推出 70 余款特色融资产品，成功举办 2 场大型企银政对接会，16 个区级部门、管委会和街道，20 家银行、50 家企业代表参会，现场授信 3 户企业，授信总金额 2140 万元。联手西南知识产权集团、重庆银行，开展知识产权金融服务孵化基地可行性研究，拟培育、孵化一批知识产权金融服务机构，力争达到每年 10 亿元以上的知识产权融资服务规模。全年共走访服务总部（重点）企业 439 家，规上企业 1400 余家，涉及商业商务楼宇 380 栋，实现“保姆式”全覆盖。开展“进企业、进街道、进商会、进楼宇、进园区”宣讲活动，累计开展 17 场宣讲会，参会企业达 1500 余家，发放政策宣传资料 3000 余册。累计完成 200 余户困难企业社保费减免审核，开展稳岗、失业、劳动法政策宣讲 8 场次，参与企业 700 余户。组织旅游商协会、企业赴梁平丝绸营销体验中心开展对接活动。推动达美城市花园裙楼设施改造，打造良好外环境等 11 个重点工作项目。支持商会、企业参与“中国国际进口博览会”“智博会”“国际咖啡文化节”“渝中创新商业大会”等精品活动 20 余次，其中已落实 23 家外企入驻美达实业的“一带一路（重庆）智能体验馆”。帮助铜雀台整形美容落户昆明。开展民营企业困难情况征集，收集涵盖六个方面的困难 268 条。承接全国工商联、重庆市工商联、区委调研 21 次，调研企业 700 余家。牵头汇编市、区关于扶持民营经济健康发展政策宣传资料并广泛发放、宣传。渝中区民营企业家卢朝康、王晓辉、刘英、谭建旗、叶定坎、周勇，以及重庆金夫人实业有限公司、重庆百事达汽车有限公司、重庆诚泰通信连锁有限公司、重庆浙商新业集团、重庆协信控股（集团）有限公司，分别被市委统战部授予全市优秀民营企业家及优秀民营企业荣誉。推荐渝中区旅游业商会、渝中区青商会参评全市“四好”商会。

【非公经济人士素质提升】 组织 60 余名非公经济人士参加区工商联主办的“新动能新发展”中山大学培训班，60 余名青年企业家参加“重庆市企业战略转型与创新发展特训营”，市工商联组织的法律培训班、增强文化自信培训班、企业带头人培训班，以及中国人民大学“百年明德讲堂企业管理大型公益讲座”。

【活动开展】 配合区总工会举办“讴歌新时代•幸福渝中人”非公组织职工歌唱大赛，吸引 312 支队伍、3.3 万余人次职工参与，职工关注点赞达 180 余万人次、累计投票 13 万余票。联合区委非公工委、区总工会举办“携手新时代•动感新渝中”第二届渝中区“新翰杯”非公组织运动会。非公经济运动会已成为全区非公组织的文化节。开展“母城匠心”项目活动，评选出来自 10 个行业的 35 组匠人，推出匠人专访文稿 25 篇，总阅量超过 15 万多人次，带动匠人企业的产品销售额半月内大幅度上升。开展“山城扎包”项目活动，先后举办重庆文创产业创新发展大会、首届重庆文创礼品创意大赛、首届重庆文创礼品展，吸引全市 100 多家文创企业及品牌、1000 多份优秀文创产品参展，实现项目资源更广链接，衍生一系列的经济效益，“山城扎包”被列入渝中区政府 2019 年重点项目。

【宣传工作】 在总商会、基层商协会等的多个官方微信群发送申报补助、招商引资奖励政策、研讨会、地方推介会等各类政策、咨询500多条。2018年在新华网、人民网、今日头条、《渝中报》、《中华工商时报》各级媒体刊发新闻60条。推出6期《商汇》期刊，参与区政协《工商渝中》编辑工作，帮助整理50名原工商业者口述资料。

【对外交流】 与上海、北京工商联建立定期互访机制，促进与上海市黄浦区外滩商会、北京市东城区工商联青年创业商会交流学习。

【青商会工作】 2月12日，在解放碑开展由青商会发起的“永不止步与重庆共成长”系列活动之“青年让渝中更向上”解放碑新年倡议活动，呼吁年轻人重回解放碑，融入区域社会经济发展。5月4日，召开青商会一届五次会员大会，与重庆八零后渝商协会、渝中区青年联合会签订青年组织联盟；与巫溪县天元乡签订扶贫共建协议。5月21日，在解放碑开展城市宣言系列活动之“渝中•青年印记”快闪活动。6月26日，青商会党支部荣获“渝中区非公经济组织学习贯彻十九大精神和新党章知识竞赛”一等奖。7月5日，青商会党支部开展纪念建党97周年暨七一主题党日活动，铭记母城历史，不忘奋斗初心。7—8月，深化“2+2+1”贫困大学生助学品牌活动，为2名贫困大学生提供实习岗位。8—10月，成立青商会课题组，撰写完成调研课题“让年轻人回归解放碑”的项目建议。10月26日，市工商联党组书记向远春走访调研青商会，青商会多项工作得到高度评价。

【区工商联负责人】

主　　席：卢朝康

党组书记：李　锐

副 主 席：周　琴（兼秘书长）

　　　　　李　仪

　　　　　贾一芒（兼区委非公工委副书记）

（钟凌凤）

群众团体

渝中区总工会

【概况】 渝中区总工会（简称“区总工会”）成立于1989年10月。区总工会第六届委员会于2015年9月经区第六次工会代表大会选举产生，由委员43人组成，其中主席1人、副主席3人、常务委员9人，任期5年。下属40个系统工会（工作委员会、总工会、工会联合会、工会委员会），会员9万余人。2018年，区总工会机关驻和平路管家巷9号，有行政编制人员9人、工勤人员2人，设综合部、服务发展部、基层工作部3个科室。其主要职责是：组织和指导全区各级工会履行维护、建设、参与、教育等社会职能；保障职工的民主权利，维护职工合法权益；组织开展“送温暖”活动，协助“再就业”工作；指导全区各级工会组织加强自身建设，建立完善工会的各项组织制度和民主制度；组织开展职工科技文化知识学习和技能培训；组织和指导全区各级工会组织开展职工文体活动。

2018年，区总工会牢牢把握“政治性、先进性、群众性”要求，继续深化工会改革，积极创新工会工作的方式方法，各项工作取得积极进展和明显成效。

【党建工作】 发挥区总工会党组的领导核心作用，强化管党治党的主体责任。坚决维护习近平总书记核心地位，坚决维护党中央权威和集中统一领导，始终在思想上政治上行动上同以习近平同志为核心的党中央保持高度一致。组织党组中心组学习16次，支部主题党日活动14次，召开2018年巡视整改专题民主生活会，坚决肃清孙政才恶劣影响和薄熙来、王立军流毒。加强对区总工会党员严守政治纪律和政治规矩情况的监督检查，努力营造风清气正的良好政治生态。

【思想教育】　坚持把意识形态工作摆在突出位置，加强职工思想引领。以“凝心十九大•聚力新渝中”为主题，开展学习贯彻党的十九大精神宣传活动、职工讲坛40余场次，参与职工5800人次；围绕庆祝改革开放40周年，开展“文艺创作颂发展”“劳模事迹记心间”“我与改革共命运”等主题演讲、文艺演出、作品展览20余场次，参与职工2200人次；以“渝中职工心向党”为主题，开展学习贯彻中国工会十七大精神，组织宣讲小分队进工地、学校、国企、非公组织20余场次，参与职工3000人次。

【职工文化】　坚持把思想性、教育性作为职工文化活动的生命，紧扣“中国梦、劳动美、幸福路、渝中情”主题，举办“讴歌新时代•幸福渝中人”第二届非公组织职工歌唱大赛，“携手新时代•动感新渝中”第二届渝中区“新翰龙杯”非公组织运动会，“廉政文化教育宣传月”书法摄影作品展，“迈步新时代•聚力新渝中”职工读书征文活动，“领个对象回家过年”“爱在渝中•我们一起脱单吧”单身职工交友联谊活动，寒暑假青少年托管活动，“光影惠职工•幸福渝中人”职工普惠电影巡放活动，“风采绽放•花香满溢”女职工插花活动。参加重庆市2018年职工羽毛球比赛、“中国梦•劳动美——学习贯彻习近平新时代中国特色社会主义思想和党的十九大精神”职工演讲比赛，获一、二等奖。区文化馆的《山城盖碗茶》获第八届重庆市乡村文艺会演一等奖、“时代强音——劳动的脉搏”职工原创文艺作品大赛二等奖。区总工会获市总工会颁发的优秀组织奖。授牌19家“渝中区职工书屋（示范点）”，为15家职工书屋配书。

【产业发展】　以“建功‘十三五’、聚力新渝中”为主题，组织开展渝中区首届全域旅游导游服务技能大赛、“渝中工匠”杯物业服务技能大赛、“母城匠心”杯健康与社会照护行业职业技能竞赛、西点制作技艺技能竞赛活动，参加全市交通建筑行业、卫生护理、汽车检测与维修技能竞赛。启动渝中区“送教上门”，助力楼宇职工学历提升计划，联合区电大分校资助职工学费，促进职工学历提升。表扬“渝中区建功立业标兵”20人、“渝中区工人先锋号”10个。

【职工就业培训创新】　召开规模以上非公工会主席招商引资工作座谈会；协助政府部门做好职工技能培训、转岗就业，开展“春风行动”“民营企业招聘周”等招聘活动38场，提供就业创业服务6601人，就业技能培训909人。围绕实施创新驱动发展战略，开展创建劳模创新工作室、合理化建议、“五小”等群众性技术创新活动，命名劳模创新工作室2个、高技能人才创新工作室2个，复查劳模创新工作室13个。

【先进树立】　举办“创新促发展•建功新时代”2018年劳模创新发布会暨“五一”国际劳动节纪念活动，郭剑华等5个劳模创新工作室进行创新发布。组织劳模开展“感受母城文化•不忘劳动初心”参观学习、涪陵武陵山疗休养、进京休养、延安休养、烈士公祭等活动。在民乐村、红球坝等社区开展“劳模工匠进社区”宣讲活动。落实劳模政策待遇，对辖区109位劳模进行情况核查，发放生活补助金24.3万元。推荐获评全国“五一劳动奖章”1名，重庆“五一劳动奖章”1名、工人先锋号2个，巴渝工匠提名奖1人。

【维权服务】　区总工会劳动纠纷人民调解委员会独家获评“重庆市优秀人民解调委员会”，全年调案1000余件，涉案金额近千万元，为职工争取资金500余万元，调解成功率达98%，全国总工会法律工作部专程调研、肯定渝中区经验，并在全国工会劳动争议预防调解工作座谈会上进行交流。在职工聚集的街道、园区、群团服务站、楼宇开设7个一线调解工作室。开展女职工维权活动，推进女职工特殊疾病关爱，创建2个市级

"爱心妈咪小屋"。开展"春风送法律•平安万里行"普法宣传、普法讲座、法律进企业、"尊法守法•携手筑梦"、"千名律师进企业"、"重庆广播电台《阳光重庆》嘉宾访谈"等服务职工、服务农民工的法律宣传活动。

【制度建设】 健全以职工代表大会为基本形式的企事业单位民主管理制度体系，推进厂务公开制度化、规范化，指导渝中金属网制造有限公司等6家非公企业健全完善职代会、集体协商、职工董事、职工监事等民主管理制度，指导解放碑中央商务区由重庆儿童天堂摄影公司牵头开展区域性集体协商，指导基层企业签订集体合同、覆盖建会企业4715家。健全信访问题排查化解、定期分析研判、办理情况督查等机制，畅通职工来信来访、12351职工维权热线和网上诉求渠道，化解区内外影响较大的职工集访案件10余件。

【帮扶服务】 举办"工会聚力十九大•真情关爱暖职工"慰问活动，通过新春座谈会、游园活动、"五个一"对口联系、夏送清凉等形式，慰问劳动模范、困难职工、一线工人等2720余人次，发放慰问物资53.5万余元。资助88名贫困家庭子女上大学，发放资金52.2万元。关心关爱户外劳动者，创建11个渝中区户外劳动者"爱心驿站"。严格建档困难职工审查管理，建档困难职工人数从433人减至202人。推进职工互助保障活动，为200名会员职工免费体检，职工互助参保金额提升12%。按照市总工会的部署安排，筹集资金25万元对口援助西藏昌都芒康县总工会，全面完成三年援藏任务。

【组织队伍建设】 推进在新领域新阶层中开展工会组织组建和发展会员"百日攻坚行动"，新建会131家，发展会员3000余名，有效扩大对非公经济组织和社会组织的覆盖面。落实工会会员实名制管理。加强职工服务类社会组织引导，中华全国总工会社会联络部社会组织处参观走访、调研指导渝中区职工服务类社会组织促进会及D5空间。出台工会专职社会化工会工作者管理办法，定责定量考核基层工建指导员、评选30名渝中区2017年非公组织优秀工会主席并匹配专项工作经费。组织48名工会主席参加在上海交通大学开展的为期一周的专题培训班，组织58名重点非公组织工会主席到富士康召开现场观摩会，开展党的十九大精神、公文写作、工会信息、财务管理、全国总工会票据电子化管理、工会统计、刊物发行、宣传思想、工会网上工作及实操演示等综合性培训。

【基础保障工作】 严格工会经费规范化管理，贯彻指导、严格执行《重庆市基层工会经费收支管理实施细则》，推进基层工会年度预决算编制审批工作。委托会计师事务所对20家基层工会经费进行审计检查，提出专业审计意见，督促基层整改落实。坚持眼睛向下、面向基层，进一步加大工作经费下沉，2018年48%的经费用于基层工会基础工作、项目工作、社会化工会工作者等，充分调动了基层工会的积极性。

【区总工会负责人】
主　　　席：吕　椿
常务副主席：王　萍
副　主　席：涂国梅　龚　渝

（韦宏弢）

共青团渝中区委

【概况】 中国共产主义青年团重庆市渝中区委员会（以下简称"团区委"）驻渝中区和平路管家巷9号。2018年，团区委设青工部、学校团队工作部、办公室3个科室。团区委的主要职责是：发挥党联系青年的桥梁和纽带作用，协助政府管理青年事务，在维护国家和人民利益的同时代表和维护青年的具体利益；围绕党的中心任务，开展适合青年特点的独立活动，关心青年的工作、学习和生活，切实为青年服务，向党和政府反映青年的意见和要求；开展社会监督，同各种危害青少年的现象作斗争，保护和促进青少年的健康成长；用社会主义核心价值体系教育青年，在建设中国特色社会主义的伟大实践中，培养有理想、有道德、有文化、有纪律的接班人；不断巩固和扩大党执政的青年群众基础，努力为党输送新鲜血液，为国家培养青年建设人才；团结带领全区广大青年，自力更生，艰苦创业，积极推动社会主义经济建设、政治建设、文化建设、社会建设。截至2018年年底，全区有基层团委22个，基层团工委18个，团总支12个，团支部768个；注册团员9635人，其中新发展团员1473人；专职团干部10人，兼职团干部1405人；全区直属少先队组织42个、少先队员3万余名、少先队大队辅导员42名。

2018年，团区委聚焦主责主业，深化改革，不断推进共青团工作。全年获得领导批示13条次，《重庆日报》、重庆新闻联播等市级及以上媒体报道63条次，市委《每日要情》、区委《每周要情》、团市委《团情要讯》等刊载团区委信息10余篇次；承办重庆市非公经济和社会组织团员青年志愿服务活动、重庆市首届青年大数据智能化创新创业大赛、第九届重庆市少先队辅导员职业技能大赛、重庆中学共青团纪念五四运动99周年主题团日活动等全市示范性活动；各级团组织及团员青年获得市级及以上表彰37项次，渝中区项目办连续三年获评全国西部计划优秀项目办，一名团员获评“全国优秀共青团员”，华福巷社区团支部获评“全国五四红旗团支部”。主要荣誉有团市委授予渝中区团委2017年度重庆市共青团工作目标考核特等奖；团市委、市科委、市国资委、市质监局授予渝中区公安分局第二届重庆市“五小”创新晒活动优秀项目奖；团市委、市人社局授予向秋月2017年度“重庆市优秀共青团干部”称号；团市委、市人社局授予马渊“2017—2018年度重庆市青年岗位能手”称号；团市委授予秦刚“第三届重庆市优秀青年志愿者”称号；团市委授予刘艳“2017年重庆市‘最美团支书’”称号等。

【共青团重庆市渝中区第十八次代表大会召开】 5月7日，共青团重庆市渝中区第十八次代表大会召开。出席代表250名，选举产生共青团重庆市渝中区第十八届委员会（委员31名，候补委员13名，常务委员11名）。选举陈刚为共青团渝中区委书记；刘畅、向秋月为专职副书记；戴金洪为挂职副书记；蒙春音、陈瑶为兼职副书记。大会闭幕式上，团市委书记张继军、区委书记黄玉林、区人大常委会主任米绍林、区长商奎、区政协主席陈大奎及在家的区委常委等领导到会祝贺。

【青年和社会服务】 争取区委非公工委、区民政局等部门支持，推动主管的10家社会组织全部纳入渝中区社会组织综合党委管理。成立渝中区青年志愿者协会党支部，同步开展党团建设情况摸底，建立工作台账。开展党的十九大精神专题宣讲，组织从业人员观看《厉害了我的国》等主旋律影片，不断加强政治引领。发挥区青年社会组织促进会的枢纽作用，整合资金60余万元，购买“母城说”“社工进校园”“四点半课堂”等24类服务项目，拓展共青团参与社会治理新途径。

【创新创业】 举办重庆市首届青年大数据智能化创新创业大赛，聚焦大数据智能化在商用、政用、民用等领域的应用，引导青年走在创新创业前沿，线上线下吸引市内外20余万人关注参与，收到202个优秀参赛项目，重庆电视台、《重庆日报》、人民网等30余家媒体给予报道。常态化实施“未来企业家培养青锋计划”，整合资金150万元，开展2轮巡诊，对12名初创青年给予“资金+导师”帮扶，开展“U创周四”“青锋训练营”等“青锋计划”系列配套活动50余场次，服务创业青年1500余人次。

【志愿服务品牌项目打造】 推进“河小青”志愿河长项目，招募青年志愿河长244名，形成区、街、社区三级联动的志愿河长队伍，常态化开展巡河护河、河岸清淤行动30余次。成立“生态文明传播”青年志愿服务队，招募128

名青年志愿者，走进学校、社区开展垃圾分类、绿色生活、文明餐桌、“衣旧情深”等系列志愿服务活动30余场次，为建设山水之城、美丽之地增添青春亮色。

【青年发展规划及制度建设】 按照区委要求，对照《重庆市中长期青年发展规划（2018—2025年）》，结合渝中区情实际，推动区委、区政府印发《重庆市渝中区贯彻落实〈重庆市中长期青年发展规划（2018—2025年）〉实施方案》。推动区委制定《渝中区青年工作联席会议制度》，并在全市率先召开青年工作联席会议。严格团员管理，制定年度发展计划，实行“一书一册一证”管理，合理控制团青比。加强团干部队伍建设，举办团干部培训班，开展团支部书记满意度测评。

【党建工作】 2018年，团区委突出干部教育引导，推动“两学一做”学习教育常态长效，开展党组中心组学习20次，支部集中学习讨论16次。抓牢抓实意识形态工作，落实意识形态工作责任制，坚持守土有责、守土尽责，未发生任何负面情况、责任事故。

【团区委负责人】

书　记：陈　刚

副书记：向秋月

　　　　刘　畅（2018年9月离任）

　　　　黄　彦（2018年9月任职）

（丁吉龙 吕凡）

渝中区妇女联合会

【概况】 渝中区妇女联合会（简称“区妇联”）成立于1951年3月。2018年，办公地址位于重庆市渝中区和平路管家巷9号。机关设办公室、基层工作部两个科室，渝中区妇女儿童工作委员会办公室（简称“区妇儿工委办”）设在区妇联。按照全国妇联章程有关规定，在机关行政或事业部门及区属各街道、社区建立基层妇女组织共127个，其中街道妇联11个，社区妇联78个，局司级机关妇委会13个，区个体劳协妇委会1个，局司级女职工委员会7个，民主党派妇委会7个，党校妇女小组1个，非公经济组织和社会组织妇委会9个。区妇联的主要职责是：代表和维护妇女权益，促进男女平等。具体职责是：团结、动员妇女投身改革开放和社会主义经济建设、政治建设、文化建设、社会建设和生态文明建设，推动经济发展和社会进步；代表妇女参与国家和社会事务的民主决策、民主管理、民主监督，参与有关规章和政策的制定，参与社会管理和公共服务，推动保障妇女权益的法律政策和妇女、儿童发展纲要（规划）的实施；维护妇女儿童合法权益，倾听妇女意见，反映妇女诉求，向党政机关提出有关建议，要求并协助有关部门或单位查处侵害妇女儿童权益的行为，为受侵害的妇女儿童提供帮助；教育和引导广大妇女践行社会主义核心价值观，发扬自尊、自信、自立、自强精神，提高综合素质，实现全面发展；宣传马克思主义妇女观，推动落实男女平等基本国策，营造有利于妇女全面发展的社会环境；宣传表彰优秀妇女典型，培养、推荐女性人才；关心妇女工作生活，拓宽服务渠道，建设服务阵地，发展公益事业，壮大巾帼志愿者队伍，加强“妇女之家”建设；加强与女性社会组织和社会各界的联系，推动全社会为妇女儿童和家庭服务；巩固和扩大各族各界妇女的大团结，加强妇女组织的联谊，增进了解、友谊和合作；完成区委、区政府交办的其他工作。

2018年，区妇联贯彻中国妇女第十二次全国代表大会会议精神，全面落实市委五届三次、四次全会精神和区委十二届二次、三次全会精神，团结带领全区广大妇女坚定不移跟党走，进一步推进妇联改革，积极履行组织妇女、引导妇女、服务妇女和维护妇女儿童合法权益职责，推进“城市提升”“创业创新”行动，全区妇女儿童工作取得新成效。区妇联在全市区县妇联综合考核工作中荣获主城片区考核特等奖第一名，得到区四大家主要领导和分管领导批示和好评。

【思想引领工作】　组织妇联干部和妇女群众深入学习党的十九大精神和习近平总书记系列重要讲话精神，宣传市、区全委会精神，宣传区“十三五”规划和市、区重点民生实事，把广大妇女的思想和行动统一到中央、市委和区委的要求上来。成立区级、街道、社区三级宣讲队伍，开展“巾帼心向党•建功新时代”“点赞改革开放•她记忆”等主题宣传活动10余场，推进大溪沟街道入围全国妇联“百千万巾帼大宣讲”网上展示活动，区妇联获得“践行新思想 永远跟党走”微宣讲比赛二等奖。做实做强“渝中姐妹”微信公众号网上阵地，传播正能量、弘扬主旋律，为党凝聚妇女力量。树立典型，评选表彰渝中巾帼文明岗35个、巾帼建功标兵30名，优秀巾帼志愿者、优秀巾帼志愿服务项目等各类先进44个；成功推荐重庆市三八红旗集体1个、三八红旗手1名，重庆市巾帼文明岗6个及巾帼建功标兵1名。

【创业创新工作】　持续打造“大田小家”家政服务品牌，广泛吸纳失业女性、进城务工女性，指导开展家务料理、母婴护理、家庭烹饪等家政技能培训。依托女企业家协会，吸纳10余名成功女企业家作为巾帼创业创新导师指导女大学生创业创新，著名女企业家何永智亲述其改革开放40周年以来的创业之路。充分发挥女性社会组织促进会作用，引导社会组织、广大女性积极加入创业创新行动中来，目前培育女性社会组织10家。指导重庆金夫人实业有限公司成立“致良知美满婚姻学院”；推动社会组织负责人果妈参加央视《朗读者》讲述家庭亲子关系，被《中国妇女报》报道；“抗癌明星”张红梅被评为年度重庆好人；奇恩少儿志愿服务组织荣获首届“全国卫生健康行业青年志愿服务项目大赛”重庆赛区金奖。落实“创业创新巴渝巾帼行动”，启动“渝中女性人才智库”项目，持续开展以“母城•母亲•母爱”为主题的公益活动，为女性人才提供学习交流、跨界合作、爱心公益等服务，项目首批遴选50名优秀女性人才，引领带动更多女性投身渝中区经济社会发展。2018年，全区5名优秀女性当选中国妇女十二大代表，其中3名当选全国妇联十二届执委。进一步提升女性素质，全年深入企业、社区等开展“美好生活她课堂”20余场，依托鹅岭贰厂创业创新基地，举办“伴山•天台分享节”，邀请各行创业创新工作者讲授创业经验。按照区招商引资专项工作会精神，细化责任分工及任务指标，引进招商企业6家。

【巾帼关爱工作】　儿童关爱帮扶行动。实时更新困境儿童信息台账，落实困境儿童生活补贴制度，开展“微爱•一件冬衣的温暖”关爱困境儿童活动，做好“爱心妈妈”日常“六个一”关爱；承办重庆市庆祝六一儿童节暨“城市提升巴渝巾帼行动”启动活动、“晴暖童心•相伴成长”活动等；持续推进“春蕾圆梦行动”“金秋助学”活动，为贫困女高中生、困难学子送去党委政府的慰问。“两癌”贫困妇女关爱行动。落实免费“两癌”筛查项目，组织400余名贫困女性进行筛查；联合慈善会推进“两癌”慈善救助，2018年救助14人，发放救助金4.7万元；进一步深化“1+1+N”精准服务模式，组织“两癌风雨姐妹”开展“美丽迎新春”、“端午粽情”、“爱在金秋•风雨同行”秋游等公益活动，在腾讯“99公益日”发起“母亲邮包”线上募捐活动，为单亲贫困母亲募集善款3000余元。空巢老人关爱服务。组织巾帼志愿者与空巢老人结对帮扶，定期进行探访慰问关爱服务，在春节、端午、中秋等节日期间组织妇联干部上门走访结对老人，送去节日问候。

【家庭建设】　深入全区机关、社区、学校、企业以“最美廉洁家庭”为方向深化寻找“最美家庭”活动，评选最美家庭35户，引领广大家庭崇德守法、向善向美，践行家庭美德、传播良好家风。开展“赠亲情寄语•树清廉家风”家庭助廉主题活动，征集300余条亲情寄语和家风家训，精选30条进行展览；组织家庭参加市妇联“清风润万家”家庭廉政文化系列比赛，精选9户家庭通过字画、讲故事、诵读等形式参赛。倡导家庭健康生活。推选家庭代表参加市家庭诵读大赛和“我爱我家”儿童绘画大赛，均获一等奖；深入机关、社区、学校寻找“最美阳台”，推选的6户“最美阳台”得到市妇联嘉奖；宣传绿色理念，先后在各基层妇联组织开展“绿色生活”百千万巾帼大讲堂6场，累计发放宣传手册2000余份。依托社区“妇女之家”等阵地，围绕家风、家训、家规开展巾帼大宣讲活动20余场；举办家庭教育流动学校百场讲座进万家活动2期，群众满意度达99%；组织家庭参加市妇联“书香润万家”系列活动，辖区田定文家庭等3户家庭获重庆市最美书香家庭，高倩家庭在全市首届家庭诵读大赛中荣获一等奖。

【母城文化挖掘】 提升城市品质。承办全市以“家庭•让城市更美好”为主题的庆祝“六一”国际儿童节暨“城市提升巴渝巾帼行动”，为在“我爱我家”征集活动中获“优秀作品奖”的获奖儿童代表颁奖，向困境儿童代表赠送“绿色家庭希望礼包”，向全市家庭发出“家庭•让城市更美好”倡议。副市长潘毅琴、市政府副秘书长王余果、市妇联主席万相兰、区长商奎参加活动。打造文化品牌，传承母城文化。开展“家庭文化季”品牌活动，围绕“一节一主题”，打造“清明•缅怀”“端午•传承”等十个节日主题，组织全区广大家庭参与，带动家庭成员建设好家庭、涵养好家教、培育好家风。举办腹有诗词 气自芳华——渝中区第三届“悦读越美丽”女性读书月活动，围绕社会主义核心价值观、母城文化、渝中故事等主题，进一步倡导女性多读书、读好书，并带动家庭成员一起读书。保护生态环境，共建生态文明。积极参与“三月学雷锋 保护母亲河 群团在行动”联合主题党日活动，号召广大群众保护江河生态、配合落实“河长制”重点工作，强化群团组织在志愿服务活动中的模范带头作用；围绕“绿色生活”巾帼志愿服务、“山水之城 美丽之地”等主题，吸纳100余名绿色巾帼志愿者，为渝中生态环境建设做贡献。

【巾帼维权工作】 维权宣传。利用三八妇女节、六一国际儿童节、“6•26”国际禁毒日、“11•25”国际反家庭暴力日、“12•4”国家宪法日等重要时间节点，组织开展以“建设法治中国•巾帼在行动”“家庭零暴力•幸福你我她”“万家学法•法润万家”“守护花季•相伴成长”为主题的活动70余场；发动77个社区广泛宣传《中华人民共和国反家庭暴力法》，制作动漫法制宣传片，举办婚姻法司法解释（三）、未成年人保护法等法律法规讲座20余场，发放各类维权知识手册2万余份；在“渝中姐妹”新设“她维权”窗口，以案例分析和律师点评的方式宣传法律法规、解答法律咨询，提供法律援助7件。维权接访。推动形成家事纠纷的联动化解机制，成立渝中区家事纠纷调处中心，聘请律师、心理咨询师，为妇女群众提供心理疏导、法律咨询，为困难群众提供免费法律援助，《中国妇女报》对此作了专题报道，在梨视频上引起超过2000人次的激烈讨论，目前共受理涉及妇女儿童法律咨询20余件；进一步规范信访接待流程，提升工作效率，2018年信访代理化解妇女儿童信访诉求100余件，件件办理落实，将矛盾化解在萌芽状态。重点维权服务。加强未成年人防性侵宣传教育，举办“守护花季 相伴成长”防性侵宣传教育活动40余场，发放宣传读本1万余册，开展“不放毒品进我家”主题活动，发放禁毒宣传手册1000余份；启动平安家庭建设，制定《渝中区关于创新建设平安家庭工作方案》，联合综治、公安、法院等部门逐步将宣传摸排、帮教转化、考核奖励措施落到实处。

【“两纲”工作】 推进规划（纲要）实施。2018年，妇女儿童发展纲要（规划）重点监测42项指标中，已达标39项，达标率达93%，并组织召开全区妇儿工委全委（扩大）会就下一步实施纲要（规划）作了细致安排。坚持项目推进。争取将社区“儿童之家”建设纳入国务院妇儿工委办“两纲示范区”重点项目，向党委政府争取将其建设纳入区级民生实事，选树李子坝社区“儿童之家”为规范化建设典型，以此推进全区“儿童之家”建设，已建成全国示范“儿童之家”1家，市级示范“儿童之家”11家。继续推进青春健康项目。开展“青春健康俱乐部进校园”活动，截至2018年年底，俱乐部开展活动达500余次，培训青少年达2万余人次。坚持调研推进。围绕纲要（规划）实施中的重难点问题开展专题调研，形成《渝中区关于推广建设“第三卫生间”的建议》《关于推进渝中区社区儿童之家建设的建议》《关于加强家事调解助推家事审判工作的对策建议》等调研报告，推进全区制定《渝中区进一步完善公共场所母婴设施建设工作方案》。预计到2020年年底，18个应配置母婴设施的公共场所和用人单位基本建成标准化的母婴设施。

【“两学一做”学习教育工作】 夯实党的建设。加强妇联组织党建工作，促进“两学一做”常态化制度化，严格落实“三会一课”制度，做到人人学习有计划、有考勤、有记录。2018年开展专题学习15次，班子成员带头讲党课3次，开展支部主题党日活动14次，联合区总工会、团区委等部门开展“群团跟党走 建功新时代”主题党日活动。

【组织建设】 抓好妇联组织建设工作。组织十二大代表到区妇女学校、社区“妇女之家”等阵地，开展全国妇女十二大精神宣讲，已举办宣讲会40余场，受众5000余人，发放学习资料2000余册。指导区税务局、区教委、区城管局等部门的基层妇联组织完成换届改选工作，加强对新领域新阶层建立妇女组织的工作指导。强化社会组织联系引导。将党建纳入了女性社会组织促进会章程，将意识形态管理工作纳入社会组织重要议事日程，健全社会组织管理办法等系列规范化制度，发布社会化项目，覆盖家庭教育、创业就业等，凝聚社会力量服务妇女儿童家庭。优化“妇女之家”建设。增强“妇女之家”服务功能，按照“七个有”标准打造“妇女之家”，重庆国宾妇产医院等6家单位被评为“重庆市优秀妇女之家”；改版升级“渝中姐妹”微信公众号，创新打造妇联能服务、妇女爱参加、社会有影响的“网上妇女之家”。

【区妇联负责人】
主　席：叶　梅
副主席：叶　进　陈　千
　　　　段秀莉（兼）
　　　　涂国梅（兼）
　　　　叶春梅（挂职）

（杜圆圆）

渝中区科学技术协会

【概况】 渝中区科学技术协会（简称“区科协”）成立于1960年7月，1964年6月撤销，1978年恢复工作。2018年，区科协机关核定行政编制3名，承担渝中区全民科学素质纲要领导小组办公室、渝中区“全国科普示范区”示范实施工作小组办公室、渝中区青少年科技创新奖评选指导小组办公室的工作职责，牵头协调开展全民科学素质提升、科普示范区创建和青少年科技创新教育等工作。根据2016年区委批准的《渝中区科协专项改革实施方案》，明确区科协“四服务一加强”工作定位，即认真履行为科学技术工作者服务、为创新驱动发展服务、为提高全民科学素质服务、为党和政府科学决策服务、加强自身建设。优化科协职能：组织开展科学论证、科技交流、咨询服务，提出政策建议；反映科学技术工作者的建议、意见和诉求，维护其合法权益。办公地址位于渝中区和平路管家巷9号。

2018年，区科协深化改革，立足“四服务一加强”工作定位，大力实施《全民科学素质行动计划纲要》，在深化科普示范区创建活动、促进城区文明和提升全民科学素质等方面取得成效。全年举办科普宣讲活动9次，受众54180人次；举办实用技术培训1次，培训2400人次；制作《科技与生活》电视栏目12期，播放《科普大篷车》等科普节目480分钟；开办《渝中报》

的《科普生辉》专栏55期。新建1个社区科普活动室，总数增至31个；开展社区科普大学教学，全年开设教学点37个、春秋两学期培训班82个，2500名学员结业。举办青少年科普宣讲活动6次，受众6400人次；组织参加第十八届中国青少年机器人竞赛、第33届重庆市青少年科技创新大赛、第29届重庆市青少年科技模型大赛、第三届重庆市青少年科学素养大赛等16项国家、市级比赛，获各类奖项130项。两名学生分别荣获第十一届重庆市青少年科技创新市长奖、市长提名奖。2018年，渝中区继续保持“全国科普示范区”称号，新创建1个国家级科普示范社区，区科协获重庆市科协年度考核一等奖。

【科技工作者服务】 组建“榜样面对面”党的十九大精神宣讲团渝中区分团，深入企业、社区开展六场宣讲。在春节、科技工作者日等时间节点持续开展“五个一”联系活动40余次。在全国科普日、科技工作者日期间，指导开展慰问、座谈活动，提升科技工作者服务知晓率、满意度。

【“两学一做”学习教育】 持续推进“两学一做”教育常态化制度化。采取集中学习和个人自学相结合的方式，开展系列学习活动。2018年开展集中学习10次，学习十九大报告、习近平总书记重要讲话精神等文件100余篇。严格落实“三会一课”等基本制度，运用廉政党课、调研走访、观看教育片等形式，组织开展“学习十九大，永远跟党走”知识竞赛，观看廉政教育片《忏悔录》，学习杨雪峰、杨汉军同志先进事迹等活动。联合区总工会、团区委、区妇联、区残联、区文联等群团开展“重温历史记忆 坚定理想信念”等主题党日活动10次，深入社区、学校、园区企业走访调研30余次。

【科普示范社区创建】 9月4日，重庆市科协下发《关于公布2018年中央和市级“基层科普行动计划”奖补单位和个人的通知》，公布2018年中央和市级“基层科普行动计划”奖补单位，命名重庆市获评的26个国家级“科普示范社区”。其中，渝中区上清寺街道曾家岩社区上榜。至2018年12月底，全区累计成功创建18个国家级、5个市级科普示范社区。

【决策咨询】 组织开展“科技荟•汇智力”品牌活动，指导区级学会开展决策咨询工作，为党委政府科学决策提供参考。向重庆市科协申报“抢抓开放机遇 建设国际化城区研究”等调研课题。组织区级学会参加市第三届科协改革研讨活动，推选《打造国际高端智库的路径研究》等5篇论文上报，获优秀奖一篇，区科协获优秀组织奖。开展“千名科技工作者问卷调查”，在环球互联网产业园、电子商务与创意产业园、区青辅协、大石化园区、区卫生系统和各街道科协发放1278份调查问卷，问卷涉及科技工作者对国家、市、区科技创新政策的学习掌握程度，以及科技工作者在工作、生活、学习等方面内容。通过调查了解科技工作者状况和需求，形成调查报告。拓宽参与政治协商渠道，组织发动区科协界别委员调研、考察，共提交《关于提升学会创新和服务能力的建议》等政协大会发言、提案9件，积极参政议政、建言献策。

【公民科学素质提升】 4月10日，区科协、上清寺街道科协联合开展“渝中区公民科学素质大赛”。上清寺街道及辖区单位共六支队伍参赛，街道社区干部、社区居民、社会单位职工、驻军官兵90余人参加。4月26日，首届重庆市公民科学素质大赛主城片区复赛在江北区举行。由街道及社区科普工作者、退休干部、学生组成的渝中区代表队参赛，荣获三等奖。12月13日，2018年重庆市公民科学素质调查结果新闻发布会举行，根据中国科普研究所《2018年重庆市及各区县公民科学素质状况》显示，重庆市具备科学素质的公民比例为8.01%。其中，主城片区（渝中、大渡口、江北、沙坪坝、九龙坡、南岸、北碚、渝北、巴南）平均水平为11.9%，渝中区为13.9%。

【社区科普大学创建】 2018年开办教学点37个，春秋两学期开设科普培训班82个。开设营养学基础、绿化栽培、电脑基础、生活科技等10余门课程，免费培训学员2500余名。12月13日，重庆市科协下发《关于命名重庆市社区科普大学示范教学点的通知》，命名100个教学点为重庆市社区科普大学示范教学点。其中，渝中区大溪沟街道人和街社区、七星岗街道领事巷社区、化龙桥街道李子坝社区、上清寺街道嘉西村社区和大坪街道袁家岗社区五个教学点被命名为“重庆市社区科普大学示范教学点”。

【科普益民活动】 10月至11月，区科协组织实施“书香换花香”科普惠民活动，共在全区22个社区开展活动22场，2200名群众受益。本次活动自10月22日在化龙桥街道李子坝社区开展以来，先后在大坪街道肖家湾社区、七星岗街道领事巷社区等22个社区展开。居民群众捐献1本闲置科普书籍，便可换领1盆绿色植物。同时，科普志愿者向社区群众宣传普及绿化栽培知识。活动中换得的《食物是最好的医药》《黄帝内经》等近3000册书籍，全部补充到各社区的科普图书室。

【全国科普日活动】以全国科普日为平台，围绕“创新引领时代，智慧点亮生活”活动主题，组织发动区级学（协）会、有关部门、街道、社区和社会单位等各方面力量，共同参与科普工作。9月20日，区科协组织区科委、区卫计委、区环保局、区经信委、区青少年活动中心等单位，在华宇渝州新都广场开展2018年渝中区全国科普日启动仪式暨集中宣传活动，活动内容包括科普展示、科普咨询、科普游园等。9月15—21日科技活动周期间，全区广泛开展科普进社区、进校园、进企业、进机关、进军营“五进”活动，累计开展“科普体验”“科普知识竞猜”等主题活动83场，发动科普志愿者500余人，参与群众9000余人次。9月28日，由区科协联合区新闻信息中心举办的全国科普日网络知识竞答活动结束，从优胜者中产生126名中奖者，其中一等奖5名、二等奖10名、三等奖30名，参与奖81名。通过“在渝中”App网络平台，开展网上科普知识有奖竞答，提高市民群众参与科普的兴趣，提升其科学素质。

【青少年科技创新活动及大赛】 组建青少年科技创新创客和机器人课题组，吸纳12个学校加入，并在望龙门小学、重庆市聋哑学校、石油路小学和鹅岭小学挂牌成立渝中区青少年科技活动室。与区教委联合，依托区青辅协组织68所中小学、近1700名选手开展渝中区青少年科技创新大赛、科技模型大赛、陶艺捏塑大赛；组织参加第十八届中国青少年机器人竞赛、第33届重庆市青少年科技创新大赛、第29届重庆市青少年科技模型大赛、第三届重庆市青少年科学素养大赛等16项国家、市级比赛，共获得一等奖47个、二等奖35个、三等奖24个、专项奖17个；优秀团体奖6个、优秀组织奖1个。

【中小学生陶艺捏塑大赛】 5月27日，渝中区第十三届中小学生陶艺捏塑大赛在渝中区中小学劳动技术教育基地举行。大赛以“参与、合作、创新、成长”为主题，以“发展个性特长，培养综合素质”为宗旨，鼓励青少年动手动脑，创新创造。通过校、区级培训，校级初赛，大赛共有近5000名中小学生参与。来自全区29所小学、10所中学的996名学生参加决赛。

【青少年科普夏令营活动】 7月2—13日，区科协举办主题为“快乐暑期•科学伴我成长”青少年科普夏令营。活动开设科技趣味创意搭建、机器人、创意DIY、科学实验、创意点子拼搭等7门课程，分别在大溪沟街道人和街社区、化龙桥街道李子坝社区、石油路街道煤建新村社区等15个社区开展，370余名社区青少年参与。

【科普信息化建设】 加强科普信息化建设，推动“科普文化重庆云”落地应用，实现资源共享。在机关、街道社区、科技特色学校新建4座“科普文化重庆云”信息终端，实现科普信息实时推送，提高传播效率。至2018年年底，全区累计建成67座“科普文化重庆云”信息终端。7月6日，中国科协办公厅印发《关于公布2017年科普中国·百城千校万村行动工作总结检查评审结果的通知》，渝中区科协获“2017年科普中国·百城千校万村行动地市级优秀组织单位”称号；大溪沟街道人和街社区e站、人和街小学校园e站两个案例入选科普中国优秀典型案例。

【企业科协建设】 深入园区、企业调研，指导建立园区科协组织。11月16日，经区科协同意，重庆市渝中区大石化新区科学技术协会成立。大石化新区覆盖大坪、化龙桥和石油路三个街道，面积7.83平方千米，为渝中区的核心区。新区发展迅速，已入驻世界500强企业8家，规模以上企业216家。新区有商务商业载体282万平方米，市场主体存量22251家（内资企业10539家，外资企业267家，个体11445家）。其中，科技型企业主要集聚在重庆总部城、英利大融城、美源·美源、万科锦程等载体。

【宣传及学术交流】 与区新闻信息中心加强协作，推进电视、报纸、网络“三位一体”的科普宣传。在《渝中有线30分》中播出《科普大篷车》《科技与生活》等科普专题片共24次；在《渝中报》开办《科普生辉》专栏55期，在“在渝中”App、《渝中手机报》等媒体发布科普信息168条（次）。在中国科协网、重庆市科协网登载渝中科普信息124篇，《重庆日报》、华龙网、区政府门户网等平台登载264条（次）。开展学术交流活动，支持、引导各学协会围绕重点、热点，共提出课题70项，撰写论文、调研报告91篇。

【区科协负责人】

主　席：陆大平

副主席：李滨虹　张亚忠

武　戈（兼）

范金富　董　志

（何仕明）

渝中区文学艺术界联合会

【概况】 渝中区文学艺术界联合会（简称“区文联”）于1993年成立，是由全区各文艺家协会和其他文艺社团组成的人民团体，是区委、区政府联系全区文艺界的桥梁和纽带，是繁荣社会主义文艺、发展先进文化的重要力量。2018年，有下属公益二类事业单位1个——王琦美术博物馆（重庆市渝中区文艺创作中心）和团体会员单位11个（其中包括区作家协会、区美术家协会、区书法家协会、区摄影家协会、区音乐家协会、区舞蹈家协会、区戏剧家协会、区电视艺术家协会、区民间艺术家协会等9个全区性文艺家协会以及重庆书画院、重庆老年书画研究会）。区文联现有行政编制3名，在职在编3名，非编聘用人员3名，西部志愿者1名；主办的文艺季刊《渝州》（内部刊物）已发行32期。区文联的主要职责是：贯彻党的文艺方针、政策，负责对全区文艺界和区文联所属团体会员的联络、协调、服务管理和自律维权工作，组织召开全区文学艺术界代表大会；组织指导成员单位开展文艺创作、文艺评奖、成果展示、惠民服务、理论研究、学术讨论、人才培训、对外交流、权益保护和调查研究等工作，组织艺术家深入生活，以多种形式和丰富的文艺作品反映时代主旋律；组织召开文艺界重大的学术研讨会，举办大型的文艺活动，组织重要的文艺精品创作；开展文艺界同社会各界的联系及对外交流；听取和反映文艺界的情况和意见，为文艺界和广大文艺工作者服务，维护文艺社团和文艺家知识产权等合法权益；适应文艺事业和文联工作发展的要求，积极探索体制、机制和活动方式的改革和创新，促进文艺事业，助推文化产业发展。办公地址位于渝中区和平路211号。

2018年，区文联组织广大文艺家发扬乌兰牧骑精神，开展春联进万家活动10余场，送出春联10000余幅；开展戏剧进社区、校园活动8场，受众达8000余人次；开展“到人民中去”

文学创作交流会，书法进社区、楼宇、军营活动8场，创作书法作品2000余幅送市民。加强人才培育，文艺成果丰富，获得国家级文艺奖项40余个，市级奖项30余个。深化群团改革，加强组织建设，出台《渝中区文学艺术界联合会改革方案》。召开文联第四次代表大会，选举产生新一届文联领导班子。总结五年成果，编印《重庆市渝中区（2014—2018）优秀文艺作品选》。加强文艺人才培养，完善文艺创作激励机制，促使出台《渝中区文艺精品创作扶持奖励办法（试行）》。提升王琦美术博物馆的办展水平及服务质量，注重办展学术高度，全年共举办国际、国内艺术展览16个，开展学术研讨会6场，接待观众7万余人。

【党建工作】　严格执行“三会一课”组织生活会制度。全年开展专题学习20次，开展主题教育活动12次，开展党支部书记讲党课2次，党员讲党课1次；组织召开党员大会4次，党员参与率超90%；开展专题主题党日活动12次。加强党风廉政建设。组织机关全体党员干部学习《中国共产党廉洁自律准则》和《中国共产党纪律处分条例》等。观看警示片、参观铜梁廉政教育基地，增强全体党员干部廉政意识。落实意识形态工作责任。组织学习习近平总书记关于意识形态工作的重要论述，将意识形态纳入办公会议题，定期分析研判渝中区文艺界意识形态领域的情况。

【文代会召开】　11月28日，渝中区文学艺术界联合会第四次代表大会在渝中区级机关综合办公大楼召开，参会代表161人。大会选举产生第四届委员会和主席团，强雯、吴小欢、苏维军等29人当选为委员，钟志芳当选为主席，何萌、卢延辉、丁政义、刁涛、罗大万、汤亚玲、马可瞻、江舸、王明福、周利等10人当选为副主席，何萌兼秘书长。

【群团改革及活动】　出台《渝中区文联深化改革实施方案》，建立完善渝中区文艺家协会会员信息登记制度，规范会员发展。至11月底，渝中区文艺家协会会员共838人，其中国家级会员85人，市级会员196人。组织文艺家打造母城文化系列活动。开展“美丽母城　幸福渝中——纪念改革开放40周年暨渝中区第三届书画摄影作品展”，征集作品447件，入选196件，60件作品获奖；利用新媒体传播母城文化，出品《渝州唱晚•母城传奇》醇色电台线上专题诵读节目，已播出35期，近5000人次收听；弘扬优秀中华传统文化，中秋节期间举办“渝音华韵 民乐中秋——2018解放碑中秋民乐演奏大赏”主题演奏活动，吸引上千名群众前来观看，《重庆日报》头版登载。加强人才培育。出台《渝中区文艺精品创作扶持奖励办法（试行）》，首批扶持优秀文艺作品9个，奖励文艺作品6个；推荐青年书法家南燕参加“重庆市第七期中青年骨干文艺研修班”；推荐文学作品《贺龙在西南》《打捞故乡的雪泥鸿爪》，音乐作品《远行》，美术作品《武林清幽》，影视作品《大哥》《回家》等申报2018年度重庆市文艺创作项目资助。

【文艺成果】　文学创作。作家谭小乔的童谣作品《农家屋檐挂秋天》获“全国第七届优秀童谣推荐作品”一等奖，糜建国《针匠父亲》获第二届重庆晚报文学奖。影视创作。电视剧《热血军旗》获得中国广播影视大奖、第31届（2015—2017年度）电视剧“飞天奖”优秀电视剧大奖。音乐创作。歌曲《山城盖碗茶》获第八届重庆市乡村文艺会演（音乐类）一等奖。摄影创作。詹江、平凡、陈兵、袁兴碧等人的摄影作品入选国家级摄影展并获奖。书法创作。朱睿、孙源林、姚帅承等青年艺术家纷纷入选全国书法展。戏剧创作。周利获得渝中区委、区政府授予的首批“渝中英才”称号。民间艺术创作。区民协获全国山歌邀请赛“最佳风采奖”组织奖。美术创作。王明福多次入选全国中国画作品展，张绍全入选重庆市首届小幅风景油画作品邀请展。舞蹈创作。王跃智获重庆市第八届全民健身运动会排舞比赛“教练奖”。

（周佳）

【王琦美术博物馆】 王琦美术博物馆为渝中区文联下属公益二类事业单位，编制5名，在职在编2名，聘用硕士、本科、专技人员3名，馆长由区文联主席钟志芳兼任。内设办公室、展览部、典藏部三个部门。全年免费开放310天，共举办各类展览16场，共接待观众7万余人次。推出“落纸云烟——何鲁诗书艺术展”“纪念中共中央‘五一口号’发布七十周年暨民革成立七十周年书画展”等精品展览，在全市产生极大影响。策划推出傅吉鸿、孙峻峰等青年知名艺术家个展，得到社会各界认可。美术馆与上海刘海粟美术馆合作，引进文化和旅游部馆藏精品季项目“润物无声——陈盛铎艺术展”；与法国勒苏艺术中心合作举办“自然之光——法国勒苏艺术中心收藏展”，开展与国际国内相关机构的交流与合作。举办各类学术研讨会7场，邀请民革中央画院院长孔维克、副院长雷甲寿等全国知名艺术家来馆举办讲座，取得良好社会反响。

（向梅）

【文学创作及培训】 2018年编辑出版《渝州》文艺季刊29～32期，先后在《渝州青年作家》栏目推出王涛、糜建国、聂英（疏影）三位文学新人，共发表区内及市内作者的文艺作品200余篇（首、幅）。1月16日和3月18日举行渝中区文学新作《空山竹语》（疏影著）、《雨荷茶楼的主人》（杨健著）新书发布会和《琴•境》（李成琳著）、《喜色鱼行》（郭莉著）首发式。4月17日和10月26日，分别邀请《红岩》文学双月刊常务副主编欧阳斌、市作协荣誉副主席余德庄举办渝州文学讲座两场。5月10日，作家陈与、樊家勤、强雯一行走进南纪门街道参加“初心文会——渝中作家‘到人民中去’文学创作交流活动”。9月14日，在文图大厦M层举行渝中区文艺创作出版资助专家评审会，确定予以资助的5部作品：余德庄的评论随笔集《秉烛集》、樊家勤的长篇纪实小说《情注高考》、强雯散的文集《重庆诨语》、徐继坚的散文集《甲子别语》、罗琳（E伯爵）的长篇小说《异乡人》。12月8日，与南岸区作协在中山四路中山文化产业园联合举办2018“渝州行”小说创作论坛。12月25日，召开渝中区作协四届三次理事会，通过2名新会员的入会申请，并增补区作协副主席强雯为常务副主席，区作协理事杨健为副主席。

（张毅）

【书法美术活动】 春节前夕开展“我们的中国梦”文化进万家活动，先后组织260多名书法家分别在大坪龙湖时代天街、较场口日月光广场、南纪门街道、上清寺街道、化龙桥街道免费为市民书写春联、福字10000余件。邀请市书法家协会主席漆钢、秘书长周庶民到渝中区举行书法临帖与创作专题讲座2场。以“到人民中去”为主题，组织书法家近100人次，开展“写家风家训，书法进社区”品牌活动8场。为推动书法艺术普及，在“三峡大讲堂”开展书法专题讲座1场，向市民群众提供免费教育培训。2018年春节前，区美协先后组织十余名会员在渝中区人民广场和大坪康德国际社区现场书写春联，为居民免费赠送数百副春联和福字。

（刁涛 苏维军）

【摄影培训及创作展览】 10月，实施“摄影创作培养计划”，举办“2018年渝中区摄影家协会摄影创作培训班”，100多名学员参加此次培训并获得结业证书。10月，组织18名创作骨干赴对口支援县巫溪县和全国摄影创作基地巫山县进行摄影采风创作活动。12月，渝中区摄影家协会在较场口日月光广场一层寻影季影像体验中心举办“美丽中国、秀美山川”采风创作图片汇报展，展出作品80幅。罗大万系列摄影《渝中记忆》被评为重庆市文联2018年文艺重点扶持作品，周永富获评重庆市摄影家协会2018年度十佳摄影家。开展“我们的中国梦”文化进万家活动，先后组织30多名摄影家分别在大坪龙湖时代天街、日月光广场免费为市民拍摄数百张全家福。

（詹江）

【戏剧、民间艺术工作】 完善区剧协组织发展，全年准确登记会员人数104人，其中新增会员36人。开展“戏剧艺术进社区”演出和进校园传承活动。全年演出8场，观众达8000余人次。开展观摩演出剧目活动，全年组织观看《啼笑姻缘》《天路彩虹》《牡丹亭》《大梦长歌》等剧目6场次，参与活动共计300人次。5月20日，在锦绣山庄N712举办古琴文化和蜀绣艺术展演活动。

（周利　吴小欢）

【音乐舞蹈】　7月8日—7月14日，承办第14届中国少年儿童歌曲卡拉OK电视大赛（重庆赛区）选拔赛。参加市音协四届二次理事扩大会，区音协主席汤亚玲、常务副主席刘广被评为重庆市先进音乐工作者。举办舞蹈表演艺术知识讲座，邀请老舞蹈表演艺术家华桦舞蹈团团长刘云华为会员授课。

（文婷　马可瞻）

【电视艺术创作】　会员单位萌梓影视传媒有限公司打造《铁核桃之无间风云》《娘亲舅大》《向前一步是幸福》《陪读妈妈》等电视作品。卫视数轮播出剧目共4部，分别是《铁核桃之无间风云》《陪读妈妈》《玉海棠》《云水怒》等作品。会员单位彦堃影业（重庆）有限公司打造《大铭堂书院》系列剧集。

（蔡蓉）

【区文联负责人】

主　席：钟志芳

副主席：何　萌　丁政义　马可瞻
　　　　卢延辉　江　舸　刁　涛
　　　　汤亚玲　罗大万　周　利
　　　　王明福

（周佳）

渝中区残疾人联合会

【概况】　渝中区残疾人联合会（简称“区残联”）前身为1959年成立的市中区盲人、聋哑人协会。1980年，更名为市中区盲聋哑人协会，1989年12月，协会撤销，成立重庆市市中区残疾人联合会，仍由区民政局代管，属副处级单位。1995年3月，更为现名。1998年7月，区残联从区民政局独立出来，并升格为正处级单位，纳入党群序列，由区政府领导。2007年1月15日，区残联事业编制全部转为行政编制。2018年，区残联机关行政编制3名。办公地址位于渝中区中山一路169号。2017年12月换届，选举理事长1名，副理事长1名，执行理事会理事2名，第七届主席团主席1名，副主席12名，任期5年。区残联的主要职责是“代表、服务、管理”：代表残疾人共同利益，维护残疾人合法权益；团结教育残疾人，为残疾人服务，开展残疾人康复治疗、特殊教育、举办社会福利企业、扶残助残，开展文艺体育活动和社会募捐；加强残疾人组织建设，对残疾人进行政治、文化教育，履行法律赋予的职责，管理和发展残疾人事业。承担政府委托的任务有残疾人组织建设、康复工作、特殊教育、就业安置、社会保障、宣传文体、维权信访、无障碍设施建设、募捐、残疾人证颁发等扶残助残工作。2017年，全区11个街道残疾人联合会（简称“街道残联”），5个残疾人专门协会，于10—11月先后分别完成换届工作。各街道残联分别产生理事长、副理事长各1名；区盲人协会产生委员3名，设主席1名；区聋人协会产生委员3名，设主席1名；区肢残人协会产生委员5名，设正副主席各1名；区智力残疾人及亲友协会产生委员3名，设主席1名；区精神残疾人及亲友协会产生委员3名，设主席1名。各街道残联理事长、副理事长任期5年。

2018年，区残联采取多渠道多种方式帮扶残疾人8486人、13122人次，投入资金624.36万元。获渝中区“2017年度区级综合目标考核一等奖”。

【党建工作】　2018年，区残联结合本支部实际，开展集中学习31次，其中中心组学习10次，党员领导干部讲党课2次，支部主题党日活动12次；专题学习9次；召开党组会12次、支委会12次，召开党风廉政教育12次；党员撰写心得体会76篇，研讨意识形态工作3次，组织残疾人专门协会、服务机构召开意识形态教育座谈会2次，约谈社会组织负责人1次。党员干部走访调研残疾人服务机构、街道残联、社区残协和残疾人家庭共计50余人次，形成《渝中区残疾人生活困难原因及对策建议》的调研报告3篇。按照区委要求制定区残联整改方案并召开巡视整改专题民主生活会，开展对照检查，完成补充学习内容和退休干部返聘清退工作等整改。

【队伍建设】 根据市、区组织人事工作要求，结合全区残联系统工作，加强和完善街道残联、区各残疾人专门协会、社区残协工作者的配置。开展业务培训3期，300多名残疾人工作者参训；残疾人专（兼）职委员持证上岗，实行网上实名管理。为区5个残疾人专门协会在元旦、春节、全国助残日、国际残疾人日等特殊节点及平常开展工作经验交流、法制教育、政策宣传、走访慰问、协助处理矛盾纠纷等活动落实专项经费13万元，协会开展活动21次，689名残疾人代表参加。加强残疾人证核发管理，免费办理残疾人证487份，持证残疾人达11653名，办证率为41.42%。加强残疾人志愿者服务队伍建设，结合残疾人工作常年开展助残活动。开展残疾人基本服务状况和需求信息动态更新，对212名专调人员首次采取视频教学方式实施培训，使用App客户端进行入户调查登记，对8124名残疾人进行调查，其中入户7635人，电话调查489人，入户率达93.98%，App采集率为80.87%。

【教育和就业工作】 多举措开展助学活动，资助特殊教育学校2所（重庆市聋哑学校、重庆市渝中区培智学校），资助从幼儿园到研究生教育阶段的贫困残疾人子女和残疾学生313名，发放资助金75.25万元。根据市民政局和市残联要求，配合区民政局继续推动残疾人“两项补贴”审核工作。实施“阳光家园”计划项目，为1071名智力、精神和重度一、二级肢体残疾人发放托养补贴143.07万元。开展政府购买残疾人居家托养服务工作，为289名智力残疾人提供就餐、家政等居家托养服务，投入资金30.27万元。加强托养机构的管理和扶持，为2家民办和2家公办残疾人托养机构发放运行补贴8万元，减免场租费7.2万元。举办渝中区第八届残疾人专场招聘会，协调55家社会单位为残疾人提供981个就业岗位，800余名残疾人参加应聘；办理残疾人求职登记450人，推荐就业372人，新增就业225人。扶持残疾人个体从业、开办微型企业，为11名自主创业者发放帮扶金4.9万元，为16名盲人按摩师发放扶持金8.76万元。落实《重庆市残疾人就业保障金征收使用管理实施办法》，对339家用人单位安置的952名残疾人员就业情况进行审核，配合区地税局、区财政局征收残疾人就业保障金7296万元（比2017年净增823万元）。开展残疾人职业培训和继续教育工作，218人次参加职业培训（其中7名盲人参加医疗按摩继续教育培训）。实施养老保险补贴，为523名以个人身份参加职工养老保险的残疾人发放补贴金58.78万元。开展扫盲培训和技能竞赛，对57名残疾青壮年文盲开展为期1个月的扫盲培训；组织6名残疾人参加重庆市残疾人职业技能比赛并获两个第二名、两个第三名和1个最佳拼搏奖，区残联获最佳组织奖。

【康复工作】 巩固社区康复服务成果。对22个市级标准化示范性社区康复站（室）进行检查，对合格的20个康复站（室）拨付运行补贴6.7万元，对2个康复站提出撤销申请；申报市级标准化示范性康复站2个，市级社区康复室14个；为社区增添康复器具31件。推进精准康复服务。开展残疾少年儿童、白内障患者等低视力助视器验配，成人助听器验配，辅助器具适配等需求筛查，各类有需求的残疾人达1867人；为44名残疾儿童康复发放训练补贴，为残疾儿童家长开展专题培训、讲座49场次，为737名各类成年残疾人免费适配电动轮椅、护理床、助听器、盲杖、拐杖等特需和普通辅具；为258名精神残疾人提供免费服药和体检，为307名白内障患者免费实施复明手术，为89名视力残疾人实施定向行走和视功能训练。强化定点康复机构建设。在11个康复机构自查的基础上，组织专家组对各机构的建设和运行工作进行全面检查，对年检合格的7个机构每个给予4万元运行补贴。加强康复知识培训。区、街残联分别邀请专家教授，对残疾人工作者和社区卫生康复医生、相关民办康复机构教师等进行康复专业知识培训30学时。做好残疾人家庭医生签约服务。联合区卫生计生委召开残疾人家庭医生签约服务工作推进会，对社区卫生服务中心负责人和残疾人工作者进行职责分工，2018年签约3320份，服务残疾人2633人。强化残疾预防宣传教育。区、街残联结合“全国爱耳日、爱眼日、残疾预防日，世界精神卫生日”等节点，联合重庆人民医院，重庆普瑞眼科医院，区精神卫生中心，社区卫生服务中心，开展咨询、讲座等宣传活动52次，媒体报道62篇，发放宣传资料10000多份，制作健康知识展板、宣传横幅263块（条）。

【宣传文化工作】 2018年报送工作动态信息78篇，媒体宣传报道262次，其中区级200次，市级56次，国家级6次。在全国助残日、国际残疾人日等特殊时间节点组织“筑梦善行”主题系列宣传活动。加强文化进社区建设，更新残疾人人才库，目前渝中区残疾人文体人才库人数达153人。培育残疾人文化品牌“大爱美淘”，被命名为重庆市残疾人文化产业示范基地。开展2018年全市残疾人文化月和“书香中国·阅读有我”活动。全年开播渝中《本周》手语电视节目52期，发放残疾人收视费补贴共13.89万元，全区1389户残疾人家庭受益。两路口街道枇杷山社区开展的“重庆市残疾人文化体育示范点”通过验收已合格。利用“残疾人健身周”“全国特奥日”等节点，广泛开展残疾人群众体育活动。7月20日，渝中区举办第12次全国特奥日活动暨渝中区2018年特奥运动会。开展体育健身指导员培训，为考核合格的22人发放资格证书。组队参加重庆市2018年残疾人游泳锦标赛，获两个第四名及道德风尚奖。残疾人运动员廖克力参加全国残疾人乒乓球锦标赛并获得1金2铜的好成绩。

【信访维权工作】 2018年接待残疾人来访347人次，参与处置纠纷2件，处理集访、群访1件8人次，做到每件信访有记录、有去向、有结果。落实残疾人法律援助，与区司法局联合成立法律援助领导小组，常年聘请律师于每周三参与接待工作，共接待咨询123人次，发放救助卡78张，法律援助30人。完成残疾人家庭无障碍改造72户，投入资金19.08万元。落实燃油补贴和C5驾驶补贴以及残疾人车辆路桥费减免，全年对158名残疾人代步车发放燃油补贴4.1万元，对4名残疾人给予驾照补贴0.4万元，减免23名残疾人车辆的路桥费，为146名残疾人办理免费公交卡出具证明。加强法治教育，结合“宪法宣传日”等节点，举办《中华人民共和国残疾人保障法》和《重庆市残疾人保障条例》等法治讲座20场，参加听讲3200余人，发放宣传资料4800余份。每季度定期组织各街道、区残疾人综合服务中心、康复服务机构、残疾人专门协会对残疾人代步车的安全隐患进行深入排查并形成常态机制，建立翔实的基础台账，杜绝重大安全事故发生。办结人大代表建议和政协委员提案两件，满意率达100%。

【服务中心活动】 区残联综合服务中心2018年共举办开放日活动7次，举办残疾人文艺汇演、第28个全国助残日主题知识竞赛等活动。承办2期声乐、计算机、串珠、绘画、书法、烘焙等项目培训班。开展基础设施和消防设备维护52余次，完成中心监控警报设施和中心入驻机构卫生间改造。全年参加各项活动的残疾人共643人，投入经费10.89万元。接待国家、市、区县等残联视察参观共4批、60人次，得到中国残联、市残联的充分肯定。常年在中心参加康复训练和技能培训的残疾少年、儿童等学员93人。

【信息建设】 及时、准确录入残疾人事业统计快报、年报、台账等各类数据。规范残疾人事业信息采集和审核，充实更新“残疾人工作综合信息管理系统”信息，同步率高于98%。定期更新和维护残疾人就业和培训系统，及时更新相关信息。

【区残联负责人】
理 事 长：王力军
副理事长：顾 勇

（杨茂莉）

渝中区归国华侨联合会

【概况】渝中区归国华侨联合会（简称“区侨联”）成立于1982年，2016年8月区侨联换届，组成渝中区侨联第八届委员会。区侨联机关驻渝中区和平路管家巷9号，行政编制2人。2018年，区侨联有正副主席16人、常委12人，委员60人。下设11个街道侨联分会、11个基层侨台联络小组。新成立侨馨艺术团、海归创新创业开放联盟两个服务平台。区侨联主要有团结联系归侨、侨属（眷），履行助推经济发展，依法维护侨益，加强联络联谊，参政议政，弘扬中华文化，参与社会建设等六项职能。

2018年，区侨联以“以侨为本”为宗旨，以“为侨服务”为动力，以“改革创新”为抓手，以“群众满意”为目标，推进各项任务向纵深落实。区侨联青委会荣获人力资源社会保障部、中国侨联表彰的“全国侨联系统先进集体”，归侨郭亮荣获中国侨联和国务院侨务办公室表彰的“全国归侨侨眷先进个人”称号。

【思想引领】2018年，区侨联认真贯彻落实党的十九大、全国第十次归侨侨眷代表大会精神，传达习近平总书记在参加全国两会重庆代表团审议以及看望侨联界政协委员时的重要讲话和关于侨务工作的论述，组织侨界人士学习习近平新时代中国特色社会主义思想，通过召开区侨联主席会、街道侨联分会工作会、侨青会务虚会等及时向侨界人士宣传有关精神；组织广大归侨侨眷、侨联委员、基层侨联分会观看重要会议直播，增强侨界干部群众意识，增强维护习近平总书记核心地位、维护党中央权威和集中统一领导的自觉性、坚定性。通过“网上侨联”及时宣传、解读党和政府会议部署要求，加强对侨界群众的政治引领。

【联络联谊】深入开展海内外联络联谊。协助市侨联接待“海外侨领重庆行”“世界侨商重庆行”活动共计600余名海外嘉宾到访渝中；接待美国圣地亚哥郡郡长、圣地亚哥州立大学孔子学院院长一行进行交流座谈；接待澳大利亚电影艺术协会会长一行洽谈渝中影视艺术打造方向；接待德国欧博国际有限公司总经理、德国中华总商会跨境电商委员会会长、荷兰中荷文化经济关系基金会主席、智利华人企业联合会副会长一行考察渝中；与泰国、越南当地重点侨团建立联系机制，加强海外侨团联络联谊；与甘肃省兰州市、重庆江津区侨联缔结友好侨联，加强与市内外侨联联络联系；聘任澳大利亚、荷兰、越南、泰国侨领为渝中侨联海外委员，联系海外商会，对接与渝中的经济发展；与广东江门市侨联联合举办“中国星”世界华裔青少年足球精英选拔赛；与市侨青会、市华商会及渝北区侨联共同举办“情暖侨心”冬季趣味运动会，增加侨界友谊。

【为侨服务】帮扶困难侨界群众，为侨界群众办实事、做好事、解难事。元旦春节期间，区委统战部部长章琳一行走访慰问渝中区困难侨眷冯克休；协助市侨联开展“百名老归侨回娘家”活动，传递侨界温暖；与区外侨办联合举行归侨侨眷迎新春慰问座谈会，为40余名困难归侨侨眷送去新春慰问与祝福。开展“暖侨心、惠民生”新春送福进社区活动，邀请重庆桥侨书画社的书法家和重庆人民医院三院院区眼科的医护人员为大坪七牌坊社区居民现场写春联、送义诊。先后与区工商联共同就委员企业嗨爆火锅与白乐天火锅的商标使用纠纷进行协调，共调企业注册等问题40余件。为困难侨眷曾宪端申请补助。协调区人力社保局为侨眷子女补办社保卡，解决侨眷社保遗留问题。解答华侨房屋买卖、护照办理疑难问题，归侨遗孀订立遗嘱等事宜50余件。

【新侨工作】紧扣侨情开展调研。区委统战部部长章琳走访调研侨资企业润信律师事务所以及参观走访鹅岭贰厂文创基地，调研辖区6个社区，准备筹建“侨台之家”。先后走访沐泽文化传播公司、留学生企业重庆移动金融有限公司、安利（中国）日用品有限公司重庆分公司、重庆享通文化体育有限公司等侨资企业，对日常经营情况进行实地调研。协调有关部门，帮助企业解决实际问题。开展丰富活动聚侨。开展三八节体验中华传统技艺之旅活动，感受传统丝绸文化；组织侨界儿童开展好奇号研学活动，学习海上丝绸之路沿线国家与中国在明代的外交历史；组织侨界群众走进重庆两江机器人展示中心，体检智能科技为世界带来的变化；组织开展三期海归创新创业实务课堂，激发侨界青年的创新潜能和创业活力。服务重点人才。由区委组织部、区委统战部主办，区人力社保局、团区委、区侨联和重庆解放碑CBD管委会协办，前程无忧、区欧美同学会、区留学人员服务中心承办的“渝中区2018年海归人才招聘会”在渝中区解放碑平安国际金融中心举行，吸引60余家大型国企、知名上市公司、外资和民营企业参与展示和招聘，1100余名海归人才到场求职。

【侨情摸底】　联合区委统战部、区台办在全区范围内开展侨情、台情普查工作。各街道、社区全力配合专业调查公司，通过入户走访、网上问卷调查等方式进行摸底调查，辖区目前有侨胞、台胞居民7万余户。

【公益慈善工作】　积极搭建侨界支持和参与社会建设平台，促进侨力资源合理配置和互补共享。市侨联牵线澳大利亚魏基成集团为区内捐赠老花眼镜200副、助听器200副，为困难群众办好事，办实事。与区政协民宗海联委前往城口县黄安坝小学捐赠书本、文具一批，合计2万余元。

【文化交流】　以弘扬中华文化为纽带，组织辖区学生参加第十九届华人学生作文大赛，推荐作文200余篇，获得一等奖3名，二等奖6名，三等奖12名，被评为优秀组织奖。与区级各部门联合举办解放碑国际文化交流节暨留学生企业活动周，与区欧美同学会联合成立海归创新创业开放联盟，开展留学生创新创业实务课堂，对新型企业加强指导和帮助。成立侨馨艺术团，发挥侨界艺术力量，宣传推介渝中文化。制作《海汇渝中 与世界握手》宣传片，宣传渝中人文风景、海归创业、文商融合等活动，并在微信群向海内外同胞宣传渝中母城的文化和旅游发展，提升母城形象。

【参政议政】　2018年在区“两会”上，渝中侨界的24名人大代表、政协委员参会，向政协会提交大会口头发言1篇，书面发言2篇，集体提案11篇。侨界人大代表、政协委员共计提交个人提案、建议30余篇。区委常委、区委统战部部长章琳，副区长邓光怀先后走访调研涉侨企业，并与部分侨联副主席进行座谈，就企业发展提出建议意见。区政协副主席戴伶走访调研区侨联，对区侨联工作给予充分肯定。调研红岩村国际社区打造情况，就外籍人士服务窗口建设牵线留学人员服务中心与化龙桥街道、出入境管理局进行协商。先后走访重点归侨重庆市骨科医院郭亮教授以及涉侨企业国联干细胞研究基地、安利（中国）日用品有限公司重庆分公司、屋顶上的猫普拉提健康馆等20余家，走访区职能部门和区侨联基层分会9个，形成《关于培育新媒体产业，打造渝中新经济增长点的建议》调研报告并在政协大会上发言。还提交《充分利用博物馆资源，践行中小学社会大课堂，助推渝中素质教育提升》《关于推动市体育产业资源交易平台落地渝中的建议》书面发言2篇及提案建议。由区委统战部与区侨联联合调研并在区科委立项的调研课题“港澳青年政治人才培养机制顶层设计研究”获得区委统战部2018年度优秀统战理论调研课题一等奖。

【队伍建设】　突出队伍建设。出台《委员履职管理办法》，推动侨联委员履职管理制度化、规范化；对15位兼职副主席进行职责分工，发挥各自特长和工作积极性；推荐代表参加第十次全国归侨侨眷代表大会并当选为委员；年内侨界2名重点人士被评为首批“渝中英才”。注重能力建设。推荐1名干部参加中国侨联青年干部培训班，1名同志参加重庆市侨联系统干部培训班、1名同志参加市委党校培训，7名青年委员参加区委统战部统战骨干培训班，进一步促进侨联干部和青年委员的能力提升。活跃基层组织。指导街道侨联分会开展新春侨属座谈会，举办暖心烘焙活动，开展“缘聚美丽化龙桥，爱在五四青年节”联谊活动。强化廉政建设。践行党中央、市区纪委关于党风廉政建设的有关要求，严格执行中央八项规定，加强对人、财、物的规范管理，接受派驻纪检组的监督。

【区侨联负责人】

主　席：罗　艳

副主席：刘义红　肖方明　林正伟
吴任斌　冯心怡　庞晓虹
赵雪莲　刘　兵　李　曦
李　昭　代世乾　张俊江
熊　雄　张　辉　韦亦嘉

（王启莉）

渝中区红十字会

【概况】 红十字会是从事人道主义社会救助团体。中国红十字会组织是国际红十字运动的成员，以发扬人道、博爱、奉献的红十字精神，以保护人的生命和健康，促进人类和平进步事业为宗旨。《中国红十字会章程》规定，县级以上（含县级）按照行政区域建立红十字会组织，渝中区编委《关于核定渝中区红十字会机构编制和领导职数的通知》规定：区红十字会行政编制2名，办公地点设在区卫生计生委，设会长1名（由区级领导兼任）、副会长2名（其中1名由区卫计委主任兼任）、设专职副会长1名（主持日常工作），科级领导职数1人（为区红十字会秘书长）。在第六届渝中区红十字会第一次理事会上，选举副区长乔宏为会长、区卫计委主任刘平为兼职副会长、陈欣为专职副会长主持区红十字会日常工作。

【应急救援体系建设】建立“三救三献”（应急救援、应急救护、人道救助和捐献血液、捐献造血干细胞、捐献人体器官组织）应急救援体系，提升在突发公共事件中的紧急救援和人道救助能力。渝中区选派专业人员参加重庆市红十字会和中国红十字会组织的应急救护师资培训班学习，现有应急救护培训师资7人；组织开展红十字应急救护“五进”（进社区、进学校、进企业、进机关、进军营）活动，开展应急救护培训100余场，培训各类人员4000余人次。

【“三救三献”活动】 红十字博爱送万家活动。在春节期间，由区红十字会领导带队上门慰问3户器官捐献家属，为他们送上年货、慰问金6000元，送上节日的温暖和祝福。组织捐献遗体器官活动。2018年有168人到区红十字会办理了遗体捐献登记手续，为4人办理了器官捐献登记手续。“5•8”世界红十字日，在重庆医科大学研究生院开展造血干细胞宣传和志愿者招募活动，当天共采集血样32人份，为中华骨髓库重庆市分库增加了容量。8月，区首例造血干细胞捐献者重庆牙科医院护士韩露与13年前的白血病受捐者相见，是重庆首例白血病患者与被捐献者见面的案例，多家媒体进行广泛报道，弘扬了社会正能量。在夏季“血荒”时，区红十字会组织应急无偿献血招募活动，共招募无偿献血76.11万毫升，超额完成应急招募计划的8.7%。在家乐福棉花街店，工商银行大坪、朝天门支行，渝中区安乐堂，大溪沟街道各居委会等地点设置募捐箱15个，募得捐款计8548.6元，全部用于救助贫困人群。

【区红十字会负责人】

会　长：乔　宏

副会长：刘　平（兼）
陈　欣（2017年10月任职）

（兰宗庸）

法治与军事

法　治

概　述

【概况】 中共重庆市渝中区委政法委员会（简称“区委政法委”）与区社会治安综合治理委员会办公室（简称“区综治办”）一个机构、两块牌子，渝中区委防范和处理邪教问题领导小组办公室（简称“区委防范办”）挂靠区委政法委。区综治办、区委防范办与区委政法委机关共用行政编制16人（含1名市管干部编制）。2018年，区委政法委下设政治处、办公室、执法督查科，区综治办下设基层指导科、流动人口服务管理科，区委防范办下设教育转化科。区委政法委的主要职责是：根据党的路线方针政策和区委的部署，研究制定贯彻落实的具体措施，统一政法各部门的思想和行动；组织、指导维护社会稳定工作，掌握和分析社会稳定情况，协调处理突发性事件和群体性事件；支持和监督政法各部门依法行使职权，协调指导政法各部门密切配合，督促大案要案的查处工作；指导、协调、推动政法部门做好涉法涉诉信访工作；组织、协调社会管理综合治理工作，推进社会矛盾化解和社会管理创新，落实平安建设措施，营造安定的社会环境；检查政法部门公正廉洁执法的情况，指导政法部门研究制定促进公正廉洁执法的具体办法；研究制定防范和处理邪教问题方案、措施和办法，组织协调各有关部门及时、准确、稳妥的查处邪教组织的有关案件；统筹协调国家安全工作；协助区委及其组织部门管理政法部门领导班子和领导干部，研究加强政法队伍建设的具体措施；组织、推动政法部门开展党风廉政建设，协助纪检部门查办违纪违法案件；组织、指导策划政法综治维稳宣传和舆论引导工作，研判政法维稳舆情信息；及时向区委报告政法工作的重大情况，完成区委和市委政法委交办的其他事项。办公地址位于渝中区和平路管家巷9号。

2018年，区委政法委指导全体政法干警和综治维稳干部围绕中心、服务大局，深入推进平安渝中建设、法治渝中建设和政法队伍建设，重点做好政治安全与反恐防暴、社会治理、专项整治与矛盾疏解、服务民营经济、扫黑除恶专项斗争、防范化解重大风险等工作，维护了全区政治大局和治安大局稳定。全年群众安全感指数达97.88%，政法队伍满意度达95.89%，司法公信力达96.26%，政法稳定各项工作取得新进步。

【执法督查工作】 2018年，全区涉法涉诉信访初信初访495件，办结491件，办结率达99.19%。全年化解涉法涉诉信访积案6件，评查案件30件（法院17件，公安8件，检察院5件），发现一般瑕疵案件7件，占评查总数的23%，重大瑕疵案件1件，占评查总数的3%。全力攻坚“基本解决执法难”问题，建立完善的网络拍卖机制，有针对性地挑选案情复杂、久拖难结案件，集结精锐力量，重点办理，通过以点带面、重点执行的方式强化执行威慑，并通过重庆电视台、华龙网、重庆晚报等10余家媒体进行报道，进一步彰显法律权威。根据《渝中区律师参与化解和代理涉法涉诉信访案件工作实施办法》，委托区司法局选取中豪、索通、北京德恒、丽达、康实、伟豪6家律师事务所参与到公检法三部门涉法涉诉信访接待工作中。区政法部门律师参与接待涉法信访案件共计90次，140人。

【党建工作】 推进“两学一做”学习教育常态化制度化，全年组织开展专题集中学习31次，进一步加强对习近平新时代中国特色社会主义思想的学习，加强对党的十九大精神和党章党规的学习，切实增强全体党员的“四个意识”、坚定“四个自信”、落实“两个维护”、实现“三个确保”。严格落实《关于新形势下党内政治生活的若干准则》，严肃开展“三会一课”、民主生活会、组织生活会、民主评议党员、谈心谈话等党内政治生活。坚持每季度召开1次党员大会、每月召开1次党支部委员会和1次支部主题党日、每年开展1次民主评议党员工作。党支部战斗堡垒作用不断增强，全体党员先锋模范作用有效发挥，被区委评为纪念建党97周年基层党建工作先进单位。

【区委政法委负责人】
书　　记：何积光
常务副书记：张　强
副 书 记：雷　兵（2018年7月任职）
丁　文
唐　劲（挂职）
张贵群（挂职，2018年9月任职）

【区防范办负责人】
主　任：丁　文
副主任：曾令华

（任伟）

公　安

概　述

【概况】 重庆市渝中区公安分局（简称“区公安分局”）前身为中华人民共和国成立初期的重庆市“城一、城二、城三、城四”四个分局，1958年11月合并为市中区公安分局，1995年重庆市区划调整将市中区更名为渝中区，渝中区公安分局由此得名。2018年，区公安分局在编民警2319人（含公务员编制工勤人员7人），其中：男民警1903人，女民警416人；文职361人；党员民警1894人。内设机构84个，其中：一级机构40个（正处级机构2个、副处级机构3个，其余为正科级机构），二级机构44个（正科级机构33个、副科级机构11个）；共有派出所12个，派出所民警941名，占全局在编民警总数的40.58%；共有社区警务室77个，社区民警210名。分局机关驻渝中区管家巷7号。区公安分局的主要职责是：预防、制止和侦查违法犯罪活动；防范、打击恐怖活动；维护社会治安秩序，制止危害社会治安秩序的行为；管理交通、危险物品；管理户口、居民身份证、国籍、入境事务和外国人在渝中居留、旅行的有关事务；警卫国家规定的特定人员、守卫重要场所和设施；管理集会、游行、示威活动；监督管理公共信息网络的安全监察工作等。

2018年，区公安分局以贯彻落实十九大精神为主线，实施大数据和基层基础两大战略工程，提升服务发展、改革创新和规范执法三项能力，抓好打、防、管、控、服五项重点工作，基本实现“政治大局更加稳定、社会治理更加有力、警务运行更加优化、服务发展更加高效、执法活动更加规范、队伍素质更加过硬”的工作目标。全年累计出动警力18万余人次，妥善处置各类突发群体性事件1200余起，圆满完成各类安保、警卫任务1465趟次。全区各类刑事案件发案和侵财案件发案在连续三年大幅下降的基础上，同比再下降12.1%和6.3%。累计走访民营企业1800余家次，上门服务企业500次，解决涉企问题50件。全局共有65个单位、629人次立功受奖，涌现出“重庆好人”上清寺所社区民警高万禄、“新时期的马天明”大阳沟所社区民警马永鹏等先进典型。

【矛盾隐患排查预警】 建立每月社会治安形势分析和敏感期每日研判机制，对重大涉稳事项实现情报预警。累计分析研判、整理上报各类情报信息193条，有效预警并及时处置多起不稳定事件。在重要时间节点实施科学用警，强化对党委政府周边、各大商圈、旅游景点的巡逻防控，做好中央督导组驻地安保工作，确保“万无一失”。累计出动警力3.2万余人次，执行各类安保、警卫任务1465趟次，圆满完成春节、全国“两会”、上合组织峰会、五一、端午节等重要节日和重大会议等安保警卫任务，确保重大活动、重要会议在辖区顺利进行。

【扫黑除恶专项斗争】 聚焦非法套路贷、暴力讨债、黄赌毒合流等新型黑恶犯罪，在“摸线索、广动员、除黑恶、强治安”上下功夫，扫黑除恶专项斗争群众知晓率达100%，顺利通过中央督检。判决杨礼全恶势力犯罪集团，在侦恶势力犯罪集团2个，恶势力犯罪团伙4个，抓获涉黑涉恶类犯罪嫌疑人301人。移交保护伞线索1条，公职人员涉嫌违纪违法线索1条。

【专项行动】 推进“今冬明春”和“渝警2018”治安整治专项行动，破获阿卡迪亚系列盗窃案件，追赃挽损折合人民币40余万元。全年累计破获刑事案件3328件，打击处理1778人，破侵财案件2584件，两类案件破获数占破案总数的77.6%。强化“传统＋科技”实战应用，侦破重庆京米文化传播有限公司涉嫌诈骗案等一批大要案件。侦破以付显海、梁立为首的制售火药枪支零部件的“1•1”部督案件，获副市长、市公安局局长邓恢林批示：“此案破的好！可制作成经典案例供各地学习借鉴。”

【经济犯罪打击】 创新云端打击主战模式，开展打击整治专项行动，重点排查整治楼宇经济，对42栋高危商务楼宇实行专人专管，排查楼宇中涉及民间借贷、投资平台、P2P理财等方面的企业112家，涉众经济犯罪线索13条，化解积案2起，有效提升金融风险预警能力。紧盯非法集资、传销等涉众型经济犯罪，强化涉税、假币等案件办理，全年打击各类经济案件224件，打击经济犯罪嫌疑人128人。

【禁毒工作】 以“破大案、打团伙、摧网络、缴毒品”为主攻方向，加强堵源截流机制，破获“10•31”涉缅人体带毒团伙贩毒案件和杨某特大运输毒品案，斩断了由两条外地至重庆的贩卖毒品通道。2018年共破获部级目标毒品案2起，人体藏毒案6起，打击毒品犯罪嫌疑人550余人，缴获毒品19659克。

【治安突出问题整治】 持续整治菜园坝、朝天门等4个“窗口”地区治安突出问题，治安秩序持续好转，挂牌整治地区顺利通过检查验收。共立刑事案件114件，同比下降49.11%。强化全区重点场所、重点区域整治工作，确保无“黄、赌、毒”行为，确保治安管理无死角。通过场所整治治安拘留1人，收缴赌博游戏机17台。在解放碑、龙湖时代天街等商圈区域开展散发黄色卡片专项整治，打掉团伙2个，窝点5个，打击处理71人，收缴色情卡片70余万张。

【智慧警务运用】 推进“大数据＋打防管控服”工程，以大数据应用撬动管理机制、防控体系、战术策略和公共服务创新，增强全局可持续发展后劲，提升城市治理质效和队伍管理能力。桂花园新村智慧化社区考核新模式在全区率先试点。“队伍风险防控系统”和“智能警务滴灌助手”参加公安部优秀创新评选。“公交车RST数据分析系统”项目荣获2018年全市公安机关改革创新大赛区县级别第一名。

【立体化治安防控】 优化警务运行机制，屯警街面、提升见警率，动态巡防、提升处置效率，完善扁平指挥、警力动态布控、情报指挥室、联勤武装巡逻等机制，实现全覆盖、点对点指挥，增强控制力和打击效能；利用民心天网和“雪亮工程”，开展网上巡防，加大对重点目标、重点区域的巡防力度，兼顾居民小区、背街小巷等的视频镜头新建改造、扩容补点和联网整合，实现视频监控无缝对接。

【全防范社区建设】 升级改造居民小区门禁系统，搭建流动人口社会化信息采集云端平台，研发陌生人识别系统，通过智能采集全区新增居住人员97554人，新增出租房屋10556户。健全社区民警考核体系，搭建派出所智能管理考核平台、研发人员动态分析预警管理系统、布建“鹰眼”高空高清镜头，打造“云端筑基”社区警务升级版。

【全民治安理念强化】将“科技”和“人力”

结合，把社区细分为7个网格单元，配备专职网格员7名，深化“红袖标”“邻里守望”“七铺联防”等群防群治工程，深入推进智能化、网格化社区治安防控体系建设，构建“党政主导、公安为主、部门参与、社会共治”的共建共治共享社会治理新格局。

【重点人员管控】 严格落实重点人员“滚动排查、日常管控、重点稳控、失控人员查找”工作机制，对渝中区54名AB类重点人员、211名肇事肇祸精神病人做到底数清、情况明。在重要敏感节点实行每日点名制度，严格落实“一人一预案、一人一专班”“五位一体”和“三定”的24小时管控模式，确保行知轨迹，动知去向，全区未发生一起重大影响事件和进京非访事件。

【警务服务新举措】 全面落实市公安局服务民营经济发展30条、“新十条”、服务校园29条、服务旅游发展23条等措施。与辖区渝州宾馆等9家星级酒店和人民小学、重庆市第三十中学开展座谈交流，与龙湖成恒地产公司、求精中学分别建立警企、警校示范点。累计受理各类咨询求助2000余次，走访民营企业1800余家次，上门服务企业500次，解决涉企问题50件，办理涉及民营企业刑事案件66余件，行政案件100余件。召开警校座谈会60余次，为93所学校建立安全信息通报制度，民警在126所学校兼任法制辅导员。

【特色警务服务】 加强移动互联网警务服务平台建设，最大限度实现公安行政许可、报警求助、实时咨询、预约服务等模块化、产品化，将网上服务向掌上服务拓展延伸。启动交巡警车管服务网上预约平台，网上预约8.57万人次，共办理业务11.37万次；受理签发公民出入境证件97309人次，提供免费复印服务2万余人次，提供免费照相服务4万余人次；为大阳沟、大溪沟所配备自助发证机，实现24小时本人凭指纹智能领证，通过智能化设备方便群众办证5843人。

【全域旅游经济服务】 组建旅游警察队伍，确保节假日“网红景区”秩序平稳有序。开展道路交通、消防、危爆物品、大型活动等安全检查，运用大数据警务对景区及周边人流、车流量实时动态掌控。开展网约短租房（民宿）专项整治，清理摸排数量，强化监管力度，消除安全隐患。针对“羊儿客”、“黑车”、“票串串”、强买强卖、碰瓷等扰乱旅游市场秩序的违法行为重拳整治，净化旅游环境。共清理违规停放车辆31辆，处理“羊儿客”、票贩子23人。

【队伍建设管理】 完善随岗培训、跟班学习、小班教学、送教上门等培训模式，全面提升民警综合能力，形成各司其职、全警参与的大教育训练格局。开展2018年“苦练精兵铸警魂、践行忠诚保平安”警种比武竞赛、警务现场控制能力比武、交巡警交通事故处理技能大比武、社区民警岗位业务竞赛，参加比武民警2000余人次。全面开展自查自纠，聚焦队伍中存在的“慵懒散浮拖”问题，对标对表、深入查摆，切实整顿警容风纪、改进工作作风。开展“四说”警示教育会，坚持大胆管理、严抓严管，对违法违纪“零容忍”，做到有案必查、有责必究。全年处理民警14人，有效形成警示震慑作用。

【公安宣传及先进选树】 2018年累计外发稿4100余篇，在全市公安宣传考核中排名第一。妥善处置突发舆情107起，得到市公安局政治部通报表扬。启动“我心中的人民警察”评选活动，先后选树上清寺所社区民警高万禄、大阳沟所社区民警马永鹏等先进典型。

【暖警工程建设】 修订完善《渝中区慈善会公安民警危难救助基金管理办法（修订）》，将救助范围延伸到离退休干部和辅警，累计救助民警1298人次，发放慰问金183万余元。受理21起民警维权案事件，维护33名被侵权民警的执法权益。协调辖区重庆医科大学附属第二医院，建立民警因公负伤救治“绿色通道”。协调联合电信、中石化、人保财险、商社电器、商社汽贸等单位举办多项优警惠警活动。

【区公安分局负责人】

局　长：鲁荣锋

政　委：夏小平

副局长：陈朝平

张　力（兼交巡警支队支队长）

薛　翀（兼广场治安支队支队长、治安总队副总队长）

何金华　周　川

副政委：阎明涛

纪委书记：朱必恩

政治处主任：曾令合

（蒋晴然）

渝中区消防支队

【概况】重庆市渝中区消防支队（简称“区消防支队”），原为武警重庆市渝中区消防支队，归属于中国人民武装警察部队，后于2018年10月退出现役，不再列武警部队序列，划入国家应急管理体系。区消防支队成立于2005年8月1日，现驻守于化龙桥街道瑞天路91号。下设司令部、政工、后勤、防火4个部门，5个消防站，共有指战员284人，其中一级指挥长2人、干部70人、消防员122人、专职政府消防员90人，有主战消防车40辆，配备各类器材装备15760件套。辖区有各类消防安全重点单位479家，派出所列管单位1022家。现有建成投入使用的高层建筑1501栋，其中超高层建筑82栋，高层建筑密度居全市第一。地下建筑220余处，有大型公共娱乐场所76家，大型商场市场98家，大型城市综合体17处，加油站、加油加气站17处。辖区主要火灾类型有高层建筑火灾、地下建筑火灾、棚户区火灾、大型商场火灾、人员密集场所火灾。

2018年，区消防支队提请区政府审议并将老旧居民区电气线路改造纳入全区全面建成小康社会三年攻坚计划，对全区101处重要公共建筑及场所开展电气线路专项评估，有效降低电气火灾发生概率。联合区级部门，投入20余万元聘请消防安全专业评估公司，对1501栋高层建筑消防设施及管理情况开展摸排，逐幢明确整改责任、资金和时限，并计划纳入城市消防远程监控平台实施24小时动态管理。当年，区消防支队被重庆市消防总队评为“安全工作先进支队”“执勤岗位训练先进单位”。

【队伍建设】　完善党委中心组学习制度，全年组织集中学习12次，学习党的十九大精神、习近平新时代中国特色社会主义思想和总书记训词等各类专题79个，班子成员认真撰写学习体会和调研文章20余篇，以理论指导实践，推动消防工作和队伍建设全面发展、全面过硬。坚持民主集中制，全年召开党委会20次，讨论研究重大议题114个，落实一系列涉及全局性、破解发展瓶颈的工作举措。落实党委调研制度，全年班子成员深入基层调研帮扶246次，与指战员面对面开展改革政策宣讲和交心谈心400余人次，帮助解决实际问题20余个，确保改革过渡期队伍高度安全稳定。开展改革教育、集中教育整训和“牢记总书记训词，建设过硬队伍”专题教育，军政主官带头讲党课和廉政教育课，政治教员分专题授课，党委成员定期推门听课，教育引导全体指战员始终沿着正确的政治方向前进，有力地确保改革过渡期队伍集中统一和高度稳定。协调重庆红岩联线解决消防烈士墓碑修缮，组织参观红岩革命纪念馆、建川博物馆等红色阵地，举行庆“八一”升旗仪式，以红色教育鼓舞指战员保持军人本色。开展“留影像、守本色、再出发”系列活动，举办“逐梦杯”篮球赛和“青春飞羽杯”羽毛球赛，拍摄的微电影《百年守卫》荣获总队一等奖、部局二等奖；参加总队“牢记总书记训词，建设过硬队伍”主题演讲比赛并荣获三等奖。

【火灾防控】　提请区政府投入300余万元将前期已整改的1506栋老旧居住建筑消防设施后续维保列入重点民生工程并购买保险，在全市率先解决“三无”居住建筑消防供水设施无人监管及“坏了改、改了坏”难题。在完成前期老旧建筑改造任务基础上，支队自我加压，将各街道新增上报的100栋老旧建筑进行踏勘并挂网招标。完成环球金融中心、桂花园新村城市消防远程监控平台建设试点，推动将1501栋高层建筑及108家火灾高危单位纳入平台建设并作为民生实事立项实施，已完成数据采集和工程预算编制。推动区政府将火灾事故救助赔偿继续纳入政府综合保险项目内容，火灾事故赔付金额最高达到60万元。开展重大火灾隐患集中攻坚行动，强力整治洪崖洞民俗风貌区、洪崖洞酒店等重大火灾隐患单位，推动协信阿卡迪亚、求精中学、钱塘玫瑰湾等历史遗留重大火患整改销案。开展朝天门、菜园坝区域性隐患整治行动，集中1个月时间对110家单位和场所开展全覆盖排查。加大“网红景点”隐患整治，联合市、区两级专业力量对10处“网红景点”开展拉网式检查，督促管理单位落实主体责任。2018年共检查单位场所1.6万家，发现并督改隐患2.6万处，办理处罚案件333件，“三停"查封197家，罚款153万元，行政拘留13人，各项执法数据同比明显增长。

【岗位练兵】 紧扣辖区高层建筑、地下空间、棚户区、大型商场、人员密集场所、易燃易爆等类型灭火特点，实行熟悉、演练、预案修订“三位一体”，全年开展典型战例研讨7次，开展区域性联合演练6次，“六熟悉”397次，普查消火栓1203个，修订数字化预案135份。聘请专业教练，开展力量、耐力、灵活性、爆发力、协调性训练。组织开展高楼攀登、高空绳索救助、防盗门快速破拆、水域救援等情景训练。开展举高消防车作业条件论证和高层供液能力测试，为辖区69幢超高层建筑逐一制定进攻路线和水带铺设方案。年内，支队7名骨干代表总队参加东盟环桂比武竞赛，荣获团体奖第2名、第7名；支队参加总队执勤岗位练兵活动，取得技能项目总分第5名。组建应急通信保障分队，配齐配强专业人员。针对高层、地下通信盲点，组织实地调研、论证、测试，配备便携式应急指挥终端、数模集群中继台等通信设备。组织通信员开展系统应用培训，实现接处警系统“零误差”。定期开展网络安全和保密巡检，坚决防止“一机两用”和失泄密事故。推动全区消火栓水压监测系统建设，年内完成一期465个消火栓监测点位建设。

【消防安全宣传】 深化消防宣传“七进”，充分利用户外LED、楼宇视频、“119信息在线”，开展常识性、案例性、警示性宣传，有效扩大宣传覆盖面。提请区政府投入1200万元建设消防逃生实景体验室，建成渝中区科普教育基地及校园逃生体验室。在各街道推广“3对3”宣传模式，以志愿者、社区民警、社区干部为主力军，以孤寡老人、留守儿童、外来务工人员为对象，开展上门面对面志愿服务。2018年共培训演练500场次，培训2万余人，在中央级媒体上发稿22篇，在市级媒体发稿68篇。

【灭火救援】 2018年接警2319次，其中火警142次、抢险救援447次、社会救助844次，出动官兵27957人次，车辆4751辆次，抢救被困人员212人，疏散人员1671人，抢救财产价值881万元。完成“2•8”渝中区黄沙溪11栋2楼火灾、“6•15”渝中区长滨路安乐堂旁隧道坍塌和“11•22”渝中区和平路192号新民花园A栋21-7住宅火灾等一系列灭火救援行动和“智博会”“两会”等的各项保卫任务。

【党建工作】 开展示范基层党组织创建，深入各党支部开展党团基础工作督导帮扶，为各支部配发战时政治鼓动旗帜，较场口中队被部局和总队表彰为“先进基层党组织”，支队团委、较场口中队团支部荣获总队“五四红旗团委”和“示范基层团组织”，1名战士被部局表彰为“优秀共产党员”，1名战士获评市公安局“首届十佳公安青年”，8名战士获总队党团表彰。《人民日报》、《消防周刊》、《重庆日报》、中青网、新浪网等各级媒体专题报道较场口中队先进事迹，《重庆与世界》杂志大篇幅宣传支队消防工作，展现了渝中消防良好形象。

【区消防支队负责人】

支 队 长：王义宽

政治委员：董平明

副支队长：张玉华　黄永涛

（张蕊琪）

检　察

【概况】 渝中区人民检察院（简称“区检察院”）1979年恢复重建。2018年，内设侦查监督科、公诉科、未成年人刑事检察科、民事行政检察科、刑事执行检察科、控告申诉检察科、案件管理科、研究室、办公室、政治处、纪检监察室共11个部门，有政法专项编制136人。区检察院的主要职责是：依法对本院管辖的刑事案件进行审查，决定是否逮捕和是否起诉；对辖区范围内公安机关的立案活动和侦查活动是否合法实行监督，对本区人民法院的审判活动是否合法进行监督，对本区人民法院确有错误的一审判决、裁定，提请抗诉；对本区人民法院的判决、裁定的执行情况和辖区范围内看守所活动是否合法，进行监督；负责对监管改造场所工作人员中的贪污贿赂、渎职侵权等犯罪案件的侦查工作以及被监管改造人员重新犯罪案件的批捕、起诉工作，受理被监管改造人员及其亲属的控告申诉；依法对本区人民法院的民事审判和行政诉讼活动，实行法律监督；对本区人民法院已经发生效力，确有错误的民事、行政裁决或裁定，提请或建议提请抗诉；依法受理公民的报案、控告、申诉、举报和犯罪嫌疑人的自首。办公地址位于渝中区中兴路230号。

2018年，区检察院全面履行检察职能，全年共受理公安机关提请批准逮捕犯罪嫌疑人1425人，批准逮捕1064人；受理移送审查起诉1665件2110人，提起公诉1421件1928人。2月8日，区检察院被评为全市检察信息工作先进单位；9月29日，区检察院被检察日报社评为“全国检察宣传先进单位”。

【打击刑事犯罪】 履行批捕、起诉职能，依法打击各类刑事犯罪。贯彻落实习近平总书记重要指示精神和党中央的重大决策部署，聚焦重点问题和关键环节积极参与扫黑除恶专项斗争，共批捕、起诉30件175人。突出打击故意伤害、抢劫、强奸等损害人身权利的严重暴力犯罪，共批捕该类犯罪嫌疑人55人，起诉80件120人。打击盗窃、抢夺、诈骗等多发性侵财犯罪，共批捕该类犯罪嫌疑人447人，起诉531件676人。依法打击制假售假、合同诈骗、贷款诈骗等破坏社会主义市场经济秩序犯罪，共批准逮捕此类犯罪嫌疑人63人，起诉77件123人。

【诉讼监督】 依法开展立案监督工作，监督侦查机关立案2件3人，撤案3件3人，追诉漏犯56人，漏罪7条；坚决防止错误逮捕和“带病起诉”，对不构成犯罪和事实不清、证据不足的，不批捕172人、不起诉28人。对认为确有错误的民事行政裁判提请抗诉5件，协助上级检察院办理提请抗诉案件3件，其中有2件案件已获改判。另有1件案件已向法院发出检察建议，法院作出再审裁定；纠正刑罚执行和监管活动中的违法行为20件，纠正暂予监外执行提请不当1件，纠正剥夺政治权利执法违法1件。

【社会治理创新】 依法处理涉法涉诉信访224件350人，开展检察长接访和联合接访69次90人，律师参与接访48次15人，继续保持涉检群体性事件和进京非正常访“零目标”；挂牌设立“12309检察服务中心”，整合实体接待大厅和网上服务平台，打造统一对外的智能化检察为民综合服务平台；派驻检察室开展巡访、接访22次，就地化解矛盾纠纷4件，面向社区居民开展专题宣传活动6次，参与社区帮教12次。

【未成年人刑事检察工作】 从有利于教育、感化、挽救出发办理未成年人刑事案件，2018

年涉罪未成年人不批捕率为46.7%，不诉率为28.57%。积极适用附条件不起诉制度，依托渝中区未成年人观护基地与专业社工力量帮教、挽救未成年人。全年附条件不起诉9人，其中7人进入观护基地进行社工帮教，已有2人通过考察。联合区法院、区妇联就涉未家事审判出台《关于办理渝中区家事案件联合工作意见》；联合区公安分局、区法院、区司法局、团区委出台《关于共同加强未成年人社区矫正工作的意见》，在区司法局建立“莎姐”工作室开展辖区未成年人社区矫正的监督工作。深入学校、社区开展“莎姐送法”活动，“送法进校园”6次，开办“家长课堂”3次，由检察长担任重庆第二十九中学法制副校长并进行法制宣讲。

【公益诉讼】坚守习近平总书记提出的“检察官作为公共利益的代表”定位，依托公益诉讼新增职能，立案14件，向行政机关发出诉前检察建议14件，已全部收到整改回复，10件已整改完毕。与区食药监局、区环保局、区国土分局会签《公益诉讼协作配合暂行办法(试行)》，制定《公益诉讼线索内部移送管理办法(试行)》。开展保护“舌尖上的安全”公益诉讼专项行动，对发现的辖区内“美团外卖”“饿了么”等平台上54家外卖商家存在无证经营等问题，向区食药监局发出检察建议督促整改。结合市检察院开展的“保护长江母亲河”专项活动，巡查辖区内长江、嘉陵江及其沿岸50余次，发现禁渔期非法捕鱼破坏自然资源、生活污水直排长江、在河道管理范围内堆放大量砂石和物料影响行洪安全等公益诉讼案件线索10件，立案7件，发出诉前检察建议7件，其中6件已整改完毕，1件提起诉讼。

【工作创新】 按照中央政法委部署，根据高检院、市检察院的相关要求，结合区情、院情，完成院内设机构改革。在调研分析区检察院三年来的工作实际及案件特点的基础上，设立九部一室，构建批捕、起诉、诉讼监督一体化机制，类案集约化办理机制，队伍专业化发展机制。与区纪委监委共同出台《重庆市渝中区人民检察院支持配合渝中区纪委监委机关查办案件工作办法（试行）》，保障职务犯罪案件办理有序衔接。共受理区监察机关移送审查起诉案件9件10人，全部提前介入和提起公诉，已判决3件4人。

【队伍建设】自觉接受市检察院党组巡视，把落实巡视整改要求作为重大政治责任和政治任务，成立巡视整改工作领导小组，坚持问题导向，制定98条整改措施，确定各项整改任务的责任领导、牵头部门、责任部门、责任人和完成时限。学习贯彻党的十九大精神和习近平新时代中国特色社会主义思想，在坚持“三会一课”的基础上，先后开展“新时代红岩讲习所”集中讲习活动、“明大德、守公德、严私德”专题教育等主题活动。按照市委“十破十立”“五个结合”，市院“六个着力肃清”工作要求，通过党组中心组专题学习和各支部民主生活会对照检查、总结反思，从思想、组织、作风上全面彻底干净肃清孙政才恶劣影响和薄熙来、王立军流毒。持续推进岗位练兵计划，通过开展庭审实质化的出庭技能实训，培养干警的专业能力和专业精神，提前适应捕诉一体的内设机构改革。共有103名干警在市内外参加培训，院内培训208人次。正确运用“四种形态”，注重抓早抓小，全年开展分类分层廉政谈话45次。坚持开展常态化检务督察40余次，对劳动纪律、出庭公诉、提讯、着装规范、群众接待、驻所状况等方面进行监督检查，并按季度予以通报，督促整改。

【机构调整】 按照党中央决策部署和全国人大常委会《关于在全国各地推开国家监察体制改革试点工作的决定》，积极配合、全力以赴做好国家监察体制改革试点工作。加速抓结案、消积案、清线索，尽最大努力把能解决的问题都消化在检察环节；配合区纪委顺利完成职务犯罪侦查、预防职能、机构和34名侦防干警的转隶工作。

【党建工作】 通过召开党组会、机关党委会、党建工作领导小组会等组织研究党建工作8次，开展党建督查4次。制定出台《党建考核评价办法》和《党建工作考核评价指标》，进一步明确机关党委书记、副书记、机关党委委员、支部书记的职责。根据内设机构改革具体情况，重新调整党支部设置，进行党支部委员会换届，进一步规范支部组织设置和人员配备。院机关党委每季度开展党务督查，建设党员活动室，规范化设置党建学习园地、党务公开栏，悬挂党旗，张贴党建制度等，营造浓厚的党务学习氛围。不断丰富主题党日活动内容和载体，各支部通过组织党员干警现场参观、重温入党誓词、讲习活动、撰写心得体会、微信答题、观看红色电影等方式，不断提高思想政治教育的感染力和渗透力，全年各支部共开展各类主题党日活动60余次。班子成员自觉参加双重组织生活会，讲党课8次。加强对基层党建工作的指导和督察，指导发展党员2名，开展党务培训20人次。

【区检察院负责人】
检　察　长：夏　阳
副 检 察 长：陆晓平　熊文新　汤茜茜
政治部主任：钟鹏飞
派驻纪检组长：谢　侃

（肖璠）

法　院

【概况】重庆市渝中区人民法院（简称“区法院”）成立于1951年8月，始称重庆市第一区人民法院，后因区划调整，于1995年更名为重庆市渝中区人民法院。2000年10月，由旧址（渝中区中华路14号）迁入现址（渝中区中兴路234号）。2018年，区法院设立案庭、刑事审判庭、民事审判第一庭、民事审判第二庭、民事审判第三庭、知识产权庭、金融审判庭、行政审判庭、审判监督庭、执行局、研究室、审判管理办公室、政治处、纪检监察室、办公室和法警大队等16个内设机构，现有中央政法编制数242名，实有在编干警227人，聘用制人员175名。员额法官88人，司法辅助人员119人（法官助理104人、书记员1人、法警14人），司法行政人员20人，分别占编制数的36.4%、49.2%、8.3%。中共党员168人，占在编人数的74%。

2018年，共受理各类案件53602件，审执结47941件，结案率达89.4%，结案标的175.6亿元。法官人均结案521件。荣获重庆市高级法院颁发的审判工作、执行工作、审判执行工作特别贡献、队伍建设、纪检监察工作、刑事认罪认罚从宽制度改革、家事审判改革、行政诉讼工伤认定案件智审平台改革、未成年人案件综合审判改革、信息工作、代表联络工作、调研工作、司法警务工作、新闻舆论工作、信息化工作等15项工作的先进法院表彰，位居全市法院前列。荣获全区“基层党建先进单位”、2017年度考核“一等奖单位”称号。在年初闭幕的区人大十八届四次会议上，区法院工作报告赞成率达96.3%，同比增加1.8个百分点。

【刑事审判】 依法履行刑事审判职责，维护社会政治稳定。依法惩处各类刑事犯罪，审结刑事案件1460件，判处罪犯1826人。其中，判处十年及以上有期徒刑34人，三年及以上十年以下有期徒刑142人，三年以下有期徒刑、拘役、管制1626人，免予刑事处罚24人。审结故意杀人、强奸、“两抢一盗”、诈骗等犯罪案件535件657人，维护人民群众生命财产安全。审结危险驾驶、涉黄涉毒等犯罪案件614件673人，维护公共安全与社会管理秩序。彭元、韩磊犯组织、领导传销活动罪，涉案标的11亿元，被依法判处八年不等有期徒刑，并处10万元罚金。杨淞、黄万云等102名被告人利用电子商务交易平台诈骗，受害群众4万余人，涉案标的2亿余元，被依法判处十三年不等有期徒刑，并处180万元不等罚金。杨洋、陈智等非法吸收公众存款6.5亿元，受害群众300余人，被依法判处七年不等有期徒刑。配合监察体制改革，审结贪污、贿赂等职务犯罪案件16件18人，巩固反腐败斗争压倒性态势。审结全市首例监察委移送检察机关提起公诉的“3•30”案件，得到市、区肯定和嘉奖。扎实开展扫黑除恶专项斗争，依法审结涉恶案件11件，铲除3个恶势力团伙，判处罪犯58人。审结强迫交易、非法拘禁、敲诈勒索、聚众斗殴、开设赌场等“9+4”类涉恶犯罪案件84件183人。妥善审结全市扫黑除恶第一案、全市首例“套路贷”恶势力犯罪案件，受到市、区扫黑除恶督导组肯定。

【民商事审判】 审结涉住房、教育、社会保障等民生案件11532件，结案标的17.5亿元，全力保障民生福祉。积极应对医疗机构集中、医患纠纷较多实际，稳妥审结医疗纠纷案件140件，促进医患和谐，获评“全国‘平安医院’建设表现突出集体”。审结劳动争议案件2162件，调解、撤诉率为61.7%，平等保护用人单位与劳动者合法权益。审结涉食品、药品等产品责任纠纷案件609件，维护消费者合法权益。审结物业纠纷2542件，调解撤诉率为72.4%。审结商事案件20374件，结案标的72.4亿元。审结买卖、租赁、服务等合同纠纷和股东权益、股权转让等公司纠纷案件4547件，落实产权保护政策。积极应对借贷纠纷持续上涨态势，审结民间借贷纠纷案件2014件，结案标的12.8亿元。审结建设工程合同、房屋买卖合同纠纷案件1269件，促进房地产市场健康发展。妥善调处涉投资人、合伙企业、产权单位三方权益的“滨江一号”私募基金合同纠纷系列案件18件，盘活1.5亿元固定资产。审结重庆加木投资管理有限公司等破产案件10件，妥善安置职工550人，清缴清偿社保医保及拖欠工资2029万元，服务保障供给侧结构性改革。审结涉自贸区建设的证券、保险、票据等纠纷案件123件，平等保护不同国家、不同地区投资人的合法权益。

出台全力服务保障民营经济健康发展司法措施，注重谦抑司法，依法审慎使用查封、冻结、扣押等强制措施，审结民营企业为被告的诉讼案件7202件，结案标的32.3亿元。审结原被告均为民营企业的案件1150件，结案标的17.2亿元。通过妥善调处化解5988件，结案标的16.8亿元。“晓宇火锅”诉被告张某不正当竞争、虚假宣传纠纷案入选“全市民营经济保护典型案例”。出台全力服务保障金融业健康发展司法措施，审结金融案件16451件，结案标的49.3亿元。组建全市首个保险纠纷案件专审团队，集约审结保险纠纷案件223件。重庆某环保科技有限公司诉某保险公司保险合同纠纷案入选“中国法院2018年度案例”。建立“定点银行＋批量办理＋直接扣划”工作机制，快速追回金融单位案款3.4亿元。出台全力服务保障旅游业健康发展司法措施，开展法官“走近旅游”活动，配备旅游巡回审判车，与区旅发委共建白象街旅游巡回审判点，快速调处涉旅纠纷25件，涉诉游客满意率达100%。

【行政审判】 审结行政诉讼案件402件，其中，依法裁定驳回起诉64件，判决驳回诉讼请求89件。判决行政机关败诉12件，依法保护行政相对人合法权益。坚持依法裁判和协调化解并重，当事人自愿撤诉147件，促进行政争议实质性化解。审结非诉行政审查案件233件，依法支持政府“放管服”改革。会同区政府出台行政机关负责人出庭应诉实施办法，行政机关负责人出庭应诉66人次，同比上升37.5%。组织3次公开示范庭，356名厅处级领导干部到院旁听庭审，走进行政机关开展专题讲座3次，助推法治政府建设。审结实施征收非诉行政案件85件，助推棚户区改造民生工程和市区重大市政工程建设。

【执行工作】着力解决查控难处置难问题。提档升级执行指挥中心，查询财产线索1.9万余次。利用“总对总”和“点对点”网络查控系统，查询、扣划被执行人存款3.1亿元。集约实施保全案件2393件，保全标的37.5亿元，保全房屋3953套、车辆1045辆。畅顺网络拍卖，网拍率达100%，成交房屋709套，成交9.3亿元，同比增长175.9%、106.7%，溢价率为25.8%。将7479人纳入“失信被执行人名单”，曝光“老赖”3648例，限制招投标、投融资、出入境、高消费，使其“一处失信、处处受限”。开展“打击拒不执行生效判决、裁定违法犯罪”专项行动，采取搜查1800余次，实施拘留32人，依法判处拒执罪3件4人，有力震慑规避执行、抗拒执行行为。开展“涉民营企业执行专项行动”，执结涉民营企业案件4343件，执行兑现8.2亿元。集中走访10家民营企业，邀请24名民营企业家来院座谈，助力纾解困难。

着力解决执行难长效机制建设。固化执行攻坚中的好做法，建立“1+16”执行攻坚常态管理制度体系。强化人力资源配置，执行局工作人员84人，同比增配23.5%。构建执行指挥中心、财产保全中心、事务集约中心、执行实施团队、异议合议庭、专业法官会议为主体的“三中心一团队一庭一会议”办案格局，组建“执行法官＋法官助理＋书记员＋驻局法警”办案团队，构建法官主导、权责清晰的办案机制。注重运用好统筹集约、全面保障、做实宣传、自我评估等“执行九法”，落实统计分析、专题研判、公开赛比、法官联席会等常态管理，努力让执行不难成为常态。《人民法院报》头版头条以《全员攻坚 顾近看远》作了专题报道。

【诉讼便民机制建设】 升级诉讼服务中心功能，努力为当事人提供更好最好的诉讼服务。优化设置功能分区，增设便民自助服务区、法官接待区。定制虚拟3D诉讼导航，安置自助查询触摸屏，便利诉讼立案和查询资讯。配备手机充电桩、打印复印机，从细微处体现司法人文关怀。设置便民联络员，配备便民联系电话，畅顺当事人与法官沟通。在审判区设律师休息室，制定保障律师权益12条措施，便利律师履职。坚持院庭长工作日接访、院长信件和邮件办理制度，接待群众594人次，办结邮件137封，化解涉诉信访案件93件。为生活困难的诉讼当事人缓减免诉讼费184.4万元，发放司法救助金40.1万元。

【社会治安综合治理建设】 依托设立的全市第1个驻院人民调解室，架构婚姻家庭、劳动、交通、旅游、民营企业商事纠纷调解等12个诉调对接平台，聘任77名社区特邀调解员，与77名社区法官联动，积极构建“1+12+77+77”纠纷多元化解机制，化解矛盾纠纷2237件，引导理性诉讼641件，平均审理时间18天。落实涉军停偿政策，依法快速审结涉军停偿案件21件，平均审理时间28天。联合区人武部、区司法局、区信访办、大坪街道，妥善调处一起房屋租赁合同纠纷，及时腾退4000平方米涉军房产。落实“谁执法谁普法”责任制，与区检察院共建社区矫正基地，开展“小公民社区课堂”法治教育，在重庆电视台、渝中电视台录制《法官理家事》《法治微课堂》等节目，开展巡回审判，发布典型案例，弘扬社会主义核心价值观。

【司法改革】 落实司法责任制及其综合配套改革。院庭长带头审理重大、疑难案件，结案17512件，占结案总数的36.5%。探索“无闻不问、无问不答，有闻必问、有问必答，问则登记、答则留痕，无闻无问、常态监管，有闻违纪、从严查处”的审判监督管理机制，确保放权到位、监督有力。构建繁简分流、简案快办机制，15名法官审结17764件民商事案件。坚持审执工作运行态势“四级分析例会”和长期未结案件“四级报告、四级督办”制度，强化再审、异议审查、文书校核、案件评查，2018年化解1年以上积案1028件。健全专业法官会议和审判委员会制度，提供法律咨询，统一裁判尺度，专业法官会议接受咨询案件195件，审判委员会讨论决定案件26件。落实“谁审理、谁裁判、谁负责”，对3名瑕疵案件责任人追责。大力推进阳光司法，庭审同步直播2144次，上网发布裁判文书37053份，以公开促公正。

深化诉讼制度改革。推进以审判为中心的刑事诉讼制度改革，按照证据质证在法庭、案件事实查明在法庭、诉辩意见发表在法庭、裁判理由形成在法庭的要求，做实庭前会议、非法证据排除、法庭调查，普通程序案件证人、鉴定人员、侦查人员出庭率为26.8%，律师辩护率为55.2%。开展刑事案件认罪认罚从宽制度试点工作，高效审结刑事案件1323件。成立家事纠纷调处中心，妥善化解家事纠纷案件664件，调撤率达61.3%，服判息诉率达97.1%，8对夫妻经调解和好。联合区妇联发布《关于开展反家庭暴力工作的若干意见》，发出人身安全保护裁定5份。引入心理咨询，推行离婚冷静期、夫妻感情测评等制度，妥善调处婚姻家庭纠纷，促进婚姻家庭关系和谐。

提速智慧法院建设。制定《信息化建设三年规划》，积极实践以“易诉、易解、易审、易达”四大平台及法智云中心为主体的“4+1重庆智慧法院新生态”，通过“易诉”平台，实现网上远程立案、现场批量立案、诉状自动生成，当事人网上立案13504件，占受理案件总数的25.2%。通过“易解”平台，分流案件1310件，成功调处670件，平均审理时间15天。通过“易审”平台，实现文书自动生成、案例智能推送、裁判结果预警，高效审结信用卡纠纷案件9875件，平均审理时间30天。工伤认定行政案件“易审”平台使用率达100%，平均审理时间43天，在全市法院作经验交流。通过“易达”平台，以短信、微信等方式推送案件节点信息，让信息技术多跑路，让人民群众少跑腿。

【党建工作】 坚持跟进学，健全党组会议事规则和党组中心组学习制度，召开院党组会39次，开展党组中心组学习18次，召开专题民主生活会2次，开展贯彻落实习近平总书记对重庆重要讲话和系列重要指示批示精神“回头看”，认真落实意识形态工作责任，对照“十破十立”，全面彻底干净肃清孙政才恶劣影响和薄熙来、王立军流毒。落实管党治党主体责任，制定《进一步加强党组自身建设的意见》《党组及其成员接受纪检组监督的实施办法》，发挥党组示范引领作用。建立党建工作计划安排、定期研判、年度述职等制度，打造党建文化室、支部活动室，坚持党建工作与业务工作同步推进，荣获全区“基层党建工作先进单位”称号。

【司法队伍建设】 开展“司法制度建设年”活动，健全完善司法政务、队伍建设、审判管理、执行工作四大制度体系，以制度管人、管案、管事。探索公道正派选人用人机制，公开招录干警21名，晋升法官和法官助理52名，考核过渡聘用制书记员84名。探索干部岗位动态管理机制，通过定岗、定员、定编，开展“双向选择”，84名中层干部和一线干警平稳轮岗交流，较好发挥“人尽其才、才尽其用”效能。探索“共荣共辱”联动机制，坚持“尊重特质、分类评价，类别存差、兼顾衡平，同类同质、差距刺激，体现担当、能级加权，团队共荣、自主调节，年度考核、总体衡平”的理念，健全法官业绩评价体系。出台《创先争优激励考核办法》，推动“培育亮点、形成特色、打造品牌”工作，努力建设特色亮度好的品质型法院。

开展“司法作风建设年”活动，着力培育优良的学风、先进的思想作风、示范的领导作风、务实的工作作风、严谨的审判作风、强硬的执行作风、温馨的接待作风、健康的生活作风和清正的廉洁作风。倡导干警把心中远景与做好当前结合好，不做好高骛远、眼高手低的人；把勤学理论与勤学实践结合好，不做纸上谈兵、学用脱节的人；把修身厚德与历练才干结合好，不做素质单边、德才相冲的人；把个性弘扬与团队协作结合好，不做夜郎自大、唯我独尊的人；把人生价值与担当责任结合好，不做怨天尤人、愤世嫉俗的人；把热爱生活与恪守纪律结合好，不做不守规矩、我行我素的人。组织干警参加审判业务、综合素能培训828人次。严格落实中央八项规定精神，扎实开展“以案四说”警示教育，综合运用“四种形态”，加大执纪问责，2018年诫勉谈话4人，提醒谈话8人，取消评优资格4人，落实全面从严治院，确保办案、舆情、廉洁安全。

【接受监督】 坚持党对法院工作的绝对领导，严格执行重大事项向区委请示报告制度，确保法院改革发展正确政治方向。自觉接受人大及其常委会的监督，积极向区人大常委会报告“基本解决执行难”、代表建议办理等工作，在区委人大工作会议上就自觉接受人大监督作表态发言。办结代表建议5件、委员提案5件，实现沟通率、回复率、满意率和公开率“4个100%”。加强代表委员联络，坚持赠阅《人民法院报》，寄送《渝中法苑》，举办9次“法院开放日”活动，邀请全国、市、区三级人大代表、政协委员200余人次到院视察工作、座谈调研、旁听庭审。邀请代表委员全程见证南山强制搬迁案，参与“执行总攻•决战重庆”大型宣传活动，争取理解支持。

【区法院负责人】

院　　　长：熊德全
副　院　长：张　焱　叶永忠　姚　铸
执 行 局 长：毛学江
政治处主任：袁　朗
派驻纪检组长：黄　伟

（罗诚　宋亚君）

司法行政

【概况】　渝中区司法局（简称“区司法局”）成立于1981年1月。区司法局是区政府主管司法行政工作的职能部门，2018年内设办公室、法治宣传科、基层工作管理科、社区矫正工作管理科、律师公证工作管理科5个内设科室，下设渝中公证处、渝中区法律援助中心、渝中区矫正帮教管理服务中心3个事业单位。局机关政法专项编制23名，区公证处事业编制5名，区法律援助中心事业编制3名，区矫正帮教管理服务中心事业编制5名，街道司法助理员政法专项编制40名。区司法局驻渝中区民生路299号。区司法局的主要职责：贯彻执行司法行政工作法律、法规、规章和方针政策，起草司法行政规范性文件，编制全区司法行政工作发展规划并组织监督实施；指导、管理、监督社区矫正、安置帮教和法律援助工作；制定全区普及法律常识规划和法治宣传教育计划并组织实施，指导监督区级各部门、各街道办事处、区域内社会单位法治宣传教育和依法治理工作；指导、管理、监督全区律师、公证和司法鉴定执业活动；指导监督基层司法所建设和人民调解工作；组织实施全区国家统一法律职业资格考试工作；指导、监督全区司法行政干部队伍建设等工作职能。

2018年，渝中区司法局按照中央和市、区政法工作会议部署，深入推进全面从严治党，努力推动以公共法律服务体系建设为重点的司法行政改革，取得显著成效。当年，荣获司法部表彰的全国首次统一法律职业资格考试“表现突出单位”，获市司法局表彰的“全市区县司法局执法执业综合目标考核优秀单位”；石油路街道金银湾社区获全国“民主法治示范社区”称号。局党组获区委表彰的“先进党组织”和“处级领导班子年度考核一等奖单位”。非公律师党建工作得到市委组织部肯定。在全市政法系统民意测评调查中获97.8分，在全区政法部门中排名第一。

【全面从严治党】　严格落实党组主体责任，强化责任担当，始终把政治建设摆在首位。坚决贯彻执行中央、市委重大决策部署和区委决定，定期分析和研究部署全面从严治党工作，牵头梳理廉政风险点90余个。制定《2018年“廉洁渝中”实施方案》和《2018年全面从严治党工作清单》，细化目标任务，形成统一领导、分工负责、齐抓共管的工作格局。注重规范权力约束，坚持集体领导和个人分工负责相结合，完善党组会和行政办公会议事规则，严格执行“三重一大”决策程序、重大事项报告等制度。清理2个规范性文件，进一步完善行政执法责任制、重大疑难案件集体讨论制度，推进行政执法不断规范。加强监督执纪，抓好“两个责任”平台和廉情大数据平台维护，定期公示5000元以上政府采购项目，对基层单位开展内部审计，配合纪检组开展工作，定期向区委和区纪委报告责任履行情况，主动接受监督。运用好监督执纪“四种形态”，班子开展谈话100余次，集体谈话2次，给予通报批评2人次。

【公共法律服务体系建设】 坚持以公共法律服务体系建设为改革重点，构建渝中10分钟公共法律服务圈，先后投入经费200余万元，推动1300平方米的渝中区公共法律服务中心大楼于2018年5月全面落成，区、街、社区三级公共法律服务平台全部建成。法律援助中心、矫正帮教管理服务中心、渝中公证处3个基层单位进驻公共法律服务中心，在中心一楼开辟自助法律服务、人民调解、公证办理、法律援助4个服务窗口，为群众提供普惠均等、便捷高效的公共法律服务。公共法律服务中心平台和街道、社区公共法律服务平台2018年接待群众1.5万余人次，为群众办理各类法律事务1.2万余件，提供法律援助470余件，接待外市区考察学习6批次。

【扫黑除恶专项斗争】 成立专项工作小组和专门班子，制定“1+3”工作方案，完善工作台账、案件线索移送、信息报送等各项制度，全年召开扫黑除恶专项斗争工作专题会10余次。深化法治宣传，开展扫黑除恶专题知识竞答，制作播放《重拳出击，打击黑恶势力》《揭秘“套路贷”》等专题宣传视频5期，发放宣传品1万余份，营造“人人知晓、人人参与”氛围。加强律师代理涉黑涉恶案件指导监督，全年开展律师专题培训3次，律师事务所报备案件75件，约谈律师75人次，局领导及业务科室干部参与庭审督导15次，有效保障涉黑涉恶案件的依法审理。结合社区矫正人员、刑满释放人员教育管控，开展社区矫正人员坦白检举集中动员30余次，覆盖率达100%，移送案件线索8条，扫黑除恶专项斗争取得阶段性成果。

【普法依法治理】 推动全民普法创新，指导全区各部门理清责任清单，健全以案释法编辑、宣讲和发布等制度。组织发动全区各部门开展“以案释法”案例评选活动，征集200余个典型案例入选案例库，汇编宣传册。突出关键少数，健全领导干部学法用法制度，全区处级以上领导干部法治理论考试参考率和通过率达100%，新提任领导干部参加人民法院庭审旁听率达100%。突出宣传重点，以宣传宪法为重点，深入开展“七个一”法治宣传、“千万市民学宪法”、“12•4”国家宪法宣传周等活动。持续推进“法律八进”，全区各部门和单位开展主题普法活动100余场次。借助新媒体深化全民普法，利用普法微信平台推送“答题抢红包”13期，累计吸引40余万人参与，制作播放普法微视频电视节目8期、法治公益广告12期。其中，《民法总则•呵护您一生》微视频获全国展评活动“三等奖”，《宪法的温度》微视频获全市展评活动“一等奖”，普法考核评价体系和“我执法我宣讲”等经验在全市推广。推进基层自治、法治、德治融合，开展“法润社区•司法同行”行动、法治示范社区创建等活动，石油路街道金银湾社区获司法部“全国民主法治示范社区”称号。2018年，在全市“七五普法”中期督查中，渝中区全民普法工作得到市委督查组充分肯定。

【社区矫正】 严格刑罚执行，不断加强社区矫正规范化、信息化建设，投入经费190余万元，高质量完成“社区矫正指挥中心”和“社区矫正远程督导系统”建设任务，健全了司法部、市司法局、区司法局和基层司法所“四级信息网络”，社区矫正工作步入信息化、数字化管理轨道。进一步健全完善社区矫正人员定位监管、集中教育、入矫宣告、违规训诫等工作措施，与公、检、法等部门协调联动，建立执法检查常态化机制，对违反规定的社区矫正服刑人员给予警告处分42人次，依法提出撤销缓刑、收监执行建议6人次。推进教育帮扶社会化，与西南大学等单位合作，推进心理矫正项目，通过购买社会服务，对社区矫正人员有针对性地开展心理矫正，帮助其顺利回归社会。2018年，全区在册社区矫正人员矫正率达100%。

【安置帮教】 进一步落实刑满释放人员安置帮教各项制度机制，做好重点帮教对象的无缝衔接和帮教工作，落实刑满释放人员“双列管”和“必接必控”制度，加强与人社、民政、工商和税务等部门协调，落实刑满释放人员最低生活保障等安置措施。指导街道、社区落实刑满释放人员帮教措施和生活安置，走访特殊人员及家庭。强化刑满释放人员信息化管理，与公安机关协调配合，不定期核查刑满释放人员外出务工、住宿登记等情况。2018年，全区刑满释放人员信息核实率和回执率分别达到100%，在册刑满释放人员帮教率、安置率达100%，区矫正帮教管理服务中心被市司法局确定为全市直接指导的规范化建设单位。

【人民调解】 推动"枫桥经验•重庆实践"在渝中落实落地。进一步深化人民调解制度改革，推动建立"驻信访办调解室"和3个"警民联调室"，新成立建筑行业调委会，构成以区级调解中心为统筹、街道和社区调解组织为基础、行业性专业性调解组织为重点的调解网络体系，全区10个行业性专业性调委会覆盖医患、道路交通、物业、婚姻家庭、劳动、民企商事、旅游等领域，行业化和专业化调解更加多元，各专业调解组织全年调解纠纷1800件，占全区各类调解组织调解纠纷总数的50%，其覆盖面和作用发挥均在全市领先。全区人民调解组织积极践行"枫桥经验"，努力把矛盾纠纷化解在基层。2018年排查矛盾纠纷500余起，调解纠纷3541起，其中，调解医患纠纷203件、物业纠纷52件、劳务纠纷377件、建筑纠纷40件、道路交通纠纷991件、其他纠纷1878件，成功率达96.5%，人民法院司法确认104件。全区有2个调委会、2名调解员获全国、市级表彰；3个调委会获评渝中区"金牌调委会"，12名调解员获评渝中区"金牌调解员"。

【司法所建设】 持续开展司法所规范化建设，加强人员配备和装备保障，2018年为区内11个基层司法所新配置办公计算机、打印机、触摸显示器等价值30余万元的办公设备。加强基层队伍建设，完善司法助理员每月工作例会制度，强化司法助理员政治理论和业务技能培训，全年组织司法助理员及司法所工作人员参加司法部"枫桥经验大讲堂"及全区组织的人民调解和社区矫正业务培训14次，培训累计460余人次，培训率达100%。

【律师管理】 开展执业大检查，规范法律服务机构管理，对全区127家律师机构和1600余名执业律师开展年度考核，对3名违规执业律师进行行政处罚。推进"放管服"改革，全年办理律师行业行政审批事项1659件，实现立办立结。深化服务，转变作风，局领导和科室干部全年联系走访律师机构120余次，为部分律师机构解决场地扩容、房屋租金等方面困难20余起。打造全市涉外法律服务示范高地，与西南政法大学等达成涉外法律服务示范高地合作框架协议，与大石化管委会、重庆全球IPO服务平台合作打造涉外法律服务中心，引导律师为跨境投资并购、金融风险防控等提供法律支撑。结合"法润社区•司法同行"活动，以每个社区1万元的标准，落实政府购买法律服务措施，"一居一顾问"实现78个社区全覆盖。出台《司法行政机关服务民营经济工作方案》，与区总工会、区工商联联合开展"法律进民企"活动，组织专家律师为200余家民营企业进行"法治体检"，为民营经济提供精准服务。加强人才培养，推荐10名律师入选全国涉外律师人才库，推荐2名律师担任市委、市政府法律顾问，28名律师担任区委、区政府法律顾问，20余名律师担任各级人大代表、政协委员。2018年，全区律师代理各类案件17383件，其中刑事1372件、民事12767件、行政688件、非诉讼2556件，担任党政机关、国有企事业单位等法律顾问1957家，业务总收入7.8亿元，同比增长29.57%，业务创收占全市四分之一。

【公证服务】 指导公证处参与人民法院司法辅助工作试点，选派公证人员进驻区法院诉讼服务中心，为当事人提供公证、调解、咨询等法律服务，参与法院调解案件392件，参与调查取证20件，执行司法文书送达106次。加强公证机构管理指导，对公证处党建工作、内部管理以及执业案卷等方面进行全面检查，聘请第三方审计机构对公证处开展内部审计。指导公证处为全区棚户区改造房屋征收现场选取评估机构以及全区小学毕业生“小升初”抽签派位等提供现场公证服务40余次。指导公证处增设为当事人代办产权证、出国认证、邮寄公证书等便民服务。加强公证服务窗口规范化建设，新设立接待大厅、特殊人群办证室、遗嘱录音录像室、涉外公证服务部等窗口。渝中公证处2018年办理各类公证事项6913件，其中，国内公证5427件，涉外、涉港澳台公证1486件，办证数量比上年增长20%。

【司法鉴定】 依据司法部相关规定，组织开展“严格准入、严格监管，提高司法鉴定质量和公信力”专项教育整顿活动，切实履行司法鉴定机构准入审查管理职能。成立检查组，对全区司法鉴定机构进行专项执业检查，对全区103家司法鉴定机构、1072名执业鉴定人进行年度考核，提高司法鉴定执业水平。加强司法鉴定信访投诉处理，加大违法违规行为惩戒力度，对信访投诉较多的鉴定机构负责人进行约谈，责令限时整改。2018年办理司法鉴定投诉案件46件，向相关司法鉴定机构发出整改通知书4份，报请上级业务部门给予行政处罚4件。2018年，全区司法鉴定机构开展司法鉴定服务1.9万余件，业务量占全市业务总量的三分之一。

【法律援助】 加强法律援助信息化建设，开通12348法网，升级12348电话服务网络，法律援助实现便捷高效的信息化服务。坚持推行“点援制”，保障群众自主选择援助律师权益，为群众提供优质法律援助服务。按照律师专业特长更新法律援助志愿律师库，新入库律师22名，志愿律师队伍人数达到133名，志愿律师指派率达到100%。持续推进刑事案件认罪认罚从宽制度试点，律师参与案件办理1100余件。开展“法援惠民生·关爱困难职工”品牌建设活动，与区总工会配合，探索建立“援调”对接、健全职工法律援助队伍等工作机制，有效维护职工合法权益。开展法律援助主题宣传活动，以“今天我当班”为主题，集中宣传报道法律援助窗口形象。加强法律援助工作站点建设，在重庆铁路法院、铁路检察院新设立法律援助工作站，全区法律援助工作站达到22个。区法律援助中心2018年共办理法律援助案件426件，其中，行政案件1件、刑事案件249件、民事案件176件，为受援人挽回经济损失220.85万元。法律援助窗口接待群众来访1416人次，12348法律服务热线接待群众来电咨询423人次。

【国家统一法律职业资格考试】 认真落实“从严治考、规范管理、热情服务”原则，先期完成辖区1000余名考生网上报名、资料审核、费用缴纳等工作。健全协调联动机制，协调20余个成员单位配合履职，做好保障。坚持以考生为本强化服务，在政府网站及时公布考试、考点信息，协调2个考点学校解决考生早中餐和休息场所，在考点形成餐饮服务、医疗救护等完备的服务保障机制，得到考生好评。认真落实考生计算机“机考”相关要求，强化考生安检、考场监控、防窥设施和电力、网络保障，先后投入经费28万余元，添置相关设备，对监考人员进行4次集中培训、4次仿真演练，实现渝中考点2053名考生参加的首次国家统一法律职业资格考试“零失误”目标，获司法部表彰。

【队伍建设】 不断加强机关和律师行业58个基层党组织建设，开展经常性督导检查，对全系统50余名基层党组织书记进行年度培训，加强全系统600余名党员的教育管理，2018年发展律师党员6名，打造党建示范点4个。坚持中心组学习制度和每周一办公会“首题必政”制度，自觉发挥“头雁效应”，推动各项工作实现跨越发展。强化队伍建设，全年培训率达100%。组建普法宣讲团、援助律师库、人民调解专家库“三个100”志愿者队伍。党员干部坚持参加每月“社区工作日”，全年接访群众4000余人次。开展司法行政机关“开放日”活动，获30余名代表好评。政协提案办理获委员民主评议100满分。2018年全系统共有6个基层单位和10余名干部、司法所所长和调解员分别获得司法部、市司法局和渝中区委表彰。

2018年区司法局下属机构

序号	单位	地址
1	渝中公证处	渝中区人民路121号2-3楼
2	渝中区法律援助中心	渝中区人民路121号1楼
3	渝中区矫正帮教管理服务中心	渝中区人民路121号4-5楼

2018年区司法局派出机构

序号	单位	地址
1	渝中区解放碑司法所	渝中区新华路220号雅兰电子城5楼535
2	渝中区朝天门司法所	渝中区解放东路187号附1号
3	渝中区七星岗司法所	渝中区金汤街74号2楼
4	渝中区南纪门司法所	渝中区中兴路凉亭子4-2号
5	渝中区菜园坝司法所	渝中区菜袁路20号4楼
6	渝中区大溪沟司法所	渝中区北区路73号创意大厦16层1611
7	渝中区两路口司法所	渝中区中山三路107号（皇冠大厦4楼）
8	渝中区上清寺司法所	渝中区中山三路188号上清寺街道4楼
9	渝中区大坪司法所	渝中区大坪支路10号
10	渝中区石油路司法所	渝中区医学院路9号
11	渝中区化龙桥司法所	渝中区李子坝正街166号

2018年区司法局管律师事务所

序号	名称	地址
1	重庆千禧年律师事务所	渝中区凯旋路银行大厦16楼
2	重庆康实律师事务所	渝中区瑞天路56号企业天地5号楼8层1-4单元
3	重庆名言律师事务所	渝中区较场口86号得意世界C区11楼-5号
4	重庆鼎典律师事务所	渝中区青年路3号时代广场A座23楼1号
5	重庆立万律师事务所	渝中区石油路1号恒大名都11幢31-13、31-14、31-15
6	重庆渝都律师事务所	渝中区北区路10号富城大厦B1栋7-2
7	重庆润信律师事务所	渝中区民生路235号海航保利国际中心38层
8	重庆正智律师事务所	渝中区金汤街24号
9	重庆君毅律师事务所	渝中区经纬大道333号康德国际1幢25-1、25-8
10	重庆中豪律师事务所	渝中区邹容路68号大都会商厦22楼
11	重庆业伟律师事务所	渝中区上清寺美专校街48号3楼
12	重庆丽达律师事务所	渝中区中山三路131号希尔顿商务大厦2103号
13	重庆新隆基律师事务所	渝中区五一路99号平安国际金融中心22-3、22-4
14	重庆东方联合律师事务所	渝中区大坪正街160号4幢12-22、12-23

续表

序号	名称	地址
15	重庆华盛达律师事务所	渝中区邹容路 131 号世贸大厦 18-13
16	重庆志同律师事务所	渝中区上清寺太平洋广场 A 座 4 层
17	重庆志和智律师事务所	渝中区瑞天路 56 号企业天地 5 号楼 11-1
18	重庆西联律师事务所	渝中区瑞天路 56 号企业天地 5 号楼 7 层 1 单元
19	重庆袁渝律师事务所	渝中区中山一路 161 号 7-1
20	重庆金码律师事务所	渝中区中山三路 162 号中安大厦 7 楼
21	重庆大鼎律师事务所	渝中区较场口 85 号 19-1
22	重庆维祯律师事务所	渝中区民生路 9 号阳光星座商务大厦 14-6
23	重庆广君律师事务所	渝中区邹容路 50 号半岛国际大厦 23-G
24	重庆念南律师事务所	渝中区上清寺美专校街 66 号鑫隆达大厦 A 座 10-1
25	重庆利欣律师事务所	渝中区长江一路 62 号地产大厦 2 号楼 20-10、20-11、20-12、20-13
26	重庆德诺律师事务所	渝中区五四路 28 号赛格尔国际酒店 3011 号
27	重庆君融律师事务所	渝中区大坪正街 160 号万锦汇 3 幢 22-7、22-8、22-9
28	重庆静昇律师事务所	渝中区民族路 101 号洲际酒店商务楼 18 层
29	重庆红岩律师事务所	渝中区长江一路 1 号中华广场 19 楼
30	重庆瑞正律师事务所	渝中区大坪正街 160 号万锦汇 3 幢 25-19
31	重庆浩邦律师事务所	渝中区大坪正街 160 号 4 幢 29-4、29-5
32	重庆新金律师事务所	渝中区中山一路 161 号顺联大厦 15-8
33	重庆博爱兴律师事务所	渝中区中兴路蔡家石堡 1 号 6-9
34	重庆鼎耀律师事务所	渝中区临江支路 9 号城市传说大厦 17 楼 4 号
35	重庆经博律师事务所	渝中区经纬大道 561 号 15-4、15-5、15-6
36	重庆锐力律师事务所	渝中区经纬大道 333 号康德国际 2 幢 21-3、21-4
37	重庆智天律师事务所	渝中区新华路 4 号附 1 号时代天骄商务楼 1520、2013、2015
38	重庆一宇律师事务所	渝中区嘉陵江滨江路 272 号附 36 号
39	重庆索通律师事务所	渝中区华盛路 7 号企业天地 7 号楼 10 层
40	重庆源伟律师事务所	渝中区上清寺路 20 号太平洋广场 B 座 18-3
41	重庆红刚律师事务所	渝中区五四路 39 号都市广场 A 座 15 楼 8 号
42	重庆依斯特律师事务所	渝中区嘉陵江滨江路 242 号远见中心 20 层 6、7 号
43	重庆金点律师事务所	渝中区长江二路 121 号现代大厦 15-5
44	重庆必扬律师事务所	渝中区北区路 55 号盛世嘉园 16-6
45	重庆星全律师事务所	渝中区临江路 89 号平街 21/22-G（天伦华苑 21-7）
46	重庆汇博律师事务所	渝中区大黄路 6 号竞地花园商务楼 1 楼
47	重庆政远律师事务所	渝中区大坪正街 118 号 1 幢 24-13
48	重庆融益律师事务所	渝中区八一路 9 号 30-1
49	重庆渝一律师事务所	渝中区中山一路 200 号临华大厦 A 座三楼
50	重庆康索律师事务所	渝中区双钢路 3 号科协大厦 10 楼

续表

序号	名称	地址
51	重庆国生律师事务所	渝中区民生路318号巴渝世家1号楼5-3
52	重庆当世律师事务所	渝中区嘉陵江滨江路116号（圣地大厦）5-3
53	重庆合益律师事务所	渝中区上清寺美专校街66号1单元17-4
54	重庆睿通律师事务所	渝中区两路口新干线大厦B栋11-4
55	重庆精卓律师事务所	渝中区重庆村55号2单元34-1
56	重庆敬友律师事务所	渝中区民生路1号24-2
57	重庆歌乐律师事务所	渝中区人民路248号盛迪亚大厦25楼
58	重庆津台律师事务所	渝中区上清寺交通巷1号节能楼11层
59	重庆比君律师事务所	渝中区民生路283号重庆宾馆商务大厦27层D座
60	重庆钜沃律师事务所	渝中区瑞天路56号企业天地4号楼23楼2-5单元
61	重庆硕诚律师事务所	渝中区五一路8号帝都广场A座2406～2409
62	重庆普恩律师事务所	渝中区经纬大道561号附34号2-16
63	重庆心度律师事务所	渝中区南区路上巷28号8楼1-3
64	重庆道通保成律师事务所（原江腾）2018年11月12日更名	渝中区嘉滨路242号远见中心14-2
65	重庆采博律师事务所	渝中区渝都大酒店（11F）
66	重庆天喜律师事务所	渝中区华盛路1号企业天地8号楼2101
67	重庆兰峰律师事务所	渝中区两路口重庆村1号18楼
68	重庆章达律师事务所	渝中区新华路201号64楼
69	重庆原驰律师事务所	渝中区经纬大道333号康德国际2号楼2001
70	重庆明觉律师事务所	渝中区新华路220号雅兰国际大厦21-8
71	重庆誉和誉律师事务所	渝中区青年路7号10-11
72	重庆煜堃律师事务所	渝中区邹容路131号名义层10-2部分单位
73	重庆渝正律师事务所	渝中区大坪龙湖时代天街3号1幢12-8、12-9
74	重庆名泰律师事务所	渝中区大坪龙湖时代天街16号1幢17-4
75	上海段和段（重庆）律师事务所	渝中区民族路188号环球金融中心50层
76	重庆硕文律师事务所	渝中区五一路88号8楼
77	重庆法乾律师事务所	渝中区新华路联合国际27楼13-20
78	北京市中伦文德（重庆）律师事务所	渝中区经纬大道333号康德国际2幢35层
79	重庆雄明律师事务所	渝中区民族路188号14-1-1
80	重庆同恩律师事务所	渝中区经纬大道780号总部城1-11-5
81	北京市天同（重庆）律师事务所	渝中区民族路188号环球金融中心52层1单元
82	重庆汉格律师事务所	渝中区民权路28号20-6
83	重庆中域律师事务所	渝中区大坪龙湖时代天街16号1幢18-10
84	重庆朝锐律师事务所	渝中区虎歇路78号3幢1单元2-1
85	重庆舸力律师事务所	渝中区民生路283号27-A

续表

序号	名称	地址
86	北京天驰君泰（重庆）律师事务所	渝中区经纬大道333号康德国际2幢34层1-4
87	重庆睿尚臻律师事务所	渝中区公园路14号21-4
88	重庆英采律师事务所	渝中区大坪英利国际广场1号楼1913
89	重庆弘双律师事务所	渝中区虎歇路77号1幢14-5
90	重庆智谋律师事务所	渝中区石油路1号11幢20-1、20-2
91	重庆渝乐律师事务所	渝中区中山三路168号中安国际大厦26楼1号
92	重庆智渝律师事务所	渝中区青年路7号42-2
93	重庆堂正律师事务所	渝中区中山一路160号银中大厦E幢20-3
94	重庆元炳律师事务所	渝中区中山三路131号希尔顿商务大厦12楼
95	重庆富乐达律师事务所	渝中区虎歇路升伟•中环广场1栋7-9
96	重庆财信律师事务所	渝中区中山三路131号希尔顿商务大厦2905室
97	重庆锦世律师事务所	渝中区华一路69号附1号11-8
98	重庆升正律师事务所	渝中区大坪龙湖时代天街D馆13号楼601
99	重庆胜大律师事务所	渝中区长江一路5号中华广场8楼
100	重庆中联世通律师事务所	渝中区八一路218号佰富酒店1402室
101	重庆西商律师事务所	渝中区八一路108号纽约•纽约大厦38楼
102	重庆汇义律师事务所（原富乾蒋珂）2018年11月13日更名	渝中区中山三路131号希尔顿商务大厦五层525、526
103	重庆万诚律师事务所	渝中区邹容路50号半岛国际大厦21-1、21-3
104	重庆承业律师事务所	渝中区石油路1号11幢22层1-6号、20号
105	重庆建伍律师事务所	渝中区上清寺美专校街66号鑫隆达大厦B栋12楼
106	重庆展瑞律师事务所	渝中区虎歇路66号重庆总部城行政领馆2区G5栋2单元5-2
107	重庆渝汇律师事务所	渝中区中山三路131号26-A#（希尔顿商务大厦2801）
108	重庆泽信律师事务所	渝中区民生路1号合景•聚融广场二单元25-2
109	重庆祥鉴律师事务所	渝中区大溪沟静园2号楼2-2
110	重庆鉴韬律师事务所	渝中区八一路9号18-3
111	重庆恒昇律师事务所	渝中区民权路88号日月光广场附1号31-2
112	重庆瀛寰律师事务所	渝中区中山四路1号渝中大厦1301、1308
113	重庆树深律师事务所	渝中区中山三路128号投资大厦20楼
114	重庆亿安律师事务所	渝中区长江二路12号创景大厦20-2
115	重庆衡道律师事务所	渝中区较场口86号14-8
116	重庆原野律师事务所	渝中区大黄路6号竞地商务楼B6-4
117	重庆嘉豪律师事务所	渝中区重庆村1号11-4
118	重庆康迪律师事务所	渝中区大坪正街118号嘉华鑫城A幢14-12
119	重庆章川律师事务所	渝中区聚兴大厦甲单元4-5
120	重庆渝丰律师事务所	渝中区双钢路3号科协大厦20楼9号

续表

序号	名称	地址
121	重庆德正天泽律师事务所	渝中区瑞天路 156 号 B 栋三楼 3C01
122	重庆正焰律师事务所	渝中区临江门 24 号怡景大厦 C 座 18-5
123	重庆智策律师事务所	渝中区石油路 1 号 12 幢 13-3、13-4、13-5、13-6
124	重庆渝经律师事务所	渝中区中山二路 99 号华安大厦 22 楼 B 座
125	重庆捷恒律师事务所	渝中区石油路 1 号恒大都市广场 12 幢 20-7、20-8
126	重庆至立（渝中）律师事务所	渝中区嘉陵江滨江路 242 号远见中心 22 层 1、2、3、4、5、8、9、10 号

2018 年区司法局管司法鉴定机构

序号	机构名称	地址
1	重庆医科大学附属第一医院	渝中区袁家岗友谊路 1 号
2	重庆法医验伤所	渝中区医学院路 1 号
3	重庆市法医学会司法鉴定所	渝中区嘉陵江滨江路 112 号高盛创富中心 B 幢 10-01
4	重庆市血液中心司法鉴定所	渝中区桂花园路 1 号
5	重庆法正司法鉴定所	渝中区南区公园路 78 号附 4 号
6	重庆市弘正司法鉴定所	渝中区兴隆街 13 号
7	重庆市法庭科学司法鉴定所	渝中区大坪正街 140 号 1 幢 14-3
8	重庆市人民医院	渝中区枇杷山正街 104 号
9	重庆康华会计师事务所有限责任公司	渝中区中山三路 168 号中安国际大厦 22 层
10	重庆谛威会计师事务所有限公司	渝中区邹容路 131 号重庆世贸大厦 22 楼 7 号房
11	重庆道尔敦会计师事务所有限公司	渝中区临江路 89 号天伦华苑 25-G
12	重庆渝证会计师事务所有限责任公司	渝中区至圣宫 6 号第 5 层 2 号房
13	重庆立信会计师事务所有限公司	渝中区上清寺美专校街 66 号鑫隆达大厦 A 座 11-1
14	重庆海特会计师事务所有限公司	北部新区星光大道 62 号海王星科技大厦 C 区 3F
15	重庆中瑞会计师事务所有限公司	渝中区枇杷山正街 136 号华安大厦 14 楼
16	重庆展华会计师事务所有限公司	渝中区大溪沟街 12 号华信大厦 6-6、8-7
17	重庆渝咨会计师事务所有限责任公司	渝中区捍卫路 32 号 7 楼
18	重庆勤业会计师事务所有限公司	渝中区北区路 10 号富城大厦 B1 幢 10-2
19	重庆中鼎会计师事务所有限责任公司	渝中区民生路 329 号渝海大厦 12 楼
20	重庆普华会计师事务所有限责任公司	渝中区人民路 248 号盛迪亚大厦 27 层
21	重庆通冠会计师事务所有限责任公司	渝中区长江一路 58 号 B1 幢 4-1 号
22	重庆宏岭会计师事务所	渝中区人民路 248 号
23	重庆永和会计师事务所（普通合伙）	渝中区北区路 10 号富城大厦 A 栋 11 楼
24	重庆万隆方正会计师事务所有限责任公司	渝中区重庆村 55 号 2 单元 27-4
25	重庆天鸿会计师事务所有限责任公司	渝中区聚兴村 4 号 19-2
26	重庆金财会计师事务所有限公司	渝中区中山二路 99 号华安大厦 23 楼

续表

序号	机构名称	地址
27	瑞华会计师事务所（特殊普通合伙）重庆分所	渝中区人民路231号
28	重庆信禹会计师事务所（普通合伙）	渝中区中山三路131号希尔顿商务大厦20楼
29	重庆笃信会计师事务所	渝中区中山三路168号中安国际大厦15-5、15-6
30	重庆金汇房地产土地资产评估事务所有限责任公司	渝中区人民路231号
31	重庆金地房地产土地资产评估有限公司	江北区五里店桥北苑2号渝能明日城市R7 3楼
32	重庆汇丰房地产土地资产评估有限责任公司	渝中区青年路38号国贸中心30楼
33	重庆瑞升资产评估房地产土地估价有限责任公司	渝中区中山三路131号希尔顿商务大厦1102
34	重庆天度资产评估房地产土地估价有限公司	渝中区嘉陵江滨江路116号11-8
35	重庆海特土地房地产估价资产评估有限责任公司	渝中区左营街4号37-1
36	重庆华川土地房地产估价与资产评估有限责任公司	渝中区枣子岚垭正街61号
37	重庆通冠资产评估土地房地产估价有限公司	渝中区长江一路58号B1幢4楼3-4
38	重庆道尔敦资产评估土地房地产估价有限公司	渝中区临江路89号（天伦华苑）25-G
39	重庆谛威资产评估房地产土地估价有限公司	渝中区邹容路131号世贸大厦22楼
40	重庆普华房地产土地资产评估有限公司	渝中区人民路248号盛迪亚大厦27层2号
41	重庆市中融信房地产土地资产评估有限责任公司	渝中区新华路216号第15层7号
42	重庆勤业五联资产评估土地房地产估价有限公司	渝中区北区路10号富城大厦B1幢10-2
43	重庆中瑞资产评估土地房地产估价有限公司	渝中区枇杷山正街136号华安大厦14楼
44	重庆渝证资产评估房地产土地估价有限公司	渝中区至圣宫6号第5层1号房
45	重庆中鼎资产评估土地房地产估价有限责任公司	渝中区民生路329号渝海大厦13楼
46	重庆宏岭资产评估与土地房地产估价有限公司	渝中区人民路248号盛迪亚大厦16楼
47	重庆天鸿资产评估土地房地产估价有限公司	渝中区民权路26号英利•大融城33楼
48	重庆金恒资产评估土地房地产估价有限公司	渝中区中山二路99号华安大厦23楼
49	重庆展华房地产土地估价与资产评估有限公司	渝北区新溉大道99号中渝香奈公馆7栋9楼3号
50	重庆立信资产评估土地房地产估价有限公司	渝中区上清寺美专校街66号鑫隆达大厦A座11楼
51	重庆正隆资产评估土地房地产估价有限公司	渝中区重庆村55号2单元27-3
52	重庆天健资产评估土地估价有限公司	渝中区人和街74号11、12楼
53	重庆华康资产评估土地房地产估价有限责任公司	渝中区中山三路168号中安国际大厦22层
54	重庆渝佳资产评估土地房地产估价有限公司	渝中区中山一路152号银中大厦F座四层A1
55	重庆瑞达资产评估房地产土地估价有限公司	渝中区和平路7号6-20
56	重庆畅客达土地房地产评估与资产评估有限责任公司	渝中区捍卫路32号7楼
57	重庆百能保险公估有限公司	渝中区长江一路67号4层A座
58	重庆金汇工程造价咨询事务所有限责任公司	渝中区人民路231号
59	重庆天廷工程咨询有限公司	渝中区长江一路61号地产大厦1号楼25楼
60	重庆谛威工程造价咨询有限公司	渝中区邹容路131号世贸大厦22楼7号
61	重庆新城建设造价事务所有限责任公司	渝中区上清寺路14号附18-1
62	中国建设银行股份有限公司重庆市分行	渝中区123号 建行大楼23楼 造价咨询中心

续表

序号	机构名称	地址
63	重庆精业工程造价咨询有限公司	渝中区较场口 85 号 11-3、11-4
64	重庆路华瑞刚工程造价咨询事务所有限责任公司	渝中区捍卫路 32 号 14 楼
65	重庆华禹工程审价事务所有限责任公司	渝中区中山三路 131 号希尔顿商务大厦 20 楼 2005
66	重庆通冠工程造价咨询有限公司	渝中区长江一路 58 号鹰冠小区 B1 幢
67	重庆中鼎工程造价咨询有限责任公司	渝中区民生路 329 号渝海大厦 13 楼
68	重庆元丰工程造价咨询有限公司	渝中区青年路 38 号 1 幢 30-2
69	重庆万合工程造价咨询有限公司	渝中区大坪长江二路 81 号
70	重庆瑞信工程造价咨询有限公司	渝中区中山三路 131 号希尔顿商务大厦 1102
71	重庆道尔敦建设项目管理有限公司	渝中区临江路 89 号天伦华苑平街 25-G
72	重庆立信工程造价咨询有限公司	渝中区上清寺美专校街 66 号鑫隆达大厦 A 座 12 楼
73	重庆中咨工程造价咨询有限责任公司	渝中区长江一路 62 号 18-1、18-2、18-3、18-4
74	重庆天一工程咨询有限公司	渝中区和平路 211 号 5 楼 1-5
75	重庆万隆工程造价咨询有限公司	渝中区重庆村 55 号 2 单元 27-1、27-2
76	重庆中瑞工程造价咨询有限公司	渝中区枇杷山正街 136 号华安大厦 14 楼
77	重庆一凡工程造价咨询有限公司	渝中区北区路 73 号创意大厦 18 楼
78	重庆精锐建设工程咨询有限公司	渝中区人民路 248 号 C 栋 15 层
79	重庆嘉禾工程造价咨询事务所有限公司	渝中区嘉陵江滨江路 242 号远见中心 15-8
80	重庆宏发造价咨询有限公司	渝中区中山一路 220 号 15-11、15-12
81	重庆华联工程造价咨询有限责任公司	渝中区中山四路 1 号附 21 层
82	重庆大正建设工程经济技术有限公司	渝中区长江一路 62 号 27 楼
83	重庆天健工程咨询有限公司	渝中区人和街 74 号 11 楼
84	重庆康华工程造价咨询有限责任公司	渝中区中山三路 168 号中安国际大厦 21 层
85	重庆笃信工程造价咨询有限公司	渝中区中山三路 168 号中安国际大厦 15-5
86	重庆天骄项目管理有限公司	渝中区长江一路 61 号 8 楼 1-4
87	中煤科工集团重庆设计研究院有限公司	渝中区大坪长江二路 179 号
88	重庆工元工程造价咨询有限公司	渝中区大坪正街 129 号第四层 1、2 号
89	重庆圣讯建设工程咨询有限公司	渝中区长江一路 62 号 11 楼 7-13
90	重庆市建设工程质量监督总站检测中心	渝中区菜园坝外滩商城 4 号楼
91	重庆市房屋安全监测鉴定中心	渝中区人和街 15 号星都大厦 12 楼
92	重庆市煤炭质量监督检验站	渝中区长江二路 177-9
93	重庆市八益交通事故司法鉴定中心	渝中区长江支路 10 号
94	重庆嘉禾交通事故司法鉴定所	渝中区华福巷 47 号 2 层
95	重庆瑞鑫税务师事务所有限责任公司	渝中区临江路 89 号天伦华苑 9 楼 E 座
96	重庆兴立信税务师事务所有限公司	渝中区上清寺美专校街 66 号鑫隆达大厦 A 座 10-1
97	重庆市科协科技服务中心司法鉴定所	渝中区双钢路 3 号科协大厦 15 楼
98	重庆市渝康假肢康复器具	渝中区新德村 44 号

续表

序号	机构名称	地址
99	重庆市电子电器商品质量监督检验站	渝中区嘉陵江滨江路151号（一号桥）
100	重庆建设工程质量检验测试中心	渝中区长江二路221号1-5幢
101	重庆市疾病预防控制中心	渝中区长江二路8号
102	重庆渝能司法鉴定所	渝中区中山三路21号电力调度楼4楼
103	四川恒通房地产土地评估事务所	渝中区人民路248号盛迪亚大厦7楼7号

【区司法局负责人】

局　长：阳　玮

副局长：段林涛　高　梅　何　福

（石维利）

社会治安综合治理

【概况】 渝中区社会治安综合治理委员会办公室（简称“区综治办”）与区委政法委机关一套班子、两块牌子，共用行政编制。区综治办的主要职责是：负责组织协调全区社会治安综合治理工作，宣传贯彻社会治安综合治理的方针、政策，督促落实社会治安综合治理的各项措施，抓好基层综治工作人员培训，管理见义勇为基金等。

2018年，区综治办以做好安全稳定工作为主线，以防范化解重大风险为重点，以群防队伍效能提升为抓手，健全体制机制，夯实基层基础，着力提升社会矛盾预防化解实效，公众安全感、司法公信力、群众满意度继续稳中有升，确保了全区社会大局持续稳定。

【安保维稳工作】 以特殊时段、敏感节点的安保维稳工作为重点，在“智博会”期间，组织公安、社区群防群治力量，合理制定巡逻线路、巡逻时段，对全区党政机关、商圈、车站码头、网红景点、轨道交通、水、电、油、气等重点目标开展巡逻防控，加强人防物防技防措施，确保重点目标绝对安全。

【扫黑除恶专项斗争】 在渝中区扫黑除恶领导小组办公室（简称“区扫黑办”）成立前，承担扫黑除恶专项斗争的传达、联络、协调、指挥等职能职责，制定专项斗争方案和系列子方案，完善重大黑恶势力犯罪案件会商机制，建立扫黑除恶联席会议、问题线索双向移送、双向反馈等机制，及时研讨涉黑涉恶及“套路贷”案件办理、案件定性、调查取证以及采取强制措施、证据体系、法律适用等问题；在区扫黑办成立后，配合区扫黑办做好线索摸排收集、政策宣传、统筹协调、督导检查等工作，保障渝中区扫黑除恶专项斗争顺利推进。

【矛盾纠纷排查化解】 全面推进渝中区物业纠纷、医患纠纷、家事纠纷、劳动纠纷、旅游纠纷、建筑纠纷等10大行业性专业性调解组织建设，推动访调、诉调、警调无缝对接，建立1个“警民联调室”，打造3个“金牌调委会”，评选12名“金牌调解员”。累计调解矛盾纠纷3000余件，其中专业调解组织调解1547件，调解成功率达96%。区医调委获“全国创建‘平安医院’活动表现突出集体”，区工会调委会、2名调解员获市级表彰。

【特殊人群管理服务】 推进全区吸毒人员网格化服务管理工作，会同区禁毒办推动社区戒毒社区康复工作向基层社区拓展延伸；落实《关于加强社会心理服务疏导和危机干预工作的实施意见》，开展肇事肇祸等严重精神障碍患者服务管理工作，进一步理顺管理工作机制，落实以奖代补政策，在库重型精神病人全部得到有效医治或帮扶管控，渝中经验得到中央综治办充分肯定，顺利通过全国精神卫生综合管理试点工作检查验收。

【社会治安重点地区排查整治】 纳入渝中区市级挂牌整治A类5个、B类1个，区级挂牌C类6个。经过重点整治，刑事发案得到有效遏制，全区未发生一起民转刑案件，顺利通过全市重点地区挂牌整治验收组验收。治安防控成效明显，全区刑事案件发案下降12.9%，侵财案件下降6.5%。

【群防队伍管理】 制定《渝中区群防队员管理办法》《渝中区群防队员考核办法》两个文件，组织群防骨干开展为期一月的大比武、大练兵活动，组建全区综治群防工作微信群、QQ群，选拔确定158名社区群防队长、副队长，每日通过微信群以图文并茂的形式上报群防群治工作情况。探索“互联网＋综治群防”新模式。创新网格化社会治理，深化“群防通”App软件应用，为街道和社区群防骨干和综治干部配备专门手机396台，举办“群防通”App使用集中培训和分散培训，加强对街道、社区“群防通”使用情况的督查，对在岗队员进行抽查点名，每月通报各街道、社区“群防通”软件使用情况，督促街道、社区运用科技化手段实现队伍的精准管理。

【平安细胞建设】 充分发挥全区依法治区领导小组、打击非法金融活动领导小组、铁路护路领导小组等组织机构的作用，深入部门、街道、社区，切实解决实际问题。牵头协同区公安分局深入开展行人通行秩序整治；协同区房管局、区公安分局等部门对商业中心、风景旅游区等区域周边的日租房、民宿开展专项整治；推动未成年人“双零”社区创建；协同铁路派出所开展好铁路护路常态化工作，全区未发生一起涉铁人员伤亡事件。

【区综治办负责人】
主　任：张　强
副主任：冯　岭

（任伟）

军　事

驻　军

【概况】 中国人民解放军渝中区人民武装部（简称“区人武部”），前身为重庆市第一区人民武装部，成立于1953年3月，1986年6月改归地方建制，1996年4月重新收归部队建制，1998年11月由正团级单位升格为副师级单位编制，2016年1月转隶中央军委国防动员部。办公地址位于渝中区解放西路225号附3号。

2018年，区人武部深入贯彻习主席视察13军提出的“政治建军、改革强军、依法治军”的指示，围绕提升国防动员能力和民兵应战应急能力，强化政治引领，聚焦备战打仗的工作思路，圆满完成各项工作任务，国防和后备力量建设稳步发展。

【部队政治建设】 开展“不忘初心、牢记使命”的主题教育，分四个专题组织“传承红色基因、担当强军重任”的教育活动，拥护改革、支持改革、投身改革成为干部职工的自觉行动。开展“郭徐房张”（郭伯雄、徐才厚、房峰辉、张阳）流毒清理，干部职工政治思想得到净化与提升。练兵备战思想深入人心，备战打仗意识牢固树立。组织干部职工收看习主席在庆祝改革开放40周年大会上的重要讲话，组织开展“改革开放40年，话自己身边变化”的大讨论活动，更加坚定“四个自信”。利用周四学习、党日活动、专职武装干部集训、民兵训练等相对集中的时间，分别为干部职工、专职武装干部和民兵进行主题教育辅导授课20余次，确保民兵队伍忠诚、纯洁、可靠。

【部队科学管理】 以学习贯彻新的中国人

民解放军条令、条例为抓手，把安全稳定工作列入部党委重要议事日程，摆在突出位置，定期研究部署，定期分析安全形势，重点突出“人、车、枪、弹、保密、营院、财经”等7个方面和重大节日、重大任务、特殊时节的安全风险管控，定期组织安全教育和隐患排查，开展“百日安全活动”，注重季节性事故预防。落实警备区报废弹药运销指示精神，科学筹划，精心组织，安全调运移交报废弹药，实现2018年安全无事故目标。加强以军事训练为中心的后勤保障工作，共投入经费数百万元，圆满完成民兵军事训练、战备物资储备等保障任务。关停人武部应停有偿服务项目，依法依规处理停止有偿服务善后工作。

【征兵及双拥工作】贯彻全国、重庆市“两级”征兵工作电视电话会议精神，梳理、运用近年来征兵工作经验做法，统筹军地和各方资源、优势，组织征兵宣传、报名应征、体格检查、政治考核、审批定兵和交接起运工作，较好完成上级赋予的新兵征集任务。全年共征集新兵80人。完善双拥制度机制及相关政策，协调地方为驻区部队解决具体问题和实际困难，发挥渝中区委在建立巩固新型军政军民关系、深化双拥共建工作中的把关定向作用。会同民政局开展新兵回访、非公经济组织双拥共建活动，“八一”期间，看望慰问军烈属、困难党员和贫困家庭。12月，到巫溪县对4户涉军困难家庭进行帮扶。

【区人武部负责人】

部　　长：邓少熊（2018年1月离任）

　　　　　喻海权（2018年7月任职）

政治委员：郈　平

（万振男）

民　兵

【全民国防教育】落实党政干部军事日制度，扩大巩固国防教育成果，继续推广重庆市求精中学校“三进三入四强”（进教材、进课程、进课堂；入耳、入脑、入心；强思想、强作风、强学业、强体魄）教育模式，开展国防教育专题活动、征兵宣传及兵役登记宣传教育活动，全年组织各类干部及民兵国防教育、军事日活动，受教育人员达8000余人。

【国防动员】认真贯彻军民融合发展战略、重庆市经济建设和国防建设融合发展“十三五”规划实施意见。3月，组织驻区部队召开军民融合座谈会，为渝中区制定军民融合规划提供军队方面的意见建议。狠抓国防动员潜力调查，修订上报区国防动员委员会预案。6月，代表重庆警备区圆满完成迎接中央军委国防动员部对渝中区“十三五”时期国防动员中期评估工作检查，反映良好。

【联建联用联保】构建联席、联研、联动、联保机制，形成区人武部主抓街道应急力量、区政府应急管理办公室重点建设社区应急分队、联合整训应急专业骨干力量的建管模式，强化应战应急体系建设，完成区国防动员委员会、应急委员会的重要演训活动、重点考核评估以及经费物资保障等年度工作部署。

【军事训练】坚持把军事训练作为中心工作，强力推进军事训练“四落实”（人员落实、时间落实、内容落实、质量落实）。按年度训练计划，开展专职武装干部和应急民兵连集训。3月，组织一期35人专职武装干部集训。5月，组织一期110人的应急民兵连训练。9月，组织专职武装干部对新《民兵军事训练大纲》的学习贯彻和街道民兵连长、班长和专职武装部长的比武竞赛，石油路街道、七星岗街道、两路口街道分别获得团体前3名；开展为期10天的强化训练，备战警备区“三长”（专职武装部长、民兵连长、民兵班长）比武竞赛，取得1个综合第7名，1个单项第2名和第4名，1名参赛人员荣获“神枪手”称号，总评在38个区县中排名第17；9月，首次依托自身民兵骨干力量，圆满完成108名新兵役前训练任务。10月，组织11个街道民兵应急班共计165人训练考核，为重庆市第三轮军地联考联评打下基础。11月，组织街道应急民兵的年终军事训练考核，共计110人参考。与区教委共同制定出台《2018年渝中区学生军训实施意见》，首次圆满完成渝中区6所中学3845名高一新生的军训任务。

（万振男）

老干部休养

重庆警备区渝中第一离职干部休养所

【概况】 重庆警备区渝中第一离职干部休养所（简称“第一干休所”）位于渝中区鹅岭正街187号。2月，因编制体制调整，撤销77100部队童家桥干休所和鹅岭干休所，以鹅岭干休所为主体组建重庆警备区渝中第一离职干部休养所，编制为正团级。编制安置离休干部74户。第一干休所自组建以来，围绕认真落实服务保障工作“三个不降、一个没有”（服务保障力度不降、标准不降、质量不降，没有后顾之忧）的总要求，着力提高上门服务、主动服务、贴心服务水平，严格落实各项政策，积极创新工作方式，努力提高业务素质和工作能力，不断增强老干部的幸福感、满意度。

【党委、党支部建设】 根据离休老干部党员大都进入高龄期、高发病期，行动不便，组织学习、参加活动难度逐步增大等实际，本着有利于参加活动，有利于教育管理，有利于发挥作用的“三个有利于”原则，调整组织设置方式，使老干部党员都能融入党的组织，参加党的活动，接受组织管理。（1）根据3个站（点）党员分布情况，成立5个支部、6个党小组，将分散安置的2名离休老干部党员纳入组织，实现人员全覆盖、活动不间断、管理无遗漏。分层分阶段制订《组织生活安排表》，对各支部落实组织生活制度的时间、内容、要求进行具体细化。（2）建立联络员制度，抽调服务热情的同志担任老干部支部的联络员，协助老干部支部开展工作，老干部支部自我教育、自我管理、自我服务的作用得到有效发挥。（3）建立完善“三会一课”制度、党员目标管理制度、党员教育管理制度、党员联系群众等制度，对体弱多病、行动不便的党员，支部确定专人，通过送学送教上门的方式及时对离休老干部传达重要会议和文件精神，听取意见和建议。

【老干部送教入校】 充分发挥老干部的政治优势，成立关心下一代工作领导小组，开展关心教育下一代活动。全国战斗英雄、离休干部卫小堂和王洪胜被渝中区关工委聘为委员，多次应邀到地方机关、工厂和中小学校做传统报告。离休干部徐孔达、杨冷村、李久明等老首长先后多次为鹅岭小学师生、渝中区王家坡街道、上清寺街道新都巷社区的青少年作理想教育、法纪教育、艰苦奋斗、爱国主义等专题报告。2018年9月，老首长李九明应邀为鹅岭小学作“传承红色基因，争当红色少年”革命传统教育，围绕“三大纪律，八项注意”的由来和发展讲述了许多发生在抗战年代的革命故事。老首长还主动报名参加“国防教育讲师团”，发挥余热，关心下一代。组织老干部代表参与渝中区关工委和两路口街道组织的慰问看望重庆市未成年劳动教养人员管理所学员活动，为学员购买日常生活用品，对他们进行遵纪守法教育。

【重阳节活动】 2018年重阳节前夕，第一干休所以实际行动践行尊老、敬老、爱老、助老，传递上级领导机关对离退休老干部的关心关爱，对全所老干部、遗孀进行体检巡诊、组织外出郊游、走访慰问等活动。针对住所条件和老干部的生活习惯，通过电话、微信等形式与他们的子女进行沟通交流，让子女督促老干部养成良好的生活作息时间，营造老干部之间、邻里之间互助友爱、互帮互谅的和谐氛围，共同将干休所建成充满欢乐，温馨幸福，文明和谐的大家庭。重阳节期间，邀请渝中区团委志愿者来第一干休所为老首长、阿姨开展清理卫生、理发、按摩、剪指甲、文艺表演等活动，营造浓厚的节日氛围，让老干部度过一个快乐、温馨的节日。

【捐资助学】 参与重庆市和渝中区组织的扶贫助困活动。春节前，第一干休所组织老干部代表看望慰问两路口街道国际社区的生活困难群众，并为他们购买粮油等日常生活用品，受到地方领导和群众的称赞。每年六一前夕，向鹅岭小学师生捐赠课外图书、学习资料等学习用品。

【重庆警备区渝中第一离职干部休养所负责人】
所　　长：石林群
政治委员：李天贵

（张立强）

重庆警备区渝中第三离职干部休养所

【概况】 重庆警备区渝中第三离职干部休养所（简称“第三干休所”）位于渝中区彭家花园13号。2月，因编制体制调整，撤销彭家花园干休所、永川干休所和涪陵干休所，以彭家花园干休所为主体组建重庆警备区渝中第三离职干部休养所，编制为正团。2018年，全所设1个党委，3个党支部（1个离休干部党支部，2个工作人员党支部），团支部1个。全所应编老干部260户，实际进住老干部222户（223人），分别来自全军11个大单位。目前健在老干部32人（红军时期入伍1人、抗日战争时期入伍15人、解放战争时期入伍16人），遗孀83人，双亡户107户。

2018年，在警备区党委、首长机关的领导下，所党委带领全体工休人员，学习贯彻党的十九大精神和习近平同志强军思想，执行上级命令指示，持续推进作风建设，以强烈的责任担当、奋发有为的激情斗志干工作抓落实，坚持政治关心与生活照顾相结合，做好离休干部的服务保障和教育管理工作，完成年度工作任务。

【政治教育】 2018年集中开展政治理论学习50余次、形势政策教育12次、法纪教育12次，印发学习资料500余份，购买理论书籍150本，制作宣传展板50期，把主题教育实践活动与开展向“三老”学习活动紧密结合起来，在干休所广泛开展“学法规、用法规、守法规”知识竞赛活动，为参加警备区干休所正规化建设达标评比活动打牢基础。组织党员开展“我为强军添光彩，立足本职做贡献”为主题的演讲比赛活动。利用驻地红色资源、爱国主义教育基地，组织党员重温入党誓词和宣誓仪式，进一步增强党员的党性观念。8月27日，老干部孙加夫身着军装，佩戴勋章、奖章、纪念章，为龙门浩职业中学学生讲授国防教育课。

【日常关怀】 采取赠送慰问品和写慰问信等多种形式，把各级领导的关心关怀落到实处。春节、八一建军节，为老干部、遗孀发放慰问品，连续多年坚持在除夕夜为老干部做水饺并送上门。进入冬天，为全体老干部和遗孀购买保暖鞋等保暖用品。每季度，所领导带领职工到北碚、渝北看望慰问住所外老干部，通报有关情况，听取意见建议。对生病住院和生活困难的老干部、遗孀及官兵，及时走访慰问，帮难解困。春节时，慰问了34名老干部和68名遗孀送去慰问金，共10.2万元，对特殊困难的3名官兵还发放救助金近万元。组织战士担任旗手，在八一保育院、马家堡小学开展升国旗活动，进行爱国主义教育。2018年向学校捐助书籍400册、体育用品30余件。

【日常服务】 安排工作人员分别与1至2名老干部和阿姨结成服务对子，坚持定期入户，做家务、拉家常，及时帮助解决他们遇到的困难。坚持定期上门为老干部清洗空调、电扇，检查维修水电器设备、疏通下水管道、维修门窗等传统服务项目。协调大坪街道工作人员上门为80岁以上老人办理高龄补贴116人次，外请专业技师为老干部、阿姨修脚800余人次。临终关怀服务由以治丧告别为主向全过程服务延伸，协助去世老干部遗属申领地方一次性抚恤金。

【老干部就医】 针对老干部平均年龄高达92岁，自理能力严重下降这一情况，重点抓老干部门诊看病的陪护和住院老干部的探诊工作，抓老干部家庭病床建设。为永川、涪陵站点新建理疗室各一间，配制氧气机6台，为远离体系医院的涪陵站点的阿姨购买地方医疗保险，让她们在急诊发病时能够得到及时治疗，为每户老干部、阿姨配备急救箱和急救药品。老干部和阿姨看病、住院，医生、护士全程陪护，全年送诊、陪诊622余人次，到医院了解老干部病情和参加手术会诊100余次，看望住院老干部300余人次。为老干部免费接种流感疫苗、肺炎疫苗及其他各种疫苗共计170人次。坚持上门巡诊制度，及时为老干部、阿姨处理病情、送药到家；做好老干部日常输液打针等基础医疗服务；投入经费更新理疗设备，为老干部提供理疗服务；每月定期为老干部、阿姨查血糖；根据季节变换，为老干部发放防暑药品等。

【健康知识普及】 针对老年病特点，邀请大坪三院老干中心曾教授，324医院内分泌科主任、口腔科主任、老干科主任等专家来所讲授老年骨质疏松、糖尿病、口腔护理、慢性支气管炎等病的防治知识。卫生所本级授课12次，为老干部出《卫生知识》和《保健知识》板报12期，发放宣传手册200余册。

【渝中第三离职干部休养所负责人】

所　　长：刘硕良

政治委员：韩西平

（罗希）

渝中区军队离休退休干部服务管理中心

【概况】 渝中区军队离休退休干部服务管理中心（简称“区军休中心”）是渝中区民政局下属参公事业单位。2018年，区军休中心内设办公室、接收安置科、服务管理科、财务科4个科室，下设蔡家石堡、上大田湾、袁家岗、彭家花园、大坪等5个军休所，编制数66名，管理军队离休退休干部1044人，其中党员970人，军职待遇305人，师职待遇420人，团职待遇245人。区军休中心的主要职责是：负责移交渝中区安置的军队离休退休干部接收、管理和服务；负责按照国家和军队有关政策规定落实军队离休退休干部的政治待遇和生活待遇；负责军队离休退休干部思想政治工作和党的建设工作；负责组织开展适合军队离休退休干部特点的文化体育活动和社会公益活动；负责军队离休退休干部各项经费预算编制；负责军队离休退休干部人事档案整理；负责军队离休退休干部离休退休费的发放、调整；负责军队离休退休干部医疗费的报销、发放；负责军队离休退休干部去世后的丧葬、一次性抚恤、特别抚恤的申报、发放；负责军队离休退休干部的日常性管理；负责指导军队离休退休干部服务管理站及其工作人员的培训；负责军队离休退休干部服务管理机构的土地、用房、车辆设施设备等国有资产的管理和维护等工作；负责完成上级交办的其他工作。

2018年，军休中心按照《军队离休退休干部服务管理办法》要求，全面落实军休干部“两个待遇”、切实提高服务管理水平，扎实工作，取得了较好成绩。

【接收安置】 2018年接收军休干部44名，分别安置到蔡家石堡、上大田湾、彭家花园、袁家岗、大坪等5个军休所。

【待遇落实】 政治待遇。制订《渝中区军休干部阅读文件资料管理办法》，按期发放相关文件和资料。按月开展党课教育，过好组织生活，将上级有关文件精神及时传达到军休干部，每季度组织一次军休干部政治教育学习。通过建立微信公众号平台，将党的十九大精神传达给广大军休干部。生活待遇。2018年全年发放军休干部离退休生活费1.5亿元，报销军休干部医疗费146万元，探望住院军休干部800余人次，为军休干部提供门诊医疗服务近7000余人次。

结合军休干部实际举办健康知识讲座2场次，组织全区军休干部进行年度体检，参检800余人。

【活动组织】进一步构建“和谐军休家园”，中心以“老有所学、学有所成、学以致用”为目标，开设了书法、国画、太极、瑜伽、绿化栽培、营养学等六个兴趣班，2018年累计授课241节，参加学习3700余人次。国画和绿化栽培等兴趣班结合教学开辟第二课堂，带领学员赴园博园、南山植物园等地开展采风和植物鉴赏活动。中心还以“活动中运动，运动中休闲，休闲中娱乐，娱乐中养生”为宗旨，组织开展迎春系列活动、户外参观活动、各类比赛和趣味活动以及各类实用性讲座等，丰富了军休干部的业余生活。袁家岗军休所成立关心下一代工作委员会，多次组织军休干部到军营、社区和学校进行爱国主义教育和上专题党课，受到广泛好评。

【事实办理】配合区相关部门推动军休机构老旧房屋电梯加装工作。推进军休干部（中心、大坪所）新增活动用房装修及改建工作。

【区军休中心负责人】

主　任：商　农

副主任：陈理昂　蒲云成

（熊伟）

人民防空

【概况】渝中区民防办公室（简称“区民防办”）是区政府工作部门。2018年内设综合科、指挥通信科、工程科3个行政科室，1个财政全额拨款事业单位——渝中区人防基本指挥所（挂渝中区民防信息保障中心、渝中区政府应急应战平台运行维护中心牌子），1个自收自支事业单位——渝中区人防工程维护管理服务中心，有机关行政编制7人，实有在职7人。区民防办的主要职责是：贯彻执行人防、民防法律、法规、规章和方针等；指导有关部门、街道办事处和企事业单位开展人防、民防工作，并依法进行监督检查；负责组织开展人防、民防建设工作，推进防空防灾一体化建设；承担区国防动员委员会人民防空办公室的具体工作；承办区委、区政府及上级主管部门交办的其他事项；战时职责按国务院、中央军委有关规定执行。办公地址位于渝中区和平路管家巷9号。

2018年，渝中区民防工作深入贯彻党的十九大精神和全国第七次人民防空会议精神，紧紧围绕“战时防空、平时服务、应急支援”的要求和军民融合发展战略，强化平战结合，圆满完成各项工作任务，推动全区民防事业健康稳步发展，荣获2018年度人民防空工作全市考核第一名。

【指挥通信建设】抓好组织指挥体系建设。制定并完成2018年渝中区指挥通信训练计划、人防指挥部和机关年度训练计划等。牵头抓好全市民防系统第二小组指挥通信训练，组织成员单位赴两江新区、垫江县、涪陵区、武隆区开展训练，完成既定的训练科目。全年完成卫星组网训练、线上训练、应急应战平台训练、岗位训练等训练任务。抓好警报建设工作。完善防空警报设施，承办全市“6•5”警报试鸣放和防空防灾宣传活动，警报试鸣放鸣响率和覆盖率达到100%和98%。

【应急能力建设】进一步完善重要经济目标建设，完成相关疏散基地建设工作。抓好社区“防空防灾一体化”建设，完成大坪街道4个社区的“两防一体化”建设和大坪正街市级示范社区维护工作。加强人防专业队伍建设，组建渝中区防化防疫人防专业队伍。

【工程建设】完成肖家湾地区人防洞室改造工程、解放碑人防停车库人行疏散口部改造拆除加固工程，推进捍卫路排危改造工程等项目。抓好人防工程损毁赔偿工作，配合市人民防空办抓好防空地下室建设，收取结建费。

【平战结合】 强化业态调整，提升人防工程利用效率和档次。坚持服务为民，开展“百日纳凉送爽”工作，开放8个纳凉点，共接待纳凉市民11万余人次。与多部门联动，在纳凉点开展各类便民惠民活动10余次。开展全员招商引资工作，完成区政府下达的招商指标。服务全域旅游，积极推进洪崖洞人防工程、印制一厂“神仙洞”人防工程排危改造，将人防工程改造升级融入渝中都市旅游“网红景点”。强化安全维稳，组织安全知识培训2次，培训人员140余人次。

【宣传教育】 结合“5•12”防灾减灾日、“6•5”警报试鸣日、“12•4”宪法日暨法制宣传日、国防教育日等重大节日活动，组织开展发放宣传资料、制作宣传展板等形式多样的人防宣传活动，制作并发放人防知识、法律法规宣传单2万多份。充分利用人防网站、政务工作信息平台、解放碑地下商场LED屏等媒介，面向社会广泛传播国防、人防知识。抓好学校宣传，面向辖区12所初级中学和一所普通高校的新生配发人防宣传教材5000余册。做好外宣工作，编辑各类信息30余篇，被市、区等各级媒体网站采用。2018年6月5日，《重庆日报》载《立足主业 平战结合 渝中推动民防事业健康稳步发展》一文，对渝中区人民防空工作进行宣传报道。

【依法行政】 加强普法教育，先后组织全办干部职工多次学习宪法、监察法、人防法规、安全法规等法律法规内容。聘请法律顾问对历史遗留问题进行全面梳理，给历史遗留涉案的单位发律师函，追收损毁赔偿款项。起诉两名人防工程占用者，其中一件已经胜诉。加强执法队伍建设，有计划组织执法队员开展集中培训，学习相关人防法规，提高办案能力，完善行政执法程序，规范工作流程，开展执法检查。深化“放管服”改革，在渝中区行政服务大厅开展并联审批、网上审批工作，压缩行政审批时间至4个工作日。

【从严治党】 落实从严治党责任，每周党政办公会都会研究部署党建工作，专题研究党建工作12次，开展中心组（扩大）集中学习25次。贯彻民主集中制，严格执行“三重一大”事项集体决策制度，召开主任办公会39次、党组会72次。加强意识形态建设，牢固树立“四个意识”，营造风清气正的政治生态，在干部职工中坚决肃清孙政才恶劣影响和薄熙来、王立军流毒。整治“四风”永不止步。强调研，重落实，走访人防工程、疏散基地12次，调研下属事业单位和人防专业队伍10次。加强党风廉政建设，开展警示教育5次，增强机关干部廉洁自律意识，全办没有发生廉政问题。

【区民防办负责人】

主　　任：姚文勇

副 主 任：杜　琳　向　葵

主任助理：陈新星（市民防办挂职干部）

（姜云）

经　　济

发展改革

概 述

【概况】 渝中区发展和改革委员会（简称“区发展改革委”）为区政府工作部门，2018年，区发展改革委内设9个职能科室：办公室、发展规划科、综合改革科、服务业发展科、投资管理科、招投标管理科、前期项目管理科、建设项目管理科、价格监管科。派出机构：区物价检查所，机构性质为行政。下属事业单位有：渝中区价格认证中心、渝中区楼宇经济管理服务中心。代区政府管理的事业单位有渝中区规划与发展研究中心。机关行政编制39名（含区物价检查所行政编制18名），楼宇经济管理服务中心事业编制10名，规划与发展研究中心事业编制7名，区价格认证中心事业编制6名。实有在职行政编制35人；实有在职事业编制10人，其中楼宇经济管理服务中心6人，规划与发展研究中心4人。区发展改革委的主要职责是：拟订并组织实施经济社会发展战略、中长期总体规划和年度计划；负责监测经济社会发展运行态势，承担预测预警和信息引导的责任；指导、审批企业改革方案有关事项；承担固定资产投资调控，规划重点建设项目、建立项目储备库和统筹管理前期项目的责任；按规定权限审批、核准、备案、审核或转报投资项目；指导协调和综合监督全区招投标工作；组织开展重大建设项目稽查；研究对内对外开放、区域经济协作的重大问题和政策；统筹协调地区经济协作和对口帮扶工作；拟订并组织实施服务业、高技术产业的发展战略、规划和重大政策，协调产业发展的重大问题并衔接平衡相关发展规划和重大政策；牵头组织开展国家服务业综合改革试点，统筹促进总部经济、楼宇经济发展和服务业集聚区建设，协调总部及重点企业服务工作；综合协调社会事业发展和改革中的重大问题；推进可持续发展战略，综合研究经济社会与资源、生态环境、能源等协调发展的重大战略问题；统筹协调全区节能工作；参与国防动员工作，承担国民经济动员工作；负责全区价格工作的综合管理和收费管理；负责反价格垄断行政执法工作；建立和完善价格监督网络，受理价格举报投诉；负责涉案物品的价格认证工作；承办区政府交办的其他有关事项。办公地址位于重庆市渝中区和平路管家巷9号。

2018年，区发展改革委牵头深入开展“十三五”规划中期评估，起草《渝中区“十三五”规划中期评估报告（政府版）》。抓好年度计划，制定2018年国民经济和社会发展年度计划。统筹推进长江经济带建设，制定《重庆市渝中区关于贯彻落实深入推动长江经济带发展加快建设山清水秀美丽之地的实施意见》等7个文件。制定并实施年度建设项目、前期项目、民生实事计划，包含100个重点项目、82个一般建设项目、69个年度前期项目、15件重点民生实事。进一步简化政府投资项目审批，办理审批政府投资项目3件、总投资12.26亿元，办理企业投资项目备案55个、总投资137.92亿元。牵头事业单位和国有企业公务用车改革，起草全区车改实施意见加强招投标管理，综合监督公开招标项目129个、合同金额19.5亿元，核准批复59个项目招标方案，审签招标公告136个、监督10个具体项目招投标活动。持续推进企业改制，完成6户企业改制，安置在册职工25人，退休人员465人。推动30栋老旧楼宇更新改造，提升老旧楼宇硬件品质。组织评选星级楼宇21栋，开展重点商务楼宇的标准化评定，18栋楼宇物业服务达甲级标准。落实全市涉企30条政策，为企业减税降费，降低企业负担逾12亿元。做好对口帮扶协作，配合推进年度帮扶项目策划和安排。做好价格监管，对88所学校收费标准进行审核备案，处理625件各类价格投诉，办结478件各类侵财案件涉案财物价格认定案件。获得全区2017年度综合考核特等奖。

【党风廉政建设】 2018年召开13次党组会议，传达学习习近平总书记重要指示精神以及上级关于推进全面从严治党的部署要求。制定2018年度党建工作要点，细化分解4个方面、40条具体工作任务。组织全委干部职工专题学习党的十九大报告，学习领会习近平新时代中国特色社会主义思想。开展“两学一做”学习教育，制定实施方案，采取原文诵读、中心发言等形式完成18次集中学习。开展领导干部讲党课活动，组织党员参加微党课评比活动，组织观看廉政警示专题片1次，开展廉政知识竞赛1次。开展“兴调研转作风促落实”行动，制定年度调研计划，分管领导牵头深入企业、楼宇、项目等基层一线开展调查研究的时间每月不少于1周，每个科室形成1篇调研报告。排查梳理党风廉政建设存在的新问题、新风险点共22条。制定实施内控工作方案，对六大经济业务活动建立分事行权、分岗设权、分级授权、关键岗位轮岗、专项审计等工作机制，梳理六大板块流程并编制流程图，分离不相容岗位，完善经济业务管理制度。汇编内部控制制度手册，逐步实现内部控制制度的规范化、法治化。

【对口帮扶】 做好渝中·巫溪对口帮扶工作，制定《重庆市渝中区对口帮扶·城市解困攻坚战实施方案（2018—2020年）》《渝中区·巫溪县对口帮扶工作实施方案（2018—2020年）》和《渝中区·巫溪县2018年对口帮扶工作实施方案》，组织双方党政代表团互访，动态跟踪对口帮扶落实情况，主动对接巫溪县帮扶牵头单位，配合推进年度帮扶项目策划和安排，确保项目资金落实到位、使用有效。

（周泳滔）

【区发改委负责人】

主　任：李俊明（2018年9月离任）
　　　　高　琳（2018年9月任职）
副主任：祝接金
　　　　高　琳（2018年9月离任）
　　　　钟　波

（胡欣沅）

发展规划

【经济运行监测】 制定印发渝中区2018年国民经济和社会发展年度计划，提出2018年24项经济社会发展目标、5个方面的任务举措，并通过区十八届人大三次会议审议。每月开展月度数据监测，每季度开展经济运行调度，每半年向区人大常委会报告计划执行情况。重点跟踪、分析研判全区主要经济指标完成情况及六大产业发展、集聚区建设等情况，针对经济运行中出现的新情况和新问题，及时提出对策建议，为区委、区政府决策提供依据和参考。

【“十三五”规划中期评估】 对标对表国家和市政府文件要求，开展全区“十三五”规划中期评估相关工作。对“十三五”规划中各专项规划进行全面评估，形成包括4个片区规划、7个重点专项在内的30余个专项评估报告。委托市综合经济研究院开展第三方专家评估，形成机构版《渝中区“十三五”规划纲要中期评估报告》《渝中区“双高”总体发展思路研究报告》。在此基础上，形成《重庆市渝中区国民经济和社会发展第十三个五年规划纲要中期评估报告》，并经区第十八届人大常委会第十五次（扩大）会议审议通过。

【长江经济带发展】 统筹落实长江经济带领导小组办公室工作，制定《重庆市渝中区2018年推动长江经济带发展工作要点》《重庆市渝中区关于贯彻落实深入推动长江经济带发展加快建设山清水秀美丽之地的实施意见》《重庆市渝中区长江经济带生态修复与环境保护重点工程工作方案》《重庆市渝中区关于做好长江经济带固体废物大排查行动的通知》《渝中区全面贯彻落实习近平总书记在推动长江经济带发展座谈会上重要讲话精神重点任务分工方案》《重庆市渝中区贯彻落实深化川渝合作深入推动长江经济带发展行动计划（2018—2022

年）的任务分工》《重庆市渝中区贯彻落实全市深入推动长江经济带发展实施方案》等文件。

【信用体系建设】 统筹全区社会信用体系建设，参与政务信息系统交换共享平台建设等工作。落实2017—2018年工作指引方案，信用渝中平台投用、归集数据4万余条。推动区块链技术探索领域、信用查询等应用工作，基本实现“八个有”要求，顺利完成市对区第三方考评。

（周泳滔）

服务业发展

【楼宇经济发展】 持续推进老旧商业商务楼宇更新改造，完成商社大厦、创意大厦、渝商国际大厦等30余栋楼宇改造，拨付老旧楼宇改造项目补助资金1100万元，撬动社会投资逾6000万元。开展2017年度星级商务楼宇评选和楼宇经济扶持政策兑现，评选21栋星级商务楼宇，其中，五星级3栋、四星级7栋、三星级11栋，海航保利国际中心获评“2017年度全市物业管理服务优秀示范大厦”，兑现物管服务提升、公共服务配套、星级楼宇评选等政策扶持资金783万元。

【企业服务】 帮助重庆移动金融公司、重庆和平新健康公司向市发改委申报国家服务业发展等产业项目资金，获得扶持资金790万元。支持重庆医科大学、重庆药品交易所股份有限公司、重庆市建筑科学研究院认定成为市级“大数据智能化领域市级工程研究中心”。深入开展“一助二优三转”行动和集中走访精准服务民营企业活动，做好1400余家规上企业、400余家总部（重点）企业和1200余家民营企业服务工作，解决企业反映问题逾1000件。强化高端人才服务，举办渝中区创新型企业家清华研修班，组织在区总部（重点）企业及部分产业部门的48名学员参训并顺利结业，全面提升企业经营管理者素质。

（王轶）

投资管理

【项目审批】 简化政府投资项目审批，除争取上级资金、融资、楼堂馆所等确需审批的项目外，不再审批项目建议书、可行性研究报告和投资概算，2018年办理审批政府投资项目3件、总投资12.26亿元，办理企业投资项目备案55个、总投资137.92亿元。

【投资体制改革】 简化企业投资项目核准和备案，落实《重庆市企业投资项目核准和备案管理办法》《重庆市政府核准的投资项目目录（2017年本）》，核准由20个工作日缩短为2个工作日，备案2个工作日办结。修订《渝中区政府投资项目管理办法》，完善政府投资项目决策程序。持续推进政府投资项目建设管理代理制，3个项目通过代理单位库内招标比选确定代理单位。

（程程）

【招投标综合监督】 2018年内综合监督公开招标项目129个、合同金额19.5亿元，较最高限价减少0.67亿元，资金节约率为3.44%。核准批复59个项目招标方案，审签招标公告136个、监督10个具体项目招投标活动。

（胡晓）

重点项目建设

【建设项目管理】 安排下达100个年度重点项目，计划投资202.7亿元，完成投资189.3亿元，完成计划的93.4%，拉动固投完成218.8亿元、增长2.7%。结合“十三五”规划中期评估，同步调整“十三五”项目库。制定推动文化旅游业高质量发展实施方案，细化环境品质等10个具体计划、储备209个文旅项目、实施72项工作任务。

【前期项目管理】 制定《关于加快推进2018年前期项目的通知》，策划前期项目69个，

67个项目已形成初步方案，占97%，其中，35个项目方案通过审定。加强前期项目过程管理和经费管理，实行分级审批，建立前期经费管理台账。

【民生实事办理】统筹推进15项民生实事，编制下达年度计划，按月收集、通报、督查民生实事推进情况，每季度召开民生实事推进会。

（杨红露　程程）

体制改革

【企业改制指导】 持续推进企业改制。完成重庆嘉陵建筑五金厂等6户企业改制，安置在册职工25人，退休人员465人。

【新型城镇化改革试点】 协调推进十八梯等3个特色街区建设，化龙桥特色街区入选全国最美特色小镇50强。

（孙立刚　周泳滔）

商业贸易

概　述

【概况】 重庆市渝中区商务局（简称“区商务局”）为区政府工作部门。2018年，区商务局内设办公室、组织人事科、商贸发展科、市场流通科、外资外贸科、投资促进科、企业服务科（统计科）、电子商务科、综合监管科（粮食监督检查科、酒类管理办公室、安全生产办公室）、自贸区推进科10个职能科室。下设渝中区投资促进中心1个事业单位。局机关行政编制29名，实际在职人员28人，其中领导班子成员5人，正副科长13人，一般干部9人，工勤人员1人。机关干部平均年龄39岁，其中50岁以上4人，35岁以下12人。区商务局的主要职责是：主要承担全区内外贸规划、指导、服务、协调及全区投资促进统筹协调工作；制定内外贸相关发展规划、政策建议和工作措施，推动内外贸融合发展；牵头统筹协调、落实区域投资促进工作；负责重要商品和生活必需品监测、储备、保供工作；负责推进商贸流通业产业结构调整、转型升级，推动商贸网络体系建设；负责区域投资环境营销宣传，统筹区域内重大经贸会展活动，境内外重大经贸会展组展参展，推动会展经济发展；负责区域内重点外资企业、商贸企业指导、服务工作；负责推动区域外资、外经、外贸等对外开放工作；承担商贸特殊行业、特种商品监督管理的责任，负责本部门及所属单位改革、信访稳定及安全生产监督管理工作等。

2018年，辖区实现商贸销售额同比增长10.4%，社会消费品零售总额增长6.8%，住宿餐饮业营业额增长14.3%，实际利用外资4.7亿美元，外贸进出口实现103.9亿元。区商务局先后获得2017年渝中区安全生产工作考核先进单位、全区维稳安保工作“嘉奖集体”和突出集体、2017年度渝中区共青团工作先进集体、渝中区纪念建党97周年先进基层党组织、2018夜市文化节优秀组织奖、2017年度综合考核“一等奖单位”等荣誉。

【商贸产业转型升级】 解放碑步行街成功纳入全国首批11条步行街改造提升试点，大坪商圈成为全市增速最快的“百亿商圈”。较场口夜市获评全市首个“重庆市级品牌夜市街区”，贰厂文创园区成为旅游热门打卡地。解放碑英利大融城、协信星光广场2家购物中心成功创建“全国绿色商场”，国泰广场等城市商业综合体引进当当实体书店等新业态。重百“生鲜自营”、苏宁“门店智能化”等8个项目开展实体零售转型升级试点，项目总数占全市一半以上。瑞皇钟表等5家商场首批开展境外旅客购物离境退税试点，占据全市半壁江山。37个全新品牌首入重庆。

朝天门1688智慧市场项目正式启动，渝欧、鸿巨、香满圆、加班狗等重点电商企业发展良好。

【开放发展】 自贸试验区建设取得进展，渝中板块实施改革试点任务112项，率先出台34项并联审批服务清单，梳理上报10余项改革创新案例，增值税申报“一表集成”工作经验在全国推广。全市首家外资融资租赁企业、首家中韩合资医疗企业、首家DIY智慧银行落户渝中，建设、光大、星展等银行创新开展跨境上市、结汇等金融业务，全区实现跨境结算量超2万亿元。中新合作项目落实落地，凯德来福士等新落地中新合作项目8个，渝商发本土餐饮老字号品牌入驻新加坡樟宜机场。“三外”工作稳中有进，全年区域实际利用外资4.7亿美元，利宝保险、市瑞能源等外资企业加大金融、环保等开放新领域投资。外贸进出口实现103.9亿元，繁盛机电等龙头企业总部贸易额位居全市上游。解放碑、化龙桥两大市级服务贸易产业园规模排名全市前列，跨境金融、对外工程、国际旅游三大领域服贸支撑作用明显。对外工程承包额占全市比重超过60%，中冶赛迪完成越南千万吨级联合钢铁企业总承包建设。

【招商引资】搭建“1+11+N”招商工作体系，组织赴俄罗斯、匈牙利、波兰、捷克、日本、韩国、新加坡等国家和中国北京、上海、广州、深圳、香港等城市招商推介，新增世界500强、中国100强企业5家，签约项目和企业1000余个、投资总额超过2000亿元，商业商务楼宇招商去化50万平方米。“智博会”、招商引资专题会等活动集中签约项目120余个，“西洽会”签约外资1亿美元，成功举办亚太地区酒店合作论坛和人工智能与大数据院士论坛等高端招商会议、论坛。华记黄埔产业园引进60余家企业落户，区块链基地引进30家企业入驻，IPO产业园签约目标企业20余户。环球金融中心、平安金融中心等重点楼宇项目引进北京茂隆集团、中商恒升实业等企业落地。

【企业服务优化】 “放管服”改革持续深化。“全渝通办”行政审批和公共服务事项上线运行，实行外商投资企业设立商务备案和工商登记“一口办理”改革，行政审批事项平均要件减少15%；新增市场主体1.2万户，外资企业新增数占全市自贸区比重的21.2%；相继建立涉外法律人才库、涉外公证中心、外籍人士服务中心等外资便利化服务平台及机构。开展“一助二优三转”和“兴调研转作风促落实”行动，实现重点商贸企业“全流程+保姆式”服务全覆盖。兑现政策资金9000余万元，支持获得“助保贷”和银行贷款资金2000余万元；举办内陆开放高地建设培训班、人才招聘、企业对接、政策培训和参展参会活动10余次，打造国际服务贸易人才服务中心，培育规上企业47家。推进“把监督挺在前面，修复净化政治生态”试点工作。

【进口商品分销体系建设】 建设进口商品分销体系，不断扩大品质国际化消费。2018年，聚集国际知名品牌250个，建成“西港全球购”“世纪购”等专业跨境电商平台3个，开设保税进口商品展示交易店5个，面积近万平方米。顺丰旗下“Wow哇噢”全球精选店首店在解放碑国泰广场开业，永辉旗下“超级物种”、CBT跨境保税进口商品超市分别在解放碑、大坪两大商圈开店，“丰趣海淘”24小时智慧无人便利店率先在主城市级核心商圈营业。

【电商产业发展】 渝中区限额以上法人企业通过公共网络实现网上零售额同比增长43.2%。解放碑智慧商圈项目被市商务委评选为2018年度智慧商圈示范项目。辖区本土垂直领域行业性电商平台发展势头良好，如：互联网+进口母婴的“西港全球购”，互联网+图书的“阅淘网”，互联网+医药的“和平大药房”，互联网+生鲜农产品的“香满圆”，互联网+茶叶的“茶语网”，互联网+美食外卖的“加班狗”，互联网+情趣用品的“趣网”，等等。苏宁易购、渝欧跨境电商、鸿巨、芮齐四家公司续评为市商务委2018年度电子商务示范企业，共获得100万元的奖励资金。电商服务商资源逐步汇集，重庆市电子商务协会、重庆中小企业服务平台、天猫零售通授权服务商等电商服务商资源集聚渝中，阿里巴巴诚信通授权服务企业落户朝天门大融汇，有近百家市场主体入驻1688电商平台，助推朝天门智慧市场转型升级。

【餐饮活动】　组织承办重庆市迎春宴席展主会场活动，编印《重庆美食》（渝中专刊）、《闻香识渝中·渝中餐饮美食指南》、《母城老味道》、《美食新时尚》等美食宣传杂志、精美画册，囊括全区特色餐饮美食，2万余册宣传品第一时间进驻全区20余家大型酒店。绘制美食旅游地图和美食线路，邀请绘画达人、漫画大师绘制美食旅游地图，推广鹅岭贰厂、中山四路、解放碑、朝天门等美食旅游线路。组织开展“渝中区最受白领欢迎的美食商家评选”，400余商家报名，超过100万人次参与，评选巴将军、吴名厨艺等“网红美食商家”20家；与腾讯·大渝网合作，评选“餐饮红店”5家。

【党的建设】　至2018年年底，渝中区商务局党工委有基层党组织41个，党员384名。其中：非公党组织33个，党员251名；集体企业党组织3个，党员44名；局机关支部党员34人；离退休党支部2个，党员55名。当年发展党员2名，预备党员转正4名，新建2个非公党组织。局党工委从4个方面推进商务系统全面从严治党。（1）以政治建设为统领，压实主体责任。全年召开党建形势分析会4次、研究党建工作15次，签订《党风廉政建设责任书》30余份，制定《渝中区商务局党工委领导班子联系服务基层工作实施方案》。（2）以新时期党的组织路线为指导，提升基层党组织能力。中心组专题学习研讨19次，开展“三会一课”“三量”提升行动，落实意识形态工作责任制，抓好重点场所涉意识形态论坛讲座的审批工作。召开2018年商务系统基层党建培训工作会，制定“三张学习清单”，重点推进商务局机关党支部和美福珠宝党支部党建规范化建设，以点带面整体提升基层党组织的标准化规范化建设水平。撤销党支部2个，新建2个非公企业党支部。制定商务局党工委发展党员备案管理办法，规范严格发展党员流程，把好入口关。（3）以市委巡视组反馈问题为导向，抓好巡视整改工作。对照市委巡视组提出的7类47个问题，逐项梳理形成问题清单、责任清单、任务清单和整改台账，明确整改责任人、时间表、线路图。组织召开专题民主生活会，查找问题44条，提出整改措施86条。（4）以试点工作为抓手，持续修复净化政治生态。探索建立政治忠诚、政治生活等8类23项137条修复净化政治生态负面清单。制定运用监督执纪第一种形态整顿软弱涣散基层党组织实施办法，划定党组织组织力和政治功能不强等12种适用情形。针对问题多发领域和关键环节建立“五必谈”制度，开展谈心谈话112人次。拟定并向社会公开权责清单、公共服务事项清单、涉企政策清单81条，开列不得接受企业及其负责人提供的可能影响公正执行公务的宴请等政商交往负面清单14条。

【安全生产】　开展全区商务领域大排查大整治大执法，督促企业落实安全生产主体责任。加强竹园、凯旋路、建新坡等液化气供应点的安全检查，对液化气使用集中的龙湖时代天街片区安全隐患问题依法进行现场查处。开展安全责任约谈，对龙湖时代天街、菜园坝水果市场等单位存在的安全隐患，对其负责人进行逐一约谈，督促问题整改。加强重点区域、人员密集场所监督检查，对英利、国泰、龙湖等大型商场，对各加油站开展安全检查295家次，行政处罚19家次，行政罚款1.9万元。加强行业安全培训演练，4月，组织全区各商场、超市、市场、加油站、液化气、餐饮等商务行业重点企业130余家单位负责人，进行安全生产履职专题培训；6月，组织11个街道办事处液化气使用单位、餐饮单位近200人在金沙洲酒店开展液化气使用安全培训和应急处置演练、消防灭火演练。开展安全生产宣传“七进”和“安全生产月”活动，5月，在龙湖时代天街UME影院对该片区餐饮经营单位进行集中安全宣传，9月至11月，对龙湖时代天街时代汇、时代星座片区开展液化气使用安全集中上门宣传。

【区商务局负责人】
局　　　　长：卫　强
党工委副书记：郑琳琳
副　局　长：陈　皎　王永强　陈　浩

商业街建设

【解放碑步行街改造提升试点】 12月29日，商务部下发《关于开展步行街改造提升试点工作的通知》，将对全国11条步行街进行改造提升试点，培育一批具有国际国内领先水平的高品位步行街。解放碑步行街作为重庆唯一代表，与北京王府井、上海南京路、广州北京路等10个省市的知名步行街一同被纳入全国首批步行街改造提升试点。

【较场口夜市获评首个“重庆市级品牌夜市街区”】 3月12日，经重庆市级夜市街区评审委员会专家组对渝中区较场口夜市进行资料审核、现场查看、集中评审。专家组一致认为较场口夜市符合《重庆市级夜市街区验收和评审办法》所规定的条件，且通过重庆市商务委公众信息网公示1周无异议，渝中区较场口夜市被命名为“重庆市级品牌夜市街区”，成为全市首个“重庆市级品牌夜市街区”。

节庆会展

【重庆市迎春宴席展】 1月21日，第五届“重庆居民生活服务业稳增长促消费活动暨重庆市迎春宴席展活动”启动仪式在解放碑中心启幕。此次活动历时3天，近30家市区重点餐饮企业集中展示重庆渝中美食文化、美食形象，参展餐饮企业预定宴席超过5000桌，宴席销售收入超过500万元，拉动全年餐饮消费近2千万元。

【渝中国际咖啡文化节】 5月11日，由渝中区商务局和重庆解放碑中央商务区管委会主办、渝中区咖啡烘焙商会协办的“2018重庆渝中国际咖啡文化节暨夏日消费季”启动仪式在解放碑步行街举行。文化节以“遇见世界•爱上咖啡”为主题，邀请埃塞俄比亚驻渝领事等国际友人以及咖啡产业供应商等近40家企业参与。活动持续3天，吸引游客、市民等近百万人；累计加盟连锁、开店意向99个，现场意向产品采购订单155份，定制酒会、派对、文创产品订单32份。

【“西洽会”举行】 5月25—28日，第二十一届中国西部国际投资贸易洽谈会在重庆国际博览中心举行，渝中区组团参加本次活动并取得圆满成功，共签约落地10余个项目。其中开幕式当天签约7个重大项目，总投资44.6亿元（含外资1亿美元），包括智联云网科技、蔚来汽车销售中心、览睿资本汇泊停车总部、迪肯区块链科技中国总部等项目。

【较场口夜市文化节】 8月3日，渝中区“较场口夜市文化节”拉开序幕。该活动以“美食打CALL，熬夜发抖”为主题，持续5天，利用网络火爆的歌曲、舞蹈、游戏等元素联动夜市街区，打造重庆夜生活网红打卡地标。9月6日，2018重庆夜市文化节闭幕，渝中区获评“优秀组织奖”“特别贡献奖”。

【渝中创新商业大会】 9月13日，由区商务局主办的2018渝中创新商业大会在解放碑国泰艺术中心启幕。来自国内的商业消费大数据专家、项目操盘手聚焦“新经济、新业态、新人群、新物种、新技术、新品牌”六大关键词，全方位探讨城市新商业发展现状与趋势。第一太平戴维斯华西区项目及开发顾问部高级助理董事罗元均，当代商置总裁、原K11中国南区助理总经理李震，新城控股集团股份有限公司高级副总裁欧阳捷，腾讯区域业务部总监、腾讯•大渝网总裁黄顺莉分别作了主题分享。政府部门、市区商贸企业、媒体等近300名观众参与其中。嘉宾们的精彩演讲获得场外众多网友的关注，在线直播观众数量16.4万人次。

【亚太地区酒店合作论坛】 9月27日，2018亚太地区酒店合作论坛在重庆隆重召开。论坛由重庆市商务委员会、重庆市渝中区人民政府支持，全联房地产商会（全国工商联房地产商会）等单位主办，中国饭店杂志社等单位承办。在本届论坛上，有文旅酒店、智慧新城、温泉小镇等一系列项目与重庆市渝中区人民政府达成1000亿元项目合作和投资意向。

【首届中国国际进口博览会】 11月5—10日，首届中国国际进口博览会在上海国家会展中心举办，重庆交易团由渝中区交易分团在内的33个交易分团组成。渝中区交易分团共组织29家企业及相关单位共计90多人参加首届中国国际进口博览会，达成进口采购协议项目6个，采购额36.7亿元，主要涉及大宗商品、医疗设备、农产品、旅游等。

商业网点建设

【业态调整】 强化引导扶持，推动实体商业创新转型，优化区域消费供给，新引入迦达、蔻蕊等国际知名品牌10个。苏宁易购、屈臣氏新开智能化门店2个项目被评为市级实体零售创新转型示范项目。引进财信、茂隆收购帝都广场、国贸商业裙楼等老旧空置物业并统一打造；大都会西楼启动改造，拟打造为“1089美丽艺术中心”；支持国泰广场、龙湖时代天街、协信星光广场等新引进LINE FRIENDS、当当悦界、星巴克黑鹰臻选店等新零售业态，打造体验式、场景化消费新空间；支持鲁祖庙、贰厂、十八梯、三层马路等特色商业街区加快改造步伐。启动菜市场改造提升工作。年内完成观音岩菜市场的改造升级，改造面积1500平方米。本次改造，坚持以“功能齐全、设施完善、整洁有序、提档升级”为总体要求，完善菜市场的各项功能，更新市场内老旧设施，改善市场内部环境。推动社区商业连锁化发展，优化布局。年内在肖家湾、白象街、化龙桥等消费不便社区开设便利店5家。

【应急保供】 建立区级、街道级两级粮食应急保供体系，在全区11个街道依托重点保供企业、放心粮店、超市等建立17个粮食应急供应网点，落实应急储备和网点责任，签订应急保供协议和责任书，并定期检查、挂牌管理。全区储备应急粮食1.8万吨，应急生活物资总计300余万元。

（杜泽娟　胡鹏）

朝天门综合市场

【概况】 朝天门自1891年开埠以来便是商贾云集之地，商贸交易活跃。朝天门市场自20世纪80年代末兴起，截至2018年年底，办场单位有24家，营业面积共49.6万平方米。区域内商场多，经营商品种类多，是集批零兼营、观光旅游于一体的大型综合性市场，已发展成为西南地区重要的商品、物资集散地，跻身全国十大专业批发市场之列。原朝天门市场管理处于2014年12月经机构改革撤销，成立朝天门市场管理科，隶属朝天门街道办事处，现有人员4人。主要职责是：负责维护市场的经营秩序，保护经营者和消费者的合法权益；负责协调督促有关职能部门对市场的治安、消防、环卫、交通、户外广告进行管理；参与商贸用房新建、改建、扩建方案的论证，引导市场功能合理布局；负责对临时占用人行通道、乱摆摊点进行管理，督促检查市场容貌和环境卫生工作。2018年，市场销售总额395亿元，同比下降2%；零售额118.5亿元，同比增长3.7%。

【市场业态调整】 会同相关职能部门，牵头起草《朝天门片区品质提升1+9工作方案》，对推进朝天门市场业态调整升级提供坚强的组织保障和有力的政策支撑。配合区商务局，在实地走访办场单位，摸清市场基本情况的基础上，拟定《朝天门市场业态提档升级实施方案（送审稿）》《朝天门市场提档升级补贴政策（送审稿）》。指导时代天骄、金海洋商场等实施业态调整和立面改造，截至2018年年底，朝天门市场已有5栋商业楼宇完成内外部改造2.92万平方米，7栋1万平方米的外立面整治正在施工，2栋1.4万平方米外立面整治正施工设计，3栋8万平方米的外立面整治正完善设计方案；共有15万平方米仓储外迁至南岸区金开电商产业园。

【环境综合整治】 按照朝天门片区环境综合整治暨品质提升工作部署，以扫黑除恶工作为抓手，对市场区域内所有违章搭建摊、篷、亭进行拉网式清查，完成陕西路三巷至六巷261处、节约街一巷22处、少数民族摊区61个，总计344处（个）摊、篷、亭的调查和逐户建档工作；完成对节约街一巷8处摊、篷、亭的围封工作；取缔扎根市场多年的陕西路门柱摊、巷道口摊10个，取缔饮食经营游摊18个。

【市场安全稳定】 分别与24个办场单位和1个协会签订安全生产责任书，实行逐月通报、年度考核和责任追究制，全面落实安全责任制。针对市场各办场单位，2018年共举办安全知识培训30余期、安全技能培训50余次，培训近5000余人次，开展宣传教育活动100余次，出动检查人员900余人次，办宣传栏60余期，消除各类安全隐患共计100余起。

2018年朝天门市场名录

序号	商场名称	序号	商场名称
1	银星商场	13	盛隆商场
2	天门商场	14	金海洋商场
3	圣鹏国际家纺城	15	通银辅料市场
4	省纺市场	16	恒滨商场
5	大正商场	17	圣名国际时装城
6	协信商厦	18	长德商场
7	大生商场	19	千纸鹤商场
8	港渝广场	20	渝派精品服饰城
9	恒升商场1、2、3、4、5区	21	新重庆国际小商品批发中心
10	华华童装城	22	新重庆朝天门国际鞋都
11	海润童装大世界	23	帝怡布匹批发市场
12	平安商场	24	地标时代购物广场（原基良广场）

（熊靖）

集贸市场

【概况】区工商分局对集贸市场工作职责：贯彻执行有关市场监督管理的法律、法规和规章，制定相应的管理制度和措施；对市场的开办、变更、注销和年检进行登记管理；依法确认市场开办者、市场经营者和商品经营者的主体资格和上市交易商品的合法性。保护合法经营活动，依法查处违法行为，维护市场交易秩序；依照有关条例收取有关的市场管理费，严格按照国家规定范围使用，接受财政、审计监督。协助计划生育行政管理部门监督、指导市场经营者做好计划生育工作。

【市场基本情况】 2018年，渝中区有各类市场54个，办场企业（含分支机构）78户。其中农副产品市场21个，工业消费品综合市场9个，工业消费品专业市场20个，其他消费品市场2个，生产资料市场2个。

【消费品市场】

（1）农副产品综合市场（17个）。

学田湾大阳沟菜市场、桂花园菜市场、李子坝菜市场、金虎菜市场、竹园小区菜市场、观音岩菜市场、石灰市菜市场、圣堡花园菜市场、大溪沟菜市场、棉花街菜市场（含水族市场）、西三街农副水产品市场、十八梯菜市场、储奇门天邦菜市场、百信农贸超市、大坪第怡菜市场、绿优鲜西三街市场、虎头岩菜市场。

（2）农副产品专业市场（4个）。

菜园坝农副产品市场、菜园坝水果市场、聚金花卉市场、农和农副土特产品市场。

（3）工业消费品综合市场（33个）。

朝天门市场（24个）：恒升商场（1-5区）、华华童装城（10区）、大正商场（12区）、天门商场（13区）、大生商场（14区）、平安商场（15区）、海润商场（16区）、集贤恒滨商场（17区）、通银辅料市场（17区）、银星商场（18区）、圣鹏国际家纺城（19区）、省纺市场（20区）、港渝广场（21区）、金海洋商场（26区）、盛隆商场（29区）、圣名国际时装城（30区）、恒辉服装市场、圣帝星童装市场、渝派精品服饰城、新重庆朝天门国际鞋都、长德家居饰品城协信商场、千纸鹤东方针织内衣城、市新重庆小商品市场、帝怡布匹市场。

其他（8个）：珊瑚地下城、天府名特商品市场、金利缘菜园坝百货商场、中兴塑料市场、第五大道品牌服饰市场、轻轨名店地下城、金鹰女人街银座商场、女人广场。

（4）工业消费品专业市场（20个）。

雅兰电子城L-1，雅兰实田电器市场L-2、L-3，昌龙电器，云岩怡信数码都市市场，泰兴都市电脑城，诚泰电脑数码市场，公园路燃具家电批发市场，新华家电市场，家佳喜装饰城，较场口五金机电装饰市场，七星婚纱市场，江州太古三峡古玩市场，重百电子市场，中嘉通信器材交易市场，新浪通信器材交易市场，永缘汽车用品市场，重庆渝欣电器市场，菜园坝休闲娱乐品市场，菜园坝城外城灯饰市场，万吉毛线市场。

（5）旧货市场（2个）。

中兴路旧货市场、储奇门旧家具市场。

【生产资料市场】 （2个）

菜园坝皮革市场、重庆外滩摩配交易市场。

（李娟）

金　融

概　述

【概况】 重庆市渝中区金融工作办公室（简称“区金融办”）为区政府工作部门。办公地址：渝中区和平路管家巷9号。2018年，金融办机关内设综合科、金融市场科、金融发展科、中介发展科4个科室和金融信息中心1个公益一类事业单位，核定行政编制人员11名、在职9人，事业编制4名、在职3人。区金融办的主要职责是：贯彻执行有关金融工作的法律、法规、规章和方针政策；负责拟定金融业、专业服务业发展规划和年度计划并组织实施；开展金融政策分析和发展规划、经济金融形势研判、金融领域课题研究、金融信息数据统计分析与整合应用、交流等工作；协调落实支持产业发展的扶持政策；负责金融机构和专业服务企业的招商引资、政策扶持工作；负责对金融机构和专业服务企业的入驻过程进行追踪掌握和实施效果评估；统筹促进金融、专业服务业发展；

协助统计分析运行数据分析金融、专业服务业运行情况，协调解决发展中的困难，引导协调金融、专业服务为经济社会发展服务；负责辖区小额贷款公司、融资性担保公司设立、变更初审工作，履行日常监管、数据统计、风险处置等职责；负责拟上市公司的培育、推荐工作；协助推动金融创新试点；配合市金融监管机构防范金融风险，协助开展打击非法金融活动，做好协调服务和信息交流工作；协助统计分析地方金融数据；开展金融信息化建设，做好信息化平台建设、维护管理和支撑保障服务工作；开展金融人才引进、培养、服务和金融人才工作规划研究；承办区委、区政府及上级部门交办的其他事项。

2018年，区金融办贯彻落实党的十九大精神、市委五届四次全会和区委十二届三次全会精神，为推动金融核心区和专业服务业高地提质发展提供政治保证。在重庆市政府对所辖区县的“区域金融风险防范”考核终评中排名第一。

【金融业发展综述】 新增市级金融机构4家，市级及以上金融机构总数达168家。银、证、保传统市级机构数量占比42.3%，其他创新型金融机构数量占比57.7%，创新型金融机构数量持续增多，金融门类不断完善。全区金融业增加值实现310.8亿元，占全区GDP的25.8%，占第三产业增加值的26.7%，占全市金融业增加值的16%。金融业实现营业收入483.9亿元，同比增长8.0%。实现区级税收7.34亿元，占区级税收的19%，同比增长6.9%。

【银行存贷余额增速分化】 银行业实现营业收入181.5亿元，同比增长7.5%。存、贷款余额分别为4801.7亿元和4225.6亿元，均占全市的13.5%。存款余额同口径下降7.4%，贷款余额同口径增长10.2%。存贷比为88.0%，与全市平均水平持平。

【资本市场交易萎缩】 证券和期货公司营业收入分别为2.6亿元和5.3亿元，分别同比下降28.4%和同比增长2.2%，证券行业持续低迷，期货行业持续发展，行业分化依旧。全区代理证券交易额4709亿元，同比下降20.7%。全年新增“新三板”挂牌企业3家、OTC（场外交易市场）挂牌5家，2家企业完成IPO申报。至年末，境内外已上市挂牌企业总数达35家。

【保费收入略有下降】 保险业实现保费收入194.5亿元，占全市保费收入的24.1%，同比下降9.3%。其中，财产险保费收入54.0亿元，同比增长13.7%；人身险保费收入140.5亿元，同比下降15.9%。财险和寿险的比例为28∶72。

【新兴金融运行平稳】 新型金融机构实现营业收入27.9亿元，同比下降3.0%。其中，小额贷款公司实现营业收入4.1亿元，同比下降7.8%；融资性担保公司实现营业收入3.2亿元，同比增长12.1%；股权投资类企业实现营业收入5.6亿元，同比增长10.9%；要素市场实现营业收入8.3亿元，同比下降34.4%；金融租赁和金融保理分别实现营业收入4.4亿元、2.0亿元，分别同比增长51.5%、233%，表现出良好的发展态势。要素市场成交额5747亿元，同比下降76.6%；第三方支付结算额902亿元，同比下降16.2%；银联网络结转交易额2.57万亿元，同比增长76.0%。

【金融企业服务】 开展“兴调研转作风促落实”和“一助二优三转”（助推企业发展，优化服务机制、优化营商环境，转变职能职责、转变干部作风、转变发展方式）行动。2018年走访联系服务总部（重点）金融企业99家、规模以上企业316家，累计服务2300余次，收集问题198个，解决115件。形成《金融业发展调研报告》等3篇重点工作性调研报告和《全力提升金融服务实体能力 高效助推民营企业健康发展》等11篇工作材料。组织区内9名金融人才申报“鸿雁计划”“渝中英才”等政策项目，推荐10名优秀金融人才参加“优秀企业家”评比。继续做好金融机构政策兑现，以及高管医疗、交通、子女教育等配套服务，协助解决企业广告招牌设立、停车及更换办公场地等问题。

【实体经济服务】 出台金融业服务实体经济18条措施及普惠金融工作方案，鼓励银行增强信贷投放力度，推广“云税贷”“发票贷”“结算贷”“经营快贷”等无抵押金融产品，探索开展动产质押、应收账款质押贷款，利用资产转让、境外代付、内保外贷、并购贷款等新型融资品种，扩大增量、盘活存量。引导金融机构广泛运用大数据、云平台等金融科技。服务民营经济、推广普惠金融、发展绿色金融，农业银行全国首家DIY智慧网点成功亮相解放碑，中国银行智能柜台覆盖率达100%，“一站式”工商注册、智能开户、手机开户等多举措优化企业服务。2018年新增民营企业贷款111亿元；小微企业贷款余额847.4亿元，同比增长9.6%；低碳经济、循环经济、节能减排等领域新增绿色贷款30亿元；全年融资担保机构小微企业发生担保9283笔，同比增长72.4%；小微企业在保余额60.7亿元，同比增长8.69%。

【金融风险防范化解】 强化金融风险防控，收集举报线索60余条，排查企业800余家，警示约谈企业40余家次，行政化解风险企业30家，清退资金3亿元，约谈接访信访群体44批次1091人次；化解积案6件，审结重庆市挂牌督办案件4件，审结率达100%。开展金融领域扫黑除恶专项斗争，召开2次宣传动员会，与辖内金融机构签订责任书30余份，发动250余家金融机构参与扫黑除恶宣传，张贴海报1000余幅，LED屏播放宣传标语130块，播放宣传片3600余屏次，推送短信1万余条；发动金融行业参与线上“扫黑除恶我点赞”活动累计8000余次，8万余人参与防范打击非法集资有奖答题活动。

【党建工作】 树立“抓好党建是本职、不抓党建是失职、抓不好党建是不称职”的政治意识和责任意识，将聚精会神抓党建与强化服务促发展、立足本职保稳定有机结合起来，为推动金融核心区和专业服务业高地提质发展提供强有力的政治保证。抓好意识形态工作，学习贯彻党的十九大精神，推进“两学一做”学习教育常态化制度化。组织开展中心组学习17次、“两学一做”专题学习11次，外出参观2次。强化主责意识，召开党组会研究党风廉政建设工作6次，制定“廉洁渝中”、党风廉政建设与反腐败工作要点，深化细化党组领导班子集体责任37项、个人责任25项，梳理“廉洁渝中”建设任务分解表及岗位廉政风险点12个，党组研究党建工作9次，开展专项检查7次、专项述职评议1次、专题民主生活会1次。

【区金融办负责人】
主　任：范　娟
副主任：邵晓钊（2018年7月离任）
　　　　刘　川（2018年7月任职）
　　　　金　进

（周珺　陈莎莉）

银　行

中国农业发展银行重庆市分行

【概况】 中国农业发展银行（简称“农发行”）成立于1994年，注册资本570亿元，是直属国务院领导的国家唯一的一家农业政策性银行。其主要任务是以国家信用为基础，以市场为依托，筹集支农资金，支持“三农”事业发展，发挥国家战略支撑作用。全系统共有31个省级分行、339个二级分行和1816个县域营业机构，员工5万多人，服务网络遍布中国大陆地区。

中国农业发展银行重庆市分行（简称“农发行重庆分行”）于1996年12月成立。2018年，设有各级分支机构36个，其中省级分行营业部1个，万州、涪陵、黔江3个二级分行，区县级支行32个。全分行有员工973人，其中市分行机关101人。市分行机关内设办公室（党委办公室）、资金计划处、扶贫业务处、粮棉油处、基础设施处、投资处、信用审批处、信贷管理处、风险管理处、内控合规处（法律事务处，反洗钱中心）、财务会计处、运营管理处、信息科技处、人力资源处（党委组织部）、监察处、党群工作处、行政服务处等17个处室。办公地址位于重庆市渝中区新华路201号。农发行重庆分行的经营范围：办理粮食等重要农产品收购、储备、调控和调销贷款，办理农业农村基础设施和水利建设、流通体系建设贷款，办理农业综合开发、生产资料和农业科技贷款，办理棚户区改造和农民集中住房建设贷款，办理易地扶贫搬迁、贫困地区基础设施、特色产业发展及专项扶贫贷款，办理县域城镇建设、土地收储类贷款，办理农业小企业、产业化龙头企业贷款，组织或参加银团贷款，办理票据承兑和贴现等信贷业务；吸收业务范围内开户企事业单位的存款，吸收居民储蓄存款以外的县域公众存款，吸收财政存款，发行金融债券；办理结算、结售汇和代客外汇买卖业务，按规定设立财政支农资金专户并代理拨付有关财政支农资金，买卖、代理买卖和承销债券，从事同业拆借、存放，代理收付款项及代理保险，资产证券化，企业财务顾问服务，经批准后可与租赁公司、涉农担保公司和涉农股权投资公司合作等方式开展涉农业务；经银行业监督管理机构批准的其他业务。

2018年，农发行重庆分行落实农发行总行党委、重庆市委决策部署各项工作“稳中有进、进中向好、好中提质”。党的建设取得新成效、信贷支农实现新跨越、扶贫成效呈现新突破、管理基础得到新加强、社会影响获得新提升、干部队伍激发新活力。至年末，贷款余额1223.42亿元，比年初增加110亿元，增幅9.88%。贷款日均余额1200.46亿元，比上年增加162.28亿元，增幅15.63%。存款余额431.64亿元，存款日均余额保持平稳增长。获得重庆银行业协会颁发的最具社会责任金融机构奖、年度社会责任精准扶贫奖。重庆市委、市政府领导先后多次作出重要批示，对农发行重庆分行工作给予充分肯定。《重庆日报》先后以“全力服务乡村振兴，农发行在行动”系列报道农发行重庆分行支农成效5篇和《聚焦扶贫》专版2个。

【乡村振兴服务】 （1）多措并举保障国家粮食安全。做好中央及地方粮油增储和轮换收购资金供应和管理工作，持续加大对粮食多元市场主体的支持力度，市场份额提高到58.6%。（2）聚焦精准全力服务脱贫攻坚。开展“服务脱贫攻坚深化年”活动，召开服务脱贫攻坚工作会、扶贫过桥贷款政策宣介会，开展万户百村行长扶贫、“万企帮万村”、东西部扶贫协作等精准扶贫行动。用好“创建省级政策性金融扶贫实验示范区”和“扶贫过桥贷款”两个抓手。2018年向贫困区县投放贷款154.06亿元，向深度贫困乡镇投放贷款23.47亿元，向实验示范区投放贷款110.27亿元。（3）创新引领支持农村产业发展。围绕质量兴农、绿色兴农，拓展支持领域，支持农业现代化。审批贷款45.92亿元、投放22.70亿元，支持忠县国家级田园综合体建设试点、荣昌区国家森林城市建设、丰都县农村土地流转和规模经营项目，多个贷款品种实现“零的突破”。审批3.6亿元、投放0.4亿元支持石柱县中益乡康养旅游综合体建设项目，在支持农村“三变”模式上取得新突破。（4）突出重点大力支持生态宜居。制定《服务乡村振兴战略行动计划的实施意见》，围绕重庆市委“八项行动计划”和“三项攻坚战”工作部署，聚焦棚改、“四好农村路”、农村人居环境、生态环保、长江经济带发展等重点领域和薄弱环节，支持改善农村生产生活条件。全年审批基础设施贷款项目52个、307.63亿元，投放274.33亿元，年末贷款余额991.07亿元。

【合规经营风险防控】 （1）强化依法合规经营。抓好农发行章程和监督管理办法的学习贯彻，推动分行上下强化合规意识，贯彻落实国家规范地方政府融资行为和金融支持实体经济的一系列政策举措，坚守业务营销“底线”，不越“红线”，做到令行禁止、合规经营。（2）加强内控管理。开展“内部基础管理深化年”活动，调整完善四类十个督导组，组织巡回督导、考核验收。落实深化市场乱象整治要求，推进内控合规三年综合治理，开展案件风险排查，强化反洗钱工作，有效整改2018年各类检查督导发现的问题。配合总行内部审计垂直管理体制改革，支持审计办成立和工作开展。（3）持续推进信贷全流程标准化管理。制定贷后管理实施意见，落实贷后管理例会制度，推进尽职检查系统试点，有效提高办贷管贷质效。2018年清收不良贷款109万元，信贷资产质量持续向好。（4）狠抓基金管理。落实基金经理责任，推广基金投后管理信息系统，以现场实地检查为重点，采用通报、督办、约谈等方式，促问题整改、防控化解风险。（5）重视安全保卫工作。落实安全职责，开展应急演练，抓好寄库押运、柜面安全、车辆管理等工作，全年无安全事故发生。

【党建工作】（1）学习贯彻习近平新时代中国特色社会主义思想。加强党委中心组学习，邀请专家宣讲辅导，组织开展高管培训。在全辖开展“学理论、强党性”活动。在参加农发行总行学习竞赛活动中，获得二等奖和优秀组织奖。（2）开展“全面从严治党深化年”活动。召开党建工作会议，研究部署年度党建重点工作；开展党建工作视频展播，交流分享工作成果；建立完善党员活动室，开展“两优一先”评选表彰活动。（3）强化干部队伍建设。由党委成员带队开展对分支行班子及成员考核，稳妥开展农发行重庆分行管理干部调整，分支机构领导班子成员平均年龄下降1.88岁，大学本科及以上学历者占比提高10.94个百分点。落实人才培养规划，加强对骨干和青年人才上下交流、多岗锻炼、跟踪培养、动态管理。（4）推进党风廉政建设。开展扶贫领域作风问题专项治理和形式主义、官僚主义集中整治。开展“以案说法”警示教育、赖小民案件对照检查等活动，打造廉洁教育示范行。紧盯重点群体、重要岗位和关键环节，开展专项监督检查，严格执纪问责。成立4个巡察组，对辖内4个支行开展巡察。（5）弘扬正能量。认真学习宣传新时代农发行文化理念体系，召开首届二次职工代表大会，组织职工文艺汇演，开展“重温红岩历史 传承红色血脉”教育，开展第二届“最美农发行人”和第一届“金牌客户经理”“金牌柜员”评选活动。做好送温暖和扶贫公益捐款。2018年，有52个集体、164人次获得市级及以上部门表彰，在农发行总行及市级及以上媒体刊载稿件350余篇。

【中国农业发展银行重庆市分行负责人】
行　　长：陈志猛
副 行 长：吴春阁（2018年7月离任）
　　　　　邓　建
　　　　　向中胜（2018年7月离任）
　　　　　陈　敏（2018年7月任职）
　　　　　龚　晋
纪委书记：许　红（2018年5月任职）

【中国农业发展银行重庆市分行营业部负责人】
总 经 理：谭宁河（2018年9月离任）
　　　　　旷晓永（2018年9月任职）
副总经理：段　勇　钟文彬

（邓锋　龙秀军）

中国建设银行重庆市分行

【概况】中国建设银行股份有限公司重庆市分行（简称“建行重庆分行”）成立于1954年10月1日，原名中国人民建设银行重庆市分行。1958年，建设银行总行改为财政部基本建设财务司，同年9月重庆市分行及所属机构撤销，基建相关业务交市财政局和人民银行办理。1959年8月，经重庆市人民委员会批准，恢复对外名义并更名为“中国建设银行重庆支行”，与财政局基建财务科“一套班子，两块牌子”。1962年恢复建制，与市财政局分别设置。1970年，市分行并入人民银行，基本建设预算拨款和财务管理交财政部门办理。1972年4月，国务院决定恢复建行机构，市分行于同年10月1日恢复并正式对外营业。1979年由事业单位改为企业单位。1983年建行总行对重庆市分行实行计划单列。1994年由国有专业银行向国有商业银行转轨。1996年更名为中国建设银行重庆市分行。1997年重庆直辖后升格为一级分行。2004年建行总行重组后，重庆分行更名为中国建设银行股份有限公司重庆市分行。至2018年末，建行重庆分行共有直管分支行35个，其中二级分行4个、营业部1个、直管支行30个；营业机构282个，其中一级分行1个、二级分支行（含营业部）35个、网点型或单点型支行244个、分理处2个。市分行机关内设职能部门23个，员工总数5508人。办公地址：渝中区民族路123号。

2018年，建行重庆分行围绕习近平总书记对重庆提出的重要指示要求，落实各级党委、政府和主管部门工作部署，坚持“党建引领、稳健经营、创新发展”工作理念和“简、快、精、实”工作作风，推进普惠金融、住房租赁、金融科技“三大战略”在渝落地，服务“八项行动计划”和“三大攻坚战”。至2018年末，人民币各项贷款余额3361亿元，新增400亿元，同比多增118亿元，创历年新高；一般性存款日均余额3003亿元，新增187亿元，存贷比109%；不良贷款率0.74%，纳税11.1亿元。主要指标均保持在重庆金融系统大行（工行、农行、建行、中行）前列。

【驻区分支机构】 建行重庆分行在渝中区共设有市分行营业部、中山路支行、渝中支行等3家直管分支行，居所有区县首位，下辖16个营业网点。市分行营业部有员工85人。2018年末全口径时点存款余额286亿元；贷款余额441亿元；不良率为零，实现拨备前利润10.07亿元，纳税1.27亿元。中山路支行有员工109人。2018年末全口径时点存款余额197亿元；贷款余额125亿元；不良率为0.05‰。实现拨备前利润5.75亿元，纳税0.46亿元。渝中支行有员工233人。2018年末全口径时点存款余额128亿元；贷款余额284亿元。实现拨备前利润6.21亿元，纳税0.79亿元。

【区域战略服务】 （1）集中资源服务基础设施建设。实施“基础建设提升战略行动计划”，加大对铁路、轨道、机场等重点项目的支持力度，其中，铁路、机场项目贷款余额均为重庆市第一。在渝中区，重点支持菜园坝、蒲草田、山城巷、雷家坡棚改项目，提供融资13亿元；依托专业优势，为上清寺、春森路、曾家岩、红云路等提升工程提供专业造价咨询服务，有效管控建设资金。（2）助力大数据智能化发展。启动金融科技战略，无偿搭建“公益教育”“智慧政务”“安心养老”“善行宗教”“智慧市场”等政务系统，助力渝中区政府智能化应用升级；与重庆银行、重庆三峡银行、重庆富民银行、马上金融等71家金融机构合作，输出建行科技系统，赋能中小金融机构，协同服务区域经济社会发展；推动建行总行来渝参加首届“智博会”，投入1000多万元布置展厅，集中展示40余项金融科技创新成果，智慧小镇建行智能银行累计服务市民超过6.6万人次。与渝中区政府签订战略合作协议，“智博会”期间，建行总行田国立董事长与渝中区委书记黄玉林座谈，为深化银企关系奠定良好基础。（3）服务产业转型升级。服务制造业高质量发展，支柱产业、战略性新兴产业信贷余额超540亿元；创新网络银行“e贷款”产业链金融模式，累计为长安、小康等20家核心企业近450户链条客户提供融资超100亿元；助力智能产业发展，与京东方智能科技、讯飞科技等10家智能化领域重点企业签约，助力长城汽车、蚂蚁金服等205家重要企业落户重庆；实施绿色信贷差别化政策，绿色信贷增速达15%，绿色信贷导向评估列重庆金融系统大行第一。（4）服务供给侧结构性改革。为助力政府降成本，企业降杠杆，2018年累计发债111.5亿元，承销规模首次突破百亿元大关，承销期次和承销规模创历年新高，承销规模获重庆金融系统大行“五连冠”；认购地方债104亿元，累计认购650亿元；建工、化医集团债转股项目投放30亿元，累计投放50亿元。

【普惠金融推进】 （1）推进普惠金融战略。破题小微企业“融资难、融资贵”痛点，在同业率先将普惠金融上升为全行战略，依托大数据和互联网技术，推动整合人行征信、税务等信息，创新推出全线上、无抵押、低成本的“小微快贷”业务模式。截至2018年末，普惠金融客户数超过3万户，贷款新增67亿元，超过重庆金融系统其他三大行贷款新增总和，融资成本低于重庆市平均水平，资产质量为重庆金融系统大行最优。推进金融“启蒙”运动，举办“渝微聚惠”客户沙龙活动近300场，与重庆工商大学合作创办建行大学，启动金智慧民工作。（2）推进住房租赁战略。围绕房屋租赁市场痛点，创新打造集政府监管、公租房管理、市场监测分析、交易服务、租赁企业管理等功能于一体的住房租赁综合平台，全年累计上线房源34.8万套，在线交易7500笔。协助重庆市住建委，创新打造全国首个全流程、全线上服务的商品房预售资金监管系统，有效解决资金监管痛点；创新住房租赁支持贷款等多项金融产品，投放住房租赁专项融资1.8亿元。住建部监测分析系统直辖市及西部地区首家成功上线，延伸租购场景。（3）推进扶贫攻坚战。加大信贷投放力度，金融扶贫贷款全年新增6.3亿元，增速为60.6%；搭建智能撮合平台，与重庆市扶贫办建立“重庆市扶贫项目数据库”，上线奉节、巫山等5个贫困区县2987个扶贫项目，在建行商城开通“巴渝馆”“重庆扶贫馆”，将“三峡阳菊”“奉节脐橙”“巫溪天元乡蜂蜜”等重庆农特产品推向全国，实现交易近亿元，获重庆市“精准扶贫示范金融机构”、建行总行“十佳扶贫组织机构”称号。（4）服务社会民生改善。持续加大软硬件投入，全年累计投入超过7000万元，为用户免费安装ETC、为多所院校及医院升级系统；推进移动支付工程，围绕衣食住行等重点领域，搭建各类缴费服务场景超过2000个，手机银行、个人网银用户继续保持同业第一，新打造旗舰网点8个，改造综合网点41个，推动67个网点升格，完成1172台自助设备“刷脸取款”改造工作，4个网点获中国银行业协会“2018年银行业文明规范服务千佳单位”称号，改善市民金融服务体验。在渝中区，联手区卫生和计划生育委员会和重医附一院共同建设“智慧医疗”系统，创立“健康小屋”品牌；建设“劳动者港湾”14个，为市民提供驻足休憩场所，累计为6万市民提供便民服务。

【内陆开放服务】（1）自贸区金融服务率先起步。在两江新区、西永率先成立自贸区经营机构，落地首笔NRA（非居民）账户结汇业务，有效降低企业财务成本；支持跨国集团开展外汇资金集中运营、跨境双向人民币资金池。（2）助力中新互联互通示范项目建设。参与首届“中新峰会”，推动建行总行与市政府、新加坡盛裕集团签署三方战略合作协议，与建行新加坡分行协同联动，助力中新互联互通示范项目建设；加大中新互联互通项目金融支持力度，为优质企业提供低成本境外资金，跨境贷款继续保持重庆市领先；牵头整合渝、桂、黔、甘、青五省市建行资源，建立合作机制，共同支持“陆海贸易新通道”建设。（3）提升外向型经济服务质效。搭建“跨境e+”系统，独家支持中国（重庆）国际贸易“单一窗口”系统搭建；依托建行海外资源，有效扩充区域资金供给，2018年累计从境外融入资金123亿元。（4）助力区域集聚辐射能力提升。新设建信咨询、建信住房服务子公司，建行集团在渝分支机构达到6家，2018年母子公司联动引资入渝120亿元；发挥同业中心作用，从建行总行争取资金向重庆金融机构提供1801亿元流动性支持。

【金融风险防控】（1）支持民营企业化解风险。发挥金融“稳定器”和“减压阀”作用，对出现临时性困难的企业不抽贷、不断贷、不压贷，支持企业渡过难关，2018年累计为90户企业提供再融资及应急转贷服务；履行债权人委员会成员职责，牵头成立债委会47家，参与171家，在银翔、东银、力帆等风险化解中积极作为、成效显著，为债委会成员企业续贷、转贷100.9亿元；主动全方位管控风险，建行重庆分行班子成员主动牵头“不良”，“关注”项目化解，主动开展汽摩行业以及受中美贸易摩擦影响客户贷款诊断，资产质量保持领先，信用卡贷款质量连续3年重庆同业最优。（2）推动内控合规长效机制建设。启动"合规管理年"活动，逐级签订《案件防控暨安全保卫工作责任书》，开展信贷、业务用章等领域案件风险排查，加大员工违规出具担保、私售"飞单"、泄露客户信息、过度消费及借贷等违法违规及异常行为排查力度；深化银行业市场乱象整治，自查发现并报告问题88个，问责189人次。（3）深化重点领域整治。推进业务与消费者权益保护工作的一体化、同步化，利用新媒体渠道强化消费者权益保护宣传；加大外汇业务过程控制和事后督查，加强反洗钱业务精细化管理，建立"一票否决、正向激励、末位轮换、绩效补偿"的考核体系。至2018年，连续八年被中国人民银行重庆营业管理部评为外汇业务A级和"重点可疑交易报告优秀机构"。

【全面从严治党】（1）旗帜鲜明讲政治。把学习宣传贯彻党的十九大精神作为首要政治任务，细化83项具体措施。通过组织专家讲座、知识竞赛、党建测评等系列活动，分期分批、分层分类开展党的十九大精神学习培训。（2）压实"两个责任"。把高质量履行主体责任和监督责任作为党委工作的重中之重，制定"两个责任"落实方案，并配套完善考核办法，将考核结果纳入等级银行、KPI（关键绩效指标）、竞争力考核。强化监督执纪问责，推动制定巡察工作五年规划，建行重庆分行派出4个巡察组对9个支行、6个分行部门开展巡察，增设沙坪坝等三家二级建行分支行纪委，并选配优秀年轻干部任纪委书记。（3）深化作风建设。优化领导干部党建联系点，建行重庆分行党委成员带头深入基层，实现所有基层行、所有行领导全覆盖。启动"强化责任提升质效"主题活动，聚焦"形式主义、官僚主义"新表现，通过本部表率示范带动全行转作风、正行风。2018年，累计开展党建和业务调研100余次，帮助基层解决问题200余个。

2018年建行重庆分行驻渝中区机构

机构名称	地址	电话
市分行	渝中区民族路123号	023-63771855
市分行营业部	渝中区民族路123号	023-63771268
中山路支行	渝中区中山三路130号	023-63879870
中山路支行营业部	渝中区中山三路130号	023-63894594
医学院支行	渝中区友谊路1号附60号1层广场1号、2号	023-68408719
渝中支行	渝中区打铜街14号	023-63911989
渝中支行营业部	渝中区打铜街14号	023-63911231
邹容路支行	渝中区邹容路50号南洋大厦平街层	023-63763113
解放碑支行	渝中区民族路123号临街底层	023-63771382
大坪支行	渝中区大坪正街19号英利国际广场A区	023-68812084
上清寺支行	渝中区上清寺渝中大厦	023-63500332
较场口支行	渝中区民权路58号第一层5号位	023-63801191
观音岩支行	渝中区中山一路220号	023-63507706
学田湾支行	渝中区学田湾正街3号附5号	023-63867701
万科锦程支行	渝中区大坪正街160号附43-46号	023-63817529
桂花园支行	渝中区桂花园新村27幢	023-63619264
业成花园支行	渝中区七星岗民安园2号业成花园A栋平街层	023-63500433
肖家湾支行	渝中区长江二路33号附12、13、14、15号	023-68801112
雍江苑支行	渝中区化龙桥瑞天路192号	023-63844872

【建行重庆分行负责人】

行　　长：王晓永（2018年4月离任）
　　　　　王新立（2018年5月任职）
副 行 长：熊　刚　文姜元　陈　义
　　　　　吴承恩
　　　　　杨中仑（2018年8月离任）
纪委书记：徐　鹏（2018年1月任职）

（谢志军）

中国光大银行股份有限公司重庆分行

【概况】 中国光大银行股份有限公司重庆分行（简称“光大银行重庆分行”）成立于1996年6月28日，是中国光大银行总行在西南地区设立的第一家分支机构。办公地点：渝中区民族路168号。2018年，分行内设18个管理部门、4个公司业务经营部门、26家支行、12家社区银行，分布在主城7区以及万州、江津、永川、涪陵等区县。光大银行重庆分行秉承“审慎、稳健、合规”经营理念，依托光大集团金融全牌照优势，为客户提供优质综合金融服务；推动改革转型，开拓金融创新，强化风险管控，服务实体经济；打造的“阳光服务”品牌赢得社会各界认可。

至2018年，光大银行重庆分行连续七年获评重庆银行保险监督管理局监管评级2A级、连续八年获得重庆外汇管理部“外汇管理A类银行”、连续五年获评重庆银行业协会“最具社会责任金融机构奖”、连续八年获评重庆市政府“税务A级纳税企业”称号，获评重庆市公安局、重庆银保监局“安全评估优秀银行业金融机构”，获评重庆银保监局“金融知识普及月先进集体”“网络安全攻防竞赛一等奖”，获评重庆银行业协会“2018年度重庆市银行业文明规范服务评选活动最佳组织单位”，同时获评光大银行系统内“外汇交易优秀分行”“智能柜台业务推广十佳分行”“信息科技管理先进分行”等多个奖项。分行共有2个全国银行业“百佳”文明规范服务示范网点、8个全国“千佳”文明规范服务示范网点、8个全国“五星级”网点。

【行业风险防控】 在存贷规模及营收利润稳步发展的同时，持续构筑全面风险管理体系，强化“三道防线”建设，完善风控管理框架，落实风险整治措施。（1）加强风险管理系统建设。根据光大银行总行统一部署，先后开发上线及更新完善对公信贷管理系统、客户风险预警管理系统、客户风险数据质量控制系统、押品管理系统等，建立健全线上全流程化的大数据体系。通过科技力量提升信贷流程审批、监测、管理效率。（2）完善授信项目审查审批流程。在有效识别、控制超分行权限授信审批体系对公授信业务风险，加强对资管类创新业务风险控制的同时，提高对经营机构的帮扶力度和信贷审查审批效率。（3）严把信贷审批关口。梳理并结合信贷审批工作实践中存在的不足及薄弱环节，强化授信客户，尤其是中小授信客户的准入管理，严防信用风险发生。（4）加强对表内外、表表外客户的全面风险管理。发挥风险预警会的风险预警化解职能，定期召集前中后台召开风险预警会，及时对各部门工作中所涉及的信用风险隐患及风险排查情况进行汇总、通报，及时采取措施化解风险。（5）筑牢反洗钱风险防线。主动履行反洗钱义务，设立反洗钱监测中心，通过“集中做、专家做、系统做”的模式有效实现反洗钱风险监测、分析、上报、防控等的集约化管理。

【绿色发展】 通过信贷资源配置，把支持绿色产业、发展低碳金融作为业务发展的重要方向。与重庆环保投资集团、康达环保产业集团、财信环保投资公司等建立长期合作关系，支持重庆地区新能源与再生能源、水污染治理、大气污染治理、土壤污染治理等领域，坚持生态优先、绿色发展、绿色运营、绿色金融原则，履行社会责任，助推污染防治。至2018年年底，向各类节能环保行业企业发放各类授信余额8.48亿元。加强优化系统建设，建立线上全流程化的操作体系，推进无纸化、低碳化办公。

【精准扶贫】 支持贫困地区的信贷投放，

围绕保障和改善民生，确认重点支持领域和项目，通过平台搭建、融资渠道、产品创新等探索独有的精准扶贫“阳光模式”，形成见实效、机制化、可复制的扶贫新思路。（1）搭建金融扶持平台，服务小微三农。重点对重庆周边农村、农业基础设施建设、农户贷款、农林牧副渔行业企业贷款予以支持。至2018年年底，累计提供金融精准扶贫贷款10638万元，带动26个贫困村、28户贫困户、132名贫困人口就业，涉农贷款余款完成不低于年初数的目标。（2）支持普惠金融，延伸服务触角，服务实体企业。以万州、江津、南川等区域作为扶贫工作精准化的实践基地，包括万州区长江大桥北岸综合交通体系建设项目融资3亿元、武隆区乌江白马电航枢纽防护工程项目融资2.8亿元、南川区九鼎山民生项目融资2亿元等，针对性支持一批偏远区县的基础设施类项目。通过集团下属金融租赁公司对重庆松藻煤电公司进行授信支持和扶贫，发放租赁项目融资金额5亿元，至2018年末授信余额2.88亿元。（3）助力公益事业。创办以“攻坚扶贫”“助学扶幼”“敬爱扶老”为主题的“光大公益行”活动项目，为多家精准扶贫对象、爱心庄园、留守儿童、贫困地区小学等送上温暖和帮助。前往江津区长冲小学、酉阳浪坪乡南岭村小学为留守儿童送去学习用品、生活用品和玩具；到南川区南城街道半溪河村开展贫困户春节慰问；参加“爱心一万米”精准扶贫公益活动，捐款5000元；将当地出产的土鸡蛋、土鸭蛋等农产品摆在分行小卖部销售，实现消费扶贫支持。

【实体经济服务】 （1）支持重庆重大战略项目建设。在重大民生、重大交通、农业、重大网络、能源资源、技术改造、环保生态等重点基础设施建设项目以及棚户区改造等建设项目，累计发放授信547亿元。（2）推进重庆市基础设施的授信支持。至2018年末，累计发放城镇化贷款88.56亿元，涉及渝北区、万州区、九龙坡区、永川区、沙坪坝区、江津区、巴南区等多个区。（3）支持民营经济发展。按照光大集团董事长李晓鹏支持民营经济四个“一视同仁”（信贷政策上一视同仁，不提高准入门槛；服务效率上一视同仁，不优柔寡断；激励约束上一视同仁，不厚此薄彼；产品创新上一视同仁，不左顾右盼）的要求，至2018年年底，对民营企业授信余额已达235亿元，同比增长16.92%，有授信余额的民营企业客户数同比增长23.24%。（4）支持民生金融。为中小企业主、个体经营户解决融资难、门槛高等难题。2018年，零售普惠金融贷款余额66.36亿元，支持个体工商户及小微企业主共计16730家。

【内陆开放服务】 服务国家“一带一路”倡议和人民币国际化战略，支持跨境货物贸易和服务贸易结算、跨境直接投资、跨境融资和跨境个人汇款等业务。（1）支持国家重大战略及区域重大战略的信贷。对重庆市地区重大交通枢纽工程、重点铁路公路及桥隧项目、自贸区重点招商引资企业等展开积极营销，主要有渝湘高速、郑万高铁、红岩村嘉陵江大桥、重庆环保投资集团、特斯联智慧科技公司、创新工场等一批重点工程项目或重点企业。（2）打造“易结汇”项目。实现小微电子商户跨境资金在线化、全流程、自动化收结汇操作，为客户提供高效、精准、优质的服务，成为业内同质业务发展标杆。至2018年年底，实现结算量18.12亿美元，服务跨境电商客户约8000户。（3）助力境内企业打通境外融资渠道。至2018年年底，累计办理内保外债业务8913万美元，帮助企业降低融资成本。（4）助力“一带一路”倡议。全年承销两支“一带一路”主题中期票据，共募集资金20亿元。（5）开展产品云链保理业务。针对小微供应商累计投放金额约7388万元，放款105笔。

【普惠金融发展】 以“小额化、分散化、标准化、便利化”为指导思想，统筹布局、优化结构、突出特色、流程管理、防控风险，推进普惠金融业务发展。（1）落实普惠金融“三专”（专业部门、专营机构、专家审批）发展要求，筹建普惠金融专营机构取得实效。（2）围绕“立足小微、服务三农”的经营战略和服务理念，对“小微”业务突破传统融资模式，设立小微信贷工厂。（3）入围国家融资担保基金与重庆市小微企业融资担保有限公司共同搭建合作平台中首批签约10家银行。(4)开通小微企业票据贴现绿色通道，优化业务审批流程，达成企业快速融资需求，全年办理票据贴现业务总额7.45亿元。（5）创新农村金融产品和服务，丰富涉农产品体系。通过对不同层次、不同阶段的客户提供有针对性的、细分后的信贷产品，切实支持“三农”发展尤其是农户和涉农小微企业发展，至2018年年底，涉农贷款余额34.99亿元。（6）完成普惠“两增两控”［“两增”单户授信总额1000万元以下（含1000万元）小微企业贷款同比增速不低于上年同期水平，有贷款余额的户数不低于上年同期水平；“两控”即合理控制小微企业贷款资产质量水平和贷款综合成本］监管目标，普惠金融贷款余额74亿元，同比增速为15.4%，客户数较年初增加569户。

【金融创新服务】　建设开放式金融服务平台，注入科技基因和引入互联网金融概念。（1）自主研发跨境电子商务支付业务系统。打通第三方支付机构境内外资金往来通道，实现电子商户跨境资金一站式全流程系统自动化操作。2018年，此系统获评“1997—2017年重庆20年金融影响力20大事件”，也是重庆银行同业唯一一家实现系统一站式全自动操作模式。（2）在重庆市辖区网点推广智能柜台。设立智能柜台专员，指导用户在智能机器上办理业务，在便捷与满足客户需求的同时让客户体验到有温度、有品质的“阳光服务”。（3）借助对公网银渠道，首家推出房屋交易资金网上托管业务。实现房屋交易资金托管在中介线上全流程便捷服务，满足一站式签约、安全交易的需求，为办理房产交易托管业务的客户提供便利、安全的平台。（4）创新中小微企业融资、结算方式。在传统信贷产品基础上，形成以抵押融易贷、节能融易贷、小微结算卡等产品满足中小微企业融资、结算需求，以现金云平台满足集团公司、连锁企业资金管理需求，以内保外债、内保外贷等产品满足企业境外融资需求，以资产支持票据、资产证券化等产品帮助企业盘活存量资产，以对公理财、结构化存款提升企业闲置资金收益的完整产品生态链系统。（5）为百姓提供全天候、各领域的缴费服务，彻底解决困扰大众的缴费难题。光大银行将全国所有分行的生活缴费，由“云缴费”平台统一管理，不仅用于光大银行重庆分行自有渠道使用，还通过微信、支付宝、京东第三方合作伙伴的渠道，实现他行客户都能通过光大银行“云缴费”平台进行水、电、燃气、有线电视等基础类及党费、财政非税等缴费。光大银行“云缴费”至2018年仍是全国最大的开放式网络缴费平台。

【阳光服务升级】　（1）加强服务细节管理。经营机构结合综合管理细项要求，贯彻落实每日必做、每周必做、每月必做，通过夯实基础管理，加强支行在党建、运营、内控、安保、声誉风险、厅堂管理等方面的工作，筑牢合规基础、有效防范风险。（2）实施创优工作。推行系统提质措施，从规范到专业，从效率到质量，升级客户的细节体验，践行“服务”的承诺，获得客户好评。至2018年年底，已有多家全国“百佳”网点、“千佳”网点、“五星级”网点。（3）严格践行各项行业标准要求。统一制定《营业网点行为规范》《岗位服务职能》《岗位基础服务流程及规范》《环境及设施管理规范》等服务规章制度；实施客户满意度测评和考核长效机制，提升规范化服务水平。（4）强化内部管理。制定《星级柜员管理办法》，明确业务、服务、技能标准，提高服务效率；发挥大堂经理的作用，合理配备有责任心、熟悉业务、协调能力强、服务经验丰富的大堂经理，及时识别、引导、分流客户，受理客户咨询，开展业务宣传，引导客户使用自助设备；推行行长值大堂制度，深入一线，了解和倾听客户意见和建议，发现问题、解决问题，起到表率、激励一线员工的作用。在重庆市银行业协会举办的评选活动中，光大银行重庆分行江津支行大堂经理杨婕获评“十佳大堂经理”称号及“最具才能奖”；江北支行柜台员工颜兴获评“十佳柜员”称号；分行营业部大堂经理苏航获评“大堂经理优秀奖”。（5）做好特殊群体客户关爱服务。制定网点专人负责制，针对网点到访老、弱、病、残、孕等特殊群体客户，提供一对一的专人服务，开设优先办理窗口，尽量提供快捷服务。（6）在辖内网点建立爱心驿站。为商圈工作的环卫工、交警、协勤提供休息、纳凉、避寒场所，在夏季免费提供凉饮、冬季提供热茶。

【消费者权益保护】 （1）提高投诉处理质量。开辟专区设立消费者投诉接待室及消费者服务专线，安排专人专职负责接待消费者来访来电。明确投诉处理流程和职责分工，修订《中国光大银行重庆分行客户投诉处理实施细则》。把客户投诉作为控制声誉风险、查找管理问题的重要手段。（2）提高沟通效率。强化行内纵向和横向的沟通，开展投诉处理“预防为主”的专项培训。按季度整理发送以支行为单位的投诉情况分析，提高与基层网点的沟通效率，落实第三方监测措施（网投），全方位审视消费者权益保护措施落实成效。（3）开展“维权”宣传。公示并告知客户所应享有的权利，以“提升银行消费者服务质效、保护银行消费者八项权益”为重点，组织开展以“金融维权”为主题的集中宣传活动。

【金融普及工作】 （1）重视金融知识普及宣传。经过逐步探索，形成“网点＋户外”“线下＋线上”“主流媒体＋自媒体”的立体宣传网络，将金融知识以喜闻乐见的形式送到群众身边，走进千家万户。在营业网点设立“金融知识宣传教育专区”，开展365天驻点式金融宣传服务，为金融消费者提供最新的金融知识咨询，推动金融知识普及工作。（2）广泛开展宣传活动。参加重庆银保监局“金融知识进万家”“金融知识宣传进校园”，人行重庆营业管理部“金融知识普及月”、重庆银协“金融知识万里行”等专项宣传活动。开展“电信网络安全”“互联网金融”“远离非法集资宣传月”等主题宣传活动。（3）参与协办重庆银保监局开展“金融知识宣传服务月”活动。2018年，光大银行重庆分行累计组织宣传活动260余次、参加宣传人员1200余人次、接待公众近6万人次，发放宣传资料近16万份；视频播放数千余次，LED电子显示屏滚动宣传10万余次；手机微信宣传的点击量20万余次。被重庆银保监局评为2018年“金融知识普及月”宣传服务活动先进集体。

【队伍建设】 （1）开展“三年人才培养计划”。培养后备干部、关键岗位、专业人才和业务骨干，打造德才兼备、素质优良、业务过硬的优秀人才队伍。（2）制定《中国光大银行重庆分行人才培养实施方案》，根据员工专业情况和经历阅历，进行定点培养、轮岗培养和分支行及部门间的交流培养，满足光大银行重庆分行后备干部和关键岗位的人才需求。（3）加强业务条线的上岗资格管理。探索岗位技能提升和员工职业生涯发展方面的举措，初步建立以责任体系、考评体系和支持体系为重点的培训管理体系。至2018年年底，参与轮岗交流培训的员工达499人次，员工培训项目229个，培训9414人次。

【企业文化建设】 培育光大“家园文化、阳光文化、崇商文化、担当文化”的文化理念，提升干部员工的认同感、归属感和凝聚力。（1）共同构建和谐温馨的工作环境。围绕抓好“职工之家”和“职工小家”建设的工作目标，对“职工之家”“职工食堂”进行重新改建、搬迁扩建，增设“职工之家”园地。光大银行重庆分行辖内的7家支行被光大银行总行评为“模范职工小家”。（2）开展丰富多彩的文体活动。成立乒乓球、篮球、足球、羽毛球、瑜伽、摄影、太极拳、桥牌、烘焙、英语、钓鱼、声乐、舞蹈、健身等14个兴趣小组，参与员工达1600余人。（3）建立关爱基金。集团、总行、分行、地方各级工会领导深入基层了解重病员工的治疗和康复情况，为病困员工送上关怀和鼓励。2018年筹集关爱基金34万元，共向特困员工送慰问金30.9万元，住院慰问和直系亲属去世慰问金7.2万元，针对员工重大疾病和员工家属重大疾病的家庭困难慰问金7.5万元。（4）举办“2018年‘携手共进 开创未来’年度总结会暨新春联谊会”，邀请员工和客户共1600余人参加，得到行内外好评。（5）党委联合工会、团委共同开展“同筑光大梦 共创双一流”主题演讲比赛，激励党员和群众与转型改革同努力、共成长。

【党建工作】 坚持从严治党和从严治行相结合，将党建工作与经营管理深度融合。通过党委中心组学习会、党员大会、专题座谈会、讲授党课等形式持续深入学习贯彻习近平新时代中国特色社会主义思想和党的十九大精神。2018年部署党风廉政建设工作7次，召开反腐倡廉工作会议和听取纪检监察工作汇报各4次；纪委书记研究部署纪检监察重要工作9次；班子成员参加分管部门研究党风廉政建设工作40余次。强化基层党支部建设，开展组织活动500余次，各支部书记讲党课170余次，开展组织生活会40余次。通过网络党校对党员进行教育培训，参学率达100%。组织200名职工干部前往重庆市廉政教育基地参观学习和71名党员干部前往延安开展党性教育培训。

2018年光大银行重庆分行驻渝中区机构

机构名称	地址	电话
重庆分行营业部	渝中区民族路168号	023-63792585
民生路支行	渝中区民生路183号	023-63819264
两路口支行	渝中区中山二路170号	023-63851656
渝中支行	渝中区人民路248号	023-63897710
大坪支行	渝中区长江二路77号	023-68800332

【光大银行重庆分行负责人】

行　长：唐　健

副行长：李　华　陈　放　庞洪涛　王　映

（黄亮）

平安银行股份有限公司重庆分行

【概况】 平安银行股份有限公司（简称“平安银行”）是中国平安保险（集团）股份有限公司控股的一家跨区域经营的股份制商业银行，是中国内地首家向公众发行股票并公开上市的全国性股份制商业银行，总部设于深圳。2012年1月，现平安银行的前身深圳发展银行收购平安保险集团旗下的深圳平安银行，收购完成后，深圳发展银行更名为新的平安银行，两行整合后正式对外营业。

平安银行股份有限公司重庆分行（简称“平安银行重庆分行”）于2000年9月成立深圳发展银行重庆分行，2012年8月更名为平安银行股份有限公司重庆分行，地址位于重庆市渝中区经纬大道778号。2018年，平安银行重庆分行有员工557人，下辖1个营业部、19家综合网点、6家社区支行、27个自助银行（含支行、社区自助行），在主城九区、涪陵区、永川区等11个区设有营业网点，业务范围覆盖重庆市。在平安集团和平安总行制定的发展方略统领下，平安银行重庆分行立足重庆，秉承“对外以客户为中心，对内以人为本”的理念，依托平安集团综合优势为重庆企业和市民提供专业、优质、高效的金融服务。

2018年，平安银行重庆分行服务金融、服务实体经济，坚守合规经营和风险防控底线，实现整体稳健发展。至2018年末，存款余额407.02亿元，较年初增加45.95亿元，贷款余额277.57亿元，较年初增加76.78亿元，分别较年初增长 12.73% 和 38.24%；实现营业收入 12.56 亿元，同比增长 6.17%。

【实体经济服务】 紧扣重庆“两点”定位、“两地”“两高”目标，深入研究落实推进“一带一路”、长江经济带、自贸试验区、中新示范项目等重大发展倡议、战略及项目。（1）以牵线平安集团与重庆市政府战略合作为契机，服务重大战略、项目。2018 年 5 月，平安银行重庆分行牵线平安集团与重庆市政府签署战略合作协议，平安集团从 2018 年起的未来五年内，为重庆提供不低于3000亿元人民币投融资意向支持。在大数据、智慧城市、乡村振兴、普惠金融、重点领域金融支持等方面开展务实合作。（2）发挥供应链服务优势，扩大金融服务覆盖面。围绕核心产业做好上下游延伸服务，利用“1+N 线上供应链金融”业务模式，支持汽车等核心厂商，为其经销商扩大采购提供资金支持。（3）发挥平安银行重庆分行“跨境结算、离岸业务和保理业务三大中心”优势，提升跨境结算、融资等综合服务能力，支持企业走出去与引进来。

【精准扶贫】 平安银行重庆分行牵线平安集团与重庆市政府签订战略合作协议，积极履行社会责任，认真贯彻落实党中央扶贫工作精神，推进“三村（村官、村医、村教）工程”，启动“村官工程”项目，牵头把集团“三村工程”扶贫资源向重庆引流倾斜，创新开发养殖贷、种植贷、水电贷、扶贫政府债、扶贫企业债等多种金融扶贫产品，在全国及重庆多个贫困地区开展“金融＋产业”扶贫。“村官工程”为贫困地区嫁接金融资源，以金融扶贫赋能产业扶贫，聚焦当地优势产业，依托核心企业，将银行、政府、企业与贫困户联系起来，银行投入资金支持企业与政府的扶贫项目，带动贫困户参与产业价值链各个环节，实现稳定增收。

【普惠金融发展】 按照平安总行战略部署，转变经营思路，利用自身先进互联网金融资源，着眼辖内科创型小微企业，从支付、结算、账户管理、现金管理、代收、代付、代扣、二维码收付款、理财、交易增信等各方面提供科技力量及通道支持，从小微企业的“债权人”变为“服务人”。（1）创新 KYB（中小企业数据贷）产品。以征信、司法诉讼等数据为基础，构建涵盖小微企业全方位特征信息的中小企业数据征信平台，打造无抵押、无担保、线上申请、线上审批的高效服务模式，2018 年内先后推出“发票贷”“税金贷”等两个标准化产品。（2）创新 SAS（供应链应收账款服务平台）产品。通过 SAS 平台与核心企业对接，以核心企业商业票据或应收账款为起点，引入核心企业信用背书，引入外部保理商、银行、券商、基金公司等机构投资者，实现商业票据或应收账款在上游各级供应商之间的有效流转，实现平台商业票据或应收账款资产的批量打包转让，切实解决小微企业供应商的融资难题。（3）创新供应链 ABS 产品（平安银行针对特定核心企业供应链内上游中小微企业，提供线上应收账款转让及管理服务 SAS 平台，并依托 SAS 开展的智能供应链 ABS 项目）。平安银行重庆分行与平安证券合作，打造供应链 ABS 全流程服务新模式，服务核心企业中小供应商实现应收账款的提前收款，降低小微企业融资成本，提高融资效率，获得常态化、可持续的资金来源。

【党建工作】 强化党委核心领导作用，确保平安银行重庆分行发展的正确方向。坚持民主集中制，凡属“三重一大”（重大事项决策、重要干部任免、重要项目安排、大额资金的使用），均以党委研究讨论作为决策的前置程序，确保党的核心地位在工作中落到实处。加强组织体系设置、党内组织生活、党员教育管理标准化建设，发挥党组织的核心领导地位和战斗堡垒作用。

2018 年平安银行重庆分行驻渝中区机构

机构名称	地址	电话
平安银行重庆分行	渝中区经纬大道 778 号	023-63369926
分行营业部	渝中区经纬大道 778 号	023-63369566
解放碑支行	渝中区中华路 182 号	023-63858335
嘉华支行	渝中区瑞天路 56-8 号	023-68819015

【平安银行重庆分行负责人】

行　长：韩　旭

副行长：靳　飞

冯运娟（2018 年 10 月离任）

马　超（2018 年 11 月离任）

周　晖（2018 年 11 月任职）

（荆雪）

恒丰银行股份有限公司重庆分行

【概况】 恒丰银行股份有限公司重庆分行（简称“恒丰银行重庆分行”）是恒丰银行所属的一级分行，于 2009 年 8 月正式对外营业，办公地址：重庆市渝中区新华路 278 号。至 2018 年末，设有分支机构 19 家，员工 522 人，其中在渝中区开设分支机构 2 家，分别为恒丰银行重庆分行营业部和恒丰银行重庆解放碑支行。

2018 年，恒丰银行重庆分行贯彻落实国家宏观政策和银行业监管要求，以加强党的建设为统领，以“做实主业、做强本土、做大零售、做细成本”为导向，落实“打基础、建机制、防风险、调结构、降成本、增效益”的工作方针，实施“党建引领、合规发展、经营转型、不良压降、科学运营”五项工程，对接“一带一路”倡议、长江经济带建设、内陆开放高地建设、重庆市支柱产业集群和战略性新兴产业发展，扶持实体经济转型升级，开展普惠金融，支持基础设施建设和民生工程项目，各项事业平稳推进。至 2018 年末，恒丰银行重庆分行资产总额 192 亿元，一般性存款余额 130 亿元，各项贷款余额 182 亿元。

【重庆发展服务】（1）助推供给侧结构性改革。2018 年，抓住区域支柱产业发展和传统制造业改造升级，推进长安汽车结构调整项目、长安福特高端乘用车及现有产品升级项目、长城汽车永川生产基地项目（一期）、忠旺集团西南地区铝型材深加工基地项目（一期）等项目。累计达成综合信贷投资意向近 20 亿元。（2）培育新动能创建新模式。着力完善开放平台、通道，支持重庆自贸试验区发展，提升跨境信贷支持能力，拓展支持中新（重庆）战略性互联互通项目，通过银团贷款、产业基金等多样化的金融工具，给予信贷投放。综合运用产业基金、并购贷款、债券承销、项目融资、政府购买服务等模式，支持两江新区、巴南区、大足区、南川区等区以及珞璜工业园区、西永微电园等重庆市特色工业园区的基础设施建设，支持内陆开放高地建设。全年累计向重庆新动能转化项目综合授信近 10 亿元。（3）支持市属重点企业发展。坚持“做实主业、做强本土”战略导向，以综合化金融服务方案为抓手，推动战略客户及重点客户联合营销。与中国四联集团、重庆能投集团、交开投仪器仪表集团有限公司、两江开投集团、供销集团等 40 余家重点企业的业务合作取得进展。其中，重庆市能源投资集团有限公司完成授信审批 15 亿元，中国四联集团完成债券承销业务审批 10 亿元。与重庆供销控股（集团）有限公司、重庆化医控股（集团）公司成功签订战略合作协议。与重庆市民营企业家协会配合，开展“支持民营企业发展，恒丰银行在行动”集中调研走访活动，走访民营企业 45 家，新增出账民营企业客户 2 户，金额 7000 万元。（4）支持重庆区域协调发展。与重庆市财政局签订“2018—2020 年重庆市政府债券承销协议"，成为重庆市财政政府债券承销团成员，中标2018年重庆市第一批政府土地储备专项债券，期限5年，中标总金额3.2亿元。与重庆市国土资源和房屋管理局（2018年10月机构改革并入重庆市规划和自然资源局）、重庆市住房和城乡建设委员会合作，成为重庆市商品房预售资金监管银行和房地产资本金监管银行，助力重庆市房地产业健康有序发展。以恒丰银行重庆分行长寿支行、黔江支行开业为契机，与长寿区政府、黔江区政府签署战略合作协议。深入各区县开展"大调研"活动，深化与各区县政府的合作交流，主动对接区县经济社会发展和产业结构调整。

【普惠金融发展】（1）服务小微金融。恒丰银行重庆分行深化银政合作模式，推动"政银担"小微贷款风险补偿业务模式落地，推进"中小微企业转贷应急周转资金业务"。搭建聚土网、潽金车贷等项目，探索平台金融业务创新模式，促进业务结构持续优化。2018年，恒丰银行重庆分行小微贷款余额82.09亿元，服务小微企业客户589户，完成普惠金融指标1.2亿元，全面完成小微信贷计划的"两增两控"［"两增"即单户授信总额1000万元以下（含）小微企业贷款同比增速不低于各项贷款同比增速，有贷款余额的户数不低于上年同期水平；"两控"即合理控制小微企业贷款资产质量水平和贷款综合成本。］任务，完成率达240%。（2）深化"三农"金融服务。恒丰银行重庆分行针对农业产业化龙头企业、各类新型农业经营主体、农户（特别是贫困户）等"三农"客户进行重点营销，优先支持"一县一品"、"一乡一业"、乡村旅游、田园综合体等政策导向性项目和垃圾发电、土壤修复、生态扶贫、光伏扶贫、基础设施等乡村振兴重点领域。探索"银行＋农业产业园、农业科技园、农产品加工园、农村产业融合发展示范园等农村产业融合平台""银行＋农商产业联盟、农业产业化联合体等新型产业链主体"，通过多种渠道支持乡村振兴战略。至2018年末，恒丰银行重庆分行涉农贷款余额15亿元，普惠型涉农贷款余额2599.84万元。（3）开展扶贫金融服务。在创建金融扶贫示范企业工作中，有3家企业经中国人民银行万州中心支行验收通过，重庆市科环建材有限公司被评为"金融扶贫示范企业"，重庆市龙武建设（集团）有限公司、重庆博大农牧产品进出口有限公司被认定为"贫困示范企业"。至2018年末，涉农贷款余额15亿元，普惠型涉农贷款余额2599.84万元，较年初新增2073.70万元。金融精准扶贫贷款3671.15万元，较年初新增88.09万元。（4）加强个人金融服务。2018年，恒丰银行重庆分行发放传统个人消费贷款58笔，金额4500万元；住房按揭711笔，金额3.92亿元。个人理财客户签约13384户，较年初增长2449户，增幅24.6%。（5）改善民生金融服务。至2018年末，恒丰银行重庆分行共开设社区支行10家、小微支行5家，自助银行43家（包括ATM和自助服务终端），为社区居民提供周到、便利的社区金融服务。支持棚户区改造建设，给予重庆市渝兴建设投资有限公司债务融资工具额度4亿元，承销该公司发行的非公开定向债务融资工具，募集资金用于巴南区城市棚户区改造项目，修缮加固及改扩建类棚户区（危旧房）涉及重庆农业投资集团有限公司、重庆建工集团股份有限公司、重庆交运集团股份有限公司、重庆粮食集团有限责任公司、重钢集团、重庆华陶共6个片区，改造总量约4.49万平方米。

【绿色运营】（1）坚持绿色信贷理念。支持重庆市推进节能减排、抑制产能过剩、淘汰落后产能、加强环境保护工作。持续压降"两高一剩"行业（高污染、高能耗及产能过剩行业）授信额度，至2018年，恒丰银行重庆分行"两高一剩"信贷余额仅4500万元。（2）坚持绿色运营。实施"科学运营工程"，落实绿色运营的规章制度，从日常工作行为和生活习惯入手，杜绝"长明灯""长流水"现象，有效控制各网点空调温度，节约用电；提倡"无纸化办公"，定额控制办公用品的使用。（3）参与绿色公益。组织员工开展植树造林、环保宣传教育等公益活动，参与重庆市“蓝天、绿地、碧水”生态环境建设。

【金融服务提升】（1）开展文明规范服务创评。将争创星级网点提升到分行发展战略层面，组织开展文明规范服务星级网点建设工作。组建文明服务管理巡检团队，参照创评标准中10个大项、32小项、200条标准对创评网点进行系统性对标辅导以及现场检查指导。组织创评网点相关人员到当地优秀同业网点现场观摩学习，对比同业找差距。实施恒丰银行重庆分行服务专员驻点制，全程参与创评准备工作及迎检过程。通过VIP室软装改造、服务十心要点上墙、为特殊人群新建爱心驿站、开辟消费者权益保护专区系列服务和“行长站大堂”“行长接待日”等活动提升优质服务水平。至2018年末，恒丰银行重庆分行共拥有5家“千佳”营业网点和9家三星至五星级的“星级”营业网点，1名“明星大堂经理”和18名“双十佳”明星。在“中国梦•劳动美”重庆市第三届银行业职工技能大赛中，恒丰银行重庆分行获大赛“集体三等奖”及五个单项个人奖项。（2）持续提升柜面服务质效。通过优化上门开户、批量开户、单位账户开户等业务流程，为特殊客户、批量客户、公司客户、零售客户提供更加快捷规范的服务，提升客户体验和柜面服务质效。（3）优化特殊群体服务。在营业网点设置无障碍停车位、盲人通道及爱心专座，提供助盲卡、手语服务等。全年组织辖内19家营业机构统一开展特殊客户服务应急演练，提高参与者处理突发事件的能力。

【金融知识普及】（1）加大金融知识普及宣传力度。制定《恒丰银行重庆分行2018年度金融知识宣传活动方案》，周密部署金融知识宣传活动，结合主题类内容统筹编制金融知识宣传全景图，加深客户了解。（2）活动与日常宣传教育相结合。结合“3•15”金融消费者权益日等开展5项主题活动，在网点厅堂设置“公众教育专区”并以折页、小视频、门楣横幅、LED屏进行日常宣传。（3）加强微信、短信和报媒等线上形式宣传。（4）宣传与经营相结合。落实“走出去”战略，按照社区、商圈、小微行的区域定位，把金融知识宣传工作与分行促进经营发展的各项工作结合起来，确保宣传活动取得实效。2018年，全分行累计宣传96次，参与员工227人，发放宣传资料14000余份，受众消费者达到62000余人次，微信推送点击量4265次，媒体报道19次。12月，分行被重庆银监局评为2018年“金融知识进万家”先进集体，另有两名员工获评“先进个人”。

【公益慈善活动】（1）设立“恒丰银行重庆分行慈善基金”。2018年，恒丰银行重庆分行与重庆市慈善总会共同设立“恒丰银行重庆分行慈善基金”，共筹集善款55.34万元。其中恒丰银行重庆分行出资20万元、重庆云阳恒丰村镇银行出资19万元、恒丰银行员工个人捐资16.34万元，用于各方共同推荐且符合慈善救助原则的救助和慈善公益项目。2018年慈善基金完成首次捐赠，向云阳县上坝乡卫生院捐赠救护车一台。（2）积极参与公益项目活动。2018年，分行联合渝中区慈善会，在渝中区解放西路社区举行以“践行十九大精准扶贫思想，推动扶贫攻坚，传递爱心——助学关爱”为主题的助学活动，为100名学生送去生活慰问品。组织员工前往位于铁山坪的重庆市儿童爱心庄园，开展以“汇聚你我爱心，传递恒丰真情”为主题的爱心活动。深入渝中区南纪门街道慰问困难老党员，并开展慰问渝中区交通文明劝导员活动。向城口县沿河乡捐款5000元用于帮困助学活动。开展“重阳节”慰问老党员活动，向渝中区南纪门街道6名老党员送去慰问金。恒丰银行重庆分行的下属涪陵、巴南等支行也开展了形式多样的爱心活动。2018年，恒丰银行重庆分行用于慈善爱心的捐赠善款达100万元，累计500人次受益。

【队伍建设】2018年，恒丰银行重庆分行共组织开展合规及案防教育培训和重点业务培训88项，其中合规及案防教育培训50项，重点业务培训38项。内部师资培训60次，引进外部专家培训15次，外派员工培训4次。参训总计3896人次，总授课时间289小时，人均参加培训13.48小时。

【企业环境优化】 （1）保护员工合法权益。致力于健全完善工会组织，维护职工合法权益。（2）解决员工实际困难。采取员工家庭开放日、家属座谈会、家属见面会、家庭实地走访、电话或视频沟通等形式定期开展家访活动。探望和慰问困难员工，帮扶解决员工家庭困难。（3）营造和谐稳定的环境氛围。2018年，在三八妇女节组织女员工开展春季踏青活动；在五四青年节组织青年员工开展“贯彻十九大精神，建功恒丰展风采”主题演讲比赛和登山竞赛活动；在母亲节举办亲子讲座活动；在端午节组织员工开展包粽子活动。

【党的建设】 （1）强化思想政治引领，发挥党建核心作用。把党建工作同分行业务发展、经营管理和队伍建设等重点工作同步安排部署，同步监督检查，同步考核惩奖。2018年开展党委理论中心组学习12次，学习领会习近平新时代中国特色社会主义思想。严格执行党委会议工作规程，召开25次党委会议，研究重点工作98项；召开专题民主生活会、组织生活会14次，党委班子带头讲党课，开展“大学习、大调研、大改进”活动，与员工座谈交流，实现辖内18家支行、12个经营部门、20个管理部门全覆盖。（2）强化党建阵地创建，夯实基层组织建设。恒丰银行重庆分行党委规范下属11个党支部设置，持续开展“一支部一堡垒”党建阵地创建活动。各支部开展结对共建活动，围绕“不忘初心，牢记使命”“助力乡村振兴”等主题，开展多种形式的主题党日活动。（3）加强党员队伍建设，发挥党员模范带头作用。按照“控制总量、优化结构、提高质量、发挥作用”原则，认真做好党员发展工作。在党员中开展“亮身份、践承诺、作表率、树形象”活动、党员与群众结对子活动、“党员先锋岗”创建等活动，发挥党员先锋模范作用。（4）加强干部队伍建设，打造团结干事氛围。坚持德才兼备、以德为先的用人标准，严格干部选拔流程，树立正确的用人导向。开展内部会计主管竞聘、管理部门岗位竞聘、支行负责人竞聘等干部选拔，把“能干事、会干事”的人才选拔到合适的岗位。建立“长板凳”后备人才库，完善人才选拔机制。

2018年恒丰银行重庆分行驻渝中区机构

机构名称	地址	电话
恒丰银行重庆分行	渝中区新华路278号	023-63328888
分行营业部	渝中区新华路278号	023-63328803
解放碑支行	渝中区临江路9号	023-63788895

【恒丰银行重庆分行负责人】

行　　长：杨　文

副 行 长：赵先海

　　　　　张雪庆（2018年11月离任）

行长助理：吴瑞丰

　　　　　高中浩（2018年3月任职）

（王洪）

广发银行股份有限公司重庆分行

【概况】 广发银行股份有限公司（简称“广发银行”）成立于1988年，是国内最早组建的全国性股份制商业银行之一，总部设在广州。2016年8月29日，中国人寿成为广发银行单一大股东。广发银行作为四家中央企业管理的全国性股份制商业银行，在产品创新、成本控制、资本充足率等方面有独特优势。2018年，广发银行在全国各省市和澳门特别行政区设有43家一级分行、843家营业机构，并与全球125个国家和地区的1718家银行总部及其分支机构建立代理行关系，为超过30万对公客户、3500万个人客户、6000万信用卡客户、3000万移动金融客户提供优质、全面的金融服务。

广发银行股份有限公司重庆分行（以下简称“广发银行重庆分行”）是广发银行在渝设立的省一级分行，于2015年11月正式对外营业，办公地址：渝中区五一路99号。至2018年末，“广发银行重庆分行”共有机关职能部门10个，员工156人，开设广发银行重庆分行营业部、江北支行、两江支行、南岸支行、渝北支行共5家分支机构。

2018年，广发银行围绕重庆“两点”定位、“两地”“两高”目标和重庆市委、市政府要求，利用广发银行总行资源优势，加强金融供给，创新金融产品服务，拓展融资渠道方式，精准服务地方经济建设。至年末，广发银行重庆分行资产总额260亿元，同比增长50%。其中各项存款余额95亿元，同比增长56%；各项贷款余额105亿元，同比增长65%。

【实体经济服务】　主动对接“一带一路”倡议、长江经济带发展战略、中新（重庆）互联互通示范项目、重庆自贸区等，通过项目贷款、基础设施产业基金、PPP模式、债务融资工具等方式开展银政、银企合作；按照国家供给侧改革以及产业转型升级政策要求，加大对高端制造业、高新技术产业、战略性新兴产业的授信支持。2016—2018年，广发银行重庆分行与全市38个区县建有授信关系，与重庆轨道交通集团等重庆市内多个大型重点企业建立密切联系。2018年，广发银行重庆分行承销地方政府债规模达40亿元。

【小微企业支持】　以打造“最高效中小企业银行”为目标，确立以创新谋发展、稳妥发展小微企业授信业务的原则，履行助力小微企业发展社会责任。与国寿投资控股有限公司投贷联动，通过跟贷、跟投、选择权贷款等方式，支持高成长性科技型企业；引入政府风险补偿金、国有担保公司等方式，拓展特色优势产业小企业贷款覆盖面。以“抵押易”为拳头产品，以申请人家庭房产为担保，贷款额度最高1000万元，期限最长可达10年，费率零附加，满足小微企业绝大部分融资需求，解决民营企业融资难、融资贵问题。至2018年年底，广发银行重庆分行为小微企业提供融资累计10亿元。

【普惠金融发展】　成立零售信贷部，开展住房按揭贷款和个人抵押经营贷款服务，实行“一贷双卡联动”。至2018年年底，共服务个人贷款客户近4000户，贷款余额20多亿元。与中国人寿在渝机构紧密互动，实现中国人寿员工及客户迁徙近1万人，对公团险、财险规模稳步增长，银行保险协同效果日益深化。与重庆市税务局合作，为纳税行为表现良好的小微企业、小微企业主提供小额、短期信贷产品“税银通”；为个人客户和小微企业主发放车位抵押类贷款，整合盘活城区车位资源。

【社会捐助】　广发银行重庆分行自成立以来，将“关注人的发展，实现和谐共赢”的理念融入业务发展，用发展成果惠及山城百姓，持续开展“希望厨房项目”。至2018年年底，累计向5所小学捐助价值5万元的“希望厨房”电气化设备，向150名贫困县中学生、小学生派发“广发银行助学金”，资助金额35万元；开展“爱心之旅校园行”活动，为400名小学生送去文具套装、体育用品等“爱心大礼包”。

【党建引领】　（1）学习贯彻习近平新时代中国特色社会主义思想和党的十九大精神，维护党中央权威和集中统一领导。广发银行重庆分行党委理论中心组2018年组织学习24次，系统学习《习近平谈治国理政》等著作，强化“四个意识”，坚定“四个自信”，做到“两个维护”，坚持“三会一课”、民主生活会和组织生活会等制度；党委班子成员分别参加各支部活动，带头开展批评与自我批评。（2）坚持全面从严治党，加强党风廉政建设。全年共召开党委会29次，确保党风廉政建设等“三重一大”事项集体决策；开展支行巡察工作，分解执行纪检监察工作要点、纪检监察工作任务；贯彻落实“八项规定”，坚持不懈纠正“四风”，组织中干签订党风廉政建设责任书，组织学习《广发银行员工从业守则》等规章条例。（3）完善基层党建，发挥基层党组织作用。设置组织（群工）委员和纪检（宣传）委员；开展党委书记和班子成员讲党课活动，党委书记以“井冈山的斗争”“怎样当好一个师长”为题给全体中层干部讲党课2次；组织观看中组部推荐重点话剧《幸存者》、开展参观红色遗迹“不忘初心、牢记使命”主题教育活动。

2018年广发银行重庆分行驻渝机构

机构名称	地址	电话
广发银行重庆分行	渝中区五一路99号	023-63302266
分行营业部	渝中区五一路99号	023-63329666
江北支行	江北区东环路59号	023-67078899
两江支行	渝北区青枫南路11号、13号、15号	023-65862902
南岸支行	南岸区南坪西路27号1层	023-62933050
渝北支行	渝北区春华大道99号北区7号楼1层附1、2号	023-67820942

【广发银行重庆分行负责人】

行　长：莫照星

副行长：罗　勇　李小宏　周　禹

（秦增强）

东亚银行（中国）有限公司重庆分行

【概况】 东亚银行有限公司于1918年在香港成立，一直致力为中国香港、中国内地以及世界其他主要市场客户提供全面的商业银行、个人银行、财富管理和投资服务。

东亚银行于1920年在上海设立第一间内地分行，自此内地业务从未间断。2007年初，东亚银行在内地注册成立全资附属机构——东亚银行（中国）有限公司［以下简称东亚银行（中国）］。东亚银行（中国）继承母公司庞大的内地业务网络，致力为广大客户提供一应俱全的金融服务。东亚中国总部设在上海，是内地分支行网络最多的外资银行之一。

东亚银行（中国）有限公司重庆分行［简称“东亚银行（中国）重庆分行”］于2005年12月成立，办公地址：重庆市渝中区邹容路131号世贸大厦43楼。2018年，设有金融市场部、企业银行部、零售银行拓展部、贷款操作部、营运部、财务管理部、人力资源部、行政部等部门。东亚银行（中国）重庆分行下辖两家支行，分别为东亚银行（中国）有限公司重庆江北支行和东亚银行（中国）有限公司重庆解放碑支行。

【业务经营范围】 东亚银行（中国）重庆分行在下列范围内经营全部外汇业务和人民币业务：吸收公众存款；发放短期、中期和长期贷款；办理票据承兑与贴现；提供信用证服务及担保；办理国内外结算；买卖、代理买卖外汇；代理保险；从事同业拆借；从事银行卡业务；提供资信调查和咨询服务。

【业务发展】 2018年，东亚银行（中国）重庆分行继续致力于为本地客户提供全面、优质、专业的银行服务，协助本地企业拓展国内市场并“走出去”，为企业客户提供涵盖贸易金融、跨境金融、财资管理、支付结算的交易银行业务，依托东亚集团在全球的强大服务网络和高效精准的综合产品，为客户提供境内外金融解决方案，助力企业降低财务成本，提高运营效率，拓展全球网络，实现稳健增长。同时，通过本外币资金投融资运作及各项交易活动的运营和管理，通过结售汇、外汇买卖、期权等代客产品为客户的各种资产、债务及资金收付等保值增值。2018年，东亚银行（中国）重庆分行贸易融资业务继续保持增长，福费庭业务手续费收入较2017年增长16.4%；金融市场业务方面与重庆大型国有企业建立合作关系；成功落地内保外贷业务一笔，为企业在境外发展提供全流程银行服务。零售理财业务方面，发展消费信贷等业务，推动以“场景带动业务”的营销模式；拓展高净值客户跨境资产配置、机构客户理财等财富管理业务。加快互联网金融布局，完善网上银行、手机银行、微信银行等互联网及移动业务平台和产品服务体系，探索与互联网企业深入合作，搭建“互联网＋产业生态圈”的新金融模式。

【社会责任】 东亚银行（中国）重庆分行作为重庆海外联谊会在渝港澳企业家分会会员企业，在行长兼在渝港澳企业家分会副会长许华先生的领导下，积极履行企业社会责任，热心公益事业，促进渝港交流，为在渝港资企业作出良好表率，连续两年被重庆市银行业协会授予年度社会责任公益慈善爱心奖。

2018年东亚银行（中国）有限公司重庆分行在渝机构

机构名称	地址	电话
东亚银行（中国）有限公司重庆解放碑支行	渝中区民生路96号	023-63107939
东亚银行（中国）有限公司重庆江北支行	江北区北城天街9号附1号第2、3层	023-67710788

【东亚银行（中国）有限公司重庆分行负责人】

行　长：许　华

（林伊　高敏）

华侨永亨银行（中国）有限公司重庆分行

【概况】 华侨永亨银行（中国）有限公司重庆分行，［简称“华侨永亨银行（中国）重庆分行”］成立于2009年5月，是最早落户重庆的来自新加坡的银行分支机构，原名华侨银行（中国）有限公司重庆分行。

2016年7月18日，原华侨银行在华全资子公司华侨银行（中国）有限公司和原永亨银行在中国的全资子公司永亨银行（中国）有限公司以吸收合并的方式，正式成立华侨永亨银行（中国）有限公司。

华侨永亨银行（中国）有限公司注册资本为人民币54.67亿元，聘有约1200名员工。包括总部在内，华侨永亨银行（中国）在北京、上海、厦门、天津、成都、广州、深圳、重庆、青岛、绍兴、苏州、珠海、佛山和惠州等14个城市共设有25个网点，其中包括位于珠江三角洲的11家分支行。

华侨永亨银行（中国）有限公司的股东华侨永亨银行有限公司为新加坡华侨银行的全资附属公司。新加坡华侨银行为新加坡成立时间最早的本土银行且是东南亚第二大的金融服务集团，也是世界上受最高度评价的银行之一，能够为合作方提供金融服务领域的专业知识，包括商业银行和财富管理等相关方面的知识。

2018年，华侨永亨银行（中国）重庆分行设立有企业银行部、营运科技部、合规部、财务部，员工合计18人。原地址为重庆市渝中区邹容路131号世贸大厦20楼，于2013年5月搬迁至重庆市渝中区民权路28号英利国际金融中心48楼。

【业务发展】 华侨永亨银行（中国）重庆分行充分利用华侨银行在东南亚地区广泛分布的网络，特别是亚洲地区的网点优势，为企业客户，包括中资企业、外资企业、集团客户，提供存贷款、企业融资、国际结算、投资理财、跨境贸易人民币结算和企业网上银行等金融服务。华侨永亨银行（中国）重庆分行秉承谨慎承担风险的核心价值观，在开拓市场、发展业务的过程中坚持审慎经营的理念，信贷资产质量良好，无不良贷款。为深化业务合作，促进重庆中小企业跨境融通等业务，新加坡华侨银行与重庆一家本地银行在中小企业跨境融通业务上达成合作，2018年成功为重庆中小企业发放跨境贷款。成为重庆中小企业更高效、低成本跨境融资的新通道和新模式。

【合规文化建设】 华侨永亨银行（中国）重庆分行注重合规文化建设，持续加强从业人员行为管控。2018年，除开展风险排查、员工行为排查、合规培训外，还组织员工参与“合规风险周”活动，活动以“合规风控 新时代”为主题，通过拍摄抖音视频、主题讲座、闯关游戏等线上线下活动，有效宣传银行合规文化，增强员工风控意识。

【社会责任】 10月，华侨永亨银行（中国）重庆分行的15位志愿者冒雨前往重庆市儿童爱心庄园，看望孤残儿童，送去新的书籍、衣物等学习生活用品，同时组织员工募捐闲置书籍及学习用品一起带给庄园。志愿者和孩子们一对一交流，与之合作完成手工艺品，以微薄的力量让孩子们感受社会的温暖。

【华侨永亨银行（中国）有限公司重庆分行负责人】

行　长：黄珏刚（2018年12月离任）

　　　　陈　果（2018年12月任职）

（赵静）

中国工商银行重庆渝中支行

【概况】 中国工商银行重庆渝中支行（简称“工行渝中支行”）位于渝中区民族路177号。中国工商银行成立于1984年1月1日。2005年10月28日，整体改制为股份有限公司。工行渝中支行原为中国人民银行重庆市分行市中区办事处，1984年7月1日，中国人民银行、工商银行两行分设，中国人民银行重庆市分行市中区办事处改组为中国工商银行重庆市分行市中区支行，1993年4月1日，改名为中国工商银行重庆渝中支行。1994年末，支行下辖7个分理处。其后，经过多次网点整合和新建，2011年4月首次跨区设立黄杨新城支行，2012年2月跨区设立鲁能星城支行。2018年，支行设立部室7个，分别为：办公室、信贷管理部、业务运行管理部、公司金融业务一部、公司金融业务二部、公司金融业务三部、个人金融业务部。下辖解放碑支行、上清寺支行、大溪沟支行、七星岗支行、和平路支行、黄杨新城支行、鲁能星城支行、化龙桥支行、高九路支行、人和街支行、邹容路支行、人民路支行12个网点，在职职工273人。

2018年，工行渝中支行发扬“奋斗＋实干”的精神，加快经营转型，促进高质量发展，主要业务指标持续增长。全行实现拨备前利润15.22亿元，同比增幅37%，总量保持工行重庆市分行系统第一；存贷款规模1254.32亿元，比年初增加158.13亿元，增幅14.42%。除继续保持“全国文明单位”称号外，还获评“全国金融系统职工代表大会制度建设示范单位”称号，是工行重庆分行唯一一家进入总行区域支行40强的支行；工行渝中支行党委获评工行重庆分行“党建先进单位”和“内控案防工作先进单位”称号。

【对公业务发展】 （1）支行对公基本账户、对公有效结算账户分别比年初增加847户和1027户。（2）投行业务稳步推进，实现重庆市分行唯一一笔股权融资业务，投放22.28亿元，顺利完成重庆市地方债承销发行，推荐总行投资191.4亿元。（3）加大对实体客户的营销拓展，全年累计办理票据融资业务58.59亿元。（4）加快落实普惠金融，成立普惠金融事业部，超额完成全部口径任务。

【个金业务发展】 围绕“线上＋线下”，服务水平不断提升，零售业务拓展实现突破。（1）支行储蓄存款比年初增长8亿元，增量创五年来新高，时点、日均储蓄存款均为地区同业第一。(2)个人客户总数85.1万户，私银时点(私人银行存款在某个时点的银行存款数）和日均新增排名工行重庆市分行第一。(3)信用卡发卡2.3万张，分期业务投放5.05亿元，分期投放额、分期余额均排名工行重庆市分行第三；专项消费额3.09亿元，排名工行重庆市分行第二。

【风险管理】（1）坚持“经济本源、审慎稳健、诚信合规、客户优选、专家治贷、责任落实”24字信贷文化理念，2018年不良逾期贷款、信用卡不良均低于市分行控制计划目标，不良贷款率（含信用卡）为0.14%，资产质量保持优良。（2）组织“学习监管规则，强化制度执行”大讨论、“合规标兵”巡讲、“践行合规、固本行远”网络知识竞赛，行长讲授“履职担当 践行责任”合规课，营造“人人守规矩 处处讲合规”的良好工作氛围。全年无案件事故、无内控风险发生，继续保持工行重庆市分行内控评价一级行水平。

【队伍建设】坚持党建引领，全面落实“党要管党、从严治党、从严治行”的根本要求。（1）将学习宣传贯彻十九大精神融入经营管理过程当中，组织开展“不忘初心 牢记使命”“旺季先锋行•青春行”等主题党团日活动，引导全辖党员进一步增强“四个意识”“四个自信”。（2）将党建和业务发展紧密结合，党委书记带领各级管理人员深入基层、深入客户了解实际情况，解决问题，网点、部室开展调研30余次；部门党支部与基层网点“结对子”，开展业务指导和市场营销50余次，党建引领业务发展作用得到增强。（3）加强纪律建设、作风建设，认真开展“反思与前行”主题教育活动和集中整治官僚主义、形式主义，自查并整改问题11个。（4）结合支行经营管理实际，通过各类工会、团委活动，干部员工的凝聚力、战斗力、自豪感得到增强。

2018年工商银行渝中支行所辖营业网点

机构名称	机构地址	电话
解放碑支行	渝中区民族路177号	023-63801778
大溪沟支行	渝中区人民路43号	023-63867575
七星岗支行	渝中区中山一路208号	023-63528292
上清寺支行	渝中区中山三路174号	023-63855486
黄杨新城支行	九龙坡区谢家湾工农村58号丽水菁苑25栋1-2号	023-63650079
和平路支行	渝中区和平路156-2号	023-63656610
化龙桥支行	渝中区瑞天路182号附8、9、10号	023-63316162
人民路支行	渝中区人民路166号	023-63855486
人和街支行	渝中区人和街32-1号	023-63867575
鲁能星城支行	渝北区渝鲁大道662号附3号	023-67765316
邹容路支行	渝中区邹容路50号	023-63814755
高九路支行	渝中区经纬大道782号附8号	023-63525393

【工商银行渝中支行负责人】
行　　长：赖　涛
副 行 长：田　川　杨春智
　　　　　杨红艳（2018年4月离任）
　　　　　刘海霞（2018年11月任职）
纪委书记：曾晓华
高级经理：陈　勇（2018年9月任职）

（郑义凡 周子越）

中国农业银行重庆渝中支行

【概况】 中国农业银行股份有限公司重庆渝中支行（简称“农行渝中支行”）是农行重庆分行在渝中区设置的一级支行，办公地址：渝中区五一路110号。2018年，渝中支行内设公司业务部、国际金融部、个人金融部、网络金融部、风险管理部/信用管理部、运营财会部、综合管理部共7个部门，下辖18个二级支行、1个营业部，在职员工367人。

2018年，农行渝中支行坚持农行总行治行兴行方略，落实总分行工作部署和要求，围绕“建机制、调结构、促转型”工作思路，重点抓好党建统领、机制创新、转型发展、价值提升、防案控险、文化建设六项工作，强化风控案防管理，增强服务实体经济能力，各项工作取得明显进步，主要业务指标在农行重庆系统领先。年末，农行渝中支行各项存贷款规模超过600亿元，本外币存款时点余额较年初下降12.96亿元，其中储蓄存款较年初增加5.77亿元。本外币各项贷款时点余额较年初增加14.09亿元，中间业务收入、营业收入均居农行重庆系统首位。农行渝中支行综合绩效考评列农行重庆分行第三位（城市行），获评党风廉政建设责任制一等行，内控评价一类行，分别获农行重庆分行2018年度创利贡献（城市行）先进集体、2018年中间业务收入贡献（城市行）先进集体、2018年度新兴重点业务贡献先进集体、2018年“旺季营销”特别贡献奖、2018年普惠金融业务先进集体和2018年度代理保险业务先进集体等奖项。

【创新发展】 持续推进“扩户提质”工程，为客户提供优质服务。以金融科技引领，创新试点零售业务转型发展新渠道、新产品、新模式、新平台，在解放碑打造全国首家DIY智慧银行，获得农业银行总行、同业及监管机构肯定，实现金融体验向“线上线下”服务升级。通过运用大数据思维，成立财富顾问团队，依托场景营销、厅堂营销、外拓营销、智能服务，全面提升金融服务水平。

【资产质量提升】 以促进地区经济发展为根本，以服务实体经济和消费升级为抓手，立足渝中，放眼全市，整合优势资源，优化机构设置，调整管理模式，完善服务流程，金融服务效能和资产质量全面提升。至2018年末，农行渝中支行不良贷款率为0.2%，优于农行系统及同业；银行保险监委会口径，央行口径普惠金融贷款余额分别为7874万元、5480万元，完成率分别达到303.48%、112.89%。

【企业文化建设】 弘扬农行企业文化，开展“争当新时代弄潮儿”活动，树立先进典型，营造“学先进、争先进、做先进”的浓厚氛围。辖属农行渝中两路口支行获评“2018年度重庆市银行业文明规范服务优秀营业机构”称号，农行渝中较场口支行被农行重庆分行评为“明星网点”，员工谢丽欣获得农行总行“金牌讲师”称号，员工吴限荣获农行重庆分行“新时代弄潮儿”称号。参加农行重庆分行青年论坛征文评选、主题微影视作品竞赛、“金点子”大赛等活动，农行渝中支行获评农行重庆分行“圆中国梦农行梦•做新时代弄潮儿”主题微影视作品竞赛三等奖。加强“职工之家”建设，建立班前学习制度，持续开展主题读书、主题演讲、征文比赛、知识竞赛、篮球赛、足球赛、羽毛球赛等文体活动，增强员工凝聚力与归属感。履行社会责任，开展“金穗圆梦”支持深度贫困地区大学生爱心捐款等公益活动，组织志愿者进社区，进企业，进医院，进学校，进机关，开展金融知识普及，提升居民金融常识和金融风险防范意识。

【队伍建设】 （1）加强干部员工队伍建设。畅通人才晋升渠道，先后开展运营主管、科级干部后备人才库竞聘、新成立团队客户经理选聘以及高级专员聘任工作，大胆选报、培养起用年轻员工。（2）规范基层岗位体系。优化劳动组合设计，把工作重心转移到业务拓展上；执行定期轮岗制度，80名人次进行轮岗交流，队伍结构不断优化，队伍素质持续提升。（3）加强教育培训。以学习型组织建设为契机，先后制定《渝中支行2018年教育培训工作计划》和《渝中支行建立和完善学习型组织的实施方案》，启动2018年度创新业务培训，举办全行性培训26期，提升干部员工的专业技能和激发干事创业的工作激情。

【风险管理】（1）加强信用风险管控。制订《渝中支行信用卡汽车专项分期业务操作规程》，明确信用卡汽车专项分期业务贷后管理和风险监测职能，强化风险专项排查，加大贷后管理力度。（2）加强操作风险管控。强化运营风险管控，落实运营管理“日监督、周指引、月考评”工作机制，细化运营管理措施，全面更换网点终端，印控仪全面上线，实现柜面用印全程监控。（3）加强案件风险管控。制定《渝中支行2018—2020年防案控险攻坚战行动计划实施方案》，坚持案防分析会制度，推动“平安农行”建设。农行渝中支行获评农行2018年度总行级“三化三达标”先进单位，被重庆市公安局渝中区分局授予2018年度治安保卫工作先进集体称号。

【党建工作】开展学懂弄通做实党的十九大精神活动，各支部书记及党员领导干部联系工作实际撰写学习心得90余篇。以“不忘初心、牢记使命”主题教育为抓手，组织集体观看《厉害了，我的国》电视专题片、参观抗战革命基地、开展“不忘初心 牢记使命”综合知识竞赛、“弘扬爱国奋斗精神 建功立业新时代”党日活动、集体政治生日等系列活动。加强党风廉政建设，压实党风廉政建设责任制“两个责任”，推进基层网点巡察工作，率先在农行重庆系统内形成常规巡察和专项巡察的长效工作机制，实现基层网点巡察全覆盖，工作成效得到农行总分行认可，工作经验在系统内发布交流。

2018年农行渝中区分支行机构及营业网点

序号	网点名称	网点地址	联系电话
1	渝中支行营业部	渝中区五一路110号	023-63846238
2	帝都支行	渝中区民族路99号	023-63710268
3	两江汇支行	渝中区新华路36号	023-63772992
4	大世界支行	渝中区邹容路118号	023-63781650
5	两路口支行	渝中区中山三路123号	023-63621748
6	菜园坝支行	渝中区菜袁路27号平街一层30号	023-88867801
7	石羊支行	渝中区渝州路176-1号	023-68582817
8	鹅岭支行	渝中区长江一路58号建委大楼一层	023-63879721
9	大坪支行	渝中区大坪正街108号附18号	023-63972105
10	较场口支行	渝中区民权路51号	023-63972099
11	观音岩支行	渝中区中山一路175号	023-63509160
12	南纪门支行	渝中区解放西路80号	023-63923331
13	大溪沟支行	渝中区人和街74号	023-63972028
14	袁家岗支行	渝中区长江二路205号	023-63972115
15	渝都支行	渝中区邹容路109号	023-63872046
16	上清寺支行	渝中区中山三路166号	023-63864497
17	大正支行	渝中区陕西路38号	023-63806695
18	新天地支行	渝中区瑞天路57-3号	023-63633426
19	中环支行	渝中区虎歇路77号升伟·中环广场	023-60377626
20	市分行营业部	渝中区新华路103号	023-63972080

【农业银行重庆渝中支行负责人】

行　　长：姜栋林（党委书记，2018年1月任职）
陈　克（党委书记，2018年1月离任）
纪委书记：方　华（党委副书记）
副 行 长：刘雪松（2018 年 4 月离任）
刘　烁（2018 年 7 月任职）
石俊功（2018 年 4 月离任）
黄　茜（2018 年 4 月任职）
吕　英
张　翱（2018 年 4 月任职）

（杜倩）

中国银行重庆渝中支行

【概况】中国银行重庆渝中支行（简称“中行渝中支行”）位于渝中区五一路 171 号。2018 年，内设综合业务部、公司业务部、个人金融部、营业部共 4 个部门，下辖解放碑、上清寺、峨岭、民权路、朝天门、两路口、大坪、长江路、华一路、总部城、渝州路、解放西路 12 个二级支行，在职职工 229 人。

2018 年，中行渝中支行聚焦核心业务，扩规模、提效能，促进全行业务高质量稳健发展。人民币存款日均余额 258.22 亿元，较 2017 年新增 41.94 亿元，全口径市场份额提升 1.28%；人民币贷款时点余额 205.26 亿元，较 2017 年新增 48.5 亿元，全口径市场份额提升 0.81%；实现营业收入 7.38 亿元，增幅 16.13%，实现净利润 4.67 亿元，增幅 17.94%，实现人均净利润 192.21 万元，经济利润（EVA）2.93 亿元，增幅 32.09%；资产质量管控良好，不良贷款余额 1131.93 万元，不良率为 0.06%。

【存款业务】　立足根本，不断拓宽存款来源。（1）加强银企联动。积极梳理走访客户名单，制定分层营销计划，通过高层常营销、中层勤走访、基层提供优质高效的全方位服务，深化银企合作关系，为存款挖潜工作奠定基础。（2）以综合服务和创新服务拓宽渠道。高度重视地方客户存款拓源工作，为客户提供公司授信、上门收款、硬币兑换、工资代发等综合服务。（3）全力推动公私联动。定期召开联席会议，重点加大对重点客群经营力度，不断提升重点客群的存款贡献度。通过持续营销，渝中支行重点客户累计实现代发工资逾 20.63 亿元。

【贷款业务】　结合国家及总分行政策、区域经济发展等，持续开展授信业务。（1）紧盯战略行业，抢抓投放机遇。按照补基础设施短板要求，抢抓重庆市“三年交通大会战”业务机遇，加大对交通建设行业贷款的投放力度。至 2018 年末，在交通建设行业累计投放贷款 31.64 亿元。（2）与开发商紧密合作个人按揭贷款业务，全年个人住房贷款累计投放 11.54 亿元，较 2018 年初新增 2.02 亿元。（3）优化授信资产结构，严把授信客户准入关，对存量授信客户重新定价，盘活存量资产，提高资本回报水平。

【内控管理】　严把内控风险关，真正做到业务、风险两手抓两手硬。（1）强化各项组织排查，严格控制和排除风险隐患。（2）通过警示教育、基层网点风控合规知识学习，培育合规文化，确保业务健康持续发展。（3）按实际工作调整支行内控管理工作委员会，形成由支行综合部、公司部、个金部协同的工作团队，定期与辖属部门网点进行内控工作沟通，实行每月沟通，每季点评的工作机制。（4）反洗钱工作常态化管理。支行成立以“一把手”为组长的反洗钱工作领导小组，明确工作职责；做好客户身份识别、客户尽职调查、大额交易核实、客户风险评级、国际汇款和国际支付清算等重点业务及重要风险领域的管控，重点督导客户信息治理；组织举办“反洗钱，我来说”主题征文及演讲比赛，提升支行反洗钱与制裁的整体工作水平与风险管制能力。

【队伍建设】（1）中行渝中支行客户经理在参加 CFP 易方达中国金融理财师大赛中获得中国优秀金融理财师称号，在参加 2018 年第十届福布斯 • 富国理财师评选活动中获得 top60 理财师称号；大堂经理参加中国银行重庆市分行2018年大堂经理岗位实战技能大赛，获得比赛银奖。（2）至2018年，渝中支行中层干部轮岗交流共36人次，转岗2人，完成中层人员公开竞聘2次、组织选聘1次，共提拔4名中层干部，转正1人，宽带薪酬新聘中级经理6人，全年新聘助理经理和经理助理48人。（3）加强后备人才队伍建设，1人入选中国银行重庆市分行总经理级后备库、5人入选中国银行重庆市分行副总经理级后备库、15人入选中国银行重庆市分行主管级后备库。年末，中行渝中支行中层管理干部32人，其中：30岁及以下2人，占比6.3%；31岁到35岁10人，占比31.2%；35岁以上20人，占比62.5%。本科学历者共29人，占比90.63%。全行平均年龄35.3岁。

【渠道建设】（1）所有13个网点实现智能柜台全覆盖，为实现中国银行总行提出的“打造场景生态丰富、线上线下协同、用户体验极致、产品创新灵活、运营管理高效、风险控制智能的数字化银行”打下坚实基础。（2）整合部分网点，处理闲置资产，优化网点分布。（3）对辖内营业部及网点实施内部环境改造，添置人性化设施，整合行内各网点标识标牌。（4）支行营业部通过积极创建，获得“2018年全国银行业文明规范服务千佳单位”称号。

【党建工作】 组织召开基层党组织书记培训班两次；在行内开展党建基础工作自查，加强支行基层党支部建设；借助八一建军节与部队客户开展党建共建交流活动；实现13个基层网点党支部全覆盖，发展党员4人；开展“不忘初心，牢记使命”主题党日活动，组织全行党员到铜梁邱少云烈士纪念馆瞻仰学习；推进廉洁伙伴计划，与廉洁共建单位签署廉洁责任书。

【员工关怀】 农行渝中支行组织成立8个职工俱乐部，包括足球、篮球、瑜伽、摄影、绘画等，定期开展活动，丰富员工八小时以外的业余生活；每月开展主题青年员工活动，增强青年员工归属感，提升员工凝聚力；组织参加中行重庆分行首届主城趣味运动会，获得运动会团体第三名；足球队与多家合作友好单位开展足球联谊赛，密切银企关系。

2018年中国银行渝中区营业网点

序号	网点名称	地址	电话
1	渝中支行营业部	渝中区五一路171号	023-63711701
2	长江路支行	渝中区长江二路39号	023-63721318
3	上清寺支行	渝中区中山三路176号	023-63662267
4	解放碑支行	渝中区民族路104号	023-63849391
5	两路口支行	渝中区中山三路133号	023-89039945
6	峨岭支行	渝中区长江一路58号	023-68808202
7	华一路支行	渝中区华一路2号	023-63036117
8	民权路支行	渝中区民权路89号	023-63265039
9	解放西路支行	渝中区解放西路199号	023-63929472
10	朝天门支行	渝中区陕西路61-63号	023-63810021
11	大坪支行	渝中区长江支路3号	023-63316837
12	渝州路支行	渝中区大坪正街160号	023-63797253
13	总部城支行	渝中区经纬大道782号	023-63810920

【中国银行渝中支行负责人】

行　　长：何　勇

副 行 长：罗　琳（2018 年 11 月离任）

　　　　　周　霖　陈　康

　　　　　张　夏（2018 年 12 月任职）

纪委书记：李志葵

（王贺菲　李德伟）

交通银行重庆渝中支行

【概况】 交通银行股份有限公司重庆渝中支行（简称“交行渝中支行”）成立于 1993 年 3 月 25 日，名称为交通银行重庆分行市中区办事处（以下简称办事处），原办公地址位于市中区凉亭子 7 号楼底楼（面临中兴路）。办事处下辖网点 3 个：营业厅、解放碑分理处、较场口分理处。其中解放碑分理处于 1992 年 12 月成立，后并入市中区办事处。1995 年 3 月更名为交通银行重庆分行渝中支行。2003 年 2 月，交通银行重庆市分行决定对渝中支行等 6 个中心支行行政级别重新确定为正处级。2005 年 12 月，更名为交通银行股份有限公司重庆渝中支行。2008 年 12 月更名为交通银行股份有限公司重庆市分行渝中支行。2011 年，按照总行标准，渝中支行被确定为大型支行，为交通银行重庆分行五大中心支行之一。办公地址：渝中区邹容路 149 号邹容广场 A 幢。2018 年，交行渝中支行下辖 8 个营业网点，其中，渝中支行营业厅、学田湾支行、七星岗支行、双钢路支行、人民路支行为综合型网点，解放碑支行、解放西路支行、民族路支行为普惠网点，1 个离行式自助银行，6 台离行式自助机具。有员工 114 人。

2018 年，交行渝中支行落实中央经济金融政策和交行总分行重大决策部署，以“三增三降”（增有效客户、增核心负债、增转型收入，降风险成本、降资本占用、降营运成本）为工作重点，着力价值创造，团结一心、奋力拼搏，努力提升自身效益。7 月，交行重庆分行对渝中支行领导班子进行大幅度调整，新的领导班子提出全面强化“固本强基、精细管理、党建引领、凝心聚力、提质增速”五措并举工作思路，各项工作持续向好。至年末，交行渝中支行人民币存款时点余额 152.64 亿元，较上年增加 12 亿元，增幅 7.86%；人民币贷款时点余额 74.99 亿元，被交通银行重庆市分行评为“十佳经营管理优胜单位”。

【负债结构优化】 （1）持续优化负债结构。通过抓结算、抓产品、黏客户等措施，加大结算类活期存款拓展力度，围绕“稳中有调、稳中有增”发展思路，克服一切困难，稳定支行对公存款总额，重点维护好现有的定制理财产品购买大户，摸清客户短期及中长期资金安排、收益预期及同业报价等情况，抓业务机会，对外加强价格管理，逐笔议价，对内做好与分行部门联系、沟通，套做“货币互换”业务，提升单笔业务的收益贡献率。（2）重视统发工资单位的日常维护。解决公私业务联动机制，通过数年持续营销，新增 2.5 亿元低成本负债，降低稳添利高成本存款比重，提升低成本负债占比。稳添利高成本存款由 3 月末的 14.92 亿元下降到 12 月底的 9.54 亿元，压降 5.38 亿元。

【资产业务发展】 交行渝中支行新增人民币流贷 2 亿元，新增美元贷款 12 亿美元，实现多年来对公美元贷款为零的突破。

【客户结构优化】 做好对公有效户的日常管理和存量挖潜工作，切实做细大客户服务。重点抓新开户工作，做到多开户、开好户；加强与区政府、区金融办的联系，实现与渝中区行政办事大厅的对接，拓宽获客渠道，增加目标客户数量。至年末，交行渝中支行对公有效户 162 户，新开对公账户 70 余户，新增存款近 3 亿元。注重客户培育，加强日常维护，形成以支行行长、网点主任、客户经理三位一体的营销阵容，通过情感维护、提升资产层级、个性化需求维护及经常性活动开展，赢得客户认可。至年末，交行渝中支行达标私人银行客户占重庆交行系统的 18%，新增占比 31.57%。

【内控管理】（1）提高内控合规水平。实践“营运转型”基本方向，稳质量，调网点结构，强人员技能，重操作和流程合规，柜员技能上岗率达 100%，2018 年营运工作取得交行重庆交行系统年度第四。针对审计、巡察等发现的问题，制定并下发加强完善费用管理、业务印章使用管理等内部制度，落实处罚规定。（2）持续做好员工管控。认真分析、细化制定谈心家访计划，同时以节日慰问及日常关爱为契机，切实掌握员工 8 小时以外真实信息。（3）提升服务。化解投诉。优化作风、改善服务，采取正向激励方式引导所属网点开展消费者保护服务工作，引导员工参与到网点服务管理中。针对重点投诉，设定专人专项、一事一议、妥善解决。

【队伍建设】通过系列培训和点对点帮扶，提高客户经理销售能力。2018 年取得零售中收 5502 万元，在重庆交行系统中占比 22%，其中财管中收 914 万元，占重庆交行系统 19% 的份额。在市分行开展的“百万菁英”销售竞赛中，交行渝中支行 24 位客户经理有 20 位获得“百万菁英”称号。从 2018 年初起对重点项目及指标推行“项目制”和“小组制”，设立对公有效户管理小组、普慧金融推广小组、烟草项目管理小组等三个小组，新开户项目和“系统掘金活动”两个项目，执行力及考核效果得以明显提升。

【获奖情况】在交行重庆分行营运部举行的“塑工匠精神，展营运风采”比赛中，获得“最佳风采展示奖”和“最佳团队协作奖”两个单项最佳，2 名员工分获“个人最佳风采奖”和“个人最佳知识竞答奖”；在交行重庆分行法律合规部组织的“支行行长讲合规”竞赛活动中，获“一等奖”；在交行重庆分行第十届“交银杯”劳动竞赛活动中，获“数据统计创新奖”，个金业务发展“优秀支行奖”，支行营业厅荣获“网点贡献奖”；在重庆市总工会举行的“中国梦、劳动美”——重庆市第三届金融行业职工技能大赛中，1 名员工获个人字符录入三等奖；在交通银行总行第二届“新生代 新梦想 新风采”新员工知识技能比赛中，1 名员工获综合录入优胜奖；2018 年交行渝中支行工会还获评交行重庆分行“先进基层工会”称号。

【社会责任履行】开展“党建＋精准扶贫”活动。支行党支部走进渝中大井巷社区开展“交流学习、慰问老党员”；党支部志愿者利用休息时间随市文明办、市卫计委深入山区，聚焦脱贫攻坚、乡村振兴，为贫困家庭的少年儿童送上关怀，支行员工获交通银行总行“优秀志愿者”称号。

【优化服务】（1）保障消费者权益。交行渝中支行处理工单 2000 余条，其中各类投诉 70 余个，书写各类申辩材料 70 余件，全部通过交通银行总行无责申辩，实现全年“零有责投诉”。（2）员工服务得到社会认可。《重庆晨报》以《上门提供暖心服务 随时为客户着想》报道交行渝中人民路支行员工热心服务客户的小故事；《“可擦笔”书写询证函 交通银行员工锐眼识破》刊登在《重庆市银行业》杂志上。

【党建工作】（1）完善党建工作体系。建立完善“党建＋”“党员＋”工作机制，开展“党建＋爱心公益”“党建＋学习型组织建设”“党员＋维护发展客户”“党建＋员工关爱”“党建＋精神文明建设”“党建＋联学联建”“党建＋精准扶贫”等各项活动，做到党建工作与业务经营管理工作有机结合，相互促进。交行渝中支行党支部参加渝中区解放碑街道党工委举办的党的十九大精神“一站到底”知识竞赛并夺冠，获得“优秀组织奖”和“优秀个人奖”。（2）落实学习计划。坚持党的学习会议制度，开展主题党日活动。全年交行渝中支行召开支部大会 7 次，支委会 13 次，党小组会议 40 次。（3）抓好廉洁合规教育。以“培训廉洁文化，筑牢合规防线”活动为抓手，持续做好员工行为管控工作，获 2018 年度纪检监察劳动竞赛先进集体。（4）加强作风建设。在“2018 年作风建设年”活动中，查摆改工作中存在的问题，切实为基层网点办实事。（5）以党建带团建。加强青年党员和业务骨干、积极分子的思想政治引领，推进创先争优。针对青年党员多的实际情况，成立交行渝中支行青年党员先锋队，组织青年党员和团员开展理论知识学习、业务拓展营销、客户服务及各项活动。（6）开展“党建＋联学联建”活动。多次与交行重庆分行办公室党支部开展全方位、多角度的联学联建活动。交行重庆分行协调重庆日报报业集团高层来行与交行渝中支行领导进行商谈，双方在多项业务领域达成合作共识。

2018 年交通银行重庆渝中支行所辖网点

序号	网点名称	网点地址	联系电话
1	人民路支行	渝中区人民路 13 号	023-63878097
2	解放碑支行	渝中区大同路 70 号民生商厦 A 幢	023-63829445
3	解放西路支行	渝中区解放西路 69 号	023-63913578
4	民族路支行	渝中区民族路 169 号纽约•纽约大厦平街层	023-63816016
5	七星岗支行	渝中区中山一路 85 号	023-63531069
6	双钢路支行	渝中区双钢路 1 号设计大楼	023-63003830
7	学田湾支行	渝中区学田湾正街 6 号	023-63859186
8	渝中支行营业厅	渝中区邹容路 149 号邹容广场 A 幢	023-63792258

【交通银行重庆渝中支行负责人】

行　　长：陈　萍（2018 年 7 月离任）
　　　　　李　琰（2018 年 7 月任职）
副 行 长：黄　遐（2018 年 1 月离任）
　　　　　杨　帆（2018 年 1 月离任）
　　　　　杨　高（2018 年 1 月任职）
　　　　　胡晓东（2018 年 10 月任职）
行长助理：胡晓东（2018 年 10 月离任）
　　　　　董雪春（2018 年 8 月任职）

（李莉）

重庆银行渝中管理部

【概况】 为更好地推进主城区三级架构管理改革试点工作，按照重庆银行总行统一部署，2014 年 9 月，原重庆银行大礼堂支行（下辖大礼堂支行、人和街支行、人民路支行和上清寺支行 4 个网点）与原重庆银行朝天门支行（下辖朝天门支行、陕西路支行、道门口支行 3 个网点）整合成立重庆银行渝中管理部（以下简称“重行渝中管理部”），明确由重行渝中管理部作为分行级机构对下辖各家支行行使管理职能。随后，2016 年 4 月 25 日，重庆银行大坪支行并入重行渝中管理部；2016 年 5 月，新设立的重庆银行时代天街支行开业；2016 年 6 月 30 日，重庆银行解放碑支行（下辖解放碑支行、民生路支行、大阳沟支行 3 个网点）整体并入重行渝中管理部。在渝中行政区内另有重庆银行文化宫支行、重庆银行八一路支行和重庆银行七星岗支行 3 家网点未纳入重行渝中管理部管辖，仍由重庆银行总行直接管理。至 2018 年末，重行渝中管理部下辖人和街支行、朝天门支行、人民路支行、大礼堂支行、上清寺支行、化龙桥支行、总部城支行、大坪支行、时代天街支行、解放碑支行、大阳沟支行、民生路支行 12 家支行网点，在职员工 407 人。办公地址：渝中区邹容路 153 号。

2018 年，面对纷繁复杂的外部形势，重行渝中管理部主动调整发展思路，以抓党建、带队伍、强管理为基础，全力推动各项工作，主要经营指标完成较好，内部管理稳健运行。至年末，重行渝中管理部人民币存款日均余额 176.21 亿元，较年初增长 16.75 亿元。一般人民币贷款时点余额

94.56亿元，其中，个人贷款时点余额23.06亿元、比年初增长1.15亿元，小微贷款时点余额17.85亿元、比年初增长2.12亿元，不良贷款率为0.27%。2018年，重行渝中管理部获评重庆银行最佳综合管理经营机构金杯奖（第一名）、重庆银行最佳公司业务先进单位金杯奖（第一名），主要负责人获评重庆银行优秀经营管理者金杯奖（第一名），7名员工获评重庆银行部门先进个人等。

【业务发展】 秉承以客户为中心的发展理念，坚持创新发展模式，提升服务水平，以专业化、综合化、信息智能化“三化”金融服务助推高质量发展。（1）对公业务。有针对性地进行业务谋划，对不同客户研究、制定差异化营销方案，特别是为重点核心客户拟定战略合作协议和营销合作方案，在拓展新客户的同时，持续营销老客户，扩大存量客户的授信及业务结算份额，在深入合作中取得双赢。（2）民营企业业务。利用渝中区金融办、渝中区政府召开民企座谈会机会，组织开展重行小微业务产品和服务宣传，提高在区属民企中的知名度；组织开展民营企业走访活动，面对面与客户进行交流、沟通，分析其经营状况，收集企业需求，为下一步促进民营企业发展、助推实体经济发展打下基础。（3）个人业务。依托津补贴单位、代工单位、周边社区及商圈等资源，组织开展西部及重庆房地产市场趋势研究专题讲座、口腔保健知识讲座、亲子及财商教育讲座、端午节包粽子、中秋节做月饼、亲子观剧等客户营销活动，拉近客户距离，了解客户需求，有针对性地向客户推介适宜的金融产品，为客户财富保值增值提供合理的金融资产配置方案。

【社会责任履行】（1）开展金融知识教育。协办、参与银监、人行、总行等上级机构开展的各类金融知识宣传活动10场，组织开展“五进”（进社区、进企业、进校园、进农村、进家庭）金融知识宣传教育活动超过100场，开展特色化金融宣传、便捷式服务和差异化产品推广，履行向公众普及金融知识的社会责任。（2）加强银校合作。先后走进重庆市8所高校宣传金融知识，为即将踏入社会的大学生树立正确的诚信观念。与共青团重庆市委青年创业创新服务中心对接，向全市优秀创业青年提供贷款支持。2018年，连续3年走进西部计划志愿者出征仪式，累计向3500余名西部计划志愿者提供各类金融服务；连续4年在“六一”前夕走进重庆市第一所农民工子弟学校——重庆市人民路小学开展“爱心助学”活动，给孩子们赠送书包、书籍、文化用品等，带去节日祝福。

【风险管理】 对照全国金融工作会确定的防范化解金融风险总要求，扎实开展风险管理工作，不良贷款指标实现明显“双降”（不良贷款额、不良贷款率同比下降）。出台风险管理条线制度9项，颁布各项通知65个，发出风险提示函30个，涵盖贷前、贷后、案防合规及诉讼管理等方面，为逐步夯实内控管理体系提供制度保障。按照重庆银行总行的授信政策指引，在贷款准入阶段做好前端风险把控，为业务又好又快发展保驾护航。对授信审批流程梳理优化，提升评审工作质效。2018年无案件事故发生，资产质量结构持续优化，内控管理水平在重庆银行分行级机构中排名第一。

【运营管理】 围绕防范运营风险、提升运营效率、支持业务发展工作目标，坚持“风险为本，服务为先，管理增效”工作思路，从多方位探索、多角度实践着力，构建运营管理体系，夯实运营管理基础，保障运营各项工作有序开展。2018年，重行渝中管理部业务总量58万笔，综合差错万分之零点四一，低于重庆银行平均水平，获得重庆银行金融知识宣传竞赛活动团体一等奖，1名员工获评重庆银保监局筹备组“2018年宣传服务月活动先进个人”称号，1名员工获评“2018年度重庆市银行业文明规范服务优秀个人”称号，1名员工获评2018年度重庆市银行业“双十佳”柜员称号。

【安全保卫】 围绕重庆银行总行安全保卫

重点工作要求，树立“物防是基础，技防是保障，联防是手段，人防是关键”的理念，开展各项安全检查、培训教育、应急演练等活动，为企业安全平稳发展提供有力保障。全年开展“拉网式”安全隐患全面排查等10次大规模、全方位安全检查，对发现的问题进行及时整改，实现“零案件、零事故”目标，在渝中区第五轮安全评估中获得97.3分，在区金融机构中名列前茅，并获评区公安分局授予的“2018年度治安保卫工作先进集体”。

【党建工作】 按照重庆银行总行党委“基层党建提升年”各项要求，重行渝中管理部党委强化政治理论学习，提高政治站位，助推党建工作再上新台阶。按要求设立党员责任区6个、党员示范岗20个，推动党员亮身份、亮职责、亮承诺。督促指导下辖6个党支部按期完成换届工作，2018年开展支部大会60次、支委会68次、主题党日活动60次、主题党课17次。党委中心组带头，召开中心组理论学习会12次，全面开展习近平新时代中国特色社会主义思想的学习教育。统筹协调基层党群团工作齐头并进，组织开展多次群团活动。2018年，重行渝中管理部共青团组织被评为“全国五四红旗团支部”“重庆市五四红旗团委”，由共青团员为主体组成的运动队获得重庆银行职工运动会团体第二名、重庆银行五人制足球赛团体第一名等荣誉。

2018年重庆银行渝中管理部所辖营业网点

序号	机构	地址	联系电话
1	民生路支行	渝中区邹容路153号	023-63728166
2	解放碑支行	渝中区民族路101号	023-63820326
3	大阳沟支行	渝中区新华路216号	023-63322215
4	朝天门支行	渝中区打铜街7号	023-86129878
5	人和街支行	渝中区人和街89号	023-63607101
6	大礼堂支行	渝中区学田湾正街4号	023-63862653
7	人民路支行	渝中区人民路129号	023-89870917
8	上清寺支行	渝中区中山四路38号附4、5、6、7号	023-63610216
9	大坪支行	渝中区大坪长江二路121号	023-68819727
10	总部城支行	渝中区虎歇路44、46号	023-63879309
11	时代天街支行	渝中区时代天街16号2-35、2-36号	023-68803773
12	化龙桥支行	渝中区瑞天路162、164号	023-63735134

【重庆银行渝中管理部负责人】

总 经 理：周晓红（党委书记）
副总经理：方晓灵（2018年2月离任）
文利军（2018年2月任职）
古 伟
总经理助理：杨 怡（纪委书记）
王 健（2018年9月挂职）

（范志凯）

保 险

中国人民财产保险股份有限公司重庆市分公司

【概况】 中国人民财产保险股份有限公司（简称“人保财险公司”），是中国内地最大的财产保险公司，其前身是1949年10月20日成立的中国人民保险公司。中国人民财产保险股份有限公司是中国人民保险集团公司（简称“中国人民保险”）旗下标志性主业，2003年11月6日，公司在香港联交所成功挂牌上市，成为中国内地大型国有金融企业海外上市“第一股”。在中国保监会公布的财产保险公司保费收入表中，居中国市场第一位，并获国际权威评级机构穆迪公司授予公司信用评级Aa2级。中国人民保险相继成为2008年北京奥运会、2010年上海世博会和2010年广州亚运会保险合作伙伴，位列2018年《财富》世界500强企业第117位。

中国人民财产保险股份有限公司重庆市分公司（简称“人保财险重庆分公司”）是人保财险总公司直属的省级分公司，在重庆市各区、县设有60个分支机构，是重庆市迄今唯一一家在所有县级以上行政区域设有营业机构、实现网络全覆盖的财产保险公司，也是重庆市唯一一家连续12年被重庆市政府评为“金融贡献一等奖”（“金融贡献突出单位”）的保险企业。人保财险重庆分公司地址：渝中区沧白路40号。

人保财险重庆分公司经营范围包括：机动车辆保险、企事业单位财产保险、建筑和安装工程保险、船舶保险、货物运输保险、农业保险、责任保险、人身意外伤害保险、短期健康保险、家庭财产保险、信用保证保险等多个险种。

人保财险重庆分公司承负国有骨干企业的应尽之职责，服务经济社会发展全局，提升保险服务水平，为社会稳定和推动经济建设提供保障。2018年，公司实现保费收入76.24亿元，全年累计支付赔款43.97亿元，缴纳税款2.93亿元，较好地完成了目标任务。

【经济社会服务】（1）服务地方经济发展。响应重庆市产业振兴等经济发展政策，为在渝重点企业和重大基础设施项目提供风险分析、风险管理、防灾防损等全方位保险服务，为重庆市超过三分之一的机动车辆用户提供保险服务。（2）创建警保联动系统工程。构建快处快赔警保联勤联网、车驾管社会服务站、农村劝导站等创新服务模式，创建成果得到公安部认可，2018年两度发文在全国推广警保联动模式。（3）建设直升机救援。首次将直升机救援引进重庆保险行业，为客户提供直升机救援保障，协助政府开展公益性救援，开展大型赛事、节假日高速路护航，建立起保险救援新模式。

【联勤快处快赔】 人保财险重庆分公司主动对接公安平台，2018年4月，联合重庆市公安局交巡警总队共同推出“警保联动”快处快赔跨界融合新模式，利用大数据，实现快处快赔，服务民生，满足群众对畅通出行和快捷理赔的需要，取得良好社会反响。组织业务技能强的理赔人员，在通过交巡警的道路交通事故处理培训合格后，纳入交巡警警保联动管理，并开通交管12123系统警保联动人员权限，使其能借助交管12123系统App开展交通事故快处，实现简易交通事故的现场调解、定责、定损和在险理赔。至年末，重庆警保联动快处快赔项目提供服务8679件，其中处理事故6611件，协助警方便民服务2068件。组建95个摩托车巡逻编组，投放248台事故查勘理赔车，设置9个固定理赔点；开通12123系统权限的警保联动理赔员349人。通过警保联动查勘理赔员现场组织当事人自行协商，达成协议快处快赔比例达96%。运用交管12123系统App进行拍照固证、线上定责、线上定损、线上理赔，案件从生成报案到支出赔款最快仅用时15分钟。

【警保联动服务乡村】 “警保联动”向农村地区延伸。通过共建农村劝导站和车驾管社会服务站、共用农村队伍、共促交通事故快处、共抓交通安全宣传等系列整合，建立公司农村保险服务网络与农村交通劝导站的有效链接，实现双方网点、队伍等资源的“跨界共享”。至2018年末，警保双方共建成295个“警保联动”农村劝导站，整合村社协保员形成兼职交通安全巡查员983人，实现区县全覆盖。9—12月，共建劝导站劝阻制止违法9.22万件，协助查获酒驾、醉驾、无证驾驶、超员等严重违法行为逾100起，发现、处置、上报道路安全隐患927

处，建立农村机动车档案12.91万笔，从源头上预防和减少交通事故发生。

【直升机救援体系打造】 人保财险重庆分公司引进的直升机救援流程、保障体系（引进时间：2017年9月）逐渐成熟，先后在多个区县与当地政府联合举办救援演练，并与重庆市急救中心、陆军军医大学附属大坪医院、重庆医科大学的附一院和儿童医院等30多家医疗机构组建航空救援联盟，全年成功实施10余次空中救援。空中救援体系逐渐成熟，有效整合通航资源、医疗资源、公安资源、高速路网资源，与重庆公安局合作成功，将其纳入警保联动系统工程，以提高救援保障能力和社会综合治理能力。至2018年末，人保财险重庆分公司在重庆市规划了近300个直升机救援起降点位，起到服务上档次，品牌影响力提升的作用。

【道交一体“诉调理赔”】 “道交事故网上数据一体化处理”平台与警保联动的对接，使路面上无人伤小事故和人伤大事故都能得到在线办理的快捷服务，实现大小事故“一网处理”，重庆道交事故处置和畅通安全保障能力取得质的突破。2018年，道交一体诉前调解从2017年三季度重庆试点始，经过在多家法院运行实践，能够大大简化有人伤“大事故”的后续诉讼调解理赔流程，强化诉前调解机制逐步成熟，进入全面推广阶段。警保联动后，人财保险诉前调解核心功能得以完善，处理时效得以提升，证据固化得以强化，不仅服务水平得到大幅提升，还为及时识别虚假骗赔案件、控制调解赔偿金额、有效预防人伤事故扩损、化解保险理赔纠纷等工作提供有力支持，为贯彻人保集团总公司“优服务、降成本、强黏性”的改革目标提供了系统性支撑。至年末，累计调解成功案件1755件，涉案金额7600万元；司法确认1478件，涉案金额7286万元，在重庆市内事故矛盾纠纷调解耗时平均缩短20%，诉前化解率达80%以上，司法确认率达100%。

【党的建设】 抓好党委理论中心组及党支部学习研究，提升党员理论水平及知识储备。开展党建理论知识培训，组织200余名党员干部在重庆市委党校参加学习贯彻党的十九大精神专题培训班，以机关晨间学习形式集中开展党的知识宣传教育，每个工作日依托人保财险重庆分公司党务工作群、各党支部微信群推送习近平重要讲话、微视频等材料，做到集中学、日日学、随时学。开展“听党声、学党史、明党纪”活动，收集80余份党的十九大报告、新党章等录音材料。全辖600余名党员学习观看《党史故事100讲》视频材料、100余名党员领导干部参观重庆廉政教育基地。通过学习培训党员的政治意识、干部的理论水平大幅提升。

2018年中国人民财产保险公司驻渝中分支机构

机构名称	地址	电话
中国人民财产保险公司渝中支公司	渝中区新华路80号	023-63844233

【中国人民财产保险公司重庆市分公司负责人】
总 经 理：龙保勇（党委书记）
纪委书记：戴　路
副总经理：张　韵　杨　茂　邓国华
　　　　　王建国（2018年5月离任）
　　　　　刘　鹏

（杨彬　肖汶江）

中国人寿保险股份有限公司重庆市分公司

【概况】 中国人寿保险股份有限公司重庆市分公司（简称“中国人寿重庆分公司”）是中国人寿保险股份有限公司的在渝分支机构，属国有大型金融保险企业，总部位于北京。公司前身是成立于1949年的原中国人民保险公司重庆市分公司，1996年分设为中保人寿保险有限公司重庆市分公司，1999年更名为中国人寿保险公司重庆市分公司。2003年6月30日，中国人寿保险公司重组改制变更为中国人寿保险（集团）公司，并独家发起设立中国人寿保险股份有限公司。至此，中国人寿保险公司重庆市分公司正式更名为中国人寿保险股份有限公司重庆市分公司。公司地址：渝中区民族路23号中国人寿大厦。

2018年，中国人寿重庆分公司内设部门15个，下设区县级营业单位45家（含综合性支公司39家，专业化支公司6家），有营销服务部373个，银保合作网点近2000个。员工1862人，保险代理人43597人。全年公司总保费收入97.92亿元。

【保费赔付】 中国人寿重庆分公司认真履行“以人为本、关爱生命、创造价值、服务社会”的承诺，并以此作为企业的使命和核心价值观，充分发挥商业保险的保障功能和作用。2018年，中国人寿重庆分公司赔付支出41.73亿元，其中满期给付24.68亿元，赔款支出10.05亿元，死亡给付1.35亿元，其他赔付支出5.65亿元。

【服务经济社会】 （1）上缴地方税收。2018年，中国人寿重庆分公司向地方上缴税费约2.62亿元，被重庆市国税局和重庆市地税局联合评为“纳税信用A级企业”。（2）做好扶贫工作。向对口扶贫点彭水大垭乡捐赠30万元，并向全乡5780人捐赠意外保险，总保额1.27亿元。承办“一站式”结算工作中全市农村贫困人口健康扶贫基金重庆市内跨区县医疗机构救助费用和“精准脱贫保项目”医疗理赔资金集中支付工作，服务重庆市33个区县扶贫办及18000多家市内医院。针对重点贫困区县和建档贫困人口的多元化保险需求，从保险扶贫、民生扶贫、定向扶贫、公益扶贫、教育扶贫几个方面入手，创新性构建重庆国寿精准扶贫模式，多次受到新闻媒体报道和上级表彰，被重庆广播电视集团评为2018年“精准扶贫示范金融机构”，被腾讯•大渝网评为“2018年度智慧保险公司”“2018年市民最满意的寿险公司”。“国寿扶贫住院医疗保险”被重庆广播电视集团评为“精准扶贫金牌产品”。（3）助力地方经济发展。中国人寿保险（集团）公司在债券、股票、债权投资计划以及不动产投资方面均与中国人寿重庆分公司有所合作，超100亿元投资资金落地重庆，参与投资重庆西部物流园专项资管计划项目、国寿渝富基金、国开巴南基金股权投资集合资金信托计划等项目，以信托模式向涪陵国寿、国兴公司、白涛工业园投资19亿元。参股重庆信托、太极集团。

【民生业务拓展】 中国人寿重庆分公司在27个区县开办扶贫“精准脱贫保”，承保73.54万人，提供保额1583.3亿元，处理理赔案件6300余件，赔付约4000万元，赔付率超过63%；在7个区县开办民政“惠民济困保”，承保16.98万人，提供保额337.99亿元；在24个区县开办计生“失独家庭护理保险”，承保3.38万人，提供保额39.59亿元；在重庆市内开办小额保险及老龄保险，承保157.3万人次，提供保额487.63亿元。

【合规经营风险防范】 重点开展治乱打非、乱象整治、攻坚战风险大排查、打击非法商业保险专项行动等，其中治乱打非专项自查发现问题整改完成率达99.64%，乱象整治发现问题整改完成率达100%，打击非法商业保险活动排查发现问题基本完成整改。高度关注重点风险领域，认真排查反洗钱风险和“五高三低”重点人员的非法集资风险，组织开展反洗钱宣传。其中反洗钱灯谜特色宣传被人民银行重庆营业管理部列入创新宣传信息，参加中国人寿总公司反洗钱知识竞赛获全国三等奖、西南片区一等奖；获评人民银行重庆营业管理部2018年金融机构反洗钱知识竞赛团体二等奖，排名寿险公司第一。

【管理服务优化】 （1）运营服务支撑有力。开通App、微信、网页等移动化服务渠道，实现与客户的线上联通，客户足不出户即可享受在线保单服务。通过电子化客户服务平台“国寿E宝”、微信公众号，客户可通过手机便捷报案、自主拍摄上传理赔资料，经后台集中录入、审核，便可获得赔款实时到账。完善以客户为中心的服务体系，为老百姓打造从购买、办理、到给付、理赔的一站式金融保险服务。（2）服务品质不断提升。合理利用智能语音导航及排班管理系统，呼入人工接通率达98.21%，同比提升4.96个百分点，再创历史新高；开启多媒体人工在线服务，为客户实时提供保险咨询报案服务1017人次，探索95519客服队伍管理，并获评总公司多媒体客户服务队伍课题研究优秀奖并升级VIP服务体系，客户开发率达52.8%，促进长期保险费增长；增值服务体系丰富多样，开展297场线上服务活动。（3）国寿科技持续推广。推广科技运用，利用数字化经营助力销售、服务基础管理，结合渠道需要拓展销售平台、建立职场标准化硬件体系及移动视频会议体系，开发实时业绩追踪、智慧职场管理、成本管控、销售人员管理和反洗钱智能识别等系统，实现“以智能为引领”的渠道基础管理。

2018年中国人寿重庆分公司在渝中区分支机构及网点

机构名称	地址	联系电话
中国人寿保险公司重庆市渝中区支公司	渝中区五四路39号都市广场A座7楼、8楼803—808、18楼	023-86521199
中国人寿保险公司重庆市分公司第一营业部	渝中区中山三路175号1、2层	023-86522121
中国人寿保险公司重庆市分公司第三营业部	渝中区筷子街2号（同属民族路23号）第20层	023-63828159
中国人寿保险公司重庆市分公司第四营业部	渝中区大坪正街19号32楼	023-86610616

【中国人寿重庆分公司负责人】
总　经　理：刘月进
副 总 经 理：税清碧　吴国胜
　　　　　　邹周生（2018年1月离任）
　　　　　　徐艳梅
　　　　　　薛　青（2018年2月任职）
总经理助理：陈继云（2018年6月任职）

【中国人寿重庆市渝中区支公司负责人】
总　经　理：张　娟
总经理助理：李璐晨　兰　洋

【中国人寿重庆市分公司第一营业部负责人】
总　经　理：雷新明（2018年4月离任）
　　　　　　刘红梅（2018年4月任职）
副 总 经 理：陈云贵
总经理助理：张　锋

【中国人寿重庆市分公司第三营业部负责人】
总　经　理：马淑华
副 总 经 理：余国玉（2018年9月任职）
总经理助理：夏　露（2018年7月离任）

【中国人寿重庆市公司第四营业部负责人】
总　经　理：廖　蕾
总经理助理：李　亮（2018年10月离任）

（胡正洪）

新华人寿保险股份有限公司重庆分公司

【概况】 新华人寿保险股份有限公司（简称“新华保险”）成立于1996年9月，总部位于北京市，是一家全国性的大型寿险企业，有新华资产管理股份有限公司、新华家园养老企业管理（北京）有限公司等子公司。

新华人寿保险股份有限公司重庆分公司（以下简称“新华保险重庆分公司”）成立于2002年4月23日，办公地址：渝中区经纬大道780号1幢6-1至10-8及782号附9号。公司成立后坚持创新发展，合规经营，规模逐年壮大。

2018年，累计保费收入298.86亿元，有2家中心支公司，15家支公司，10家营销服务部，内外勤员工5000余人，为近35万个人客户及百余家大型单位客户提供保险服务。

2018年，新华保险重庆分公司实现保费收入16.3亿元，其中首年新单保费3.3亿元，续期保费13亿元。新增柜面销售109万元。首年期交保费2.6亿元，同比下降25.7%。十年期以上期交保费1.99亿元，同比增长20.59%。在重庆规模市场上排名第12位，保费新单期缴的市场排名第13位。累计给付赔案6738件、金额7493.61万元。当年，新华保险重庆分公司涪陵中心支公司、武隆支公司、万州中心支公司、开州支公司、梁平支公司，被当地中国人民银行分支机构评为“2018年度寿险类A级金融机构”。黔江支公司被中国人民银行黔江中心支行评为“2018年反洗钱工作优秀机构”。

【重大承保】 1月，李先生购买新华保险福享金生A款终身年金保险（分红型）产品，缴纳保费110.9万元；2月，谭先生购买新华保险福享金生A款终身年金保险（分红型）产品，缴纳保费104.4万元；8月，田女士购买新华保险惠添富年金保险产品，缴纳保费100万元；9月，周女士购买新华保险惠添富年金保险产品，缴纳保费100万元。

【重大理赔】 闫女士于2010年3月11日购买新华保险红双喜金钱柜年金保险（分红型）。2018年1月22日凌晨，闫女士家因电器负荷过大发生火灾，本人造成大面积严重烧伤，抢救无效死亡。接到客户出险报案后，公司第一时间启动重大理赔案件处理应急机制，在最短的时间完成了理赔流程，按合同约定共给付保险金496933.67元。

【党建工作】 开展学习习近平新时代中国特色社会主义思想和党的十九大精神活动。围绕学懂、做实，组织专题学习8次、专题讲座发言8次。3月，新华保险重庆分公司党委开展主题党日活动，组织党员及入党积极分子观看爱国主题电影《厉害了，我的国》。5月，新华保险重庆分公司组织党员及入党积极分子参观红岩革命纪念馆。7月，新华保险重庆分公司召开年度党建工作会议，安排部署年度党建工作。11月，新华保险重庆分公司召开党委工作会议，开展弘扬井冈山精神主题教育及警示教育。

【公益活动】 6月6日，新华保险重庆分公司通过新华人寿保险公益基金会向重庆市16284名环卫工人捐赠人身意外伤害保险，合计捐赠保额16.28亿元人民币。7月，新华保险重庆分公司参加由重庆市保险行业协会组织开展的重庆保险业扶贫济困捐款活动，累计捐款2.2万余元。10月，新华保险重庆分公司志愿者联盟开展志愿者行动，为辖区的环卫工人送上温暖和“环卫工人节”节日祝福，向大坪环卫所环卫工人发放《新华客服》的《关爱全国环卫工人项目公益专刊》，并为社区30名环卫工人送去爱心早餐、袋装米等慰问品，感谢他们为山城市容环境做出的贡献。

【企业文化建设】 7月，新华保险重庆分公司参加由重庆市保险行业协会主办的“‘7•8’保险扶贫健步走”活动并获常青女子组第一名、青年女子组第二名、青年男子组第四名以及团体组并列第一名。5月，参加由重庆市保险学会主办的“2018保险业主题征文”活动并获最佳组织奖、个人三等奖及优秀奖。

2018年新华保险重庆分公司驻渝中区分支机构

机构名称	地址	联系电话
新华人寿保险股份有限公司重庆分公司	渝中区经纬大道780号1幢6-1至10-8及782号附9号	023-89139495
新华人寿保险股份有限公司重庆市渝中支公司	渝中区经纬大道780号1幢8楼	023-89037040

【新华保险重庆分公司负责人】

总　经　理：韩　敏（2018 年 3 月离任）

　　　　　　张祖林（2018 年 3 月任职）

总经理助理：贾　力

　　　　　　张　迪（2018 年 6 月任职）

　　　　　　任　成

（黄隅菡）

光大永明人寿保险有限公司重庆分公司

【概况】 光大永明人寿保险有限公司（简称“光大永明人寿总公司”）成立于 2002 年 4 月，由中国光大集团和加拿大永明金融集团联合组建，是中国北方第一家中外合资寿险公司。2010 年 7 月，经中国保监会批准，完成股权结构变更，现有股东包括中国光大集团（50%）、加拿大永明金融集团（24.99%）、中国兵器工业集团公司（12.505%）和鞍山钢铁集团公司（12.505%），光大永明人寿总公司转制为由中国光大集团控股的中资寿险公司，注册资本 54 亿元。

光大永明人寿保险有限公司重庆分公司（简称“光大永明人寿重庆分公司”）于 2009 年 1 月获中国保监会开业批复，是光大永明人寿总公司设立的第七家省级分公司和在中西部设立的首家机构，地址位于重庆市渝中区五一路 99 号（B 座 28 层），在重庆渝中、万州、涪陵、开州、南岸开设有分支机构，拥有银行保险、团体保险、代理人、经纪代理等多个销售队伍，中标并稳健经营重庆市城镇职工大病保险项目，逐渐成为光大保险系统内少有的多渠道齐头并进的全能型分公司，得到政府、监管、同业和市民认可。光大永明人寿重庆分公司的经营范围包括人寿保险、健康保险和意外伤害保险等业务。

2018 年，光大永明人寿重庆分公司加强队伍、机构和渠道建设，坚持以市场为导向，以客户为中心，建立多元化、人性化的营销体系，推动保险业务快速、健康发展，业务品质和保费收入大幅提升。至年末，保费收入 77287 万元、同比增长 29%，服务人群 95 万人次。较好完成各项任务。

【品质管理】 光大永明人寿重庆分公司坚持售前、售中、售后品质管理，狠抓源头治理，严控新单销售品质。通过细化渠道管理提升营销服务质量、优化续收流程提升服务水平，受到客户青睐。分公司业务的续保率由开办初始的不足 50%，到 2018 年达到 93.4%，续期保费收入成功突破 2.5 亿元大关。

【客户服务】 秉承“以客为尊”的服务理念，注重提升服务质量和效率，光大永明人寿重庆分公司应用现代科技，推出官微自助服务，客户的小额、简单案件，用手机即可完成理赔，并为 VIP 客户提供高端一对一体检服务，得到客户好评。2018 年，光大永明人寿重庆分公司连续三年获得“重庆市服务业百强企业”称号。

【合规经营】 光大永明人寿重庆分公司落实“保险姓保”的政策理念，严格执行监管机构、行业协会及总公司相关制度管理规定，做到业绩和内涵双发展。（1）落实公司主体责任。各级负责人签署《合规经营承诺书》，形成“一把手”负总责，一级抓一级、层层抓落实的风控工作格局；完善合规管理组织架构，增配专职合规人力，强化管理力量。（2）合规培训常态化。通过召开监察合规例会与合规培训，倡导合规价值观，树立底线思维。（3）建立日常监测预警指标。通过防范非法集资风险指标、服务评价指标、退保满期给付数据等指标监测，进行风险预警防范。（4）加大风险排查。强化整改追踪，梳理公司业务环节、操作流程和内控管理，防止风险蔓延，避免问题再次发生。（5）强化问责机制。对责任人员严肃追责，并将风险防控工作考核与部门、机构绩效考评挂钩。

【扶贫帮困】 坚持开展精准扶贫、回报社会，履行国有企业社会责任，从 2009 年起，光大永明人寿重庆分公司对股东方加拿大永明金融集团捐资设立的万州中加友谊小学持续进行帮扶。2018 年，公司响应光大集团“扶贫济困，乐善好施”的号召，在其组织实施的“光大扶贫助学活动”中开展扶贫助学活动，共捐助学生26名，得到社会各界好评。光大永明人寿重庆分公司连续三年获得渝中区的稳岗补贴，起到社会稳定器的作用。

【光大永明人寿保险有限公司重庆分公司负责人】

总　经　理：刘传奇（党总支书记）

总经理助理：向益屏

（张媛媛）

证　券

申万宏源证券有限公司重庆分公司

【概况】 申万宏源证券有限公司（简称“申万宏源”），是由新中国第一家股份制证券公司——申银万国证券股份有限公司与国内资本市场第一家上市证券公司——宏源证券股份有限公司于2015年1月16日合并组建而成，系国内规模最大、经营业务最齐全、营业网点分布最广泛的大型综合类证券公司之一。公司注册资本330亿元，拥有员工近8000名，在全国设有24家区域分公司和309家营业部（含西部证券），并设有香港、伦敦、东京、新加坡、首尔等境外分支机构。公司在中投公司、中央汇金公司等股东单位的大力支持下，契合国家发展战略重点布局中国上海、新疆、香港及新加坡等区域。申万宏源证券有限公司拥有全面的证券类业务资格，主要包括：证券经纪，证券投资咨询，融资融券，代销金融产品，证券投资基金代销，为期货公司提供中间介绍业务，证券资产管理，证券承销与保荐，证券自营，股票期权做市。

申万宏源证券有限公司重庆分公司（以下简称“申万宏源证券重庆分公司”）位于重庆市渝中区中华路178号重庆国际商务中心9楼，有员工155人。内设综合办公室、机构业务部、零售业务部、合规风控部、财务管理部五个二级部门，下辖重庆中山一路营业部、重庆小新街营业部、重庆杨家坪正街营业部、重庆金开大道营业部、重庆黄山大道营业部、重庆涪陵滨江大道营业部、贵州分公司、贵阳花果园大街营业部、遵义南京路营业部共9家分支机构。

申万宏源证券重庆分公司前身为上海万国证券重庆营业部，1992年进入重庆，1997年更名为申银万国证券重庆管理总部，2009年更名为申银万国证券重庆分公司，2015年更名为申万宏源证券重庆分公司。作为第一家入驻重庆的异地券商，申万宏源证券重庆分公司始终依托专业化的团队和持续的创新精神，为客户策划并实施与资本市场相关专业的方案，提供全面、优质、高效的专业化服务，努力实现客户价值最大化。从1994年起，参与重庆万里、中国嘉陵、重庆啤酒、ST农化、上海三毛、重庆实业、建峰化工、重庆燃气、力帆股份、正川股份等一系列企业IPO（首次公开募股）、收购兼并、财务顾问、再融资、新三板等项目，为重庆资本市场的发展和推动重庆作为长江上游金融中心的建设尽力。为重庆市企业改制上市促进会副会长单位，被重庆商报等相关媒体评为“重庆市民最值得信赖的券商”。连续12年被重庆市政府授予“支持重庆经济发展金融贡献奖”。

2018年，申万宏源证券重庆分公司以专业化综合金融服务为抓手，助推区域经济调整与产业升级，着力服务实体经济，为客户发掘和创造价值，取得良好经营业绩。先后完成涪陵国投20亿元公司债以及协同申万宏源证券（香港）公司完成华宇集团境外美元债等项目。

【综合金融服务】 申万宏源证券重庆分公司倡导“研究发现价值、投行创造价值、投资实现价值、资管保障价值、营销推广价值”的经营理念，借力公司控股股东中国投资有限责任公司、中央汇金投资有限责任公司等资源支持和全牌照的业务资格，通过打造本土化的专业优势人才专业团队，实施“经纪、资管、投行”三大业务协同战略，构建起资本市场全方位金融服务平台。

【投资顾问服务】 依托公司总部超过300人的证券研究力量，申万宏源证券重庆分公司致力打造本土化的投资顾问专业化服务团队，以500家中国上市公司为重点，涵盖宏观经济、行业公司、股票债券及衍生品投资策略、指数与产品等综合领域，为资本市场提供以体系见长并独具特色的投资顾问服务。

【业务发展】 申万宏源证券重庆分公司协同公司驻渝投行业务团队，利用资本市场多种金融工具和创新业务，全力开拓重庆金融资本市场，支持区域经济发展。2018年，以“园区财务顾问”服务为契机，实现业务对接下沉、重点区覆盖，为重庆地区各大企业、产业基金实行差异化综合金融服务；以纾困为切入点，立足解决民营企业融资难问题，支持重庆经济发展。

【服贫攻坚】 按照党中央、中国证监会党委、申万宏源总公司党委关于推进“金融扶贫、绿色扶贫、产业扶贫”的要求，2018年，申万宏源证券重庆分公司按照与重庆黔江区人民政府签订的《重庆市黔江区人民政府与申万宏源证券有限公司扶贫服务协议》，立足于将黔江区的资源优势和公司资本市场专业化优势有机结合，利用资本市场推进经济结构调整、产业培育、供给侧改革等，扎实推进国家级贫困区——重庆黔江区等贫困区县的精准扶贫工作，确保黔江区脱贫攻坚顺利推进。

【合规风险管控】 2018年，申万宏源证券重庆分公司深入开展自查自纠，对反洗钱、代销金融产品、互联网金融风险、员工执业行为等进行专项检查，完善和健全风险防控与处置机制，提升风险防控能力，有效保障经营管理持续稳健运行。2018年召开专题工作部署会2次、节日提醒4次、警示教育活动2次、合规培训12次、纪律条例学习2次、年度检查1次。

2018年申万宏源证券重庆分公司渝中辖区内分支机构

分支机构名称	地址	电话
申万宏源证券公司重庆中山一路营业部	渝中区中山一路181号抗建大厦2楼	023-63508733

【申万宏源证券重庆分公司负责人】
总　经　理：王　军（党总支书记）
总经理助理：吴　韵（纪检委员）

（赵玉中）

光大证券股份有限公司重庆分公司

【概况】 光大证券股份有限公司（简称“光大证券”）创建于1996年，系由“世界500强”中国光大集团股份公司投资控股的全国性综合类股份制证券公司，是中国证监会批准的首批三家创新试点公司之一。2009年8月18日，光大证券A股在上海证券交易所挂牌上市，股票代码601788。光大证券秉承“以客户为中心”的理念和“为国家图富强，为天下聚财富”的核心价值观，推进管理体制、运营机制和商业模式的市场化改革，推动转型发展，业务规模及主要经营指标居国内证券公司前列，综合实力排名行业前十。

1996年，光大证券在渝的首批两家营业网点分别在渝中区的解放碑、大坪设立。1997年、1998年、2002年、2012年、2017年相继在渝中区、永川区、巴南区、北碚区、两江新区设立营业网点。2011年，光大证券股份有限公司重庆分公司（简称“光大证券重庆分公司”）正式成立，是光大证券在全国设立的首批八家分公司和区域性分公司之一，公司地址：渝中区大坪正街108号。

光大证券重庆分公司所辖的证券营业部网点分布重庆、云南、贵州三地，分别在重庆市渝中区较场口和大坪、巴南区鱼洞和李家沱、永川区、北碚区、两江新区，以及云南省昆明市和曲靖市、贵州省贵阳市和遵义市共设有11家证券营业部。2018年，光大证券重庆分公司内设综合运营部、零售业务部、机构业务部三个部门。主营业务有证券经纪、证券投资咨询、证券投资基金代销、期货中介、融资融券、证券财务顾问、金融产品代销、证券承销与保荐等。

【业务发展】（1）构建财富服务体系。通过整合光大证券重庆分公司辖区营业部基础服务团队，强化财富经理管理，在辖区内开展分级服务，提升客户服务质量。（2）为客户量身定制投资服务产品。光大证券重庆金阳光财富俱乐部，依托线上线下全面布局，形成7×24小时的用户服务体系。（3）合理资源配置，拓展服务需求。依托光大银行、光大永明保险、光大期货、光证国际现有资源，整合光大集团在渝企业各项业务，全方位服务客户财富管理需求。光大证券重庆分公司及辖区营业部围绕零售客户、机构客户、金融同业与战略客户等市场主体，根据其不同需求进行合理资源配置。

【投资者权益保护】加强与重庆地区金融单位合作，做好投资者保护工作。学习《证券期货投资者适当性管理办法》等相关制度；开展防范和处置非法集资宣传教育活动、私募基金投资者权益保护等教育活动，打击非法证券活动；开展证券期货投资者适当性管理新规落实执行工作。

【合规经营风险控制】遵循“合规稳健、创新发展”宗旨，按照光大证券总公司合规管理要求，加强内部管理，提升员工合规意识，守住合规底线，保障各项业务健康规范发展。（1）完善制度落实责任。设立风控经理，负责组织全面梳理光大证券重庆分公司各业务及管理上的操作风险点，有针对性地建立操作风险关键指标，加强日常监控和风险自评，及时检查和修正流程制度、控制系统的时效性和合理性等。（2）组织辖区营业部征订、发放反洗钱宣传资料。重庆地区7家营业部共征订《金融机构大额交易和可疑交易报告制度精解及案例解析》《反洗钱培训系列教材（第二版）》《反洗钱风险管控——账户管理与交易场景汇编》《2018年最新案例精选》《〈关于完善反洗钱、反恐怖融资、反逃税监管体制机制的意见〉及政策解读》近800本（份），通过营业部反洗钱咨询专柜、宣传栏向投资者发放，号召社会公众远离洗钱犯罪。（3）开展自查整改，确保合规经营。全年开展各类合规自查35次，组织学习合规提示函、合规考核办法、风险情况通报等制度、案例，重点学习经营机构经纪业务风险控制及管理和投资者适当性管理。（4）现场检查，专项培训。2018年组织开展合规管理、反洗钱工作等专题培训61次；完成对辖区11家营业部现场合规检查，对营业部合规负责人进行面对面交流辅导；月度召开合规工作专项培训会议；参与集团风险管控现场调研座谈会。

【党建工作】光大证券重庆分公司党总支有重庆联合营业部支部、重庆民权路支部、重庆永川支部、遵义贵阳联合营业部支部、昆明营业部支部、曲靖南宁西路营业部支部等6个党支部。（1）抓好党风廉政建设。光大证券重庆分公司党总支严格要求辖区党支部、辖区营业部执行各项公务支出规定，防止“四风”反弹回潮，各党支部做到严格遵守廉洁自律准则、政治生活和作风建设的系列规定，要求党员主动照镜子、量尺子、动脑子，自觉接受群众监督，确保问题整改不留死角。（2）落实“三会一课”制度。坚持“三会一课”全覆盖，以党课和学习讨论的方式丰富组织生活，组织辖区党支部开展学习《习近平谈治国理政》《中共中国光大集团股份公司委员会关于进一步加强新形势下宣传思想工作的意见》《光大证券整治形式主义、官僚主义十条》等内容。根据光大证券公司党委下发的《光大证券“红色读书角”推荐清单》，促进各党支部建立“红色读书角”，放置专门书柜，购买《苦难辉煌》《长征》等相关书籍供党员和群众取阅。（3）履行“一岗双责”，党建促进管理。光大证券重庆分公司主要领导以身作则做到“一岗双责”，辖区六位党支部书记树立“一岗双责”的思想理念，坚持主动带头自觉抓党建，凡是涉及党建工作的会议和活动无一缺席。（4）把好发展党员入口关。健全“双培养”机制，坚持把工作骨干发展成党员，把党员培养成骨干。同等条件下优先聘用、提拔党员，营造“我是党员我骄傲、党员职工要求高”的比学赶超氛围。2018年4月，举办光大证券第十三期入党积极分子培训，新培养10名积极分子；通过考核与民主评议，年内分公司党总支辖区党支部吸收6名积极分子为预备党员；6月，公司党总支选派重庆鱼洞运营总监为营业部联络员，并发展其成为中共预备党员。（5）党建工作与经营管理工作相互促进。公司召开重要工作会议，要求全体党员同志参加，做好以党建促经营管理发展。（6）加强党员队伍建设，完善党组织架构。光大证券重庆分公司有党员40名，入党积极分子23名，共计63名，占员工的比例为41%。1月，完成辖区党支部2017年度党建工作考核及相关统计，3月完成梳理辖区各党支部的党建工作制度与体系，11月完成换届选举成立新的党总支，总支部在原有5名委员的基础上，新增统战委员1名。

【扶贫济困】 2018年，光大证券重庆分公司慰问重庆100名进城务工人员子女。认捐贫困县学生，与当地社区联动，走访慰问贫困户等。组织辖区营业部员工参加光大集团扶贫助学计划活动，共捐助中学生6名、小学生56名，捐款39600元。

【“光大”文化发扬】 以“打造具有国际竞争力的一流全能型投资银行”为愿景，以“为国家图富强，为天下聚财富”为核心价值观，以“综合化经营、国际化战略、创新引领、合规稳健”为经营理念，打造“光大”企业文化精神。（1）对员工进行企业文化教育。组织员工每季度召开内部分享会分享企业文化心得，开发“阳光学院”在线学习平台，让员工进行企业文化学习体验。（2）加强区内联动。参加由重庆市渝中区委统战部、重庆市渝中区团委、重庆市渝中区青年联合会主办的“关爱在渝务工人员子女”爱心活动。（3）组织励志和竞赛活动。组织员工观看电影《厉害了，我的国》；参加“中国梦·劳动美”重庆市第三届金融行业职工技能大赛，获证券期货业竞赛单元集体奖二等奖，两名员工分获单项奖；参加公司第二届“光证体育节”活动；参加公司第五季“日行万步，走向健康”健步行活动；参加重庆证券期货业协会2018年重庆辖区“理性投资 从我做起”投资者保护健步走活动；组织全辖区员工举行“团结、协作、勤奋、创新”“不忘初心坚定信念、红色基因聚魂凝心”工会活动暨党建活动。

2018年光大证券重庆分公司在渝中区网点

网点名称	经营地址	联系电话
光大证券股份有限公司重庆分公司	渝中区大坪正街108号天海大厦二层	023-68890806
光大证券股份有限公司重庆大坪正街证券营业部	渝中区大坪正街108号天海大厦二层	023-68700268
光大证券股份有限公司重庆民权路证券营业部	渝中区民权路58号合景聚融6楼	023-63719100

【光大证券重庆分公司负责人】
总 经 理：何桂强（2018年10月离任）
副总经理：周国平（主持工作，2018年10月任职）
副总经理：席　娟

（王琬璐）

西南证券股份有限公司重庆第三分公司

【概况】 西南证券股份有限公司重庆第三分公司（简称“西南证券重庆三公司”）原名

西南证券股份有限公司重庆沧白路证券营业部，于2000年1月26日成立。公司地址：重庆市渝中区沧白路19号沧白大厦2～4楼，所在地前身为1991年8月14日成立的重庆有价证券公司，是重庆地区证券市场的萌发地。2018年，公司经营面积2394平方米，拥有员工31人。内设运营中心、财富管理中心、创新（机构）业务部三个职能部门。

【业务发展】 2018年，证券市场在实体经济放缓、中美贸易摩擦加剧等多种因素共同影响下行情低迷，成交清淡。在不利的市场环境下，分公司提出“弱市练兵”的口号，强化全体员工在知识、技能、资源上的培训和积累，为行情复苏做好准备。2018年，西南证券重庆三公司总收入3247.93万元，其中，传统业务收入2571.85万元，中间业务收入590.7万元。全年新增交易性资产4951.35万元，累计股基交易量284.05亿元，累计交易业务占全国证券市场份额的0.28‰。

【党建工作】 落实全面从严治党责任的新任务、新要求，西南证券重庆三公司党总支部加强基层党组织工作，全面提升基层党组织的凝聚力和战斗力，以每位党员为载体，立标杆、转作风、树形象，建立党员责任区，强化党员目标管理，增强党员身份意识，增强党性修养，发挥党员的先锋模范作用。组织开展一系列贯彻落实中央八项规定精神的自查自纠活动和《中华人民共和国监察法》宣传活动。

【西南证券股份有限公司重庆第三分公司负责人】
总经理：张 兵

（邹越）

重庆城投建信基础设施建设股权投资基金管理有限公司

【概况】 重庆城投建信基础设施建设股权投资基金管理有限公司（简称“重庆城投建信基金公司”）成立于2016年1月，注册资本2000万元，主要从事股权投资管理、咨询及同类相关业务，发起设立股权投资企业等。公司地址：重庆市渝中区中山三路128号。

【基金合伙企业】 公司目前管理基金为重庆信城基础设施股权投资基金合伙企业（有限合伙），成立于2016年4月1日，并于2016年8月4日在中国证券投资基金业协会完成备案。基金托管人为中国建设银行股份有限公司。

【备案信息更新】 2018年，公司按照中国证券投资基金业协会相关规定，定期及时更新公司登记及管辖基金备案信息，内容包括但不限于公司审计报告、基金投资项目变化信息等，信息更新均符合中国证券投资基金业协会相关规定。

【重庆城投建信基金公司负责人】
董事长：王 理
总经理：叶 松

（付彤杰）

要素市场

重庆股份转让中心有限责任公司

【概况】 重庆股份转让中心有限责任公司前身为重庆股份转让中心（事业单位），成立于2009年7月。2012年11月，重庆市政府决定对重庆股份转让中心进行改制，由西南证券股份有限公司控股、重庆渝富资产经营管理集团有限公司和深圳证券信息公司参股，正式成立重庆股份转让中心有限责任公司（简称“重庆股转中心”），注册资本1.56亿元，属重庆市国有重点企业。下设子公司2家：重庆榆钱儿电子商务有限责任公司（全资）、重庆榆钱儿股权投资基金管理有限责任公司（控股）。公司地址：渝中区民族路101号交易大楼。

重庆股转中心是国内多层次资本市场的重

要组成部分，已形成“一市三板”（“一市”指重庆区域股权市场；“三板”分别指非上市股份有限公司股份报价转让系统即成长板，中小企业股权转让系统即孵化板，科技创新型企业股权转让系统即科创板）的市场格局，并与团市委共建支持青年创新创业的“青创板”。作为重庆市唯一一家区域性场外股权交易所，重庆股转中心主要为中小微企业提供股权登记托管、股权转让、挂牌展示、企业路演、定向增资、可转债发行、股权质押融资等综合金融服务，为中小微企业搭建展示平台、拓宽投融资渠道，培育挂牌企业进入更高层次资本市场。

重庆股转中心坚持“企业成长的摇篮、社会投资的平台、经济发展的抓手”的战略定位，积极构建创上市资源培育平台、企业价值发现平台和企业综合金融服务平台，着力解决企业融资难、公众投资难和政府管理难问题，切实提高金融服务实体经济的综合能力，打造全国一流的区域性场外资本市场。作为全国率先成立并首批通过验收的区域股权交易市场，自改制当年至2018年，连续六年收入快速增长，率先盈利后成为全国第一家分红的区域股权市场，并形成领先全国区域股权市场的八个特点：首批设立并通过国务院清理整顿各类交易场所部际联席会议验收合格；率先与证券交易所共建全国性路演平台；最早实现非上市股份有限公司股权登记托管；最早实现挂牌企业股权质押融资及市场内部分层；最早开展私募债业务试点、机构投资者开户数最多；率先与中证机构间报价系统实现互联互通；最早实现盈利并持续向股东单位分红；在全国率先与区县政府合作设立产业引导基金。

【上市资源培育】（1）以市场化手段培育上市资源，按照资本市场的标准筛选有发展前景的企业。至2018年年底，公司累计挂牌企业827家，年增加124家，同比增长17.64%。其中，挂牌企业3家实现主板上市、3家通过并购重组上市、30家进入新三板、5家企业申报IPO。（2）推动重庆市内未上市股份公司的托管，促进企业规范内部管理。全年新增托管企业297家，累计托管企业达1390家，增幅27.17%。（3）打造地方政府扶持中小微企业发展政策综合运用平台。年内协调出台相关政府扶持政策26条，吸纳528家中介机构参与公司各项业务活动，累计为481家挂牌企业争取财政补贴奖励4816万元。

【直接融资规模扩大】（1）路演平台持续发展。至2018年累计实现18场路演，参与路演企业70家，已有4家获得融资6000万元。8月，公司与全景网络科技有限公司联合成立西部并购路演中心，为西部企业对接资本市场提供平台。（2）股权管理服务与区县设立的3只产业引导基金已完成5个项目1.53亿元的股权投资。与四川德阳经济开发区共同发起设立的总规模10亿元的股权投资基金揭幕，标志重庆股转中心已对外省开始输出股权管理服务。（3）为企业提供多渠道融资。全年共有28家企业在重庆股转中心备案私募可转债产品，备案金额43.81亿元，发行私募可转债产品57只，发行金额31.89亿元。2018年实现各类融资84.31亿元，其中股权质押融资50.22亿元，股票增发2.2亿元，发行可转债31.89亿元。（4）加大和其他金融机构合作。与重庆银行、招商银行、产业引导基金、华科融资租赁有限公司等机构常态化开展企业服务活动，帮助企业拓宽融资渠道。联合重庆银行为挂牌企业推出“好企贷”绿色申请通道，有两家企业获得346万元融资。

【服务水平提升】（1）服务项目增加。形成包含融智服务、融资服务、咨询服务等三大板块的“中小企业全链条价值服务体系”，为企业提供特色培训课程、交流走访活动、投融资对接与个性化定制咨询等三十余种服务项目。（2）履行监督指导职责。督促挂牌企业完成日常信息披露工作，跟进股权转让、增资等业务进展情况，指导企业规范业务办理，帮助企业顺利完成线上及线下交易。初步完成企业信息管理库搭建工作，及时督促挂牌企业完成日常信息披露，2018年共收取73家企业年报。（3）会员机构管理。形成会员机构服务清单，严格执行推荐机构年检制，清理失效推荐机构和专业会员，规范会员和推荐机构业务资格管理。全年新发展会员19家，其中推荐机构5家、专业会员9家、区县服务平台5家，评选出9家优秀推荐机构、8家专业会员机构。（4）建设企业信用平台。探索中小微企业信用大数据智能化应用，为金融机构及风险资本对接重庆市中小微企业提供数据支持。该项目已获重庆市首批信用信息应用试点等政策支持，并列入市国资委《2018—2020年市属国有重点企业以智能化为引领的创新驱动发展重点项目实施计划》。（5）加大融智培训。为中小企业发展提供智力支撑。全年组织各类企业培训及活动39场，服务2000余人次，实现培训创收12.76万元。搭建手机端培训系统“阳光微课”，突破培训地域限制，扩大企业服务覆盖面。

【金融风险防控】（1）严控合规“红线”和项目风险。规范可转债制度设计及业务模式创新，对已发行的存量项目定期进行梳理，排查隐患。目前各业务项目运行顺利，无兑付风险或违约事件发生。（2）加强网络风险防控。根据上级主管部门和监管部门要求，对公司网络信息安全进行自查并积极整改。（3）防控挂牌企业风险。妥善处置挂牌企业风险事件，加强与监管机构的联动，将挂牌企业纳入舆情监测系统，多渠道发现企业可能存在的风险。

【党建纪检工作】（1）学习贯彻党的十九大精神和市委五届四次全会要求，开展“不忘初心、牢记使命，重整行装再出发”主题教育和二次创业主题活动，加强企业文化建设。（2）推动从严治党向纵深推进，强化监督考核机制。加强政治理论学习、严明政治纪律政治规矩、严格党的组织生活制度、执行民主集中制及重大决策制度、加强作风建设等，对公司政治生态总体情况进行全面梳理，确定班子成员廉政风险排序。（3）细化党建工作与纪检监察工作考核指标，推动党建工作与业务工作融合。加强对权力运行的制度约束，将党风廉政建设纳入对部门及部门负责人年度考核的“一票否决”项目。（4）构建年轻干部梯次培养链，人才培养注重内部化、长期化和专业化。

【重庆股份转让中心有限责任公司负责人】
董事长：吴 坚
总 裁：张 序
副总裁：李大光 寇 骥 陈 洪

【重庆榆钱儿电子商务公司（全资）负责人】
执行董事兼总经理：罗 献

【重庆榆钱儿股权投资基金公司（控股）负责人】
执行董事：钟 炜
总 经 理：秦 影

（杨玉婷）

旅游业

【概况】渝中区旅游发展委员会（简称“区旅发委”）为区政府工作部门，内设综合科、行业管理科、规划发展科。机关行政编制10名（其中，主任1名、副主任2名），在职行政编制人员10人。2018年4月，区旅发委下属事业单位“渝中区旅游监察执法队”经渝中区机构编制委员会同意列入参照公务员法管理，共有编制人员10名，在职事业编制人员5人。区旅发委的主要职责是：贯彻执行旅游业法律、法规、规章和方针政策；编制全区旅游产业方针规划并组织实施；制定全区旅游市场开发和营销战略、旅游建设项目策划等工作；规范旅游企业和从业人员的经营和服务行为，指导旅游行业精神文明建设和诚信体系建设；负责辖区内出境旅行社和一般旅行社、3A级及以下景区、四星级及以下酒店的管理；负责旅游资源整合与统筹协调、旅游规划与产业促进、旅游监督管理与综合执法、旅游营销推广与形象提升、旅游公共服务与专项资金管理、制定与组织实施旅游人才规划、旅游数据统计与综合考核。办公地址：渝中区和平路管家巷9号。

2018年，区旅发委落实全市旅游发展大会、全区文化旅游发展大会精神，推动文化旅游业高质量发展，打造都市旅游升级版，努力把渝中建设成为品质之城、国际知名旅游目的地。渝中区先后荣获全国“首批国民休闲旅游胜地”“全国最受欢迎的全域旅游目的地”称号以及“中欧绿色旅游城市大奖”等荣誉；在全市游客满意度考核中，渝中区继续保持全市第一；区旅发委荣获市人力社保局、市文旅委表彰的2018年度“重庆市旅游工作先进单位”称号。

【文化旅游发展及服务】6月8日，区委、区政府高规格召开文化旅游发展大会，贯彻重庆市委5月15日全市旅游发展大会精神。印发《渝中区推动文化旅游高质量发展实施方案》《关于促进全域旅游发展指导意见重点任务分工的通知》。全年走访企业150余家，争取建设银行等金融机构支持，协调解决企业融资难融资贵等问题。制定文化旅游业发展贡献奖励办法、“重庆飞·山城游”奖励政策、入境旅游奖励政策，帮助企业拓展市场、做大做强。

【旅游收入】 全年渝中接待境内外游客6374.9万人次，实现旅游总收入383.5亿元，同比分别增长16.2%和20.3%。其中，接待入境游客155.2万人次，旅游外汇收入8.1亿美元，分别增长8.5%和12.1%。

【旅游招商引资】 利用内外资3.4亿元，招商企业落地10个，其中招大引强5个；参加重庆市旅游发展大会集中签约等活动，签约项目5个、金额近3亿元。将建设工作纳入自贸试验区渝中板块建设行动计划，实施“国际旅游目的地”建设目标和“打造文商旅城融合载体”重点举措。联动重庆机场和航旅旅行社开通“重庆飞·山城游”项目，吸引中转游客30余万人。引进来福士洲际酒店、韩国CGV影院等重点项目，苏宁云商、新世纪百货等5家企业入选“全市首批境外旅客购物离境退税商店”，入选总数全市第一。建成1个市级旅游集散中心，引入海外国旅、环球运通等大型旅游企业27家，出境旅行社总数达36家。

【旅游产业投资】 争取国家旅游发展基金600余万元；推进渝中区与重庆旅游集团合作，打造重点文旅企业；智慧旅游建设、标识标牌建设等完成投资1100万元，辖区旅游企业完成固定资产投资3300万元。

【旅游宣传】 发挥新媒体优势，2018年，在相关微信、微博等平台共推送旅游宣传信息550余篇（条），对辖区13个A级景区及部分特色景点导游词进行全面提炼撰写。中央电视台《新闻联播》《共同关注》《东方时空》现场直播渝中美景美食等。编制全域旅游精品线路书、4本全域旅游系列图书，发放至全区13个游客中心、9000余个宾馆饭店房间。9月，由市委宣传部组织，区旅发委派人赴丹麦、比利时参加“中欧旅游年”活动，进行重庆（渝中）旅游宣传，签订政府间旅游合作协议3个，成立渝中旅游宣传工作站。

【旅游配套设施建设】 提档升级T480观光巴士，新开通T001、T002、T050三条旅游专线巴士，新设立旅游标识标牌200余块，新改建旅游厕所50余座。建立渝中区全域游客流量监测系统、洪崖洞景区游客流量监控平台，13个A级景区建立免费Wi-Fi全覆盖，增设43台触摸一体机。

【旅游节会】 召开第22届“一会一节”、2018全国旅游产品（重庆）采购会，组织意大利、英国等6国使领馆和全国逾500家旅游机构、景区景点参展。借力全球旅行商大会、三峡国际旅游节等节会活动宣传渝中、招商引资。

【“增星添A”工作】 1月31日，长江索道通过重庆市景评委的景区质量评定，正式成为国家4A级旅游景区。至此，渝中区4A级旅游景区增至9个，在全市数量最多。

【旅游环境综合整治】 建立长效工作机制。按照区委、区政府要求，在朝天门、洪崖洞、解放碑、长江索道等景区设立联合执法检查站，各部门抽调95名工作人员长期驻守，形成执法高压态势。2018年约谈企业140余家次，出动人员240人次，开展执法检查110次，检查企业226家次，检查导游65人次，查获涉嫌违法违规案件线索32件，罚款金额43410元。优化旅游市场氛围。指导辖区旅游企业开展旅游服务质量提升活动，提升游客的体验度和满意度。全年受理旅游投诉192件、同比下降40%，无一例群体性上访事件和较大以上旅游投诉发生，游客满意度保持全市第一。

【旅游安全】 树立"安全是旅游的生命线"意识，确保行业安全稳定。压实企业主体责任。与辖区225家旅游企业签订安全生产目标责任书。强化安全检查。聘请安全工程师，针对旅游企业特种设备、消防安全、食品安全等进行安全检查；聘请景评员、安全生产专家深入景区，针对安全风险提出预防、管控措施。2018年开展旅游安全专项检查160余次、联合检查30余家次，约谈旅游企业38家次。全年发出限期整改通知书20份，全部复查验收。对洪崖洞存在安全隐患的228家商户发出安全整改通知书，全部整改到位。全区旅游行业安全生产形势稳定，年内无涉旅安全事故发生。提高从业人员服务水平。组织渝中区300名导游、200余名酒店从业人员开展技能大赛和安全知识培训。

【扫黑除恶专项斗争】 4月26日，区旅发委成立渝中区旅游行业扫黑除恶专项斗争领导小组。5月至7月，区旅发委先后两次召开扫黑除恶专项斗争动员部署会和推进会，制定《渝中区旅游行业扫黑除恶专项斗争工作方案》，安排部署渝中区旅游行业扫黑除恶专项行动。贯彻"有黑扫黑，无黑除恶，无恶治乱"，作好宣传发动，摸排线索，深入企业、社区，通过"院坝会"、发放宣传资料等形式，宣讲扫黑除恶专项斗争十三问。共制作发放扫黑除恶宣传牌150余块、宣传海报1000余份，使用LED电子滚屏200余块，公开有奖举报电话、邮箱，提升扫黑除恶工作效果。专项斗争期间，区旅发委出动检查人员80余人次，对辖区23家旅游企业进行检查，对洪崖洞、朝天门地区旅游市场乱象进行28次暗访，深度摸排旅游行业涉黑涉恶线索。对暗访中发现的朝天门、洪崖洞、长江索道景区周边存在的"黑车"拉客揽客，"羊儿客""串串"兜售船票等"市场乱象"，及时将线索转交区建设交通委、区公安分局等相关部门处理。

【"网红景点"品质提升】 5月4日，市委书记陈敏尔、市长唐良智视察渝中都市旅游后，渝中区推进旅游品质提升工作，国庆节前取得阶段性成果。（1）洪崖洞景区实现智能化管理监控人流，消防隐患已整治90%以上，完成电信、燃气管线整改，加大常态化保洁和臭气治理力度，景区内游客动线及景区周边交通组织已经优化。（2）李子坝轻轨站观景平台于8月22日对外开放使用，完善厕所及休闲座椅等配套设施。（3）长江索道完成网约售票平台建设，排号系统在9月底试运行，解决了国庆黄金周游客排队购票等问题。（4）民国印钞厂交通道路改造完成。（5）湖广会馆对消防安全进行了隐患排查。在所有景区内增加安全提示牌，周边都增加旅游标识标牌和志愿者服务。加强景区周边的城市管理，环卫保洁、交巡警、街道城管等部门每天工作时间延长至24:00。

【渝中区旅游联合执法检查站成立】 11月1日，渝中区成立朝天门、洪崖洞、解放碑三个旅游联合执法检查站，设立现场办公场地并挂牌。该站由渝中区旅发委、公安分局、城管局等相关部门共同组建，重点整治朝天门、洪崖洞、解放碑区域存在的旅游乱象，实施罚款、暂停经营、吊销及严打等强制措施，依法严查价格欺诈、虚假宣传等旅游市场“常见病”，依法严厉打击“羊儿客”“票贩子”“黑车”“三轮车”“卡娃”“发卡族”等旅游市场顽疾，净化渝中旅游环境，提升游客满意度。由街道对检查站工作人员进行统一的工作安排、调度和考核。

【重大合作协议签约】 3月27日上午，渝中区人民政府、北京市文化投资发展集团和重庆旅游集团三方在重庆盛捷长江服务公寓5层多功能厅举行战略合作签约仪式。渝中区副区长邓光怀、北京文投集团总经理助理邢洪旺、重庆旅游集团总经理符建出席签约仪式，并签订三方战略合作框架协议。北京文投集团是由北京市政府授权成立的国有独资公司，资金总额400亿元，项目运营经验十分丰富。重庆旅游集团则是重庆市属大型旅游投融资集团，负责对全市重要旅游资源进行投资、开发、经营和管理，是全市旅游投资的龙头企业。三方将依托渝中区母城优质文化旅游资源，共同投资渝中区文化旅游项目，深度挖掘产业链价值，推进渝中区建设国家全域旅游示范区，把渝中的母城文化打造成重庆的软实力。三方将通过3年时间，将三方控股的渝之旅股份公司打造成重庆市第一家旅游板块上市企业，预计市值将达100亿元。其间，总投资规模将达到30亿元～50亿元。

【党建工作】 始终把党建工作摆在班子履职的首要位置，党组书记带头开展主题学习6次、专题讨论4次，为机关干部和非公党员讲党课4次。抓好非公党建工作，核实摸排非公企业及门市10余家，摸排发展流动党员5名，非公企业党组织覆盖率达48%。组织非公党员志愿者进社区服务3次，以丰富多彩的组织生活增强组织活力。完成党组所属非公支部专题组织生活会和民主评议党员等各项工作。抓好党风廉政建设工作，党组书记与分管领导、各科长签订党风廉政建设责任书，坚持在党组会、主任办公会上专题学习研究、贯彻落实党风廉政建设工作。开展党风廉政建设专题学习12次，组织全委干部职工观看廉政警示教育片《蜕变的初心》，结合区内新近发生的区管领导干部违纪违法案件，举行“以案四说”警示教育会，以上率下筑牢思想防线；组织党员干部及非公党支部书记20余人到长寿区“预防犯罪法治教育基地”开展廉政警示教育活动，时刻以反面典型的惨痛教训警示每位党员干部，常思贪欲之害，永怀律己之心。把政务公开作为加强党风廉政建设的有效载体，将财务收支、集体资产和资源现状、处置情况，以及对干部的评议、考核和审计结果等事项，全部纳入公开内容。

2018年渝中区一般旅行社名录

序号	旅行社名称	法定注册地址
1	重庆太平洋旅游公司	渝中区新华路41-43号
2	重庆东海国际旅游有限公司	渝中区朝千路26号C幢8-8
3	重庆大世界国际旅行社有限公司	渝中区美专校街66号鑫隆达大厦B座13-1
4	重庆纵横国际旅行社	渝中区大同路大同方城市公寓9-1室
5	重庆大地旅游公司	渝中区中山二路91号益建大厦3楼
6	重庆百益国际旅行社	渝中区中山三路157号16层B号
7	重庆东方国际旅行社	渝中区朝千路5号
8	耍嗨国际旅行社重庆有限公司	渝中区中山一路181号20-4
9	重庆职工旅行社	渝中区中山三路157号3楼（工会大厦）
10	重庆春江国际旅行社（虹桥）	渝中区信义街1号朝天门广场负二层

续表

序号	旅行社名称	法定注册地址
11	重庆君豪国际旅行社	渝中区中山二路 192 号 14-3
12	重庆鸿雁旅游公司	渝中区嘉陵桥西村 83 号
13	重庆同程国际旅行社	渝中区民族路 18 号 17-3 号
14	重庆河记旅行社	渝中区信义街 18 号红港饭店对面
15	重庆吉祥国际旅行社	渝中区民族路 18 号新重庆公寓 14-3
16	重庆中天国际旅行社有限公司	渝中区中山一路 97 号 21-1
17	重庆长江观光国际旅行社有限公司	渝中区朝天门陕西路 1 号
18	重庆风采国际旅行社	渝中区新华路 4 号附 1 号时代天骄 1423 号
19	重庆帝骄旅游有限公司	渝中区长滨路 261#
20	重庆海新国际旅行社有限公司	渝中区陕西路 17 号海韵大厦 5 楼
21	重庆新潮旅行社	渝中区民生路 181 号
22	重庆长江假日旅行社	渝中区新华路 4 号附 1 号 17-1 号（时代天骄大厦）
23	重庆金星旅行社	渝中区上清寺路 112 号 10 楼
24	重庆嘉和旅行社	渝中区大坪万友康年酒店 5 楼
25	重庆龙腾国际旅行社有限公司	渝中区两路口长江一路 1 号中华广场 26-3 号
26	重庆山水旅行社	渝中区两路口长江一路 5 号中华广场 24-3
27	重庆园林旅行社	渝中区大坪长江二路 173 号园林大厦 15 楼
28	重庆半岛旅行社	渝中区两路口中山三路 127 号新山城商务大厦 608、609
29	重庆铁路华泰国际旅行社	渝中区美专校街 53 号 1 栋 1 单元 6-1 号
30	重庆联航国际旅行社	渝中区两路口重庆村 55 号 2 号楼 3301
31	重庆中亚旅游有限公司	渝中区朝千路 5 号
32	重庆华夏国际旅行社有限公司	渝中区信义街 18 号（朝天门大酒店）901 室
33	重庆远景国际旅行社	渝中区洪崖洞一楼 101A
34	重庆尊尊国际旅行社	渝中区上清寺路 1 号世纪环岛 6-1
35	美途国际旅行社	渝中区朝天门朝千路东和湾 C 栋 10-5
36	重庆天天旅游有限公司	渝中区中山三路 157 号 21-A
37	重庆高源国际旅行社有限公司	渝中区公园路 19 号德艺大厦 19-4
38	重庆神州旅行社	渝中区千厮门东和湾 B 座 24-5
39	重庆大千旅游发展有限公司	渝中区上清寺路 9 号附 2 号
40	重庆航旅旅行社	渝中区长滨路 153 号恺瑞酒店旁
41	重庆天友旅行社	渝中区中山路 121 号
42	重庆江洲国际旅行社	渝中区解放西路 219 号附 1 号 2-1
43	重庆风行天下旅行社	渝中区上清寺美专校街 66 号鑫隆达大厦 A 座 15-1 号
44	重庆春雨旅行社	渝中区较场口 85 号附 2 号 6 楼
45	重庆圣地旅游公司	渝中区公园路 19 号博顿美景宾馆 26 楼 56 号
46	重庆悠享旅行社	渝中区长滨路 3 号

续表

序号	旅行社名称	法定注册地址
47	重庆港侨国际旅行社	渝中区公园路19号德艺大厦19-7
48	重庆金盾旅行社	渝中区朝东路1号
49	重庆盎然国际旅行社	渝中区新华路4号附1号15-23
50	重庆乐游国际旅行社	渝中区华一路1号卡萨国际A-15-5
51	重庆大华旅行社	渝中区民族路18号重庆公寓18-2室
52	重庆浪漫假期旅行社	渝中区八一路佰富酒店9-7
53	重庆盛达旅行社	渝中区民权路51号B幢3109室
54	重庆市中清国际旅行社有限公司	渝中区新华路220号新华雅阁14-10
55	重庆豪迈国际旅行社有限公司	渝中区上清寺路1号8-7
56	重庆达诚旅行社	渝中区朝千路28号东和湾B幢2-9
57	重庆远望旅行社	渝中区中山一路220号29-9号
58	重庆长都国际旅行社	渝中区新华路4号附1号时代天骄18-16
59	重庆唐吉天域旅行社	渝中区新华路4号附1号25-19号
60	重庆市未来旅行社	渝中区和平路1号星河商务大厦701
61	重庆友联旅行社	渝中区长江一路30号1幢3单元18-1
62	重庆思达国际旅行社	渝中区上清寺路2号12B-4号
63	重庆海中青国际旅行社有限公司	渝中区八一路177号雨田大厦23-2
64	重庆文嘉国际旅行社	渝中区新华路220号新华雅阁21-6
65	重庆龙景国际旅行社有限公司	渝中区棉花街18号9-6
66	重庆尚野国际旅行社有限公司	渝中区民生路5号美力大厦12-12
67	重庆诚之旅国际旅行社有限公司	渝中区陕西路9号附1号15-5
68	重庆新起点旅行社有限公司	渝中区学田湾正街69-8长发宾馆1003室
69	重庆快乐之旅旅行社	渝中区学田湾正街69-8长发宾馆1006室
70	重庆世纪金沙国际旅行社有限公司	渝中区朝千路26号东河湾C幢14-5
71	重庆海之旅国际旅行社有限公司	渝中区大同路42号大同方城市公寓2305室
72	重庆汇鑫国际旅行社	渝中区中山四路28号23-20
73	重庆港岛国际旅社	渝中区大同路45号大同方城市公寓23-13
74	重庆鑫美国际旅行社有限责任公司	渝中区大坪村23号5-1
75	重庆好景国际旅行社有限公司	渝中区大坪长江二路86号17-20
76	重庆市散客旅游集散中心有限公司	渝中区较场口日月光广场-1楼
77	重庆快特国际旅行社有限公司	渝中区戴家巷10号A单元1-4
78	重庆环游天下国际旅行社	渝中区朝天门海客瀛洲C栋1608室
79	重庆翔游国际旅行社	渝中区朝天门长滨路18号23A/25-10
80	重庆昶禧国际旅行社有限公司	渝中区中山三路161号第一层1号
80	重庆超越永远国际旅行社有限公司	渝中区上清寺美专校街66号鑫隆达大厦B座14-8
81	重庆维多利亚国际旅行社有限公司	渝中区陕西路9号B幢14-5

续表

序号	旅行社名称	法定注册地址
82	重庆地球村国际旅行社有限公司	渝中区朝千路 28 号 18-2
83	重庆蓝波湾国际旅行社有限公司	渝中区朝千路 28 号 18-8
84	重庆港渝国际旅行社有限公司	渝中区陕西路 17 号
85	重庆远方国际旅行社有限公司	渝中区五四路 28 号 22-5
86	重庆睿祥国际旅行社有限公司	渝中区新华路 4 号附 1 号 11-4、11-6
87	美太企国际旅行社有限公司	渝中区朝天门基良广场 B 栋 11 楼
88	重庆巴山渝情旅游有限公司	渝中区棉花街 19 号附 3 号 604
89	优途国际旅行社	渝中区两路口国际村广路大厦 1-6
90	花千树国际旅行社	渝中区文化宫内
91	重庆中广国际旅行社有限公司	渝中区朝千路 26 号东和湾 C 栋 11-6 号
92	亚瑞国际旅行社有限公司	渝中区五四路 28 号 28-4
93	重庆协成国际旅行社	渝中区民生路 1 号 22-5-1
94	重庆畅程国际旅行社有限公司	渝中区朝千路 28 号 7-5
95	重庆中港国际旅行社有限公司	渝中区长江滨江路 160 号
96	重庆小鸟集合国际旅行社有限公司	渝中区长江一路 58 号 A1 幢 5-8
97	重庆港航国际旅行社有限公司	渝中区信义街 32 号
98	重庆腾邦国际旅行社有限公司	渝中区上清寺路 1 号 7-4
99	重庆航美旅行社	渝中区中山四路 89 号 8 幢 1-11
100	重庆泛美国际旅行社	渝中区邹容路 131 号 21-7
101	重庆梦回丝路国际旅行社	渝中区时代天街 1 号 2 幢 11-3
102	重庆盛行国际旅行社	渝中区嘉陵江滨江路 112 号 20-19
103	重庆众达国际旅行社	渝中区民生路 283 号 14-C
104	重庆驴妈妈国际旅行社	渝中区和平路 7 号 8 单元 11 号
105	重庆久益国际旅行社	渝中区嘉陵江滨江路 131 号 2 楼 1 号
106	重庆瑞亚国际旅行社	渝中区中山一路 148 号 10 层 2
107	重庆华运国际旅行社	渝中区朝千路 28 号 3-10
108	重庆路程国际旅行社	渝中区邹容路 50 号 16-2-E
109	重庆美忆国际旅行社	渝中区中山一路 160 号 E 幢 6-6
110	重庆百腾国际旅行社	渝中区时代天街 16 号 1 幢 9-10
111	博锐传奇国际旅行社有限公司	渝中区左营街 2 号 13-1
112	重庆利渝安国际旅行社	渝中区上清寺路 9 号第 8 层 D 栋附楼
113	重庆唯美国际旅行社	渝中区新民街 3 号 20-3
114	重庆大道行国际旅行社	渝中区西来寺 4、8 号 6 楼 5 室
115	重庆瑞途国际旅行社	渝中区五一路 99 号
116	重庆美美国际旅行社	渝中区嘉陵江滨江路 112 号 7-7
117	重庆公运渝快行旅游服务有限公司	渝中区长滨路 168 号

续表

序号	旅行社名称	法定注册地址
118	重庆鼎龙国际旅行社有限公司	渝中区菜袁路 209 号附 28 号 19-1
119	重庆瓦当瓦舍国际旅行社有限公司	渝中区中兴路 7 号第九层
120	重庆江汉国际旅行社	渝中区长江滨江路 144 号 1-3
121	重庆君盛国际旅行社	渝中区新华路 201 号 63-5
122	重庆华诚博远国际旅行社	渝中区中山四路 89 号 8 幢 6 楼 608 室
123	重庆新旅途旅行社	渝中区经纬大道 333 号 1、2 幢裙楼 4-15
124	重庆西瓜国际旅行社	渝中区嘉金路 5 号 12-1
125	重庆亿通传睿国际旅行社	渝中区民生路 235 号附 1 号第 33 层
126	重庆国力国际旅行社	渝中区长江滨江路 136 号 1 幢 21-5
127	重庆青友旅行社有限公司	渝中区中山四路 83 号附 2 号办公楼五楼 502 室
128	重庆大黄蜂国际旅行社有限公司	渝中区中山四路 89 号 8 幢 706
129	重庆添翼国际旅行社有限公司	渝中区八一路 218 号 18-5
130	重庆说走就走国际旅行社有限公司	渝中区长江二路 49 号 603、604 号
131	重庆路之旅旅业有限有限责任公司	渝中区新华路 28 号 9-2
132	重庆环球运通国际旅行社有限公司	渝中区青年路 38 号 27-7
133	海外国际旅游集团重庆有限公司	渝中区重庆村 55 号 2 单元 33-3
134	重庆承奉旅业有限公司	渝中区大同路 45 号 18-3
135	重庆天怡旅业发展有限公司	渝中区上曾家岩 24 号 1 幢 1 层
136	重庆旭通国际旅行社	渝中区新民街 3 号 24-12
137	重庆旅呈无忧国际旅行社有限公司	渝中区大坪正街 140 号 4 幢 1 单元 1-1
138	重庆小松鼠国际旅行社有限公司	渝中区民生路 5 号 7-11
139	重庆亿景博远国际旅行社有限公司	渝中区沧白路 73 号 9 楼 -50 号
140	重庆简途旅行社有限公司	渝中区鹅岭正街 1 号 30 幢 G 层 1 号
141	重庆宜人游国际旅行社	渝中区重庆村 1 号商务大厦名义层 7 房号 10
142	重庆天宇旅游股份有限公司	渝中区重庆村 55 号 2 单元 33-2
143	重庆千禧世界航空体育运动有限公司	渝中区重庆村 55 号 2 单元 16-3
144	重庆奇翼国际旅行社有限公司	渝中区新华路 4 号附 1 号 2219
145	重庆渝游江山国际旅行社有限公司	渝中区民生路 1 号 16-4
146	重庆芒果国际旅行社有限公司	渝中区八一路 260 号 2 单元 33-1
147	重庆菜园坝旅游集散中心有限公司	渝中区蔡袁路 12 号附 1 号
148	重庆海渝国际旅行社有限公司	渝中区石灰市 2 号 23-1
149	重庆海正霞光旅行社有限公司	渝中区中山四路 1 号第 11 层 1105 号
150	重庆和益国际旅行社有限公司	渝中区中山四路 89 号 8 幢 201-A03
151	重庆江运游轮管理有限公司	渝中区新华路 4 号附 1 号 2320
152	重庆仁本旅行社有限公司	渝中区石油路 1 号 12 幢 13-14
153	重庆世纪明德旅行社有限公司	渝中区时代天街 3 号 1 幢 31-7

续表

序号	旅行社名称	法定注册地址
154	重庆威斯汀国际旅行社有限公司	渝中区邹容路 50 号 2-F5
155	重庆唯简外服企业管理咨询有限责任公司	渝中区华盛路 10 号 2 层 2 号 7、8 单元
156	重庆渝宜国际旅行社有限公司	渝中区纸盐河街 30 号附 60 号 2A-068、附 97 号 2A-071

2018 年渝中区出境旅行社名录

序号	旅行社名称	法定注册地址
1	重庆市中国旅行社（集团）有限公司	渝中区五四路 39 号第 22 层
2	重庆新亚国际旅行社	渝中区解放碑邹容路 151 号邹容广场 A 座 3 楼
3	重庆中国国际旅行社有限责任公司	渝中区八一路 177 号 19 层
4	重庆中国青年旅行社有限公司	渝中区中山二路 134 号
5	重庆天鹅国际旅游有限公司	渝中区中山一路 148 号 10F
6	重庆万友国际旅行社有限责任公司	渝中区新华路 4 号附 1 号时代天骄大厦 23-9 号
7	重庆长江国际旅游公司（2017 年 12 月 7 日变为重庆长江国际旅游有限公司）	渝中区打铜街 4-12 号
8	康辉旅游集团重庆国际旅行社有限责任公司	渝中区五四路 39 号都市广场 A 座 G1-114
9	重庆渝之旅国际旅行社有限公司	渝中区民生路 283 号第 10 层 B、C 座
10	重庆新闻国际旅行社有限公司	渝中区较场口 85 号
11	重庆假日国际旅行社有限公司	渝中区邹容路 120 号 2F1-2-3
12	中国旅行社总社（重庆）有限公司	渝中区枇杷山正街 136 号 15-D
13	重庆宏金龙国际旅行社有限公司	渝中区民族路 18 号 16-10
14	重庆春秋国际旅行社有限公司	渝中区民生路 268 号
15	重庆龙驰国际旅行社股份有限公司	渝中区双钢路三号科协大厦 8 楼
16	重庆教科文国际旅行社有限公司	渝中区美专校街 66 号 2 单元 11-2
17	重庆青年商务国际旅行社有限公司	渝中区纸盐河街 29 号 101A
18	重庆森林国际旅行社有限公司	渝中区枇杷山正街 136 号华安大厦 16 楼 B 座、C 座
19	重庆天宇旅游股份有限公司	渝中区上清寺美专校街 66 号 B 栋 18
20	重庆环亚国际旅行社有限公司	渝中区朝千大码头 C-3-5
21	重庆海峡国际旅行社有限公司	渝中区长江一路 5 号 9-3
22	重庆新旅程国际旅行社有限公司	渝中区和平路 1 号 1 单元 20-1
23	重庆寰宇风情国际旅行社有限公司	渝中区五一路 99 号 A 塔楼 12-6
24	重庆紫锦皇程国际旅行社有限公司	渝中区长滨路 153 号
25	重庆文嘉国际旅行社有限公司	渝中区新华路 220 号 21-6
26	重庆天涯国际旅行社有限公司	渝中区菜袁路 12 号
27	重庆网逸国际旅行社有限公司	渝中区德兴里 1 号第 11 层
28	重庆高源国际旅行社有限公司	渝中区公园路名义层 19 层 4-1、4-2

续表

序号	旅行社名称	法定注册地址
29	重庆风云国际旅行社有限公司	渝中区青年路7号时代豪苑D座38F
30	重庆云上国际旅行社有限公司	渝中区长江一路69号第四层
31	重庆太和国际旅行社有限公司	渝中区五四路39号15-17
32	重庆凯撒世嘉国际旅行社有限公司	渝中区民生路235号附1号32层2B单元32-D
33	重庆青橙国际旅行社有限公司	渝中区嘉陵江滨江路126号华庭嘉园B座6-3
34	重庆辉煌国际旅行社有限公司	渝中区沧白路73号重庆商贸旅游大厦11楼(永众国际大厦)
35	重庆保晟国际旅行社有限公司	渝中区新华路201号联合国际61-1
36	重庆利渝安国际旅行社有限公司	渝中区体育村44号7楼7-3

2018年渝中区星级饭店名录

序号	饭店名称	星级	评定时间	饭店地址
1	海逸酒店	五星	2001年12月	渝中区五一路
2	希尔顿酒店	五星	2011年1月	渝中区中山三路139号
3	国贸格兰维大酒店	五星	2009年7月	渝中区青年路66号
4	洲际酒店	五星	2008年1月	渝中区民族路101号
5	万友康年大酒店	四星	2000年4月	渝中区大坪长江二路77号
6	东方花苑酒店	四星	2003年5月	渝中区学田湾正街55号
7	银河大酒店	四星	2006年11月	渝中区大同路49号
8	扬子岛酒店	四星	2007年11月	渝中区邹容路82号附1号
9	洪崖洞大酒店	四星	2007年11月	渝中区沧白路56号
10	重庆鹅岭酒店	四星	2008年12月	渝中区鹅岭正街181号
11	广场宾馆	四星	2011年12月	渝中区学田湾正街2号
12	两江丽景酒店	四星	2009年12月	渝中区黄花园双钢路3号
13	雾都宾馆	四星	2013年4月	渝中区上清寺上曾家岩24号
14	圣名酒店（原重庆饭店）	三星	1989年8月	渝中区新华路41号
15	渝都大酒店	三星	2000年1月	渝中区八一路168号
16	中天大酒店	三星	2000年4月	渝中区青年路18号
17	金燕大酒店	三星	2002年11月	渝中区南区路188号
18	颐和航旅酒店（原欧风美渝酒店）	三星	2006年2月	渝中区南区路232号
19	重庆天友酒店	三星	2009年2月	渝中区中山三路121号
20	白象宾馆	三星	1995年7月	渝中区白象街18号
21	恺瑞酒店	三星	2013年4月	渝中区长滨路153号
22	富苑宾馆	三星	2017年2月	渝中区菜园坝正街38号

2018年渝中区A级旅游景区名录

序号	景区名称	质量等级	评定年度	通信地址和管理单位名称
4A级景区9家				
1	重庆人民大礼堂及人民广场	4A级	2002年	渝中区人民路173号重庆市人民大礼堂管理处
2	重庆红岩革命纪念馆	4A级	2005年	重庆市红岩联线文化管理中心
3	重庆市规划展览馆	4A级	2006年	渝中区朝东路1号重庆市规划展览馆
4	重庆湖广会馆	4A级	2006年	渝中区芭蕉园1号重庆湖广会馆管理处
5	重庆中国三峡博物馆	4A级	2007年	渝中区人民路236号重庆中国三峡博物馆
6	重庆洪崖洞民俗风貌区	4A级	2007年	渝中区嘉滨路88号重庆洪崖洞民俗风貌区管委会
7	民主党派陈列馆	4A级	2013年	渝中区嘉陵桥东村35号重庆市红岩联线文化管理中心
8	重庆天地	4A级	2015年	渝中区化龙桥
9	长江索道	4A级	2018年	渝中区新华路重庆客运索道公司
3A级景区2家				
1	重庆鹅岭公园	3A级	2006年	渝中区鹅岭正街176号重庆市鹅岭公园管理处
2	嘉西村（怡园）	3A级	2013年	渝中区嘉陵桥西村渝中区上清寺街道
2A级景区2家				
1	重庆大韩民国临时政府旧址陈列馆	2A级	2003年	渝中区莲花池38号大韩民国临时政府旧址陈列馆
2	重庆宋庆龄旧居陈列馆	2A级	2003年	渝中区两路口新村5号

【区旅发委负责人】
主　任：秦如梅
副主任：郭玉林　李　霞

（曾明声）

交　通

概　述

【公交线路优化调整】 新开行公交线路7条，分别为G01、G04、T001、T040、457、T050、436；增加运力26辆，增加班次145班次。优化调整公交线路1条。

【客运行业管理】 辖区道路运输行业客运量为7.29亿人次。其中西部公交客运5.99亿人次，出租汽车客运1.25亿人次，长途班线客运303万人次，旅游客运218万人次。开展1775辆外籍客运车辆进站情况检查，换发外籍车进站证18.25万个；对796辆客运班车进站经营情况、服务质量情况、履行服务义务情况进行审核，同意下线更新91辆，运力结构调整10条，延续经营658条，进站调站420件。

【驾培等行业管理】 有12897名初学驾驶技能的学员在渝中区驾校完成学习并通过考试，取得机动车驾驶证。教练车审验444辆，教练员新增517人。全区有54家维修企业，全年维修保养车辆35万余台。28辆应急救援车辆，年内紧急出动救援2623次。新增道路运输许可98

个，注销道路运输许可15个。道路运输车辆登记4032辆、审验8894辆。现场检视客运、危化品车辆918台。严把企业资质关，完成135户道路运输企业2018年度安全服务质量信誉考核工作，合格企业132户，不合格企业3户，注销许可3户。

【有奖举报及GPS集中监控】 搭建有奖举报平台，举报二维码覆盖辖区全部客运车辆。累计核实处理投诉举报32件，督促企业清退严重违法违规驾驶人员4人。通过强化公众监督，完善安全奖励机制，客运驾驶人的违法违规行为得到进一步遏制。委托第三方专业机构，对辖区12吨及以上重型货车实施24小时GPS集中监控，解决货运企业的监控难题。有1583台重型货车纳入集中监控，占到辖区重型货车总数的89%。

【行业安全监管】 区交管所2018年召开各种安全会议20次，下发安全工作文件115份，与164家重点企业签署安全目标责任书，组织483名企业负责人及安全管理人员参加安全培训。开展安全检查155户（次），发现各类隐患762起，整改762起，整改率达100%。推进驾校、维修企业纳入行业服务平台。

（朱冬梅）

公　路

【立交桥天桥建设】 雷家坡立交项目完成隧道部分进出洞口套拱工字钢拱架，B匝道隧道出洞口完成12米超前支护、开挖及初期支护、临时支护、二次衬砌。朝千路立交完成主体结构施工。罗汉寺天桥完工。化龙桥天桥完成钢结构桥梁、电扶梯安装。解放东路2号天桥桩基础浇筑完成，墩柱完成。沧白路天桥钢箱梁安装完成。

【停车场建设】 交通街停车场、皇嘉大酒店地块停车场、东水门大桥停车场、虎头岩公园停车场、圣地大厦停车场、建工三建公共停车场竣工。雷家坡立交停车库、解放碑地下商场改建停车场、巴将军公园停车场、大黄路停车库、棉花街公共停车楼、鹅岭正街停车库、少年宫停车库、鹅岭公园停车场、沧白路停车场、大坪小学改扩建、中华路小学停车场纳入续建。

【跨江大桥建设】 红岩村大桥完成投资约7.07亿元，红岩村立交、红岩村隧道等附属工程有序推进；曾家岩大桥完成投资约7.76亿元，南北侧主线隧道、长滨路立交等建设全面铺开；牛角沱嘉陵江大桥主桥整治施工完毕，10月17日恢复通车。

【道路建设】 两江大桥渝中连接隧道左右洞总长完成83.1%，渝澳大桥至两路口南北分流道于12月29日实现通车；化龙桥立交完成绿化迁改，下一步将启动道路转换工作；完工长江一路（鹰冠小区段）下穿道整治、竹园小区通道环境整治工程，极力化解困扰群众多年的“断头路”问题。

（李希越）

铁　路

【中长期发展规划】 按照渝中区铁路“十三五”和中长期发展规划中强化客运枢纽定位，尽快启动菜园坝高铁站场改造，增加站场到发能力；连网市郊铁路，利用富余运能扩大区域辐射范围。（1）渝中区铁路建设领导小组办公室委托中铁二院工程集团有限责任公司以菜园坝为支点，研究过江隧道连通重庆东站，打通沪汉渝蓉大通道，加强长江经济带客运能力。（2）优化线路运营条件，研究实施整体上盖区内铁路路基，保障铁路运输安全，提升区域环境景观品质。（3）启动菜园坝外围交通疏解工程，提高菜园坝站场人流疏散能力。（4）利用存量资源，搬迁菜园坝铁路存车场至菜九路，优化菜园坝站场内部设施配置，兼顾地方经济发展。（5）配合市级部门开展渝湘高速铁路（重庆站至重庆东站枢纽联络线）、重庆站至重庆北站枢纽联络线、老成渝铁路利用可行性研究等项目方案研究。(6)开展轨道交通18号线、26号线等配套交通方案研究。

【城际铁路建设】 加速推动成渝城际铁路建设，渝中区铁路建设办公室陆续协调重庆市文物局、万科公司、重庆红岩联线文化发展管理中心、新华日报旧址等多家单位，解决施工点临时用地、临时堆渣、文物保护、高考期间施工等各方面问题，工程得以顺利推进。成渝客专渝中区段累计完成6516.6延米，累计完成投资42000万元，剩余工程将纳入渝湘高铁项目一并实施。

（徐梦江）

水　运

【概况】 渝中区现有水域面积5.17平方千米，长嘉两江岸线长19.1千米，其中嘉陵江侧10.3千米，长江侧8.8千米。区内共有取得经营许可的生产性码头17个，其中普货码头3个、客运码头14个；沿江停靠趸船75艘，其中港作趸船15艘，公务趸船13艘，餐饮船舶（停业）3艘，其余工作趸船44艘。区内聚集了包括民生轮船股份有限公司、重庆轮船（集团）有限公司等10家航运企业，共计船只115艘、货运吨位58.52万吨、客位数7685位、集装箱标准数17644TEU、滚装船车位数12916个。规模以上企业8家，2018年运营收入20亿元。

【餐饮船舶整治】 8月底，完成渝中区餐饮船舶整治工作，6艘渔船已全部完成拆解；1艘恢复趸船原貌的（老伍渔庄）已清理餐饮设施设备，恢复为工作趸船；另有3艘船舶已严格关停，按照要求进行整改。整治过程舆情可控，未出现群访、上访等不稳定因素。

【违规码头取缔】 冯家嘴码头位于储奇门长滨路下河公路，由自然岸坡形成，原经营性质为沙石转运，无正规港建设施。该码头2017年前由市港航局核发港口经营许可，2017年初，由于其不完全满足老旧码头标准，设施及审批要件均存在瑕疵，擅自侵占河道，严重影响行洪安全。区港航所停发其港口经营许可并勒令其清运设施设备，恢复自然河道。经相关部门多次约谈码头业主，开展联合执法，于5月完成综合整治，拆除相关涉河设施设备。

【两江游市场整治】 推动联网售票平台建设，用技术手段消除安全和稳定风险。通过3个月试运行，两套联网售票系统均基本具备控票、售票和检票功能。开展两江游实名制专项工作。按照重庆市交通局相关文件要求，对两江游船舶实施实名制管理，督促公司积极落实主体责任，规范工作流程，配备设施设备和查验人员，制定应急预案，印制公告，加大宣传力度。两江游联网售票平台11月1日起试运行。重新梳理两江游票务代理商清单，将以往多头发放的“水路运输辅助业”备案进行统筹，要求具有备案回执的票务公司才能从船务公司取得船票销售代理资格。常态化开展暗访巡查，要求船务公司对票务公司将船票分发给“黄牛”进行销售实施处罚，规定船票须从有合法备案的票点售出。联合区旅游监察执法队，出台《重庆两江游游客告知书（试行）》和《重庆两江游乘船须知（试行）》，保障购票游客的知情权，消除消费者和从业人员之间的信息不对称而引发的欺客宰客、虚假宣传等问题。

【企业经营资质年度核查】 4月、9月分别针对水路运输企业、港口企业开展年度核查工作，审查水运企业10家，船舶115艘，船舶总吨约58.9万吨；客代企业54家全部通过年度核查。审查码头企业5家，港口22座，本次核查摸清了辖区水运、港口码头的经营资质情况，将据此建立专项档案，形成专卷。

【行政审批工作】 完成行政审批272件，制作船舶核验合格证167份，开展网上行政审批标准化工作。梳理完善涉及的水上交通行政审批标准化事项（共22大项、103办理项），制定公共服务事项8项办理指南、流程等，在市级部门审批办理基础上进一步压缩办理时限、简化办理流程。

【环保相关工作】 开展港口环保专项检查，对辖区港口码头的垃圾、污水收集处理情况进行检查；负责河长制相关工作，严格按照区河长办要求，报送相关资料，建立完善基础档案；督促辖区企业严格落实船舶污染物接收、转运、处置联单制度，并将其纳入日常安全监督检查过程中，收集基础信息；落实海事防污染管理职责，对停靠辖区的船舶尤其是两江游客船每月定期进行检查，按期报送工作总结；鼓励辖区港口开展岸电设施改造，目前正进行前期选址等相关工作。

【春运工作】 春运期间，牢盯朝天门重点区域，多措并举。组织客运企业、票务代理点召开会议，规范市场运营秩序；组织安全检查，确保船舶适航、船员适任；收集运力安排，春运40天每日上报游船班次、人次，严禁船舶超载；设置志愿服务岗，服务2495人次，情满旅途助力游客出行；处理投诉事件10余件，保障游客权益；强化现场应急值守，处置、上报突发事件。春运40天，朝天门港区共计发送游客50.56万人次，整体运行平稳良好，确保2018年水上交通春运工作圆满收官。

【汛期沿江趸船停泊安全专项检查】 渝中区是全市沿江停靠趸船最多的区县，多数趸船船体老旧、安全技术差。高温汛期时段，邀请专家对沿江停靠的50余艘趸船从防汛预案、系泊设施、救生设施及消防设施、应急人员等方面开展专项检查，提出有关建议、意见34条，均整改完毕。通过沿江排查摸清趸船底数，细化行业基础台账，确保趸船安全度汛。

【“7•14”特大洪峰安全过境专项】 嘉陵江于7月14日前后迎来近五年内的最大洪峰，区内朝天门最高水位达185.85米。渝中区是全市趸船靠泊数量最多的区县，沿江港口码头、船舶面临巨大考验。从水文信息传递、制定应急措施、分批次现场检查、24小时值班值守等方面落实防汛工作要求，洪峰期间共计发送水文信息900余条、组织600余人次现场排查和走访，确保无趸船行船发生险情、无人员伤亡，确保洪峰平安过境。

（刘德兰）

轨道交通

【概况】 重庆市轨道交通（集团）有限公司（简称“市轨道公司”）创建于1992年，是重庆市唯一承担城市轨道交通建设、运营和沿线资源开发的市属国有大型企业。办公地址：重庆市渝北区金开大道西段重庆轨道交通大竹林基地。轨道集团下设14个综合管理部门、6个运营生产管理部门、5个新线建设部门、2个开发经营部门和4个子公司。市轨道公司现有资产超过1400亿元，职工16000人，具有甲级轨道交通设计资质，甲级工程管理资质，甲级设备监理资质，甲级工程咨询资质，二级房地产开发资质。拥有一批长期从事轨道交通技术研究与具有丰富工程建设管理经验的技术骨干，以及接受过国内外大型地铁公司系统培训的轨道交通专业技术人才和运营管理队伍。具有承担城市轨道交通规划、建设和运营管理以及轨道交通技术咨询的能力。至2017年12月底，已开通运营2条单轨线路、4条地铁线路，运营里程超264千米。至2018年12月底，已开通1、2、3、4、5、6、10、环线共八条轨道交通线路，运营里程313千米。

【轨道建设】 五号线建设。已移交场地范围内进行交通疏解挡墙施工150米及路基回填190米，车行道路面结构施工完成100%，人行道结构完成400米，钢便桥施工完成100%；排水管线迁改、联信管线迁改、电信管线迁改、自来水管线迁改均完成100%。歇台子车站土方开挖完成4.2万立方米，围护结构施工3000平方米。九号线建设。土红区间完成开挖100米，累计完成1780.5米，完成总量的90.20%；二衬完成36米，累计完成108米，完成总量的5.5%；红岩村站正洞开挖支护16米，累计完成123米，完成总量的46.95%；红富区间开挖完成90米，累计完成418米，完成总量的23.75%；富华路站围护土石方完成0.5万立方米。1号隧道开挖初支累计进尺53米，2号隧道开挖初支完成96米，累计428.5米。十号线建设。七星岗车站左2部开挖支护完成72.26米，累计完成214.8米；右2部开挖支护完成121.72米，累计完成132.43米；七星岗站—大礼堂站区间七大区间单洞单线累计完成437.60米；南纪门大桥完成引桥钢梁顶推支架、提升站及导梁拼装；P3桥塔上游229米（含塔座），完成第14节施工，共计6米，累计完成85.4米；P4桥墩墩高63米，完成第13～14节施工，共计6米，累计完成61米。

（文心）

工业与信息产业

概 述

【概况】 渝中区经济和信息化委员会（简称“区经信委”）为区政府工作部门。2018年，区经信委设办公室、能源保障科（安全监督管理科）、中小企业指导科、信息产业发展科4个科室，有行政编制14人、机关后勤服务人员事业编制2人。区经信委下设重庆市渝中区信息产业服务中心，事业编制5名。区经信委的主要职责是：负责全区近期及年度能源保障建设，统筹全区能源管理工作；负责电力、燃气和通信安全生产监督和应急管理；统筹指导信息化服务业发展，加快电子商务与服务产业融合发展；培育发展中小企业特色楼宇和创业基地建设。办公地址：渝中区和平路211号。

2018年，区经信委重点推进重大项目建设、互联网服务业发展和燃气安全隐患整治，积极服务企业发展。全区通信基础设施建设完成投资5000万元，共新建4G基站100个，4G室分168套，专线1200条；整治燃气管网50千米，整治违章占压埋地燃气管道安全隐患28处，户内燃气隐患整治1061户。全年33户规上信息服务企业营收合计22.16亿元，同比增长34.9%；为企业兑现市级政策扶持资金1700万元；对6户企业发放“助保贷”贷款1288万元。

【变电站建设】 续建朝天门变电站及到顺城街电缆隧道，完成投资6500万元，隧道已贯通，变电站调试完成，于12月27日投运。

【民生工程】 开展全域免费Wi-Fi建设。编制下发《渝中区公共区域免费公共区域无线局域网建设实施方案》，按照公益性场所和经营性场所两类场所组织实施建设。在行政服务大厅、A级旅游景区、交通枢纽、核心商圈、二甲及以上医院、重要公共场馆、酒店等公共区域建设免费AP（相当于一个连接有线网络和无线网络的桥梁）约550个，并接入“爱重庆”服务平台。市级建设的137个AP已完成并提供服务；区级统筹建设部分，各相关部门正按照责任分工推进免费Wi-Fi建设和接入市级统一服务平台工作。推进老旧小区电力设施改造工程，完成1个小区改造，5个小区完成电力线路改造，正在进行电表安装。推进红楼经济适用房电缆沟工程，计划投资96万元，完成该工程的现场查勘、方案设计、预算审核、企业招投标等工作，目前线缆沟工程完工移交电力公司。推进金山酒店线缆整治工程，完成该工程的现场查勘和方案设计，11月底前进场施工，预计2019年3月份完工。

【中小企业发展服务】 联系服务总部（重点）企业。制定《经信委实行服务总部及重点企业工作责任制》，并认真贯彻落实；2018年累计走访13家总部（重点）企业、36家规上企业共计159次，开展慰问活动2次；为3户企业兑现32号文（《关于印发〈渝中区促进产业发展扶持办法〉的通知》）政策规定947万元，帮助13户企业解决其反映的相关问题。服务中小企业。搭建“渝中中小企业服务平台”，平台举办培训18次，培训近2000人次；为企业减负，全年通过“助保贷”为海德科技等6户企业累计发放贷款1288万元；通过认定中小企业，帮助20余户区域制造业企业及困难企业减少社保缴费；支持中小企业参与采购，全年对渝中区70余户参与竞标的企业开具中小企业证明，确保企业在竞标中享受政策优惠。争取上级支持，全年累计争取上级政策性资金1700万元。

【安全监管】 开展企业安全检查163次，出动490余人次，查出安全问题80个，排查安全隐患43个，下达限期整改通知书10份，整改安全隐患27个。对检查中发现的违法行为严格执法，加大处罚力度。受理行政处罚案件4件，处罚金额17万元。开展安全生产宣传活动，举办各类安全培训5次，参训人数213人；组织开展安全生产宣传3次，发放安全生产宣传资料3100余份。开展电、气、讯应急抢险近100次；指导企业组织开展应急演练12次，临时抽查实地演练2次。会同相关部门对超市、农贸市场、学校等食盐销售点进行6次检查。推进老旧燃气管道安全隐患整治工程，计划投资1638万元，计划完成整治18千米，实际完成投资1508万元，实际完成整治50千米，分别完成计划的92%和278%。开展违章占压燃气管道整治，计划整治20处，目前已完成整治28处，完成户内燃气隐患整治1061处，非居民户内一级隐患308处，整改302处。开展网红旅游景点的安全隐患排查整改，对辖区长江索道、洪崖洞景区及印制贰厂景区等网红景点73户燃气客户进行安全检查，对发现的隐患进行整改。

【城市综合管理】 协调供电企业对渝中区重要（高危）电力客户名单进行调整确认，确保全区重点企业、重点单位和重大项目的用电安全；协调电、气、通信等企业对重要领导视察、重要考试以及“两节两会三夜”等区级重大活动的能源通信保障20余次，从未发生保障性事故；协调电、气、通信等企业配合完成朝天门、菜园坝、解放碑、大坪等7个片区电、气、通信设施的城市综合整治工作。全年累计处置各类大小线缆、管网、通信箱体按键150余件，处置各类安全隐患200余件，协调电、气、通信等企业参与全区重点工程、重大项目建设200余次。

【企业改制】 国有企业川江电机厂清算工作进入“执改破”阶段；重庆冲压厂清算解散遗留问题有序推进中；完成对重庆电池总厂2017年绩效考核和兑现奖励工作。

【党建工作】 强化思想认识。制定《渝中区经济和信息化委员会2018年组织工作要点》，召开党委会议专题研究党建工作18次。夯实基层党建。建立党建工作联系点制度，对标对表，分类指导基层党组织。区经信委中心组组织学习27次，机关支部组织学习16次，领导干部以普通党员身份参加机关支部学习50余人次。规范干部选拔任用。严格按照干部选拔任用的相关规定和程序，完成1名科级领导干部试用期满转正工作。开展发展党员工作调研排查工作，严格党员发展程序，全年发展党员4名，4名预备党员转正，处置失联党员1名。做好信息人才工作，聘请13名大数据智能化方面的专家成立专家库，引进信息专业人才近400余人，借助企业服务机构开展培训近60场，受训近3000余人。

工　业

【概况】 2018年渝中区地区生产总值达到1203.9亿元，第二产业增加值38.4亿元（其中工业增加值6.0亿元），第二产业增加值占地区生产总值的比重为3.2%，工业增加值占地区生产总值的比重为0.5%。

截至2018年年底，渝中区有规模以上工业企业3户。2018年，渝中区规模以上工业企业实现工业总产值（现价）17.1亿元。主要行业：电、水的生产及供应业。

【区属国有工业企业】 2018年渝中区区属国有工业企业1户——重庆电池总厂，从业人员151人，完成工业总产值3480万元，实现主营业务收入2851万元，主营业务税金及附加178万元。重庆电池总厂因工商、税务登记及生产地在渝北区，仅国有资产管理隶属在渝中区，未纳入区统计范围。

信息产业

【创新基地建设】 依托重庆区块链产业创新基地等重点载体，进一步推进产业发展。加强宣传引导，先后成功举办渝中区大数据智能化招商推介暨项目集中签约活动、智博会区块链分论坛、中国区块链技术产业生态大会等大型活动，组织全区相关部门通力合作，在智博会期间展示良好的城市形象和产业氛围。加强招商引资。先后对接IBM、百度、京东、富士康、华为、浪潮、中钞等行业知名企业，中关村产业联盟、成都天府新区软件园等园区及工信部电子五所、电子技术标准化研究院、赛迪区块链研究院等院所，联系超过50余家国内知名企业和20余家科研院所。自2017年11月2日挂牌以来，产业基地一期（美源美源大厦）已入驻区块链企业26家，拟签订入驻协议企业14家，在谈区块链企业20余家，入驻率超过90%，初步形成产业集聚。加强平台建设。与工信部电子五所合作建设区块链测试认证中心；与北京航空航天大学、重庆大学、重庆工商大学、重庆邮电大学等高校打造区块链人才培训中心；对接盛世基金、富金服、医药区块链基金等各项投资机构，拟成立重庆市区块链产业投资基金；公共服务平台基础装修已经完成，即将投入运行。

【互联网产业发展】 实施大数据智能化行动计划。会同区科委和专业机构，编制《渝中区以大数据智能化为引领的创新驱动发展战略行动计划实施方案》；成立渝中区大数据智能化领导小组，统筹全区产业发展，形成2018—2020年渝中区大数据智能化项目情况汇总。开展大数据智能化产业调研，先后走访区内外企业60余家，分析渝中区大数据智能化产业现状，为全区后期发展提供数据支撑。编制全区大数据智能化产业扶持政策，经多次修改目前已形成初稿，即将正式印发。召开大数据智能化产业集中签约暨专家智库聘请大会，与三大通信运营商、铁塔公司签订《战略合作协议》，40余家企业签订入驻意向协议。聘请长江学者蔡维德等13名专家成立渝中区大数据智能化专家智库，为渝中发展大数据智能化产业建言献策。配合大石化管委会规划以经纬大道、总部城、五一技校等周边楼宇经济为主体的重庆“链岛”数字经济载体。开展招商活动，先后对接阿里云、华为等行业知名企业开展合作。围绕智慧城市建设，配合阿里云电讯部调研20余个部门形成调研报告和项目书。深化与通信运营商合作，对接三大通信运营商协调布局5G网络通信基础设施建设，与电信、阿里云签订《共同推进渝中区大数据智能化发展战略合作框架协议》，与联通开展“百瑞互联”项目、与移动洽谈产业园区宽带优惠等内容。

【区经信委负责人】

主　　任：雷　兵（2018年7月离任）
　　　　　杨　峰（2018年7月任职）
党委副书记：罗　林
副 主 任：彭　茂
　　　　　黄雪萍（2018年7月离任）

（黄青）

邮政 通信

邮 政

中国邮政集团公司重庆市渝中区分公司

【概况】 中国邮政集团公司重庆市渝中区分公司（简称“渝中邮政”）位于重庆市渝中区七星岗民安园5号。2018年，内设办公室、市场部、金融部、寄递事业部等8个部门，下设解放碑、上清寺、大坪3个主城支局及邮件处理中心，共27个网点（含打铜街支局、中山二路支局；其中，金融网点22个）。在岗职工552人，其中A类工105人，B类工172人，C类工56人，劳务承揽202人，非全日制用工17人，大专及以上文化水平占比66.48%。

2018年，渝中邮政业务总收入1.44亿元，同比增长7.55%，实现利润1017.59万元。其中：代理金融收入6680万元，增长9.92%；集邮与文化传媒收入3782万元，下降1.05%，收入规模在中邮重庆新系统中排区县第一位；包裹快递收入2143万元，增长11.87%；渠道平台收入933万元，增长37.61%；员工人均年工资收入10.12万元，增长6.2%；其他收入851.88万元。

【服务质量提升】 坚持普遍服务为“根”、客户为“本”，强化普遍服务基础管理，精细高效地履行管理职能。加强对党报党刊投递、“扫黄打非”、合规收寄等工作的管理力度，切实落实好政治责任。

【寄递改革】 9月寄递翼改革，围绕“资源整合、人员融合、机制磨合、流程契合、协同配合、发展聚合”的指导思想，整合渝中邮政、速递双方人员和资源，成立渝中区寄递事业部。

【基础设施建设】 投入366.96万元，加快能力建设推进步伐。完成对解放碑主题邮局、中山一路临时网点、解放碑、上清寺和大坪邮件处理场地的建设和改造；完成27个网点安防设施的升级改造；对部分租赁场地及网点进行维修整治，为业务联营开展提供支撑。

【市场开发与合作】 聚焦普惠金融、政务、便民、福利、校园、旅游、乡村7大重点市场开发，按照“联动发展、重点突破”开发原则，初步形成“支撑部室统筹＋支局落地实施”的业务开发培育体系。与重庆市反假币联席工作会联合开展反假币宣传活动；税务邮政合作项目创全国之先河，被2018中国“互联网＋”数字经济峰会评为全国“互联网＋政务”十大典型项目。

【用工结构优化】 （1）严格控制用工总量，实行部分岗位退休不补员，2018年渝中邮政用工总量减少10人。（2）实现所有金融型网点理财经理人员配备到位，调整转岗专职营销人员12人。（3）盘活投递站辅助岗位3人、内部处理岗位2人、邮政营业岗位1人。

【解放碑主题邮局营业】 “一座记忆重庆的邮局”——解放碑主题邮局于2018年8月15日正式营业，其以邮政文化的方式充分挖掘解放碑、渝中区和重庆的历史文化，提升解放碑商圈综合服务品质，开展邮政特色文化服务。通过宣传渝中、宣传重庆，更好地服务游客和市民，其成为渝中网红打卡点，受到社会关注。

【从严治党】 学习贯彻习近平新时代中国特色社会主义思想和党的十九大精神；推动巡视巡察整改工作，做好中央巡视整改“后半篇文章”，聚焦查摆38个问题、梳理细化70项整改措施；秉承央企责任担当，打好全面防范重大风险、助力精准扶贫、开展绿色邮政建设“三大攻坚战”；开展和谐邮政企业建设，做好离退休管理和群团、法务、信访、档案、保密、宣传、后勤保障等工作。

2018年中国邮政集团公司重庆市渝中区分公司机构

序号	邮政编码	机构名称	地址	电话
1	400010	渝中区解放碑邮政支局	渝中区民权路3号	023-63829460
2	400010	渝中区新华路邮政所	渝中区新华路369号	023-63708976
3	400010	渝中区中兴路邮政所	渝中区中兴路22号负5层B区	023-63820102
4	400011	渝中区打铜街支局	渝中区打铜街16号	023-63849151
5	400013	渝中区中山一路邮政所	渝中区中山一路164、166号	023-63539147
6	400012	渝中区解放东路邮政所	渝中区解放东路154号附1号	023-63919161
7	400012	渝中区解放西路邮政所	渝中区解放西路136号平街1-3	023-63929439
8	400010	渝中区新民街邮政所	渝中区新民街3号	023-63821325
9	400015	渝中区上清寺邮政支局	渝中区嘉陵桥西村83号	023-63737639
10	400014	渝中区鹅岭邮政所	渝中区鹅岭正街168号B栋平街一层	023-63670500
11	400015	渝中区大溪沟邮政所	渝中区人民路29号	023-63601554
12	400043	渝中区华村邮政所	渝中区李子坝正街166号A3-A4裙楼1-7	023-63623104
13	400014	渝中区菜园坝邮政所	渝中区菜园坝正街75号	023-63315195
14	400015	渝中区学田湾邮政所	渝中区学田湾正街69号附6号	023-63893535
15	400014	渝中区中山二路邮政支局	渝中区中山二路171号、173号	023-63783290
16	400015	渝中区桂花园邮政所	渝中区桂花园新村1栋第一层	023-63615121
17	400015	渝中区枣子岚垭邮政所	渝中区枣子岚垭正街120号	023-63820613
18	400042	渝中区大坪邮政支局	渝中区长江二路126号	023-68810784
19	400016	渝中区袁家岗邮政所	渝中区长江二路181号-1	023-68710334
20	400042	渝中区九坑子邮政所	渝中区九坑子路三号一层	023-68713255
21	400042	渝中区石油路邮政所	渝中区大坪正街129号	023-68583944
22	400043	渝中区红岩村邮政所	渝中区瑞天路194号	023-63699681
23	400016	渝中区黄杨路邮政所	九龙坡区黄杨路14号1幢附10号	023-63655269
24	400016	渝中区竹园邮政所	渝中区菜袁路168号C1-C3裙楼1-7	023-63315195
25	400042	渝中区大坪正街邮政所	渝中区大坪正街118号6幢1-3	023-68578163
26	400042	渝中区六店子邮政所	九龙坡区渝州路街道六店子小区7栋附6号	023-63856980
27	400042	渝中区长江二路邮政所	渝中区长江二路16号负2层1号2	023-63910023

【中国邮政集团公司重庆市渝中区分公司负责人】

总 经 理：梁玉平（2018年5月离任）
贺靖军（党委书记，2018年6月任职）
副总经理：付克开（工会主席）
李　红（纪委书记，2018年11月任职）
寄递事业部常务副总经理：李　江
（2018年9月任职）

（张争妍）

通　信

中国电信股份有限公司重庆渝中分公司

【概况】 中国电信股份有限公司重庆渝中分公司（简称“渝中电信分公司”），其前身是重庆市上清寺电信局，2003年正式更名注册成立，办公地址位于重庆市渝中区人民路258号。

2018年下设7个二级部门、1个专业中心、16个下辖支局和3个自有营业厅，在岗职工382人。

2018年，渝中电信分公司全面贯彻落实电信集团公司及电信重庆市公司工作部署，坚持以收入和份额为核心，发展有效用户为重点，以量促收、多点拉动、多维发展，宽带、移动和电视三大业务实现大踏步迈进。至年末，净增移动用户4.95万户、宽带用户1.70万户、电信电视用户1.51万户，完成业务收入3.71亿元。

【机制创新】 继续推进机制创新。划小承包，以“三优（优考核、优运作、优队伍）、两强（强服务、强管理）”为要求，推动各支局的协同营销、整体运营，达到强化综合渠道协同、客户经营落地、提升服务质量三大目的。调整支局。2018年综合考虑网络结构和客户维护量，结合行政区划（街道和主干道）设立朝天门、小什字、洪崖洞、解放碑、较场口、南纪门、大溪沟、观音岩、上清寺、曾家岩、学田湾、菜园坝、化龙桥、肖家湾、石油路、马家堡、新大坪、六店子18个支局。分别承担客户营销、维护、服务的直接责任。

【党建工作】 加强党的思想政治建设，学习贯彻习近平新时代中国特色社会主义思想和十九大精神。召开18次党委会和14次中心组学习会，党委领导班子参加“市国资委党委进中国电信重庆公司党的十九大精神宣讲会”等专题学习活动。党委书记在庆祝中国共产党成立97周年会上为渝中电信分公司全体党员讲授题为“学习贯彻十九大精神，扎实做好基层党建工作”专题党课。6月，渝中电信分公司成立党群工作部，为提升党建工作质量，推动公司改革发展提供组织保障。

【网络宽带建设】 根据“宽带中国·光网城市”战略，渝中电信分公司明确光宽带和4G发展核心，试点5G建设，坚持面上建设和零星补网相结合，发挥电信光网优势，全面支撑业务发展。继续对辖区内商务楼宇、住宅客户进行“光纤到户”改造，完成全光网建设目标责任，新建分光器2835个，对应提供末级光端口32515个，下户线增补6012条，新建政企专线光缆703条；新建无线网4G室外基站94个，完成室分系统建设120个，完成基站扩容47处。FDD网络覆盖渝中全部行政区域。

【客户服务管理】 渝中电信分公司通过主动提高服务质量保障用户利益，优化落实“五项服务承诺”（当日装、当日修，慢必赔；好宽带、高速率，慢必赔；零拒绝；7×24小时在线服务；营业厅等候超时，赠送流量），主动适应更高标准、更严要求。以关键能力提升为主线，设置服务经理、服务监督，各营业厅、中心和部室设服务管控岗位，承接各项服务工作的具体实施和落地；各支局设立服务经理，对其赋予责任职能，提升各支局服务水平。通过努力，各项服务工作得到改善，综合服务能力明显提升。

【企业文化打造】 将和谐企业文化作为提升团队凝聚力和向心力的重要手段。党政工充分发挥自身组织优势，以“聚焦企业发展、促进员工成长”为指导，全面加强员工培训，安全生产和基础管理井然有序。坚持落实关怀员工的传统制度，加强“四小”（小食堂、小浴室、小卫生间、小活动室）建设，改善食堂用餐条件，保障支局饮水品质，对部分支局房屋进行翻新改造，员工生产办公生活环境得到改善。全年支出“四小”建设资金近10万元。

【重点通信保障】 渝中电信分公司及相关部门恪尽职守，全力保障重庆市委、市政府，渝中区委、区政府和区内部队、金融企事业以及渝州宾馆、雾都宾馆等接待场所重要内外事活动的通信畅通。针对渝中区旅游升温的态势，加强解放碑、洪崖洞等热门景点的通信保障。全年承接重大事件通信保障工作43次，均圆满完成，得到重庆市和渝中区政府及电信重庆市公司领导肯定认可。

2018年渝中电信分公司营业网点

序号	门店名称	地址	联系电话
1	上清寺营业厅	渝中区人民路258号	18983000831
2	解放碑营业厅	渝中区五一路171号	18983881128
3	七星岗营业厅	渝中区七星岗中山一支路76号	18996159616
4	较场口营业厅	渝中区民权路58号1楼	18996144811
5	两路口营业厅	渝中区两路口全民健身大楼118-119号	13368181416
6	翠湖天地社区店	渝中区瑞天路62号2-3	18983838365
7	雍江苑专营店	渝中区瑞天路61-7号	18996144811
8	健康路社区店	渝中区健康路63号附9号	17783090009
9	交通街社区店	渝中区交通街23号1-6号	17784083368
10	金银湾天翼专营店	渝中区金银湾路111号	18983747466
11	六店子社区店	九龙坡区六店子6栋附9号门面	18983998858
12	单巷子社区店	渝中区大坪正街88号1-93号	17708357555
13	煤设院社区店	渝中区煤建新村28号4单元1-1	18084011145
14	盛美居社区店	九龙坡区黄杨路102号	18008311611
15	总部城社区店	渝中区经纬大道778号附88号吊二层44号商铺	18008311611
16	渝州路社区店	渝中区渝州路170号附6号	18983893188
17	石油校社区店	渝中区茶亭北路金都小区	18084011145
18	桂花园新村社区店	渝中区桂花园新村27幢5-1号	17754940062
19	观音岩天翼专营店	渝中区捍卫路34-2号	18008311611
20	华一路社区店	渝中区华一路67号附6号	18983761999
21	怡景苑社区店	渝中区枇杷山正街82号附2号	18983761999
22	枣子岚垭社区店	渝中区枣子岚垭正街143号	13330253242
23	解西路社区店	渝中区解西路南纪门药材市场	18983911119
24	天官府社区店	渝中区中兴路蔡家石堡23号	18306070404
25	新华路天翼专营店	渝中区新华路193号门面	17782055888
26	朝千路社区店	渝中区棉花街9号13-F2	18008311611
27	德兴里社区店	渝中区德兴里17号附4号	18008311611
28	新华路专营店	渝中区新华路14号	17726258989
29	国际村社区店	渝中区长江一路12号-1第五层平街门面	18983835155
30	里面小区社区店	渝中区嘉滨路219号	18983747466
31	大溪沟天翼专营店	渝中区大溪沟人民路9号	18983747466
32	人和街社区店	渝中区人和街13号附3号	17723166777
33	巴渝世家便利点	渝中区七星岗巴渝世家4单元5-9	17723959967
34	大井巷社区店	渝中区民生巷2号附1号	15823843303

续表

序号	门店名称	地址	联系电话
35	巴教村社区店	渝中区张家花园 27 号附 2 号	17383017512
36	新华书店专营店	渝中区邹容路 128 号新华书城 1 楼	18983772008
37	地王营业厅驻厅点	渝中区临江支路 3 号	17782055888
38	大坪天翼专营店	渝中区长江二路 98 号	18983893188
39	英利天翼专营店	渝中区大坪正街 19 号英利国际广场 A 区 L1 楼 L108 号	18696798338
40	解东路营业厅驻厅点	渝中区解放东路望龙门二府衙 39 号附 1 号	18983911119
41	西港专营店	渝中区解放碑民权路西港全球购二楼	18983000058
42	文化街社区点	渝中区解放东路 312 号	13372682272
43	人民村社区店	渝中区人民村 2 号 1-2	17338388669
44	朝天门专营店	渝中区陕西路 17 号 27-106 号	15320302031
45	大坪通道专营店	渝中区大坪 1 号地下商场内 34A 号	13637830999
46	江山国际社区店	渝中区下肖家湾 11 号附 3 号	17708333899
47	恒大名都专营店	渝中区石油路 1 号恒大名都商业 1003 号	17774964154
48	全家福社区店	渝中区华福巷 51 号 5 单元 1-1	17782180201
49	华村社区店	渝中区李子坝正街 166 号嘉韵山水城 A3-A4 裙楼非住宅 2-2 门面	18983220007
50	云越新浪便利点	渝中区大坪新浪通信城 2 楼 39 号	18983833833
51	重百商社电器	渝中区解放碑民族路商社电器一楼	17783172868
52	龙湖 A 馆开放卖场	渝中区大坪龙湖时代天街 A 馆 -UG-A007	17725099777

【渝中电信分公司负责人】

总 经 理：曹　星（党委书记）

副总经理：敬勇秦（2018 年 2 月离任）

彭　聃

贾　义（2018 年 4 月离任）

操登峰（工会主席）

张开茂（纪委书记，2018 年 2 月任职）

（王浩）

中国移动通信集团重庆有限公司城一分公司

【概述】 中国移动通信集团重庆有限公司城一分公司（简称“中国移动重庆城一分公司”）是一家基于 GSM、TD-SCDMA（3G 网络）以及 TD-LTE（4G 网络）制式网络的移动通信运营商。中国移动重庆城一分公司成立于 2016 年 11 月，由原中国移动通信集团重庆有限公司渝中分公司与南岸分公司合并而成，是中国移动通信集团重庆有限公司的下属分公司。2018 年，内设党群纪检室、综合部、销售部、集团客户部、网络部及渠道中心 4 个，集团客户中心 2 个，业务支撑中心、商业市场中心、江南新城营销中心各 1 个。在职员工 439 人，平均年龄 37 岁。其中大学本科 377 人，硕士研究生 42 人；中共党员 100 人，共青团员 21 人。办公地点：重庆市南岸区亚太商谷 9 栋。

中国移动重庆城一分公司秉承“质量是通信企业的生命线”与“客户为根，服务为本”的服务理念，致力于区域市场移动通信事业的技术创新、业务创新和服务创新。借助中国移动庞大的通信网络和已搭建的 5G 试验网，在渝中区通信发展和公众服务中发挥主导运营企业的作用。响应党中央关于全面推进信息通信领域供给侧改革的号召，配合渝中区委、区政府以大数据智能化推动信息技术与经济社会各领域深度融合，助力渝中区经济社会高质量发展。

【党建工作】 公司以习近平新时代中国特色社会主义思想和党的十九大精神为指引，把强化党的领导与完善分公司经营管理统一起来，从制度层面完善和规范党的领导。共召开党委会52次，召开党建暨反腐倡廉专题工作会1次，专题研究意识形态工作2次，开展意识形态教育8次；专题研究党建、工会、共青团和党风廉政方面议题53个。（1）党建工作。通过集中学习、党建宣传栏、书报刊订阅、微信推送、红色基地参观等方式丰富学习形式，提升教育成效。（2）队伍建设。严格按照“两上两下”“三请三批”等程序，开展党委委员选举，党委委员、支委委员增补工作。按照党员发展流程规范，做好党员发展工作，预备党员转正4名，确定发展对象8名。通过组织过集体政治生日，送政治生日贺卡，建立党员责任区、任务池等方式，增强党员的身份认同感。（3）作风建设。召开民主生活会和组织生活会，认真查摆问题并作出整改承诺，按照要求定期汇报承诺兑现情况。积极开展“兴调研转作风促落实”行动，对一线员工提出的问题和建议，建立台账、明确责任部门，逐一回复，贴近服务一线。

【大数据智能化融合发展】 推动数字产业化和产业数字化，促进大数据智能化同实体经济深度融合。（1）做好智慧城市建设保障工作，提升渝中区互联网服务响应能力。通过广泛参与智能政务、智慧司法、智能环保、智能社会治理、智能应急管理等政用领域的建设，大力促进大数据智能化在智慧旅游、智慧公安、智能商务、数字金融等商用领域的推广；推动大数据智能化在智慧医疗、智能交通、智慧教育等民用领域的运用。通过保障“云上渝中”、“雪亮工程”、渝中“警务终端”平台建设等大型智能化项目，打通渝中区各机关、企事业单位之间的信息孤岛，提高行政管理效能。（2）提升信息化综合服务供给能力，促进区域招商引资。公司为渝中区区块链产业园提供“企业上云”服务，通过为渝中工业创新园区企业提供信息化解决方案服务，加快区域内大数据智能化、区块链等园区项目建设进度。在基础网络接入、大数据智慧分析、企业应用上云、综合信息化建设等业务上给予优惠价格和便捷服务，为渝中区提供优质企业落地，助力区域经济发展。

【服务质量提升】 中国移动重庆城一分公司在渝中区域内新建及改扩建4G基站数量较2017年提升15%，老旧小区或长期信号弱化区域的4G信号覆盖问题得以解决。加大力度新建5G基站，为区域内网络质量提升打下坚实基础。做好“提速降费”，通过全面取消流量“漫游”费、推广大流量资费体系、下调互联网专线资费等举措，流量单价、互联网专线单价和宽带单价同比分别下降70%、36%和22%。

中国移动重庆城一分公司渝中区域内主要营业网点

营业厅	地 址	联系电话
大坪营业厅	渝中区大坪正街1号移动营业厅	13883199931
较场口营业厅	渝中区民权路58号合景聚融大厦2楼	17898686644
解放碑营业厅	渝中区民权路3号	13883199931
上清寺营业厅	渝中区上清寺路20号、22号	13509478032
小什字营业厅	渝中区民族路18号	13509478032

【中国移动通信集团重庆有限公司城一分公司负责人】

总 经 理：邢　宇（党委书记）

副总经理：文　华

荀冬玲（工会主席）

赖　静（纪委书记，2018年11月离任）

李春莉（2018 年 11 月任职）

付　航（2018 年 11 月任职）

（李渝）

中国联合网络通信集团有限公司重庆市渝中区分公司

【概况】 中国联合网络通信集团有限公司（简称“中国联通”）于 2009 年 1 月 6 日在原中国网通和原中国联通的基础上合并组建而成，在国内 31 个省（自治区、直辖市）和境外多个国家和地区设有分支机构，是中国唯一一家在纽约、香港、上海三地同时上市的电信运营企业，连续多年入选“世界 500 强企业”。中国联通主要经营固定通信业务，移动通信业务，国内、国际通信设施服务业务，卫星国际专线业务、数据通信业务、网络接入业务和各类电信增值业务，与通信信息业务相关的系统集成业务，等等。

中国联合网络通信集团有限公司重庆市渝中区分公司（简称“中国联通重庆渝中分公司”）于 2008 年注册成立，办公地址：重庆市渝中区渝州路 188 号。2018 年，内设办公室、建维中心、市场销售服务支撑中心、政企客户营销服务中心、存量经营营销服务中心、解放碑综合营销服务中心、大坪综合营销服务中心、上清寺综合营销服务中心、解放碑自有营业厅营销服务中心、大坪自有营业厅营销服务中心，在岗各类从业人员 181 人。

2018 年，中国联通重庆渝中分公司坚持“轻承载、轻运营、促产能、提效益”总体思路，聚焦“网络建设投资、市场营销成本、人力资源结构”，打造中国联通重庆渝中分公司“网络领先、服务领先”示范效应，促进业务健康发展。分公司全年收入占市场份额的 17.24%，移动用户占市场份额的 21.4%，宽带用户占市场份额的 28.7%。

【4G 网络建设】全力打造 LTE 精品网络，解决重点校园、新兴网红热点区域深度覆盖，提升用户感知及培养用户的使用习惯。配合投诉频发区域进行建设。完成洪崖洞、李子坝轻轨站、长江索道等网红景点周边的容量增补和渝中校园容量扩容，缓解业务高速发展带来的网络瓶颈，为高流量业务提供支撑。渝中 4G 网络的良好覆盖率从 2017 年 12 月的 93.51% 提高到 2018 年年底的 94.41%，提高 0.9 个百分点。4G 无线资源利用率达到 51.84%，同比增加 2.7%。

【风险管控】 业务稽核组根据市公司的相关文件及要求，建立中国联通重庆渝中分公司相关的稽核规范及考核文件，下发《关于修订渝中分公司 2018 年实名登记考核问责实施细则的通知》等管理文件。

【服务技能提升】 对装维人员进行“智慧工程师”培训、“沃用百倍用心，换您 10 分满意”培训、目标导向优化，实现装维各项指标和客户感知的较大提升。2018 年宽带网络 NPS（净推荐值，即新装用户是否愿意向其他人推荐电信服务）提升 21.8%，用户新装满意度和新装 NPS 环比分别提升了 2.43% 和 1.57%；装移机预约及时率、装移机及时率、故障处理及时率等重点指标在 2017 年的基础上均有明显提升。

【企业文化打造】 启动企业文化建设系列活动：征集“重庆联通品牌故事大赛”稿件，开展歌咏比赛、建党 97 周年主题党日活动、各部门多样化团建活动、“凝心聚力 再出发”素质拓展活动，丰富职工的文化生活，提升职工素质，增强企业凝聚力。

中国联通重庆渝中分公司营业网点

序号	网点名称	网点地址	联系电话
1	解放碑营业厅	渝中区民权路 15 号 2 楼	023-86682014
2	泰兴营业厅	渝中区临江门都市广场泰兴电脑城 2 楼 200-1	023-86521149
3	大坪营业厅	渝中区长江二路 51 号附 1 号一楼	023-86330357
4	上清寺营业厅	渝中区中山三路 159 号附 6 号	023-88698808

【中国联合网络通信集团有限公司重庆市渝中区分公司负责人】

总　经　理：尹　华

副 总 经 理：王成兴（2018 年 8 月任职）

黄　南　刘国平

邓军涛（2018 年 4 月离任）

总经理助理：颜红伟（2018 年 9 月离任）

（罗金玲）

经济监督管理

财　政

【概况】 重庆市渝中区财政局（简称“区财政局”）为区政府工作部门，办公地址：渝中区和平路 9 号（星河商务大厦 10 楼）。2018 年，区财政局机关设办公室、预算科、国库科（渝中区政府采购办公室）、行政事业科、社会保障科、资产和企业管理科、经济建设科、会计科、预算绩效管理科、财源建设管理科 10 个科室，下设区会计委派管理中心（区财政投资评审中心）、区财政资金支付中心 2 个事业单位。局机关核定行政编制 38 名，年末有行政编制人员 32 人。区财政局的主要职责：拟订全区财政、国有资产、财务、会计等方面的管理制度并组织实施，指导全区财政工作；管理全区财政收支、分配财政资金，编制、组织执行年度财政预算，制定经费开支标准，审核批复部门年度预决算；负责政府非税收入管理；组织执行国库管理及国库集中支付制度；管理政府债务，防范财政风险等。

2018 年，区财政局以“一稳三抓五促”工作方法统揽各项工作，积极应对复杂多变的宏观经济环境，扎实做好稳增长、促改革、调结构、惠民生、防风险各项工作，各项财政工作取得较好成绩，为渝中高质量发展提供坚强有力的财政支持。先后获得“2017 年度综合考核‘一等奖单位’”“2017 年度区县财政总决算一等奖”“渝中区基层党建工作先进单位 ”等市、区级集体荣誉 10 余个，干部职工受市、区各级表彰 20 余人次。

【财政收支】 财政收入。区级一般公共预算本级收入完成 463935 万元。上级补助收入 182963 万元，从政府性基金中将土地净收益调入一般公共预算 24002 万元，区级一般公共预算本级财力合计 670900 万元，再加上市下专款 45135 万元、上年结转 24805 万元，2018 年收入总计为 740840 万元。

财政支出。全年支出（包括市下专款、上年结转）712678 万元。具体支出如下：一般公共服务方面支出 60809 万元，公共安全方面（含公安、国防）支出 98803 万元，教育方面支出 123849 万元，科技创新方面支出（科学技术）5344 万元，文体传媒方面支出 8098 万元，社会保障和就业方面支出 121378 万元，医疗卫生与计划生育方面支出 46459 万元，节能环保方面支出 3096 万元，城市建设管理方面（城乡社区）

支出185558万元，农林水方面支出1376万元，交通运输方面支出309万元，服务企业方面（含商业服务、资源勘探信息等）支出22731万元，援助其他地区支出200万元，国土海洋气象方面支出34万元，住房保障方面支出21406万元、其他支出351万元，债务付息及发行费支出12877万元。结余情况。结余28162万元，均为结转结余，预算稳定调节基金情况。财政收支保持平衡，未动用预算稳定调节基金，预算稳定调节基金余额25056万元。

【政府性基金预算执行情况】 收入情况。政府性基金预算上级补助收入224892万元，比年初人代会及区十八届人大常委会第十三次、十六次会议批准的支出预算137600万元增加87292万元，主要是土地净收益以及景德幼儿园游园、白象街游园等绿地划拨土地成本以及福彩、体彩等有专项用途的资金增加。政府性基金预算上级补助收入224892万元，减去上解支出887万元、调入一般公共预算24002万元，加上上年结转14611万元，政府性基金预算收入总计214614万元。支出情况。全年支出169250万元，具体执行情况（包括市下专款、上年结转）如下：城乡社区支出161367万元，主要是用政府专项债券资金安排的十八梯片区道路配套设施建设、两江大桥渝中区配套道路、石油南路（茶亭南路）工程、民生路环境综合改造等重点项目建设以及绿地划拨土地成本支出；农林水支出80万元，主要为安排三峡后续工作地质灾害防治、地灾群测群防等支出；商业服务业支出375万元，主要为国家旅游发展基金安排的旅游厕所，4A级景区建设等支出；其他支出2353万元，主要为社会福利、教育、体育、残疾人事业等彩票公益金安排的专项支出；债务付息及债务发行费支出5075万元，全部为到期偿还的地方政府专项债券利息支出及发行费支出。结余情况。结余45364万元，主要是结转下年的建设项目支出及福彩、体彩等专项基金支出。

【国有资本经营预算执行】 收入情况。国有资本经营预算收入完成1774万元，增长69.9%，较人大批准的预算超收274万元，主要是区国资公司、区康翔公司等国有企业上缴利润增加。支出情况。全年支出1500万元，主要是重庆电池总厂、重庆大地实业总公司、渝中茶叶有限责任公司等企业改制产生的职工社保缴费等支出。超收收入274万元全部结转下年安排。

【主要工作】 加强宏观经济形势研判，重点关注中美贸易摩擦、产业结构调整以及政策性减税对财政收入带来的影响。紧盯全年收入任务，分解细化措施，强化目标考核，按月做好执行分析，加强对收入和税源的分析管控，动态调整征管预案，千方百计组织收入。明确街道和管委会服务经济发展的目标任务，积极推进协税护税工作，加强零散税收信息收集整理。深入开展“一助二优三转”活动，做好企业和楼宇服务，努力做到“服务留企、真情留企”。2018年提出申请的拟外迁企业59户，其中区级税收100万元以上的18户企业全部留区，存量重点税源保持稳定。深入推进“放管服”改革，落实企业减负三十条以及增值税税率降低、个人所得税起征点提高、清理规范行政事业性收费等减税降费政策，实现减税降费“全覆盖”，全年累计为企业和个人减负33.1亿元。完善产业扶持政策，有针对性地扩大扶持范围，兑现各类产业扶持资金近5亿元，给予500余户企业政策扶持，惠及各类人才1万余人次。设立1亿元信用担保基金，多元化帮助民营企业解决融资难题。加大科技创新投入，设立1亿元的生物医药创新发展引导基金，支持企业创新发展。落实中央关于打好防范化解重大风险攻坚战有关决策部署，做好政府债务预算管理、限额管理、风险预警。完成到期政府债券置换，争取到新增政府债券资金10亿元，切实缓解筹资压力，保障重点项目建设顺利推进。规范政府债务举借，按照“谁举借、谁偿还”的原则，厘清政府与企业偿债责任。完成地方债务清理核查，梳理并掌握潜在债务风险。推动平台公司市场化转型，严禁平台公司继续承担政府融资职能。加强政府全口径债务统计监测，动态开展债务风险评估，做好应急预案。

【党建工作】　树立“抓好党建是本职”的思想，制定局党组班子及成员“两个责任”工作清单，细化157个工作任务，班子成员全面落实“一岗双责”责任，明确总支委员、党小组组长职责，构建一级抓一级、层层抓落实的党建格局。年初做好计划制定，梳理形成全年党建工作要点，细化分解任务；年中抓督促落实，坚持每个季度专题研究党建工作，定期研究解决难点和突出问题；年底述职时将党建工作履职情况作为重点内容。以“三会一课”为基本形式，以党支部为基本单位，以工作制度保障常态。结合实际新增2名科室负责人为支委班子成员、党小组组长。将1名入党积极分子确定为发展对象，民主评选2名青年干部为入党积极分子。坚持高标准、严要求深入推进支部主题党日活动，组织干部职工赴“聂荣臻陈列馆及故居”参观学习，现场重温入党誓词。组织“不忘初心 牢记使命”微党课竞赛，11名青年干部积极展现财政风采。开展扫黑除恶专题讨论，参加“践行新思想 永远跟党走”知识竞赛并获得三等奖，有效激发党员干部参与热情。组织干部前往李子坝社区等地开展3次“社区工作日”活动，联系较场口社区开展红绿灯志愿服务活动，共创基层党建互联互动、和谐发展新局面。

【队伍建设】　开展集中学习26次，党员干部参学1000余人次。巩固打造“科室讲座”“干部述学”等机关学习品牌，全年开展“科室讲座”5次，组织干部述学10人次，涉及差旅费解读、新政府会计制度操作等内容，提高财政干部综合能力。丰富党员活动室内容，制作党务公开栏，32名在职党员亮身份、亮职责、亮承诺。

【廉政建设】　对照市委巡视组《巡视反馈问题清单》，对标对表提出40余条整改措施。坚持把纪律规矩挺在前面，做到严在经常、管在平时、重在长效，加强财政部门的党风廉洁建设和反腐败工作。2018年排查廉政风险点64个（其中：中等级风险点4个、低等级风险点60个），开展廉政谈话不定期提醒，推行“班子成员必谈、中层干部必谈、重点岗位必谈、提拔任用必谈、新进人员必谈”等“五必谈”，制定《廉政建设目标责任书》并及时签订，明确科室负责人党风廉政建设6个方面20项工作任务。履行财政监督管理职能，从预算管理、项目申报、资金拨付等方面实行事前、事中、事后动态监管、同步监督，维护好财经秩序。动态完善“一单两库一细则”，全面落实“双随机”抽查机制，不定期对非税收入、政府采购管理、资产管理、财政票据管理和决算报表数据真实性等情况进行抽查。推进信息公开、建设“阳光财政”，对全区70个预算单位进行预决算公开。按照“三步走、全覆盖”的工作方案，推进预算绩效管理实现“五个率先”，初步搭建“1+5”预算绩效管理制度体系。健全完善定期报告、整改反馈、结果公开、考核奖惩、挂钩预算、绩效问责等“六大机制”，树立“用钱必问效、无效必问责”的绩效理念。

【为民务实】　坚持保障民生民利，切实增强百姓福祉，及时足额兑现90多类人群的基本民生资金需求。构建社会救助资金体系，规范和加强社会救助资金管理，统筹安排城乡低保、城乡特困救助供养、临时救助等六类资金共1.2亿元，同比增长9%。将低保标准由500元/（人•月）提高到546元/（人•月），居民医保财政补助标准由450元/（人•年）提高到490元/（人•年），基本公共卫生服务标准由58元/（人•年）提高到63元/（人•年）。支持就业创业，投入约0.56亿元落实低保就业补贴、社会保险补贴、创业担保等就业创业扶持政策。深化医药卫生体制改革，完善公立医院投入机制，加快建设分级诊疗制度，安排0.55亿元支持重庆市中医骨科医院迁建、社区卫生服务机构住院病房建设等。投入教育经费16.16亿元，保障各阶段教育均衡优质发展，重点推进学前教育三年行动计划，支持公办幼儿园建设，民办普惠幼儿园生均补助由1050元提高到2000元。

【环境美化】 坚持美化靓化，提升发展环境。投入8.8亿元支持城市品质提升，加快推进社区环境综合整治、朝天门片区环境综合整治等项目，城市综合环境得到改善。支持城市精细化管理，投入7.65亿元有序实施拆除违法建筑、隔离栏杆修建、鲜花摆放、景观灯饰打造等城市管理工作，扮靓城市形象。完善城市功能，投入0.5亿元推进李子坝观景平台、渝中半岛旅游区智慧旅游服务提升等项目有序实施，城市吸引力进一步提升。投入0.68亿元加快推动山城巷、马鞍山等传统风貌区，鲁祖庙、戴家巷等山城老街区以及金汤街、张家花园等特色老社区打造，"人文渝中"建设稳步推进。

【依法理财】 细化预算编制，持续推进"阳光财政"建设，部门预算公开评审实现"全覆盖"，对35个单位进行重点评审，评审总额23.29亿元，审减金额1.64亿元，审减率为7%。加大政策宣传，印制政策汇编和申报指南1万余份。出台《渝中区促进利用外资奖励办法（试行）》，深化财政改革，持续推动"营改增"各项工作，推进国库集中支付改革、公务卡改革。制定投融资平台公司改革方案，落实"放管服"改革要求，严格落实减税降费政策，减轻企业负担，增强企业活力。清理规范44项行政事业性收费，取消1项经营性服务收费，累计减轻企业和社会负担1400余万元。对行政事业性收费严格实行目录清单管理，推进收费公示制度。

【区财政局负责人】

局　长：杜　伶

副局长：刘　洪　袁　聚

　　　　邓统文（2018年7月离任）

　　　　王　珺（2018年7月任职）

（何潘婷）

国家税收

【概况】 重庆市渝中区国家税务局（简称"区国税分局"）成立于1994年，办公地址：渝中区美专校街53号。2018年上半年，渝中区国税分局设11个科（室）：办公室、政策法规科、货物与劳务税科、所得税科、收入核算科、征收管理科、纳税服务科、财务管理科、人事科、教育科（党办）、监察室。下设信息中心、机关服务中心2个中心，1个办税服务厅，12个基层税务所。区国税分局的主要职责是：负责27000余户企业、28000余户个体商业户和72个专业市场的国税征收管理以及税收风险管理、税法宣传、纳税服务等项工作，促进地方经济发展。7月5日，原重庆市渝中区国家税务局和原重庆市渝中区地方税务局正式合并成立国家税务总局重庆市渝中区税务局。

【税收改革】 通过召开党组会、党组中心组学习（扩大）会议、机关干部会议等形式，学习贯彻习近平总书记关于深化党和国家机构改革的重要思想，贯彻落实总局和市局的改革要求，把思想和行动统一到总局和市局的决策部署上来。主动向区委、区政府主要领导和分管领导汇报相关改革情况，争取地方党委政府的大力支持。6月27日，渝中区税务机构改革专项小组成立，常务副区长王勇担任组长，做好机构改革工作，坚决不抢跑、不走样。

【税收营商环境优化】 落实总局优化税收环境30条措施，持续优化服务举措，不断提高纳税人的获得感。召开两次"一厅通办"专题研究会议，制定《渝中区国税、地税办税服务厅一厅通办方案》《渝中区办税服务厅一厅通办前期准备工作细化方案》，明确统一巡查、考勤、领导值班等8项制度，统一业务操作规范，统一导税咨询服务，统一软硬件设施配备等目标的时间节点，强化督导，确保责任落到实处、工作做到细处。做好“便民办税春风行动”和税收宣传月活动，开展诚信纳税故事分享会，引导纳税人诚信纳税；推广网上办税，增加体验区工作人员，做好宣传解答。对于新出台的政策法规、整合后改变较大的功能，及时通过宣传资料、LED屏、新媒体等各种方式告知纳税人，做到广泛覆盖、重点辅导，减少对纳税人的影响。加强对电子税务局的培训工作，对内同步开展学习培训，保证税务人员特别是一线干部会用、能讲、善辅导；对外及时组织纳税人培训，减少纳税人适应时间，将对纳税人的影响降到最低。

【干部队伍建设】 抓好教育培训。开展内部培训23场，培训干部职工608人次，63人通过初级会计职称考试，1人通过中级会计职称考试。激发基层活力。开展妇女节春游活动、青年干部座谈会、“书香国税悦读人生”读书活动等，形式鲜活、鼓舞士气。

【全面从严治党】 制定《区局党组落实全面从严治党主体责任和监督责任工作任务清单》，把认真做好机构改革工作纳入问责清单，确保机构改革顺利推进。贯彻落实“六个责任制”要求，各司其职、各尽其责。强化对机构改革中各项法律法规及党纪政纪执行情况的监督检查，杜绝有令不行、有禁不止。贯彻执行中央办公厅关于严明机构改革的政治、组织、机构编制、干部人事、财经、保密等六项纪律。全面冻结所有的机构调整、人事变动等工作，严禁在机构改革期间突击提拔干部。严格管理好本单位的资金资产，提前做好清理准备工作，算清实账、列明清单，做到“说得清、道得明”、账账相符，切实保障国有资金资产安全。严格执行中央八项规定，严禁借改革之机突击花钱、巧立名目发放津补贴、奖金福利以及私存私放钱物。

【区国税分局负责人】

局　　长：漆　星（2018年7月离任）

副 局 长：程　敏（2018年7月离任）

王劲松（2018年7月离任）

罗丽娟（2018年7月离任）

派驻纪检组长：徐　力（2018年7月离任）

总经济师：杨晓玲（2018年7月离任）

总会计师：胡　捷（2018年7月离任）

（沈东亚）

地方税收

【概况】 重庆市渝中区地方税务局（简称“区地税分局”）是重庆市地税局垂直管理机构。2018年上半年，内设办公室、政策法规监督科、税收政策与征收管理科、收入规划核算科、非税收入管理科、组织人事科、监察室、信息管理科和财务管理科9个科室，设税收风险监控中心和纳税服务中心两个直属机构，下设重点税源管理税务所、较场口税务所、朝天门税务所、大溪沟税务所、望龙门税务所、解放碑税务所、上清寺税务所、两路口税务所、七星岗税务所、大坪税务所、菜园坝税务所、化龙桥税务所、人和街税务所13个基层征管机构。截至6月30日，有干部职工257人，其中局领导5人（局长1名，副局长3名，纪检组长1名），正副科所长59人。区地税分局主要职责：负责渝中区地方税收及附加税费、社会保险费的征收工作和政府要求的代征工作。7月5日，原重庆市渝中区国家税务局和原重庆市渝中区地方税务局正式合并成立国家税务总局重庆市渝中区税务局。

【税收改革】 根据党中央、国务院作出机构改革的重大决定，分别召开党组会、科所长会和全体干部职工大会，学习领会《中共中央关于深化党和国家机构改革的决定》，充分认识征管体制改革的重大意义和深远影响，切实把思想和行动统一到党中央的决策部署上来。结合“五证合一”，完善国地税户籍管理和基础征管数据，联合开展税务登记差异清理、漏征漏管户排查、个体工商户定税、企业所得税管户清理等工作，共同优化线上线下资料报送、电子扫描、资料归档等各环节管理；与区国税分局共同围绕行业、企业、税种等方面的税收管理进行定期学习交流，使其在新政策贯彻、优惠政策落实等方面实现口径统一、标准统一，纳税人获取的信息统一。根据市税务局要求，经区国税分局、区地税分局两局班子成员现场察看和充分考量研究，确立以原区国税分局办公地点为改革后领导班子及机关部门的办公场所；同时确定办公室、纳税服务、人事、党建4个综合部门临时负责人，并对应市税务局另设立10个专项工作组，全面梳理、融合税收业务等工作。

【纳税服务】 共建联合办税厅，统筹规范国地税两个大厅窗口业务，各类涉税业务办理、采集、统计、分析流程、现场咨询、后台工作衔接、12366热线服务及线上涉税咨询、办税指引、服务投诉等实现全面统一，“综合服务”“申报纳税”“发票服务”三大类窗口业务实现“一人一窗一机”业务通办，满足纳税人个性化、多样化需求，实现纳税人“进一家门、办两家事”“最多跑一次”的目标。加强税收宣传，对最新优惠政策，在第一时间通过QQ群、微信群等渠道进行广泛宣传；对每年新发布的税收政策文件进行汇集，编印《企业所得税汇算宣传资料》免费发放企业；开展针对企业相关人员的汇算清缴政策宣传和讲解，为纳税人及时送上汇算清缴工作所需的各种税收政策；采取“点对点”方式，为企业提供个性化服务。

【服务地方经济发展】 针对“节能设备抵免”“研发费用加计扣除”“西部大开发”等涉及经信委、科委和发改委等部门前置认定的税收优惠政策，主动协调相关政府职能部门，为企业出具相关证明，不折不扣落实税收优惠政策，为部分总部企业减免税收3亿多元。与区财政、国税、工商、国土、建委等部门协商联系，共同构建和完善地方税收保障平台，进一步明确区级相关部门协税护税的职责分工，增强税收共治责任意识。

【干部队伍建设】 落实市税务局人才培养规划，依托网络课堂、实战课堂和委培课堂，组织会计知识、税务知识专项培训，分税种、分岗位培养业务能手，上半年有11名干部通过初级会计职称考试。健全完善年轻干部培养机制，统筹用好各年龄段干部，充分发挥各自优势。加强专业人才干部培养，围绕所得税管理、土地增值税清算、风险管理和大数据运用、税收政策等方面，组织各类专业培训辅导200人次。

【区地税分局负责人】

局　　长：张建清（2018年7月离任）
副 局 长：许强明（2018年7月离任）
　　　　　姜　毅（2018年7月离任）
　　　　　龚　将（2018年7月离任）
派驻纪检组长：刘飞虎（2018年7月离任）
（沈东亚）

国家税务总局重庆市渝中区税务局

【概况】 国家税务总局重庆市渝中区税务局（简称“区税务局”）成立于2018年7月5日，办公地址：渝中区美专校街53号。2018年年底，区税务局设15个内设机构：办公室，法制科，货物与劳务税科，所得税科，财产和行为税科，社会保险费和非税收入科，收入核算科，纳税服务科，征收管理科，国际税收管理科，税收经济分析科，税收风险管理局，财务管理科，人事教育科，考核考评科；设17个派出机构：第一税务所，第二税务所，第三税务所，第四税务所，第五税务所，第六税务所，解放碑税务所，朝天门税务所，七星岗税务所，南纪门税务所，菜园坝税务所，大溪沟税务所，两路口税务所，上清寺税务所，大坪税务所，石油路税务所，化龙桥税务所；设2个事业单位：信息中心，机关服务中心。有干部职工511人，其中局领导11人（局长1名，副局长7名，纪检组长1名，总经济师1名，总会计师1名），正副科所长108人。区税务局的主要职责：组织落实国家规定的税收优惠政策，负责研究拟定本单位税收、社会保险费和有关非税收入工作计划，参与拟定税收、社会保险费和有关非税收入预算目标并依法组织实施和征收管理。

2018年，全局干部职工风雨同舟、众志成城，全力打好国地税征管体制改革三大攻坚战，持续优化税收营商环境，打造一支忠诚干净担当的干部队伍，展现新税务新机构的新担当新作为新形象。

【党的建设】 坚定不移把党的政治建设摆在首位，顺利完成联合党委改设党委工作，及时明确党委主体责任和纪检组监督责任，制定党委工作规则、行政工作规则，圆满完成第一届机关党委、机关纪委和26个基层党支部及群团组织的设置和选举工作，确保税收改革发展始终沿着正确方向前进。严肃纠正“四风”，每月开展1次明察暗访并定期通报，确保干部队伍的担当实干善作善成。把纪律规矩挺在前面，精准运用监督执纪“四种形态”13人次，开展“一案双查”2次，完成信访调查3次，全力营造风清气正的干事创业氛围。主动适应机构改革后的双重领导体制，全力争取地方党委政府的领导和支持。

【税收收入】 坚持组织收入原则不动摇，完成市税务局和区委、区政府下达的收入任务。2018年共完成税费收入306.78亿元，规模位居全市第3位。其中：税收收入145.35亿元，位居全市第4位（区级收入完成35.49亿元）；社会保险费和非税收入征收161.43亿元，位居全市第1位。落实各项稳增长、促改革、调结构、惠民生的税收优惠政策和国务院减税降费措施，帮助纳税人享受政策红利，全年累计减免税费55.34亿元，完成出口退税及各类退税12.23亿元。

【机构改革】 落实国家税务总局党委和市税务局党委的工作部署，各项工作不抢跑、不拖延、不越位；建立健全税务机构改革小组“1+4+9+N”组织架构和工作机制，派出17个督导协调组，统筹规划、谋定而动；全局上下挂图作战、对表推进，加班加点、日夜奋战，把握住每个节点、不放过每个细节。区税务局和17个派出机构顺利挂牌，“三定”方案平稳落地，得到市税务局领导和渝中区党政领导肯定。

【营商环境优化】 遵循“改革未动、服务先行，改革深化、服务深化，改革落地、服务升级”的理念，切切实实提高纳税人缴费人的满意度和获得感。深化税收领域“放管服”改革，拓展“一次办结”“最多跑一次”窗口即办业务范围；压缩企业开办程序，优化企业注销和迁移登记流程，推动企业市场进入和退出便利化；落实好市税务局促进民营经济发展23条举措，助力市场主体做大做强；创新“首违不罚”制度；完成国家税务总局纳税人满意度迎检工作，在全市纳税人满意度调查中，渝中区位列全市第一档。

【税收改革】 有序推进个人所得税新政、社保费和非税收入征管职责划转、增值税改革等重点工作，持续加强政策培训和宣传引导，加强政策效应分析和跟踪辅导，让改革红利为民所享，其中推进个人所得税新政的工作措施被国家税务总局信息简报刊登推广。开展规范性文件和证明事项清理工作，编制区税务局64项涉税事项政务服务清单，修订《税收业务流程操作指引》《税收管理员工作指引》等业务规范；推动各税种间的数据联动、税种融通，“2+8+N”税源管理工作成效显著；持续推进以风险管理为导向的税收征管模式，2018年风险评估入库2.7亿元。

2018年区税务局17个派出机构

名称	工作职责	办公地址	联系电话
第一税务所	主要负责全区范围内税收、社会保险费和有关非税收入的直接征收和服务工作	渝中区和平路1号星河大厦2楼	023-68512366
第二税务所	主要负责全区范围内的区级重点税源集中管理等	渝中区解放碑街道沧白路73号5楼	023-63817502
第三税务所	主要负责全区范围内房地产开发经营、建筑安装、交通运输、仓储和邮政等行业管理	渝中区七星岗街道中山一路6号财信渝中城5-4-4、5-4-5	023-63503994
第四税务所	主要负责全区范围内行政机关事业单位税费管理及教育、医疗行业管理等	渝中区上清寺街道中山四路89号名流公馆8号楼5楼	023-63631086
第五税务所	主要负责全区范围内纳税评估	渝中区上清寺街道人民路248号	023-63797796
第六税务所	主要负责全区范围内纳税评估	渝中区上清寺街道人民路248号	023-63797696
解放碑税务所	负责解放碑街道区域内税收、社会保险费和有关非税收入的基础事项管理及其风险应对工作	渝中区较场口88号得意世界A座24楼	023-63797275
朝天门税务所	负责朝天门街道区域内税收、社会保险费和有关非税收入的基础事项管理及其风险应对工作	渝中区朝天门街道新华路28号4-5楼	023-63702618
七星岗税务所	负责七星岗街道区域内税收、社会保险费和有关非税收入的基础事项管理及其风险应对工作	渝中区七星岗街道中山一路6号财信渝中城4-4-1、4-4-2、4-4-3	023-63521009
南纪门税务所	负责南纪门街道区域内税收、社会保险费和有关非税收入的基础事项管理及其风险应对工作	渝中区南纪门街道解放东路129号6楼	023-63932078
菜园坝税务所	负责菜园坝街道区域内税收、社会保险费和有关非税收入的基础事项管理及其风险应对工作	渝中区菜园坝火车站行包房5楼（临时集中办公地点：渝中区两路口街道长江一路61号地产大厦12楼）	023-63860026
大溪沟税务所	负责大溪沟街道区域内税收、社会保险费和有关非税收入的基础事项管理及其风险应对工作	渝中区大溪沟街道人民路51号	023-63860689
两路口税务所	负责两路口街道区域内税收、社会保险费和有关非税收入的基础事项管理及其风险应对工作	渝中区两路口街道长江一路61号地产大厦11楼	023-63663904
上清寺税务所	负责上清寺街道区域内税收、社会保险费和有关非税收入的基础事项管理及其风险应对工作	渝中区上清寺街道中山四路89号名流公馆8号楼7楼	023-60339628
大坪税务所	负责大坪街道区域内税收、社会保险费和有关非税收入的基础事项管理及其风险应对工作	渝中区大坪街道肖家湾创景大厦5楼	023-68716200
石油路税务所	负责石油路街道区域内税收、社会保险费和有关非税收入的基础事项管理及其风险应对工作	渝中区石油路街道高九路恒康丽景A幢2楼	023-68806489
化龙桥税务所	负责化龙桥街道区域内税收、社会保险费和有关非税收入的基础事项管理及其风险应对工作	渝中区化龙桥街道李子坝168号临江佳苑	023-63610873

【区税务局负责人】

局　　长：漆　星（2018 年 7 月任职）
副 局 长：张建清（2018 年 7 月任职）
　　　　　王劲松（2018 年 7 月任职）
　　　　　姜　毅（2018 年 7 月任职）
　　　　　罗丽娟（2018 年 7 月任职）
　　　　　龚　将（2018 年 7 月任职）
　　　　　程　敏（2018 年 7 月任职）
　　　　　刘飞虎（2018 年 7 月任职）
派驻纪检组长：徐　力（2018 年 7 月任职）
总经济师：杨晓玲（2018 年 7 月任职）
总会计师：胡　捷（2018 年 7 月任职）

（沈东亚）

审　计

【概况】 重庆市渝中区审计局（简称“区审计局”）为区政府工作部门。2018 年，区审计局行政编制 24 人，实有 20 人；事业编制 24 人，实有 5 人。设有办公室、法规审理科、投资审计科、财政金融审计科、企事业审计科、经济责任审计科、整改督查与内审管理科、电子数据审计科 8 个科室，下设直属事业单位渝中区审计中心。区审计局的主要职责是：负责全区财政预、决算，领导干部任期经济责任，固定资产投资项目等的审计监督工作，依法独立实施审计并出具审计报告。办公地址：渝中区和平路管家巷 9 号。

2018 年，区审计局共审计单位 36 个，其中审计 35 个，专项审计调查 1 个。查出主要问题金额 85.54 亿元，其中违规金额 16827 万元、损失浪费金额 6866 万元、管理不规范金额 83.17 亿元；审计发现非金额计量问题 155 个，损益（收支）不实金额 5944 万元，侵害人民群众利益 3348 万元。出具审计报告和专项审计调查报告 36 篇，被批示、采用 1 篇次。审计处理处罚金额 22672 万元，其中应上缴财政 13796 万元、应减少财政拨款或补贴 2182 万元、应调账处理金额 6694 万元；移送司法机关、纪检监察机关和有关部门处理事项 9 件，移送处理人员 7 人，移送处理金额 512 万元。审计促进整改落实有关问题资金 15425 万元，核减投资额 6694 万元，移送处理落实事项 3 件。审计提出建议 140 条，被采纳 140 条；促进被审计单位建立、健全规章制度 2 项；提交审计信息 105 篇，被批示、采用 75 篇次。重庆市 2017 年保障性安居工程跟踪审计、2017 年度全市财政预算执行和决算（草案）审计、渝中城市建设投资有限公司 2017 年财务收支审计均荣获市级综合优秀（优良）项目或行业优秀项目。区审计局荣获重庆市审计机关韵律操比赛第三名，被区委评为 2017 年度考核“一等奖单位”，荣获区级文明单位标兵称号，机关党支部被评为先进基层党组织，2018 年在全市审计机关第一序列综合目标考核中排名第 16 位，较往年有大幅提升。

【国家重大政策措施落实情况跟踪审计】 将重大政策措施落实情况跟踪审计与财政审计、投资审计相融合，做到项目同步安排、协同实施，成果共享。查处应归还原渠道资金 3349 万元，上报《创业孵化基地运营情况的审计思路和方法》审计报告并被市审计局采用。

【财政审计】 采取“新老互助”方式，组织 4 个审计组，完成 2017 年度南岸区财政和税收预算执行审计，并延伸抽查南岸区国土分局、区民防办、重庆市南发城建发展有限公司等 40 个部门及企事业单位，下达审计决定 14039 万元，增强预算执行审计的整体合力和影响力。完成 3 次债务审计，全面启动河长制执行情况审计，助推打好“三大攻坚战”。

【经济责任审计】 采取“全局参与、板块融合、项目结合”的组织模式和“统一工作方案、统一报告模块、统一问题定性、统一处理依据”的管理模式，完成经济责任审计项目 11 个，查出问题金额 10.45 亿万元，提出审计建议 29 条，被采纳审计建议 29 条。

【固定资产投资审计】 提请区政府出台《重庆市渝中区公共投资建设项目审计实施办

法》，制定《渝中区审计局公共投资建设项目全委托审计操作规程》《渝中区审计局公共投资建设项目审计操作规程》，全面实行“五审并举”，完成项目（不含限额以下）9个，送审金额39904.64万元，审减6694.59万元，审减率达14.4%。

【企业审计】 对两户区属重点国有企业领导任期经济责任暨2017年度财务收支审计，共查出经营管理、财务管理、落实中央八项规定精神等方面八大类55个问题，涉及管理不规范金额18.23亿元，违规金额2427.72万元。

【党建工作】 严肃党内政治生活，贯彻民主集中制，召开2次专题民主生活会、15次党组会、16次局长办公会、11次审计项目审理会、13次中心组学习。完善交心谈心制度，与相关人员谈心谈话30余人次。坚持“三会一课”制度，局党组成员以普通党员身份参加支部组织生活12次、主题党日活动12次，带头讲党课4次，组织开展“支部主题党日”暨“廉政教育”专题教育活动6次，廉政提醒约谈20人次。

【队伍建设】 开展以“审计质量提升年”为主题的活动12次，全面提升审计质量，规范审计管理。树立正确的选人用人导向，健全完善上派外挂、双向交流、挂职锻炼等培养机制，2名科级干部职务晋升，选派优秀干部10人次参与市级审计项目、联合检查、巡视巡察工作，组织20人次参加业务骨干专业能力提升等专题培训。

【内部审计】 成立内审工作调研小组，开展专项检查6次，摸清全区内审基本情况，形成内审工作调研报告1篇，并对全区26家单位的工作计划、总结、审计报告和整改情况等105份资料进行备案，审计总金额16.94亿元，增收节支2252.06万元。指导区级部门制定《内部审计制度》等相关制度5个，指导26个单位编制全年内审计划项目64个。举办全区内审工作业务培训，区属各部门内审负责人及专兼职人员共106人参加培训。积极参加全国知识竞赛，全区823人参与网上答题。开展项目质量评比活动，评选先进内审工作单位和优秀内审项目，为全区内审工作开展营造良好环境。

【区审计局负责人】
局　　长：方　晓
副 局 长：陈子进　高亚男　曾春艳
经责办主任：周小波（2018年9月任职）

（张航）

质量技术监督

【概况】重庆市渝中区质量技术监督局（简称“区质监局”）为重庆市市场监管局直管的政府行政机构。办公地址：解放碑中华路178号重庆国际商务中心大楼28楼。2018年，内设办公室（监察室）、法制科、行政许可管理科、质量科、计量科、标准化管理科、认证认可监督管理科、特种设备安全监察科和渝中区质量技术监督执法大队。核定编制32名（其中行政编制15名、行政执法专项编制16名、机关后勤服务人员编制1名），在职人员31人。区质监局的主要职责是：承担渝中区产品质量、计量、标准化、认证认可监督管理，特种设备安全监察以及食品相关产品生产安全监管职责。

2018年，渝中区质监局紧扣渝中区情，围绕“守住安全底线、组织四大行动、实施五大项目、实现四个提升”，勇于担当，敢于创新，圆满完成年度各项工作任务。1月，区质监局被市人社局、市安监局评为“安全生产工作先进单位”。

【特种设备安全】 渝中区共有在用特种设备58932台（件），其中压力容器324台、CNG气瓶51201个、锅炉43台、大型游乐设施2台、场厂内专用机动车辆27辆、起重机械399台、客运索道1条、电梯6935台（其中使用十年以上的电梯2444台，使用十年以上的直梯1967台）。此外，还有压力管道1813.1米。区质监局严格主体责任落实，坚持每季度召开安全形势分析会，为企业挺规立矩、制标明责。严肃隐患整治，整治特种设备安全隐患213个，立案查处31起。严格网格化监管，巡查使用单位494家，下达监察指令书59份。全年未发生特种设备安全责任事故，保持了连续7年无事故的良好局面。

【产品质量安全】（1）开展产品质量提升暨综合整治行动，以朝天门片区产品质量为重点，督促全区41家生产企业严格落实主体责任，把好质量关口，对8家单位进行约谈。开展"质监利剑行动"，对涉及安全、健康、环保等消费品依法加强监管，开展地条钢、电线电缆、有机产品、儿童玩具、消防产品、塑胶管道、强检计量器具等8个专项执法检查。2018年立案查办行政执法案件61件（大要案10件），处置12365等投诉举报164件，满意率达98%。（2）开展认证执法检查，检查认证认可机构和企业31家，巡查检验检测机构25家，辖区检验检测机构100%落实了服务质量承诺制度，100%落实了社会责任报告制度，新增3家机构建立LMSI电子监管系统，创建A级检验检测机构2家。

【民生质量安全】强化机动车安检机构监管，整治安全隐患2个。抓实民生计量，以验配眼镜、农贸市场、加油站等为重点，处置"短斤少两"投诉21起，查处计量违法案件14件。开展医疗机构计量专项执法，检查医疗机构28家，下发整改意见书5份，立案查处3件。

【服务民生】（1）老旧电梯安全隐患整治。牵头拟制《渝中区住宅老旧电梯安全隐患整治实施方案》，经区政府第65次常务会议审议通过并颁布实施，全年完成电梯安全隐患评估75台，完成整治62台，超额完成60台的年度工作目标。（2）老旧住宅加装电梯。全年申报立项加装电梯项目110个，签订总承包合同28个、惠及879户居民，完成21台，超额完成20台的年度工作目标。（3）推进"计量惠民"。免费检定全区38家医疗机构计量器具512台（件），受检率达100%；联合有关单位，完成全区14.85万台（件）水电气"三表"的依法按期更换。（4）推进"标准引领"。重庆公路运输农产品冷链物流服务标准化示范试点项目、重庆仕益产品质量检测有限公司有机生产投入品检验检测服务标准化项目和渝中区石油路街道办事处智慧社区综合管理服务标准化试点项目等3个项目均已建立完善标准体系，完成标准建立中期任务。

【质监服务】（1）开展"兴调研转作风促落实"行动。完成七个调研课题，其中，"检验检测产业发展现状及对策""老旧住宅加装电梯的难点及对策建议"等3个课题被区委列为重点调研课题。制定《扎实开展集中走访精准服务民营企业活动实施方案》，成立6个走访服务组，走访18家企业，出台11条助推渝中民营经济高质量发展的新举措。（2）推进"质量提升行动"。牵头起草渝中区《关于开展质量提升行动加快建设质量强区的实施方案》；帮扶重庆味合缘商贸有限公司正式申报国家级旅游商品服务标准化示范点；5幅作品荣获"我心中的质量"全市少儿绘画比赛优秀奖。（3）起草《渝中区关于加强质量认证体系建设促进全面质量管理的具体实施方案》，待区政府常务会议审议；开展"商品售后服务评价体系认证"和《服务标准化工作指南》（GB/T 15624-2011）推广工作。（4）推进行政许可改革。及时清理、变更权力事项清单，再造流程，缩短审批时间，所有行政许可事项实现网上审批。严格执行行政执法计划书制度，探索建立法律顾问制度，严格落实行政处罚案件信息公示制度。

【党建工作】（1）严抓学习教育，强化责任意识。专题研究党建工作9次，专题研究研判意识形态工作8次，确保全局意识形态领域安全。开展党性教育。坚持每月单周周五政治理论学习制度，先后22次组织开展以学习"两会"

精神，学习近平总书记系列重要讲话精神，学宪法、监察法等为主要内容的中心组学习。邀请渝中区委常委、区纪委书记、区监察委主任张刚到区质监局，以“深入学习领会习总书记关于深化国家监察体制改革重要论述，切实贯彻实施国家监察法”为题，为全局人员上专题党课。持续推进“两学一做”学习教育常态化制度化。党组专题研究“两学一做”学习教育常态化制度化工作4次，专题学习讨论4次；开展“榜样面对面”、《共产党宣言》主题学习、“学习十九大，永远跟党走”知识竞赛、重温入党誓词、重读入党志愿书、“不忘初心强担当、牢记使命敢作为”等主题党日活动13次；制发“深入学习党的十九大精神微宣传栏”9期，“不忘初心强担当、牢记使命敢作为”专栏1期。（2）扎实推进巡视整改。对标对表市委第二巡视组对原市质监局党组和市委第十巡视组对渝中区委的巡视整改反馈意见，成立工作领导小组，制定《巡视整改方案》和《专题民主生活会方案》，党组专题研究巡视整改工作2次，中心组集中学习6次，自学3次，梳理认领六个方面问题，制定25条整改举措，已整改完毕。及时传达学习全市市场监管系统落实市委第二“机动式”巡视组巡视反馈意见整改工作动员部署电视电话会议精神，制发巡视整改工作计划和专题学习计划，自查梳理4个方面8个问题，全面启动巡视反馈意见整改工作。（3）抓基层党建，强化责任生根。严格执行民主集中制、“三重一大”集体决策制度，严格落实《党组讨论决定干部任免事项守则》，不断完善《党组议事规则》，细化平时考核实施办法，细化服务群众、文件会议、公务接待、“三公”经费等具体要求。认真落实领导干部参加双重组织生活制度，领导干部自觉以普通党员身份参加组织生活。严格落实基层党组织书记抓党建述职评议和“三会一课”制度，支部书记专题向区直机关党工委述职2次，班子成员上专题党课6次；完成支部改选，召开党员专题组织生活会和党员民主测评大会各1次，支部委员会13次，党员大会4次；支部书记、支部委员还分别参加原市质监局和区委组织的党的建设工作培训班，4名党员被区直机关党工委表彰为优秀共产党员，基层党组织建设日益规范。加强党务政务公开，对党费缴纳、党员评议、党员发展等党务工作事项按要求进行公开公示。

【作风建设】 认真落实“一岗双责”。制定《党建和党风廉政建设工作要点》和《分工责任制》，层层签订责任书，党组专题研究党风廉政建设工作10次，开展集中约谈9次，个别交心谈心（约谈）136人次；及时与个别职工就思想问题进行谈心谈话，对在干部中发现的不好苗头及时进行批评处理。严格监督执纪。及时查清渝中区纪委函询区质监局涉嫌在巴菲盛宴公款消费事件，向区纪委函复无此类事件，得到区纪委采纳。对个别职工遵守作息时间不严，及时进行约谈，依规进行处理。持续纠正“四风”。深入贯彻习近平总书记关于纠正形式主义、官僚主义问题的系列重要指示批示精神，开展形式主义、官僚主义特别是“三多一懒”问题自查自纠。抓实日常管理。严格执行领导干部个人事项报告制度；开展领导干部兼职情况、公务用（租）车情况和加油卡专项清理；严肃干部档案审核和“三龄两历一身份”认定；细化公务接待审批和报批流程，强化廉政风险防控。推进党风廉政建设。开展“廉政文化教育宣传月”和“讲政治顾大局守纪律”主题纪律教育月活动，出台《关于进一步加强党风廉政警示教育工作的意见》，修订《机关内设机构廉政风险点及防控措施》；围绕区质监局原特种设备安全监察科科长古吉祥受贿犯罪案，开展“以案说纪、以案说法、以案说德、以案说责”警示教育会，党风廉政建设不断增强。

【区质监局负责人】
局　　　长：徐伦海（党组书记）
副　局　长：李　凌（党组副书记）
　　　　　　王光辉　常宇飞
派驻纪检组长：战玉波

（蒲静）

工商行政管理

【概况】 重庆市工商行政管理局渝中区分局（简称“区工商分局”），是重庆市工商局垂直管理机构。2018年有职工211人，其中公务员187人，工勤人员16人，消费者权益保护协会8人。办公地址：渝中区临华路48号。内设办公室、组织人事科、法规科、财务装备科、非公有制经济组织党建工作科、微型企业发展监督管理科、企业注册登记科、企业和个体私营经济监督管理科、外商投资企业注册管理科、市场监督和消费者权益保护科、广告监督管理科、商标监督管理科、合同和中介监督管理科、企业信用体系建设管理科、离退休人员工作科、监察室16个科室。直属经济检查执法支队1个；派出机构有朝天门、菜园坝、大坪、上清寺、较场口、解放碑、南纪门、化龙桥8个工商行政管理所和电子商务监管所；下设渝中区消费者权益保护委员会1个事业单位。区工商分局的主要职责是：组织管理工商登记注册、对经营行为实施监督管理；组织监督检查市场竞争行为，依法打击走私和经济违法违章行为；组织保护消费者合法权益；管理商标注册、查处商标侵权行为；管理广告发布和广告经营活动等职责。

2018年，区工商分局持续推进商事制度改革，新登记各类市场主体12516户。助推微型企业提质发展，受理成长型微企入库申请332户。加强商标广告指导帮扶，新增广告经营主体1274户。坚持依法监管，企业年报公示率达89.34%。健全信用约束机制，14069户市场主体被列入经营异常名录并向社会公示。维护公平竞争市场秩序，检查经营主体600余家，查处各类双打案件25件。优化全区消费环境，受理12315消费者投诉举报4439件，为消费者挽回经济损失369.25万元。

【企业登记管理】 新发展内资企业5126户，新增注册资本208.69亿元；新发展外资企业93户，新增注册资本1.15亿美元；新发展个体工商户6746户，新增注册资本5.49亿元。截至12月25日，全区实有内资企业36055户，注册资本3942.47亿元；外资企业1017户，投资总额94.27亿美元，注册资本57.48亿美元；个体工商户52424户，注册资本总额24.23亿元。

【微型企业发展】 受理成长型微型企业入库申请332户，入库144户，全区入库微型企业455户。完成扶持资金拨付290万元。加强微企日常监管审核工作，受理微型企业变更申请65户，注销申请199户，为260户企业开展社保会审。组织辖区24家银行和保险公司，集中开展助推民营企业发展专场金融产品咨询办理服务活动，解决微型企业的融资难题。

【企业监管】 全局应年报企业31708户，实报28328户，年报率达89.34%；个体应年报48449户，已报26933户，年报率达59.59%。有序推进“双随机一公开”抽查工作，抽查市场主体4244户，发现问题的市场主体1230户，全部通过国家企业信用信息公示系统予以公示。严格企业经营异常名录管理，2018年全区共有1657户企业被列入经营异常名录并向社会公示，有18768户个体工商户被标注经营异常状态。有398户企业申请移出经营异常名录，973户个体工商户申请恢复正常记载状态。开展长期未经营企业的清理工作，依法吊销企业110户。

【市场管理】 开展旅游市场、朝天门市场、文物市场等11项专项整治工作。开展重点行业、企业行政指导，对在全区消费投诉量前30的企业、汽车4S店等组织专门行政约谈。开展商品质量监测351组，不合格148组，移交案源32件。共受理12315消费者投诉举报4439件，其中投诉4005件，办结3794件，终止受理1427件，调解成功1131件，不予受理190件，争议金额3019.59万元，为消费者挽回经济损失396.31万元。

2018 年星级 12315 消费维权服务站统计

序号	单位名称	星级
1	重庆百货大楼股份有限公司重百大楼	五星级
2	重庆商社电器有限公司解放碑商场	五星级
3	重庆圣名商业广场有限责任公司	五星级
4	重庆新大陆投资有限责任公司新重庆小商品批发市场	五星级
5	重庆香满园农产品有限公司（含网络维权站）	四星级
6	重庆商社新世纪百货有限公司解放碑商都	四星级
7	重庆商社新世纪百货连锁经营有限公司大坪商都	四星级
8	重庆新华传媒有限公司重庆书城（含网络维权站）	四星级
9	重庆女人广场有限公司	四星级
10	重庆英利购物广场管理有限公司	四星级
11	重庆诚泰通讯售后服务有限公司	四星级
12	重庆超霸港渝广场市场经营管理有限公司	三星级
13	重庆通发贸易有限公司	三星级
14	重庆绿水河生态农业开发有限公司大坪帝怡菜市场	三星级
15	时代天街购物广场运营中心	三星级
16	重庆大都会广场太平洋百货有限公司	三星级
17	重庆千叶眼镜连锁有限公司	三星级
18	重庆庆安物业管理有限公司中兴路旧货交易市场	三星级
19	龙门实业（集团）有限公司西三街农副水产品市场	三星级
20	重庆瑞安天地房地产发展有限公司	三星级
21	重庆市华润万家生活超市有限公司红岩店	三星级
22	重庆市渝中区市场管理服务有限公司	三星级
23	重庆商社新世纪百货连锁经营有限公司学田湾店	三星级
24	重庆好又多百货商业有限公司大礼堂店	三星级
25	重庆利安科技有限公司“12315 消费维权服务站”	三星级

【信用分类监管】 加强企业信用信息数据归集，归集区国税分局、区地税分局、区环保局、区财政局、区规划局、区质监局、区科委等部门企业信用信息数据 35440 余条，其中许可信息 1117 条、荣誉信息 34311 条、案件 12 条。加强企业信用大数据服务渝中经济发展，在全市率先建立经济主体所属街道和社区归属数据库，每月为区商务分局、自贸办、管委会等单位提供企业信用信息数据，总计 10 万余条。协助开展渝中区第二次污染源普查清理工作，提供企业信用信息数据 1000 余条。加强企业信用报告应用，全年为区专项资金申报、评优评先、银行贷款、企业真实性审核等工作提供信用查询服务 2000 余户。完成企业信用报告查询 1100 余户次，打印企业信用报告 1000 余份。助推全国经济普查工作，提供企业信用数据 3 万余户，整理对比分析数据 1 万余户。开展 2018 年渝中区优秀党支部非公领域 80 余户企业信用核实工

作，为区政府落实民营企业优惠政策提供企业数据3.3万余户。

【商标广告管理】　新注册商标5040件，新增马德里商标注册1件，单一国注册商标13件。全区有注册商标28099件，微型企业商标注册378件，驰名商标5件。办理侵犯知识产权和制售假冒伪劣商品案件13件，其中涉外6件，没收销毁侵权商品13126件，案值金额9.14万元，罚款15.95万元。落实微企商标扶助奖励，向符合政策的商标权利人发放奖励资金106.2万元。加强对马德里商标的宣传力度，组织辖区119户实际从事进出口业务的外贸企业进行马德里涉外商标培训。年内新增广告经营主体1274户，其中主营111户，兼营1163户。目前共有广告经营主体6478户，其中主营1321户，兼营5157户。全年广告经营额7961.2万元，增长74.53%。全局共查处违法广告案6件，罚没金额107.22万元。重点开展互联网广告专项整治工作，杜绝违法行为的频发现象。查办社会关注度高的食品药品、医疗器械等互联网违法广告。加强房地产市场监管执法工作，查处2件房地产广告违法案。配合区卫生计生委开展“两非”专项行动，严厉打击“两非”违法行为。

【合同中介管理】　开展守重企业申报公示工作，全区范围内企业申报守重公示183户，评审通过153户；微型企业申报、评审34户。办理动产抵押14件，抵押金额2.46亿元。强化合同格式条款监管规范，纠正不合理格式合同条款5条，办理格式合同备案10件。认领中介企业4524户，至年底，认领中介企业共18844户。

【消费者权益保护】　共受理消费者投诉1396件，处理1396件，调解处理消费纠纷的结案率达100%。接待来访、来电咨询2322人次，为消费者挽回经济损失96万余元，其中加倍赔偿17件、赔偿金额10728元，有效化解消费矛盾纠纷，维护社会和谐稳定。强化经营者消费维权责任意识，认定“消费维权诚信个体工商户”120户、“消费维权诚信单位”36户、“百家诚信名店”30户。开展3•15“品质消费 美好生活”主题活动，向群众发放宣传资料7000余份，接受群众咨询400余人次，引导消费者科学理性消费。

【电子商务监管】　依托重庆市工商电子商务监管系统，认领排查数据1707条，清理核对数据779条，提请关闭网站148个次，累计建库建档网站（店）3927个，涉及3274个主体，其中正常状态网站1175个，涉及1032个主体，市级重点网站4个、区级重点网站30个，交易类平台网站16个、非平台网站20个。发放一级域名网站营业执照电子认证标识1049个，发放率达93.83%，完成贴置一级域名网站营业执照电子认证标识951个，贴置率达88.8%。在36个交易类网站平台设立“网络消费维权服务站”31个，在35个重点网站中设立行政指导联络点30个。开展网上巡查3346个次，实地检查网站、网店经营者97个次。规范网站信息及责令改正网站（网页）违规经营行为104个次，受理网络消费投诉及政府公开信箱投诉6件，为消费者挽回消费损失近万元。

【非公党建】　深化“三亮”（亮标准、亮身份、亮承诺）和“双帮双培双带”（政策帮扶、困难帮助，培养党员创业先锋、培育党员创新标兵，党员带头创业创新、党员带领创业创新）活动，新增“三亮”经营户14户，全区实有“三亮”经营户248户。做好非公经济调查摸底和党员信息采集工作，对分局管辖下的41个基层组织进行十八大以来发展党员工作调研排查，重新整理党员名册信息503人。全年调查摸底个体工商户6881户，问题数据维护45条，市外转接党员32人，市内转接党员27人。接收27人的入党申请书并录入系统，审核报送入党积极分子资料4人、预备党员转正资料2人。

【队伍建设】　落实全面从严治党的各项任务，深入学习贯彻党的十九大精神和习近平总书记有关重要思想、重要论述、重要讲话精神。

加强基层党建工作，每季度开展“共产党员先锋号”“共产党员示范岗”评比，组织支部书记参加培训17人次。开展基层党组织标准化规范化建设，在机关和8个工商所分别建立“党员活动室”，设立党务公开栏、宣传栏20个。

【区工商分局负责人】

局　长：刘德章

副局长：肖志雄　李敬才　张　海　魏　川　陈启玲　刘　卫

派驻纪检组长：尹　睿

（李娟）

物价管理

【价格和收费管理】 开展市场巡查检查，持续推进清费治乱减负工作，对88所学校收费标准进行审核备案。

【价格监督检查】 2018年处理625件各类价格投诉，退还消费者17659.88元。加强节假日市场价格巡查监管，对企业进行价格法律法规提醒告诫。对12所幼儿园开展学前教育收费检查，对交通系统4个单位涉企收费进行检查，会同市登记中心、区房管局开展房地产市场专项整治，对40余家开发商及房屋中介进行检查，对70余家代收代缴主体规范电价进行政策宣传及提醒告诫。开展旅游市场专项整治，对经营两江游的近30家旅行社门店明码标价进行检查。

【涉案物品价格鉴定和价格认证】 规范价格认定程序，2018年内办结各类侵财案件涉案财物价格认定478件。洪崖洞景区价格争议纠纷调解处理工作成功启动。

（胡丽平　张少平　李鸿）

食品药品监管

【概况】 重庆市食品药品监督管理局渝中区分局（简称“区食药监分局”）成立于2001年1月。2018年，分局在编人员91人（分局机关40人，基层12个街道食品药品监督管理所51人），机关现有局长、党组书记1人，党组成员4人（副局长3人、纪检组长1人）。分局内设1室8科（办公室、综合科、人事财务科、法制监督科、行政审批科、食品监管一科、食品监管二科、药品监管一科、药品监管二科）。区食药监分局的主要职能职责是：负责贯彻实施食品（含食品添加剂、保健食品）、药品（含中药、民族药）、医疗器械、化妆品监督管理的法律、法规、规章和方针政策；推动落实食品药品安全企业主体责任、食品药品重大信息直报，防范区域性、系统性食品药品安全风险；依法承担食品生产企业、食品流通企业、餐饮服务单位的行政许可事项；建立食品安全隐患排查治理机制，落实食品安全检查年度计划、重大整顿治理方案；开展食品安全风险监测，收集上报食品安全信息，实施药品和医疗器械标准、分类管理制度，负责授权范围内药品、医疗器械经营企业许可，负责药品生产许可资料初审，负责麻醉药品、第一类精神药品邮寄、运输证明核发，负责辖区内医疗机构制剂（除化学药外）调剂使用的审批；建立药品、化妆品不良反应和医疗器械不良事件监测体系，并开展监测和处置工作等。

2018年，区食药监分局扎实开展“三品一械”（食品、药品、化妆品、医疗器械）监管，筑牢食品药品安全防线，继续保持自2014年机构改革以来，连续5年食品药品安全零事故的好成绩。

【国家食品安全示范城市创建】 全力推进食品安全示范城市创建。（1）齐抓共管形成合力。推动各部门、街道将食品安全与社会稳定、安全生产、环境保护“四位一体”整体推进，争取区政府将食品药品安全纳入对各部门、街道的正向考核指标并占3%的权重。制定部门创建工作责任清单，区文明办将创建工作纳入全区文明单位考核内容，区教委将食品安全知识纳入中小学校校本课程和中考命题，联合开展“禽流感”“诺如病毒”等8次专项整治。发挥食安委成员单位、街道的作用，以点带面推进全区食品安全水平整体提高，打造一批食品安全示范街道、示范商圈、示范社区、示范企业、放心肉菜超市等，辖区食品药品安全社会共治参与度不断提升，共建共治共享的社会格局正加速形成。（2）严格考核持续推进。对照创建目标，出台渝中区创建工作督查方案和问责办法，对各街道进行模拟验收；对成员单位创建，区食药监分局与区督查室对其进行考核、督办、通报，持续推动示范城市创建工作横向纵深发展。（3）强化宣传浓厚氛围。成立首批14个食品药品安全科普宣传站，定期开展“食品安全宣传周”“安全用药月”“5•25护肤日”等活动。开展创建社区行等活动，在《中国医药报》等媒体报道创建工作300余篇，在《渝中报》、渝中网开设创建专栏，建立食药安全科普宣传站13个，利用中心区域LED显示屏播放宣传片。坚持“进社入户，一对一宣传”，发放宣传资料5万余份，进社区宣传活动11场次。推进食品安全责任保险，中小学幼儿园学生校方责任险落地66家，参保59237人。

【专项整治】（1）明确重点拉网式排查风险隐患。以食品生产小作坊、网络销售经营、药品及医疗器械经营使用为重点环节；以学校及托幼机构食堂、大型超市和农贸市场、洪崖洞等重点网红旅游景区、医疗机构为重点领域；以早市、夜市等为重点时段；以小摊贩、小作坊、抽检不合格企业等为重点人员，以网络经营、食品生产为重点业态。全区划分成12个网格，先后组织企业负责人学习培训4000余人次，企业自查率达80%以上。在集中排查阶段，先后出动执法人员600余人次，抽样检测食品936批次、合格率达98.1%，快速检测食品1200余组、合格率达96.2%，深入排查企业1万余家次，排查风险隐患879个，建立风险隐患清单，实行销号管理。（2）持续开展各类专项整治。先后开展酒类产品质量安全专项整治，春季校园及周边食品安全检查，高（中）考食品药品安全保障，经营环节网络食品安全监管，药品非法购销集中整治，无菌植入医疗器械、医疗机构制剂室专项检查，洪崖洞等旅游景区食品药品安全专项整治，餐饮环节自制配制酒专项检查，餐饮船舶污染专项整治，校园及周边“五毛食品”整治工作，自动售货设备食品销售活动专项检查30余次，累计排查隐患风险1200余条。及时消除安全隐患，有效防范食品安全突发事件发生。（3）加强应急处置培训。编制印发《渝中区食品药品突发事件处置手册》《智博会食品安全保障工作手册》，干部职工人手一份。开展突发应急事件演练，成功处置活禽流感、长春长生疫苗、非洲猪瘟等应急事件，确保辖区食品药品公共安全。

【违法犯罪打击】（1）始终保持打击食药安全违法犯罪的高压态势，对安全隐患多的高风险产品、区域，群众深恶痛绝的行业“潜规则”问题，集中力量抓重点、打硬仗，整治一个产品，规范一个行业。区食药监分局利用社区信息员的一线情报和投诉举报线索，严厉查处一批社会关注度较高、群众反映强烈的违法行为。全年办结食品药品违法案件268件，罚没款272万余元。（2）与区检察院、区公安分局建立行刑衔接长效机制。互通信息，综合研判，联合开展“地沟油”整治、“保健食品虚假宣传”整治等专项检查、执法工作，有效解决取证难、移送难、入罪难问题。2018年，向公安机关移交案件1件，通报案件线索6件。（3）强化行政执法体制机制。完善分局《行政执法案件考核制度》，严格执行案件办理程序规范、审批制度，严格把控办案程序和自由裁量，防止案件处罚畸轻畸重，有效制止随意处罚、人情处罚等不规范行为。

【监管能力提升】（1）完善网格化监管。建立区食药监分局—街道监管所—社区三级监管网络，合理划分区食药监分局和街道、社区监管所监管事权，明晰权力责任清单，坚持做到“以网定格、以格定人、以人定责”。（2）开展全员教育培训。制定《2018年干部职工教育培训实施方案》，安排干部职工外出交流业务学习培训，累计培训达120余人次；开展食品安全员培训46期，累计培训3680余人次；针对船舶餐饮、网红景区等重点环节、重点企业开展餐饮操作规范、产品包装标识等专项培训共7次，培训相关从业人员760余人次，提升人员风险意识；完善考核激励机制，保持街道、社区协管员队伍稳定。（3）将新到区食药监分局的3名军转干部和5名公招人员全部充实到一线，让执法重心下移、优化执法力量配备。

【监管创新】（1）争取区政府资金500万元在全市率先建立食品药品安全远程追溯平台，在线实时收集存储经营者进货品种、批次、供货商等数据信息，对“三品一械”问题产品实现远程查询跟踪，逐步实现“三品一械”追溯全覆盖。（2）试点推进“互联网+药事服务”，引入平台企业2户，有53家药店实现远程审方销售，已提供远程在线咨询服务69462人次，医师远程问诊开方35218张，药师远程审方35218例。（3）在全市率先引入第三方专业检测机构在西三街水产市场建立市场快检中心，开展水产品快检2800批次，免费为群众快检200批次。（4）引进无人超市开展食品销售新兴业态探索新监管，完善中药材市场电子购销台账，较好解决中药材经营购销混乱、数据查询难、问题药品追溯难问题。（5）利用网络视频技术，推进学校阳光厨房工作，让饮食制作在阳光下操作，接受家长、学生和社会消费者的直接监督，目前已实现134所学校的137个食堂全覆盖。对洪崖洞景区的16户小餐饮企业的后厨进行物理改造，景区餐饮企业明厨亮灶达到100%。对南纪门片区熊猫公馆的10户餐饮企业创新性地开展网络视频厨房建设。累计完成全区餐饮企业明厨亮灶近1800户。

【深化改革】提升食品药品安全治理能力。（1）推进深化“放管服”改革。开展自贸区食品经营行业许可制度改革，进一步缩短审批工作时限，建立市场准入负面清单制度。全年办理食品经营许可4454件，药品相关许可235件，医疗器械经营许可141件，特殊药品邮寄证明4907份，做到办件无差错，群众无投诉；完成注册资金达500万元以上的食品和医疗器械经销企业招商落地11户。（2）落实“阳光监管”。严格执行行政审批、行政处罚案件信息公示制度，主动公开信息1100余条，受理食品药品安全举报投诉1165件，按时办结率达100%。积极回应区人大代表、政协委员关切，办结“严管食品安全工作，确保群众舌尖上的安全”等15个建议、提案。（3）推进餐饮环节日常监管、量化评级、风险管理“三合一”改革。全年已完成监管912家次，评定示范单位21家、A级单位131家。全面使用食品药品安全风险管理信息系统，让“数据”多跑腿、“群众”少走路。（4）持续做好药械化妆品不良反应和事件的监测工作。完成药品不良反应监测1304例、医疗器械不良事件报告468例、化妆品不良反应报告405例、药物滥用监测报告544例，均超额完成市局下达的任务数。（5）解决环保督查和检察院检察建议书提出的存在问题。牵头开展环保督察工作，办理环保督察举报19件，配合区建交委开展船舶餐饮专项整治，清理沿江船舶14条，暂停许可1家。开展网络餐饮专项整治，按照检察院检察建议书要求，核查、清理实体店326家，对饿了么、美团等三方平台进行约谈，无证入网的情况明显好转。区食药监分局代表市局迎接国家总局检查3次，接待外省学习考察8次，均获得好评。

【科学监管】使用科学技术手段，有针对性地开展行业“潜规则”、涉嫌违法添加、高风险品种和环节全过程监管，及时发现安全隐患。（1）按照“三品一械”抽检。按要求分类定标明确重点抽验品种抽样1371批次，立案查处不合格案件38件。（2）全覆盖自主抽检。按渝中区常住人口4‰的比例抽检1936批次。（3）用好快速检测手段。为21个农贸市场和7个放心肉菜超市配备快检设备共28套，对食品各环节有针对性地开展快速检测筛查1783批次。（4）委托区疾病预防控制中心开展食品安全风险监测工作585组，为及时筛查排除食品安全风险隐患奠定良好的科学技术支撑。（5）通过社会第三方专业检测机构，开展智博会、市长顾问团峰会等重大活动食品原料快检筛查286组，确保历次重大活动食品供料安全。（6）完成市局风险监测专项抽检1364批次。

【分局建设】 营造优美的工作环境，树立机关良好形象。（1）争取区政府财政资金支持，将专职协管员由初期的24名增加到48名，实现每个街道监管所至少3名协管员协助工作，加强工作力量。推进基层监管机构规范化建设，为12个街道监管所租赁或协调办公场地，并进行标准化装修。各街道监管所办公场所由平均不到40平方米提升到平均350平方米，完成标准化建设验收并陆续迁入新居。（2）开展丰富多彩的文体活动，展示干部职工形象风采。区食药监分局通过联欢会、知识竞赛、读书活动、“随手拍”等各种喜闻乐见的文体活动，展示干部职工良好的精神风貌，引导干部职工积极向上的生活态度、激发自觉的工作热情和增强团队意识，提高单位的凝聚力和向心力，形成团结、友善、和谐的良好氛围，提振食品药品安全监管工作队伍精气神。

【党风廉政建设】 （1）狠抓责任落实。严格落实书记管党治党“第一责任”和班子成员“一岗双责”。牢固树立“主业意识”和“主职意识”，坚持把党建工作和业务工作同谋划、同部署、同考核。区食药监分局主要领导、分管领导、科（所）层层签订《党风廉政建设目标责任书》，全体干部职工签订了《个人廉政承诺书》，区食药监分局党组要求建立填报处级干部廉政档案13份，科级干部廉政档案31份，让每名党员干部心中有责任，肩上有重担。印发《关于进一步深入落实中央八项规定精神开展“四风”专项整治工作的通知》《关于深入开展群众身边的不正之风和腐败问题专项整治工作方案》等文件，成立专项整治工作领导小组，形成党组统一领导，纪检组长组织协调，各科、所抓落实的工作机制。（2）突出学习教育。开展选人用人突出问题，机构改革专项检查，节日期间作风建设监督执纪，严禁违规操办和参加“升学宴”“谢师宴”，公务车辆油卡管理，贯彻落实习近平总书记重要讲话精神严肃整治领导干部利用名贵特产类特殊资源谋取私利问题等专项整治。通过组织收看警示教育专题片，以违纪问题典型案例为警示；参观廉政教育基地，邀请驻市食药监局纪检组副组长黄广才和区纪委负责人到区食药监分局进行廉政教育专题讲课；努力增强“四个意识”特别是核心意识、看齐意识，深刻理解落实八项规定的重要意义，认识纠正“四风”工作的长期性、艰巨性、严肃性与紧迫性，切实把有关规定落到实处。（3）认真对照梳理。严格按照“六个一批”和“五项工作任务”要求，对2018年以来工资、津补贴、工会经费管理、公务卡使用、公务接待、行政审批、执法、认证等工作制度执行情况开展自查，组织各科所干部职工进行自查自纠，梳理排查廉政风险岗22个、廉政风险点58个，重点自查收受红包礼金、违规吃喝、工作中不作为、慢作为、乱作为和“吃拿卡要”问题，要求干部职工有则改之，无则加勉；主要领导和各分管领导分别对重点岗位和重点人员开展多层次约谈提醒，约谈26人次；组织分局纪检组和监察室组成专项督查小组对干部职工作风建设情况进行明察暗访，走访监管服务对象48户，发放《查处“四风”走访调查表》48份，将专项整治工作压力传递给每一个干部职工，同时完善制定了相关制度和办法3项。主动邀请驻市食药监局纪检组、区纪委对整治工作予以指导，以“零”容忍的态度，将专项整治工作引向深入。严格控制三公经费，全年公务接待费2.65万元，21台公务用车运行维护费48.56万元，均在市食药监局下达的指标控制内。完善单位财务管理工作制度和内部控制制度，严格对财务报销、项目资金、资产管理及大额资金使用管理。

【机构改革】 （1）加强思想教育引导。先后多次召开全体干部职工大会，认真组织学习《中共中央关于深化党和国家机构改革的决定》《深化党和国家机构改革方案》等文件，开展“防思想松懈、防作风松散、防纪律松弛”教育，引导全体干部职工要讲政治、顾大局，坚决服从中央决定，服从市委、市政府和市局决策部署，以实际行动拥护改革、支持改革、参与改革，切实把心思和精力聚焦到确保食品药品安全上来，确保改革期间思想不乱、责任不虚、工作不断、队伍不散、干劲不减。（2）严肃各项纪律要求。先后召开党组会、办公会、科所长会等，就机构改革期间的政治纪律、组织纪律、工作纪律、人事纪律、财经纪律、保密纪律等提出明确要求，层层压实责任、传导压力。按照干部管理权限和改革期间要求，严把程序，未出现违纪违规任用干部情况。严格落实重大事项及时报告、值班值守和应急管理制度，确保稳定有序。（3）做好基础准备工作。坚持把基础性准备作为机构改革准备的重中之重，委托专业会计师事务所配合参与清产核资，开展业务文书档案、会记档案、干部人事档案、资产资金等的自查清理工作，列出清单，建好台账，为下一步机构改革后各类档案、卷宗移交和资产资金划转打下坚实基础。

【区食药监分局负责人】
局　　长：彭跃琼（党组书记）
副 局 长：陈少军　张友红
　　　　　张　宇（2018 年 6 月任职）
派驻纪检组长：陆　毅

（汤宇　李衡）

安全生产监督

【概况】 重庆市渝中区安全生产监督管理局（简称“区安监局”）是主管全区安全生产工作的行政机构，成立于 2001 年 9 月，办公地址位于渝中区和平路 192 号新民花园 2 楼。2018 年，区安监局设局长 1 人，副局长 3 人，行政编制 11 人。内设办公室、综合监管科（安全生产巡查室）、行业监管科（行政审批科）、法制宣传科。直属科级参照公务员法管理的事业单位渝中区安全生产监察执法大队，事业编制 13 人，设大队长 1 人，副大队长 2 人。另下设渝中区安全生产应急救援中心、渝中区安全生产调度信息中心、渝中区安全生产培训中心与渝中区安全生产监察执法大队合署办公。区安监局的主要职责是：贯彻执行国家安全生产法律、法规、规章和方针政策，指导协调、监督检查区级有关部门的安全生产工作，监督考核并通报安全生产控制指标执行情况；统筹全区安全生产大检查和安全生产应急救援工作，调查处理生产安全事故；承担全区非煤矿山、危险化学品、非药品类易制毒化学品、烟花爆竹生产经营企业、工矿商贸作业安全生产准入和安全生产监督管理责任；承担工矿商贸作业场所（煤矿作业场所除外）职业卫生监督管理责任；负责劳动防护用品和高温天气劳动保护监督管理工作；组织特种作业人员从业资格考核、生产经营单位负责人及安全管理人员的培训工作。

2018 年，区安监局坚持以人民为中心，牢固树立安全发展理念，弘扬生命至上、安全第一思想，以推进安全生产领域改革发展为动力，以大排查大整治大执法为主线，认真抓好全区安全工作，全年发生生产安全亡人事故 14 起，死亡 14 人，未发生较大及以上事故。2017 年度荣获全区综合目标考核“特等奖单位”。

【机制建设】 制定《关于推进安全生产领域改革发展的实施意见》进一步明晰党政领导职责，明确落实安全生产领导责任衡量标准，细化区政府领导“党政同责，一岗双责”要求，对人大、政协赋予询问、监督等职责任务；深化“三个必须”原则，明确安全生产职责清单。制定《渝中区党政领导干部安全生产责任制实施办法》，明确党政领导干部履职要求；制定相应监管工作措施，厘清全区安全监管存在的五个方面监管职责不清、监管边界不明等问题。修订完善《渝中区安全生产工作考核办法》，明晰职责目标，对31个负有安全生产监督管理职责的责任单位和24个安全生产保障单位，明确事故控制和重点任务等考核内容，变过去年底一次性考核为全过程动态考核，有效推动全区各级、各部门常态履职。

【专项行动】 开展建设施工“两防”、建设施工安全生产突出违法违规行为集中执法、交通安全集中执法、汽修行业“防尘防毒”、工贸行业有限空间、粉尘防爆、危险化学品防雷防静电、动火作业等专项整治工作。汽修行业“防尘防毒”专项整治，对辖区内全部26家汽车维修企业（从业人员671人，接触职业危害因素人员101人），以落实企业职业危害防治主体责任为着力点，突出对钣金、焊接、打磨、喷漆等环节的噪声、粉尘、毒物的治理；工贸行业在全区开展有限空间、粉尘防爆专项整治，成立督查组抽查企业31家，发现问题74个；根据夏季多雷电天气的实际，组织加油站开展防雷防静电、动火和受限空间作业等专项检查工作。通过开展各类专项检查整治，进一步督促企业排除安全隐患，推进基础建设，确保安全生产。2018年8月，牵头协调区环保局、区公安分局治安支队、大坪街道，成功处置大坪街道上肖家湾17号（金鹏花园）出租房非法堆放危化品事件，共清理处置各类化学品103箱，总重约1500千克，有力地震慑辖区内有关危险化学品、烟花爆竹等的非法违法行为，清除了安全隐患。

【行政执法】 推进行政执法检查“三部曲”（检查诊断、行政处罚、整改复查），督促行业监管部门进一步强化安全生产执法监管。制定全区安全生产行政执法“清零”方案，负有安全生产监督管理职责的重点部门行政执法全部实现“清零”。在落实年度执法检查计划的基础上，开展大排查大整治大执法和“职业健康执法年”活动。2018年，区安监局聘请市级安全生产专家近百人次组成专家技术指导组，帮助审核执法内容和标准，发现企业隐患和问题，指导企业落实整改。全年共检查危险化学品和烟花爆竹经营单位270家次，发现隐患问题204个，下达整改指令书53份，处罚企业13家，共计罚款2.93万元。检查具有职业危害因素的企业40家，发现问题或隐患101个，下达责令整改指令32份，立案查处1家，实施经济处罚共计1.07万元。

【隐患整治】 注重双重防控体系建设和运行。依托安全生产责任体系和监管体系，围绕年度安全生产重点任务和大排查大整治大执法工作主线，结合季节和行业领域特点开展有针对性的风险研判和隐患排查治理，深化重点行业专项整治，推动安全生产责任落实落地。协调整治全区46栋老旧居住区内老旧管线安全隐患，推进东和湾小区电梯隐患整改、长江二路10号拓展大厦外墙排危整治。9月，对梳理出的消防设施瘫痪、外墙砖脱落等100余项重点隐患进行专题研究，制定整治措施。将安全隐患整治纳入“民生工程”，完成1406栋老旧居住建筑消防改造，101栋老旧居住楼外墙瓷砖隐患和7所学校的外立面整治。自2016年起，区政府每年设立1000万元隐患治理专项资金，已累计落实隐患整治资金765.34万元（2018年投入隐患整治资金77.63万元），用于及时整治安全隐患，取得良好效果。

【标准化创建】 推进安全标准化创建，全区累计通过安全生产标准化三级及以上企业近100家，其中2018年全区完成14家工贸企业三级标准化创建，超额完成市局下达的标准化任务（市局对区目标考核为8家三级创建）。开展全区标准化运行情况复查，复查率不少于达标总数的30%。落实“绿水青山就是金山银山”理念，全面开展防治水、土污染行动，全区在营14座加油站全部按环保标准完成防渗漏改造，是目前全市唯一全面整治达标的区县。

【城市运行安全保障】 依托市级大排查大整治大督查大执法行动，制定渝中区贯彻落实实施方案。明确校园安全、建设施工、交通运输等12个方面，共38项具体内容。用5个月时间进一步加强对城市高层建筑、大型综合体隧道桥梁、管线管廊、轨道交通、燃气设施、电力设施及电梯、游乐设施、风景名胜区、供排水、防洪设施、朝天门及菜园坝市场等重点基础设施和场所的日常维护、性能监测、排险加固管控措施和隐患排查。

【宣传培训】 启动全区安全生产大排查大整治大执法工作和安全隐患拉网式排查工作专题报道；建设棉花街社区安全文化长廊和龙湖时代天地固定宣传阵地；开展“安全生产月”活动，组织“6•16”安全宣传咨询日、《中华人民共和国安全生产法》宣传周活动，广泛宣传安全生产法律法规和安全常识，惠及10万余人。推进安全知识“七进”活动，印制《市民居家安全手册》和宣传品各5万份，向市民发放。举办“安全在我心中”美术书法大赛，收集参赛作品1000余幅；《平安护航中国梦》歌舞节目在重庆市“安全伴我行”文艺创作大赛中荣获二等奖。在各大媒体发布安全生产工作信息共计250余条，《渝中：为群众幸福生活提供可持续安全保障》等报道在《重庆日报》刊载。举办“渝中区2018年上半年安全生产工作新闻发布会”，15家中央及市、区级媒体进行采访报道。迎接山东省青岛市市南区安监局到渝中区交流学习。2018年开展现场宣传2146起、网络宣传43起、报纸杂志宣传15起、电视媒体宣传12起，共设卡检查车辆5409辆次，发放宣传资料15.99万份。组织局干部职工、街道安监办、社区安监员、加油站安全管理人员共计60余人参加为期3天的危险化学品安全管理及事故应急培训，提升了理论学习、预案桌面演练、应急救护技能实操等能力。开展2018年全区安监干部业务培训，31个安全生产一类考核单位的相关负责人120余人参训。

【队伍建设】 5月，区安全生产办公室和区法制办联合举办2018年街道（社区）安全工作网格人员培训班，主要培训对象为区各街道安监办工作人员、社区安监员、社区综治委员和城管委员等，共计265人参加，进一步提升街道、社区工作人员发现隐患和应对突发事件的能力。11月，区安全生产委员会办公室组织全区31个安全生产一类考核单位的120余名相关负责人参训，全面提升安监干部业务素质和履职能力。鼓励干部提高自身综合素质，全年新通过注册安全工程师考试3人，其中1人为党组成员，副局长。安监干部履职履实能力得到提升。

【党建工作】 在区委纪念建党97周年表彰会上，区安监局党组被表彰为“基层党建工作先进单位”。2018年初，党组研究党建、党风廉政工作，及时制定《2018年党建工作要点》《2018年党风廉政计划》，认真谋划党建、党风廉政工作，全年研究工作9次，开展季度研判4次，认真分析意识形态工作形势，有针对性地制定相关措施，把党建、党风廉政建设工作同业务工作同研究、同部署、同落实、同检查、同考核。健全和完善“三会一课”、民主生活会、民主评议党员、民主集中制等党内基本生活制度。推进作风转变，进一步严格考勤、请假、理论学习、值班、保密、公车使用等日常工作制度。严格落实好经办人、财务管理人员、分管领导、主要领导“四签字”制度，堵塞廉政漏洞。修订2018年廉政家访制度和计划并遵照执行，掌握干部思想动态，教育党员树立起廉洁家风，全年开展廉政家访8次。推进廉政教育日、周、月活动。树牢意识形态工作责任制，2次开展微信、微博、QQ群清理。落实风险分析排查制度，召开专题党组会议认真分析研判廉政风险点，建立风险台账，全年累计梳理廉政风险点12大类，29个。每月至少召开一次支委会，对学习内容、支部活动开展、党员民主评议等方面进行讨论研究，提升党建工作能力。及时做好党费收缴工作，按时收缴党费9717.5元。做好智慧党建、12371平台的更新维护工作，及时上传党员学习情况等其他各类信息，上报网络评论文章4篇，各类简报10篇，学习情况报告6篇。

积极参加区直机关党工委、区直机关协作组举办的每一次活动，参加微党课比赛“弘扬传统家风，倡导勤廉为本”并获得三等奖。全年累计开展中心组（扩大）学习29次，主题党日活动12次，党员大会11次，讲党课6次，微党课1次，参观学习1次，组织观看廉政教育片《尺度》，警示教育片《狱中八条》《房管局长的烂尾人生》，订购资料50余份。

【区安监局负责人】

局　长：莫蓉军

副局长：李正文　贯雪冬　王世斌

（蔡甜甜）

统　计

【概况】 重庆市渝中区统计局（简称“区统计局”）为区政府工作部门。2018年，区统计局设办公室、综合核算科、服务业统计科、贸易统计科、投资统计科5个科室，下设重庆市渝中区社会经济调查队（重庆市渝中区统计执法大队）1个财政全额拨款的公益一类事业单位。有行政编制人员17人、工勤人员2人、参公事业编制人员10人、合同聘用人员8人。区统计局的主要工作职责是：负责组织领导和综合协调全区的统计工作，包括国民经济核算、国情国力普查和专项调查等，开展统计分析、统计预测和统计监督，依法查处统计违法行为等。办公地址位于渝中区和平路管家巷9号。

2018年，区统计局紧扣国家、重庆市统计局重要决策部署，深刻领会《关于深化统计管理体制改革提高统计数据真实性的意见》《统计违纪违法责任人处分处理建议办法》《防范和惩治统计造假、弄虚作假督察工作规定》等中央文件精神，不断夯实统计基础，深化统计服务，完善统计方法，扎实开展各项统计工作，取得较好成绩。区统计局被评为2017年度综合考核“一等奖单位”；获得重庆市统计局授予的综合统计工作一等奖、统计教育培训工作一等奖、统计设计管理工作二等奖、贸易外经统计工作二等奖、服务业统计工作二等奖、总体考核三等奖、建设领域统计工作三等奖、人口和就业统计工作三等奖、名录库工作三等奖、统计监测评价工作三等奖、统计法制工作三等奖、统计宣传工作三等奖单位称号；被中国信息报社评为2017—2018年度中国信息报社统计宣传工作先进单位。区统计局机关党支部被中共重庆市渝中区直属机关工作委员会评为纪念建党97周年先进基层党组织。《十八大以来渝中区经济发展情况研究》被重庆市统计学会评为2018年度全市统计系统区县优秀统计分析报告。

【国家企业一套表及地方统计调查】 完成1411家企业一套表联网直报工作。全区纳入工业、建筑业、房地产开发业、批发零售业、住宿餐饮业、金融业和服务业等一套表联网直报的企业（单位）有1411家，及时上报率保持在90%以上。做好对企业上报前提醒，开网期间的实时监控、审核、查询，关注行业龙头企业的上报情况及主要经济指标完成情况；完成国民经济综合统计、核算、基本单位、固定资产投资、劳动工资、能源、科技、利用内资、妇儿监测等10多项专业的年报和定期统计报表任务。完成上级专项调查任务。组织实施国家及市局调查总队布置的城市商业综合体专项调查、“四众”调查、内资统计、人口变动抽样调查、国际比较项目（ICP）居民消费价格调查、居民消费价格调查、工业价格调查、住户调查、就失业率调查、小微企业调查等调查工作。开展地方调查工作。组织实施区委、区政府布置的楼宇经济调查。

【统计基础工作】 推进统计规范化建设。实行统计工作规范化建设“台账式”管理，按照《县级统计机构统计工作规范（试行）》和《乡镇统计工作规范（试行）》文件要求，要求相关专业科室、管委会和街道详细记录统计业务、规范管理统计档案。做好基本单位名录库维护工作。按照2017年国民经济行业分类标准，对全区名录库中近2万余家企业的行业代码进行核实修改。加强与编制、民政、工商、税务等部门就审批行政登记资料交流沟通，保障部门行政登记资料提供渠道畅通。全区新增单位2719家，其中新增法人单位2306家，产业活动单位413家，达到“四上”单位标准并获国家统计局审批通过的“四上”企业122家。抓好楼宇经济信息维护。与区发改委、项目建设方沟通协调，推动楼宇经济信息系统功能框架基本成型。组织责任单位完成在线维护工作，已入库建成楼宇378栋，空置面积146.7万平方米，楼宇入驻机构22970家，其中法人7492家、产业分支1909家、个体户12587家、“四上”单位724家、总部企业258家。

【统计业务培训】 组织统计人员培训，分层次开展统计培训。对全区各产业部门、管委会和街道分管领导、科室负责人、统计工作人员共550余人次开展统计业务培训。区统计局与各行业部门、管委会、街道办事处联合，分批次召开批发和零售业、住宿和餐饮业、新型金融业和传统金融业、规上服务业、工业、建筑业、房地产开发投资业2017年统计年报和2018年定期报表工作会，培训规上企业1400余家，培训1690余人次。按国家统计局统计教育培训中心要求，先后组织5名统计局业务骨干参加全国统计系统专业知识基础班和提高班，有效提升统计干部业务素质。5月，组织全区11个街道共19名统计工作人员参加市统计局组织的重点镇街培训。6月11日—15日，区统计局在重庆大学虎溪校区举办为期一周的“2018年统计能力提升专题培训班”，各部门、街道、管委会分管领导及统计骨干共66人参加。7月10日，为区委党校青干班培训统计法律法规知识。将统计法律法规知识纳入区委党校处级领导干部培训班必修课程，增强领导干部依法统计的自觉性。

【统计宣传】 完善宣传工作机制。形成主要领导亲自抓，分管领导具体抓，办公室负总责，指定专人负责牵头工作，各业务科室积极配合、共同协作的宣传机制。转变工作方式，办公室指定专人牵头负责，加强综合采编，有效提高信息采用率。多渠道开展统计宣传。2018年，区统计局宣传被市政府办公厅刊物采用3篇，被《重庆统计》采用1篇，累计被区委办公室刊物《渝中要情》采用14篇，被区政府办刊物《渝中政务》采用23篇，被《渝中报》和《渝中手机报》采用13篇，被市统计局内网和市统计调查总队信息网采用81篇。编制《渝中统计监测月报》《统计年鉴》《领导干部手册》。开展统计法制宣传。通过“重庆统计开放日”“法制宣传月”等活动宣传统计法律法规；结合年报会、专题培训，利用渝中统计官方微博等平台宣传统计法制理念；组织开展统计知识竞赛、统计法律法规宣传活动10余场；在第四次全国经济普查单位清查期间总计向社会各单位、个体工商户发放宣传小折页3万册、《全国经济普查条例》单行本2万册，向全区7万余普查对象全面发放清查告知书。

【第四次全国经济普查】 成立普查机构。按照党中央、国务院决策部署和市委、市政府工作要求，区政府出台《关于开展第四次全国经济普查的通知》，部署第四次全国经济普查工作，明确第四次全国经济普查的对象、内容、时间，成立渝中区人民政府第四次全国经济普查领导小组，负责普查组织和实施中重大问题的研究和决策。区政府第四次全国经济普查领导小组出台《关于印发重庆市渝中区人民政府第四次全国经济普查领导小组办公室组成人员名单、内设工作组及职责分工的通知》，成立经济普查领导小组办公室，明确经济普查领导小组办公室成员单位的职责。区政府第四次全国经济普查领导小组办公室印发《关于组建各街道第四次全国经济普查办公室的通知》，要求全区4个管委会、11个街道办事处成立经济普查办公室，构建自上而下的普查组织体系。强化保障措施。区财政拨付350万元经济普查工作专项经费用于普查前期物资准备、普查宣传和培训、普查指导员及普查员选聘、普查试点等工作；选聘有经普经验、基层经历和熟悉社区的600余人担任普查指导员和普查员。分层分片培训。8—9月，分五个批次三个层级对普查督导员、普查指导员和普查员750余人开展有针对性的清查业务及数据传输（PAD）操作培训；12月，集中统一对辖区4个管委会、11个街道分管经普工作的领导、业务骨干及普查指导员和区经普办全体成员开展普查综合业务培训。组织集中编码。制定清查编码方案，定期召开编码工作推进会，明确专业科室负责人对主要业务活动的描述及编码进行指导，开展编码操作步骤集中培训，组织街道业务骨干到区经普办集中编码，重点关注“三新”、文化、旅游、数字经济四个重点产业，确保真实准确地反映渝中经济结构新变化。强化审核验收。按照市统计局统一部署安排进行数据审核验收，完成强制性错误、准强制性错误清理；对市经普办反馈的问题及时进行人工修改；对疑似外省法人单位进行筛选修改；对个体户人数明显偏少的情况进行再核实。2018年，单位清查工作完成单位核查44128家，核查率达100%；清查单位数（不含本部）28202家，清查单位占底册单位的比重为63.9%，单位清查表中底册存在单位占名录库单位的比重为92.4%；完成个体户清查39316户，占底册的比重为76.3%。

【统计方法制度创新】 创新开展清查工作。针对商务楼宇的密集性，实施分类清查。发挥管委会联系300栋重点楼宇及街道联系成长性楼宇的经济发展职能，实施管委会与街道协力共进、分类普查、无缝衔接的调查方式。针对楼宇入驻单位的隐蔽性，建立物管协调员配合并参与调查的合力机制。每栋重点商务楼宇物管明确协调员，协作做好宣传和入户登记工作，部分重点楼宇普查员由本栋楼物业管理人员担任，确保调查对象的不重不漏。针对市场个体的不稳定性，发挥个协及办场单位的领头作用。组织个协协助对不在摊位的朝天门市场个体进行调查，菜园坝水果市场的办场单位深夜对水果进货商进行调查等。发挥部门作用，对清查结果核实验收。各部门负责主管领域、行业内单位清查结果的核实比对，并提交检查验收报告，确保“地毯式”清查无遗漏。开展现代金融业、专业服务业、高端商贸业、文化旅游业、互联网服务业、健康及医疗服务业等六大新兴产业统计监测工作，明确新兴产业内涵、涉及的统计行业门类，做好相应数据测算工作。建立完善新兴产业增加值核心指标监测体系，并以统计监测月报、统计年鉴、统计公报等形式对外公布。开展各项抽样调查。开展学前教育抽样调查。选取高、中、低档幼儿园分别对100位家长开展问卷调查，撰写调查报告《渝中区校园安全工作现状存在问题及对策建议》，获区委书记黄玉林、区长商奎批示。开展数字经济抽样调查。依照重庆市数字经济统计单位认定办法，抽样调查709家企业并进行测算。开展2017—2019年高校毕业生就业情况抽样调查。针对毕业生的择业取向、薪酬定位、就业帮助、求职渠道等问题进行专题调查。开展全面从严治党民意调查。深入了解十九大以来全面从严治党的成效和群众的看法，为党和国家制定有关政策提供参考依据。开展2017年文化及相关产业增加值核算工作。深入掌握文化及相关产业定义，认真打标文化企业，依据行业代码准确界定核算分类，就2017年文化及相关产业核算结果，深入分析渝中文化建设、文化发展的特点和趋势。

【统计服务水平提升】 强化统计研判。深化经济形势研判暨统计工作联席会议制度。区主要领导多次召开专题会议研究经济和统计工作，建立按月度召开经济运行调度会、按季召开经济形势分析会的机制，进一步加强经济运行监测预警，对部分与预期目标差距较大的指标，会同产业部门查找原因，制定工作措施。完善统计预警机制。强化统计工作提醒机制，报表前对重点项目、重点企业、重点行业事前提醒，报表期间每天及时汇总报表数据，分析数据异常和全区总体情况，及时向区领导报告，并以电话或短信的形式将相关情况及时告知各产业部门主要领导。完善统计指标体系监测。

开展“三新”统计监测。分别开展2017年规模以上文化旅游业、专业服务业和健康医疗服务业的单位认定，完成2017年增加值测算，并按季度开展2018年规上企业监测；开展八大集聚区、六大重点产业（现代金融业、高端商贸业、专业服务业、互联网服务业、文化旅游业、健康医疗服务业）监测。按照集聚区发展情况，结合统计用区划代码和城乡划分代码编码规则划分监测范围，建立统计指标体系，重点监测“规模以上法人单位数量”“规模以上法人营业收入或产值”，按季度收集数据，准确反映八大集聚区和六大重点产业发展态势。开展“三去一降一补”统计监测。完成房地产开发投资、房屋新开工面积、商品房销售面积调查，监测商品房去库存情况；开展“十三五”规划指标监测，加强经济指标数据的趋势分析，研判指标的完成情况，分析存在的问题及难点，向区委、区政府提出可行的工作建议。做好小康监测。完善小康社会统计监测工作机制，畅通区内各部门与小康监测相关的数据收集通道，加强数据审核，保障监测结果。加强统计分析。全年完成统计资讯207篇，统计分析61篇，其中《十八大以来渝中经济发展情况研究》等18篇分析被区政府主要领导及分管领导批示，《十八大以来渝中经济发展情况研究》获2018年度全市统计系统区县优秀统计分析报告二等奖，《一案告诉你：统计法也是高压线》在“以案释法”征文比赛中获三等奖。深入挖掘区域经济中的重点、热点，研究当前区委、区政府及社会大众关心的问题，结合多方数据、资料，组织专门科室、人员研讨，形成统计专报12篇，继续为渝中区政府工作报告起草、人代会、政协会、全区季度经济形势分析会、市政府对区县政府目标考核工作、党代会等会议或工作提供数据采集核实、资料分析撰写等优质统计服务。创新统计产品。2018年区统计局对《统计监测月报》进行全面改版升级，外观设计新颖化、指标简洁化、版面丰富化，增加楼宇及总部经济板块，建立六大产业、八大集聚区相关统计指标，更加及时、有效地反映渝中区经济社会发展亮点及成果；编印《渝中2013—2017》新春折页，通过可视化数据图形直观生动地反映2013—2017年渝中区人口、经济、社会发展成绩，展示全区经济社会发展的“质”与“量”；完善“数据渝中”App，充分利用移动客户端平台及时公布最新数据、年度数据、进度数据、统计分析、区县对比等数据指标，向社会公众实时提供统计资料。

【党的建设】 区统计局机关支部委员会有委员5名，党员19名，入党积极分子2名。全年开展集中专题学习13次，专题讨论6次，中心组专题学习33次，开展书记及班子成员讲党课5次，党员讲微党课2次，开展“铭记初心 不负使命 履职尽责 砥砺前行”系列主题党日活动5次，开展“以案四说”警示教育2次。对照区委《关于市委第十巡视组巡视渝中区反馈意见的整改方案》进行全面整改。从严从实贯彻落实中央八项规定精神和《重庆市党员干部生活作风“十二不准”》。全面规范公务接待、财务报销、调查费用发放等。强化机关党建标准化规范化建设，及时维护“渝中区智慧党建”信息平台和“12371”党建信息平台。全年上报党建信息21篇，其中区政府门户网站正面宣传12篇，《渝中报》正面宣传2篇。

【队伍建设】 大力培育年轻干部，按期转正办公室主任、服务业统计科科长、贸易统计科科长、投资统计科副科长各1人，社会经济调查队副队长2人。1名干部获国家统计局重庆调查总队“2017年度优秀工作人员”称号，2名干部获“优秀共产党员”称号，1名领导干部获“纪念建党97周年基层党建优秀党务工作者”称号。1名统计干部通过统计执法人员资格培训考试。

【区统计局负责人】
局　　长：王月婷
党组书记：吉　力
副 局 长：毛　莉　汪　怡　张智力

（冯云宇）

中　介

【概况】 渝中区金融工作办公室承担全区专业服务（中介）业发展职责，具体工作由内设的中介发展科实施。渝中区金融工作办公室中介发展科的主要职责：拟定专业服务（中介）业发展规划，并组织实施；专业服务（中介）机构的投促工作；联系、服务专业服务（中介）机构；协调落实专业服务（中介）机构扶持政策；引导协调专业服务（中介）机构为本区经济发展服务；联系各专业服务（中介）行业协会；规模以上专业服务（中介）机构统计工作。

2018年，专业服务业实现增加值222.6亿元，同比增长8.9%，占全区GDP的18.5%，对增加值的贡献率为37.3%；纳入统计的专业服务机构实现营业收入116.4亿元，同比增长29.2%，占全区现代服务业营收比重为9.2%，其中营收上亿的机构25户；新增机构806户，认缴注册资本13.6亿元；区域重点及品牌机构总数累计132户，形成以本土龙头企业为支撑、国内外知名专业机构区域性总部、分支机构为补充的专业服务品牌体系。

【理清产业工作思路】 根据《国民经济行业分类》（GB/T4754-2017）标准，重新梳理界定门类，提升专业服务业产业属性。制定“三大攻坚战”“八项行动计划”2018年工作任务清单及渝中区专业服务业“保稳促增”行动计划实施方案、智能专业服务工作方案及具体措施。

【产业集聚】 引导专业服务重点及品牌机构集聚发展。大石化新区产业聚集度进一步增强，吸引406户专业服务机构落户，占全年新增机构的1/2；实现营业收入38.5亿元，占行业比重的1/3，增速56.0%，拉动行业增长15.3个百分点。尤其是化龙桥企业天地，“高端品牌拓展区”雏形日益显现，2、5、7、8号楼已成为龙头企业办公场地拓展和外资品牌入驻的首选地，已进驻15家总部（重点）及品牌机构。

【企业助推】 推进“兴调研转作风促落实”专题调研及“集中走访精准服务民营企业”行动，做好企业定点联系工作，加强与总部（重点）企业的沟通，掌握企业运行动态，协调解决企业经营过程中面临的困难，提振龙头企业扎根渝中做大做强的信心。兑现《渝中区促进产业发展扶持办法》和《渝中区专业服务业发展贡献奖励办法》的扶持奖励资金；开展2018年引导资金项目、2018年渝中区大数据智能化应用平台和智能产业项目、渝中区创业种子投资基金项目申报工作，为企业争取更多国家、市、区的政策支持；组织企业参加首届中国国际进口博览会、渝中区重大项目签约活动，为企业拓展业务牵线搭桥；与各行业主管部门、管委会全力协作，协调解决总部（重点）企业发展过程中涉及的政务事宜，为企业发展解决后顾之忧。

【择商引优工作】 加强与重庆市注册会计师协会、重庆市律师协会等行业协会和房地产顾问机构的沟通联系，发挥企业以商招商、多部门联合招商作用，深挖国内优质企业资源，引导国内外知名品牌专业服务机构落户渝中。2018年择商引优工作成效显著，11家品牌机构相继落户渝中区，创历年引进机构数量新高。

【人才培养】 新引进11家品牌专业服务机构的高管人员15名，争取2名外地专业人才来渝交流，进一步增强专业服务业发展的智力支撑。以律师、注册会计师、注册资产评估师、注册税务师、注册监理工程师为重点培养对象，引导重点及新办专业服务机构将财政扶持资金倾斜用于员工教育培训，激励员工考取相应执业资质，参加行业领军人才、高端人才培养计划；开展2018年国家“千人计划”“万人计划”“鸿雁计划”“国创会”人才项目申报工作，为企业及专业人才争取更多国家、市、区的政策支持；开展无党派人士调整充实暨认定登记工作、新的社会阶层代表人士摸底调查工作，推荐区政府经济顾问任职候选人、渝中区创新型企业家清华研修班参训人、第二届“重庆市十大法治人物”候选人，积极为在区企业高管争取各类政治荣誉及评选项目，搭建专业人士参政议政交流平台，增强高端人才的荣誉感和归属感。

（王甜甜）

土地管理

概述

【概况】 渝中区国土资源管理分局（简称“区国土分局”）为重庆市规划和自然资源局（简称“市规划自然资源局”）派出机构，办公地址：渝中区金汤街74号5楼。2018年，局机关内设2室（办公室、纪检监察室）、5科（财务科、建设用地科、地质环境科、监察执法科、地籍地政科）。下设渝中地质环境监测站、渝中国土事务中心2个直属事业单位。在职职工45人，其中本科及以上学历者44人，占职工总人数的97.8%。局设机关党支部1个，在职党员29人。区国土分局的主要职责：编制渝中区年度建设用地供应计划，做好土地供应及供应前后的服务、监管工作；负责全区地籍地政管理及划拨土地使用权管理工作，负责全区土地勘测、土地资源调查、国土档案管理和信息化建设工作；组织编制全区地质灾害防治规划、年度防治方案和突发性地质灾害应急预案，组织指导、协调、监督辖区地质灾害防治工作；组织开展国土法制宣传活动，依法查处违法用地。

2018年，区国土分局围绕服务区域经济发展和社会民生，增强管理服务举措，抓实抓好土地利用、地灾防治、地籍管理、监察执法等工作，较好地完成全年各项工作目标任务。办理划拨土地10宗，办理土地变更信息确认772件，完成两江监测项目，处置地灾报警13起，成功招商引资项目5个，其中3个为“招大引强”项目，为区域经济和社会发展作出了新贡献。获区委2017年度综合考核“一等奖单位”，被评为渝中区安全生产工作考核先进单位，在渝中区违法建筑专项整治工作考核中获先进。

【土地利用】 科学编制年度土地供应计划，保障市、区重点项目用地需求，划拨供应土地10宗。对全区建设项目实施动态监管，处置违约项目6个，收取违约金约1931万元。开展重点房地产项目抵押资金监管试点，监管资金4亿元。推动土地资源高效利用，完成城镇低效用地调查摸底和标图建库工作，形成《渝中区城镇低效用地再开发利用调研报告》，夯实城镇低效用地再开发工作基础。开展渝中区储备土地专项调研，完成全区储备地清理建库，摸清家底。开展边角地、无主地、边坡地清理，选取5宗地块用于社区体育文化公园建设，及时完善相关建设手续，获市规划自然资源局领导肯定。

【地灾防治】 坚持“预防为主，强化应急”思路，制发2018年度渝中区《地质灾害防治方案》和《地质灾害应急预案》，夯实“群测群防”基础，开展培训3次，组织开展简易避险演练28次、专项演练1次。开展群防巡查70次，3000余人次，发布预警短信40条，预警2500余人次，处置地灾报警13起，组织排危抢险3起。牵头组织实施地质灾害防治项目，完成“两江危岩带及沿线专业监测预警”工程项目，提升监测信息化程度，重庆市工业学校后侧治理项目基本完工，“主园路嘉华隧道出口上侧不稳定斜坡治理项目”有序推进，全年未因地质灾害造成人员伤亡和重大财产损失。自然资源部部长陆昊等领导均肯定渝中区地质灾害防治工作成效。

【地籍管理】 渝中区是第三次国土调查工作市级示范区县，区国土分局按照“内容更广、精度更高”目标，在国家标准1∶2000比例尺基础上，按1∶500比例尺高标准形成城镇土地利用现状调查成果，土地利用现状分类在国家一级分类的基础上细化到二级分类，完成城镇内部土地利用现状调查工作任务，成果获国家调查办肯定。做好地籍调查和土地信息确认，“地籍调查网上申报”办结25件，协税金额6440万元，办理变更信息确认772件，完成渝中区幼儿园权属清理。配合历史风貌区保护工作，对马鞍山片区和李子坝大公报片区宗地未发生变化的拟保留建筑的土地信息进行确认并报至重庆市不动产登记中心。办结渝中区公安分局、重庆房地综合开发公司、渝中区绿化维护管理处等两证遗留问题。完成档案信息化，加强与市不动产登记中心信息共享，实行登记档案在线查阅，方便辖区企业群众。启动立体空间地籍管理研究工作，探索立体空间地籍调查规程规范，保护空间地籍权利，为土地资源立体化应用提供技术支撑。

【监察执法】　开展土地出让合同履约监管工作，向2个企业发函催缴土地出让价款，代市规划和自然资源局起诉洲际公司欠缴土地出让价款案，一审胜诉。实地核查2017年度卫片图斑，完成国土资源系统填报。对破坏李子坝113号不稳定斜坡治理工程的行为实施行政处罚，配合做好违章建筑整治有关工作，开展“12336”国土资源违法举报电话接听、记录和处置工作。加强国土法律法规宣传，开展“法治宣传月”“世界地球日”宣传活动，通过张贴横幅、开展社区现场咨询及赠书活动等方式向公众宣传资源国情国策。深化“放管服”改革，梳理行政权力责任清单，编制公共服务事项清单及相应实施清单、办事指南。做好政府信息公开，回复政府信息事项15件，积极回应群众关切。

【党风廉政建设】　制定《党建工作要点》《党风廉政和反腐败工作要点》，将党的建设细化成98项任务，分解到具体部门和人员，2次召开党建工作专题会，推动责任落实。严肃党内政治生活，开好民主生活会、巡视整改专题民主生活和组织生活会，开展党员民主评议，不断锤炼党员党性。深化廉政教育，多种形式开展“廉政文化教育宣传月”活动，形成浓厚的廉政文化氛围。逐级签订党风廉政建设责任书14份，开展廉政风险动态评估，排查廉政风险点96个，及时完善相关防控措施115条。落实中央八项规定精神30问，坚决整治“四风”，开展违规吃喝问题、收送“红包”礼金问题、违规发放津补贴问题及群众身边的不正之风和腐败问题专项整治，运用监督执纪的“四种形态”，尤其是第一种形态，让“咬耳扯袖、红脸出汗”成为常态，防止小问题变成大问题。

【队伍建设】　提高干部队伍综合素质，开展专题培训7次，选派干部参加自然资源部、市规划和自然资源局及渝中区委、区政府组织的专题学习。开展兴调研转作风促落实行动，6名班子成员分别牵头开展渝中区土地储备专项调研等6个专题研究，切实改进工作作风，推动渝中国土资源事业管理工作不断取得新进步。

【区国土分局负责人】
局　　　长：吴　勇（党组书记）
副　局　长：张艳旻　程地友
派驻纪检组长：肖华毅
渝中国土事务中心主任：潘　峰

（周霞）

土地整治储备

【概况】　重庆市渝中地产经营投资有限公司（简称“区地产公司”）成立于2009年6月，2014年年底原区地产公司和重庆渝中国有资产管理有限公司（简称“区国资公司”）实施人、财、物全面重组，区地产公司属区国资公司全资子公司。渝中区地产公司（区土地整治储备中心简称“区土储中心”）与重庆渝中国有资产经营管理有限公司合署办公，实行“一套班子、两块牌子”。区地产公司的主要职责是：开展土地拆迁、整治、储备、开发以及法律、法规许可的其他业务；从事建筑相关业务；城市绿化管理；房屋租赁；加强资金筹措和运作，为增强政府对土地供应的调控力度服务。2018年，公司围绕国资改革、资金筹措及重大项目建设开展工作，较好地完成年初制定的目标任务。

【重点地块前期工作】 （1）千厮门地块。开展地块定位研究和方案论证，但后期根据“两江四岸”总体规划，按照区委、区政府要求，目前地块暂缓出让。（2）九坑子地块。完成征收，正在按照区委、区政府要求进行深入思考、积极招商，根据招商情况对地块进行定位。（3）上肖家湾地块。目前地块内剩余1户正进行强拆，该地块拟作解放小学扩建及民办初中建设。（4）大黄路地块。完成征收，正结合区金融办和区经信委提出的产业发展需求，从产业园区、行政办公等方面进行研究。（5）八县办地块。已启动调规，正开展征收，私房部分剩余13户未签约，重庆医科大学家属区部分剩余44户未签约。（6）嘉陵新村地块。完成强拆，正办理权证注销，拟将该地块作为风貌保护地块进行打造。（7）捍卫路挑花刺绣厂。已启动调规，完成调规方案编制，目前需待市规划自然资源局确定地块内建筑是否保留后再确定地块最终用途。（8）歇台子地块。正进行征收，剩余1家企业未签约，按照区政府工作要求，根据招商情况继续对地块进行深入研究。

【地块划拨】 （1）解放西路、石油南路、红云路、鹅岭B、景德幼儿园、白象街已完成划拨，已移交市政。（2）金银湾地块已完成方案研究，完成区发改委立项，规划选址用地已完成，正办理规划用地许可证，尽快完成划拨工作。（3）医支路地块，重庆医科大学同意按照减量后的建筑规模进行调规，规划部门正推进地块调规事宜。（4）九坑子农地和重庆市工业学校地块，划拨手续已报区发改委完成立项。

【其他重点地块工作推进】 （1）红岩村地块。已启动调规，规划部门已召开征求意见会，目前重庆红岩联线文化发展管理中心对地块进行重新研究和选址，拟待重庆红岩联线文化发展管理中心完成选址后再对地块进行研究。（2）捍三期地块遗留问题处置。由于地块方案变动，关于中国邮政渝中区分公司的安置补偿事宜，近期“区四久办”拟召集各部门协商后再签订相关补偿协议，红旗厂（罗大文）与轩铭公司拆迁安置补偿纠纷一案目前已开庭审理，现罗大文要求放弃房屋安置，进行全货币安置，律师正在针对该诉求拟写答辩状；土地整合工作由于罗大文问题暂未解决，无法进行产权公示注销，目前暂缓。（3）菜园坝滨江新城地块。开展王家坡地块的收储工作，目前剩余164户未签约。（4）武警一支队地块。初步完成地块利用方案编制，按照区政府工作安排，拟将该地块收储后用于扩建重庆市第六十六中学及修建区教师进修学院，正与武警部门协商土地收储事宜。（5）彭家花园军休所、瑞安公司行政办公用地。彭家花园军休所地块现控规为教育用地，按照区政府安排，拟将该地块与化龙桥片区控规绿地进行置换。（6）桥东村57号棉花街。已启动房屋确权工作，取得桥东村57号确权的受理通知书，正会同勘测站完成棉花街的房屋产权证信息补全工作。（7）重庆市群众艺术馆股权转让。经与英利公司、审计评估单位多次协调、测算和调整，于4月在重庆联合产权交易所公开挂牌转让，5月，英利公司以37908.79万元摘牌，股权转让完成。

【优惠政策申报】 （1）完成湖广会馆、水市巷地块优惠政策申报工作，市住房和城乡建委批复，待协调市国土房管局、市财政局落实出让金返还。（2）东升楼和卡福厂地块申报优惠政策的基础资料已准备完毕，待开发企业提供建设工程规划许可证后即可进行申报。（3）已申报并获得市住房和城乡建委批复的11个地块申请延期材料已报市住房和城乡建委，待市住房和城乡建委审批。

【区地产公司（区土储中心）负责人】
董 事 长：曹泽沛
总 经 理（土储中心主任）：张荣强
监 事 长：李成跃
副总经理：袁　平　刘春和　蒋兆东
财务总监：谭　斌

（申海毅）

国有资产管理

概　述

【概况】 重庆市渝中区国有资产监督管理委员会（简称“区国资委”）成立于2014年12月，为区政府工作部门。2018年，委机关设综合科、企业监管科、规划发展科三个科室，有行政编制9个，在职在编干部7人，其中处级干部3人，科长2人，科员2人。区国资委的主要职责是：根据区政府授权，依照相关法律法规履行出资人职责，负责监督管理区属国有企业的资产；贯彻执行有关企业资产监督管理法律、法规和政策，负责研究拟定全区企业国有资产监督管理规章制度，经批准后组织实施，并监督检查执行情况；推动全区国有经济布局和结构战略性调整，指导推进区属国有企业改革和重组，推进国有企业的现代企业制度建设，完善公司治理结构；负责所监管企业的党建、纪检监察工作，指导和推进所监督企业党的思想建设、组织建设、作风建设和宣传工作；建立和完善国有资产保值增值指标体系，制定评价标准，通过统计、稽核对企业国有资产保值情况进行监督管理，维护国有资产出资人的权益。

至2018年12月底，4家区属国有重点企业资产总量327.96亿元，负债191.94亿元，净资产136.02亿元，资产总量占区属国有企业经营性资产总量的98.7%。全年实现营业收入6.28亿元，净利润9540万元。区国资委被评为“全区维稳安保突出集体”“纪念建党97周年基层党建工作先进单位”。

【公司治理】 全面完成企业章程修订，指导完善企业内控制度建设，企业的资产管理、财务管理、项目管理、绩效管理、合同管理等制度得以加强完善。有序开展全面预算管理等新制度试点，推动公司管理向制度化、规范化、流程化转变。

【监管体制完善】 强化以财务月报、资金流水表、资产处置审批备案等为基础的监管手段，加强国有资本运营质量的动态监测和管理。强化资产市场化营运，采取资产置换、产权转让、司法处置、租赁等多种方式推动资产结构调整升级，提升资产使用效益和经营管理水平。按照国有企业集中统一监管要求，区国资委、区财政局联合开展国有资产清查摸底，规范资产管理基础工作。强化制度执行，出台文件并优化工作流程，加强资产、资金、项目及投融资管理，不断提升管理效率和运营效益，完成产权转让、资产评估、房产公开招租、大额资金拨付、重大事项报告等审核审批备案59件。开展资产处置9起，涉及房屋38处，资产面积8024平方米，金额9000万元；涉及股权处置3.79亿元。

【风险防控】 加强融资事项管理，对企业融资事由、融资方式、融资成本、资金使用、还款来源等进行全过程监管。企业依托资产运作，确保城市更新改造、拆迁安置、棚户区改造、项目建设等的资金需求。加强企业内审内控机制建设，督促企业完成审计整改事项，让制度管企业、管干部、管资本，推动企业良性发展。

【激励约束分配机制完善】 建立完善以财务数据为基础、市场化分配为方向、资本回报和重点任务为核心、日常考核和年度考核互为补充的考核分配机制。完成区属国有重点企业2017年及2015—2017任期经营业绩考核，研究分析企业近3年经营业绩目标任务和实际完成情况，改革完善经营业绩考核实施细则，“一企一策”设置了各企业2018年及2018—2020年任期经营业绩考核指标。

【供给侧结构性改革】 重点推进安置房、存量房“去库存”。区属国有重点企业年度新增租赁面积约43200平方米。落实降本增效要求，加快处置一批低效无效资产，推动历史遗留问题解决，协助清算关闭中都建材、大地公司、解放碑广告传媒公司等一批企业。持续推进企业改制，挂牌转让国资公司下属正扬公司，引入英利开展对群众艺术馆项目的开发建设，转让金额6.4亿元。

【混合所有制改革】 推动国有资本与各类资本融合发展，引进和对接项目。企业在传统风貌区建设、停车站场建设管理、老旧楼宇改造、老字号品牌发展等领域引进社会资本取得进展。国资公司渝中创新创业引导基金投资5家子基金，成功引入言几又、越界影业、数位科技、艾漫数据、优视联盟、户外星球等国内知名企业；与中机高科、行旅国际旅行社在环保装备、商务出行管理运营等细分领域开展市场化运作，在专业服务市场展开探索。渝商发公司引入高榕资本以1400万元增资老九园，推动餐饮老字号以市场化方式参与国内资本市场。

【重点工作进展】 分解细化企业承担的重点项目，调整绩效考核占比，按投资额、形象进度等关键指标兑现考核结果。将月度工作完成情况纳入年度经营业绩日常考核，倒排时间表、落实责任人员、压实工作责任，促进企业对标对表推进项目建设。区属国有重点企业承担重点建设项目37个，鹅岭公园、沧白路、棉花街、马鞍山、李子坝大公报、水市巷等项目顺利推进。按照全市统一部署，有序开展央企及市属国有企业剥离办社会职能移交工作。年底，完成下达的市属国有企业及在渝央企剥离移交年度任务。

【安全信访稳定】 以防控重特大生产安全事故为核心目标，围绕“执法强化年”主题，以大排查大整治大执法为主线，以“两防”等专项整治为抓手，严格监督检查。定期召开国资系统安全生产工作分析会，传达落实市、区安委会工作要求，对国资系统风险进行研判，及时掌握企业安全生产动态。严格落实“党政同责”“一岗双责”制度，层层落实安全生产和消防安全目标责任。强化企业主要负责人履职、专项整治、风险管控和隐患排查、应急培训演练“四到位”，落实日、周、月隐患排查，压实企业安全生产主体责任。全年检查48次，查出各类安全隐患323处，督促整改323处，整改完成率达100%。坚持以群众利益为导向，严格落实信访工作制度，落实“首问”责任制，严格依照法定职权、程序、时限处理信访问题，提高办理信访案件的质量和效率。全年接待来信来访23次，办理区信访办、区政府应急指挥中心转办信访件13件，办理群工系统转办民生实事17件，满意率达100%。办理人大建议17件、政协提案1件。

【党建工作】 加强学习教育。党组开展中心组学习30次，专题讨论3次，组织进企业宣讲8次，书记讲党课累计开展26次，发放十九大精神及全国“两会”精神辅导读本200余本。开展民主生活会2次，全覆盖参加企业班子民主生活会。邀请区宣讲团成员为系统内党员干部讲党课，组织企业集中收看全国“两会”开幕式、参与党的知识竞赛、参观廉政基地等集中学习教育活动11次。举办党组织书记培训班，组织区属国有重点企业中高层领导干部举办新时代国企改革新机遇专题培训班。落实巡视整改各项要求。督促企业进一步完善章程，将党建作为专门章节细化完善。完善“双向进入、交叉任职”的领导体制，区属国有重点企业党员高管全部进入企业党组织班子。严格落实企业“三重一大”事项党组织先议、会前沟通、会上表达、会后报告“四步工作法”，确保党组织研究讨论是董事会、经理层决策重大问题的前置程序，发挥“参与决策、带头执行、有效监督”的政治核心作用。全面清理规范企业退休干部返聘工作。加强国企基层党组织建设。组织2个国企党支部开展换届选举，完善组织设置，配齐工作力量。按照“十六字总要求”做好党员发展工作，全年发展党员9名。常态化开展党组织关系转接和党员信息采集工作，完善阵地设置，建立工作台账，开展3次督促检查。加强基层党组织规范化建设，组织四个区属国有重点企业党组织按照基层党建示范点要求进行打造提升。开展国资系统纪念建党97

周年系列活动，表彰企业先进基层党组织2个、优秀党务工作者6名、优秀共产党员12名。抓好意识形态工作。党组召开专题研究和部署意识形态工作党组会2次。健全工作机制，将意识形态工作纳入党员干部培训范围，纳入对区属国有重点企业年度考核，要求年底各企业党组织书记落实全面从严治党述职评议中必须包含意识形态工作。开展意识形态工作研判，强化国资系统网络舆情突发事件联动处置运行机制，严格落实"一案三查"责任倒查制度，全年未发生重大负面舆情事件。持续深化作风建设。抓关键节点促廉洁自律。坚持召开春节、清明、五一、端午等节前廉政工作会，发送案例微信、廉政短信，提醒警示严格执行八项规定。坚持谈心谈话制度，组织企业领导干部开展一次集体廉政谈话会。开展廉政风险自查。组织各企业集中开展国企福利待遇发放、津补贴发放、公车管理、公务接待等制度自查，及时整改出现的问题。坚持党管干部原则，认真落实《党政领导干部选拔任用工作条例》等制度，严格执行国企选人用人备案审批程序，完成国企用人备案审批7次，严格全员化合同管理，国企高管第二个任期合同完成备案。

【区国资委负责人】

主　任：江　帆（党组书记）

副主任：吴　玲

　　　　刘　川（2018年7月离任）

　　　　曾　伟（2018年7月任职）

（黄曼）

重庆渝中国有资产经营管理有限公司

【概况】 重庆渝中国有资产经营管理有限公司（简称"区国资公司"）成立于1996年，原系区财政局下属自收自支事业单位，实行企业化经营管理，2003年开始赋予其投融资职能。2014年12月，区委、区政府实施国资国企重点改革，原区地产公司划转为区国资公司全资子公司，区土储中心归区国资公司管理，实行两块牌子、一套班子合署办公。重组后区国资公司主要职能定位为受区政府委托管理区属国有资产，负责全区土地、房屋等资产经营、产业和股权投资类资本运作及全区重大建设项目投融资等业务。公司地址：重庆市渝中区和平路9号。公司按现代企业制度设董事会、经理层、监事会；内设资产管理部、土地储备部、园区事业部、工程管理部、项目部、财务部、行政人事部、法务审计部、投资发展部、停车事业部、前期部共11个业务部门。2018年年底，有在职员工72人。

【资金筹集】 多措并举，资产经营成效显著。公司资产规模达153.73亿元，负债70.71亿元，所有者权益82.82亿元，资产负债率为46%，处于合理水平。全年实现营业收入36800万元、利润总额约8844.85万元。拓展渠道，融资结构更加优化。全年新增银行融资7.15亿元，整体融资成本较2017年大幅降低。累计偿还银行贷款28.32亿元，对外收回各类债权资金8.57亿元，安全有效拨付各类资金12.32亿元，保障区级重点项目顺利实施。多形式整改不规范融资20亿元，严控债务风险。以渝中创新创业引导基金为抓手，不断拓展投资领域，基金规模不断扩大。累计对外认缴投资1.69亿元，子基金总规模达12.55亿元，实现资金放大6.28倍，实缴金额9137万元，实现对区里返投金额约1.06亿元。投资契合渝中区产业发展的专业子基金3只，其中出资1923万元参与青岛清鸿基金投资，出资2000万元参与湖畔里程基金，出资622万元参与逐鹿基金。强化资本纽带作用实现招商，先后引入越界影业、大件会、动物园咖啡等优质客户成功落户渝中，与重庆科技风险投资有限公司磋商研究形成医学创新发展引导基金的合作方案，与重庆科技风险投资有限公司签订合作协议，基金规模1亿元。大朋VR、帮邦行、36氪等意向客户正在洽谈中。全年实现对外投资收益189.95万元。

【土地管理】 公司共有未供应且可利用地

块28宗，面积33.07公顷，土地成本约60.36亿元。按照市委、市政府对城市规划建设的新要求以及区委、区政府对现有存量土地用途最新指示，公司调整思路，着眼渝中文化、旅游、教育、体育等事业发展，深入探究千厮门、九坑子、上肖家湾、大黄路等8宗重点地块功能定位，以更好地服务渝中经济社会发展。完成解放西路、石油南路、红云路、鹅岭B、景德幼儿园、白象街等地块划拨。金银湾、医支路、红岩村等地块工作推进有序。

【重点项目建设】 停车场/库建设。（1）棉花街公共停车场项目。累计完成投资5900万元，完成抗滑桩施工、土石方施工、冠梁施工机械设备招标等。因受地下管网、原建筑基础的钢筋砼构件等诸多因素，导致项目实际进度比年度计划进度有所滞后。（2）重庆市少年宫停车库项目。累计完成投资2000万元，完成平基土石方，抗滑桩、浇筑、土石方开挖及出渣等。（3）西三街停车库项目。因该项目设计方案发生调整，原设计方案调整为平面停车场，累计完成投资30万元，完成场地平整及施工道闸施工并投入运营。（4）朝千路停车库项目。因该项目设计方案发生调整，原设计方案调整为平面停车场，累计完成投资90万元，完成场地平整及施工道闸施工并投入运营。（5）嘉陵大厦综合改造项目。按照公司与龙湖冠寓合作双方职责分工，龙湖负责塔楼部分装修，公司负责整体消防改造、车库装修、电梯完善等基础改造。公司负责部分累计投资2000余万元，完成塔楼改造、车库装修、电梯完善等基础改造；裙楼4～8层装修工程、外环境整治工程完成施工图设计。配合龙湖推进电梯大修改造、零星工程土建等工程。落实市委、市政府要求，推进体育文化公园建设项目，其中1、2号公园已顺利完工，3、4、5号公园按照时间节点稳步推进。

【区域资产盘活】（1）推动房屋资产招商。以化龙桥重庆企业天地6、7、8号楼，嘉陵大厦，产业园区等大宗资产为依托，采取“点面”结合方式，协调推进资产经营管理。企业天地7、8号楼，新增租赁面积约1万平方米，新增租赁企业10余家，整体租售率约55%。大溪沟创意产业园、环球互联网产业园及美源•美源信息消费产业园等四个产业园区，客户基本保持稳定，累计新增入驻企业50余家，整体出租率达到69.24%。嘉陵大厦塔楼青年人才公寓装修工程稳步推进，裙楼部分已成功引入百润、星河等优质企业。（2）推进零星资产处置。拟定处置计划，分步骤实施处置。实现首批拟处置的长滨路、华福巷、张家花园等四处住宅，宁波海曙西湾路137弄综合楼负一层车库，公开挂牌出让处置面积1899.29平方米。完成5处约2000平方米的零星房屋资产处置工作。（3）抓好安置房管理。多方协调相关职能部门，推进智汇江南、喜业花园部分资产处置工作；完成嘉韵山水城、临江佳园、创意大厦、市环保局辐射监测大楼、宝香居、宜居苑、人和花园等产权过户手续办理；有序推进佳馨小居、嘉韵山水城、临江佳园、华渝怡景苑等安置房遗留问题解决，配合全区棚改指挥部完成小天鹅二期7号楼调剂工作。全年实现安置房出库存771套。（4）停车场营运提升。围绕停车产业发展，以现有停车场及路内停车场为依托，合理规划，有效利用停车场内资源，不断增加停车场车位；加大投入实施智能化升级改造，完成魁星楼停车场，贺龙碑、美专校等路内停车站点智能化升级改造，有效杜绝“跑冒滴漏”现象，停车场收入稳步提升。探索停车场运营模式，启动奎星楼停车场自营试点，以达到降低运营成本，提升经营效益的目的。

【党建工作】 有序推进“两学一做”学习常态化制度化，先后完成集中学习12次，集中讨论12次，召开中心组专题学习12次，党员学习讨论130余人次。召开民主生活会和巡视整改专题民主生活会。按照年度党员发展计划，公司党支部严把程序关，着重对关键岗位、重点人员进行培养，累计培养入党积极分子8名，发展预备党员3名，组织力量进一步壮大。

【安全及内部管理】 坚持“三重一大”决

策机制，对涉及重点项目、选人用人、对外投资、重大项目建立第三方独立可研分析和尽职调查；以巡察整改为契机，建立完善党建工作、党风廉政、人事管理、员工薪酬、绩效考核、晋升晋级等20余项制度，在不同层面明确权限，内部监督，相互制约。发挥内部审计职能，开展资产管理部门经营合同执行情况的内部审计，保障公司运作合规合法。坚持把安全生产作为稳定发展的重要保障，先后投入30万元对港天大厦、创意大厦等项目存在的重大隐患进行整治，保障公司运行。

【区国资公司负责人】
董　事　长：曹泽沛
总　经　理：张荣强
监事会主席：李成跃
副 总 经 理：袁　平　蒋兆东　刘春和
财 务 总 监：谭　斌

（申海毅）

重庆市渝中城市建设投资有限公司

【概况】 2014年12月，重庆市渝中城市建设投资有限公司（简称“区城投公司”）由原区城投公司、原重庆渝城投资有限公司（简称渝城公司）重组整合，成为区属建设类国有重点企业。区城投公司的主要职责是：投资、融资、建设、开发。主要工作任务：贯彻执行区委、区政府的社会、经济发展目标，受区政府委托从事市政类基础设施建设，CBD项目开发。2018年，区城投公司董事会设董事长1人，董事4人；经理层设总经理1人，副总经理级高管4人；监事会设主席1人，监事4人；公司下设党政办、财务部、投资营运管理中心、前期项目研究中心、工程项目监管中心、成本控制部、风险控制部7个部门，在岗职工100人。公司地址：渝中区和平路星河商务大厦5楼。公司立足“城市产业发展的投资平台”“城市基础设施建设的融资平台”“城市功能配套的建设平台”“城市资源和国有资产保值增值的管理平台”四大战略定位，主营政府和社会投资项目代建、经营性项目投资、资产营运和管理三大业务，兼营征收、物业管理等业务。下设“重庆渝城投资有限公司”“重庆解放碑中央商务区建设投资有限公司”“青蓝物业公司”3个全资子公司及“重庆渝中总部经济建设投资有限公司”“重庆瑞孚和房地产有限公司”“重庆美丽城科技开发有限公司”3个合资公司。

2018年，区城投公司按照区委十二届二次、三次全会，年初“两会”和区政府2018年政府工作报告以及全区经济工作会确定的年度目标、重点工作、主要任务，集中力量、迎难而上、全力以赴，基本完成各项工作任务。7月，由区城投公司承建的渝中区大化路道路工程荣获重庆市市政工程金杯奖。

【项目建设】 根据《2018年重点项目及民生实事分解表》，区城投公司共承建、代建32个工程项目，其中23个重点及民生项目、9个一般项目，年度计划总投资9.5亿元。因审批、征收、方案调整等原因影响渝州路、医支路和虎头岩停车库项目推进，经中期调整和分管领导确定，全年公司实际实施项目22个，全年计划总投资5.15亿元，完成4.96亿元，完成96.31%。重点项目有序推进。曾家岩大桥南侧主线隧道与重庆中心联络道工程、两路口十字平交、两江大桥渝中区配套道路等市级共建项目顺利推进，按计划完成年度建设目标任务；解放碑地下环道三期、雷家坡立交项目克服场地局限、征收问题等不利因素，超额完成年度投资任务，鹅岭正街、鹅岭公园、巴将军、沧白路停车库项目有序推进、抓紧实施；凯旋路管网下地和文化街支路管网改造项目等管网改造顺利完成；解放碑地下环道综合管理用房、解放东西路改造、区法院、红云路等项目克服各种困难，全面转入正常施工状态。民生和一般项目相继完工。山城公园—佛图关步道基本完成年度建设目标，凯旋路天桥完工、中山三路天桥和中兴路天桥已完工并移交，五一巷道路改造、渔湾码头沿江综合整治一期工程、工业校周边不稳定斜坡及危岩治理工程完工。虎头岩公园项目竣工验收投入使用后，受到市民好评，被市财政局、市城管局纳入“增绿添园”以奖代补工程范围。母城文化项目取得重大进展。老鼓楼衙署遗址公园项目已完工，巴县衙门旧址文物保护修缮工程，按计划完成年度建设目标任务。老鼓楼文物保护规划已获得国家文物局批复，遗址保护展示工程计划书（立项报告）9月获得国家文物局批准同意，各项工作有序推进。

【经营管理】 制度化管理初见成效。针对公司重点部门、重点岗位的招投标管理、工程质量监管、财务、人事等管理问题，公司历时三年起草和完善近55项规章制度，公司专业化、流程化、标准化、制度化管理体系基本建成，为优质高效管理提供有力保障。从严管理从重处罚。严格按照公司制定的《员工违规违纪处罚管理规定》和《绩效目标考核办法》，从严考核、从重处罚，对内加强对员工工作的绩效考核和处罚，对外加强对参建单位的管理，累计处理14次，罚金约4万元。妥善处理工程项目历史遗留问题。采取现场调研、实地踏勘、业务指导、专题研究等方式逐步消化解决原渝城公司建设项目历史遗留问题，已完成21个项目的决算审计，正在办理4个，剩余2个正抓紧办理。档案资料管理成效显著。针对项目审计提出的资料管理问题，专门组建成立档案室，采取专人专管，目前工程项目档案资料归集明显好转，资料缺失等问题得以解决。

【招商引资】 根据区委、区政府要求和区国资委下达的招商引资工作任务分解，公司以符合六大产业发展为招商方向，承担落地招商企业10个（其中“招大引强”企业落地5个）的招商引资目标任务，年底完成招商引资项目26个，注册资金合计3669万元，43家企业入驻大坪重庆总部城，注册资金合计近3亿元。按照区委、区政府产业规划布局，将重庆总部城项目A区3号楼作为渝中区块链产业创新基地，为后续招商提供重要载体。

【党建工作】 强化政治学习。组织习近平新时代中国特色社会主义思想和党的十九大精神等各类专题政治学习30余次，开展每月首个周五“主题党日活动日”12次，领导干部专题讲党课6次，不断提高全体党员的党性修养和理论素养，增强政治学习的自觉性、系统性、有效性。抓好巡视整改。公司党支部紧紧围绕市委第十巡视组《巡视反馈问题清单》中7个方面47项具体问题对标对表，组织召开巡视整改专题民主生活会，逐一查摆、举一反三，梳理出9个方面30项问题，制定39项整改措施，尤其是针对公司涉及的“未制定党组织议事规则”“返聘干部不规范”“重大民生工程落地难，雷家坡立交项目进度缓慢”等3个问题，有针对性地开展专项整改。修改完善公司章程，将党支部的政治核心和领导核心作用写入公司法人治理结构，明确和落实党支部在公司法人治理结构中的法定地位，制定《党支部研究讨论公司重大事项议事规则》；清理退休人员返聘工作，及时解除3名退休返聘人员聘用关系；制定雷家坡立交项目推进专项方案，超额完成年度目标任务。发挥领导核心作用。落实党支部参与决策公司重大事项的规定，贯彻执行公司《党支部研究讨论公司重大事项议事规则》，董事会会议、董事长办公会、总经理办公会中凡涉及的“三重一大”决策事项均严格执行“党组织先议、会前沟通、会上表达、会后报告”的四步工作法。做好组织发展工作。按照“控制总量、优化结构、提高质量、发挥作用”的总体要求，做好积极分子的培养和党员发展工作，通过党课教育、交心谈心等方式，引导干部职工向党组织靠拢，重点考察培养工程项目建设一线和青年职工中素质过硬、表现突出的优秀人才，预备党员转正3人，接收正式入党申请书5人。持续强化党风廉政建设。按照区政府办纪检组、区国资委关于落实全面从严治党主体、监督责任的各项工作要求，公司党支部会同监事会、风控部启动2018年廉洁从业风险点查找工作。根据各部门重点职能职责中可能存在的廉洁风险，梳理确定7大类19个风险等级高、潜在危害大的重要风险点，并制定相应的风险防控制度和“三方联动”监督措施。全年组织各类专项检查及现场调研约40余次，形成各司其职、通力配合的廉洁风险防控监督体系。深入落实意识形态工作。充分利用网络平台、专题党课、讲座开展正面宣传和思想引导。

【工会工作】 依法实施民主监督。全体职工通过全体会员大会的形式参与公司制度建设、工会活动开展、经营管理征求意见建议等公司生产经营重大事项，工会民主管理得以实现。按照有关规定，先后修订和完善《浮动绩效管理办法》和《薪酬管理办法补充条例（暂行）》两个制度，民主投票选举出新一届工会委员。公司工会牢记“群众利益无小事”，把解决好职工群众的生产生活问题作为大事来抓，全年看望住院职工、生育职工、直系亲属逝世职工及家属16人次，生日慰问100人。妥善做好元旦节、春节、清明节、端午节、国庆节、中秋节等节日慰问工作。加入全国工会互助协会，为每位员工办理重大疾病互助保险，完成工会会员实名制录入工作。全方位提高员工素质，全年举办各类政治理论学习和技能培训，外派监事、内审等专业培训等40余次，不断提高全体干部职工的业务素质和专业技能。开展工会活动，丰富职工业余生活。2018年工会先后开展了“喜迎新春”团拜会、观看“红色题材”话剧和电影、“‘11•27’吊唁烈士”活动、羽毛球比赛、春秋游等内容丰富、形式多样的工会活动。

【区城投公司负责人】

董 事 长：陈云川
总 经 理：戴　柯
监事会主席：金坚贞
财务总监：胡　蓉
副总经理：张　萍
陈志强（2018年10月离任）
王国峰（2018年4月离任）

（王静）

重庆康翔实业集团有限公司

【概况】 重庆康翔实业集团有限公司（简称“康翔公司”）创建于2004年1月14日，原名“重庆康翔房地产开发有限公司”，2009年更名为“重庆康翔实业有限公司”，2016年更名为现名，并从重庆市渝中区民生路329号渝海大厦22楼搬迁到重庆市渝中区长滨路151号25楼。2014年年底，康翔公司被纳入渝中区属国有重点企业（投融资类）范围，主要职责为从事棚户区改造、房地产开发、房地产经营管理等业务，由渝中区国有资产监督管理委员会负责重大事项监督和监管工作指导。2016年，康翔公司与渝中区房管局下属的5家国有企业一起组建成为集团公司，内设党委办公室、行政部、规划财务部、资产部、市场部、风控部、项目管理部等8个部门，下设重庆市第一房地产经营公司、重庆天合建设工程监理有限公司、重庆湖广会馆实业发展有限公司、重庆中房物业管理有限责任公司、重庆昊志白蚁防治有限公司等5家全资子公司。

2015年11月，公司注册资本金由5亿元增资扩股至15亿元。至2018年年底，公司资产规模达155.69亿元。公司具有房地产开发二级资质，成立至今实施李子坝抗战遗址公园、渝中区山城老年大学、较场口道教关庙、渝中区消防支队指挥中心、戴家巷崖壁公园、李子坝观景平台等市、区重大（重点）项目；修缮国民政府军事委员会政治部第三厅暨文化工作委员会旧址（郭沫若旧居）、沈钧儒旧居、民生巷82号、重庆国民政府警察局旧址、大公报报社重庆旧址、徐远举公馆旧址、中法学校等文物保护单位；自主开发建设尚岭花园住宅小区项目和金山矩阵商务楼宇，累计竣工总建筑面积约百万平方米。打造位于渝中区顺城街的重庆盛捷长江服务公寓项目并致力于渝中区棚户区（危旧房）改造、资产经营管理、投融资、项目建设等工作。2018年，集团下属子公司重庆中房物业管理有限责任公司荣获重庆市总工会授予的“重庆五一劳动奖状”。

【党建工作】 集团组建党委办公室，制定党委政治理论学习计划和党委工作要点，坚持在每次党委会议事前进行学习。全年召开党委会29次，组织开展党委中心组学习16次，各党支部开展主题党日活动60次，上党课28次，学习内容包括党的十九大精神、习近平新时代中国特色社会主义思想、《习近平谈治国理政》、党章党规、宪法、监察法等。集团党委牵头统筹各党支部加强党建、群建、团建工作，充分发挥集团各党组织服务党员、带动团员、关心群众的作用，提高全集团的凝聚力、向心力。

【党风廉政建设】 2018年，集团组建审计监察室，为整合集团纪检、监事、内审以及群众监督资源提供重要的组织保障。召开党风廉政建设工作会2次，定期专题研究党风廉政建设工作28次，班子成员安排部署分管范围党风廉政工作96人次，集团党委和各党支部均按要求开展年度的民主生活会和各项专题民主生活会，政治生态持续净化。开展廉政风险排查防控工作，对全集团8个部门、5个子公司、77个岗位进行全面排查，梳理出308项廉政风险点，为廉政风险防控提供精确靶向。全年集团开展廉政提醒谈话21人次，子公司支部开展廉政提醒谈话91人次，实现全体高管、中层干部、子公司高管和子公司部门负责人廉政提醒谈话全覆盖。

【房屋资产经营管理】 2018年，全公司房屋资产量为47万平方米（其中棚改项目房屋资产为17万平方米），可出租房屋资产空置率仅为5%。为保证资产经营管理工作顺利开展，公司对资产实行集团化分级管理模式，集团公司总体控制和统筹，将资产按传统商业类和文化旅游类分别委托相应子公司管理，实现资源优化配置，提高国有资产运营效益。全年集团资产经营收入9043万元，圆满完成区国资委下达的经营目标任务。

【项目建设】 建设项目完工3个，分别是徐远举公馆修缮保护工程、李子坝观景平台应急抢险工程、戴家巷16号（老年大学）外立面整治工程等；新开工建设项目3个，分别是嘉陵新路44号修缮保护工程、山城巷传统风貌区工程、李子坝观景平台应急抢险工程（提档升级）；在建工程7个，分别是中华路小学改扩建工程、水市巷工程、大坪小学改扩建工程、马鞍山传统风貌区整治工程、戴家巷老街区工程、戴家巷崖壁公园工程、李子坝传统风貌区工程。

【第十届（重庆）学术研讨会】 由重庆康翔实业集团有限公司承办的中国文物学会会馆专业委员会2018年年会暨第十届（重庆）学术研讨会于11月6日至8日在重庆湖广会馆顺利召开，来自全国30多家会馆机构和文博单位的80多位代表参加会议。

【康翔公司负责人】

董 事 长：殷亚民
总 经 理：袁 涛
监事会主席：辛正明
副 总 经 理：周晓君 陈小君 罗新园
吴秋良
财 务 总 监：荀 毅

（齐祖渝）

重庆渝中商业发展有限公司

【概况】 重庆渝中商业发展有限公司（简称“渝商发公司”）系区属实业类重点国有商业企业，以商旅融合为发展方向，以打造老字号品牌（餐饮+食品）、资产经营、特色夜市、商业楼宇、商业街区等为主业，公司注册资金5000万元。办公地址：渝中区民生路329号21楼。按建立现代企业制度要求，公司健全出资人、董事会、监事会、经理层组成的法人治理结构。2018年，公司内设党办、综合管理部、财务审计部、资产运营部、品牌事业部等5个部门；有重庆吴抄手餐饮有限公司等6个全资子公司、重庆小滨楼餐饮文化有限公司等3个控股子公司、重庆老九园餐饮管理有限公司等6个参股子公司；有近百个老字号餐饮门店，经营面积2万余平方米。至2018年年底，公司有房产6.22万平方米，其中产权5.19万平方米；网点167个，其中有证152个。公司拥有小洞天、小滨楼、夜光杯、丘二馆、吴抄手、王鸭子、九园、陆稿荐、一四一、德元、正东等38个餐饮老字号及商标，其中1个中华老字号、11个重庆老字号、9个重庆市非物质文化遗产、1个著名商标等，有百余款经典菜品荣获中华名小吃、国家金鼎奖产品、国家金牌旅游名小吃、国家地域性名小吃、中国名点名菜、重庆风味名小吃等奖牌或证书。公司有在册员工284人（其中：老体系在岗82人、待岗74人，实体店128人）。

2018年，公司围绕全区工作大局和公司三年行动计划以及年度目标任务，以重点项目建设为发展突破口，把握机遇，扩大合作，开拓创新，不仅全面完成各项目标任务，实现营业收入6780万元（合并会计报表口径），增长12.25%，而且形成创新创业氛围，实现国有资产保值增值率101%。

【党建工作】 强化政治和思想建设。将党委中心组学习列入重要议事日程，组织23次党委中心组理论学习；把意识形态工作作为党委工作的重要内容，在把好方向、壮大主流思想文化和意识形态阵地管理上担责尽责；以支部为单位，开展“党员学习贯彻习近平新时代中国特色社会主义思想和党的十九大精神”全覆盖培训；选派3名党员代表区国资委参加渝中区“践行新思想、永远跟党走”知识竞赛，获得二等奖；在全公司干部职工中开展“以案四说”专题教育活动。强化组织和制度建设。增补党委委员、纪委委员，加强班子建设；严格执行“三会一课”制度，确保党员经常性教育能持之以恒并有效地开展；坚持党管干部、党管人才，全年开展各类培训49次，167人次参加培训；开展党内创先争优活动，1名党员被区委授予“优秀共产党”称号。强化党风廉政建设。制定工作要点和“两个责任”清单，签订党风廉政建设目标责任书，排查出52个廉政风险点，建立完善招商引资等11个制度；设立公司内审工作小组，强化对公司经济活动和各类风险的审计管控。抓好巡视整改。制定整改方案，修改完善公司章程、“三重一大”决策制度、党委会议事规则，对缺学漏学内容及时“补课”；对全公司退休人员返聘情况及干部在企业兼职（任职）情况进行清理整改；开展干部人事档案自查和各类津补贴、奖金专项清理工作；全面清查所属网站及账号的负面信息。强化人文关怀，真诚服务职工。开展“新春送温暖”、“夏送清凉”、困难职工帮扶、办理职工医疗互助保障等活动，积极构建和谐企业新局面。

【三年行动计划实施】 制定实施2018—2020三年行动计划，统一思想，凝聚共识，明确目标方向，优化经营结构，推动企业转型。改革薪酬制度，将经济指标、重点项目、重点工作与全员绩效挂钩，企业效益明显提升。按照工作项目化、项目清单化、清单时序化要求，建立重点项目和工作月计划、月督查机制，对标对表抓好督促检查。制定子公司管理办法，建立分管领导牵头、部门监管、子公司负责的责任体系，更换10个子公司董事、监事、高管人员。充实监事会力量，设立内审机构，加强内控体系建设。

【重点项目建设】 解放碑大都会西楼美丽产业园项目。推动空调系统更新、项目外立面和内部装修工程建设。引进中韩合资医疗美容医院、口腔医院等28家企业入驻，签约面积82%，年底1089艺术美丽中心部分区域开始试营业。较场口鲁祖庙历史文化街区项目。按“五个统一”要求，推动街区提档升级；较场口夜市被市商务委评为“重庆市级品牌夜市街区”。协调区项目。已返租协调区主要临街商铺70%以上，完成石灰市菜市场、渝高职文化创意街市、民生路小学设计方案，引进重庆铭雨实业发展（集团）公司投资一千余万元改造重庆渝中高级职业学校招待所，9月，铭雨香居酒店开业。

【资产经营管理】 强化资产管理。通过将

房产细分为“优质、一般、低效、问题”四类和分类经营，对现有承租者做好稳商安商等服务，不仅确保存量资产收益稳定增长，而且新增国展公司租赁收入。改变以往分散出租模式，对白鹤路104号房屋进行整体打包招租。出租中山四路1号房产，支持渝中智慧党建教育基地建设。加大低效资产处置力度，优化企业资产结构。通过重庆联合产权交易所公开挂牌处置，转让解放西路67号等7处房产，收入550余万元。探索新经营模式。在运营管理30度街吧、八一路二期、鲁祖庙项目基础上，新增三洞桥民宿风情街6600平方米项目。妥善处理历史遗留问题。推动金汤街24号房屋置换，收回历欠租金、南纪门冷库征收尾款。

【品牌发展】 抓好品牌建设。评估小洞天等29个商标价值，摸清品牌家底。申请15件商标新类别、渝中区首批公共资源10个地域名82件商标注册、在新加坡注册小滨楼和吴抄手商标，提交“渝洞天”等商标侵权申诉。加大商标保护，打击商标侵权，维护合法利益。小洞天干烧江团、德元小汤圆和吴抄手分别被列入重庆市非物质文化遗产项目和生产性保护示范基地。抓好品牌营销。恢复德元、百家馆等2个沉睡品牌，汇聚10个老字号的斗味及王鸭子专卖店入驻重庆西站。小滨楼阳光世纪店等10个新店入驻八一美食城、东水门老街、融汇温泉城、长嘉汇等网红打卡地。抓好品牌合作。通过合作推进渝中首个投资新加坡项目，小滨楼、吴抄手作为首批重庆老字号签约入驻新加坡樟宜机场“星耀樟宜”，预计2019年4月开业。此举标志着重庆老字号和非物质文化遗产项目开始走向国际化发展，将成为展示重庆形象、营销城市、推广渝中的重要窗口。与战略合作伙伴签订小洞天、吴抄手品牌授权合作协议。抓好产业发展。对吴抄手中华路店进行排危改造，加强店内经营管理。由于经营亏损及调整业态需要，关停王鸭子大酒楼，与合作方推动中心厨房转变经营机制体制，加快直营体系市场化。与科研院所合作，完成丘二烧鸡、小洞天霸王猪蹄等菜品食品化研发。小洞天、王鸭子等6款老字号产品实现批量生产、上市销售，销售规模1.05亿元，同比增长20%。抓好混改企业。引进基金公司投资，推动老九园等3家混改企业发展，已开设20余家新店。

【招商引资】 引进重庆瑞力医疗美容医院等10家企业、智慧纵横（中国）科技发展公司等5家“招大引强”企业，引进内资1.8亿元、超计划20%，引进外资0.31亿美元。其中，解放碑大都会西楼美丽产业园项目引进2家，即重庆瑞力医疗美容医院、重庆适达口腔医院，注册资金均2000万元。老字号品牌项目引进2家，分别是重庆焘极餐饮文化有限公司从沙坪坝区迁至渝中；与奇爽集团旗下乐棒棒食品公司达成“小洞天”品牌火锅及工业化生产合作协议。发挥平台企业优势引进5家，即智慧纵横（中国）科技发展公司及重庆公司、重庆尚美优卓环保科技公司、重庆远锐商业管理公司、重庆捷达医疗器械公司，注册资金分别为1亿元、1亿元、2000万元、1000万元、520万元。

【企业安全稳定工作】 坚持安全生产、信访稳定工作领导体系及工作机制，检查整改安全隐患53处，杜绝重特大安全事故发生，确保“零事故”目标；接待来访200余人次，对来访者宣传、解释政策，化解矛盾纠纷；为在岗职工购买住院医疗、意外综合互助保险，关心职工工作生活，保持职工队伍稳定。做好2484名离退休人员、74名待岗职工管理，每年承担上千万元相关费用，主要用于退休人员非统筹部分、待岗职工生活费、节日慰问、五险一金以及延续帮扶困难职工政策等费用。代管原区商业系统14个单位近1800名退休人员相关工作，切实履行国企社会责任。

【渝商发公司负责人】

董　事　长：傅建昌

总　经　理：张　远

监事会主席：罗银红（2018年7月离任）

傅奇志（2018年9月任职）
副总经理：赵　佳　张　剑　康长荣
财务总监：吴培禄

（邱衍林　周建　伍玲）

管委会

重庆解放碑中央商务区管理委员会

【概况】 重庆解放碑中央商务区管理委员会（解放碑中心购物广场综合管理处）（简称“解放碑CBD管委会、解综处”）为区政府派出机构。办公地址：重庆市渝中区五四路39号都市广场A座14楼。2018年，委机关内设办公室、规划建设科、产业发展科、企业服务科（楼宇经济科）、城市管理科5个职能科室。核定行政编制16名，在职15人。下属2个事业单位：重庆市渝中区城市管理综合行政执法局解放碑中心购物广场执法大队、重庆解放碑中央商务区企业服务中心。解放碑CBD管委会的主要职责是：负责区域范围内（以下简称“区域内”）区委、区政府关于经济发展、产业布局及重大项目建设等目标任务的执行；拟订管委会年度工作计划并组织实施；负责按照全区城市建设规划、土地利用规划和产业发展规划，拟订区域发展规划并组织实施；负责调查研究区域内产业发展中的重大问题，提出对策建议，贯彻落实产业发展优惠政策；负责区域内投资促进和对外合作交流工作；统筹推进、协调服务区域内重点建设项目；统筹协调从解放碑都市广场B座大世界酒店起，经临江路、临江支路、白龙池、五一路、中华路，止于解放碑都市广场B座大世界酒店环线以内，涵盖靠解放碑碑体一侧人行道路沿石以内的所有区域内的城市管理工作，受区市政园林管理局（区综合行政执法局）委托具体负责以上区域内的城管执法、广告管理、道路临时占用审批和管理等城市管理工作（区市政园林管理局负责以上区域内的市政设施、园林绿化、环境卫生、占道开挖审批等城市管理工作；解放碑街道负责以上区域内有居民区的背街小巷的城管执法、环境卫生等城市管理工作）；负责重庆解放碑中央商务区范围内的灯饰建设管理工作；负责区域内企业服务、协税护税工作；负责本部门及所属单位国资管理工作；完成区政府交办的其他有关事项。

2018年，解放碑CBD管委会以党建统领全局，稳住“基本盘”，寻求“突破口”，大力“调转升”，积极应对经济下行、外迁分流、转型升级的挑战，完成全年目标任务。全年地区生产总值714亿元，社零总额超过570亿元。解放碑步行街作为重庆唯一代表纳入国家商务部首批步行街改造提升试点，获评“中国最具活力中央商务区”“重庆最具人气商圈”“首批文旅融合最佳特色品牌小镇”“智博会宣传工作先进单位”“纪念建党97周年基层党建先进单位”“非公党建先进单位”等称号。

【规划建设】 牵头开展解放碑—朝天门“半岛文旅通廊”设计，启动实施111个解放碑商圈品质提升项目，完工鲁祖庙老街区协调区外立面改造、民生路环境综合改造大同路段等21个项目。完成国泰片区夜景灯饰提升、21栋建成楼宇灯饰维护、2018年解放碑迎春灯饰建设，启动世贸大厦、纽约•纽约大楼灯饰升级改造，推进复地中心、大都会韩国美丽产业园等的灯饰美化项目。

【产业发展及企业服务】 重庆金融街新入驻“梦想加”等企业47家，重庆金融资产交易所等龙头企业交易规模超千亿元；解放碑服务贸易产业园贸易额持续位列全市第一；大都会美丽产业园引入重庆适达口腔、瑞力医疗美容等中外合资高端医院。兑现重庆百货股份有限公司租金补贴454.63万元。完成商社大厦、商社电器大楼等7栋重点商务楼宇改造。

【招商引资】 策划举办“解放碑（朝天门）现代金融商务集聚区招商推介暨签约活动”“解放碑—下半城高端商贸业招商推介会”等专题招

商推介活动，引入企业39家。新增格林大华期货、科融小贷等2家市级金融机构，解放碑金融机构总数占全区市级金融机构总数的66%；新增谛威人力资源公司、建银造价咨询公司等5家重点商务服务机构；新引进迦达、蔻蕊、朗廷、米其林唐阁餐厅等国际知名品牌以及LINE FRIENDS等网红品牌。

【城市营销】 开展解放碑×QQ新年青春游乐园、解放碑中秋民乐大赏、MG名爵全球新车发布会、VIVO手机全球首发路演等大型城市营销活动，举办“凌晨四点的解放碑”“美术馆之夜”等大型艺术展演和国际时装周、国际登高楼大赛、重庆电商节等60余场知名节会。解放碑登上央视新闻频道《改革地标看沧桑巨变》，人民网登载报道2篇、《重庆日报》等市级媒体登载报道8篇，今日头条、华龙网、大渝网等刊发稿件60余篇，市内外主流媒体宣传报道200余条；“爱尚解放碑”微信公众号推送文章310篇，推文总阅读量达93万人次，总曝光量超过1000万人次。

【城市管理】 落实城市管理“五长制”，联合开展“解放碑商圈经营秩序提升行动”“解放碑地区城市环境综合整治”“解放碑城市环境综合治理百日攻坚”“解放碑区域交通秩序专项整治”“僵尸车三轮车乱停乱放专项整治”“游摊游贩专项整治”“解放碑区域流浪乞讨人员救助”等专项行动；成立解放碑步行街文明劝导队伍，开展扫黑除恶专项斗争。累计巡查发现并处置解决城市管理问题750余起，审查规范施工107起，规范备案店招字牌88起，组织各类专项整治70余次，出动执法车辆800余台次，暂扣违章物品300余件，拆除违规店招字牌、布幅广告100余处，整改不规范摊点200余处，清洗雨棚雨伞300余处，纠正“六乱”行为1000余起。

【党群工作】 规范开展“两学一做”“三会一课”，全年组织党工委中心组学习18次，领导班子带头讲党课8次，专题研究党建工作15次；落实党建主体责任，完成巡视巡察整改工作，分类指导1个机关党支部、6个楼宇联合党支部、16个非公党组织建设，完成机关党支部换届选举；聚力非公党建、楼宇党建，完成237家非公组织调查摸底和1267名党员信息调查，完成非公经济组织党组织覆盖率88%、社会组织党组织覆盖率100%，发展非公组织党员5名，其中中层以上管理人员占60%，实现非公组织党员数量质量“双提升”。世贸大厦党群服务中心全年服务党员群众3500余人次，开展党员政治生日慰问260余人次。

【解放碑CBD负责人】

主　任：江　南（党工委书记，兼解综处主任）
副书记：徐　鹏
副主任：刘　锋（2018年9月任职）
　　　　姜　军（2018年9月离任）
　　　　邵晓钊（2018年7月任职）
　　　　霍　江（兼解综处副主任）
组织委员：李　杨

（徐洪相 周聪）

历史文化街区建设管理委员会

【概况】 渝中区历史文化街区建设管理委员会（简称“历史文化街区管委会”或“历史文化街区建设管委会”）成立于2014年12月，为区政府派出机构。办公地址：重庆市渝中区筷子街2号人寿大厦19楼。2018年，内设办公室、规划建设科、产业发展科、企业服务科（楼宇经济科）4个职能科室，机关核定行政编制13名、在职13人，下设1个事业单位：渝中区历史文化街区企业服务中心。历史文化街区管委会的主要职责是：负责区委、区政府关于经济发展、产业布局及重大项目建设等目标任务的完成；拟定管委会年度工作计划并组织实施；按照全区城市建设规划、土地利用规划和产业发展规划，拟定区域发展规划并组织实施；调查研究区域内产业发展中的重大问题，提出政策建议，贯彻落实产业发展优惠政策；负责区域内投资促进和对外合作交流工作；统筹推进、协调服务区域内重点建设项目；负责区域内企业服务、协税护税工作；配合相关部门做好区域内历史文化资源保护利用工作。

历史文化街区覆盖朝天门、南纪门、七星岗3个街道，21个社区，面积约2.48平方千米，户籍人口约16.5万人，常住人口约16.6万人。2018年，管委会主动适应经济发展新常态，坚持创新驱动发展、经济转型升级，全力推进历史文化街区建设，经济运行平稳。2018年，街区增加值完成164.3亿元，同比增长0.9%；实际利用内资60.1亿元，完成全年任务（80亿元）的75.8%；新增企业238家，完成任务（238家）的100%；新增个体工商户534家，完成任务（444家）的120.27%；招商引资落地项目41个，其中招商落地企业21家，完年任务（20家）的105%。1—12月，规上企业营收增速达61.0%（全年目标20%），其中零售额增速22.6%（全年目标20%）。规上企业新入库5家（全年目标5家）。获“2017年度渝中区文明单位”称号。

【项目建设】 历史文化街区管委会牵头负责重点项目13个，计划总投资73.1亿元，实际完成总投资78.8亿元，约完成年度计划投资的107.8%。集聚区项目建设。朝天门中新合作示范园，凯德来福士项目除T1塔楼施工至L42层外，其余7栋塔楼均已封顶，水晶连廊结构吊装以及商业网裙楼基装工程进入收尾阶段，项目外幕墙、风帆以及机电安装正有序推进。光控朝天门中心项目一期工程已竣工，1～19楼全部顺利开业，二期工程土石方工程完成，塔楼主体结构施工至第13层。下半城历史文化风貌带，十八梯传统风貌区项目首开区主体基本建设完成，正进行景观、泛光照明等施工；大区土石方施工开挖完成55%。国浩项目，火柴公会主体及室内机电安装完成，基本竣工；完成1号、2号地块土石方外运21万立方米。十八梯片区道路项目，完成规划用地证、方案预审办理，完成十八梯地块内燃气、自来水迁改，电力、排水、通信等迁改工作有序推进；道路红线内花街子6处拟征收的房屋已启动征收程序。湖广会馆传统风貌区项目首开区1、2、8号楼已完工，1号楼、2号楼已对外展示，谢家大院、明清客栈、胡子昂旧居已修缮完成并对外展示；项目南区基坑挡墙及冠梁基本完成；北区基坑开挖部分完成；由于受“两江四岸”政策影响，方案调整审批中，现场施工处于暂停状态。白象街传统风貌区项目一期于4月28日试运营；二期4号楼完成至主体结构10层，5号楼初装修完成80%，6号地块商业建筑竣工；9栋文物已修缮完成4栋。历史文化街区重要载体项目建设。罗宾森广场项目T4塔楼主体结构土建工程基本完成，安装工程完成96%；商业裙楼及地下车库主体完成95%。作为责任单位一般项目。陕西路管网改建项目，按计划完成第一阶段的西侧排水管网施工，燃气管网临时迁改完成。

【产业发展】 凯德来福士项目，商业招商签约面积达55%以上，各楼层主力店基本完成布局，全年商业招商面积完成80%以上。其中，新引入美国国家地理家庭娱乐中心、室内动物园、言几又书店、NIO蔚来汽车用户中心等重要项目。朝天门大融汇项目一期全面开业，日均人流量约3万人次。后街影视文化产业园集聚影视创作、文化传播等法人单位共21家，新引入间或酒店。融创白象街项目已试营业，重庆叁方台文化传播公司投资打造话剧《白象1938》。东水驿老街新签约秋果主题酒店，举办汉服秀、汉服文化讲堂等特色活动，街区人气持续增长，十一黄金周接待游客超3万人次。熊猫公馆集聚特色酒店、客栈10余家，旅游业态集聚效应初步显现。

【企业服务】 促进老旧楼宇提质增效，完成临华大厦1号楼和新重庆广场2栋老旧商务楼宇地下管网及消防设置改造。开展存量楼宇招商去化，全年街区楼宇招商去化面积24145平方米，超额完成区政府年度目标十个百分点。优化企业服务，按照区委、区政府服务民营企业发展“一助二优三转”总体工作要求，对服务的13家总部（重点）企业及55家规模以上企业，走访率达100%，收集企业反映的各类问题60余个，协调等各类问题40余个。开展经济普查工作，梳理出12栋楼宇单位和个体户底册共1475家，其中法人及产业活动单位636家、个体839家，为进一步摸清家底打下基础。

【宣传工作】 媒体宣传。《重庆新闻联播》6月25日以“渝中区：大力挖掘‘母城’文化 打造都市旅游升级版”为题，对十八梯传统风貌区保护建设、下半城历史文化风貌带整体规划等情况进行专门报道。《重庆日报》、新华网、人民网等6家主流媒体，对下半城历史文化风貌带、朝天门中新合作示范园2大产业集聚区进行了集中宣传报道。其中，《再现“母城”记忆 渝中区下半城打造商旅文融合发展》一文，受到国家文化和旅游部官方网站全文转载。“重庆之声”广播电台、国际在线、《重庆晚报》等7家主流媒体，对十八梯传统风貌区建设推进情况进行专题报道。动态宣传。制作《历史文化街区动态》12期，对街区工作和辖区动态进行展示，加强了社会各界对历史文化街区的了解。活动宣传。举办“相约渝中母城 丈量街巷风韵”健步走活动及母城文化图片展，通过华龙网、大渝网、网易、今日头条、腾讯等网络媒体及平台进行正面宣传报道，进一步提升街区影响力。启动下半城沙盘模型制作等工作。

【招商推介】 联合渝中区商业联合会举办十八梯首开区项目招商推介会，60多家来自餐饮美食、精品零售、文化创意、主题民宿、休闲娱乐等行业的龙头企业代表参会。在成都举办“相约渝之中 聚焦下半城”招商推介会，采用传统媒体与新媒体相结合手段，连续3天为活动宣传造势。以华西旗下新媒体“成都范儿”、商业新媒体“购成都”、《华西都市报》等为主要载体，联动新浪、搜狐、网易、今日头条等主流媒体和新媒体，连续推送宣传文章10余篇，推广宣传曝光量突破115万次，营造浓厚的招商氛围，在成都社会各界建立了良好认知，塑造了良好形象。赴广东佛山参加祖庙商圈文化商业发展座谈，取得关于如何开发与保护历史文化资源方面的一些重要经验和启示。在成都举办“聚集重庆母城 共建商贸中心”解放碑—下半城高端商贸业招商推介暨品牌恳谈会，来自广州、西安、成都等地的30余家时尚零售、文化创意、特色餐饮等行业全国知名品牌企业代表参加会议。

【党建工作】 坚持理论学习，切实武装头脑。开展习近平新时代中国特色社会主义思想、习近平总书记参加重庆代表团审议时重要讲话精神以及中央、市委、区委各次重要会议精神的学习贯彻，开展中心组学习21次、干部学习24次、党课培训3次，学习篇目100篇。坚持破立结合，营造良好政治生态。坚决肃清孙政才恶劣影响和薄熙来、王立军流毒，围绕市委五届四次全会和区委十二届三次全会精神，对照“十破十立”要求，召开专题民主生活会、主题党日活动，专题学习市委、区委相关文件精神及《重庆日报》系列评论文章，开展党课培训、批评与自我批评，做到从思想上清彻底、肃干净。坚持守土有责，全面落实意识形态工作责任。把意识形态工作纳入重要议事日程，加强阵地管理，联合相关职能部门应对重庆来福士项目引发朝天门文化保护争议事件，确保街区内未发生重大意识形态工作问题。坚持党建引领，工作落到实处。以创建党建示范点为契机，加强机关党支部规范化建设，制作完成党建小视频，发展党员2名，指导非公党支部有序开展党建活动，抓好党建带工建，新组建工会组织9家，团组织4家，实现党建统揽和引领街区发展。

【历史文化街区管委会负责人】
主　任：谢　果（党工委书记）
副书记：甘乾彬
副主任：范　例　陈迪兵

（孙杨梅）

大石化新区建设管理委员会

【概况】 渝中区大石化新区建设管理委员

会（简称“大石化管委会”）成立于2014年12月，为区政府派出机构。2018年，内设办公室、规划建设科、产业发展科、企业服务科、总部经济园区工作部5个职能科室，核定行政编制15名，在职15人，机关后勤服务人员事业编制1名。渝中区大石化新区企业服务中心成立于2015年6月，为大石化管委会所属的正科级、公益一类、财政全额拨款事业单位，核定事业编制15名。大石化管委会的主要职责：负责大石化新区范围内承担的区委、区政府关于经济发展、产业布局及重大项目建设等目标任务的完成；拟定管委会年度工作计划并组织实施；负责调查研究区域内产业发展中的重大问题，提出政策建议，贯彻落实产业发展优惠政策；负责区域内投资促进和对外合作交流工作；统筹推进、协调服务区域内重点建设项目；负责区域内企业服务、协税护税工作；负责本部门及所属单位国资管理工作。2016年12月24日，大石化管委会办公地点由长江二路88号5楼迁至经纬大道789号美源•美源3楼。

2018年，渝中区大石化新区覆盖大坪、石油路、化龙桥三个街道，17个社区，面积7.45平方千米，占全区的45%，常住人口16.9万人。新区生产总值176.27亿元，占全区的13.89%，同比增长2.1%；固定资产投资额61亿元，占全区的27.86%，同比增长22.7%；实际利用内资31.29亿元，增长271.7%；规上法人单位247家，实现营收459.2亿元，增长7.8%。2018年获“2017年度综合考核‘一等奖单位’”“2017年度非公党建工作先进单位”等荣誉。

【项目建设】 大坪重庆总部城项目全部封顶，竣工3万平方米；化龙桥万科重庆天地项目群新开工B13、B14地块，超高层项目施工至地上7层；华村轻轨站主体工程完工；龙湖西区开发项目启动主体结构建设。完成长江二路调头车道位置调整工程，缓解大坪商圈交通拥堵。配合推动虎头岩公园、嘉华大桥南桥头停车场建设，增加停车位250余个。推进六店子—黄荆社片区环境提升、嘉陵江索道复建项目选址以及化龙桥公园方案设计，加快项目落地开建。

【产业发展】 智能化产业发展。以重庆“链岛”建设为主要抓手，区块链创新产业基地入驻企业近30家，重庆电信5G试验室落户，华记黄埔大数据产业园迁入企业40余家。大健康产业发展。高九路民营医疗机构营收增长约145%，推进建设“联通大厦—永缘市场—时代汇—重医”约10万平方米的新型医疗产业区。重庆总部经济园区招商。引入重庆市通信产业服务有限公司，中国电信、美高科技等企业落户园区。现代金融业发展。启动运营国际商务区IPO投融资服务平台，签约企业32家，Pre-IPO企业服务10家。现代服务业建设。与区司法局、重庆律师协会、索通律师事务所共同推进化龙桥法律服务专业服务示范区建设。

【企业服务】 全覆盖联系服务37家总部（重点）企业及57家直收规上企业，协调处理企业问题50余次，重点企业经营状态稳定，未出现外迁。重点商务楼宇物业管理达标升级16栋，完成6个特色楼宇（园区、基地、街区）打造任务。开展环保科技人才引进培养计划，并将该计划列入区重点人才项目。联动区域重点企业，举办知识讲座、企业趣味运动会等活动近50场，助推企业发展。

【节会活动】 举办新区招商引资会，吸引150余家企业参加，《重庆日报》、新华网、华龙网等媒体报道12篇并获得市、区领导肯定批示。主办2018大石化亲子欢乐节，举办非遗传承体验、儿童剧演出等活动30余场。持续开展商圈文明诚信“五比五赛”活动，促进区域“文商旅”融合发展。

【宣传工作】 以多种形式进行宣传推广。通过《重庆日报》《渝中报》及新华网等媒体报送区域新闻120余条次，微信公众号推送信息402条，新区影响力持续提升。

【党建工作】新建非公有制企业党支部4个，非公企业党组织组建率达100%，党组织覆盖率达

85.4%。党工委领导干部及委属党组织书记讲授专题党课14次，区委十二届三次全会专题学习2次，邀请区委宣讲团在全国“两会”期间开展习总书记重要讲话精神宣讲活动1次，委属党组织开展各类支部主题党日活动49次。发展党员4人，转正5人，规范化开展党费收缴和使用管理，完成制作党员教育课件、重点提升对象整改工作。三个党群中心有序开展政治生日慰问、参观教育基地、党务知识竞赛等活动50余次。联合专业服务机构每周开展金融、法律等免费咨询活动。中心先后吸引广东、内蒙古等地多个考察团参观学习。

【大石化管委会负责人】

主　　任：金　犁（党工委书记）

副 主 任：李祖耀　黄雪萍

组织委员：毛凌疆

（秦鑫）

渝中区电子商务和创意产业园管理委员会

【概况】　重庆市渝中区电子商务和创意产业园位于渝中区中部地区，覆盖上清寺、两路口、大溪沟、菜园坝4个街道，占地面积6.78平方千米，常住人口约20万人，园区有重点商务楼宇21栋，税收亿元楼宇4栋。按照区委、区政府职能转变和机构改革要求，经市委批准，渝中区电子商务和创意产业园管委会（简称“区电创园管委会”）于2014年底正式成立，为区政府派出机构，内设办公室、规划建设科、产业发展科和企业服务科（楼宇经济科）4个机构，有行政编制14人，事业编制12人。办公地址：渝中区嘉滨路242号远见中心7楼。

2018年，区电创园管委会紧紧围绕“扩大规模、增强配套、打造集群、创新发展”的目标要求，以“盘活闲置楼宇，打造楼宇产业园，推进产业集聚区建设”为总体思路，凝心聚力、苦干实干，着力建设创新创业活力区和新兴产业集聚区。至2018年年底，功能区地区生产总值达261.5亿元，占全区的21.7%，同比增长1.7%；管委会固定资产投资达41.8亿元，占全区的19.1%，同比下降12.2%；实际利用内资12.4亿元，占全区的11.8%，同比下降44.5%；实际利用外资4755.5万美元，同比上升76.59%；规上企业473家，占全区的33.6%，同比增长5.6%；实现营业收入1190亿元，占全区的32.9%，同比增长11.6%；税收达34亿元，同比增长6.39%，占全区的23.4%；内资企业新登记1201家，占全区的21.6%，内资企业总数预计达到1万家；外资企业新登记10家，占全区的14.9%；外资企业总数达到148家，占全区的1.1%；新办个体工商户1879家，占全区的24.9%；新发展微型企业463家，占全区的19.6%，解决和带动就业2301人，占全区的19.5%。荣获全区2017年度综合考核“特等奖单位”、2017年度渝中区文明单位等荣誉10项。

【产业规划】　重点园区创新发展。争取上级支持，向市文旅委申报创建重庆数字文化创意产业园，重庆3W空间被确定为“国家备案众创空间”，鹅岭贰厂文创公园、重庆U创文创互联网楼宇产业园获评市级文化产业示范园区、基地，香满圆电商产业园获评市级楼宇产业园和“互联网+”产业基地。支持园区特色化发展。贰厂文创公园荣获全国十大城市更新案例之“老城复兴”第二名，全市区县唯一一个版权登记工作站落地“U创空间”，靶点影视文化产业园建成开园。重点企业亮点纷呈。渝欧股份挂牌“新三板”，获评“投资荷兰杰出贡献中国企业”称号；中冶赛迪开发“轻”系列大数据平台，在全国智慧城市建设中得到广泛应用；云威科技创建10余项国际大数据技术标准，发布重庆“互联网+行业”大数据报告1000多期，“飞越解放碑VR”在“创青春”全国大学生创业大赛中斩获全国金奖；酷狗音乐转型网络直播，签约本土各类音乐人才160余名，举办原创音乐活动30余场；靶点影视负责人吕真在重庆纪录片基地开设工作室，《靶点》纪录片播出300余期；重庆鸿巨网络科技公司等5家企业获评“牛羚企业”称号，重庆知行宏图科技公司获评“瞪羚企业”称号。

【招商引资】聚焦重点产业。以大数据应用、科技、文创、创意设计为重点，先后赴北京、上海、杭州等地招商，新增民革中央画院主题画创作中心、重庆星秀影艺文化传媒有限公司（中国好声音节目策划单位）、重庆体育经纪人协会等重点企业30多家。强化招商推介。对接北大文化产业研究院、重庆市文投集团，推动戴笠公馆等文创项目的投资合作；联合上海市创意产业协会举办电创园招商推介会。强化重点项目招商。联合爱普地产启动重庆中心项目招商工作，钓鱼台精品酒店、钓鱼台美高梅公寓12月正式签约落户，储备美团旗舰店等拟招商重点企业（品牌）5个。

【项目建设】 配合做好菜园坝滨江新城、大田湾体育场等园区各类在建及前期重点项目的相关工作。牵头实施重点项目7个，完成投资20.1亿元。重庆中心T3裙楼及地下车库完工，万科翡翠都会3号楼封顶，市教育科学研究院改扩建项目完工。加速新建一批。合景天銮项目完成土石方施工，三层马路老街区徐远举旧居修缮主体和鹅岭正街道路环境提升项目示范段工程完工，三层马路首开区、北区路至人民路、儿童医院、少年宫等节点交通改造项目完成方案设计。着力提升一批。启动大鹅岭片区国家级文化创意产业园方案设计；推进上清寺互联网产业园提档升级前期工作，跟进鹅岭公园业态优化；完成5栋老旧商务楼宇改造提升和希尔顿大厦等9栋楼宇物管升级达标。

【企业服务】 深化优化企业服务，走访联系企业232家，受理咨询和协调解决问题110余次。开展第四次经济普查，完成清查企业2027家、个体256家。开展产业促进活动，举办“山城扎包”2018首届重庆文创礼品展系列活动，组织60多家企业上千种产品参展，签约文创项目30个。支持“智造重庆——互动媒体艺术展”、中央电视台CGTN之夜等与电创园主导产业紧密相关的高品质活动。全力支持张一白导演网剧《疯犬少年的天空》在渝中区拍摄，学习上海等地影视拍摄服务经验。

【党建工作】 常抓不懈，深化夯实思想政治建设。中心组学习12次，制作十九大精神“口袋书”，分层次分领域抓好党支部书记、党员全覆盖培训；开展“两学一做”专题学习教育12次，支部主题党日活动12次，党课宣讲5次，专题研究和部署意识形态工作4次，向区委报告意识形态工作1次。持之以恒，抓好抓实基层党组织建设。强化纪律意识，对班子成员开展个别约谈8次；共办理群工系统意见建议48件，满意度达100%；深化非公党支部“一支部一特色”工作，提炼形成经验性做法文章11篇；组织党员职工观影《幸福马上来》，参观周公馆、桂园等党建特色活动20余次；评选“党员先锋号”3次，打造高水平的党建工作示范点2个；完善班子成员“1+N”联系非公党组织机制，新组建重庆天人道企业管理有限公司党支部1个，撤销渝中区电子商务和创意产业园联合总支部；培养入党积极分子2人、发展对象1人，非公企业党组织覆盖率达100%，组建率达100%，社会组织覆盖率达100%，组建率达100%；《重庆日报》、新华网、人民网等市级及以上媒体报道近20次，区级媒体报道30余次。层层传导，履行全面从严治党主体责任。党工委所属基层党组织荣获全区纪念建党97周年“先进基层党组织”称号1个、“优秀共产党员”2名、“优秀党务工作者”2名；主持召开6次党风廉政建设专题会议，8次节前警示教育会，4次听取班子成员党风廉政建设工作情况汇报。

【区电创园管委会负责人】
主　　任：杨　峰（2018年7月离任）
　　　　　吴　辉（2018年7月任职）
副 主 任：符　雷
　　　　　陈建录
　　　　　灵　乐（2018年7月任职）
　　　　　代爱国
组织委员：何地学

（杨云嫱　赵嘉意）

重庆城的十七门

定远门（闭）定远门，较场坝，舞刀弄棍

定远门，坐南朝北，面对嘉陵江，地处通远门与临江门之间。定远门与较场坝，两者相距少说也有一二里之遥，怎么会扯在一起的呢？重庆的较场，是考武科的场所，武生操练武艺，为的是保家卫国，守城护土。有骚客好事，强拉配景，附会咏句："定远门，较场坝，舞枪弄棍。"一句歌谣，便风行滥觞开来。

太平门（开）太平门，老鼓楼，时辰报准

太平门在重庆城的东南，城门上书"拥卫蜀东"四个大字。由于地理位置处于古城下半城中心地带，成为全城政治中心，车水马龙，市面繁华。重庆开埠成为通商口岸后，外商、洋行集中在城门内白象街，该区域继而成为金融中心。太平，寓意时世安宁和平。时至今日还被大家津津乐道的太平门最让人感兴趣的是老鼓楼里安放的铜壶滴漏报时装置。铜壶滴漏每到正点，就有人用敲鼓击钟的方式向全城报时。

城市建设管理

城市规划

【概况】 重庆市规划局渝中区分局（简称“区规划分局”）前身是渝中区规划管理办公室，2001年改为现名，隶属重庆市规划局。2018年，区规划分局设办公室、规划编制管理科、建筑规划管理科、市政规划管理科和规划监察科（执法大队），有编制20人，实有在编人员19名。办公地址位于渝中区和平路星河商务大厦3楼。区规划分局的主要职责是：承担辖区内规划课题研究、历史人文保护研究、规划编制管理、用地规划管理、建筑规划管理、市政规划管理和规划监察执法等七大主要职能；承担配合区委、区政府开展危旧房改造、土地储备、外立面整治、招商引资、开发建设项目和市政工程等重要工作。

2018年，区规划分局立足渝中区中心城区的区位优势，全面贯彻新发展理念。在规划编制上，转变城市发展方式，提升城市品质；在规划建设管理上，推进重点项目实施，加强历史文化保护，塑造渝中特色城市风貌；在规划监察上，加大违法建筑查处，完成全年工作任务。

【规划研究】 （1）制定完成《渝中区城市提升行动计划》，已通过区政府常务会审议。（2）协同完成“多规合一”数据库，经多次与区国土分局、区环保局对接，完成渝中区“多规合一”一张图成果，并纳入主城区形成《重庆市主城区“多规合一”方案》。将数据库整合在重庆市空间规划（“多规合一”）业务协同平台部署运行，并实现网上行政审批平台集成和共享。（3）细化实施“城市双修”工作。牵头完成《渝中区“城市双修”工作实施方案》，将任务梳理并分解到36个职能部门，指导“城市双修”工作顺利开展；组织编制完成《渝中区“城市双修”总体规划》，结合渝中实际，构建修复山水生态、整治绿地空间、改善交通出行、完善配套设施、彰显历史文化、优化城市风貌、改造老旧小区等七大专项行动，分析存在问题，提出对策建议；形成“城市双修”实施项目库任务分解表，包含试点、近期、中远期3个实施时序共266个项目，区政府明确各项目责任单位并纳入实施计划正式印发。（4）推动城市有机更新，开展相关专项规划。扎实推进《渝中区解放碑及周边片区地下空间详细规划》，围绕轨道站点构建地下空间步行网络体系，串联商业商务、公共服务、景点景区、居住片区，实现轨道站点与各类设施之间的互联互通，规划成果已通过市级部门及专家评审；高质量完成《渝中区步行系统专项规划》，构建形成“1带6横16纵”总长度约100千米的步行系统结构，提炼策划出“最山城、最人文、最活力”7条特色步道。规划成果移交渝中区城管局牵头实施，先行推进7条特色步道建设，其中“最人文”步道中的“抗战人文线”（人和街到春森路段）作为示范段于2018年年底完成建设。全面启动渝中区综合管网普测和规划。普测渝中区全域范围内的电力、燃气、通信、给水、排水等综合管线，作为综合管网和老旧管线改造基础资料，并提出解决渝中区历史形成的雨污合流和地下管网老化问题方案，实现雨污分流。

【城市设计】 按照“控规+城市设计”双控原则，开展重点片区修补型城市设计，探索建立项目化工作机制，确保城市设计工作落到实处。（1）创新工作机制，强化城市设计落地。在《解放碑商圈综合环境品质提升城市设计》《朝天门片区品质提升城市设计》等成果的基础上，探索建立规划项目化工作机制，将城市设计方案转化为项目实施清单，以保证规划实施，解放碑、朝天门项目实施清单已由区政府办正式印发。继续推进《大坪商圈品质提升城市设计》，通过研究大坪商圈功能结构、交通组织、建筑风貌和公共空间，形成商圈品质提升策略，提出现有控规优化建议。深化开展《解放东西路沿街界面城市设计》，重塑解放东西路沿街界面整体城市风貌，打造串联十八梯、白象街、湖广会馆等传统风貌区的特色步道系统，提升片区风貌。（2）配合市规划局开展菜园坝片区规划。以解决交通问题为核心，提升片区城市品质为重点，通过国际方案比选，选定中国建筑设计研究院为设计单位，开展重庆站综合交通枢纽片区规划方案设计。

【历史人文保护】 （1）开展重庆历史人文核心展示区专项工作。牵头初步拟定《重庆历史人文核心展示区保护传承实施方案》，启动重庆历史人文核心展示区专项规划及项目规划实施导则编制前期工作，协调中国建筑设计研究院有限公司建筑历史研究所和重庆雅凯斯凯建筑设计有限公司完成项目计划书，所编制项目计划已通过区政府常务会审议，目前设计单位正开展前期工作。（2）传承历史文脉，推动文商旅城融合发展。2018年，贯彻落实市委、市政府关于以渝中半岛集中展示历史人文的战略要求，推动文商旅城融合发展。十八梯修详规（修建性详细规划）已经市政府审批，首开区建设进入外装和景观施工阶段；中航湖广会馆项目正进一步优化，首开区已基本完工；山城巷正开展修详规编制并启动示范区保护修缮；白象街项目一期已完成建设并投入使用，二期已动工建设，三期正深化完善方案；大礼堂传统风貌区马鞍山片区修详规已通过市政府审批，李子坝传统风貌区大公报片区修详规已报市政府待批，正开展片区内文物建筑保护修缮；大田湾体育场、劳动人民文化宫及人民大礼堂片区历史文化保护提升项目已完成初步工作方案；完成鲁祖庙、燕子岩—飞机码头两个片区申报市级传统风貌区的报审，并着手开展修详规编制。（3）抢救发掘历史建筑，探索活化保护利用。对全区11个街道进行深入走访、广泛调研，共挖掘出72处优秀老建筑；推动郭园等24处老建筑纳入第二、三批历史建筑预备名录；针对49处具有一定历史价值的优秀老建筑，形成优秀老建筑现场调研名录和图集，完成基础数据的存档建库。

【“两江四岸”治理提升】 按照重庆市委、市政府打造“两江四岸”的工作要求，优化渝中区整体城市风貌，打造宜居宜业宜游的城市环境。配合市规划局开展“两江四岸”治理提升工作。按照景观敏感程度高低，从美化天际轮廓线、优化空间布局、提升外立面品质等主要方面，对各个项目提出分类整治提升要求；对尚未出让的渝中区棚户区改造地块不再采取大拆大建方式，实施有机更新，对渝中区总建筑面积进行有效控制；配合市规划局研究编制《重庆市主城区“两江四岸”滨江地带规划管理导则》，加强对滨江地带建设工程项目、市政工程项目等的管控，有效保证滨江地带的城市品质提升。

【重点项目审批】 深化“放管服”改革。严格执行审批流程及时限，推广施行告知承诺制，进一步优化审批服务，全力推进重点项目建设。（1）在建项目。已核发求精中学、现代制造服务业实训基地、新都巷幼儿园等14个建设项目选址意见书，载造大厦、重庆市急救中心及重庆市第四人民医院外科楼改扩建工程等16个项目建设用地规划许可证以及来福士广场（T3、T4塔楼）、大坪华宇、罗宾森广场等28个项目建设工程规划许可证均已核发，许可建筑面积约159万平方米。（2）加装老旧住宅电梯。推进袁家岗2号社区后工家属区、马家堡后工家属区、临江门9号、巴教村、鹅岭山庄、科技学院、畔江楼、七星岗工商家属区、大田湾军休所、煤建新村等47个老旧住宅加装电梯项目，其中投入运行9个。（3）轨道建设。配合协调将18号线延伸线纳入轨道线网总体规划及第四期轨道建设规划，配合推进轨道快线26号线渝中区站点设置的相关事宜研究，参与轨道9号线、10号线、18号线方案和建设协调工作。（4）路网建设。推进解放碑环道三期方案优化和建设，已办理建设用地规划许可证及方案审查意见；多次组织开展十八梯基础设施咨询方案研究，核发选址意见书，协调解决与周边地块、解放碑地下环道的关系及消防问题；雷家坡立交、解放东西路、石油南路、红云路等项目均已办理方案审查意见。（5）公共停车场建设。棉花街停车库已办理建设工程规划许可证；大黄路停车库、少年宫停车库、巴将军公园及地下车库等已办理方案审查意见。（6）综合管网改造。推动大坪正街和石油南路等区域老旧给水管网改造、鹅岭正街综合管网改造、朝天门变电站电力隧道、十八梯变电站电力隧道建设和天桥建设等工作；做好建设项目综合管网审查，确保综合管网的合理性及与市政管网的有效连接。

【建议提案和信访办理】 通过召开专题研究会、安排专人跟进等方式，高效率高质量办理人大建议12件和政协提案24件。严格落实信访工作责任制，全力化解社会矛盾，2018年共受理信访205件，信息公开26件，做到件件有着落，事事有回音，群众满意度高。

【规划监督及违法建筑整治】 对全区48个在建项目实行日常巡查和定期抽查，并对21个建设项目的违法建设行为予以立案查处，对拒不配合自拆的违建业主纳入城乡规划管理诚信系统进行登记，做到严格执法、及时处置。发现并消除在建违法建筑9件、面积427.8平方米。2018年下达在存量违法建筑整治任务5.5万平方米，目前共整治4.07万平方米，其中完成市级任务面积2.89万平方米，完成任务外1.18万平方米。

【棚改处置】 对辖区内22个棚改片区约39.51万平方米建筑进行分类处置，确定保留建筑26栋、城市更新29栋、拆除建筑16栋。对接市规划局名城处，将重庆医科大学南楼、北楼列为预先保护对象。协助认定棚户区违法建筑381项，处理信访维稳36项，解决行政复议案件3个、司法诉讼案件5件。陆续保留朝天门街道罗汉寺社区9号、千厮门行街等一批优秀的历史建筑。

【基层党组织建设】 2018年，区规划分局党支部召开15次党员大会、12次支委会、22次党小组会，以“不忘初心、牢记使命”为主题开展专题党课5次，开展主题党日活动26次，开展党建工作研究会2次。做好党费收缴和党建信息管理，全体党员均按要求及时足额缴纳党费，全年共缴纳党费6228元。同步完善机关党建纪实信息系统，并坚持跟进系统学习，每日在线学习党建知识并答题至少2次。

【区规划分局负责人】
局　长：张锦波
副局长：余时万　曾　祥

（刘施宏）

城市建设

概　述

【概况】 2009年12月，渝中区建设委员会、渝中区交通局合并，成立渝中区建设和交通委员会（简称“区建交委”）。办公地址位于重庆市渝中区七星岗金汤街74号3楼、4楼。区建交委机关核定行政编制34名、下属事业单位核定事业编制87名。2018年，区建交委实有行政编制人员31人，事业编制56人。机关内设办公室、组织人事科、项目前期管理科、安全法规科、城市建设管理科、重点工程建设科、建筑行业管理科、开发管理科、交通管理科（交通战备办公室）、企业指导科等10个职能科室。下设5个事业单位：渝中区建设工程综合监督管理处（简称“区建综处”）、渝中区交通运输管理所（简称“区交管所”）、渝中区港航管理所（简称“区港航所”）、渝中区滨江建设管理处（简称“区滨管处”）、渝中区城建服务中心。区建交委的主要职责是：负责综合管理全区城市建设、交通运输事业，包括城市建设、重点工程建设、市政基础设施建设、建筑业、房地产业及全区交通运输管理等。

2018年，区建交委围绕中心谋思路、紧扣重点想办法、扎实苦干推工作，较好地完成各项任务。开通T001、T002、T050三条旅游专线，高效建成李子坝轻轨站观景平台，方便游客“打卡”辖区景点；编制行业领域突发事件应急预案，开展道路运输应急演练；召开专题会，签订企业责任书，发放宣传学习资料，开展扫黑除恶专项斗争。区建交委下属事业单位区建综处支部荣获区委颁发的建党97周年“先进基层党组织”称号；区建交委荣获党的十九大知识竞赛全区三等奖，获全市春运工作先进集体称号；区交管所荣获2018年全国春运“情满旅途”活动先进集体称号；区建综处荣获区维稳安保工作嘉奖集体称号。

【党风廉政建设】 创办新时代建交大讲堂，开展庆祝改革开放40周年系列活动；培优用好党员干部，提拔正处级领导1名、副处级领导2名，科级干部转正8名；按期指导基层党组织换届，发展党员3名、预备党员转正5名，新增非公党支部1家；落实全面从严治党责任，层层签署《党风廉政责任书》，梳理排查党风廉政建设风险点1418项，围绕“十破十立”进行问题查摆，坚决肃清孙政才恶劣影响和薄熙来、王立军流毒；联合驻委纪检监察组开展“四风”“三多一懒”等问题整治；拉网式开展财务内审自查，规范整改问题76个；开展“以案四说”警示教育，开展廉政谈心谈话200余人次、监督检查基层单位20余家次，持续深化作风建设，层层落实责任担当。

【基础设施建设】 提质前期项目研究。深挖项目储备，建立城市建设辅助决策系统平台，为全区项目研究提供数据支撑；牵头编制《渝中区城市交通基础设施提升行动计划》，开展前期项目研究60个，结题转化或需市级决策29个，形成方案31个，做好项目储备；推进轨道交通18号线纳入全市轨道建设线网修编及建设规划，推进城轨快线26号线比选，力争串联解放碑与全市中央商务区，实现快捷联系；争取支次路网加密等专项资金补助2202万元。力推重点项目实施。推动轨道5号线歇台子站、9号线富华路站、10号线南纪门长江轨道专用桥等市在区项目的用地交付及施工协调工作；曾家岩大桥项目完成投资7.42亿元，达到投资计划的148.46%；牛角沱嘉陵江大桥大修工程完成车行道整治，年底全面完工；渝澳分流道已完成主体结构施工，年底完工的上行线将缓解上清寺、两路口片区的交通压力。区级项目建设：打造古城墙遗址传统风貌区，完工定远门一临江门标段，“发现重庆古城墙”公众号上线运营，渝中文化旅游新亮点初见雏形；打通困扰群众多年的“断头路”，顺利完工长江一路（鹰冠小区段）下穿道整治、竹园小区通道环境整治工程；改善市民游客通行条件，提前完工罗汉寺天桥项目，并获扬尘控制和安全文明十佳工地称号。

【行业发展】 道路运输。新开457路大溪沟环线公交，即将开行枇杷山环线公交，努力填补全区公交通行空白区域；结题“渝中区交通物流现状调查研究”和“渝中区现代物流业发展趋势及对策研究”，助推公运集团无车承运人物流新业态发展；搭建社会监督渠道，将一、二类维修企业接入“全国汽车电子健康档案信息服务网”，让车主权益更受保障；开通绿色通道培育重点企业，“曹操专车”“刹一脚”等网约车企业发展势头良好。水上交通。实行“两江游”联网售票、试行实名制管理并着手规范港口命名，都市水上观光游增长迅猛；协调完成辖区餐饮船舶专项整治，市级主流媒体纷纷宣传渝中经验；汇集各区优势旅游资源，朝天门至磁器口水上观光旅游线路获批；勒令取缔违规码头，冯家嘴流域恢复自然河道；区港航所高票当选“最美青年突击队”。建筑施工。开全市先河统一辖区各类在建工地管理标准，力推施工现场品质提升，重庆中心、重庆塔项目围挡成为全市新标，罗宾森、和泓江山国际等项目作为示范点多次迎接各区观摩学习，渝中做法成为全市标准；创建和巩固扬尘示范工地20个、“智慧工地”10个、标准化工地2个；指导辖区工地荣获安全文明示范工地1个、“巴渝杯”2个、“三峡杯”1个。助推旅游发展，为配合渝中打造全域旅游城市，从建设、交通、执法等多角度多领域共推网红景点提档升级。开通T001、T002、T050三条旅游专线，建成李子坝轻轨站观景平台，方便游客“打卡”辖区景点；增开应急公交线路2条，前移九码头公交站，设置朝天门港区便民服务车。延长交通执法时间至凌晨1点，确保节日期间游客安全出行。

【“放管服”改革】 持续推进简政放权、增亮促优。联系调研企业128家、333次，答疑解惑174条，走访13家企业宣传习总书记在民营企业座谈会上的重要讲话精神，增强民营企业发展信心。继续清退安全文明措施费和农民工工资保证金，为企业缓解项目预售资金及项目资本金总计8.6亿元。履行服务承诺，转变职责强化“管”。压缩政府投资项目审批时限至8个工作日，建设类行政审批及服务事项办理时限减少60%以上。挂牌成立工程建设项目审批服务综合窗口，实现统一收件、共享申报材料、部门同步办理。推行告知承诺制度，企业书面承诺后限时补齐手续，保障项目早开工。推行办事窗口“中午不打烊”，减少休息时间无缝链接办事群众，受益群众达9000余人。专人专办网约车道路运输证，为“曹操专车”节省经费30余万元。为65岁以上老人办理免费公交卡，惠及辖区6万余人。做实行业指导，换位思考加强“服”。举办首届“渝中工匠”杯建设交通行业职业技能大赛，推荐4人获评“渝中英才”称号。开辟微官网企业亮点专栏，推动企业融合发展。简化办理轨道控保区在建项目审批手续，分段验收凯德项目，为渝海城停车库争取市级以奖代补资金1200万元，为中冶赛迪等29家企业争取扶持奖励653万元。

【行业安全工作】 2018年共开展安全检查624次，整治安全隐患1046条。编制行业领域突发事件应急预案，开展道路运输应急演练，国庆紧急启动朝天门180平台，应急停售“两江游”船票，力保应急措施到位有效。多方监督、借力共管，道路运输安全隐患有奖举报二维码覆盖至3万余个客车座位，新上线的建筑工地安全隐患有奖举报平台成功受理举报68条，核发举报奖励20400元，对30个责任单位处罚43200元。严打非法营运289辆，对79家建筑企业安全违法行为处罚223万元，同比增长108%。秉承“抓早抓小抓萌芽”思路开展信访维稳工作，接待来访群众80余批次，涉及550人次，未发生市、区两级群访集访事件。现场疏导，力排轨道9号线富华路站项目群众阻工；基本完成一建公司清算解散，有序进行大地公司司法破产，拉开二建、六建公司清算解散序幕。新成立渝中区建筑业调解委员会，成功化解行业矛盾纠纷300余起，调处率、满意率均为100%。妥善化解陈秉盈多年上访问题，协调处理农民工工资纠纷16起，协助发放农民工工资1180余万元。借助LED宣传屏、海报等媒介，组织开展“扫黑除恶，渝中在行动——走进交通行业”大型宣传活动，摸排出问题线索21条。

【房地产开发建设】 2018年，渝中区在建、拟建项目31个，在建量约400万平方米。房地产开发完成投资155.6亿元，同比增长49%；商品房销售面积74万平方米，下降8.4%；销售金额138亿元，增长32.5%；新开工面积64.4万平方米，下降5.8%；竣工面积52万平方米，下降38.9%。

【开发企业资质审批】 渝中区房地产开发企业共计92家，较2017年减少15家。其中，具有正式资质开发企业46家（包括一级资质5家，二级资质31家，三级资质8家，四级资质2家），暂定资质46家。2018年新办暂定资质17件、资质延续30件、资质变更2件。

【重点项目建设】 2018年，区建交委作为责任单位的重点建设项目共15个，计划总投资18.79亿元，完成投资20.07亿元，投资完成率达106.81%。其中，市在区项目10个，完成投资17.48亿元，完成率达115.74%；区级重点项目5个，完成投资1.74亿元，完成率达47.15%。

【自身建设】 立足思想统一确保“齐”。全年共组织召开学习会16场，通过党委会、行政办公会、党委中心组学习、“三会一课”、支部主题党日活动等，学习篇目200余篇次。邀请区级领导宣讲党的十九大精神2次、全国“两会”精神1次，组织开展庆祝改革开放40周年系列活动、新时代建交大讲堂等，加强干部职工的教育引导。立足党务工作确保“效”。强化党建政治引领，制定《党建工作要点》，筹备党委会50次，开展中心组学习33次，召开“三会一课”30余次。指导开展基层党组织换届改选4家，指导区交管所、重庆市交通行政执法总队直属支队渝中区大队党支部进行党建工作示范点复查，协助加强非公党建指导，新增吉利优行科技有限公司支部委员会。全年发展党员3名，实现预备党员转正5名。办理“群工系统投诉件”46件，满意率达100%。立足人事管理确保“真”。加强人事信息核查，定期完善干部人事档案，整理并移交人事档案329册，做到档案管理规范，个人信息正确完整。指导开展8名科级干部转正考核，进一步规范选人用人程序。对区建综处近年来在职在编职工工资发放事宜进行校核、清理，纠正信息录入错误5人、工资错发5人、漏发金额15835元。推荐非领导职务晋升1人（副调研员）、事业单位高级工程师申报评选1人、工程师申报评选1人。立足巡视巡察整改确保“实”。开展巡视整改专题民主生活会、专题支部主题党日活动，梳理排查退休人员返聘，进一步核实核准人事档案，主动清理津补贴，做到对标查找、严格整改。

【区建设交通委负责人】

主　　　任：陈　勇（党委书记）

党委副书记：印曙光（2018年7月离任）

　　　　　　鞠　影（2018年9月任职）

副　主　任：杨　毅　吴　施　李劲松

派驻纪检组长：文　燕

（吴琼）

建筑业

【概况】 2018年，区管建筑工地总建筑面积507万平方米，建筑业实现增加值32.3亿元，占全区GDP的2.6%。建筑业总产值注册地完成427.8亿元，在地完成128.6亿元，分别增长5.7%和2.5%。至2018年年底，全区有各类建筑企业557家。其中施工总承包135家（特级1家，一级23家，二级29家，三级82家），专业承包387家（一级44家，二级193家，三级58，不分等级92家），劳务分包35家。建造师总数3424个。

【建筑行业管理】 2018年上报企业建造师注册申报资料1221人次，其中一级326人，二级895人。代领发放二级建造师注册执业证书及执业印章84套。对渝中区147家建筑资质企业的季报、年报报表暨定报单位进行催报、季度数据审核对比等。根据统计一套表内报送情况和报送数据分析，迁入2家，迁出1家，退出限上企业6家，新增7家。牵头渝中区82家、直接负责74家规上服务企业的催报工作。靠前服务，走访营业收入额较大的企业，采取电话、QQ等方式积极协调企业准时上报，不漏报、不错报。2018年，规上建筑设计服务企业实现营业收入增长11.9%。根据重点服务业报表内报送情况和报送数据分析，退出规上企业11家，新增20家。

【建筑工程监督】 2018年，区管建筑工地项目工程71个，监督主体责任项目87个，其中：办施工许可证47个，技术指导40个。受理安全、质量报监41个，减少4.65%。其中：房屋建筑工程15个，总建筑面积88.72万平方米，增加

5.31%；市政、土石方及其他工程26个，总工程造价28521.66万元，增长74.88%。办理工程竣工验收备案25个，下降19.35%；备案建筑面积59.19万平方米，下降38.26%。

【工程质量监管】 对71个在建工地开展各类检查，形成监督记录760余份，发现各类质量安全隐患2300余条，下发违规告知书76份，均得到及时有效处理。2018年完成竣工验收项目37个，工程质量验收合格率达100%。通过市级安全文明工地各阶段验收项目1个（重庆罗宾森广场项目T4塔楼承包工程含塔楼下的商业及车库），新申报项目2个（重庆复地金融中心，重庆中心一期一标段T2塔楼及其下部裙楼、地下室）。获评巴渝杯优质工程奖2个（和泓江山国际6号楼、化龙桥B6/03地块）。通过三峡杯优质结构工程验收项目1个（重庆罗宾森广场T4塔楼车库及裙房）。推荐全国安全文明标准化工地1个（重庆来福士广场）。

【安全监管】 对区管建筑工地开展日常安全检查和节后复工、安全管理人员到岗履职、大排查大整治暨建筑起重机械、百日攻坚、城市品质提升等专项检查，切实做好施工现场文明施工的动态管理。建立"渝中区在建工地安全隐患有奖举报平台"，共接到举报信息74条（其中有效举报68条），涉及安全隐患82条，核发举报奖励24600元，消除安全隐患82个，对30家责任单位处罚45800元，对施工现场违章行为尤其是习惯性违章形成有力震慑。用奖一罚一机制促进各施工现场互监互管，逐步提高从业人员的安全防范意识，提升安全管理效能。共开展施工现场日常安全检查和专项整治检查1200余次，形成检查记录520余份，发现和整治各类安全隐患2900余处，确保辖区建筑工地安全施工。

【招投标等管理】 2018年，辖区建设工程招投标项目共128个，交易总额32.29亿元。其中公开招标100个、交易额17.48亿元，邀请招标5个、交易额3.01亿元，直接发包23个、交易额11.8亿元。全年完成初步设计审查批复项目10个，施工图审合格书备案45个，地质勘查外业抽查6个。全年核发施工许可证41个，其中市政工程2个、房屋建筑项目39个。

【行政执法及劳务清欠】 对安全质量管理差的80家企业和2名个人进行行政处罚，处罚金达231.3万元。2018年协调处理工程款及农民工工资纠纷19起，涉及农民工600余名、工资1452万余元。

【建筑培训及城建档案管理】 2018年联合市建筑业协会考核鉴定技术工人16400人，组织培训153名专业技术管理人员，为453人次专业技术管理人员换发新证。全年与建设单位签订35份档案报送暨廉政承诺责任书。31个工程档案验收均通过线上线下完成，合格率达100%。城建档案管理一体化平台全面推进实施，《建设工程文件采集整编系统》推进应用，实现城建档案交底、过程检查指导，线上线下便捷服务。

（吴琼）

滨江建设管理

【概况】 渝中区滨江建设管理处（简称"区滨管处"），属归口区建交委管理的事业单位。2018年内设秘书科、工程科、经营科等3个职能科室，核定编制8名。办公地址位于渝中区长江滨江路156号。区滨管处的主要职责是：建设、管理渝中区长江滨江路，含道路、桥梁、沿江护岸挡墙、滨江公园以及长滨路5千米沿线的各类市政设施。

【环境综合整治工程建设】 消落区（菜储段）环境综合整治工程于2017年12月进场，总投资59872万元。3月10日正式开工，现完成投资约12000万元。

【长滨路朝储段景观工程】 于2017年11月启动，至2018年3月完成工程总量的57%。原计划5月完工，但中途因市政府启动“两江四岸”统一规划建设工作，工程于4月暂停施工。因环境整治需要，积极推进海客瀛洲布匹市场区域的建设工作。

【辖区内拆迁工作】 为确保两江消落区（菜储段）环境综合整治工程、雷家坡立交工程、轨道10号线南纪门专用桥墩建设等市、区级重点工程的顺利实施，顺利完成各项工程占地范围内的相关门面及场地拆迁征收工作，共收回门面74间，涉及经营户23家，总面积达8327.61平方米。

【长江滨江公园管理】 滨江公园区域内涉及市、区重点工程施工，辖区范围缩小。全处职工加强公园治安巡逻，坚持每天早晚巡逻2次，处理和制止乱摆摊设点20余次并协助辖区各部门完成文明城区复查等专项工作。维、抢修长江滨江公园内水电设施，查处乱搭乱建电线30余处，失效灭火器10瓶。发放各类安全隐患整改通知书，及时督促整改乱拉乱接、三合一场所、消防器材不到位等各类事故隐患。

（廖丽君）

市政建设管理

概　述

【概述】 重庆市渝中区城市管理局（重庆市渝中区城市管理综合行政执法局），简称“区城管局”，系区政府负责城市管理工作的主要职能部门。2017年12月30日，渝中区政府将区市政园林管理局更名为区城市管理局，加挂区城市管理综合行政执法局牌子，将区城市管理综合行政执法局直属大队更名为区城市管理综合行政执法支队。2018年，区城管局机关内设办公室、计划财务科、规划管理科（行政审批科）、执法监察科（科技信息科）、市容环卫管理科、市政设施管理科（停车管理办公室）、园林绿化管理科、广告灯饰照明管理科、水务移民管理科、安全稳定办公室10个科室和1个执法支队。局机关有行政编制37人，实有公务员28人，工勤人员1人。下设环卫三所、中渝环卫公司、市政管理服务中心、数字化城市管理监督指挥中心、市政设施维管中心、解放碑地下环道管理处、城市照明维护管理中心、绿化维护管理处、鹅岭公园管理处、枇杷山公园管理处、人民公园管理处、珊瑚公园管理处、华西市政工程部、绿化二队、市政园林开发公司15个基层单位以及11个街道综合行政执法大队。区城管局的主要职责是：负责市政设施建设、维护和管理，承担区内城市环境卫生管理、防汛水利管理、市容环境综合整治、园林绿化和各类公园行业管理以及依法开展执法工作等。办公地址位于渝中区和平路192号。

2018年，区城管局紧扣城市综合管理“干净整洁有序、山清水秀城美、宜居宜业宜游”工作目标，贯彻落实市委、市政府城市综合管理精细化、智能化、人性化和大城细管、大城智管、大城众管，以及区委、区政府城市综合管理背街小巷与主次干道、白天与晚上、平时与节假日“三个一样”工作要求，开展市容环境综合整治，城市环境进一步改善，城市形象进一步提升，助推渝中经济社会发展。11月26日，渝中区城市管理局城市综合管理“五长制”获新华社“2018中国最具幸福感城市•管理创新范例”。

【党建工作】 定任务、重考核，把党建工作摆在首位。细化工作任务，制定下发《局党委2018年党建工作要点》和《2018年党建工作十项重点任务实施方案》，细化各基层党组织工作责任清单、项目清单、工作措施。坚持定期分析研判，全年共召开党建工作例会15次、党建工作形势分析会4次。完善分管联系制度，各党委委员对口联系相应基层党组织，并负责指导和督促基层党组织各项工作开展。建立党建考核制度，每季度对局属各基层党组织党建工作进行检查考核，进一步提升和完善基层党建工作。高标准、严要求，推进“两学一做”教育常态化。突出“学”字，补精神之钙。采取以领导干部讲党课、专题讲座、党委中心组专题研讨、支部主题党日等形式，组织党员干部学习习近平总书记系列重要讲话、党的十九大精神、全国“两会”精神等内容，引导党员干部自觉筑牢理想信念堤坝。突出“做”字，树行业先锋。在全局系统广泛开展“党员示范岗”活动，倡导党员在城管各条战线上先行先做、率先垂范，主动承担城市管理工作中的各项急难险重任务，树标杆，作表率。抓规范、固基础，加强基层党组织全面建设。健全党委中心组理论学习、支部主题党日制度，规范党委成员领学、中心发言、集中研讨学习流程，全年组织党委中心组学习13次、“两学一做”专题学习会15次、“主题党日”学习145次。落实“三会一课”，各基层党组织坚持每月召开1次支委会和党小组会、每季度安排1次党员大会和党课，引导党员干部深学笃用习近平新时代中国特色社会主义思想，进一步增强政治认同、思想认同、理论认同、情感认同。推进规范化建设，局属15个在职基层党组织加强支部标准化、规范化建设，做到党旗、入党誓词、党员权利、党员义务“四上墙”，支部记录做到要素齐全、清晰完整、整洁规范、全程纪实。特别是鹅岭公园党总支在全区党建示范点验收中得到区委组织部的高度评价。严把党员发展政治关，认真执行区委组织部和局党委“两级审查”制度，加强对基层党组织发展党员工作的精准指导，发展党员5名。

市政设施建设

【设施管护】 2018年检查市政排水沟道约1260千米，维护管网126千米、进水口4500余座、检查井5200余座、水篦700余套、井盖井座100余套；对直管和社会单位化粪池日常检查28092座次、窨井检查18.24万座次、沼气检测10488座次，日常清运粪便74670吨；维护车行道约2.88万平方米、人行道约2.96万平方米；施划摩托车停车位2000余个、旅游大巴停车位17个。

【安全管理】 牵头编写《渝中区城市桥隧突发事故应急预案》《渝中区城市排水系统事故应急预案》等与安全相关的工作方案和应急预案并通专家评审；完善《重庆解放碑地下环道安全风险专项评估报告》，制定《重庆解放碑地下环道交通拥堵应急处置预案》《重庆解放碑地下环道综合管理处春夏火灾防控工作方案》。牵头开展专项安全检查45次，牵头开展地下环道区级综合演练1次、专项应急演练11次，维管中心排水设施应急演练1次，环卫三所化粪池应急演练1次；组织实施道路、排水以及化粪池设施应急抢险285次。强化市政桥隧结构设施安全监管，完成2018年渝中区市政结构设施定期检测，并组织专家对检测评估报告进行评审，正按专家意见对评估报告进行完善。

【行业监管】 市政施工围挡监管。通过上门宣传、发出书面整改函、执法查处等方式，对占道施工工地围挡进行规范管理，督促区城投公司健康路、轨道公司长滨路施工项目规范占道施工围挡，督促区城投公司拆除华一路久围不建占道施工围挡等。占挖、排水许可办理监管。共办理市政道路占挖行政许可109件，办理污水排入排水管网许可6件，完成市城管局下达的年度任务。停车场（库）监管。牵头编制《渝中区城管局停车管理办公室对辖区内备案停车场、库日常工作管理及考核检查方案》，完成11个停车场备案登记工作，相继巡查停车场670余个，对渝中区115个已备案的社会单位停车场进行考核，处理投诉70余件，完成渝中区停车场、库基本情况普查。市政类维护整治项目招投标监管。对

15个市政类建设项目施工的招标投标活动进行行业监管，对31个国有资金投资项目的施工图审查合格书进行存档备查。

【品质提升工程】 道路隔离设施品质提升。主次干道栏杆以“蓝白相间”为基调，背街小巷及步道栏杆统一设置为灰色，完成全区10万余米隔离栏杆的提质改造。城市桥梁容貌改观。完成84座城市桥梁容貌提升，累计涂装面积26万平方米，打造舒适美观的通行环境。城市隧道功能提升。美化整治10座隧道、13座人行地下通道、7座车行下穿道，累计整治面积20万平方米。对隧道洞门墙体进行修复，处置渗水、干裂缝等问题，对隧道内拱顶涂刷环保型防火面漆，侧墙安装钢钙板，同步完善限高、限宽等标识牌。

【市政设施建设】 完成市政排水及化粪池管网改造3.81千米，改造人行道23000余平方米、车行道6000余平方米。加快推进桂花园新村、玫瑰湾人行天桥至鹅岭正街2条步道系统改造工程，以及马鞍山—春森路步行系统示范段建设、菜袁路车行道提档升级改造、解放碑地下环道内部标识标牌改造、和平路多杆合一试点等项目。

【解放碑地下环道管理】 相继制定出台一套针对性强、符合地下环道特点、具有可操作性和实用性的规章制度以及相关标准办法。明确各岗位安全职责，加强日、周、月安全巡查，对重点区域和风险源头加强管控，地下环道运行安全总体平稳可控。特别是在落实安全问题台账销号制度上，共计发现375项问题，通过督促和协调建设单位已整改257项，还余118项也正在整改中。组织开展形式多样、内容丰富的定点宣传、媒体推广、市民开放日等系列宣传活动，提高地下环道在市民中的知晓度。针对环道内标识标牌不清晰、设施设备编码不统一等问题，组织实施地下环道交通改造工程，对环道交通指示、设备间编号等标识标牌进行统一改造和完善，提高环道各类标识标牌的辨析度。

【环卫设施建设】 有序推进菜园坝垃圾中转站扩容改造、环卫汽修厂房改造工程。完成中二路、虎头岩公园入口、鹅岭88号酒店旁、化龙桥红岩小学旁、东水门5座新建公厕和华一坡、防疫站、佛图关、上大田湾、港口小区5座公厕改造。

【桶装饮水点】 在人民公园、两路口等区域安装桶装饮水点22个，设置直饮水点两处，超额完成民生实事任务。

【灯饰照明维护】 修复各类熄灯2123盏，处置箱式变压器故障、电井盖破损、灯杆门缺失等各类问题618个，更换隧道灯具218盏，更换线路4000余米。消除城市“无灯区”“暗灯区”，安装照明路灯380盏，开展LED绿色照明改造约1500盏。完成嘉陵新路、民族路、八一路、朝东路等8个路灯及箱式变压器改造工程。全区功能照明亮灯率达99%，设施设备完好率达98%。2018年“五一”“十一”旅游高峰期间，渝中功能照明亮灯率达100%。完成七孔桥景观灯饰、枇杷山红星亭灯饰工程以及胜利坡、较场口转盘等项目。老旧楼宇动感灯饰拆除21栋，改造南国丽景等老旧楼宇灯饰18栋，维修楼宇灯饰75栋，保持景观照明亮灯率、设施设备完好率98%。办理各类投诉80余件，政协提案、人大建议19件，照明设施拆除（占用、迁移）许可11件，景观灯饰激励资金办理2件，社会单位自建景观灯饰备案8件。

环境卫生

【环卫三级考核】 按照区、街分级环境卫生管理体制（区城管局负责全区主次干道管理、各街道负责背街社区管理），落实街道主体责任，夯实“大环卫、全域环卫”意识，依据主次干道、背街社区环境卫生长效管理考核办法，特别是新增重庆解放碑CBD管委会为考核对象后，全区环境卫生监管工作实现全域覆盖，无盲区。

进一步强化区、街、社区环境卫生“三级考核”制度，坚持月检查、月通报、月考核，定期召开环境卫生质量分析会，及时整改存在的问题。

【精细管理】规范垃圾前端收运，按照“靠墙、靠边、靠角落、靠隐蔽处”原则，各类垃圾集污容器做到划线固位、有序摆放，垃圾收运做到及时高效、流程规范、铺垫防污、车走地净。继续开展公厕深度清洁、还原道路本色工作，强化落叶季节期间环境卫生管理，加强人行护栏、果皮箱、提升桶的擦拭，加大道路冲洗力度和保洁频率，实现环境卫生管理常态长效。

【突出问题整治】 实行定人、定时、定点开展集中巡查。针对轨道公司、公交集团、建筑工地、拆迁棚改片区和储备地块等区域存在的暴露垃圾和卫生死角问题，进一步明细职责，强化各街道属地监管责任，通过现场督办、整改通知（函）、开专题会、上门督办等方式及时跟踪督办，实行销号处理，先后督促整改各类问题200余个，清理各种垃圾100余吨，整改率达到100%。针对环保督查的四个问题清单，及时制定整改方案，建立专门督查整改案卷，做到一题一档，责任到人，落实到位，先后完成抽风除尘除臭系统和排水沟维修。修订完善相关制度，建立相应工作台账，确保各类问题得到及时有效解决。

【沿江两岸环境整治】 联合各相关责任单位和街道，按照“每周一小清、每月一大清”原则，强化对轻轨沿线及沿江两岸的环卫监管，定时、定期清理沿线各类垃圾。充分发挥社区居委会“主阵地”作用，采取上门入户、聘请“蜘蛛人”等方式，对小区雨棚、护坡垃圾进行逐一清理。针对枯水季节珊瑚坝环境卫生问题，通过落实专人、增设垃圾桶、配送垃圾袋、宣传提醒等方式，全力做好环卫保洁工作。全年出动车辆470余车次、4050余人次，清理各类垃圾500余吨，确保轻轨沿线及沿江两岸整洁靓丽。

【垃圾处置费征收】 强化周二周五驻站、月例会以及燃气窗口人员5‰激励制度，规范低保户、优保户、空置户等减免手续，真正实现零距离听取矛盾、零距离接触矛盾、零距离化解矛盾。加强与燃气分公司、城区供电局和水厂的协调，强化机关团体、团缴户、社会单位等垃圾处置费的征收力度和欠费催收，2018年征收垃圾处置费3006万元。

【垃圾分类】 年内先后4次制定印发相关文件，全力推进公共机构和相关企业生活垃圾分类强制分类全覆盖。并将石油路、上清寺和化龙桥作为试点街道推进，相继编制《生活垃圾分类指导手册》《城市生活垃圾分类工作相关文件资料汇编》，成立志愿者队伍，开展生活垃圾分类知识专题培训。进一步明确区机关事务管理局、区城管局、区环保局、区商务局等部门和各街道办事处（CBD管委会）工作职责，广泛开展垃圾分类进社区、进学校、进商圈等宣传教育活动。区机关事务管理局、区教委、区卫生计生委、区建交委等单位正组织全区公共机构和相关企业制作垃圾分类桶，3个街道示范试点社区（小区）设置各类生活垃圾分类桶2000余个，安装“小黄狗”垃圾分类智能箱6套。实施居民生活垃圾强制分类试点街道达20%、生活垃圾回收利用率达20%。

【垃圾收运】 餐厨垃圾收运。按照《重庆市餐厨垃圾管理办法》有关规定，严格实行分类收集、统一收运、集中处理原则，与食药监局配合，梳理全区餐饮门店，强化对全区餐厨垃圾管理，排查更换破损餐厨桶，落实门店责任，有序推进餐厨垃圾定时收运模式，做到“桶不出门、垃圾不落地，店内存放、定时清运”，严厉打击非法违规收运餐厨垃圾行为。开展宣传教育，通过“一对一”上门宣传方式，讲清黑心油、地沟油危害，引导餐饮商户自觉遵守餐厨垃圾管理办法。开展餐厨垃圾专项整治及宣传110余次，发放宣传资料6000余份，处理非法收运餐厨垃圾8次，收缴非法收运餐厨桶210个。全区共签约商家 2503 家，日收运餐厨垃圾 140 余吨。建筑垃圾收运。优化渣土核准证、环卫设施拆除许可以及清扫保洁资质证初审等行政审批流程，缩减审批时限，安排专人负责日常审批工作。对申报人应提供的各类材料的数量及要求，在办理程序时一并告知申请方，让群众少跑路，做好服务工作，做到行政审批零投诉。办理建筑垃圾处置许可 7 件、建筑垃圾运输许可证 140 个，涉及运输单位 9 个。

综合行政执法

【违法建筑整治】 围绕“快处新增，集中消存”的工作目标，有序推进市级违建拆除任务。重新梳理全区剩余存量违法建筑数量，动态更新三图三表，部署完成渝中区违法建筑管理平台，逐步实现违法建筑整治台账的信息化、可视化管理，科学合理编制渝中区 2018 年存量违法建筑整治工作计划，细化街道月度任务完成比例和重点任务完成周期，将阶段性完成情况纳入街道年度考核重要内容。将违法建筑整治与棚改征收、消除安全隐患、市容环境综合整治相结合，重点突出拆违后环境治理，以功能完善、环境治理、隐患整改的方式提升立体景观，通过楼顶绿化、美化，完善建筑功能。拆除存量违法建筑 5.19 万平方米，发现并处置新增违法建筑 11 处、568 平方米，完成宏声巷 11 ～ 15 号、枣子岚垭正街 7 ～ 12 号、建兴坡大梯道等 10 余个拆违建绿项目。

【市容秩序整治】 全面开展市容秩序巡查，对辖区网红景点、儿童医院周边、回水沟、业成花园等重点区域展开整治，督促完成各街道（解放碑 CBD 管委会）市容秩序问题 1300 余件，拆除占道亭棚 30 余个，取缔两江游售票摊点 15 个，取缔违章占道摊点 85 个。督促临街门店和报刊亭、便民商摊对伞棚和立面进行清洗 110 个，规范经营 60 个。清除“牛皮癣”小广告 1 万余处，清洗三轮车车身“牛皮癣”100 余台次，暂停非法小广告电话 256 个，罚款 2 万余元。拖移僵尸车 512 辆，处置违章三轮车 850 辆。

【扬尘整治】 召开扬尘整治工作会 2 次。出动执法人员 2890 人次、执法车辆 450 车次，对全区在建工地 22 个、拆迁工地 6 个、土石方工地 11 个进行扬尘整治。发放密闭运输宣传资料 240 份，签订《扬尘控制责任书》22 份，设卡整治出渣车辆冒装撒漏和建筑工地扬尘施工 11 次，罚款 2 万余元。立案处罚建筑工地污染道路 11 起，开出限期改正通知书 23 份，共处罚施工单位 15 个，罚款金额 10 万元。查处冒装、撒漏等不规范运输车辆 16 台次。

【综合执法】 开展损坏市政设施执法行动，出动执法人员 960 余人次，对道路设施、过街设施巡查整治 49 次，立案查处擅自挖掘人行道、占用人行道行为 5 起，罚款 1 万余元。开展损毁园林绿化执法行动，出动执法人员 460 人次，进行园林绿化巡查，查处擅自占绿行为 15 起，收取绿化赔偿费用 1 万余元。整治拆除嘉滨路迷岸风情街大型长期占道棚 4 个、面积 1000 余平方米，占道摊点 3 处。查处菜园坝水果市场、竹木市场等沿江企业倾倒垃圾行为，约谈企业负责人 6 人次，清除江边垃圾 100 余吨。查处洪崖洞违规停车场，强制清除停车位 42 个。查处长滨路沿线违规停车场，清除停车位 26 个。清除道路私自设立阻车锁、栏杆 35 处。开展渔政水政执法行动，禁渔期每周 2 次对涉河区域进行巡查，共出动执法人员 1320 人次，出动执法车辆 248 台次，张贴标语 31 处，发放宣传资料 3620 份，清理查获“迷魂阵”5 部、深水张网 13 部、电捕鱼器具 4 套，放生渔获物 50 千克。办理涉及渔政各类投诉、反映案件 50 件，办结率达 100%。

【队伍建设】 按照住建部和重庆市城市管理执法体制改革要求，完成城市管理执法队伍名称、执法依据、执法程序、执法文书、执法服装、执法标志标识“六统一”，为执法队员增配执法记录仪 650 台，实现执法干部、城管协管员全员配备执法记录仪。通过劳务派遣形式配置城市管理执法协管人员，建立健全城市管理执法协管人员招聘、管理、奖惩、退出等机制，加强协管人员业务素质培训，统一协管人员服装和标志标识管理。加强城管执法队伍培训，邀请市城管局执法监督处及执法总队、区委党校、区法制办、区法院等相关专家就当前城市管理执法工作的形势和工作要求、城市管理执法的理论和实践、执法工作纪律以及相关法律法规等开展全员综合培训3次、专题培训2次，不断提高执法队伍理论和实践水平。推进法制建设和依法行政工作，全面落实行政执法三项制度，开展年度案卷评查并对问题进行及时通报讲解，以会代训提升执法干部文书应用水平。

数字化城市管理

【概况】2018年，数字城管立案33.63万件，结案25.89万件，结案率达76.98%；按期结案25.58万件，结案率达76.06%。群众投诉3504件，其中：12319城市管理热线案件2430件，同比上升6.95%；网络舆情案件254件，上升8.09%；公众微信案卷19件，下降63.46%；市长公开信箱321件，上升45.79%；市政110案件480件，上升6.67%。

【数字平台建设】 初步建成城市管理共享中心、数字城管综合协调监管平台、城市管理业务平台、便民惠民服务平台及视频监控平台的“智慧城管”框架。依托现有“智慧城管”框架，结合前期地理信息普查成果，对地理信息系统（GIS）地理空间基础数据进行更新，按照国家标准，升级数字城管业务系统。

【马路办公与推诿案卷确权】 设计城市综合管理“五长制”信息系统，全面推行城市综合管理“五长制”，落实各街道（解放碑CBD管委会）全域覆盖、纵向到底、横向到边要求，划片包干、责任到人，将辖区大街小巷城市综合管理责任细化明确到街长、路长、巷长、楼长、店长。通过巡查+处置+执法+媒体曝光+市民参与等多种手段，将马路办公与数字化城市管理、12319城市管理热线投诉办理、网络热点问题处置等工作手段和方式相结合，接办市“马路办公”下发巡查发现问题682个，均处置结案，在全市“马路办公”排名中名列前茅。主动与各相关终端单位联系协调，从解决问题出发，将确权工作落到实处，2018年推诿案件月均14件。

【基层防汛预报预警体系建设】 完成渝中区基层防汛预报预警体系建设并投入使用，形成较完善的洪涝灾害综合防御体系，包括监测系统、预警系统、监测预警平台、群测群防体系等，实现水、雨情实时监测和分析预测评估，提出水、雨情预警，为科学防灾减灾提供决策依据。该项目是全市唯一一个区级预警体系，建设方案与市级方案一同编制。

【“智慧停车”系统建设】 推进解放碑地下环道“智慧停车”项目建设，以帝都广场车库为试点，将物业自有产权20个车位纳入试点范围，逐步推进解放碑地下环道智慧停车工作。该项目既可结合车位引导功能，帮助社会车辆快速停车、节约时间，更提高了停车场空闲车位周转率、使用率。完成解放碑地下环道无线Wi-Fi覆盖，在主通道区域实现免费上网，增强地下环道使用功能。

园林绿化

【绿化品质提升】 绿化专项管护、桥头绿化改造、轨道交通美化、道路节点提升和边坡空地绿化等重点工作齐头并进，累计栽植乔灌木95万余株、鲜花800余万盆、改造绿地面积15万余平方米。加强绿化专项管护。在主干道、桥梁、绿地广场、街头游园、重要节点等区域开展常态绿化管护的基础上，重点加强城市网红点及周边绿化整治，完成洪崖洞周边行道树修枝整形、李子坝轨道站边坡绿化改造和长江索道周边绿地整治。实施桥头绿化改造提升。完成嘉陵江渝澳大桥、黄花园大桥、菜园坝大桥、长江大桥、嘉华大桥桥头节点绿化改造提升并进行精细化管护。实施轨道交通绿化美化。联合轨道公司全面排查轨道2、3号线，梳理佛图关、长江二路、嘉滨路、牛角沱等多个提升区域，完成2号线沿线（渝中段）墩柱、牛角沱至李子坝沿线堡坎、护坡的藤蔓清理，李子坝轻轨站边坡绿化改造基本达到预期效果。实施城市道路和节点绿化美化。完成北区路绿化品质提升，完成中山四路、上清寺转盘、两路口转盘、大坪环岛等道路及节点时令花卉换栽工作，在解放碑商圈等多个重点区域布置立体造型，景观效果明显。实施城区空地和山体绿化。重点对城区低效空地、消落带滩涂、山体边坡的绿化进行改造提升，并邀请重庆市风景园林科学研究院启动“渝中区空闲用地可行性研究”项目，为下一步空地治理工作提供参考。在化龙桥江岸等6万平方米空地实施花种播撒，对海浪厂地块、李子坝坡10号周边地块进行菜地清理和绿植补栽，完成李子坝正街边坡、建兴坡桥下空地、长江一路徐家坡植物栽植，虎头岩山体植被稀疏区域绿化基本修复。完成高九路海浪厂地块内蔬菜清理和场地平整工作。完成李子坝正街护坡、建兴坡、鹅岭B地块部分区域植物栽植。开展枯枝专项清理整治。突出干道、边坡、山体崖壁等区域全面清理枯枝、藤蔓，累计清理死树、杂树1400余株，清理绿地枯枝16余万平方米，清理护坡10万余平方米。采取先清理后织补方式，通过种植槽、活动模块等技术实施垂直绿化，有效提升边坡绿化景观。围绕社区绿地品质提升、沿江滩涂地绿化、绿化隔离栏更换、景点周边社会单位附属绿地管理等方面，指导街道因地制宜开展绿化品质提升工作。开展春秋补植工作。在解放碑、中山三路、中山四路、上清寺、鹅岭公园、人民公园等区域补植补栽面积9000余平方米，基本完成城区主干道及公园、绿地补植。

【大树整治】 推进社区大树三年整治计划，完成枇杷山正街、中山二路社区等21个社区的1600余株树木修剪。推进古树名木资源普查和保护工作，全面梳理并登记入册（第四批）古树名木95株，并按照“一树一策”的保护原则进行保护方案编制。

【工程建设】 对照“推窗见绿、出门见景、四季见花”目标，实施肖家湾公园、石板坡护坡覆绿、虎头岩车管所游园、袁家岗游园、牛角沱轻轨站游园、老鼓楼公园、巴将军公园、小什字游园、渝州宾馆旁绿带改造、袁家岗立交景观提升等市级“增绿添园”建设项目12个。以“山水渝中·美丽半岛”为展示主题，精心筹备花博会参展，获“最佳展园”称号。

【区城管局党政负责人】
党委书记：张远洪
局　　长：赵　颖
党委副书记：赵　颖　洪银明
副 局 长：黄中强（2018年9月18日离任）
　　　　　姜　军（2018年9月18日任职）
　　　　　付　云　潘洪林
派驻纪检组长：周　平

（付财红）

公用事业

供　水

【概况】 渝中区水厂位于渝中区大溪沟龙家湾1号，始建于1932年，隶属于重庆市自来水有限公司，是一个产供销一体化的综合性水厂。80多年来，经过设备技改、工艺更新、管网改造、市场拓展，企业不断发展。现有取水系统1套，净配水系统2套，日供水设计能力10万立方米，管网总长487千米，其中DN100以上管道约240千米，水表总户数15万户。该厂担负渝中半岛、九龙坡黄沙溪等地区共近15平方千米60余万人口的公共供水任务。

2018年，全厂职工团结一心、共同努力，在安全运行、供水保障、优质服务等方面的工作都取得较好成绩。近年来，先后荣获“重庆市文明单位”“模范职工之家”“重庆市卫生单位”“生活饮用水先进单位”“精神文明先进单位”“安全生产先进集体”“重庆市人防工作先进单位”等殊荣。2018年获得渝中区反恐防范工作先进单位称号。

【供水保障】 2018年完成售水量3282.79万吨，同比增长3.58%。供水有效率达84.4%，较计划增长0.47个百分点。有序开展“一户一表”改造。全年计划1000户，实际安装1264户，超额完成计划，有效解决因水费纠纷引起的矛盾，维护了社会稳定。

【服务意识与质量提升】 广泛开展优质服务提升活动，全面推广微信公众号、支付宝推送、手机App等服务方式，完善和提高综合性前台的功能，让用户在服务大厅“足不出户”就能办理缴费、报装、过户、销户、前台咨询、用户查询、开关水登记等业务。在营业大厅设立便民服务箱和意见反馈箱，拓宽用户的沟通渠道。全年维修3526次，其中抢修DN100以上管道29次。更换DN100—DN500闸门20个，DN100以上小管改造280米，更改分水器5631户。巡查DN100以上管网2600千米，检查阀门1150套，并及时维修，检查消火栓1536套，确保管网运行安全。

【重庆市自来水有限公司渝中区水厂负责人】

厂　长：夏宏宇（2018年8月离任）
　　　　贾成军（2018年11月任职）
书　记：肖建春
副厂长：闫文波（2018年11月离任）
　　　　梁　骏（2018年1月任职）

（白栗）

燃　气

【概况】 重庆燃气集团股份有限公司渝中分公司（简称“渝中分公司”），是重庆燃气集团下属二级单位，主要负责渝中区及九龙坡区、沙坪坝区部分天然气规划、设计、安装、维修、抄表、收费等客户服务、供气保障及安全管理。服务区域东至朝天门、西至石桥铺白马凼、南至黄沙溪、北至化龙桥红岩村一线。渝中分公司地址位于嘉滨路116号，内设9科（室）5站（部），分别为办公室、党群办公室（人事科）、财务科、技术质量科、经营管理科、安全科、生产运行科、工程科、市场科，下设解放碑、大坪、上清寺、七星岗客户服务管理站，大宗客户服务部。燃气从业人员283人，服务客户30余万户，年供气1.86亿立方米。负责辖区4000余个调压设备、274座阀门（井）、7座CNG加气站（供气）、587处特殊用气场所及729千米中低压埋地管道的巡护管理。

2018年，渝中分公司深入贯彻党的十九大精神，制定“12345”三年发展工作目标，深化“放管服”改革、优化营商环境、提升工作质量，加强辖区天然气供用气保障，全力推进“隐患排查整治、风险分级管控、应急抢险救援、管道运行维护、技术技能创新”重点工作，构筑“安全、稳定、发展”格局。

【安全生产工作】 教育培训“内外兼修”，对内建立实操培训室，打造“岗位、层级、年龄梯次”结构合理的内训师队伍；对外开展辖区“非居民客户燃气安全知识培训”，走进商业综合体组织燃气应急演练，提升非居民客户预防处置能力。关注重点用气单位燃气安全管理，联系区教委，对辖区中、小幼儿园安全责任人进行安全用气培训，落实燃气用户管理责任。开展“警钟长鸣”警示教育，组织开展各类安全培训17次，共390人次。签约辖区新闻中心旗下7个媒体，签约24块影院显示屏安全宣传合作议项，结合“安全宣传月”、“1•10”、“1•19”、“防灾减灾”平台，利用站场、商圈LED宣传燃气安全法规及用气常识，发放安全宣传资料2万余份。抓实“风险分级管控、隐患整治并举、应急抢险救援”重点领域，推动本质安全型燃气企业建设。户内安全管理“三到位”（周期内入户安检到位、发现隐患有效告知客户到位、监督隐患整改到位）；认真履行保供职责，重点供气保障42次183天，驻会27天，协调错峰停气保民生，全力保障安全平稳供气。多措并举整治隐患，完成埋地管道隐患圈围占压整治27处，埋地燃气有效巡检6860.16千米，外加电流阴极保护恒电位仪接电17座，安装测试桩、井88座，防腐层检测151.2千米。所有工程全面推行安全“三同时”管理。

【新技术运用】 研发推广吹扫桩封堵器，解决抢险作业吹扫桩活接不易拆卸的难题（获国家实用新型专利）；应用冷压环快速连接管道技术和带压开孔封堵实施不停气碰口技术，有效降低碰口成本和置换风险；推广使用地理信息系统，提高抢险调度可靠性及智能化；管道泄漏点采用自溶型胶带快速封堵，大幅缩短抢险时间，减少停气次数。

【内控管理体系】 严格执行“三重一大”、“四步工作法”、《党委会议事规则》和《总经理办公会议事规则》等领导班子议事规则和决策程序，强化企业治理和党建工作；专项对标破解“木桶效应”，重点推进“财务资金预算管理”“管网巡检维护管理”“非居民客户表具智能化”3项专项对标指标，涉及财务、生产运行、经营管理多项管理工作，通过制度建设、指标采集分析等管控措施，提升规范化管理水平。

【供气保障与服务项目延伸】 新装楼盘、工商户、新通气表后继续提供安装、燃具销售、居民燃气地暖销售等多元延伸服务。将5个分布式能源站规划纳入区政府“城市双修”规划，促成燃气集团、中法能源、区政府分布式能源框架协议签订。

【燃气集团渝中分公司负责人】

总 经 理：刘　镇

副总经理：李发明　张　东　杨庆辉

纪委书记：蔺雪平

（胡雅姣）

供　电

【概况】 国网重庆市区供电公司（简称“市区公司”）隶属于国网重庆市电力公司（简称“重庆公司”）。市区公司成立于2011年5月，由原城区、杨家坪、沙坪坝供电局合并组建而成，供区面积799平方千米，服务常住人口约330万人，现有职工1222人。调度所辖变电站81座，其中220千伏变电站16座，110千伏变电站60座，35千伏变电站5座，变电总容量1513.24万千伏安。电网已形成550千伏双链结构为骨干、220千伏“三环三链四辐射”结构为主干的坚强网架结构。

2018年，公司售电131.20亿千瓦时，同比增长9.96%，日供最高负荷达346.2万千瓦，突破历史新高。荣获“全国五一劳动奖状”和“全国文明单位”等称号，连续六年荣获“全国安康杯竞赛活动优胜单位”称号。

【安全供电】 2018年开展现场监察4530人次，督促整改各类问题1151个。全面排查隐患223项，完成挂牌督办重点隐患16项，重点推进消防、触电隐患、线路“三跨”专项治理。开展各类应急演练30次，完成重庆市政府反恐联动演习和重庆公司应急基干队伍拉动演练任务。制定保供电标准流程和政治常态化保供电细则，定期开展重要保电场所的隐患排查，完成全国高考、重要外事活动等重要保电任务58次。积极迎战迎峰度夏（度冬）高负荷保电，实现主变设备、10千伏线路重载数量分别降低25%、41.7%，确保电网平稳运行和可靠供电。2018年，渝中区最高负荷达57.2万千瓦，较历史峰值增长4%，主要来自商业和居民降温负荷。市区公司员工科学调度，制定合理用电方案，实现电网安全运行和可靠供应。至年底，市区公司电网已安全运行5035天。

【电网建设】 市区公司在渝中区管辖变电站12座，变电总容量30万千伏安，服务常住人口66万人、客户数27.34万户。2018年，在渝中区完成售电量22亿千瓦时，增长10%；建成投运渝中区110千伏朝天门变电站，110千伏十八梯变电站等重点工程有序推进。消除14条单辐射线路，完善16座开闭所双电源，满足渝中区负荷的迅速增长需求，提高渝中半岛供电可靠性。

【经营管理】 全年完成电能替代电量835万千瓦时，签订费控协议10146户，接入费控系统1842户，改造更换新型费控表3511只。“两联三优”机制成效凸显，朝天门工程得到社会各界高度肯定。政企联手完成十八梯等6项重点项目前期工作，争取外部投资8000万元。强化智能运检，建成配网故障定位系统、10座智能开闭所、2个变电站智能巡检系统，打造输电线路在线监测平台、无人机智能巡检平台，利用智能化手段全面提升经营管理水平。

【优质服务】 建立业扩报装联合工作机制，高压报装全流程办电时长同比缩短41.95%，完成业扩配套工程46项，为客户节约投资7070.81万元；服务小微企业报装123户，为小微企业节约资金135.3万元；开展服务态度、抄表催费专项治理，其投诉量两年来首次呈下降趋势，优化营商环境工作得到了政府充分肯定。完成渝中来福士广场等政府重点关注用电维修项目42项，按期移交嘉陵厂等“三供一业”项目33项。建成投运城市直流充电站5座，初步构建电动汽车服务网络。

【组织建设】 至2018年年底，公司共有党委成员9名，下设党总支7个、基层党支部52个，共有党员1203名；团支部7个，委员9名，团员92名（含有党籍团员）。成立国家电网“红岩共产党员服务队”4支、党员突击队24支，在线损攻坚等急难险重任务中，充分彰显党员旗帜风范。完成6个党员活动室建设，实现党支部书记和支部委员党建知识培训全覆盖。

【依法治企】 开展工程领域现场监督检查78次，审计工程项目492项，审减工程造价及促进增收节支1895万元。依法合规完成授权采购项目579个；全流程管控废旧物资，网上竞价处置金额753.77万元，物资采购有序开展。进一步规范集体企业管理，清理工程102项，回收款项1.99亿元，工程遗留问题治理取得实效。深化党风廉政建设，开展中层干部任前廉政谈话和任前廉洁知识考试。组织开展报装接电专项监督，发放宣传资料3000余份，有效降低廉洁风险，提升依法治企水平。

2018年渝中区电网营业点

序号	营业点名称	地址	联系电话
1	国网大溪沟供电营业厅	渝中区人民路26号	023-63231892
2	国网交通街电力缴费厅	渝中区交通街竹园小区23号1-6	023-63306202

【市区公司负责人】

总 经 理：钟筱军（2018年7月离任）
陶时伟（2018年7月任职）

副总经理：陶时伟（2018年7月离任）
张　捷（2018年7月任职）
钟家华　谢　兵
田　迅（2018年3月离任）
杨　军（2018年7月任职）
王建明（2018年9月任职）
王晓刚（2018年3月任职）

纪委书记：赵耀银

总会计师：李正忠

总工程师：伍福平（2018年9月离任）
谢　兵（2018年9月任职）

（潘树昌）

房屋经营管理

概　述

【概况】 渝中区房屋管理局（简称“区房管局”）成立于1973年9月，是渝中区政府主管房屋管理的工作部门。办公地址位于渝中区民生路345号兴利大厦6～8楼。2018年，内设办公室、住房保障科、物业管理科、安全稳定科、房屋征收科（渝中区房屋征收办公室）、房产市场科（法规科）6个职能科室。核定行政编制19名、机关后勤人员事业编制3名，实际在职行政编制18人、机关后勤人员事业编制5名。下设6个事业单位和1个集体企业，即渝中区住房保障中心、渝中区房屋安全鉴定检测中心、渝中区房屋管理局离退休人员服务中心、渝中区房屋征收中心、渝中区物业专项维修资金管理中心、渝中区房屋管理局房屋管理中心及重庆建筑装饰工程公司，共计核定事业编制418名，在职355人。区房管局的主要职责是：负责保障性住房的规划、计划并组织实施，廉租住房保障资金的日常管理和指导公有房屋改革和管理；监督管理物业管理活动，依法管理物业服务企业资质和物业专项维修资金；负责组织实施房屋征收与补偿工作，处理城市房屋拆迁遗留问题；承担城市房屋拆房施工安全及扬尘控制监管职责；承担房屋租赁和中介机构备案管理；维护房屋租赁和房屋交易市场秩序；负责局属管理公房的资产管理和租赁经营管理工作；承担社会房屋住用安全监管职责；负责局属管理公房住用安全日常管理和安全责任；负责房屋安全鉴定和白蚁防治行业管理。

2018年，区房管局切实履行行政职能，住房制度改革和住房保障有序开展，物业管理和行业指导水平不断提升，拆迁扫尾和房屋征收稳妥推进，房产市场管理不断完善，安全和稳定有效保障，确保渝中房管的整体稳健发展。

【党建工作】 认真落实党章党规，局党委中心组，2018年开展学习20次；深入开展党的十九大精神“进企业”宣讲，走进物业企业、房地产中介机构开展宣讲34场次。严格落实意识形态工作责任制，全年未发生意识形态领域责任事故。坚持以组织建设为基础，坚持和完善民主集中制，做到“三重一大”事项党委集体研究决定，全年召开局党委会23次；落实“3+6”党建工作责任清单，打造2个基层党建工作示范点；落实《渝中区科级干部选拔任用管理办法》《市委关于防止干部“带病提拔”的实施意见》等制度，采取集中座谈、一对一谈话等形式加强新招录公务员和事业单位工作人员的教育培训；坚持每季度对基层党建工作和党风廉政建设开展一次督查，全年评比“共产党员先锋号”6个、“共产党员示范岗”107人次；抓好发展党员工作，全年发展党员3名。解决群众反映强烈的问题，办理群工系统交办件21件，区纪委交办件6件。以纪律建设为准绳，坚持每月开展1次廉政教育，抓好“党风廉政教育宣传月”和“清风半岛•廉洁渝中”活动，开展“以案四说”教育7次。推进反腐败工作，配合区纪委监委查处5名退休职工在职期间的违纪案件，查处1名在职职工违纪案件。按照“有黑扫黑、无黑除恶、无恶治乱”的工作要求推进。发放扫黑除恶专项斗争宣传资料4383份，发放宣传品1835件，设置举报箱11个，开展宣传活动11次，开展教育培训14次，面对面入户宣讲500人次，印制张贴通告9份，悬挂标语13条，制作海报30幅。

【房管经济发展】 年内走访联系服务总部（重点）企业20家、规上企业74家，联系服务其他物业企业170余家。2018年，规上物业企业从业人员33616人，同比增长26.82%；规上物业企业工资总额88898.6万元，增长31.19%。新增规上企业2家，招商引资5户，符合“招大引强”条件的1户。

【住房保障】 廉租房保障“应保尽保”，新增廉租住房家庭565户，共保障低收入住房困难家庭6677户。公租房申请优化服务。通过设置排队叫号机、开通绿色通道等措施方便群众，累计接待咨询群众15000余人次，受理申请3233户，成功配租1414户。加强公租房优化利用。分配公租房815套，提前完成784套分配任务；完成75套区级公租房（廉租房）修缮升级。审批116个单位的住房补贴资料，审批符合发放补贴1215人，审查金额1100余万元。严格程序监管资金使用，共审核使用维修基金1.88万元，用于房改房维修及养护，确保住用安全。使用住房资金1.15万元用于困难企业缴纳住房公积金。落实保障性安居工程审计整改工作，通过追回租赁补贴、限期退房、调整租金、行政处罚等措施，完成9户不再符合保障对象的退出工作。通过入户、催收、律师函催收，完成欠租追缴8.8万元。

【物业及公房管理】 推进商务楼宇物业服务标准化，8栋达到标准化甲级，对剩余申报参评的16栋开展创建评定。持续推进老旧住宅物业管理，梳理汇总相关文件、做法、管理模式等形成老旧住宅物业管理经验材料，在全市推广，为其他区提供参考依据。试点推行物业管理信息平台数据建设，已采集11个街道、20个业委会、70家物业服务企业和168个物业项目数据信息。15个物业小区、大厦按创建智能示范小区标准完成建设任务。管理公房总面积116.24万平方米，其中住宅114.36万平方米、非住宅1.88万平方米。租房总户23477户，完成租金收入1921.37万元，其中常租1700.94万元，历欠220.43万元。

【棚户区改造、拆迁】 年内实施棚户区改造10万平方米，在区法院、各部门及相关街道支持下实施司法强制搬迁30户，轨道9号线征收各项准备基本就绪。

【房产市场管理】 加强房产中介市场监管，巡查中介机构170余次，办理举报投诉29件，依法查处2家中介机构违规行为。房屋租赁登记备案66件、1万平方米，经纪机构备案新增62家。完善渝中住房租赁市场管理机制，拟定《渝中区住房租赁市场管理实施方案》初稿，与上级主管部门协调争取早日纳入市住房租赁信息化综合服务平台试点。

【安全生产】 落实安全主体责任，实施直管公房C、D级危房周监护和重点片区日监护。累计开展安全培训和演练各8次，印发和张贴各类安全宣传单400余份，制作安全宣传专栏3版，转发预警信息60余次。强化行政监管责任，完成全区176栋社会危房动态监测方案编制和危房动态监测员上岗培训和标准化试点，强化社会危房风险主动管控能力；现场查勘社会房屋存在的危险点、危险源11次。对安全隐患较大的35个拆迁片区开展19次安全生产检查，发出整改通知书7份，已全部整改。组织召开物业管理安全工作部署会5次，牵头开展高层建筑安全隐患排查整治等19个专项工作，检查物业管理项目94个，现场防违控违检查28次，指导物业公司遏制违规装修和违法建设行为28起，对物业企业安全生产违法行为执法2次。

【信访稳定工作】 建立信访领导包案制，使每起信访案件都能做到“四定”。办理群众来信79件次，接待群众来访56批次、119人次。群众到市、区政府部门上访总量126件次、287人次，分别下降25%、上升13%。廉租房和非住宅人员来访量15件次、500余人次，分别上升50%和100%。

【内部建设】 每季度定期对局属单位进行督促检查，发现问题及时要求整改，把季度检查情况作为年终考核重要依据并与单位绩效工资挂钩。协调处理事业单位的办公用房及物资采购，为干部职工提供良好工作环境。开展经常性文化体育活动，积极营造和谐、活跃的文化氛围。局工会组队参加区“体彩杯”登山比赛、区直机关工会拔河比赛（荣获二等奖）。局工会举办“2018年局职工乒乓球、羽毛球比赛”，得到全局职工好评。

【其他工作】 解决房屋“两证”（房屋产权证和国土证）遗留问题19.77万平方米。指导10个街道对47个项目开展管线整治工作，3个街道完成验收，总投资完成约400万元。完成直管公房D级危房中山三路150号、枇杷山正街93号附4号住户搬离。

【区房管局负责人】

局　　长：江　洋（党委书记，
　　　　　　2018年11月离任）
党委副书记：罗红英（2018年7月离任）
　　　　　　岳洪燕（2018年7月任职）
副 局 长：袁必亮　何　平　田　猛
　　　　　　（尹静秋）

棚户区改造

【概况】 2014年6月10日，渝中区棚户区（危旧房）改造与征收工作领导小组成立（简称“区棚改领导小组”）。9月22日，成立渝中区棚户区（危旧房）改造与征收工作第一分指挥部（简称“第一分部”）、第二分指挥部（简称“第二分部”）。10月15日，成立渝中区棚户区（危旧房）改造与征收工作第三分指挥部（简称“第三分部”）。

2015年5月，按照中央关于纪委“三转”（转职能、转方式、转作风）工作要求，区纪委相关领导不再担任棚改领导小组和棚改指挥部的具体工作。

2017年2月15日，为加强对全区棚户区（危旧房）改造与征收工作的组织领导，经区委研究同意，决定调整渝中区棚户区（危旧房）改造与征收工作机构，调整后的渝中区棚户区（危旧房）改造与征收工作领导小组（简称“区棚改领导小组”）下设3个指挥部：（1）第一指挥部（危改后续工作指挥部），负责原危改整个后续工作；（2）第二指挥部，负责原第二分部未完事宜和实施全区新开项目；（3）第三指挥部（棚改与征收原第一、三分指挥部合并），负责原第一、三分部续拆和遗留问题处置工作，待相关扫尾工作完成后整体移交第二指挥部，并撤销建制。同时，原区棚户区（危旧房）改造与征收工作指挥部和危改各分指挥部撤销。

2018年，渝中区棚户区改造工作坚持稳中求进工作总基调，及时调整全区2018—2020年棚户区改造专项规划，稳步推进棚改工作，取得良好成绩。与新华网重庆频道合作搭建《住有所居新时期 重庆棚改进行时》渝中专栏，加大棚改宣传力度等，让市民知晓棚改，支持棚改。全年完成棚改任务10万平方米，改善了城市形象和市民住房。

【棚户区改造】 2018年，区委、区政府召开棚改与征收工作领导小组会议4次，召开联席或专题办公会议19次，明确目标，确定计划，研究项目实施和推进工作。至10月，提前完成2018年度棚户区改造任务805户，改造面积10万平方米。

【棚改征收计划调整】 按照国务院常务会议棚改工作要求，体现住房居住属性，严格把好棚改范围和标准，科学评估区财政承受能力，根据市建委《关于编制重庆市2018—2020年棚户区改造专项规划有关事宜的通知》和渝中区委、区政府的要求，对确定纳入2018—2020年棚改规划的22个项目进行系统全面梳理，调整后的棚改征收计划为13个项目、424户2万余平方米。

【信访维稳工作】 全面推行引入第三方机构开展棚改项目社会稳定风险评估办法，办理国家、市、区三级和市政府公开信箱转办交办信访349件，接访群众800余人次；办理行政复议、诉讼案件250余件，99%被上级复议机关维持胜诉；落实“3+3”专项治理工作方案，可乐小镇安置房办证300余户，解决叠彩西城棚改住户开通天然气问题，区法院牵头实施司法强制执行23户，化解危旧房改造遗留问题30户。

【区棚改领导小组负责人】

组　长：陶长海（2018年1月离任）
　　　　黄玉林（2018年1月任职）
　　　　扈万泰（2017年4月离任）
　　　　商　奎（2017年4月任职）
副组长：何积光　王　勇　黄孝明
　　　　鲁荣峰
　　　　张　立（2017年7月离任）
　　　　熊德全（2017年7月任职）
　　　　夏　阳

【区棚改领导小组办公室负责人】

主　任：江　洋（2018年9月离任）
　　　　陈　勇（2018年12月任职）
副主任：何　平　查　辉　刘　畅
　　　　杨　健（2018年12月任职）

【第一指挥部（危改后续工作指挥部）负责人】

指 挥 长：何积光
副指挥长：李　渊
　　　　　喻　彦（2017年2月任职）
　　　　　周　青（2017年2月任职）

【第二指挥部负责人】

指 挥 长：王　勇
副指挥长：江　洋（2018年9月离任）
　　　　　陈　勇（2018年12月任职）
　　　　　何　平（2017年2月任职）
　　　　　查　辉（2017年2月任职）
　　　　　刘　畅（2017年2月任职）
　　　　　杨　健（2018年12月任职）

【第三指挥部负责人】

指 挥 长：黄孝明
副指挥长：石安宇
　　　　　赵卫东（2017年2月任职）
　　　　　邓雪洁（2017年9月任职）

（查辉　杨健）

环境保护

【概况】 重庆市渝中区环境保护局（简称“区环保局”）是渝中区政府工作部门，办公地址位于渝中区金汤街24号2栋7～9楼。2018年，局机关设办公室、生态环境管理科、污染防治科、法规宣教科共4个职能科室。下属事业单位2个：渝中区环境行政执法支队和渝中区生态环境监测站。渝中区环境行政执法支队为副处级、参照公务员法管理事业单位，内设综合科、执法一科、执法二科、信访投诉科；渝中区生态环境监测站为区环保局所属的公益一类、正科级事业单位，经费渠道为财政全额拨款。区环保局的主要工作职责是：贯彻执行环境保护法律、法规、规章、标准和方针政策，牵头拟定有关环境保护的规范性文件，根据职责和授权拟定有关法规的实施细则；编制并组织实施生态环境保护规划，划定生态保护红线，贯彻执行生态保护红线相关制度；深化生态文明体制改革，建立健全生态环境保护责任制，组织开展生态文明示范创建工作；建立健全突发环境事件的应急预警机制，协调辖区环境污染事故和生态破坏事件调查处理；负责生态环境损害赔偿、党政领导干部生态环境损害责任追究工作；负责环境保护行政稽查，组织开展环境保护执法检查；组织实施环境影响评价制度，监督管理建设项目执行环境影响评价制度和“三同时”制度；受区政府委托对经济和技术政策、发展规划以及经济开发计划进行环境影响评价；牵头大气、水、土壤、噪声、固体废物、核与辐射等污染防治工作，负责对辖区环境保护工作实施统一监督管理；组织实施主要污染物排放总量控制；组织实施排污申报、排污许可制度；配合做好环保税核定工作；组织开展污染源普查工作；

贯彻实施环境保护督察制度；组织实施环境保护目标责任制和城市环境综合整治定量考核工作；负责环境监测网络、环境统计和环境信息系统的建设和管理；组织开展环境质量监测、污染源监督性监测和突发性环境污染应急监测，组织对环境质量状况进行调查评估和预测预警；组织编制环境质量报告书；依法公开环境信息，组织开展环境保护宣传教育工作，推动社会公众和社会组织参与环境保护；组织协调环境保护国际公约在辖区的履约活动；协调指导区级部门和街道的环境保护工作；负责本部门及所属单位改革、信访稳定和安全工作；承办市环保局和区委、区政府交办的其他事项。

2018 年，全区环保工作以改善生态环境质量为核心，以打好污染防治攻坚战为主线，以推动高质量发展为导向，以落实环保督察反馈意见整改为重点，推动全区生态环境保护各项重点工作取得明显成效。区环保局通过区级文明单位标兵复查；被区委办、区政府办通报表彰为全区维稳安保工作突出集体；被区委评为 2017 年度综合考核“特等奖单位”；局机关党支部被区委评为“先进基层党组织”；在重庆市环境科学学会开展的环境保护“十三五”规划优秀成果评选活动中，区环保局组织编制的《重庆市渝中区“十三五”生态文明建设规划》荣获突出贡献奖；荣获全国生态环保系统档案管理工作表现突出单位称号。

【蓝天行动】 深入推进 $PM_{2.5}$、二氧化氮和臭氧污染协同治理，抓好施工、道路等扬尘控制；打好柴油货车污染治理攻坚战，推进油品升级，完成机动车尾气路检 10000 余辆；加强固定源挥发性有机物达标治理，完成挥发性有机物（VOCs）治理 3 家，开展加油加气站油气回收装置抽测 5 家；推进餐饮业油烟治理，督促新建项目安装油烟净化装置 300 多台（套），完成餐饮业单位油烟治理工作 70 家；对 14 家加油加气站油气回收装置、15 家汽修印务 VOCs 治理设施开展“全覆盖”经常性监管；强化污染天气应急联防联控，全年启动预警 8 次，全年实现空气质量优良天数 306 天，同比增加 35 天，超过年度目标任务 32 天；$PM_{2.5}$ 年平均浓度为 39 微克 / 立方米，降低 11.4%；6 种主要污染物浓度首次实现“全下降”。

【碧水行动】 贯彻落实“共抓大保护，不搞大开发”要求，将保护“两江”渝中段水环境放在压倒性位置，统筹实施水污染防治、水生态修复、水资源保护“三水共治”，打好饮水安全守卫战，长效保持湖库水质，还老百姓清水绿岸。两江渝中段水质稳定达到 II 类，大溪沟饮用水水源地水质达标率稳定保持 100%；化龙湖、渝州宾馆人工湖水质均满足景观功能要求。全年区级河长带头巡河 23 人次，街道、社区河长巡河 2000 余人次，发现并整改水环境问题 200 余起；完成餐饮船舶专项整治，拆解、拆除坝坝渔船、餐饮趸船 7 艘，严格关停 3 艘，达到预定整治目标；巩固大溪沟饮用水水源地规范化建设和船舶整治成果，在饮用水水源地一级保护区建设完成防护隔离栏和视频监控设施；完成突发环境事件风险评估和应急演练；顺利通过全国集中式饮用水水源地环境保护专项督查。

【宁静行动】 严格环评审批、夜间作业审核，开展环境噪声专项整治和中、高考“禁噪”专项治理行动，健全噪声突出问题社区圆桌协商、矛盾化解机制，努力遏制噪声投诉过快增长势头。完成市级挂牌噪声扰民案件整治 3 件，新创建安静居住小区 1 个，处置噪声投诉 4047 件。区域环境噪声平均值 52.2 分贝，下降 1.8 分贝，交通干线昼间噪声平均值 65.3 分贝，下降 4.0 分贝。

【绿地行动】 系统推进城市绿化提升，加快实施生态廊道、城市公园、楔形绿地、城市绿道、立体绿网、绿化小品等建设，新建及改造虎头岩公园、枇杷山公园等城市公共绿地项目 13 个，精细提升绿地 15 万平方米。全区公园总数 21 个，城市绿化覆盖率达 40.2%。

【家园行动】 强化土壤污染管控和修复，建立国土、环保、规划等部门联动机制，印发《关于加强土地出让前土壤性质审查工作的通知》，开展土壤污染状况详查，对彭家花园隧道旁地块开展土壤环境风险评估，全区污染地块安全利用率稳定达到100%。督促医疗、汽修、印务等行业严格执行转移联单制度，发放355家医疗机构医疗废物转移联单，指导办理危险废物转移联单598次，妥善处置上肖家湾17号金鹏花园遗弃化学品1.74吨，辖区医废、危废安全处置率达100%。强化核与辐射应用环境管理，依法办理辐射安全许可证26家，辖区放辐射应用单位持证率达100%。建立放射性同位素与射线装置动态管理台账，督促43家区属单位全方位落实辐射安全“五防”措施，全面压实企业辐射安全主体责任，全年未发生辐射环境安全事故。

【环境执法监管】 开展环境执法、环境安全等系列专项行动，坚持“零容忍、零懈怠、零缺位”。2018年共接办各类投诉4848件，处置率达100%；立案50件，增长25%，移送公安机关案件2件。牵头开展2018年突发环境污染事故综合应急演练，辖区环境安全保持“零事故”。

【环保督察整改】 4月，接受为期3周的重庆市环保集中督察，坚持边督边改、立行立改、即知即改，督察交办的118件环境投诉举报在规定时限内全部办结。7月，重庆市第一环境保护督察组向渝中区反馈督察意见后，区环保局全面抓好督察反馈问题整改，年内需整改的29个问题、41项整改措施均如期完成。同步抓好中办长江生态环境问题督查调研反馈意见整改，年度30个整改问题、56项整改措施全面完成。先后接受中央环保督察整改情况专项督查、全国集中式饮用水水源地环境保护专项督查、生态环境部“清废行动”、辐射环境安全监管专项督查等，均顺利通过现场督查或资料检查。对标对表市委办公厅、市政府办公厅《关于中办长江生态环境问题督查调研反馈意见整改落实方案》，牵头拟定《渝中区贯彻落实中办长江生态环境问题督查调研反馈意见整改方案》，共涉及6大类问题27项整改措施，涉及2018年度的22项整改措施均已完成。

【水生态保护修复】 推动沿江“减排扩容”。综合运用质量、环保、能耗、安全等法规标准，整治两江沿岸“小散乱污”业态，完成沿江有关汽修店的关停搬迁，努力消除两江污染和环境安全隐患。划定并严守生态保护红线。按照《重庆市渝中区生态保护红线划定方案》，完成勘界定标，建立生态保护红线数据库，并纳入市级生态保护红线范围统一管理；推动生态保护红线纳入全区“多规合一”，实行“一张图”管理。严格废水达标排放。强化医疗机构、汽车维修、加工印刷等行业废水排放执法监管，确保废水经处理达标后全部排入城市排水管网。

【总量减排】 完成2018年总量减排重点项目和环境质量改善目标。“水十条”年度目标任务35项、“大气十条”年度目标任务150项均圆满完成，完成率达100%。做好2018年度总量减排核算工作。辖区2018年化学需氧量排放量2911.95吨，减排0.4%；氨氮排放量1465.61吨，减排0.1%；二氧化硫排放量1吨，保持零增长；氮氧化物排放量3511吨，减排20.04%；挥发性有机物排放量151.08吨，减排6.04%。

【污染源普查】 按照全国第二次污染源普查统一部署，建立工作专报，落实专项经费，开展现场核查2次，纳入全面普查阶段的工业企业51家、生活源锅炉106台，大气污染类增项中餐饮41家、干洗4家、汽车维修43家和汽车站2个。完成全面入户普查工作，所有数据已录入“第二次全国污染源普查系统”。

【生态环保改革】 推动长江经济带战略环境评价工作，完成生态保护红线、环境质量底线、资源利用上线和环境准入负面清单等“三线一单”编制，构建全区环境管控体系。深化“放管服”

改革，落实审批服务事项“四办”，实现“一窗式”受理、“一网式”审批、“一站式”办结，7项行政许可事项由法定办理总时限127天大幅缩减至23天，缩减率超过80%。对标对表国家、全市改革方案要求，制定并落实绿色发展指标体系及生态文明建设考核目标体系责任分工方案、生态环境损害赔偿、提高环境监测数据质量、环境信用评价及信息共享等改革实施方案，强化排污许可“一证式”管理，确保改革上下打通、落地落实。

【环境宣传教育】 以“美丽中国，我是行动者”为主题，通过“6•5”世界环境日宣传、新闻发布、媒体采访、“一网双微”宣传、环保宣传“十进”等形式，开展生态文明理念、环保法制宣传，引导群众自觉践行绿色低碳生活方式。围绕环保集中督察、生态环境部“清废行动”、饮用水水源地环境保护专项督查等开展专题宣传，为推进生态环保工作营造良好社会氛围。会同区委组织部、区委党校联合举办“新时代渝中学习讲堂”第八期暨渝中区领导干部生态环境保护专题培训，约220人参训。加强社会宣传，印发《餐饮油烟污染防治宣传手册》1万册、杜绝露天熏烧倡议书2万份。推进环保公众参与，针对不同参与对象，有针对性地谋划开展环保应急演练观摩、环保亲子游、健步走、环境监测站开放、环境执法体验等形式多样的开放活动。坚持“应公开，尽公开”，推进行政决策、执行、管理、服务、结果“五公开”，督促指导辖区21家重点监管单位依法公开环境信息，充分保障公众知情权、参与权、监督权。全年发布微博3619条、微信625期，在平面媒体上宣传报道104篇，在渝中新闻报道22次，发放各类宣传资料10万份，处置网络舆情56件。

【党建工作】 2018年召开党风廉政建设工作会2次。制定《2018年度局党组理论学习中心组学习计划》，共召开18次中心组（扩大）集体学习。制定《区环保局机关党支部2018年党建工作计划》，开展党员干部集体学习18次、主题党日活动16次、专题讨论4次、领导干部讲授党课5次。1名党员获区直机关微党课竞赛三等奖。落实24小时网络舆情值班制度，全年处置网络投诉56件。通过“三微一网”和媒体报道，发布信息约4500条，持续传播环保正能量。开展“学法知纪 净心崇廉”系列主题党日活动。组织党员干部学习宪法、监察法、纪律处分条例等党纪国法，组织参观《中华人民共和国监察法》漫画展。认真落实区委《关于进一步加强党风廉政警示教育的实施意见》，召开“以案四说”警示教育会，开展廉政专题教育，组织观看《蜕变的初心》等警示教育片，对系列违法违纪案例进行深入剖析。组织党员干部参观红岩革命纪念馆，赴长寿区开展预防职务犯罪警示教育。

【区环保局负责人】
局　长：何治红
副局长：杜　洁
　　　　唐茓誉（兼区环境行政执法支队队长）
派驻纪检组长：郭建新

（冯黎黎）

重庆城的十七门

西水门（闭）西水门，遛快马，快如腾云

西水门在千厮门与朝天门之间，距千厮门较近，城门面朝嘉陵江，有城门的形制却是常年不开的闭门。西水门之得名，是因此门正处于东水门的右面，民俗有面南背北左东右西之习，西水对东水，恰好龙凤之俦，天成一对。明清时期，能够骑马是一件极其威风之事，老百姓心生羡慕，有人便弄了些马儿来租赁，但骑马玩是要选择地方的，生意人就在山崖边、平坝处、渝水旁，特地划出一条路线来，专供人们骑马溜玩。嘉陵江边的西水门，西接千厮门东抵朝天门，这一带地势平坦、视野开阔，闭门内外商户人家相对较少，好一个天然的溜马场。

东水门（开）东水门，有一个四方古井，正对着真武山，鲤鱼跳龙门

建于明代的“东水门”是重庆老城正东的大门，但城门向北，它是仅存的老重庆两道古城门之一。东水门的名字与西水门相对应，民俗有面南背北左东右西之习，西水对东水，恰好龙凤之俦，天成一对。关于东水门的特色，《重庆歌》中已经阐述得很明了，有一个四方古井，正对着真武山。

社会事业

科 学

科学技术

概 述

【概况】重庆市渝中区科学技术委员会（简称“区科委”）是重庆市渝中区人民政府主管全区科学技术工作的职能部门，内挂牌渝中区知识产权局。2018年，区科委内设综合科、科技发展科，在职工作人员11人，其中行政编制10人，工勤人员1人，大学文化9人，研究生2人。办公地址位于渝中区和平路管家巷9号。区科委的主要职责是：贯彻执行科技法律、法规、规章和方针政策；负责拟定全区科学技术发展中长期规划、年度计划并组织实施；负责科技经费的使用、监督和管理；会同有关部门提出科学资源合理配置的建议，优化科技资源的配置；负责拟定高新技术发展计划、科技攻关计划、社会发展科技计划并组织实施；强化高新技术产业化及应用技术推广工作；负责特色科技园区建设和发展；负责全区知识产权保护与促进工作，拟定知识产权规划并组织实施；开展知识产权保护宣传工作；在授权范围内开展专利执法工作；组织实施科技成果推广；负责技术市场的指导、管理、服务和统计分析工作；负责抗震设防管理；会同有关部门编制、修订、维护本地区的地震应急预案，牵头破坏性地震的抗震救灾指挥，负责震害评估工作；负责全区的建设工程抗震设防专项检查，会同有关部门开展防震减灾宣传教育工作，负责全区群测群防管理工作；负责科技奖励工作，会同有关部门提出科技人才队伍建设政策建议；按管理权限，监督管理区级学会（协会）、科技类民办非企业机构；负责科学普及、科技宣传、科技统计工作，负责相关科技评估管理、软件学研究工作；负责组织开展国内外科技交流活动；承办区委、区政府及上级主管部门交办的其他事项。

2018年，区科委贯彻落实国家、重庆市有关科技创新的指示精神，落实市委五届四次全会，区委十二届二次、三次全会工作部署，全年科技投入资金3404.9万元，在推动区域科技创新、促进现代服务业创新发展、营造创新创业环境等方面做了大量工作。

【知识产权促进与保护】 2018年共审核专利资助申请836件，发放专利资助款170余万元。举办“倡导创新文化，尊重知识产权”主题知识产权周系列活动。组织重庆巴蜀中学申报重庆市中小学知识产权教育试点学校。组织专利执法检查12次，出动执法人员50余人次，检查经营场所150余家次。全区万人有效发明专利16.42件，授权发明214件，同比分别增长9.63%和17.58%。

【防震减灾】 将防震减灾工作经费纳入年度区政府财政预算，在科技三项经费中安排地震工作专项资金5万元。开展预案应急演练，5月10日在渝中区中小学劳动技术教育基地开展防灾减灾开放日活动，通过展板、现场咨询以及防震避震的现场演示向渝中区各中小学生进行全方位、多角度的大力宣传、普及、推广防灾减灾知识。5月，组织区内各部门和各街道积极参与第六届重庆市防震减灾网络微信知识竞赛和防震减灾微视频征集大赛，在大坪重庆市第六十六中学组织全体师生开展纪念“汶川地震十周年”防震减灾应急疏散演练活动。

【党建工作】 编制《2018区科委党建工作计划表》《党组班子主体责任表》《党组负责人主体责任表》《党组成员主体责任表》，每月开展中心组学习和组织生活等活动。开展“不忘初心、牢记使命”学习活动。先后3次上专题党课，由领导干部对十九大精神作重点解读，确保十九大精神讲在课里，入到心里，践在行里。组织全体干部学习《习近平谈治国理政》《习近平新时代中国特色社会主义思想三十讲》《习近平总书记系列重要讲话读本》以及市、区纪委的有关文件等，让“四个意识”“五位一体”“四个全面”“中央八项规定”等内化于心、外化于行。组织党员干部参观红岩村革命纪念馆，接受爱国主义教育。全年累计完成主体责任54项，召开专题党建工作研究会6次，针对“两学一做”学习教育反应的问题，制定具体整改措施28项。

科技管理

【科技项目建设】 2018年，渝中区下达科技计划项目105项，具体项目名称及申报单位见下表。

序号	项目名称	申报单位
1	FNBP1通过细胞膜张力感应参与肝癌细胞侵润转移的分子机制研究	重庆医科大学
2	MerTK通过SOCS1调控Kupffer细胞抑制肝缺血再灌注损伤的机制研究	重庆医科大学
3	多模态技术在脑干病变显微神经外科手术中的应用研究	重庆医科大学
4	核糖基化调控下mTOR/p70S6信号通路对Aβ生成的分子机制研究及黄连素对该机制的作用	重庆市人民医院（中山院区）
5	手机电磁辐射对SD大鼠听觉系统损伤机制的研究	重庆医科大学
6	基于核糖体表达谱探究真核翻译起始因子5A1在脑缺血再灌注损伤中的作用及机制	重庆医科大学
7	单侧大脑中动脉重度狭窄或闭塞患者SWI与PWI的对比研究	重庆市人民医院（中山院区）
8	MSMB蛋白在妊娠期糖尿病发病过程中的作用和分子机制研究	重庆医科大学
9	长链非编码RNA-LINC00628在肝细胞肝癌中的生物学功能及其机制研究	重庆医科大学
10	超声促进包载DOX/ATRA-纳米金刚石的普鲁兰多糖载药系统抗肿瘤的研究	重庆医科大学
11	后发性白内障的发病机制研究	重庆医科大学
12	SWP/PTP在肠道微孢子虫侵染宿主细胞过程中的分子网络构建	重庆医科大学
13	利用再生医学方法获取胰岛β细胞治疗I型糖尿病	重庆医科大学
14	自组装肽-磷酸钙-纳米羟基磷灰石复合生物材料对骨修复的影响及机制研究	重庆医科大学
15	GH-IGF1信号轴与儿童特发性脊柱侧弯骨发育异常的相关性研究	重庆医科大学
16	ADAM10介导的线粒体转录终止因子4干扰App代谢在阿尔茨海默病发病中的作用机制研究	重庆医科大学
17	LED光刺激通过电突触Inx调控果蝇脑中枢神经系统同步化活动的机制研究	重庆医科大学
18	HDAC3调控DNA损伤修复及其抑制肝癌发生发展的作用机制研究	重庆医科大学
19	浓缩生长因子诱导血管新生的研究	重庆医科大学
20	基于互联网+卒中后康复管理服务创新模式的探索与应用示范	重庆医科大学
21	利用TAT降解肽调控mTOR和JAK通路联合任务导向康复训练促进脊髓损伤轴突再生的实验研究	重庆医科大学
22	主动靶向的线性及核交联聚N-（2-羟丙基）甲基丙烯酰胺（pHPMA）-肽类树状分子杂化含钆大分子MRI对比剂及其在乳腺微小转移癌中的应用	重庆市人民医院（三院院区）
23	骨道定位对前交叉韧带重建后远期膝关节运动生理影响的分析研究	重庆市急救医疗中心
24	ABCG4受体介导的胆固醇流出异常对小鼠血小板功能的影响	重庆市人民医院（中山院区）

续表

序号	项目名称	申报单位
25	重庆市渝中区阻塞性睡眠呼吸暂停低通气综合征流行病学调查及其血管内皮损害的分子机制研究	重庆市急救医疗中心
26	陡脉冲振荡磁场促进超顺磁性壳聚糖质粒明胶微球转染的体内外实验研究	重庆医科大学
27	基于 3-D DNA walker 和超分支滚环扩增（HRCA）的通用型检测新方法的研究	重庆医科大学
28	人类基因组致病变异与良性变异的分布规律及差异研究	重庆医科大学
29	基于离子交换高效液相色谱的血红蛋白变异体识别能力研究及应用	重庆市人民医院（三院院区）
30	多学科协作医疗照护模式在老年住院患者急性期快速恢复中的运用与效能评价	重庆市人民医院（三院院区）
31	腹腔高压联合颅脑损伤后 FGFR1 破坏血脑屏障导致颅内压增高的作用及机制研究	重庆市急救医疗中心
32	新型血清Ⅰ型胶原 C 端肽（CTX）、Ⅰ型前胶原氨基端前肽（PINP）检测试剂的开发及其与骨质疏松症相关性的临床应用研究	重庆市中医骨科医院
33	NTRK 基因融合肿瘤靶向治疗药物 LOXO-101 的研制及结构修饰	农工渝中区委
34	具有预测生殖结局的宫腔粘连分级标准的研究	重庆市妇幼保健院
35	多功能纳米石墨烯对骨肉瘤肺转移的治疗研究	重庆市人民医院（中山院区）
36	经皮耳迷走神经电刺激对脑缺血 / 再灌注大鼠的影响及其机制研究	重庆市人民医院（中山院区）
37	超声监测胃排空对无痛肠镜患者术前 2h 口服清饮料最佳剂量的研究	重庆市人民医院（中山院区）
38	单侧声带麻痹的喉功能与个体化干预研究	重庆市人民医院（三院院区）
39	基于“肺—肠轴”探讨乳杆菌在肺孢子菌肺炎中的保护作用及机制研究	重庆医科大学
40	长链非编码 RNA HOTAIR 通过 hepaCAM 甲基化途径调控前列腺癌侵袭转移的机制研究	重庆医科大学
41	靶向乙肝病毒核衣壳组装过程的药物筛选	重庆医科大学
42	Apelin/APJ 系统在抗癫痫形成中的作用机制研究	重庆市人民医院（三院院区）
43	下颌第一磨牙近中央根管的体外研究	重庆牙科医院
44	渝中区 VOCs（挥发性有机物）总量调查与排放特征研究	渝中区生态环境监测站
45	DNA 金属酶在食品重金属污染检测中的方法构建与机制研究	重庆食品工业研究所
46	OPN/ 整合素 αvβ3 通路介导的巨核细胞与胞外基质（ECM）交互作用在血小板晚期生成中的作用及机制研究	陆军军医大学第三附属医院（野战外科研究所）
47	骨质疏松椎体压缩性骨折椎体渐进性塌陷的预后和危险因素分析	重庆市人民医院（中山院区）
48	HBV Precore 与 APOBEC3A 的相互作用对 HBV 复制的影响	重庆市急救医疗中心
49	自动乳腺全容积联合剪切波超声弹性成像对乳腺小结节的早期诊断	重庆市妇幼保健院
50	聚维酮碘冲洗结膜囊预防玻璃体腔注药术后感染的临床研究	重庆市人民医院（三院院区）
51	CircAdrbk2 在癌细胞诱导白色脂肪米色化导致癌症恶病质中的功能研究	重庆医科大学
52	术前认知行为干预对无痛人流术后心理与满意度的影响	重庆市妇幼保健院
53	抑癌基因 KIAA1456 通过 SSX1 调控上皮性卵巢癌的作用机制研究	重庆医科大学
54	功能磁共振在偏头痛发病机制中的应用	重庆市人民医院（中山院区）
55	IL-2 联合 IL-15 提高肾母细胞瘤患儿外周血 NK 细胞对肿瘤的杀伤作用	重庆医科大学

续表

序号	项目名称	申报单位
56	血小板外泌体在糖尿病创伤模型中的抗菌促愈合作用机制研究	重庆市急救医疗中心
57	一种新型纳米级相变超声微球对乳腺癌脑侵袭治疗的研究	重庆市妇幼保健院
58	Ang-（1-7）调控 BCR/ABL 阴性骨髓增殖性肿瘤的增殖及其机制	重庆市人民医院（三院院区）
59	PRDX-1 在人恶性胶质瘤干细胞 EMT 发生中的作用及分子机制研究	重庆医科大学
60	一种基于 G 碱基富集荧光适配体核酸构象变化的肿瘤标志物快速检测新方法	重庆医科大学
61	打造创新生态环境，推动区域 R&D 经费持续增长的对策建议	重庆医科大学
62	糖尿病运动生物力学和截肢预防的现状分析及产业预见	重庆市急救医疗中心
63	重庆市采供血机构信息联网平台运行管理体系研究	重庆市血液中心
64	重庆市渝中区医联体实施的保障机制研究——基于慢性病管理视角	重庆医科大学
65	重庆市三甲医院 ICU 床垫污染调查及管理对策	重庆医科大学
66	癫痫儿童互联网移动终端远程延续护理服务模式构建与应用研究	重庆医科大学
67	基于地中海贫血防控项目的重庆市渝中区地中海贫血防控模式效果比较研究	重庆市妇幼保健院
68	重庆主城区 MSM（男男性接触者）人群商业性交易艾滋病传播影响因素及干预探索	渝中区疾病预防控制中心
69	基于 DRGs 的综合绩效考核指标体系的建立与应用研究	重庆医科大学
70	肺康复技术辅助治疗儿童肺不张的疗效及安全性研究	重庆医科大学
71	个体化健康教育干预对母乳喂养的效果研究	重庆市妇幼保健院
72	应用远程血糖监测系统改善老年 2 型糖尿病患者综合代谢指标和自我管理效能的效果评价	重庆市人民医院（中山院区）
73	学分制护理操作培训体系在护士分层次继续教育中的作用研究	重庆市人民医院（中山院区）
74	优化腹部手术患者围手术期营养管理模式的研究	重庆市人民医院（中山院区）
75	新时代渝中区深化文商旅城融合发展顶层设计及相关项目研究	渝中区电创园管委会
76	关于新时代发挥人大街道工委职能作用研究	渝中区人大常委会
77	地方党内规范性文件质量研究	中共渝中区委办公室
78	重庆二十九中创客空间——“蚂蚁梦工场”的建设与应用研究	重庆市第二十九中学校
79	扩大科技教育供给的课程建设研究	重庆市第六十六中学
80	民营企业公司治理模式研究	民建渝中区委
81	关于对重庆渝中区社区居民老年痴呆患者生活和接受诊疗现状调研及对策	致公党渝中区委
82	西部地区留学人才引进政策对比分析：以重庆、成都、西安为例	渝中区委统战部
83	渝中区草药应用现状及用药安全研究对策研究	重庆医科大学
84	发挥区互联网行业协会平台作用促进产业发展	渝中区互联网行业协会
85	大坪商圈片区旧城品质提升路径及相关政策研究	渝中区规划分局
86	重点用能单位能耗智能监测平台关键技术研究及应用示范	重庆博迪盛软件工程有限公司
87	矿产资源智能监控及预警平台关键技术与应用示范研究	重庆菲迪克信息系统工程项目管理有限公司
88	快递柜服务管理系统	重庆正德科技股份有限公司

续表

序号	项目名称	申报单位
89	淳钰食品药品大数据监测及分析系统	重庆淳钰信息技术有限公司
90	基于VR、MR技术的大数据及云计算汽车营销系统研发	重庆虚拟空间科技有限公司
91	文化旅游游客满意度管理大数据云平台的研发	重庆永旺科技发展有限公司
92	基于区块链技术的综合生态平台开发及推广	重庆金窝窝网络科技有限公司
93	互联网＋无人值守健身房	重庆荆棘鸟科技有限公司
94	云威智能工业电商平台	重庆云威科技有限公司
95	渝新欧国际物流大数据应用关键技术开发	重庆卡歌科技有限公司
96	房产综合服务平台	重庆聚房通科技有限公司
97	城市公交综合客流大数据分析研究与服务应用	重庆南大苏富特智能科技有限公司
98	用于版权及其衍生品保护的区块链关键技术研发与应用示范	重庆小犀智能科技有限公司
99	商家智能化大数据营销平台	重庆趣玩科技有限公司
100	中商人脸识别门禁系统	重庆中商科技股份有限公司
101	低压台区异常用电监测与分析系统	重庆吉檀电子科技有限责任公司
102	高效光催化技术在VOCs处理中的开发与应用研究	重庆阳正环保科技股份有限公司
103	低成本石墨烯材料和产品的研发及应用	重庆元石石墨烯技术开发有限责任公司
104	奥美沙坦酯片的产业化研发	重庆医药（集团）股份有限公司
105	个体化糖尿病矫形鞋和鞋垫研发、生产及市场应用推广	重庆戴夫医疗科技有限公司

【科技宣传】 3月，组织渝中区参赛者参加全市、全国科普讲解大赛，取得优异成绩。在全市科普讲解大赛中，渝中区6名选手荣获一等奖1名、二等奖2名、三等奖3名；渝中区3名选手代表重庆市（全市共6名）参加全国科普讲解大赛，获国家二等奖1名、三等奖2名。5月，组织“科技创新、强国富民”主题科技活动周，开展5类科技科普活动。6月，组织13家科技企业参加重庆市高交会。

科技创新服务体系建设

【科技政策制定】 2018年，区科委编制出台《渝中区促进科技创新发展办法实施细则》《渝中区科研项目管理办法》等系列文件，指导和服务科技发展。

【科技创新能力提升】 2018年，引进科技企业22家，注册资金共1.4亿元，其中重点企业11家（包含“招大引强”3家、新增规上企业1家）。全区新增国家高新技术企业29家，科技型企业累计达到296家，其中高成长性科技企业超过10家。按照市政府提出的建设“环大学创新生态圈”方案，与市科技局、重庆医科大学等共同打造“环重庆医科大学创新生态圈”，获市科技局1000万元经费扶持，列入全市首批环大学创新生态圈建设范畴。设立规模5亿元、首期1亿元的生物医药（区块链）产业引导基金，由市科技风险投资公司托管。

【科技服务平台建设】 2018年，渝中区科技公共服务平台功能不断完善，软件开发在线测试正式投入使用。针对渝中区产业结构单一的不足，引进中德智能制造研究院项目，打造服务于高端智能制造业的科技研发平台。渝中区拥有市级及以上众创空间10家，其中4家为国家级；市级以上科技孵化器4家，其中2家为国家级。2018年，渝中区参加全市第三批知识价值信用贷款担保试点，设立1亿元规模的信用担保基金，其中市科技局出资40%，区政府出资60%。12月，市、区合作的知识价值信用贷款担保试点工作与4家银行签约完毕，科技型企业贷款工作正式启动。渝中区创业种子投资引导基金共为重庆启程行科技有限公司等13家企业发放490万元3年免息信用贷款。

【区科委负责人】

主　任：庞　静

副主任：李　梅　杜俊波

（吴彬）

社会科学研究

【概况】 2018年，渝中社会科学研究立足于渝中经济社会发展大局，坚持“繁荣发展哲学社会科学”的工作思路，依托区委党校、重庆社会科学院渝中分院等社科组织参与全区理论学习、理论宣传、理论研究，积极服务渝中经济社会各项事业发展。

【理论学习、宣传，学术研究、交流】 坚持以政治学习为根本，抓好理论学习中心组学习，全年区委理论学习中心组学习16次，区属各党委（党组）共组织学习700余次。邀请姚树洁、张新华、张震、张建华、温泽彬等多位领导干部、专家学者前来渝中授课讲学，专题解读《中华人民共和国宪法》《中华人民共和国监察法》等重要法律法规和重要会议、文件精神。开展理论宣讲活动，组织开展“践行新思想 永远跟党走——学习贯彻习近平新时代中国特色社会主义思想”微宣讲，学习贯彻全国“两会”精神、习近平总书记参加重庆代表团审议时的重要讲话精神、习近平总书记在民营企业座谈会以及庆祝改革开放40周年大会上的重要讲话精神宣讲等活动1000余次，覆盖范围达5万余人。社区宣讲团被评为全市宣讲先进集体，宣讲团成员朱登礼被中宣部评为全国基层理论宣讲先进个人。积极做好学习成果转化工作，《重庆宣传》《重庆学习论坛》等市级刊物采用全区文章8篇，编印区级理论刊物《渝中宣传》4期，全区各级党委（党组）理论学习中心组成员撰写理论文章、心得体会等240余篇。

【组织建设和调研成果】 发挥哲学社会科学在传播理论、咨政育人、服务社会等方面的重要作用，制定《渝中区社会科学界联合会机关机构编制方案》，积极推进渝中社会科学界联合会筹备成立相关工作。开展“兴调研转作风促落实”行动，围绕渝中经济高质量发展、优化营商环境、文商旅融合发展、融媒体中心建设等主题深入基层扎实调研。完成《实施大数据智能化为引领的创新驱动发展战略行动计划》《优化营商环境研究》《关于深化渝中区文商旅融合发展的调研报告》《渝中区产业扶持政策情况调研》《提升商务楼宇物业服务水平，促进楼宇经济发展的对策建议》《学习借鉴枫桥经验，完善社会矛盾预防化解机制对策建议》《母城文化挖掘保护利用研究》《解放碑中央商务区提质发展研究》《智能化社区防控体系建设对策建议》等58篇重点项目调研课题，编印《渝中调研》16期，为渝中区经济社会发展提供智力支持。

（谭军伟）

教 育

概 述

【概况】 重庆市渝中区教育委员会（简称“区教委”）是主管全区教育事业的区政府工作部门。其主要职责是：履行统筹规划和协调全区各级各类教育，管理区属各级各类学校和直属事业单位，负责拟订全区教育事业发展规划和教育政策并组织实施；负责教育执法监督工作等。2018年，内设党工委办公室、行政办公室、纪检监察审计室、人事科、计划财务科、督导室、综合教育科（语言文字管理办公室）、基础教育科、体卫艺科、基建科、安全稳定办公室11个科室。机关行政编制36名，在职33人；机关后勤服务人员事业编制1名，在职1人。下设渝中区科技教仪中心（渝中区教育信息管理中心）、渝中区教育房屋管理站、渝中区中小学卫生保健所、渝中区教育服务中心、渝中区教育考试中心、渝中区学生资助管理中心、渝中区教委人事档案中心等直属事业单位7个。办公地址位于渝中区八一路39号。

2018年，区教委全面贯彻全国、全市教育大会精神，认真落实立德树人根本任务，全面实施科教兴区和人才强区行动计划，顺利通过重庆市县域义务教育发展基本均衡复查验收，为全区教育高质量发展奠定了坚实基础。全区有中小学幼儿园58所（另有区政府举办的渝中区教师进修学院、重庆电大渝中分校等学校2所），同比增加2所。在校学生54588人，增加484人，增长0.89%；有教职工5784人，减少1人，下降0.02%。全区学校占地74.28万平方米，增长2.48%；校舍建筑面积75.6万平方米，增长3.46%。全年教育经费总收入187222.47万元，减少10.20%；总支出189149.30万元，减少11.32 %。全年向市教委、区委、区政府报送教育信息573条，采用132条；《重庆日报》、《重庆晨报》、《重庆晚报》、《重庆商报》、人民网、华龙网等多家媒体对渝中教育进行宣传报道120余次。

2018年渝中区教育事业情况

教育类别	学校数/所	毕业生数/人	招生数/人	在校生数/人	教职工数/人	
					合计	其中专任教师
中等职业教育	3	1041	1061	2956	362	313
普通高中	7	3527	3554	10802	1426	1331
普通初中	6	3031	3563	10194	1266	1153
普通小学	30	4889	5005	27049	2359	2232
特殊教育	2	38	74	323	77	72
学前教育	10	966	1051	3264	294	231
总计	58	13492	14308	54588	5784	5332

注：此表数据不包含民办教育、渝中区教师进修学院、电大渝中分校数据，含巴蜀中学、巴蜀小学和人民小学数据。数据来源于《2018～2019年学年初渝中区教育事业统计综合报表》。

2018年渝中区办学条件情况

教育类别	占地面积 / 万平方米	校舍面积 / 万平方米		运动场地面积 / 万平方米	固定资产值 / 亿元		图书 / 万册		教学用计算机 / 台
		合计	其中教学行政用房		合计	其中教学仪器设备值	合计	其中电子图书	
中等职业教育	4.72	5.26	3.67	1.12	1.41	0.51	22.08	11.92	2028
普通高中	35.77	28.94	18.06	8.06	5.52	0.77	91.04	38.10	5177
普通初中	5.46	6.19	4.53	1.87	0.92	0.17	35.79	18.84	1754
普通小学	25.90	31.58	21.88	7.48	5.37	0.80	178.64	108.95	6801
特殊教育	0.40	0.60	0.34	0.15	0.17	0.05	8.24	6.92	337
学前教育	2.03	3.03	2.00	0.74	0.38	0.09	33.37	31.44	335
总计	74.28	75.60	50.48	19.42	13.77	2.39	369.16	216.17	16432

注：此表数据不包含民办教育、渝中区教师进修学院、电大渝中分校数据，含巴蜀中学、巴蜀小学和人民小学数据。数据来源于《2018～2019年学年初渝中区教育事业统计综合报表》。

2018年渝中区教育经费与办学水平情况

类别	数量	类别	数量
教育经费总收入	187222万元	初中生均预算内公用经费	3916.34元
其中：国家财政性教育经费	163850万元	普通高中生均预算内公用经费	5126.65元
社会捐、集资办学经费	2940万元	中等职业学校生均预算内公用经费	7118.91元
事业收入	16192万元	每万人口在园幼儿数	277人
教育经费总支出	189149万元	每万人口在校小学生数	581人
其中：事业性经费支出	188261万元	每万人口在校初中生数	202人
基本建设投资项目支出	8835万元	每万人口在校高中阶段学生数	214人
财政预算内教育经费支出占财政支出的比例	17.37%	学前三年毛入园率	100%
政府教育财政拨款的增长与财政经常性收入的增长比例	0.59%	小学适龄人口入学率	100%
小学生均预算内教育事业费	13292.52元	初中适龄人口入学率	100%
初中生均预算内教育事业费	20698.81元	高中阶段教育入学率	100%
普通高中生均预算内教育事业费	21340.24元	小学毕业生升入初中比例	100%
中等职业学校生均预算内教育事业费	36168.31元	初中毕业生升入高中阶段教育比例	100%
小学生均预算内公用经费	3108.20元		

注：此表数据包含民办教育、巴蜀中学、巴蜀小学和人民小学数据，不包括未招生的渝中区鼓楼人和街小学和蒙正幼儿园数据。数据来源于《2018年全国教育经费统计报表》和《2018～2019年学年初渝中区教育事业统计综合报表》。

渝中区境2018年各级各类教育机构名录一览表

序号	机构名称	地址	性质（公民办，市区属）	类别（普通、重点、示范）	负责人
一、学前教育（幼儿园、托儿所）					
1	重庆市渝中区区级机关幼儿园	渝中区七星岗鼓楼巷34号	公办、区属	市级示范	庞　青
2	重庆市渝中区桂花园幼儿园	渝中区桂花园新村24栋	公办、区属		应　敏
3	重庆市渝中区红岩幼儿园	渝中区朝天门朝千路千厮门行街15号	公办、区属		窦作琴
4	重庆市渝中区陕西路幼儿园	渝中区新华路155号	公办、区属		郑　红
5	重庆市渝中区实验幼儿园	渝中区临江门52号	公办、区属	市级示范	宋　蓉
6	重庆市渝中区巴蜀幼儿园	渝中区张家花园180号	公办、区属	市级示范	罗　虹
7	重庆市渝中区华一新村幼儿园	渝中区华一坡23号	公办、区属		钟毓秀
8	重庆铁路幼儿园	渝中区菜园坝渝铁村11号	公办、区属		蒋　娜
9	重庆市景德幼儿园	渝中区中山二路14号	公办、区属	市级示范	王淑君
10	重庆市渝中区蒙正幼儿园	渝中区交农村210号	公办、区属		
11	中国人民解放军陆军勤务学院幼儿园	渝中区长江二路147号	公办	市级示范	陶　敏
12	重庆市公安局幼儿园	渝中区大井北巷2号	公办	市级示范	曹　娟
13	77100部队幼儿园	渝中区长江一路54号	公办		翁莎莎
14	重庆市八一保育院	渝中区大坪单巷子71号	公办		刘　丽
15	重庆市第三托儿所	渝中区枇杷山后街17号	公办		黄亚琴
16	重庆市第四托儿所	渝中区桂花园路11号	公办		周　英
17	三军医大大坪三院幼儿园	渝中区大坪长江支路10号	公办		李　霞
18	重庆市渝中区较场口幼儿园	渝中区宏声巷16号	公办、区属（街道办园）		罗志敏
19	重庆市渝中区学田湾幼儿园	渝中区文化宫巷11号	公办、区属（街道办园）		吴国芳
20	重庆渝中凤凰幼儿园	渝中区棉花街18号	民办		杨纪琴
21	重庆渝中贝蕾幼儿园	渝中区元通寺1-4号	民办		吴艾莉
22	重庆渝中霞光幼儿园	渝中区文化街39号中驰半岛翠景阁	民办		李　霞
23	重庆渝中文明幼儿园	渝中区中兴路7号渝亚大厦平街2楼	民办		陈　静
24	重庆渝中渝海大地幼儿园	渝中区德兴里12号	民办		杨亚辉
25	重庆渝中海贝幼儿园	渝中区解放西路225号	民办		宁　林
26	重庆渝中茵茵幼儿园	渝中区凯旋路96号附4号	民办		张尚英
27	重庆渝中解放碑幼儿园	渝中区临江门11、13、15号	民办		雷碧华
28	重庆渝中星座星幼儿园	渝中区大黄路78号渝中名郡	民办		谢芳露
29	重庆渝中六一新东福幼儿园	渝中区菜袁路209号新东福花园	民办		黄光荣
30	重庆渝中凤凰台幼儿园	渝中区解放西路207号	民办		杨　鸣
31	重庆渝中小龙人幼儿园	渝中区黄沙溪交通街30号	民办		魏光容

续表

序号	机构名称	地址	性质（公民办，市区属）	类别（普通、重点、示范）	负责人
32	重庆渝中利奥幼儿园	渝中区大黄路6号竟地花园25幢1-2号、1-3号	民办		陈祖利
33	重庆渝中上清寺幼儿园	渝中区上清寺嘉陵桥西村24号	民办		赵澄荣
34	重庆渝中菜园坝社区幼儿园	渝中南区路161号	民办		黄金玉
35	重庆渝中南区路幼儿园	渝中区长江一路1号	民办		李玉兰
36	重庆渝中梦圆托儿所	渝中区大黄路6号21-1-2	民办		谢　琴
37	重庆渝中春笋幼儿园	渝中区渝建村103号	民办		冉寒冰
38	重庆渝中新东方心巢幼儿园	渝中区大坪石油路2号	民办		徐　彬
39	重庆渝中希望托儿所	渝中区新德村224号	民办		税春晓
40	重庆渝中百灵鸟幼儿园	渝中区大坪石油路2号附8号	民办		郑　萍
41	重庆渝中巧巧幼儿园	渝中区和平路171、173、175号	民办		冯昌均
42	重庆渝中小博士幼儿园	渝中区上肖家湾17号金鹏花园5栋4-2	民办		简成蓉
43	重庆渝中小叮铛幼儿园	渝中区兴隆街132号	民办		段婷婷
44	重庆渝中爱幼幼儿园	渝中区枇杷山正街31号	民办		李红艳
45	重庆渝中金点幼儿园	渝中区大坪正街140号	民办		翁昌群
46	重庆市渝中区宏阳幼儿园	渝中区菜袁路168号香江美地B6临街1-4、1-5、B7负1-1-2	民办		杨惠茗
47	重庆渝中阳光春苗幼儿园	渝中区大坪九坑子路100号	民办		代素芬
48	重庆渝中嘉华启点幼儿园	渝中区大坪正街118号	民办		李　兮
49	重庆渝中大坪苗苗幼儿园	渝中区大坪九坑子路46号1-3、1-4	民办		叶　红
50	重庆渝中小苗苗幼儿园	渝中区大坪九坑子路21号	民办		曾　妮
51	重庆渝中康乐幼儿园	渝中区大坪单巷子38号第三层3、4、5、6号铺	民办		陈兴弟
52	重庆渝中金宏幼儿园	渝中区李子坝建设新村75号	民办		廖光荣
53	重庆市渝中区文锦幼儿园	渝中区大坪支路11号1-2号	民办		石胜娅
54	重庆渝中世纪立阳幼儿园	渝中区李子坝正街166号嘉韵上山城A3A4Q裙楼附2楼	民办		徐　静
55	重庆渝中心月星幼儿园	渝中区长江一路52号	民办		陈虹赤
56	重庆渝中子炫幼儿园	渝中区菜袁路168号香江美地C3	民办		谭杨春
57	重庆渝中金宝贝幼儿园	渝中区枇杷山正街209号	民办		王　蕾
58	重庆市渝中区巴蜀天地幼儿园	渝中区瑞天路89号、196号附4号	民办		干晓菊
59	重庆市渝中区小青青幼儿园	渝中区大坪单巷子66号	民办		曾　智
60	重庆市渝中区童乐幼儿园	渝中区顺城街39号	民办		罗士娟
61	重庆市渝中区金色前程水木幼儿园	渝中区中山四路89号	民办		王凤玉
62	重庆市渝中区名都幼儿园	渝中区大坪石油路1号恒大名都小区28栋	民办		胡　波

续表

序号	机构名称	地址	性质（公民办，市区属）	类别（普通、重点、示范）	负责人
63	重庆市渝中区锦程小金星幼儿园	渝中区大坪正街166号万科锦程小区	民办		杨晓清
64	重庆市渝中区乐乐幼儿园	渝中区枣子岚垭正街120号	民办		王晓琳
65	重庆市渝中区望龙门幼儿园	渝中区二府衙40号	民办		刘英初
66	重庆市渝中区睿童幼儿园	渝中区虎歇路66号G2栋1楼	民办		谢　菊
67	重庆市渝中区书蓓坊幼儿园	渝中区枇杷山后街23号附1号	民办		朱世娟
68	重庆市渝中区海贝尔幼儿园	渝中区放牛巷62号	民办		陈丽华
69	重庆渝中区蓝天幼儿园	渝中区华一村4号、6号	民办		唐君英
70	重庆市渝中区雨苗中环幼儿园	渝中区虎歇路77号附7号	民办		沈　莉
二、小学					
1	重庆市渝中区新华小学校	渝中区新华路90号	公办、区属		郑　书
2	重庆市渝中区东水门小学校	渝中区朝东路128号	公办、区属		王　剑
3	重庆市渝中区望龙门小学校	渝中区西三街12号	公办、区属		胡庆燕
4	重庆市渝中区中华路小学校	渝中区和平路240号	公办、区属	市级示范	王　丹
5	重庆大同实验学校	渝中区大同路10号	公办、区属		杨德全
6	重庆市渝中区临江路小学校	渝中区西来寺13号	公办、区属		俞慧嘉
7	重庆市渝中区邹容小学校	渝中区新德村266号	公办、区属		李第莲
8	重庆市渝中区解放西路小学校	渝中区解放西路75号	公办、区属		刘升平
9	重庆市渝中区金马小学校	渝中区放牛巷67号	公办、区属		龙　维
10	重庆市渝中区民生路小学校	渝中区枇杷山后街70号（过渡）	公办、区属		张　韦
11	重庆精一民族小学校	渝中区中兴路3号	公办、区属		李　萍
12	重庆市渝中区中山小学校	渝中区捍卫路47号	公办、区属		吴　虹
13	重庆市渝中区枇杷山小学校	渝中区上纯阳洞54号	公办、区属		郑　睿
14	重庆市渝中区人和街小学校	渝中区人和街43号	公办、区属	市级示范	肖方明
15	重庆市渝中区枣子岚垭小学校	渝中区学田湾正街48号	公办、区属		乐　欣
16	重庆市渝中区人民路小学校	渝中区人民路2号	公办、区属		王　卫
17	重庆市渝中区曾家岩小学校	渝中区上曾家岩52号	公办、区属		邓红洁
18	重庆市渝中区德精小学校	渝中区中山四路73号	公办、区属		王陆森
19	重庆市渝中区大田湾小学校	渝中区桂花园88号	公办、区属		向国中
20	重庆市渝中区肖家沟小学校	渝中区建兴一巷44号	公办、区属		叶　琴
21	重庆市渝中区两路口小学校	渝中区峨岭正街14号	公办、区属		饶燕妮
22	重庆市渝中区红岩小学校	渝中区瑞天路41号	公办、区属		李　铁
23	重庆市渝中区鹅岭小学校	渝中区鹅岭正街175号	公办、区属		饶　苡
24	重庆市渝中区大坪小学校	渝中区大坪正街54号附2号	公办、区属		李雪梅
25	重庆市渝中区解放小学校	渝中区电视塔村56号	公办、区属		朱　颖
26	重庆市渝中区马家堡小学校	渝中区大坪支路42号	公办、区属		晏　庆

续表

序号	机构名称	地址	性质（公民办，市区属）	类别（普通、重点、示范）	负责人
27	重庆市渝中区石油路小学校	渝中区大坪新影村33号	公办、区属		王　瑜
28	重庆市巴蜀小学校	渝中区张家花园巴教村15号	公办、区属	市级示范	马　宏
29	重庆市人民小学校	渝中区中山四路11号	公办、区属	市级示范	杨浪浪
30	重庆市渝中区鼓楼人和街小学校	渝中区解放东路160号	公办、区属		王宏琴
三、初中					
1	重庆鼓楼学校	渝中区新华路155号（新华路校点）、巴县衙门59号（东华观校点）	公办、区属		王　蓉
2	重庆市杏林中学校	渝中区蔡家石堡28号	公办、区属		韦会剑
3	重庆市第五十中学校	渝中区枇杷山后街70号	公办、区属		王　勇
4	重庆市第五十七中学校	渝中区桂花园路39号	公办、区属		周小明
5	重庆市实验学校	渝中区华一坡41号	公办、区属		杨红越
6	重庆市大坪中学校	渝中区大坪长江支路5号	公办、区属		郑　勇
四、高中					
1	重庆市求精中学校	渝中区中山四路69号	公办、区属		费春斌
2	重庆复旦中学	渝中区凯旋路22号	公办、区属		胡渝江
3	重庆市第二十九中学校	渝中区邹容路139号	公办、区属		汪　洪
4	重庆第三十中学校	渝中区长江一路13号	公办、区属		邓光明
5	重庆市第四十二中学校	渝中区华福巷52号	公办、区属		金　凤
6	重庆市第六十六中学校	渝中区长江二路二巷30号	公办、区属		刘书华
7	重庆市巴蜀中学校	渝中区北区路51号	公办、区属		王国华
五、特殊教育					
1	重庆市渝中区培智学校	渝中区长江滨江路117号	公办、区属		冉帮华
2	重庆市聋哑学校	渝中区宏声巷4号	公办、区属		汪　毅
六、职业教育					
1	重庆市渝中区中小学劳动技术教育基地	渝中区枣子岚垭菜市巷5号	公办、区属		朱　义
2	重庆渝中高级职业学校	渝中区马蹄街20号	公办、区属	市级重点中职	蒋　珩
3	重庆市渝中职业教育中心	渝中区佛图关52号	公办、区属	国家中等职业教育改革发展示范学校，国家级重点中职	杨琼霞
4	重庆市工业学校	渝中区化龙桥交农村360号	公办	国家中等职业教育改革发展示范学校，国家级重点中职	杜宏伟

续表

序号	机构名称	地址	性质（公民办，市区属）	类别（普通、重点、示范）	负责人
5	重庆五一高级技工学校	渝中区石油路24号	公办	国家中等职业教育改革发展示范学校，国家级重点技工学校	朱　泉
6	重庆医科大学卫生学校	渝中区大坪长江二路176号	公办		任国胜
7	重庆市风景园林技工学校	渝中区菜袁路203号世纪花园B幢	公办	市级重点技工学校	郑　军
8	重庆市体育运动学校	渝中区大坪支路21号	公办		奚正龙
9	重庆市医药经贸学校	渝中区大坪大黄路103号	企业办学		唐宗琼
七、成人教育					
1	重庆广播电视大学渝中分校	渝中区上清寺20号	公办、区属		张　静
2	重庆市渝中区教师进修学院	渝中区桂花园路54号	公办、区属		宋文君
八、老年教育					
1	重庆渝中群山老年大学	渝中区大坪大黄路6号竟地商务楼	民办		何开兰
2	重庆渝中大帝老年大学	渝中区临江门2号奎星楼大唐广场11楼	民办		刘忠义
九、社区教育					
1	重庆市渝中区社区教育学院	渝中区上清寺20号	公办、区属		张　静
十、高等教育					
1	重庆医科大学（老校区）	渝中区医学院路1号	公办、市属		雷　寒
十一、民办教育					
1	重庆知行卫生学校	渝中区鹅岭正街186号	民办		黄吉庆
2	重庆医科大学附属第一医院卫生学校	渝中区大坪长江二路176号	民办		周建荣
3	重庆渝中育人学校	渝中区较场口85号-2号	民办		成玉圆
4	重庆渝中区上清寺高教自考辅导站	渝中区上清寺中山四路1号	民办		郭　敏
5	重庆渝中实业技术学校	渝中区西来寺四号西图大厦9-4	民办		熊长彤
6	重庆天地人和街小学校	渝中区富华路31号	民办		徐　涛
7	重庆朗文外语培训学校	渝中区时代豪苑C座18-3	民办		刘莉娜
8	重庆渝中迪升培训学校	渝中区两路口中华广场18-3	民办		何　丽
9	重庆市渝中区英孚英域成语言培训有限公司	渝中区大坪龙湖时代天街C馆L2-16、17	民办		李晓莺
10	重庆渝中英杰外语学校	渝中西来寺4号西南图书大厦9楼9-8	民办		温福伟
11	重庆渝中厚博英语培训学校	渝中区中山三路157号26楼	民办		刘长健
12	重庆渝中环球雅思培训学校	渝中区上清寺环球广场22楼	民办		曾　红

续表

序号	机构名称	地址	性质（公民办，市区属）	类别（普通、重点、示范）	负责人
13	重庆渝中西美英语培训学校	渝中区大坪龙湖时代天街A馆L3-01、L4-01	民办		左伟玲
14	重庆渝中韦博语言培训学校	渝中区民族路101号商务大楼13层	民办		温明恋
15	重庆渝中美联英语培训学校	渝中区民权路10号新华书店5楼	民办		彭斯光
16	重庆欧文外国语学校	渝中区解放碑八一路纽约•纽约大厦27楼	民办		刘会琼
17	重庆渝中朗阁外语培训中心	渝中区八一路177号雨田大厦16楼	民办		刘常研
18	重庆联合外国语学校	渝中区两路口中华广场28楼3号	民办		李　琪
19	重庆索通教育培训学校	渝中区邹容路50号半岛国际大厦12楼3号	民办		张　晶
20	重庆渝中天才宝贝教育培训学校	渝中区民族路168号6楼	民办		倪迁嵩
21	重庆渝中阳光外语教育培训中心	渝中区中山二路174号市文化宫内	民办		万培龙
22	重庆渝中富士塾培训学校	渝中区中山四路81号2栋3楼	民办		徐　岚
23	重庆渝中美中语言培训中心	渝中区青年路38号国贸中心1209、1208、1212	民办		王　寅
24	重庆渝中博思外语培训学校	渝中区解放碑青年路38号国贸中心1306、1307	民办		吕雪瑞
25	重庆史迪威外语培训中心	渝中区中山三路131号希尔顿酒店5楼	民办		王崇仁
26	重庆建设科技培训中心	渝中区捍卫路18号3楼	民办		张顺成
27	重庆市鼎新房地产业培训学校	渝中区中山四路1号渝中大厦8楼	民办		钟光敏
28	重庆渝会财税培训中心	渝中区人民路123号蒲田大厦12楼	民办		杨　怡
29	重庆春雨教育培训中心	渝中区大元广场6楼	民办		丁　炼
30	重庆蜀东财经学校	渝中区长江一路80号11-1	民办		范玉亮
31	重庆安特教育培训中心	渝中区石油路24号综合楼	民办		张蓉锦
32	重庆渝中公共关系学校	渝中区中山二路174号重庆市劳动人民文化宫综合楼	民办		陈　伟
33	重庆市渝中区捌叁教育培训中心	渝中区大坪正街160号1幢12-4	民办		王　漪
34	重庆渝进学校	渝中区两路口新村7号	民办		易治安
35	重庆市教育科学研究院培训中心	渝中区桂花园路12号	民办		唐健康
36	重庆渝中兴建培训学校	渝中区大坪正街160号4幢	民办		陈　琳
37	重庆渝中山木培训学校	渝中区民生路181号民生商厦12楼	民办		宋伟雄
38	重庆渝中众合培训学校	渝中区中山二路174号文化宫内综合大楼704室	民办		郑其斌
39	重庆渝中东方教育培训学校	渝中区人和街15号20层	民办		王卫平
40	重庆渝中中豪律师培训学校	渝中区大都会商厦22层	民办		齐　飞

续表

序号	机构名称	地址	性质（公民办，市区属）	类别（普通、重点、示范）	负责人
41	重庆市渝中区刘诗昆艺术学校	渝中区民权路89号日月光广场L1层017商铺	民办		薛定忠
42	重庆市渝中区新航道教育培训学校	渝中区邹容路100号时代豪苑A座17F-3、17F-4	民办		程　良
43	重庆渝中现代艺术学校	渝中区中山二路174号市文化宫内	民办		涂　毅
44	重庆渝中韵中艺术语言学校	渝中区青年路7号时代豪苑大厦D座35-6、7	民办		苏人可
45	重庆广播教育学校	渝中区中山三路159号	民办		李　谦
46	重庆市书画艺术学校	渝中区民生路9号10-2	民办		兰钟灵
47	重庆渝中精英艺术培训学校	渝中区临江路37-69号（单号）B栋12-3	民办		李　静
48	重庆渝中少华教育培训学校	渝中区中山四路81号三栋2楼	民办		陈仕芳
49	重庆巨星影视模特艺术学校	渝中区捍卫路6号临华大厦22楼	民办		雷震宇
50	重庆自力学校	渝中区八一路雨田大厦9楼	民办		刘　琰
51	重庆渝中大帝学校	渝中区临江路89号	民办		汤宪敏
52	重庆语言艺术学校	渝中区学田湾正街55号上海东方花苑A栋6楼	民办		刘小琴
53	重庆市劳动人民文化宫文化艺术学校	渝中区中山二路174号	民办		罗义刚
54	重庆华光实验学校	渝中区民生路235号附1号海航保利国际中心51楼4单元	民办		曾许平
55	重庆渝中拾加拾教育培训中心	渝中区两路口文化宫综合楼5楼	民办		邓　涛
56	重庆网上巴蜀学校	渝中区张家花园巴教村15号	民办		杨长平
57	重庆渝中青少年机器人集训中心	渝中区北区路51号巴蜀中学综合楼二楼	民办		黄玖林
58	重庆市渝中区联盟艺术教育培训学校	渝中区中山二路174号劳动人民文化宫综合楼505、506室	民办		吴玲玲
59	重庆市渝中区美迪教育培训学校	渝中区民生路181号民生商厦B栋9-8	民办		丁志刚
60	重庆渝中昭信文化培训学校	渝中区李子坝正街113号附2号	民办		吴　睫
61	重庆市渝中区启晟育德教育培训有限公司	渝中区邹容路131号世贸大厦45层2号	民办		史　婵
62	重庆市渝中区假日枫英语培训有限公司	渝中区石油路龙湖时代中心3幢1501、1510室	民办		姚劲松
63	重庆市渝中区新海岸教育培训中心	渝中区大坪正街160号万锦汇4幢2304-2312	民办		黄胜炎
64	重庆市渝中区领航教育培训有限公司	渝中区和平路7号6-22、6-9	民办		饶　敏
65	重庆市渝中学而思教育培训中心	渝中区美专校街66号4、5层	民办		庄文辉

续表

序号	机构名称	地址	性质（公民办，市区属）	类别（普通、重点、示范）	负责人
66	重庆市渝中区中华路小学外国语学校	渝中区枇杷山正街 89 号	民办		向存端
67	重庆市精湛数学培训中心有限公司	渝中区北区路 51 号附 3 号	民办		王友琴
68	重庆市渝中区弋果荟外语培训中心有限公司	渝中区时代天街 11 号 1 幢 5-1、5-2、5-3、5-5	民办		李　丹
69	重庆市渝中区学道乐课外培训中心有限公司	渝中区邹容路 100 号 A 幢 1701、1702	民办		郭　庆
70	重庆市渝中区壹心壹课外培训中心有限公司	渝中区大坪正街 110 号 3 楼写字间	民办		罗春雷
71	重庆市渝中区新鸣声艺术培训中心有限公司	渝中区美专校街 66 号鑫隆达大厦 7 楼	民办		石德富
72	重庆市渝中区三中英才课外培训中心有限公司	渝中区美专校街 66 号鑫隆达大厦 7 楼	民办		于　健
73	重庆市渝中区易能尚学课外培训中心有限公司	渝中区北区路 73 号（创意大厦）22 层 2211-2214	民办		刘　青
74	重庆市渝中区百弗外语培训中心有限公司	渝中区邹容路 108 号国泰广场第 L2 层 10 号	民办		朱一玲
75	重庆市渝中区心田花开课外培训中心有限公司	渝中区美专校街 66 号鑫隆达大厦 3 楼	民办		王良洪
76	重庆市渝中区英豪课外培训中心有限公司	渝中区北区路 51 号附 1 号、附 2 号、附 3 号、附 4 号光华巴蜀俊秀 1-4-1 号门面、2-2-2 号房屋	民办		何洪波
77	重庆市渝中区旸谷课外培训中心有限公司	渝中区瑞天路 56-3 号企业天地 5 号办公第 6 层 4、5 单元	民办		陶建君

【贯彻党的十九大精神】 坚持领导干部上讲台制度，宣讲习近平总书记在全国“两会”期间重要讲话精神及全国、全市教育大会精神共264场。推进“两学一做”活动制度化、常态化，组织召开专题民主生活会和专题组织生活会 175 次，查摆存在问题 7523 个，引导党员干部自觉把党中央的要求转化为实际行动。打造学习贯彻党的十九大精神“特色示范课”28 节，增强师生的国家意识和社会责任意识。

【党的建设】 以 2018 年“基层党组织规范管理年”为契机，以落实党建责任清单为抓手，以提升基层党组织的组织力为重点，召开教育系统党建工作会议 2 次，制定出台《加强中小学基层党建工作十条意见》《基层党支部督导检查》等管理制度，督查学校56所，评审党建项目49个，规范指导 37 个基层校园党支部开展换届选举等工作，推进党建工作制度化、规范化。完成发展党员、党费缴纳和年度党内统计等基础性工作，发展党员 22 人，转正党员 21 人。

【教师队伍建设】 初拟《渝中区关于全面深化新时代教师队伍建设改革的实施办法》，落实“教育部‘十项严禁’”、《在教育系统知识分子中深入开展“弘扬爱国奋斗精神、建功立业新时代”活动的实施方案》，开展渝中好老师——我身边的教育故事微视频制作比赛等宣传教育活动，9 名教师被评为重庆市最美教师、最美校长、最美班主任，人民小学老师刘永红获“重庆市教书育人楷模”称号。实施名师强教工程，加强校长、教师、教研员三支队伍建设，新增国家万人计划教学名师、国家万人计划重庆市推荐人选、重庆市名师各1名，重庆市特级教师4名，正高级教师8名。采取公开招聘和在区内教师中选调的方式，新增教研员3名。新挂牌名师工作室、特级教师工作室11个，招收学员132名。创新新入职教师见习期规范化培训，投入83万元，培训新入职教师83人。推行中小学党组织领导班子成员和行政管理人员“双向进入、交叉任职”，推进党组织书记、校长“一肩挑”。组织举办第24期、第25期校园长任职资格培训班，举办第二期浙江大学校长素质能力提升班，开展第二期校园长入职资格培训、校园长全员培训、2018年全覆盖集中轮训、基层校园党组织书记培训，推荐10多名校园长参加教育部、市教委组织的培训学习，选派6名校长外地驻校研修。加强年轻干部培养，举办第二届“假如我是校长”青年人才荟活动。开展党员干部亲属涉权事项公开和2018年领导干部个人事项报告工作，坚持执行校园长请假制度，切实加强干部管理。建党97周年期间，对18个先进基层党组织和187名优秀党务工作者和党员进行表彰奖励。

（喻华）

【重庆市渝中区教师进修学院】 重庆市渝中区教师进修学院创建于1958年，承担区域教研指导、培训培养、教育科研、信息支持、监测评估、决策咨询等基本职能。学院先后荣获全国教育系统先进集体、全国教科研先进单位、全国特色学校、重庆市文明单位、重庆市“国培计划”先进集体等荣誉称号，是重庆市首批教师进修学院、中国教育学会重庆教师发展学院、重庆市普通中小学教师市级培训基地。

2018年，学院在编教职工59人，专任教师55人。其中正高级教师6人，特级教师7人，市级学科带头人1人，市级名师工作室主持人2人，市级骨干教师21人，渝中区名师7人，渝中区名师工作室主持人6人，渝中区特级教师工作室主持人1人，是一支以专家、名师为主体，结构合理、业务精良的教师队伍。2018年，学院被评为重庆市教科研先进集体，6名教师荣获教科研先进个人称号；院长宋文君被评为第八批重庆市中小学骨干校长。

全年开展“一校一主题”集体视导41次，教研员听课3000余节。组织区域性学科教研活动400余次，教师2.2万余人次参加教研活动。教研员指导全区教师参加全国、市级各类教学技能竞赛，获全国一等奖12人次，获市级一等奖53人次、二等奖16人次。在“一师一优课、一课一名师”活动中，学院组织教研员深入中小学指导教学设计、打磨课堂教学，全区获市级优课101节，部级优课34节。继续实施“群鹰”“奋飞”计划，开展6项区级校（园）长培训、4项国家级教师培训、11项区级教师培训；继续教育完成4000余名教师学分审核。全区立项国家级课题2个；立项市级课题15个，其中重点课题5个，规划课题10个；立项市学会课题11个，其中重点课题4个，一般课题7个；立项区级课题28个，其中重点课题10个，一般课题10个，青年课题5个，专项课题3个。开展课题指导108次，其中开题指导79次，中期抽样调研15次，结题指导14次。

学院出刊《教育资讯》4期，为区域教育领域综合改革提供决策咨询，为一线学校教育教学改革服务。成功申报全国教育科学“十三五”规划2018年度单位资助教育部规划课题“区域推进‘共生课堂’提升中小学教学质量的行动研究”，成功申报重庆市教育科学规划课题“基于研训融合的‘问题课程化’探索性研究”。协助区教委，推进渝中区实施重庆市普通高中发展促进计划，管理课程创新基地8个，精品选修课程21门，教改研究课题26项；协助区教委开展美育实验区建设，成功申报立项“重庆市中小学美育改革与发展研究”重点项目研究课题“区域推进中小学学科审美化教学的行动研究”。

重庆市渝中区教师进修学院负责人：
院　长：宋文君（党委副书记）
副院长：李　立　周鸿蜀
　　　　徐开明（2018年9月任职）
（梁英莉）

【基本建设】 2018年投入1.2亿元，优化大坪石油路片区校点布局，有序推进中华路小学、大坪小学、第二十九中综合楼、第四十二中改扩建等10个工程项目，完成7所中小学幼儿园外立面排危改造及校舍维修改造。统筹规划区域智慧校园建设，支持智慧校园试点校建设，开展智慧教育应用研究，引领教育创新变革。完成渝中教育网站全面改造升级，继续实施校园网“三网合一”改造三年计划。

【学生资助】 投入专项资金约840.27万元，为全区3.9万名义务教育阶段中小学生，按每生每周五盒饮用奶标准，提供学生免费饮用。投入资金79.65万元，为1062人次贫困学生免费提供“爱心午餐”。投入资金180万元，按每人每期初中生30元、小学生20元标准，为全区3.9万名义务教育阶段学生提供免费作业本。投入资金550.2万元，统一征订教辅材料，有效杜绝学校乱收费行为发生。全年免除符合条件的6738名高中学生的学费1547.12万元，发放普通高中国家助学金443.4万元、惠及学生5480人次，发放中职资助金3041.1万元、惠及学生30411人次，发放学前教育资助金20.56万元、惠及幼儿70人。

【校园安全工作】 贯彻落实习近平总书记做好安全生产工作重要指示精神和国家、市、区安全生产系列会议精神，抓好全市中小学幼儿园安全工作电视电话会议精神的落实，吸取巴南“10•26”事故教训，制定《关于做好当前安全稳定工作的紧急通知》和《渝中区教育系统安全隐患和矛盾纠纷排查整治工作方案》，进行拉网式排查，排查出安全隐患和学校内外矛盾纠纷、不稳定因素27项，形成《渝中区校园安全隐患和矛盾纠纷排查整治方案》，并逐一整改落实，确保校园平安和师生安全。

【教育督导】 开展全面改善义务教育薄弱学校基本办学条件项目绩效评价、中小学心理健康教育摸底调查、幼儿园规范办园行为等专项督导，启动2018年渝中区小学综合督导评估，全面推进学校章程建设，指导校园完成学校章程制定，支持学校创建依法治校示范校。

【纪检监察与审计】 坚持无禁区、全覆盖、零容忍，紧盯选人用人、审批监管、招生考试、大宗采购、工程招投标等重点领域和关键环节，与65个委属单位党政负责人签订党风廉政建设责任书。贯彻落实《运用监督执纪“四种形态”办法》，抓早抓小，对重点岗位关键人员开展日常提醒谈话83人次，在系统内通报违纪事件4件，注重用身边事教育身边人。完成校园和直属单位责任人经济责任内部审计8个，责令相关校园和单位针对发现的问题进行整改。完成工程项目结算审计80个，项目送审金额3838.59万元，审定金额3360.97万元。

【教育国际合作与交流】主动对接国家“一带一路”倡议和“中新（重庆）战略性互联互通示范项目”发展战略，全面提高渝中教育对外开放水平。5月，2018年“发展中国家就业服务体系设计与建设”研修班的来自肯尼亚、南苏丹、塞拉利昂、乌干达、加纳、约旦、牙买加等发展中国家共24名政府官员访问巴蜀中学，巴蜀中学向来访官员展示了中国基础教育的优质样本。11月，区教委组织2018年汉语桥——美国校长访华之旅渝中行国际交流活动，5名美国中小学校长及教育官员走进重庆第二十九中学等4所中小学，双方在语言教学、师生交流、教学资源共享等方面开展合作交流洽谈，巴蜀中学、巴蜀小学和人民小学与美国的4所学校结成友好学校。

【区教委党政负责人】

主　任：唐点权（党工委书记）

副书记：张羽婷

副主任：许　军（2018 年 12 月离任）

　　　　杨　勇　李嘉婧

督　学：龚方德

派驻纪检组长：江武渝

（喻华）

素质教育

【学校德育工作】 贯彻落实教育部《中小学德育工作指南》，持续推进“一校一品”德育品牌建设，开展“读万卷书、做文明人”评选、表扬活动，评选书香校园 10 所，书香校园提名 10 所，书香班级 58 个，书香少年 64 名。推荐评选新时代渝中好少年 60 名，新时代重庆好少年 3 名。中华路小学、人和街小学、巴蜀小学的 3 篇案例入选教育部全国中小学德育工作典型经验，巴蜀中学、巴蜀小学、人民小学、人和街小学、中华路小学 5 所学校被评为重庆市德育品牌学校。开展环境教育、法治教育、禁毒教育等主题教育活动 30 余项，巴蜀小学、重庆市实验学校获重庆市第三届中小学法治教育优质课竞赛一等奖，区教委获组织奖。

【体育卫生艺术与科技教育】 推进改革实验区和实验校建设，开展现场观摩研讨等美育实践活动，推进“戏曲进校园”活动，举办渝中区首届“小小戏剧节”。坚持开展阳光体育运动、大课间活动，开展科技教育和科技活动，学生获体育、科技、艺术等市级及以上团体奖 42 项，个人奖 308 项，6 篇教学案例获重庆市美育改革创新优秀案例一等奖，曾家岩小学学生获第五届新加坡国际合唱节金奖，巴蜀中学学生曹瑛典获第十一届“重庆市青少年科技创新市长奖”。

【教学科研】 开展“一校一主题”集体视导 41 次，教研员听课 3000 余节。开展区域性学科教研活动 401 次，参加教师 2.5 万余人次。加强科研管理和指导，持续推进市级重点项目“区校一体化教师培训课程体系建设”和市级重点课题“区域性共享式教师研修模式”研究，立项国家级课题 1 个、市级课题 26 个、区级课题 49 个，结题市、区级课题 14 个。

基础教育

【学前教育】 出台《渝中区第三期学前教育行动计划》《渝中区普惠性幼儿园管理办法》等文件，推进公办园、普惠园建设，增加学前教育资源供给，规范办园行为和收费行为，提升保教质量。全年新增公办园 9 所，公办园在园幼儿占比达 40%、普惠性幼儿园覆盖率超过 71%。开展非法幼儿园专项整治行动，制定非法园幼儿分流方案，对限期未整改的非法园执行行政处罚程序，申请法院强制执行 4 所。

【义务教育】 推进办学模式改革，批准第二批集团化办学试点校（园）7 所、投入经费 400 万元，批准集团化改革试点项目 19 个，幼儿园、初中、普通高中集团化率达 100%，全区教育集团化覆盖率达 66%。深化课程改革，以提升普通小学、初中质量为目标，以促进“学科核心素养”在课堂教学中的实施为抓手，实施国家课程校本化，实现地方课程综合化，促进校本课程特色化，满足学生多元化发展需求。完成第一、二批 8 所课程改革试点校评估验收，批准第三批课程改革试点校 13 所，巴蜀小学《基于学科育人功能的课程综合化实施与评价》获教育部全国基础教育教学成果特等奖。

【普通高中教育】 成立高考综合改革领导小组、研究指导小组，落实《普通高中新课程实施方案》《普通高中学业质量标准细则》，加强校长、教师普通高中新课程方案和课程标准的培训，抓实普通高考综合改革基础条件保障工作，积极应对高考综合改革。开展高考复习策略、考纲与试题研究活动，做好“一诊、二诊”质量分析，教育质量稳中有升。巴蜀中学学生夺得2018年全国高考重庆文理科第一名。

【特殊教育】 推进以随班就读为重点的特殊教育综合改革，完成全国特殊教育改革实验区结项工作。全面实施“一人一案”，开展送教上门工作，建成四级资源教室，制定《渝中区随班就读工作考核办法》，开展随班就读工作专项考核，形成随班就读工作常态化、长效化推进体制机制，残疾儿童少年义务教育普及水平达95%。开展特殊教育教师“爱心故事”分享活动，优秀教育案例在《渝中教育》结集出版。

高等教育

【概况】 2018年，渝中区域内有重庆医科大学（地方重点大学）、重庆电大渝中分校（成人高等教育学校）各1所。

（喻华）

【重庆广播电视大学渝中区分校】 重庆广播电视大学渝中区分校（简称“重庆电大”渝中分校），同时挂牌重庆市渝中区社区教育学院，位于渝中区上清寺。学校前身是1979年成立的重庆广播电视大学市中区工作站，主要从事成人高等学历教育。学校校园占地面积867.1平方米，建筑面积1600多平方米。学校有专兼职教师90余人，90%以上的教师具有中高级职称。学校设校务部、学历教育部和社区教育部三个部门。学校开设开放教育、成人大专教育、网络教育3种学历教育30多个专业，涵盖理工、经管、教育及医药等学科。2018年，学校成人高等学历教育招收新生2005人，学校在校学生4000余人。学校大力推进重庆开放大学基层单位试点项目和转型发展工作，不断拓展学历教育、社区教育和非学历培训，被评为全市电大教育工作先进单位、全国优秀成人继续教育学院、全国网络统考“优秀考点”，挂牌渝中区文化产业培训基地，学校内设的社区教育部获“渝中区巾帼文明岗”。

重庆广播电视大学渝中区分校负责人：

校　　长：张　静

支部书记：余　晴

（李豪军）

其他教育

【职业教育】 落实《重庆市人民政府办公厅关于深化产教融合的实施意见》，加强中职学校骨干（特色）专业建设，申报立项骨干专业、双基地、现代学徒制等市级示范项目6个，渝中职业教育中心申报为重庆市高水平中等职业学校。2018年，学生参加全国、全市技能大赛，获一等奖8个、二等奖19个、三等奖29个。

【民办教育】 推进民办非学历教育培训机构培训费专用存款账户管理工作，120个机构存足最低余额。完成民办教育机构行政审批18件，开展民办教育机构年度检查和校外培训机构专项治理行动，下发整改通知书18份。扶持教育服务业企业，规上企业营业收入同比增长31.61%。

（喻华）

【成人教育】 开展电大开放教育、奥鹏网络教育和成人大专教育多种成人高等学历教育，在读学生4000余人。社区学院、区级相关部门、山城老年大学和各街道社区，协同开展古埙吹奏、香囊制作、书法等中华优秀传统文化系列课程，培训社区居民和社会人群近7万人次。深入挖掘渝中区非遗传承、历史遗存的文化价值，推进蜀绣、剪纸、烙画等产业人才培训，实现社区教育与非遗传承、创业就业的有机结合。利用渝中学习网，推广移动数字化学习，为市民终身学习提供便利。

【重庆山城老年大学】 重庆山城老年大学是渝中区成人教育的重点学校，创立于1986年，是区委老干部局所属的公益二类事业单位。有校本部（大溪沟）、泰安分部、名仕城分部共三处校区，校舍建筑面积10000余平方米。学校始终遵循“老有所教、老有所学、老有所乐、老有所为”的老年教育方针，不断改革创新，在建设人民满意的老年大学、推进老年教育事业健康发展的探索中，积极践行“增长知识、丰富生活、陶冶情操、促进健康、服务社会”的办学宗旨。2018年共开设声乐、戏剧、舞蹈、时装、体艺、器乐、文学、英语、书画、摄影、电脑、数码摄像、保健等13个专业，346个专业班。其中春季班168个，秋季班178个，学员1.3万余人次。2018年，学校获得全国老年远程教育示范区、全国老年教育发展贡献奖、重庆市第十次老年教育理论研讨会组织奖、渝中区优秀巾帼志愿服务项目、2017年度重庆市渝中区五四红旗团支部、2017年度老年体育工作最佳组织奖等多项荣誉。

重庆山城老年大学负责人：

校　长：包海燕

副校长：夏国瑞（2018年3月离任）

杜　林（挂职，2018年4月任职）

易俪俪（挂职，2018年8月任职）

（喻华　何雨淅）

【社区教育】　倡导终身学习，举办2018年渝中区全民终身学习活动周·赵焕鼎获全国百姓学习之星称号，“渝中市民大讲堂”获全国终身学习活动品牌，“花与生活”等4门课程被评为市级特色社区教育课程，“白象街”等近10门微课获国家级、市级微课大赛奖项。着力打造“渝中智汇课堂”社区教育品牌项目，开设公益课17门，组织送课进社区26次。升级改进“渝中学习网”和“渝中社区教育网”，开展线上线下同步学直播课推广活动8次，微信公众号推送48期，进社区、学校等推广8场，学习积分兑奖活动2次。建立数字化学习推进员制度，召开数字化学习推广工作研讨会4次。

（喻华）

【渝中区社区教育学院】　升级改造渝中市民终身学习平台——渝中学习网，为市民免费提供视频课程万余门、电子期刊2000多种，满足市民移动学习、碎片化学习的新需求。开设智能手机、茶文化与茶艺等近20门公益课、6门短期体验课，开发古埙吹奏、香囊制作等中华优秀传统文化系列课程。开展“共建文明渝中·共享品质母城”等主题活动，服务社区居民近2万人次，“渝中市民大讲堂”被评为全国终身学习优秀学习品牌。构建区域特色课程体系，开发“朝天门”“白象街”“中山四路”等一系列极具“母城”特色的微课，荣获“第四届全国社区教育优秀微课程大赛”优秀组织奖，开发的5门微课获全市第三届社区教育微课大赛4个一等奖、1个二等奖。发挥渝中区文化产业培训基地的资源优势，挖掘非遗传承、历史遗存的文化价值，推进蜀绣、剪纸、烙画等产业人才培训，实现社区教育与创业就业、非遗传承的有机结合。承办渝中区2018年全民终身学习活动周，受到社会各界好评。

重庆市渝中区社区教育学院负责人：

校　　长：张　静

支部书记：余　晴

（喻华　李豪军）

招生考试

【概况】按照教育部“免试就近”入学原则，继续坚持取消小升初推荐政策，实施多校划片、指标到校、“抽签派位”与对口直升相结合招生办法。完善非户籍常住人口适龄儿童少年义务教育入学办法，简化优化入学程序，切实保障流动人口子女的教育需求。全面完成重点中学招收指标到校生工作，扩大优质生源留区数量，4所普通高中招收指标到校生1225人。

【高校招生与自学考试】　2018年，全区普通高考报名3958人。其中，报考普通文理类的考生3525人（本科3503人，专科22人）；报考三校高职类的考生161人；报考中职直升类的考生212人（本科14人、专科198人）；其他类体育单招40人，残疾单招20人。当年，全区一本率达54%，本科率达86%。全区成人高考报名5052人（其中专升本1529人，高起本262人，高起专3261人）。高等教育自学考试报名7738人，共16158科次，其中新生5912人，毕业59人。

文化 体育

文 化

概 述

【概况】 重庆市渝中区文化委员会（简称“区文化委”），挂渝中区体育局牌子。2018年，内设办公室、公共文化科（文化遗产保护科）、产业发展科、市场管理科（安全生产办公室）、体育科5个职能科室。区文化委机关核定行政编制19名，在编18人。办公地址位于渝中区金汤街74号。下属基层事业单位5个：区文化市场行政执法大队、区文化馆、区图书馆、区文物保护管理所、区体育运动学校。区文化市场行政执法大队为参照公务员管理的事业单位，核定编制12人，设大队长1人、副大队长1人，下设综合科（法制科）、稽查科。区文化馆、区图书馆、区文物保护管理所、区体育运动学校为财政全额拨款全民所有制事业单位，核定编制78人，在职职工67人。代管国有独资公司——重庆辉翔文化投资有限公司，在职员工28人（其中保留事业编制身份4人），公司管理人员4人，招聘的合同制员工24人。中共重庆市渝中区文化委员会，系2014年12月由中共重庆市渝中区文广新局委员会更名，整合原体育局党支部而形成。党委下属党支部10个，其中非公经济组织党组织2个，系统党员148名。区文化委的主要职责是：贯彻执行党和国家文化体育方针政策和法律法规，组织实施文化事业和产业发展规划，统筹推进文化体育体制改革，推进文化体育公共服务，推动文化体育产业发展，负责文化遗产保护工作、文化艺术创作生产工作、文化人才建设工作、文化体育市场管理工作、版权管理工作、推动文化体育与科技融合工作，统筹规划群众体育、竞技体育、青少年体育发展，负责对外文化体育交流合作工作等。

2018年，区文化委坚持政府引导、市场主导、社会参与、全民共享，充分发挥渝中历史文化资源优势，以供给侧结构性改革为主线，巩固深化国家公共文化服务体系示范区建设，着力构建文化产业和市场体系，注重挖掘和利用深厚的人文底蕴，重点提升行政审批事中事后监管水平，促进体育事业健康发展，推动渝中文化体育事业迈上新台阶。区文化委荣获第七届重庆（国际）文化产业博览会优秀参展单位、2018重庆体育产业博览会优秀参展单位、重庆市第八届全民健身运动会（区县组）团体总分第二名。委属单位区文化市场行政执法大队文物执法案件办理工作获评国家文物局2018年度全国文物行政处罚案卷评查优秀案卷。区文化馆创作出一批弘扬时代主旋律，思想性、艺术性相统一的精品力作，斩获各类文艺奖项18个，其中市级及以上奖项17个。在第八届重庆市乡村文艺会演中，选送的原创表演唱《山城盖碗茶》获音乐类一等奖和网络人气奖，舞蹈《巴渝情韵》获三等奖和网络人气奖。在第六届重庆市戏剧曲艺大赛中，小品《先叫后叫都是爸》获戏剧类一等奖，故事《三大步的传说》获曲艺类二等奖；区文化馆春之声合唱团在第二十五届“缙云之声”合唱节荣获金奖。广场舞表演《渝中拾遗•旦》代表重庆市角逐2018东方明珠全国广场舞电视大赛总决赛并荣获银奖。在重庆市庆祝改革开放40周年优秀群众文艺展演暨全国第十八届群星奖重庆选拔活动中，表演唱《踩着辣椒爬梯坎》荣获音乐类一等奖，舞蹈《宝贝》

荣获舞蹈类一等奖，将代表重庆市参加全国第十八届群星奖总决赛。区图书馆荣获2017年度全市公共图书馆信息工作先进集体、依法办馆创新发展——新时代公共图书馆建设与服务主题活动获奖单位、重庆市第十届图书馆少儿服务工作学术研讨会优秀组织奖、重庆市第十届“红岩少年”系列读书活动优秀组织奖、2018年“阅读之星”——重庆市民诵读大赛组织奖。

【公共文化服务】 巩固深化国家公共文化服务体系示范区建设。加大公共文化服务供给侧改革力度。探索公共文化服务供给侧改革路径，与高校、企业合作共建重庆师范大学合作平台、曾家岩书院、的米24小时城市书房。加快推进大坪、望龙门、2个地区文化中心改造前期项目。提升公共文化服务效能。推进重庆群众文化云渝中区平台建设，实现文化惠民网络订单式服务。发放文化大礼包1000份，采购《战马》《天鹅湖》《草原上的乌兰牧骑》等国内外优秀剧目，《大禹治水》《尘埃落定》《铁弓缘》等市级院团精品剧目演出票2000余张，发放惠民电影票1000余张，2018年开展放映惠民电影进机关、进社区、进军营、进工地、进福利院等活动274场。丰富群众文化活动。策划改版“解放碑CBD广场周末音乐会”，持续开展“我们的节日”传统节庆系列演出、“4•23世界读书日”等活动7项，承办与世界握手——解放碑国际文化交流节、2018年重庆（国际）影像文化节等重大活动，推出《踩着辣椒爬梯坎》《宝贝》《渝中拾遗•旦》《山城盖碗茶》等一批原创文艺精品。

【党建工作】 加强基层党组织建设。坚持思想政治建设，贯彻落实习近平新时代中国特色社会主义思想，坚定维护习近平总书记核心地位，维护党中央权威和集中统一领导，严格遵守政治纪律和政治规矩，牢固树立“四个意识”，坚定“四个自信”，做到“两个维护”，坚决清除孙政才恶劣影响和薄熙来、王立军流毒，营造风清气正的良好政治生态。切实增强基层党组织活力，让支部书记“强起来”、组织制度“立起来”、组织生活“严起来”，开展党委中心组学习40次，各党支部全年学习时间不少于60小时。落实意识形态工作责任，将公共文博场馆建设成为宣传党的主张、贯彻党的决定的坚强战斗堡垒。加大对论坛、讲座、报告会的监管力度，成功处置“百丽宫电影院TED演讲”等涉意识形态类敏感事件4起。推进全面从严治党，开好“以案四说”警示教育会，用好全区党风廉政建设“两个责任”监管系统、廉情渝中大数据平台，全年约谈33人次，营造风清气正干事创业的良好氛围。锤炼过硬作风，对照市委巡视反馈意见和区委巡视整改方案，狠抓意识形态阵地管理存在明显薄弱环节、对优秀传统文化和历史文物保护不力等具体问题整改。找堵点、破难题，走访文体企业210余次，协调解决资金支持、社保办理等问题49件。

【文化产业发展】 产业能级持续提升。2018年，全区文化企业有4700余家，规上企业120余家。2018年，招商引资企业15家，其中“招大引强”7家。载体建设全面铺开。支持后街影视产业园建设工作，帮助引进企业入驻，入住率达70%以上；桂花园文创基地完成装修改造，投入使用；魁星楼团场二期建设基本完工；重庆中央艺术区进入规划设计。企业服务不断优化。挂牌成立“渝中区文化产业人才培训基地”；利用500万元文化产业专项资金扶持一批具有良好效益、发展潜力较大的产业项目；组建文化惠民消费企业联盟，构建220余家企业组成的消费网络。对外宣传不断扩大。以“天然摄影棚”为主题在2018年香港国际影视展上推介渝中影视资源；组织区内文体企业参加第七届重庆（国际）文化产业博览会、重庆首届体育产业博览会，为企业项目做好宣传推介，为招商引资搭建桥梁，收到良好效果。

【文物保护修缮】 牢筑文物安全防线。启用文物安全综合管理平台，2018年共推进文物安全三防项目9项；推动出台《重庆市渝中区人民政府办公室关于进一步加强文物安全工作的通知》，进一步完善文物安全工作体制机制。全年开展文物安全巡查964次，联合安监、消防等部门，开展全区博物馆和文物建筑消防安全大检查工作6次，实现博物馆及重点文物全覆盖。推动文物修缮工程，推动实施国民政府外交部旧址等37项文物修缮工程，老鼓楼衙署遗址公园建设项目文物保护规划获国家文物局正式批复，打铜街传统风貌区建设按预期进度推进，韩国光复军司令部旧址复建工程建设及陈列布展方案完成。加强文物展示利用。推动美国大使馆旧址、东华观藏经楼、国民政府军事委员会政治部第三厅暨文化工作委员会旧址等5处文物布展及博物馆建设项目，新增巴蔓子纪念馆展示项目。鼓励非物质文化遗产传承。蜀绣传承人黄敏成为第五批国家级非物质文化遗产代表性传承人，刘光瑞荣获“全国非物质文化遗产保护工作先进个人”称号。

【文体市场监管】 优化行政审批服务。深化“全国文化市场行政审批示范点”建设，审批事项压缩96个工作日，缩减比例达28%。制订《渝中区娱乐业并联审批办事指南》《渝中区文化市场红名单管理实施方案》。共承办行政许可事项611件，非行政许可事项31件（艺术品经营单位备案24件，演出场所经营单位备案7件），办结率达100%。其中，营业性演出398件、2156场次。新设立娱乐场所等91家文体市场主体（网吧6家，娱乐场所1家，文艺表演团体2家，出版物经营55家，游泳池4家，艺术品经营单位备案18家，演出场所经营单位备案5家）。加强文化执法力度。围绕意识形态阵地责任制和网络意识形态责任制管控、“扫黄打非”五大专项行动、校园周边文化市场综合整治、未成年人保护、文物保护、高危体育场馆经营等重要领域，检查各类文化、体育经营场所806家次，立案件43件，取缔非法演出2场，收缴非法出版物2694册（张），取缔“黑网吧、黑歌厅”共4家，排查安全隐患58处，查处安全生产类案件4件，现场监管营业性演出200余场次。文物执法案件办理工作获评国家文物局2018年度全国文物行政处罚案卷评查优秀案卷。

【体育事业发展】 群体活动广泛开展。唱响全民健身“四季歌”活动，持续举办春季登山、夏季“全民健身日”宣传、秋季运动会、冬季武术，打造解放碑CBD登高楼和城市定向两大渝中品牌赛事，全民健身引领示范效应不断彰显，经常参加体育锻炼的人口比例不断提高。资助全民健身活动28场，金额18万元，直接参与近万人。基础设施保障有力。坚持统筹规划、分步实施，加强公共体育设施建设，将社区健身设施日常管理纳入数字化城市管理系统，确保公共体育设施正常高效使用。2018年，安装更新全民健身路径305条，建成体育健身长廊1条、健身步道2条、登山步道4条，全民健身路径保持在300余处。创建市级社区健身点15个，为群众健身提供有利条件。后备队伍不断壮大。在市专业队和国家专业队训练的渝中区运动员逾百人，在市体育局注册运动员2000人。施廷懋在2018年国际泳联跳水系列赛中分获女子单人、双人三米板两项冠军，并获得2018年全国跳水锦标赛女子单人三米板冠军；女子手枪运动员陈琳在第52届世界锦标赛中，荣获25米手枪项目（青年组）团体第二名。

【区文化委负责人】
党委书记：何俊生
主　　任：何俊生（区体育局局长）
副 书 记：白　玉（2018年4月离任）
副 主 任：朱　健（区体育局副局长，援藏）
　　　　　马　佳　杜胜凯　卢永军
（崔杰　练臻青　王兴华　向小翠　程玲　刘航
杨利君　牛青　朱荣林　张金英　文江艳）

文艺创作　文化活动

【文艺创作及获奖】 7月，重庆市文化委员会主办的第八届重庆市乡村文艺会演圆满落幕。由区文化委支持、区文化馆组织创作的作品取得不俗成绩。《山城盖碗茶》获音乐类一等奖和网络人气奖，《巴渝情韵》获舞蹈类三等奖和网络人气奖，区文化委、区文化馆获组织工作奖。10月，区文化馆参加第六届重庆市戏剧曲艺大赛，选送小品《先叫后叫都是爸》获戏剧类一等奖，故事《三大步的传说》获曲艺类二等奖，区文化馆获组织工作奖。12月，区文化馆组织打造原创节目参加重庆市庆祝改革开放40周年优秀群众文艺展演暨全国第十八届群星奖重庆选拔活动，表演唱《踩着辣椒爬梯坎》荣获音乐类一等奖，原创舞蹈《宝贝》荣获舞蹈类一等奖，戏剧作品《先叫后叫都是爸》荣获戏剧类一等奖。区文化馆馆办团队“半岛舞蹈团”原创舞蹈《渝中拾遗•旦》内容积极向上，体现时代性的同时还突出了川渝戏曲的地方特色，巧妙地提炼川剧元素，结合花旦、刀马旦的主体动作，融入“川剧变脸”的绝活，在各大赛事中屡获佳绩。11月，在2018“舞比精彩”重庆市首届广场舞电视大赛中获季军和最佳人气奖，在“欢跃四季 舞动巴渝”全国广场舞展演活动重庆市集中展演中获优胜奖。12月，在2018东方明珠广场舞电视大赛总决赛中荣获全国银奖。“春之声合唱团”在2018全国部分文化馆联盟优秀合唱团展演暨第二十五届“缙云之声”合唱节荣获金奖，在重庆市首届合唱艺术节比赛中荣获中老年组三等奖。

【免费“艺术沙龙”】 区文化馆整合资源，邀请重庆诸多艺术名家和文艺新秀，每月举办一场艺术沙龙，全年举办12期。艺术沙龙是区文化馆为贯彻执行公共文化免费服务而打造的群众文化品牌活动，自2011年开办以来，已举办84期，包括音乐舞蹈、戏剧曲艺、书法绘画等多类专场。

文化市场和文化产业

【群众文化市场发展】 2月15日，东水门老街区开街，以“箭楼重现”为主题，开展迎春灯会、古法迎财神、龙狮闹新春、戏曲大联唱、民族舞蹈表演、非遗展演、新春游园、书法名家送春联等8大经典民俗活动，吸引市民15万余人次。2月28日，第二届文化惠民消费季工作顺利完成。文化消费季共220余家企业参加，惠及477万人次，举办特色文化惠民消费活动53场，撬动社会资金投入760万元，拉动文化消费2000余万元。

【渝中区举行版权登记工作站启动仪式】 2月26日，2018年全国知识产权宣传周渝中分会场暨渝中区版权登记工作站启动仪式在中山四路“U创空间”产业园举行，市文化委版权管理处、市版权保护中心、区文化委、区科委等部门领导及部分协会、企业代表出席启动仪式。

【文化产业参展】 3月16日，2018年香港国际影视展在香港金紫荆广场会展中心拉开帷幕，来自30个国家和地区的800余家影视机构参展。区文化委随重庆市文化委代表团参加此次盛会并首次设立地区展厅，引来国内外影视机构关注。会议期间，重庆市接待相关业务洽谈200余人次，递送宣传资料千余份。9月7日，渝中区组团参加第七届重庆（国际）文化产业博览会，围绕“母城记忆•重庆时光”展示主题，全面呈现渝中文化产业大发展大繁荣的盛况，区文化委荣获优秀组织奖。此外，现场“飞跃解放碑”VR体验吸引了大批市民体验、参与。9月21日，渝中区组团参加重庆首届体育产业博览会，8家体育龙头企业和3个体育项目参展，渝中区文化委员会荣获优秀参展单位奖。此外，现场开展的射击项目、电竞表演赛、智能健身器材等三大特色体验活动吸引众多市民参加。

【文化行业管理及培训工作会】 8月22日，文化行业意识形态管理工作会在区文图大厦召开，辖区60余家文化单位参加会议并签订《意识形态管理工作责任书》。9月25日，“渝中区文化产业人才培训基地”正式挂牌成立，标志着渝中区拥有首个文化产业人才培训基地。

【全国文物行政处罚案卷评查获评优秀案卷】 渝中区文化市场行政执法大队办理的《重庆庆华建设工程有限公司擅自在市级文物保护单位海关公署旧址保护范围内进行工程案》获评2018年度全国文物行政处罚案卷评查优秀案卷。

文物保护和非物质文化遗产

【重点文物修缮、陈列和开放】 围绕“修缮一批、展示一批、利用一批”开展文物工作。保护修缮大礼堂、巴县衙门旧址、中法学校旧址、中苏文协旧址等15处文物；提档升级怡园、巴蔓子墓综合环境，完成重庆行营等布展工程。2018年8月23日，全国重点文物保护单位宋子文官邸（怡园）正式向游人开放。

【传统风貌区建设及非国有博物馆藏品备案】 持续推进湖广会馆、十八梯、白象街、李子坝等传统风貌区建设工作，做好拆迁或建设过程中的文物保护，提出保护意见。十八梯传统风貌区首开区、湖广会馆及东水门历史文化街区首开区完工，白象街传统风貌区一期开街运营。按照市文物局要求，完成非国有博物馆藏品备案工作。渝中区共3家非国有博物馆，分别为重庆友好飞虎队博物馆、重庆巴渝名匾文化艺术博物馆和中国民间医药博物馆，共备案藏品37000余件，约占全市总量的48%。

2018年渝中区国家级、市级、区级不可移动文物统计表

序号	文物名称		保护级别	地址	备注
一、文物保护单位					
1	中共中央南方局暨八路军驻重庆办事处旧址	八路军重庆办事处旧址	国家级	红岩村13号	
		中共中央南方局旧址		曾家岩50号	
		《新华日报》营业部旧址		民生路240号	
		中共代表团驻地旧址		中山三路151号	
2	桂园		国家级	中山四路65号	
3	湖广会馆		国家级	长滨路芭蕉园巷1号	
4	特园		国家级	嘉陵桥东村37-49号	
5	同盟国中国战区统帅部参谋长官邸旧址		国家级	嘉陵新路63号	
6	保卫中国同盟总部旧址		国家级	两路口新村5号	
7	重庆市人民大礼堂		国家级	人民路173号	
8	国民政府行政院旧址		国家级	中山四路36号	
9	重庆谈判旧址群	蒋介石官邸	国家级	中山四路36号（市委大院内）	
		国民政府军事委员会委员长侍从室旧址（尧庐）			
		国民政府军事委员会委员长侍从室旧址			
		宋子文官邸（怡园）		四新路19号	
		吴铁城官邸		嘉陵新路64号	
10	老鼓楼衙署遗址		国家级	解放东路巴县衙门	
11	重庆古城墙	通远门段城门及城墙	国家级	金汤街至鼓楼巷沿线	
		东水门段城门及城墙		东正街至芭蕉园沿线	

续表

序号	文物名称		保护级别	地址	备注
12	国民政府立法院、司法院及蒙藏委员会旧址		国家级	渝中区中山医院门诊部	
13	国民政府外交部旧址		国家级	解放东路征收局 6 号（人民公园 3 号）	
14	重庆抗战金融机构旧址群	中央银行旧址	国家级	道门口 9 号	
		中国银行旧址		新华路 41 号	
		交通银行旧址		打铜街 14 号	
		美丰银行旧址		新华路 74 号	
		川康平民商业银行旧址		打铜街 16 号	
		聚兴诚银行旧址		解放东路 112 号	
15	国民参政会旧址		国家级	中华路 174 号	
16	国民政府军事委员会政治部第三厅暨文化工作委员会旧址		国家级	天官府 8 号	
17	同盟国驻渝外交机构旧址群	苏联大使馆旧址	国家级	枇杷山正街 104 号	
		苏联大使馆武官处旧址		沧白路 69 号	
		法国领事馆旧址		凤凰台 35 号	
		澳大利亚公使馆旧址		鹅岭正街 176 号	
		土耳其公使馆旧址		鹅岭正街 176 号	
		中英联络处旧址		国泰艺术中心旁	
18	抗战胜利纪功碑暨人民解放纪念碑		国家级	解放碑 CBD 步行街广场中心	
19	重庆谈判旧址	李宗仁公馆旧址	市级	中山四路 36 号（市委大院内）	
20	同盟国驻渝外交机构旧址群	美国大使馆旧址	市级	健康路 1 号	
21	状元府		市级	桂花园 12 号	
22	佛图关石刻		市级	佛图关公园内	
23	七牌坊碑林		市级	大坪循环道电信大楼背面绿化地带	
24	沈钧儒旧居		市级	马鞍山 18 号	
25	跳伞塔		市级	两路口体育路	
26	国民党中央执行委员会旧址（张骧公馆）		市级	中山四路 36 号（市委大院内）	
27	陈诚官邸		市级	胜利路 187 号（信协楼盘小区内）	
28	大公报报社重庆旧址		市级	李子坝正街 102 号	
29	《新华日报》总馆旧址		市级	化龙桥虎头岩村 62 号	
30	邹容烈士纪念碑		市级	南区路南区公园内	
31	中法学校旧址		市级	人民路 121 号	
32	大溪沟发电厂专家招待所旧址		市级	大溪沟街 3-10、13-11、13-14、13-18、13-23 号	
33	重庆市劳动人民文化宫大门		市级	中山二路 174 号	

续表

<table>
<tr><th>序号</th><th colspan="2">文物名称</th><th>保护级别</th><th>地址</th><th>备注</th></tr>
<tr><td>34</td><td colspan="2">中共重庆市委枇杷山办公楼旧址</td><td>市级</td><td>枇杷山正街 72 号</td><td></td></tr>
<tr><td>35</td><td colspan="2">嘉陵江大桥</td><td>市级</td><td>上清寺牛角沱至江北区华新街之间（横跨嘉陵江）</td><td></td></tr>
<tr><td>36</td><td colspan="2">罗斯福图书馆暨中央图书馆旧址</td><td>市级</td><td>长江一路 1 号</td><td></td></tr>
<tr><td rowspan="2">37</td><td rowspan="2">大田湾体育设施群</td><td>重庆市体育馆</td><td rowspan="2">市级</td><td rowspan="2">大田湾体育场</td><td></td></tr>
<tr><td>重庆市体育局办公楼</td><td></td></tr>
<tr><td rowspan="4">38</td><td rowspan="4">鹅岭抗战遗址群</td><td>苏军烈士墓</td><td rowspan="4">市级</td><td rowspan="4">鹅岭正街 176 号
（鹅岭公园内）</td><td></td></tr>
<tr><td>桐轩石室</td><td></td></tr>
<tr><td>丹麦公使馆旧址</td><td></td></tr>
<tr><td>飞阁</td><td></td></tr>
<tr><td>39</td><td colspan="2">李宗仁官邸</td><td>市级</td><td>枇杷山正街 93 号</td><td></td></tr>
<tr><td>40</td><td colspan="2">巴蔓子墓</td><td>市级</td><td>莲花池渝海大厦负 2 层</td><td></td></tr>
<tr><td>41</td><td colspan="2">罗汉寺</td><td>市级</td><td>罗汉寺 7 号</td><td></td></tr>
<tr><td>42</td><td colspan="2">东华观藏经楼</td><td>市级</td><td>凯旋路 64 号</td><td></td></tr>
<tr><td>43</td><td colspan="2">谢家大院</td><td>市级</td><td>太华楼二巷 2 号</td><td></td></tr>
<tr><td>44</td><td colspan="2">李耀庭公馆</td><td>市级</td><td>邮政局巷 40 号</td><td></td></tr>
<tr><td>45</td><td colspan="2">中苏文化协会旧址</td><td>市级</td><td>中山一路 162 号</td><td></td></tr>
<tr><td>46</td><td colspan="2">若瑟堂</td><td>市级</td><td>若瑟堂 1 号</td><td></td></tr>
<tr><td>47</td><td colspan="2">四川革命先烈纪念碑</td><td>市级</td><td>新华路人民公园内</td><td></td></tr>
<tr><td>48</td><td colspan="2">国民政府经济部旧址</td><td>市级</td><td>新华路 47 号</td><td></td></tr>
<tr><td>49</td><td colspan="2">药材公会旧址</td><td>市级</td><td>羊子坝 15 号</td><td></td></tr>
<tr><td>50</td><td colspan="2">望龙门缆车</td><td>市级</td><td>望龙门巷至长滨路</td><td></td></tr>
<tr><td>51</td><td colspan="2">韩国临时政府旧址</td><td>市级</td><td>莲花池正街 38 号</td><td></td></tr>
<tr><td>52</td><td colspan="2">胡子昂旧居</td><td>市级</td><td>太华楼一巷 6 号</td><td></td></tr>
<tr><td>53</td><td colspan="2">菩提金刚塔</td><td>市级</td><td>观音岩金刚塔社区</td><td></td></tr>
<tr><td>54</td><td colspan="2">张培爵烈士纪念碑</td><td>市级</td><td>沧白路旁人行道</td><td></td></tr>
<tr><td>55</td><td colspan="2">中共重庆地方执行委员会旧址</td><td>市级</td><td>二府衙 19 号</td><td></td></tr>
<tr><td>56</td><td colspan="2">打枪坝水厂纪念塔</td><td>市级</td><td>领事巷打枪坝自来水厂内</td><td></td></tr>
<tr><td>57</td><td colspan="2">江全泰号</td><td>市级</td><td>白象街 142 号</td><td></td></tr>
<tr><td>58</td><td colspan="2">重庆海关监督公署旧址</td><td>市级</td><td>解放东路 263 号</td><td></td></tr>
<tr><td>59</td><td colspan="2">长江索道</td><td>市级</td><td>新华路 151 号</td><td></td></tr>
<tr><td>60</td><td colspan="2">嘉陵江索道</td><td>市级</td><td>沧白路 63 号</td><td></td></tr>
<tr><td rowspan="2">61</td><td rowspan="2">重庆大轰炸遗址群</td><td>重庆市消防人员殉职纪念碑</td><td rowspan="2">市级</td><td>新华路人民公园内</td><td></td></tr>
<tr><td>六•五大隧道惨案遗址</td><td>磁器街人行道旁</td><td></td></tr>
<tr><td rowspan="2">62</td><td rowspan="2">国民政府军事委员会旧址</td><td>国民政府军事委员会礼堂旧址</td><td rowspan="2">市级</td><td>解放西路66号（重庆日报社内）</td><td></td></tr>
<tr><td>国民政府军事委员会
重庆行营旧址</td><td>解放西路 14 号（复旦中学内）</td><td></td></tr>
</table>

续表

序号	文物名称	保护级别	地址	备注
63	抗建堂旧址	市级	上纯阳洞 13 号	
64	三·三一惨案纪念地	市级	金汤街附近，通远门城墙上	
65	佛图关杨闇公烈士铜像	市级	佛图关公园内	
66	巴县衙门旧址	区级	巴县衙门 26 号	
67	纱帽石董公死难处石刻	区级	嘉滨路靠嘉陵江江边，嘉陵江大桥下东侧	
68	中国民主革命同盟旧址	区级	领事巷 14 号	
69	刘湘公馆旧址	区级	李子坝抗战遗址公园内	
70	中国国民党中央执行委员会调查统计局旧址	区级	中山二路 174 号（文化宫内）	
71	唐式遵公馆旧址	区级	金汤街 80 号	
72	潘文华公馆旧址	区级	中山四路 81 号	
73	晋冀鲁豫军区干部子弟校学生宿舍旧址	区级	中山四路人民小学内	
74	法国仁爱堂旧址	区级	山城巷 80 号	
75	戴笠公馆旧址	区级	中山四路 85 号	
76	重庆盐务局旧址	区级	新华路 45 号	迁建
	二、现存文物点（71 处）			
1	下洪学巷客栈	未定级	下洪学巷 23 号	
2	石绳桥	未定级	鹅岭正街 176 号（鹅岭公园内）	
3	关帝庙	未定级		
4	能仁寺山门排楼	未定级	中华路 92 号	
5	重庆古城墙太平门段城门及城墙	未定级	四方街太平门大码头梯石梯坎旁	
6	重庆古城墙人和门段城门及城墙	未定级	储奇门人和湾、邮政局巷一带	
7	长乐永康石朝门	未定级	山城巷 26 号	
8	亦庐石朝门	未定级	马蹄街 15 号	
9	大观平石刻	未定级	黄土坡 31 号附近	
10	鸟游淤云石刻	未定级	红岩幼儿园北面巷道崖壁上	
11	蒋介石题刻处	未定级	重庆市渝中区大坪街道佛图关社区，佛图关公园内	
12	大坪九坑子石窟	未定级	九坑子街临虎头岩及嘉华立交山壁上	
13	竹木街摩崖造像	未定级	黄沙溪竹木街长江边九滨路旱桥下污水处理管道侧面及下方的崖壁上，距污水处理建筑左侧 10 米处	
14	孙科公馆旧址	未定级	嘉陵新村 189 号	
15	王陵基公馆旧址	未定级	枇杷山正街 72 号	
16	杨森公馆旧址	未定级	中山二路 134 号	
17	王缵绪公馆旧址	未定级	金汤街 64 号	
18	李根固旧居	未定级	李子坝正街 61 号	
19	贺国光旧居	未定级	健康路 4 号	

续表

序号	文物名称	保护级别	地址	备注
20	徐远举公馆旧址	未定级	嘉陵新村 73 号	
21	白鹤嘴石碉堡	未定级	白鹤嘴山头上	
22	国民政府国防部会议厅旧址	未定级	鹅岭正街 56005 部队大院内	
23	重庆反省院旧址	未定级	储奇门邮政局巷 22 号	
24	国民政府军事参议院旧址	未定级	李子坝正街 61 号	
25	李子坝石碉堡	未定级	李子坝 2 村 10 号	
26	红楼	未定级	枇杷山正街 72 号	
27	高公馆旧址	未定级	上清寺路 252 号	
28	佛图关白骨塔	未定级	佛图关公园北侧	
29	中共中央南方局外事组旧址	未定级	马鞍山 28 号	
30	马鞍山 29 号建筑	未定级	马鞍山 29 号	
31	马鞍山 30 号建筑	未定级	马鞍山 30 号	
32	马鞍山 31 号建筑	未定级	马鞍山 31 号	
33	马鞍山 63 号建筑	未定级	马鞍山 63 号	
34	德国领事馆旧址	未定级	和平路（原区政府内）	
35	国际村石碉堡	未定级	国际村 103 号	
36	人民公园防空洞掩体	未定级	人民公园内	
37	觉庐建筑群	未定级	李子坝正街 50 号至 57 号、嘉陵新村 74 号至 76 号	
38	鲜宅旧址	未定级	嘉陵桥西村 23 号	
39	国民党警察局旧址	未定级	上曾家岩 19 号	
40	戴笠神仙洞公馆及军统办公室旧址	未定级	枇杷山正街 72 号	
41	私立兴华小学旧址	未定级	九道门 10 号	
42	韩国光复军司令部旧址	未定级	邹容路 37 号	
43	国际村 102 号建筑	未定级	国际村 102 号	
44	刘义凡旧居	未定级	陕西路 115 号	
45	柏庐建筑群	未定级	民生路 101、117 号	
46	民生路 105 号民居	未定级	民生路 105 号	
47	自力巷 23 号建筑	未定级	大溪沟人民路	
48	胜利路 178 号民居	未定级	胜利路 178 号	
49	下洪学巷 40 号民居	未定级	下洪学巷 40 号	
50	嘉陵新路 44 号建筑	未定级	嘉陵新路 44 号	
51	重庆海关报关行旧址	未定级	白象街 154 号	
52	白象街 151 号民居	未定级	白象街 151 号	
53	重庆海关办公楼旧址	未定级	白象街 166 号	
54	体心堂 42 号民居	未定级	体心堂 42 号	
55	张国富烈士纪念碑	未定级	菜园坝建新一巷 7 号	
56	中央公园旧址	未定级	人民公园	
57	凤凰台 33 号石朝门	未定级	凤凰台 33 号	

续表

序号	文物名称	保护级别	地址	备注
58	打枪坝水厂办公楼旧址	未定级	鼓楼巷 38 号	
59	十八梯 171 号民居	未定级	十八梯 171 号	
60	工人之家大门	未定级	寮叶巷 5 号	
61	国民政府中央训练团遗址	未定级	竹木村 59 号	遗址
62	私立临江小学大门遗址	未定级	解放东路 388 号建筑内	遗址
63	交通银行印钞厂旧址	未定级	李子坝正街 61、49 号	
64	交通银行学校旧址	未定级	李子坝正街 61、49 号	
65	交通银行办公楼旧址	未定级	李子坝正街 61、49 号	
66	交通银行金库旧址	未定级	李子坝正街 61、49 号	
67	飞虎队别墅 1 号楼	未定级	李子坝正街 101 号	2014 年新增文物点
68	飞虎队别墅 2 号楼	未定级	李子坝正街 101 号	
69	大公报报社生产洞旧址	未定级	李子坝正街 101 号	
70	国民政府国际问题研究所印刷厂办公楼旧址	未定级	李子坝正街 101 号	
71	雷家坡古道遗址	未定级	中兴路雷家坡	
三、资料留取文物点（54 处）				
1	曾家岩墓地	未定级	曾家岩	资料留取
2	佛图关夜雨寺	未定级	佛图关公园原 114 中学内（佛图关职业中学）	资料留取
3	归元寺旧址	未定级	中山一路归元寺中巷 72 号、95 号	资料留取
4	县城隍庙旧址	未定级	解放东路二府衙巷 10 号	资料留取
5	花街子 81 号建筑	未定级	花街子 81 号	资料留取
6	普安巷 10 号石朝门	未定级	普安巷 10 号	资料留取
7	国民党军用器材库库长别墅	未定级	华龙桥上村 73 号	资料留取
8	重庆美军飞虎队办公楼旧址	未定级	华村 8 号	资料留取
9	巴县党务指导委员会旧址	未定级	解放东路 64 号	资料留取
10	金城别墅旧址	未定级	菜市口 5 号	资料留取
11	大川银行旧址	未定级	解放东路 31 号	资料留取
12	国民政府接见厅旧址	未定级	人民政府大院内	资料留取
13	归元寺石硐堡	未定级	归元寺中巷 89 号、114 号	资料留取
14	民国侨务委员会档案室旧址	未定级	中山一路街 110 号 1-4 号、10 号	资料留取
15	俄村旧址	未定级	黄家垭口 3 号、4 号	资料留取
16	颜料同业公会旧址	未定级	五一路 13 号	资料留取
17	卢作孚办公楼旧址	未定级	五一路 73 号 -3 号	资料留取
18	华威银行旧址	未定级	解放东路 16 号	资料留取
19	国营招商局重庆分局旧址	未定级	解放东路 166 号、168 号	资料留取
20	聚兴诚银行宿舍旧址	未定级	解放东路 419 号 -2 号	资料留取
21	重庆市人民剧场	未定级	新华路 240 号	资料留取
22	国民政府海外部旧址	未定级	解放东路九道门 7 号	资料留取
23	解放东路 2-12 号老商号建筑	未定级	解放东路 2 号至 12 号	资料留取

续表

序号	文物名称	保护级别	地址	备注
24	太华楼二巷民居	未定级	太华楼二巷 8-2 号	资料留取
25	棉花帮老商号建筑	未定级	解放东路太华楼一巷 3 号	资料留取
26	国民政府征收局旧址	未定级	解放东路征收局巷 2 号	资料留取
27	道官井 9 号建筑群	未定级	新华路道官井巷 9 号 1-5 栋	资料留取
28	上三八街 5 号民居	未定级	上三八街 5 号	资料留取
29	打锣巷 4 号民居	未定级	打锣巷 4 号附 2 号、3 号	资料留取
30	打锣巷 11 号民居	未定级	打锣巷 11 号	资料留取
31	水市巷 10 号民居	未定级	和平路水市巷 10 号	资料留取
32	水市巷 15 号民居	未定级	和平路水市巷 15 号	资料留取
33	求精学堂旧址	未定级	中山四路 69 号求精中学内	资料留取
34	工农兵灰塑	未定级	李子坝正街 60 号一带建筑外墙屋檐下	资料留取
35	庆余堂药房旧址	未定级	解放东路 380 号	资料留取
36	谦泰隆药材行旧址	未定级	马家巷 3 号	资料留取
37	解放东路 404 号民居	未定级	解放东路 404 号	资料留取
38	解放东路 48-60 号建筑群	未定级	解放东路 48 号至 60 号	资料留取
39	四方街 2 号建筑	未定级	四方街 2 号	资料留取
40	文化街 16 号建筑	未定级	文化街 16 号	资料留取
41	解放东路 329 号民居	未定级	解放东路 329 号	资料留取
42	邮政局巷 16 号民居	未定级	邮政局巷 16 号	资料留取
43	邮政局巷 17 号民居	未定级	邮政局巷 17 号	资料留取
44	邮政局巷 20 号民居	未定级	邮政局巷 20 号	资料留取
45	邮政局巷 21 号民居	未定级	邮政局巷 21 号	资料留取
46	双巷子 8 号民居	未定级	双巷子 8 号	资料留取
47	治呈祥药号旧址	未定级	双巷子 6 号	资料留取
48	水井院	未定级	双巷子 11 号	资料留取
49	东川邮政局旧址	未定级	解放东路街 409 号	资料留取
50	中国煤建川东分公司旧址	未定级	解放东路街 341 号	资料留取
51	羊子坝 18 号建筑	未定级	羊子坝街 18 号	资料留取
52	凤凰台 16 号建筑	未定级	凤凰台 16 号	资料留取
53	节约街 10 号建筑	未定级	节约街 10 号	资料留取
54	英国银行宿舍旧址	未定级	道门口 37、38 号	资料留取

说明：自 2013 年至今，因文物级别调整、合并、划转调整、“三普”后新增文物点等原因，截至 2018 年年底，全区现有登记文物 201 处，其中文物保护单位 76 处、100 个点（全国重点文物保护单位 18 处，重庆市文物保护单位 47 处，渝中区文物保护单位 11 处），现存文物点 71 处，资料留取文物点 54 处。

【非物质文化遗产工作】 2 月 9 日，组织糖画、葫芦烙画传承人参加在南山九街•壹华里举行的文化惠民消费季系列活动之第二届重庆非物质文化遗产“嘉年华”活动。3 月 30 日至 4 月 1 日，组织蜀绣、烙画、葫芦烙画、重庆周氏古船模型制作技艺传承人参加“2018 重庆都市旅游节之渝中区非遗展”。5 月，文化和旅游部公布第五批国家级非物质文化遗产代表性项目代表性传承人名单，渝中区蜀绣代表性传承人黄敏当选为第五批国家级非物质文化遗产代表性项目传承人。5月7日至6月25日，开展“多彩非遗•美好生活”渝中区非遗项目走进社区巡展活动。5月29日，组织蜀绣、葫芦烙画、重庆周氏古船模型制作技艺、手工羽毛毽传统制作技艺传承人参加“坚定文化自信，传承中华文明”重庆市第九届“文化遗产月”非遗进校园系列活动之走进中华路小学（分部）、重庆复旦中学（分部）活动。组织蜀绣、刘氏刺熨疗法、葫芦烙画、花丝镶嵌、手工羽毛毽传统制作技艺、赵氏雷火灸等项目传承人参加在磁器口沙磁文化广场举行的2018年“文化和自然遗产日——第三届重庆非物质文化遗产暨老字号博览会”。出版非遗丛书《渝康宁蜀绣》《中国现代烙画》。9月16日，蜀绣区级传承人刁娟参加在山东举办的“第五届中国非物质文化遗产博览会传统工艺比赛决赛”(刺绣类，重庆仅一人进入决赛)，在来自全国42名决赛选手中获第二名的好成绩。9月18日，组织葫芦烙画、蜀绣（李淑兰）及展演节目古琴演奏参加在南岸区弹子石老街举行的“2018年文化馆联盟中秋非遗传习活动”。

【第六批市级非遗代表性项目推荐名单公示】 11月15日，重庆市文化和旅游发展委员会政务网发布《关于公示第六批市级非遗代表性项目推荐名单》，渝中区传统技艺类的手工羽毛毽传统制作技艺、小洞天干烧江团传统制作技艺、余记山城小汤圆传统制作技艺、德元小汤圆制作技艺、重庆火锅传统制作技艺（巴将军火锅）5项，传统医药类的重庆市中医骨科医院正骨诊疗术、黄氏儿科传统医术2项，共7项进入公示名单。

2018年渝中区非物质文化遗产项目表

序号	项目名称	级别	项目类别
1	蜀绣	国家级	传统美术
2	刘氏刺熨疗法		传统医药
3	巴将军传说	市级	传统文学
4	烙画		传统美术
5	葫芦烙画		传统美术
6	叶脉画		传统美术
7	古琴		传统音乐
8	巴渝木偶		传统戏剧
9	重庆吊脚楼营造技艺		传统技艺
10	丘二馆炖鸡汤传统技艺		传统技艺
11	吴抄手传统技艺		传统技艺
12	九园包子传统制作技艺		传统技艺
13	正东担担面传统制作技艺		传统技艺
14	德元酸梅汤传统制作技艺		传统技艺
15	重庆陆稿荐卤菜传统制作技艺		传统技艺
16	王鸭子传统制作技艺		传统技艺
17	花丝镶嵌传统工艺		传统技艺
18	重庆周氏古船模型制作技艺		传统技艺
19	陈氏抄手传统技艺		传统技艺
20	燕青门正骨疗法		传统医药

续表

序号	项目名称	级别	项目类别
21	赵氏雷火灸	市级	传统医药
22	恒合正骨推拿术		传统医药
23	禹王庙会		民俗
24	重庆城传说	区级	传统文学
25	重庆糖画		传统美术
26	川江号子		传统音乐
27	尺八		传统音乐
28	四川清音		传统曲艺
29	四川扬琴		传统曲艺
30	老四川牛肉传统技艺		传统技艺
31	高豆花传统制作技艺		传统技艺
32	重庆漆器髹饰技艺		传统技艺
33	依仁巷春卷		传统技艺
34	手工羽毛毽传统制作技艺		传统技艺
35	余记山城小汤圆传统制作艺		传统技艺
36	顺庆羊肉传统制作技艺		传统技艺
37	鲜氏枣酒浸泡技艺		传统技艺
38	德元小汤圆传统技艺		传统技艺
39	小滨楼素椒杂酱面传统制作技艺		传统技艺
40	小洞天干烧江团传统制作技艺		传统技艺
41	巴将军古法熬制火锅底料技艺		传统技艺
42	渝州正骨诊疗术		传统医药
43	张氏针灸		传统医药
44	黄氏儿科传统医术		传统医药
45	艺术嗓音传统疗法		传统医药
46	宋氏金手指传统按摩术		传统医药

注：截至 2018 年年底，渝中区有非物质文化遗产国家级项目 2 项、市级项目 23 项（含 2 项国家级）、区级项目 46 项（含 23 项市级）。

公共图书馆

【免费开放服务】 渝中区图书馆免费开放面积 6000 多平方米，开展书刊借阅、资料查阅、自修阅览、电子阅览及网上资料查阅、集体外借、基层图书室业务辅导、共享工程讲座和电影、“三峡大讲坛·渝中讲台”讲座、读者活动及培训等 14 项免费开放基本服务项目。2018 年，采购新书 3.2 万余册；新办读者证 4326 个，接待读者 50 万余人次，书刊文献外借 35 万余册次（含电子图书下载近 4 万余册次）；网站访问量 106 万余次，微博及微信关注量近 4 万余人次。

【阅读推广】 区图书馆围绕传统节日、青少年、读书宣传等主题，2018 年举办各种读者活动250余次，共6万余人次参与。（1）参加国家及市级读书活动。参加全国读书活动3次，分别是：2018年全国少年儿童阅读年系列活动——“童声读经典”全国少年儿童音频大赛，获三等奖5名；2018年全国少年儿童阅读年系列活动——“绘画作品征集大赛”，获优秀组织单位奖；参加国家图书馆举办的数字图书馆推广工程2018年“同音诵古韵•经典有新声”活动，收到国家图书馆的《感谢信》。参与重庆市读书活动6次，分别是：重庆市第十届“红岩少年”读书活动网络知识竞赛，获特等奖、一等奖、二等奖各1名；“红岩少年”读书活动少儿朗诵比赛，获三等奖2名；“红岩少年”读书活动讲故事比赛，获一等奖、二等奖各1名，荣获优秀组织奖；重庆市“最美童声朗诵最美童诗”艺术大赛，获儿童组三等奖和双语组双语朗诵奖各1名；重庆市“阅读之星”市民诵读大赛，5名选手获“阅读之星”称号，其中1名获优秀诵读奖；参加重庆市少年儿童爱心图书接力活动，赠送图书500册，用于各区县爱心图书馆在贫困学校和乡村开展图书接力活动。（2）参加“建设书香重庆 共享美好生活”——“4•23世界读书日”暨第十一届重庆读书月活动。区图书馆为市民提供现场办证、借书，图书免费阅览等服务，受到市民广泛关注。（3）开展“渝中悦读会”“免超期、让图书回家”“2018全国少年儿童阅读年系列活动”等阅读推广活动。组织“渝中悦读会”4期，邀约读者现场交流，评选最佳阅读者给予奖励。（4）组织开展青少年阅读推广活动。举办少儿故事会、小志愿者培训、少儿创意活动、少年儿童绘画作品征集大赛、少儿朗诵培训、暑假少儿国学等活动共40余次，共600余人次参与。通过游戏、绘画、讲故事、手工制作、创意制作等活动，开拓孩子智力，传播阅读的乐趣和图书馆志愿服务精神。（5）送书到街头，开展现场办证、借阅服务12次，服务1500余人次。春节、元宵节、建军节、重阳节等节日开展专题送书和借阅服务活动。（6）加强宣传工作。为扩大活动知晓度，区图书馆加强活动预告和宣传推广，举办展览15次，发送微信40余次，共推送160余条信息。《渝中报》、“文化渝中”微信公众号、《渝中手机报》等区级媒体报道74次。

【三峡大讲坛•渝中讲台】 “三峡大讲坛•渝中讲台”作为渝中区成功举办20年的文化品牌，区图书馆始终以普通市民为服务对象，在内容上，选择与市民们的工作、学习、生活紧密结合的主题，力求知识性与趣味性协调统一，突出精品意识和品牌意识，让参加讲座活动的市民都能从中有所收获。2018年举办讲座62期，听众2000余人，其中现场讲座32期。

【数字文化工程建设】 持续推动文化共享工程、数字图书馆推广工程和公共电子阅览室建设。开展惠民活动，举办免费放映活动53场、2000余人次参加，免费电脑和手机培训班8期、培训175人；开展形式多样的数字资源推广活动11次，包括“梨园贺岁•百戏昇平”戏曲文化主题网络展览、“神奇的蜕变”少儿数字资源阅读推广、“全城共听一本书”等活动，共2000余人次参加；为鹅岭贰厂24小时城市书房配置一台“朗读亭”设备，为视障阅览室配置500台智能听书机供盲人读者外借使用。

【古籍保护】 按全国古籍保护中心要求，对辖区内单位及个人进行古籍普查、宣传、培训辅导及督促；查找古籍资料中有关母城文化内容的文献，为母城文化研究及地方文献建设提供资源；对有历史价值和研究价值的古籍进行数字化加工，共扫描20000页，完成古籍文献数字化项目的验收工作；整理民国文献，做好其著录准备。

【公共文化服务网络建设】 加强分馆、服务站的管理和业务指导，保证正常运行，各分馆、服务站新增读者300余人，外借图书1.2万册次。区图书馆积极建设曾家岩分馆、重庆村社区服务站和鹅岭贰厂24小时城市书房，让更多市民更便捷地受益于图书馆服务。寻求社会合作，与两路口小学签订阅读推广合作协议。

电影·广播 电视·报刊 出版

【影视放映】 2018年完成274场惠民电影放映目标任务。在国家法定节假日、民俗传统节日，配合区工青妇等群团组织和政府相关部门举办“主题电影放映活动”，丰富广大人民群众的精神文化生活。全区影院共13家，重庆市金逸电影院有限公司地王分公司、重庆橙天嘉禾日月光影城有限公司、成都环球星美影城管理有限公司渝中分公司等3家影院于2018年停止运营。全年电影票房收入约1.21亿元，观影374.82万人次。

渝中区电影院统计

序号	名称	地址
1	重庆市电影发行放映有限责任公司保利万和文华影城	重庆市渝中区人和街95号
2	重庆百丽宫影院有限公司	重庆市渝中区瑞天路20号
3	重庆百丽宫汇信影院有限公司	重庆市渝中区五一路99号协信星光广场L502/3/5/6/、L602/3/5/6
4	映联万和国际影城（国泰店）	重庆市渝中区邹容路国泰广场B1层12、13号
5	重庆思远优渝影业有限公司（UME龙湖）	重庆市渝中区长江二路174号龙湖时代天街购物广场5F
6	重庆思远优渝影业有限公司渝中分公司（UME较场口）	重庆市渝中区较场口89号C裙6F、7F
7	重庆艺冠投资有限公司（保利解放碑店）	重庆市渝中区民权路59号（恒通云鼎大厦）第六层部分
8	重庆优资万锦影院有限公司(大坪新星影城)	重庆市渝中区大坪正街160号2幢4-7至4-14
9	重庆万达国际电影城有限公司大坪店	重庆市渝中区大坪正街19号A区6/6.5楼局部
10	重庆博纳恒兴影院管理管有限公司	重庆市渝中区经纬大道774附号、776附号（L3-008、L4-009）
11	重庆万达国际电影城有限公司解放碑店	重庆市渝中区民权路26号8楼
12	重庆越界欣茂影院有限公司	重庆市渝中区邹容路68号第6层L622号
13	重庆苏宁影城有限公司	重庆市渝中区八一路177号第6层

【主题宣传报道】《渝中报》、渝中电视、新媒体各平台等推出“把党的十九大精神全面落实在重庆大地上·渝中篇”“推动重庆各项事业沿着习近平总书记指引的方向奋力前行”“贯彻落实市委、市政府重要指示精神渝中行动快推进实”等主题宣传报道，彰显区域主流媒体的政治意识、大局意识、核心意识、看齐意识。通过《走过2017·八大服务业集聚区》《渝中40》《绿水青山就是金山银山》《精细城市管理 提升城市品质》《智能化：为经济赋能 为经济添彩》等主题报道栏目对全区各行各业在经济发展、城市管理、民生实事等方面取得的成绩进行全面报道。各平台还发挥媒体监督职能，《曝光台》《回音壁》专栏先后完成1个暗访专题片和1个暗访视频的摄制工作，形象地反映渝中区城市环境和市容秩序存在的问题，服务和推动全区市容环境整治和文明城区建设工作。

【新闻电视】《渝中新闻》电视节目，共播发稿件3000余条，重点对学习宣传贯彻党的十九大精神、全区“两会”、重点项目建设、深化全国文明城区建设、推进环境整治、扫黑除恶、改革开放40周年等全区重点工作和重要主题活动进行宣传报道，为服务渝中经济社会发展、展示渝中新形象起到推动作用。推出《渝中法治微课堂》《新闻聚焦》《渝中好吃狗》

《渝中漫生活》《母城故事》等多个电视栏目，提升平台影响力。拍摄制作专题片、短片《扫黑除恶挥利剑 渝中治理开新篇》《我们》《改革开放40年渝中纪实》。

【《渝中报》】《渝中报》出刊147期，刊发稿件4200余条，推出“智博会”特别报道，《国庆七天乐 乐游在渝中》《三天假期外地游客最爱渝中这几个地方》《智能化：为经济赋能 为生活添彩》《元旦来渝中畅游》等专版报道，展现渝中文化旅游经济新景象，践行“文商旅城融合发展”理念。刊发《走过2017• 八大服务业集聚区》《支持民营企业发展渝中在行动》《保稳促升再出发 转型升级新征程》《聚焦渝中现代服务业》《实干树形象 实绩惠民生 “两学一做”特别报道》等大型系列报道，宣传报道渝中经济社会发展新成果。

【新媒体各平台】《新媒体各平台》共刊发稿件22000余条。其中“渝中新闻网”刊发稿件4069条、“在渝中”App刊发稿件3210条、《渝中手机报》刊发稿件3587条、“微渝中”微信公众号刊发稿件962条、“渝中手机台”刊发稿件10184条，其中，23条在华龙网刊发，1500余条在今日头条、一点资讯、上游新闻、澎湃新闻刊发。另外，还开展线上活动9次，手机直播17次，制作H5 29个，制作长图10余张，开设专栏30余个，推出全新新闻类音频节目《渝听渝说》和文学类音频节目《巴山夜雨》，创新宣传方式，扩大媒体影响力，塑造媒体新形象。

体　育

【体育赛事】3月4日，由区文化委（体育局）主办，渝中区自行车协会承办的“迎春环岛骑游”自行车活动在珊瑚公园举行。全区150多名体育人志愿服务者参加，以骑行自行车环游渝中半岛的独特方式欢庆新年。3月10日，由区委、区政府主办，区体育局承办的2018年渝中区“体彩杯”春季登山比赛举行。全区机关干部职工、社区居民、社会单位员工近800名参赛者组成的139支队伍参加比赛。3月30日，“2018年渝中区武术协会健身气功站、点联赛”在重庆市劳动人民文化宫篮球场举办，渝中区武协所属各健身气功辅导站、点等近700名运动员参与。5月19日，渝中区第七届老年人运动会开幕式在重庆市人民小学运动场举行。重庆市老体协主席于学信，中共渝中区委常委、区政府常务副区长王勇等领导出席了此次开幕式。6月9日，2018年重庆市第四届国际登楼大赛暨第十一届解放碑CBD城市登高楼大赛在“西部第一高楼”解放碑WFC环球金融中心举办。8月7日，2018“全民健身日”暨渝中区“全民健身周”——“体彩杯”全民健身•百姓赛场活动在大坪英利大融城启动。10月19日，由国家体育总局健身气功管理中心主办，重庆市健身气功中心、渝中区体育局、渝中区武术协会承办的“2018年全国百城千村健身气功管理交流展示系列活动•重庆渝中区大会”在重庆市劳动人民文化宫举行，1000余名健身爱好者相互切磋技艺，展示健身气功魅力。10月20日，2018年渝中区“体彩杯”区级机关运动会在重庆市体育馆开幕。12月8日，渝中区“体彩杯”第五届城市定向赛鸣笛开赛，全市200多支代表队600人冒雨参赛。

【渝中区籍运动员获奖】3月10日，在2018年国际泳联跳水系列赛北京站女子三米板决赛中，施廷懋以总成绩392.10分夺得女子三米板冠军；15日，在第二站日本站的首日比赛中施廷懋搭档昌雅妮以319.80分的总成绩夺得女子双人三米板冠军；17日，2018年国际泳联跳水系列赛日本站比赛在富士落幕，施廷懋以388.05分再次夺得女子三米板冠军。8月29日，在第18届亚运会跳水女子双人三米跳板决赛中，施廷懋搭档昌雅妮以335.70分的总成绩夺冠。9月1日，在第18届亚运会跳水女子三米板决赛中，施廷懋发挥出色，以389.40分的成绩获得女子三米板冠军。9月22日，在重庆举行的2018年全国跳水锦标赛上，施廷懋以421.20分的成绩夺冠。9月2日—14日，渝中区输送的女子手枪运动员陈琳与另外两名队员代表中国队参加在韩国昌原举行的第52届世界射击锦标赛女子青年组25米手枪项目，以1717环的总成绩取得团体赛第二名。10月22日，谭中怡在河北邢台沙河红石沟休闲生态农场举行的2018上合组织国家国际象棋国际公开赛上获得女子特别奖第一名。12月16日，2018年度国际泳联年度最佳颁奖典礼在杭州国际博览中心举行，渝中区籍运动员、奥运冠军施廷懋获最佳女子跳水运动员奖杯。

【区代表队获奖】 在11月9日闭幕的重庆市第八届全民健身运动会上，渝中区代表团以806分的总成绩获本次运动会区县组团体总分第二名，并获运动会优秀组织奖。11月19日由重庆市体育局主办的2018年“文东杯”重庆市跆拳道冠军赛在长寿落幕，渝中区代表队六十六中获甲组、乙组两个团体第一名，丙组团体第二名。

【健身路径建设】 渝中区文化委（渝中区体育局）完成2018年为民办实事工作任务，全年完成11个街道、38个社区、2个街区文化中心共71个点位、305件器械设施（室内设施19件，室外设施286件）的安装更新，全区的全民健身路径建设再上台阶。

档　案

【概况】 渝中区档案馆成立于1978年，渝中区档案局成立于1980年。2009年区政府机构改革中，渝中区档案局（渝中区档案馆）为区政府局（馆）合一机构，简称区档案局（馆）。2014年12月，根据《中共重庆市渝中区委、重庆市渝中区人民政府关于政府职能转变和机构改革的实施意见》，将渝中区地方志编纂委员会办公室的职责划入渝中区档案局（馆），保留渝中区地方志编纂委员会办公室牌子。2018年内设综合科、档案管理科、档案指导科、方志科4个职能科室。行政编制控制数6名，在职6人；财政全额拨款事业编制13名，在职12人。区档案局（馆）的主要职责是：贯彻执行档案和地方志工作法律、法规、规章和方针政策，统筹规划档案和地方志工作；制定并组织实施档案事业发展规划、地方志工作规划、档案工作制度和地方志编纂方案；负责档案行政管理，依法查处档案违法案件；接收管理全区各种档案资料，依法向社会开放档案，为社会利用档案信息资源、地方志资源提供服务等。

2018年，渝中区档案局（馆）认真落实全面从严治党要求，严格履行主体责任，扎实推进“两学一做”学习教育常态化制度化，配合完成新档案馆建设相关工作，做好危旧房改造等区重点工作的档案服务，加强档案工作“三个体系”建设，较好地完成重庆市档案局下达的目标任务。

【档案接收统计利用】 接收档案共10606卷，8924件，及时更新与完善相关统计台账和全宗卷。按照重庆市档案局要求，完成2017年度档案统计年报工作，收到69个机关档案室数据，并汇总上报。按渝中区统计局要求填报渝中区经济社会发展主要统计指标报表2017年度之档案馆部分。全年共接待查档群众10576人次，调阅原始档案6493卷，为其出具有关婚姻状况、工龄工资、下乡时间、参加社保时间、拆迁安置等内容的档案证明6892份。

【档案数字化标准化建设】 完成馆藏文书档案1434卷的数字化处理工作，录入条目42345条，扫描原文17.81万页；接收档案电子数据条目12.64万条、40.07万页，其中增量档案数字化率达100%；开展档案信息化安全检查，共计检查23个区属相关单位。制定完善“渝中区档案局公共服务事项目录清单、办事指南”与“渝中区档案局政务服务事项目录清单、实施清单”，行政审批事项全部纳入“网上办”，落实行政审批优化对比工作。

【档案业务培训及宣传】 5月11日，举办“档案工作培训班”，区属机关企事业单位约

60名档案工作人员参加培训。5月24日，举办“市属国有企业退休职工社会化管理档案移交工作培训班”，相关国有企业近300名人事档案管理人员参加培训。开展以“爱护档案，人人有责”为主题的“6•9国际档案日”系列宣传活动，联合区司法局、区普法办制作档案法治公益广告，在重庆电视台多个频道滚动播出约400次；发放档案知识宣传资料500册。

【档案移交鉴定清理】 开展市属国有企业新增退休人员常态化移交工作，已与26家市属国企签订社会化管理移交申请表，顺利启动市属国有企业退休人员人事档案数据接收工作，完成三家企业退休人员人事档案抽检工作，并初步启动中央企业退休人员人事档案移交工作。正式启动第六批馆藏档案开放鉴定及涉密档案清理工作，完成674卷共计20482件档案的鉴定与清理工作。

【档案编研及新馆建设】 开展档案编研工作，汇编两期《档案资政信息》，编印档案史料《宝元通兴业股份有限公司历史沿革与演变纪要》。积极推进新档案馆建设，新馆装饰装修与设施设备采购已申请立项。

【队伍建设】2018年选派8名干部到档案、方志工作先进地区学习考察，加强业务知识和新馆建设相关学习，提升干部业务能力和工作水平，为新馆建设打下坚实的人才基础。提拔副处级领导干部1名，公开招录事业编制人员2名，充实干部队伍。

【党建工作】 抓好思想政治建设，组织开展局党组中心组学习27次、民主生活会2次、支部主题党日活动11次、书记讲党课3次；认真落实市委“十破十立”“五个结合”要求，坚决肃清孙政才恶劣影响和薄熙来、王立军流毒，切实营造风清气正的良好政治生态。全年召开专题会议研究部署党风廉政建设工作4次，梳理党风廉政建设“两个责任”清单共102项，完成“两个责任监管平台”任务130条；组织召开节前廉政警示教育会议7次，开展交心谈心活动20余次，发送廉政警示信息80余条；深入开展落实中央八项规定精神自查、市委巡视反馈问题的整改工作。严把档案开发利用、年鉴、部门志、大事记出版编辑关，严防发生违反意识形态的情况；全年报送党建、档案、方志等宣传信息共31篇，撰写网评文章4篇。

【区档案局（馆）负责人】
局　长：潘　静
副局长：朱　平（2018年7月离任）
张红艳
夏荣烽（2018年7月任职）
（李杭擎）

地 方 志

【概况】 渝中区地方志编纂委员会办公室（简称“区地志办”）是渝中区政府负责地方志工作的正处级机构，纳入参公管理。2014年12月，根据《中共重庆市渝中区委、重庆市渝中区人民政府关于政府职能转变和机构改革的实施意见》，将渝中区地方志编纂委员会办公室的职责划入渝中区档案局（馆），保留渝中区地方志编纂委员会办公室牌子。区地志办的主要职责是：组织编纂《重庆渝中区志》《渝中年鉴》《渝中大事记》，编写区情资料和区情教育丛书，指导编纂辖区部门志、专业志和单位志，提供区情咨询服务，开展地方志理论研究，培训修志队伍等。区地志办地址位于渝中区中兴路法院大楼15楼。

2018年，区地志办坚持修志用志并举，强化年鉴、大事记、街道志、部门志、专业志的编修，开发利用地方志资源，区地志办出版发行年鉴2部、大事记2部，收集区情资料750条，接受社会咨询、查阅资料180人次，方志、年鉴编纂工作取得新成绩，被市地志办评为“重庆市地方志工作先进单位”。

【年鉴编修】 7月，区地志办主持编纂的《渝中年鉴》（2017）由电子科技大学出版社出版发行，这是渝中区第13部综合年鉴，也是渝中区公开出版发行的第1部综合年鉴。自此，《渝中年鉴》由内部出版物改为公开出版物。《渝中年鉴》（2017）记述的是2016年渝中区的自然、社会、政治、经济、文化等内容，设特载、渝中概况、政治、法治与军事、经济、城市建设、社会事业、街道、人物 光荣榜、大事记、文献、统计资料、重要文件、索引14个类目，共80万字，发行1000册。12月，《渝中年鉴》（2018）由电子科技大学出版社出版发行，设大事记、渝中概况、政治、法治与军事、经济、城市建设、社会事业、街道、人物 光荣榜、文献、统计资料、重要文件、索引13个类目，共75万字，发行1000册。

【《渝中大事记》编修】 区地志办继续坚持每年编修两部《渝中大事记》。2月，《渝中大事记（2017年下半年）》出版发行，共5万字，发行500册。8月，《渝中大事记（2018年上半年）》出版发行，共4万字，发行500册。

【旧志整理】 4月，区地志办首次启动《巴县志》（乾隆版）旧志整理出版工作，并与四川省天隆文化传播有限公司签订整理出版《巴县志》（乾隆版）旧志合作协议。12月，区地志办完成校对《巴县志》（乾隆版）影印版样书工作。

【部门志、街道志编修】 2018年，区地志办完成区教委《渝中教育志》一审工作，完成上清寺街道办事处《上清寺街道志》和区商务局《渝中区商业贸易志》终审工作。

【中国名街志文化工程申报】 参与中国名街志文化工程，指导上清寺街道办事处撰写《重庆中山四路志》篇目，指导重庆解放碑中央商务区管委会撰写《重庆解放碑十字金街志》篇目，争取入选中国名街志丛书。通过讲好历史、文化故事，提升渝中区的人文内涵，增强渝中区母城文化和全域旅游的吸引力。

【馆藏书籍】 购买《中国地方志集成（重庆府县志辑）》（全35册）、《中国名镇志丛书》（全35册）、《中国名村志丛书》（全26册）、《重庆图书馆藏稀见方志丛刊》（全40册），购买巴县档案系列书籍8册，与全国地方志系统交换书籍32册，进一步丰富馆藏。

【对口支援及宣传工作】 参与重庆市方志系统对口援藏工作，帮助西藏自治区昌都市芒康县解决年鉴、志书编纂存在的困难，更好地推进芒康县方志编修工作。在渝中区政府网站上开设“渝中档案•方志”专栏，上传新闻稿8篇，更新工作动态，传播方志知识，扩大方志工作的社会影响力。

【《重庆市志•旅游景区志》编修】 完成《重庆市志•旅游景区志》渝中区部分的编修，包括洪崖洞民俗风貌区、嘉西村（怡园）、宋庆龄旧居陈列馆、长江索道景区、重庆大韩民国临时政府旧址陈列馆、重庆市规划展览馆、重庆中国三峡博物馆等13个景区的具体介绍。

【资料搜集和区情咨询】 区地志办2018年共收集各种区情资料750条，接受社会咨询、查阅资料180人次。向区委组织部提供2012年至2015年区四大班子领导任职资料，用于市委巡视组进驻渝中区了解班子情况；先后为渝中区商标品牌保护、央视纪录片《记住乡愁》第五季渝中区部分、渝中区文化旅游发展中长期规划、改革开放40年相关展览等提供相关资料，参与渝中区政府、重庆日报社在重庆美术馆举办的“见证重庆——大型影像文献展”。

【区地志办负责人】
主　任：潘　静
副主任：张红艳

（吴炎）

卫生 计生

概 述

【概况】 重庆市渝中区卫生和计划生育委员会（简称“区卫生计生委”）是重庆市渝中区人民政府负责卫生和计划生育管理的工作部门。2018年，区卫生计生委机关内设办公室、组织人事科、规划财务科、医政管理科（中医科）、政策法规和监督科、公共卫生科（渝中区卫生应急办公室）、社区卫生科（渝中区爱国卫生运动委员会办公室）、计划生育家庭发展科、计划生育指导科（流动人口计划生育管理科）等9个科室。委机关行政编制24名，后勤服务人员事业编制3名。办公地址位于渝中区和平路管家巷9号。直属于区卫生计生委的公立医疗卫生机构有：渝中区卫生计生监督执法局、渝中区疾病预防控制中心、渝中区动物卫生监督所、渝中区卫生和计划生育委员会人事档案服务中心、渝中区妇幼保健计划生育服务中心、渝中区精神卫生中心（大溪沟街道社区卫生服务中心）、重庆市中医骨科医院（解放碑街道社区卫生服务中心、南纪门街道社区卫生服务中心）、重庆牙科医院、重庆市渝中区中医院（上清寺街道社区卫生服务中心、菜园坝街道社区卫生服务中心）、朝天门街道社区卫生服务中心、七星岗街道社区卫生服务中心、大坪街道社区卫生服务中心。区卫生计生委的主要职责是：贯彻党和国家关于卫生和计划生育工作的法律、法规和方针、政策，实施全区医药卫生体制改革，统筹规划实施全区卫生和计划生育资源配置，指导卫生和计划生育工作规划的编制和实施；负责全区医疗机构和医疗服务的业务指导、监督、管理；组织开展基层卫生和计划生育服务、贯彻落实国家基本药物制度；负责疾病预防控制工作和卫生应急处置、五大卫生监督、中医药事业发展、卫生和计划生育综合执法、动物疫病防控、出生人口性别比综合治理等20项职责。

2018年，渝中区卫生和计划生育工作按照全市卫生健康工作的决策部署和总体要求，以惠民健康为目标，坚持落实生育政策以及办好民生实事为工作中心，完成各项卫生计生工作目标和任务。2018年，重庆医科大学儿童医院获国家发改委、财政部授予的“公共机构能效领跑者”称号和科技部、国家卫健委授予的“第四批国家临床医学研究中心”称号；重庆市人民医院被国家卫生健康委授予“全国援外医疗工作先进集体”称号；重庆市急救医疗中心荣获“全国首届卫生健康行业青年志愿者服务项目大赛金奖”，该院培训部被中华全国总工会授予“全国工人先锋号”称号；重庆医科大学附属第一医院胡侦明被中华全国总工会授予“全国‘五一劳动奖章’”。

【主要健康指标】 2018年，渝中区主要健康指标：孕产妇死亡率0/10万、新生儿死亡率0.62‰、婴儿死亡率2.15‰、5岁以下儿童死亡率2.77‰、常住人口自然增长率0.28‰、符合政策生育率99.75%，人均期望寿命79.88岁。

【公立医院改革】 巩固全面取消药品加成改革成果，区属公立医院全部补偿到位、运行平稳。区属基层医疗机构全部加入医联体，新建成中医骨伤、筋伤专科医联体。区属公立医院在医院章程制定、薪酬制度改革两项试点工作上进展顺利。坚持基本药物制度和药品联合网上采购“两票制”，加强辅助性药品监测监控制。落实医疗质量安全核心制度，提升公立医院管理科学化、规范化、精细化水平。区属公立医院药占比为23.97%，百元医疗收入消耗卫生材料为18.33元，医疗服务收入比重达53.98%，医疗费用增加幅度为8.94%，核心监测指标持续向好。把建立医改便民长效机制作为全区15项为民办实事之一，全面推行预约诊疗、便民门诊、自助服务等12项惠民措施。有6家医院开通自助机、微信等自助挂号、支付、查询等功能，方便群众就医。对区内13家民营医院给予产业发展贡献奖励40万元。全年批准新设置医疗机构38家，新增床位（含牙椅）159张，招商引进民营医院9家，实际利用内资1.41亿元。首次引进中外合资医院2家，实现渝中区医疗领域外商投资“零”的突破。

【计划生育工作转型】 坚持党政一把手负总责不变，区委保留全区计划生育工作领导小组，把计划生育指标纳入各部门、各街道领导班子考核。实施“全面两孩”政策，落实生育登记、承诺办理、网上办证等制度，营造鼓励按政策生育的支持环境，充分释放政策效应，全区常住人口自然增长率为0.28‰，符合政策生育率达99.75%。坚持多部门和全系统信息交换共享制度，获取产妇直报、出生、死亡医学证明、户籍迁移、婚姻登记等数据5万余条。开展人口数据核查匹配、动态监测，提高人口信息质量，逐步形成“计生找人，卫生服务”的工作模式。关爱帮扶生育特殊家庭联系人制度，家庭医生签约服务，就医绿色通道基本全覆盖。按时足额发放国家特别扶助金，区级奖励扶助经费2407万元。

【重大疾病防控】 以全国精神卫生综合管理试点工作评估为抓手，接受国家慢性病综合防控示范区复评。坚持政府主导、部门联动、社会参与的“三位一体”综合防控工作机制，实施重大疾病防控。严格执行新修订的《疫苗流通和预防接种管理条例》，规范管理疫苗采购和疫苗配送流程。以性病、艾滋病、结核病为重点，发挥专业机构—医院—社区卫生机构在重大疾病防控工作中的各自优势与协作配合。全区有在册重性精神障碍患者2788人，患病报告率为4.25‰；规范管理2448人，规范管理率达87.8%；精神分裂症服药率达87.45%。无一例在管重性精神障碍患者肇事肇祸发生。2018年，卫生应急处置工作坚持平战结合，强化卫生应急机制建设，建成3个独立应急物资储备库，配备应急物资4大类182种。调整优化应急队伍3支，组织开展卫生应急队伍快速集结、重性精神障碍患者肇事肇祸应急处置、学校诺如病毒疫情处置演练3次，有效提高卫生应急处置能力。

【公共卫生和基本医疗服务】 深入推进基层医疗卫生综合改革，完善公共卫生和基本医疗服务体系，提升服务水平，增强基层医疗卫生机构运行活力，构建全区覆盖居民全生命周期过程的基本公共卫生和基本医疗服务的卫生健康服务新模式。发挥区域医疗卫生资源优势，整合市、区和社会医疗卫生资源整体功能，构建形成10分钟医疗卫生健康服务圈。开展“你健康，我服务”基本公共卫生服务暨健康梦想课堂宣传进社区、进楼宇、进机关、进学校活动，促进基本公共卫生和基本医疗服务融合发展。上下联动，建立分级诊疗服务平台，畅通双向转诊绿色通道，基层社区卫生服务机构与辖区三级以上医院建立双向转诊关系。利用网络信息平台，开通远程心电、远程影像，市级专家团队24小时为社区医院提供技术支持，实现检验检查快速转诊，实时传送结果。全年共上转检验检查1200例，上转病人595人次，转回病人116人次。以居民健康需求为导向，以“重点病种＋重点人群”为签约对象，以“基础包＋个性包”为服务内容，以“线上＋线下”为服务模式，以市级优质医疗资源共建医联体为技术支撑，以工作量、达标率、真实性、满意度等四个维度为核心考评指标，打造家庭医生签约服务2.0版。在全区11个社区卫生服务中心建成家庭医生工作室22个，全年签约服务16.28万人，覆盖率为24.77%，签约就诊率达到30%。大溪沟社区卫生服务中心刘露霞家庭医生工作室荣获全国优秀家庭医生团队。建立居民电子健康档案54.1万份，建档率为82.33%，规范管理高血压、糖尿病病人5万人，规范管理率分别达到62.75%、62.62%。社区卫生服务机构基本医疗诊疗服务量达44.57万人次，实现基本公共卫生服务和基本医疗服务的融合发展，为居民提供了完整的治疗和健康管理服务。

【卫生技术人才队伍建设】 加强基层卫生技术人才队伍建设，向急需、紧缺的人才倾斜，多渠道、多途径为区属医疗机构引入具有本科以上学历的卫生专业技术人员57名。参与全市三峡库区基层医疗卫生人员能力提升大轮训，22名参加培训人员结业。组织开展中、青年医务人员“三基三严”大比武竞赛活动，举办首期浙江大学能力提升班，在区属医疗卫生机构中选拔优秀医务人员进行培训。探索薪酬制度改革，在重庆市中医骨科医院进行试点，建立超额绩效动态调整机制，聘请专业公司设计内部绩效分配方案，以优绩优酬为导向，调动医务人员的积极性。经渝中区机构编制委员会批准，在重庆市渝中区上清寺街道社区卫生服务中心（重庆市渝中区中医院、重庆市渝中区卫生进修校）增加“培养中专学历卫生技术人才，促进卫生事业发展，负责全区卫生技术人员业务培训及成人医学教育工作”职责，并正式挂牌。以新进临床医师为重点，加强住院医师规范化培训，全区现有注册全科医生149名。联合科委设立区级卫生科研项目10项，引导基层医疗卫生机构提升科技水平。年内社区卫生服务中心（站）转岗培训全科医生3人，选派进修学习培训41人，组织社区医疗卫生人员参加国家、省（直辖市）级基层医疗技术培训1422人。联合重庆市开展全科医疗实训基地建设，在全区建立全科医生社区实训基地5个，有带教实习社区医护人员师资342人。上清寺社区卫生服务中心（重庆市渝中区卫生进修校）承担国家级专题培训班任务，共培训来自全国社区卫生服务机构的社区卫生医护人员200余名。

2018年渝中区域医疗卫生机构基本信息

序号	机构名称	执业地址
	一、医科大学附属医院	
1	陆军军医大学附属大坪医院	渝中区长江支路10号
2	重庆医科大学附属第一医院	渝中区袁家岗友谊路1号
2.1	重庆医科大学附属第一医院一分院	渝中区人民路191号
3	重庆医科大学附属第二医院	渝中区临江路74号
4	重庆医科大学附属儿童医院	渝中区中山二路136号
5	重庆医科大学附属口腔医院（上清寺院区）	渝中区上清寺路7号
	二、市管公立医院	
1	重庆市中医院（道门口院部）	渝中区道门口40号
2	重庆市人民医院（三院院区）	渝中区枇杷山正街104号
3	重庆市人民医院（中山院区）	渝中区中山一路312号
4	重庆市急救医疗中心	渝中区健康路1号
5	重庆市妇幼保健院（七星岗院区）	渝中区金汤街64号
	三、市管公共卫生机构	
1	重庆市疾病预防控制中心	渝中区长江二路8号
2	重庆市血液中心	渝中区桂花园路1号
	四、区管公立医院	
1	重庆市中医骨科医院	渝中区解放西路9号
2	重庆牙科医院	渝中区民生路345号

续表

序号	机构名称	执业地址
五、区管公立医疗卫生机构		
1	渝中区妇幼保健计划生育服务中心	渝中区新民街 6 号
2	渝中区精神卫生中心	渝中区北区路 109 号
六、区管公共卫生机构		
1	渝中区卫生计生监督执法局	渝中区临江支路 2 号
2	渝中区疾病预防控制中心	渝中区和平路 254 号
3	渝中区动物卫生监督所	渝中区新德村 219 号
4	渝中区卫生和计划生育委员会人事档案服务中心	渝中区和平路 254 号四楼
七、民营医院		
1	重庆联合丽格美容医院	渝中区临江支路 28 号
2	重庆杨荣华妇科医院	渝中区大坪长江支路 5 号附 1 号
3	重庆国宾妇产医院	渝中区上清寺路 39 号
4	重庆雷纳广济眼科医院	渝中区长江一路 60 号
5	重庆华美整形美容医院	渝中区上清寺 9 号环球大厦
6	重庆新铜雀台整形美容医院	渝中区八一路 108 号（3-5）层
7	重庆红岭医院	渝中区经纬大道 77 号
8	重庆普瑞眼科医院	渝中区中山一路 210 号
9	重庆联尔职业病康复医院	渝中区大坪正街 162 号
10	重庆瑞天医院	渝中区李子坝正街 166 号
11	重庆朝天门医院	渝中区新华路 142 号附 3 号
12	重庆中德生殖医院	渝中区两路口新干线大厦
13	重庆临江门医院	渝中区临江门 15 号
14	重医附二院宽仁康复医院	渝中区七星岗华一坡 33 号
15	渝中区爱民护理院	渝中区长江一路 49 号
16	重庆君盾中医院	渝中区菜袁路 168 号
17	重庆圣佑肛肠医院	渝中区长江二路 10-5 号
18	重庆全红中医院	渝中区大坪正街 160 号
19	重庆新视界渝中眼科医院	渝中区上清寺路 39 号
20	重庆国恩中医院	渝中区上清寺路 112 号
21	重庆大安中西医结合医院	渝中区解放东路 128 号
22	重庆拜博口腔医院	渝中区长江支路 25 号
23	重庆医药贝瑞医学检验所	渝中区经纬大道 789 号
24	重庆军美医疗美容医院	渝中区中山一路 181 号
25	重庆仁品耳鼻喉医院	渝中区经纬大道 772 号
26	重庆眼视光眼科医院	渝中区长江二路 77 号

续表

序号	机构名称	执业地址
八、企（事）业单位医院		
1	重庆长航医院	渝中区大坪正街 162 号
2	重庆电信医院	渝中区大坪支路 19 号
3	重庆邮政医院	渝中区上清寺嘉陵桥西村
4	重庆市中西医结合康复医院	渝中区新德村 44 号
九、街道社区卫生服务中心		
1	解放碑街道社区卫生服务中心	渝中区德兴里 1 号
2	朝天门街道社区卫生服务中心	渝中区解放东路 187 号
3	南纪门街道社区卫生服务中心	渝中区南纪门花街子
4	七星岗街道社区卫生服务中心	渝中区华一村 30 号
5	两路口街道社区卫生服务中心	渝中区中山支路 2 号
6	菜园坝街道社区卫生服务中心	渝中区交通街 4 号
7	大坪街道社区卫生服务中心	渝中区大坪支路 2 号
8	石油路街道社区卫生服务中心	渝中区大坪正街 162 号
9	化龙桥街道社区卫生服务中心	渝中区李子坝正街 166 号
10	上清寺街道社区卫生服务中心	渝中区中山三路 162 号
11	大溪沟街道社区卫生服务中心	渝中区华福巷 41 号
十、社区卫生服务站		
1	朝天门街道棉花街社区卫生服务站	渝中区棉花街 10 号
2	朝天门街道湖广会馆社区卫生服务站	渝中区朝东路 124 号 -131 号
3	解放碑街道大井巷社区卫生服务站	渝中区大井巷 7-1 号
4	解放碑街道沧白路社区卫生服务站	渝中区九尺坎 51 号
5	解放碑街道临江门社区卫生服务站	渝中区怡景大厦 C 座 14-8 号
6	七星岗街道抗建堂社区卫生服务站	渝中区枇杷山正街 62 号
7	大溪沟街道双钢路社区卫生服务站	渝中区双钢路 1 号
8	大溪沟街道红球坝社区卫生服务站	渝中区枣子岚垭菜市场 1 号
9	上清寺街道学田湾社区卫生服务站	渝中区下罗家湾 17 号
10	上清寺街道桂花园社区卫生服务站	渝中区桂花园路 11 号
11	两路口街道王家坡新村社区卫生服务站	渝中区王家坡新村
12	两路口街道国际村社区卫生服务站	渝中区鹅岭正街 75 号
13	两路口街道桂花园新村社区卫生服务站	渝中区健康路 44 号附 3 号
14	大坪街道天灯堡社区卫生服务站	渝中区大黄路 23 号
15	大坪街道佛图关社区卫生服务站	渝中区九坑子路 36 号
16	大坪街道肖家湾社区卫生服务站	渝中区电视塔村 54 号
17	大坪街道大坪正街社区卫生服务站	渝中区大坪正街 118 号
18	南纪门街道凉亭子社区卫生服务站	渝中区蔡家石堡 17 号
19	菜园坝街道珊瑚湾社区卫生服务站	渝中区南区路 137 号

【党风廉政建设】 根据中共重庆市委第十巡视组的巡视反馈意见和中共渝中区委第三巡察组巡察反馈意见进行整改，落实“两个责任”，签订责任书26份，完成清单14项，实施措施62条。开展“以案四说”警示教育，紧盯重要节日、重要岗位、重点人员，严格按照中央八项规定精神，严防“四风”新变种，对委直属单位的津补贴发放、公务接待等进行清理和规范，完成对区卫计委的3名主要领导干部的任期审计。

【党建工作】 完成十九大精神宣讲进医院和党组织书记培训全覆盖，新组建基层党组织2个，完成7个党支部的换届选举，发展新党员6名，选拔任用8名委管干部，严格“三会一课”、主题党日等党内政治生活。召开区属公立医疗卫生机构党建工作会议，对公立医院党建工作全面部署。制定出台《关于加强全区公立医院党的建设工作的实施办法》。成立区属医院党建工作指导委员会，建立对口联系指导制度。完成重庆市中医骨科医院党委组建和干部配备，优化调整医疗卫生单位党政主要领导“一肩挑”，稳步推进和实行党委（支部）领导下的院长负责制。各公立医院完善院级党组织和行政班子议事决策制度，以制定医院章程为契机，将党的领导和建设融入医院治理各个环节。

【区卫生计生委负责人】

主　　任：刘　平（党委书记）

党委副书记：周　琦（2018年7月任职）

副 主 任：周　琦（2018年7月离任）

周　青

王　丽（挂职，2018年8月离任）

丁环宇（挂职，2018年9月任职）

彭　焱（2018年9月任职）

公 共 卫 生

【卫生应急处置】 建立应急物资储备制度，储备各类卫生应急物资共4大类182种，建成独立应急物资库3个。强化卫生应急机制建设，调整优化组成卫生应急医疗救援、突发公共卫生事件应急处置专业队伍3支，在全区组织开展卫生应急队伍快速集结、重性精神障碍患者肇事肇祸应急处置、学校诺如病毒疫情处置、非洲猪瘟病毒处置等演练。2018年，区内共发生突发公共卫生事件7起，及时有效处置各类疫情33起，开展突发公共卫生事件风险评估4次，及时上报相关评估报告，为政府决策提供科学依据。

【专项卫生监督】 坚持以民生健康问题为重点的卫生监督保障工作，定时定点开展卫生监督检测、专题分析和风险预警评价，为政府制定卫生与健康决策提供科学依据。完成“你点名 我监督”医疗美容专项督查，医疗技术临床应用，血液透析，传染病防治，游泳池水质卫生监督抽检，传染病分类监督和综合评价，校园直饮水卫生安全等25项专项监察行动。检查公共场所304户次、医疗机构921户次、生活饮用水54户次、学校及托幼机构146户次，对17家医疗机构的不良执业行为进行记分处罚。配合重庆市相关部门完成“长江经济带医疗废物管理督查”“医疗卫生机构污水处理排查”。其中，重医附一院、两路口社区卫生服务中心、重庆全红中医院等3家医疗机构在国家卫生健康委员会的“长江经济带医疗废物管理督查”中达标。

【医疗卫生行业执业许可监管】 落实“放管服”改革，强化医疗卫生行业执业许可监管服务，提升医疗机构和医务人员依法执业的法律意识。缩短执业许可的办理时限，根据区委、区政府的“放管服”改革要求，制定了时间表和审批节点；推行负面清单制度，减少不必要的资料提交，在方便群众办事的同时，提高行政审批效率；推行网上审批，依托行政服务中心网络平台，形成“互联网+许可服务”的模式，优化审批流程，缩短审批时间，为申办人办理行政许可提供保障。

2018年渝中区卫生行业行政许可办理情况统计表

类别	受理	发放
公共场所新办	207	200
公共场所变更	30	30
生活饮用水新办	1	1
医疗机构设置审批	27	27
医疗机构执业登记	32	32
医疗机构变更	48	48
医师注册及变更	975	962
护士注册及变更	890	875
放射诊疗许可	7	7
放射工作人员证	22	22

【卫生计生监督执法】 2018年，受理投诉举报信件107件，办结103件，在规定时限内均完成回复；办结行政立案查处案件171件，共罚没金额31.19万元，行政复议案件1起（后申请人主动撤销复议）。净化医疗市场秩序，组织开展严厉打击“医托”“医媒子”“号贩子”的专项行动。引导患者正确选择就医，面向区域内市属三级医院、区属医院、民营医院和广大患者发放宣传海报和宣传折页2000余份。根据群众举报，组织查处了重庆雍禾医疗美容诊所有限公司未取得《医疗机构执业许可证》非法开展诊疗活动行为，处以罚款3000元，没收违法所得14.78万元；对戈大胜医疗门诊部采取不正当手段招揽患者就医案，在《天天630》等媒体节目配合正面报道下，社会反映良好。通过日常督查和开展专项检查活动，立案查处行政违法案件79件，行政罚没29.93万元，并对17家医疗机构的不良执业行为进行记分处罚，其中13家医疗机构被记4分，4家医疗机构被记2分。

疾病预防控制

【重大疾病防控】 以接受国家慢性病综合防控示范区复评、全国精神卫生综合管理试点工作评估为契机，建立以政府主导、部门联动、社会参与的重大疾病防控工作机制。创新社工组织在慢性病防治工作中的作用，以精神康复“363”（即3个月早期、6个月中期、3个月后期康复）的方式回归社会作为具有渝中特色的经验和做法，使渝中区顺利通过“国家慢性病综合防控示范区”复评，荣获“全国十佳优秀慢性病综合防控示范区”称号。坚持平战结合，完善应急机制，建成3个独立的应急物资储备库，配备应急物资4大类182种。调整优化3支应急队伍，举办1次集中培训，组织重性精神障碍患者肇事肇祸应急处置、卫生应急队伍集结训练、学校诺如病毒疫情处置3次演练，提高卫生应急处置能力。加强重点传染病疫情防控和监测，及早分析研判和预警。重点加强霍乱、人禽流感、不明原因肺炎、流感、手足口病、流脑、乙脑、麻疹、AFP等传染病监测，规范处置传染病聚集和暴发疫情65起，组织相关专家开展突发公共卫生事件风险季度评估4次。

【规划免疫接种】 按照全市统一部署，实施11种疫苗预防12种疾病，全区规划免疫疫苗接种报告率保持在95%以上，无不良反应和重大接种事故发生。2018年完成一类疫苗接种

84084剂次，“四苗”接种率达99.21%，“八苗”全程接种率达95.89%，达到规定指标。成功处置长春长生问题狂犬疫苗事件和低效价百白破疫苗事件，做好狂犬病疫苗和百白破疫苗的后续补种及上报工作。

【艾滋病、结核病防治】 完成全国第三轮艾滋病综合防治示范区结束年工作，继续探索中老年MSM人群干预机制，申请科研立项《重庆主城区MSM（男男性接触者）人群商业性交易艾滋病传播影响因素及干预探索》。2018年，全区共免费自愿咨询检测3946人次，现有存活病人1704人；完成感染者随访与CD4+检测1592人，随访检测率达93.4%，抗病毒治疗覆盖率达85.3%；“三大类”高危人群干预覆盖率达90%以上。完成性病专项调查与丙肝防治知识知晓率基线调查，启动2030年消除丙肝危害行动。加强“三位一体”结核病防治服务体系建设，积极应对结核病防治新挑战。全年发现活动性肺结核患者359人，总体到位率达95.08%；社区结核病患者管理率达100%，规则服药率达93.65%；指导学校开展新入学新生结核病体检与高二学生结核病筛查，科学处置3起学校散发性结核病疫情，无扩散。

【慢性病防控】 通过全国慢性病综合防控示范区复评审工作，被评为“全国十佳优秀慢性病综合防控示范区”。2018年共管理高血压患者40575人，规范管理25683人，规范管理率达63.30%，最近一次血压达标23342人，高血压控制率达57.53%；管理糖尿病患者14666人，规范管理9352人，规范管理率达63.77%，最近一次血糖控制达标8484人，血糖控制率达57.85%；辖区内65岁以上老年人建档69953人，健康管理55182人，健康管理率达78.88%。年内各街道，各社区居委会及区域内各医疗机构共举办健康知识科普讲座844课次，举办健康教育宣传452场次，接受教育者达20余万人次；在《渝中报》上发布健康资讯48期，“渝中疾控”微信平台发布疾病防治信息100余条。

医疗服务

【区域医疗卫生资源】 渝中区医疗服务机构密集，医疗资源丰富，医疗学科门类配置齐全，区域医疗卫生综合实力位居全市各区县之首，是重庆市的医疗中心区。区域内有医科大学教学医院5家（其中：重庆医科大学4家、陆军军医大学1家）。市属大型医院5家，分别为重庆市中医院“道门口院部”、重庆市人民医院“三院院区、中山院区”、重庆市急救医疗中心、重庆市妇幼保健院“七星岗院区”。区属重庆市中医骨科医院、重庆牙科医院、渝中区妇幼保健计划生育服务中心、渝中区精神卫生中心、11个街道社区卫生服务中心、4家企（事）业单位职工医院、26家民营医院、19个社区卫生服务站以及各级各类医疗卫生机构共371个；卫生技术人员20468人，每千人口拥有卫生技术人员31.06人；设置病床14410张，每千人口拥有病床数21.87张。2018年，区域医疗机构完成门（急）诊诊疗服务量1432.10万人次，住院病人治疗出院48.33万人次。其中区域内大、中型医院三分之二的就诊病人来自区外和市外，实现了病人流、资金流在区内的聚集，彰显出医疗中心区的服务功能和作用。

【医疗联合体建立】 依托重庆市中医骨科医院“渝州正骨”特色，推进重庆市中医骨科医院在全区范围内与各社区卫生服务中心建立中医骨伤—筋伤专科医疗联合体试点，首批加入的11家单位以重庆市中医骨科医院“筋伤中心”为龙头，成立重庆市中医筋伤专科联盟，全市62家医疗机构成为首批成员单位。大力推进区内社区卫生服务中心与辖区市级大型三级医院建立远程医疗合作关系。2018年，上级医疗机构专家到基层医疗机构坐诊81次，诊疗服务4561人次，带教查房348次，专家会诊185次，举办学术专题讲座185次，基层医疗机构选送医务人员到上级指导医院进修学习培训20人。基层医疗机构向上级医院转送病人 432 人次，上级医院向基层医疗机构转回康复病人 86 人次。

【健康产业发展】 按照《重庆市人民政府办公厅关于进一步激发社会领域投资活力的实施意见》允许国（境）外医疗机构、企业和其他经济组织以合资或合作形式设立医疗机构，引进具有良好信誉的连锁品牌和国际品牌医疗机构。2018 年新增“重庆瑞力医疗美容医院”“重庆适达口腔医院”“重庆道格骨科医院”等 3 家中外合资医院，已获得重庆市卫生健康委员会批准。

妇幼保健

【区域妇幼计生资源整合】 按照“两纲、两规划”的任务和重点指标，开展危重孕产妇、5 岁以下儿童生命质量和出生缺陷监测，撰写《渝中区助产机构妇幼卫生信息数据分析》《渝中区孕产妇母婴健康素养调查结果分析》《出生缺陷监测季度表卡质量通报》，为政府制定妇幼卫生和生育政策提供参考依据。制定并出台《渝中区危重孕产妇和新生儿专项救治经费使用方案（暂行）》，加强对危重孕产妇和新生儿的救治及守护母婴安全工作。拟定《渝中区妇幼卫生信息管理方案》，建立和完善信息质量考核体系，提升妇幼卫生信息报送的及时性与准确性，对区域内各助产机构报送的孕产妇早孕建册信息和高危孕产妇信息，按照信息报送质量给予 2 ～ 10 元 / 条的工作补助经费，孕产妇现管率从 10% 提升到 29.42%。加强项目宣传，统一印制孕产妇和儿童健康管理免费服务内容，在各社区卫生服务中心儿童保健室、妇女保健室公示。

【孕产妇健康管理】 在基层医疗机构规范设置妇女保健门诊，各街道社区卫生服务中心为孕产妇提供孕早期、孕中晚期健康检查，产后访视和产后 42 天健康保健服务。强化区域内助产机构管理，启动妊娠风险筛查与评估，建立和完善“高危产妇”管理报告制度，全年共报告管理高危孕产妇 939 人次。确定重庆医科大学附属第二医院、重庆医科大学附属儿童医院和陆军军医大学附属大坪医院为渝中区区级危重孕产妇和新生儿救治中心，2018 年重医附二院妇产科成功抢救 1 例产后大出血产妇。区财政拔出 40 万元专款设置危重孕产妇和新生儿救治项目专项资金，制定出台《渝中区危重孕产妇和新生儿专项救治经费使用方案（暂行）》，指导资金的正常使用，保障危重症患者得到及时救治。组织实施重大公共卫生项目，妇女“两癌”（宫颈癌、乳腺癌）筛查，全区完成宫颈癌筛查 4152 人，完成率达 103.8%，检出宫颈癌 2 例，癌前病变 5 例；乳腺癌筛查 3961 人，完成率达 99.03%。开展孕产妇艾滋病、梅毒、乙肝免费检测，全年共接受艾滋病检测 31468 人，梅毒检测 31468 人，乙肝检测 30599 人，检出感染人数分别为 4 人、13 人和 1826 人，产妇母婴干预率、阻断成功率均达到 100%。

【儿童健康管理】 依托重医附一院技术力量，举办渝中区 2018 年新生儿复苏技术培训，区内 6 家助产机构分别组建新生儿复苏团队参加理论学习和模型操作与考核。组织区内 11 家社区卫生服务中心儿童保健卫生技术人员到重庆市妇幼保健院儿童保健部参加为期两周的脱产临床实训，提高基层儿保人员基础理论知识和技术服务能力。开展新生儿疾病筛查，制定《渝中区新生儿遗传代谢性疾病筛查管理方案》，成立渝中区新生儿疾病筛查工作领导小组和技术专家组，全区累计筛查 12042 例，筛查率达 82.11%。其中免费筛查 1673 例，减免筛查费用 11.34 万元。

加强托幼园所管理。对新开设的幼儿园、托儿所进行卫生学评价，对全区 8026 名新生进行入园（托）前体检，体检率达到 100%；对新上岗的 1797 名工作人员进行健康体检，保证全区托幼园所工作人员持“健康证”上岗。全区共有在园儿童 15910 人，接受健康体检 15303 人，体检率达

96.18%。2018 年，全区 0 ～ 6 岁儿童健康管理率达 96%，3 岁以下儿童系统管理率达 80.50%。

中医药事业

【中医药医疗资源】 区域内中医药医疗资源丰富，中医药医疗服务能力在业内享有盛誉。中医药医疗机构有：重庆市中医院（道门口院部）、重庆市中医骨科医院、重庆市渝中区中医院等公立中医医院和重庆市中西医结合康复医院等企（事）业单位中医医院以及重庆全红中医院、重庆国恩中医院、重庆君盾中医院、重庆大安中西医结合医院等民营中医医疗专科医院。菜园坝外滩商城中药材批发市场是长江上游乃至西南地区最大的中药材专业批发市场，渝中区中医药医疗资源拥有量在全市各区县中处于领先地位。2018 年，渝中区中医药工作深入推进“十三五”基层中医药能力提升工程，通过了全国基层中医药工作先进单位复评。传承创新“渝州正骨”原创学术品牌，突显中医骨伤—筋伤特色，重庆市中医骨科医院通过“二级甲等”专科医院复审，并牵头组建 62 家医疗机构的中医骨伤—筋伤专科医联体。组织实施中医药百千万人才工程，遴选推荐第三批重庆市中医药师带徒指导老师 10 名、继承人 20 名，培训社区中医药实用型人才 40 名，评选出区级名中医 10 名。

【“渝州正骨”学术品牌传承创新】 重庆市中医骨科医院继承和创新发展中医骨伤诊治理论和实践，创立了“渝州正骨”学术品牌，已经完成《渝州正骨》书籍编撰工作。“渝州正骨”被纳入渝中区第五批非物质文化遗产名录后，其“渝州正骨诊疗术”完成了资料的收集整理，正式向市级报请非遗名录，获得“渝中正骨”在第五类、第十类、第三十五类、第四十一类商标的注册。全年申请科研项目 14 项，获得重庆市社科联立项 1 项、渝中区科委立项 2 项，完成科研项目结题 2 项，其中筋伤凝胶药学研究成果进展顺利，已有初期半成品产出。2018 年，重庆市中医骨科医院门（急）诊服务量 22.75 万人次，住院病人出院 8187 人次，完成各种手术 2584 台次，实现业务收入 1.74 亿元，同比分别增长 8%、9.7%、10.5% 和 22.54%。百元医疗收入消耗卫生材料 20.81 元，达到公立医院控费指标以内，公立医院医疗改革顺利推进。

社区卫生服务

【社区卫生持续发展长效机制建设】 按照 2 月 3 日时任国务院副总理刘延东来渝考察大溪沟社区卫生服务中心提出的要求，切实把人民群众的健康放在优先发展的战略地位。渝中区制定《巩固提升医疗卫生健康服务高地三年行动方案》，把健康产业发展列为全区六大重点产业之一，在深化医改工作中，将“病有所医”列入区委、区政府民生保障行动计划。持续推进“健康中国”，建设“健康渝中”行动，构建形成“10 分钟医疗卫生健康服务圈”。

【公共卫生服务均等化构建】 组织开展“你健康，我服务”的公共卫生服务暨健康梦想课堂活动宣传进社区、进楼宇、进机关、进学校活动 50 期，在《渝中报》刊载基本公共卫生服务专栏 4 期，印制、散发关于公共卫生服务的内容和项目的宣传资料，让群众广泛知晓，形成基本医疗和基本公共卫生服务融合发展，形成预防、保健、治疗、随访、管理的连续服务链条。全区共建立居民电子健康档案 54.1 万份，建档率达 82.33%。规范管理高血压、糖尿病病人 5 万人，规范管理率分别达到 62.75%、61.62%，控制率分别达到 53.48%、53.31%；早孕建册率达 96.28%，完成孕产妇产后访视 4056 人次，0 ～ 6 岁儿童健康管理率达 96%，新生儿访视率达 95.74%。基本公共卫生服务和基本医疗服务实现融合发展。

爱国卫生

【爱国卫生月活动】 在第三十个全国爱国卫生月活动中，渝中区爱国卫生运动委员会组织开展“关注小环境、共享大健康”为主题的集中宣传活动。在11个街道分别设立宣传站，社区居委会设立宣传点77个，共制作展板34块，更新宣传专栏56块，发放各种宣传资料7300份，受理并解决群众对环境卫生的投诉86件，有1500人次参与宣传活动，受教育群众达数万人。

【环境卫生整治】 以公共地带卫生死角、办公环境、家庭环境为切入点，开展全民动手整治环境卫生，消除“四害”滋生场所。整治农贸市场17家、居民小区90个，消除卫生死角350处，清理暴露垃圾96.5吨。朝天门街道爱卫会组织开展“你我同动手，爱护母亲河”为主题的整治环境卫生活动，维护长江、嘉陵江岸边清洁。以市级卫生城区复审为契机，制定工作方案，明确工作责任，重点以背街小巷，主、次干道，垃圾站，建筑（拆迁）工地，农贸市场，河道沿岸，“五小”行业，车站，码头等为重点的环境卫生整治。加大控烟宣传力度，开展无烟机关、健康校园创建活动，创建健康校园19个。启动医疗卫生机构健康服务环境提升行动，切实改善群众就医环境，增强患者就医获得感。

【病媒生物防制】 按照《病媒生物预防控制管理规定》和《重庆市预防和控制四害管理规定》，全区统一组织春秋两季灭鼠和夏季灭蚊、蝇行动，累计使用鼠药16吨，鼠密度控制在国家C级标准。在长江、嘉陵江重庆段涨水期，为确保洪峰过境后无疫病发生，对受淹区域开展防疫消毒杀虫和汛后水龙头水质监测。区内竟达、科力、利铭三家专业消杀公司共完成23.95万平方米面积的消杀任务。区疾病预防控制中心对病媒生物监测结果显示：鼠捕获率3月最高，为1.6%；蝇密度9月最高，为1.25只/笼；蚊密度5月和11月最高，均为3.5处/千米；蟑螂粘捕指数3月最高，为0.09只/张。“四害”密度均控制在国家标准内。

【健康教育与健康促进】 发挥社区居委会和社区卫生服务中心的桥梁纽带作用，在全区开辟“健康之声”宣传专栏187块，每2个月更换1次宣传内容。在《渝中报》开辟《健康资讯》栏目，2018年共更新46次宣传内容，利用“渝中疾控”微信公众号发布健康信息93条。举办“2018年健康中国巴渝行”科学健身主题宣传，开展形势多样的体育健身活动，例如全民健身“四季歌”（春季登山，夏季游泳，秋季机关运动会，冬季武术）活动。举办健康知识巡讲，建立健康知识巡讲专家库，研发巡讲课件和教案14个，举行健康知识巡讲101场，内容涉及中国公民健康素养基本知识及技能、口腔健康、慢性病防治、医疗急救知识、预防意外伤害等知识。

计划生育

【计划生育服务转型】 坚持党政一把手负总责的计划生育政策不变，区委保留全区计划生育工作领导小组，把计划生育指标纳入区级各部门、街道领导班子考核内容，继续深入贯彻落实“全面两孩”政策，落实生育登记、承诺办理、网上办证制度，营造鼓励按政策生育的支持环境，充分释放政策效应。全区常住人口自然增长率为0.28‰，符合政策生育率为99.75%。坚持多部门和全系统信息交换共享制度，获取产妇直报、出生和死亡医学证明、户口迁移、婚姻登记等数据5万余条。开展人口数据核查匹配、动态监测工作，提高人口信息质量，逐步形成“计生找人，卫生服务”的工作模式。关爱帮扶计划生育特殊家庭，建立联系人制度，落实家庭医生签约上门服务，就医绿色通道全覆盖，按时、足额发放国家特扶基金，区级奖励扶助经费2407万元。

【计生优扶政策落实】 建立计生特殊家庭“3+X”联系人制度，加强计划生育特殊家庭关怀关爱工作。2018年为区内2726名计划生育特殊家庭人员办理“计划生育特殊家庭住院护理保险”，投入保险费50万元，帮助477人获得保险理赔95万元。开展节日走访、生病住院的计生特殊家庭慰问活动，在元旦、春节、端午、中秋、国庆节等节日分别给予300元、200元、100元慰问金，全年发放节日慰问金151万元，为480人发放住院慰问金共25.85万元。落实国家计生优抚政策，按时、足额发放国家住院慰问特别计生扶助基金和区级特扶金4千万元。为全区1690名失独人员落实联系人282人，成立渝中区“爱馨”志愿服务队，为失独家庭提供心理慰藉服务，提供心理疏导、陪伴、政策宣讲等。开展家庭应急服务，对失能和半失能及突发伤病者提供急需帮助，如卫生部门提供医疗服务、司法部门提供法律援助等。针对失独家庭的实际问题，探索建立有效的防范处置机制，妥善解决实际问题，未发生失独人员上市、进京上访事件。

【流动人口计生服务管理】 落实流动人口计划生育政务服务，全面执行生育登记承诺办理、网上办证制度，网上办证率为79.58%。完成《渝中区全面两孩政策实施效果评估报告》和《渝中区“十三五”计划生育事业发展规划中期评估》。按照街道组织人员、落实场地、选择培训主题，区卫计部门提供培训师资，在全区11个街道开展培训114场次，培训11865人次。将“青春护航项目”纳入全区中小学教学大纲，开展培训900课时，培训学生35500人次。

（兰宗庸）

社会保障

就业创业

【概况】 2018年，渝中区城镇新增就业人员4.8万人，城镇登记失业人员就业9400人，就业困难人员就业4552人，新增创业人员1.3万人。为重点信息产业企业输送6825人，发放创业担保贷款3896万元。支出就业专项资金5632.2万元，其中发放各项补贴5135.9万元。城镇调查失业率为4.21%，城镇登记失业率为2.68%，低于目标任务0.82个百分点。“零就业家庭”保持动态为“零”。渝中区劳动保障监察大队获2018年全国清理整顿人力资源市场秩序专项行动取得突出成绩单位称号。

【就业促进工作】 结合服务业综合改革试点工程，年内实现城镇单位新增就业4.8万人。拓展个体、民营经济，实现城镇民营企业及个体工商户就业4.14万人。充分挖掘社区灵活就业岗位，发展公益性劳动组织，实现城镇灵活人员就业6649人。职业介绍成功1.06万人。组织9场专场招聘会，1569家企业单位提供2.47万个岗位。

【扶持政策落实】 全区支出5632.2万元就业专项资金，促进2.45万余人就业。发放825.21万元单位社会保险补贴，促成用人单位吸纳1965名四类就业困难人员（男50岁以上、女40岁以上城镇登记失业人员，城市居民最低生活保障家庭登记失业人员，城镇零就业家庭登记失业人员，近两年毕业的登记失业高校毕业）就业，其中促进543名高校毕业生就业。落实就业困难人员灵活就业社会保险补贴2802.05万元，惠及3721名群众。发放146.33万元低保人员就业补贴，促进427名低保人员就业。向83家个体户和小微企业发放3896万元创业担保贷款，带动241名劳动者就业。为不裁员或少裁员企业发放0.98亿元失业保险稳岗补贴，惠及2283户企业，34.8万名职工。

【创业助推】 依托创业孵化基地，建立完善由58人组成的创业咨询专家库，开展5215人次创业政策宣讲，提供3021人次创业指导咨询。完善创业项目库，提供8个行业395个创业项目。加大资金扶持力度，为2家创业孵化基地提供奖励补贴153万元，为83家个体户和小微企业发放3896万元创业担保贷款。为3275名创业人员提供创业指导、市场评估等服务，成功孵化88家企业，带动602人就业。

【职业技能提升】 2018年，新审批职业培训机构5家，全区民办职业培训机构总数达到34家。依托培训机构培训各类人员2.08万人次，培训结业1.73万人次，实现就业1.57万人。全年开展各类培训265期，培训7959人次。其中开展领取失业保险金人员职业技能培训35期、培训1029人次，开展家庭服务从业人员专项培训11期、培训339人次。开展职业技能鉴定361批，鉴定8101人次，其中初级职业技能鉴定666人次，中级职业技能鉴定3872人次，专项职业能力鉴定3563人次。全年发放职业培训补贴1024万元，发放鉴定补贴80万元。

【高校毕业生就业创业】 做好高校毕业生就业服务工作，在辖区人力资源市场设立专门窗口提供政策咨询、就业指导等免费服务。会同街道实名制登记辖区348名应届离校未就业高校毕业生，帮扶222人实现就业。实施大学生创业引领计划，开展“泛海扬帆——重庆大学生创业行动”，推荐申报30个项目，其中3个项目获9万元奖金资助。

【城乡就业统筹】 培育家庭服务企业3家，其中1家被市人力社保局认定为家庭服务业培训示范基地。鼓励各类人员在家庭服务业领域就业创业，培训家庭服务企业从业人员462名，通过技能鉴定303人。组织家服企业41名从业人员参加重庆市家政服务技能大赛，1人获得二等奖、9人获得三等奖。组织开展“重庆第12个农民工日”宣传活动及春节“送温暖”慰问活动，开展新市民培训4019人，完成渝中区3个社区87户324人全国直报调查任务。

【公共就业服务】 组织57场（次）现场招聘会，其中开展“春风行动”“就业援助月”“残疾人就业专场招聘”“民营企业暨小微企业专场招聘”“高校毕业生就业服务月”“高校毕业生就业网络联盟招聘周（春、夏、秋、冬）”等专场招聘活动9场次。各类招聘会中，有1569户单位进场，提供2.47万个就业岗位，为1.16万人开展求职登记，帮扶1957人实现就业。开展50余次招聘会现场宣传，接受现场咨询1万余人次，发放宣传材料1.5万余份。

社会保险

【概况】 截至2018年年底，渝中区城镇企业职工基本养老保险、城乡居民基本养老保险、城镇职工基本医疗保险（含生育保险）、生育保险、城乡居民合作医疗保险、工伤保险、失业保险参保人数分别为73.47万人、4237人、73.34万人、48.8万人、13.81万人、54.37万人、58.05万人。社会保险基金收入：城镇企业职工基本养老保险费收入64.89亿元，城镇职工基本医疗保险（含生育保险）收入40.67亿元，城乡居民合作医疗保险收入0.73亿元，工伤保险收入2.22亿元。社会保险基金支出：基本养老支出62.70亿元（其中城镇企业职工养老保险62.65亿元，城乡居民养老保险471.49万元），城镇职工基本医疗保险（含生育保险）支出15.84亿元，城乡居民合作医疗保险支出19876.75万元，工伤保险支出7564万元。

2018 年社会保险指标任务完成情况

类 别	项 目	指标任务	完成情况	完成百分比
参保扩面（人）	城镇企业职工基本养老保险	496511	734693	147.97%
	城乡居民基本养老保险	3297	4237	128.51%
	城镇职工基本医疗保险（含生育保险）	700801	733410	104.65%
	生育保险	458582	487989	106.41%
	城乡居民合作医疗保险	134600	138058	102.57%
	工伤保险	509341	543692	106.74%
	失业保险	564000	580473	102.92%
基金征收（万元）	城镇企业职工基本养老保险	622300	648926.03	104.28%
	城乡居民基本养老保险	11	19.12	173.82%
	城镇职工基本医疗保险（含生育保险）	384100	406686.56	105.88%
	城乡居民合作医疗保险	3250	7330.75	225.56%
	工伤保险	21220	22155.03	104.41%
	失业保险	24503	26383.13	107.67%

注：该表中数值为未作修约处理的数据，与正文对应的数据不作统一处理。

【机关事业单位养老保险】 推进机关事业单位养老保险改革。2018 年起，机关事业单位养老保险各项业务进入常态化办理，重点开展全区机关事业单位养老保险费欠费清理、退休“中人”基础信息核定工作，按规定继续做好原区试点事业单位养老保险相关工作，并启动机关事业单位养老保险关系转移接续工作。至 12 月末，全区参保单位 300 户，在职参保 1.22 万人，缴费 1.2 万人，退休 1.26 万人。实现养老保险费与职业年金同步征收，全年征收养老保险费 2.64 亿元，职业年金 1.13 亿元，支付养老待遇 7.2 亿元。

【社会保险稽核】 2018 年，稽核用人单位 68 户（实地稽核 10 户），受理举报投诉 72 件，已处理 71 件。开展工伤保险定期待遇享受人员资格核查，完成 2017 年 12 月仍享受工伤保险定期待遇的人员资格核查，停发待遇 12 人。全年检查协议医药机构 430 家次，查处涉及违规 162 家次、违规违约费用 1137.34 万元，暂停结算 1 家、医保基金支付 3 家、医保服务资格 2 家、医院科室医保服务资格 1 家；抽查职工医保门诊特病集中申报体检合格人员 34.48%，纠正结果 11 例；抽查上半年居民医保特病体检合格人员 31.10%，发现问题 6 例，纠正结果 1 例；抽查职工医保特病定点医院情况，修正 10 例。办理拒绝稽核案件 11 件、骗取医保基金案件 2 件。督促用人单位为 6 名劳动者补缴社会保险费 91.43 万元。

【业务经办】 全民参保登记工作进入数据维护应用阶段，登记 53.73 万人次。推进建筑行业按项目参加工伤保险，参保累计纳入工程项目 105 户，目前系统内未完工项目 38 户、参保人员 8820 人。办理养老、医疗保险统筹转入 5000 人次、8318 万元，转出 2742 人次、5314 万元。全区累计有 3.1 万家次企业通过网上申报社会保险业务。至 12 月，全区基本养老金社会化发放率达 100%。按时足额发放 9763 名超龄、征地农转非、城乡居民养老保险待遇以及 2264 名军转干人员、新中国成立初期人员等八类特殊群体补贴。行政事业单位离休军休干部及伤残军人医疗支出 3424 万元和享受公务员医疗补助实际支出医疗经费2414.7万元，共支出5838.7万元。2018年，医疗保险门诊和住院享受待遇共计732.56万人次，支付待遇8.65亿元；按照参保口径生育保险享受待遇3.61万人次，工伤保险享受待遇1.05万人次；工伤保险待遇实际支付0.76亿元；生育保险待遇支付2.52亿元，其中医疗类待遇0.31亿元，生育生活津贴2.21亿元。工伤和生育保险联网结算医疗费1.06万人次，联网结算医疗费3亿元。

【退休审批】 审批退休8885人（其中个人退休4928人），审核超龄养老人员档案资料49份；作出工伤认定决定书1855件，工伤劳动能力鉴定969件，企业职工基本养老保险人员申请病退休鉴定280件，机关事业单位职工病退鉴定8人；完成市属国有重点企业退休人员常态化移交，共接收企业62家，涉及退休人员1641人。

【降费减负】 至12月底，已有587户小微企业、3997户困难企业享受社保缴费优惠政策，少缴养老、医保（含生育）、工伤等各项社保费10.1亿元（其中小微企业0.35亿元，困难企业9.75亿元）。通过下调社会保险缴费率为9154户企业减免保险费2.83亿元。

【养老待遇调整】 按期完成16.25万名城镇职工基本养老保险退休人员待遇调整任务。其中，企业退休人员15.51万人（其中艰边地区的退休人员8人，1953年前参加工作的退休人员4887人，军转干1336人），城镇超龄人员和征地农转非退休人员7421人，涉及补拨1—7月待遇调整金额共计1.78亿元已于7月兑现。企业退休人员、城镇超龄人员和征地农转非人员的整体养老金水平较调整前增加153.35元/月。完成城乡居民基本养老保险基础养老金及离休、建工人员护理费的调整及待遇补发。城乡居民基本养老保险待遇调整共2734人，涉及补拨的1至8月待遇调整金额共计43.38万元已于9月兑现。同步调整1.24万名机关事业单位退休人员的养老金。

【医疗保险改革】 完善基本医疗保险总额控制付费改革办法。完成2018年医疗保险总额分配，在对辖区内56家协议医疗机构实行总额预付结算方式的基础上，进一步完善总额指标管理体系，与有住院床位、特病结算协议医疗机构全面签订补充协议，强化总额控制指标管理；配合市人力社保局落实医保药品首次集中带量采购工作。做好定点医疗机构培训工作，确保国家药品目录（2017年版）顺利落地实施；着力推广异地联网结算。拓宽宣传渠道，加大异地就医宣传力度，强化异地就医备案管理，将异地就医人员与本市参保人员就医同监管、同审核、同核查，切实落实就医地监管责任。推进落实36种国家谈判药品纳入区医疗保险药品目录乙类范围相关工作。全年城镇职工医保结算统筹基金6.79亿元，城乡居民医保结算医保费用1.86亿元。

【社保卡管理及网上申报】 推广一体机办理模式，收集办理意见建议，提升数据正确率；强化财政非税票据管理，确保账目与票据相符、无遗漏无差错。上清寺街道网点运行进入正轨，初步实现分流办理人群目标。2018年共制卡88.86万张、发卡87.88万张，发卡率达99%，月均新制发、补卡量3700张，实现社保卡应用22项，人数达8.19万人次，上卡金额19.62亿元。全区参与网上申报单位共1613家，累计3.09万户次单位使用网报系统，上传数据141.06万余条。

劳动维权

【概况】 2018年组织各类普法宣传活动6次，发放各类宣传资料6000余册，接待现场咨询2000余次。开展清理整顿人力资源市场秩序等专项执法检查2次，检查用人单位743户，审查用人单位书面资料257份，处置群访、突发事件92起，为586名农民工追讨工资530.6万元。审查备案集体合同176份（次），覆盖用人单位7667家、10万名劳动者。严格特殊工时制度审批和劳务派遣审批监管，办结特殊工时制度申请 316 件。

【劳动保障监察】 2018 年接待来访来电政策咨询 3350 余人次；主动检查用人单位 743 户，涉及劳动者 1.576 万人；审查用人单位书面资料 257 份，办理投诉、举报及信访案件 263 件；清理拖欠劳动者工资 571.4 万元，涉及劳动者 642 人，其中追讨农民工工资数额 530.6 万元，涉及农民工 586 人；清退违法收取的押金保证金 1.15 万元，涉及劳动者 23 人；督促 19 家用人单位补办社会保险登记，对 3 家严重违法的用人单位实施行政处罚。加强劳动合同管理，劳动合同签订率为 98.8%（农民工劳动合同签订率为 95.9%）。审查集体合同 176 份（次）并进行备案，备案率达 100%，覆盖 7667 家用人单位、10 万名劳动者。全面落实“放管服”改革，精减申请材料，大幅缩短办理时限。2018 年受理特殊工时制度申请 316 件，审批办结 307 件（含上年度未办结数）。加大事后抽样检查比例，切实保障劳动者休息休假权利。

【劳动人事争议案件处理】 加强仲裁标准化建设，切实保证办案质效。全年接收劳动争议案件 4108 件，处理 4078 件（含上期未结案件 255 件），结案率达 92.88%。注重采用调解等柔性方式化解劳动争议，调解率达 60.06%。畅通农民工维权绿色通道，对拖欠农民工工资案件坚持“快立、快审、快结”，结案率达 100%。

（谢均妮）

社会生活

概　述

【概况】 渝中区民政局（简称“区民政局”）是渝中区政府主管民政工作的工作部门，承担着制定全区民政工作发展规划并组织实施的职能。2018 年内设 6 个职能科室：办公室、老龄工作办公室、民间组织和区划地名管理科、社会福利科、社区建设科、优抚安置科（渝中区“双拥”办公室）。行政编制 19 名（含老龄工作办公室编制 3 名）。区民政局的主要职责是：贯彻执行民政工作法律、法规、规章和方针政策，拟定全区民政工作发展规划并负责组织实施；承担全区老龄工作；依法对区属社会团体、民办非企业单位进行登记管理和监察；负责全区军队复员干部、转业士官、退役士兵、军队离退休干部和军队无军籍退休退职职工的接收安置，负责易地安置人员的管理；承办烈士的报批审核和褒扬，负责光荣院的管理与服务，组织、指导拥军优属工作；负责自然灾害生活救助，负责核实、上报灾情，管理分配救灾款物并监督使用，组织、指导社会捐赠工作；负责城乡居民最低生活保障、医疗救助、生活无着人员救助工作；负责社区建设，指导居委会建设；负责全区行政区划和地名管理工作；负责全区婚姻登记、儿童收养、殡葬管理工作，推进殡葬改革；推进慈善事业发展，组织、指导社会捐助，管理本级社会福利资金，负责福利彩票发行工作；拟定全区社会工作发展规划，推进社会工作人才队伍建设和相关志愿者队伍建设。办公地址位于渝中区和平路 211 号。

2018 年，渝中区民政系统全面贯彻落实全市民政工作会议精神，坚持全面从严治党，积极践行“民政为民、民政爱民”工作理念，坚守“保基本、兜底线、促公平、可持续”政策导向，不断深化民政领域工作改革，着力保障和改善民生，创新社区治理，强化公共服务，在市民政局目标考核中获得优秀。区民政局荣获渝中区委、区人民政府颁发的全区维稳安保工作嘉奖集体称号，中共重庆市渝中区委渝中区纪念建党 97 周年基层党建工作先进单位称号，渝中区处级领导班子和领导干部 2017 年度考核一等奖。

【党建工作】 抓党建。2018年召开党建暨意识形态工作专题研判会2次，研究基层党建工作10次，组织民政系统党的建设和组织工作会、社会组织党建工作会、培训会等4次，开展3次党建季度督查。开展巡视整改工作，严肃党内政治生活，中心组学习27次，局属各基层党组织结合支部主题党日、“两学一做”学习教育深入学习习近平新时代中国特色社会主义思想212场次。完成社会组织综合党委选举，新成立社会组织党支部4家，打造示范支部1家，持续推进社会组织党建标准化规范化建设。全面落实意识形态工作责任，管好网络、会场等阵地，建立社会组织重点活动备案制度，坚决肃清孙政才恶劣影响和薄熙来、王立军流毒，维护良好政治生态。守廉洁。局班子紧盯“四风”问题隐形变异新动向，深入查找形式主义、官僚主义新表现，广泛开展“兴调研转作风促落实”行动，互相监督、提醒，模范遵守中央八项规定，争做廉洁表率。开展“民政系统资金监管问题专项整治工作”，查找风险点44个，实施防范措施49条，全面建立内控制度，主动开展民政内部审计3次。加强经常性纪律教育，开展“看廉书、上廉课、观廉展”警示教育活动4次，深入学习《中国共产党纪律处分条例》并开展知识竞赛活动1次。重大节日、关键节点廉政风险早提醒，有效强化遵规守纪意识。2018年，民政系统无违纪违规现象发生。

【队伍建设】 2018年，区民政局党委按照干部选拔相关规定及流程，区军休中心公开招聘两名参公人员、区福利院公开招聘三名工作人员，充实民政系统干部人才队伍；严格社区工作者选用，进一步提高干部选拔任用工作透明度。

【上级调研】 3月28日，市民政局法规处到渝中区开展《重庆市城乡养老机构服务管理办法》立法调研工作会，征求和听取区民政部门、养老机构的意见和建议，以及了解养老机构在运营中的实际困难。4月18日，区人大常委会主任米绍林、副主任孔新军带队，组织部分区人大常委会委员、人大代表考察渝中区养老服务工作，渝中区民政局主要领导、分管领导、业务科室负责人以及重庆合展至善养老服务有限公司董事长郭彬、重庆颐天康养产业发展有限公司舒扬等陪同视察。6月22日，市民政局局长唐步新调研渝中区养老服务工作，实地考察渝中区石油路街道民乐村社区养老服务中心、曾家岩敬老院、凯尔慈佑社区养老服务中心、竹园福利院、合展至善养老服务公司，听取渝中区养老服务工作情况汇报。区长商奎、副区长蔚传忠、区民政局及相关街道负责人陪同调研。7月17日，渝中区政协调研渝中区养老工作，实地考察渝中区凯尔慈佑社区养老服务中心、合展至善社区养老服务中心。10月31日，驻渝部队市人大代表联系组调研渝中区双拥模范城创建工作，视察非公经济组织康德（集团）有限公司拥军工作开展情况，听取渝中区双拥模范城创建工作汇报。12月13日，副市长潘毅琴到渝中区合展至善养老服务公司调研，区委常委张远洪、区民政局局长黄祥陪同调研。12月25日，区委副书记何家利调研民政工作。

【友好交流】 4月25日，天津市南开区副区长罗进飞一行参观考察渝中区民乐村社区养老服务中心，并在区级机关综合办公大楼23楼会议室进行交流座谈。区委常委张远洪参加座谈，并就渝中区养老服务工作情况进行深入交流。

【区民政局负责人】
局　长：黄　祥
副局长：秦　学　熊成钢　李剑功

（王庆容）

老龄工作

【养老服务改革】 申报并获批全国第三批中央财政支持开展居家和社区养老服务改革试点区，获中央财政补助资金3103万元。印发《渝中区居家和社区养老服务改革试点工作实施方案（2018—2020年）》。优化“社区养老服务站运营机构候选库”，成功引入优质养老服务企业进入渝中。启动实施全市首批适老化改造试点示范项目，确定在曾家岩社区、美专校街、竹园分院开展适老无障碍环境改造项目。

【养老服务设施建设】 推进社区养老服务“千百工程”建设，进一步完善社区养老服务设施布局规划，建成2个市级社区养老服务示范中心、4个社区养老服务站。其中上清寺凯尔慈佑社区养老服务中心为2018年全市首家建成并投入运营的社区养老服务示范中心。推行医养融合，通过养老院内设护理院、养老院与市区级医疗卫生服务机构签约等方式实现医疗卫生服务率达到100%。全区实际建成公办养老机构即区福利院、民办养老机构共19家25处，建成街道（社区）养老服务中心6个、社区养老服务站47个，社区养老服务设施已全部实现专业化运行。

【养老服务规范化发展】 制定《渝中区2018年养老机构服务质量建设专项行动实施方案》并联动实施，全年指导5家养老机构及时申办养老机构设立许可，解决4家民办养老机构的历史遗留问题。开展养老机构标准化示范创建工作，推荐渝中区福利院玫瑰湾分院、瑞康养老院两家养老机构从工作保障、标准实施、宣传培训、绩效评估等方面全面贯标。强化养老服务行业队伍建设，全年组织200余名养老服务行业从业人员进行业务技能培训，联合区人社局、区总工会组织65名养老服务行业从业人员参加职业技能大赛。推行《社区养老服务规范》，实施社区养老服务标准化，建立社区养老服务设施运营准入和市场化服务项目准入备案制度，基本实现全过程规范管理。

【老年优待救助】 2018年发放老年人长寿补贴近4万人次、1800余万元，助养补贴2201人、51万元，（居家）养老服务补贴近万户（人）次、165万元。

2018年渝中区养老机构一览表

序号	养老机构	地址
1	渝中区福利院玫瑰湾分院	渝中区长江一路52号
2	渝中区福利院桂花园分院	渝中区桂花园新村10号
3	渝中区福利院化龙桥分院	渝中区李子坝正街168号
4	渝中区福利院李子坝分院	渝中区李子坝正街99号江山华庭负三楼
5	渝中区福利院竹园分院	渝中区交通街35号
6	渝中区福利院小泉分院	巴南区南泉镇自由村一社湾
7	渝中区福利院南山分院	南岸区崇文路252号
8	渝中区佛图关鸿道养老院	重庆市轨道交通二号线佛图关车站旁
9	渝中区合展养老院	渝中区长江二路181号
10	渝中区爱民老年服务中心	渝中区长江一路49号
11	渝中区红叶敬老院	渝中区两路口上大田湾82号
12	渝中区曾家岩敬老院	渝中区人民支路70号
13	渝中区瑞康养老院	渝中区新都巷5号
14	渝中区健康养老院	渝中区健康路62号
15	渝中区孝为先养老院	渝中区大坪正街162号
16	渝中区孝欣园养老院	渝中区大溪沟张家花园46号

续表

序号	养老机构	地址
17	渝中区建华托老所	渝中区新华路 220 号名义城 6 层
18	渝中区怡园养老院	渝中区长江一路 66 号万国商厦商务 A 区
19	渝中区康福苑养老院	渝中区中山二路 18 号附 1 号 B3 层
20	渝中区怡康养老院	渝中区电视塔村 25 号
21	渝中区宏展养老院	渝中区嘉陵新村 171 号
22	百岁养老院	渝中区鹅项颈 8 号
23	渝中区城市邻居养老院	渝中区领事巷 8 号
24	渝中区康心养老院	渝中区枇杷山正街 5 号负一层
25	重庆凯尔慈佑养老服务中心	渝中区上清寺美专校街 53-1 号

2018 年新增社区养老服务中心（站）一览表

序号	社区养老服务中心（站）	地址
1	上清寺凯尔慈佑社区养老服务中心	渝中区上清寺美专校街 53-1 号
2	大坪合展社区养老服务中心	渝中区长江二路 181 号
3	上大田湾社区养老服务站（中心带站）	渝中区上清寺美专校街 53-1 号
4	煤建新村社区养老服务站	渝中区石油路龙湖时代天街 9 号负 1、2 楼
5	重庆村社区养老服务站	渝中区重庆村 41 号 2 单元 1-1
6	临江门社区养老服务站	渝中区文华大厦 C 座 1-7

社会组织

【社会组织登记管理】 做好社会组织登记管理工作。2018 年社会组织成立登记 36 家（其中社会团体 9 家、民办非企业单位 10 家）、变更登记 36 家（其中社会团体 10 家、民办非企业单位 26 家）、注销登记 8 家（其中社会团体 3 家、民办非企业单位 5 家）。年底，全区共有各类社会组织 1304 家（其中登记社会组织 403 家、由街道备案管理 901 家）。强化社会组织“双重管理”。印发《渝中区社会组织资金监管机制实施方案》《关于确定区级社会组织业务主管（指导）单位的通知》，明确登记管理部门、综合监督管理部门和业务主管（指导）部门管理责任。做好社会组织年度检查工作。全区社会组织应检 345 家，年检率达 92%，年检合格率达 82%。开展全区志愿组织志愿服务工作培训和志愿服务网上记录工作培训，对 19 家志愿服务组织进行身份标识。开展社会组织等级评估工作，新增 4A 级社会组织 2 家、3A 级社会组织 2 家。继续实施“支持社会组织参与社会服务项目”，设立项目 16 个、项目资金 164 万元。开展行业协会会费清理工作，完成 27 家区级行业协会商会、71 家驻所在渝中区的市级协会会费信息公开。

【社会组织党建】 完成社会组织综合党委选举，进一步建立和完善综合党委的运行机制。加强党的十九大精神宣传教育，开展社会组织党员学习贯彻党的十九大精神全覆盖培训，组织宣讲活动 22 场次。推进党的组织覆盖和工作覆盖，全年新设立社会组织党支部 4 家（共 15 家），民政系统主管的养老及社工组织中通过设立枢纽型社会组织党组织的方式，扩大党组织的工作覆盖面。规范社会组织党建活动，“对标对表”开展“两学一做”党建活动，重点对区养老事业促进会示范支部、中共重庆市渝中区至善社会工作事务所支部委员会开展提升支部整顿工作，分别通过区委组织部和社会组织综合党委的检查验收。强化社会组织意识形态工作，印发《关于在社会组织章程增加党的建设和社会主义核心价值观有关内容的通知》《重庆市渝中区社会组织举办研讨会论坛活动管理实施办法》《渝中区社会组织意识形态基本工作制度指引》等规范性文件，将意识形态工作纳入社会组织内部治理，严格业务范围涉及意识形态的社会组织的审批工作。

【社会组织执法】 开展打击整治非法社会组织专项行动、校外培训机构专项治理行动、依法严厉打击文化类山寨社团、打击“精神传销”有害培训活动排查等活动。搭建工作专班、建立协调机制、细化工作措施、强化部门联动、认真研判街道社区排查非法社会组织基本情况，排查 18 家非法社会组织基本情况，发放“责令改正通知书”2 份，联合宣传、公安、管委会、街道等相关部门成功劝阻、整改非法社会组织 4 家（其中网上劝阻 1 家），行政约谈违规开展校外培训的社会组织 1 家。推进社会组织信用管理工作，对没按时完成年检的 26 家社会组织开展抽查执法，拟将 20 家社会组织纳入异常活动名录。启动社会组织撤销登记执法工作，完成区中介咨询服务行业协会、区创造学会等 22 家业务主管部门撤（注）销的社会组织立案工作，组织相关执法人员开展执法调查。

双拥优抚安置

【军队退役人员安置】 2018 年接收退役士兵 107 人，发放退役士兵自主就业一次性经济补助金近 550 万元，组织 78 名退役士兵参加职业技能培训。

【双拥及优待抚恤工作】 2018 年内召开军政座谈会、双拥工作会及协调会 7 次，为部队协调解决困难问题 9 个；组织开展“新兵回访”等特色双拥活动 13 次，双拥共建活动 230 余场次，走访慰问驻区部队 20 余支，赠送慰问金、慰问品 120 余万元。落实军休干部各项待遇，共发放离退休人员生活费 1.3 亿元，积极推进彭家花园等 3 个军休所老旧房屋电梯加装工作。全年为 1100 余人发放各类优抚资金 3900 万元，解决实际困难 72 件，开展医疗巡诊 160 人次，为 27 名重点优抚对象提供住房优待。

社 会 救 助

【城市居民最低生活保障】 落实最低生活保障政策，实施“分类救助”和“分类管理”，按照全市统一要求将低保标准提高到 546 元。通过信息比对、入户走访、调查取证等方式对低保家庭进行复核，实现动态管理，确保精准救助。截至 12 月底，全区有低保户 8496 户、11012 人，全年累计发放低保金 7653.49 万元，实现“应保尽保”。

【特困人员供养】 加强特困人员供养工作，做到“应救尽救、应养尽养”。为散居孤老每月发放供养金 1010 元，对自愿到福利院的特困人员实行集中供养，供养标准为 1100 元 /（人 • 月）。截至 12 月底，全区有特困人员 309 人，月发放供养金 31.81 万元。落实孤儿基本生活费制度，发放标准为 1300 元 /（人 • 月），全区共有孤儿 13 人，月发放生活费 1.69 万元。

【医疗等救助】 做好医疗救助工作， 2018 年共救助 89860 人次、金额 1700.07 万元；完善临时救助政策，对因病、因灾等各种突发性原因造成暂时困难的家庭给予临时性救助，全年救助 11158 人次、金额 1214.12 万元；依法做好流浪乞讨人员救助管理工作，加强与公安、城管等部门的沟通协调，健全救助管理长效工作机制，全年劝导救助 4763 人次、金额 540.2 万元；落实丧葬救助制度，免除困难群众（城市低保对象、特困人员、生活困难重点优抚对象）

的基本殡葬服务费，全年丧葬救助165人、金额24.09万元。

行政区划 地名管理

【地名普查】 完成第二次全国地名普查国务院普查办督查和国家验收工作，共录入地名普查信息3900余条，完成地名普查信息脱密3290条。完成渝中区地名地址库试点创建工作，匹配地名地址2778条，其中建设物信息240条、单位1939条、宗教纪念地8条，匹配率达84.4%。持续推进地名普查成果转化，出版地名文化丛书《九开八闭重庆城》，编印《渝中区社区地图集》，拍摄地名故事片《人民解放纪念碑》，收集《历史文化地名保护名录》788条，其中102条拟纳入区公共资源商标保护对象，完成国家地名词典、地名志渝中区部分的目录筛选、编写释义等工作。2018年新命名“茶亭南路”“维新巷”2条道路；地名标准化处理19条；配合市民政局在七星岗、观音岩设立2块地名文化标志；督促区城市管理局对“陕西路”英文标识错误进行整改; 拆除“观音岩”等三块区片地名标志。

【区域界线管理】 配合沙坪坝区完成2018年行政区域界线联合检查工作；完成50%的街道界线联合检查，进一步明确街道行政管理服务范围。按新标准完成渝沙九线三交点界桩更新工作，设置非标准界线标志物2枚。开展平安边界创建和边界纠纷隐患排查，维护行政区域界线和谐稳定。根据市民政局要求对渝中区2015年部分街道行政区划调整效果进行评估并上报评估结果报告。

社区建设

【社区服务设施建设】 通过购买、国有资产调拨、开发建设单位无偿提供、租赁等方式，新建永嘉路、嘉博路、彭家花园等9个社区便民服务中心，投入建设资金4371万元，建设面积8212.4平方米。

【社区自治】 贯彻落实市委、市政府《关于加强和完善城乡社区治理的实施意见》，印发《关于加强和完善社区治理的实施意见》《关于建立健全居务监督委员会的实施意见》《关于建立渝中区社区协商专家库的通知》《关于印发渝中区社区协商相关制度的通知》。做好社区居民委员会人员配备，补选居委会成员44名。进一步健全社区居务监督委员会和社区居民小组长队伍，落实待遇保障，社区居务监督委员每月发放误工补贴100元，居民小组长每月发放误工补贴100元。配备专职社区工作者137名，追加社区工作者2018年养老、失业、医疗、工伤等保险差额141万元。严格落实社区工作者区、街、社区三级培训制度，参训专职社区工作者3420人次。进一步完善社区协商机制，建立由30余人组成的社区协商专家库，规范《渝中区社区协商议事委员会职责》《渝中区社区协商议事会议规则》《渝中区××社区协商事项清单》《渝中区社区协商流程图》等4项制度，探索推广“6+5”议事法，建立“自下而上”的协商议题产生机制。全区社区累计开展社区协商368场次，较好解决路灯安装、化粪池清掏、老旧物业辖区管理等涉及社区居民群众切身利益的事项。《抓实四个环节，切实提高社区治理水平》一文在民政部举办的全国社区治理和服务能力建设示范培训班上作书面交流，石油路街道金银湾社区“三事三色”管理法被民政部评选为优秀社区工作法，《社区规模调整专题研究报告》获2018年重庆民政综合调研一等奖。更换《基层群众性自治组织特别法人统一社会信用代码证书》2个。完成2018年星级和谐社区评定工作，评出五星和谐社区26个、四星和谐社区40个、三星和谐社区11个。完成2018年度社区工作者岗位目标考核工作，全区共评选优秀社区工作者282人。

社会工作

【人才队伍建设】 2018年，渝中区新增社会工作专业人才138人，其中助理社工师111人、社会工作师27人。公开选拔区级社会工作骨干人才59人、区级助理督导培养对象25名、市级社会工作骨干人才5人，推选首批“渝中英才”1人。至2018年年底，全区共有社会工作专业人才850人，其中社会工作师223人、助理社会工作师558人、重庆市社会工作员69人。宣传、鼓励社区工作者参加全国社会工作职业资格水平考试，年内全区共426人报考，通过116人。引进高校社会工作专业专、本科毕业生35人，担任专职社区工作者。加大社会工作人才培训教育力度，开展社会工作骨干人才培训、社区专职社工培训、社会工作助理督导培训各1期，社会工作职业资格考试考前公益培训2期，培训700余人次。制定《重庆市渝中区社会工作督导遴选管理办法（试行）》，吸纳高校教师、社工一线专家建立11人的督导队伍，定期对街道、社区社会工作开展督导和培训400余场次。强化社会工作人才激励，年内，社区社会工作者职称补贴标准每人每月提高100元，社会工作师、助理社会工作师每人每月分别达到300元、200元。建立岗位和人员统计台账制度，至2018年年底，全区共有社会工作专业人才岗位541个。

【社会工作服务】 2018年共实施市、区级社会工作服务项目58个，其中市级项目47个、区级项目11个，投入资金540万元。服务对象主要包括低保、低收入、残疾人、老年人、青少年等人群，直接受益者达1.3万余人，满意度达到95%以上，基本形成“132”社区社会工作服务模式。

【社会工作室】 在77个社区成立社区社会工作室，建设示范社工室11个，制定完成重庆市地方标准《社区社会工作室基本规范》，按照“五有”标准打造规范化社区社会工作室11个。

其 他 工 作

【防灾救灾工作】 做好应急物资储备，年内接收市民政局调拨棉被300床。积极开展“5•12”防灾减灾日宣传活动，通过悬挂横幅、张贴宣传图片、开设宣传橱窗、出黑板报等方式，唤起全社会对防灾减灾工作的关注。

【婚姻登记】 完成婚姻收养登记信息化建设，在线登记率达100%。2018年办理结婚4497对、离婚2766对，补发结婚证952对、离婚证325件，出具（无）婚姻登记记录证明25件，婚姻登记合格率达到100%。

【殡葬祭祀管理】 加强殡葬管理工作，确保火化率达100%。落实惠民殡葬政策，推行“平价治丧、文明治丧”惠民服务，与周边相关殡仪服务机构达成治丧服务协议，保障辖区居民基本治丧需求；配合价格主管部门，强化殡葬服务机构价格监管，规范收费行为。开展清明殡葬宣传服务月活动，开展文明治丧宣传，发放宣传资料2.1万份。完善各项安全防范措施，确保清明期间群众祭祀活动文明、安全、有序进行。

【社会福利工作】 实施人生关怀系统工程，持续提标扩面，2018年投入资金1.8亿元，53万余人次享受各项关怀。全年收到捐赠147.02万元，支出221.59万元。年内办理收养登记1件。全年销售福利彩票24876.36万元。

（王庆容）

居 民 生 活

【城镇居民人均可支配收入和人均消费性支出稳步增长】 2018年，渝中区城镇居民人均可支配收入40484元，比上年增长8.9%，人均消费性支出29110元，比上年增长11.7%。

（冯云宇）

渝中区古建筑——湖广会馆

湖广会馆位于重庆市渝中区长滨路芭蕉园巷 1 号，该馆始建于明末清初。清乾隆二十六年（1761 年）《巴县志》记“禹王庙，在东水门内，即湖广会馆”。其后清康熙年间又建广东公所，清嘉庆丁丑年（1817 年）湖北古齐安籍人建的齐安公所，清道光二十六年（1846 年）和清光绪己丑年（1889 年）局部葺缮，形成今之规模。该馆整体布局坐西朝东偏北 10 度，占地面积近万平方米，由高墙环绕的三大院落组成。会馆建筑规模宏大，布局错落有致，殿宇巍峨壮观，造型古朴典雅，木建筑的典型构件、巨柱、驼峰、斗拱、雀替、镂空撑拱等随处可见。琉璃瓦戏楼飞檐翘角，楼面遍布山水、城门、几何图案、戏曲人物、二十四孝故事等精美雕刻。会馆高墙墙脊起伏，落差大，形成特色景观。早在元朝末年，湖北籍红巾军将领明玉珍入主重庆，建大夏国政权时就有湖北同乡千里来投奔，这可谓湖广填四川之始。明初政府又组织大量移民入川，形成第一次人口迁徙浪潮。清初至雍正止，又掀起第二次填四川的高潮。寓居重庆的外籍人口陡增，客观上有建立维护同乡利益，保护工商行帮正常往来组织的需求，会馆的建立也便于当地政府的管理，官、绅、民三者意志合一，故出现了重庆会馆林立的局面。而今这庞大的湖广会馆建筑群，正是史上湖广填四川移民文化的重要史证，也是重庆经济发展的见证。2006 年国务院公布湖广会馆为第六批全国重点文物保护单位。

街　道

概　述

街道党工委和街道办事处分别是中共重庆市渝中区委、重庆市渝中区人民政府的派出机构。2018年，渝中区有11个街道：七星岗街道、解放碑街道、两路口街道、上清寺街道、菜园坝街道、南纪门街道、朝天门街道、大溪沟街道、大坪街道、化龙桥街道、石油路街道。

2018年，渝中区各街道内设7个科室：党工委办公室（精神文明办公室、人大工作委员会办公室）、行政办公室、社会建设和劳动保障科（卫生和计划生育办公室）、城市管理科（环境保护科、物业管理办公室）、经济发展科（统计管理办公室）、社会治安综合治理委员会办公室、安全生产监督管理办公室（应急管理办公室）。街道纪工委（监察室）、人民武装部、工会、团委、妇联等机构按照有关规定设置。街道办事处所属科级事业单位3个：街道办事处社区建设管理中心（街道办事处文化站）（财政全款拨款、公益一类、参公管理事业单位）、街道办事处劳动就业社会保障服务所（财政全款拨款、公益一类事业单位）、街道就业服务管理站（自收自支事业单位）。渝中区政府工作部门派驻街道的科级机构2个：街道司法所（渝中区司法局派驻街道的行政机构）、渝中区综合行政执法局街道综合行政执法大队（财政全款拨款、公益一类、参公事业单位）。

街道党工委和街道办事处的主要职责体现在七个方面。（1）履行辖区的党建工作职责。落实党建工作责任制；负责思想政治工作、精神文明建设；负责辖区党的组织建设和党员队伍建设；负责社区党建、非公有制经济组织和社会组织党建工作；负责干部的教育、培养、选拔、管理和监督工作；负责街道党风廉政建设；负责人大、政协、武装、工会、共青团、妇联等的相关工作。（2）履行辖区的城市管理工作职责。负责环境卫生、绿化美化的管理工作，开展爱国卫生运动；受委托负责城市管理综合行政执法的日常管理工作；指导协调物业管理工作；配合监督环境污染项目的治理；协同监督施工单位依法施工。（3）履行辖区的公共服务工作职责。合理配置社区服务资源；培育和发展社区服务中介组织；组织兴办社会福利的社区服务事业，做好社会保障工作；负责殡葬改革以及婚姻登记的管理和服务工作；指导居委会开展工作；开展拥军优属、优置安抚、卫生保健、计划生育及文化、体育、教育等工作。（4）履行辖区的社会治理工作职责。负责社会治安综合治理；负责预备役、征兵、人民防空等工作；开展人民调解工作；负责劳动监察和就业指导工作；维护老年人、未成年人、妇女、残疾人、归国华侨、侨眷和少数民族的合法权益；指导和加强基层民主政治建设。（5）履行辖区的安全稳定工作职责。配合做好防汛、防火、防震、抢险和防灾工作；开展法制宣传教育；负责安全生产监督管理工作；负责信访稳定工作。（6）履行辖区的服务发展工作职责。营造良好的经济发展环境；承担企事业单位协调和服务工作；组织实施统计工作；做好企业改革相关工作；负责科学普及相关工作。（7）承办区委、区政府部署的各项任务。

七星岗街道

【概况】　七星岗街道地处渝中区中东部，位于渝中半岛之巅，卧龙之脊。东探解放碑街道，西依两路口街道，向南俯瞰南纪门街道和菜园坝街道，北与大溪沟街道接壤。地势呈东低西高、南翘北伏的坡形。辖区面积0.78平方千米，辖8个社区居委会。截至2018年末，辖区户籍居民2.06万余户，5.18万余人，租赁户8千余户（间），流动人口3.34万余人。街道办事处驻金汤街74号。街道实有行政编制人员24人，社区建设管理中心事业编制人员5人，综合行政执法大队事业编制人员 19 人，劳动就业社会保障服务所事业编制人员 12 人。

辖区是渝中区的政务中心，是中共重庆市渝中区委、区政府等区级机关所在地。辖区内有社会单位 1000 余家，法人单位 1081 户，个体工商户 2624 户，产业活动单位 88 户。有重庆市自来水公司、中国银行重庆市分行等大型企事业单位；有市国画院、川剧院、话剧团、杂剧团等市级艺术团体；有实验中学、杏林中学、中华路小学、邹容小学、中山小学、区级机关幼儿园等 15 所教育单位；有重庆市妇幼保健院、重庆市人民医院、普瑞眼科医院、中西医结合康复医院等医疗机构。

辖区历史遗迹众多，有通远门古城墙，抗建堂，菩提金刚塔，中苏文化协会旧址，唐式遵公馆，国民政府立法院、司法院及蒙藏委员会旧址等文物和历史建筑。

辖区交通便利，地铁一号线在七星岗设站，开通两个出入口，中山一路、和平路、枇杷山正街、兴隆街、捍卫路、华一路等交通主（次）干道分布其间，设大型公交车站 5 个站点，容纳公交线路 20 余条，是进出渝中商业文化中心及连接市郊的主要通道。

2018 年，街道党工委办事处深入推进“两学一做”学习教育常态化制度化，上下齐心协力、团结奋斗，为打造渝中“品质之城、活力之区”，建设“美丽半岛、幸福渝中”作出积极贡献，推进街道经济发展、公共服务、公共管理、公共安全等各项工作取得长足进步。街道党工委荣获全区基层党建工作先进单位，街道办事处被渝中区安全生产委员会评为安全生产工作“优秀单位”，获重庆市渝中区十九大维稳安保工作“集体三等功”，归元寺社区被评为全国“最美志愿服务社区”。

（李将才）

【党建工作】 坚持深学笃用习近平新时代中国特色社会主义思想，深入推进“两学一做”学习教育常态化制度化，坚决肃清孙政才恶劣影响和薄熙来、王立军流毒，坚决做到“两个维护”，自觉践行“三个确保”，辖区 1700 余名党员进一步增强“四个意识”、坚定“四个自信”。坚持党建工作与中心工作同安排、同推进，11 个班子成员定点联系 8 个社区党委、28 个非公党组织，重点提升捍卫路社区党委，规范提升宽仁康复医院等 8 个非公党组织，全面落实意识形态工作责任制，全方位加强党员干部管理，全程纪实“两个责任”清单，市委巡视反馈意见和区委巡察指出问题做到了台账式、清单化整改。坚持积极探索基层党建引领社会治理创新，完善街道、社区两级党建联席会制度，组织 160 名在职党员到社区报到，党员志愿者服务进社区形成新常态。

（乔德水）

【人大工作】 组织代表参加市、区、街各类会议 260 余人次，提出建议意见 49 件，其中 22 件列为重点督办建议，6 件启动二次评价机制。围绕重塑解放碑商圈核心地位、历史文物保护现状、社区居家养老服务、国有资产监督管理等开展代表主题调研活动，形成高质量调研报告。代表组调研撰写的《关于加强社区卫生服务中心建设的调研报告》经区人大常委会主任会议研究转交区政府办理并获区卫生计生委吸纳。围绕辖区平安、街道行政工作、食品药品安全问题，分别听取相关部门的工作报告并提出具体建议，行使监督权。开展“代表在身边”接访活动，深入社区 162 人次，接访群众 390 人次，收集群众反映事项 396 个，解决问题 366 个，畅通了居民连接党委政府的桥梁。代表们出资 4.58 万元，开展“新春送温暖”“高温送清凉”“金秋助学”等活动，慰问辖区群众 100 余人，圆了 10 名学子的“大学梦”。代表们发挥主体作用积极参与招商引资，引进企业 10 余家、资金约 20 亿元。坚持在街道党工委领导下开展人大工作，主动汇报工作 6 次。抓好人大代表政治理论、业务知识、法律法规、意识形态培训学习。启动人大代表履职评价机制，科学制定代表履职手册，明确计分标准，确定考核程序，定期通报情况。宣传人大街道工作，撰写各类信息23篇，被市级媒体采用6篇，区级媒体采用17篇。完成人大理论研讨文章2篇。

【武装工作】 2018年完成年度军事训练、民兵整组、年度征兵任务，有5名青年应征入伍。代表渝中区参加“三长”比武竞赛取得好成绩，在渝中区2018年度基层武装工作考核中取得第5名。

（刘兆荣）

【共青团工作】 巩固共青团员改革成果，强化“网上共青团”建设，扎实开展团支部书记“背靠背”测评，持续深化“团干部+社工+志愿者”工作模式，推行“青少年点单”工作法。新建重庆融义酒店管理有限公司、万紫千红导游服务有限公司、亿品超市等7个非公团组织。暑期开展40余次青少年教育活动，近2000人次参与。

（胡川）

【社区建设】 探索实施“智慧民政”，开发归元寺社区、金汤街社区智能化微信公众号。优化领事巷、捍卫路社区办公环境，按照“一社区一特色”建设要求，积极推动打造领事巷、金汤街特色示范社区，创建领事巷市级示范性社区。开展全体社区工作者综合素质培训、业务培训、拓展培训。2018年有14人获得社会工作专业资格。

【扶贫解困】 截至2018年年底，七星岗街道共有低保户1179户1508人，累计发放低保金总额1050万元；办理困难人员临时救助1824人次，救助金额191.36万元；“八大人生关怀”礼包累计发放578个，发放金额9.72万元；新增廉租房补贴50户，新增廉租房实物配租46户。落实“劝导+救助”工作机制，送市救助站救助事件4起。

【“双拥”工作】 采集2002名退役军人信息，其中异地军人信息108人，辖区军人信息1894人。慰问辖区军烈属、伤残军人、在乡复员军人以及现役军人家属897人次，慰问金额118.59万元。

【残联工作】 2018年，辖区共有残疾人1638人，其中重残458人。巩固示范性康复站、康复室创建成果，有市级标准化示范性康复站1个，市级标准化示范性康复室2个（捍卫路、归元寺），新创临华路社区市级标准化示范性康复室。完成983名残疾人动态更新调查工作。办理阳光家园补贴19.83万元，惠及143人；发放重度残疾人护理补贴15.1万元，惠及2792人次；发放贫困残疾人生活补贴13.1万元，惠及2784人次。发放适配辅助器具264件，完成残疾人居家无障碍改造8户。

【居家养老】 以华一坡社区养老服务站为平台，开办社区老年大学，开设声乐、书法、智能手机使用等4个教学班，招收学员70人。按照安全、适老原则，为社区养老服务站增设视频监控设备4套。按时足额发放居家养老服务补贴、经济困难高龄失能老年人服务补贴16.64万元，惠及868人次。

【卫生计生工作】 收集录入辖区户籍人口51428人的信息并加强服务管理，确保政策内生育率达100%。办理各种计生证件、证明1129个，落实计生奖扶政策795人次19.8万元。新增特扶人员27人，完成献血指标321个。在归元寺社区民安园大小花园推行生活垃圾分类试点工作。在46个“三无”未验收老旧楼栋开展“楼道革命”，实现收费标准和收费率大幅提高。

（李晨龑　熊槐宁）

【特色老社区建设】 金汤街特色老社区建设项目投入898.6万元，项目涉及沿线道路总长467米。以“抗战市街、母城老巷”为设计理念，发掘历史文化，突出“街巷游”，将通远门城墙遗址延伸至山城巷山城步道。重点打造8个文物点，一条主线（通远门—金汤街—领事巷—山城巷），两条环线（通远门—鼓楼巷—打枪坝—金汤街，金汤街—郭沫若旧居—至圣宫—金汤街），力争达到“勾起乡愁、留住回忆”的建设目的。整治共涉及金汤街沿线3栋老旧建筑物及相邻环境，建筑整治立面5464平方米，环境整治面积16830平方米。投入1500余万元对枇杷山正街、后街进行环境综合整治，完成中一支路路口综合整治。

【“五长制”工作】深入推进“五长制”工作，设置2名街长，11名路长，42名巷长，158名楼长，集全街之力全面提升辖区城市管理水平。开展污染源普查，集中筛查辖区105个商户。

（熊槐宁）

【老旧住宅商业小区物业工作】 以居民自治、社区自治和专业物业公司管理三种模式对85.9万平方米的老旧住宅进行管理服务；指导临华路49号实施主体开展老旧住宅增设电梯工作；完成华一巷3、5、7、9号“三无”老旧住宅管线改造。通过“摸清问题症结、理清法律关系、强化政府协调、倡导业主自治”等措施解决财信渝中城“网约租房”矛盾纠纷；完成金刚塔小区、鑫渝花园小区选聘物业公司工作；指导辖区物业公司开展高层建筑安全隐患排查整治；指导卡萨国际开展住宅老旧电梯安全隐患整治工作。

【“三供一业”】 共与28家中央和市属国有企业签订移交整改协议，其中12家完成了移交前的整改验收工作。

（宋浩基）

【综治工作】 2018年出动群防队员11680车次、步巡21900余人次，群防群治人员步巡14.6万余人次，平安护送160余人次、做好人好事210人次、阻止可能发生的刑事或治安案件22起、发现并上报治安问题8起；制止4起校园周边欺凌事件，无重大涉校治安案件。捍卫路社区全面完成A类社会治安重点地区整治工作，成功摘牌。七星岗地区年内共发刑事案件284件，同比下降24%。当年街道获重庆市渝中区十九大维稳安保工作“集体三等功”。

【信访维稳工作】 按期办结79件各类信访件回复，完成领导接访、下访300起，录入重庆市信访信息系统共96件；化解由区政协主席赵元政包案的B类信访积案1件；连续2年实现全年重点人员“零进京”目标；严格按照“三到位一依法”工作要求对辖区重点群体、重点人员进行政策宣传、困难帮扶，2018年累计帮扶15人次，慰问28人次；坚持每月召开2次矛盾排查会，对辖区不安定因素做到底数清、情况明；进一步完善应急预案，确保重点敏感时段控制得住，疏导得开，处置得当。全年无因信访问题引发的极端恶性事件或群体性事件，无舆论负面炒作，完成特殊敏感时期信访维稳工作。

【扫黑除恶专项斗争】 推送扫黑除恶短信19443条，悬挂横幅99幅，张贴海报标语4220张，制作25个宣传专栏，社区召开各种宣传动员会72场次。入户24460户，为每户送去环保袋、《致居民的一封信》和宣传扇。发放19724份《致党员干部的一封信》，入户率达99%。881个“九小场所”全部宣传到位。利用每月两次的矛盾排查会开展线索摸排，在8个社区放置19个线索举报箱接受群众举报。向派出所移交排查信息线索16条。结合捍卫路社区重点整治，联合派出所开展专项行动5次，持续保持扫黑除恶高压态势。因工作突出，2018年获区“扫黑除恶我点赞”活动最佳组织奖。

【社区禁毒工作】 开展大型禁毒宣传活动2次，联合区禁毒办、仁怀社工机构在捍卫路社区会议室开展青少年禁毒知识讲座一次。持续开展铲毒禁毒活动，辖区有建档社区戒毒（康复）人员共48人，其中属于社区戒毒22人，社区康复26人，建档率为90.4%，居全区第二。2018年获全区各街道禁毒检查评估总分第二名。

【严重精神障碍患者防范工作】 发放2017年严重精神障碍患者“以奖代补”监护人及联合服务小组工作奖励资金共73666元。签订2018

年严重精神障碍患者“以奖代补”协议共28份，2018年出库5人、转出1人、新增1人。完成捍卫路社区“乐至健康促进工作室”修缮工作，在迎接国家级评估专家组对街道严重精神障碍患者管理工作检查中，获专家组肯定。

【司法行政】 法治宣传。在通远门城墙遗址公园广场集中开展“三月法治宣传月”、“12•4”宪法宣传日等活动，组织现场法律咨询或大型宣传活动6场次，受教育12845人次，散发各类宣传资料1万余份；接受法律咨询320余人次；受理法律援助案件2起。举办法治讲座及培训共16场次，受教育6165余人；制作法治专栏或板报共48期，制作法治宣传展板60块；在8个社区巡回宣传展出2次，印制法治宣传手册4000本。开展人民调解122起，全部调处成功，成功率达100%，其中涉及邻里纠纷118起，婚姻纠纷3起，其他纠纷1起，涉及当事人244人。七星岗司法所接收社区矫正人员33人，解矫21人，其中缓刑41人，管制1人，变更居住地2人，警告处分8人次。

（欧旭）

【安全生产】 对辖区的医院、学校、幼儿园、养老场所、服装加工场所、化工经营门市、建筑施工现场等95家场所开展检查，发现隐患79处，已督促整改到位。对“九小场所”开展日常检查5447家次，发现一般隐患913处，督促整改910处。开展春节、清明、五一、端午、中秋、国庆、元旦等节假日及“两会”等重点时间段的安全大检查20余次，街道主要领导和班子成员带队检查78次。通过召开协调会、限期自我整改、联合整治等方法和手段，对发现的穿越火锅店、鑫渝花园堡坎滑坡、银中大厦农贸市场等3处有较大隐患的场所进行有效整治。与各社会单位和各社区签订《安全生产责任书》和《消防安全责任书》，压实企业、单位主体责任。制订《七星岗街道2018年度安全生产监督检查计划》，做到责任清、分工明，对重点检查单位实现年度监督检查“全覆盖”。组织辖区居民群众参加渝中区第七届“安全在我心中”美术书法大赛活动；协助区安委会在通远门城墙遗址公园广场举办第十七个“安全生产月”集中宣传日活动；协助区应急办在通远门城墙遗址公园举办第十个“5•12防灾减灾日”集中宣传日活动；累计发放《烟花爆竹安全燃放须知》《市民安全手册》《安全培训宣传手册》等宣传资料6500余册；制作“安全生产温馨提示牌”1000块张贴在“九小场所”内。街道安全生产监督管理办公室被渝中区安全生产委员会评为安全生产工作“优秀单位”。

【消防安全】 组织辖区8所私立幼儿园进行消防知识实战演练，切实保证幼儿师生的生命安全。分别组织辖区实验学校、千千亨网吧、七星婚纱市场以及辖区居民群众开展消防灭火应急疏散演练22次。

（邱梅）

【经济普查】 9月正式启动第四次全国经济普查工作，12月31日前完成清查阶段工作任务，共清查个体工商户2624户，法人单位1081户，产业活动单位88户。

【商会工作】 渝中区七星岗商会在渝中区工商联（总商会）2018年度先进地区商会评比中，荣获一等奖。

（陈康宁）

【违法建筑整治】 街道综合行政执法大队以协议拆除为主、强制拆除为辅，采取拆除修复与整改保留相结合的模式，在临华路社区、抗建堂社区和“捍三期”征收片区，完成年度违法建筑整治任务6880.9平方米。按照广泛宣传营造舆论攻势—逐一入户了解情况—大力劝说签订协议—严格按标准施工—检查验收销账的程序展开工作，全年共组织入户宣讲政策500余次，张贴宣传告示50份，悬挂宣传横幅25幅，拆除违法建筑6636.24平方米，顺利完成年度违法建筑整治任务。

【市容秩序管理】 按照“总体部署，整体联动，集中力量，逐个攻破”的工作思路，采取堵疏结合、联合整治、集中取缔等多种方式，加强对辖区街面秩序的管控。2018年共取缔游动摊贩1025个，暂扣物品78件，整治违章店招字牌74件420平方米、施工围挡3件75平方米，处置无主大件垃圾362件，拖移“僵尸车”101辆，消除“牛皮癣”5000余处，完成法治宣传12次，走访72次、恳谈36次。辖区街面秩序改善，每月市容秩序考核成绩比2017年有较大进步，分别在1月、3月、5月、10月进入全区前4名，其余月份均处于区中上水平。

（扶毅）

【七星岗街道负责人】

书　　　记：宋　丹
主　　　任：鲁治东（2018年9月离任）
　　　　　　赵意伦（2018年9月任职）
人大工委主任：李　洪
副　书　记：谭辉茜
纪工委书记：苏　华
副　主　任：张莉娟
　　　　　　王　耀（2018年7月任职）
　　　　　　任化艳　袁世诚
组织委员：张　琪
宣统委员：刘晓东

（李将才）

解放碑街道

【概况】 解放碑街道位于渝中区东部，地处重庆解放碑中央商务区核心区，由原临江门、民生路、大阳沟、较场口、解放碑等5个街道合并而成，面积1.24平方千米，辖10个社区居委会。2018年，全街道户籍人口60768人、25469户；实有83366人、28701户。日均流动人口30万人，节日流动人口日均可达100余万人。街道有行政编制28人，社区建设管理中心参公21人，综合行政执法大队参公22人，劳动就业社会保障服务所编制8人。“两司一站”3人，在职在编人数共82人。街道办事处驻渝中区新华路220号5楼。

解放碑街道因象征重庆人民争取独立与民族解放的历史纪念丰碑——人民解放纪念碑而得名，是巴渝文化、抗战文化、红岩文化的发祥地，是西部大开发、重庆大发展的光辉见证。辖区有长江索道、“八一路”好吃街、巴蔓子将军冢、罗汉寺、能仁寺等著名旅游点，是重庆市著名的都市文化旅游景区，被誉为重庆“十佳旅游景区”“十大名片”之一，有“没到解放碑就等于没到重庆”之说。

作为重庆最早、最繁华、最具影响力的商圈，解放碑汇集国际一、二线品牌100余个，是全市首个社零突破500亿的商圈，享有“西部第一街”美誉，解放碑商圈先后获得“全国百城万店无假货活动示范街”“中国著名商业街”“全国特色文化广场”“中国十大新地标商务区”“中国总部经济研究发展实践基地”“全市首批战略性新兴服务业综合类集聚示范区”等称号。拥有重庆银、证、保三大监管机构和联交所、土交所等六大要素市场，聚集世界500强近百家、总部及重点企业150家、外资企业超过700家。外资银行、保险占全市的90%；环球金融中心、海航保利、国贸大厦等一批高端商务楼宇商机无限；升级改造的较场口日月光中心广场集休闲、娱乐、教育等功能为一体，成为重庆又一新地标；重庆医科大学附属第二医院、重庆市第二十九中学等医疗、教育资源富集。解放碑是全市高端产业最密集、经济活动最活跃、配套设施最完善的区域。区域交通便捷，主次干道四通八达，有20余条公交线路，轨道交通1号线、2号线、6号线可直抵重庆近郊和远郊，快速到达重庆站、重庆北站、重庆西站和江北机场等。

2018年，解放碑街道党工委办事处围绕经济社会发展，全力做好服务，辖区政治安定、经济社会稳定，群众满意度不断提升，民调得分始终居于全区第1～3名，街道党工委获2018年度渝中区委授予的优秀基层党组织光荣称号。

（罗春萍　邰爱妮）

【党建工作】 中心组学习16次，召开党工委会议35次，书记专题会、碰头会13次，街道党建联席会、专题会、现场会等108次，深学笃用习近平新时代中国特色社会主义思想，坚定“四个意识”。坚决肃清孙政才恶劣影响和薄熙来、王立军流毒。“以案四说”警示教育工作获市委、市纪委高度评价。成功承办全区党建规范化建设现场交流会。街道党工委被区委授予“基层党建工作先进单位”。创新开展“统战同心实践之家”工作，“扫黄打非”工作站试点建设成功并向全区推广，持续抓好国贸大厦等一批非公党建示范点建设。

（马驰）

【经济工作】 2018年，规模以上企业营业收入增速完成15.9%（解放碑街道直收17.5%），辖区企业区级税收收入增幅完成27.1%，存量楼宇招商去化完成6.97万平方米，新增规模以上企业20户，新增总部（重点）企业4户。“招大引强”企业9户，新增企业353户。完成固定资产投资3.71亿。重宾商务大楼、合景大厦A栋、合景聚融广场、长城大厦、女人广场、兴利大厦、城市传说、鸥鹏电子城等8栋楼宇完成改造提升。

（张怡）

【城市建设管理】 配合推进鲁祖庙、戴家巷山城老街区建设，确保项目顺利推进。完成较场口区教委教师宿舍楼及周边环境整治，并通过综合验收，受到区委、区政府肯定。开展沧白路67号外立面整治工程。改造水表“一户一表”，已完成较场口区教委宿舍区，大同方大厦，嘉滨路108号、109号，恒通云鼎等项目的1443户“一户一表”改造工作。“五长制”工作全面推进，全街道已上墙公示街长牌16块，路长牌38块，巷长牌58块，店长牌862块，楼长牌348块。开展“马路办公”“百日大会战”集中整治行动。背街小巷市容环境秩序不断改善，得到区领导肯定；完成业成花园路综合整治，新设置人行护栏110余米；完成五一巷道路改造及环境整治，打通五一路尽头路；完成全街10个社区主次干道、背街小巷“僵尸车”的清理拖移。全面推进河长制，全年河长巡河14次，社区河长每周巡河1次。整治违法建筑。拆除105处、面积4438平方米。实施“五大环保行动”，开展噪声、扬尘、油烟和露天烧烤等专项整治，做好全国第二次污染源普查，按要求完成对普查对象的数据采集和录入工作。

（张渝波 张翼 徐利）

【安全稳定】 全面推进辖区“五长制＋网格制”综合监管，2018年完成高层消防、道路交通、电动车等7个专项安全隐患综合执法，检查辖区各类场所6200余次。联合区级相关部门清理长江索道、洪崖洞网红景点周边占用消防通道电动摩托车及三轮车78台次，规范电力、通信线路16处，整治私拉乱接电源4户，完成新华路87-91号裂缝堡坎施工。抓实辖区24处在建工地安全管理，完成雅兰物业多年燃气管道封堵、老化、破损综合治理，完成辖区圣地物业、万吉物业、泛华物业等大厦外墙瓷砖脱落综合治理。全年巡查检查发现一般安全隐患2411处，需限期整改29处，已闭环整改2382处。

全面推行信访代理制度，为群众代理各类信访诉求93件，并按信访网络办件要求，按时进行办理，群众满意度达100%。针对解放碑商圈发卡招嫖情况，现场查获2名嫌疑人，缴获“黄卡”3万余张。对原教委片区继续开展治安环境专项整治，公安派出所帮教重点人员13名。成立扫黑除恶专项工作领导小组，按月与派出所共同签订《渝中区扫黑除恶专项斗争排查工作承诺书》，制定《解放碑街道扫黑除恶专项斗争宣传工作方案》，利用户外广告、LED屏、宣传栏等在主次干道张贴扫黑除恶宣传标语300余条，在社区发放扫黑除恶宣传资料50000余份。

（李启勇 李德兵）

【司法工作】 2018年，司法所共组织27场次普法宣传活动，各社区集中开展53次普法宣传、普法培训讲座30场次，制作宣传板30块，宣传挂图50条，征集“我执法我普法”演讲稿6篇。完善领导干部学法制度，全年街道参加干部法制理论笔试8人，网络考试71人，通过率达100%。做好社区矫正工作，完成审前调查6人，新接收矫正人员18人，解除32人，在册32人，全年无脱管、漏管和重新犯罪。做实安置帮教工作，全年新接收刑释解教人员26人。在街道建立1个公共法律服务工作站，在社区建立10个公共法律服务室，做到“一居一顾问”，并全面开展工作。11月，解放碑街道司法所社区矫正集中学习教育室全面建成，并投入使用。

（钟基勇）

【食品药品监管】 加强食品药品安全监管，创建国家食品安全示范城市。对创建工作中申报的放心肉菜示范超市（英利新世纪、王府井）开展食品抽样检验和食品快速检测。开展春秋两季校园食品安全和中高考期间食品安全专项检查、火锅类“地沟油”专项整治、回收药品专项整治、自动售卖机专项检查、保健食品专项检查、“五毛”食品专项检查、无菌和植入性医疗器械监督检查、现制现售奶茶果汁专项检查、网络食品经营违法行为专项整治、网红景点及周边专项检查、非洲猪瘟染疫猪肉排查、走私冷冻肉品违法行为集中整治、智博会期间食品药品安全保障、迎接文明城区复查等一系列专项工作。参与解放碑商圈诚信经营和市场秩序综合整治、网红景点联合执法、鲁祖庙片区升级改造等工作。

（周科）

【民生改善】 实施老旧住宅加装电梯及电梯安全隐患整治，完成临江门9号加装电梯工作，完成大同巷16号（公安局家属院）1部电梯和赛格尔大厦2部电梯的安全隐患整治，按相关部门要求及时启动都市方舟大厦2部电梯和华庭嘉园小区6部电梯的安全隐患整治工程。实施老旧居住区房屋安全隐患整治，全面完成新华路119号和五一路244号2个项目的老旧管线整治改造工程，每月对沧白路社区用房工程进行安全检查。实施“人生关怀”系统工程，2018年共发放礼包合计829人次，12.62万元。做好城市低收入群体、困难群体保障工作，确保低保应保尽保，全年新增低保户151户、181人，停发147户、172人，变化84户，累计低保金874.22万元。做好就业工作。促进登记失业人员就业1212人，其中就业困难人员就业560人，完成年度任务。宣传政府贴息小额贷款优惠政策，帮助3家私营企业、13户个体工商户获得政府贴息小额贷款617万元。全年办理灵活就业人员社保补贴715人、补贴金额339万多元。落实低保人员再就业补贴政策，全年发放低保人员再就业补贴608人次、17万多元。做好对口帮扶巫溪县工作，年内前往巫溪县田坝镇开展对口帮扶工作，实地考察豆腐柴和黑山羊扶贫产业发展、农村基层党建工作等情况。建立多元参与的社区协商制度，民生路承接的民政局协商议事试点工作已完成机制建立，正制订在全街道推广实施的协商议事工作方案。实施市、区级社会工作服务项目，成功申报项目7个，争取服务经费40万元，所有项目都已结项，其中4个项目被评为优秀。牵手社会工作促进会申报项目2个，争取直接服务群众经费1.5万元，得到区民政局肯定，接待兄弟街道学习1次。

（许晋　张渝波　吴纯艺　张怡）

【精神文明建设】 深化全国文明城区建设，按照全国文明城区测评指标的具体要求，按时完成网上资料申报、宣传阵地建设、社区入户调查、文明劝导和市容环境整治等重点目标任务，确保全国文明城区创建工作完成；策划渝中区第七届邻居节主会场集中展示活动，在莲花池社区组织开展邻居节街道分会场活动；把春节、清明、端午、七夕、中秋、重阳及国庆节等重要节点作为开展爱国主义教育和传统美德教育的好时机，挖掘社区人文资源，让群众乐于参与，全年举办120多场群众文艺演出、文明祭祀、上门慰问、演讲比赛、趣味游园等特色活动，打造“有特色、有亮点”的睦邻文化精品；邀请“身边好人”在市民学校活动、微宣讲、社区微访谈和“邻里家风润万家”等主题活动中现身说法和典型示范引导，在社区开展社会主义核心价值体系学习教育活动总计30余次，一万多名干部群众参与活动，全年推荐各类“身边好人”12人；完善建立“四公开一承诺”志愿服务制度，全街培育组建34支特色志愿者队伍，按常住人口20%的比例注册志愿者2万余人；调整充实街道交通文明劝导队伍，落实每日检查制度，重大节假日期间在辖区繁华交通要道、网红景点和人群聚集地增设劝导岗点合理引导人流，确保“礼让斑马线，文明我点赞”工作达标；加强社区未成年人思想道德教育，对校园消防和周边网吧实行每月检查制度，组织社区未成年人参与“九童圆梦”“孝善渝中”社会实践100余次。

（陈洁）

【老干部工作】 投入老干专项工作经费40余万元，确保老干部工作顺利推进。坚持“四必访”“四必到”制度（离休干部必访、重病老干部必访、重大节假日必访、高温季节必访，老干部患病住院必到，老干部病故必到，老干部遇到意外和困难时必到）。莲花池社区成为利用社区资源做好老干部工作市级试点社区，被评为全市“四就近”工作先进集体。

（王静）

【工会工作】 2018年建会10家，其中独立工会8家，工会小组2家，发展会员452人。解放碑街道辖区工会组织覆盖单位844家，职工会员总数5177人。街道机关、社区干部、企业职工347人续保职工互助保障，参保787人次，参保金额30710元。以工资集体协商制度为着力点，推动集体合同、工资专项集体合同签订工作，建会企业合同签订率动态保持在90%以上。在辖区企业中开展“律师进企业”活动，增强职工法律意识。2018年共慰问困难职工90人次，发放慰问金32900元，金秋助学资助贫困大学生4名，往届励志奖学生2名，发放助学金15000元。重庆王府井百货有限责任公司工会委员会物业安保部荣获“渝中区工人先锋号”。豪生物业、奇火哥等5家基层工会的工会主席获得“渝中区优秀非公主席”称号。

（吕姝）

【妇联工作】 街道自力巷社区获区妇联表彰的三八红旗集体称号、街道综治办干部李德兵获区妇联表彰的三八红旗手称号。区妇联还表彰为推动渝中经济社会发展和妇女儿童事业做出积极贡献的本街道的巾帼文明岗1个，巾帼建功标兵1人，最美家庭2户，平安家庭4户。开展“社区讲堂”活动48场，渝中区妇联“服务送基层”她课堂系列活动走进大井巷社区居委会。社区巾帼志愿者开展“关爱空巢老人上门慰问送温暖”活动，陪老人话家常，打扫清洁，共上门慰问50余户空巢老人。组织带领沧白路、民生路等社区的困境儿童参加区妇联开展的“情暖冬日，快乐成长”“欢乐童心，爱心同行”六一儿童节活动、“童心童愿•爱心圆梦”关爱困境儿童心愿征集活动等，为困境儿童送温暖办实事。

（杨静）

【共青团工作】 择优选用4名优秀年轻干部加入团工委班子，向所在党组织推荐陈娜娜等6名社区和非公组织的优秀团员入党。学习宣传党的十九大和团的十八大精神，成立宣讲分队，组织开展集中性宣讲近20场；组织开展主题宣讲和主题团日活动，组织下属10个社区、26家非公团组织开展“不忘初心•牢记使命”主题宣讲交流活动10余场；完成10家新建非公团组织任务；完成“智慧团建”26家团支部团干团员录入工作；“支部满意度测评”有序推进，临江门社区“微型少年宫”场地打造进展顺利。

（李宏伟）

【人大工作】 街道收到区十八届人大三次会议建议主办件8件、协办件2件，线下线上全部办结，代表满意率达100%。撰写上报新闻稿件和信息简报16篇，其中《提升服务促履职建言献策助发展》《人大解放碑街道为高质量发展支招》《人大解放碑街道工委走访代表单位》

3篇在市《公民报》发表，《渝中区人大常委会解放碑街道工委“31344”促履职助发展》1篇在市《公民导刊》上发表，4篇在《渝中报》发表，形成良好的舆论氛围。建设并规范自力巷、罗汉寺、民生路三个民情联络室，为代表依法履职、贴近选民提供更有效的阵地。李鹏代表荣获第六届重庆市“十大渝商”称号、胡明健代表荣获渝中首批“渝中英才”称号。

（唐成林）

【解放碑街道负责人】

书　　记：冉　涛
主　　任：刘晓江
人大工委主任：范时春
副 书 记：傅晓蓉　刘晓江
纪工委书记：谭　青
副 主 任：卯云刚　李廷磊　周永胜　侯　静
组织委员：任海燕
宣统委员：胡江龙

（罗春萍）

两路口街道

【概况】 两路口街道位于渝中半岛中部脊线，是渝中区地理中心，以中山二路、中山三路、中山支路、长江一路四条交通主干线为框架，形成一个三角地带，是主城区南北和东西向道路交通转换的最重要节点，承担着重要交通功能。东接七星岗街道，南邻菜园坝街道，西临大坪街道，北靠上清寺、大溪沟、化龙桥街道。辖区面积1.76平方千米，辖7个社区居委会，124个居民小组。2018年，常住人口35374人，户籍人口38950人。街道办事处驻中山三路107号，全街道实有干部59人（含行政编制22人，参公编制24人，事业编制13人）。

辖区内文化休闲资源丰富，既有鹅岭公园、贰厂文创园、枇杷山公园、大田湾体育场、市体育馆、市劳动人民文化宫、市少年宫、市少年儿童图书馆、区文化馆、区图书馆等文化休闲场所，也有宋庆龄故居、跳伞塔、苏联大使馆、罗斯福图书馆等一批抗战文化资源。鹅岭公园、枇杷山公园扼渝中区最高点，海拔分别为379米和345.6米，均为渝中区著名的游览地，也是鸟瞰山城风光的最佳地方，园内绿树成荫，芳草鲜美。入夜登临鹅岭公园的“瞰胜楼”、枇杷山公园的“红星亭”，可饱览美丽的山城夜景：天上星、街上灯，山上楼、楼上山，一齐映入两江，形成银河灯海，令人赏心悦目，美不胜收。

辖区内各级行政机关、大型企事业单位、医疗卫生机构相对集中，有重庆市城乡建委、重庆市体育局、重庆市公证处等行政机关，有重庆市劳动人民文化宫、重庆市少年宫、重庆市少儿图书馆、重庆枇杷山公园、重庆鹅岭公园、重庆市三十中、重庆市教科院、渝中区教师进修学院、重庆市电力公司、成都铁路局重庆办事处、重庆天友集团等大型企事业单位，有重庆市人民医院三院院区、重庆市急救中心、重庆市儿童医院等大型三甲医院，有希尔顿酒店、天友大酒店、怡华威斯达酒店等中高档商务酒店。

2018年，街道党工委办事处按照区委、区政府年初确定的目标任务，以基层党建为引领，以城市管理为基础，以安全稳定为前提，以服务民生为目的，以经济发展为目标，求真务实，攻坚克难，积极作为，各项工作进展顺利，先后荣获2017年度渝中区文明单位标兵、全区维稳安保工作嘉奖集体、妇幼健康工作先进单位和渝中区纪念建党97周年先进基层组织称号。

【基层党建】 加强街道、社区党组织建设，吸收辖区重点机关、企事业单位23个，并召开季度党建联席会，共同商议、联合研判区域性党建、城市管理、社会治理、项目建设等重要事项；不断完善7个社区党建联席会制度，纳入单位47个。整合城管、安全、计生等现有网格，建立起“社区党委7个、网格党支部29个、楼栋党小组84个、党员服务岗58个”的组织架构，将网格内党员力量、社会单位资源充分集聚起来，把党建网格打造成为党员参与社区事务、建言献策、化解纠纷、贡献服务的重要平台。结合区情街情实际大力招商引资，有序推进站台公司“互联网+书画”文化创意产业等重点项目，落实城市综合管理“五长制”，推行“资源互联互通、问题即发即处”的组团服务，解决名仕城小区拖欠50余万元水费及管网漏水等重难点问题。指导街道机关党支部、7个社区便民服务中心、38个非公组织党组织抓好阵地规范、工作规范、职责规范、制度规范及档案规范五大规范化建设，推动基层党组织建设整体提升。制定辖区非公组织分类分期走访计划，做到送学上门、指导上门、服务上门“三上门”，强化非公组织党组织规范管理，街道现有非公组织党组织38家。加强党风廉政建设，切实履行主体责任，定期召开党风廉政建设专题会、党工委会、党政联席会，把党风廉政建设贯穿到全街道工作的各个环节。开展作风建设专项督查，重点对干部值班、公车私用、公款吃喝等问题进行监督检查，严守各项规定。大兴调查研究之风，开展“兴调研转作风促落实”行动，力促“现场办公”“马上就办”之风，强化从严监督执纪。深入开展“两公开两承诺一评议”工作，加强社区巡防队伍等重点领域队伍建设，加大街道公共服务中心、社区便民服务中心等服务窗口的督查力度，严格查处违纪违法党员，以“零容忍”态度，切实筑牢拒腐防变防线。

【精神文明建设】 坚持全民行动，深化文明单位创建，辖区内的重庆市城市建设发展有限公司获评区级文明单位，枇杷山正街社区获评区级文明单位标兵。推进“文明在行动·渝中更洁净”专项工作，开展“网红景点及周边市容环境治理”“城市洗脸”“全民动手日”等环境卫生整治活动。深化社区精神文明建设，开展“第七届邻居节”等各类社区活动42场，选送“百姓大舞台·唱响新时代”社区大家乐活动节目2个。积极推进志愿服务工作，重点抓好入户宣传、文明劝导等工作，推进志愿服务制度建设。深化社区志愿服务示范站点建设，建立教育、医疗、法律、交通、环保、体育等专业志愿服务队伍10余支。

【文教卫体工作】 结合建党97周年、全国“两会”等重要节点，开展爱国主义教育主题活动4场；深度挖掘辖区道德典型和优秀人物7人，获评“最美好邻居”9人；筹备拍摄《旗帜》教育宣传微视频，创新宣传载体，提升宣传效果。开展常态化志愿服务活动，新增学雷锋互助点21处。开展“我们的节日”等系列活动89场，其中3项荣获“渝中区我最喜爱的邻居节活动”。组织参与“体彩杯”春季登山比赛，获得团体赛一等奖、三等奖的好成绩。

【统战工作】 开展“少数民族团结进步宣传周”“宗教政策宣传月”活动；以“侨法宣传角”为平台，以侨台小组为纽带，互学知识交流思想；开展对口联系工作，联合民革渝中区委举办“博爱牵手 情系社区”义诊暨法律服务活动，为发挥民主党派人士的特色优势提供施展平台。开展党外优秀年轻干部情况调查摸底，健全完善党外干部资源库；推荐3名新的社会阶层代表人士为渝中区第一届新的社会阶层专业人士联合会会员（其中1名被推选为理事）。组织统战对象开展传统佳节慰问座谈；开展“关爱进社区·助听公益行”助听器捐赠活动；及时更新和完善统战对象信息；11月，配合区侨联开展侨台信息普查工作；加强少数民族流动人口服务管理，常态做好流动少数民族群众摆摊设点规范引导，定期开展非法宗教活动排查摸底。

【关心下一代工作】 做好典型培育及未成年人思想道德建设工作，推动社会主义核心价值观建设，开展“党的十九大精神”“全国两会精神”“讲文明、树新风”等公益宣传活动。举办“青少年2018年暑期夏令营”活动，组织青少年参加防溺水安全知识讲座、参观三峡博物馆等活动15次。持续开展“爱心妈妈”项目并在原有基础上吸收更多社会单位和爱心人士关爱特殊青少年。加强“青年之家·市民学校”

建设，吸收社会力量，拓宽工作服务对象。

【城市管理】 以“五长制”为抓手，每周安排一名街道党政主要领导按照“工作随机巡查，双休日现场办公”模式带队本周的城市管理工作，成立7支巡查队，每天巡查不少于3次；建立“两路口城管问题马上办”工作微信群，成立8支应急快速处置队伍，在工作微信群对24小时巡查发现、交办和移交问题办结的城市综合管理事项进行通报，协调解决各类问题9000余件。以专项整治为抓手，开展城市“乱象”“网红景点”等专项整治行动21次；依法依规取缔游摊游贩1600余处，规范店外经营1200余处，拆除不规范、影响安全的广告店招17块，清理城市牛皮癣1万余处，处置（拖移）僵尸车65辆；植绿补12万余平方米；整治违法建筑68处、3185平方米；办结餐饮油烟环保交办件6件，检查餐饮门店200余家，督促鹅岭正街9家餐饮门店加装油烟净化设备；3处老旧楼栋加装电梯有序推进。以社区自主物业中心为载体，6个社区全面推行环境卫生NGO管理模式，涉及面积56万平方米。整合社区资源，细化作业标准，提高工作效率，涵盖城市管理方方面面，解决社区“看得见、管不好”的问题，提升居民参与度和满意度，得到市内外考察者好评。加强对辖区物业公司服务管理工作的指导，日常检查30余次，调处化解矛盾纠纷10余件次，协调解决名仕城小区拖欠水费70余万元物业矛盾纠纷。

【安全监管】 开展“大排查大整治大执法”专项行动11次，检查生产经营单位460余家次，发现隐患57处，督促整改57处；开展消防安全专项整治，检查辖区单位862家，发现和整治消防隐患152个，整改率达100%，清除堵塞消防通道杂物1吨；对54家企业开展特种操作证自查，发现持假冒特种操作证者1人；微型消防站及时处置初期火情12次；聘请专业机构开展“汽车一条街”风险评估工作，谈话700余人次，完成调查问卷1000余份，并形成整改建议书面报告；开展企业法人、分管安全负责人安全生产“谈心对话”活动12次。组织开展“安全生产月”“119消防宣传月”系列宣传培训活动，共悬挂宣传横幅40余条，张贴宣传画400余张，发放宣传资料5000余份，各社区共出黑板报21块。入户宣传500余家。成立以街道办事处主任为大队长的综合应急救援中队，完善安全生产应急预案，实现应急预案“三化”，开展校园周边整治及应急演练，共排查隐患20处，督促整改20处，开展演练12次。利用各种宣传渠道全方位宣传报道街道的安全生产工作，《中国安全生产报》、华龙网等媒体先后给予报道。

【综合治理】 开展扫黑除恶专项斗争，街道成立扫黑除恶工作领导小组，并制定扫黑除恶专项斗争实施方案，召开10次联席会及推进会，与辖区65家单位签订责任书。会同派出所深入群众开展走访调查，从重点人员、重点场所和警情案件系统中排查涉黑涉恶线索。开展广泛宣传，在辖区内共悬挂横幅49条，张贴海报6000张，发放宣传资料20000张、宣传环保袋11000个、小扇子10000把，公开举报电话，设置举报箱8个。在渝中政法微信公众号推出“为扫黑除恶专项斗争点赞”的宣传活动，动员社会各界人士参与，提高群众知晓率，10天内共有10850人次参与此次宣传活动，群众参与率名列全区第一名，两路口街道在该宣传活动中荣获最佳组织奖。夯实社会治安专项治理工作，组建专职巡逻队伍，对重庆村社区等治安重点地区开展24小时不间断巡逻防控，对辖区涉嫌非法开办“日租房”的20余家经营户开展突击清查行动12次。组织重庆村社区等3个社区100余户商铺建立起自治自保、邻里守护的工作机制，通过组织开展“商铺联保”、建立自治物管等方式，帮助其提高自防能力。加强维稳安保工作，接访、下访群众238人次，办理交办信访件44件，妥善处置4起突发群体性事件，并配合相关部门协调1起医患纠纷的现场维稳工作。加强智能化社区建设。4月初，街道组织各社区群防队员开展综治“群防通”App培训会，为33名巡防队员配备手机，并使其掌握安装及使用方法，及时启用“群防通”开展日常巡逻工作；配合公安打造以“互联网＋”为载体的社区智慧警务室，分别在7个社区安装门禁系统126套。

【武装工作】 开展征兵工作，对辖区适龄青年进行摸底登记，主动与校方接触，组织集中宣传2次，入户宣传100余次，发放各类资料1600余份。按照征兵工作程序和纪律要求，组织应征青年体检和政治考核，最终走兵5人，完成区武装部下达的目标任务。完成民兵分队114人整组，组织参加区武装部4次民兵骨干集训任务，取得较好成绩。

【司法工作】 全面开展社区矫正工作。联系各有关部门，依靠社会力量，借鉴吸收先进的经验理念和成功做法，按照“13589”工作模式和《重庆市社区矫正实施细则》及相关配套文件，依法稳步推进矫正工作。做好法律宣传。创新宣传形式，巩固拓展宣传阵地，利用法治宣传月、法律进社区、“12•4”国家宪法日宣传等活动，举办各类法制宣传12场，受教育群众多达5060余人次。以横幅、标语、展板、宣传资料为主渠道，法制咨询为依托，开展法律法规宣传，悬挂横幅标语30条，发放各类宣传资料13200余份。完善领导干部学法制度，提高干部依法决策、依法行政、依法办事能力，同时抓好青少年、农民工和流动人口法制教育，开展各类学法活动10余次，接受群众法律咨询20余件。推进安置帮教工作。建立安置帮教工作长效机制，实行一人一档管理，充分发挥街道司法所、社区的帮教作用，实行“一对一”“多对一”的结对帮教，明确职责，保证全部人员落实各项帮教政策。完善人民调解工作。继续巩固“党政领导、综治牵头、司法主办、部门参与、联合调处”的“五家联调”的大调解格局，建立健全人民调解信息网络。5月，开展人民调解大练兵活动，评审人民调解案卷，观摩模拟调解现场情况，组织人民调解员培训3次，提高调解人员的业务素质，全年成功调解纠纷135件，成功率达100%。

【社区建设】 开展多种形式的教育培训活动，制定《两路口街道社区工作者2018年度培训计划》，组织社区干部参加市、区民政局举办的各类培训5次，积极开展社区社会组织登记备案70个。基本完成中山二路社区办公用房室内装修、重庆村社区组织工作用房装修工程审计工作。推进社区协商工作制度，不断增强居民参与社区治理的主人翁意识。按照民事民议民定原则，共同制定居民公约，商议自主物业管理，规范宠物饲养等事项。完成2019年5个社区社工室区级福彩支持社会工作服务项目及娘家社会工作室“‘五助’居家养老社会工作项目”的立项申报、整体推进和末期评估准备工作。开展“两路口街道2018年届巴渝社会工作宣传周活动”和以“牢记社工心，建功新时代”为主题的国际社工周宣传活动，联系项目集中督导15次，组织社工参加“助理社工”主题沙龙5次，培训义工队伍5次。

【计划生育工作】 抓好全员人口信息化建设。组织计划生育基础信息核查，入户人口信息建档率达到100％，主要指标准确率达到99.75%，超额完成区卫生计生委考核要求；开展流动人口协查、动态监测工作，反馈流动人口信息2441条，反馈率达100%；向其他区市县提出信息协查1773条，提交率达100%；通过入户采集信息保质保量完成40份全国流动人口卫生计生动态监测调查个人问卷。落实计划生育奖励政策。办理国家特别扶助25人，退出9人，并为其发放慰问金162.79万元；办理独生子女父母年老一次性奖励532人，发放奖励金26.6万元；办理独生子女父母光荣证192人，发放独生子女费3280元。强化计划生育公共服务。开展人生关怀，完成孕优检查86对、乳腺癌筛查365人、宫颈癌筛查392人。落实“四证办理”规范。办理生育服务证243个，再生育服务证2个；出具证明445份，接待群众咨询400余人（含来电来访），无因处理不当造成上访。开展特殊家庭联系人工作制度，走访慰问2385人次，组织社区联系人工作专题培训

6 次。加强计生宣传活动。加大计划生育宣传力度，组织开展“5•29”计生协会会员日、世界结核病日等宣传活动，发放资料 28000 余分，发放药具 20000 余支，参与人数 8000 余人。

【社会保障】 落实民生政策。开展新春送温暖慰问活动，共发放慰问金 110.3 万元；慰问困难群体和特殊群体家庭 1089 户、1568 人，累计发放低保金、各类慰问金 1000 余万元；寒冬送温暖慰问活动发放慰问金 4.52 万元，慰问工作人员 182 人；发放“人生关怀”礼包 475 个，金额 7.68 万元。城镇登记失业人员就业 697 人，就业困难人员就业 367 人。完成小额担保贷款 315 万元。发放低保金 783.19 万元，困难家庭建档人员 42 户、80 人。资助参保 1711 人，金额 25.82 万元，资助参保事后补助金额 3.28 万元。办理新增住房补贴 28 户，停发补贴 29 户，入住公租房异动 25 户。现有享受补贴对象 136 户、180 人，月发放 3.01 万元。办理老年人优待证 273 个，发放经济困难的高龄失能老人补贴 4.9 万元。办理长寿补贴 3511 人次，发放 159.9 万元；办理助养补贴 235 人次，发放 5.38 万元；办理百岁老人长寿补贴 60 人次，发放 3 万元。加强无军籍职工退休人员及离任老代表日常管理，2018 年共计发放各类补贴 285.57 万元。

【残疾人工作】 确保政策落地。2018 年受理残疾证 67 人，为 70 名残疾人申报辅助用具，4 名贫困残疾人自购电动轮椅补贴 1.2 万元，1 名低保残疾人自配助听器补贴 0.395 万元；居家无障碍改造 3 户，改造总费用 1.2 万元；免费白内障复明手术 21 例。开展节日慰问。元旦、春节期间慰问低保残疾人 206 人，每人发放慰问金 200 元，慰问残疾孤老孤儿 4 人，每人发放慰问金 500 元，慰问建档困难残疾人家庭 13 户，每户发放慰问金 500 元，累计发放 4.97 万元；助残日期间慰问贫困残疾人 213 人，每人 100 元，合计发放 2.13 万元，并对居住辖区的 123 名贫困残疾人上门慰问，发放慰问物资 0.55 万元。总计发放慰问金 7.65 万元。帮扶残疾人就业。为 56 名个人身份缴纳城镇职工养老保险的残疾人发放补贴 6.12 万元；15 名肢体残疾人三轮车车主享受燃油补贴共计 0.39 万元；2 名肢体残疾人享受技能培训补贴 0.2 万元；101 名就业年龄段贫困重度残疾人享受阳光家园托养补贴 13.06 万元；为 24 名居住辖区的就业年龄段贫困智力残疾人每月发放 150 元的居家托养服务卡。发放贫困残疾人享受贫困生活补贴 11.91 万元，重度残疾人享受护理补贴 10.65 万元。示范点创建。打造重庆村社区国家级残疾人体育示范点、枇杷山正街社区市级残疾人文化体育示范点；组织开展两路口街道首届残疾人运动会，提高残疾人的运动健身意识。在国际残疾人日期间开展特殊艺术巡演、残疾人文化月活动周、文艺进社区等文体活动，增强各社区残疾人的凝聚力，树立良好的残疾人文体活动氛围。

【“双拥”工作】 健全和完善双拥工作机制，在各社区建立双拥工作互助小组，设立“街—社—组”双拥工作互助网格化制度；完善双拥例会制度、走访慰问制度、考核自查制度、年度考核检查制度，逐一落实到各共建单位、各社区居委会，并纳入街道干部和社区居委会考核的目标，形成双拥工作的长效体系；指导国际村社区把双拥工作作为创建文明社区的平台；春节、八一建军节等节日期间走访辖区驻军部队单位，送去慰问金和慰问品累计价值 36000 元。为双拥重点优抚对象发放元旦、春节、八一建军节等节日慰问金 44750 元，为烈属、无军籍职工等优抚对象发放春节、端午、中秋、国庆等节日慰问金 45600 元。营造“军爱民、民拥军”的浓厚氛围。长期坚持邀请十三军鹅岭干休所军人代表到社区讲国防知识并坚持开展“文艺进军营”文艺表演等互动活动 20 次；为 2016、2017 年应征入伍的义务兵家庭发放优待金 17.49 万元；为义务兵发放春节、八一建军节、中秋、国庆等节日慰问金累计 3800 元；为 28 名无业参战参试人员发放生活补贴 22.38 万元；为 1 名随军未就业家属发放基本生活保障金 3000 元。

【经济发展】 2018年，街道规上企业营业收入增速达15%。联系服务总部企业73户次、规上企业241户次，妥善处理企业反映的重难点问题26个。存量楼宇招商7200平方米，新增规上企业5家、“个转企”15家，新增企业250家、个体工商户260家，新增固定资产投资1.7亿元，维护更新楼宇24幢。加强招商引资工作。细化工作措施12项，按“531”模式分解任务，全年引进企业61家；完成康仁血透、爱思家共5家“招大引强”企业储备；率队赴蓉、京考察川大智胜、蓝天易货上市公司和大企业。中德生殖、绿飞洋公司等入驻。服务企业。站台公司投资“互联网+书画”文化创意产业，改造花园大厦1700平方米，即将投入使用；美达实业公司改造美达大厦2075平方米，打造国际文化智能体验馆，正进行内装施工；恰华威斯汀酒店改造，国泰出租和市急救中心设备购置，完成固定资产投资1.7亿元；完成电力大厦老旧商务楼宇改造，推动重点商务楼宇鹰冠物业和电力大厦物业物管达标升级2栋。选聘62名普查员、指导员对街道30个普查小区、3826家单位、1248家个体户实施地毯式“四经普”清查登记，核查率达100%。

【共青团工作】 夯实团组织思想教育。推进“网上共青团”建设，开展“青年大学习”，以座谈、演讲、读书活动等形式着力提升团员青年学习的制度化和实效性，推动党的创新理论深入人心。加强团组织干部建设。改选街道团工委委员4人，改选社区团支部书记1人，选优配强社区团干部，社区团支部书记中大专学历2人，大学本科学历5人。每季度开展支部书记培训，增强团干部业务能力。新组建非公团支部7个，定期走访指导非公团支部工作20余次，激发非公团支部参与区域化建设的积极性。按要求录入“智慧团建”，完成率100%，并及时维护更新信息。向街道党工委推荐优秀团员入党，有9名共青团员入党。提升团组织服务水平。宣传服务青年创新创业的各项政策，开展服务青年婚恋交友工作。协助团区委开展“非公组织双送”活动，受到非公团支部好评。开展学雷锋系列活动，为青少年、孤寡老人等不同的群体提供服务。

【妇联工作】 开展中国妇女十二大精神宣讲活动，在辖区妇女组织、巾帼文明岗、社区女性居民中广泛开展“新时代•新女性”榜样推荐等活动；深化妇女维权意识，组织开展以“建设法治中国•巾帼在行动”为主题的零距离、多样化维权服务活动，举办与《婚姻法司法解释（三）》《女职工劳动保护规定》《中华人民共和国未成年人保护法》等相关的法律法规讲座，发放各类维权知识手册1000余册。推荐辖区优秀社会单位、妇女代表参加市、区各级表彰评选活动，1户居民家庭获得渝中区最美家庭称号。践行志愿服务精神，发挥“爱心妈妈一帮一”等先进志愿团体的示范作用，不断壮大巾帼志愿者队伍。深化困境儿童关爱行动，建立档案台账，详细掌握困境儿童基本信息，开展“1+1”结对帮扶活动，为每一个困境儿童配备“爱心妈妈”志愿者，定期进行沟通谈心和举办亲子活动。在辖区宣传“两癌”贫困帮扶政策，开展“贫困母亲两癌专项救助”。开展“送温暖”活动，帮助1名困难女高中生获得爱心企业救助。

【工会工作】 按质按量完成在新领域新阶层中组建工会组织和发展工会会员“百日攻坚行动”工作，新建会11家，新增会员210人。元旦、春节等节日慰问困难职工16人，发放慰问金9千多元。在企业职工中普遍开展文明单位、文明班组、文明职工的职业道德建设活动，重庆高地景观设计有限公司四所获得 “工人先锋号”殊荣。组织参加“中国梦•劳动美——学习贯彻习近平新时代中国特色社会主义思想和党的十九大精神”职工演讲比赛，选手郑皓月获得一等奖。组织参与渝中区2018年“讴歌新时代•幸福渝中人”非公组织职工歌唱大赛活动，国泰公司的家庭组节目《感恩的心》获得一等奖，夕阳红老年服务中心、红岭医院获得合唱三等奖。指导完成职工互助保障续保和新增购买保险工作，涉及参保309人次，合计金额52530元。完成金秋助学摸底、助学金发放工作，共向9名贫困家庭大学生发放资助金6万多元。完成2018年推进工资集体协商工作目标任务，签订区域性集体合同、工资集体合同7家，涉及企业504家，职工3700人。

【人大工作】提升代表履职能力。制定《代表“3+1”履职记分暂行办法》，从代表基础履职项目、特色履职项目、履职禁止项目三个方面，对代表履职情况进行量化考核。建立落实“两单”方法，强化选民意见办理，让代表接待选民工作、意见办理落到实处。强化代表自身素质。代表参加区人大培训14次，组织开展代表学习培训3次。区十八届人大三次会议召开前，组织代表进社区开展集中接待选民活动，广泛听取居民群众的意见建议，收集到关于城市建设管理等方面的意见79条，经过代表认真梳理，提交区十八届人大三次会议代表建议26件。组织代表开展爱心送温暖、“爱心送考、放飞梦想”、第七届“520邻居节”等主题活动10余次。开展代表理论研究。科学确定调研课题，将代表分为文化、经济、教育、医疗4个调研小组，2018年提交3份调研报告、2篇理论研讨征文。与市人大相关处室一起向市科委申报题为“加强街道人大工委建设研究”的课题项目。课题由两路口街道人大工委主持，市人大办公厅秘书处、研究室综合处等相关工作人员协助主持课题研究，课题于3月份结题，现已完成课题册子制作。加强人大代表宣传。全年在市级媒体《公民报》上报道6篇、《科技报》上报道1篇，在区级媒体《渝中报》等媒体上报道8篇。

【政协工作】完善委员参加“双走进”“双服务”等活动考勤制度，2018年开展“双走进”活动7次，“双服务”活动4次，委员参加41人次。提升履职实效，利用“两微一端”，把学习内容编辑成信息，在微信群、QQ群等平台推送发布。组织全体委员调研辖区母城文化资源，为文商旅城融合发展建言献策7条。视察国际村特色老社区打造，收到建设性意见11条。组织委员参加辖区企业座谈会，为营造良好营商环境提出意见建议9条，解决企业反映问题26件。邀请委员参加街道十九大精神集中宣讲，并组织部分委员到街面、入社区进行宣讲。特邀5名代表、5名委员、8名社区群众成为街道政风行风和城市管理监督评议员。通过上门走访或电话征询收集委员对街道全面建设和推进重点工作的意见建议39条，主办提案1件、协办2件。

【两路口街道办事处负责人】

书　　　　记：曾　文
主　　　　任：周　勇
人大工委主任：张　雄
副　书　记：周　勇
　　　　　　郑　静（2018年7月离任）
　　　　　　朱　平（2018年7月任职）
纪工委书记：刘　琨
副　主　任：母智勇　秦春朝　陈贤银
　　　　　　赵卫东
组 织 委 员：冉　红
宣 统 委 员：唐永红（兼人大工委副主任）

（宋南亚）

上清寺街道

【概况】上清寺街道位于渝中区中部偏北，东邻大溪沟街道，南接两路口街道，西界化龙桥街道，北临嘉陵江。东高西低，辖区面积2.61平方千米。下辖曾家岩、学田湾、春森路、上大田湾、嘉西村、桂花园、新都巷7个社区，户籍人口55251人，常住人口58573人。街道办事处驻渝中区中山三路188号。

辖区是中共重庆市委、市政府和市纪委所在地，并驻有各级行政机关、较大企事业单位200余家。其中，金融机构比较集中，有中国银行、交通银行、工商银行、建设银行、农业银行、邮政储蓄银行、华夏银行、中信实业银行、平安银行、上海浦东发展银行、重庆商业银行、招商银行、中国民生银行等十几家银行入驻辖区设立了支行或网点；入驻辖区的还有华泰财产保险股份有限公司重庆分公司、国泰君安证券有限公司、海通证券股份有限公司等金融机构；辖区有重庆市求精中学、重庆市第五十七中学、重庆市人民小学、重庆医科大学附属口腔医院（上清寺分院）、重庆医科大学附属第一医院第一分院、雾都宾馆、重庆市城市建设投资公司等主要企事业单位。

辖区文化旅游资源较丰富。有红岩革命纪念馆曾家岩分馆（周公馆）、桂园纪念馆、重庆中国三峡博物馆等旅游景点；有旅游公司近20家。文化产业较发达，驻有重庆邮政集团、重庆商界传媒有限公司等。

辖区是渝中区连接重庆北部、西部和南部的交通要道。有路街巷52条，其中有人民路、中山三路、中山四路、上清寺路、嘉陵桥路5条主要交通干道；牛角沱汽车站有十几条线路通往机场、火车站和近郊区县，轨道2号线和3号线贯穿辖区，连接南岸区和江北区，交通非常便捷。

2018年，上清寺街道内设机构4室3科1队1所：党工委办公室、行政办公室、社会治安综合治理委员会办公室、安全生产监督管理办公室、社会建设科、城市管理科、劳动保障和服务经济发展科、综合行政执法大队、劳动就业社会保障服务所。截至12月，街道实有行政编制人员25名，社区中心参公编制人员7名，综合行政执法大队参公编制人员16名，劳动就业社会保障服务所事业编制人员14名，就业服务管理站事业编制人员1名。街道党工委下属党总支1个，社区党委7个，党支部118个，党小组6个，党员共1511人。

2018年，上清寺街道党工委、办事处始终肩负起党的建设、经济发展、公共服务、公共管理、公共安全五大职能，紧扣“重庆第一街”目标追求，不断开创工作新局面。街道荣获“全国模范职工之家”“重庆市智博会社会宣传工作先进集体”等称号，连续八年被区委表彰为“年度考核特等奖单位”。

【党建工作】 提升政治领导力。突出街道党工委“一线指挥部”扁平化管理作用，坚持强化书记统筹、党建统领，形成班长扛主责、抓主业、当主角，班委“出门一把抓、分工不分家”的共商共议、共抓共管格局。制定《上清寺街道巡视整改工作方案》，高标准召开专题民主生活会，对照突出问题细化举措56项，逐项整改销号，确保政治站位对标对表、思想行动紧跟紧随、执行落实坚定坚决。提升思想引领力。加强党工委中心组建设，组织专题学习17次、85篇。为全街道1511名党员搭建学习实践平台，参与率持续保持95%以上。层层推进身边好人、道德模范、渝中英才微宣讲活动37场次，不断凝聚地区向上向善正能量。提升组织覆盖力。发展党员14名，新建非公党组织3个，互联网团组织7家（排名第一），管理服务非公党员280名，非公经济组织覆盖率达94%，社会组织覆盖率达96%。依托党群服务中心推进地区互联网党建，助推渝中智慧党建教育培训基地建设，地区党建标准化示范化程度显著提升，在全区组织工作会上作经验交流，并在重庆电视台科教频道予以展播。全年接受中组部两次检查调研，得到肯定。提升群众凝聚力。以“美好生活大家谈”为主题，抓好十九大精神、习总书记在重庆代表团重要讲话、市委五届四次全会精神宣讲，全年在新华社、《重庆日报》、重庆卫视等全媒体平台刊发信息200余条次。借助“两代表一委员”力量，联系群众657人次，收集社情民意570条，提出建议29件，督办人大、政协建议提案3件，扶贫济困捐赠6万余元，开展独居老人居家电线安全隐患整治等便民服务16件。以市委政治巡视为契机，邀请市纪委常委薛文宬作监察法专题培训，加强街属党组织班子队伍德治、法治建设，持续力推作风转化。提升社会号召力。推行凝聚“四种力量”强化“四级联动”党建引领基层社会治理创新做法，启动美丽嘉西、服务学田、健康春森、书香曾家、和谐新都、幸福桂花“一居一特”项目，深化社区微更新、便民微服务、安全微保障、家庭微教育、居民微关爱等“民生微实事”志愿服务项目78个，得到居民群众、社会各界认可。

【安全稳定工作】 认清上清寺作为“重庆行政中心”的特殊区位，紧扣不出“大事、怪事、难事”的政治要求，念好“四字决”。信访稳定注重“控”。做好辖区6个重点群体、6名重点人员的稳控工作，确保全国“两会”、市委全会期间地区稳定。受理调处矛盾问题320件，排查整改各类安全隐患79起，治安案件发案221件，发案率下降32.41%。街道获全区维稳安保工作集体三等功一次。民主法治强化“宣”。加强基层法治平台建设，深化以全国优秀人民调解员王鹰命名的“王鹰调解工作室”建设，深化七五普法教育宣传，实施人民调解401起，规范教育管理社区矫正人员25名和安置帮教人员136名，经验做法得到全国法治媒体负责人调研团充分肯定。安全生产优先“防”。严格落实安全生产“党政同责、一岗双责”和“三个必须”要求。全年召开安全生产会议14次，突出重点区域、重要点位，主要领导及班子成员带队实施安全生产隐患排查157次。抓好各类专项整治和日常隐患排查，前三季度共排查隐患171处，整治完成160处，完成率93.6%。高标准完成中山四路34号火灾风险防控一体化建设试点，得到市、区应急办充分肯定。嘉西村社区获评2018年度市级消防工作成绩突出单位。群防群治发动“广”。深化“馨盾”街面治安巡逻队建设和“七铺联防”工作模式，不断完善“群防群治、联勤联控”治安防范体系。扎实推进扫黑除恶专项斗争，排查掌握23条涉黑涉恶线索，确认涉恶线索2条，立案侦查并抓捕4人，得到市委督导组高度肯定，街道代表基层单位在国家督查组检查渝中工作会上做交流发言。加强基层武装部规范化建设，超额完成2018年街道征兵工作，全区民兵整组和规范化基层武装部建设现场会在街道召开。

【城市管理】 谋划片区发展，“建”好上清寺。坚持以“绣花功夫”推进城市微更新。上清寺V营环境整治接近尾声，新都巷山城步道文化墙打造、山益村环境整治有序推进，学田湾、春森路特色老社区打造项目进场施工，学田湾大阳沟农贸市场更新改造项目有序推进。嘉西八景提档升级、李子坝观景平台项目被华龙网进行旅游推介。抓靓市容环境，“管”好上清寺。以“五长制”为抓手，形成联动发力、机动处置、切实有效工作格局。常态实行马路办公，协调解决居民群众反映的问题200余项，拆除违章建筑68处3565.5平方米，处理数字城管案件2519件。整合执法大队、巡防队员、平安志愿者、城管志愿者等480余人力量，深化“我爱上清寺，我来当管家”“全民动手、美化环境”志愿者服务，不断提升城市综合管理效能。深厚人文底蕴，“活化”好上清寺。实施中山四路最美一条街“增花添香”、嘉西村最美小巷“增园添雅”、新都巷“增文添景”升级工程，经验做法被《重庆日报》头版刊发。在曾家岩书院主办“我们的黄葛树”影像展活动，得到市委书记陈敏尔、市长唐良智、副市长潘毅琴等领导肯定。加强与重庆大学校地共建，深化“嘉西对话”品牌，协办全国城市更新学术年会，让上清寺更具气质魅力。

【地区经济发展】 按照区委、区政府“强化街道经济职能”要求，以项目化清单化方式抓实21栋街管商务楼宇、43家规上企业发展。实施“走访企业、摸清企业实情”行动。突出“无事不扰、定期联系、有事跟进、作为有效”工作要求，累计走访地区企业125家，借力“地区商会”和代表委员以商招商。2018年对接企业46家，落地27.5家，其中“招大引强”2家、“个转企”5家。完成固定投资1.58亿元，新增内外资企业185户，个体工商户241户。实施“服务企业、解决企业困难”行动。强化“主动联系、主动服务”的牵头意识和“可以可以也可以”工作理念，统筹解决中安大厦和嘉东村56号文创园更新改造等企业困难和问题25件。历时三年基本解决重庆嘉陵五金厂历史遗留问题，较好维护企业职工合法权益。实施“指导企业、强化运行监测”行动。全力开展第四次全国经济普查清查，完成单位与个体清查5756户。健全完善经济工作定期通报研究、统计分析等制度，确保经济运行“稳中有进”。2018年，规模以上企业营业收入28亿元，同比增长25.57%；零售额0.9亿元，增长16.72%。

【民生工作】 注重“硬条件与软实力”双提升，强化社区能力建设。强化社区服务阵地建设，加速推进曾家岩、上大田湾“适老化”和曾家岩“儿童之家”等场地改造，春森路社区办公用房装修项目加快推进。加强社区“两委”人才队伍建设，开展社区班子研判，配优配强党务干事，适时调整社区工作者岗位21人、招录2人，精准实施业务培训、项目化实践，提升服务群众能力。注重“物质文明与精神文明”两手抓，优化地区惠民服务。救助困难群众、流浪乞讨人员526人次、89.36万元，慰问困难群众447人次、11.12万元，送出人生关怀礼包546份、8.9万元，核发小额贷款260万元，办理下岗失业人员就业创业证312个，组织参加创业培训10次。注重“公平正义与共建共享”两促进，深化居民自治协商。搭建街道社区多元化协商平台，广泛发动群众参与基层治理。2018年7个社区共召开居民议事会60余次，实现“民事、民议、民定、民管、民享”。深化社区协商制度创新，推行“6+5”议事法，开展“天天敲门行动”，强化“社区是我家、共建共治靠大家”的归属感、责任感。全国政协副主席卢展工率全国政协社法委调研嘉西村志愿服务工作，并对嘉西村志愿服务工作给予肯定。

【人大、政协工作】 坚持推进“最广泛、最真实、最管用”的民主建设，保证人民当家做主和参政议政权力。搭建平台。持续加强街道人大“代表之家”和政协“委员之家”建设，在对街属7个社区“民情联络室”标准化建设全覆盖的基础上，对曾家岩社区和嘉西村社区民情联络室进行精品化打造，运用QQ群、微信群等平台加强联系沟通，畅通学习交流、接访群众、调查研究、履职联谊的渠道，增强人民群众的获得感、成就感和归属感。活动牵引。坚持以人大代表组活动、政协委员“双走进”活动为载体，并注重与“社区工作日”“企业服务日”活动有机结合，借势借力、促进问题解决。2018年汇美大厦居民违规养鸡等问题得以妥善解决。建言献策。代表委员考察渝中区文物修缮利用、CBD发展建设、上清寺地区扫黑除恶专项工作等相关工作以及重庆市血液中心等代表单位，形成调研报告2篇，视察报告2篇，促进代表关心时事和社会经济发展，增强法律信仰。聚焦人才建设、社会治理、民生服务、文化传承、经济建设等多个方面，书面提交人大代表建议、政协委员提案32篇，为区委、区政府科学决策，助力渝中建设发展提供重要参考。

【武装工作】 坚持以建设一流基层武装部为目标，围绕新时期武装工作的特点和要求，把握重点、突破难点、开拓创新，完成武装工作各项目标任务。征集新兵10名，其中有6名大学生，超额完成征兵工作任务；在元旦、春节、八一建军节等节日，先后组织召开新兵家长、烈属、伤残退伍军人、退伍老战士、军转干部座谈会，累计发放军烈属及部队慰问金万余元、优抚优待金140多万元。获得2018年区武装工作先进单位荣誉。

【工会工作】 以服务经济建设、服务职工群众为出发点，以“建家”为主线，推进工会组织建设和工资集体协商工作，开展劳动竞赛和职业技能培训，以工会维权帮扶体系为依托助力脱贫攻坚工作，开创工会工作新局面。街道总工会获评“全国模范职工之家”称号。2018年新建基层工会组织10个，新发展会员153人。多渠道筹集助学金3.7万余元，资助6名贫困大学生家庭。开展送清凉活动，筹集资金21万余元，慰问职工1600余人次。建立健全困难职工动态管理档案库，全年慰问困难职工98人次，发放慰问金3.01万。继续开展职工互助医疗活动，年内共组织307名职工参与职工互助医疗，缴纳互助金3.3万余元。

【妇联工作】 依托曾家岩社区，建立街道首个“儿童之家”。注重“巾帼建功”创建引领作用，新都巷社区王鹰被评为市级“三八红旗手”。开展“巾帼社区服务工程”活动，协助3人办理“两癌”救助工作，走访慰问空巢老人789户。组织元旦、春节、端午、中秋节送温暖活动，慰问单亲贫困母亲和春蕾儿童37人次，发放慰问金额9650元。

【青年团工作】 围绕群团改革和区街中心工作，结合街道社区、楼宇实际，完善“群团主导、社会协同、多方联动”机制。重点抓好非公企业团建工作，共新建非公企业团组织8个。依托青年之家·城乡社区市民学校、园区群团服务站牵头开展活动225次，强化议事协商、资源整合、人才培养、信息共享等工作机制。通过暑期青少年才艺展示、“相约暑假、快乐成长”主题活动等开展青少年主题教育活动92次，2000多人次青少年学生参与其中。

【统战老干工作】 完成区委统战部、区民宗局及区侨联安排的各项工作，召开侨台属及辖区民主党派人士“迎中秋庆国庆”座谈会、迎春座谈会，节日慰问贫困侨台属，维护侨台属的权益。打造曾家岩社区统战工作活动室、曾家岩小学统战工作活动室，组织辖区40余名侨台属参观辖区统战文化基地“中国民主党派历史陈列馆”，参与辖区各类经常性志愿者公益服务400余次。组织退休干部开展迎春座谈会、春游、秋游、三八节活动、重阳节活动，组织开展退休干部业务知识培训，注重提升他们的政治和经济待遇，及时慰问退休干部及其亲属生病住院、病逝15人次。

【文教体工作】 围绕群众“乐”，促进群众“学”，发动群众“炼”，主办“我们的黄葛树”“走进中山四路”主题影像展，接待观众10000余人次。利用新晋网红景点曾家岩书院，讲述重庆故事，传播重庆声音，弘扬重庆精神。大力扶持木兰艺术团、嘉陵之声合唱团等32支群众文化队伍，开展“5•20邻居节”“我们的节日”“地区趣味运动会”等群众喜闻乐见的活动70余场次，组织3000余人次参加解放碑CBD广场周末音乐会、区“体彩杯”春季登山比赛等活动，不断繁荣发展地区向上向善的群众文化，让群众在愉悦身心、陶冶情操中自觉践行核心主义价值观。

【精神文明建设】 深化全国文明城区建设工作，广泛发动社会单位、居民群众参与“身边好人”评选活动，2018年共推荐候选人12名，开展“5•20邻居节”系列活动，新设雷锋互助点21处，推荐身边好邻居8人，在群众身边树立起道德标杆。积极开展“全民动手”“文明在行动·渝中更洁净”环境卫生整治。举办“开启新征程·共筑中国梦”邻居节文艺演出，协调市委办公厅、市委宣传部、市纪委、求精中学等15家辖区单位参与演出，营造文明和谐的社会氛围。持续开展文明劝导活动，对李子坝轻轨站等新晋网红景点加大人力物力投入，增配4名文明劝导员和数名平安志愿者加强游客秩序维护，营造安全文明有序的旅游氛围。举办上清寺街道十九大精神知识竞赛，辖区三峡博物馆、雾都宾馆、城投集团等社会单位共26支队伍、78人参与。参加区委组织部、区直机关工委举办的“学习十九大，永远跟党走”党的十九大精神知识竞赛，并取得好成绩。

【双拥工作】 2018年，街道共发放义务兵优待金58人次、34014元，发放烈军属死亡抚恤金278人次、56.20万元，发放伤残抚恤金40人次、76771元，发放在乡复退军人补助384人次、30.96万元，发放农村籍退役人员定期补助金11人次、3080元，发放部分烈士子女定期补助金8人次、25913元，发放无军籍及异地退休职工工资及慰问费等262人次、109.85万元，优抚对象医疗费用475人次、71257元。帮助重点优抚对象解决房屋装修补助费2.6万元，发放优抚对象慰问费及困难救助金167人次、93283元。

【上清寺街道负责人】

书　　记：艾正兵
主　　任：朱江平（2018年9月离任）
　　　　　鲁治东（2018年9月任职）
人大工委主任：殷建新
副 书 记：朱江平（2018年9月离任）
　　　　　鲁治东（2018年9月任职）
　　　　　熊正芳
纪工委书记：李忠文
副 主 任：陈祝斌
　　　　　刘　锋（2018年9月离任）
　　　　　黄中强（2018年9月任职）
　　　　　张文静　彭　伟
人大工委副主任：朱　晓
组织委员：邢　宇
宣统委员：朱　晓

（刘艺）

菜园坝街道

【概况】菜园坝街道位于渝中区中部偏东，东与南纪门、七星岗街道接壤，南临长江，西与大坪街道和九龙坡区谢家湾街道相连，北与两路口街道相依。辖区东西方向狭长，坡陡巷多，辖区面积4.21平方千米。辖区有6个社区居委会，75个居民小组。办公地址：菜园坝交通街115号。2018年，街道常住人口29621人，户籍人口25684人；实有行政编制人员18人，参公编制32人，事业编制9人。

辖区是重庆市物流中心，是交通枢纽和重庆商品批发市场集散地之一。辖区主要社会单位以第三产业为主，有中兴贸易公司、重庆雾都公司、外滩摩配市场、塑料制品交易市场、水果交易市场、干副食品交易市场、皮革交易市场、城外城灯饰批发市场、金利缘商城、药材市场等。市场商品辐射西南三省。

辖区交通四通八达，辖区内的重庆火车站是成渝、襄渝、川黔3条铁路的枢纽站。有重庆交通运输控股集团、重庆汽车站、重庆长途汽车站、菜园坝公路运输分公司等。

辖区有珊瑚公园、南区路公园、金沙洲休闲娱乐中心等娱乐场所。有重庆市第五十中学、渝中区肖家沟小学、渝中区实验二小分部、重庆市复旦中学黄沙溪分校、重庆市铁路幼儿园等教育单位。有邹容烈士纪念碑、张国富烈士纪念碑等文物。

2018年，菜园坝街道党工委办事处全面落实“五长制”和“马路办公”，发现各类问题8500余个，整治处理8450余个。全面落实河长制，巡河12次，清除砂石15000余吨、竹跳板100余吨，驱离违停车辆30余台次，清除河岸非法种植面积3.5万平方米。开展集中走访精准服务民营企业活动，走访企业66家次，协调处理问题300余条。扎实推进“四经普”清查工作，清查单位1065个，核查率达100%；登记上报单位668个，登记上报个体工商户4043个。开展重大节日慰问3541人次，引入品牌社工机构培育社会组织88个，申报并完成服务项目11个。带队检查市场消防安全、校园安全、地质灾害等42次，排查整改隐患251处。推进依法行政，自觉接受政协民主监督，认真办理人大代表建议和政协提案，满意率达100%。2018年，菜园坝街道交通街社区被评为重庆市和谐示范社区，街道社保所被评为全市“人社系统优质服务窗口”。完成国家慢性病综合防控示范区复评迎检工作。

【党员教育】围绕主题，切实加强党员干部思想教育。2018年召集中心组学习25次，组建街道宣讲团，开展20余场宣讲，制作每月月讯。组织各级党组织推进“两学一做”学习教育常态化制度化。落实领导干部双重组织生活制度，班子成员参加支部组织生活12次，讲授党课14次。加强党员干部培训。完成基层党务工作者调训36人次，领导干部自主学习70人次，不断强化党员干部的理想信念和宗旨意识。

【组织建设】 完成1607名党员干部亲属涉权事项排查，对5个基层党组织和35名个人进行表彰。为19名困难党员和老干部送去慰问金2.8万元，为2名困难党员申请一次性帮扶救助。开展集体约谈6次，单独提醒约谈26人次，警示约谈3人次。组织党员干部参观长寿预防犯罪法治教育基地，开展“以案四说”警示教育。优化机关党组织设置。撤销原机关党总支，重设2个机关党支部，由班子成员担任支部书记，坚决防止“灯下黑”。对2名失联党员和1名出国（境）党员予以停止党籍，实现失联党员台账清零。取消1名超期未转正预备党员资格。采取10项措施解决非公党建3个方面的8个问题，撤销“空壳”党支部1个，非公企业和社会组织党组织覆盖率分别达88%和100%。深刻把握习总书记在全国民营企业座谈会上的讲话精神，以非公党组织为纽带强化与民营企业的联系，推动招商引资。

【作风建设】 齐抓共管，抓好宣传思想工作亮点打造。开展身边好人推荐工作，用心打造以获得全国道德模范提名奖——蔡美岐“爱之光”志愿服务队为亮点的街道志愿服务站。组织开展学雷锋志愿服务月、“5•20邻居节”志愿服务、“社区大家乐”文艺演出等活动，完成学习型社区创建工作。组织开展侨台属迎春座谈会，看望生病住院老干部20人次，组织老干部开展健身游园活动和外出参观活动。

【环境卫生】 推进数字化环卫管理工作，2018年处理环卫数字案件4162件，结案率达99.9%，按期结案率达99.95%；开展市容环境综合整治，推进餐厨垃圾定时收运，共清扫面积20余万平方米；先后投入10万余元，聘请有资质的“蜘蛛人”和环卫公司专业队伍，逐一清理清扫面积达2.5万平方米，对高、陡、险的雨棚，树挂上的立体垃圾和楼院巷道的大件垃圾进行处置，做到点、线、面相结合，立行立改，整改及时，监管到位。推行落实城市管理“五长制”，发现、整治处理各类问题6000余个，解决一批历史遗留问题和老大难问题，如珊瑚湾社区南区路147号1单元和交通街6号排污管网的维修改造等问题，得到辖区居民好评。深化防汛及地质灾害防治工作。对辖区的7个地质灾害点进行应急演练，提高居民群众的防灾意识和应急能力，指导辖区沿江单位修改完善防汛工作方案；对地质灾害预警、处置知识进行培训，并要求监测人员做好“两卡一记录”，每周两次使用群测群防手机终端规范上报巡查数据。开展环保宣传和噪声控制。配合环保局对辖区31家污染源逐一进行上门排查、现场核查和入户调查，建立污染源台账；利用“3•19”城市管理服务主题周、“4•22”世界地球日、“六•五”世界环境日等时机开展环保宣传活动，散发环保宣传资料1500余份、环保布袋800余个，深化人民群众对环境保护的认识；处理环保投诉案件5起。强化辖区物业管理。按照先协议、再改造、后责任的原则，督促辖区4个市属国有重点企业［重庆新华化工有限公司、重庆轮船（集团）有限公司、重庆公路运输（集团）有限公司、港务物流集团物业公司］做好“三供一业”物业移交工作；指导江屿郎庭小区按照《重庆市物业管理条例》的相关规定成立业主委员会。加强社区绿地管护，投入20余万元，改造护栏设施，补栽绿色植物，布置鲜花景观，整治危树20棵，在主次干道与背街小巷节点种植春娟、三角梅等，在社区绿地补栽红枫、珊瑚树等植物，种植面积共3000平方米。出色完成汛期防汛抗洪抢险工作，组织沿江各单位出动车辆232台次，转运物资1160吨，疏散群众200余人，多措并举确保人财物安全。

【劳动保障】 2018年新增就业4571人，其中单位就业3737人，灵活就业834人。登记失业人员就业838人，困难人员就业398人。向就业困难人员发放养老保险补贴159人、48.86万元和医疗保险补贴92人、10.86万元。新办失业证129人，领取失业金79人。完成创业培训8人，推荐办理创业担保贷款6笔，发放5笔，发放金额285万元；刊发相关信息20

篇。做好辖区高校毕业生就业指导和服务工作，高校毕业生就业率在90%以上，帮扶高校毕业生31人。发放低保人员就业补贴536人次、36万余元。农民工引导性培训72次（普法宣传30次，720人），1250人；报送农民工简报18期。开展“就业援助月”“春风行动”等就业宣传活动，带领辖区失业人员、就业困难人员100余人分别参加“2018年金秋招聘月”“2018年渝中区民营企业专场招聘会”“才聚渝中•2018年渝中区服务业专场招聘会场”等各种招聘会。暑假期间，组织31名大学生参加暑期带薪实习工作，并组织辖区高校毕业生积极参加“2018年渝中区高校毕业生就业帮扶座谈会”。组织6次医疗和养老保险政策宣传活动，辖区城镇职工参加养老保险358人、医疗保险310人，城乡居民参加养老保险72人、医疗保险8290人。办理个人缴费申报退休295人，单双解（国有企业困难下岗分流人员享受城镇企业职工基本养老保险缴费补贴，与再就业服务中心解除协议并与企业解除劳动关系的国有企业下岗职工享受城镇企业职工基本养老保险缴费补贴）人员8人享受养老保险补贴、18人享受医疗保险补贴。关闭破产解体集体企业退休人员以个人身份参加城镇职工医疗保险市级统筹财政补助申请66人。为辖区居民新换补卡、发放社保卡858张。全年发放复原退伍、参战补贴7人，总金额57000多元。实现资格认证上门服务40余人次，指纹登记采集550人，指纹认证1101人，非因公死亡供养亲属资格认证15人，121人领取生活补贴。国有企业高龄、特困、病重退休人员重阳节慰问123人，社区企业退休慰问42人，共发放慰问金16500元。

【社会治理】 组织、指导居委会开展社区自治，开展和谐社区创建工作，对口联系的交通街社区被评为重庆市和谐示范社区。推动社区、社会组织、社会工作联动发展，改善5个社区社会工作室，引进3名西南大学社会工作专业的人才完成社区社会工作项目12个，区级项目1个，协会项目1个，市级项目2个。完成与南纪门街道、七星岗街道、两路口街道、大坪街道的地界勘查和界定。

【卫生健康工作】 街道户籍2018年出生人口198人，死亡265人。免费孕检66对。办理独生子女光荣证126个、生育服务证188个。独生子女年老一次性奖励发放405人、20.25万元。开展元旦、春节期间“送温暖”和“生育关怀”活动，发放《好孕宝典》228份，并对现孕育龄人群实行跟踪服务。在节日期间依托火车站广场、市场、社区，开展“法制宣传月”“5•29会员活动日”等宣传，发放各类宣传品3千余份、避孕套1800余盒、有奖知识问答奖品158份，接受政策咨询1350余人次。举办青春健康讲座25期，1830人参加。

【社会救助】 组织开展重大节日慰问3541人，慰问金额135.80万元；落实“人生关怀”“爱心超市”等惠民政策，惠及辖区181名贫困人员；实施救助政策，强化动态管理。2018年累计享受城市低保9970户次、1.6万人次，累计发放827.08万元；组织实施医疗救助1342人次，发放卫生计生扶持奖励和慰问金798人次、25.39万元；落实困难人员救助政策，救助1036人，发临时救助金155万元；低收入建档家庭38户69人次。强化“劝导救助队”管理，劝导各类人员1167人次，为12个低保家庭减免丧葬费，处置无主尸体4具，共计花费11万元。

【双拥工作】 调整街道双拥工作领导小组成员，充实双拥工作力量。组织单位和两新组织对辖区3个共建部队开展“元旦”“春节”“八一建军节”日常慰问工作，送去价值2.9万余元的慰问品，为巡逻中队送水360余件；落实优抚政策，维护涉军群体稳定，对菜园坝街道24名参战人员、7名重点优抚对象按时发优抚金105.17万余元；登记退役人员767人。

【关爱老人】 为街内80岁老年人办理高龄补贴共7894人、49.25万元，为90岁老人办理高龄补贴共656人、19.21万元；百岁老年人现有5名。居老养老服务累计229人次、4.7万元，累计享受居家养老服务969人次、17.3万元。

【残联工作】 街道共有残疾人830人，完成动态系统的数据更新工作。残疾人两项补贴（贫困残疾人生活补贴、重度残疾人护理补贴）。向332名贫困残疾人和重度残疾人发放20.63万元；阳光家园补助金补助对象90人，发放资金10.2万元；建档低收入残疾人7人，发放资金0.35万元；养老保险补贴37名，发放资金4.28万元；机动轮椅车燃油补贴15名，发放资金0.39万元。在元旦、春节、助残日、国际残疾人日等慰问辖区413名困难残疾人，发放慰问金7.11万元；为辖区26户困难残疾人及子女申报扶残助学1.67万元；为122名听力和视力残疾人发放电视补贴1.22万元。残疾人劳动就业。新增自主创业1名，发放补贴0.3万元。发放辅助器具66件；为贫困白内障患者12人做免费复明手术；贫困精神残疾病人药费补助21人；为7户残疾人家庭进行无障碍改造。

【普法宣传】 完成街道司法所规范化建设，打造独立的门牌，矫正学习室、宣告室等。完成“九五”普法中期检查。10月4日，街道司法所在辖区竹园广场开展“尊崇宪法、学习宪法、遵守宪法、维护宪法、运用宪法”宣传活动，并进行现场宪法知识问答。联合重庆依斯特律师事务所在本辖区下属社区设立专门律师顾问，事务所律师会不定期到每个社区进行座谈交流，解决居民的各种问题。还在每个社区建立微信群，居民朋友可以直接在微信群内向律师以及司法所工作人员提问，及时帮助居民解决各种问题。

【信访调解】 2018年受理群众来信来访290批282人次，办理网上来信来访66件。按照“五个一”的工作要求，街道在重要会议期间、重大节假日、敏感时期对信访重点人员、长期上访人员落实教育疏导和稳控工作，未发生进京、到市非访或集访等情况。对上级交办的案件和上访老户按要求落实领导包案，落实工作措施，随时将化解工作进展情况上报区信访办。针对A类重点人员李某关于房屋安置及补偿费用诉求，街道多次召集相关部门主要负责人召开协调会，并约谈当事人，在相关领导和部门的支持下，李某的问题得以解决，积案化解。

【治安防范】开展扫黑除恶专项斗争工作，重点加大宣传发动和线索排查力度，共发放宣传资料10000余份、宣传品5340份，张贴海报2600余幅，悬挂标语153幅，制作举报箱6个，召开院坝会12场次，开展宣传活动26次，开展教育培训17次，面对面宣讲3450余次。组织开展春运秩序综合整治行动，联合和专项检查整治10余次，共出动警力和其他执法力量2000余人次，纠正各类交通违章1000件，各类违法案件279件，查处非法营运案件106件、出租车违规146件、班车违规26件，纠正处罚乱停放车辆95辆，查处喊客、拉客等扰乱春运秩序人员82人，抓获网逃4名，治安拘留“羊儿客”2名，治安处罚“羊儿客”36人，驱离游摊游贩206人次，规范骑跨门摊389个，清理卫生死角98余处、垃圾60余吨。深化平安渝中群防群治，完成市级A类社会治安挂牌整治地区（珊瑚湾）的整治工作。开展校园周边治安秩序整治，做好辖区9所中小学巡逻值守工作。

【经济发展】 招商企业11.5家，完成率达115%。其中“招大引强”0.5户，完成率达50%。联系服务总部（重点）企业9户、规上企业26户，走访企业340家，收集意见建议306条，协调解决合理诉求53件，服务率达100%。新增内资企业87家，完成122.5%；新增个体工商户319户，完成121.8%。完成“个转企”3家，完成100%。存量楼宇招商9295平方米，完成186%。居民人均可支配收入超额0.9%完成目标任务。完成固定资产投资1.11亿元，超额111.48%。开展第四次全国经济普查，登记上报单位668家，登记上报个体工商户4043户。每月对辖区1个超市、2个加油站、9个市场、

2 个液化气门市、11 家再生资源回收站网点进行安全检查及整改。配合区商务局做好重客隆超市黄沙溪连锁店粮食储备工作，签订储备协议并组织开展日常检查和粮食储备消防演练。开展打击防范非法集资和互联网金融整治工作，发放宣传画和宣传手册，在火车站广场和江湾小区、竹园广场、各社区开展集中宣传活动 32 次，商务楼宇宣传 89 栋，社区宣传 94 次，入户家庭宣传 13478 户、学校及幼儿园宣传 8 所，排查企业 40 家。辖区企业参加市、区工商联组织的营商对接推介会 4 次。组织落实扶贫工作捐款 27.5 万元（其中街道捐款 20 万元，人大代表、商会企业捐款 7.5 万元）对口帮扶巫溪县长桂乡木杉村用于建设大宁河原种土鸡养殖场，建设标准化圈舍 50 个、鸡苗孵化场 3000 平方米、小型冷藏室 1 个，孵化鸡苗 8000 只以上。

【共青团工作】 面向街道机关团员、社区团员及非公团组织代表开展 3 场集中宣讲，实现街属基层团组织十九大精神宣讲全覆盖。贯彻落实团区委关于青年大学习行动的各项要求，全年开展 24 次集中性专题学习、1 次团干部教育培训、7 次团干部宣讲交流、7 次青年学习答题和竞赛、19 次志愿服务活动，有效提高全街团员青年政治理论水平。先后学习杨雪峰、黄群、李春奎等同志的先进事迹。组织观看中共中央、国务院庆祝改革开放 40 周年大会，召开菜园坝街道纪念改革开放 40 周年专题宣讲会，带领全体团员青年重温党史国史，学习伟大改革开放精神。街道团工委共部署全街范围的主题团日活动 8 次，下属团支部合计开展团日活动 84 次，内容包括理论学习、外出参观、志愿服务等。做好非公建团的思想动员和业务指导，推动 3 家企业新建非公团支部。重视智慧团建系统录入工作，完成全街 15 个团支部的组织信息维护和团干、团员信息录入。开展团内慰问，全年共慰问青少年 9 名。完成 6 个社区团支部和 5 个非公团支部测评工作，满意率均为 100%。组织召开街道团员大会，选举产生 6 名共青团渝中区第十八次代表大会代表。做好五四青年节渝中区“两红两优”“青年岗位能手”及最美团支书的评选推荐工作，全街共获评 1 个青年岗位能手、1 个五四红旗团支部和 1 个优秀共青团员。高标准选拔并上报街道青年志愿者河长 1 名，社区青年志愿者河长 4 名，为落实“河长制”增强青年力量。组织全街 20 名团干、团员开展城市定向跑竞赛活动。指导下属团支部开展参观红色景点、听习近平总书记亲述 10 则青春成长故事等活动。有序开展青春自护•平安春节、暑期青教、3•5 学雷锋、三月普法等一系列活动，共计开展志愿服务活动 105 次。组织开展“我心目中的智博会”主题团日活动，带领 6 个社区团支部以及重庆安乐服务有限公司团支部共 21 名团干和团员到悦来会展中心参观考察。

【妇女工作】 开展渝中区巾帼文明岗等推选工作，菜园坝街道办事处机关经济发展科室被评为巾帼文明岗组，杨艳被评为巾帼建功标兵，交通街社区被评为优秀巾帼服务社区，“爱之光”志愿服务队被评为优秀巾帼服务组织，平安街社区邻睦风亦暖•家和人自康——睦邻宜居社区融合项目被评为优秀巾帼志愿服务项目，向文建被评为优秀巾帼志愿者。依托“妇女儿童之家”等阵地，开展“守护花季 相伴成长”防性侵教育讲座，举办插花艺术培训和“美好生活•她课堂（茶意生活，茶文化体验）”课。加大对“最美家庭”故事的宣传宣讲等，推出市级“最美家庭”吴建琼家庭，区级“最美家庭”黎霞、邹子为、姜龙学家庭典型；推出市、区级“最美阳台”刘小勤家庭。六一期间开展“亲子阅读”活动，共有 102 名少年儿童参加七场亲子阅读。开展“情暖童心 相伴成长”困境儿童关爱服务项目，向街内胡晏豪和林诗恒两名困境儿童送去羽绒服，在儿童节送图书文具。组织 265 名妇女参加免费“两癌”筛查，帮助交通街社区 1 名宫颈癌妇女申报两癌妇女救助。开展单亲贫困母亲高青、孙先容，春蕾女童王诗琦的慰问工作。做好巾帼爱心呼唤项目，组织 39 名绿色巾帼志愿者与空巢老人结对，在生活上、心理上帮扶空巢老人。加强妇女儿童法制宣传，分别于3月5日下午、3月15日上午在重庆火车站广场和交通街竹园广场举办“三八”妇女儿童维权宣传活动，接受法律咨询15人次，义诊176人次，发放宣传资料550册。举办防性侵教育讲座，对1名受家暴妇女进行调解和法律援助。

【菜园坝街道负责人】

书　　记：廖　红

主　　任：管　亮

人大工委主任：韩　静

副　书　记：姚云君

纪工委书记：张广明

副　主　任：查　辉　陈　磊　苏晓兵　李开福（2018年11月离任）

组 织 委 员：况　倩（2018年8月离任）　胡朱信（2018年8月任职）

宣 统 委 员：陈　鑫

（李闽）

南纪门街道

【概况】　南纪门街道位于渝中区东南部，东连朝天门港，南临长江，西接石板坡立交桥，北经石黄隧道通黄花园大桥。辖区面积1.45平方千米，辖6个社区居委会。2018年末，户籍人口42194人，常住人口35982人；南纪门街道实有行政编制人员21人，社区建设管理中心事业编制人员8人，综合行政执法大队事业编制人员15人，社会保障服务所事业编制人员12人，就业服务管理站事业编制人员2人。街道办事处驻中兴路凉亭子4-2号。

辖区交通巷道密集，两条主干道贯通菜园坝火车站、解放碑和朝天门码头，是联系渝中区上下半城的重要交通枢纽。

辖区有重庆市水警总队、渝中区人民法院、渝中区人民检察院、渝中区档案局、渝中区人民武装部、渝中区滨江建设管理处等机关及企事业单位。有重庆复旦中学校、重庆渝中高级职业学校、重庆精一民族小学校、渝中区解放西路小学、凤凰幼儿园、海贝幼儿园、文明幼儿园、茵茵幼儿园等教育单位。

辖区历史文化积淀深厚，有国民政府军事委员会政治部第三厅暨文化工作委员会旧址、东华观藏经楼、国民政府军事委员会重庆行营、国民政府军事委员会礼堂旧址、药材公会旧址、法国领事馆、法国仁爱堂旧址等文物保护单位。

辖区医药资源丰富，聚集重庆中医骨科医院、重庆西部医药商城、重庆桐君阁股份有限公司、重庆唐氏药业有限责任公司等医药企业和药材批发经营户。

2018年，南纪门街道党工委、办事处持续推进重点项目建设，攻坚克难，求真务实，完成各项工作任务。荣获“重庆市优秀妇女之家”“渝中区维稳安保工作三等功集体”，街道牵头打造的山城巷被评为“重庆市最美街巷”。

【城市管理】　2018年拆除辖区违法建筑1636平方米、存在安全隐患和不合要求的户外广告牌30块，查处不符合标准的施工围挡12处，暂扣、拖离乱停放车辆108辆，清理各类违法小广告200余起，清理不干胶张贴纸上万张，清理建筑物及设施乱涂写200余平方米，清理乱拉挂横幅广告50余幅。继续推进和完善解放西路特色老社区建设项目，启动解放西路199号至209号排危工程。有序推进渝亚大厦物业选聘工作，选出新的物业公司。按照统一部署要求，完成长滨一号餐饮船的拆解工作。

（孙文佳　杨峰）

【社会建设】　推进社区工作者队伍建设。通过开展日常培训、专题培训、重点轮训，不断提升社区工作者的综合素质。智慧社区建设取得新进展。各社区均开通微信公众号，涵盖办事指南、政策宣传、社区文化、社区“四公开”、低保公示等10余个版块，为辖区居民提供方便快捷的服务。社区组织工作用房建设稳步推进。申请专项资金，动工建设十八梯、凉亭子、厚慈街三个社区共3200平方米的工作用房。

【民生改善】 把社会救助、民政双拥、惠残助残、计生服务、养老服务、精神卫生等民生民利工作作为重中之重来抓，全年落实各项民生资金1400余万元，惠及群众2万余人次。联系区慈善会、重庆桐君阁股份有限公司、重庆恒丰银行等开展爱心助学、冬日免费早餐等活动，落实社会爱心资金13.8万元，地区受助群众达3000余人次。采集退役军人及其他优抚对象共1360人的信息。街道承接的三个市、区级社工项目顺利通过结项评估，累计产出社区、小组、个案活动140余场次，服务对象满意度达100%。社会工作师资格证考试取得新突破，12人获取社会工作师资格证，19人获取助理社工师资格证，持证人数同比增长5%。组织开展“拥军优属，拥政爱民”慰问、座谈会、活动20余场次，融洽军政、军民情谊。做好渝中区国家慢性病综合防控示范区复评审工作，软件工作和“健康一条街”的创建得到区上好评。健康教育及促进工作得到区卫生计生委好评，南纪门街道成为被区卫生计生委推荐接受市卫生计生委督查的单位之一。

（蒋向红）

【司法工作】 2018年调解各类矛盾纠纷60余起，调解成功率达100%。衔接刑释解教人员93人，接收社区矫正人员38人，解除矫正期满35人，居住地变更6人，现有在册社区矫正人员38人，无脱管漏管。邮政局巷社区主任邱天雷被评为2018年重庆市市级优秀人民调解员，解放西路社区被市司法局推行为“法润社区•司法同行”工作试点社区。建立街道公共法律服务工作站1个、社区公共法律服务工作室6个，落实“一居一顾问”律师进社区普法工作机制，提供法律咨询服务120人次，开展法制宣传教育和法律咨询服务活动11场次。

【综治工作】 以扫黑除恶专项斗争工作为主线，有序发展社会化、市场化、职业化、规范化的群防群治队伍，协助抓好辖区社会治安防控工作。累计开展各类巡逻防控18万余人次，组织协调南纪门派出所开展15次专项整治活动，打击和遏制了辖区内的社会治安案件。开展反邪防邪宣传活动3次，配合完成25名精神病肇事肇祸人员的以奖代补协议签订，对29名吸毒人员完善了相关信息档案并签订社区戒毒（康复）协议书。抓实辖区涉稳人员稳控工作，落实包案制度，全年实现“零非访”。抓准信访老户矛盾根源，多元手段促化解，全年成功化解4名信访老户问题。街道荣获“渝中区维稳安保工作三等功集体”表彰。

（邹涛）

【安全生产】 2018年发生安全事故4起，其中建筑工地死亡3起，交通事故死亡1起；发生火情17起（出水5起、扑灭初火12起），同比下降0.88%。开展安全隐患排查184次，覆盖辖区社会单位734家，发放执法文书36份，排查一般隐患720处、整改697家，更换及配发灭火器100具。

（李昌永）

【山城巷项目建设】 2018年，市、区高度重视山城巷项目建设，市领导陈敏尔、唐良智十分关心山城巷建设，陆克华、潘毅琴率队到现场调研；区领导黄玉林、商奎等先后多次听取工作汇报，并实地视察指导，区人大、区政协多次开展专题视察。本着突出示范性、展示性、易行性的原则，将山城巷传统风貌区中兴路入口处合计约1700平方米的房屋作为项目示范区，先行设计、先行建设。目前，已基本完成项目整体方案，施工方已全面开展示范区建设工作。

【服务经济】 建立“周、月、季”研判机制，对经济形势进行定期研判。针对辖区企业普遍体量较小、龙头企业一家独大的特殊实际，突出抓好桐君阁、公运集团等龙头企业的服务工作。成立重点项目服务小组，全程服务于十八梯、白象街、山城巷重点项目。创新思路，做好招商引资。陪同领导前往北京思源集团总部进行招商考察。

配合山城巷项目前往成都考察市场，成功引进“花间堂”，正准备签订初步意向书。规上企业凯瑞酒店引进东呈集团的“宜尚酒店”品牌在辖区落户，注册资本500万元，酒店装修正在顺利开展。

（韩峰）

【劳动保障】　结合“就业援助月”“春风行动”等活动，借助微信公众号、短信通等，强化宣传，落实政策。全年就业登记5623人，失业人员职业指导1234人，城镇登记失业人员就业932人，发放就业补贴331人次、累计金额16万余元，养老待遇领取人员指纹、人脸采集认证3259人，医疗保险办理12310人次，社保卡办理1127人，养老保险办理1176人次，就业困难人员灵活就业社保补贴、单双解社保补贴累计460人。鼓励个人创业，宣传落实创业担保贷款政策，全年推荐创业担保贷款6笔，累计申请金额325万元。

（向婧）

【党建工作】　做好市委巡视、区委巡察配合及整改工作，专题研究学习12次，明确整改措施54条，召开巡视、巡察专题民主生活会2次，建立健全《南纪门街道党工委议事规则》等11项制度。落实全区组织工作会议精神，坚持每季度召开1次地区党建联席会，联合交巡警、公安派出所依法处置储奇门行街非法停车场等问题。加强支部标准化规范化建设，组织开展“三会一课”852次，指导20个社区延伸党支部补选支委会委员40人，划分党小组40个。打造标准化规范化党建示范点2个，处置不合格党员13名。狠抓非公党建，摸清134家非公单位底数；动态更新786家非公经济组织和71家非公社会组织，覆盖率分别为98.3%和100%。

（叶春梅）

【宣传工作】　把学习宣传贯彻党的十九大精神作为首要的政治任务，联系市、区宣讲团开展集中宣讲5次，街道领导班子进社区宣讲18场，中心组集中学习17次，自学7次。严格执行意识形态类论坛、讲座、报告会审批备案制度，全年未发现违规现象。清理2018年网络账号有害信息4次，未发生网络意识形态问题。街道活动被新华网等中央级媒体报道2次，被《重庆日报》、重庆卫视新闻联播等市级媒体报道30余次。全年成功处置18次各类意识形态问题，创办《南屏拥翠》6期，展示宣传街道各项工作。

（刘兴明）

【统战工作】　为6个社区选配统战兼职干部，组建社区自治应急队伍。配合区委统战部扎实开展统战成员“不忘初心、与党同心”系列教育活动，与街道商会联合开展“金融惠商、政策助商”行动。依托社区打造系列民族团结进步特色文化活动品牌。开展“民生微服务•共促幸福路”、结对帮扶、“我们的节日”系列活动。宣传新修订的《宗教事务条例》等政策，举行民族团结进步座谈会、慰问困难少数民族群众和困难侨台属人员。联合精一民族小学开展“五微”“民族教育课程”“美美课堂”“六个一”等系列宣传教育活动。做好宗教场所安全检查和辖区归侨侨眷、台胞台属摸底调查工作，常态化开展辖区基督教私设聚会点摸排、配合辖区民主党派人士履行参政职责。

（王忠智）

【精神文明建设】深化全国文明城区建设，通过2018年全国文明城区检查。常态化开展交通文明劝导工作，每月第一个周六定期开展“礼让斑马线，文明我点赞”文明交通活动，“小红帽”巡逻常态化开展，维护辖区主要路段的交通秩序。弘扬社会主义核心价值观，街道创建重庆市文明单位工作取得实质性进展。全年开展3次“社区工作日”志愿服务活动。

（刘兴明）

【党风廉政建设】　建立完善“四双一季”制度（“双月研判”“双向约谈”“双周学习”“双月汇报”“季度通报”），运用监督执纪“四种形态”。制定出台的《南纪门街道工作纪律

“十不准”》《南纪门街道机关工作人员形象“六注意”》作为制度规范被纳入《渝中社区党建标准化规范化建设操作手册》。排查梳理廉政风险点50余个，制定防控措施70余条，使街道人、财、物使用管理更加规范。开展“以案四说”警示教育，参观长寿职务犯罪预防中心和歌乐山红岩魂革命纪念馆，举办“笔墨丹青·清风南屏”廉政书画作品展。

（唐红艳）

【人大、政协工作】 人大工作。持续抓好“代表之家”“民情联络室”等阵地建设，建立完善《人大代表学习培训制度》等8个制度。接待江苏省扬州市广陵区人大常委会委员一行到解放西路社区参观交流。人代会期间，南纪门代表组提出涉及城市管理、医疗等方面的意见建议48条，其中17条建议被列为2018年区人大重点督办建议。闭会期间，积极组织开展视察、调研、询问、评议、走访等系列活动，人大代表参与民情联络215人次，解决事项151件，提出闭会建议7条。政协工作。2018年开展活动13次，其中“双走进”活动7次，21位委员参加活动达56人次。连续十一年开展“新春送春联”活动，送出春联150余副。邀请区政协法律服务团律师张俊江及其团队到社区进行法律宣讲，接待群众咨询20余人次。联合区文联在复旦中学举行“传统文化进校园”演出，惠及群众300余人次。街道联络委《关于发挥基层协商重要作用，着力打造共建共治共享的基层治理格局的建议》入选2018年区政协全会书面发言。

（唐红艳 黄自婕）

【武装及工青妇工作】 武装工作。组织民兵应急分队1批共10人参加渝中区人武部民兵训练，参加点验1次、骨干民兵培训1次、联考联评选拔1次。协助区人武部完成新兵体检，征集8名新兵入伍。派1名骨干参加役前训练，2名骨干完成区人武部学生军训任务。完成备勤2次，抢险救灾1次。工会工作。2018年新建工会11家，帮扶9名贫困职工子女上大学，元旦、春节慰问3名建档困难职工和1名劳模。组织参加“讴歌新时代·幸福渝中人”职工歌唱大赛、“发现母城之美”摄影比赛、“中国梦·劳动美——学习贯彻习近平新时代中国特色社会主义思想和党的十九大精神”职工演讲比赛、“邻居节”文艺比赛等各类活动。青少年工作。加强邮政局巷社区微型少年宫阵地建设，争取团市委9万元经费支持。加强邮政局巷社区未成年人观护基地建设，帮教涉罪未成年人5名，受益青少年120余名。采取“结合＋特色”的方式，加强青年之家·社区市民学校建设工作。妇女工作。街道“妇女之家”被评为重庆市优秀妇女之家。开展“最美书香家庭”推选活动，2个家庭被评为“重庆市最美书香家庭”。开展“绿色生活”等主题巾帼志愿服务活动，引导45名居民群众加入渝中区绿色巾帼志愿者服务队。“快乐护航，青春同行”少年儿童成长项目被评为渝中区优秀巾帼志愿服务项目。

（孙文佳 王剑虹 叶春梅 向婧）

【南纪门街道负责人】

书　　　记：姚青健
主　　　任：赖　良
人大工委主任：石安宇
副　书　记：赖国权（2018年9月离任）
　　　　　　赖　良（2016年10月任职）
　　　　　　李　渝（2018年9月任职）
纪工委书记：谢忠燕
副　主　任：郭红彦　陈德华　金亮威
　　　　　　江智强（2018年7月离任）
　　　　　　冯志勇（2018年7月任职）
　　　　　　刘小满（2018年1月任职）
组 织 委 员：周　建
宣 统 委 员：邓雪洁

（黄自婕）

朝天门街道

【概况】 朝天门街道位于渝中区东部，东临长江、嘉陵江两江交汇处，南靠长江，西与南纪门街道接壤，北与解放碑街道交界，有解放东路、陕西路、长滨路、嘉滨路、民族路、新华路等主干道和棉花街、千厮门行街、信义街等重要支次干道，辖区面积共1.99平方千米。下辖棉花街、朝千路、陕西路、白象街、巴县衙门、湖广会馆和二府衙7个社区居委会，居民小组85个，户籍人口35256人，流动人口39482人。2018年末，街道共有在编人员84人，其中行政编制人员24人，事业编制人员60人（参公45人、社会保障服务所12人、街道就业服务管理站3人）。街道办事处驻解放东路187号。

朝天门是清代川东道、重庆府、巴县知县府所在地，当时是重庆的政治、经济、文化中心之一。辖区内有水域码头13个、趸船31艘，有重庆长江轮船公司等客货运企业。朝天门市场是西南地区最大的商品集散地、全国十大批发市场之一，共有办场单位24家，经营总面积49.6万平方米。辖区的朝天门广场、重庆市规划展览馆、洪崖洞民俗风貌区、湖广会馆等旅游景点以其独特的魅力吸引国内外大量游客前来观光游览。

2018年，朝天门街道党工委、办事处充分发挥街道对地区各项工作的统揽、协调、服务作用，全力做好基层党建、社区建设、民生保障、城市管理、平安建设、市场稳定等各项工作，较为出色地完成年度各项工作目标任务。街道劳动就业与社会保障服务所被授予“渝中区巾帼文明岗”称号，街道联络委形成的《关于加快朝天门市场仓储物流提档升级的建议》在渝中区政协第十四届委员会第三次会议上做大会发言。

【党组织建设】 街道党工委按照落实全面从严治党的要求，坚持“围绕主业抓党建，抓好党建促主业”的工作思路，2018年召开党建形势分析会4次，专题研究意识形态、扫黑除恶、民族宗教等重点工作15次。紧扣基层党组织规范化标准化建设，投入40余万元对棉花街社区党委进行重点提升，完成社区“两委”班子综合分析研判。全年新发展党员13名、新建非公党组织1家，对4名失联党员给予停止党籍处理、1名预备党员取消预备党员资格，非公企业和社会组织党组织覆盖率分别达91.67%和95.52%。

【宣传文化工作】 加强责任落实，修订完善意识形态工作责任制实施细则等5项制度，定期研判意识形态领域工作情况7次，专题研究部署意识形态工作3次，与辖区38家20人以上场所全部签订场所管理协议，累计询问查访100余次。不断扩大宣传影响，全年街道工作获区领导肯定性批示3次，被市级及以上媒体正面报道40余次、区级媒体正面报道300余次。组织微宣讲14场，开展各类主题宣传活动300余场，报送172篇网络舆情自采文章，完成6篇网络舆情专项约稿和837份社会舆情调查问卷，舆情跟帖转发任务完成2000余条。

【安全生产】 加强社区安监队伍建设，执行日、周、月检查制度，强化重要时段重点场所的巡查值守，开展老旧居民区、景区、码头、市场、在建工地等的安全检查与整治，发现电气火灾、水上安全等安全隐患254个，督促整改247个。开展职业健康危害、危险化学品排查等11项专项整治，组织3次安全应急综合演练，压实企业主体责任，牢固树立红线意识。

【城市管理】 牵头起草朝天门片区环境综合整治暨品质提升“1+9”工作方案，设立“旅游综合执法检查站”2个，牵头开展旅游市场综合执法整治56次，现场处理“票串串”26人，清缴违规旅游宣传单3500余张，收缴占道售卖物品1200余件。开展货运车辆乱停放集中整治

9 次，清理拖移违停僵尸车、无牌车 40 余辆，安装马路隔离墩、隔离栏 120 余米，新增两轮摩托车画线停车位 50 余个，清理居民楼栋雨棚垃圾 300 余处、天井 20 余个，清除各类牛皮癣 8000 多张，清运垃圾 23 车、600 余吨，拆除不规范店招、广告 223 块。

【老旧楼宇立面整治】 截至 2018 年年底，白象街特色老社区、陕西路三巷下段及朝东路、陕西路及节约街一巷整治 3 个项目正在施工，陕西路三巷上段至陕六巷、道门口、西三街环境综合整治 3 个项目正进行施工图审查，新华路下段及朝千路部分老旧楼宇整治项目正进行招标，长江索道周边老旧楼宇整治项目正进行预算评审。朝天门市场已有 5 栋商业楼宇完成内外部改造 2.92 万平方米，7 栋 1 万平方米的外立面整治正在施工，2 栋 1.4 万平方米的外立面整治正在施工设计，3 栋 8 万平方米的外立面整治正在完善设计方案。

【经济发展】 2018 年，固定资产投资完成 1.5 亿元，招商落地企业 20 户、“大强”企业 2 户，新增个体工商户 721 户，招商去化 1.1 万平方米，“个转企”8 户，完成或超额完成年度目标。新增规模以上企业 5 户，新培育重点税源企业 4 户，培育巩固税收千万以上楼宇 2 栋。指导推进朝天门商会实现法人独立登记，支持指导时代天骄、金海洋商场等实施业态调整和立面改造。完成第四次经济普查清查阶段工作。

【社会保障】 加强惠民资金监管。全年累计发放低保金 663 万元，发放其他各类惠民资金 317 万元，辖区 2700 余人享受居家养老服务，有效落实了惠民政策。社会保险实现全覆盖。全年办理各类参保 16000 余人次，实现应保尽保帮扶城镇登记失业人员就业 1101 人，就业困难人员就业 516 人，申办小额担保贷款 510 万元，办理失业保险金 42 人，办理低保再就业补贴 276 人次，激发就业创业活力。

【社区建设】 2018 年共有 12 名社区工作者通过全国助理社会工作师及以上职业资格考试，承接社工项目 7 个及市、区重点项目 4 个，为朝千路社区购置 200 余平方米办公用房，建成“社区儿童之家”“民族联谊室”，丰富社区工作载体。

【司法调解】 深化区政协法律服务团活动，街道联络委联合区政协社法委、区司法局组织开展“王舒律师工作室”总结交流会，建机制、搭平台、强队伍。全年举办法治宣传讲座 30 余场，创编普法宣传品 7000 余份，提供法律咨询 348 人次，办理法律援助案件 20 余件，参与调解复杂矛盾纠纷 100 场次，代理民事赔偿案件 5 件。

【人大、政协工作】 围绕朝天门地区经济发展转型升级和社会民生问题，组织人大代表开展关于来福士广场、光控朝天门中心、西三街水产市场综合整治等视察调研活动，通过集中视察、问卷调查、调研座谈等形式，形成《关于西三街水产市场综合整治》的调研报告。全年共承接区政协“朝天门片区城市管理和河长制工作”“朝天门街道政协提案办理工作”2 项民主评议，工作成果得到区政协领导、委员和居民群众的充分肯定。街道联络委形成的《关于加快朝天门市场仓储物流提档升级的建议》在渝中区政协第十四届委员会第三次会议上做了大会发言。

【党风廉政建设】 听取领导班子成员和各社区党委履行主体责任情况汇报 2 次，召开党风廉政形势分析会 3 次。组织全街 1300 余名党员学习《中国共产党纪律处分条例》，及时完成 1769 名监督对象信息采集、348 名党员干部亲属涉权事项排查。对科室负责人、社区党委书记开展集体廉政谈话 3 次，结合社区党员违法典型案例开展“以案四说”警示教育 8 场，并对 2 名社区违法党员给予开除党籍处分。

【人民武装工作】 组织辖区应急民兵参加

区人武部组织的军事集训及反恐维稳等备勤共计6次，参加人员300余人。继续推行“六个一”征兵工作模式，辖区征集合格兵员4人，完成年度征集任务的100%。

【老干部工作】 落实离退休干部的“两个待遇”，按时发放节日慰问费、生病住院护理费、80岁高龄退休干部补贴等；传达上级和街道文件精神，提高老干部参政议政意识，组织老干部撰写“我看改革开放新成就”主题征文3篇；搭建活动平台，组织老干部参加登山活动、“重阳杯”系列竞赛活动，实现老有所学、老有所乐。

【共青团工作】 结合“法治宣传月”“爱国卫生月”“网络安全宣传月”和首届智博会的开幕，开展科普、环保、法治、安全等主题教育活动300余场，参与青少年6000余人次。开展“河小青——守卫青山渝水•助力河长制”青年志愿服务行动，成立“环境保护”突击队12支，参与青少年800余人次。实施2018年“未来企业家培养青锋计划”青年创业资金帮扶项目，帮助青年申请无息小额贷款共计750余万元。

【工会妇联工作】 组织开展新春运动会、春游、秋游、茶艺文化体验、十九大精神知识竞赛等活动，增强干事创业凝聚力。依托区就业局、社区市民学校、社区活动中心等平台，开展就业创业活动，引导辖区妇女岗位建功、学有榜样。2018年，街道劳动就业与社会保障服务所被授予“渝中区巾帼文明岗”称号，所长赵彤被授予“渝中区巾帼建功标兵”称号。

【朝天门街道负责人】

书　　记：范小华
主　　任：李真真
人大工委主任：王国雄
副 书 记：朱　丹
纪工委书记：吴治兴
副 主 任：谭建国　谭　华
孙立志（2018年7月离任）
陈大斌（2018年10月任职）
段陈缅
组 织 委 员：杨　斌
宣 统 委 员：欧阳小秀

（骆风帆）

大溪沟街道

【概况】 大溪沟街道位于渝中区中北部，东接解放碑街道，西连上清寺街道，南与两路口、七星岗街道相邻，北靠嘉陵江。辖区道路蜿蜒狭长，南高北低跌宕起伏，辖区面积1.37平方千米，辖9个社区居委会。2018年末，辖区户籍人口63355人，常住人口57502人，流动人口23925人。街道行政编制人员18人，司法所政法专项编制人员4人，实有21人；纳入参公管理的事业编制33名，实有24人，事业编制13名，实有12人。现有机关支部1个、党员51人，机关退休支部4个、党员45人；社区党委9个，社区延伸支部39个，党员1694人；非公党支部23个，党员146人。街道办事处驻北区路73号16、17楼。

街道地理位置特殊，毗邻重庆市人民政府，是重庆标志性建筑人民大礼堂和人民广场所在地。革命遗址众多，有中法学校遗址、中华全国文艺界抗敌协会遗址、沈钧儒故居等10余处革命遗址。教育资源丰富，重庆市巴蜀中学、重庆市第四十二中学、重庆市巴蜀小学、渝中区人和街小学、重庆山城老年大学等多所学校集聚大溪沟。行政机构云集，有重庆市第五中级人民法院、重庆市科协等近20家市级部门。企业汇聚，总数达2551家，其中创意类企业903家，有重庆市唯一以区域命名的创意产业基地大溪沟创意产业园。

2018年，大溪沟街道党工委、办事处全面落实“两点”定位、“两地”“两高”目标和“四个扎实”要求，全力推动三大攻坚战、八项行动计划落地，切实抓好辖区经济社会发展和党的建设等各项工作任务，取得较好成绩，获渝中区年度考核“特等奖单位”等30多项荣誉。

【党建工作】 2018年，开展中心组学习36次，各级党组织开展活动370余次，对照市委巡视组反馈意见认真整改，制定7个方面的具体整改措施。召开专题民主生活会、组织生活会，全面肃清孙政才恶劣影响和薄熙来、王立军流毒。加强规范化建设，机关党支部等3个支部被评为区级先进基层党组织，接待摩尔多瓦党中央参观团。党建月考核制度形成常态，接受市委组织部检查并得到肯定。非公“两个覆盖”全面完成。加强阵地建设，打造双钢路、胜利路区级党建示范点，在人和街打造全区首个“微型党建展览馆”。加强区域化党建，街道、社区党建促进会影响扩大，“新春文化惠民”等活动受到好评。加强党建引领社会治理，全面开展“党员自主认领服务岗位”活动90余次。街道核查党员信息1936人次，新找出党员14名，发展党员10名，转正预备党员9名，接收上清寺街道转入非公党组织3家，共管理非公党员208名。群工系统办理各类事项894件，实现办结率100%，满意率99.78%。非公经济和社会组织党的组织覆盖率和工作覆盖率均达到100%。

【精神文明建设】 发挥舆论引导作用，组织信息员上报各类宣传信息900余条，转发、评论“好人365”等120余条，围绕习近平系列讲话精神等主题撰写评论文章60余篇。发挥阵地作用，打造人民村“慈孝文化长廊”，依托远程教育基地、文化室、LED屏等播放先进典型人物事迹、文明城区宣传等内容，覆盖人群超过1万余人次。发挥先进典型作用，10人被评为区级“好邻居”，王进事迹被中央电视台采访，田亚军被《重庆日报》专题采访。发挥志愿服务作用，辖区9支志愿者队伍坚持常态巡逻，华福巷社区被评为社区志愿服务全国联络总站示范站。

【人大、政协工作】 组织开展“为解放碑商圈发展建言献策”“弘扬母城文化推动马鞍山风貌区建设”“老旧住宅、楼房消防安全”等专题视察调研活动，提出代表建议58条，推动解决一些群众关心的民生实事。先后组织政协委员深入辖区企业、社区开展“双走进”“双服务”活动15次，围绕巴教村环境综合整治项目和张家花园城市更新项目、嘉滨路滨江创意走廊、特色老社区建设推进等焦点、热点问题提出意见建议60多条。

【文教卫体工作】 举办“美丽大溪沟、幸福渝中人”新春文化惠民活动，各社会单位、各社区积极参与，观看人数1000余人。开展党建联席会成员单位共同参与的“重庆城会玩”趣味运动会，被重庆广电都市频道全程播放。申请创建“双钢路市级健身点”，将带动一批健身设施建成和一系列健身活动开展，惠及居民群众。张家花园社区和华福巷社区“市级健身点”活动持续开展。渝中区智慧健身长廊计划也与大溪沟街道签约落地。加强渝中学习网建设，新增注册300余人，上传信息200余篇。开展文化体育教育类活动260余次。巩固人和街、华福巷、张家花园全区“标准化学习型社区”建设成果。

【武装群团统战工作】 街道武装部被评为市级先进基层武装部。华福巷社区被评为全国五四红旗团支部、市级市民学校示范点。人和街社区被评为“社工进妇女之家示范项目”。华福巷社区劳动者爱心驿站被中央电视台采访报道。完成民族团结进步周、侨台属基本情况统计调查等工作。

【城市管理】 以项目提质，完成人和街、红球坝、张家花园特色老社区建设项目和枣子岚垭正街管网下地一、二期工程。巴教村环境综合整治项目、张家花园老旧住宅管线综合改造项目均有序推进。以文化添彩，结合区域历史制作《大溪沟赋》《红球坝赋》《双钢路赋》以及24幅反映“母城文化”的钢笔画，设置旅游标志引导牌45块。“第八步道”“红军楼”等已成为辖区新的风景线，被《重庆晚报》专版报道，重庆诗词学会对其进行专题采风创作。

【环境卫生整治】推进六大专项整治行动，规范游摊游贩、占道经营等8800余次，拆除违章建筑1200余平方米，在全区“坝坝渔船”拆移工作中率先破题，全面规范菜市场内外秩序。落实河长制，在常态巡河的基础上开展“钓鱼、游泳”等专项整治6次。严控污染源头，对九龙汽修厂等7个重点污染源单位严格监管，处理群众环保投诉23件。全面整改市政基础设施薄弱点，共更换护栏扶手600米，更换落水管1000余米，更换透水砖500余平方米，安装座椅、果皮箱等40余处。

【经济发展】辖区2018年实现企业总产值176.9亿元，同比增长5.05%。辖区企业总数2551家，其中创意类企业903家。税收总额10.64亿元，同比增长17.8%。建立企业联系走访机制。对16栋重点商业商务楼宇每月走访，发现和收集新增规上企业线索17个，新培育重点税源单位5家，防止重庆派森百等2家重点企业外迁流失。协调办结企业较大困难21件。招商签约落地企业21家，其中注册资本金1000万元以上企业11家，500万以上企业10家，促成“个转企”5家，投资10亿的“融乐之家”落地创意大厦。存量楼宇招商去化面积1.74万平方米，培育巩固税收千万元以上楼宇7栋。

【综合治理】强化治安防范力量，组建9支专职群防群治巡逻队，组织业务培训400余人次，对背街小巷、重点部位以及易发案部位常态开展车巡步查。构建联防联治火力网，整合治安防范力量，形成无死角的防范体系，开展重点地区社会治安综合整治、反邪教宣传月、校园安全反恐演练等，社会治安重点地区治安形势明显好转，地区案发率逐步下降。筑牢司法行政护城河，开展法律宣传讲座培训20余次，发放宣传资料2000册（份），社区矫正人员“零脱管零漏管”，戒毒康复人员、刑释解教人员、肇事肇祸倾向精神病人全年无事故发生。

【扫黑除恶】推进扫黑除恶攻坚战，印发《扫黑除恶专项斗争实施方案》，明确职责任务。通过标语、专栏、微信、微博等广泛宣传，下发资料4万余份，张贴公告500余份。累计出动摸排人员2000人次，梳理涉乱问题线索12条，均整治完毕。

【安全生产】开展安全大排查500余次，排查整治隐患210项，深入推进以人员密集和“三合一”场所、校园周边、电气火灾、高层等为重点的专项整治。组织以安全知识“七进”活动为基础的安全生产宣传教育50余次，开展安全宣传月、职业病防治法宣传周、防灾减灾周等活动。开展安全技能培训和应急实战演练10余次，为“微消站”人员配备应急处置器材设施设备。落实属地责任、“一岗双责”和企业主体责任，全地区无较大以上安全事故发生。

【卫生计划生育工作】交换更新人口数据信息5万条。兑现计生各类慰问金、扶助金205.6万元。举办家庭大课堂、健康教育、病媒生物防治等各类讲座69场，发放宣传品1.2万份、药具7000盒。防疫消杀2.5万平方米。辖区家庭医生签约率24.1%。通过国家精神卫生综合管理试点国家级评估验收。国家级项目“新家庭计划——家庭能力建设”深入开展，培养600余名健康指导员。超额完成免费“两癌筛查”和免费孕前优生检查任务。

【社工服务】全街有15名社会工作师、28名助理社会工作师，有61名社区工作者参加全国社会工作师职业资格考试。各社区社工室面向低保、低收入、残疾人等困难群体，开展心理疏导、生活照料、就业帮扶等社工服务。街道9个社会工作室2018年共承接9个社工服务项目，其中市级项目5个，区级项目1个，团委项目3个。

【工青妇工作】华福巷社区被评为全国五四红旗团支部、市级市民学校示范点。人和街社区被评为“社工进妇女之家示范项目”。

华福巷社区劳动者爱心驿站被中央电视台采访报道。完成民族团结进步周、侨台属基本情况统计调查等工作。

【养老服务】 以保障“三无”老人、低保低收入老人为重点，引进孝欣园养老院、惠源家养老机构等社会服务机构，为辖区老人提供用餐送餐、健康指导、心理疏导、家政服务、免费义诊等居家养老服务。发挥社区志愿者服务队伍作用，为辖区空巢独居失能老人开展精神慰藉、清洁卫生等志愿服务活动。全街共计建档居家养老家庭63户65人，累计发放居家养老服务金11.99万元；办理助养补贴138人次，发放助养金3.12万元；办理敬老优待证325人次。

【“双拥”工作】 落实各项优抚政策，为67名重点优抚对象发放抚恤金113.8万元，为13名军队离退休无军籍职工发放各项补助76.7万元，为38名重点优抚对象发放医疗补助及报销医药费共计9.6万元。开展“元旦”“春节”“八一建军节”“中秋节”“国庆节”送温暖活动，发放慰问金5.8万元。走访慰问辖区部队及市委、市政府警卫连官兵，加强与部队之间的联系，实现军民共建；为辖区优抚对象张贴发放光荣之家年画4000余张。共为700余名退役军人和其他优抚对象开展信息采集工作。

【社会保障及救助】 办理基本养老保险、养老待遇领取、退休审查等3874人。办理基本医疗保险、社保卡制卡发放等累计3500人次。发放社保补贴、就业补贴等272万元。办理个人退休、生存认证2566人次。辖区单位就业登记4993人，发放创业担保贷款331万元，发放失业保险金等233万余元。慰问高龄市属国有企业退休人员142名。发放低保金410万元。发放临时救助金、廉租补贴金、特困救助供养基本生活费等专项救助金65万元。办理医疗救助3023人次。慰问辖区困难群众并发放慰问金143万元。发放贫困残疾人护理补贴、扶残助学补助金等49万元，配备辅助器具、开展无障碍改造、实施白内障免费复明共69人。

【友好交流】 7月2日，摩尔多瓦共产党中央委员、费列什蒂区委第一书记瓦列里·穆杜科率团到大溪沟街道人和街社区考察交流，详细了解“重庆第一支部”的光荣传统和人和街社区党建工作。10月23日，北京市西城区一行10余人到大溪沟街道人和街社区考察社区党建工作。

【大溪沟街道负责人】

书　　记：朱传富
主　　任：江永红
人大工委主任：李瑜波
副 书 记：江永红　王铭祺
纪工委书记：张　林
副 主 任：崔卫东　杨虎荣　胡　萍
　　　　　刘　刚
组 织 委 员：蹇　敏
宣 统 委 员：熊　清（2018年9月任职）

（黄俊）

大坪街道

【概况】 大坪街道位于渝中区西部，东临两路口街道和菜园坝街道，南接九龙坡区谢家湾街道，西接石油路街道，北接化龙桥街道。辖区面积2.04平方千米，辖8个社区居委会，92个居民小组。2018年末，街道户籍人口61778人；街道核定行政（政法专项）编制25名，在职24人，纳入参公管理事业编制35名，在职24人，事业编制17名，在职12人。街道办事处驻大坪支路10号。

辖区是渝中区地域较大、人口较多、社会资源比较丰富的街道。2018年末，辖区有社会法人单位2620家。其中有中国兵器装备集团西南地区总部、万友经济发展有限责任公司、重庆市疾病预防控制中心、重庆市医药设计院、北京市中伦文德（重庆）律师事务所等企业单位；有重庆市大坪中学校、重庆市第六十六中学校、渝中区大坪小学校、渝中区解放小学校及15所幼儿园等科教单位。辖区驻区部队多，有海军重庆军代局、渝中消防第三中队、32605部队、大坪医院、重庆警备区渝中第三离职干部休养所、佛图关干休所。

辖区金融、通信、医疗产业发达，有已形成规模和档次的金融、医疗器材、通信器材等规模以上企业96家。有中国工商银行、中国交通银行、中国建设银行、中国农业银行、中国邮政储蓄银行、招商银行、光大银行等多家金融机构；有重庆电信公司、重庆移动通信公司营业厅、中嘉通信市场等通信公司和市场；有七牌坊英利国际广场、新世纪超市、永辉超市等大型商场、超市；有万友康年大酒店、红楼宾馆、白云宾馆、岷山园林大酒店等宾馆、酒店；有近几年新建的小区——和泓江山国际、英利国际广场、康德国际。

辖区有陆军军医大学第三临床医学院大坪医院、大坪社区卫生服务中心等大中型医院，具有现代化的医疗设备和雄厚的技术实力，有病床2000余张。

辖区紧靠重庆奥林匹克体育中心及成渝高速公路，是进入渝中区、九龙坡区、沙坪坝区的重要交通枢纽。辖区绿树成荫、环境优美，国宾道、轻轨交通贯穿全区。

辖区存留有三国时期修筑的军事古隘佛图关、明朝时期兴建的古刹夜雨寺、清道光年间修建的七牌坊、旧巴渝十二景之一的“佛图夜雨”等文化古迹。革命烈士杨闇公、王朴先后牺牲于大坪。当代著名画家陈可之是在大坪这块土地上成长起来的，其作品《东方之子》被奥林匹克博物馆收藏，《三峡晨曲》被北京人民大会堂收藏陈列。

2018年，大坪街道党工委、办事处开拓创新，扎实工作，推进经济社会发展，完成全年目标任务。获“渝中区组织工作信息宣传工作先进单位”“渝中区纪念建党97周年先进基层党组织”“渝中区商会工作先进集体”“渝中区安全生产先进单位”“渝中区国防动员工作先进单位”等称号。

【党建工作】　严肃党内政治生活。推行支部主题党日“领、讲、评、议、播”五步学习法，创新开展情景式党课，与党员“双报到”、认领公益岗位等深度融合。推进“两个覆盖”。开展非公组织和社会组织党建调查摸底，查找16名失联党员并将其纳入组织管理，非公党建组织覆盖率提高到88.6%，工作覆盖率达100%。培育“党员在身边”党员志愿服务品牌。组建“大坪孃孃”等135支志愿服务队伍，累计服务12563人次，开展志愿服务活动30多个，兑现“微心愿”26个。建成七牌坊区级党建示范点。精心组织策划十九大精神“五进”宣讲活动，分领域全覆盖培训60余名机关党员干部、114个基层党组织书记、1800余名辖区基层党员，组织开展十九大精神宣讲20余场次、知识竞赛8次、主题演讲10余场、座谈交流25场次。常态巡查27处会议场所和2处宗教场所，设立街、社两级意识形态领域突发事件处置工作组，统筹指导协调全街意识形态工作。建好市级舆情直报点，共计报送舆情568篇（中宣部综采4篇），报送数量在全市排名第5。《重庆日报》《重庆晨报》《重庆晚报》等市级媒体报道7次，《渝中报》等区级媒体报道76次；在光明网、中国社区网、《渝中手机报》等网络媒体报道40余次。特别制作推出《我是党员》公益视频，传递大坪正能量。配合渝中区侨联承办“暖侨心·惠民生”新春送福进社区活动；按要求对辖区天主教地下势力进行全覆盖摸排；为辖区生活困难且有听力残疾障碍的居民申领到助听器20套；组织辖区内归侨侨眷20余人观看爱国教育片《厉害了，我的国》；指导大坪正街社区成功争创重庆市“民族团结进步示范社区”。协助区民宗委，取缔九坑子烧香拜佛点。

【城市管理】　全街增设人行道隔离球体96个，整治排水管网1000余米，清掏化粪池16个，更换水篦子、井盖135个，协调区城管局对单巷子、三巷新增车行、人行道隔离设施。补苗9000余株，面积2000余平方米，对7个点位进行提档升级，重新安装绿化隔离护栏300平方米。加强对老旧住宅的设施设备整治工作，共整治脱落、断裂落水管25根，修缮排污管700余米，墙面整治6000余平方米，楼道内栏杆加固、刷漆1200余平方米。电梯加装工作完成13台，占全区任务量的65%，区人大代表、政协委员到大坪地区进行实地调研，对老旧住宅加装电梯工作给予好评。

【环境卫生整治】 每月对背街小巷进行冲洗，共清理积存垃圾660余车，清除“牛皮癣”15000余处，清理点580余处。制定《大坪街道垃圾分类工作实施方案》，召开各社区、辖区机关、企事业单位、各物业企业垃圾分类动员部署会，英利国际、和泓江山国际已推行分类工作，占物业小区的5%，街道、社区、老旧物业区域达到垃圾分类全覆盖。共制作宣传广告2处，张贴宣传海报400余张，各社区组织召开50余次院坝会进行宣传，发放宣传手册7000册，制作不锈钢、PVC宣传板共370余块，更新老旧小区垃圾桶800余个。

【物业管理】 组织召开物业项目负责人培训会3次，指导监督4个业委会改选，接访业主240余次，协调处理物业矛盾纠纷95次。加强对老旧住宅的设施设备整治工作，共整治脱落、断裂落水管25根，修缮排污管700余米，墙面整治6000余平方米，楼道内栏杆加固、刷漆1200余平方米。全年召开院坝会120余次，解决老旧小区的物业矛盾。在长江二路二巷29号，大坪村55、82、83、84、85、86号老旧住宅区引进专业物业管理公司，群众满意度达90%。有21家市属国有企业与街道签订移交合同，涉及住户2827户，面积16.45万平方米。

【就业再就业】 开展春风行动政策宣传院坝会8次、就业创业担保贷款政策宣传2次、农民工就业创业宣传3次、社会保障政策宣传3次。组织13名失业人员参加创业培训。开展专场招聘会2场，组织辖区失业人员231人参加全区各级专场招聘会8次。开展高校毕业生就业指导社区行、市场行、园区行活动和就业指导座谈会各1次。共开发用工单位15个、岗位40个，城镇登记失业人员就业832人，就业困难人员就业391人，办理小额贷款获贷310万元（均超额完成区人社局下达任务）。办理就业困难人员社保、医保补贴380人。办理低保促就业人员就业补贴210人、10.9万元。发放失业职工保险金14人、1.47万元，发放三类人员补贴213.71万元。

【经济发展】 通过举办大坪街道特色产业形象推广、秋季展销会等活动，提振辖区经济发展活力，受到区委主要领导肯定。联系服务总部（重点）企业18户、规模以上企业62户、重点楼宇33户，实现走访全覆盖。收集总部（重点）企业意见建议18件，办结率达100%。收集规上企业诉求及意见建议22件，办结率达100%。上报规上企业5户，原有单位的搬迁、关停、信息变更2户；“四上”单位退库4户；招商企业落地数44户，其中“招大引强”企业落地2户。“个转企”9户，新增企业436户，新增个体工商户496户。收集固定资产投资信息1.11亿元。组织辖区7家物业公司召开提升商务楼宇物管服务水平工作会，宣传渝中扶持楼宇经济相关奖励政策，指导立源地物业、康德物业提档升级并已向区房管局报备。通过清查，辖区法人和产业活动单位4158家，个体经营户4286家。完成名录库维护2次，库存企业维护、变更5698户，新增企业2769户。每月维护更新楼宇信息系统，核实33栋楼宇、1426条信息。积极参与扶贫活动，为巫溪县城厢镇前河小学捐赠价值3万余元的助学物资。

【社会保障及救助】 办理个人基本养老保险1180人，办理个体工商户参保88人、市外户籍人员参保33人、城乡居民养老保险12人。办理以个人身份参加城镇职工医保904人。审核以个人身份参保人员退休452人。查询档案1841份，转出档案118份，接收档案80份。办理居民医保9745人，实缴金额310.15万元，新办理社保卡1621张，激活发放社保卡1701张，补换社保卡238张。整理全民登记库未参保人员信息1437人，促进未参保人员参保。城乡居民养老保险28人；发放企业军转干各类补贴40万元。“4050”办理720人，发放养老补贴236.64万元、医保补贴62.4万元。对企业退休人员进行指纹认证9986人，异地退管认证89人，网上认证31人。与12家国有企业签订国有企业退休人员社会化管理服务交接协议书，涉及5085人，促进国有企业退休人员社会化管理服务移交工作顺利完成。定期走访辖区在建建筑工地，开展农民工欠薪排查工作。主动开展劳动监察，对劳动监察系统进行日常录入及维护，为网上监察办案奠定基础。对大坪小学扩建工程、和泓江山国际商用楼工程、三建改建工程、七牌坊临街门面改造工程的农民工讨薪纠纷进行协调。为1178名民政救助对象进行资助参保、60名重病重残人员办理大额医疗救助，发放老年人长寿补贴3350人次、近159万元；发放人生关怀礼包850份，爱心超市发放物资4万余元；坚持在元旦、春节、国庆节、中秋节等重大节日开展送温暖活动，接待群众政策咨询近2600人次，送去慰问金、慰问品共计86.17万元；接受32户困难对象廉租住房补贴申请，23户对象配租成功；为15户特殊困难家庭建档；为辖区残疾人发放扶残助学、社保、阳光家园托养、重度护理等惠残金63万余元，袁家岗、七牌坊2个社区成功创建市级残疾人康复室。

【人大、政协工作】　组织人大代表集中学习6次，45人次代表参加。参加区人大常委会举办的培训2期，8人次参训。人大代表参加接待选民活动37人次，接待选民286人次，收集选民反映事项312件，均及时交付处理，已解决267件选民反映事项。3名人大代表走访慰问困难群体、高龄老人和环卫工人52人次，慰问现金、物资约9000元。编写工作简报16篇，在市级媒体报道5篇，区级媒体报道6篇。1月，政协大坪街道联络委承办“渝中区第十一届春联进万家现场书法活动”，邀请著名书画家为辖区居民群众免费写春联送春联，营造安定祥和的节日氛围。4月，组织委员走访视察长城小区，实地了解老旧小区电梯加装的经验做法，听取意见建议，为街道后续工作的开展建言献策。5月，在全面落实城市综合管理“五长制”之际，开展“上马路、访群众、看成效”的实践活动，察看城市管理标准化管理成效，了解街道在落实“五长制”过程中存在的困难和问题。8月，开展慰问环卫工人、夏日送清凉活动，深入一线体察环卫工人生活现状及存在的困难，并从政协渠道呼吁加大对环卫工人的关心关爱。

【双拥工作】　2018年共出墙报10期，悬挂标语46幅，网络宣传33次，集中组织开展国防教育10次，受教育者达897人次，评选“光荣之家”590余户，在人流量密集地点常设宣传点3个，营造良好的拥军优属氛围。保障优抚对象合法权益，各大节日期间为全街无军籍退休职工391人、城镇参战无业人员30人、优抚定补人员23人、烈士遗属48人、义务兵家属26人，发放节日慰问金共计40余万元。将立功喜报、慰问信、光荣之家年画和光荣军烈属牌匾送到每位优抚对象手中，走访慰问伤残军人、老复员军人、无业参战人员和军烈属等优抚对象61户。根据区民政局关于八一“爱心献功臣”活动要求，通过送慰问信、发慰问金、赠慰问品等形式，为城镇参战无业人员30人、优抚定补人员23人、农村籍退役士兵4人、义务兵家属26人发放节日慰问金共计19700元，确保优抚对象范围全覆盖、优抚安置政策法规全落实。街道领导班子成员对辖区陆军军医大学大坪医院、大坪消防中队、78401部队等6个驻地部队和干休所进行走访慰问，发放价值近3万余元的慰问品。

【安全生产】　调整街道安全生产委员会成员单位及组成人员，修订完善《大坪街道安全生产工作“党政同责、一岗双责”实施意见》，对街道各层级人员的安全生产责任进行明确，对安全隐患移交进行规范。向上级主管部门移交安全隐患5次。坚持每月25日前统计汇总各科室安全生产履职情况，并在街道党政联席会上通报，促进街道各层级人员安全生产责任落实。3月，组织召开2018年度安全稳定工作会议，与辖区主要社会单位签订安全生产和消防工作责任书150余份，推动辖区社会单位安全生产主体责任落实。以有限空间作业、建设施工、危化品、消防安全等专项整治为主线，开展安全生产大排查大整治大执法，推动整治大坪中学食堂围墙、上肖家湾沿线电杆、金鹏花园出租房废弃危化品、现代大厦楼顶广告牌等辖区多处“老大难”安全问题。其中，牵头向区政府申请应急专项资金34万元，配合整治拓展大厦外立面安全隐患。年初，协调区文化委和区公安消防支队对星乐汇火锅KTV占用消防通道并违规住人、凌云阁小区消防控制室及消防系统功能缺失的问题进行了行政处罚。11月，聘请专家对金象世家地下商场进行安全检查，夯实辖区安全稳定基础。

【综治工作】 推进扫黑除恶专项斗争，成立大坪街道扫黑除恶专项斗争工作领导小组，制定扫黑除恶专项斗争工作方案，召开工作部署会、推进会4次，召开专项扫黑除恶专题会6次。为提高辖区居民的知晓率，广泛发动群众积极参与区组织的扫黑除恶我点赞活动，获得最佳组织奖。发动社会单位开展扫黑除恶工作宣传，制做宣传横幅100条，利用街道、社区、辖区单位、门店店招的LED显示屏开展滚动宣传；通过街道和社区网站、微信群、夜间喊话和入户发放宣传资料进行扫黑除恶专项斗争工作宣传；开展集中宣传4场次，召开院坝会11场次，入户24700余户，送发《致全区居民群众的一封信》12400余封，发放宣传品（环保袋、扇子、燃气卡）13800余份，更新宣传专栏15期，张贴宣传画1660张，全方位宣传扫黑除恶专项斗争。设立举报箱23个，在重点工作和重点群体中开展线索摸排。结合七牌坊社区治安乱点整治，加强源头治理，与派出所一道召开院坝会3次，广泛发动群众，整合辖区职能站所力量开展综合整治，出动警力600余人次。1—11月，七牌坊社区发案96件，同比下降18.64%，取得积极成效。联合派出所、工商、消防等职能部门和街道党工办、执法大队、城市管理科，会同各社区对辖区23所学校、幼儿园开展安全检查和周边环境整治，发现问题和隐患及时督促整改。在上下学时间段安排群防队员值守，确保校园安全。

【人民武装工作】 2018年，街道内有13名优秀青年参军入伍，征兵任务完成量名列全区第一。高标准完成民兵编组整合，编组应急民兵班1个，应急民兵排1个，对空观察分队1个，便携式低空导弹连1个，保交护路分队1个，普通民兵连8个，并按照要求成立党支部，进一步扩大民兵队伍，夯实人民武装基础。5月，组织专武干部、民兵骨干10人参加区武装部在綦江组织的集训，通过聆听授课、队列训练以及实弹考核，提高专武干部和民兵的军事技能。6月受领斋月备勤任务后，街道武装部制定《大坪街道斋月期间反恐工作应急民兵备勤方案》，组织10名民兵按规定进行备勤，完成斋月备勤任务。7月，长江洪峰过境重庆，组织民兵全天备勤，完成支援保障任务。10月，组织15名民兵参加区武装部组织的选拔集训，提高民兵的军事素养。

【总工会工作】 完成新建工会14家，发展会员381人。区域内工会组建率达到97.31%、数据库建会率达到98%、25人以上企业组建率和职工入会率均达到99%。监督指导眼视光眼科医院等14家基层单位建会和街道机关等3个基层工会换届，指导重庆金窝窝网络科技有限公司等4个基层工会开展工会规范化示范点建设，同时推进“三亮双评”基层工会建设。举办劳动法、工会法等法规专题讲座4次，开展“遵法守法•携手筑梦”服务农民工法制宣传。持续推进“千名律师进企业服务职工在基层”

行动，为白云宾馆等十余家企业对接开展法律援助，为企业调解劳动纠纷15件，挽回经济损失30余万元。开展工资集体协商五年规划“回头看”调研，持续推进平等协商机制，共有921家企业与职工签订集体合同和工资专项合同，覆盖职工9260人，履约率达95%以上，区域内农民工劳动合同签订率达90%以上。组织职工参加第二届“爱尚运动·活力半岛”2018年非公组织运动会和“体彩杯”春季登山比赛，荣获三等奖2名。动员非公企业职工参加“讴歌新时代·幸福渝中人”非公组织职工歌咏大赛，有两名选手经过初赛、决赛分别荣获银、铜奖，大坪街道荣获优秀组织奖。选送14个书法、摄影作品参加区“廉政文化教育宣传月”书法、摄影作品展活动，荣获一等奖2名、二等奖1名、三等奖3名。组织辖区劳模、先进职工、优秀工会干部及先进集体代表参加“感受母城文化不忘劳动初心”、进京休养、庆祝建党97周年、重温党的光辉历史延安休养学习等活动。

【团工委工作】　开展以“青年大学习”为主题的团日活动8次、座谈交流6次，利用微信、QQ等新媒体平台组织微团课7次、微讨论8次。开展2017—2018年度“争做新时代向上向善好青年”主题活动，分别推荐“爱岗敬业好青年”“创新创业好青年”“诚实守信好青年”“崇义友善好青年”“孝老爱亲好青年”等5名区级以上向善好青年。组织辖区非公单位团员开展“青锋讲堂”主题活动，帮助辖区两个单位申请青锋计划贷款项目，邀请专业老师为青年团员讲解创新创业故事，主动服务青年发展。围绕推进大坪商圈建设和健康产业发展，拓展青年文明号创建领域，丰富创建内容，按照“一支一策”，加大对非公企业创建青年文明号的指导力度，引导广大青年坚守职业道德，创造一流工作业绩，全街有两个辖区单位评上青年文明号称号。深化“团干部+社工+青年志愿者”联动模式，组建“大坪少年”志愿服务队，拓展“四点半课堂”“小何心绪室”等特色课堂服务范围，常态化开展“全国学雷锋日”“暑期青教”活动，获评2018年渝中暑期青少年教育活动先进集体及先进街道等称号。

【妇联工作】　开展2018年春风行动和春节送温暖活动，共慰问5名单亲贫困母亲及3名春蕾女童，发放现金4800元及800元购物券，并向8名贫困儿童赠送了羽绒服。策划全街三八妇女节活动，组织街道干部前往巴南区春游，踏青赏花野炊，开展团体趣味活动，舒缓身心，怡情养性。在中秋期间组织辖区执委和社区妇干开展以“巾帼心向党 携手建新功 ”为主题的巾帼志愿活动。组织“家庭零暴力·幸福你我她”的法律进社区“维权周”宣传活动，重点宣传《中华人民共和国反家庭暴力法》《妇女儿童维权服务手册》，发放法律法规宣传资料1500余份、口袋400余个，律师、婚姻家庭指导员接受妇女群众咨询300余人。开展庆祝六一儿童节暨“城市提升巴渝巾帼行动”启动活动，组织50余名儿童和志愿者参与。开展“我爱我家”儿童绘画、征文作品征集展示活动。举办家教流动学校“百场讲座进万家”活动，惠及辖区2000余人。开展“平安家庭”建设、“关爱儿童反对拐卖”、“不让毒品进我家”、“守护花季 相伴成长”、“暑期儿童安全教育”等活动10余场。持续开展寻找“最美家庭”活动，创新开展“廉洁家庭”“书香家庭”“孝善家庭”“绿色家庭”“环保家庭”“惜福家庭”创建工作。

【大坪街道负责人】
书　　记：韩　红
主　　任：刘　建
人大工委主任：何祖光
副 书 记：张兴东
纪工委书记：冯红军
副 主 任：陈学光
　　　　　周　兵（2018年12月离任）
　　　　　王　星　池　建
组织委员：马　果
宣统委员：罗　策

（赵昌焕）

化龙桥街道

【概况】 化龙桥街道位于渝中区西部，东界上清寺街道，南靠石油路街道、大坪街道，西与沙坪坝区土湾街道接壤，北濒嘉陵江且与江北区猫儿石隔江相望。辖区面积2.89平方千米，嘉陵江岸线4.12千米。辖2个社区居委会，1个社区工作站，20个居民小组。2018年末，户籍人口24378人，常住人口36520人。街道办事处驻渝中区李子坝正街166号。2018年，街道内设党工委办公室（精神文明办公室）、行政办公室、社会建设和劳动保障科（卫生和计划生育办公室）、城建城管科（环境保护科、物业管理办公室）、经济发展科（统计管理办公室）、社会治安综合治理委员会办公室、安全生产监督管理办公室（应急管理办公室）；区司法局派出机构司法所、区综合行政执法局派出机构综合行政执法大队；下属事业单位社区建设管理中心、劳动就业社会保障服务所、就业服务管理站。2018年末，化龙桥街道有行政编制18人，政法专项编制3人，参公编制26人，事业编制13人。

辖区原是渝中区第二产业的主要集中地，以汽车配件、电机、橡胶和阀门产品为支柱。2004年拆迁工作启动后，绝大部分企业搬出辖区或者就地清算破产；2006年，化龙桥片区改造工程动工；2012年12月，化龙桥企业天地（重庆天地）被重庆市对外贸易经济委员会授牌“重庆国际商务区”；2015年，重庆新天地创建为国家4A级景区，市级商业特色街成为重庆时尚休闲娱乐的新地标。

辖区有重庆红岩联线文化发展管理中心、重庆市渝中区公安消防支队、重庆市公安局渝中区分局经济犯罪侦查支队、重庆市交通行政执法总队直属支队水上大队、化龙桥工商所、化龙桥地税所、化龙桥派出所、重庆市工业学校、重庆市第二十九中分部、重庆红岩村小学等机关事业单位。有德勤咨询（重庆）有限公司、德勤华庆商务服务有限公司、重庆渝中新浩郡房地产开发有限公司、阳光人寿保险股份有限公司重庆分公司、重庆世联行房地产顾问有限公司、重庆瑞安天地房地产发展有限公司、重庆索通律师事务所、鹏诚保险代理有限公司、北京红牛饮料销售有限公司重庆分公司、重庆北京外企德科人力资源服务有限公司、重庆圆基新能源创业投资基金合伙企业（有限合伙）、重庆安拓投资管理有限公司、中国出口信用保险公司重庆营业管理部、中国建筑股份有限公司、电装（中国）投资有限公司重庆分公司、万友汽车投资有限公司、重庆大龙网科技有限公司、通力电梯有限公司重庆分公司等社会单位。

辖区主干道由东向西为嘉陵路、瑞天路，全长3.30千米。

辖区有原巴渝十二景之一的“佛图夜雨”故地佛图关公园、重庆市首个抗战遗址公园李子坝公园、史迪威将军博物馆、大公报报社重庆旧址等重要陪都遗址。有全国重点文物保护单位红岩革命纪念馆，市级文物保护单位“红岩公墓”、虎头岩《新华日报》总馆旧址。化龙桥区域是重庆红岩精神的发祥地。

2018年，化龙桥街道党工委、办事处紧扣建设“重庆国际商务区”总体定位，强化统筹协调和执法力度，努力做好城市管理、社区治理、安全维稳、民生民利、党的建设及基层人大、政协工作，推进地区经济社会持续健康发展，加快建设“美丽化龙桥•幸福新天地”。街道先后获评“渝中区消防安全工作先进单位”“武装工作先进单位”“2018年暑期青少年教育活动先进街道”等荣誉称号。

【基层党建】 化龙桥街道党工委下属2个社区党委、1个社区工作站党委、3个非公企业党支部、4个社会组织党支部，共计21个党支部，有党员767名。结合“两学一做”学习教育，引导党员干部学习习近平新时代中国特色社会主义思想，实现党的十九大精神培训全覆盖。

开展非公组织党建信息摸底调查工作，采集录入160家，找到党员6名，覆盖率达85%。指导大龙网党支部开展换届选举，指导5家非公党组织开展50次支部主题党日活动。成立化龙桥街道党建联席会（27家单位），指导各社区成立党建联席会。成立社会组织联合党支部（李子坝社区家和社会组织联合党支部），指导召开了第一次党支部会议。节假日慰问困难党员25名。机关确定入党积极分子1名，社区发展党员4名，非公党组织发展党员1名。

【城市管理】 实施“五长制”，整治各类问题5800余个，拆除违法建筑21处、1741.9平方米，完成率达118%。摩托车、“僵尸车”整治率达95%以上，强制拆解长期污染沿江环境的“旱船”，整治餐饮船舶3艘，整治船舶周边环境，并保持常态管理。根治李子坝农贸市场周边多年露天烧烤、占道经营顽疾。综合整治化上村127、128号闲置地块，清除流浪乞讨人员4人，取缔非法设置的佛像，暂扣经营物品，清理周边垃圾20余吨。实行社区环卫公司竞争上岗机制，推行生活垃圾分类处置。协调万科、轻轨9号线，清除《新华日报》旧址周边暴露垃圾30余吨。清理沿江4.12千米江岸乱垦乱种1.83万平方米、暴露垃圾280余吨，冲洗滨江步道3千米，对3.5万平方米沿江消落带进行绿化美化。整改污水直排入江、油烟类大气污染、噪声污染等问题16个。

【经济发展】 落实招商引资工作目标和经济指标任务，规上企业营收1.71亿元，超目标12.2个百分点；规上企业零售额1.63亿元，超目标12.5个百分点；上报签约落地项目9个；完成固定资产投资5005万元，新增企业177家、个体工商户99家。累计走访服务总部和规上企业54家次，完成商会换届，开展民营经济政策宣讲“三进”活动。

【“四经普”工作】 完成辖区“四经普”清查摸排，上报法人及产业活动单位850家，个体工商户544家，核查法人及产业活动单位1260家，核查率达100%；核查确认搬迁、注销、未经营、失联个体户180余家。

【社会保障】 办理居民养老、医疗保险、城镇就业失业人员登记、困难人员再就业、失业金领取、再就业补贴帮助等14960人次，发放低保金371.6万元。开展退役士兵信息采集工作，按时足额发放军转干生活补贴、困难救助、节日慰问金及体检费等。按政策办理临时救助和归档，发放“人生关怀”礼包，慰问困难群众、特殊群体1617人次，发放价值57.55万元的礼包。

【安全及综合工作】 以安全生产大排查大整治大执法工作为主线，加强重点领域检查、重点时段排查、重点隐患整治，检查安全1600余次，发现隐患220多处，整改率达90%以上。领导干部2018年接访下访累计236次，化解1件长达十余年的信访积案。全年信访维稳60余次，重大敏感时期辖区无群众集访、无进京上访。深入推进扫黑除恶专项斗争，制作发放宣传资料27000余件，召开院坝会10余次。9月在区政府统一部署下，强力实施轨道9号线维稳性施工，推进了辖区重大民生项目建设。

【学习培训】 3月13日，街道组织全体干部职工、部分社区干部召开专题会议，学习贯彻习近平总书记参加重庆代表团审议时的重要讲话精神。6月5日，渝中区监委委员顾龙在化龙桥街道开展“深入学习习近平总书记关于深化国家监察体制改革的重要论述、全面贯彻实施国家监察法”专题讲座，街道全体干部职工、各党支部书记、全体社区工作者共计100余人参加讲座。

【友好交流】 3月15日，广东省江门市侨联主席林春晖一行到红岩村社区参观学习交流。9月12日，杭州市下城区人大常委会许岳荣主任一行到红岩村社区考察学习“街道人大工委建设和代表履职考核”工作。10月19日，南川区委组织部和东城、南城、西城街道及4个城市基层党建示范社区党务工作者一行到红岩村社区学习考察城市基层党建工作。11月14日，重庆市妇联组织的女性社会组织驱动创新班学员100余人到红岩村社区，对社区社会工作的开展与管理进行参观学习。12月12日，黑龙江省牡丹江市西安区人大常委会调研组李惠斌一行5人到红岩村社区考察交流。

【举办讲座】 4月17日，化龙桥街道邀请注册安全工程师、安全专家付运智就有限空间作业安全为辖区企事业单位负责人、街道干部、社区居委会主任及安监员共70余人授课，传授安全作业知识。4月25日，街道妇联在塞纳左岸咖啡吧组织开展“悦读越美丽”女性读书月分享会，街道机关、社区的20余名妇女干部职工参加；7月24日，街道妇联在李子坝社区开展“插花体验日”活动，街道机关、社区的20余名妇女干部职工参加此次活动。5月10日，重庆市公安局经侦支队针对涉众经济犯罪在红岩村社区会议室开展 “与民同心·为您守护”主题防诈骗知识讲座，增强群众的防骗意识。

【义诊及科普活动】 5月19日，重庆市中医骨科医院、化龙桥社区卫生服务中心在雍江翠湖小区联合开展以“牵手身边家庭医生，共筑美好健康家园”为主题的大型免费义诊活动，30余名专家、医生、医务工作者、志愿者到现场服务。5月23日，街道联合轨道交通9号线一期工程土建四标项目经理部，在红岩小学开展“欢乐六一·我是轨道小达人”轨道知识科普活动。

【建党97周年庆祝活动】 6月28日，化龙桥街道党建联席会召开庆祝建党97周年大会，表彰辖区机关、社区、企事业单位27名“最美共产党员”，街道党工委书记傅奇志讲党课回顾党史。

【反腐倡廉教育及巡查整改】 7月20日，街道组织党员干部职工参观聂荣臻元帅陈列馆，接受不忘初心筑牢反腐倡廉之墙的革命历史教育。8月10日，街道党工委召开党风廉政警示教育专题工作会，组织全体干部职工观看警示教育片，传达学习市纪委书记陈雍及渝中区委书记黄玉林在“以案四说”警示教育会上的讲话精神，并部署街道党风廉政警示教育工作。11月23日，组织街道党员干部、社区支部书记、非公党组织支部书记及社区居委会党员共37人到铜梁邱少云烈士纪念馆和铜梁区廉政教育基地开展警示教育活动。6月29日至8月30日，区委第二巡察组对化龙桥街道进行为期三个月的巡察。9月26日，区委第二巡察组向街道反馈巡察情况。9月28日下午，街道召开党工委会议，专题研究整改落实工作。9月5日，街道召开巡视整改专题民主生活会，区政法委书记何积光，区委督导十三组组长傅嘉仕到会督导。街道党工委书记傅奇志代表街道班子对照区委“1+3”整改方案七大类47点问题详细剖析，提出具体整改措施，11名班子成员分别开展批评与自我批评。

【航模组装大赛】 9月21日，街道妇联、渝中区红岩小学和重庆星际通航公司联合主办的青少年航模组装大赛在红岩小学举行，48名红岩小学的学生参与学习航空航天知识、体验航模组装过程。

【商会换届选举】 10月17日，渝中区化龙桥商会第三届换届选举大会在企业天地召开，辖区40余名优秀企业家代表审议并通过化龙桥商会换届选举工作方案、选举办法、第二届化龙桥商会工作报告，表决通过商会章程草案，选举产生新一届化龙桥商会班子成员。万科（重庆）企业有限公司写字楼事业部总监刘渝当选新一届化龙桥商会会长，瑞安房地产、索通律所、志和智律所、优创会展等企业负责人当选理事会成员。

【对口帮扶】 11月15日，区政法委书记何积光率化龙桥街道、化龙桥商会相关领导一行到巫溪县土城镇鱼塘村开展对口帮扶和精准扶贫工作调研，实地慰问鱼塘村贫困户代表，将化龙桥商会会员单位重庆晨科信息技术有限公司捐助的慰问金和慰问品送到代表手中。11月16日，街道党工委书记柯苇代表街道向巫溪县土城镇鱼塘村捐赠帮扶资金20万元，用于中药材、清脆李、冬桃等经济作物种植和乡村人居环境改善。

【工会工作】强化工会组织网络体系建设，新建5个独立基层工会、1个联合工会及3个工会小组，新增会员90人。签订区域性集体合同与工资专项集体合同，共覆盖95家单位。指导帮助中建三局第三建设工程有限责任公司（重庆轨道交通9号线一期工程五标段项目部）创建“渝中区工人先锋号”；指导帮助红岩村社区、中建八局红岩村桥隧PPP项目部创建渝中区户外劳动者“爱心驿站”；组织参加区“中国梦·劳动美”职工演讲比赛并获一个二等奖，一个三等奖。参加市级网上劳动和技能竞赛，中建土木红岩村桥隧PPP项目红岩村分部二衬钢筋班组获得“金牌班组”荣誉，苗春阳获“金牌职工”称号，苏井高获“十佳职工创新成果”多项殊荣。扎实开展“律师进企业，服务职工在基层”系列法制讲座，推进工会服务品牌落地生根。组织辖区居民参加“感受红岩铁军文化 探秘四隧七洞奇迹”国企开放日活动。开展“赠亲情寄语·树廉洁家风”家庭助廉等系列活动。开展“冬送温暖、春送岗位、夏送清凉、金秋助学”常态服务，推进职工互助保障工作。2018年职工参保173人，为7名职工申请了互助补助金，申办住院补贴8220元，为2名贫困家庭子女应届大学生申办助学补贴14000元，助其圆大学梦。10月18日，举办“蜕变·遇见最优雅的自己”——职场礼仪培训，来自辖区基层工会及非公企业的50余名女企业家、女性高管及优秀女性人才代表受邀出席此次活动。

【共青团工作】 围绕“组织青年、引导青年、服务青年”，开展青年团员思想建设、团组织自身建设、扎实服务青年群众、大力弘扬传统美德等系列活动。推优入党3名，新建4个非公团组织。开展“四点半课堂”“暑期青少年教育”活动40余场，开展志愿者服务活动30余次。街道被评为2018年暑期青少年教育活动先进街道，李子坝社区被评为暑期青少年教育活动先进社区。

【妇联工作】 先后开展“悦读越美丽”女性读书月，寻找“最美家庭”“最美阳台”，“赠亲情寄语·树廉洁家风”家庭助廉，美好生活·她课堂——插花体验日，青少年航模组装大赛，“巾帼心向党·建功新时代”学习贯彻中国妇女十二大精神等活动。李子坝社区“儿童之家”被区妇联选树为规范化建设典型，带动推进全区“儿童之家”建设。获市“最美阳台”1户，区“最美阳台”2户；市“最美家庭”1户，区“最美家庭”2户。入围重庆市基层妇联组织改革典型案例1例；荣获年度渝中区巾帼文明岗1个、优秀巾帼志愿服务项目1个、巾帼建功标兵1名。

【化龙桥街道负责人】

书　　记：傅奇志（2018年9月离任）
　　　　　柯　苇（2018年9月任职）
主　　任：越德川
人大工委主任：郑　静
副 书 记：越德川　汤国军
纪工委书记：郭　辉
副 主 任：刘隆智　陈红宇
　　　　　冯志勇（2018年7月离任）
　　　　　孙立志（2018年7月任职）
　　　　　杨海军
组织委员：蒋　倩
宣统委员：杨　健

（常新婷）

石油路街道

【概况】 石油路街道地处渝中区西部，东与大坪街道相邻，南与九龙坡为邻，西与沙坪坝区相接，北与化龙桥街道相连。辖区面积2.90平方千米。下辖7个社区居委会，59个居民小组。

2018年末，户籍人数5.8万余人，常住人口12万余人。街道办事处驻渝中区医学院路9号。2018年，街道内设党工委办公室、行政办公室、社会治安综合治理委员会办公室、城市管理科、社会建设和劳动保障科、经济发展科、安全生产监督管理办公室7个职能科室。下设社区建设管理中心、劳动就业社会保障服务所、就业服务管理站3个科级事业单位。另有渝中区综合行政执法局派驻石油路街道综合行政执法大队1个、渝中区食品药品监督管理分局派驻石油路街道食品药品监督管理所1个、渝中区司法局派驻石油路街道司法所1个。年末，街道核定行政编制25人（实际在岗22人），社区建设管理中心核定事业编制13人（实际在岗4人），综合行政执法大队核定事业编制19人（实际在岗19人），劳动就业社会保障服务所核定事业编制13人（实际在岗11人）。

辖区有重庆医科大学、重医附一院、重庆长航医院、重庆五一高级技工学院、重庆通信管理局、重庆煤炭设计院、重庆电车公司、重庆渝友医药有限公司、龙湖时代天街、重庆总部经济园区、重庆永缘汽车用品市场、重庆龙华实业（集团）有限公司、马家堡小学、石油路小学、渝中区车管所（虎头岩）、重庆市渝州宾馆等中央、市级、区级机关及企事业单位近100家。

石油路辖区是集医疗、教育、信息产业、通信、汽车装饰、大型居住楼盘为一体的地区。现有“龙湖时代天街购物中心”大型商业商圈一个，医学院路“汽车装饰”一条街，石油路“餐饮业”一条街，以及龙湖时代天街、万科锦城、恒大名都、重庆总部经济园区4个大型居住楼盘。

辖区主干交通道路有长江二路、大坪正街、渝州路和经纬大道4条；支干交通道路有友谊路、医学院路、茶亭北路、金银湾路、石油路、茶亭南路、虎踞路、虎歇路、虎威路、河运路和大化路11条。

2018年，街道党工委、办事处深入贯彻落实习近平新时代中国特色社会主义思想和党的十九大精神，着力提升党的建设和组织工作水平，不断增强辖区统揽能力，在精耕城市管理、致力民生改善、维护社会稳定、服务经济发展等方面取得较好成绩。街道获2017年度重庆市五四红旗团委、2017年度暑期青少年教育活动先进街道、2017年度暑期青少年教育活动先进社区、2017年度重庆市市级安静居住小区（恒大名都小区）、全市环保无烟熏制试点、2017年重庆市科普示范社区、2017年重庆市社区体育健身点、市级“和谐示范社区”（金银湾社区）、全国优秀社区工作法（金银湾社区“三事三色”工作法）、市级市民学校示范点（金银湾社区）、全国民主法治示范社区（金银湾社区）、重庆市科普示范社区（金银湾社区）、共青团重庆市委青年之家城乡社区市民学校示范点（金银湾社区、煤建新村社区）、全国无邪教示范社区（煤建新村社区）、中央综治委及团中央“双零”示范社区（煤建新村社区）、2017年学习型社区（煤建新村社区）。

【党建工作】 推进“两学一做”学习教育常态化制度化。分别召开年度和巡视整改专题民主生活会。组织中心组学习16次，基层党组织开展组织生活660次，领导班子参加双重组织生活280人次，讲授党课36人次。社区党委坚持季度党建形势分析。组织党员开展“以案四说”、参观杨闇公故居和长寿防范职务犯罪教育基地、观看教育影片等党性教育6次。开展基层党建规范化建设，常态全覆盖56个党组织和1853名党员信息管理；接收国企退休党员370名，停止失联或外国定居党员党籍8名、保留海外留学党员党籍5名；金银湾社区运用党建网格化、“三事三色”机制、社区事务协商，探索社会治理创新，相继迎接各级调研考察20次；煤建新村社区通过区委组织部党建标准化规范化示范点检查验收。群工系统接办诉求680件，满意率达97%，其中，无不满意件。季度性开展非公“两个覆盖”摸底，新增排查296家，党员21人；维护非公单位4092家，其中，有党员的279家，党员695名，组建率达100%，覆盖率达94.1%；维护社会组织77家，有党员的43家，党员47名，组建率达100%，覆盖率达95.4%。均达到区委组织部组建率、覆盖率要求。完善“一把手”负总责、班子成员“一岗双责”

工作机制，召开党工委会25次，分析研判党建形势和重要事宜，研究党建议题33个。组织科级领导干部如期转正4名，开展提升干部素质培训450人次，网络答题240人次，网络学院全员达标。对标对表市委巡视渝中反馈意见，街道立行立改7大类16个方面41小项存在问题，并做好整改“后半篇文章”。制定《“廉洁石油路”2018年实施方案》，不断增强作风纪律督查，明察暗访干部职工会风会纪、上班状态、工作纪律42次，借助“智慧社区”App，实时掌控工作人员在岗状态，有效提升工作效率。意识形态属地场馆走访督查140个次，安全生产监管责任检查571家次，扫黑除恶线索收集33条，深入企业联系联络560家次、解决问题18件。按照区委部署安排，同步巡视整改，启动“把监督挺在前面，修复净化政治生态”试点，制定5大步15项具体工作实施方案和任务清单，分析梳理政治生态53条，实践“四必谈”120人次，拟定干部廉政档案58份，建立完善监督管理规章制度规定10余项，查找廉政风险点252个、梳理“微权力”清单244项、描绘制度运行及廉政风险防控流程143张，选聘社区监察监督员7名，探索形成“一三五”监督模式，取得一定成效。试点工作受到区委、区纪委监委主要领导现场调研肯定。

【宣传工作】 获得《重庆日报》《渝中报》等市、区级媒体正面报道145篇；强化舆情监控和网络安全，开展舆情调查、新闻跟帖、微博转评1467次；全年报送手机报信息1340条。重点保障全国“两会”、中秋国庆、庆祝改革开放40周年等期间舆情监管，坚持意识形态问题零报告制度，未发生任何网络舆情问题。组建社区宣讲团，培养宣讲骨干队伍，围绕党的十九大精神主线，开展“名嘴进百家”、社区龙门阵、院坝微宣讲等活动25场次，受惠5000人。退休职工朱登礼当选重庆市唯一的“全国基层理论宣讲先进个人”。结合文明城区建设，举办周末音乐会、惠民文化演出、迎春游园活动、趣味运动会、地区游泳比赛等15场次。金银湾社区被评为2017年度区级文明单位标兵。抓好意识形态类论坛、讲座、报告会的审批管理。成立街道意识形态工作领导小组，签订2018年意识形态工作责任书32份，建立健全场所信息登记35个，坚持每月走访督查重点场馆145家次，召开专题培训3次。接受文明城区创建复查。

【城市管理】 按照《渝中区“城市精细化管理提升年”总体方案》相关要求，街道购置8台电动巡逻车，加装定位系统，利用网格化管理、网络化运行，将城管执法干部、城管监察协管员纳入辖区29个网格管理。数字城管系统先后受理案件3万余件，处理公众投诉案件300余件、12319案件300余件、电话投诉1000余件、网络舆情150余件、电子大屏幕案件1500余件，处置率与回复率均为100%。先后取得2个全区第一名、1个全区第二名、6个全区第三名、2个全区第四名，取得平均排名为前三名的优异成绩。先后制作“五长制”工作牌并上墙1982块，解决城市管理相关问题12000余件，街长、路长、巷长、楼长、店长共计巡查25000余人次，其中发现市容秩序类问题9000余件，环境卫生类问题16000余件，园林绿化类问题50余件，施工管理类问题20余件。先后与区建交委交管执法大队、区城管执法支队、交巡警大坪大队、大坪工商所、石油路食药监所、石油路派出所、街道城市管理综合行政执法大队联合执法，对辖区民乐村、金银湾、石油路、彭家花园、煤建新村、新影村6个社区300余辆僵尸车进行拖移，对龙湖时代天街周边的300余辆外卖摩托车、100余辆三轮车、50余辆滑轮车、20余辆“板板车”进行集中整治，对100余辆三轮车车身“牛皮癣”进行清洗和清除，发放“依法规范停车温馨提示”宣传资料5000余份，规范划线摩托车停车位300余个，暂扣占用人行道停放机动车50余辆，罚款3000余元，支付拖车费3000余元，辖区停车秩序明显改善。高标准完成民乐村社区和金银湾社区存量违法建筑整治消减量任务169处、7914.6平方米，拆除彭家花园社区心巢小区存量违法建筑整治消减量任务外的存量违法建筑4处、1690平方米，强制消除虎头岩社区在建违法建筑2处、140平方米。组织区城管局、重庆医科大学、大坪工商所、石油路食药监所、大坪地税所、石油路派出所、街道安监办、城市管理综合行政执法大队、城管科、环保科、民乐村社区和城管监察协管员，对重庆医科大学家属区35家住改非经营门店进行联合执法集中整治，先后拆除门楣店招33块、遮雨棚22家，销毁经营地台3家，暂扣经营物品100余件，赢得重庆医科大学及广大市民的赞许。先后备案登记通过75个门楣店招，依法依规清理整治205处经营门店的违规行为，拆除有安全隐患的招牌40块、户外广告7处。每月对社区市容秩序、环境卫生、户外广告、门楣店招、占道开挖、数字城管、队员形象等方面进行明察暗访，先后发现并解决城市管理相关问题1569件，给予考核奖励经费8万余元。推进心巢小区、恒康丽景、康德27度生活空间等3个小区电梯隐患整治工作，9台老旧电梯正进行整机更换。指导4个小区按程序动用大修基金，对11台电梯进行维修。共申报加装26台电梯，其中科技学院7台，医科大学18台，渝州新都小区1台。科技学院家属区2台已进入竣工验收、3台已确定总包单位并开展前期工作。街道涉及“一业”（国企将家属区水、电、暖和物业管理职能从国企剥离，转由社会专业单位实施管理的一项政策性和专业性较强、涉及面广、操作异常复杂的一项管理工作）移交的单位14家，其中央企6家、市属国企8家，涉及移交楼栋53栋，总户数为2545户，总建筑面积17.96万平方米。按照“三供一业”（企业的供水、供电、供热和物业管理）工作移交相关要求，先后与14家单位签订了移交框架协议，代付整治经费235.73万元，指导和督促8家国企开展移交整治工作，指导社区对14个移交区域逐步开展物业管理。先后3次上门劝离流浪人员，10余次规劝菜农妥善处理种菜遗留物。汛期应急处理4次，构筑临时拦水坝150余米，清理堵塞沟渠64米。与协信阿卡迪亚物业公司联合开展“石油路街道、协信天骄爱生活2018年度防汛防灾联合应急演练”。按照“政府推动、全民参与、因地制宜、秩序渐进、完善机制、创新发展、协同推进、有效衔接”的基本原则，在协信阿卡迪亚小区、中环升伟广场、嘉华鑫城小区、颐乐园等小区投入经费5万余元，配置垃圾桶140余个，设置可回收物、易腐垃圾、有害垃圾、其他垃圾分类回收设施。开展生活垃圾分类专项工作宣传7次，逐步培养居民“垃圾分类、人人有责”的环保理念。

【安全工作】 统筹借力督重点隐患整改。联合九龙坡渝州路街道，先后4次协调相关部门现场办公，彻底解决升伟广场雨茁幼儿园两区交接围墙开裂的安全隐患；联合区建交委和大石化管委会督促整改消除华宇大杨石组团施工现场H-G-F-G段边坡土方存坍塌危险的安全隐患；联合区消防支队、区房管局督促协信天骄城出资20多万元，消除市挂牌督办的阿卡迪亚消防系统瘫痪重大安全隐患；完成金银湾222号、四环大厦、渝州新都3处区级挂牌重点安全隐患整治销号工作。搭台互联促责任落实。整合辖区物业、在建工地和餐饮配送等，建立石油路辖区物业平安工作群等4个微信群，适时发布警示案例、高温预警信息等；联合区商务局开展液化石油气罐打非治违专项行动2次，查扣非法运输摩托车2辆、非法运输液化气瓶15个，行政处罚11家餐饮商家。主动作为促风险防控。从10月份始，全面细致摸排辖区各类场所单位经营证照、能源使用等情况，摸清辖区监管底数及现状；利用龙湖时代天街和小区多媒体平台发布火灾事故案例、燃气安全小动漫等；在每个老旧居民区的单元楼栋张贴城镇燃气科普挂图、设置安全出口指示标识970余幅，制定送达居民喜闻乐见的火灾逃生自救资料和安全倡议书等4.5万份；先后2次添置灭火器125具，不断营造安全和谐辖区环境。整体联动有效管控。采取安监例会集中学、选派人员外出学、微信实时交流等方式，普及法律法规、安全知识、廉政警示教育等。联合企事业单位开展各类应急演练培训60次，不断提升社区和企事业单位的应急处置能力。

【环保工作】 利用“六·五”世界环境日、世界水日、中国水周等时间节点开展大型宣传活动，在机关、商场、学校、社区等多种场所组织社区张贴环保标识200个，张贴宣传画500余张，发放宣传资料1000余份、环保购物袋500余个；开展环保有奖知识竞答活动，发放奖品80余份，参与居民100余人；组织第五届生态文明知识竞赛活动，街道、社区参与率90%以上。建立污染源台账，加强对工地、修理厂、诊所、餐饮企业监管，巡查整治80余场次，督促指导工地做好扬尘、噪声污染监管工作。指导餐饮企业安装油烟净化器30余台，整治露天烧烤摊点30余处。处理群众关于油烟污染、噪声污染、扬尘污染的投诉共50余件，信访案件办结率和群众满意率不断提高。对6起市级督察案件，协调环保、食药监、工商、公安、城管等部门对辖区83家工业、生活源进行清查并严格执法。开展餐饮油烟整治、秋冬季打赢蓝天保卫战督察整治、噪声专项整治3次整治工作。

【社保工作】　社保工作。2018年办理城镇职工养老保险3124人，办理城乡居民养老保险15人，办理退休276人，死亡待遇核查7人，缴费年限认定650人；办理城镇职工医疗保险1381人，“4050”人员养老保险补贴547人，医疗保险补贴396人；城乡居民医保参保15703人，发放医保卡2258张，全年接待来电来访4万余次。就业工作。推荐SYB创业培训3人，办理小额贷款436万元，新增就业6073人，登记失业人员就业628人，就业困难人员就业320人，公益性开发岗位安置194人，新增办理失业保险金176人，系统录入单位信息6073个，为失业人员发布用工信息4000余条，对33名应届高校毕业生实行实名登记及定制服务计划，实现就业率100%，各项指标均达目标任务的100%。组织大小招聘会10场，促成招聘成功近400人。补贴工作。落实企业军转干及三类人员生活困难、养老保险、医疗保险补贴63.57万元，低保就业补贴200余人次，“4050”及单双解社保补贴975人次。居民医保微信缴费工作。集中办理2018年居民医保参保14484人，其中微信缴费6676人。退休人员社会化管理工作。重阳节慰问高龄、病重、困难及对社会做出特殊贡献的退休人员230名。做好市属国有企业新增退休人员常态化移交工作，新增移交退休人员441人，全街共接收退管人员7582人。

【社区建设】　规范社区日常管理。制定《石油路街道社区工作者退休离岗实施意见》（暂行），规范社区干部“退休离岗”程序；重新修订《石油路街道星级和谐社区考核实施细则》和《石油路街道社区工作者年度考核办法》等制度，加强对社区干部的管理和对社区工作的督查督导。抓社区队伍建设。采用“分层分级＋内外结合”的方式，组织社区干部参加各级部门培训、外出参观学习等，以开阔眼界，提升素质。打造特色社区。重点指导金银湾社区进行“三事三色”服务管理模式及社区协商试点工作，与内蒙古、安徽、北京等20余个地区进行交流指导。指导金银湾社区推进有线电视智慧社区建设项目。继续开展“微公益”创投工作，4个社会组织全部完成目标内容。

【司法工作】　实施石油路街道“七五”普法依法治理五年工作规划，开展“七五”普法工作。金银湾社区荣获全国“民主法治示范社区”称号。成功建设街道公共法律工作站1个、社区公共法律服务室7个。组织辖区12000名居民参与渝中区普法网络知识答题竞赛活动。全年受理各类社会矛盾纠纷84件，成功调解84件，调解率、成功率均为100%。街道司法所组织撰写的《对社区服刑人员胡某依法实施监督》的社区矫正典型案例被司法部12348中国法网《司法行政（法律服务）案例库》采纳收录。社区矫正、安置帮教各项制度落实到位，2018年在册社区矫正人员25名，安置帮教人员123名，无脱管、漏管和重新违法犯罪的现象发生。

【综合治理】　群防队员管理。石油路街道综治群防队伍在全区组织的“大比武、大练兵”活动中荣获“渝中区综治群防队伍技能大比武三等奖”，获得“内务卫生最佳团队奖”。制定出台《石油路街道社区综治及扫黑除恶工作考核办法（试行）》，为社区70余名巡防队员增添执法记录仪、防割手套、警棍、头盔、皮靴、护膝等工作防护、保暖装备。综治重点工作。全面启动和贯彻中央、市、区扫黑除恶专项斗争工作（攻坚年），金银湾社区被列为A类（防盗）重点整治地区，街道综治办联合派出所对辖区宾馆、网吧、洗浴场所、易发生偷盗的老旧居民区等进行3次集中整治，并安排巡防队员对易发生偷盗的场所进行常态巡逻值守，于12月底通过验收。信访维稳工作。重点化解润禾家农贸市场经营户“信访积案”一件，及时处置电信公司入住国宾豪庭小区办公与居民发生的矛盾纠纷，协助配合相关部门劝解、疏散在渝州宾馆聚集上访的近300名退役军人，处置调解华宇时代星空路面修建公路、抬高路面与居民发生的矛盾纠纷，组织街道机关干部、社区工作者、群防队员、辖区社会单位800人对龙湖时代天街等重要场所进行巡逻值守。

【社会救助】 2018年累计慰问、资助困难人员900余人，发放慰问金55万余元，慰问物资4万余元，发放“人生关怀”慰问礼包897份。全街有低保户314户、414人，累计发放低保金273万余元。完成2016—2018年资助参保年度审计，累计核实8763人，资助参保114人。开展“冬日流浪救助”和文明殡葬宣传活动。

【卫生计划生育工作】新增特扶人员15人，扶持资金28560元，走访慰问生病住院特扶家庭20户，发放生病住院慰问金及护理费6万余元，发放特扶慰问178人10.68万元。办理独生子女父母年老一次性奖励281人，发放奖励金14.05万元。办理生育服务证509个，独生子女父母光荣证76个，再生育服务证7个。开展流动人口青春健康教育项目及计生宣传活动20场，自制政策宣传和两癌孕优宣传小册7000份，发放计生避孕药具共计5000盒。制定《两癌孕优工作奖惩制度》，完成区卫计委下达的两项工作任务。2018年开展健康知识讲座34次、健康之声宣传共48期，超额完成下达任务，推进“慢性病综合防控示范区”复检工作。完成献血指标530个，超额完成任务量80个，作为渝中区唯一代表在全市献血工作会上作交流发言。

【人民武装工作】 2018年征兵11人，征兵数位列全区街道第三；年度民兵军事考核取得优异成绩，获年度区民兵骨干比武竞赛团队第一名。

【统战工作】 加强统战阵地建设，在煤建新村社区打造少数民族维权室。春节期间，街道侨联组织看望武警总队执勤第二支队一中队官兵，开展“侨属进军营，军民鱼水情”新春慰问活动。联合区书法协会、摄影协会在龙湖时代天街广场举办统战文化进社区活动，现场为居民群众写对联、照全家福。端午、中秋等传统节日，分别在民乐村社区、金银湾社区举办侨台属联谊会。在龙湖时代天街广场，开展民族团结进步宣传周活动，受到区委统战部部长章琳现场肯定。

【工会工作】 2018年组建工会11家。虎头岩社区工会被命名为“区职工书屋”，新影村社区工会申报为区级“爱心驿站”。购买互助保险389人次、40470元。举办石油路地区“职工心向党•建功新时代”诗歌朗诵赛、“立足岗位、展示风采、献礼国庆”第二届物管行业技能竞赛。向市总工会推荐万科物业服务中心作为2018年网上劳动和技能竞赛金牌班组。发动辖区企业职工参加区总工会“讴歌新时代•幸福渝中人”歌唱大赛，获三等奖2名、人气奖1名。参加区总工会征文比赛，获三等奖3名，街道总工会获组织奖。

【共青团工作】 2018年新增非公团组织7个。在“学雷锋日”启动“先锋义工在行动”大型志愿服务，打造“我们来敲门”品牌志愿服务，组建服务队28支、志愿者130人，为辖区困难群体开展“五个一”上门服务20余次。以我的时代，我的“style”——青少年全民素质教育活动为主题，开展“陶冶生活 艺享人生”陶艺体验、夜宿海洋馆、环保时装秀、职业体验、平安课堂、手工达人、科技引航等活动30余次。走访辖区困难青少年10名。结合“两学一做”“一学一做”，开展“线下＋线上”灵活多样的学习交流活动10次；围绕“青春喜迎十九大 不忘初心跟党走”主题，开展团日活动12次；依托金银湾社区“微型青少年宫”、煤建新村社区“未成年人观护基地”，为辖区青少年提供课后业余时间学习场地。街道团委荣获“重庆市五四红旗团委”表彰；煤建新村社区被授予全国“双零”示范社区称号，煤建新村、金银湾社区被评为共青团重庆市委青年之家城乡社区市民学校示范点。

【妇儿工作】 举办“巾帼心向党·建功新时代”诗歌朗诵赛，开展“三八”维权周宣传活动，组织“情满童心、共伴成长”儿童节文艺汇演，慰问贫困妇女儿童30余人。在金银湾社区成立区妇联“儿童之家”，开展“书香飘万家、亲子共读书”“走进快乐农场、体验田园生活”等活动。

【人大、政协工作】 重视街道“人大代表之家”和社区“民情联络室”两个“代表履职阵地”的后续建设和管理维护，市人大常委会副主任刘学普一行专题调研金银湾社区民情联络室，并给予肯定。采取多种形式组织代表开展学习培训、接待选民、视察、专题调研等履职活动12次，参与接待选民活动的代表共151人次，累计接待选民群众362人次，收集群众反映意见和诉求共105件（其中社区现场答复办理83件，转交街道办理18件，转交区级职能部门办理2件，形成闭会期间建议并转交政府职能部门办理2件）。组织全体代表听取“解放碑CBD建设与发展情况”专题报告，进行实地考察和座谈讨论，梳理、汇总形成《关于助力解放碑CBD建设与发展的建议》的专题报告。组织人大代表视察渝中区公安分局石油路派出所、开展“石油路街道重点地区停车难问题”专题调研、听取“石油路街道办事处半年工作汇报”、走访代表工作单位重庆市水务集团和平安银行重庆分公司、会同大坪代表组就“大石地区校点布局和重点项目建设推进情况”约见区教委等政府相关职能部门等。加强新闻报道工作。全年共计上新闻报道稿27篇（条），其中《公民报》等市级媒体报道13篇，《重庆人大》网页采用1篇，《渝中报》报道11篇（含头版2篇），《渝中人大》期刊采用3篇，报送理论研讨文章2篇，完成区人大的宣传工作任务。完善代表履职档案。按照“一代表一档案”“一年一卷”的方式收集整理25名代表的《履职档案》，详细记录存档。完善《街道政协联络委议事协商机制》《政协委员履职活动考勤制度》等，组织委员深入学习中央、市、区相关会议精神4次，完成“双走进”活动6次、“双服务”活动4次。打造政协“委员之家”（街道民乐村社区）。

【领导调研】 10月23日，北京市东城区副区长一行到石油路街道金银湾社区调研智慧社区、网格化管理、社区事务“三事三色”建设情况，常务副区长王勇陪同调研。11月28日，十三届全国政协委员、团中央维护青少年权益部部长王锋一行到石油路街道煤建新村社区调研市民学校工作开展情况，团市委副书记叶力娜，团市委青少年发展与权益维护部部长刘文洋，团区委书记陈刚等陪同调研。

【石油路街道负责人】

书　　记：柯　苇（2018年9月离任）
　　　　　朱江平（2018年9月任职）
主　　任：彭国川
人大工委主任：苏本奎
副 书 记：彭国川（2016年10月任职）
　　　　　文　艳
纪委书记：潘　轶
人大工委副主任：陈正伟
副 主 任：马兴彦
　　　　　王　耀（2018年7月离任）
　　　　　江智强（2018年7月任职）
　　　　　张凌丽　陈　烁
组织委员：蒋依胜
宣统委员：陈正伟

（王斌）

渝中区古建筑——罗汉寺

罗汉寺位于重庆市渝中区民族路小什字罗汉寺7号。该寺庙始建于北宋治平年间（1064年—1067年）。占地面积5160平方米。现尚存有明碑亭、古佛崖北宋石刻群像、大雄宝殿以及明代造像和现代造像等。

明碑亭在罗汉寺大山门内右侧，有明刻石碑二块。一是“西湖古迹”四字碑，石碑宽1米、高2.1米，呈长方形。二是“三诗碑”，碑宽0.62米、高0.67米，略呈正方形。摩崖造像分布于罗汉寺大山门内古佛岩通道的东西两壁。东壁长24.45米，高3.52米，石刻面积86.239平方米。其中有石窟8个、石龛7个。共计造像255尊，最大者高15米，最小者高1.12米。大雄宝殿重建于民国三十七年（1948年），大殿为仿古重檐歇山式屋顶，抬梁式屋架。面阔26.4米、高约15米，进深23.3米。大门横匾“大雄宝殿”楷书四字，是清康熙二十年（1681年）所书。罗汉寺其前身是治平寺，北宋治平年间僧祖古月创建，历为重庆首屈一指的重要古寺。经历代维修扩建，到明代自葵和尚时已达极盛，清康熙五年（1666年）总督李国英重修。乾隆十年（1745年），因前殿倾圮，改建神龙祠，故俗称“龙王庙”。据寺僧相传，清中叶，隆法和尚建五百罗汉堂，遂更名罗汉寺。1940年，罗汉寺遭日机炸毁。民国时虽重修庙宇，再塑金身，但未全部完工。新中国成立后，重庆市人民政府多次拨款重新维修，寺庙殿宇焕然一新。此处作为重庆市主城区佛教圣地，具有较高的历史文化、宗教文化、建筑艺术价值。2000年重庆市人民政府公布其为市级文物保护单位。

人物 光荣榜

人物简历

【黄玉林】 男，汉族，重庆市涪陵区人，1963年2月生，市委党校研究生，硕士。1981年8月参加工作，1985年6月加入中国共产党。重庆市渝中区委书记。

1978年9月—1981年8月，在四川省涪陵地区农校农学专业学习。1981年8月—1983年1月，在四川省涪陵地区涪陵市珍溪区公所工作。1983年1月—1985年1月，在四川省涪陵地区涪陵市农业局工作（其间：1983年9月—1984年7月在涪陵师专中文系写作班脱产学习）。1985年1月—1985年9月，任四川省涪陵地区涪陵市农业局秘书科长。1985年9月—1987年7月，在涪陵师范专科学校中文系干部专修科中文专业脱产学习。1987年7月—1988年9月，任四川省涪陵地区涪陵市农业局秘书科长。1988年9月—1990年4月，任四川省涪陵地区涪陵市政府办公室科级秘书。1990年4月—1990年8月，任四川省涪陵地区涪陵市政府办公室第二秘书科科长、副局级秘书。1990年8月—1993年12月，任四川省涪陵地委办公室副科级秘书、正科级秘书、二秘科长。1993年12月—1995年1月，任四川省涪陵地委办公室副主任。1995年1月—1995年7月，任四川省涪陵地委副秘书长。1995年7月—1997年6月，任四川省丰都县委副书记。1997年6月—1997年8月，任重庆市涪陵市政府副秘书长、办公室党组成员（1993年9月—1997年7月在四川省委党校经管专业本科班学习；1997年3月—1997年7月在四川省委第二党校县委书记班学习）。1997年8月—1998年5月，任重庆市涪陵市李渡区委书记、区人大常委会党组书记。1998年5月—2001年2月，任重庆市涪陵区委常委，1998年8月任李渡示范区（镇）党工委（党委）书记（1997年9月—2000年6月在重庆市委党校区域经济学专业研究生学习）。2001年2月—2001年10月，任重庆市涪陵区委常委，涪陵城区三峡移民搬迁副指挥长兼办公室主任。2001年10月—2006年12月，任重庆市涪陵区委副书记（2001年9月—2004年6月在西南农业大学农业推广专业硕士研究生在职学习；2005年5月—2005年9月在美国加州大学洛杉矶分校学习）。2006年12月—2007年2月，任重庆市渝北区委副书记、代理区长。2007年2月—2013年3月，任重庆市渝北区委副书记、区长，2010年7月任两江新区开发投资公司董事、两江新区龙兴工业园管委会主任（其间：2008年7月—2009年7月在清华大学区域经济发展高级研修班在职学习；2010年7月—2012年12月在北京师范大学管理哲学专业博士课程班学习）。2013年3月—2013年11月，任重庆市渝北区委书记。2013年11月—2018年1月，任重庆市地方税务局党组书记、局长。2018年1月，任重庆市渝中区委书记。

（黄博）

【商　奎】 男，汉族，重庆市九龙坡区人，1968年6月生，大学、硕士，高级会计师。1991年7月参加工作，1991年3月加入中国共产党。重庆市渝中区委副书记、区人民政府区长。

1987年9月—1991年7月，在上海财经大学会计学系会计师资专业大学学习，获经济学学士学位。1991年7月—1994年12月，在重庆财政管理干部学校（重庆市立信会计学校）任教。1994年12月—1996年9月，任重庆财政管理干部学校（重庆市立信会计学校）校办主任兼校长助理（其间：1995年11月—1996年8月，借调重庆市财政局机关党委办公室工作）。1996年9月—1998年7月，任重庆市财政局机关党委办公室主任科员。1998年7月—2000年9月，任重庆市财政局人事教育处主任科员。2000年9月—2003年9月，任重庆市财政局行政政法处副处长（1998年9月—2000年12月，在西南师范大学马克思主义原理与思想政治教育专业研究生课程班学习）。2003年9月—

2007年2月，任重庆市财政局国库处处长、市财政国库支付中心主任（兼）（其间：2004年5月—2006年12月，在重庆大学经济与工商管理学院念高级管理人员工商管理硕士（EMBA），获高级管理人员工商管理硕士学位）。2007年2月—2008年9月，任重庆市财政局总会计师、党组成员（其间：2007年3月—2007年9月，挂职任财政部国库司副司长）。2008年9月—2015年10月，任重庆市财政局副局长、党组成员。2015年10月—2016年10月，任重庆市南岸区委常委、常务副区长。2016年10月—2017年1月，任重庆市渝中区委常委、区政府党组副书记。2017年1月—2017年4月，任重庆市渝中区委常委、常务副区长。2017年4月，任重庆市渝中区委副书记、区人民政府区长。

【米绍林】 男，汉族，重庆市潼南区人，1961年2月生，市委党校研究生。1982年8月参加工作，1984年8月加入中国共产党。重庆市渝中区人大常委会主任、党组书记，市人大内务司法委员会副主任委员（兼）。

1979年9月—1982年7月，在四川省永川地区农业学校农学专业中专学习。1982年8月—1983年12月，在四川省潼南县农业局工作。1983年12月—1985年7月，在共青团四川省潼南县委工作。1985年7月—1989年11月，在四川省潼南县委政研室工作。1989年11月—1992年9月，任四川省潼南县上和区副区长。1992年9月—1993年12月，任四川省潼南县塘坝区委副书记、区长。1993年12月—1994年3月，任四川省潼南县太安镇党委书记。1994年3月—1995年7月，任四川省潼南县委组织部副部长（1992年9月—1995年7月，在四川省委党校经济管理专业大专在职学习）。1995年7月—1997年6月，任四川省潼南县委常委，梓潼镇党委书记（1995年11月）。1997年6月—1997年12月，任重庆市潼南县委常委、梓潼镇党委书记（1995年9月—1997年12月，在四川省委党校法律专业大学在职学习）。1997年12月—2001年10月，任重庆市潼南县委常委、政府常务副县长。2001年10月—2002年3月，任重庆市城口县委副书记、政府副县长、代理县长。2002年3月—2006年5月，任重庆市城口县委副书记、政府县长（其间：2004年4月—2005年1月，挂职任国家电网法律事务部副主任）。2006年5月—2009年8月，任重庆市城口县委书记（2003年9月—2006年6月，在重庆市委党校法学专业研究生在职学习）。2009年8月—2009年12月，任重庆市渝中区委副书记。2009年12月—2010年2月，任重庆市渝中区人大常委会党组书记。2010年2月，任重庆市渝中区人大常委会主任、党组书记，市人大内务司法委员会副主任委员（兼，2013年1月）。

【陈大奎】 男，汉族，重庆市万州区人，1963年9月生，市委党校研究生，1984年8月参加工作，1987年1月加入中国共产党。重庆市渝中区政协主席、党组书记，市政协区县联络委副主任。

1981年9月—1984年7月，在四川省粮食学校储藏专业中专学习。1984年8月—1991年1月，任共青团四川省万县地委干事（其间：1990年6月，从西南财经大学工业经济专业大专自考毕业）。1991年1月—1992年2月，任共青团四川省万县地委工农青年部副部长。1992年2月—1993年6月，任共青团四川省万县地委办公室副主任。1993年6月—1994年5月，任共青团四川省万县市委办公室主任。1994年5月—1996年7月，任共青团四川省万县市委副书记。1996年7月—1997年6月，任共青团四川省万县市委书记。1997年6月—1997年12月，任共青团重庆万县市委书记。1997年12月—2002年12月，任共青团重庆市委副书记、直属机关党委书记（2000年3月）（1996年8月—1998年12月，在四川省委党校经济管理专业大学在职学习）。2002年12月—2003年2月，任重庆市长寿区人民政府副区长。2003年2月—2007年2月，任重庆市长寿区委常委、组织部长（2002年9月—2005年6月，在重庆市委党校区域经济学专业研究生在职学习）。2007年

2月—2010年4月，任重庆市长寿区委副书记（其间：2008年6月—2008年12月，挂职任天津市东丽区政府区长助理；2009年3月—2009年12月，在重庆市委党校中青班学习）。2010年4月—2012年2月，任重庆市渝中区委副书记。2012年2月，任重庆市渝中区政协主席、党组书记，市政协区县联络委副主任（2013年1月）。

（方政）

人物简介

【胡侦明】 男，汉族，1962年6月出生，云南省通海县人。中共党员。主任医师、二级教授、博士生导师。1996年，胡侦明从上海交通大学医学院毕业获骨科博士学位后，在昆明医科大学第二附属医院骨科任主任及教授。2000年在美国芝加哥RUsh医学中心。2001年至2004年在加拿大多伦多大学总医院脊柱外科做临床研究员。2005年至2007年在首都医科大学附属北京友谊医院骨科任副主任，在首都医科大学骨外科学系任副主任、教授、博导。2014年任重庆医科大学附属第一医院副院长。国务院政府特殊津贴获奖者。全国“五一劳动奖章”获得者。

胡侦明从事骨科临床、教学、科研工作30多年，在脊柱骨质疏松性骨折发病机理及治疗、椎间盘退行性变治疗等方面造诣深厚。先后主持国家自然科学基金、卫生部、教育部、北京市、重庆市等的14个项目及课题，以第一完成人获省部级科技奖一、二、三等奖共9项。2017年获重庆市科技进步一等奖。胡侦明是我国著名的脊柱外科专家和脊柱骨质疏松性骨折治疗领域的领军专家。

胡侦明是学术和技术带头人，先后担任中国骨科医师协会骨质疏松委员会副主任委员、中国科学技术发展基金骨质疏松基金会副秘书长、中华骨科学会第三届骨质疏松学组副组长、中国医疗健康保健国际交流促进会骨质疏松分会副主任委员、中国中西医结合学会骨伤科分会第八届委员会椎间盘退变与修复专家委员会副主任委员、中国医师协会骨科医师分会委员、中国抗癌协会肉瘤专业委员会常委、中华骨质疏松骨矿盐疾病学会委员、重庆市医学会骨质疏松骨矿盐疾病学会主任委员等。主编及参编著作9部，发表论文167篇，其中SCI论文55篇。

胡侦明先后获第三届中国优秀青年科技创新奖、云南省中青年学术和技术带头人、中国药学发展奖突出成就奖、重庆“五一劳动奖章”等荣誉。2016年获国务院政府特殊津贴，2018年获全国“五一劳动奖章”、首届“渝中英才”称号。

（张立斌）

【王明慧】 男，汉族，1964年10月出生，湖北京山人，中共党员。1983年考入西南交通大学运输工程系学习，1987年本科毕业，1987年获得工学学士学位，1989年获得硕士学位，2007年获得博士学位并升为教授级高级工程师，现为渝黔、渝万铁路公司管理人员。曾任铁路编组站工程师，铁路车务段、调度所、运输部门负责人，贵阳铁路分局、成都铁路分局、成都铁路局管理人员。曾获成都铁路局优秀共产党员称号，贵州省“五四”青年奖章，重庆市冰雪灾害天气中保障电力供应先进个人称号，铁道部政治部抗震救灾优秀共产党员称号，全国“五一劳动奖章”。

王明慧作为公司技术带头人，先后主持或参加30余个科研项目，曾获重庆市科学技术奖二等奖、中国铁道建筑总公司科学技术奖三等奖；发表学术论文90余篇，出版著作7部，被中国铁路总公司建设管理部推荐为铁路专业带头人人选。

王明慧始终牢记铁路宗旨，把服务群众、服务现场放在心上，秉承“优质工程是干出来的，更是管出来的”的理念，勇于创新，敢于担当，以机械化、信息化等为重点，优质高效推进高铁标准化建设，完成建设投资613.7亿元，向重庆市缴纳税收4778万元，2016年11月、2018年1月分别实现渝万、渝黔铁路开通，助推重庆市进入高铁时代。2014年5月，获重庆市“五一劳动奖章”、重点工程劳动竞赛先进个人。2018 年 4 月，获全国“五一劳动奖章”。

（韦宏弢）

【施廷懋】 女，汉族，1991 年 8 月 31 日出生于重庆市渝中区，西南大学 2010 级运动训练专业学生，西南大学体育学院 2013 级体育硕士研究生，重庆市体育运动技术学院跳水运动员，中国女子跳水队运动员。

施廷懋获奖纪录：2008 年，全国锦标赛 3 米板季军。2009 年，全国锦标赛 1 米板季军，第 11 届全运会跳水女子 1 米板季军。2010 年，全国锦标赛 1 米板亚军，中国跳水明星系列赛武汉站女子 3 米板亚军，全国跳水冠军赛女子 1 米板季军，广州亚运会跳水女子 3 米板亚军和女子双人 3 米板冠军。2011 年，全国跳水冠军赛女子 1 米板冠军，全国跳水冠军赛女子 3 米板季军，国际泳联跳水大奖赛罗斯托克站女子 3 米板冠军。2012 年，全国跳水冠军赛女子 1 米板冠军。2013 年，全国跳水冠军杯武汉站女子 3 米板冠军，世界游泳锦标赛跳水女子双人 3 米板冠军。2014 年，全国跳水冠军赛女子 3 米板亚军，第 19 届国际泳联世界杯女子 3 米板冠军，仁川亚运会跳水女子 1 米板和双人 3 米板两项冠军。2015 年，国际泳联（FINA）世界跳水系列赛北京站女子 3 米板冠军，国际泳联世界游泳锦标赛女子跳水 1 米板亚军和女子双人 3 米板冠军，喀山游泳世锦赛女单 3 米板冠军。2016 年，跳水世界杯女子 3 米板冠军和女子双人 3 米板冠军，里约奥运会女子跳水单人 3 米板冠军和女子双人 3 米板冠军，国际泳联（FINA）年度最佳女子跳水运动员。2017 年，第 13 届全运会跳水项目女子单人 3 米板和女子双人 3 米板冠军，全国跳水冠军赛女子单人 3 米板冠军，国际泳联世界跳水系列赛女子 3 米板冠军，与吴敏霞获得 2016CCTV 体坛风云人物年度最佳组合奖。2018 年，国际泳联跳水系列赛北京站女子 3 米板冠军，国际泳联跳水系列赛日本站女子 3 米板冠军和女子双人 3 米板冠军，第 18 届亚运会跳水女子 3 米板冠军和女子双人 3 米板冠军，全国跳水锦标赛跳水女子 3 米板冠军。

（陈果）

光荣榜

国家各部委表彰的单位

（以获奖时间顺序排列）

获奖单位	获奖名称	获奖时间	颁奖单位
渝中区邹容小学	第二批全国中小学中华优秀文化传承学校	2018 年 1 月	教育部
重庆市渝中区项目办	西部计划 2016—2017 年度优秀县项目办	2018 年 1 月	团中央全国项目办
渝中区人民法院	全国法院第二十九届学术讨论会组织工作先进奖	2018 年 3 月	全国法院第二十九届讨论会组委会
归元寺社区	全国最美志愿服务社区	2018 年 3 月	中央精神文明建设指导委员会
重庆市渝中区大溪沟街道华福巷社区团支部	2017 年度“全国五四红旗团委（团支部）”	2018 年 4 月	团中央
重庆市急救医疗中心培训部	全国工人先锋号	2018 年 4 月	中华全国总工会
渝中区人民法院民一庭	2013—2017 年度全国创建“平安医院”活动表现突出集体	2018 年 5 月	全国卫健委
重庆市第二十九中学校	《打造双新驱动力下的趣学数字校园》入选全国基础教育信息化应用典型案例	2018 年 5 月	教育部基础教育司 中央电教馆

续表

获奖单位	获奖名称	获奖时间	颁奖单位
归元寺社区	归元寺社区易世德家庭被评为第十一届“全国五好家庭”	2018年5月	中华全国妇女联合会
重医儿童医院	公共机构能效领跑者	2018年5月	国家发改委、财政部
渝中区关工委	全国“中华魂”主题教育活动先进集体	2018年7月	全国“中华魂”主题教育活动组织委员会
重庆市巴蜀小学	全国青少年“五好小公民”主题教育读书活动示范学校	2018年8月	教育部关心下一代工作委员会
上清寺街道总工会	全国模范职工之家	2018年9月	中华全国总工会
渝中区中华路小学	全国中小学德育工作典型经验	2018年10月	教育部办公厅
渝中区人和街小学	全国中小学德育工作典型经验	2018年10月	教育部办公厅
重庆市巴蜀小学	全国中小学德育工作典型经验	2018年10月	教育部办公厅
民进渝中区委	民进全国宣传思想工作先进集体	2018年10月	民进中央
重庆市急救医疗中心	首届全国卫生健康行业青年志愿者服务项目大赛金奖	2018年10月	国家卫健委
渝中区城市管理局	城市综合管理“五长制”获评2018中国最具幸福感城市·管理创新范例	2018年11月	新华社
重庆市渝中区山城老年大学	全国老年远程教育示范区	2018年11月	中国老年大学协会
重庆市渝中区劳动保障监察大队	2018年全国清理整顿人力资源市场秩序专项行动取得突出成绩重庆单位	2018年11月	人社部办公厅、市场监管总局办公厅
渝中区司法局	全国首次统一法律职业资格考试“表现突出单位”	2018年11月	国家司法部
重医儿童医院	第四批国家临床医学研究中心	2018年11月	科技部、国家卫健委
重庆解放碑中央商务区管理委员会	国家首批步行街改造提升试点单位	2018年12月	商务部
重庆市巴蜀中学校	《实现学生个性化成长的立体式育人模式建构》获2018年国家级教学成果二等奖	2018年12月	教育部
重庆市巴蜀小学	《基于学科育人功能的课程综合化实施与评价》获2018年国家级教学成果特等奖	2018年12月	教育部
重庆市渝中区山城老年大学	中国老年教育发展三十年贡献奖	2018年12月	中国老年大学协会
重庆市人民医院	援外医疗工作先进集体	2018年12月	国家卫健委
渝中区文化行政执法大队	2018年度全国文物行政处罚案卷评查优秀案卷	2018年12月	国家文物局

国家各部委表彰的人物

（以获奖时间顺序排列）

姓名	性别	出生年月	获奖名称	工作单位	获奖时间	颁奖单位
李韵羚	女	1991年10月	全国流动人口动态监测调查优秀个人	煤建新村社区	2018年1月	国家卫计委
孙顺霞	女	1987年7月	援外医疗优秀队员	重庆市人民医院	2018年1月	国家卫计委

续表

姓名	性别	出生年月	获奖名称	工作单位	获奖时间	颁奖单位
林　敏	女	1965 年 7 月	荣誉天平奖章	渝中区人民法院	2018 年 2 月	最高人民法院
文　跃	男	1958 年 9 月	荣誉天平奖章	渝中区人民法院	2018 年 2 月	最高人民法院
刘雅林	男	1973 年 4 月	国家高层次人才特殊支持计划领军人才	重庆市巴蜀中学校	2018 年 2 月	中共中央组织部、人力资源和社会保障部
薛思齐	女	2000 年 3 月	2017 年“全国优秀共青团员”	重庆市巴蜀中学	2018 年 4 月	共青团中央
但　斌	男	1977 年 7 月	商事制度改革信息化建设表现突出个人	渝中区工商分局	2018 年 5 月	国家市场监督管理总局
岳洪燕	女	1969 年 10 月	全国“中华魂”(腾飞的祖国)主题教育活动先进个人	区委老干部局	2018 年 7 月	全国“中华魂”主题教育活动组委会
王　娜	女	1983 年 1 月	全国青年岗位能手	渝中区人和街小学校	2018 年 7 月	共青团中央、人力资源和社会保障部
吴波勇	女	1976 年 5 月	全国流动人口动态监测调查优秀个人	两路口街道枇杷山正街社区	2018 年 9 月	国家卫健委办公厅
朱登礼	男	1943 年 12 月	全国基层理论宣讲先进个人	金银湾都市工业楼宇退休	2018 年 10 月	中共中央宣传部
李　珊	女	1987 年 5 月	全国法院第三十届学术讨论会二等奖	渝中区人民法院	2018 年 12 月	最高人民法院
罗　诚	男	1986 年 9 月	全国法院第三十届学术讨论会三等奖	渝中区人民法院	2018 年 12 月	最高人民法院
王其生	男	1984 年 11 月	全国法院第三十届学术讨论会优秀奖	渝中区人民法院	2018 年 12 月	最高人民法院
罗诗樵	男	1971 年 12 月	援外医疗工作先进个人	重医附一院	2018 年 12 月	国家卫健委
杨　斌	男	1959 年 8 月	参政议政先进个人	重庆市设计院	2018 年 12 月	致公党中央

全国“五一劳动奖章”获得者

姓名	性别	出生年月	获奖名称	工作单位	获奖时间	颁奖单位
胡侦明	男	1962 年 6 月	全国“五一劳动奖章”	重医附一院	2018 年 4 月	中华全国总工会
王明慧	男	1964 年 10 月	全国“五一劳动奖章”	渝万铁路有限责任公司	2018 年 4 月	中华全国总工会

享受国务院政府特殊津贴人员

姓名	性别	出生年月	工作单位	技术职务	从事专业	批准时间
李启富	男	1965 年 9 月	重医附一院	教授	内分泌内科	2018 年 12 月
赵晓东	男	1970 年 5 月	重医儿童医院	教授	儿童免疫学	2018 年 12 月
蒋　莉	女	1964 年 7 月	重医儿童医院	教授	儿童神经病学	2018 年 12 月

市委、市政府表彰的单位

获奖单位	获奖名称	获奖时间	颁奖单位
重医附二院	重庆市科技进步二等奖	2018 年 7 月	重庆市人民政府

重庆市委、市政府表彰的人物

姓名	性别	出生年月	获奖名称	工作单位	获奖时间	颁奖单位
童　瑾	女	1975 年 2 月	重庆市科技进步二等奖	重医附二院	2018 年 7 月	重庆市人民政府
许秀飞	男	1962 年 7 月	重庆市科技进步二等奖	中冶赛迪集团有限公司	2018 年 7 月	重庆市人民政府
周娟娟	女	1972 年 10 月	重庆市特级教师	渝中区教师进修学院	2018 年 9 月	重庆市人民政府
付登超	男	1973 年 3 月	重庆市特级教师	重庆市人民小学	2018 年 9 月	重庆市人民政府

渝中区纪念建党 97 周年基层党建工作先进单位、先进基层党组织优秀共产党员、优秀党务工作者

基层党建工作先进单位			
区委办公室	区教委党工委	区行服办党组	区委党校
区府办党组	区民政局党组	解放碑街道党工委	区财政局党组
区委非公工委	区司法局党组	七星岗街道党工委	区国资委党组
区委政法委	区人力社保局党委	上清寺街道党工委	区工商分局机关党委
区直机关党工委	区安监局党组	区法院机关党委	重庆解放碑中央商务区管委会党工委
先进基层党组织			
区人大机关党总支	区就业局党支部	区政协机关党总支	区纪委机关党支部
区委宣传部机关党总支	区委统战部机关党支部	区委老干局机关党支部	区环保局机关党支部
区审计局机关党支部	区商务局机关党支部	区文化委（体育局）机关党支部	区房管局房屋管理中心党支部
区法院立案庭党支部	区检察院机关第一党支部	区公安分局大阳沟派出所党支部	区公安分局情报支队党支部
区公安分局出入境支队党支部	区公安分局禁毒支队党支部	区公安分局政治处党支部	区公安分局刑侦支队三大队党支部
区工商分局上清寺工商所党支部	区地税局重点税源管理所党支部	区国税局第一税务所党支部	区个协渝派服饰协会党支部
区个体劳动者协会菜园坝分会党支部	区旅游协会党支部	区精神卫生中心党支部	区棚改与征收第二指挥部临时党支部
七星岗街道机关第一党支部	七星岗街道抗建堂社区党委	七星岗街道归元寺社区党委	解放碑街道机关第一党支部
解放碑街道大井巷社区党委第五网格党支部	解放碑街道自力巷社区党委	重庆解放碑地下环道综合管理处党支部	两路口街道机关党支部
两路口街道中山二路社区党委	两路口街道桂花园新村社区党委	上清寺街道城建城管党支部	上清寺街道曾家岩社区党委
上清寺街道学田湾社区下罗家湾党支部	菜园坝街道机关第一党支部	菜园坝街道平安街社区党委	菜园坝街道竹木街社区党
南纪门街道厚慈街社区党委	南纪门街道解放西路社区党委	朝天门街道机关第三党支部	朝天门街道朝千路社区党委

续表

朝天门街道白象街社区党委	大溪沟街道机关党支部	大溪沟街道双钢路社区党委	大溪沟街道人和街社区离退休党支部
大坪街道机关第一党支部	大坪街道佛图关社区党委	大坪街道袁家岗社区党委	化龙桥街道化龙桥社区工作站党委
石油路街道机关党支部	石油路街道金银湾社区党委	石油路街道煤建新村社区党委	区养老服务业促进会党支部
区教委机关退休干部党支部	重庆市第五十七中学校党总支	重庆市聋哑学校党支部	渝中区临江路小学校党支部
重庆市人民小学校党委	渝中区马家堡小学校党总支	渝中区实验幼儿园党支部	重庆渝中大帝学校党支部
区文化娱乐行业协会党支部	重庆市法医学会司法鉴定所党支部	重庆丽达律师事务所党支部	重庆志和智律师事务所党支部
重庆市创富管理咨询职业培训学校党支部	重庆绿水河生态农业开发有限公司帝怡康德国际菜市场分公司党支部	重庆正刚中医骨科研究所党支部	重庆马龙电器有限公司党支部
重庆华美整形美容医院党支部	重庆凯富建筑安装有限公司党支部	重庆市金银湾都市工业楼宇党支部	重庆精益高登眼镜连锁有限公司党支部
重庆渝中区阳光职业康复园党支部	重庆儿童天堂摄影有限公司党支部	重庆金夫人实业有限公司党支部	重庆天骄工程项目管理有限公司党支部
重庆鸿巨网络科技有限公司党支部	重庆斌鑫集团有限公司党委	重庆外企德科人力资源服务有限公司党支部	重庆朗博化工轻工集团有限公司党委
渝中区协尔口腔党支部	重庆竞达环保技术服务有限公司党支部	中国烟草总公司重庆市公司渝中分公司党支部	区建设工程综合监督管理处党支部
重庆豪生物业管理有限公司党支部	重庆木材有限责任公司机关党支部	重庆国泰出租汽车（集团）有限公司党支部	重庆天利实业有限公司党委
重庆桥都桥梁技术有限公司党支部	重庆超霸港渝广场市场经营管理有限公司党支部	重庆巴将军实业（集团）有限公司党支部	重庆先风物业管理有限公司党支部

优秀共产党员

姓名	单位	姓名	单位	姓名	单位
杨　杰	区委办	杨基柱	区人大	魏英俊	区委组织部
林　滟	区党工委	肖　梦	区委研究室	李俊明	区发改委
郑琳琳	区商务局	陈　静	区总工会	王　静	区档案局
黄　冬	区教委	秦　学	区民政局	李　虎	解放碑 CBD 管委会
范　真	区电创园管委会	陈恺刚	区历史文化街区管委会	程枫凯	区大石化管委会
蔡永忠	区社保局	熊　清	区城管局	黄小玲	区卫计委
程　颖	区国税局	张建清	区地税局	徐　努	区工商分局
魏世新	区人武部	蔡　彬	区法院	陈虹宁	区检察院
马永鹏	区公安分局	郝宏伟	区公安分局	陈军利	区公安分局
赵　勇	区公安分局	万沛豪	区公安分局	刘志华	区公安分局
孟　林	区公安分局广场治安支队	曾　佳	七星岗街道	龙虹利	七星岗街道
柯愈旭	七星岗街道	马　驰	解放碑街道	向　波	解放碑街道

续表

姓名	单位	姓名	单位	姓名	单位
张　翼	解放碑街道执法大队	彭　静	两路口街道	曾　文	两路口街道
魏荣生	两路口街道执法大队	李海清	上清寺街道	杨开玉	上清寺街道
肖　明	上清寺街道执法大队	宋志国	菜园坝街道	蒋昊宇	菜园坝街道执法大队
杨　峰	南纪门街道	蒋向红	南纪门街道	黄婷婷	南纪门街道
段陈缅	朝天门街道	胡德怀	朝天门街道	刘　燕	朝天门街道
薛婷婷	大溪沟街道	李　科	大溪沟街道	张　渝	大溪沟街道执法大队
江　陵	大坪街道	周　茜	大坪街道	郑岘峰	大坪街道执法大队
黄兰果	化龙桥街道	吴小莉	化龙桥街道	彭国川	石油路街道
何　奇	石油路街道	向田峰	区房屋安全鉴定检测中心	张　沛	区市政设施维护管理中心
唐　嵩	区文物保护管理所	张兰生	区个协	熊爱辉	中邮渝中分公司
王国华	重庆市巴蜀中学校	田永华	重庆复旦中学	曾令华	重庆市第二十九中学校
许　林	重庆市第四十二中学校	刘晓蓉	重庆市第六十六中学	周鸿蜀	渝中区教师进修学院
黄素颖	渝中区中华路小学	林　檬	渝中区巴蜀幼儿园	黄吉庆	重庆知行卫生学校
陶时新	渝中区港航管理所	况浩荣	渝中区建筑业协会	侯志强	重庆华厦土地测量事务所
张　敏	重庆高源国际旅行社有限公司	陈儒建	重庆中海都市物业管理有限公司	兰　缙	重庆千叶眼镜连锁有限公司
向海军	重庆金点园林有限公司	周利民	重庆中颐养老产业有限公司	贺李强	渝中区企业天地
王　珮	龙湖物业服务集团有限公司	张　伟	重庆亿安律师事务所	谭　怡	重庆朝天门医院网络部
高　平	重庆能代物业服务有限公司	杨建军	重庆深联物业管理有限公司	朱登礼	渝中区金银湾都市工业楼宇
刘晓东	重庆中兴贸易公司	李　鄂	区青年企业家商会	郑　建	国贸中心
朱　勇	区华扬公益事业发展中心	张园园	上海段和段（重庆）律师事务所	张　丽	赵氏雷火灸传统医药研究所
徐庆银	维余塑料制品经营部	李　旗	重庆市渝中城市建设投资有限公司	丁良勇	重庆梧桐子商业管理有限公司

优秀党务工作者

姓名	单位	姓名	单位	姓名	单位
朱　红	区党工委	周琪玲	区委办	周顺悌	区府办
安占宝	区政协	颜　方	区府办	邹晓卫	区纪委
胡传龙	区委组织部	蒋学荣	区委宣传部	胡朱信	区人社局
扈玉霞	区房管局	冯向英	区卫计委	曹泽沛	区国资公司
李　佳	区委政法委	高　杰	区委统战部	孙　琳	区委老干局
袁茂琳	区委党校	柳慧慧	区司法局	吉　力	区统计局
李洪其	区信访办	肖华毅	区国土分局	陈　千	区妇联
灵　乐	区行服办	张羽婷	区教委	黄　青	区经信委
黄　彦	区建交委	张靖伟	区商务局	陈　轶	区国税局
陈　莹	区地税局	曾渝青	区工商分局	赵龙刚	区公安分局政治处

续表

姓名	单位	姓名	单位	姓名	单位
高江辉	区公安分局警令处	许　鹏	区公安分局禁毒支队	吴达勇	区公安分局情报支队
罗春兰	区公安分局出入境支队	袁　朗	区法院	杨旭泽	区检察院
郑尚伦	区公安分局大阳沟派出所	胡林君	区文化市场行政执法大队	任俊波	区数字化城市管理监督指挥中心
毛凌疆	区大石化管委会	徐洪相	解放碑 CBD 管委会	符　雷	区电创园管委会
宋　丹	七星岗街道	朱　宇	七星岗街道	王列娜	七星岗街道
冉　涛	解放碑街道	陈　琳	解放碑街道	陆　静	解放碑街道
冉　红	两路口街道	黄　静	两路口街道	秦　铮	两路口街道
熊正芳	上清寺街道	王继芳	上清寺街道	俞红敏	上清寺街道
姚云君	菜园坝街道	杨　艳	菜园坝街道	韩　峰	南纪门街道
刘玉章	南纪门街道	周　杰	南纪门街道	朱　丹	朝天门街道
彭　佳	朝天门街道	毛　真	朝天门街道执法大队	华　庆	大溪沟街道
李叔君	大溪沟街道	朱传富	大溪沟街道	陈　静	大坪街道
罗　梅	大坪街道	瞿　斌	大坪街道	刘思宇	化龙桥街道
文　艳	石油路街道	张荣琴	石油路街道	辜艳萍	石油路街道
曾　杰	区律师行业党委	张　弢	重庆中国旅行社	谢　伟	区个协
陈　磊	求精中学	李占利	巴蜀小学	何　然	巴蜀小学
徐　涛	人和街小学	蒋　珩	渝中高职	曾令洁	解放小学
陈　希	机关幼儿园	李　刚	重庆欧文教育	徐　萍	重医附二院宽仁康复医院
董传德	重庆灯玛特灯饰（集团）有限公司	李　博	重庆华华公司	冯剑秋	重庆大龙网科技公司
袁伯和	重庆恒正工程咨询公司	肖平中	重庆多美佳餐饮公司	刘　艳	重庆长亭假肢矫器公司
刘　兰	龙门实业（集团）	胡中坤	重庆锡宝殡仪公司	刘丽娜	重庆康德实业（集团）公司
杨玉梅	重庆嘉禾汽车维修公司	曹广宇	重庆新华国际楼宇联合党支部	余时广	重庆旷觉物业公司
罗雪玉	重庆江都建设	魏锦奎	重庆唐氏药业公司	冯　强	重庆恒丰建筑消防设施维护公司

全区维稳安保工作相关集体和个人记功名单

记三等功集体		
区群众工作服务中心	区公安分局特警支队	七星岗街道
南纪门街道	上清寺街道	
嘉奖集体		
区委宣传部	区房管局	区商务局
区民政局	区人社局	区安监局
大溪沟街道	两路口街道	大坪街道
区建设工程综合监督管理处		

续表

记三等功个人					
姓名	单位	姓名	单位	姓名	单位
李　佳	区委政法委	谢　洪	区卫计委	袁　江	区信访办
王　旭	区信访办	喻　彦	区法制办	邓建华	区人社局
秦　学	区民政局	郭伍全	区公安分局	宋　奕	区公安分局
张　岚	区房屋征收中心	邹　涛	南纪门街道	赵正立	南纪门街道
周　兵	大坪街道	陈　烁	石油路街道	王　波	区安监局监察执法大队
嘉奖个人					
姓名	单位	姓名	单位	姓名	单位
张　闯	区委办	杨云平	区人大	张明功	区府办
覃　西	区政协	万彩云	区委组织部	张海波	区网信办
黄　冬	区教委	李　杰	区建交委	胡　鹏	区商务局
傅　斌	区民政局	何　福	区司法局	吴　玲	区国资委
廖　飞	区安监局	刘嘉玲	区法制办	张云钟	区金融办
张红艳	区档案局	朱清雷	区信访办	雷季霖	区公安分局反恐支队
郭　鹏	区公安分局特警支队	冯宗斌	区法院	朱文静	区检察院
郑　政	区群服中心	李　敏	区群服中心	胡晓红	区文化市场行政执法大队
张吉明	区食药监分局	李德兵	解放碑街道	袁世诚	七星岗街道
肖明睿	南纪门街道	孙晓清	菜园坝街道	沈志斌	大溪沟街道
秦德春	两路口街道	彭　伟	上清寺街道	乔耀辉	大坪街道
谭　华	朝天门街道	李　波	化龙桥街道		

2017年度考核“特等奖单位”“一等奖单位”

特等奖单位				
区环保局	区委办	区政府办	区人大机关	上清寺街道
区发改委	区委政法委	区行服办	区政协机关	大溪沟街道
区委组织部	区消防支队	区编办	区委老干部局	区安监局
区电创园管委会	菜园坝滨江新城建设指挥部			
一等奖单位				
区商务局	区财政局	区统计局	区纪委机关	区规划分局
区委统战部	区人社局	区信访办	团区委	区妇联
区质监局	区科协	区总工会	区残联	区民政局
区国土分局	区房管局	区法制办	区委研究室	区直机关党工委
区法院	解放碑街道	区委党校	区司法局	区侨联
区国资委	区审计局	解放碑 CBD 管委会	大石化新区建设管委会	区级机关事务管理局
南纪门街道	石油路街道	七星岗街道	棚改与征收第二指挥部	区企业改革领导小组办公室

2015—2017年度记三等功名单

姓名	单位	姓名	单位	姓名	单位
陈　霞	区纪委	周琪玲	区委办	包昌友	区委办
邹晓宇	区委组织部	向中华	区委党校	罗　毅	区府办
周振超	区府办	周子栋	区府办	王庭伟	区府办
熊　伟	区财政局	熊　娟	区财政局	蒋　茜	区经信委
经维川	区经信委	邓志刚	区军休中心	周武军	区军休中心
杨　岷	区司法局	高振新	区法律援助中心	刘　曦	区人社局
周星玥	区人社局	刘小兵	区就业局	朱　峰	区环保局
朱　健	区文化委	冯　欣	区劳动保障监察大队	侯　剑	区卫计生监督执法局
曾庆荣	区国资委	李彦颉	区安监局	赵　彪	区信访办
夏荣烽	区档案局	江　南	解放碑CBD管委会	王　峰	区大石化管委会
冉　涛	解放碑街道	邓志红	解放碑街道	朱　丹	朝天门街道
黄万勇	朝天门街道	谭辉茜	七星岗街道	熊槐宁	七星岗街道
赖　良	南纪门街道	唐红艳	南纪门街道	宋志国	菜园坝街道
王铭祺	大溪沟街道	余　群	大溪沟街道	李　军	两路口街道
艾正兵	上清寺街道	朱江平	上清寺街道	熊　捷	上清寺街道
刘　坤	上清寺街道	官芝华	上清寺街道执法大队	吴汨芃	化龙桥街道
陈　祎	化龙桥街道	李少华	区政协	张　佳	区政协
罗　诚	区法院	叶　进	区妇联	桂　伟	区红十字会

2017年度公务员嘉奖

姓名	单位	姓名	单位	姓名	单位
汪　涛	区纪委	易利华	区纪委	黎巧莉	区纪委
王勇强	区纪委	梁　栋	区委办	赵意伦	区委办
王长胜	区委第三巡察组	杨　杰	区委办	旷　阳	区委办公室调研科
刘　牧	区委办公室纪检组	陶　虹	区委办公室综合科	杨　沁	区委非公工委
徐卓远	区委办公室调研科	方　政	区委组织部	龙友渔	区委组织部
赵　云	区委组织部	陈　婷	区委宣传部	陈　浩	区委宣传部
魏英俊	区委组织部	李正军	区委统战部	张　强	区委政法委
林　莉	区网信办	李村夫	区综治办	尚　绯	区委政法委
李　佳	区委政法委	郑　军	区编办	朱　红	区直机关党工委
陆　伟	区编办	马　明	区委研究室	肖　梦	区委研究室
刘学姝	区直机关党工委	罗晓路	区委老干局	孙　琳	区委老干局
包海燕	区委老干局	赵晶晶	区老干部活动中心	黄嘉玮	区委党校
李　杨	区委老干局关工委	陈志渝	区委党校	张　觅	区委党校
李　刚	区委党校	陈　婵	区人大	梁仕军	区人大

续表

姓名	单位	姓名	单位	姓名	单位
杨云平	区人大	张明功	区府办	乔德水	区府办
黄俊生	区人大	高　盈	区府办	辛　龙	区府办
李增光	区府办	钟　波	区发改委	杨　玲	区发改委
李俊明	区发改委	王　轶	区发改委	黄丽丽	区物价检查所
黄江林	区发改委	袁　鹏	区财政局	王　珺	区财政局
李　鸿	区物价检查所	李　睿	区财政局	金梦宇	区财政局
李龙华	区财政局	罗　林	区经信委	张羽婷	区教委
王佳艳	区财政局	王　曦	区教委	邱文莎	区教委
江武渝	区教委	段远奎	区教委	黄　冬	区教委
叶　青	区教委	印曙光	区建交委	周　军	建交委纪检组
陈　力	区科委	黄　彦	区建交委	尹大明	区建交委
陶　琳	区建交委	周　进	区建交委	卫　强	区商务局
曾　理	区建交委	穆振华	区商务局	朱玲艳	区商务局
郑琳琳	区商务局	黄　祥	区民政局	秦　学	区民政局
巫剑虹	区商务局	何仕斌	区民政局	熊　伟	区军休中心
王泽彤	区民政局	肖　竞	区军休中心	王小刚	区军休中心
晏　琴	区军休中心	何　福	区司法局	石维利	区司法局
阳　玮	区司法局	米　佳	区人社局	胡朱信	区人社局
冯克力	区司法局	谢艾伶	区人社局	邓建华	区人社局
杨凤鸣	区人社局	易小汉	区人社局	马　斌	区劳动保障监察大队
蔡　霞	区人社局	宋俊龙	区人社局	康　乐	区人社局
辜　梦	区人社局	代凌云	区人社局	周长友	区人社局
刘玉兵	区人社局	周亚明	区人社局	刘小庆	区人社局
张　阳	区人社局	周　翔	区人社局	吴浩宇	区就业局
罗　利	区人社局	周　华	区就业局	何　超	区就业局
刘　昆	区就业局	何　平	区房管局	王虹鉴	区房管局
田　猛	区房管局	何治红	区环保局	向胜利	区环保局
毛琳利	区房管局	资建成	区环保局	韩忠良	区环境行政执法支队
顾大洪	区环保局	杨　欣	区市政园林局	张　健	区市政园林局
张　露	区市政园林局	罗　平	区市政园林局	张兴华	区文化委
熊　清	区市政园林局	古维维	区执法局直属大队	冉清光	区执法局直属大队
黄　波	区执法局直属大队	王建国	区文化市场执法大队	朱荣林	区文化市场执法大队
江文兵	区文化委	林力群	区卫计委	黄小玲	区卫计委
汪　红	区卫计委	胡　洲	区卫监局	王　伟	区卫监局
杨　潇	区卫监局	高亚男	区审计局	毛　莉	区统计局
郭方燕	区卫监局	于　雯	区统计局	徐雯雯	区社会经济调查队

续表

姓名	单位	姓名	单位	姓名	单位
吴　吉	区统计局	刘　梅	区民宗委	江　帆	区国资委
吴映鸿	区社会经济调查队	莫蓉军	区安监局	李正文	区安监局
吴　玲	区国资委	郭玉林	区旅游局	毛　伟	区旅游局
何　亮	区安监局	李　峰	区法制办	刘嘉玲	区法制办
霍　卫	区法制办	何邦辉	区管理局	邵晓钊	区金融办
钟丕洪	区管理局	杜　琳	区人防办	熊　伟	区民防办
周　珺	区金融办	袁　江	区信访办	王　静	区档案局
鞠　影	区信访办	徐洪相	解放碑 CBD 管委会	傅晨玥	解放碑 CBD 管委会
霍　江	解放碑 CBD 管委会	甘乾彬	区历史文化街区管委会	陈恺刚	区历史文化街区管会
池　军	解放碑中心购物广场综合行政执法大队	屈建华	区电创园管委会	杨　荀	区电创园管委会
徐银东	区大石化管委会	灵　乐	区行服办	万利平	区行服办
李　林	区行服办	傅晓蓉	解放碑街道	向玉平	解放碑街道
朱　轲	区行服办	罗春萍	解放碑街道	钟基勇	解放碑街道
伯志明	解放碑街道	张　怡	解放碑街道	张渝波	解放碑街道
李启勇	解放碑街道	赵建勇	解放碑街道	吴治兴	朝天门街道
张　翼	解放碑街道	黎定强	朝天门街道	吕其忠	朝天门街道
向　雪	朝天门街道	陈　净	朝天门街道	杨　杰	朝天门街道
周小波	朝天门街道	周　力	朝天门街道	曹　军	朝天门街道
陈　伟	朝天门街道	苏　华	七星岗街道	唐明友	七星岗街道
宋　丹	七星岗街道	李将才	七星岗街道	朱　宇	七星岗街道
聂　江	七星岗街道	扶　毅	七星岗街道	江智强	南纪门街道
欧　旭	七星岗街道	刘玉章	南纪门街道	鄢贵华	南纪门街道
邓雪洁	南纪门街道	孙文佳	南纪门街道	韩　峰	南纪门街道
张明霞	南纪门街道	李良碧	菜园坝街道	吴其伟	菜园坝街道
姚云君	菜园坝街道	杨丽华	菜园坝街道	常　伟	菜园坝街道
陈雪梅	菜园坝街道	江永红	大溪沟街道	华　庆	大溪沟街道
蒋昊宇	菜园坝街道	沈志斌	大溪沟街道	李　科	大溪沟街道
刘向东	大溪沟街道	曾　文	两路口街道	秦春朝	两路口街道
甄　庆	大溪沟街道	龙文艺	两路口街道	范　娟	两路口街道
袁　曦	两路口街道	王　珏	两路口街道	熊正芳	上清寺街道
周纪南	两路口街道	潘小锋	上清寺街道	俞红敏	上清寺街道
胡世祥	上清寺街道	李海清	上清寺街道	张兴东	大坪街道
刘　戈	上清寺街道	吴亚男	大坪街道	张金城	大坪街道
刘建涛	大坪街道	何栋华	大坪街道	江　陵	大坪街道
瞿　斌	大坪街道	苏本奎	石油路街道	何　奇	石油路街道

续表

姓名	单位	姓名	单位	姓名	单位
文　艳	石油路街道	王正凌	石油路街道	郝光华	石油路街道
程　静	石油路街道	越德川	化龙桥街道	郑　静	化龙桥街道
祝　平	石油路街道	许　斌	化龙桥街道	甘清尤	化龙桥街道
刘隆智	化龙桥街道	徐　剑	化龙桥街道	刘豆豆	区法院
陈玉林	化龙桥街道	蔡　彬	区法院	胡　科	区法院
王萌萌	区法院	林　敏	区法院	吕荣荣	区法院
李响响	区法院	许坤霖	区法院	张乐跃	区法院
谢　琼	区法院	张应红	区法院	赵文康	区法院
张　硕	区法院	乔传磊	区法院	申　萍	区法院
周宇波	区法院	杨　娟	区法院	胡　鑫	区法院
阳元霞	区法院	陈晓红	区法院	刘　章	区法院
李家骥	区法院	彭重波	区法院	任　科	区法院
龙　飞	区法院	宋　伟	区法院	王　青	区法院
宋　涛	区法院	曾亚妮	区法院	朱　江	区法院
王真祥	区法院	付佃强	区法院	郭雨沛	区法院
朱　莎	区法院	蒋华清	区法院	孙蓓蓓	区法院
徐　真	区法院	刘　瑛	区检察院	何　潇	区检察院
吴兴坤	区法院	江一骄	区检察院	关　涛	区检察院
魏　勇	区检察院	张志瑞	区检察院	周　虹	区检察院
赵　坦	区检察院	崔全龙	区检察院	漆三川	区检察院
王世明	区检察院	罗　辉	区检察院	曹宏斌	区检察院
陈天生	区检察院	陈妍廷	区检察院	邱贻光	区检察院
文　黎	区检察院	袁　旸	区检察	龙光荣	区检察院
刑光旭	区检察院	唐　励	区检察院	吴礼玲	区检察院
范志飞	区检察院	陈伟萍	民进渝中区委	陶秀英	区工商联
黄云飞	民盟渝中区委	陈　刚	团区委	陈荟宇	团区委
陈　静	区总工会	陈　佳	区残联	冯向英	区计划生育协会
任　艳	区妇联				

统计资料

2018 年渝中区国民经济和社会发展统计公报

2018 年，在市委、市政府和区委的坚强领导下，全区紧紧围绕习近平总书记对重庆提出的“两点”定位、“两地”“两高”目标，坚持稳中求进工作总基调，认真践行新发展理念，以“一稳三抓五促”工作方法统揽各项工作，全区呈现经济运行稳中有进、城市品质不断提升、民生福祉持续改善、社会大局和谐稳定的良好局面。

一、区域经济

综合实力。初步核算，全年地区生产总值（GDP）1203.9 亿元，按可比价格计算，比上年增长 0.9%。地均 GDP 产出 60.0 亿元 / 平方公里；按常住人口计算，人均 GDP 为 182540 元。

2014—2018 年地区生产总值与可比价增长速度

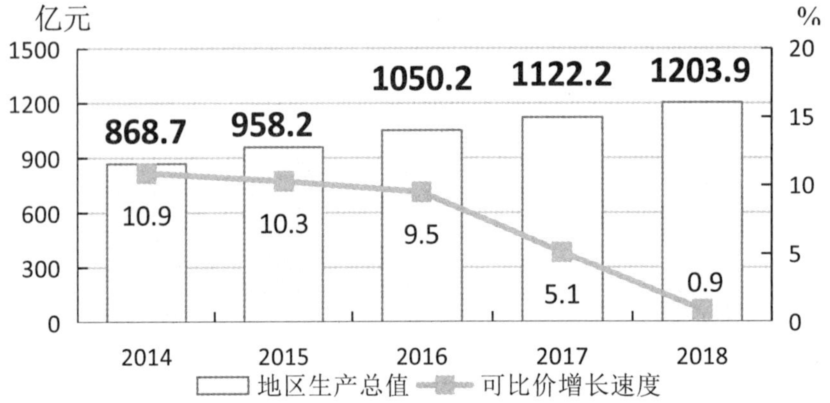

产业结构。全年二、三产业增加值分别为 38.4 亿元、1165.5 亿元，分别增长 13.0%、0.5%。二、三产业比例为 3.2∶96.8，第三产业对 GDP 的贡献率为 59.4%。

2014—2018 年第三产业占 GDP 比重

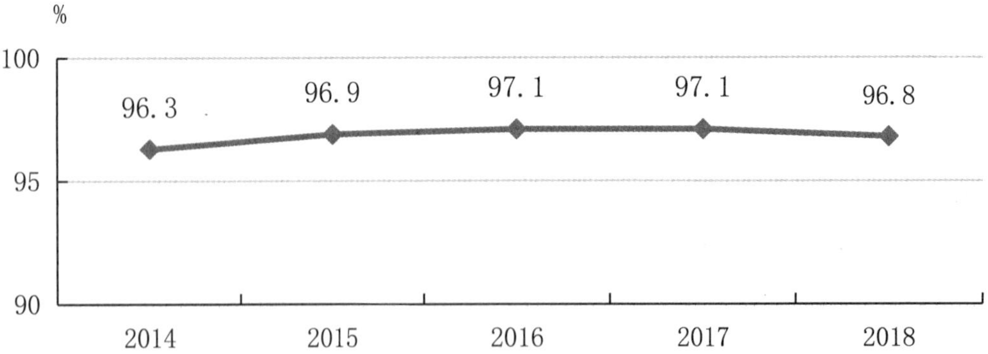

财税收入。全年区域税收收入 208.0 亿元，下降 1.4%，占 GDP 的比重为 17.3%。一般公共预算收入 46.4 亿元，下降 6.7%，其中税收收入 37.8 亿元，下降 4.6%，税收收入占一般公共预算收入的比重为 81.5%；一般公共预算支出 71.3 亿元，下降 15.4%。

2014—2018 年区域税收收入与增长速度

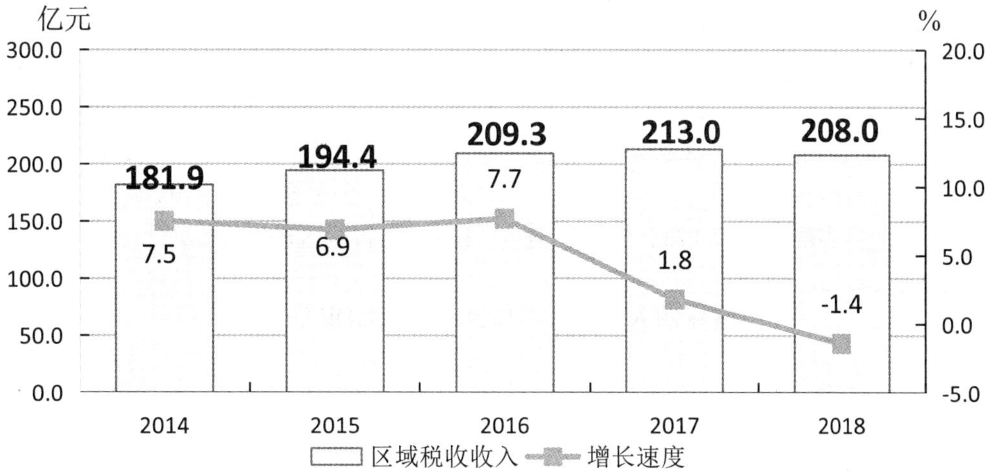

固定资产投资。固定资产投资 218.9 亿元，增长 2.8%，投资强度 10.9 亿元 / 平方公里；固定资产投资占 GDP 的比重 18.2%。其中建设改造和房地产开发投资分别为 63.3 亿元、155.6 亿元。

2014—2018 年固定资产投资及增长速度

对外开放。全年区域实际利用外资 4.7 亿美元，下降 9.6%。进出口贸易总额实现 103.9 亿元，下降 26.7%，进口总额与出口总额分别为 77.2 亿元和 26.7 亿元，分别下降 21.1%、39.1%。

2014—2018 年区域实际利用外资

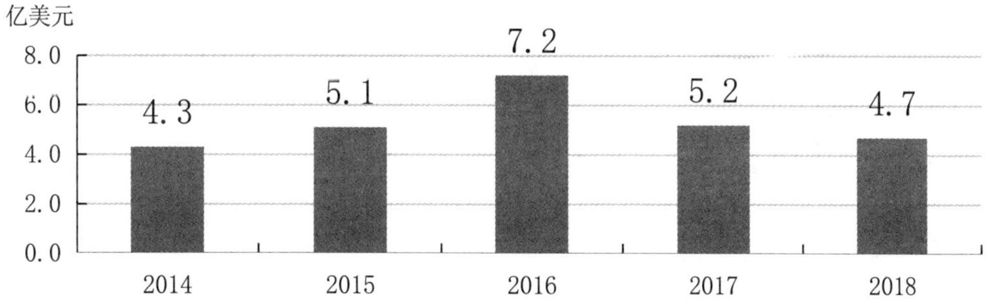

二、板块发展

解放碑中央商务区全年实现增加值604.1亿元，增长0.4%，占全区的50.2%；完成固定资产投资22.6亿元，下降36.3%，占全区的10.3%。

电子商务和创意产业园区全年实现增加值261.5亿元，增长1.7%，占全区的21.7%；完成固定资产投资41.8亿元，下降12.2%，占全区的19.1%。

大石化新区全年实现增加值176.3亿元，增长2.1%，占全区的14.6%；完成固定资产投资61.0亿元，增长22.7%，占全区的27.9%。

历史文化街区全年实现增加值162.0亿元，增长0.1%，占全区的13.5%；完成固定资产投资93.5亿元，增长16.6%，占全区的42.7%。

重庆中央商务区（渝中区区域）全年实现增加值717.3亿元，增长0.3%，占全区的59.6%；完成固定资产投资63.4亿元，下降18.6%，占全区的29.0%。

2018年四大功能区增加值占全区GDP的比重

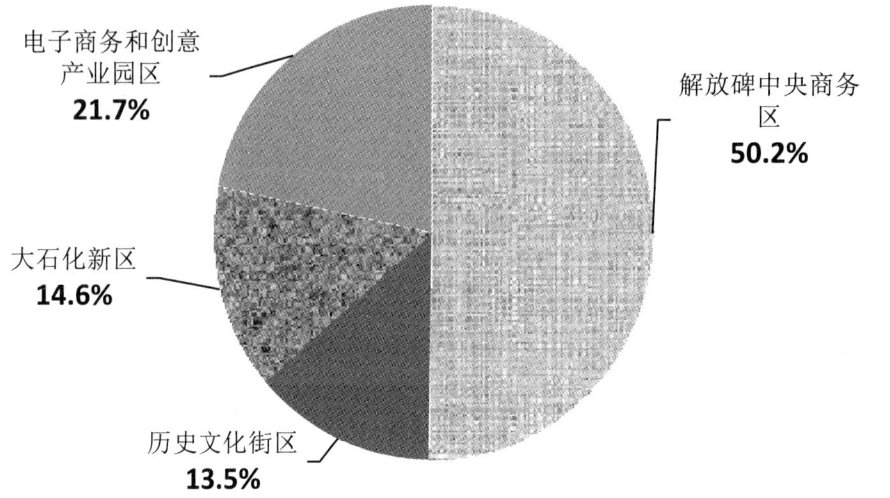

三、产业发展

金融业。年末银行存款余额4801.7亿元，下降7.4%，其中居民储蓄存款余额为601.4亿元，增长2.9%；银行贷款余额为4225.6亿元，增长10.2%。股票成交额、基金成交额、期货成交额、要素市场成交额分别为4509亿元、217亿元、34678亿元、5747.2亿元。

商贸业。批发和零售业销售额增长10.4%；住宿和餐饮业营业额增长14.3%。社会消费品零售总额增长6.8%。限额以上批发零售法人企业零售额中，金银珠宝类增长8.8%、化妆品类增长7.6%、服装、鞋帽、针纺织品类增长4.6%、家用电器和音像器材类增长5.7%。

房地产业。商品房施工面积552.2万平方米，其中住宅202.1万平方米、办公楼90.5万平方米、商业营业用房121.6万平方米。商品房销售面积74.1万平方米，其中住宅51.4万平方米、办公楼12.2万平方米、商业营业用房3.3万平方米。商品房销售额138.0亿元，其中住宅108.2亿元。

2014—2018年商品房销售面积

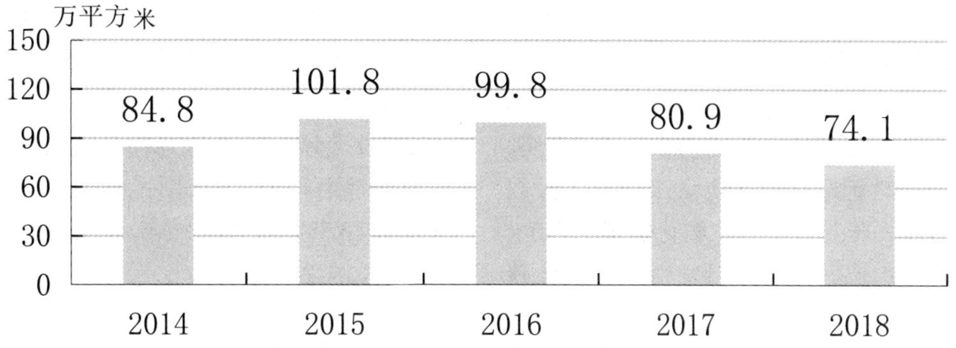

旅游业。全年旅游业总收入383.5亿元，增长20.3%，其中国内旅游收入328.9亿元，增长22.4%，旅游外汇收入8.1亿美元，增长3.8%。接待旅游者人数6374.9万人次，增长16.2%，其中国内旅游者6219.7万人次，增长16.4%，入境旅游者155.2万人次，增长8.5%。旅行社190家，其中国际旅行社39家；4A、3A、2A景区分别为9个、2个、2个，游船10艘。

2014—2018年旅游业发展

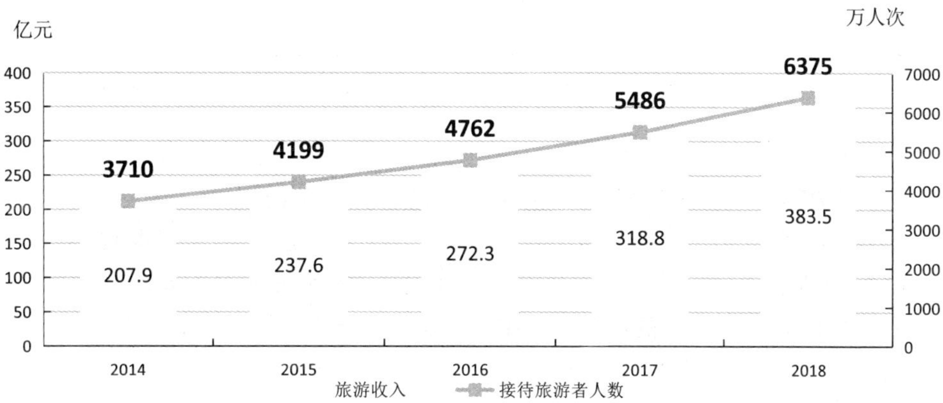

四、重点产业及集聚区发展

六大重点产业。2018年现代金融业增加值310.8亿元，下降5.1%；高端商贸业增加值280.7亿元，增长5.3%；专业服务业增加值222.6亿元，增长8.9%；文化旅游业增加值125.2亿元，增长3.7%；互联网服务业增加值87.7亿元，增长16.6%；健康医疗服务业增加值96.4亿元，增长0.6%。

八大服务业集聚区。2018年八大服务业集聚区规上企业1278家，占全区比重90.8%，共实现营业收入（或产值）3419.0亿元，占全区比重95.5%，增长9.4%。解放碑中央商务区规模以上企业营业收入1648.0亿元，占全区的比重46.0%。朝天门中新合作示范区、下半城历史文化风貌带、化龙桥国际商务区、大坪商圈、大溪沟文化创意区、上清寺互联网产业园、菜园坝滨江新城区域内规模以上企业分别实现营业收入（或产值）61.1亿元、68.6亿元、74.2亿元、385.0亿元、206.5亿元、965.3亿元和10.3亿元，占全区规模以上企业营业收入（或产值）分别为1.7%、1.9%、2.1%、10.8%、5.8%、27.0%和0.3%。

五、城市建设

基础设施。改造城市道路面积4.0万平方米，实有道路长度达到294.8公里；年末排水管道总长度为256.8公里；新建基站241个，通信基站数量达到 3627 个；年末公共厕所总数 155 座；停车场总数为 604 个，其中室内停车场数 364 个；停车泊位数 89944 个。

城市管理。年末市容环卫专用设备 189 台。全年清扫保洁道路总面积 774.9 万平方米。拆除违法建筑面积 5.8 万平方米，整治摊群摊点 8396 个，拆除户外广告 2056 块，整治门楣店招 400 块。

环境质量。新标准空气质量二级以上天数为 306 天。$PM_{2.5}$ 年日均值、二氧化硫年日均值、二氧化氮年日均值、臭氧年日均值、一氧化碳年日均值、PM_{10} 年日均值分别为 0.039 毫克 / 立方米、0.010 毫克 / 立方米、0.051 毫克 / 立方米、0.155 毫克 / 立方米、0.0015 毫克 / 立方米、0.063 毫克 / 立方米。区域环境噪声平均值、道路交通噪声平均值分别为 52.2 分贝、65.3 分贝。

园林绿化。年末公园数量为 21 个，公园面积 127.9 公顷；园林绿地面积 657.5 公顷，其中公园绿地面积 383.1 公顷；绿化覆盖率、绿地率分别为40.3%、37.8%，城市人均公园绿地面积 6.8 平方米。

2014—2018 年城市人均公园绿地面积

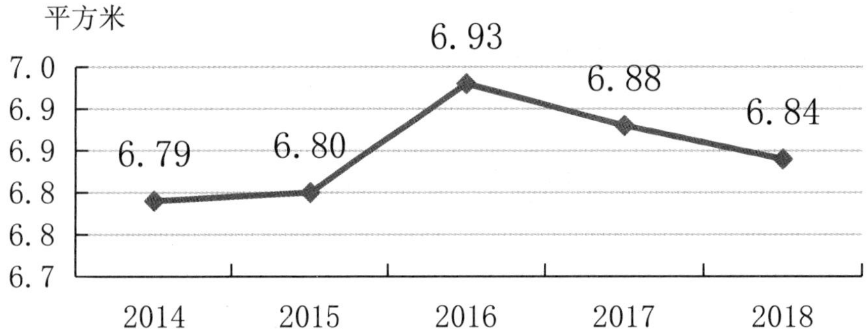

六、社会事业

科技。全年举办科普讲座 984 场次，参加人数达到 29520 人次，科普展览次数达到 2 次，参观人数达到 14500 人次。

教育。2018 年末普通中学 13 所，职业中学 2 所，小学 31 所。全年学校招收学生普通中学 7117 人，职业中学 1061 人，小学 5460 人；在校学生普通中学 20996 人，职业中学 2956 人，小学 29293 人；毕业生普通中学 6558 人，职业中学 1041 人，小学 4889 人。幼儿园教师 990 人，在园幼儿 13981 人。

文化。艺术表演团体 12 个，全年演出 986 场次；艺术表演场馆 8 个，全年演出 639 场，观众 30.5 万人次。年末非物质文化遗产为 46 项，重点文物保护单位 65 个，其中国家级 18 个。

卫生。全年诊疗人次 1203 万人次，出院 42.9 万人次，实际占用总床日数 384.9 万日。

2014—2018 年诊疗人次数

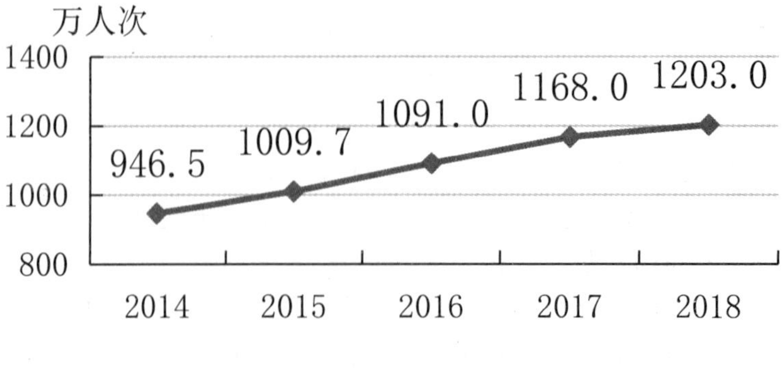

体育。全年体育彩票销售收入15036万元。全民健身路径350处，登山步道2条。体育场地面积55.7万平方米，人均体育场地面积1平方米，社会体育指导员1791名。市民体质抽样合格率为95%。

七、民生保障

人口。年末户籍人口50.4万人，年末常住人口66.0万人；城镇化率100%。

2014—2018年常住人口

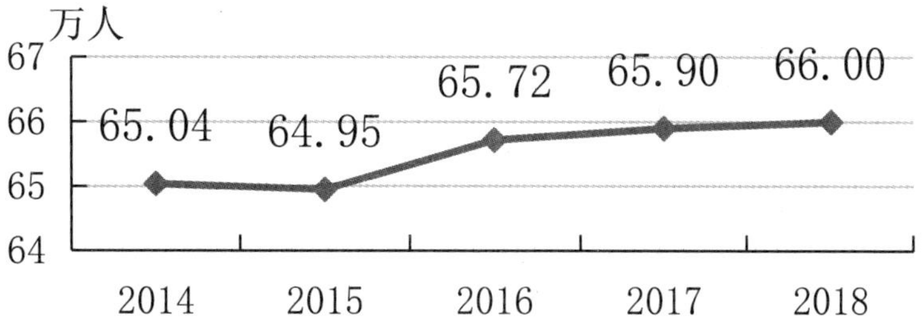

居民生活。城镇常住居民人均可支配收入40484元，增长8.9%，其中工资性收入24163元，增长10.1%；转移净收入9568元，增长3.1%。人均消费性支出29110元，增长11.7%，其中食品类支出8751元，增长5.4%；教育文化娱乐类支出3746元，增长15.8%。

社会保障与救助体系。年末基本养老保险参保人数为73.9万人，失业保险参保人数为58.0万人，城镇基本医疗保险参保人数为73.3万人，工伤保险参保人数为54.4万人，生育保险参保人数为48.8万人。年末享受城市居民最低生活保障人数为11012人，下降3.6%，全年发放最低生活保障金7653万元，增长7.5%。年末城镇登记失业人数6416人；城镇登记失业率为2.7%。“人生关怀”工程投入2.0亿元，受益居民58.0万人次。

2014—2018年登记失业率

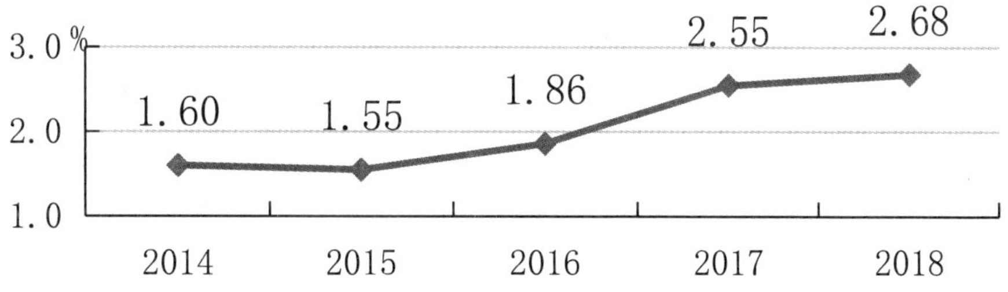

消费价格。全年城市居民消费价格指数上涨2.0%，其中食品烟酒增长1.4%、衣着上涨1.5%、居住上涨2.8%、生活用品及服务上涨1.7%、交通和通讯上涨0.1%、教育文化和娱乐上涨3.0%、医疗保健上涨5.7%、其他用品和服务上涨0.9%。

2014—2018 年居民消费价格指数

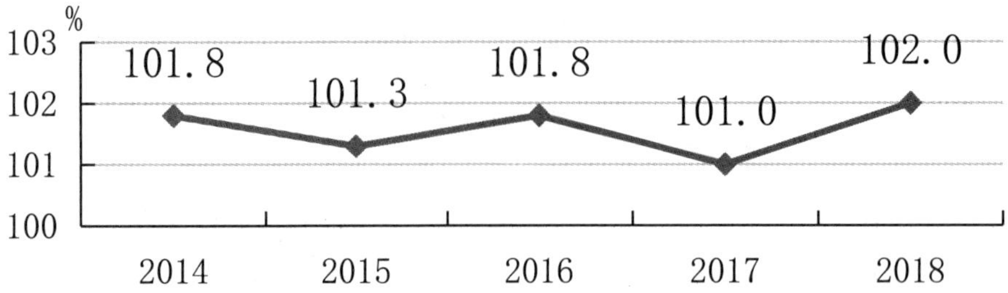

注：

1. 本公报统计数据为快报数据，最终数据以统计年鉴公布的数据为准。

2. 地区生产总值，各板块增加值绝对数按现价计算，增长速度按可比价计算。

3. 本公报涉及地均指标都以第二次全国土地调查公布渝中区陆域面积 20.08 平方公里计算。

4. 重庆中央商务区渝中区区域主要包括解放碑和朝天门地区。

5. “两点”定位、“两地”“两高”目标和营造良好政治生态、“四个扎实”要求：习近平总书记在 2016 年 1 月视察重庆和 2018 年 3 月参加重庆代表团审议时对重庆提出的要求。“两点”定位，即西部大开发的重要战略支点、“一带一路”和长江经济带的联结点。“两地”“两高”目标，即加快建设内陆开放高地、山清水秀美丽之地，努力推动高质量发展、创造高品质生活。“四个扎实”要求，即扎实贯彻新的发展理念、扎实做好保障和改善民生工作、扎实做好深化改革工作、扎实落实“三严三实”要求。

6. “一稳三抓五促”工作方法：是指“稳中求进”一条主线，抓住“投资、消费、改革开放”三个关键，促进“重点产业高质量发展、重点区域高品质开发、重点项目高效率建设、重点企业高水平服务、重点招商高标准实施”五个重点。

7. 由于四舍五入影响，造成部分数据分项之和与总项存在误差。

附　录

文　献

中共重庆市渝中区委
关于进一步加强党风廉政警示教育的实施意见

为认真落实《中共重庆市委关于进一步加强党风廉政警示教育工作的意见》（渝委发〔2018〕32号），运用好反面典型活教材，以案说纪、以案说法、以案说德、以案说责，用身边事教育身边人，推动我区党风廉政警示教育经常化规范化，结合实际，制定本实施意见。

一、加强党风廉政警示教育指导思想

深入贯彻党的十九大精神，深学笃用习近平新时代中国特色社会主义思想，全面贯彻落实习近平总书记视察重庆重要讲话和参加重庆代表团审议时重要讲话精神，落实十九届中央纪委二次全会和市委、市纪委、区委关于全面加强党的纪律建设、开展经常性纪律教育部署要求，坚持统一部署、分级开展、全员参与，坚持重遏制、强高压、长震慑，坚持教育在先、警示在先、预防在先，坚持用身边事教育身边人，做好执纪审查“后半篇文章”，教育引导党员干部和行使公权力的公职人员增强“四个意识”，坚定“两个维护”，认清党风廉政建设和反腐败斗争形势，习惯在受监督和约束的环境中工作生活，从内心深处产生对腐败的警惕、对法纪的尊崇、对权力的敬畏，持续传递越往后执纪越严的强烈信号，强化不敢腐的震慑，扎牢不能腐的笼子，增强不想腐的自觉，构建党风廉政警示教育长效机制，推动“三个确保”在渝中落地生根。

二、加强党风廉政警示教育重点对象重点内容

党风廉政警示教育对象是全区各级党组织及党员干部、行使公权力的公职人员，重点对象是各级党员领导干部和重要领域、关键岗位的党员干部。重点内容：

（一）强化党章党规党纪和宪法法律法规教育。加强对党章和新形势下党内政治生活若干准则、廉洁自律准则、党内监督条例、纪律处分条例等党规党纪以及宪法、监察法等法律法规的学习，增强各级党组织和党员干部纪律和规矩意识，让广大党员干部受警醒、明底线、知敬畏，主动在思想上划出红线、在行为上明确界限，真正敬法畏纪、遵规守矩。

（二）强化党风廉政建设和反腐败工作形势任务教育。学习贯彻中央、中央纪委和市委关于全面从严治党的重大决策部署，认真学习落实市委五届三次、四次全会和市纪委五届二次全会、区委十二届三次全会精神，结合区委《关于营造良好政治生态的意见》《关于加强法治和德治工作的实施意见》，开展好党风廉政警示教育，引导全区党员干部认清反腐败斗争新形势、新任务、新要求，增强政治觉悟和政治能力，以滚石上山的劲头修复和净化政治生态。

（三）强化党性教育。坚决肃清孙政才恶劣影响和薄熙来、王立军流毒，以孙政才案件和薄熙来、王立军案件为反面教材，把学习贯彻“十破十立”要求纳入“两学一做”学习教育和“不忘初心、牢记使命”主题教育，引导党员干部补足精神之“钙”，筑牢思想之“魂”，教育党员干部树立正确的权力观、地位观和利益观，做到心中高悬法纪明镜、手中紧握法纪戒尺，知晓为官做事尺度。

（四）强化反面典型教育。通报曝光纪检监察机关查处的典型案例，坚持以案说纪、以案说法、以案说德、以案说责，在全社会形成讲法治、讲道德的良好社会氛围。充分运用严重违纪违法人员忏悔录、检讨书、剖析报告等开展反思警醒，形成有力震慑。深入分析违纪违法行为给党和国家、社会和个人造成的严重危害，持续深化党风廉政警示教育效果。

（五）强化追责问责教育。加强对中国共产党问责条例及重庆市实施办法的学习宣传，剖析解读并通报落实管党治党主体责任和监督责任不力被问责的典型案例，持续释放有权必有责、有责要担当、失责必追究的强烈信号，唤醒全区各级党组织和党员领导干部责任意识，激发担当精神，自觉扛起管党治党政治责任。

三、加强党风廉政警示教育主要措施

（一）以全市和全区重要活动为动力开展集中教育。每年结合全市、全区重要会议以及党委（党工委、党组）理论学习中心组学习和“渝中大讲堂”等组织开展集中性党风廉政警示教育。落实党员领导干部上廉政党课制度，区委书记和区纪委书记带头上廉政党课。开展纪律规矩教育，持续开展“廉政文化教育宣传月”和“清风半岛•廉洁渝中”系列活动。将廉政警示教育纳入区委党校、区行政学校主体班重要课程。

（二）以廉政谈话为重点开展提醒教育。严格落实领导干部任前廉政谈话制度。在干部提拔交流、岗位调整等关键节点，加强提醒教育。结合“支部主题党日”活动开展定期提醒教育。各单位班子成员之间、班子成员和党员之间、党员和党员之间开展经常性警示提醒谈话。在春节、国庆等重要节点开展节日提醒。加大典型案例通报曝光力度。精准运用监督执纪“四种形态”，严格执行我市实施办法和运用第一种形态开展谈话工作规程。

（三）以各类警示教材为基础开展案例教育。区纪委监委统筹全区党风廉政警示教材的制作和使用，制作忏悔录选编、警示教育片、典型案例汇编等警示教材在全区开展好案例教育。区属各级党组织做好本部门本系统警示教材的制作和使用。抓好审查调查信息和典型案例通报。忏悔录能公开的都要公开，发给原单位党委（党工委、党组），组织专题学习讨论。

（四）以案件反思剖析为抓手开展专题教育。各级党组织要把违纪违法典型案例以及严重违纪违法人员忏悔录、检讨书等，特别是孙政才案件和薄熙来、王立军案件，作为民主生活会、组织生活会的反面教材。各级党组织主要负责同志应代表班子作对照检查，带头开展批评和自我批评。本年度受到谈话函询的党员干部应在民主生活会或组织生活会上作说明或检查。党员干部深入开展批评与自我批评。

本单位本系统发生党员干部严重违纪违法问题的，受处分人所在党组织收到处分决定后30日内，要从党委（党工委、党组）、党支部两个层面召开案件反思剖析会。由处分决定机关或其委托的下级党组织、纪检监察组织，及时在党委（党工委、党组）会议和支部党员大会上宣布处分决定，宣读受处分人检讨材料，受处分人要作深刻检查。受处分人所在党组织班子成员要结合“一岗双责”进行对照检查，受处分人所在党支部全体党员要结合自身实际反思剖析。受处分人所在党组织认真总结经验教训。其他履行公权力的公职人员受到政务处分的，参照上述要求执行。

（五）以警示教育阵地为载体开展现场教育。统筹运用好法庭、监狱等载体，通过组织党员干部参观警示教育展、旁听庭审、听取服刑人员现身说法等形式开展警示教育。充分运用“廉洁渝中”微信公众号等媒体手段，积极探索建设网上警示教育阵地。区纪委监委选取1—2个区属党组织开展党风廉政警示教育试点工作。

四、加强党风廉政警示教育组织保障

全区各级党组织要认真落实全面从严治党主体责任，切实加强对党风廉政警示教育的组织领导，结合实际，抓好本意见组织实施；主要负责同志要切实履行第一责任人责任，亲手抓、负总责，带好头、作表率，认真研究、安排部署好相关工作；建立主要负责人负总责、分管同志具体抓、专人专班推进落实、党员干部和公职人员积极参与的工作机制和责任体系；党支部要担负好直接教育党员、管理党员、监督党员职责，引导广大党员发挥先锋模范作用，积极推动形成党风廉政警示教育长效机制。要把正面宣传与警示教育结合起来，推动全面从严治党向纵深发展。

（一）抓协作配合。区纪委监委机关、区委组织部、区委宣传部要建立协作配合机制，细化分工、落实责任，协助区委全面推动党风廉政警示教育开展，加强督促指导。区纪委监委机关要切实履行全面从严治党监督责任，同时会同相关部门做好违纪违法典型案件梳理、忏悔录编辑、制作警示教育片、开展党风廉政警示教育试点等工作，为党风廉政警示教育提供基础保障；区委组织部、区人力社保局、区委党校要将党风廉政警示教育融入干部教育培训工作，作为党的组织生活重要内容，为党风廉政警示教育提供组织保障；区委宣传部要将党风廉政警示教育融入党的宣传、思想、文化及意识形态工作，为党风廉政警示教育提供思想和舆论保障。

（二）抓工作纪实。全区各级党组织要按照过程留痕、便于监督、务求实效的原则，围绕推进党风廉政警示教育工作落实，以渝中廉情大数据平台为载体，探索建立工作纪实制度，切实做好有关工作安排、责任落实、活动开展以及效果评估等方面纪实记录，定期梳理工作，确保党风廉政警示教育严细深实、持续推进。

（三）抓督查评估。区纪委监委机关、区委组织部、区委宣传部要结合实际，从组织领导、责任落实、党员参与、工作效果等方面，对全区各级党组织开展党风廉政警示教育情况进行监督检查和评估，确保工作落地生根。

（四）抓责任追究。各单位党风廉政警示教育情况纳入年度党风廉政建设和反腐败工作考核。对加强党风廉政警示教育思想认识不深刻、责任落实不到位、工作效果不明显的党组织和责任人，按照《重庆市实施〈中国共产党问责条例〉办法》等有关规定，严格追究责任。

重庆市渝中区人大常委会工作报告

——2018 年 1 月 13 日在重庆市渝中区第十八届人民代表大会第三次会议上

渝中区人大常委会主任　米绍林

各位代表：

我受区人大常委会的委托，向大会报告工作，请予审议。

2017 年的主要工作

2017 年是区第十八届人大常委会依法履职的第一年。一年来，区人大常委会在中共渝中区委的坚强领导下，认真学习贯彻党的十九大精神和习近平新时代中国特色社会主义思想，紧紧围绕区第十二次党代会提出的区域功能定位和发展战略，坚持党的领导、人民当家作主、依法治国有机统一，认真履行宪法和法律赋予的各项职权。全年，共召开常委会会议 9 次、主任会议 20 次，听取并审议“一府两院”工作报告 16 项，作出决议决定 11 项，开展执法检查、专题调研和工作视察 35 次，依法任免国家机关工作人员 148 人次，补选区人大代表 9 名，依法确认并公告代表资格变动 18 人次。较好完成了区十八届人大一次会议确定的各项任务，为全区经济社会发展和民主法治建设作出了新贡献。

一、践行新思想，始终坚持正确政治方向

常委会始终严守党的政治纪律和政治规矩，坚决贯彻中央精神和市委、区委的决策部署。

在依法履职中坚持党的领导。牢固树立“四个意识”，坚定“四个自信”，坚决维护以习近平同志为核心的党中央权威和集中统一领导，坚决清除孙政才恶劣影响和“薄、王”思想遗毒。严格执行重大事项向区委请示报告制度，自觉把党的领导贯穿人大依法履职的全过程。全年，常委会党组向区委请示汇报工作 21 次，人大工作得到区委的高度重视和大力支持。充分发挥常委会党组在人大工作中把方向、管大局、保落实的重要作用，统一思想、凝聚力量，通过依法行使职权，把党的主张转化为全区人民的共同意志和自觉行动。

在贯彻决策中保证党的领导。党的十八大以来，以习近平同志为核心的党中央就坚持和完善人民代表大会制度、加强县乡人大工作和建设提出了一系列新思想新要求。在区委的领导下，区人大常委会紧密结合渝中实际，抓好贯彻落实。加强区人大各专门委员会和区人大常委会街道工委的建设，为区人大三个专委会办事机构配备工作人员，为11个街道工委配备专职主任、兼职副主任和工委委员，充实了人大工作力量。坚决贯彻党内监督条例、党组工作条例等党内法规，加强常委会党组和机关党组建设，建立健全党组学习、议事、决策等工作制度，落实全面从严治党“两个责任”，推进人大常委会机关“两学一做”学习教育常态化制度化。认真做好区委交办的专题调研工作，对当前我区经济增速下滑作出深度研判，为区委决策提供参考。

在推动创新中依靠党的领导。推动人大制度和人大工作与时俱进、完善发展是新时代的新要求。区人大常委会紧紧依靠区委领导，在实行正确监督、有效监督，健全人大讨论决定重大事项制度，深化代表工作等方面做了一些有益探索。比如，参与预算编制改革，进一步深化财政预决算和审计查出问题整改工作的监督；及时行使重大事项决定权，依法作出加快步行系统规划建设的决议；指导各代表组探索建立代表履职评价机制，依法开展约见、询问和工作评议等代表活动，取得积极成效。

二、立足新常态，全力推进区域经济发展

常委会主动适应经济发展新常态，直面我区经济发展中的重点和难点，加大监督力度，增强监督实效。

着力推动经济转型升级。聚焦六大重点产业发展，以常委会扩大会议形式，听取审议区政府楼宇经济发展工作情况报告，支持和督促区政府进一步完善扶持政策，优化服务管理，突出楼宇经济品牌和特色，推动八大服务业集聚区均衡发展。围绕区十八届人大一次会议提出的推动实体零售创新转型的议案，深入重庆百货、苏宁云商等企业开展调研，向区政府提出推动重点实体零售企业与优势行业资源跨界融合、促进资源互补转型的建议。

着力强化经济运行监督。客观分析我区经济转型升级阵痛期存在的困难，加强对全区经济运行情况的监督。分别听取区政府2017年重点项目立项情况、上半年计划执行情况及重点项目推进情况的报告，选取部分重点项目进行视察。针对总部企业外迁流失、招商稳商任务艰巨、重点项目推进迟缓等问题，要求区政府进一步深化供给侧结构性改革、强化新动能培育、加强项目监督考核。开展国有资产经营管理情况调研，推动我区国有资产进一步优化配置、有效使用。

着力深化财政预决算审查。听取审议预算执行和预算调整情况的报告，审查批准2016年财政决算。在实现预算绩效管理全覆盖的基础上，对新华路环境综合改造等5个资金量大、社会关注度高的重点项目开展预算绩效管理工作满意度测评，督促区政府及有关部门增强绩效意识，提升财政资金使用效益。加强对审计查出问题整改工作的监督，分别听取审议区政府2015年、2016年预算执行和其他财政收支审计查出问题整改落实情况的报告，并对整改工作进行满意度测评，要求区政府及相关部门加大整改力度，落实整改责任，务求整改实效。

三、顺应新期盼，努力促进民生事业改善

常委会始终坚持以人民为中心的发展思想，紧盯群众关心的热点问题开展监督，推动改革成果更多惠及人民群众。

力推步行系统建设。区十八届人大一次会议《关于建设适宜步行的渝中半岛，营造充满活力的城市的议案》提出后，根据大会主席团授权，常委会组织开展专题调研。在学习借鉴发达地区经验，认真分析城市发展现状和渝中独特优势的基础上，从加快规划编制、提高建设品质、提升管理水平、强化统筹协调四个方面作出了关于加快步行系统规划建设的决议，明确提出了五年内建成分级连续的步行网络体系。围绕决议落实，召开推进会，全程跟踪规划编制各环节。目前，步行系统建设专项规划正待区规委会审定，示范段项目力争在今年年底建成。

力督城市环境改善。常委会听取审议了区政府关于市容环境综合整治工作情况的报告，督促区政府创新城市治理方式，提升精细化管理水平，尽快解决好下放市政设施病害整治、缺陷修复，以及管理人员和技术设备匮乏等问题。组织市区代表视察解放碑地下环道工程，围绕后续管理、三期工程建设等问题提出建议，市人大信息予以刊载，并转报市政府主要领导。开展棚户区改造工作视察，督促区政府积极对接新一轮棚改政策，统筹市政设施完善、步行系统建设和历史文脉保护，解决积存遗留问题。调研民防人口疏散基地建设管理工作，促进城市应战综合防护能力提升。

力促生态文明建设。常委会听取审议了区政府2016年环境状况和环保目标完成情况的报告，开展大气污染防治工作视察，督促区政府抓好中央环保督察反馈问题整改、加强环保薄弱环节治理。根据市人大工作安排，开展固体废物污染环境防治法执法检查，重点就城市生活垃圾管理、分类试点工作和医疗固体废弃物污染防治工作提出执法检查意见。开展餐饮油烟污染引进第三方治理专题调研，推动我市环保条例和大气防治条例贯彻落实。

聚焦历史文脉传承。围绕母城历史文化风貌区决议的贯彻落实，对区政府实施文物保护法的情况开展执法检查。督促区政府开展文物安全大排查和文物市场专项检查，加强文物经费拨付、项目预算评审等保障力度，推动了渝中区博物馆等4个文物保护项目立项和谢家大院等15处文物的修缮利用工作。开展传统风貌区、山城老街区、特色老社区建设项目调研，督促区政府加大推进力度，重现传统老街区的形态魅力和业态活力。

推动民生福祉提升。开展《重庆市食品生产加工小作坊和食品摊贩管理条例》实施情况视察，督促区政府进一步规范食品摊贩经营秩序，建立完善长效监管机制，让老百姓吃得安心放心。区街联动开展教育重点项目推进情况调研，推动中小学幼儿园校点布局决议贯彻落实。组织市区代表开展医保基金管理使用情况调研，提出做好征缴扩面工作、优化基金总额指标管理、加强基金使用监管等建议。围绕区政府综合保险实施、公立医院改革和低保群体救助工作开展监督，促进更多惠民政策落实落地。

四、把握新要求，积极推动法治渝中建设

常委会始终把维护宪法和法律权威、推进依法治区作为重要职责，认真开展监督，推动“一府两院”依法行政、公正司法。

推进法治政府建设。听取审议了区政府2016年法治政府建设工作情况报告，督促区政府进一步强化法治意识，规范执法行为，提高依法行政能力。围绕安全生产法、文物保护法、食品安全法、民办教育促进法开展执法检查和视察，确保相关法律法规在我区贯彻落实。视察公安“三所一队”和“民心天网”等重点项目，调研司法行政和群体性事件防控工作，督促区政府不断加强公安能力建设、完善公共法律服务体系、提高群体性事件防控能力，维护社会和谐稳定。

强化备案审查工作。认真落实中央、市委关于加强规范性文件备案审查的新要求，修订渝中区人大常委会规范性文件备案审查规定，明确审查范围，优化审查流程。全年，审查区政府规范性文件8件，并督促区政府上网公开。全面清理区人大常委会规范性文件，将新修订的规范性文件及时报送市人大常委会备案审查。

致力营造法治氛围。听取审议区政府“六五”普法工作情况报告，作出了关于开展第七个五年法治宣传教育的决议。召开决议落实推进会，督促全区进一步压实“谁执法谁普法”责任，改进普法方式，强化监督考核，营造浓厚法治氛围。认真落实宪法宣誓实施办法，全年组织宪法宣誓187人次，推动“一府两院”开展宪法宣誓工作，促进国家机关工作人员进一步树立宪法意识、履行法定职责。

维护社会公平正义。关注司法体制改革，听取区“法检两院”司法体制改革工作推进情况报告。围绕员额制法官改革、法院基本解决执行难工作开展调研，推动区法院进一步提高办案效率和执行工作质量。听取区检察院民事行政检察工作情况报告，督促区检察院对执法、司法中的违法问题加大查处力度，维护司法公正。坚持把人大信访工作作为知民情、察民意、解民忧的重要渠道和强化监督的重要内容，全年共受理群众来信357件次，来访717人次，做好转办督办工作，切实保障人民群众合法权益。

五、展现新风采，充分发挥代表主体作用

常委会坚持和尊重代表主体地位，创新工作机制、拓展活动载体、提升履职能力，保证代表履职取得实效。

固本强基夯实代表工作基础。为本届人大代表工作起好步、开好局，常委会在规范代表履职、提升履职能力上下功夫。修改完善代表工作有关制度，指导各代表组健全学习培训、联系选民、述职考评等制度措施，菜园坝代表组探索的代表履职积分公示、化龙桥代表组制定的代表履职守则，在激励代表履职上都取得较好效果。建立集中与分散、专业与专题、教学与自学的“三结合”培训模式。全年，常委会开展代表集中培训2次，各代表组平均开展分散培训3次，代表履职能力不断提升。做好市人大代表渝中联系组的服务工作，常委会荣获市四届人大代表工作先进单位称号，也是获评优秀代表建议数量最多的区县。

筑牢阵地密切代表群众联系。常委会强化组成人员联系代表、代表联系选民的“两联”互动，规范街道“代表之家”、社区民情联络室建设，打造覆盖全区的代表履职阵地。通过组织现场学习和暗访抽查，督促各街道工委在发挥阵地作用上出实招、见实效。探索形成了石油路代表民情分析议事会议制度、朝天门代表收集民情事项交办反馈两单流程等代表联系群众工作的特色亮点。一年来，全区代表参与走访接访活动1061人次，接待选民群众4956人次，收集民情事项2017件，交办落实1752件，竹木街家禽市场扰民、人民支路如厕难、王家坡垃圾站占道、美专校街餐馆占用消防通道等群众反映的突出问题得到较好解决，代表“两联”成效进一步显现。

贯彻条例增强代表活动实效。常委会围绕全区重点工作，开展“心系群众福祉，促进民生改善”代表主题活动，强化市区代表联动。以贯彻落实重庆市区县人大常委会街道工委工作条例为抓手，指导各街道工委依法创新开展代表组活动，探索建立代表活动现场观摩学习机制，成功召开解放碑代表组代表约见、石油路代表组专项工作评议、南纪门代表组民情联络室建设三次代表活动现场会。各代表组依法履职的各项活动有序开展，全年活动达173次，形成视察调研报告32篇，活动成果转化为代表建议33件，代表参加活动达2216人次，推动解决了鲁祖庙花市建设、守备街照明系统改造、僵尸车拖移整治、长城小区加挂电梯等一批重点工作和民生事项。

健全机制督办代表建议落实。进一步完善“四督两评一保障”代表建议督办机制，将对办理大户的上门督办深化为常委会分管领导带队督办。开展代表建议网上办理试点。落实130余万元的建议事项办理保障经费，推动难点建议办理见实效。以代表活动、专题调研强化建议办理追踪问效，嘉韵山水城有关产权归属、港口码头地区安全、摩托车违行整治等代表建议得到有效落实。大溪沟代表组提出的将电厂宿舍楼纳入棚改征收建议得到区政府的高度重视和计划落实。解放碑金融发展、七星岗社区医卫、南纪门滨江环境、上清寺老街改造、两路口基层治理、大坪校点布局等专题调研也推动了相关建议得到较好落实。全年404件代表建议全部办结，满意率达98.73%，落实率达68.56%。

六、适应新形势，不断提高依法履职能力

新一届人大常委会主动适应新要求，全面加强自身建设，不断提高依法履职、服务大局的能力水平。

加强思想能力建设。进一步强化常委会组成人员政治意识，坚定走中国特色社会主义政治发展道路的信念。围绕党的十九大精神、母城历史文化风貌区建设、分享经济和人工智能产业发展等内容组织常委会专题学习，全面提升常委会组成人员依法履职能力。探索实施常委会会议出席情况和审议发言情况通报制度，增强常委会组成人员的责任意识，提高常委会会议审议质量。改进人大新闻宣传工作，办好《渝中人大》内刊。加强理论研究，以理论创新推动实践创新。2017年，我区有6项理论调研成果分别荣获市人大制度理论研讨会的一、二、三等奖。

强化制度规范运行。认真贯彻落实中央、市委对加强人大制度建设的新要求。对照相关法律法规的修订情况，全面清理常委会及机关工作制度，废止了7项制度，对渝中区人大常委会议事规则、渝中区人大常委会国民经济和社会发展计划监督办法等14项制度进行了修订，制定出台“一府两院”领导联系区人大代表办法、代表联系群众实施意见，完成制度汇编，进一步规范了常委会的履职行为，提升了工作效能。

增强人大整体合力。协助市人大开展立法和工作调研，为市人大立法、监督工作贡献基层力量。加强对人大各专委会的领导，优化专委会及其工作机构的运行机制，充分发挥代表专业组的人才优势。人大各专委会、常委会各工作机构依法履职，精心承办专项视察、调研活动，跟踪落实常委会审议意见处理情况，认真办理代表议案建议，为区人大及其常委会依法履职打下坚实基础。统筹安排各街道工委做好代表组的服务保障工作，进一步增强人大工作整体合力。

各位代表：过去一年常委会工作取得的成绩，是在中共渝中区委的正确领导下，全体区人大代表、常委会组成人员、各专委会组成人员、常委会各工作机构工作人员履职尽责、扎实工作的结果，也是区“一府两院”积极配合、大力支持的结果，更是全区人民、社会各界充分信任、热情参与的结果。在此，我代表区人大常委会，向大家表示崇高的敬意和衷心的感谢！

同时，我们也清醒地看到，面对群众反映强烈的突出问题，我们在回应社会关切、增强监督刚性、督促审议意见落实方面还需持续发力；面对各位代表不断提升的履职需求，我们在加强代表履职服务保障、更好发挥代表主体作用方面还需不断改进；面对常委会组成人员和代表参与人大工作不平衡不充分的问题，我们在扩大参与、强化联动方面还需进一步加强。在新的一年里，我们将认真改进自身工作的不足，更好履行宪法法律赋予的各项职权。

2018年的工作安排

2018年，是深入贯彻落实党的十九大精神、决胜全面建成小康社会和实施“十三五”规划承上启下的关键之年。区人大常委会工作的总体要求是：高举中国特色社会主义伟大旗帜，以马克思列宁主义、毛泽东思想、邓小平理论、“三个代表”重要思想、科学发展观、习近平新时代中国特色社会主义思想为指导，深入贯彻党的十九大精神，按照“五位一体”总体布局和“四个全面”战略布局的要求，在中共渝中区委的坚强领导下，紧紧围绕全区中心工作，依法履职、敢于担当，努力成为全面担负起宪法法律赋予的各项职责的工作机关，成为同人民群众保持密切联系的代表机关，为拥抱新时代、践行新思想、实现新作为，推动十九大精神在渝中落地生根作出新的更大贡献。

一、增强监督实效，推动发展更有为

推进经济转型提质增效。深入学习贯彻习近平新时代中国特色社会主义经济思想。围绕区第十二次党代会提出的目标任务和区“十三五”规划实施，听取审议区政府“十三五”规划中期评估报告，紧盯我区改革发展各项任务的推进落实，促进渝中经济发展质量变革、效率变革、动力变革。听取我区文化产业发展工作情况汇报，推动区政府提升文创产业整体实力。开展区政府旅游产业发展工作评议，推进文商旅深度融合，打造国家全域旅游示范区。开展大坪商圈发展情况视察，促进我区商贸业多极发展和产业聚集。

深化计划预算审查监督。听取审议区政府2018年国民经济和社会发展计划上半年执行情况的报告，高度关注政府投资管理工作机制优化调整意见的落实情况，促进2018年重点项目顺利推动。认真贯彻重庆市预算审查监督条例，继续加强对政府全口径预决算、国有资本经营的监督。听取审议区政府2018年预算上半年执行情况、2017年审计工作报告。加大对财政预算绩效管理工作和审计查出问题整改工作的监督力度。

推进监督工作方式创新。按照市人大工作部署，加快人大预算联网监督系统建设，实现对区财政国库集中支付、非税收入、政府采购和政府债务管理的动态监督。完善人大决议决定、常委会审议意见落实情况的跟踪监督机制。探索开展政府部门综合工作情况满意度测评，有效运用专题询问、工作评议等方式，增强监督实效。落实健全人大讨论决定重大事项制度的实施意见，依法行使重大事项决定权，保障区委的决策部署在我区贯彻落实。

二、坚持回应期盼，为民履职更用心

推进民生民利改善。围绕“以需求为导向的保障和改善民生战略行动计划”开展监督。持续追踪校点布局规划决议落实，开展校点布局重大项目建设推进情况视察，促进项目建设落实落地。针对群众关心的“入园难、入园贵、入园不放心”问题，开展学前教育工作评议，进一步推动我区学前教育事业健康发展。听取区政府医保基金管理使用情况汇报，开展分级诊疗制度改革工作调研，推动区政府落实医改各项措施，加大医保基金监管力度，确保群众病有所医。视察国家食品安全示范城市创建和养老服务工作，积极回应群众的关切和期盼。

力促城市品质提升。树立和践行绿水青山就是金山银山的理念，加大环保工作监督力度，听取区政府环境状况和环保目标完成情况报告，开展水污染防治工作专题询问，促进我区环境质量持续向好、稳步提升。听取审议区政府步行系统规划工作情况报告，开展步行系统建设推进情况视察；听取传统风貌区、山城老街区和特色老社区建设工作情况汇报，督促区政府加快打造城市新亮点、提升城市空间品质、实现城市让生活更美好。

三、坚持法治引领，维护公平更有序

推动依法行政工作。听取审议区政府年度法治政府建设情况报告，开展道路交通安全法执法检查、政府信息公开工作调研，继续做好规范性文件备案审查，督促区政府落实依法治区决议，扎实推进法治政府建设。听取“放管服”改革工作情况汇报，督促区政府放管结合、优化服务，为全区经济发展营造良好的政务环境。

深化司法工作监督。听取审议区法院执行工作情况的报告，督促区法院强化执行团队建设，提高信息化水平，形成执行工作合力，推动解决“执行难”。听取区检察院诉讼监督工作情况汇报，督促区检察院依法监督、规范监督、敢于监督、善于监督，让人民群众切实感受到公平正义。

做好选举任免工作。严格任前考试、表态发言和宪法宣誓等工作程序，进一步增强国家机关工作人员接受人大监督的意识。做好国家监察体制改革试点相关工作。

四、改进代表工作，激励履职更有力

加强代表联络服务保障。在做好市区代表履职服务保障的基础上，依法探索代表履职评价机制，发挥好履职档案公示、“两联一述”对代表履职的激励作用。开展代表履职选民测评工作，不断寻找激发代表积极履职的突破口。进一步优化区街“三结合”代表培训模式，在培训形式和内容上开拓思维、转换角度，以代表履职能力提升带动履职成效提高。

深化代表与群众密切联系。进一步强化“代表之家”、民情联络室的功能建设和作用发挥，优化民情联络员队伍，让民情联络工作在促进代表履职中发挥更大作用。运用现代网络技术创新代表联系群众方式，在激励代表知民情、解民忧、谋民利上下功夫，推动树立一批民情联络室、民情联络工作典型，体现新一届区人大代表的为民情怀和使命担当。

提高代表活动质量成效。围绕常委会年度工作重点，谋划好今年的代表活动。指导各街道工委结合民情民意导向、代表建议集中反映问题，听取街道工作情况报告，开展调研、视察、约见、专项工作评议、执法检查等形式多样的代表活动，使代表活动深入群众、贴近民生、促进发展。

优化代表建议督办机制。强化代表建议撰写和提交的指导培训，从源头上严把代表建议质量关。探索开展代表建议办理工作“两次评价”，充分发挥街道工委在跟踪督办本组代表建议工作中的作用，提高建议办理落实率，进一步推动建议办理由“答复满意型”向“落实满意型”转变。

五、强化自身建设，提升能力更有效

加强思想政治建设。把学习贯彻党的十九大精神放在首位，不断提高常委会的政治站位和政治能力，确保人大工作正确政治方向。加强常委会党组和机关党组建设，落实全面从严治党责任，支持区纪委派驻人大机关纪检组工作。持续推进“两学一做”学习教育常态化制度化，扎实开展“不忘初心、牢记使命”主题教育，切实改进工作，树立勤政务实、廉洁高效的良好形象。

促进履职能力提升。坚持和完善常委会学习制度，丰富学习内容，增强常委会组成人员履职意识，提高依法履职能力。继续加强人大制度建设，制定常委会专题询问办法和代表履职评价办法，修订代表建议办理办法和人事任免工作办法。加强咨询专家库建设，充分发挥代表专业组和第三方中介机构的专业优势，提高常委会监督工作质量。探索开展人大协商，广泛听取民意、汇集民智，扩大人民有序政治参与。继续加强常委会新闻宣传、理论研究和信息化建设，不断提高服务保障水平。

推动人大一体化建设。深入贯彻落实党的十九大关于人大工作的新思想、新精神、新要求，加强人大专门委员会建设，更好发挥专委会作用。加强对街道人大工作的领导，完善各街道工委工作制度和机构设置，将工委工作与代表组活动紧密结合，筑牢人大工作基础。强化人大各专委会、常委会各委室和街道工委的工作联动，实现各街道工委工作交流常态化，提高全区人大工作整体水平。

各位代表，中国特色社会主义进入了新时代，我们正站在一个承前启后、继往开来的新起点上。让我们更加紧密地团结在以习近平同志为核心的党中央周围，深学笃用习近平新时代中国特色社会主义思想，在中共渝中区委的坚强领导下，不忘初心、牢记使命，锐意进取、驰而不息，团结和凝聚全区人民的智慧力量，为实现中华民族伟大复兴的中国梦、实现人民对美好生活的向往而努力奋斗！

渝中区人民政府工作报告

——2018 年 1 月 12 日在渝中区第十八届人民代表大会第三次会议上

渝中区人民政府区长 商 奎

各位代表：

我代表渝中区人民政府，向大会报告工作，请予审议，并请各位政协委员提出意见。

一、2017 年工作回顾

过去的一年，我们全面贯彻落实党的十九大精神，以习近平新时代中国特色社会主义思想为指导，在市委、市政府和区委的坚强领导下，在区人大及其常委会的法律监督、工作监督和区政协的民主监督下，坚持在战略部署上“扣扣子”、在责任履行上“担担子”、在任务落实上“钉钉子”，积极适应、把握、引领经济发展新常态，应对经济下行压力，统筹推进“五位一体”总体布局和协调推进“四个全面”战略布局，全力抓好稳增长、促改革、调结构、惠民生、防风险各项工作，全区呈现经济结构持续优化、发展效益稳步向好、新兴产业势头喜人、城市品质不断提升、群众福祉持续改善、社会大局和谐稳定的良好局面。

2017 年，全区实现地区生产总值 1122.2 亿元、增长 5.1%，社会消费品零售总额 753.6 亿元、增长9%，区级一般公共预算收入49.7亿元、同口径增长6.2%，固定资产投资总额完成212.8亿元，城镇居民人均可支配收入37100元、增长8.5%。重点抓了六个方面的工作。

（一）聚力推进现代服务业，经济发展提质增效。坚持稳存量和扩增量并举、转型与升级并重，聚焦发展六大重点产业，推动产业集群、功能集聚、产城融合。加快升级传统优势产业，新引进金交所、鈊渝金融租赁等市级以上金融机构10家、总数达166家，新兴金融业营业收入实现23亿元、增长35%，保险业保费收入实现210亿元、增长20%；坚持高端引领、转型发展，商品销售总额实现3390亿元、增长13%，解放碑商圈、大坪商圈社会消费品零售总额分别达到535亿元、125亿元，金融业、商贸业增加值占地区生产总值比重分别为29%、23%。着力培育新兴产业，专业服务业体系不断完善，新引进德勤审计全球交付中心等品牌专业服务机构10家、总数达121家，营业收入实现174.2亿元、增长21.7%；文商旅融合发展，民国印钞厂文创园正式开园并成为城市新亮点，会仙楼观景平台建成开放，文化创意业营业收入实现142亿元、增长16%，接待游客5400多万人次，旅游收入实现315亿元、增长17%，获评全国十大全域旅游目的地；互联网服务业、健康医疗服务业蓬勃发展，市区共建区块链产业创新基地挂牌，新增民营医疗机构40余家，营业收入分别增长20.5%、34.9%。总部经济和楼宇经济持续壮大，支持推动商社电器大厦、莆田大厦等老旧楼宇改造20栋、30万平方米，新增总部及重点企业50家，新增税收亿元楼宇3栋、总数达36栋。

八大服务业集聚区建设有序推进。解放碑中央商务区，英利环贸中心、重庆塔等高端载体提速建设，华金证券、天同律师事务所等一批金融、专业服务企业加速集聚，苏宁云商、商社电器等商贸企业加快线上线下融合发展，大都会、重百大楼等传统百货积极探索转型升级之路，重庆首家无人便利店、当当O2O实体书店、逐梦空间等新零售新业态新模式竞相入驻，新引进首入店、旗舰店、概念店30余家，重点楼宇平均入驻率超过80%。朝天门中新合作示范园，新加坡凯德项目5栋塔楼封顶、洲际酒店和韩国CGV影院旗舰店落户，光控朝天门中心项目一期完工、二期启动建设，朝天门市场完成新重庆国际鞋都、圣名广场等6个商场、5万平方米业态调整升级。下半城历史文化风貌带，十八梯传统风貌区项目首开区基本完成主体结构、协调区和基础设施建设有序推进，湖广会馆传统风貌区项目首开区3栋建筑封顶、东水驿老街基本完工，白象街传统风貌区项目一期试营业、北区完成验收。化龙桥国际商务区，万科重庆天地超高层项目复工建设，瑞士ABB等世界500强企业相继入驻、总数达8家，重庆总部城北区一期完工，市水务资产管理公司等总部企业落户，卡福厂地块成功出让。大坪商圈，时代天街西区地块成功出让，龙湖时代天街新引进特色品牌70余个、销售额增长38%，“超级物种”重庆首店等新零售相继开业，商圈日均人流量突破40万人次，以体验式购物为特色的新兴消费繁荣发展。大溪沟文化创意区、上清寺互联网产业园，加速集聚互联网+、跨境电商、专业服务等业态，完成太平洋广场、科协大厦等5栋老旧楼宇改造，入驻沪江网、阿里巴巴新外贸本地化服务中心等企业220余家。菜园坝滨江城，启动北区征收工作，与深圳星河集团签订战略合作协议，带动星河金融控股西南总部等关联企业签约落地。

（二）着力深化改革开放，发展活力不断激发。强化问题导向，扎实推进市委各项改革部署和区委改革任务。突出供给侧结构性改革主线，落实“三去一降一补”任务，商品房销售面积约80万平方米、商业商务载体招商去化30多万平方米，处置完成双钢路2号项目等“四久工程”3个，为辖区企业按政策减负5.5亿元，清理僵尸企业1477户。加强经济运行监测，房地产、金融等各类风险得到有效防控。持续深化“放管服”改革，取消行政审批事项52项，审批时限平均缩短至9.6个工作日，全区新增各类市场主体1.1万余户。全面推开公立医院综合改革。稳步实施城市管理执法体制改革。深入推进国资国企改革，切实规范国企资产资金管理，妥善完成区属企业改制10户。有序开展中央、市属国有企业办社会职能剥离工作，完成“三供一业”、市政设施、退休人员社会化管理移交等年度任务。积极配合驻区部队完成全面停止有偿服务工作任务。牢牢抓住重庆自贸区与中新合作示范项目机遇，4.38平方公里区域纳入自贸区范围，创新设立行政审批服务窗口，落户重点企业和项目215个、签约总额451.8亿元，签约和储备中新合作项目20余个。大力发展总部贸易、服务贸易，解放碑、化龙桥服务贸易产业园综合排名分别位居全市第一、第四，实现外贸进出口128亿元，实际利用内外资260亿元。深入实施创新驱动发展战略，新增科技型企业110家、国家高新技术企业15家、国家级众创空间1家，扶持科技创新项目107个，培育牛羚企业5家、瞪羚企业3家，有效发明专利增长10%。依托10家外国驻渝领事机构，成功举办“意大利文化节”等一系列国际经贸文化活动；保障中俄总理定期会晤、韩国总统访渝等一批国际性重大活动在渝中顺利举办，城市知名度和对外影响力进一步增强。

（三）坚持传统与现代相结合，城市品质持续提升。认真贯彻中央城市工作会议和市委主城片区工作座谈会精神，统筹推进城市规划建设管理。全力保护传承城市历史文脉，高品质推进传统风貌区、山城老街区、特色老社区建设，湖广会馆、马鞍山、山城巷等传统风貌区加速实施，鲁祖庙、三层马路、燕子岩等山城老街区有序推进，嘉西村、国际村等5个特色老社区改造基本完工。完成大公报旧址等12处文物保护，推进关岳庙等3个寺观教堂修缮工程。启动交通建设三年行动计划，曾家岩大桥、轨道9号线等市在区重点项目顺利实施，长和路、解放碑地下环道一二期等道路建成投用，长江一路全市首条公交优先车道开通。争取国家三峡后续资金推进两江消落区环境整治，完工长滨路储朝段护岸挡墙排危加固工程，启动朝天门滨水公园建设。完成石板坡至顺城街变电站电缆隧道建设，新增4G基站81个，通讯、市政、能源等基础设施配套不断完善。以“绣花”功夫抓实城市管理，主次干道、街面秩序、背街小巷等精细管理持续推进，拆除违法建筑7.9万平方米，虎头岩公园、肖家湾公园建成开放，烟雨公园等五大视点片区、海航保利夜景灯饰完成提档升级，城市更加干净、整洁、漂亮。坚持生态优先、绿色发展，全面完成中央环保督察反馈问题整改落实，深入实施环保“四大行动”，全面落实河长制，完成饮用水源保护区内船舶搬迁，饮用水源地水质达标率100%，完成市下达淘汰黄标车任务，实现空气质量优良天数271天，$PM_{2.5}$年均浓度同比下降12%，环境质量持续改善，荣获“2017中国绿色发展优秀城市”称号。

（四）切实保障和改善民生，群众福祉不断增强。深入贯彻以人民为中心的发展思想，着力扩大惠及面、提高精准度、增强实效性，一批民生实事项目接续实施。攻坚完成棚户区改造12万平方米，下大力气解决房屋“两证”遗留问题21.7万平方米，通过实物配租和货币补贴为5400余户低收入住房困难群众提供住房保障，整治升级圣堡花园等农贸市场6个，改造排水管网3公里、居民“一户一表”4934户、老旧小区电力设施800户，完成严重安全隐患电梯整治81台，新建停车场15个、新增停车位3220个，完工3座地通道、7处人行天桥建设，新建和改建公厕11座，完成18个公共直饮水点建设，在全市率先启动老旧住宅加装电梯工作、完工3栋。大力扶持就业创业，新增就业5万余人，新发展小微企业3100户。实施政府救助保险项目。推进医疗保险异地联网结算，养老保险、医疗保险参保率超过95%。持续开展“人生关怀”工程，投入1.6亿元惠及50万余人次。通过产业扶贫、金融扶贫等手段，圆满完成对口帮扶任务。

（五）加快发展社会事业，促进发展成果全民共享。持续深化教育领域综合改革，优化中小学校点布局，组建中小学幼儿园教育集团11个，成立渝中名师、特级教师工作室17个，鼓楼人和街小学、复旦中学运动场综合建设工程完工，开工中华路小学、大坪小学改扩建工程，教育优质均衡发展水平持续提升。深化国家公共文化服务体系示范区建设，开展文化惠民活动900余场，提档升级石油路社区等3个精品文化活动室。优化完善分级诊疗体系，社区卫生服务中心全部纳入医疗联合体，家庭医生签约服务覆盖率超过20%。加强公共卫生安全防控，未发生重大传染病疫情。全民健身活动蓬勃开展，创建市级社区健身点15个，荣获全市第七届全民健身运动会区县组冠军，区体育运动学校入选国家重点高水平体育后备人才基地。完善多元养老服务体系，新增社区养老服务中心3个，养老床位达到2000张。全国文明城区创建成果巩固深化，顺利通过复查验收，市民文化素质和城市文明程度不断提升。

（六）深化平安渝中建设，社会大局和谐稳定。深入贯彻总体国家安全观，坚持守土有责、守土有方、守土有效，有力保障了政治安定、社会稳定。全力以赴打赢党的十九大安全稳定"保卫战"，切实提高政治站位，层层压实责任，盯牢重点领域，抓牢重点环节，圆满实现"七个坚决防止"工作目标。深入推进"三社联动"，建成社区综合服务中心6个，群工系统满意率达99%，基层治理基础不断夯实。认真落实社会稳定风险评估机制，坚持领导干部接访下访、牵头包案，成功化解重点矛盾纠纷53件、市交办积案12件，基本形成"专群结合"的多元化调处纠纷机制，调解纠纷近3700件、成功率93.4%。建成78个社区微型消防站，基本完成1400余栋老旧建筑消防设施整治。全面推动安全生产领域改革发展，严格执行"党政同责、一岗双责"，扎实开展重点行业领域安全生产大排查大整治大执法，安全生产事故起数和死亡人数均下降47.8%，未发生较大及以上安全生产事故。圆满完成国务院安委会综合督查组安全生产大检查、国家食品安全督查工作任务。深化社会治安"五张网"防控体系建设，全面推进综治群防改革，进一步完善"雪亮工程"建设，探索建立智慧化警务新模式，刑事案件、侵财案件、可防性案件发案分别下降21.9%、25.3%、11%，"渝安2号"专项行动综合排名主城第一，群众安全感指数达到98.56%、连续两年位居主城第一。

各位代表！党中央果断查处孙政才严重违纪案，为党和国家清除了重大政治隐患，为重庆政治生态清除了"污染源"，深得党心民心。我们牢固树立"四个意识"，全面贯彻落实党的十九大精神，严格落实全面从严治党各项要求，坚决清除孙政才恶劣影响和"薄、王"思想遗毒，把全区广大干部群众思想和行动统一到中央决定上来，在市委、市政府和区委的坚强领导下，一边查找问题、深刻反思、吸取教训，一边找准病根、靶向施策、整改落实，大力营造风清气正的政治生态，全力推进各项事业健康发展。

过去一年，我们严格落实中央八项规定精神，持之以恒坚决纠正"四风"，深入推进"两学一做"学习教育常态化制度化。认真贯彻落实党中央、国务院重大决策部署和政策措施，顺利完成国务院第四次大督查工作任务。自觉接受各方监督，认真执行区人大决议决定，办结人大代表建议和政协提案656件，满意率和基本满意率98.6%。坚持依法行政，深入推进法治政府建设，有序组织实施宪法宣誓制度，健全行政决策规则和程序，修订区政府工作规则，优化政府投资项目管理和促进产业发展政策，进一步理顺部门、管委会、街道经济发展职责关系。廉政建设不断加强，查处损害群众利益腐败问题等违法违纪行为29件、39人。同时，双拥、国防动员、人口和计划生育、民族、宗教、外事、侨务、对台、审计、统计、普法、保密、物价、机关事务等工作取得新成效，妇女儿童、青少年、科普、老龄、残疾人、地震、档案、修志等事业取得新进步。

各位代表！过去一年，在习近平新时代中国特色社会主义思想的正确指引下，在市委、市政府和区委的坚强领导下，在区人大、区政协的监督支持下，全区各级各部门、广大干部群众和社会各界团结一致、抢抓机遇，经济社会发展各项事业取得较大进步。奋斗充满艰辛，成绩来之不易。在此，我谨代表区人民政府，向战斗在各条战线的全区人民，向关心、支持区政府工作的人大代表和政协委员、各民主党派、工商联、各人民团体、无党派人士，向驻区部队、武警官兵和公安干警，向为渝中发展作出积极贡献的各界人士，表示崇高的敬意和衷心的感谢！

回顾过去一年，我们清醒地看到，渝中经济社会发展还面临不少困难和问题，政府工作还存在一些短板和不足：我区以第三产业为主、产业结构相对单一，加之重庆银行、交通银行、中信银行等总部企业外迁和老城区空间受限以及房地产开发销售面积下降等因素，对经济增长造成较大负拉动，地区生产总值增速低于年初预期目标；因全市投资统计方法调整，跨区投资不再计入区内，且社会项目投资放缓、部分政府项目推进滞后，固定资产投资未完成年初目标；新旧动能接力不快，传统支柱产业支撑能力减弱，新兴产业增速快、势头强，但总量较小、还不能完全“接档补位”，转型“阵痛期”还将持续；区域竞争更为激烈，引企、稳企、留企难度不断加大；安全稳定任务依然繁重，各类隐患矛盾需要加快消除和化解，民生改善还有不少短板；一些干部贯彻新发展理念还缺乏思想变革的自觉性主动性，担当意识不够强、进取精神不够足，能力和水平亟待提升。对于这些问题，我们将高度重视，采取切实措施，着力加以解决。

二、2018年总体要求和重点工作

各位代表！党的十九大确立了习近平新时代中国特色社会主义思想的指导地位，提出了新时代坚持和发展中国特色社会主义的基本方略，规划了到本世纪中叶建成社会主义现代化强国的路线图和时间表，为我们推进改革发展稳定各项事业指明了前进方向。市委五届三次全会紧紧围绕把党的十九大精神全面落实在重庆大地上，突出抓重点、补短板、强弱项，部署实施“三大攻坚战”和“八项行动计划”，确定了系列重大工作和短期、中期、长期发展的目标任务。区委十二届二次全会立足拥抱新时代、践行新思想、实现新作为，对标对表提出了奋斗目标、作出了部署安排、细化了具体行动，确保党的十九大精神在渝中落地生根。我们必须深入贯彻党的十九大作出的重大战略部署，坚决落实市委、市政府和区委的任务要求，既全面推进，又突出重点，挂图作战、打表推进、形成合力，努力创造与渝中地位条件相匹配的发展业绩。

客观分析发展形势，我国经济发展已进入新时代，由高速增长阶段转向高质量发展阶段。推动高质量发展，是保持经济持续健康发展的必然要求，是适应我国社会主要矛盾变化和全面建成小康社会、全面建设社会主义现代化国家的必然要求，是遵循经济规律发展的必然要求。我们清醒认识到，同其他发达城市中心城区一样，渝中在经济社会发展高位运行多年后，正处于发展增速的换挡期、转型升级的阵痛期、动力转换的攻关期，还需进一步积累经验、找准方向、夯实基础，必须沉着应对、主动作为。我们深刻认识到，渝中作为中心区，兴在商贸、强在金融、胜在总部，具有得天独厚的山水资源禀赋，具有不可替代的重庆母城底蕴，具有完善成熟的综合服务配套，核心优势依然明显，必须突出强化、充分发挥。我们切实认识到，在调整转型的过程中，全区产业结构不断优化、城市品质明显提升、群众福祉持续改善，经济运行的基本面保持健康向好，新的经济增长点正在培育，必须巩固提升、发展壮大。我们有基础、有条件、有能力，更有信心、有决心、有恒心，能够在未来的发展中抢抓机遇、迎难而上，把握大势、发挥优势，不断在新时代、新阶段、新起点上取得新成就。

各位代表！今年是贯彻党的十九大精神的开局之年，是改革开放40周年，是决胜全面建成小康社会、实施“十三五”规划承上启下的关键一年。做好政府各项工作，意义深远、责任重大。今年政府工作的总体要求是：深入贯彻党的十九大精神，以习近平新时代中国特色社会主义思想为指导，紧紧围绕习近平总书记对重庆提出的“两点”“两地”定位和“四个扎实”要求，加强党的领导，坚持稳中求进工作总基调，全面贯彻新发展理念，紧扣社会主要矛盾变化，按照高质量发展的要求，统筹推进“五位一体”总体布局，协调推进“四个全面”战略布局，扎实抓好稳增长、促改革、调结构、惠民生、防风险各项工作，以供给侧结构性改革为主线，全力推动经济发展质量变革、效率变革、动力变革，坚决打好“三项攻坚战”，大力实施“八项行动计划”，以六大重点产业和八大服务业集聚区为重点着力建设现代化经济体系，以改革开放创新为动力着力增添发展新优势，以基础设施建设和历史风貌保护为突破口着力提升城市品质内涵，以民生实事为抓手着力增强群众的获得感、幸福感、安全感，为决胜全面建成小康社会、开启社会主义现代化建设新征程打下坚实基础。

在确保发展质量效益的前提下，从实际情况出发，今年经济社会发展主要预期目标是：地区生产总值增长6%左右，区级一般公共预算收入增长2.5%左右，社会消费品零售总额增长8.5%左右，固定资产投资总额增长10%左右，城镇居民人均可支配收入增长8%左右，实际利用内外资280亿元左右。要完成上述目标，需要我们保持定力、深处着力、精准发力，以改革创新的精神、善作善成的勇气，全力做好以下五个方面工作：

（一）围绕建设现代化经济体系，着力提升经济发展质量和效益。牢牢把握推动高质量发展这一鲜明导向，坚持质量第一、效益优先，坚定把现代服务业作为主攻方向，加快产业转型升级、提质增效，引导产业向重点楼宇、特色产业园、服务业集聚区聚集发展，增强经济发展新动能。

聚焦发展六大重点产业。持之以恒提高经济发展“含金量”。现代金融业，巩固提升银证保等传统金融和外资金融，支持各类要素市场扩大市场规模，加快金融租赁、金融保理、股权投资、互联网小贷等新兴金融机构集聚，力争新引进市级以上金融机构10家以上；强化普惠金融、小微金融服务实体经济能力，做好重点企业上市服务工作。高端商贸业，集聚高端精品、时尚要素，加快发展新零售等体验式、个性化消费，探索智慧商业发展，调整优化现有商业业态、生态，推动重百等大型传统商贸企业转型发展，新引进知名品牌10家以上，持续开展特色节会活动，构建高端商贸、特色商圈、社区商业、店铺经济竞相发展的商贸格局。专业服务业，依托区域品牌机构聚集优势，探索打造全市涉外法律服务示范高地，推进法律、会计、咨询、评估、评级等行业专业化、规模化发展，力争新增品牌专业服务机构10家以上。文化旅游业，紧扣“文商旅城”融合，丰富吃住行游购娱产业链条，打造十八梯传统风貌区、鲁祖庙老街区等15个文商旅融合发展示范点，汇旅游人气、聚商机财气；争创国家首批全域旅游示范区，支持红岩联线创建5A级景区，新开朝天门到磁器口水上旅游观光线路，优化旅游观光巴士线路布局，旅游人次、旅游收入均增长15%以上；深入挖掘利用非遗传承、历史遗存的文化价值，着力传承弘扬一批老字号、老工艺，壮大文化创意、文博展陈、影视演艺等业态，规上文化服务业营业收入增长25%以上。互联网服务业，深入实施互联网+服务行动计划，充分发挥区块链产业创新基地集聚效应，引进以人工智能、云计算、大数据、区块链为主的创新科技企业30家以上，打造一批重点实验室、博士后工作站、技术研发中心、产业服务平台，规上企业营业收入增长30%以上。健康医疗服务业，依托区内优质医疗医药资源富集优势，积极发展整形美容等消费医疗、口腔耳鼻喉眼科等特色专科，延伸发展基因检测、智慧医疗、康复治疗、健康养老、健康保险等新技术、新模式，探索发展商场商务楼宇+特色医疗等新业态，加快推进一批社会投资办医项目。

提速建设八大服务业集聚区。进一步筑牢产业发展载体和平台。解放碑中央商务区，着力强功能、提能级、优配套，加速复地金融中心、英利环贸中心等重庆金融街项目建设，提升鲁祖庙—得意世界—日月光休闲娱乐体验，丰富国泰广场—国泰艺术中心—戴家巷—魁星楼文化创意展示，打造新华国际钻石珠宝大楼、纽约•纽约美丽产业大楼等特色楼宇，建成万豪行政公寓、解放碑181等高端居住配套项目，推动新零售新业态新模式蓬勃发展、优质供给加速孕育，新增企业1100家以上，加快建设区域性、国际化中央商务区。朝天门中新合作示范园，实现新加坡凯德项目主体结构全面封顶、商业部分招商面积签约率达到80%以上，推动光控朝天门中心一期商业开业运营、二期加快建设，提档升级朝天门市场大生商场、渝派服饰城等6个商场、8万平方米业态，新增企业200家以上，再造重庆开放门户。下半城历史文化风貌带，推动十八梯、湖广会馆传统风貌区项目首开部分建成展示、其余部分全面开工，白象街传统风貌区项目一期全面运营、二期主体完工，实现东水驿老街全面开放，引入一批“文商旅城”融合发展新业态，新增企业300家以上，再现山城风貌、重拾老城记忆。化龙桥国际商务区，着力集聚总部办公及知识密集型服务业，提速万科重庆天地超高层项目及后续地块建设，完工重庆总部城北区二、三期主体结构，推动五一技校老校区功能再造，促进重庆国际IP产业园二期、重庆电影剧本孵化中心等落地，推动嘉陵江索道复建工程年内动工，新增企业300家以上。大坪商圈，有序推进商圈扩容提质，加快八县办地块出让，启动时代天街E馆和西区地块建设，完善内部路网、过街天桥、人行通道等综合配套，推动英利大融城转型发展，支持时代天街优化业态组合、创建国家4A级旅游景区，丰富个性化、场景式消费，新增企业1500家以上，打造都市全业态消费目的地。大溪沟文化创意区，切实发挥中冶赛迪、市设计院、中科普等设计和互联网龙头企业带动作用，加快推进龙泉花园、创意大厦等老旧楼宇更新改造和业态调整，全力打造重庆渝欧跨境电子商务楼宇产业园、重庆首金影视文化创意产业园、重庆文创互联网楼宇产业园，加快创意滨江走廊建设，引导文化创意、互联网服务、研发设计等新兴产业企业和项目加速聚集，新增企业300家以上。上清寺互联网产业园，加快改造重庆村1号商务大厦“互联网＋专业服务业”楼宇产业园，壮大上清寺V营“互联网＋文创”产业园、环球互联网产业园，提速阿里巴巴国内贸易电商服务中心项目建设，盘活重庆测绘院、万吉商务大厦等闲置场地，推动中安国际大厦等多产权老旧楼宇提档升级，新增企业300家以上，提升互联网服务业集聚度和影响力。菜园坝滨江城，配合完成重庆火车站改造方案，全力完成片区城市设计和北区征收，启动实施南区征收，加快推动功能再造、形象重塑、价值提升。

繁荣壮大总部经济、楼宇经济。坚持一家总部就是一个龙头、一栋楼宇就是一个集群、一个集聚区就是一个园区，加大总部企业扶持力度，有序做好总部企业引进、培育、转化、上市工作；增强楼宇经济能级，坚持政企联手、市场运作，鼓励支持楼宇产权、经营权整合，推动大都会等30栋老旧楼宇更新改造和业态调整，不断提升楼宇入驻率和税收贡献度，新增税收亿元楼宇3栋以上。瞄准“总大新高”企业和项目，优化招商引资机制，加强部门、管委会、街道力量整合、协同配合，借力协会商会、中介机构开展委托招商、以商招商、专业招商，提升精准度和实效性，新增世界500强企业5家、总部及重点企业50家以上。坚持抓大不放小、求远不舍近、引新不忘旧，创新举措把扶商安商稳商落到实处，重点抓好问题解决、环境改善、配套完善、政策落实，为企业发展创造良好环境。

（二）围绕培育发展新动能，坚定不移深化改革开放创新。贯彻创新驱动发展战略，加大改革开放力度，推进基础性关键领域改革取得新突破，加快推动形成全面开放新格局，壮大增长新动力，增添发展新优势。

增强创新发展活力。深入实施以大数据智能化为引领的创新驱动发展行动计划，积极融入全市培育壮大智能产业战略布局，以智能化提升现代服务业和促进产业跨界融合，加强人工智能、云计算、大数据、区块链与服务业融合发展，鼓励引导支持企业创新经营方式和商业模式，促进知识密集型服务业创新发展，建设现代服务业创新发展示范区。加快推进智慧城市建设，加强智能化在交通市政、政府管理、社会治理、生态环保、公共安全等领域应用服务，搭建渝中智慧商业服务平台，建成解放碑等2个智慧商圈、长江索道等8个智慧景区、金银湾等22个智慧社区。

深化重点领域改革。认真抓好区委改革专项落实落地。持续推进供给侧结构性改革，继续抓好“三去一降一补”，重点在破除无效供给、培育新动能、降低实体经济成本上下功夫，消化30万平方米商业商务用房库存，处置“四久工程”4个、“僵尸企业”600户，综合施策为企业减负助力。以管资本为主推进国资监管职能转变，坚持国企市场化发展方向，进一步发挥区属国有企业在市政基础设施建设、特色街区打造、老字号创新发展等方面的重要作用，提高国企运营效益，推动国有资本做强做优做大。持续深化文化体制、社会治理、教育领域、医疗卫生体制、生态文明体制等重点改革事项，确保取得实效。支持民营企业发展，落实保护产权政策，营造国际化法治化营商环境，激发各类市场主体活力。制定城市功能强化与疏解规划方案，进一步突出强化核心功能，有序疏解非中心城区功能。

扩大对内对外开放。加快实施内陆开放高地建设行动计划，深化对接中新合作示范项目和重庆自贸区建设，全面实行准入前国民待遇加负面清单管理制度，切实推进投资便利化、贸易便利化、金融开放创新、国际旅游岛建设等重点工作，积极争取离境退税等试点政策落地，引进中新合作重点企业和项目10个以上，积极探索和积累自贸区试点经验。强化解放碑和化龙桥服务贸易产业园集聚效应，支持渝欧等跨境电商产业园发展壮大，不断完善涉外项目服务中心、港澳量点众创空间等平台功能。依托驻渝领事机构、涉外商务机构等资源，广泛开展国际经济文化交流合作活动。推进“鸿雁计划”，实施“渝中英才计划”，完善医疗、教育、公寓等配套服务，努力让渝中成为优秀人才聚集地。

（三）围绕打造山清水秀美丽之地，持续提升城市内涵品质。加快推进生态文明建设，坚持传统与现代、经典与时尚有机融合，建管并重、多措并举，建设更加宜居宜业的美丽家园。

推进以交通为重点的基础设施建设。对接落实全市交通基础设施建设提升行动计划，全力保障市在区重点交通项目建设用地需求和施工组织，配合推进曾家岩大桥、红岩村大桥、轨道1号线朝天门区间站和轨道5号线、9号线、10号线等9个市级重点项目建设，加快解放碑地下环道三期、雷家坡立交、十八梯道路基础设施等100个区级重点项目建设，完成解放东西路一期等一批主次干道改造，加快打通红云路、茶亭南路、医学院支路等一批断头路及关键节点。优化交通组织管理，加快建设智能交通管控系统，深化交通信号灯配时智能化运用，推进核心商圈、重点区域车位共享，提升城市通行能力。强化规划衔接、促进部门协同，继续推进解放碑及周边片区轨道站点与相邻地下空间的互联互通，统筹推进市政管网、通讯、能源等基础设施建设，完成凯旋路等老旧管网下地和朝天门110千伏输变电工程建设。

精心实施城市更新和历史风貌保护。着力传承城市文脉、彰显“母城”品位，完善城市更新规划编制，高品质、快速度推进传统风貌区、山城老街区、特色老社区建设，提速推进十八梯、湖广会馆等传统风貌区和鲁祖庙、戴家巷等山城老街区建设，完工打铜街、重庆古城墙遗址等传统风貌区，全面完成金汤街、春森路等特色老社区更新升级，加快完善城市步行系统，加强相互有机联系，把散落在街巷的珍珠串成项链，打造城市新名片。完成文物保护视频监控系统建设，启动通远门城墙排危整治和老鼓楼衙署公园建设，加快修缮国民政府外交部旧址、巴县衙门等8处文物建筑，推进东华观藏经楼、抗建堂等5处文物布展及博物馆建设，让历史文物资源和文化元素连起来、用起来、活起来。

提升精细化城市管理水平。坚持全域景区管理、下足“绣花”功夫，精心抓好城区环境卫生管理、市容和旅游秩序管控、公共设施管护，让城市更干净、更整洁、更漂亮。坚持环境整治和民生改善相结合，聚焦违法建筑、无

证照经营以及乱抛物、乱停车、乱占道、乱张贴、乱摆摊、乱发卡等管理顽症，加强北区路、临江路等47处重点严管路段及乱点堵点交通秩序综合治理，推进以大田湾体育场、朝天门片区及传统农贸市场、老旧散小区等为重点的环境综合整治，整体提升城区环境品质。加紧完善精细化城市管理规范标准，以智慧城管为抓手，进一步提高主动发现问题、有效处置问题的效率和水平。稳妥推进城市管理执法体制改革，用文明的执法、规范的管理、贴心的服务，让城市管理更有温度。

着力优化生态宜居环境。生态宜居是城区核心竞争力的关键所在。按照加快实施生态优先绿色发展行动计划安排，优化城市天际线、山脊线、水岸线，加快推进两江消落区环境综合整治及景观提升，启动嘉滨路段前期工作、开工长滨路菜储段工程、完工储朝段工程，建成天地湖音乐喷泉，持续改造升级山城步道、城市阳台、游览扶梯，实施鹅岭公园揽胜楼、七孔桥等夜景灯饰项目，提升山城景观。坚守绿色本底，统筹实施立体绿化、屋顶绿化、节点绿化，开工建设化龙桥公园，完成枇杷山公园一期、人民公园、鹅岭公园改造，精致建设七星金桂园等10处社区游园、城市绿地。紧紧围绕打好污染防治攻坚战，全面落实河长制，深入实施“五大环保行动”，扎实做好全国第二次污染源普查，强力整治油烟扰民、噪声污染等群众关心的突出环境问题。加快低碳城市试点建设，着力推动生产方式、生活方式、消费模式转变，空气质量优良天数、$PM_{2.5}$浓度达到市级要求。

（四）围绕不断满足人民日益增长的美好生活需要，切实提高保障和改善民生水平。针对人民群众关心的问题，尽力而为、量力而行，周密谋划、用心操作，精准实施以需求为导向的保障和改善民生行动计划，让改革发展成果更多更公平惠及全区人民。

把民生实事办到群众心坎上。认真落实市委民生实事部署。发展普惠性学前教育，新增公办幼儿园9所，力争公办园园数占比达到39%、在园幼儿普惠率达到75%。实施主城区交通拥堵治理，增设黄花园大桥—长江大桥公交优先车道，完成大坪商圈、总部城片区、解放碑商圈交通优化项目。完成渝海城等10个公共停车场建设、新增停车位2659个，实施山城公园—佛图关等5条步道建设，建设化龙桥天桥、融创人行地通道等7处过街人行设施。推进“厕所革命”，新建改建公厕10座。完成16个公共直饮水点、22套饮水机建设。改造水表“一户一表”1000户、新华路等老旧供排水管网。实现公共服务区域免费Wi-Fi全覆盖。新建及改造城市公共绿地项目13个。对接社区养老服务“千百工程”，新建3个社区养老服务中心。加强公租房优化利用。完成1500余栋高层建筑及108家火灾高危单位远程监控系统建设，建成投用社区消防安全物联网。继续实施校舍排危和直管公房D级危房、建筑外墙及电梯安全隐患整治，全面消除老旧居民区背街小巷“无灯区、暗灯区”。继续推进老旧住宅加装电梯工作。完成10万平方米棚户区改造。解决房屋“两证”遗留问题10万平方米。长效实施“人生关怀”系统工程。继续扎实做好对口帮扶巫溪县工作。

加强就业创业和社会保障。坚持就业优先战略和积极就业政策，多渠道创造就业岗位，新增就业4.5万人，鼓励高校毕业生、农民工等重点群体创新创业，发展小微企业3500户以上，促进大众创业、万众创新上水平。坚持“保基本、兜底线、促公平、可持续”政策导向，常态化开展全民参保登记。做好城市低收入群体、困难群体保障工作，加强医疗救助、临时救助，解决困难群众突发性、紧迫性、临时性生活困难，确保低保应保尽保。加快培育房屋租赁市场，增强房屋供给保障能力。稳步推进机关事业单位养老保险制度改革，继续试行政府救助保险项目。用心用情做好老龄工作，加快老龄事业和产业发展，优化养老服务设施布局，提升居家社区养老服务水平，构建居家养老、社区养老、机构养老多层次养老格局。扎实做好残疾人康复和就业工作。

完善公共服务体系。坚持把教育事业放在

优先位置，落实立德树人根本任务，加强师德师风、青少年学生心理和道德建设，全面推进集团化办学，加快教育现代化；提速二十九中综合楼、四十二中改扩建等一批重点项目建设；实施第三期学前教育三年行动计划，大力解决入园难、入园贵、入园不放心问题。引进培育新型高端研发机构，广泛开展群众性科普宣传活动。巩固提升国家公共文化服务体系示范区创建成果，持续开展“双百双送”“文化大礼包”等一系列文化惠民活动，深入挖掘巴渝文化、母城文化内涵，推出更多文艺精品力作。广泛开展全民健身活动，提升竞技体育水平。提速中医骨科医院迁建等项目建设，加快完善医疗联合体建设，家庭医生签约率达到25%以上；深化区属公立医院改革，推进医改便民利民措施长效化。

（五）围绕打造共建共治共享的社会治理格局，全力维护社会大局和谐稳定。深入贯彻落实总体国家安全观，坚决打好防范化解重大风险攻坚战，持续深化平安渝中建设，进一步增强公众安全感和群众满意度。

*树立安全发展理念。*完善安全生产监管责任体系，推进安全标准化建设和负面清单管理，持续开展道路交通、高层建筑、建设施工、桥梁隧道、燃气管网、旅游景区等重点行业领域安全风险评估和隐患排查整治，坚决遏制较大以上安全生产事故发生。加强智慧消防建设，不断提升社区、楼宇等微型消防站处置能力。完善突发事件应急救援体系，深化突发事件预警信息平台与应急应战指挥平台互联互通，不断提高防灾减灾救灾能力。全力创建国家食品安全示范城市，保障“舌尖上的安全”。

*夯实基层治理基础。*深化社会治理网格化管理，加强城市管理、社会治安综合治理、安全生产等网格力量整合、信息共享、效率提升，深化“三社联动”模式，建立多元参与的社区协商制度。建成凉亭子、春森路等5个社区综合服务中心、20个以上特色示范社区。加大政府购买社会服务力度，建立社会组织法人数据库信息共享系统，培育品牌社会组织10家以上。加大社区工作者管理和培养力度，加强志愿者队伍建设，实施市、区级社会工作服务项目50个以上，推动社会工作专业化发展。深入推进全民普法，着力构建公共法律服务体系，为群众提供多层次、多领域、个性化的公共法律服务。加快推进社会信用体系建设，逐步建立信用信息共享平台和运行机制，让守信者受益、失信者受限。

*维护社会和谐稳定。*严密防范和坚决打击各种渗透颠覆破坏活动、暴力恐怖活动、民族分裂活动、宗教极端活动。规范投资类、网络借贷、股权众筹等企业发展，依法打击违法违规金融活动，切实防范和管控经济领域各类风险。落实信访工作责任制，坚持依法分类处理群众诉求，健全完善社会稳定风险评估、领导接访包案机制，全面推行信访代理制度，充分发挥物业纠纷、劳动纠纷、医患纠纷等调处中心作用，从源头上预防和减少信访问题，重点矛盾化解率和积案化解率均达到85%以上。加强立体化社会治安防控体系建设，深入开展群防群治，强化重点时段、重点区域人员密集活动公共安全管理，深化“雪亮工程”建设，推动公共安全视频监控系统联网共享，严厉打击各类违法犯罪行为。完工区法院审判法庭、区公安战训基地和消防训练基地等项目，支持市五中法院和市检察院五分院业务用房建设。提高军民融合发展水平，增强国防动员能力，加快区人武部民兵训练基地建设，全力争创全国双拥模范城“六连冠”。

三、全面加强政府自身建设

各位代表！实现2018年目标任务，区政府必须要有新气象、新作为。我们将始终坚持党的领导，增强依法行政本领，改进政务服务方式，不断提高行政效能，努力建设人民满意的法治政府、廉洁政府和服务型政府。

（一）加强政治建设。牢固树立“四个意识”，坚决维护以习近平同志为核心的党中央权威和集中统一领导，坚定执行党的政治路线，严格遵守政治纪律和政治规矩，不折不扣落实中央各项决策部署，持续推进“两学一做”学习教育常态化制度化，扎实开展“不忘初心、牢记使命”主题教育。坚持破立并举，坚决清除孙政才恶劣影响和“薄、王”思想遗毒，营造风清气正的良好政治生态。深入落实中央八项规定精神，认真查找“四风”突出问题特别是形式主义、官僚主义的新表现，拿出有效办法，采取有力措施，坚决加以整改，锲而不舍抓好作风建设。加强政府系统廉政建设，坚持无禁区、全覆盖、零容忍，严肃查办重点领域、关键环节、群众身边的不正之风和腐败案件。

（二）深入推进依法行政。依法接受区人大及其常委会的法律监督和工作监督，自觉接受区政协的民主监督，认真办理人大代表建议和政协提案。高度重视司法监督、舆论监督和社会监督，强化审计监督。完善行政权力清单动态调整和管理模式，用刚性制度管权限权，让权力在阳光下运行。建立行政机关内部重大决策合法性审查机制，充分发挥政府法律顾问团和专家学者辅助决策作用，严格规范性文件审查备案，加强行政复议规范化建设，不断规范公正文明执法。开展“十三五”规划中期评估，做好第四次全国经济普查。

（三）深化政府职能转变。扎实推进“放管服”改革。持续开展行政审批事项清理，试点推进并联审批，深化落实结构性减税政策，清理规范一批行政事业性收费，着力打造低税费、低成本的营商环境、消费环境。加强事中事后监管，强化行政审批前置条件规范管理，深入推进“双随机、一公开”监管。深化商事制度改革，有序推进证照分离、多证合一。构建“亲”“清”新型政商关系，增强主动服务社会和企业发展意识。深化政务公开，完善“互联网＋政务服务”，推进行政审批事项全部上网运行，最大程度地便民利民。

（四）增强行政执行力。强化“朝受命、夕饮冰”“昼无为、夜难寐”的紧迫感和责任感，打破制约发展和工作落实的“玻璃门”，确保政府系统政令畅通、高效运转。严控“三公经费”规模。切实加强政府债务管理。继续加大预决算公开力度，全面推进预算绩效管理，切实调整优化财政支出结构，提高财政资金使用效益。提升公务员队伍素质本领，加强学习和实践，培养专业能力、弘扬专业精神、提升专业水平，大兴调查研究之风，找准短板弱项、解决实际问题。完善正向激励机制，建立容错纠错机制，为干部勇于担当、大胆创新撑腰鼓劲，增强干事创业的主动性和积极性。锁定目标任务、紧盯责任链条、抓牢关键节点，健全政务考核办法，发挥平时考核作用，推进常态化督查督办，狠刹庸政懒政怠政的不良风气，推动各项工作落实落地。

各位代表！渝中正处于加快转型、提升发展的关键时期。时代赋予重托，奋斗铸就辉煌！让我们更加紧密地团结在以习近平同志为核心的党中央周围，深入贯彻党的十九大精神，深学笃用习近平新时代中国特色社会主义思想，不忘初心、牢记使命，以干事创业的激情、只争朝夕的精神、实干苦干的作风、爬坡过坎的毅力，为决胜全面建成小康社会、开创渝中更加美好的明天不懈奋斗！

中国人民政治协商会议
渝中区第十四届委员会常务委员会工作报告

——2018 年 1 月 11 日在区政协重庆市渝中区十四届二次会议上

渝中区政协主席 陈大奎

各位委员：

我受政协重庆市渝中区第十四届委员会常务委员会的委托，向大会报告工作，请予审议，并请列席会议的同志提出意见。

2017 年工作回顾

2017 年是党的十九大胜利召开之年，也是新一届区政协开局之年。在中共渝中区委的坚强领导下，区政协常委会团结和带领全体委员，以习近平新时代中国特色社会主义思想为指导，以学习贯彻党的十九大精神为主线，以围绕中心服务大局为目标，以年初部署的 5 个方面 20 项工作为重点，统筹谋划“扣扣子”，履职尽责“担担子”，狠抓落实“钉钉子”，各项工作稳中有进，有力助推了全区经济社会事业的发展。

这一年，我们强化党的十九大精神的学习，坚决维护以习近平同志为核心的党中央权威和集中统一领导。党的十九大是在全面建成小康社会决胜阶段、中国特色社会主义进入新时代的关键时期召开的一次十分重要的大会，是党和国家发展史上具有划时代意义的里程碑。区政协把学习贯彻党的十九大精神作为首要政治任务，以高度的政治责任感和历史使命感，切实组织收听收看电视直播，切实传达学习会议精神，切实研究部署落实举措，切实开展多层次全覆盖宣讲，切实深入学习交流，切实举办主题党日活动，把学习党的十九大精神特别是习近平新时代中国特色社会主义思想作为重要内容，纳入区政协常委会专题学习、理论中心组学习、委员集中学习、专委会学习，努力做到学懂弄通做实，团结广大委员自觉以习近平新时代中国特色社会主义思想为行动指南，坚决维护以习近平同志为核心的党中央权威和集中统一领导，切实增强政治意识、大局意识、核心意识、看齐意识，坚定不移地贯彻执行党的基本理论、基本路线、基本方略，始终坚持走中国特色社会主义政治发展道路，确保渝中政协事业沿着正确的政治方向前进。

这一年，我们强化协商议政，助推渝中各项事业发展。紧紧围绕全区中心工作，突出重点，认真履职，主动服务发展大局。全年召开常委会 7 次，主席会 8 次，民主评议了“老旧电梯改造工作”和 17 个部门的提案办理工作。开展了 5 次专题协商，听取了 15 个部门的情况通报，组织视察活动 106 次，完成协商意见、调研报告 14 篇，大会发言 30 篇。收到提案 427 件，立案 372 件，立案率 87.1%；收集社情民意 258 条，编发信息 44 期。其中涌现了一批高质量提案和社情民意信息，如：《关于完善解放碑金融核心区配套设施的建议》促进了金融核心区配套设施的进一步完善，《关于“营改增”后，大中型餐饮企业设立“平均抵扣率”的建议》促成了餐饮企业税赋的降低，《关于推进公共服务中心标准化建设的建议》促进了一体化互联网政务服务平台的建设，邓智勇委员提出的《关于修改中华人民共和国〈继承法〉的建议》得到了最高人民法院院长周强同志重要批示等。围绕经济转型升级展现担当。瞄准渝中经济发展呈现的阶段性难题，积极落实区委统一部署，就“经济运行分析”专题开展调研，加强对渝中经济发展特点和规律的分析研判，提出应对经济下行压力的建议。聚焦六大重点产业和八大服务业集聚区建设，就“加快发展互联网服务业”“培育发展健康医疗服务业”开展专题协商，为提升经济发展质量和效益当好“助攻手”。围绕重大项目凸显作为。常委会、主席会分别就“全域旅游示范区创建工作”“复旦中学、重庆中医骨科医院等重点建设项目推进情况”开展专题视察、听取情况通报、提出意见建议。持续跟踪调研“滨江沿线消落带治理及景观提升工程”。专题协商“国家智慧城市试点建设工作”，为提升渝中“颜值”“气质”建言献策。围绕文化传承体现价值。紧扣“传统风貌区、山城老街区、特色老社区建设”“下半城历史文化风貌带建设”“民办博物馆建设”等主题开展视察、调研、协商，为提升城市文化核心竞争力当好“智囊”。积极开展文明城区创建专项视察，助推渝中顺利通过全国文明城区三年一次的复查“大考”。围绕社会治理贡献智慧。开展“社区民主协商议事机制”调研，就“发挥社会组织调解作用”进行专题协商，高度关注棚户区改造、安全生产工作、法治政府建设情况等，为促进社会公平正义、维护大局稳定出谋划策。

这一年，我们强化民主监督，增强履职成效。认真贯彻中共中央关于加强和改进人民政协民主监督的意见，精准发力，努力做到敢于监督、善于监督。民主评议老旧住宅电梯改造管护工作深入推进。委员们深入社区，实地勘察，听取民情，反复研讨，形成评议意见，促成老旧住宅加装电梯补助政策落地，目前已有9栋老旧住宅纳入电梯加装计划。民主评议提案办理工作全面展开。年初专门制定工作方案，成立7个评议组，召开动员会部署工作，主动与17个被评议部门对接，实时跟进，提出意见建议。受评议部门高度重视，强化办前、办中、办后协商，推动提案办理工作实现“四提高”：即承办单位重视程度提高、面商率提高、满意率提高、质量提高。特邀监督员作用进一步发挥。遴选63名委员分别担任区法院、区市政管理局、区环保局等部门的监督员、特邀检察员，参与“法院开放日”“行风评议”“民意调查”等监督工作，有效促进了部门依法行政、改进服务。

这一年，我们强化特色活动，彰显为民情怀。“双走进”密切联系群众。各街道联络委紧密结合工作重点，不断深化活动主题，开展进社区、访民情、送医疗、做公益等活动，面对面听取群众诉求，帮助群众解决实际困难。全年开展活动93次，865人次参加，走访辖区企业、社会单位62家，接待群众1350人次，协助解决车辆乱停乱放、物业纠纷等问题176件。“双服务”助力民生改善。组织从事医疗卫生事业的政协委员开展服务健康、服务群众活动。面向社区卫生服务中心实行“专家委员定点联系”制度，派出22名专家挂点11个社区卫生服务中心；面向基层医护人员开展“专家讲堂”义务培训4次，培训人员320余人次；面向社区群众开展义诊活动，全年接待就诊群众840余人次，现场经常排起长龙，部分专家委员不得不开通绿色通道另行约诊。“法律服务团”促进社会和谐稳定。开展普法宣传、积案化解、调查研究、纠纷调处等活动10次，服务群众1000余人次。创新服务渠道，在朝天门街道挂牌成立全市首个以政协委员个人名义命名的“王舒律师工作室”，短短数月参与调解纠纷16起，法律援助10余件。

这一年，我们强化合作共事，画好最大同心圆。积极与党派和界别开展协商。坚持遇事多商量、有事好商量，在决策前和决策执行中主动与各党派、界别充分协商讨论，努力浓厚团结民主、和谐活跃的共事氛围。完善建言平台。充分尊重、切实保障各民主党派、工商联、无党派人士、各人民团体的民主权利。把党派、团体、界别的集体提案列入主席、副主席重点督办计划，邀请他们参加重要会议、调研视察，鼓励发表真知灼见。加强联系指导。坚持主席会议成员定期走访制度，指导各参加单位、各界别开展“人才培养保障机制”“住改非”等专题调研26项，其他活动110余次，进一步提高了各参加单位、各界别在政协组织和群众中的影响力。举办中秋联谊会，加强与少数民族界、宗教界委员、新的社会阶层人士、归侨侨眷、留学归国人士的联系交往。引导委员服务社会。

回应群众所需，结合委员所长，引导委员参与各类帮扶活动，积极营造和谐稳定的发展环境。开展暑期为交巡警送清凉、重大节日为孤寡老人送温暖、“童心•侨心•爱心”慰问帮扶、“幼升小”教育咨询等活动共36次，受益群众730余人次。区政协嘉陵江书画院连续10年送书画、春联进社区，送文化进企业。

这一年，我们强化委员队伍建设，激发履职活力。注重委员培训。积极适应换届后新形势新任务的需要，按照“政治过硬、本领过硬”的要求，开展全体委员履职培训、社情民意信息员培训，坚持举行季度讲座和“政协委员大家谈”活动，首次举办为期一周的委员专题培训班，全年委员参训1016人次，进一步增强了履职意识，提升了履职能力。规范委员管理。修订《委员履职管理办法》，完善委员考评机制。建立履职档案、印发《履职手册》，加强基础信息管理。优化联络服务。主动排忧解难，对委员业务上关心、履职上关注、生活上关爱。全年共走访委员110余人，协助解决问题46件，政协组织的向心力凝聚力亲和力进一步增强。

这一年，我们强化党组领导作用，始终坚持正确政治方向。坚持区委领导。重大事项、重大问题主动向区委请示报告。在区委领导下出台年度协商计划，进一步推进协商制度化规范化程序化。健全组织机构。成立政协党组理论中心组、机关党组及理论中心组，制定学习制度和议事规则，进一步夯实了组织基础和制度基础。落实全面从严治党主体责任。以政治纪律、政治规矩的教育为主线，坚决清除孙政才恶劣影响和“薄、王”思想遗毒，扎实推进“两学一做”学习教育常态化制度化，为区纪委派驻政协机关纪检组履行职责创造条件，每月开展主题党日活动，锤炼党性修养，转变工作作风。加强宣传阵地建设和管理。落实意识形态工作责任制，加强政协网页、网络问政平台、微信群、QQ群的管理。公开发行《工商渝中》上辑。编辑出版《渝中政协》4期。加强与市内外兄弟政协的工作交流。加大宣传报道力度，在《重庆新闻联播》《重庆政协报》等区级以上媒体刊发文章和新闻信息275篇，扩大了政协工作的社会影响。

各位委员、同志们，一年来，全区人民政协事业不断取得新成绩、工作迈上新台阶，这是中共渝中区委坚强领导的结果，是区政府和社会各方面大力支持关心的结果，是政协各参加单位和全体政协委员恪尽职守、努力工作的结果。在此，我谨代表区政协十四届常委会，向大家表示崇高的敬意和衷心的感谢！

回顾一年来的工作，在取得成绩的同时，我们也清醒认识到，协商成果的运用还存在短板，民主监督的制度化、规范化水平还有待提高，服务群众的领域还需要拓展、效果还需要提升等。对此，我们将在今后的工作中高度重视，认真改进。

2018年工作思路

各位委员，党的十九大作出了中国特色社会主义进入新时代的重大政治判断，昭示着人民政协事业也进入了新时代。新时代践行新思想，新使命召唤新作为。我们全体委员一定要珍惜荣誉、珍视机遇，开拓进取、积极作为。今年是全面贯彻落实党的十九大精神的开局之年，是改革开放40周年，是决胜全面建成小康社会、实施“十三五”规划承上启下的关键一年。区政协工作的总体思路是：高举中国特色社会主义伟大旗帜，全面贯彻落实党的十九大精神，以习近平新时代中国特色社会主义思想为指导，在中共渝中区委的领导下，不忘初心，牢记使命，坚持团结和民主两大主题，坚持围绕中心服务大局，强化理论武装，推进协商民主，加强委员队伍建设，实施九项重点任务，为渝中经济社会发展贡献智慧力量。

一、突出习近平新时代中国特色社会主义思想的深学笃用，切实加强理论武装

深入贯彻落实党的十九大精神。将学习十九大精神作为贯穿全年的重大政治任务切实抓好，紧密结合“不忘初心、牢记使命”主题教育，继续面向全体委员开展主题鲜明、内容丰富、务实有效的学习教育活动，引导委员准确理解、认真贯彻落实十九大报告提出的一系列新的重要思想、重要观点、重大判断、重大举措，全面贯彻党的基本理论、基本路线、基本方略，牢固树立“四个意识”，始终坚定“四个自信”，不断强化理论武装、增强政治定力、增进情感认同，坚定不移地用习近平新时代中国特色社会主义思想武装头脑，指导政协履职实践。

*深入贯彻落实市委五届三次全会和区委十二届二次全会精神。*深刻认识、主动把握全市、全区改革发展的新形势、新任务、新要求和今年的重点工作，进一步明确履职方向，找准工作重点，自觉把市委、区委决策部署通过民主程序转化为履职行动。

*深入贯彻落实协商民主新要求。*党的十九大对新时代社会主义协商民主建设作出了战略部署，对新时代人民政协事业发展也提出了新要求。要通过集中学习、专题研讨、经验交流等方式，引导委员充分认识新时代加强社会主义协商民主建设的重大意义，准确把握人民政协协商民主的性质定位和基本要求，进一步凝聚坚定不移走中国特色社会主义政治发展道路的思想共识。

二、突出围绕全区经济社会发展大局，深入开展协商议政活动

*拓宽知情明政渠道。*通过形式多样的情况通报、专项视察、联合调研、跟踪回访，探索建立委员列席政协常委会议制度，帮助委员准确掌握全区经济、政治、文化、社会、生态文明建设的总体推进情况，重点关注全区“七大战略行动计划”“两项攻坚战”和六大重点产业发展、八大服务业集聚区建设等中心工作、重点任务的开展情况，进一步明确着力方位，提高协商建言质量。

*有序开展协商议政。*紧紧围绕提升经济发展质量、深化改革开放创新、提升城市内涵品质、提高保障和改善民生水平、促进社会大局和谐稳定等区委、区政府年度重点工作安排，协助区委制定《区政协2018年度协商计划》并认真组织实施。聚焦现代服务业创新发展示范区建设、交通建设“三年会战”工作部署、城市环保基础设施体系建设、发挥基础教育优势加快普惠性学前教育优质发展、重庆自贸试验区渝中片区建设等重大课题，开展专题协商、对口协商、界别协商、提案办理协商，强化交流互动，努力增进共识，为贯彻落实区委重大决策部署群策群力、善作善成。紧扣区块链产业创新基地建设、文化艺术品交易平台建设和重点地块、重点载体、重大项目建设等，开展专题调研、专项视察，助推渝中经济发展质量变革、效率变革、动力变革。

*做好社情民意信息工作。*围绕党政重视、社会关注、群众期盼，反映情况、报送信息。加强信息员队伍建设，定期召开社情民意信息分析会，及时编发征集参考目录，不断拓展信息渠道，不断改进调查研究，引导信息员深入了解民情、广泛收集民意，切实提高质量，为区委、区政府决策提供参考。

三、突出提案办理、专项工作民主评议，不断加大民主监督的力度

*加强统筹安排。*领会中央、市委文件精神实质，结合工作实际，梳理查找薄弱环节，制定专门的民主监督工作计划，增加监督性协商议题、监督性视察活动。

*加强提案监督。*坚持不懈提高提案质量，突出监督性提案的重要作用，开展重点提案办理“回头看”和B类提案跟踪督办。稳步推进民主评议提案办理工作，将建议案的办理情况作为民主评议的一项重要内容，在去年圆满完成17个提案办理单位民主评议的基础上，今年再确定20个单位开展提案办理工作民主评议。

*加强专项监督。*不断创新和改进专项工作民主评议方式方法，今年将开展城市管理工作民主评议。通过调研、视察、座谈、问卷调查等形式，加强分析研判，提出意见建议，助推政府部门工作。

四、突出深化特色活动的内涵实效，不断改善民生服务

*完善特色活动。*党的十九大提出我国社会主要矛盾已经转化为人民日益增长的美好生活

需要和不平衡不充分的发展之间的矛盾，这对我们的群众工作提出了新的更高要求。要赋予活动新的内涵，完善活动形式，丰富活动内容，突出活动的针对性实效性，加强与职能部门的联动，深化“双走进”“双服务”“法律服务团”等既有特色活动，推广应用“王舒律师工作室”的成功经验，逐步探索更多的专项活动。

强化活动实效。将活动的重点放到人民群众最关心最直接最现实的利益问题上，强化活动统筹，坚持一切从实际出发，不搞形式主义，不搞“形象工程”，着力增强群众的获得感、幸福感、安全感。“双走进”要更多的服务企业发展，“双服务”要更多的面向困难群众，“法律服务团”要更主动地对接社区调解室开展工作。

加大活动宣传。采取人民群众喜闻乐见的宣传形式，提高活动的知晓度，扩大活动的参与度，充分展示政协委员履职为民的良好形象。

五、突出平台建设，不断加强团结联谊

完善合作共事平台。坚持开展主席班子联系走访民主党派、工商联、人民团体活动，定期召开联席会议，通报情况、交流经验、听取意见。继续鼓励和支持民主党派和群团组织参加政协的各种会议和活动，整合履职资源，推动工作融合。引导党派群团积极参与“渝中英才计划”实施、预防和化解社会矛盾机制建设、社会心理服务体系建设。

完善宣传交流平台。持之以恒落实意识形态工作责任制，进一步加强政协宣传通联工作，办好区政协网页和《渝中政协》季刊，高质量做好《工商渝中》下辑编辑出版工作。主动争取市政协的工作指导，加强与兄弟区县政协的交流学习，推动区政协工作创新发展。

完善团结联谊平台。精心组织新春茶话会、中秋联谊会和纪念改革开放40周年工商联及经济界别委员座谈会，不断丰富政协文体之家活动，继续开展好政协嘉陵江书画院活动，为渝中发展凝聚正能量。

六、突出完善委员服务管理，不断增强委员履职的意识和能力

继续加强委员教育培训。党的十九大对加强委员队伍建设提出了明确要求。根据新形势新任务新要求，制定全年学习计划，坚持举办委员季度讲座和大家谈活动，继续开设委员培训班，本年内完成70名委员的脱产培训，不断强化委员责任意识，着力提升“四种能力”，切实发挥“三个作用”。

继续强化委员服务。坚持用服务温暖委员，加强联系走访，及时了解情况，掌握思想动态，帮助解决实际困难。坚持用事业凝聚委员，立足委员自身需求，找准政协事业和委员事业的结合点，提升委员自觉参与政协工作的主动性。坚持用机制激励委员，健全完善履职档案，及时通报反馈履职情况，强化正向激励，激发委员履职动力。

继续开展委员界别述职活动。借鉴上一届述职活动的好经验好做法，制定述职活动方案，规范述职活动流程，加强联系指导，以界别为单位开展集中述职活动，确保本年内完成本届政协委员首次述职活动。

七、突出街道联络委建设，不断夯实政协工作的基层基础

加强街道联络委自身建设。加大工作保障力度，进一步选好配强联络员队伍，加强教育培训，指导联络员深入了解政协工作流程、掌握工作方法、提升工作能力。强化工作统筹谋划，主动对接政协的工作部署和街道工作重点，做到有计划、有安排、有落实。健全工作交流总结制度，定期召开工作交流会。

加强街道联络委与政协委员联系。及时向委员介绍街道、社区的重要工作情况，定期征求委员对街道工作的意见建议，针对街道发展的热点难点，组织委员开展视察调研活动。

加强基层协商平台建设。建好用好“政协委员之家”和“社区议事室”，探索开展民主恳谈会、民主咨询会、民主听证会、议事协商会、居民论坛等灵活、有效的协商形式，密切关注群众身边事，努力化解烦心事，助力谋划长远事。

八、突出加强界别联系，不断深化界别合作

强化领导。做好统筹联络，指导界别制定年度工作计划，协助组织实施界别活动，重视

界别参政议政成果的转化利用，为界别开展工作创造必要条件。细化活动考核指标体系，完善界别活动登记台账，全面掌握各界别履职活动情况。

强化联系。结合界别自身特点，开展丰富多彩的联谊活动，增进界别委员之间的了解沟通，增强界别的凝聚力和感召力，不断强化委员的界别意识。

强化合作。注重界别间的互补联动，深化合作交流，推动资源共享，围绕共同关心的课题，开展跨界别的调研视察活动，提交集体提案，反映群众所需所盼，使界别作用发挥更充分，履行职能更富有成效。

九、突出政协机关建设，不断提高服务保障水平

把政治建设放在首位。坚持党对政协工作的领导，加强政协两级党组自身建设，严守党的政治纪律和政治规矩，坚决清除孙政才恶劣影响和“薄、王”思想遗毒。严格落实全面从严治党要求，认真落实“一岗双责”，强化主体责任，压实纪律要求，坚持听取党风廉政建设情况通报制度，自觉接受区纪委派驻政协机关纪检组的监督。提高政治站位，加强党性锻炼，认真抓好两级党组理论中心组学习，深入推进“两学一做”学习教育常态化制度化，扎实开展“不忘初心、牢记使命”主题教育，切实增强政协党组织的创造力、凝聚力和战斗力。

提升机关服务能力。不断加强机关干部队伍建设，强化学习、强化服务、强化担当、强化落实，全面提升机关干部的能力素质。不断提高机关政务服务能力、事务服务能力、会务服务能力，切实发挥参谋助手、综合协调、服务保障作用，全面提升机关精细化服务管理水平。

持续推进机关作风建设。时刻牢记作风建设永远在路上，严格执行中央八项规定精神和市委、区委实施意见，持续整治“四风”突出问题，特别是要高度警惕形式主义、官僚主义的新表现，结合区政协机关实际，对照问题进行专项查找和专题整改，确保机关风清气正，干部团结奋进。

各位委员，中国特色社会主义进入了新时代，渝中经济社会发展开启了新征程。让我们更加紧密地团结在以习近平同志为核心的中共中央周围，高举中国特色社会主义伟大旗帜，在中共渝中区委的坚强领导下，热情拥抱新时代，扎实践行新思想，努力实现新作为，为中共十九大精神在渝中落地生根，为渝中各项事业发展作出新的更大的贡献！

重要文件

渝中区委

文件标题	文号
区委区政府关于加快推进2018年重点项目建设的通知	渝中委发〔2018〕1号
关于建立中共渝中区第十八届人民代表大会第三次会议临时委员会的决定	渝中委发〔2018〕2号
关于印发《中共渝中区委常委会贯彻落实中央八项规定精神的办法》的通知	渝中委发〔2018〕3号
关于印发《中共渝中区委巡察工作实施办法》的通知	渝中委发〔2018〕4号
关于印发《区委常委会班子2017年度民主生活会整改方案》的通知	渝中委发〔2018〕5号
关于给予全区慰问安保工作相关集体和个人记功奖励的决定	渝中委发〔2018〕6号
关于印发《中共渝中区委员会2018年工作要点》的通知	渝中委发〔2018〕7号
关于营造良好政治生态的实施意见	渝中委发〔2018〕8号
关于加强法治和德治工作的实施意见	渝中委发〔2018〕9号
关于印发《渝中区扫黑除恶专项斗争工作方案》的通知	渝中委发〔2018〕10号
关于落实加强新形势下党的督促检查工作的实施意见	渝中委发〔2018〕11号
区委区政府关于进一步加强街道工作领导的意见	渝中委发〔2018〕12号
关于深入学习宣传和贯彻实施《中华人民共和国宪法》的通知	渝中委发〔2018〕13号
关于表彰渝中区纪念建党97周年基层党建工作先进单位、先进基层党组织、优秀共产党员、优秀党务工作者的决定	渝中委发〔2018〕14号
关于印发《重庆市渝中区庆祝改革开放40周年活动方案》的通知	渝中委发〔2018〕15号
区委区政府关于印发《关于区委常委及其成员接受区纪委监督的暂行办法》的通知	渝中委发〔2018〕17号
区委区政府关于印发《关于进一步加强党风廉政警示教育的实施意见》	渝中委发〔2018〕18号
区委区政府关于印发《渝中区以大数据智能化为引领的创新驱动发展战略行动计划实施方案（2018—2020）》的通知	渝中委发〔2018〕19号
区委区政府关于印发《关于区委常委会及其成员接受区纪委监督暂行办法》	渝中委发〔2018〕20号
区委区政府关于印发《重庆市渝中区污染防治攻坚战实施方案（2018—2020年）》的通知	渝中委发〔2018〕21号
区委区政府关于贯彻落实深入推动长江经济带发展加快建设山清水秀美丽之地的实施意见	渝中委发〔2018〕22号
区委区政府印发《重庆市渝中区贯彻生态优先绿色发展行动计划实施方案（2018—2020年）》的通知	渝中委发〔2018〕23号
印发关于市委第十巡视组巡视渝中区反馈意见整改方案的通知	渝中委发〔2018〕24号
区委区政府关于印发《渝中区坚决打好防范化解重大风险攻坚战实施方案》的通知	渝中委发〔2018〕25号
区委区政府关于印发《重庆市渝中区全面优化营商环境促进民营经济发展的实施方案》	渝中委发〔2018〕26号
区委区政府印发《重庆市渝中区关于进一步营造企业家健康成长环境弘扬优秀企业家精神更好发挥企业家作用的实施方案》的通知	渝中委发〔2018〕27号

续表

文件标题	文号
关于表扬2017年度考核“特等奖单位”“一等奖单位”的通报	渝中委发〔2018〕28号
印发《关于加强基层组织体系建设的实施方案》的通知	渝中委发〔2018〕29号
关于印发《渝中区贯彻〈中共共产党内功勋荣誉表彰条例〉实施细则》的通知	渝中委发〔2018〕30号
关于印发《渝中区科教兴区和人才强区行动计划（2018—2020年）》的通知	渝中委发〔2018〕31号
区委区政府关于印发《重庆市渝中区贯彻落实〈重庆市中长期青年发展规划（2018—2025年）〉实施方案》的通知	渝中委发〔2018〕32号
关于加强和改进新时代人大工作的意见	渝中委发〔2018〕33号
区委区政府关于加强和完善社区治理的实施意见	渝中委发〔2018〕34号
区委区政府关于印发《重庆市渝中区贯彻军民融合发展战略行动计划实施方案（2018—2020）》的通知	渝中委发〔2018〕35号
区委区政府关于印发《重庆市渝中区基础设施建设提升战略行动计划（2018—2020年）》的通知	渝中委发〔2018〕36号
区委区政府关于印发《重庆市渝中区保障和改善民生行动计划实施方案（2018—2020年）》的通知	渝中委发〔2018〕37号
区委区政府关于印发《重庆市渝中区对口帮扶•城市解困攻坚战实施方案（2018—2020年）》的通知	渝中委发〔2018〕38号
关于加强和改进新时代人民政协工作的实施意见	渝中委发〔2018〕39号
区委区政府关于印发《渝中区城市提升行动计划实施方案》的通知	渝中委发〔2018〕40号
区委区政府关于给予汪涛等337位同志嘉奖及陈霞等54位同志记三等功的决定	渝中委发〔2018〕41号
区委区政府关于印发《重庆市渝中区党政领导干部安全生产责任制实施办法》的通知	渝中委发〔2018〕42号
区委区政府关于印发《渝中区内陆开放高地建设行动计划实施方案》（2018—2020年）的通知	渝中委发〔2018〕43号
区委办区府办转发《中共重庆市委、市政府办公厅关于支持检察机关提起公益诉讼工作的通知》	渝中委办〔2018〕2号
区委办区府办关于做好2018年节假日期间值班工作的通知	渝中委办〔2018〕3号
关于印发《渝中区2018年元旦春节“送温暖”慰问活动方案》	渝中委办〔2018〕4号
关于对全区维稳安保工作突出集体和突出个人进行表扬及奖励的通知	渝中委办〔2018〕5号
关于印发《中共重庆市渝中区委反腐败协调小组工作规则》的通知	渝中委办〔2018〕10号
关于调整区委反腐败协调小组成员的通知	渝中委办〔2018〕11号
关于印发《关于被巡察党组织配合区委巡察工作规定》的通知	渝中委办〔2018〕12号
关于加强总部（重点）企业联系服务的通知	渝中委办〔2018〕19号
区委办区府办关于深入开展兴调研转作风促落实行动的通知	渝中委办〔2018〕20号
关于印发《中共重庆市渝中区委2018年度政党协商计划》的通知	渝中委办〔2018〕21号
区委办区府办关于明确中共渝中区委外事工作领导小组成员单位的通知	渝中委办〔2018〕23号
区委办区府办关于印发重庆市第一环境保护督察组组长刘学琼、副组长×××和区委书记黄玉林在督察渝中区工作动员会上的讲话	渝中委办〔2018〕24号

续表

文件标题	文号
区委办区府办关于进一步完善招商引资工作机制的通知	渝中委办〔2018〕26 号
区委办区府办关于印发《渝中区招商引资工作目标考核办法》的通知	渝中委办〔2018〕27 号
关于深入学习宣传贯彻习近平总书记参加重庆代表团审议时的重要讲话精神、市委五届四次全会精神的通知	渝中委办〔2018〕29 号
关于调整区委意识形态工作领导小组人员的通知	渝中委办〔2018〕30 号
关于印发《2018 年“廉政文化教育宣传月”活动方案》的通知	渝中委办〔2018〕31 号
关于成立渝中区城市综合管理工作领导小组的通知	渝中委办〔2018〕33 号
关于印发《渝中区委巡察工作规划（2017—2021 年）》的通知	渝中委办〔2018〕35 号
区委办区府办关于成立扫黑除恶专项斗争工作领导小组的通知	渝中委办〔2018〕36 号
区委办区府办关于进一步严肃会风会纪提高会议质量的通知	渝中委办〔2018〕37 号
区委办区府办关于调整、更名和撤销部分议事协调机构的通知	渝中委办〔2018〕38 号
关于进一步加强全区值班工作的通知	渝中委办〔2018〕39 号
关于印发《关于开展纪念中共成立 97 周年系列活动的实施方案》的通知	渝中委办〔2018〕40 号
关于开展全区纪念建党 97 周年基层党建工作先进单位、先进基层党组织、优秀共产党、优秀党务工作者评选表彰工作的通知	渝中委办〔2018〕41 号
区委办区府办关于进一步细化分解招商引资目标任务的通知	渝中委办〔2018〕42 号
区委办区府办关于开展党员干部亲属设权事项公开工作的通知	渝中委办〔2018〕46 号
区委办区府办关于转发《区委宣传部、政法委、区“扫黄打非”工作小组办 2018 年渝中区“扫黄打非”和文化市场管理行动方案》的通知	渝中委办〔2018〕48 号
区委办区府办关于印发陈实组长、玉林书记在市扫黑除恶专项斗争第四检查指导组检查指导渝中区工作动员会上的讲话的通知	渝中委办〔2018〕49 号
区委办区府办关于“八一”期间开展走访慰问驻区部队基层官兵和优抚对象活动的通知	渝中委办〔2018〕50 号
关于健全完善重大事项向区委请示报告制度的通知	渝中委办〔2018〕51 号
关于成立落实重庆市环境保护集中督察反馈意见整改工作领导小组的通知	渝中委办〔2018〕57 号
关于聘任区委法律顾问的通知	渝中委办〔2018〕59 号
关于印发《对未经批准举办意识形态类论坛讲座预警处置办法》等三个制度文件的通知	渝中委办〔2018〕60 号
区委办区府办关于成立重庆市渝中区深入推动长江经济带发展加快建设山清水秀美丽之地领导小组的通知	渝中委办〔2018〕61 号
关于成立渝中区党务公开试点工作领导小组的通知	渝中委办〔2018〕62 号
关于深入学习贯彻习近平总书记在十九届中央政治局第八次集体学习时的重要讲话精神的通知	渝中委办〔2018〕63 号
关于参加中央扫黑除恶第 9 督导组督导重庆市情况反馈电视电话会议的通知	渝中委办〔2018〕64 号
区委办区府办关于印发《扎实开展集中走访精准服务民营企业活动实施方案》通知	渝中委办〔2018〕69 号
区委办区府办关于成立渝中区退役军人服务管理工作领导小组的通知	渝中委办〔2018〕71 号
区委办区府办关于开展“十大不文明行为”整治工作的通知	渝中委办〔2018〕73 号

续表

文件标题	文号
关于认真组织全区干部群众收听收看庆祝改革开放 40 周年大会的通知	渝中委办〔2018〕77 号
关于做好 2019 年党刊发行工作严格规范报刊发行秩序的通知	渝中委办〔2018〕78 号
区委办区府办关于做好《渝中年鉴》（2019 年卷）编辑工作的通知	渝中委办〔2018〕79 号
区委办区府办《关于实施一批民生实事的通知》	渝中委办发〔2018〕1 号
印发《关于五年来我区贯彻落实中央八项规定精神加强作风建设情况的报告》	渝中委办发〔2018〕2 号
关于印发《“廉洁渝中”建设 2018 年实施方案》的通知	渝中委办发〔2018〕3 号
区委办区府办关于印发《渝中区“城市精细化管理提升年”总体方案》的通知	渝中委办发〔2018〕4 号
区委办区府办关于对全区维稳安保工作突出集体和突出个人表扬的通报	渝中委办发〔2018〕5 号
关于印发《政协重庆市渝中区委员会 2018 年度协商计划》的通知	渝中委办发〔2018〕6 号
关于印发《2018 年渝中区宣传思想文化工作要点》的通知	渝中委办发〔2018〕7 号
关于印发《2018 年渝中区统一战线工作要点》的通知	渝中委办发〔2018〕8 号
印发《关于落实党的十九大改革部署的实施细则》的通知	渝中委办发〔2018〕9 号
区委办区府办《关于进一步规范国家工作人员因公临时出国（境）管理实施意见》的通知	渝中委办发〔2018〕10 号
区委办区府办关于进一步加强渝中区外国人服务管理工作的通知	渝中委办发〔2018〕11 号
关于印发《贯彻落实区委十二届三次全会相关工作任务工作方案》的通知	渝中委办发〔2018〕12 号
关于全面推进城市综合管理“五长制”的通知	渝中委办发〔2018〕13 号
渝中区 2018 年全面深化改革工作要点	渝中委办发〔2018〕14 号
转发《重庆市调整不适宜担任现职干部实施细则（试行）》的通知	渝中委办发〔2018〕15 号
转发《关于加强干部法治素养建设的意见》的通知	渝中委办发〔2018〕16 号
转发《重庆市区县（自治县）事业单位领导人员管理暂行办法》的通知	渝中委办发〔2018〕17 号
区委办区府办关于印发《渝中区 2018 年生态环保重点任务分解》的通知	渝中委办发〔2018〕18 号
区委办区府办印发《关于推进网络安全工作的实施方案》的通知	渝中委办发〔2018〕19 号
区委办区府办印发《关于推进网络内容建设工程的实施方案》的通知	渝中委办发〔2018〕20 号
关于印发《渝中区党委（党组）理论学习中心组学习制度》的通知	渝中委办发〔2018〕21 号
关于印发《渝中区贯彻落实加强新形势下优抚安置工作实施方案》的通知	渝中委办发〔2018〕22 号
关于印发《中共渝中区委党的建设工作领导小组 2018 年工作要点》的通知	渝中委办发〔2018〕23 号
区委办区府办关于印发《渝中区迎接重庆市扫黑除恶专项斗争检查指导工作方案》的通知	渝中委办发〔2018〕24 号
区委办区府办关于印发《渝中区规划委员会议事规则》的通知	渝中委办发〔2018〕25 号
区委办区府办关于印发《区环保集中督查反馈意见》和黄玉林同志在市第一环保集中督查情况反馈会上的讲话通知	渝中委办发〔2018〕26 号
区委办区府办关于印发《渝中区推动文化旅游业高质量发展实施方案》的通知	渝中委办发〔2018〕27 号
区委办区府办关于印发《渝中区生态绿化提升行动实施方案（2018—2020 年）》的通知	渝中委办发〔2018〕28 号
印发《关于开展渝中区监察委员会向街道派出监察机构试点工作的方案》的通知	渝中委办发〔2018〕29 号
区委办区府办关于印发《渝中区以大数据智能化为引领的创新驱动发展战略行动计划实施方案任务分解》的通知	渝中委办发〔2018〕30 号

续表

文件标题	文号
区委办区府办关于印发《重庆市渝中区贯彻落实中办长江生态环境问题督查调研反馈意见整改方案》的通知	渝中委办发〔2018〕31 号
关于印发《2018 年全区意识形态工作要点》的通知	渝中委办发〔2018〕32 号
区委办区府办关于印发《重庆市渝中区贯彻落实重庆市环境保护集中督察反馈意见整改实施方案》的通知	渝中委办发〔2018〕33 号
关于印发《中共重庆市渝中区委法律顾问工作制度（试行）》的通知	渝中委办发〔2018〕34 号
关于印发市委第十巡视组对渝中区专项检查反馈意见的整改方案的通知	渝中委办发〔2018〕35 号
关于印发《区纪委监委向区一级党和国家机关派驻纪检监察机构方案》的通知	渝中委办发〔2018〕36 号
区委办区府办关于印发《关于配合中央扫黑除恶专项斗争督导工作实施方案》的通知	渝中委办发〔2018〕37 号
区委办区府办关于印发《渝中区营造公平正义法治环境服务民营经济发展的实施方案》的通知	渝中委办发〔2018〕38 号
区委办区府办关于印发《重庆市渝中区绿色发展指标体系责任分工》《重庆市渝中区生态文明建设考核目标体系责任分工的通知》	渝中委办发〔2018〕39 号
区委办区府办关于印发《渝中区营造公平正义法治环境服务民营经济发展任务分解方案》的通知	渝中委办发〔2018〕40 号
关于印发《中共重庆市渝中区听取巡察工作情况汇报办法》的通知	渝中委办发〔2018〕41 号
区委办区府办印发《关于建立健全居务监督委员会的实施意见》的通知	渝中委办发〔2018〕42 号
区委办区府办关于印发《重庆市渝中区污染防治攻坚战重点工程补充清单》的通知	渝中委办发〔2018〕43 号
印发《关于进一步激励广大干部新时代新担当新作为的实施意见》的通知	渝中委办发〔2018〕44 号
区委办区府办关于印发《重庆市渝中区全面贯彻落实习近平总书记在深入推动长江经济带发展座谈会上重要讲话精神重点任务分工方案》的通知	渝中委办发〔2018〕45 号
印发《关于坚持以党的政治建设为统领进一步加强和改进机关党的建设的实施意见》的通知	渝中委办发〔2018〕46 号
区委办区府办关于印发《渝中区城市日常管理工作考评实施方案（试行）》的通知	渝中委办发〔2018〕47 号
关于印发《重庆市渝中区纪委监委派驻机构管理机制改革实施方案（试行）》的通知	渝中委办发〔2018〕48 号
关于印发《关于建立重庆市渝中区社区监察监督员制度的试行办法》的通知	渝中委办发〔2018〕49 号
区委办区府办关于统筹规范督查检查考核工作的通知	渝中委办发〔2018〕50 号
区委办区府办关于印发《重庆市渝中区区级党政机关和事业单位所属企业集中统一监管实施方案》的通知	渝中委办发〔2018〕51 号
区委办区府办关于全区安全稳定暨年底工作会议有关任务分解的通知	渝中委办发〔2018〕52 号
区委办区府办关于印发《重庆市渝中区生态环境损害赔偿制度改革实施方案》的通知	渝中委办发〔2018〕53 号
印发《关于开展贯彻落实习近平总书记对重庆所作重要讲话和系列重要指示批示精神“回头看”工作实施方案》的通知	渝中委办发〔2018〕54 号
区委办区府办关于印发《重庆市渝中区深化环境监测改革提高环境监测数据质量实施方案》的通知	渝中委办发〔2018〕55 号

渝中区人民政府

文件标题	文号
关于印发《渝中区2018年春节期间燃放烟花爆竹安全管理工作方案》的通知	渝中府发〔2018〕1号
关于印发2018年安全生产工作要点的通知	渝中府发〔2018〕3号
关于开展渝中区第三次土地调查的通知	渝中府发〔2018〕5号
关于调整取消一批行政审批等管理事项的通知	渝中府发〔2018〕6号
关于印发2018年区政府工作报告重点工作目标任务分解及经济目标任务分解的通知	渝中府发〔2018〕7号
关于印发《中国（重庆）自由贸易试验区渝中板块“证照分离”改革试点实施方案》的通知	渝中府发〔2018〕9号
关于印发2018年计划报告的通知	渝中府发〔2018〕11号
关于促进儿童事业持续健康发展若干政策的意见	渝中府发〔2018〕12号
关于印发2018年渝中区法治政府建设工作要点的通知	渝中府发〔2018〕13号
关于第三期学前教育行动计划的实施意见	渝中府发〔2018〕15号
关于开展第四次全国经济普查的通知	渝中府发〔2018〕18号
关于成立渝中区大数据智能化专家智库的通知	渝中府发〔2018〕23号
关于划定高污染燃料禁燃区的通告	渝中府发〔2018〕24号
关于印发《重庆市渝中区公共投资建设项目审计实施办法》的通知	渝中府发〔2018〕25号
关于印发渝中区推进普惠金融发展工作方案的通知	渝中府发〔2018〕34号
关于取消一批行政许可等事项的通知	渝中府发〔2018〕36号
关于进一步加强行政机关负责人出庭应诉工作的实施意见	渝中府发〔2018〕37号
关于印发《重庆市渝中区政府投资项目管理办法》的通知	渝中府发〔2018〕42号
关于印发《重庆市渝中区贯彻落实深化川渝合作深入推动长江经济带发展行动计划（2018—2022年）的任务分工》的通知	渝中府发〔2018〕43号
关于印发《重庆市渝中区贯彻落实全市深入推动长江经济带发展实施方案》的通知	渝中府发〔2018〕44号
关于印发重庆市渝中区国民经济和社会发展第十三个五年规划纲要中期评估报告的通知	渝中府发〔2018〕45号
关于印发《重庆市渝中区打赢蓝天保卫战三年行动计划实施方案》的通知	渝中府发〔2018〕46号
渝中区政府巫溪县政府关于印发《渝中区·巫溪县2018年对口帮扶工作实施方案》的通知	渝中府发〔2018〕48号
渝中区政府巫溪县政府关于印发《渝中区·巫溪县对口帮扶工作实施方案（2018—2020年）》的通知	渝中府发〔2018〕49号
关于印发《渝中区全面推开“证照分离”改革实施方案》的通知	渝中府发〔2018〕50号
关于印发《渝中区关于推动实体零售创新转型的实施方案》的通知	渝中府办〔2018〕1号
关于印发编制政务服务事项清单工作实施方案的通知	渝中府办〔2018〕2号
关于印发《中国（重庆）自由贸易试验区渝中板块并联审批工作方案》的通知	渝中府办〔2018〕3号
关于印发渝中区街道消防委托执法工作方案的通知	渝中府办〔2018〕4号
关于印发《2018年春节期间燃放烟花爆竹安全管理督导检查工作方案》的通知	渝中府办〔2018〕5号

续表

文件标题	文号
关于成立渝中区城市管理执法工作协调领导小组的通知	渝中府办〔2018〕6号
关于印发《渝中区贯彻落实长江经济带沿江取水口排污口和应急水源布局规划实施方案》的通知	渝中府办〔2018〕7号
关于印发《渝中区春节期间突发燃放烟花爆竹安全事故应急处置预案》的通知	渝中府办〔2018〕8号
关于全力做好2018年春运工作的通知	渝中府办〔2018〕9号
关于做好2018年春节期间燃放烟花爆竹安全管理工作的通知	渝中府办〔2018〕10号
关于做好重庆市渝中区第七届老年人健身运动会组织工作的通知	渝中府办〔2018〕11号
关于印发《渝中区空气重污染天气应急预案》的通知	渝中府办〔2018〕12号
关于印发《重庆市渝中区盐业体制改革实施方案》的通知	渝中府办〔2018〕13号
关于严禁春节期间机关干部酒驾的通知	渝中府办〔2018〕14号
关于印发渝中区2018年一般建设项目（政府投资）计划表的通知	渝中府办〔2018〕16号
关于进一步加强春节期间燃放烟花爆竹安全管理工作的紧急通知	渝中府办〔2018〕17号
关于印发《渝中区突发事件应急预案管理办法》的通知	渝中府办〔2018〕18号
关于印发《重庆市渝中区突发事件应急体系建设“十三五”规划》的通知	渝中府办〔2018〕19号
关于印发《渝中区“城市双修”工作实施方案》的通知	渝中府办〔2018〕21号
关于2017年公开电话工作有关情况的通报	渝中府办〔2018〕22号
关于印发《渝中区第二次污染源普查实施方案》的通知	渝中府办〔2018〕23号
关于表彰2017年度渝中区物业服务标准化甲级商务楼宇的通报	渝中府办〔2018〕24号
转发《重庆市人民政府办公厅关于完善事业单位绩效工资政策的通知》的通知	渝中府办〔2018〕26号
关于加快2018年市级重点项目推进的通知	渝中府办〔2018〕27号
关于印发2018年清理现行排除限制竞争政策措施工作方案的通知	渝中府办〔2018〕28号
关于开展“十三五”规划中期评估工作的通知	渝中府办〔2018〕29号
关于加快推进2018年前期项目的通知	渝中府办〔2018〕31号
关于印发《渝中区境内外招商代理暂行管理办法》的通知	渝中府办〔2018〕32号
关于印发企业上市相关政务服务事项办理规程实施方案的通知	渝中府办〔2018〕33号
关于印发《渝中区“三无”老旧住宅管线改造工作方案》的通知	渝中府办〔2018〕35号
关于印发《重庆市渝中区2018年度地质灾害防治方案》的通知	渝中府办〔2018〕36号
关于印发《重庆市渝中区突发性地质灾害应急预案》的通知	渝中府办〔2018〕37号
关于成立渝中区食品药品安全委员会的通知	渝中府办〔2018〕38号
关于印发《关于开展洪崖洞、朝天门等地区旅游环境综合整治行动工作方案》的通知	渝中府办〔2018〕39号
关于做好2018年全国防灾减灾日有关工作的通知	渝中府办〔2018〕40号
关于印发《2018年渝中区“美丽半岛人文渝中”系列节庆会展活动方案》的通知	渝中府办〔2018〕41号
关于加快推进解放碑商圈环境综合品质提升城市设计项目的通知	渝中府办〔2018〕42号
关于印发2018年全区应急管理工作要点的通知	渝中府办〔2018〕43号
关于印发《渝中区加强中小学幼儿园安全风险防控体系建设实施办法》的通知	渝中府办〔2018〕44号
关于进一步做好重庆市第一环保督察组交办案件整改落实的通知	渝中府办〔2018〕45号

续表

文件标题	文号
关于印发《2018 年度渝中区老旧居住建筑消防设施改造工作方案》的通知	渝中府办〔2018〕46 号
关于印发《渝中区"互联网＋政务服务"工作任务分解表》的通知	渝中府办〔2018〕48 号
关于印发《重庆市渝中区人民政府 2018 年党风廉政建设和反腐败工作要点》的通知	渝中府办〔2018〕49 号
关于印发重庆市渝中区长江经济带生态修复与环境保护重点工程工作方案的通知	渝中府办〔2018〕50 号
关于成立重庆市渝中区长江经济带战略环境评价"三线一单"工作推进小组的通知	渝中府办〔2018〕51 号
关于认真落实政府信息公开专项工作的通知	渝中府办〔2018〕52 号
关于印发《渝中区公租房优化利用实施意见》的通知	渝中府办〔2018〕54 号
关于加快推进朝天门片区品质提升城市设计项目实施的通知	渝中府办〔2018〕55 号
关于进一步加强文物安全工作的通知	渝中府办〔2018〕56 号
关于印发《重庆市渝中区深入推进商标品牌兴区战略的实施意见》的通知	渝中府办〔2018〕57 号
关于印发《渝中区政府联系区人大区政协工作规定》的通知	渝中府办〔2018〕58 号
关于印发《渝中区政府系统办理人大代表建议政协提案工作规定》的通知	渝中府办〔2018〕59 号
关于印发《中国（重庆）自由贸易试验区渝中板块第一批并联审批服务事项清单》的通知	渝中府办〔2018〕61 号
关于印发《渝中区深入开展放心消费创建活动的实施意见》的通知	渝中府办〔2018〕62 号
关于印发《2018 年渝中区政务公开工作要点》的通知	渝中府办〔2018〕63 号
关于全面深入开展 2018 年国务院大督查自查工作的通知	渝中府办〔2018〕64 号
关于印发《2018 年渝中区历史文化名城保护工作实施方案》的通知	渝中府办〔2018〕65 号
关于印发《重庆市渝中区 2018 年生态环境突出问题暨隐患排查整治实施方案》的通知	渝中府办〔2018〕66 号
关于印发渝中区建立健全现代医院管理制度实施方案的通知	渝中府办〔2018〕67 号
关于印发《重庆市渝中区餐饮油烟污染整治工作方案（2018—2020 年）》的通知	渝中府办〔2018〕68 号
关于印发重庆市渝中区 2018 年推动长江经济带发展工作要点的通知	渝中府办〔2018〕69 号
关于印发重庆市渝中区 2018 年社会信用体系建设工作要点及任务分工的通知	渝中府办〔2018〕70 号
关于做好 2018 年突发事件风险管理工作的通知	渝中府办〔2018〕72 号
关于成立重庆市渝中区推进生态环境损害赔偿制度改革工作领导小组的通知	渝中府办〔2018〕73 号
关于印发渝中区改革完善全科医生培养与使用激励机制的实施意见的通知	渝中府办〔2018〕74 号
关于印发渝中区 2018 年推进软件正版化工作实施方案的通知	渝中府办〔2018〕75 号
关于印发渝中区推动优化企业资产负债结构方案的通知	渝中府办〔2018〕76 号
关于印发《渝中区廉租住房实物配租特殊困难家庭租金补贴工作方案》的通知	渝中府办〔2018〕77 号
关于成立渝中区大数据智能化发展领导小组的通知	渝中府办〔2018〕79 号
关于做好退役军人和其他优抚对象信息采集工作的通知	渝中府办〔2018〕80 号
关于贯彻落实区政府廉政工作会议精神相关重点任务分工的通知	渝中府办〔2018〕81 号
关于做好房地产项目竣工违约问题处置工作的通知	渝中府办〔2018〕82 号
关于印发《渝中区液化石油气（城镇燃气用二甲醚）经营储存生产安全事故应急预案》的通知	渝中府办〔2018〕83 号
关于印发《渝中区进一步完善公共场所母婴设施建设工作方案》的通知	渝中府办〔2018〕84 号
关于印发《渝中区文物建筑开放利用管理办法（试行）》的通知	渝中府办〔2018〕85 号

续表

文件标题	文号
关于印发《渝中区旅游市场秩序综合整治实施方案》的通知	渝中府办〔2018〕86 号
关于印发渝中区“城市双修”总体规划实施项目库任务分解的通知	渝中府办〔2018〕89 号
关于印发渝中区国民营养计划（2017—2030 年）实施方案的通知	渝中府办〔2018〕90 号
关于进一步防范化解债务风险的通知	渝中府办〔2018〕91 号
关于印发渝中区住宅老旧电梯安全隐患整治实施方案的通知	渝中府办〔2018〕92 号
关于印发渝中区审批服务事项马上办网上办就近办一次办清单（第一批）的通知	渝中府办〔2018〕94 号
关于进一步规范产业扶持政策的通知	渝中府办〔2018〕95 号
关于废止《重庆市渝中区人民政府办公室关于印发渝中区临时救助实施细则的通知》（渝中府办〔2016〕64 号）文件的通知	渝中府办〔2018〕96 号
关于做好老年人照顾服务项目工作的通知	渝中府办〔2018〕97 号
关于印发渝中区政府救助保险方案的通知	渝中府办〔2018〕98 号
贯彻落实重庆市人民政府办公厅关于促进全域旅游发展指导意见重点任务分工的通知	渝中府办〔2018〕99 号
关于印发渝中区金融业支持实体经济发展若干措施的通知	渝中府办〔2018〕100 号
关于深入推进全区建设施工现场形象品质提升工作的通知	渝中府办〔2018〕101 号
转发重庆市人民政府办公厅关于印发重庆市气象防灾减灾救灾行动方案（2018—2020 年）的通知	渝中府办〔2018〕102 号
关于印发 2018 年新增一般建设项目（政府投资）计划的通知	渝中府办〔2018〕103 号
关于成立渝中区公共安全视频监控建设联网应用工作领导小组的通知	渝中府办〔2018〕104 号
关于印发《渝中区工程建设项目审批制度改革试点工作任务分解》的通知	渝中府办〔2018〕105 号
关于成立区级党政机关和事业单位所属企业改革工作领导小组的通知	渝中府办〔2018〕106 号
关于印发《渝中区公共区域免费无线局域网建设实施方案》的通知	渝中府办〔2018〕107 号
关于印发《长江三峡库区重庆市渝中区流域突发水环境污染事件应急预案》的通知	渝中府办〔2018〕108 号
关于印发《重庆市渝中区饮用水源地突发事件应急预案》的通知	渝中府办〔2018〕109 号
关于印发《重庆市渝中区辐射事故应急预案》的通知	渝中府办〔2018〕110 号
关于印发重庆市渝中区贯彻落实中央经济工作决策部署和市委要求重要举措及任务分解方案的通知	渝中府办〔2018〕111 号
关于印发《重庆市渝中区城镇天然气事故应急预案》的通知	渝中府办〔2018〕112 号
关于印发《渝中区贯彻落实深化“放管服”改革转变政府职能电视电话会议重点任务分工方案》的通知	渝中府办〔2018〕113 号
关于印发《渝中区 2018 年三夜两节群众自发听钟声活动安保工作方案》的通知	渝中府办〔2018〕114 号
关于成立“渝中区无障碍环境建设和推进辅助性就业机构建设议事协调机构”的通知	渝中府办〔2018〕116 号
关于印发《渝中区残疾儿童康复救助实施细则》的通知	渝中府办〔2018〕117 号
关于印发《渝中区居家和社区养老服务改革试点工作实施方案（2018—2020 年）》的通知	渝中府办〔2018〕118 号
关于印发《重庆市渝中区行政服务中心窗口单位及工作人员管理办法》的通知	渝中府办〔2018〕119 号
关于印发《重庆市渝中区公共密集场所突发事件应急预案》的通知	渝中府办〔2018〕120 号
关于印发《渝中区享受国家定期抚恤补助的优抚对象租住公共租赁住房实施租金补助的实施细则》的通知	渝中府办〔2018〕121 号

续表

文件标题	文号
关于印发《渝中区实施“全渝通办”深入推进审批服务便民化工作实施方案》的通知	渝中府办〔2018〕122 号
关于印发渝中区关于加快发展商业养老保险工作方案的通知	渝中府办〔2018〕123 号
关于印发《渝中区“菜篮子”工作实施办法》的通知	渝中府办〔2018〕124 号
关于授予邹容广场等商业商务楼宇 2017 年度星级楼宇称号的通知	渝中府办〔2018〕125 号

渝中区纪委监委

文件标题	文号
关于春节期间加强监督执纪问责确保节日风清气正的通知	渝中纪发〔2018〕1 号
关于转发《中共重庆市纪委关于加强清明节期间作风建设监督执纪问责的通知》的通知	渝中纪发〔2018〕2 号
关于转发《中共重庆市纪委关于加强五一、端午期间作风建设监督执纪问责的通知》的通知	渝中纪发〔2018〕3 号
中共渝中区纪委　渝中区监察委关于转发《中共重庆市纪委　重庆市监察委员会关于严禁违规操办和参加“升学宴”“谢师宴”的通知》的通知	渝中纪发〔2018〕4 号
中共渝中区纪委　渝中区监察委员会关于印发《关于加强纪检监察干部监督工作的意见》的通知	渝中纪发〔2018〕5 号
中共渝中区纪委　渝中区监察委员会关于转发《中共重庆市纪委 重庆市监察委员会关于三起党员干部参与赌博典型案例的通报》的通知	渝中纪发〔2018〕6 号
关于进一步落实“两个责任”，推动中央八项规定精神在渝中落地生根的通知	渝中纪发〔2018〕7 号
中共渝中区纪委 渝中区监察委员会关于转发重庆市纪委监委加强2018年中秋、国庆期间作风建设监督执纪问责的通知	渝中纪发〔2018〕8 号
印发《关于贯彻落实习近平总书记重要讲话精神严肃整治领导干部利用名贵特产类特殊资源谋取私利问题的工作方案》的通知	渝中纪发〔2018〕9 号
中共渝中区纪委　渝中区监察委员会关于转发《中共重庆市纪委 重庆市监察委员会关于加强作风建设确保 2019 年元旦春节风清气正的通知》的通知	渝中纪发〔2018〕11 号

索　引

说　明

一、本索引按主题词首字汉语拼音顺序排列，索引主题词后对应的阿拉伯数字表示该主题内容所在的页码。

二、“大事记”类目里的具体内容和其他类目中的“概况”“党建工作”“队伍建设”“思想建设”“组织建设”等统一条目未做索引。

三、以书名号、引号等符号开头的索引词与其他索引词混编，以数字、字母开头的索引词集中放在末尾。

A

B

C

D

E

F

G

H

J

K

L

M

N

P

Q

R

S

T

W

X

Y

Z

年鉴资料撰稿人员名单

（排名不分先后）

单位	撰稿人	单位	撰稿人
区卫生计生委	兰宗庸　张立斌	区统计局	刘　红　冯云宇
区残联	杨茂莉	市气象局	刘　川
区国土分局	周　霞	区城市管理局	付财红
区科委	吴　彬	区环保局	冯黎黎
区文明办	邓　芝　蒋雪影	区委办	王一琛
区委组织部	龙友渔　黄　博　方　政	区委宣传部（社科分院）	谭军伟　简明月　付可珊
区委网信办	董晓丽	区新闻信息中心	吴　宇
区委统战部	李　漪	区编办	郑　军
区委老干局	郑　超	区关工委	孟沈阳
区保密局	徐卓远	区直机关党工委	林　滟
区委研究室	刘　丹	区党史研究室	李泽娟
区委党校	姜媛媛	人大办	胡晓峰
区府办	李路遥	区政府法制办	王朝营
区人力社保局	谢均妮	区民宗委	练　君
区信访办	韦　樵	区应急办	王庭伟　谷　流
区安监局	蔡甜甜	区行管办	张　欣
区配置中心	王忠琴	机关事务管理局	陈　璞
政协办	覃　西	区纪委	艾　民
民革区委	孙艺嘉	民盟区委	张　靓
民建区委	郭　洁	民进区委	陈伟萍
农工党区委	张　艳	致公党区委	涂艳玲　彭婧烨
九三学社区委	赵　莲	区工商联	钟凌凤
区总工会	韦宏弢	团区委	丁吉龙　吕　凡
区妇联	杜圆圆	区科协	何仕明
区文联	向　梅　周　佳　张　毅 周　利　吴小欢　文　婷 马可瞻　刁　涛　苏维军 詹　江　蔡　蓉	区发改委	周泳滔　胡欣沅　程　程 胡　晓　王　轶　杨红露 胡丽平　张少平　李　鸿 孙立刚
区委政法委（综治办）	任　伟	区公安分局	蒋晴然
区检察院	肖　璠	区法院	罗　诚　宋亚君
区司法局	石维利	区人武部	万振男

续表

单位	撰稿人	单位	撰稿人
区消防支队	张蕊琪	第一干休所	张立强
第三干休所	罗　希	区军休中心	熊　伟
区民防办	姜　云	区侨联	王启莉
区商务局	杜泽娟　胡　鹏	朝天门街道（朝市处）	骆风帆　熊　靖
区工商分局	李　娟	区金融办（中介）	周　珺　陈莎莉　王甜甜
农发行	邓　锋　龙秀军	建行重庆市分行	谢志军
光大银行重庆分行	黄　亮	平安银行重庆分行	荆　雪
恒丰银行重庆分行	王　洪	广发银行重庆分行	秦增强
东亚（中国）重庆分行	林　伊　高　敏	华侨永亨银行（中国）重庆分行	赵　静
工商银行渝中支行	郑义凡　周子越	农行渝中支行	杜　倩
中行渝中支行	王贺菲　李德伟	交行渝中支行	李　莉
重行渝中管理部	范志凯	人保财险重庆分公司	杨　彬　肖汶江
中国人寿重庆市分公司	胡正洪	新华保险重庆分公司	黄隅菡
光大永明人寿重庆分公司	张媛媛	申万宏源证券重庆分公司	赵玉中
光大证券重庆分公司	王琬璐	西南证券重庆三公司	邹　越
重庆城投建信基金公司	付彤杰	重庆股转中心	杨玉婷
区旅发委	曾明声	区建设交通委	朱冬梅　李希越　徐梦江　刘德兰　文　心　吴　琼　廖丽君
区经信委	黄　青	渝中邮政	张争妍
渝中电信分公司	王　浩	中国移动重庆城一分公司	李　渝
中国联通重庆渝中分公司	罗金玲	区财政局	何潘婷
区税务局	沈东亚	区审计局	张　航
区质监局	蒲　静	区食药监分局	汤　宇　李　衡
区国资公司	申海毅	区国资委	黄　曼
区城投公司	王　静	康翔公司	齐祖渝
渝商发公司	邱衍林　周　建　伍　玲	解放碑CBD管委会、解综处	徐洪相　周　聪
历史文化街区管委会	孙杨梅	大石化管委会	秦　鑫
区电创园管委会	杨云嫱　赵嘉意	区规划分局	刘施宏
燃气集团渝中分公司	胡雅姣	渝中区水厂	白　栗
区房管局	尹静秋	国网重庆市区供电公司	潘树昌
区教委	喻　华　梁英莉　李豪军　何雨淅	区棚改领导小组	查　辉　杨　健
区档案局（馆）	李杭擎	区地志办	吴　炎
区民政局	王庆容	两路口街道	宋南亚
上清寺街道	刘　艺	菜园坝街道	李　闽

续表

单位	撰稿人	单位	撰稿人
大溪沟街道	黄　俊	大坪街道	赵昌焕
化龙桥街道	常新婷	石油路街道	王　斌
区文化委	崔　杰　练臻青　王兴华　向小翠　程　玲　刘　航　杨利君　牛　青　朱荣林　张金英　文江艳　陈　果	南纪门街道	孙文佳　杨　峰　蒋向红　邹　涛　李昌永　叶春梅　韩　峰　刘兴明　向　婧　王忠智　唐红艳　黄自婕　王剑虹
七星岗街道	李将才　乔德水　刘兆荣　胡　川　李晨龔　熊槐宁　宋浩基　欧　旭　邱　梅　陈康宁　扶　毅	解放碑街道	罗春萍　郃爱妮　张　怡　张渝波　张　翼　徐　利　马　驰　李启勇　李德兵　周　科　钟基勇　许　晋　吴纯艺　王　静　吕　姝　陈　洁　杨　静　唐成林　李宏伟

中共渝中区委老干部局

中共渝中区委老干部局（简称“区委老干局”）成立于1985年3月，是主管全区离休干部和区级机关县（处）级以上退休干部的职能部门。办公地址位于渝中区和平路211号。机关内设综合科、离退休干部科、关工委办公室3个科室。核定行政编制7人，实有7人。有下属事业单位2个，其中，渝中区老干部活动中心为纳入参照公务员管理的正科级、公益一类、财政全额拨款事业单位；渝中区山城老年大学为正科级、公益二类、财政差额拨款事业单位。区委老干局的主要职责是：落实老干部的政治待遇，贯彻落实中央、市委关于老干部工作的方针、政策；协助组织部门抓好离退休干部党支部建设；落实老干部的生活待遇，牵头制定贯彻中央、市委有关老干部生活待遇方针、政策的实施方案，加强宏观管理，督促检查区属各单位对老干部生活待遇的落实。

渝中区离退休干部区情通报会

区委书记黄玉林慰问厅级离休干部周红原

纪念改革开放40周年——
渝中区老同志发挥正能量汇报交流会

区级老同志迎春座谈会

2018年，区委老干局在区委、区政府的坚强领导下，在市委老干部局和区委组织部的精心指导下，全面贯彻党的十九大精神，牢牢把握为党和人民的事业增添正能量的价值取向，做好新时代老干部工作，推动全区老干部工作取得新的成绩。截至2018年年底，区委老干局共管理离休干部102人，副处以上退休干部1292人。2018年，区委老干局获评全区2017年度考核“特等奖单位”，被评为“全区基层党建工作先进单位”，获“全市老干部工作部门优秀调研成果奖”及“全市老干部工作部门信息工作先进单位”等荣誉。

2018年渝中区
离退休支部书记培训班

离退休干部“庆祝
改革开放40周年书画摄影展”

组织开展“梦想课堂”夏令营活动

山城老年大学“纪念改革开放
40年，追寻改革旗帜”文艺演出

中共重庆市渝中

围绕中心工作

渝中区委政法委员会全力

区委书记黄玉林在区委政法委工作会上讲话

中央督导组督导渝中区扫黑除恶专项斗争

区委书记黄玉林调研区委政法委工作

中共渝中区委政法委员会（简称“区委政法委”）与区社会治安综合治理委员会办公室（简称“区综治办”）一个机构、两块牌子，渝中区委防范和处理邪教问题领导小组办公室（简称“区委防范办”）挂靠区委政法委。区综治办、区委防范办与区委政法委机关有行政编制17人（含1名市管干部编制）。区委政法委下设政治处、办公室、执法督查科，区综治办下设基层指导科、流动人口服务管理科，区委防范办下设宣传教育科。

2018年，区委政法委坚持围绕中心、服务大局，以习近平新时代中国特色社会主义思想为指导，以平安渝中、法

区委政法委书记何积光调研司法所工作

赴广东调研社会治理网格化工作

区委政法委员会

回应群众关切
维护全区社会大局稳定

渝中区诉调对接·裁决中心挂牌成立

治渝中和政法队伍建设为抓手，以人民群众需求为导向，勇挑重担、履职尽责，重点做好扫黑除恶专项斗争、防范化解重大风险、基层社会治理网格化、社会治安防控体系立体化、司法体制改革、群防群治队伍提质增效等工作，有力地维护了全区政治大局、社会大局持续稳定，群众安全感指数达97.88%、政法队伍满意度达95.89分、司法公信力达96.26分。

举办综治群防骨干应急处突培训班

全区防范化解重大风险攻坚战培训班

禁毒宣传

主题演讲比赛颁奖仪式

文艺汇演

重庆市公安局
紧紧围绕全区经济社

不忘初心使命

中意警务联合巡逻重庆站启动仪式在人民广场举行，市委政法委书记刘强出席仪式致辞，并下达启动命令，意大利驻重庆总领事馆代总领事康达成出席仪式并致辞

市委副书记任学锋，市委政法委书记刘强，副市长屈谦，副市长、市公安局局长邓恢林，到渝中区坐镇现场统筹指挥安保工作

一年来，区公安分局在区委、区政府和市局党委的坚强领导下，紧紧围绕贯彻落实党的十九大精神，坚持总体国家安全观为要义，加强风险防控，高压反恐防恐，全力维护稳定，筑牢维护渝中安全的铜墙铁壁；以基层基础工作为根基，打造智能社区警务升级版，积极探索社会管理网格化之路，提升人民群众获得感、幸福感、安全感。

一年来，区公安分局打防结合、双轮齐驱，警务效能明显提升。围绕渝中区打造“六大重点产业，八大现代服务业集聚区”的发展定位，为渝中经济发展保驾护航。主动跟进，精准服务重庆市“两地”“两高”目标及全区“135”战略任务，以服务发展为要务，重点打击涉众型经济犯罪，净化投资环境；全面落实市局服务民营经济各项措施，助力渝中全域旅游，维护渝中区旅游市场秩序和治安环境。

区委书记黄玉林、区长商奎检查指导工作并亲切看望慰问公安民警

一年来，区公安分局主动作为、全面应对，社会大局安全稳定。树立“全市稳、渝中必先稳”的工作理念，始终把维护政治安全放在首位，妥善化解多起政治类敏感案事件，成功破获数起反邪教专案，依法打击一批顽固不化的重点人物，圆满

国家反恐办第十三督导组在国家铁路集团反恐办副主任孟力组长的带领下，对渝中区70周年大庆安保反恐防暴工作进行督导检查

副区长、区公安分局局长鲁荣锋赴渝中区行政服务大厅，调研公安窗口暨提升政务服务工作

渝中区分局
会和谐发展保驾护航

提升服务发展

实现维稳反恐"零事件"和重点人员"零失控"的目标。成功侦破制售火药枪支零部件部督团伙案等一批大要案件，为全区营造安全有序的发展环境和稳定和谐的社会环境。

一年来，区公安分局不忘初心，护航发展，改革红利惠及民生。围绕新时代党建要求，抓好领导干部"头雁"效应、党支部战斗堡垒作用、党员的先锋模范作用的发挥，涌现出"重庆好人"上清寺所社区民警高万禄、"新时期的马天明"大阳沟所社区民警马永鹏等先进典型。深入推进执法规范化建设，铸就党和人民满意的过硬公安队伍，以新的精神状态、奋斗姿态，努力开创公安工作新局面。

区委政法委书记何积光春节前慰问分局民警

副区长、区公安分局局长
鲁荣锋慰问解放碑一线执勤民警

市公安局常务副局长汪绍敏到区
检查指导新中国成立70周年大庆安保工作

市公安局刑侦总队队长吴立勋
到区分局看望慰问一线民警

上清寺派出所民警高万禄
当选"2018年度感动重庆十大人物"

民警张兰荣荣获
"2019第十八届世界警察和消防员运动会"
空手道项目男子75公斤级黑带实战组季军

重庆市公安局开展全警实战大练兵暨国庆安保大巡防启动仪式，
分局党委书记、局长鲁荣锋在分会场参加仪式，并与市局主会场联线作表态发言

重庆市渝中区住房

区委书记黄玉林、副区长邹晓宇
调研重庆市中医骨科医院整体迁建项目

区委书记黄玉林及代理区长左永祥开展
“马路办公”——检查城市品质提升及施工围挡占道情况

渝中区住房和城市建设委员会于2019年1月7日正式挂牌成立，是区政府工作部门。主要职能职责：负责推进住房和城市建设事业改革发展；承担构建多层次住房保障体系的任务；负责物业管理活动的监督管理，负责物业专项维修资金的监督管理和指导工作；负责组织实施房屋征收与补偿工作；负责房地产开发建设、房地产中介和房屋租赁市场的监督管

区住建委挂牌仪式

和城市建设委员会

区人大常委会主任米绍林调研老旧小区改造

区政协主席陈大奎带队走访重庆豪生物业管理有限公司

理；统筹拟订城市道路桥梁隧道及其附属设施等城市基础设施建设年度计划，负责项目的储备、前期工作和协调推进；承担监督管理建筑市场的责任；承担监督管理勘察、设计市场的责任；负责建筑行业管理；承担推进建筑节能的责任；承担行业安全、行业统计、行业信访稳定监管责任；统筹全区排水管网建设工作等。

内设科室15个，包括办公室、组织人事科、计划财务科、法规科、企业指导科、质量安全科（应急工作办公室）、住房保障科、住房改革发展科、房地产业管理科、物业监督管

区长商奎调研住保中心

常务副区长王勇检查棚改工地安全

重庆市渝中区住房

区政协主席陈大奎一行走访重庆新天地项目，对项目商业运营、招商引资、业态布局情况进行调研

副区长邹晓宇调研五一技校家属区棚改项目

理科、房屋征收科（渝中区房屋征收办公室）、城市提升科、建筑行业管理科、建设工程管理科（行政审批科）和重点工程建设科。

区住建委认真落实“三大攻坚战”、“八项行动计划”，勇于担当、积极作为，注重补短板、强功能、惠民生，扎实推进各项工作。一是较好完成半年经济目标任务。1-6月规上建筑设计服务业企业营业收入实现48.06亿元，同比增长18.41%；规上房地产开发、物业管理企业从业人员同比增长10.28%；规上房地产开发业、物业管理从业人员工资总额同比增长21.9%；建筑业在地产值实现50.21亿元，同比增长9.8%。二是积极推进各项重点工作。山城步道建设，牵头对规划步道实地踏勘和梳理，开展方案设计工作。18号线和26号线相关工作，完成轨道18号

区住建委主任陈勇慰问离休干部林松岩

区住建委党建工作推进会

和城市建设委员会

召开全区城市基层党建工作推进会暨“党建+物业”工作会

区住建委副主任吴施、李劲松带队对曾家岩大桥施工现场进行汛期、夏季高温和消防工作检查

区住保中心对外服务窗口

重庆市渝中区住房

渝中区建设工程“建安行动”
2号行动再部署暨近期安全事故通报会

理论中心组学习会

区住建委全体职工大会

线优化方案，轨道26号线可实施性研究报告已编制完成。排水管网建设及雨污分流，完成小区内排水管网普查，启动渝中区雨污分流改造和溢流污染控制专项计划编制，完成排水口及溢流口现场踏勘。住房保障“应保尽保”，1–6月保障渝中区住房困难家庭5527户，发放租赁补贴160多万元。三是有序推动行业发展。物业行业，以党建引领推动全区物业管理，牵头拟定《渝中区物业服务星级挂牌管理办法》和《渝中区老旧住宅物业管理星级考评办法》，开展2019年商务楼宇标准化等级评定。建筑行业：完成资质审查接件82次，通过新办三级21家、增项三级14家；开展工程建设领域专业技术人员职业资格“挂证”行为专项整治，整改290家企业、2017人。房地产行业：开展房地产中介机构门店检查3次82家，处理群众有效投诉13件，约谈企业9家；积极开展《智慧小区评价标准》宣传贯彻工作。

2018年“渝中工匠”杯物业服务技能大赛总结表彰大会

和城市建设委员会

2019年复转军人座谈会

主题团日活动

机关党总支庆祝新中国成立70周年主题党日活动

机关党总支主题党日活动

参加礼赞新中国——奋进新时代
2019年渝中区干部职工文艺嘉年华活动

机关党支部志愿服务活动

重庆市渝中区卫生

渝中区卫生健康工作暨健康产业发展推进会

开展全国第六次卫生服务调查

为朝天门街道社区群众开展急救知识培训

渝中区卫生和计划生育委员会（简称“区卫生计生委”）是渝中区人民政府负责卫生和计划生育管理的工作部门。区卫生计生委机关内设办公室、组织人事科、规划财务科、医政管理科（中医科）、政策法规和监督科、公共卫生科（渝中区卫生应急办公室）、社区卫生科（渝中区爱国卫生运动委员会办公室）、计划生育家庭发展科、计划生育指导科（流动人口计划生育管理科）等9个科室。委机关行政编制24名，后勤服务人员事业编制3名。办公地址位于渝中区和平路管家巷9号。区卫生计生委直属公立医疗卫生机构有：渝中区卫生计生监督执法局、渝中区疾病预防控制中心、渝中区动物卫生监督所、渝中区卫生和计划生育委员会人事档案服务中心、渝中区妇幼保健计划生育服务中心、渝中区精神卫生中心（大溪沟街道社区卫生服务中心）、重庆市中医骨科医院（解放碑街道社区卫生服务中心、南纪门街道社区卫生服务中心）、重庆牙科医院、渝中区中医院（上清寺街道社区卫生服务中心、菜园坝街道社区卫生服务中心）、朝天门街道社区卫生服务中心、七星岗街道社区卫生服务中心、大坪街道社区卫生服务

和计划生育委员会

中心。区卫生计生委的主要职责是：贯彻党和国家关于卫生和计划生育工作的法律、法规和方针、政策，实施全区医药卫生体制改革，统筹规划实施全区卫生和计划生育资源配置，指导卫生和计划生育工作规划的编制和实施；负责全区医疗机构和医疗服务的业务指导、监督、管理；组织开展基层卫生和计划生育服务，贯彻落实国家基本药物制度；负责疾病预防控制工作和卫生应急处置、五大卫生监督、中医药事业发展、卫生和计划生育综合执法、动物疫病防控、出生人口性别比综合治理等20项职责。

渝中区卫生和计划生育工作按照全市卫生健康工作的决策部署和总体要求，以惠民健康为目标，坚持落实生育政策以及办好民生实事为工作中心，完成各项卫生计生工作目标和任务。重庆医科大学儿童医院获国家发改委、财政部授予的“公共机构能效领跑者”称号和科技部、国家卫健委授予的“第四批国家临床医学研究中心”称号，重庆市人民医院被国家卫生健康委授予“全国援外医疗工作先进集体”称号，重庆市急救医疗中心荣获“全国首届卫生健康行业青年志愿者服务项目大赛金奖”，该院培训部被中华全国总工会授予“全国工人先锋号”称号，重庆医科大学附属第一医院博士生导师胡侦明被中华全国总工会授予全国“五一劳动奖章”。

开展家庭医生签约服务

中医中药中国行宣传

家庭医生日活动

区委书记黄玉林调研工作

区委书记黄玉林到金汤街社区机关幼儿园调研

重庆市渝中区城市管理局，简称“区城管局”，系区政府负责城市管理工作的主要职能部门。2019年3月28日，渝中委办〔2019〕29号文件对区城管局职能配置、内设机构和人员编制进行调整，不再保留重庆市渝中区城市管理综合行政执法局牌子。区城管局机关内设办公室、组织人事科、计划财务科、督查考核科（科技信息科）、规划建设科（行政审批科）、执法监察科、市政设施管理科（停车管理办公室）、绿化照明管理科、市容环卫管理科、安全稳定办公室10个科室和1个执法支队。局机关行政编制33人，实有公务员27人，工勤人员1人，机关退休人员80人。下设区市政管理局环卫三所、环境卫生管理服务中心、数字化城市管理监督指挥中心、市政设施维管中心、解放碑地下环道管理处、城市照明维护管理中心、绿化维护管理处、鹅岭公园管理处、上清寺综合所、解放碑综合所、朝天门综合所、华西市政绿化工程部、绿化二队13个基层单位以及11个街道综合

城市管理局

常务副区长王勇到渝中区长江二路147号原后工家属区“马路办公”，现场督办其32、33栋楼房污水排水堵塞问题

行政执法大队。区城管局的主要职责是：负责市政设施建设、维护和管理，承担区内城市环境卫生管理、市容环境综合整治、灯饰照明、园林绿化和各类公园行业管理以及依法开展执法工作等。办公地址位于渝中区和平路192号。

区城市管理局局长宋丹率队督查雾都宾馆周边市容市貌治脏、治乱、治差的整改落实情况

区城市管理局局长宋丹到石油路街道马路办公

区城市管理局局长宋丹率队督查虎头岩周边市容市貌治脏、治乱、治差的整改落实情况

区城市管理局局长宋丹率队督查解放碑WFC广场周边市容市貌治脏、治乱、治差的整改落实情况

重庆市渝中区

新华路293号整治

人机配合冲洗长滨路

清理竹木市场河滩

大坪排水疏浚

美化嘉东村

志愿活动

城市管理局

秩序整治

擦拭道路交通指示牌

井盖专项整治

嘉滨路水车作业

洪崖洞

中山四路

七孔桥

枇杷山公园

石板坡

嘉陵江大桥桥头

城市管理局

上清寺

解放碑

垃圾分类

鹅岭公园

长江大桥北桥头

重庆市渝中区大数

区委书记黄玉林来局检查工作

代理区长左永祥调研重庆区块链产业创新基地

区人大常委会主任米绍林开展大数据应用发展调研

区政协主席会专题听取区大数据发展局工作汇报

副区长乔宏带队走访广电集团重庆分公司

2019年1月9日，重庆市渝中区大数据应用发展管理局（简称“区大数据发展局”）正式挂牌。按照《渝中区机构改革方案》要求，将渝中区经济和信息化委员会的人工智能、大数据、信息化推进职责，渝中区发展和改革委员会的社会公共信息资源整合与应用、智慧城市建设职责等整合，组建渝中区大数据应用发展管理局，作为渝中区政府工作部门。

2019年是区大数据发展局开局之年。大数据应用发展按“155”工作思路全力推进：

着力实施好一个战略行动计划：深入实施《渝中区以大数据智能化为引领的创新驱动发展战略行动计划实施方案（2018—2020年）》（渝中委发〔2018〕19号）。

全力抓好五项重点任务。一是实现数据整合“上云”，启动实施“数字渝中”云平台建设，使数据资源“聚通”实现新突破。二是抓好依法“治数”，建立云长制，构建渝中科学有效、共享开放的数据治理体系，使“依法治数”实现新突破。三是力推大数据智能化“应用”，提升社会治理和服务业现代化，使智慧城市建设实现新突破。四是培育“产业”发展新引擎，推动大数据与实体经济深度融合实现新突破。五是加强政治建设，为大数据应用发展提供坚强保障。

努力实现渝中区大数据“五个一”目标：建设一个渝中区大数据资源共享交换平台；构建一个“云长制”数据治理体系；推

据应用发展管理局

市大数据发展局局长罗清泉调研渝中区块链产业

区大数据应用发展管理局正式挂牌

动一批新型智慧城市项目应用；打造一个5G融合应用示范高地；做强一个渝中区大数据信息化支柱产业。

大数据产业持续推进。指导联系的20家大数据规上企业，全年产值同比增长10%以上；完成“招大引强”企业6家，在谈重点项目4个；扎实开展服务企业年工作，2019年走访50余次，开展专题座谈调研20余次，设立“服务企业直通信箱”，聚焦企业的难点、痛点、堵点，与企业共同研究对策，认真制定帮扶政策；牵头承办2019智博会区块链高峰论坛，立足专业化、国际化、高规格和服务企业目标，取得圆满成功，展现了重庆市区块链产业高地优势，在全国区块链产业圈形成深远影响。

区常务副区长王勇在市“云长制”
暨新型智慧城市工作会上作经验介绍

渝中区2019年大数据信息化产业暨科技工作会

大数据应用全面推广。全面深度调研，形成《渝中区大数据应用与产业发展调研报告》；编制《渝中区政府投资信息化建设项目审批流程》，规范信息化项目评审；分别与重庆电信、移动、联通、广电签订战略合作协议，共同推进渝中区5G智慧城市建设，成功打造解放碑5G体验厅、长江索道VR体验等5G示范场景，5G覆盖全市领先；推行“云长制”，启动数据迁云上云，已编制《渝中区“云长制”工作方案》，2019年内完成75%以上信息系统迁云上云，完成30%系统整合；启动《渝中区新型智慧城市建设实施方案》的编制工作；完成全区24个电话亭与117个Wi-Fi亭的改造升级；完成《渝中区智能机关建设方案》编制，会同区机关事务局推进实施。

5G领航智慧城市新征程报告

以主题教育为契机深入推进全面从严治党。扎实开展“不忘初心、牢记使命”主题教育，切实转变工作作风，提升落实效率；压紧压实管党治党主体责任，梳理党建责任清单，扎实开展组织生活，坚持每月一次局中心组集中理论学习；学习贯彻习近平总书记系列重要讲话；定期开展警示教育，加强党风廉政教育。

区块链高峰论坛签约仪式

重庆市渝中区

中国残联到渝中调研残疾人精准康复工作

市残联副理事长张青莉来渝中区调研指导工作

区人大常委会主任米绍林调研渝中培智学校

区委副书记何家利走访慰问贫困残疾人家庭

区委常委张远洪参加渝中区
第三次全国“残疾预防日”宣传活动

渝中区残疾人联合会（简称“区残联”），是渝中区党群序列正处级单位，常设机构为渝中区残联执行理事会，实行理事长负责制。有行政编制4人，在编在岗3人。领导班子为1正1副。区残联内设综合科。渝中区残联机关位于中山一路169号，综合服务中心位于北区路67号。

渝中区有视力、听力、言语、肢体、智力、精神、多重及其他残疾人3.2万人，占全区总人口的5.57%。

区残联的职能为“代表、服务、管理”，即代表残疾人的共同利益，听取残疾人的呼声，反映残疾人的需要和愿望，管理残疾人，发展残疾人事业，开展残疾人康复、劳动就业、维权稳定、宣传文体等工作。全区成立11个街道残联，1个工作站，77个社区残疾人协会。建立5个区级残疾人专门协会（盲人协会、聋人协会、肢残人协会、智力残疾人及亲友协会、精神残疾人及亲友协会）。全区11个街道残疾人联合会（简称“街道残联”），5个残疾人专门协会，各街道残联理事长、副理事长各1名，任期5年；区盲人协会委员3名，设主席1名；区聋人协会委

区政协副主席赵元政调研渝中区残疾人工作

残疾人联合会

区残联召开第七届主席团第二次会议

区残联组织召开残疾人代步车安全工作会

员3名，设主席1名；区肢残人协会委员5名，设正副主席各1名；区智力残疾人及亲友协会委员3名，设主席1名；区精神残疾人及亲友协会委员3名，设主席1名。

2018年是中国残联成立30周年，是实施“十三五”规划承上启下的重要一年。区残联各项工作圆满完成，采取多渠道多种方式帮扶残疾人8486人、13122人次，投入资金624.36万元。区残联获渝中区“2017年度区级综合目标考核一等奖”。

渝中区2019年特奥运动会

渝中区举办重庆市2019年
暨渝中区第九届残疾人就业专场招聘会

区肢残人协会开展庆祝新中国成立
70周年暨第10次“全国肢残人日”活动

区残联全体党员参观渝中智慧党建教育培训基地

重庆市聋哑学校开展“学雷锋助残志愿服务”活动

重庆市渝中区

区政协主席陈大奎、副区长蔚传忠调研工作

常务副区长王勇检查加油站安全工作

区委常委张远洪检查渝中区公安消防支队较场口中队

渝中区应急管理局（简称“区应急局”）为全区应急管理和安全生产工作的行政机构，成立于2019年1月。局领导班子设局长1人、副局长3人、政治处主任1人，有机关行政编制12人。局内设办公室、应急救援协调科（应急指挥中心）、安全生产综合协调科（安全生产巡查室）、行业监督管理科（行政审批科）、法规宣教科。直属科级参照公务员法管理的事业单位渝中区安全生产监察执法大队，核定事业编制13人，设大队长1人、副大队长2人。设机关党支部1个，有中共党员25人，其中退休党员3人。

区应急局的主要职责是：贯彻执行国家应急管理和安全生产方面的法律、法规、规章和标准，组织编制全区应急体系建设、安全生产和综合防灾减灾规划，起草相关领域规范性文件草案；负责应急管理工作，指导协调各单位应对安全生产类、自然灾害类等突发事件和综合防灾减灾救灾工作；负责安全生产综合监督管理工作；指导全区应急预案体系建设，建立完善事故灾难和自然灾害分级应对制度，组织编制全区总体应急预案和安全生产类、自然灾害类专项预案，综合协调应急预案衔接工作，组织开展预案演练，推动应急避难设施建设；牵头建立全区应急管理信息系统，建立监测预警和灾情报告制度，健全自然灾害信息资源获取和共享机制，依法统一发布灾情；组织协调全区安全生产类、自然灾害类等突发事件应急救援，承担区应对重大灾害指

“不忘初心、牢记使命”主题教育讲党课

应急管理局

召开党建工作会

中心组理论学习

挥部工作，综合研判突发事件发展态势并提出应对建议，负责组织重大灾害应急处置工作；建立应急协调联动机制，推进指挥平台对接，统一协调指挥全区各类应急救援队伍开展有关应急救援工作；衔接驻区解放军和武警部队参与应急救援工作；统筹全区应急救援力量建设，负责消防、抗洪抢险、地震和地质灾害救援，生产安全事故救援等专业应急救援力量建设，负责区综合性应急救援队伍业务建设、队伍建设的指导和管理的协调组织，指导街道及社会应急救援力量建设；统筹协调消防工作，指导消防监督、火灾预防、火灾扑救等工作；指导协调水旱灾害、地震和地质灾害等防治工作，负责自然灾害综合监测预警工作，指导开展自然灾害综合风险评估工作；负责抗震设防管理相关工作；组织协调全区灾害救助工作，组织指导灾情核查、损失评估、救灾捐赠工作，管理、分配上级划拨及区级救灾款物并监督使用；依法行使全区安全生产综合监督管理职权，指导协调、监督检查区政府有关部门、各街道办事处安全生产工作，组织开展安全生产巡查、考核工作；负责危险化学品安全监督管理综合工作和烟花爆竹安全生产监督管理工作；依法组织并指导监督实施安全生产准入制度；依法组织开展全区生产安全事故调查处理，监督事故查处和责任追究落实情况；组织开展自然灾害类突发事件的调查评估工作；负责全区应急管理、安全生产宣传教育和培训工作；开展应急管理方面的对外交流与合作；承担重庆市渝中区人民政府安全生产委员会、重庆市渝中区防汛指挥部的日常工作。

防汛检查

区应急局联合相关单位在朝天门
金海洋商城开展突发火灾事故实战演练

全体党员参观铜梁廉政教育基地

区应急局在区委、区政府的坚强领导和市应急局的有力指导下，深入贯彻习近平新时代中国特色社会主义思想，按照习近平总书记“生命最宝贵、安全大于天”的要求，始终把人民生命安全放在首位，树牢红线意识，狠抓应急管理和安全生产工作，努力构建一支“对党忠诚、纪律严明、赴汤蹈火、竭诚为民”的应急铁军，为全区经济社会发展做出新的更大贡献。

重庆市渝中区交通局

国家发改委、国家铁路集团专家对
重庆站综合交通枢纽项目现场踏勘活动

市港航管理局局长汪伯涛带队对朝天门码头进行节前安全检查

市交通局局长许仁安调研水上交通防污染工作

渝中区交通局于2019年1月3日挂牌成立，是区政府工作部门。区交通局行政编制9名，设局长1名，副局长2名；科级领导职数4名。主要职责是：贯彻执行关于交通运输、水利、渔政的方针政策和法律、法规、规章，起草相关领域规范性文件草案；拟订和综合平衡交通运输、水利发展规划、年度计划并组织实施，负责交通运输、水利行业领域的重大重点项目建设推进工作；负责交通运输管理工作，承担道路交通运输、水上交通运输和港口码头行政审批职能，行使交通运输行业管理职能；协调交通行政执法工作；负责水利、水文、渔政、三峡移民管理工作，承担渔政、水利行政审批和行政执法工作，负责渔业船舶检验监督管理和行业指导工作；承担水情、旱情预警等工作；承担重庆市渝中区河长办公室日常工作，负责组织落实全区河长制工作；负责指导交通运输（含邮政）、水利行业企业经济发展，负责行业综合统计和经济运行动态监测；指导所属集体企业改革、发展和稳定工作；负责统筹协调、组织指导重庆市渝中区滨江建设管理处管理区域的维护管理工作；协调水运、铁路、公路等多种运输方式的物流组织、调度、运营、管理工作，促进多式联运发展建设；负责配合实施铁路建设和改造；负责协调城市公共道路交通、水上交通、轨道交通和铁路运营管理。

区交通局党风廉政建设工作会

区交通局党委“不忘初心、牢记使命”
主题教育动员部署会

区委副书记何家利
调研交通组织优化方案

国家税务总局重庆市渝中区税务局

区委书记黄玉林，国家税务总局重庆市税务局局长蓝庆华
共同为国家税务总局重庆市渝中区税务局揭牌

区人大常委会主任米绍林带队到国家税务总局
重庆市渝中区税务局调研指导工作

国家税务总局重庆市渝中区税务局（简称"区税务局"）成立于2018年7月5日，位于渝中区美专校街53号。2018年年底，区税务局设有15个内设机构，17个派出机构和2个事业单位；有干部职工511人，其中局领导11人（局长1名，副局长7名，纪检组长1名，总经济师1名，总会计师1名），正副科所长108人。

2018年，区税务局以政治建设为统领，坚持和全面加强党的领导，顺利完成联合党委改设党委工作，及时明确党委主体责任和纪检组监督责任，确保税收改革发展始终沿着正确方向前进。全力打好国地税征管体制改革三大攻坚战，区税务局和17个派出机构顺利挂牌，"三定"方案平稳落地，得到渝中区党政领导和重庆市税务局领导的高度肯定。坚持组织收入原则不动摇，全年共完成税费收入306.78亿元，完成税收收入145.35亿元，其中区级收入完成35.49亿元；社会保险费和非税收入共计征收161.43亿元。持续优化税收营商环境，严格遵循"改革未动、服务先行，改革深化、服务深化，改革落地、服务升级"的理念，拓展"一次办结"窗口即办业务的范围；压缩企业开办程序，优化企业注销和迁移登记流程，推动企业市场进入和退出便利化；在全市纳税人满意度调查中，渝中区排名大幅跃升，位列全市第一档。2018年，区税务局迈出了新时代税收改革与发展具有里程碑意义的一步，展现了新税务新机构的新担当、新作为、新形象。

在区税务局召开纳税人代表座谈会，
国家税务总局重庆市税务局副局长李杰出席
座谈会并讲话，常务副区长王勇出席座谈会并讲话

渝中区财税工作座谈会在国家税务总局
重庆市渝中区税务局召开

国家税务总局重庆市渝中区税务局
开展税收业务知识融合培训

渝中区人民防空办公室

市人民防空办主任郑平调研渝中区人民防空工作

市人民防空办副主任刘彤调研渝中区人民防空工作

市人民防空办副巡视员魏景洲调研渝中区人民防空工作

渝中区人民防空办公室（简称“区人民防空办”），是区政府工作部门。主要职责是：贯彻执行人民防空方针政策、法律法规规章、标准规范；编制本级人民防空发展规划和专项规划；负责区级人民防空指挥场所的建设和管理；负责战时人口疏散基地的建设和管理；负责人民防空警报规划、建设和管理；组织开展人民防空工程建设；负责落实人民防空领域军民融合发展要求；组织开展重要经济目标防护工作；组织开展人民防空训练演练；组织开展人民防空宣传教育和培训工作；管理人民防空经费和资产资源；指导各街道、区级有关部门和驻区企事业单位开展人民防空业务工作；承担区国防动员委员会人民防空办公室的工作；负责行业安全监管工作；完成区委、区政府和上级主管部门交办的其他任务。

渝中区人民防空办公室紧紧围绕“战时防空、平时服务、应急支援”要求和军民融合发展战略，以从严治党为引领，立足主业，创新驱动发展，强化平战结合，强化提档升级，推动全区人民防空事业健康稳步发展，获2018年度全市人民防空工作考核第一名。

副区长黄孝明听取人防工程招商情况汇报

“6•5”防空警报试鸣放暨防空防灾知识宣传

纳凉点开展“纳凉送爽 礼赞中国”庆祝新中国成立70周年书画便民服务

“渝动•人防—2019”人口临战疏散演练

渝中区政务服务管理办公室

区委书记黄玉林莅临区政务服务办指导主题教育工作

常务副区长王勇参加区政务服务办揭牌仪式

渝中区政务服务管理办公室（原渝中区行政服务中心管理办公室，以下简称“区政务服务办”）于2019年1月正式挂牌运行，为渝中区人民政府工作部门。主要负责推进政府职能转变和“放管服”改革工作，统筹协调政务服务体系建设和管理，以及全区行政审批、政务服务、电子监察等信息化系统的指导、管理和监督工作。

2019年以来，在区委、区政府的正确领导下，区政务服务办扭住“放管服”改革、优化营商环境这条工作主线，在监管上下功夫、在效率上求实效、在服务上做文章，通堵点、疏痛点、消盲点，强力推进“马上办”“立即办”“一次办”“网上办”，取得积极成效；全区行政审批事项要件平均减少15%、环节平均简化5%、承诺时间平均缩短至8.43个工作日，压缩率超过60%；企业开办时间压缩至2个工作日，一般社会投资的中小型工程建设项目审批时间由40个工作日缩短至35个工作日；全区共493个审批服务项目达到“一窗通办”改革要求，占比达80%，获得群众一致认可和广泛好评。

未来，区政务服务办将继续秉承“便民、高效、廉洁、规范”的服务宗旨，用实际行动扮靓“渝中”窗口，用优质服务助力城市发展。

副区长邹晓宇莅临区政务服务办检查指导工作

重庆市市场监管局注册许可局局长郑晓钟一行莅临区政务服务办调研

区政务服务办党组书记李林讲授“立足本职岗位 做坚守初心的共产党员”专题党课

区政务服务办机关党总支开展“清风半岛、廉洁渝中”诗文朗诵比赛

重庆市皎发食品有限公司代表向区政务服务办食药监窗口赠送锦旗

重庆市渝中区生态环境局

区委书记黄玉林率队检查污染防治工作

市生态环境局局长辛世杰调研渝中区生态环保工作

区人大常委会主任米绍林调研生态环保工作

区政协主席陈大奎调研生态环保工作

渝中区生态环境局于2019年1月8日正式挂牌，主要职责是：贯彻执行国家生态环境基本制度，统筹协调和监督管理生态环境问题，监督管理减排目标的落实、环境污染防治、核与辐射安全、生态环境准入，监督生态保护修复工作，负责生态环境监测、生态环境监督执法、应对气候变化工作，开展生态环境信息化建设、生态环境宣传教育与国际合作等工作，根据授权对区级有关部门、各街道办事处、有关单位贯彻落实生态环境保护决策部署情况进行监督检查和考核。

渝中区生态环境局在区委、区政府和市生态环境局的坚强领导，区人大、区政协监督支持，区级有关部门、各街道办事处、有关单位通力协作下，坚持以习近平生态文明思想为指导，认真贯彻落实习近平总书记在深入推动长江经济带发展座谈会上的重要讲话精神和全市、全区深入推动长江经济带发展加快建设山清水秀美丽之地领导小组会议精神，以改善生态环境质量为核心，以打好污染防治攻坚战为主线，以推动高质量发展为导向，以落实环保督察反馈意见整改为重点，推动全区生态环境保护各项重点工作取得明显成效。

全区生态环境保护大会

区生态环境局挂牌

党性教育

渝中区市场监督管理局

常务副区长王勇检查龙湖时代天街小餐饮环保整改情况

局长徐伦海与消费维权诚信单位代表合影

按照市委关于市场监管机构改革要求，将市级设在21个直管区的工商、质监、食品药品监管分支机构的职责，以及区发展和改革部门的价格监督检查、商务部门的反垄断职责、知识产权管理部门的有关职责整合纳入直管区市场监督管理部门，实现与市市场监督管理局、市药品监督管理局、市知识产权局职能总体对应，组建“重庆市渝中区市场监督管理局”，加挂区知识产权局牌子，为区政府工作部门，实行市以下垂直管理。核准行政编制264名，行政执法专项编制42名（含锁定事业编制2名），后勤服务人员事业编制22名；设局长1名（兼任区知识产权局局长、区食品药品安全委员会办公室主任），副局长3名，区委非公经济和社会组织工委副书记1名（兼任党组副书记）；纪检组长1名，科级领导职数109名（含纪检组副组长）；内设办公室、法制科等28个科室；对应行政区划设立11个街道市场监督管理所，为区局派出机构；整合区工商、质监、食品、药品、医疗器械、化妆品、物价、商标、专利、纤维等领域执法职责，组建渝中区市场监管综合行政执法支队。

全局现有干部职工330人。班子成员17人，在职人员313人；离退休人员255；各类临聘人员111人；在职中共党员230名，离退休党员150名，有17个基层党支部和5个离退休支部。

主要职责是：负责市场综合监督管理；负责食品安全监管；负责药品零售使用、医疗器械经营使用、化妆品经营监督管理；负责宏观质量管理及产品质量、特种设备监督管理；负责市场主体统一登记注册、消费者权益保护工作，推进市场主体信用体系建设工作；负责规范和监督管理市场秩序，开展市场监管综合执法工作；负责统一管理计量、标准化、认证认可和检验检测工作；负责知识产权发展与保护工作；协助指导小微企业、个体工商户、专业市场党建工作，负责机关、直属单位党建工作。

朝千路社区共建活动

召开党员代表大会

无菌植入工作会

食品安全现场监督检查

参观廉政教育基地

解放碑街道

市委副书记任学锋在区委书记黄玉林的陪同下对罗汉寺景点进行巡视检查

常务副区长王勇国庆期间亲临解放碑国庆安保一线

副区长邓光怀莅临解放碑地区国庆假日安全应急指挥部，指导落实国庆安保方案

副区长蔚传忠在长江索道向社区工作者和执法队员了解工作情况

全面提升城市品质，营造宜居街区环境

城市管理提质增效，重大节日期间，在重点区域增设13个文明劝导岗、8个道路指示牌，疏导人流30万余人次；市容整治敢打必胜，消除违章建筑127处、6147.3平方米；完成环境综合整治2处并通过验收；打造通往来福士的文旅通廊，得到区领导高度肯定。环境保护扎实推进，贯彻执行第二轮中央生态环境督察部署要求，8件投诉案件全部办结。社区治理全面细致，完成一户一表改造工作306户。

持续助推经济发展，增强地区经济活力

全面完成全国第四次经济普查工作，GDP增加值达310.4亿元，在前三季度全区经济工作考核中均名列前茅；制定《解放碑街道2019年服务企业年工作方案》；主要领导带头走访辖区6家银行；积极搜集投资线索128条，发现19个投资项目，固定投资额超过4亿元；积极推进街属企业改制，维护社会稳定；积极联动辖区企业，共同打造协信科普教育基地；积极完成对口帮扶巫溪扶贫工作。

做实做细社会治理，力保辖区安全稳定

累计开展安全检查2300余次，完成堡坎排危工作、消防通道清理等安全整治专项行动。做好敏感时期信访维稳工作，得到区领导高度肯定；国庆期间，每天组织出动安保力量770人次，累计出动6160人次。

加快推进社区建设，持续改善民生福祉

加快推进社区建设。选定养老服务中心运营单位，自

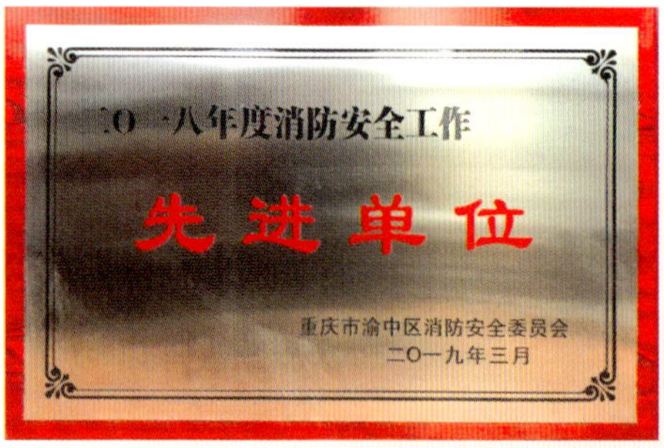

街道党工委书记卫强、办事处主任管亮组织
城管执法大队、交巡警、民警，开展对辖区综合整治

街道办事处主任管亮带领
社区工作者在解放碑步行街进行安全巡查

工作推进会

力巷社区获得2019年市级“退休人员社会化管理示范社区”的创建资格，罗汉寺社区获评渝中区唯一的市级充分就业社区；妥善处置登革热疫情，走访4个重点社区居民8428户；做好双拥工作，完成国家民政部和财政部第三批居家和社区养老服务改革试点工作，并通过验收。

扎实开展主题教育，深入推进全面从严治党

扎实开展“不忘初心、牢记使命”主题教育，深学笃用习近平新时代中国特色社会主义思想。制定实施《解放碑地区基层党建工作提质增效聚力行动实施方案》，着力发挥街道、CBD管委会“1+1>2”的聚合效应和“街道吹哨、部门报到”的联动优势。班子专题民主生活会对标对表、举一反三抓好市委巡视反馈的7个方面39个问题的整改。持续推进“两公开两承诺一评议”工作。扎实推进楼宇党建试点工作，着力打造国贸、WFC、平安国金等3个楼宇党群服务中心，提升基层党组织服务改革、服务发展、服务民生、服务党员的能力。

街道干部带领社区工作者劝离游摊游贩

街道班子成员带领社区工作者劝离游摊游贩

街道执法队员开展市容整治执法

街道文明志愿者有序疏导交通

七星岗街道

全国最美志愿服务社区

街道党工委书记廖红深入华一坡社区调研

区委书记黄玉林到七星岗街道调研

七星岗街道位于重庆市渝中半岛腹地，是渝中区委、区政府所在地，辖区面积0.78平方千米，常住人口2.1万户，5.6万余人，下辖8个社区居委会，辖区有通远门古城墙、国民政府立法院司法院及蒙藏委员会旧址、菩提金刚塔、中苏文化协会旧址、抗建堂旧址等历史文物、建筑12处，有中华路小学、区级机关幼儿园等15所学校，有市妇幼保健院、市人民医院中山院区等8家医疗机构。七星岗街道是渝中半岛主干道（中山一路、和平路）交汇联结点，因其独特的地理优势，成为渝中区政治、经济、文化、交通与信息汇集中心。

2018年，在区委、区政府的坚强领导下，七星岗街道紧紧围绕街道五大职能，主动适应新时期街道工作新要求，坚持谋在新处、想在深处、干在实处，有力有序推进基层党建、经济发展、公共服务、公共管理、公共安全等工作。街道荣获“全国最美志愿服务社区”、“渝中区纪念建党97周年基层党建工作先进单位”、渝中区年度考核“一等奖单位”、“渝中区维稳安保工作记三等功集体”、“渝中区‘扫黑除恶我点赞’活动最佳组织奖”、“渝中区群防骨干应急处突培训演练一等奖”、“渝中区综治群防队伍技能大比武一等奖”、“渝中区文明单位标兵”、“消防安全工作先进单位”等荣誉。

街道办事处主任赵意伦走访辖区企业城建集团

领导班子召开党工委会议

街道组织开展2019年度党风廉政建设工作会

领事巷社区党群服务中心

鼓楼巷片区新貌

领事巷社区新貌

两路口街道

持续深化"党建+物业"，赋能注力服务群众

为着力破解老旧小区物业管理难题，解决社区“看得见，管不到”和“管得到，管不好”等问题，两路口街道党工委以社区党建引领基层治理为主线，通过在中山二路社区、国际村社区试运行“党建+物业”工作模式，并全面铺开，为街道社区党组织更好地服务群众赋能注力，力促基层党组织在推动城市改革发展、基层治理、民生改善、社会和谐中锻造提升。

充分发挥街道党工委统筹统揽作用。积极对接区级部门，聚焦群众反映强烈的问题、基层治理中碰到的难题，发挥好协调各方的“轴心”作用，集中优势资源解决物业治理问题，全面提升服务群众水平。充分发挥社区基层党组织战斗堡垒作用。充分发挥党员模范带头作用。

把握关键环节，创新“三个机制”。构建责权利相统一的管理机制。统筹整合各类资源向社区下沉，为社区赋权扩能，让社区有能力有资源为群众办事。赋予经费自主权。构建多方联动的协同机制。

强化约束保障，推行“三个制度”。健全“五方联席”会议制度。健全“三会五公开”监督制度。健全物业中心财务管理制度。

社区是党执政的基层、社会治理的末端、维护稳定的前哨、民生改善的依托。社区治理还面临很多新情况新问题，街道将持续深化“党建+物业”服务模式，丰富“党建+N”工作内涵，在聚焦基层党建重点任务、构建共建共治共享的基层党建工作新格局中，不断提升基层党组织的组织力、凝聚力、战斗力，为建设和谐宜居、富有活力、特色鲜明的新型城市社区而不懈努力。

上清寺街道

上清寺嘉西村平安社区建设与综合治理接受公安部的检查

上清寺街道位于渝中区中部偏北，东临大溪沟街道，南接两路口街道，西依化龙桥街道，北临嘉陵江，东高西低，是重庆市委、市政府所在地，辖区面积1.738平方千米，户籍人口约5.7万人，常住人口约6.1万人。下辖曾家岩、春森路、上大田湾、学田湾、嘉西村、桂花园、新都巷7个社区。上清寺历史可以溯及明嘉靖，是渝中“母城”的腹地。抗战时期，重庆成为陪都，国民政府西迁，国民政府机构主要集中在以上清寺为中心的2千米范围内，使上清寺地区一时成为全国抗战指挥中心和全球抗日同盟军的战区枢扭。上清寺地区亦是红岩精神和南方局精神发源地，抗战文化、统战文化、民主文化厚重。

在区委、区政府的坚强领导下，上清寺街道始终坚持以城市管理、服务经济、社会治理、安全稳定和全面从严治党为载体，以强化执行力、创新力、操作力和团结力为抓手，紧扣“重庆第一街”目标追求，不断开创工作新局面。街道先后荣获全国法治社区建设示范街道、全国无邪教创建示范街道、全国社区教育示范街道、全国群众体育先进单位、全国文明单位、全国模范职工之家、重庆市平安建设暨社会治安综合治理先进集体、重庆十佳特色镇街、重庆市渝中区人民满意的公务员示范单位等荣誉，街道连续九年被区委表彰为“年度考核特等奖单位”。

市委副书记任学锋莅临嘉西村社区调研基层服务型党组织建设情况和社会治理工作

街道党工委、办事处现内设10个办公室：党政办公室、党建工

区委书记黄玉林带领区领导班子
到渝中区智慧党建教育培训基地参观学习

区委书记黄玉林调研周公馆前市政广场环境整治工程情况

作办公室、经济发展办公室（统计办公室）、民政和社区事务办公室（卫生健康办公室）、平安建设办公室、规划建设管理环保办公室（物业管理办公室）、财政办公室、应急管理办公室、人大工委办公室、综合行政执法办公室；下设1个参公事业单位：社区建设管理中心；下设7个事业单位：党群服务中心、社区事务服务中心、社区文化服务中心、劳动就业和社会保障服务所、综合行政执法大队、退役军人服务站；2个区部门派出机构：渝中区司法所、渝中区城市管理综合行政执法局上清寺街道执法大队。现在编人员60名，其中行政人员编制22名，参公事业人员编制23名，事业编制15名。

区政协主席陈大奎调研学田湾、春森路特色社区打造情况

区政协主席陈大奎到上清寺街道嘉西村社区调研垃圾分类工作

市发改委巡视员欧阳林调研
嘉西村社区老旧住宅小区整治后期情况

街道办事处主任鲁治东带队马路办公，
协调解决人民小学门口地下管网渗水问题

大溪沟街道

区长商奎参观辖区学校

区政协主席陈大奎调研红色教育基地

大溪沟街道位于渝中半岛中北部，东临解放碑，南与七星岗街道、两路口街道接壤，西与上清寺街道相邻，北靠嘉陵江，是渝中区历史最悠久的区域之一。街道办事处成立于1954年4月，1987年5月与原张家花园街道合并至今。辖区面积1.37平方千米，辖9个社区居委会，户籍人口约7.2万余人。街属党组织76个，党员1760余名。街道毗邻重庆市委、市政府，是重庆标志性建筑人民大礼堂和人民广场所在地，辖区有中法学校遗址、中华全国文艺界抗敌协会遗址、沈钧儒故居等10余处历史建筑。巴蜀中学、四十二中、巴蜀小学、人和街小学等多所学校集聚大溪沟。

2018年，大溪沟街道在区委、区政府的正确领导下，坚持以习近平新时代中国特色社会主义思想为指引，深入学习贯彻党的十九大精神，全面贯彻习近平总书记视察重庆和参加重庆代表团审议时重要讲话精神，全面落实“两

区政协主席陈大奎调研社区整治工作

区政协副主席戴伶举行巾帼心向党报告会

政协民主评议城市管理工作

区委组织部部长王志宏、
街道党工委书记朱传富等陪同摩尔多瓦客人参观人和街社区

点”定位、“两地”“两高”目标和“四个扎实”要求，全力推动三大攻坚战、八项行动计划落地，切实抓好辖区经济社会发展和党的建设等各项工作任务，取得了较好成绩。街道及社区先后获得重庆市先进基层武装部、渝中区年度考核特等奖等多项荣誉。

街道办事处主任江永红走访人和街小学

街道人大工委主任李瑜波为一线劳动者颁奖

大溪沟街道开展新春文化惠民活动

重庆市渝中城市

市委书记陈敏尔调研老鼓楼衙署遗址公园项目

市长唐良智、副市长潘毅琴调研虎头岩公园项目

2014年12月，渝中城市建设投资有限公司（简称“区城投公司”）按照区委、区政府国企改革重组实施要求，由原区城投公司、原重庆渝城投资有限公司（简称“渝城公司”）重组整合，成为区属建设类国有重点企业。公司立足“城市产业发展的投资平台”“城市基础设施建设的融资平台”“城市功能配套的建设平台”“城市资源和国有资产保值增值的管理平台”四大战略定位，主营政府和社会投资项目代建、经营性项目投资、资产营运

国家文物局副局长顾玉才调研老鼓楼衙署遗址公园项目

区委书记黄玉林调研解放碑地下环道三期项目

区长商奎调研老鼓楼衙署遗址公园项目

常务副区长王勇考察山脊观光道和虎头岩公园项目

建设投资有限公司

区人大常委会主任米绍林调研虎头岩公园项目

区政协主席陈大奎调研老鼓楼衙署遗址公园项目

和管理三大业务，兼营征收、物业管理等业务。下设“重庆渝城投资有限公司”“重庆解放碑中央商务区建设投资有限公司”“青蓝物业公司”3个全资子公司，及“重庆渝中总部经济建设投资有限公司”“重庆瑞孚和房地产开发有限责任公司”“重庆美丽城科技有限责任公司”3个合资公司。公司始终以“服务大局，规范高效，勇于创新，精品致胜”为核心价值观，以“勇挑城市建设重担，助力美丽渝中建设”为企业使命，秉持“突出主业，慎思速决；密切协同，立竿见影；与时俱进，精益求精”的经营理念，树立“干事创业，使命必达；锐意进取，砥砺奋进”的企业精神。

2018年，公司在区委、区政府的正确领导下，在区国资委的具体指导和严格监管之下，按照区委十二届二次、三次全会，年初“两会”和2018年政府工作报告以及全区经济工作会确定的年度目标、重点工作、主要任务，切实扛起城市基础设施建设的责任，集中力量、迎难而上、全力以赴，基本完成全年工作任务，共承建、代建32个工程项目，其中23个重点及民生项目，完成年度总投资9.5亿元。

虎头岩公园项目

山脊观光道项目

在建的渝中区法院审判法庭迁建工程

在建的雷家坡立交项目工程

在建的解放碑地下环道综合管理用房

重庆渝中国有资产经营管理有限公司

通远大厦综合改造项目

企业天地6、7、8号楼（全景）

少年宫停车库（效果图）

棉花街机械停车场项目设计（效果图）

奎星楼停车场

星河大厦停车场

公司紧紧围绕区委、区政府有关深化国资国企改革战略部署，把握大局、主动作为，集体研究各项深化改革重大事宜，实施切实有效的改革举措，保障公司改革向纵深发展。

国资公司荣获中国有限合伙人联盟（CLPA）“2019年度LP100案例”奖

重大项目投融资。累计完成银行融资7.15亿元，偿还银行贷款28.3亿元，对外收回各类债权资金8.57亿元，安全有效拨付各类资金12.32亿元施。多形式整改不规范融资20亿元，严控债务风险。

对外投资管理。全年累计对外认缴投资1.69亿元，子基金总规模达到12.55亿元，实现资金放大6.28倍，实缴金额9137万元，实现对区里返投金额约1.06亿元。先后引入越界影业、大件会等落；与重庆科风投公司成立1亿元的医学创新发展引导基金；投资参股成立重庆行旅佳科技有限公司、中机高科（重庆）环保工程有限公司。

土地储备。以28宗，面积330666平方米土地为基础，深入探究千厮门、九坑子等8宗重点地块功能定位。顺利完成解放西路、鹅岭B、白象街等地块划拨。金银湾、医支路等地块工作推进有序。

重点项目推进。棉花街公共停车场完成投资5900万元，完成抗滑桩、停车机械设备招标等；重庆市少年宫停车库完成投资2000万元，完成平基土石方，抗滑桩、浇筑、开挖及出渣等。完成西三街停车库、朝千路停车场建设并投入运营。嘉陵大厦综合改造项目累计投资2000余万元，完成塔楼基础改造；完成裙楼4-8层室内装修、外环境整治及施工图设计；配合龙湖推进零星工程，确保按计划开业。体育文化公园1、2号已顺利完工，3、4、5号公园按照时间节点稳步推进。

资产租赁。企业天地7、8号楼，新增租赁面积约1万平方米，新增租赁企业10余家，整体租售率约55%。大溪沟等4个产业园区，新增入驻企业50余家，整体出租率达到69.24%。嘉陵大厦塔楼成功引入龙湖冠寓青年人才公寓，裙楼成功引入百润、星河等优质企业。完成5处约2000平方米的零星房屋资产处置工作。

安置房管理。积极推进智汇江南、喜业花园等安置房零星资产处置；完成嘉韵山水城、临江佳园等产权过户；有序推进遗留问题的解决。配合棚改指挥部完成小天鹅二期7号楼调剂工作；实现安置房出库存771套。

停车场营运。先后投入80余万元，完成贺龙碑、美专校等5处路内停车站点智能化升级改造。奎星楼、星河城2个专业停车场实现收入1300余万元。启动奎星楼停车场自营模式试点工作。

截至2018年年底，公司资产总额约157.65亿元，负债总额约77.26亿元，所有者权益约80.4亿元，资产负债率49.01%。实现营收入约8750万元，同比增长31.01%。利润总额约2350万元，同比增长5.47%。

中煤科工集团重庆设计研究院有限公司

恒大国际文化城

重庆忠县忠州中学校

山东能源淄矿集团陕西正通煤业矿井水净化处理工程，是目前国内最大的矿井水净化处理工程

大足体育中心

乌兹别克斯坦总统大道

中煤科工集团重庆设计研究院有限公司（以下简称“中煤设计院”）组建于1953年，原隶属于燃料工业部，后为煤炭工业部直属设计院，2013年改制为公司。2019年7月，煤科集团杭州环保研究院有限公司（以下简称“杭州研究院”）整体并入组成新的中煤设计院，现为国务院国资委管辖的中国煤炭科工集团有限公司下属全资二级子企业。

中煤设计院（总部）坐落在渝中区中心地带，分为马家堡（大坪长江二路179号）和虎头岩（大坪经纬大道780号）两个院区，下属子企业杭州研究院位于杭州市萧山区拱秀路288号。中煤设计院下设50多个生产部门（含16个驻外分支机构、2家子公司），现拥有1500名在职职工，拥有煤炭行业勘察设计大师2人，重庆市勘察设计大师3人，中国煤炭科工集团首席设计大师2人，技术骨干队伍和企业管理团队专业素养较高、年龄层次合理、综合素质全面。杭州研究院是国家高新技术企业，下设10个生产部门和1家控股子公司（杭州中宇建筑设计有限公司），共有专业技术人员270人，主要从事环保技术的研究开发、技术咨询和环保工程设计与承包、环保设备生产和建筑工程设计等业务。

中煤设计院立足重庆，扎根渝中66年，拥有深厚的历史积淀。近十几年来坚持因势而变、顺势而为的理念，积极转型调整升级，成功实现跨界发展，从一个部属行业设计院逐步发展成为全国知名、西南领先的大型综合性甲级勘察设计企业，已形成在业务上以工程勘察、设计、咨询、监理及工程总承包为主体，在行业上以建筑、市政、环保及煤炭为主导的格局，业务范围遍及国内30个省、自治区、市。杭州研究院整体并入以后，中煤设计院在煤矿水处理、环境治理工程设计、自动化监控成套设备开发、城市生活污水和工业污水处理、脱硫脱硝治理技术研究及成套设备开发、有机污染气体净化技术研究及治理设备开发具备较强实力，具备科技研发、工程设计、工程承包、设备生产、环境监测与影响评价全过程环保技术研发服务能力。

中煤设计院先后获得“全国工程勘察设计先进企业”“中央企业思想政治工作先进单位”“全国工人先锋号”“全国青年文明号”“重庆市五一劳动奖”“重庆市文明单位”“重庆市守合同重信用单位”“全国工程勘察与岩土行业诚信单位”“重庆市建设系统先进党组织”“重庆市建筑节能先进集体”“煤炭行业AAA级企业”等荣誉称号。

重庆康翔实业集团

区委书记黄玉林到李子坝抗战遗址公园调研

2004年1月，“重庆康翔房地产开发有限公司”成立。2009年，公司更名为“重庆康翔实业有限公司”。2014年12月，根据区委、区政府的统一部署，公司纳入区属国有重点企业（投融资类），更名为“重庆康翔实业集团有限公司”。为适应渝中区政治中心、文化中心、总部中心建设发展，注册资本增至15亿元，成为集项目开发、资产经营、文化旅游、施工监理、物业管理、酒店运营、养老康复、产业投资等为一体的综合性

文物保护项目

李子坝观景平台项目

有限公司

企业理念：诚实守信　发展共享

精益求精　拼搏创新

区人大常委会主任米绍林带队调研李子坝抗战遗址公园

常务副区长王勇带队调研水市巷项目

集团公司。

公司具有房地产开发二级资质，开发建设了尚岭花园、金山矩阵、李子坝抗战遗址公园、重庆盛捷长江服务公寓、渝中区山城老年大学、较场口道教关庙迁建工程、渝中区消防支队指挥中心等项目，累计竣工总建筑面积超百万平方米。

公司内设党委办公室、行政部、审计监察室、规划财务部、资产部、市场部、风控部、项目管理部等部门，下属重庆市第一房地产经营公司、重庆天合建设工程监理有限公司、重庆湖广会馆实业发展有限公司、重庆中房物业管理有限责任公司、重庆昊志白蚁防治有限公司等全资子公司。

马鞍山传统风貌区项目

红岩联线管理中心

守正创新 优质服务 深入打造红岩升级版

“红岩记忆数字体验厅”

群众参观“千秋红岩——
中共中央南方局历史陈列”

2018年，红岩联线管理中心深入学习贯彻习近平新时代中国特色社会主义思想和党的十九大精神，全面落实习近平总书记关于红岩精神的重要论述精神，围绕“123456”发展思路，着力抓好五大任务，扎实开展“优质服务年”主题建设活动，进一步推动红岩事业产业高质量发展，取得较好成绩。

全面从严治党，筑牢坚强堡垒。严格落实“两个责任”， 严明党的政治纪律和政治规矩，牢固树立“四个意识”，坚定“四个自信”，坚决做到“两个维护”。全面彻底肃清孙政才恶劣影响和薄熙来、王立军流毒，积极营造良好政治生态。加强思想建设，开展党委理论中心组学习22次，开展“党建促扶贫”活动6次。加强队伍建设，2人获“全国优秀讲解员”称号，1人获全市宣传思想文化工作先进个人称号。

聚力攻坚克难，实现保级升位。文物保护成效明显，新增珍贵文物364件，修缮文物本体10处。研究开发成果丰硕，课题结题3个，出版小说《最后的58天》等图书6部；改陈“千秋红岩”基本陈列并对外开放，推出、输出、引进专题展9个。社教宣传效果突出，举办重大主题宣教活动、特色教育活动100余场，创建红岩特色班队4个，建设红岩文化室4个，接待观众1000万余人次。国家一级博物馆建设实现保级升位。

优化景区环境，提升服务水平。以品质提升工程为重点，实施基础设施项目50个，翻新纪念设施200处，绿化改造土地约6万平方米。开展“优质服务年”主题建设活动，丰富讲解内容，优化讲解手段，提供优质服务，强化安全管理，增强人防、物防、技防手段，对核心景区实行“小封闭”管理，为观众提供更加安全、优质的参观环境。

强化阵地建设，打响教育品牌。深化红岩党性教育基地建设，开发新课程3门，基地成功入选《中央国家机关党校党性教育基地名录》，共接收市内外各类培训班432个、学员15666人次。全力打造青少年特色教育基地，研发“行走红岩”等特色课程17门，接收研学培训班110个、学生5529人；红岩博物馆被评为“全国关心下一代党史国史教育基地”。探索教育阵地合作机制，与复旦大学、中山大学等高校建立馆校共建联盟；与陆军第九五八医院等单位合作打造社教阵地联盟。

抢抓发展机遇，深化产业发展。深化企业改革，调整产业结构，优化产业布局，实施重庆党风廉政教育基地改陈等产业项目10个，推进合作拍摄电视剧《重庆谈判》；建成白公馆文创展示中心，举办文化产品创意大赛，开发“小萝卜头彩盒套装铅笔”“荷花”系列等文创产品23种。

坚持创新领航，建设智慧红岩。深化文化旅游与科技的融合，狠抓智慧保护和展示，建成文物管理数字化平台、“红岩记忆”数字体验厅，完成8处文物遗址3D建模，实现红岩村景区实景漫游。狠抓智慧服务和宣传，建成3处景区网上预约系统，推广耳麦式讲解服务。抓智慧产业和管理，实施“红岩文化展演与传播技术集成与示范”等项目，打造VR情景体验剧，开发智慧产品5种。

红岩革命历史博物馆
开发的红岩系列文创产品

重庆湖广会馆实业发展有限公司

重庆湖广会馆实业发展有限公司成立于2003年12月，注册资本3500万元，是一家专业从事历史文物风景区资产管理、历史街区改造、房地产开发、酒店管理、物业管理、餐饮投资的综合型国有企业。

渝中区文明办授予湖广会馆
“我们的节日”示范活动基地称号

2003年，重庆湖广会馆实业发展有限公司总投资11800万元，对国家重点文物保护单位——重庆湖广会馆核心区进行保护性修复，2005年5月工程竣工。2010年，重庆湖广会馆获国家AAAA级景区称号，先后接待了大量国内外政要及知名人士。而今，重庆湖广会馆年平均接待国内外游客40万人次，成为见证重庆移民文化、巴渝古建文化的城市名片和旅游目的地。

2008年，重庆湖广会馆实业发展有限公司总投资2562万元，实施重庆历史街区改造重点工程，先后对毗邻湖广会馆的谢家大院、明清客栈、胡子昂旧居等市级文物建筑进行保护性修复，使之成为重庆民俗旅游、巴渝民宿旅游的核心景区。

巴渝优秀学子“成人礼”

2010年，由重庆湖广会馆实业发展有限公司运营管理的重庆首个抗战遗址公园——李子坝抗战遗址公园落成。公园内5组抗战历史文物建筑集中展示了重庆抗战时期的政治、经济、文化、军事、外交、金融等各个方面的历史风貌。而今，公园年平均接待国内外游客30万人次，成为重庆向全世界诠释抗战文化、陪都文化、二战文化的历史之窗和记忆之门。

2016年，重庆湖广会馆实业发展有限公司对重庆东水驿历史风貌街区进行商业升级，将其打造成见证重庆开埠历史的非物质文化遗产产业基地。同年，由重庆湖广会馆实业发展有限公司控股，雅诗阁酒店管理公司提供专业管理服务的重庆盛捷长江服务公寓正式开业。自此，在美丽的长江江畔，朝天门古城墙边，又增加一道雄伟靓丽的现代城市风景线。

2017年，公司对重庆湖广会馆的建筑本体、基础设施等进行了全面的保护性修缮、保养；对博物馆及展陈空间进行了升级改造，加入声光电等现代展陈体验项目，受到业内外的一致认可和广泛好评。

不远的未来，作为肩负重庆历史文化街区保护性改造之重要历史使命的开发商和运营商，重庆湖广会馆实业发展有限公司将汇集各方智慧，联合各方力量，将重庆历史文化薪火相传。重庆湖广会馆实业发展有限公司将永远心怀敬畏，通过对历史文化街区的商业升级和人文艺术传承，致力于为重庆、为中国、为全世界保留更多更好的城市经典记忆和打造崭新的城市体验。

清明禹王祭祀典礼

国学诵读

春节禹王庙会舞狮表演

重庆市血液中心

为血液安全保驾护航

切实保障临床血液充足

重庆市血液中心坐落在两江环抱的渝中半岛，始建于1965年，迄今已超过50个年头。自1998年贯彻落实《中华人民共和国献血法》以来，取得一系列丰硕成果。中心承担着主城九区、永川区、潼南区等200余家医院的临床供血服务，向临床提供近二十种血液制备产品，其类型完全满足临床需求。同时承担重庆市6个中心血站、11个中心血库的质量控制与评价、业务培训与技术指导工作。

重庆市血液中心的使命：改善健康，挽救生命。重庆市血液中心的目标：向病患提供充足、安全、有效的血液。

提供充足的血液。无偿献血招募宣传立足公益、倡导健康。传递健康快乐正能量，以吸引更多的群体加入到献血队伍。同时不断提升和完善采血服务水平，全程为献血者提供健康关注，并适时进行健康忠告。

提供安全的血液。从低危人群中采集血液；对每份血液严格按照要求实施血液筛查项目；实现核酸检测全覆盖；针对性实施白细胞过滤、血液辐照、血浆病毒灭活等技术提高输血安全性。

提供有效的血液。严控血液成分制备及运输、贮存的各个环节。为临床和科研提供血型检测服务，包括特殊血型抗体的鉴定等。

在常规的输血服务基础上，重庆市血液中心还开发了特殊的输血医学服务，如血型的DNA检测技术，特殊血型供者资料库的建立。HLA（人类白细胞组织相容性抗原）和STR（短串联片段）技术的建立，使中国造血干细胞捐献者资料库重庆分库定点HLA组织配型实验室落地中心。重庆市血液中心是重庆市能够进行全部与骨髓移植配型相关检验的实验室之一。开展新生儿溶血病的检测和产前新生儿溶血病预测；建立重庆市血液中心司法鉴定所。

中心已经建立和不断完善本机构质量管理体系。通过定期严格的内部审核和各种质量测量报告跟踪、收集、整理、评估各类专业技术人员执行岗位职责的状况以及执行血液质量相关的法律、法规、规章及标准等的状况，及时发现和纠正质量偏差，督促各个关键环节达到产品和服务质量标准的过程控制、持续改进的要求。

占地31300平方米的重庆市血液中心新大楼于2019年年底交付使用。建成后的新大楼不仅面积上增加了近3倍，在综合能力上也得到完善与提高，将与血液中心现有业务楼一起，把功能优势和区位优势相结合，全面提升重庆市无偿献血事业的发展水平。新一代的重庆市血液中心人必将紧扣时代脉搏，以满腔的激情和踏实的作风，砥砺奋进，实现重庆市无偿献血工作新的跨越！

解放碑步行街献血车

世界献血者日宣传活动

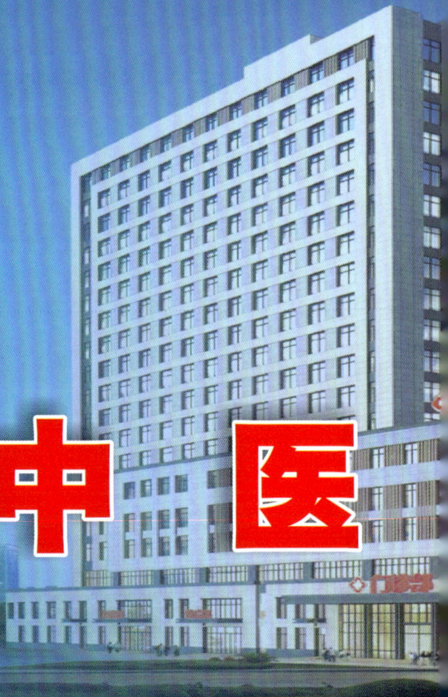

重庆市中医

区委书记黄玉林到院调研工作

筋伤科医生郭亮获“建功立业标兵”称号

2018年，重庆市中医骨科医院通过了国家“二甲”医院复评审。全年门（急）诊人数27.81万人次，比2017年同期增长3.7%；出院9884人次，比2017年同期增长10.8%；住院手术3115人次，比2017年同期增长11.9%；医疗收入1.75亿元，医疗支出1.71亿元，收支结余2716万元。出院病人满意度91.73%，住院病人满意度达95.4%，职工满意度达67.08%。本院获得“重庆市十佳温情医院”称号，筋伤科医生郭亮荣获国务院政府特殊津贴，康复科医生张文斌被评为“十佳温情医生”，新增10名区级名中医，医院发展取得新成效。

骨科医院

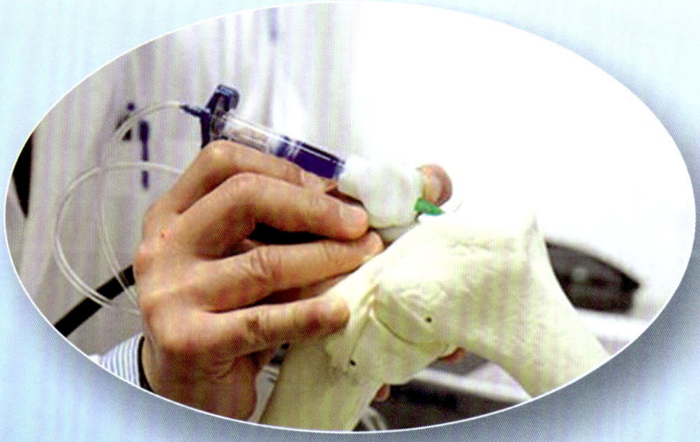

3D打印

位于化龙桥的中医骨科医院新址开建

位于储奇门的医院综合大楼外貌

重庆牙科医院

导医台大厅

医院大门

三楼大厅

二楼候诊区

检验放射大厅

重庆牙科医院成立于1958年，是重庆市渝中区人民政府创办的以牙病预防和治疗为重点的非营利性公立二级口腔专科医院、医保定点单位，为渝中区最佳文明单位、行风评价优良单位、优质服务医疗机构，是中国西部口腔医学协作组成员单位、重庆市口腔医学会常务理事单位、重庆三峡医药高等专科学校实习基地医院、中国牙病防治基金会健康口腔推广基地。

医院医疗业务用房面积2439平方米，医院现有职工56人，其中高级专业技术人员7人，中级专业技术人员10人，初级专业技术人员24人。设置有口腔内科、口腔外科、口腔修复科、口腔正畸科、种植科、VIP诊室、供应室、检验科、预防保健科、急诊科、放射科以及行政后勤科等科室，模型教学实验室正在建设中。近年来，在重庆市口腔学术年会病例质量展评中多次获奖。

医院现有口腔综合治疗椅32台，专业种植牙椅1台，拥有口腔CBCT机、激光治疗仪、3Shape Trios口内扫描仪、根管显微镜和笑气镇静系统、多功能牙科超声治疗仪、X光根尖牙片机、舒适洁牙机、超声波清洗机、脉动真空灭菌器等先进诊疗设备，并拥有五大中心系统（中央空调系统、中心电子病历质量监控、中心正压系统、中心负压系统、中心消毒供应），为患者提供优质安全的医疗服务同时，更提供了舒适的就医环境与体验。

医院树立医疗质量第一的观念，以创建二级甲等口腔专科医院为目标，以更加饱满的热情，更加优化的服务流程，努力提升医疗质量，保障医疗安全，为人民群众的口腔健康保驾护航。

院办公室

外科诊室

修复科诊室

临床科室：

口腔内科 主要针对口腔常见牙体硬组织疾病、牙周组织及口腔黏膜病等进行诊治。科室现有口腔医师6名，硕士及以上学历者3名。主要开展龋齿及楔状缺损充填、牙体牙髓病、牙周病、根尖周病、儿童牙病，牙齿美白等治疗工作。

科室拥有综合治疗椅6台，配备了口腔内窥镜、根管测量仪、根管显微镜等高端仪器设备，可以为患者提供高质量诊治。

口腔外科、种植科 现有专业医师5名，其中副主任医师2名，主治医师3名，技术力量雄厚。科室现拥有综合治疗椅7台，手术种植室等。诊疗范围包括：各类患牙拔除（微创拔牙术等），上颌窦内、外提升术，颌面部感染、损伤的治疗，颌面部小肿瘤摘除术，唇（舌）系带矫正术以及种植牙修复等。

口腔修复科 具有雄厚的技术力量和先进的医疗水平，目前拥有修复专科治疗台7台，口腔专业医师5人，其中副主任医师1名、主治医师3名。开展的项目有：1.固定修复，如贵金属/非贵金属烤瓷冠桥修复、全瓷冠桥修复、桩（核）冠修复、粘接修复、前牙美学修复等；2.固定可摘联合修复，如精密附着体义齿、磁性附着体义齿、套筒冠义齿等；3.种植修复，如种植覆盖义齿、种植固定修复等；4.活动修复，如维他灵支架、纯钛支架义齿，全口软衬义齿、完美吸附义齿等。临床特色：前牙美学修复、残冠残根的保留性修复、缺失牙的种植修复等。

口腔正畸科 曾多次获评区“巾帼文明示范岗”“三八红旗集体”“模范职工小家”“工人先锋号”等称号。科室主要开展儿童与成人牙颌畸形的矫正治疗，如牙列拥挤、牙列散隙、双颌前突、反合（地包天）等，及对乳牙期、替牙期的预防性（阻断性）矫治。采用具有国内先进水平的临床矫治技术，如现代直丝弓矫正技术、自锁矫治技术、隐形矫治技术、种植支抗植入技术等。已成功治疗了几千例牙颌畸形，具有丰富的临床经验和高超的技能，是一个既有专业技术水平又有良好医德医风的团队。

医技辅助科室 拥有口腔CBCT机一台，X光根尖牙片机一台，放射工作人员2名，为临床提供优质的放射服务。检验科拥有血细胞分析仪一台，凝血仪一台，检验工作人员2名，为临床提供优质的检验服务。

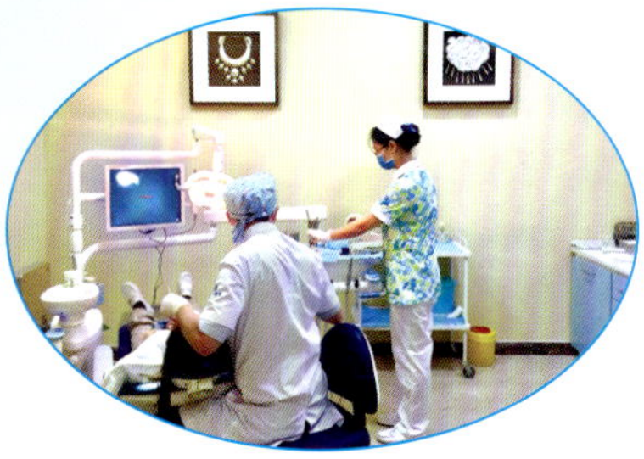

VIP诊室

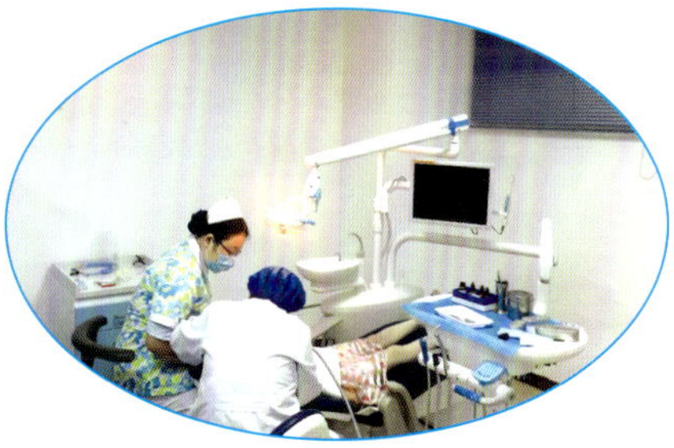

口腔内科诊治病人

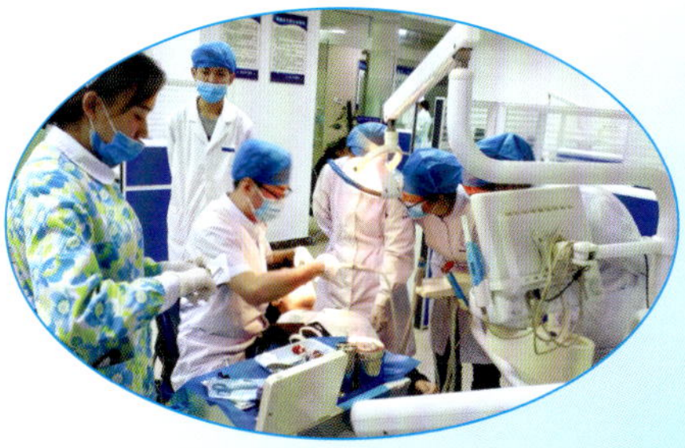

诊治病人

供应室消毒

挂号收费窗口

检验科

重庆市急救医疗中心

宣誓仪式

庆祝会

重庆市急救医疗中心（重庆市第四人民医院、重庆大学附属中心医院）位于重庆市渝中区两路口健康路1号，踞鹅岭半腰，观两江流长，环境优美，交通便利；现有编制床位1200张，职工1483名，拥有总值近2亿元的医疗设备，是集急救、医疗、科研、教学、预防为一体的国家三级甲等综合医院。

医院诞生于抗战烽火中的1939年，八十年来，医院秉持大医精髓，发展医疗技术，形成了以急危重症和创伤救治为特色的技术团队，其中，创伤外科团队提出的创伤救治理论多次被引入《欧洲复苏指南》；重视人才培养，拥有高级职称人员214人，国务院政府特殊津贴专家8人，重庆市医学领军人才1人，重庆英才计划首批创新领军人才1人，重庆市学术技术带头人3人，2018年建立重庆市院士工作站，柔性引进王正国、付小兵院士专家团队，2019年获批“市级博士后科研工作站”；学科门类齐全，其中“急诊医学科”为国家临床重点专科，有重庆市医学重点学科2个，重庆市临床重点专科7个；承担公共卫生职能，组织实施全市三级急救网络的建设与完善，同时创新急救体系建设，智慧医院建设成效初显，特别是“急视救”（视频120）运用以来，广受各界人士好评；是重庆市首批住院医师规范化培训基地、国家住院医师规范化培训综合基地；潜心钻研医学，在各类学术团体任职500余人次，近5年承担各类科研项目百余项，获国家科技进步二等奖1项，重庆市自然科学一等奖、重庆市科技进步二等奖等20余项；追求卓越，医院先后荣获“全国工人先锋号”“全国卫生应急先进集体”“全国五一劳动奖状”等殊荣，在重庆市、西南地区乃至全国拥有较高的学术地位和美誉度。

重庆首例卒中患者航空医疗救援

水上救援演练

装备车辆

砥砺前行八十载，接续奋斗再出发。医院在建院八十周年之际，通过举行庆祝会、修建院史馆、谱写院歌、编纂院志等方式，将“迅速•尽心”的院训和“生命第一”的核心价值观深植人心，凝练勠力笃行的不竭动力，激励全体职工朝着“建成一流的急救医疗中心，打造以急危重症和创伤救治为特色的综合性三级甲等医院”的愿景而不懈奋斗。

重庆市客运索道有限公司

深度融合"互联网+旅游"激活旅游转型发展新格局

重庆市客运索道有限公司成立于1989年7月，所属长江索道（国家AAAA级旅游景区）、凯旋路电梯、两路口扶梯、缙云山索道（代管），年游客接待量达1300余万人次。

长江索道夜景

近年来，全公司上下深入学习贯彻习近平总书记视察重庆重要讲话精神，抓住全域旅游发展机遇，积极融入城市旅游发展的大格局，推动旅游服务高品质发展，实现企业经济效益、社会效益双丰收。随着全市旅游经济总量、旅游市场规模、旅游综合实力全面提升，公司所属长江索道景区通过"互联网+旅游"模式实现大数据信息共享，以核心大数据分析构建完善的企业经营画像，全面推进智慧景区建设和数据资源管理，使全域旅游资源与市场需求精准匹配。积极探索智慧旅游行业与5G网络的创新应用以及商业模式，设立5GVR体验区，助推智慧旅游景区建设。同时，借助景区流量优势，带动周边餐饮、商业及零售业协同发展。

按照 "点、线、面"结合的发展原则，以及"旅游+"融合发展思路，实现旅游高质量发展。一是强化标准化服务，结合市场游客需求，根据"按需施教、务求实效"的原则分岗位、分层次、分类别地定期开展规范化、标准化专业技能和岗位礼仪培训，内强素质、外塑形象，持续优化服务品质；二是提升品质化服务，按照"设施配套、干净卫生、外观协调、游客满意"的标准，积极开展"厕所革命"，扩建旅游厕所，增设"第三卫生间"，提升文明旅游形象；三是党建促经营，通过"让支部强起来，让党员亮起来，让服务笑起来，让景区旺起来"主题活动，以"党员责任区、党员示范岗"等形式塑造景区服务品牌形象；四是实施人性化服务，通过"员工服务体系"和"志愿服务体系"不断深化和丰富全国文明城市内涵，推行"五星级服务标准"，结合传统文化开展端午送粽子、中秋赠月饼、春节送元宵等增值服务，同时，在重庆景区中推行环保小推车流动服务项目，提升景区温情体验，受到广大游客的好评。

重庆国际马戏城工作人员到长江索道景区表演

长江索道工作人员教游客包粽子

在市委、市政府和上级集团的正确带领下，公司致力于将智慧旅游和全域旅游深度融合，不断挖掘文化旅游资源，丰富旅游的内涵、拓展旅游的空间，用文化提升旅游品位，让价值导向、市场取向和文旅志向高度契合，全面提升企业旅游资源软实力和影响力，让重庆的山水颜值更高、文化气质更好，唱响"山水之城·美丽之地"，让八方游客在重庆"行千里·致广大"，实现旅游让人民生活更美好的愿景。

中国工商银行

工行渝中支行第九个“重庆工行员工爱心周”捐款活动

中国工商银行重庆渝中支行（简称“工行渝中支行”）位于渝中区民族路177号。中国工商银行成立于1984年1月1日。2005年10月28日，整体改制为股份有限公司。工行渝中支行原为中国人民银行重庆市分行市中区办事处，1984年7月1日，中国人民银行、中国工商银行两行分设，中国人民银行重庆市分行市中区办事处改组为中国工商银行重庆市分行市中区支行，1993年4月1日，改名为中国工商银行重庆渝中支行。1994年末，支行下辖7个分理处。其后，经过多次网点整合和新建，2011年4月首次跨区设立黄杨新城支行，2012年2月跨区设立鲁能星城支行。2019年，支行设立部室7个，分别为：办公室、信贷管理部、业务运行管理部、公司金融业务一部、公司金融业务二部、普惠金融事业部、个人金融业务部。下辖解放碑支行、上清寺支行、大溪沟支行、七星岗支行、和平路支行、黄杨新城支行、鲁能星城支行、化龙桥支行、高九路支行、人和街支行、邹容路支行、人民路支行12个网点，在

工行渝中支行组织青年员工参加区商业联盟、解放碑CBD管委会举办的区第三届白领室内运动会

重庆渝中支行

职职工271人。

工行渝中支行发扬“奋斗+实干”的精神，加快经营转型，促进高质量发展，主要业务指标持续增长，风险管控能力持续提升。除获评2018年度“全国文明单位”称号外，还获评2018年度“全国金融系统职工代表大会制度建设示范单位”，是工行重庆分行唯一一家进入总行区域支行40强的支行；工行渝中支行党委获评工行重庆分行2018年度“党建先进单位”和“内控案防工作先进单位”。

工行渝中支行经营绩效主要体现在：（1）截至上半年，实现拨备前利润8.63亿元，同比增幅14.6%，总量保持工行重庆市分行系统第一；（2）存贷款规模1334.8亿元。

工行渝中支行应邀参加渝中电创园企业融资服务对接大会

工行渝中支行邀请部分离退休员工，参加
“我看新中国成立70周年新成就”专题调研座谈会

工行渝中支行积极与客户开展
友谊足球赛，增进友谊与团队凝聚力

渝中支行积极参加总行“讴歌新中国
成立70周年、工商银行成立35周年”文艺作品赛活动

重庆市客轮有限公司

交运明珠

交运轮渡

交运明月

交运满江红

重庆市客轮有限公司（原重庆市轮渡公司，以下简称“客轮公司”）成立于1938年，为重庆交运集团旗下重轮集团所属全市水上公共客运和两江游重点企业，是国家级非物质文化遗产“川江号子”传承保护单位。

公司主要从事水上客运和港口码头服务两大主业。公司坚持“安全第一，服务至上”的企业宗旨，大力弘扬“诚信务实，高效进取，团结和谐”的企业精神，通过服务创新和管理创新，着力打造重庆水上旅游标杆企业。

公司曾圆满完成包括亚洲议会和平协会（AAPP）第三届年会、亚太城市市长峰会、世界旅游城市联合会（WTCF）重庆香山峰会、中俄总理定期会晤第21次会议、上合组织成员国使节代表团、中非合作论坛成员几内亚比绍总统来渝等国宾接待任务。公司秉承“畅享重庆两江美景，体验山城江河文化”的理念，竭诚为游客提供商旅观光、休闲娱乐等高品质水上游憩服务。

交运两江游政务接待

江舟子系列文创产品

交运两江游观景包房

交运两江游商务活动

交运两江游婚礼场景

中石化西南石油工程有限公司
重庆钻井分公司

中石化西南石油工程有限公司重庆钻井分公司的前身是成立于1956年的松辽石油普查大队；先后更名为地质部、地质矿产部西南石油（地质）局第二普查勘探大队；2000年随中国新星石油公司整体并入中国石化，2018年5月16日，原重庆钻井分公司与原四川钻井分公司整合重组为新的重庆钻井分公司。公司曾为大庆油田、扶余油田以及四川中坝气田、新场气田、塔河油田的发现做出了重要贡献，参与了川气东送建设工程、普光气田、元坝气田、西南页岩气等重大工程开发建设，先后荣膺全国科技大会奖、地质矿产部“地质找矿功勋单位”、中华全国总工会“模范职工之家”、四川省“先进单位”、中石化“先进基层党组织”、中石化打造石油工程铁军“先进单位”、中石化“提速提效先进单位”、中石化五大会战“先锋队”等荣誉。

公司管理钻井队36支，员工2150人。其中：甲级队伍资质19支，乙级队伍资质15支；金牌钻井队2支，银牌钻井队4支；高级专业技术职称人员86人，中级专业技术职称人员164人；钻井技术专家3人，首席技师2人，高级技师8人，技师36人；高级工459人，中级工260人，主要从事陆地浅、中、深、超深井钻井施工作业，定向井、丛式井、水平井、开窗侧钻等特殊工艺井钻井作业，以及油、气井钻井液技术服务、定向井技术服务、下油套管技术服务等，年钻井能力达50万米，服务能力达70万米，是中石化在重庆注册的唯一一家勘探开发工程施工作业队伍。

公司党委书记李光辉

公司在63年文化积淀的基础上，淬炼形成了“服务能源开发、共创美好生活”的企业使命、“打造工程铁军、铸就百年企业”的企业愿景、“脚踏实地、敢为人先，攻坚克难、勇争一流”的企业精神、“人本、诚信，创新、共赢”的企业价值观等十大核心文化理念，夯实了高质量可持续发展的文化基础。

公司目前在中石化西南油气田包括川西海相和中浅层、川东北超深井、页岩气项目在内的各区块占据60%以上的总体市场份额，在西北分公司塔河及其外围区块有5台钻机常年施工，2015年开拓进军科威特国际市场2台钻机，2018年成功进入中石油大庆油田合川—潼南区块，2019年成功中标勘探南方分公司川东北项目和沙特阿美项目，形成并巩固了川渝、新疆、科威特三足鼎立的市场布局，构建起国内内部市场、国内外部市场、海外市场多元的市场结构。

公司经理张俊波

公司现有各类石油天然气钻井设备36台套，其中钻深能力超过7000米的设备20台套，致力于钻井新工艺、新技术、新工具的探索应用，形成了四川盆地海相地层三高酸性气井优快钻井综合配套技术、高压差致密气藏水平井钻完井集成技术、新疆塔河外围地区复杂超深井安全钻井技术、三高井超长裸眼高性能水基成膜封固钻井液技术、三维水平井及大斜度超深定向井轨迹控制技术、高难度复杂故障井非常规处理综合技术等六大核心钻井技术，形成了近30项特色钻井技术，攻克了超深水平井钻井事故复杂多、机械钻速低、钻井周期长、井控风险高、中浅层易斜、页岩气开发水平段移动靶长等世界级钻井难题，多项施工纪录国内领先，多个科研创新项目获中石化表彰，是中石化在西南地区规模最大，施工能力最强的石油钻井工程队伍之一。

公司二届一次
职代会暨2019年工作会

文化建设

表彰先进

施工现场

化解金融风险 提升资产价值 服务经济发展

——记开拓奋进的中国长城资产管理股份有限公司重庆市分公司

参展第十九届“渝洽会”

“共建基层职工之家”授牌

中国长城资产管理股份有限公司重庆市分公司于2000年3月13日挂牌成立，是中国长城资产驻渝分支机构。自成立以来，在重庆市委、市政府的关怀支持和各级监管部门的指导下，公司秉承化解金融风险，提升资产价值，服务经济发展的公司使命，以支持地方经济发展为己任，积极配合重庆经济结构调整和地方企业转型发展。

一是对政策性不良资产和准政策性不良资产进行经营管理，先后收购和处置农业银行、工商银行等机构的金融不良资产共计155亿元，并与多家企业成功实施了债转股及债务重组，共计为地方企业减债超100亿，不仅极大地化解了银行金融风险，也为企业实现扭亏为盈及转型发展打下基础。通过对不良资产实施并购重组、财务重组、资产重组等精细化运作，尤其是对“渝钛白”成功实施债务重组，摘掉“PT”帽子恢复上市，极大地提升资产价值，焕发企业的经营活力，促进就业，有效发挥“金融稳定器”作用，为国家和社会做出积极贡献。

二是随着中国长城资产商业化转型的纵深推进，公司已形成涵盖“不良资产经营及资产管理、并购重组及投资投行业务、特色化中间业务、平台协同业务”等四大类、90余种产品的集团化综合经营业务体系，并成为囊括了银行、证券、保险、信托、租赁等“金融全牌照”的资产管理公司。2013年，中国长城资产与重庆市人民政府签订了战略合作协议，协议约定中国长城资产在资产管理、产业投资、中小企业融资、财务顾问等领域为重庆市提供金融服务。近年来伴随着重庆市经济的快速发展，公司依托集团公司先后为重庆市国有企业、民营企业提供了不良资产收购及重组、投资、中小企业特色金融、融资租赁、担保等多种类金融服务，累计投融资金额超300亿元，有效地支持了地方经济发展。

展望未来，中国长城资产重庆分公司将不忘化解金融风险初心、牢记央企责任使命，秉承团结进取、求实创新的企业精神，更加主动地融入地方经济发展，为振兴重庆经济发展做出更大的贡献。

召开资产推介会

重庆凯德古渝雄关置业有限公司

重庆来福士是由凯德集团开发的112万平方米的城市地标综合体，投资超240亿人民币，由8栋塔楼、底部裙楼及一座横跨天际的空中水晶连廊组成，涵盖高端住宅、购物中心、办公楼、酒店和服务公寓五大核心业态，独有的水晶连廊包括观景台、俱乐部、空中花园餐厅及酒吧三大特别业态。

重庆来福士是凯德集团在全球布局的第九座来福士，也是投资和体量最大的一座。它是新加坡在华投资最大的单体项目。2015年，重庆成为“中新（重庆）战略性互联互通示范项目”运营中心。2016年1月，重庆来福士被选定为“渝中区中新合作项目促进中心”。项目坐落于长江和嘉陵江交汇处——朝天门，是城市心脏坐标“零公里”所在地，集合轨道交通、公交、轮渡为一体的多维立体交通网络，无缝对接城市三大CBD（解放碑、江北嘴、弹子石）及周边商圈，具有强大的经济辐射力和向心力。

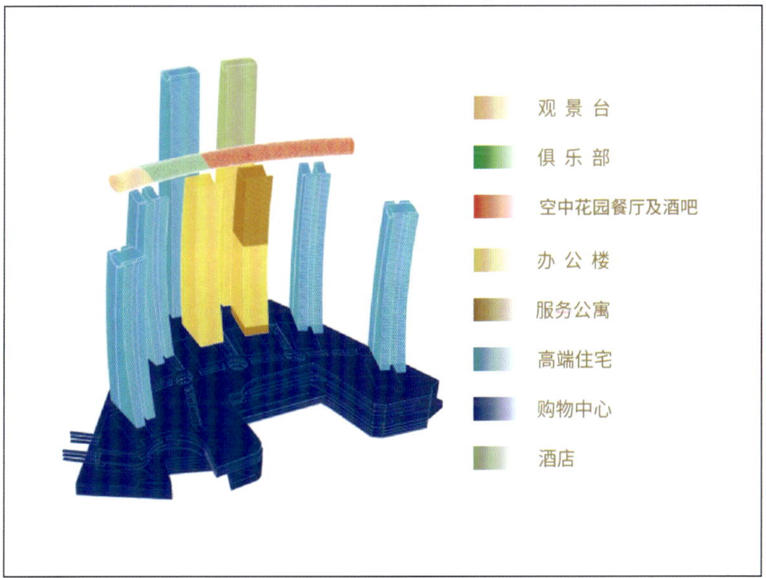

重庆来福士由国际知名建筑大师摩西·萨夫迪担纲设计，以代表城市启航的时代之帆为设计基点延展创作。

重庆来福士购物中心已于2019年9月优雅启幕，高端住宅嘉陵·壹、嘉陵·贰和扬子·贰现已全球发售，办公楼全球租售中。随着购物中心的亮相，其他业态将随后分阶段开业，重庆来福士的开业运营，将会改变城市中心的驱动力和向心力，让朝天门成为这座城市的会客厅。

重庆中房物业管理有限责任公司

重庆中房物业管理有限责任公司成立于1999年，注册资本500万元，系国家一级资质企业、重庆市五一劳动奖状获得者，隶属于渝中区国资委的重点国有企业之康翔实业集团有限公司，服务于众多商住小区、商务楼宇、安置房、公租房、文商旅、市政公益等项目，为社会经济及和谐稳定做出了积极的贡献。公司以“提高业主获得感和幸福感”为奋斗目标，员工团队服务意识强、业务技能精湛，在历次技能比赛中均取得了不凡的成绩，致力于为业主提供高效、优质、称心的服务，努力满足业主向往美好生活的新时代需求。

重庆昊志白蚁防治有限公司由中房物业公司团队同时经营管理，始于1978年，具有白蚁防治二级资质，系重庆市物业管理协会理事单位，经营范围有白蚂蚁预防、灭治，城市害虫预防、灭治，四十年来服务了众多大型建筑项目及文物保护项目，如重庆朝天门来福士广场、重庆天地、叠彩城、李子坝公园、重庆市南开中学、重庆湖广会馆等。

万科(重庆)企业有限公司

实景图

效果图

效果图

效果图

重庆，作为国家战略的重点城市，近几年利好不断。3000年江州城、800年重庆府，积淀了巴渝文化、抗战文化、红岩精神等厚重的人文底蕴。渝中半岛，地处长江和嘉陵江交汇处，不仅是重庆的行政、文化和商贸中心，也是长江上游的金融高地和总部高地，更是孕育重庆的城市母体和美丽山水之城的核心载体。

不是每座城市都有一个天地。万科重庆天地，作为渝中为数不多的在售项目，占据着渝中腹地，坐享约26.67公顷城市湖山，前眺约2千米嘉陵江水，背延约2千米鹅岭山脉，临近6大山体公园，并以国际化的概念规划约360万平方米的城市综合体，打造集高端住宅区、重庆国际商务区、高级购物中心、休闲娱乐新天地、生态绿色公园于一体的城中之城。无论从规模还是质量，万科重庆天地将创下重庆城市地标新高：在458米高层城市天际线建筑上（在建中），打造全球超高悦榕庄（已签订意向协议），建立城市生活新高度；约10万平方米全新TOD商业模式（在建中），4桥3轨1隧道，山地大扶梯（在建中），创造都市交通新体验。

万科重庆天地项目翡翠云阶组团是渝中区鲜有的200万级住宅产品，坐享江、山、湖、园、城五大城心稀缺资源及IBD国际商务区、新天地商业等优质配套，尽享品质生活体验。

实景图

实景图

实景图

万友
WANYOU

引领汽车服务

万友汽车：打造国内一流客户

万友汽车投资有限公司系中国长安汽车集团有限公司旗下汽车营销及服务专业化运营平台。公司注册资本8亿元，主要从事汽车（长安欧尚、长安轿车、长安福特、长安铃木、长安马自达、长安凯程、沃尔沃等汽车品牌）销售、维修服务及备件配送业务、汽车综合体项目开发建设与运营管理。

公司现有员工近6000名，资产总额54亿元，拥有全资子公司25家、控股子公司16家、参股子公司3家、分公司2家，业务区域分布于北京、天津、重庆、云南、贵州、四川、广西、安徽、山西、浙江、广东等多个省区市，拥有3个汽车综合体项目，经营各品牌汽车4S店154家、备件中心5家，自2012年整合成立以来共销售各型汽车近130万辆。

公司秉承中国兵器装备集团优良传统，集中国长安资源优势，汇“万友”知名商号30余年品牌积淀，坚持弘扬“自我批判、拼搏进取、务实高效、真诚奉献”的企业精神，践行“诚信、激情、变革、共赢”的核心价值观，以“战略引领、对标行业、开放融合、科学规范、直击痛点、立即行动、精益管理、持续优化”为企业准则，以“引领汽车服务，共享出行价值”为企业使命，致力打造国内一流客户体验与价值创造服务供应商。

万友汽车，诚行天下！

万友汽车投资有限公司整合成立

召开第一次党代会

公司被国资委纳入
“双百企业”名单，推进“双百行动”改革

万友汽车诚行天下
Honesty Drives The World

共享出行价值

体验与价值创造服务供应商

文化理念

发展愿景

打造国内一流客户体验与价值创造服务供应商

企业精神

自我批判 拼搏进取 务实高效 真诚奉献

核心价值观

诚信 激情 变革 共赢

诚信为本▶培育客户信赖力

客户为尊：一切为了客户，为了客户一切，为了一切客户
体验为先：想客户之所想、急客户之所急，客户的极致体验是我们永恒的追求
技术为要：以工匠精神提升服务技能，铸就匠心服务品质
服务为魂：致力于打造“极致体验、感动客户”的全价值链服务

激情工作▶激发团队鲜活力

爱岗敬业：四热爱（热爱长安、热爱万友、热爱员工、热爱营销）、四熟悉（熟悉市场、熟悉对手、熟悉政策、熟悉客户）
严谨认真：从严治企、坚持高质量用人标准，从严管理、坚持高标准培养人才
激情活力：对事业充满激情，用活力开启工作，让微笑感动客户

变革突破▶增强创新发展力

乐于创新：将创新作为推动工作的灵魂，乐于坚持，不断推陈出新
敢于突破：坚持问题导向，直击痛点，努力寻求攻坚克难的良方
勇于担当：在合法合规前提下，敢想敢做敢担当，忠于职守，积极有为

共赢成长▶提升盈利成长力

盈利是目标：坚决把“实现盈利”作为企业发展的首要目标
共创是手段：始终坚守“价值共创”的企业伦理
分享是基础：通过“价值分享”理念实现多方共赢发展

开展“坚守万友初心
共筑诚信文化”诚信文化宣讲汇报

重庆朝天门餐饮控股集团有限公司

重庆古城，码头众多，以朝天门为最。朝天门是古时接官迎圣之地，商贾云集，是重庆人文发源地。据史料记载，重庆火锅源自朝天门。清末民初，朝天门码头的船工纤夫为饱腹驱寒，用辣椒、花椒与牛内脏混煮。民国十五年（1926年），宰房街的马氏兄弟正式将其引入店堂，火锅逐渐成为重庆人民喜爱的美食。

1935年，在朝天门大河顺城街，有一家小店开张，以“朝天门火锅”为名。狭小的门面，几个小桌，几口小锅，熊熊炉火，浓香四溢，船家挑夫，闻香而至。后因种种原因，“朝天门火锅”淡出江湖。

斗转星移，弹指之间。90年代初，当挂上那块尘封的招牌时，“朝天门火锅”重出江湖，复出的“朝天门火锅”不再是简单重复昨天的“故事”，而是把“朝天门”作为一个大舞台，用火锅为载体，演绎重庆的风土人情。

2004年，朝天门餐饮总部成立，以企业集团化模式发展；2007年，朝天门品牌获得特许经营资格，正式在全国开展连锁经营，发展进入快车道。

发展至今，体系员工30000余人，朝天门品牌已经走进了全国169个城市，开设了700余家门店，更走出了国门，业务拓展至英国、加拿大、西班牙、菲律宾等国家。

集团培训中心提供专业的培训服务，统一的实战操作。管理培训、运营培训，分享的不仅仅是经验和知识，更是在分享经营的底层逻辑。技术培训、服务培训，旨在提升技术人员的技能水平和服务人员的服务水平，以达到全国统一标准，包括核心餐具的款式、菜品的装盘、对客人的服务，都能保持一样的品质。每一位员工，必须经过严格培训，考核通过以后，才能正式成为朝天门大家庭的一员，而每一位加盟伙伴，通过与总部紧密合作，将共创一个美好的未来。

时代在变，美味不变。大浪淘沙，我们奋勇向前。我们去拼，去闯，去奋斗。我们传承经典，守护经典，我们希望天下食客“进了朝天门，就到重庆城”！

圣旨墙

老店旧址